1. Edvard Munch: Gustav Schiefler, 1905/06

VERÖFFENTLICHUNGEN
DES VEREINS FÜR HAMBURGISCHE GESCHICHTE
BAND XXVII

GUSTAV SCHIEFLER

Eine Hamburgische Kulturgeschichte 1890–1920

Beobachtungen eines Zeitgenossen

Bearbeitet von Gerhard Ahrens, Hans Wilhelm Eckardt und Renate Hauschild-Thiessen

Hamburg 1985
Verlag Verein für Hamburgische Geschichte

Der Schutzumschlag zeigt: Emil Nolde, Petri- und Jakobikirche in Hamburg, 1910

ISBN 3-923356-05-6

Copyright © 1985 by Erbengemeinschaft Schiefler

Satz und Druck: Wachholtz, Neumünster

Bindearbeiten: Schacht, Ahrensburg

Printed in Germany

Inhalt

Einführung der Bearbeiter   23

1 Einleitung   31

Der Standpunkt des Verfassers – Geschichtlicher Rückblick und Anknüpfung an die Gegenwart – Kulturelle Blüte in vergangenen Jahrhunderten – Verfall im 19. Jahrhundert – Beginnende Neuorientierung

2 Träger der Entwicklung

Die Organe des Staates   37

Der Senat: Inanspruchnahme durch Tagesfragen; einzelne Mitglieder: Versmann, Petersen, Mönckeberg, Hachmann, Burchard, von Melle, Predöhl, Schröder, Sthamer, Sander, Schäfer, Mumssen, Schramm, Holthusen, Heidmann – *Die Bürgerschaft:* Herrschaft der Mittelmäßigkeit; die drei Fraktionen um 1890: die Rechte, die Linke, das Linke Zentrum; Anwachsen der Sozialdemokratie; die Vereinigten Liberalen; Stellung der Parteien zu Kulturfragen; einzelne Mitglieder: Max Cohen, Otto Stolten, Emil Krause, Carl Petersen, Carl Mönckeberg, Albert Wolffson, Ed. Westphal, Rudolf Mönckeberg; die Präsidenten: Siegmund

Hinrichsen, Julius Engel, A. Schön; weitere Mitglieder: Edmund Siemers, Max Warburg, Dr. Stemann, Maurermeister Reimer – *Die Oberschulbehörde:* Werner von Melle; Zuständigkeit der 1. Sektion für die Wissenschaftlichen Anstalten und das Öffentliche Vorlesungswesen; Schulsynode – *Die Baudeputation:* die verschiedenen Sektionen; Oberingenieur F. Andreas Meyer; Baudirektor Zimmermann; Oberingenieur Sperber; Fritz Schumacher; Stadterweiterung und Baupolizeigesetze

Berufsstände 49

Mangelndes Kulturbewußtsein der Akademiker und Kaufleute – Volksschullehrer und Vierter Stand als treibende Kräfte – *Die Geistlichen:* Unterschiede in der theologischen Richtung; einzelne Persönlichkeiten: Heydorn, Behrmann, Grimm, Cordes, Nicolassen, Glage, Hunzinger, von Ruckteschell, Clemens Schultz – *Die Juristen:* Allgemeines; einzelne Persönlichkeiten: Mittelstein, Nöldeke, Schaps, Henschel, Leo, Wassermann, Naumann, Sieveking, Brandis, Dücker, Zacharias, Föhring, Schrader, Wulff, Ipsen, Klußmann, Förster, Flemming, Merck, Kirchenpauer, Kaemmerer, Heckscher, Hallier, Lutteroth, Goldschmidt, Wohlwill, Bromberg, Hertz, Bendixen – *Die Philologen:* Verhältnis der Oberlehrer zu den Volksschullehrern; Standesfragen; einzelne Persönlichkeiten: Metz, Rosenhagen, Ziebarth, Linde, Fischer, Röttiger, Gerstenberg – *Die Mediziner:* fachliche Weiterbildung; einzelne Persönlichkeiten: Lenhartz, Kümmell, Rumpel; die Frage einer medizinischen Fakultät; Nonne, Sudeck, Saenger, Weygandt, Predöhl – *Die Kaufleute:* Paul Hertz, F. Laeisz, Hermann Strebel, Ad. Woermann, Hermann Tietgens, Henry Newman, F. F. Eiffe, Erdwin Amsinck, Konsul Weber, Robinow – *Die Dozenten* des Kolonialinstituts und des Vorlesungswesens

Die führenden Persönlichkeiten 60

Alfred Lichtwark: Charakter; Werdegang; Arbeitsweise; Liebe zur Heimat; Programm; Ausbau der Kunsthalle; Schmuck und Ausstattung des Rathauses; Anfeindungen; Kampf gegen Philistertum und Rückständigkeit; Wirksamkeit; die Gesellschaft Hamburgischer Kunstfreunde; Umgang mit Menschen; Verhältnis zu Künstlern; Autorität – *Justus Brinckmann:* Charakter; Werdegang; Ziel: Gründung eines Museums für Kunst und Gewerbe; Wirksamkeit; Umgang mit Menschen; Verhältnis zu Lichtwark; Distanz zur Moderne; Familienleben; Autorität – *Werner von Melle:* ein Stern dritter Größe; Ringen um die Gründung einer Universität; Vorsitzender des Vereins für Kunst und Wissenschaft; Schwierigkeiten im Umgang mit Menschen; Charakter – *Carl Götze:* Herkunft und Wirkungskreis; Häuslichkeit; Ziele und Vorstellungen; Rednergabe; Charakter; Verdienste um die Kunsterziehung und die Schule im allgemeinen – *Carl Mönckeberg:* Herkunft, äußere Erscheinung, Charakter; Eltern; literarische Tätigkeit; Ehe mit Edith Sander; gesellschaftliches Talent; Freundschaft mit Künstlern; Mitglied der Bürgerschaft; Verhältnis zu Lichtwark – *Georg von Neumayer:* Werdegang, politische Anschauung; Navigare necesse est

3 Bildende Kunst

Die ältere Künstlergeneration 89
Valentin Ruths, Thomas Herbst

Die Kunsthalle 90

Geschichtlicher Rückblick – Die Verwaltung – Lichtwarks Organisationsplan und seine Ausführung – Die Sammlung von Bildern aus Hamburg – Die Sammlung der Hamburgischen Meister des 19. Jahrhunderts – Die Sammlung zur Geschichte der Malerei in Hamburg – Meister Franke – Meister Bertram – Weiterer Ausbau der Sammlung von Bildern aus Hamburg – Die deutschen Meister des 19. Jahrhunderts – Die moderne Bildnisgalerie – Ausländische Kunst – Neuerwerbungen alter Meister – Erwerbungen aus der Galerie Weber – Plastik – Das Kupferstichkabinett – Die

Nutzbarmachung der Kunsthalle – Vorlesungen – Publikationen – Angegliederte Gesellschaften – Der Erweiterungsbau der Kunsthalle

Der Kunstverein 104

Frühjahrsausstellungen – Für und wider die moderne Kunst – Gegensatz zwischen Kunsthalle und Kunstverein – Sieg der Konservativen – Neubelebung durch Hofrat Brodersen

Der Künstlerklub 107

Gründung – Verhältnis zu Lichtwark – Arthur Illies – Ernst Eitner – Jean Paul Kayser – Friedrich Schaper – Julius von Ehren – Julius Wohlers – Arthur Siebelist

Die Siebelist-Schüler 116

Verhältnis zum Künstlerklub und zu Lichtwark – Fritz Friedrichs – Franz Nölken – Friedrich Ahlers-Hestermann – Walter Rosam

Weitere Hamburger Künstler 119

Willy Lange – John Philipp – Henry L. Geertz – Wilhelm Mann – R. P. Junghanns – Carl Albrecht – Humorlosigkeit der hamburgischen Künstler

Auswärtige Maler als Darsteller Hamburgs 120

Attraktivität der Norddeutschen Tiefebene – Worpswede – Karlsruher Künstler in Altenwalde – Carlos Grethe – Otto Fischer – Luigi Kasimir – Marqueta – Max Liebermann – Wilhelm Trübner – Graf Leopold Kalckreuth – Edvard Munch und die Expressionisten: Nolde, Schmidt-Rottluff, Heckel, Kirchner

Der Kunsthandel 125

Historischer Rückblick – Louis Bock & Sohn – Die Commetersche Kunsthandlung – Der Kunstverein – Cassirer – Aufschwung der Commeterschen Handlung seit 1900 – Hulbe – Susi Hanitsch – Marie Herz – Grabmeier – Maria Kunde

Sammlungen 129

Die Galerie Weber – Arnold Otto Meyer – Generalkonsul Behrens – Erdwin Amsinck – Henry Simms – W. Rump – Henry P. Newman – Ernst H. Kalkmann – Dr. Zarniko – Max Nonne – Eduard und Theodor Behrens – Fritz Bendixen – Albert Wolffson – Gustav Schiefler – Dr. Rauert – Dr. R. L. Oppenheimer – Dr. R. Robinow – Dr. Weber – Dr. Blohm – Dr. Müller – Dr. Schmeisser, Dr. Sudeck, Frau Dr. Rauert, Heinrich Hudtwalcker, Dr. Rosa Schapire – Henry Budge – M. Bromberg

Das Museum für Kunst und Gewerbe 135

Museumsführer – Spitzen – Japanische Kunst – Chinesisches Porzellan – Europäische Porzellane – Steinzeug und Fayencen – Gläser – Kirchliche Kunst – Möbel – Vierländer Kunst – Geplante Neuordnung nach kulturgeschichtlichen Gesichtspunkten – Das Milde- und das Speckter-Zimmer – Historische Zimmereinrichtungen – Die graphische Sammlung – Sinn und Nutzen des Museums – Der Freundeskreis des Museums

Die Kunstgewerbeschule 147

Geschichtlicher Rückblick – Direktor Richard Meyer und seine Pläne – Das Kollegium – Veranstaltungen – Wachsende Schülerzahl – Neubau am Lerchenfeld – Enttäuschung über die weitere Entwicklung – Meyer und seine Kollegen Czeschka, Luksch und Delavilla – Dr. Niemeyer – Mangelnde Unterstützung durch Staat und Publikum

Der Kunstgewerbeverein 154

Geschichtlicher Rückblick – Programm und Tätigkeit – Festlichkeiten – Stagnation – Verbindungen zur Kunstgewerbeschule

4 Musik

Vereine und Veranstaltungen 159

Rückblick – Vereine – Hans von Bülow – Philharmonische Gesellschaft: Julius von Bernuth, Richard Barth, Max Fiedler und Siegmund von Hausegger – Verein Hamburgischer Musikfreunde – Lehrergesangverein und andere Vereine – Musikfest 1889 – Johannes Brahms – Einweihung der Musikhalle – Konzerte – Kammermusik – Kirchenmusik – Hamburger Musikpublikum – Hausmusik

Oper 168

Das Stadttheater: Rückblick; Pollini; Bittong/Bachur; Loewenfeld – Die Volksoper

5 Schauspiel, Varieté, Tanz, Kino

Schauspiel 171

Stadttheater und Thalia-Theater vor 1900: Spielpläne; moderne Dramen; Verein Freie Volksbühne – Das Deutsche Schauspielhaus unter Alfred von Berger: erste Saison; Bergers Programm; Kritik; Adele Doré; Bergers Wechsel nach Wien – Stadttheater und Thalia-Theater nach 1900 – Deutsches Schauspielhaus unter Carl Hagemann und Max Grube – Thalia-Theater unter Hermann Röbbeling – Theater in Altona und St. Pauli – Laienspiel und dramatische Vereinigungen – Hamburger Theaterpublikum

Varieté, Tanz, Kino 185

Verschiedene Etablissements – Hamburg als Artisten-Börse – Ein Rechtsstreit – Cabarets – Tanzkunst – Kino

6 Literatur, Presse

Dichter 191

Ende der literarischen Bedeutungslosigkeit Hamburgs – *Otto Ernst:* menschlich-dichterische Entwicklung; Freunde und Gegner, Lob und Kritik – *Gustav Falke:* Charakter; Verhältnis zu Liliencron und Otto Ernst; erste Erfolge; Ehrensold zum 50. Geburtstag; Familienleben; Tod – *Detlev von Liliencron:* Charakter; Ehrungen zum 60. Geburtstag; Einheit von Poet und Mensch; gesellschaftlicher Verkehr; Tod – *Richard Dehmel:* Charakter; Frau Isi und ihr Einfluß; Spätwerke; Kriegsteilnahme; Hoffnung der Jugend

Schriftsteller 230

Albert Roderich – Jacob Loewenberg – Emil Fritjof Kullberg – Gustav Frenssen – Friedrich Huch – Siegfried Heckscher – Ewald Gerhard Seeliger – Carl Bulcke – Carl Mönckeberg – Richard Huldschiner – Theodor Suse – Emil Sandt – Hermann Krieger – Ernst Fuhrmann

Schriftstellerinnen 234

Charlotte Niese – Marie Hirsch (Adalbert Meinhardt) – Johanna Wolff – Wilhelmine Funke

Niederdeutsche Schriftsteller 236

Fritz Stavenhagen – Gorch Fock – Hermann Claudius

Fachschriftsteller   238

Alfred Lichtwark – Erich Marcks – Richard Linde – Heinrich
Spiero – Hans Ferdinand Gerhard – Benno Diederich – Paul
Bröcker – Wilhelm Melhop – Hermann Popert

Dichter-Denkmäler   240

Heinrich Heine – Friedrich Hebbel

Zeitungen   244

Überblick: Hamburgischer Correspondent; Neue Hamburger
Zeitung; Hamburger Echo; Hamburger Fremdenblatt; Hamburger Nachrichten; Reform – Kunst- und Literaturkritik in den einzelnen Blättern – Musikkritik

Zeitschriften   259

Kulturelle Blätter: Der Mäcen – Der Lotse – Hamburger Woche – Hamburg – Projekt einer wissenschaftlich-kulturellen Zeitschrift – Der Hamburger – Projekt eines Witzblattes – Die Literarische Gesellschaft – Fachzeitschriften: Pädagogische Reform von 1877 – Der Säemann/Pädagogische Reform von 1904/1905 – Hamburgische Zeitschrift für Heimatkultur – Baurundschau – Der Elbwart

Buchhandel und Verlage   269

Weitbrecht & Marissal – Boysen & Maasch – Mauke Söhne – M. Glogau jun. – Alfred Janssen – Hamburgische Hausbibliothek – Deutsche Dichter-Gedächtnis-Stiftung – L. Friederichsen & Co.

7 Kulturelles Vereinswesen, Geselligkeit und Bildungsförderung

Vereine   275

Die Patriotische Gesellschaft: Erstarrung um 1890; neue Aktivitäten unter Dr. A. N. Zacharias; Dr. Eduard Hallier und die Gründung der Öffentlichen Bücherhalle; „Volksvorstellungen" klassischer Dramen; soziale Aufgaben – *Der Verein für Kunst und Wissenschaft:* Gesellige Vergnügungen unter F. Andreas Meyer; Hebung des Niveaus unter Werner von Melle; Mitgliederschwund, finanzielle Schwierigkeiten; Auflösung 1910 – *Die Literarische Gesellschaft:* Die Gründungsmitglieder 1891; das Programm; die Mitgliederbewegung; Otto Ernst; soziales Umfeld der Mitglieder; Veranstaltungen; die Vortragenden; Theateraufführungen; „Volksunterhaltungsabende"; Dichterehrungen; Gründung des hamburgischen Goethe-Bundes – *Die Kunstgesellschaft:* Mehr Breiten- als Tiefenwirkung; Dr. Heinrich Spiero; der Vorstand; Exklusivität; Veranstaltungen – *Der Goethe-Bund:* Ziele und Aktivitäten; Desinteresse des wohlsituierten Bürgertums – *Die Hamburgische Gesellschaft der Bücherfreunde:* Gründung 1908; Gegensätze zwischen Eduard Hertz und Aby Warburg; Herausgabe der Bilderhandschrift des Hamburgischen Stadtrechts von 1497 – *Der Club von 1894:* Anknüpfung an die Debating Clubs englischer Universitäten; Mitglieder; Debatten; Auflösung des Clubs – *Wissenschaftliche Vereinigungen:* Verein für Hamburgische Geschichte und seine Verdienste; Landgerichtsdirektor Dr. Schrader als Erster Vorsitzender – Geographische Gesellschaft; Naturwissenschaftlicher Verein; Ärztlicher Verein; Architekten- und Ingenieur-Verein; Schulwissenschaftlicher Bildungsverein

Hamburgische Geselligkeit   290

Auszüge Schieflers aus seinem Tagebuch 1905 bis 1914 – Bälle, Diners, musikalische und sonstige Abendunterhaltungen: Marie Zacharias und ihr Haus; Dr. Crasemann; die Woermanns und ihr

Kreis; Dr. Hallier und Physikus Sieveking; Ludwig Lippert; Bürgermeister Schröder und Mary Schultze geb. Weber – Numismatische Abende bei Dr. Geert Seelig – Veranstaltungen im Hause Schiefler

Die Frauenbewegung 296

Geschichtlicher Rückblick: Emilie Wüstenfeld, Pauline Kortmann, Charlotte Paulsen, Malwida von Meysenbug – Um 1880: Beschränkung der Frau auf ihre Häuslichkeit – Beginnende Emanzipation – Helene Bonfort und Lida Gustava Heymann – Die Hamburger Ortsgruppe des Allgemeinen Deutschen Frauenvereins: Ziele; Austritt von Lida Gustava Heymann; Widerstände; die Sozialen Hilfsgruppen unter Frau Otto Traun; der Verein zur Förderung von Frauenbildung und Frauenstudium unter Marie Kortmann; Realgymnasialklassen für Mädchen – Die Hamburger Ortsgruppe des Deutsch-Evangelischen Frauenbundes: Paula Mueller und ihr Anhang in der Hamburger Gesellschaft – Der Frauenklub: Bertha Rohlsen; Anmietung des Antoine-Feillschen Hauses am Neuen Jungfernstieg; Veranstaltungen – Teilnahme der Frauen an der Wohlfahrtspflege: Anna Meinertz, Nanny Goldschmidt, Sarah Flemming, Agnes Wolffson, Helene Bonfort; die Hamburgische Gesellschaft für Wohltätigkeit – Frauenbewegung und Erster Weltkrieg: die Kriegshilfe, der Frauenausschuß und der Deutsche Frauendank; die Gründung der Sozialen Frauenschule und des Sozialpädagogischen Instituts – Der Frauenbund zur Förderung deutscher bildender Kunst: Dr. Rosa Schapire und die Expressionisten

8 Volksbildung

Drei Ausgangspunkte: Volksschullehrer, Oberschicht, Arbeiterschaft

Volksschullehrer   303

Einzelne Persönlichkeiten: Carl Götze, Otto Ernst, Friedrich von Borstel, Hermann L. Köster, William Lottig, Heinrich Wolgast, Johannes Paulsen, C. A. Hellmann, Th. Blinckmann, J. J. Scheel u. a. – Fünf Gruppen: die politisch Motivierten, die Gesellschaft der Freunde des vaterländischen Schul- und Erziehungswesens, die Förderer der künstlerischen und der literarischen Bildung, William Lottigs Kreis – *Die politisch Motivierten:* politische Haltung; Kampf um Vorschule und Einheitsschule; Schulinspektor Fricke – *Die Gesellschaft der Freunde des vaterländischen Schul- und Erziehungswesens:* Gründung, Entwicklung; Verhältnis zu anderen Lehrervereinigungen; Jugendschriftenausschuß; Lehrmittel-Ausstellung – Kampf für Einheitsschule und Universität; Friedrich von Borstel; Die Pädagogische Reform von 1877; Curiohaus; Kritik an der Volksschullehrerschaft – *Förderer der künstlerischen Bildung:* Alfred Lichtwark; Carl Götze und die Reform des Zeichenunterrichts; Lehrervereinigung für die Pflege der künstlerischen Bildung; Reform des Zeichenunterrichts; Wandschmuck in Schulen; Bilderbücher; Theater und Konzerte für Schüler; Turnen und Tanz; Die Pädagogische Reform/Der Säemann von 1904/05; Bund für Schulreform – *Förderer der literarischen Bildung:* Otto Ernst; Literarische Gesellschaft – *William Lottig und sein Kreis:* William Lottig; Vorleseabende; Vereinigung für Kunstpflege

Volksbildungsarbeit der Oberschicht   330

Ablehnung durch die Mehrheit – Aktivitäten der Minderheit – Staatliches Bildungswesen, verschiedene private Einrichtungen und kirchliche Beteiligung – *Das Volksheim:* Gründung; Walter F.

Classen; Ziele; Vorträge; Arbeitsgemeinschaften; Niederlassungen in den Stadtteilen; Heinz Marr; Veröffentlichungen

Bildungsarbeit der Arbeiterschaft 337

Sozialdemokratische und gewerkschaftliche Bestrebungen: Emil Krause; Arbeiterbildungsverein von 1845 und Nachfolger; Verein Freie Volksbühne; Fortbildungsvereine; Jugendbund; Zusammenfassung der Aktivitäten durch die Zentralkommission für das Arbeiterbildungswesen; Volksschauspiele; Musik; Kinder- und Jugendarbeit; weitere Arbeitervereinigungen; Bauten der „Produktion"; Gewerkschaftshäuser – Guttempler – Heilsarmee – Verein für Kunstpflege: Entstehung aus dem Verein Freie Volksbühne; Literatur, bildende Kunst, Kunsthandwerk, Musik; Abspaltung der Vereinigung für Kunstpflege; weitere Tätigkeit von Verein und Vereinigung; Zusammenwirken

9 Wissenschaftliche Anstalten und Universitätsgedanke

Wissenschaftspflege im alten Hamburg 349

Das Akademische Gymnasium von 1613 – Seine Blüte im 18. Jahrhundert – Reformen und Aufhebung (1883) – Die Wissenschaftlichen Anstalten – Das Öffentliche Vorlesungswesen

Pläne für eine Universitätsgründung 351

Schieflers Schrift „Hamburgische Kulturaufgaben" (1899) – Zustimmung und Kritik – Werner von Melles Aktivitäten – Die Errichtung des Professorenkonvents (1901) – Propaganda für den Universitätsgedanken – Unterstützung durch die Patriotische Gesellschaft – Friedrich Sievekings Denkschrift von 1905

Die Hamburgische Wissenschaftliche Stiftung 358

Handelshochschule oder Universität? – Alfred Beits Millionenspende – Das finanzielle Engagement der Kaufmannschaft – Die Genehmigung der Stiftung im April 1907 – Das Ringen um eine Professur für Nationalökonomie – Die ersten Aktivitäten der Wissenschaftlichen Stiftung – Edmund Siemers' Schenkung eines Vorlesungsgebäudes

Das Kolonialinstitut 364

Verhandlungen mit dem Reichskolonialamt – Dernburgs Besuch in Hamburg – Eröffnung des Kolonialinstituts (1908) – Anträge auf Errichtung weiterer Lehrstühle – Widerstände in der Bürgerschaft – Der Ausschußbericht vom Juni 1910 und seine Behandlung im Plenum

Die Universitätsvorlage des Senats 373

Neue Berufungen – Errichtung von Museumsbauten – Äußerungen von Standes- und Privatinteressen zur Frage einer Universitätsgründung – Die Senatsvorlage vom 23. Dezember 1912 – Gegner und Befürworter – Die Universitätsfrage im Wahlkampf – Stellungnahme von Kaufleuten, Ärzten und Juristen – Die Denkschrift der Handelskammer vom April 1913 – Die Behandlung der Senatsvorlage in der Bürgerschaft – Abstimmungsniederlage des Senats – Außerhamburgische Stimmen

Auf dem Weg zur Universität 396

Antrag von Melles auf Errichtung neuer Professuren – Fortgang der Ausschußberatungen über die Ausbaupläne des Senats – Agitation für und wider die Gründung einer Universität – Die Behandlung der Universitätsfrage nach dem Novemberumsturz 1918 – Schützenhilfe vom Werkbund Geistiger Arbeiter – Annahme der überarbeiteten Universitätsvorlage durch die neugewählte Bürgerschaft

10 Stadtentwicklung, Architektur, Baupolitik

Hamburgs bauliche Entwicklung bis 1890   405

Die Anfänge der Stadt – Herausbildung eines Zentrums – Die Gängeviertel – Der Große Brand von 1842 – Unorganisches Wachstum der Stadt – Boden- und Bauspekulation in den Vororten – „Maurermeister-Architektur" – Anlegung und Bebauung des Freihafens 1884–1888 – Die Entstehung von Arbeitervierteln

Der Ruf nach Baupolitik und Stadtplanung   408

Das Versagen der Baubeamten – Schumachers Analyse der „Hamburger Wohnungspolitik 1818–1919" – Ansätze zur Reform im Kleinwohnungsbau – Bauordnung und Bebauungsplan als Mittel der Stadtgestaltung – Ingenieur contra Architekt – Die Schaffung der Städtebauabteilung (1914)

Schilderung der Stadt um 1888/1890   413

Die Wohnhäuser an der Außenalster: Harvestehude, Uhlenhorst und St. Georg – Die Geschäftsstadt rund um die Binnenalster – Die Bausituation an der Kleinen Alster – Die fünf Hauptkirchen: St. Petri und St. Nikolai, St. Michaelis, St. Katharinen und St. Jakobi – Umgestaltung des Stadtbildes nach 1842 – Öffentliche Gebäude und Denkmäler

Hafenerweiterung und Freihafenbauten   423

Hamburgs Zollanschluß an das Deutsche Reich (1888) – Der Elbstrom und die Anlage künstlicher Bassins – Schilderung einer Hafenrundfahrt – Der Hafen als künstlerisches Motiv – Hafenatmosphäre

Allgemeine Stadtentwicklung 1890–1914 429

Baustil und Bausünden der Wilhelminischen Zeit – Die Rathausbaumeister und ihr Werk (1886–1896) – Anfänge der Stadtsanierung – Die neuen Eisenbahnanlagen – Einweihung des Hauptbahnhofs (1906) – Hoch- und Untergrundbahnen: „Der Ring", Alstertal- und Walddörferbahn – Die Anlegung von Durchbruchstraßen – Über die Gestaltung der Mönckebergstraße: Zur Diskussion über die Trassenführung; die Fassadenkommission; architektonische Einzelheiten der Bebauung; die Bausituation am Rathausmarkt – Neue Hafenbecken und Hafenbauten – Die St. Pauli-Landungsbrücken und der Elbtunnel – Zentrale Markthallen – Einrichtung von Elektrizitäts- und Wasserwerken – Kirchenneubauten

Schumachers Berufung nach Hamburg 452

Die leitenden Baubeamten: Zimmermann und Erbe – Schumacher wird Baudirektor (1909) – Herkunft und Lebensstil – Seine vielseitige Begabung: Architekt, Städtebauer, Kulturpolitiker – Ressortstreitereien mit dem Ingenieurwesen

Staatsbauten 1890–1914 457

Die Vollendung des Justizforums – Neubauten für die Wissenschaftlichen Anstalten – Die Erweiterung der Kunsthalle: Planung durch Lichtwark und Erbe; das Ergebnis im Streit der Meinungen; Schiefler contra Löwengard – Neubauten der Post- und der Steuerverwaltung – Musikhalle und Theaterbauten – Schumachers Entwürfe und seine Bauten – Entwicklungen in der Gestaltung von Schulgebäuden

Privatbauten 1890–1914 473

Über den Typus von Geschäftshaus, Kontorhof und Warenhaus – Neuere Geschäftshäuser: Das HAPAG-Haus als Prototyp – Neubauten für Vereine und Verbände – Beispielgebende Kontorhofbauten – Warenhäuser – Gestaltwandel des Einfamilienhauses – Zur Entwicklung des Miethauses

Das Baupflegegesetz von 1912   485

Baupflege als staatliche Aufgabe – Paul Bröckers publizistisches Plädoyer – Schieflers Denkschrift für den Bürgerschaftsausschuß (1908) – Die Verhandlungen in der Bürgerschaft – Streit um die Entschädigungspflicht des Staates – Die Schaffung eines Baupflegebüros – Aus der Arbeit der Baupflegekommission

Perspektiven der Stadtplanung   501

Das Baupflegegesetz als Ansatzpunkt für Städtebaupolitik – Die Planung des Stadtparks – Architekt contra Ingenieur: Zur Diskussion über Alsterkanalisation und „Alsterstadt"; das Projekt im Widerstreit der Meinungen; Schumachers Gestaltungsvorschlag – Aspekte künftiger Stadt- und Landesplanung – Der Ohlsdorfer Friedhof und seine Erweiterung – Denkmäler für Kaiser Wilhelm I., Bismarck und Brahms

Resümee   513

Über das Versagen des Bürgertums auf kulturellem Gebiet

11 Epilog: Der Kriegsausbruch und seine Folgen   517

Bildende Kunst   518

Die Kunsthalle: Lichtwarks Tod; sein Plan einer „Lebensgemeinschaft der Hansestädte"; Lichtwarks Nachfolger Gustav Pauli – Das Museum für Kunst und Gewerbe: Brinckmanns Tod; schwierige Wahl eines Nachfolgers; Max Sauerlandt – Die Lage der Künstler zu Beginn des Krieges: die Verkaufsausstellung ; Gründung einer Hilfskasse; Portraitaufträge; die Frauen-Künstlerhilfe – Neue Talente: der Künstlerverein; Alexander Friedrich; Kinner von Dresler; Dr. Rosa Schapire und die Expressionisten; Nachkriegsausstellungen; Heinrich Steinhagen; Johannes Wüsten – Die Hamburger Sezession: Gemäßigte und Radikale; Otto Tügel; Karl Opfermann; Dr. Lothar Schreyer – Die Lage der Künstler gegen Ende des Krieges: steigender Absatz und steigendes Selbstgefühl; Mangel an Qualität – Der Künstlerrat (1919/20) – Der Kunstverein: Prosperität im Kriege; der Hamburgische Kunstkalender für 1920; finanzielle Schwierigkeiten – Die Kunstgewerbeschule: mangelnder Patriotismus der „Wiener Herren"; die künstlerischen Qualitäten von Czeschka; Aufschwung nach dem Kriege

Literatur, Theater, Presse 533

Richard Dehmel: seine Tätigkeit im Kriege; sein Tod 1920 – Neue Talente: Emil Sandt; Hermann Krieger; Ludwig Hinrichsen; Hermann Boßdorf und andere Niederdeutsche; Hans Friedrich Blunck; Jacob Bödewadt – Karl Lorenz – Die Rote Erde – Die Kündung – Der Sturmreiter – Ernst Fuhrmann – Norddeutsche Monatshefte – Deutsches Volkstum – Die Literarische Gesellschaft – Theater im Kriege: Aufschwung; Veränderung in der Zusammensetzung des Publikums; das Thalia-Theater; das Deutsche Schauspielhaus; die Hamburger Kammerspiele – Theater-Kritiker: Hans W. Fischer; Alexander Zinn

Volksbildung 540

„Deutsche Vorträge Hamburgischer Professoren" – „Volkstümliche Vorlesungen der Patriotischen Gesellschaft" – Die Frage der Einheitsschule – Die Schulreform nach dem Kriege: die Lehrerversammlungen vom 10. bis 12. November 1918; der Lehrerrat; Demokratisierung der Schulverfassung; Versuchsschulen unter

Carl Götze und William Lottig; Fritz Jöde, Friedrich Schlünz und
der „Wendekreis"

Der Freie Ausschuß 544

Bemühungen um echte Kunst und Hebung des Geschmacks –
Die Versammlung in der Kunsthalle am 17. November 1916 –
Schwierigkeiten – Paulis Sonderinteressen – Programm – Organisationsfragen – Kooperation verschiedener Institutionen und
Vereine – Themen der Beratung – Praktische Arbeit

Der Werkbund Geistiger Arbeiter 551

Der „Freie Ausschuß" als Keimzelle – Die erste Versammlung am
15. November 1918 – Unterschiedliche Reaktion auf das Hillersche Programm – Parallelunternehmen – Die Versammlung der
Geistesarbeiter im Curiohaus am 17. November – Anziehungskraft des W.G.A. – Die Versammlung der „Gelehrten, Techniker
und Vertreter der kulturellen Vereine" im Kolonialinstitut am 18.
November – Die Versammlung des W.G.A. in der Kunsthalle am
20. November – Ausschußarbeit – Die führenden Persönlichkeiten: Schumacher, Peter Petersen, Görland, Carl Mönckeberg,
Pauli – Versammlung der „Vertreter gelehrter Berufe" im Altonaer Museum am 24. November – Der „Rat Geistiger Arbeiter" und
der „Verband Geistiger Arbeiter" – Das Programm des W.G.A. –
Diskussionsabende – Der Universitätsausschuß des W.G.A. und
seine Wirksamkeit – Beiträge zur Neuorganisation des Schulwesens – Die Hamburger Abende des W.G.A. – Die Graphische
Ausstellung im Sommer 1919 – Der Plan einer „Kunstfördernden
Gesellschaft" – Gesellige Abende

Anmerkungen der Bearbeiter 569

Register 583

Einführung der Bearbeiter

Gustav Schiefler, der Verfasser der hier erstmals vorgelegten „Hamburgischen Kulturgeschichte", war kein Hamburger. Erst in seinem 30. Lebensjahr kam er nach dem Studium der Rechtswissenschaften und nach Ablegung der erforderlichen Examina als Amtsrichter in die Hansestadt. Am 28. Dezember 1857 in Hildesheim geboren – also noch im Königreich Hannover –, machte es bei seinen ehemaligen Landsleuten gelindes Aufsehen, daß er, wie sein enger Freund Carl Mönckeberg es einmal formuliert hat, „als Preuße für Hamburg und als Jurist für die schönen Künste schwärmte"[1].
In der Tat wandte Schiefler, der sich zusammen mit seiner ebenfalls aus Hildesheim stammenden Frau Luise v. Rose schnell in die hamburgischen Gesellschaftsverhältnisse gefunden hatte, den schönen Künsten mit wachsender Intensität sein Augenmerk zu. Dabei nahm die Malerei unbestritten die erste Stelle ein. Schon bald stand der junge Richter ganz im Banne der überragenden Persönlichkeit Alfred Lichtwarks, der als Direktor der Hamburger Kunsthalle eine weit über die Grenzen der Stadt wirkende kunstpädagogische, ja kulturpolitische Wirksamkeit entfaltete.
Nach tastenden Anfängen erwarb Schiefler 1890 mit Max Klingers „Kämpfenden Zentauren" das erste Blatt eines lebenden Künstlers. Fortan sollte die Graphik mit ihren vielgestaltigen Ausprägungen sein Leben in kaum geahnter Weise bestimmen. Lichtwark machte ihn mit jungen hamburgischen Künstlern wie Arthur Illies, Ernst Eitner und Arthur Siebelist, aber auch mit so prominenten Malern wie Max Liebermann bekannt. Doch als Schiefler 1902 zum ersten Mal Bilder des Norwegers Edvard Munch gesehen hatte, begann er seinen eigenen Weg zu gehen, auf dem ihn sein Mentor nicht mehr recht begleiten mochte. Schiefler hat diese ungewollte Entfremdung zutiefst bedauert, aber sie hat ihn nicht daran gehindert, von nun an für das Werk der kommenden Künstlergeneration – der Nolde, Heckel, Kirchner

bis hin zum jungen Rolf Nesch – einzutreten, und zwar weniger als großzügiger Mäzen denn als kunstverständiger und hilfreicher Freund. Hunderte von Künstlerbriefen in seinem Nachlaß legen eindrucksvoll Zeugnis dafür ab.

Die „Schiefler-Abende" in seinem Haus in der Oberstraße boten ihm eine gute Gelegenheit, um Freunde und Bekannte mit Werken zeitgenössischer Künstler vertraut zu machen. Als geselliges Beisammensein im Kollegenkreis ins Lebens gerufen, waren diese Abende schon bald zu einem gern besuchten gesellschaftlichen Ereignis geworden: Hier lasen Richard Dehmel und Gustav Falke aus ihren Dichtungen vor, Liliencron deklamierte seine Balladen, die Töchter Falke zeigten ihre Tanzkunst, und „so ganz nebenher" machte Schiefler die Gäste mit neuer Graphik bekannt, die er auf provisorisch an den Zimmerwänden befestigte Leinen hängte. Daß diese entschiedene Form von Kunstpädagogik nicht immer und bei allen Gästen Anklang fand, ist nur allzu verständlich. Carl Mönckeberg, der vielseitig gebildete Sohn des seinerzeitigen Bürgermeisters, hat das humorvoll geschildert: „Wenn die Gäste sich gerade fest vorgenommen hatten, als moderne Menschen nicht mehr mit der Wimper zu zucken, mit den fortgeschrittenen Zeitgenossen auf Du und Du zu verkehren, Gegenwart und Zukunft eiskalt an sich herankommen zu lassen, gab es todsicher eine neue Überraschung: Schiefler ließ sich kaum Zeit, die Freunde zum Neuesten zu bekehren, so war er auch schon irgendeinem Allerneuesten auf der Spur, so daß die Kleingläubigen und Skeptischen heimlich zueinander sagten: Das kann er nun doch beim besten Willen wirklich selbst nicht schön finden!"[2]

Auf Lichtwarks Anregung hatte Schiefler 1905 ein „Verzeichnis des graphischen Werkes neuerer hamburgischer Künstler" herausgebracht. Viele Gespräche mit Illies über technische Entstehungsbedingungen graphischer Kunst waren vorausgegangen, praktische Übungen im Radieren, Ätzen, Drucken usw. hatten sie begleitet. Auf diesem Feld fand Schiefler fortan hohe Befriedigung und auch breite Anerkennung in der Fachwelt. Alsbald erschienen seine vielgerühmten Kataloge der Graphik von Liebermann und Munch (beide 1907), von Emil Nolde (1911) und Ernst Ludwig Kirchner (1924); in den Zwanziger Jahren erarbeitete er dann die Verzeichnisse des späteren Schaffens von Nolde (1926), Munch (1927) und Kirchner (1931). Gustav Pauli, Lichtwarks Nachfolger als Direktor der Kunsthalle, hat einmal davon gesprochen, daß gerade Juristen und auch Ärzte für eine solche Tätigkeit besonders geeignet seien, da sie in ihrem Berufsleben Tatbestände präzise zu erfassen und gegebenenfalls zu beschreiben hätten, und mit Blick auf

Schiefler hatte er hinzugefügt: „Der richtige Sammler ist immer ein verkappter Museumsmann und Katalogschreiber."³
Gleichwohl hatte über Schieflers so entschiedenem Eintreten für die moderne Kunst von Anbeginn ein Unstern gestanden: Ein sich stetig verschlimmerndes Augenleiden, das schließlich zu fast völliger Blindheit führen sollte, erschwerte ihm nicht nur die Kunstbetrachtung, sondern veranlaßte ihn, sich 1914 pensionieren zu lassen. Dieser vorzeitige Abschied von seinem Beruf – er war 1905 zum Landgerichtsdirektor avanciert – bedeutete indes noch keinen Ruhestand. Im Gegenteil: 1915, im zweiten Kriegsjahr, übernahm er die Schriftleitung der neugegründeten Zeitschrift „Die Literarische Gesellschaft". Er verstand es, diese leider schon nach sechs Jahren in Nachkriegswirren und Zeitnöten untergegangene Monatsschrift zu einem, wie der Journalist Hans W. Fischer später rühmte, „beweglichen Organ von frischem Zukunftsmut, hoher Geistigkeit und kulturellem Verantwortungsgefühl" zu gestalten[4]. Auch hat Schiefler als Vorsitzender der „Hilfskasse für hamburgische Künstler" zusammen mit Gleichgesinnten dafür gewirkt, daß bildende Künstler während der Kriegszeit weiterhin Aufträge erhielten und nicht wie Almosenempfänger behandelt wurden.
Nach dem Novemberumsturz gehörte er zu den Gründern des „Werkbunds Geistiger Arbeiter". Schiefler, der alles andere als ein homo politicus war, vertrat jetzt mit Entschiedenheit die Auffassung, daß gerade das gebildete, doch zumeist unpolitische Bürgertum in dieser Umbruchsituation chaotischer Räteherrschaft eine besondere Verpflichtung gegenüber dem neuen Staat habe. Im ersten Jahr übernahm er sogar den Vorsitz in der überparteilich, doch betont republikanisch ausgerichteten Vereinigung, in der sich vor allem Reformpädagogen, Richter und Dozenten, dagegen kaum Künstler zusammengefunden hatten.
Die hoffnungsfrohen Jahre der Republik von Weimar brachten schließlich den Durchbruch der expressionistischen Malerei. Auch Schieflers früheres Wirken fand jetzt die verdiente Anerkennung. Hier sei nur die 1932 – übrigens zum ersten Mal – verliehene Ehrenmitgliedschaft des traditionsreichen Kunstvereins genannt und im übrigen auf das Sonderheft der Zeitschrift für künstlerische Kultur „Der Kreis" hingewiesen, das Freunde und Verehrer zu seinem 70. Geburtstag facettenreich gestaltet haben.
In der Tat: Obwohl Schiefler nur in wenigen offiziellen Ehrenämtern tätig gewesen ist, hat er gleichwohl nach dem Zeugnis des hamburgischen Oberbaudirektors Fritz Schumacher „Hamburgs Leben unsichtbar mitregiert"[5].
Es ist ihm nicht erspart geblieben, die nationalsozialistische Verfolgung der

von ihm zeitlebens freundschaftlich geförderten Künstler wie auch die Verfemung ihrer von ihm mit hoher Kennerschaft gesammelten Bilder miterleben zu müssen. Vor nunmehr 50 Jahren, am 9. August 1935, ist Gustav Schiefler, 77jährig, in seinem Mellingstedter Landhaus gestorben.

Nachdem Schiefler am 15. August 1914, kurz nach Ausbruch des Weltkriegs, in den Ruhestand getreten war, fand er Zeit und Muße, um eine weitausgreifende Kulturgeschichte Hamburgs der letzten 25 Jahre zu schreiben. Auf die Darstellung politischer Ereignisse und wirtschaftlicher Entwicklungen hat er bewußt verzichtet. Er sah seine Aufgabe vielmehr darin, den Aufstieg zur Millionenstadt mit Blick auf geistige Strömungen und kulturelle Wandlungen zu beschreiben. Dies entsprach so ganz seinen Neigungen, hatte er doch auch mehrfach mit Wort und Tat Einfluß nehmen können auf viele der zu schildernden Ereignisse. So ist seine „Hamburgische Kulturgeschichte" – unter der Hand und mehr, als es der Verfasser wohl eigentlich gewollt hatte – ein sehr persönliches Werk geworden.

Es sind die Aufzeichnungen eines Beobachters, der an der glanzvollen Selbstdarstellung der Wilhelminischen Zeit vielfach Anlaß zur Kritik gefunden hatte. Obwohl in die hamburgische Gesellschaft aufgenommen, hatte Schiefler schon bald in gewisser Weise so etwas wie eine Außenseiterstellung eingenommen. Seine 1899 erschienene Schrift „Hamburgische Kulturaufgaben" war ein leidenschaftlicher Aufruf zu einer stärkeren Betonung geistiger Interessen gegenüber dem sich überall breitmachenden Materialismus, die in einem eindrucksvollen Plädoyer für die Errichtung einer Universität in der wohlhabenden Handelsstadt gipfelte. Eine noch entschiedenere Tonart wurde dann in der drei Jahre später veröffentlichten Broschüre „Der Kaiser, die neue Kultur und die deutschen Einzelstaaten" angeschlagen, in der Schiefler wortkräftig gegen kulturfeindliche Strömungen, und zwar besonders in Preußen, zu Felde zog. Seine betonte Förderung zeitgenössischer Künstler, deren Schaffen (noch) keine allgemeine Anerkennung, ja nicht selten offizielle Ablehnung erfuhr, mag da als praktische Fortführung der hier erst publizistisch vertretenen Positionen gedeutet werden.

Doch trotz seiner weitblickenden und zukunftsträchtigen Ideen und Pläne war Schiefler viel zu sehr Kind seiner Epoche, ja Vertreter seines Standes, um nicht auch dem herrschenden Zeitgeist kräftig zu huldigen. So nannte ausgerechnet er, der 1906 die hamburgische Wahlrechtsverschlechterung scharf verurteilt hatte, noch ein Jahrzehnt später die lebenslange Amtsdauer der Senatoren „von unschätzbarem Wert", da jeder Amtsträger sich nur so spezialisieren und sich „durch sein Lebenswerk ein dauerndes Denkmal setzen" könne[6]. Parlamentarisch-demokratische Vorstellungen, wie sie schon wenige Jahre später Wirklichkeit werden sollten, treten hier gegenüber der individuellen Leistung der parteipolitisch ungebundenen Einzelpersönlichkeit völlig zurück. Und wieviel nebulöses Wunschdenken drückt die gleichzeitig geäußerte Feststellung aus, daß Deutschland nach dem Krieg „neben der politischen Führung in Europa die Führung im Geistesleben der Welt zufallen" müsse[7]? Später beklagte Schiefler in einem Artikel unter der pathetischen Überschrift „Findet die große Zeit ein großes Geschlecht?" die nationale Zerrissenheit und traf dabei – sicherlich im Einklang mit der Mehrzahl aller Deutschen – die eher selbstgerechte Feststellung: „Es ist eine Verwirrung des Urteils, wenn jemand vergißt, daß wir uns gegen die Einschnürung unseres gesunden und natürlichen Wachstums verteidigten und nichts anderes wollten, als Licht und Luft."[8]

Daß Kriegsniederlage und politischer Umbruch einen sensiblen Menschen wie ihn besonders hart treffen mußten, ist kaum verwunderlich. So ist es nur allzu verständlich, daß der Schlußteil seiner „Hamburgischen Kulturgeschichte", der die Jahre von 1914 bis 1920 behandelt und der darüber hinaus ein Resümee des Gesamtzeitraums von 1890 an zu geben versucht, über weite Strecken pessimistische, ja resignative Züge trägt. Das Bürgertum habe auf der ganzen Linie versagt, so lautet nun sein selbstkritisches Verdikt, die „Versumpfung im Materiellen" habe die ihm innewohnende Kraft gebrochen: „Geld und Macht wußte das Bürgertum des letzten Menschenalters zu werten; Geist und Kultur hat es nur äußerlich verstanden. Die hamburgische Kulturgeschichte der letzten dreißig Jahre bietet zahlreiche Belege. Die Hamburger Nachrichten waren Bannerträger dieses Bürgertums: wer die Art kennenlernen will, möge lesen, wie sie sich zu Alfred Lichtwark, zur Entwicklung der Kunst, zur neuen Literatur, zu den Männern einer fortschreitenden Wissenschaft, vor allem zur Frage der hamburgischen Universität von jeher gestellt haben."[9]

Wer nun freilich erwartet, in Schieflers eigener Darstellung den Versuch einer Abwägung zwischen pro et contra zu finden, wird enttäuscht sein. Waren die Hamburger Nachrichten nach seiner keineswegs unzutreffenden Einschätzung typischer Exponent konservativer, ja nicht selten reaktionärer Anschauungen, so stand er selber fest im Lager derer, die mit Blick auf die stichwortartig genannten Streitpunkte entschieden gegensätzliche Positionen vertraten. Daher sind manche seiner Ausführungen einseitig gehalten, wirken Bewertungen oftmals befangen, werden andere Meinungen nicht selten unrichtig dargestellt oder emotional bewertet. Doch trotz (oder gerade wegen) solcher einseitigen Sicht läßt Schieflers „Hamburgische Kulturgeschichte" bei aller Zeitgebundenheit manches durchscheinen oder zumindest ahnen von der bewegten Aufbruchstimmung des anbrechenden 20. Jahrhunderts. Viele dieser Ansätze konnten in der Weimarer Republik aufleben und Frucht tragen, um freilich schon wenige Jahre später zerstört zu werden, ohne recht eigentlich Wurzeln geschlagen zu haben. Insoweit zeigt Schieflers Werk eine gewisse Verwandtschaft mit Hans W. Fischers „Hamburger Kulturbilderbogen" (1923), doch ist dessen eher impressionistischer Erlebnisbericht über die Zeit von 1909 bis 1922 viel enger gefaßt und weit subjektiver geschrieben.

Schieflers engagierte Darstellung, seine nicht selten entschiedene Parteinahme tritt im übrigen besonders deutlich zutage, wenn man zum Vergleich Betrachtungen seiner Zeit- und Weggenossen heranzieht, wie etwa Fritz Schumachers um distanzierte Sachlichkeit bemühte „Stufen des Lebens" (1935) oder Gustav Paulis nobel-diskrete, auch sprachlich anziehende „Erinnerungen aus sieben Jahrzehnten" (1936). Gewiß hatte Schiefler mit seinem Werk keine Lebenserinnerungen vorlegen wollen; gleichwohl sind drei Jahrzehnte seines Lebens, seine besten Schaffensjahre, mit der von ihm geschilderten Epoche unlösbar verknüpft. Mag sein, daß die von ihm außerdem verfaßte vierbändige „Familien- und Lebensgeschichte" eine andere Sprache spricht, doch deren Manuskript stand den Bearbeitern wegen des „zu familiären Charakters" leider nicht zur Verfügung.

Die Bearbeiter haben lange überlegt, ob sie das sechsbändige Manuskript der „Hamburgischen Kulturgeschichte" in seinem ganzen Umfang veröffentlichen sollten. Manche Wiederholung sowie eine Reihe von eher ermüdenden Aufzählungen, die woanders vollständiger und verläßlicher abgedruckt worden sind, hätten sich dadurch vermeiden lassen. Doch der Platzgewinn hätte die mit einer solchen Kürzung verbundene Willkür kaum gerechtfertigt. Der Schieflersche Text ist hier also vollständig wiedergegeben.

Was die Textgestaltung angeht, wurden Orthographie und Interpunktion weitgehend dem heutigen Gebrauch angepaßt, denn das in vielen Jahren von mehreren Personen angefertigte Schreibmaschinen-Manuskript und erst recht die nicht nur vom Autor, sondern auch von anderen vorgenommenen Korrekturen haben eine störende Uneinheitlichkeit von Schreibweise und Zeichensetzung zur Folge gehabt. Im übrigen wurden Schreibfehler bei Eigennamen wie auch offensichtliche Verwechselungen stillschweigend korrigiert.

Auf einen ausführlichen Kommentar, vor allem auf Erläuterungen einzelner Passagen auf der Grundlage des heutigen Forschungsstandes, ist bewußt verzichtet worden. Dadurch hätte Schieflers so lebendige Darstellung viel an Reiz eingebüßt. Die wenigen am Schluß zusammengefaßten Anmerkungen beschränken sich daher auf bibliographische Nachweise, genealogische Bemerkungen und wichtige inhaltliche Erläuterungen. Zur besseren Orientierung des Lesers wurden im übrigen an zahlreichen Stellen weitere Zwischenüberschriften hinzugefügt; auch ist ein umfangreiches Register angehängt worden.

Vor mehr als zwei Jahrzehnten nannte die Gesellschaft der Bücherfreunde es eine „vaterländische Pflicht", Gustav Schieflers Hamburgische Kulturgeschichte zu veröffentlichen. Heute nun wird diese Pflicht erfüllt. Ohne die Initiative von Prof. Dr. Wolfgang Papst sowie die Unterstützung zahlreicher Förderer wäre das kaum möglich gewesen. Die Bearbeiter haben vielfältige Hinweise und Anregungen von Gustav Schieflers Tochter Ottilie und seinem Enkel Georg erhalten. Kunstwerke und Schriftstücke aus ihrem Besitz konnten zur Illustration dankenswerterweise ebenso veröffentlicht werden wie solche aus den Beständen der Hamburger Kunsthalle, des Staatsarchivs der Freien und Hansestadt Hamburg sowie des Brücke-Museums zu Berlin. Frau Ulrike Müller-Link hat große Teile des Manuskriptes transkribiert. Die Druckerei Wachholtz hat die Drucklegung aufs sorgfältigste betreut.

Allen Genannten ist dafür zu danken, daß mit ihrer Hilfe Gustav Schieflers Beobachtungen und Beurteilungen des von ihm mit beeinflußten Hamburger Kulturlebens 65 Jahre nach ihrer Niederschrift und 50 Jahre nach dem Tod des Autors der Öffentlichkeit zugänglich gemacht werden können.

Die Bearbeiter

Nachweise

1 Carl Mönckeberg: Die Schiefler-Abende. In: Der Kreis. Zeitschrift für künstlerische Kultur, Jg. 4, 1927, Heft 12 (Zum 70. Geburtstag Gustav Schieflers), S. 672.

2 Ebd., S. 673.

3 Gustav Pauli: Der Sammler Schiefler. In: Der Kreis (wie Anm. 1), S. 670.

4 Hans W. Fischer: Gustav Schiefler und die Literatur. In: Der Kreis (wie Anm. 1), S. 684.

5 Fritz Schumacher: Gustav Schiefler und Hamburgs öffentliches Leben. In: Der Kreis (wie Anm. 1), S. 667.

6 Gustav Schiefler: Hamburgische Verwaltung und hamburgisches Geistesleben. In: Die Literarische Gesellschaft, Jg. 1, 1915, Heft 3, S. 4 f.

7 Ebd., S. 1.

8 Die Literarische Gesellschaft, Jg. 4, 1918, Heft 11, S. 347.

9 Die Literarische Gesellschaft, Jg. 5, 1919, Heft 4, S. 132.

Literaturhinweise

Der Kreis. Zeitschrift für künstlerische Kultur, Jg. 4, 1927, Heft 12: Zum 70. Geburtstag Gustav Schieflers (Mit Beiträgen von Max Sauerlandt, Fritz Schumacher, Gustav Pauli, Carl Mönckeberg, R. Johannes Meyer, Carl Götze, Rosa Schapire und Hans W. Fischer).

Gustav Schiefler. Aus den Erinnerungen von Luise Schiefler, aufgezeichnet von Hans Platte, Hamburg 1965.

Gustav Schiefler: Meine Graphiksammlung. Ergänzt und hrsg. von Gerhard Schack, Hamburg 1974 (Dieser Abschnitt aus dem 4. Band der unveröffentlichten „Familien- und Lebensgeschichte" Schieflers erschien erstmals 1927 bei der „Gesellschaft der Bücherfreunde" und wurde nach fast einem halben Jahrhundert erneut aufgelegt und zwar ergänzt um zahlreiche Illustrationen und Zusätze, wie z. B. eine Bibliographie Gustav Schieflers, S. 75–82.)

Postkarten an Gustav Schiefler. Mit Zeichnungen von Edvard Munch, Ernst Ludwig Kirchner, Karl Schmidt-Rottluff, Erich Heckel, Max Pechstein, Emil Nolde. Text von Gustav Schiefler. Hrsg. von Gerhard Schack, Hamburg 1976.

1 Einleitung

Wer in Hamburg außerhalb seines Berufes geistigen Beschäftigungen obliegt, wird alsbald von denjenigen Verbänden in Anspruch genommen, welche ähnlichen Interessen dienen. So dauerte es nicht lange, bis ich als Mitglied verschiedener mit dem künstlerischen Leben zusammenhängender Vereine zu den Arbeiten des Vorstandes oder besonderer Ausschüsse herangezogen wurde. Im Laufe der Zeit trug man mir in einigen solcher Gesellschaften das Amt des Vorsitzenden an. Aber ich lehnte ab; mir lag daran, einen Überblick über das geistige Leben Hamburgs im allgemeinen zu gewinnen. Hätte ich die Leitung eines einzelnen Vereins übernommen, so würde diese die mir in so beschränktem Maße zur Verfügung stehende freie Zeit allein aufgezehrt haben. So gelang es mir, mit vielen Bestrebungen des hamburgischen Kulturlebens Fühlung zu gewinnen: mit einigen war ich auf das engste verknüpft; die meisten lernte ich in ihren hauptsächlichen Zielen kennen; ganz verborgen wird mir kaum eine geblieben sein.
Ich werde versuchen, von den gewonnenen Eindrücken einen Überblick zu geben. So sehr ich bemüht bin, tatsächlich Wahres zu berichten, wird dieser Überblick einen durchaus subjektiven Charakter tragen. Gerade darin – so scheint mir – muß sein Wert bestehen, daß er Zeugnis ablegt, wie sich das Ganze des hamburgischen Geisteslebens in jener Zeit und alle seine Einzelheiten im Auge eines mitten im Strome der Ereignisse Stehenden spiegelten.

Der materialistische Ruf, in dem Hamburg um 1890 stand, ist nicht in seiner Vergangenheit begründet. In der Geschichte des deutschen Geistes hat es eine achtunggebietende Rolle gespielt. Wenn die Pionierarbeit eines Anschar und der Schauenburgischen Grafen zeitlich zu weit zurückliegen mag, um in Anschlag gebracht zu werden, so wissen wir doch nach der Auffindung der großen Altarwerke Meister Bertrams und Meister Frankes, welche

Bedeutung Hamburg für die Kunstentwicklung in jener Frühzeit hatte. In den folgenden Jahrhunderten, um die Reformationszeit, machten sich starke wissenschaftliche und Bildungsinteressen geltend, die in der Gründung des Akademischen Gymnasiums – einer zwischen Mittel- und Hochschule stehenden Anstalt – gipfelten, und nach dem Dreißigjährigen Krieg, als im übrigen Deutschland die Kulturkraft durch die allgemeine Not gebrochen lag, stellte sich Hamburg, dank seines erhaltenen Wohlstandes, als eine Art Sammelbecken wirtschaftlich und intellektuell aufstrebender Elemente dar. Es waren die Zeiten, da die Künstlerfamilie der Denner und van der Smissen – sei es in ihren heimischen Ateliers, sei es auf der Reise an auswärtigen Höfen – zahlreiche Portraits fürstlicher und vornehmer Personen schufen. In Hamburg und seiner Nachbarschaft entstanden verschiedene literarische Gesellschaften, welche sich der Pflege der Lyrik annahmen, und es ist bekannt, welche Rolle die Stadt in der Geschichte des deutschen Theaterwesens gespielt hat; Lessings Name und sein Denkmal auf dem Gänsemarkt verknüpft die Ausklänge jener Epoche direkt mit der neueren Zeit. Diese kündigte sich alsbald in hoffnungsreicher Weise an: im Sinne einer ins Tiefe dringenden Aufklärung wuchsen alle wissenschaftlichen und Bildungsinteressen zu neuer Blüte; die Namen eines Büsch und Reimarus und der ihnen nahestehenden Familien geben dem nach allen Richtungen wirkenden Streben jener Tage das Gepräge.

Nachdem Hamburg um die Wende des 18. zum 19. Jahrhundert infolge der eigentümlichen Wirkung, welche die Weltereignisse gerade hier übten und nicht zum wenigsten unter dem Einfluß der zahlreich zugewanderten Emigranten noch einmal eine Zeit geselligen Glanzes und eines zwar auch geistig angeregten, aber doch mehr üppigen als intellektuell arbeitsreichen Lebens gesehen hatte, trat der Verfall alles dessen ein, was als Reste alter Kultur anzusehen war. Nach den Schrecken der Napoleonischen Jahre begann eine Periode, in der es vor allem darauf ankam, Kräfte zu sammeln. Die wirtschaftlichen Wandlungen hatten dem Ausland einen ungeheuren Vorsprung gegeben, und nun galt es, sich darauf vorzubereiten, daß man ihn einholen konnte. Unter diesem Gesichtspunkt sind die Jahre von 1820 bis 1870 und darüber hinaus zu betrachten. In diesem Zeitraum ist viel alter Kulturbesitz, der damals noch vorhanden war, verlorengegangen: Kulturbesitz sowohl in Sachgütern: vornehmem Hausrat, Sammlungen, Bildern, Familieneigentum aller Art, aber auch an geistigem Gut: der Bildungsstand des Kaufmanns ist seitdem um viele Grade gesunken. Aber – und das ist, wie die Dinge lagen, die Hauptsache: seine geschäftliche Energie hatte keinen Schaden gelitten;

2. Max Liebermann: Bürgermeister Burchard, um 1911

3. Arthur Siebelist: Senator Holthusen, 1915

im Gegenteil, alle geistigen Kräfte, die sich sonst vielleicht zersplittert hätten, wurden auf das eine Ziel eingestellt, und nur so war es möglich, im Wettbewerb mit dem Ausland, namentlich mit England, in die Höhe zu kommen. Nirgends ist wohl im Durchschnitt soviel gearbeitet worden, wie in den Kontoren der hamburgischen Kaufleute, und diese Gewohnheit übertrug sich auch auf die übrigen Lebenskreise. Sie wurde gleichsam zu einem Maßstab sittlicher Wertung: es galt als ein Zeichen minderer Zuverlässigkeit oder Vertrauenswürdigkeit, wenn einer sich zu anderen Dingen als der Berufsarbeit und der Arbeit zu öffentlichem Wohl Zeit nahm.

So lagen die Dinge am Ende der 1880er Jahre. Aber was früher eine Tugend und eine Stärke der Selbstbeschränkung gewesen, wurde nun ein Fehler und eine Schwäche der Selbstgenügsamkeit. Die wirtschaftliche Stellung Deutschlands und Hamburgs hatte sich so gefestigt, daß ein einseitiges Festhalten der Kaufmannschaft an erwerblicher Tätigkeit nicht mehr Vorbedingung des Erfolges war. Aber man hatte nun den Anschluß verloren, die Überlieferung alter Bildung war unterbrochen. Versuche, die namentlich unter Führung des geistvollen Bürgermeisters Kirchenpauer gemacht wurden, das Akademische Gymnasium zu einer Universität auszubauen, scheiterten; ja, der Staat entschloß sich, dieses Institut überhaupt aufzuheben. Damit war das letzte äußere Band zerschnitten, welches die Gegenwart mit den Bildungselementen der früheren Jahrhunderte verband.

Auf einem Mittagessen in unserem Hause, bei dem ich zwischen Richard Dehmel und Frau Adele Doré saß, war von Hamburgs Kulturberuf die Rede. Ich sagte, ich hoffe, daß der gewaltige Arbeitsrhythmus des Hamburger Lebens, wie er sich namentlich in dem Gewoge, Gesurre, Getute, Gestampfe des Hafens sinnfällig darstelle, auch im Bereich der Phantasietätigkeit schöpferische Geister hervorbringen werde. Während Frau Doré auf Grund der Erfahrungen, die sie bei der Wertung ihrer schauspielerischen Leistungen und der Darbietungen des Theaters überhaupt gemacht hatte, nur leise Zweifel äußerte, widersprach Dehmel entschieden. Er meinte, die Einstellung aller Gedanken in den Kreis des Erwerbslebens, die mit einer Art Ausschließlichkeit schon der Jugend eingeprägt werde, lasse ästhetische Talente oder gar Genies nicht aufkommen. Ob die Schlußfolgerung zutrifft, mag dahin gestellt bleiben; die Prämisse, auf die es hier ankommt, war jedenfalls richtig. Ein vom Bremer Senat gewählter Rat des Hanseatischen Oberlandesgerichts, der schon seit Jahren in Hamburg ansässig war, erzählte einmal nicht ohne selbstgefälligen Stolz, er habe noch nie Zeit gefunden, einen Abend ins Theater zu gehen. Das mag ein Ausnahmefall oder eine Übertreibung sein, jedenfalls waren Kaufleute, Richter, Anwälte durch die Gedanken an Beruf und Geschäft so in Anspruch genommen und am Tagesschluß durch die Arbeit so abgespannt, daß sie für ernsthafte geistige Beschäftigung, selbst für ernsthaft zu nehmenden geistigen Genuß, sich nicht mehr aufgelegt fühlten – es sei denn, daß ihre Liebe für diese Dinge groß genug war, um in ihnen eine Erholung zu erblicken. Bei den übrigen gelehrten Berufen – Ärzten, Philologen, Architekten, studierten Technikern – war es ebenso, und die damit verknüpfte seelische Haltung teilte sich mehr und mehr der ganzen Bevölkerung mit; ein äußerliches Anzeichen war der immer mehr wachsende Besuch der Varietés und später der Kinos auf Kosten der guten Bühnen.

So ist es begreiflich, daß Männer, welche auf eine Vertiefung der Bildung und Förderung deutschen Kulturlebens hinarbeiteten, einen schweren Stand hatten. Man begegnete ihnen als „unpraktischen" Männern mit einer lächerlichen Überhebung, und die gefährlichsten Gegner richteten, des Beifalls der Gleichgesinnten sicher, die Pfeile des Spottes auf sie. Lichtwark hat unter diesen Widerständen, denen er auf Schritt und Tritt begegnete, jahrelang schwer gelitten.

Indessen begannen schon Anfang der 1890er Jahre sich Kräfte entgegengesetzter Richtung geltend zu machen, wie sich überall in Deutschland eine Abwendung vom Materialismus weg zu einer höheren Wertung der geistigen, namentlich der ethischen und ästhetischen Güter, ankündigte. Aber es waren bezeichnenderweise – abgesehen von einzelnen führenden Männern – nicht die Kreise der alten Bildung, von denen die Bewegung ausging. Die von der Volksschullehrerschaft geleitete breite Masse war von einem Hunger nach geistiger Nahrung ergriffen und verlangte nach Befriedigung auch dieser Bedürfnisse. Dagegen fand der neue Aufschwung idealer Betrebungen am wenigsten Verständnis bei dem besseren Mittelstand: den wohlhabend gewordenen Handwerkern, den städtischen Grundeigentümern, dem halbgebildeten Teil der Kaufmannschaft. Die „Vornehmen", deren Kreis und Partei doch einen stark plutokratischen Charakter trug, waren gespalten: Während die wirklich gebildete Minorität allen Kulturwünschen wohlgesinnt war, verhielt sich die Mehrzahl feindlich: Sie, die wußten, daß sie ihre wirtschaftliche und gesellschaftliche Stellung ausschließlich der Blüte des Handels und ihrem Erwerb verdankten, lehnten jede wesentliche Belastung des Staatshaushalts mit Ausgaben für Kulturzwecke mit der sprichwörtlichen Begründung ab, daß der Schuster bei seinem Leisten bleiben solle.

Der Gegensatz, der sich auf Grund solcher Meinungsverschiedenheiten in der Bevölkerung bildete, hatte selten Veranlassung, öffentlich hervorzutreten, aber er nahm mit der Zeit an Stärke zu und wurde gelegentlich zu einem stummen, unter der Oberfläche des sichtbaren Lebens sich abspielenden erbitterten Ringen um die Segnungen geistigen Fortschritts. Von höherer Warte gesehen ist dieser Kampf vielleicht das interessanteste Schauspiel in der Entwicklung dieser Jahre.

2 Träger der Entwicklung

Die Organe des Staates

Der Senat

Die Organe des staatlichen Lebens waren zu Beginn der Epoche 1890 bis 1914 von dieser Bewegung kaum berührt. Der Senat – nach staatsrechtlicher Lehre zwar nur in Gemeinschaft mit der Bürgerschaft Träger der Staatshoheit, tatsächlich aber doch zur eigentlichen Lenkung der Dinge allein berufen – war zu einer erleuchteten Kulturpolitik unfähig. Nachdem er, unter Versmanns einsichtiger Führung, bei der Bürgerschaft die Genehmigung des Zollanschlusses durchgesetzt hatte, wuchsen ihm die Aufgaben, welche der Aufschwung des Handels und die in solchem Maße nicht erwartete Zunahme der Bevölkerung stellten, über den Kopf, und er hatte alle Hände voll zu tun, um die alten Formen der Staatsmaschine den veränderten und erweiterten Verhältnissen anzupassen. So wurde er immer mehr aus einem Regierungsorgan zu einer Verwaltungsbehörde. Die Tätigkeit der Ratmänner erschöpfte sich außerhalb der Voll- und Abteilungssitzungen mehr und mehr in Geschäften, welche sonst die Amtsführung eines Regierungsrats ausmachen. Es blieb keine Zeit, die Dinge vom höheren Standpunkt des leitenden Staatsmanns anzusehen und neue Wege zu suchen, auf denen der Staatswagen vorwärts zu schieben gewesen wäre. Man ging in den laufenden Geschäften unter und war froh, wenn man ihrer Herr blieb. Nur so ist es erklärlich, wenn auch nicht entschuldbar, wenn etwa die weitblickenden und mit schlagenden Beweisgründen belegten Vorschläge Lichtwarks in seiner Denkschrift über die Ausstattung des neuerbauten Rathauses unberücksichtigt gelassen wurden, die nichts Geringeres bezweckten, als dem hamburgi-

Gustav Schiefler, Hamburgische Kulturgeschichte, Manuskript S. 18

schen Kunstgewerbe in Deutschland eine führende Rolle zu verschaffen. Die persönliche Kultur des einzelnen Senators ging eben nicht über das oben geschilderte Maß des gebildeten Durchschnittsjuristen oder Durchschnittskaufmanns hinaus.
Ende der 1880er Jahre bekleideten Versmann und Petersen das Bürgermeisteramt. Jener, eine Persönlichkeit von hervorragenden staatsmännisch-verwaltungstechnischen Gaben, wurde von den Eingeweihten als derjenige gerühmt, dessen sachlicher Einsicht und Kenntnis es gelungen war, die schwierigen Verhandlungen mit dem Reich über den Zollanschluß zu einem für Hamburg günstigen Ende zu führen, während der andere, geschmeidiger, dabei klug und liebenswürdig, es verstand, sich einen entschiedeneren Einfluß auf die Bürgerschaft zu verschaffen und dadurch in den Augen der Masse den Ruhm des Erfolgs an seinen Namen zu knüpfen. Versmann ging – soweit das von außen her beurteilt werden konnte – in seinen Amtsgeschäften auf; Petersen pflegte mit Beflissenheit schöngeistige Interessen. Besonders wandte er seine Anteilnahme dem Theater zu. Daneben hatte er Freude an guter Musik, und der Eifer muß ihm hoch angerechnet werden, den er einsetzte, um dem gegen Hamburg verärgerten Brahms das Ehrenbürgerrecht zu verschaffen und ihn mit seiner Vaterstadt auszusöhnen. Auch zu den bildenden Künsten hatte er Beziehungen, aber gegen die in den 1890er Jahren einsetzende neuere Entwicklung verhielt er sich ablehnend. Sein ausgezeichnetes lebensgroßes Bildnis, das auf Lichtwarks Veranlassung Max Liebermann für die Kunsthalle malte, mißfiel ihm sehr. Neben der pastosen Malerei, die er nicht liebte, schien es seine persönliche Eitelkeit, von der er nicht frei war, zu verletzen, daß er in etwas gebeugter Altershaltung dargestellt war und daß ihm die Amtstracht nicht »soigniert« genug behandelt schien. Auf seinem Sterbebett nahm er dem Senatskollegen Burchard das Versprechen ab, daß das Bild nicht öffentlich gezeigt werde; die Folge war, daß es jahrelang im Kupferstichkabinett der Kunsthalle hinter einem grünen Zugvorhang verborgen gehalten und erst dann der Galerie einverleibt wurde, als Liebermann zu Burchards Gewissensentlastung einige kleine Änderungen vorgenommen hatte.
Mönckeberg war der geborene Finanzmann. Jahrzehnte hindurch verwaltete er das Budget mit großer Geschicklichkeit, wenn auch vielleicht mehr nach Gesichtspunkten einer weisen Privatwirtschaft als mit eigentlich staatsmännisch-genialem Weitblick. Man sagte ihm nach, daß er wiederholt die Erfüllung großer Kulturaufgaben durch seinen entschiedenen Widerspruch vereitelt habe. Schon Anfang der 1870er Jahre war er es gewesen, der Kir-

chenpauers Plan, das Akademische Gymnasium in eine Hochschule umzuwandeln, in der Bürgerschaft mit Hohn und Spott zu Fall brachte. Ich entsinne mich einer Äußerung, in der er sich über die Ausgaben zur Ausgestaltung des Naturhistorischen Museums lustig machte, indem er sagte, er sähe nicht ein, warum der Affe – als ausgestopfter Balg und als Skelett – eine doppelte Unsterblichkeit genießen solle. Im Jahre 1906 war er gewillt, die Kabinettsfrage zu stellen, wenn der Senat sich für den von Lichtwark empfohlenen Erwerb der berühmten Sammlung Kann zum Preis von 15 bis 20 Millionen entscheiden würde – eine Beschlußfassung, die dadurch vermieden wurde, daß die Kannschen Erben sich inzwischen für eine anderweitige Verwertung festgelegt hatten. Dabei war er persönlich von keineswegs engherzigen Anschauungen. Der rege Briefwechsel mit seinen Kindern, von dem gelegentlich einige Stücke veröffentlicht wurden, zeigt ihn als einen Mann, der an allen Geschehnissen auch des kulturellen Lebens in Hamburg lebhaften Anteil nahm, und bezeichnend für seinen weiten Sinn ist das Maß geistiger Bewegungsfreiheit, welches er seinen Söhnen einräumte und das Carl Mönckeberg die Selbständigkeit des von ihm eingeschlagenen Entwicklungsganges ermöglichte.

Unter der älteren Reihe der Senatsmitglieder war Bürgermeister Hachmann derjenige, welcher am ehesten Sinn für die Wichtigkeit der Pflege geistiger Güter besaß. Die Schulmänner bewahren ihm ein ehrendes Andenken für die Anteilnahme, die er ihren Wünschen und Gründen entgegenbrachte, und ihm soll die Energie unvergessen sein, mit welcher er Mittel zur Gründung einer Universität bei großen Finanzmännern flüssig zu machen suchte. Burchard stand im Ruf eines besonders bedeutenden Mannes; ich meine mehr, als er es im Grunde verdiente. Trotz seiner langjährigen Amtsdauer – er gehörte länger als 25 Jahre dem Senat an – hat er kein eigentlich sichtbares abgerundetes Lebenswerk als Denkmal seiner Tätigkeit zurückgelassen. Immerhin war er ein feiner, hochgebildeter, dazu willensstarker und vor allem ehrgeiziger Mann; vielleicht hat der Ehrgeiz der Bedeutung seines Charakters ein wenig Abbruch getan: man sagte, er würde nie für eine Sache eintreten, die er nicht sicher sei durchsetzen zu können, weil er sein Ansehen nicht der Möglichkeit eines Mißerfolges aussetzen wollte. Äußerlich war er der Typ des vollendeten Aristokraten, und die Art, wie er sowohl bei offiziellen Veranstaltungen des Senats, wie in seinem Hause – für beides hatte er bei den Bedienten weiße Wadenstrümpfe und Kniehosen eingeführt – zu repräsentieren wußte, bot einen ästhetischen Genuß.

Erst mit Werner von Melles Eintritt in den Senat erschien eine Persönlichkeit auf dem Plan, die sich ein kulturpolitisches Ziel gesetzt hatte und es zwar nicht immer mit Geschick, aber mit zäher Willenskraft verfolgte. Auf ihn wird später noch einzugehen sein.

Noch bei Burchards Lebzeiten wurde nicht ohne dessen Zutun Max Predöhl zum Bürgerneister gewählt, und nach seinem Tode traten dieser und Carl August Schröder an die Spitze des Senats. Siegfried Heckscher kennzeichnete sie einmal im Gespräch als »kompletten Hanswurst und absolute Null«. Die Charakterisierung war zutreffend, und dennoch war wenigstens Predöhl besser als sein Ruf: neben seinen lächerlichen Wunderlichkeiten verstand er es, die Eigenschaften bedeutender Männer zu erkennen und ihrem Wirken die Bahn frei zu halten.

Die später gewählten juristischen Ratmänner – Sthamer, Sander, Schäfer, Mumssen, Schramm – waren mehr »Geschäftssenatoren«; insbesondere Schäfer verdankte die Wahl seiner erstaunlichen formalen juristischen Klugheit, seiner Gesetzeskunde und seiner Fähigkeit, bei gesetzgeberischen Aufgaben den Zweckgedanken klar herauszuarbeiten und den zutreffenden, den Sinn deckenden Ausdruck zu finden. Wenn einer solchen Schaffensart – weil sie einem Inhalt die angemessene Form gibt – der künstlerische Charakter nicht abgesprochen werden kann, so war Schäfer doch im übrigen für alle Kulturinteressen eine taube Nuß; seine trockene Seele in ihrer Einstellung auf bürokratisches Machtgelüst war für jeden geistigen Fortschritt eher ein Hindernis als eine Förderung.

Unter den kaufmännischen Senatoren verdienen Holthusen und Robert Heidmann rühmende Erwähnung. Jener, ein Mann von klarer Einsicht, reservierter Haltung und rücksichtsloser Willenskraft, führte sein Amt mit einer wahrhaft staatsmännischen Begabung; hier interessiert namentlich, daß er als erster Chef der Baupflegekommission der Anwendung des neuen, viel angefeindeten Gesetzes streng in der Sache, aber verbindlich in der Form seine Bahnen zu weisen wußte. Heidmann war äußerlich – in seiner Stärke, die trotz der Größe unausgeglichen wirkte – keine vornehme Erscheinung, aber die Freundlichkeit seiner geweckten Augen gewann von vornherein die Herzen. Er hatte dabei einen für alles Edle, Gute und Schöne offenen Sinn; er erkannte die Wichtigkeit der Pflege von Kunst und Wissenschaft auch gerade für das kaufmännische Hamburg, und die Begeisterung, mit der er in der Bürgerschaftsdebatte des Jahres 1913 für die Universitätsvorlage eintrat, war herzquickend.

Die Bürgerschaft

Unfruchtbarer noch als der Senat im Bereich bewußter Kulturförderung mußte ihrer Natur nach die Bürgerschaft sein. Eine Versammlung von 160 Personen ist immer der Herrschaft der Mittelmäßigkeit verfallen. Nirgends ist dies Schicksal sicherer als auf dem Gebiet der Entscheidung über künstlerische oder Geschmacks-Fragen. Den schlagenden Beweis lieferte die Bürgerschaft, als sie dem Vorschlag des Senats, das Reiterstandbild Kaiser Wilhelms I. auf der Reesendammbrücke – »einem der schönsten Denkmalsplätze der Welt«, wie Sachverständige sich geäußert hatten – ihre Zustimmung versagte und die Aufstellung auf dem Rathausmarkt forderte; erst gegen Ende der Epoche schwang sie sich zu schöpferischer Tätigkeit auf, als sie von sich aus den Anstoß zur Baupflege-Gesetzgebung gab. Aber das dadurch erworbene Verdienst setzte sie kurze Zeit darauf durch Ablehnung der Universitätsvorlage wiederum aufs Spiel.

Die drei Parteien, in welche sie sich in den 1890er Jahren gliederte, entsprachen den gesellschaftlichen oder richtiger Bildungsklassen der bürgerlichen Bevölkerung: die Rechte, deren Mitglieder zu einem guten Teil aus den sog. Notabeln-Wahlen hervorgingen, vertrat die Geburts-, Geld- und Geistes-Aristokratie; die Linke setzte sich meist aus Angehörigen des Handwerkerstandes, Grundeigentümern und kleinen Beamten zusammen; während das Linke Zentrum etwa zwischen beiden die Mitte hielt. Vertreter der sozialdemokratischen Arbeiterschaft kamen in bemerkenswerter Zahl erst dazu, als 1897 der Erwerb des Bürgerrechts erleichtert wurde und die Zahl der Wahlberechtigten sich dadurch vermehrte. Nun aber entstand bei den besitzenden Klassen, den sog. drei alten Parteien, die Furcht vor einem erdrückenden Anwachsen der sozialistischen Sitze, und man entschloß sich, das Wahlrecht der Minder-Besteuerten zu beschränken. Die Kämpfe um die dadurch bedingte Verfassungsänderung führten zur Bildung einer neuen Fraktion, der Vereinigten Liberalen, welche sich, wie natürlich auch die Sozialdemokraten selbst, der »Entrechtung«, wie es hieß, der unteren Klassen entgegensetzten.

Die Stellung der fünf Fraktionen zu den Fragen der Kulturpolitik entsprach der Haltung der Bevölkerungskreise, aus denen sie sich rekrutierten. Die Linke war wenig geneigt, auf jene Interessen Rücksicht zu nehmen, obwohl der Führer der Grundeigentümer, Dr. Max Cohen, für die Pflege der Wissenschaft lebhaft eintrat und mit politischem Geschick seine Freunde manchmal günstig zu beeinflussen wußte.

Vielleicht noch gleichgültiger verhielt sich das Linke Zentrum; seine Mitglieder nahmen gern den praktischen Standpunkt der Ideal-Verächter ein.
Die Sozialdemokraten waren unter der Führung Otto Stoltens und Emil Krauses aller Förderung geistigen Lebens grundsätzlich wohlgesinnt, schon weil sie glaubten, daraus auch für die Bildung des Arbeiterstandes Nutzen ziehen zu können.
Die Vereinigten Liberalen beanspruchten, als die Partei der Intellektuellen zu gelten. Ihre Obmänner, namentlich Dr. Carl Petersen, gefielen sich in dieser Rolle. Sachlich tat sich Carl Mönckeberg am meisten hervor; jedoch trug auch hier die Gefolgschaft oft die glatten Züge des Philisters mit breitem Behagen zur Schau.
Die Haltung der Rechten war nicht einheitlich. Die Elemente regsamen Geistes schlossen sich Albert Wolffson an. Dieser, ein Israelit von feinster Bildung und eine anziehende Persönlichkeit, genoß in den Tagen seiner Kraft großes Ansehen im politischen Leben, man konnte ihn damals geradezu das Haupt der Bürgerschaft nennen. (Senator ist er wohl nur um deswillen nicht geworden, weil er die Religion seiner Väter, obwohl er ganz freisinnig dachte, um äußere Vorteile nicht aufgeben mochte). Er vereinigte den Scharfsinn des klugen Juristen mit einer warmherzigen Menschlichkeit. In allen politischen Fragen bewies er klaren Blick und gesunden Menschenverstand. In verwickelten Lagen war er es oft allein, der den Ausweg zu finden wußte. Neben dem allen hatte er eine große Liebe zur Wissenschaft und allen schönen Künsten; sein Haus barg eine der besten Sammlungen Hamburgs. So konnte es nicht fehlen, daß er immer da zu finden war, wo es galt, die geistigen Interessen zu fördern und zu stärken. So lange er in ungeschwächter Gesundheit seinen Einfluß übte, versagte ihm seine Partei, und dann meist die ganze Bürgerschaft, die Gefolgschaft nicht. Als er sein Mandat aufgegeben hatte, versuchte Dr. E. Westphal als sein Nachfolger in gleicher Richtung zu wirken, aber er fand in Dr. Rudolf Mönckeberg, dem Bruder des Bürgermeisters, einen schon in den letzten Jahren vorher erstarkten Gegner. Dieser, äußerlich die aristokratischste Erscheinung der Bürgerschaft, ein gewandter Redner mit der zwar lässigen, aber doch stets beherrschten Haltung des Edelmanns, goß die Lauge seines Spottes über alles, was sich nicht dem reaktionären städtisch-junkerlichen Gedankengang seines Nützlichkeitsstandpunktes einordnete, und da er mit seiner Schlagfertigkeit den anderen überlegen war, ging er äußerlich meist als Sieger aus den Redekämpfen hervor. Trotz aller Eleganz einer zur Schau getragenen Geistigkeit war er innerlich hohl; selbst ohne eigentliche Kultur im gesteigerten Sinne des Wortes,

bildete er den Mittelpunkt, um den sich die gleichgestimmten Parteigenossen sammelten, und wurde zum gefährlichen Schädling, wo es sich um die Pflege junger Kulturtriebe handelte. Bezeichnend gleichzeitig für seine geistige wie für seine seelische Haltung ist folgendes: Als Sammler von Autographen hatte er sich um 1890 auf einer Reise im Oberengadin Schriftstücke Friedrich Nietzsches, welche dieser in seiner Wohnung in Sils Maria zurückgelassen hatte, von Nietzsches Hauswirt Durisch, der sie als derelinquiertes Eigentum ansah, geben lassen. Nietzsches Schwester, die etwa 15 Jahre später als Verwalterin und Herausgeberin des Nachlasses auf der Suche nach einem verlorengegangenen Manuskript der »Umwertung aller Werte« war, hatte davon gehört und wünschte Einsicht in jene Schriftstücke zu nehmen. Ich erbot mich, ihr dabei behilflich zu sein. Die Verhandlungen mit Mönckeberg blieben aber erfolglos, angeblich, weil er sich über einen früher empfangenen Brief geärgert hatte. Selbst ein persönlicher Besuch Frau Förster-Nietzsches in Hamburg war vergeblich; er lehnte ab, die Dame zu empfangen: »Selbst Frauentränen würden ihn nicht umstimmen.« Nun suchte sie wenigstens die Bekanntschaft des Inhalts zu erzwingen, indem sie in einem Prozeß, den sie mit Eugen Diederichs führte, die Vernehmung Mönckebergs als Zeugen erwirkte. Das Überraschende geschah: er sagte unter Eid aus, daß er von dem Inhalt des Autogramms keine Kenntnis habe. Diese Tatsache, an deren Wahrheit zu zweifeln man doch nicht berechtigt ist, zeigt ihn als Snob, der ohne Bedürfnis nach Vertiefung selbst seine Liebhabereien als oberflächlichen Zeitvertreib müßiger Stunden behandelt.

Als Vorsitzende der Bürgerschaft wirkten, jeder lange Jahre hindurch, zuerst Siegmund Hinrichsen, dann der Präsident des Landgerichts Julius Engel. Beiden, namentlich dem ersten, wurde große Fähigkeit der parlamentarischen Leitung nachgerühmt. Hinrichsen, von Beruf Kaufmann, aus israelitischer Familie, war der geistig regsamere. Er war Bibliophile und besaß eine schöne und wertvolle Sammlung; auch sonst war er ein Freund von Kunst und Wissenschaft. Lichtwark schätzte seine Persönlichkeit so, daß er ihm – als er auf dem Präsidentenstuhl während der Bürgerschaftssitzung vom Schlag gerührt, tot zusammengesunken war – im Jahrbuch der Gesellschaft Hamburgischer Kunstfreunde einen warmen und ehrenvollen Nachruf widmete.
Als Nachfolger Engels wurde im Jahre 1913 der Vorsitzende des Seeamtes Dr. A. Schön gewählt, ein Mann von feudal-reaktionären Anschauungen, der gewisse Lebensformen des Corpsstudenten auch bis in die späteren Jahre

beibehalten hatte. Kulturbelange höherer Art pflegte er nicht. Er war, so sagte man, von den drei alten Parteien als Kampfpräsident ausersehen, um innerhalb des Bereichs parlamentarischer Machtmittel die Vereinigten Liberalen und die Sozialdemokraten niederzuhalten. Wenn das zutraf, hätte sich die Wahl als ein letztes Dokument jener kurzsichtigen Politik dargestellt, deren Ziele mit dem Sommer 1914 zusammenbrachen.

Von den übrigen Mitgliedern der Bürgerschaft seien noch Edmund Siemers, der Stifter des Vorlesungsgebäudes vor dem Dammtor, und Max Warburg, Mitinhaber des gleichnamigen Bankhauses, hervorgehoben. Beides Männer von sehr bedeutendem Reichtum, beide der Fraktion der Rechten zugehörig. Das Vermögen jenes war hauptsächlich aus Beträgen hervorgegangen, welche der Trust der Amerikanischen Öl-Kompagnie zur Abfindung gewisser Ansprüche gezahlt hatte; in Gelddingen galt er als „smarter", rücksichtsloser Geschäftsmann. Beide Männer haben ihren Gemeinsinn durch reiche Stiftungen bewiesen, welche den geistigen Bestrebungen, insbesondere der Förderung der Wissenschaften, zugute kamen, und sind für diese, wo es not tat, immer eingetreten.

Mitglied der Rechten war ebenfalls Landgerichtsdirektor Dr. Stemann, ein Mann von feiner Bildung, dessen Anteilnahme vor allem der Musik und der Literatur und in Verbindung damit dem Theater galt. Auch den Fragen der Stadt-Erweiterung und -Verschönerung wandte er seine Aufmerksamkeit zu; sonst lagen ihm die Interessen von bildender Kunst und Wissenschaft ferner.

Als eine kuriose Erscheinung dürfen wir nicht den Maurermeister Reimer vergessen, der als Mitglied der Linken in einer sehr ernsthaft gemeinten, aber höchst drollig wirkenden Art den praktischen Sinn zu vertreten sich rühmte und immer auf der Seite der Gegner von geistigem Fortschritt und entwickeltem Geschmack zu finden war.

Die Oberschulbehörde

Von den staatlichen Behörden kamen als Träger und Förderer der geistigen Güter in höherem Sinn nur die Oberschulbehörde und die Baudeputation in Betracht: jene als Leiterin des gesamten Bildungswesens und diese als Gestalterin des Stadtbildes. Da nach der Verfassung diese Behörden – wie alle Verwaltungsbehörden – aus mehreren Senatoren und bürgerlichen Mitgliedern vielköpfig zusammengesetzt waren und insbesondere infolge jährlicher

Neuverteilung der Senatsämter häufig ein Wechsel in der Leitung eintrat, war die selbstsichere und stetige Innehaltung bestimmter Richtungslinien in ihrer Politik erschwert. Sie war dadurch bedingt, daß willensstarke Männer mit eigenen Zielen an der Spitze standen und längere Zeit an der Spitze blieben oder daß einzelne Beamte einen entscheidenden Einfluß erlangten und zu bewahren wußten.

Die Verhältnisse der Oberschulbehörde wurden 1910 durch ein Gesetz geändert, das die Zusammensetzung zwar neu regelte, aber den bisherigen Zustand doch insoweit bestehen ließ, als in diesem Kollegium, anders als in den übrigen Verwaltungsbehörden, neben den Senatoren und bürgerlichen Mitgliedern auch Fachmänner mit nicht nur beratender Stimme saßen. Aber nicht etwa diese Fachmänner wiesen dem hamburgischen Bildungsleben neue eigene Bahnen; vielmehr war es der langjährige Chef, Senator, später Bürgermeister Werner von Melle, der in zäher Verfolgung der ihn erfüllenden Ideen der Behörde den Stempel seiner Persönlichkeit aufdrückte.

Von den vier Sektionen, in welche sich die Oberschulbehörde gliederte, ist hier vornehmlich die erste, diejenige für die Wissenschaftlichen Anstalten, von Belang. Nach der im Jahre 1883 erfolgten Aufhebung des Akademischen Gymnasiums gehörten zu diesen Anstalten die Stadtbibliothek, der Botanische Garten mit den sich ihm später angliedernden Instituten, die Sternwarte, das Chemische und Physikalische Staatslaboratorium, das Naturhistorische Museum; später kamen das Museum für Kunst und Gewerbe, die Sammlung Hamburgischer Altertümer und das Museum für Völkerkunde hinzu. Ein besonderes Gesetz vom 11. Oktober 1901 gab diesen Anstalten eine Art gemeinsamer Verfassung und vereinigte ihre Leiter zu einem „Professorenkonvent", dem die Förderung und Hebung der wissenschaftlichen und künstlerischen Interessen in der hamburgischen Bevölkerung zur Pflicht gemacht wurde. Seit 1895 verlegte die Sektion ihr Schwergewicht auf das Öffentliche Vorlesungswesen, für dessen Organisation eine dreiköpfige „Vorlesungskommission" gebildet wurde. Im Jahre 1907 sah diese sich in ihrer Wirksamkeit durch die „Wissenschaftliche Stiftung" gefördert, welche in engem Anschluß an die Oberschulbehörde von einer größeren Anzahl patriotischer Hamburger ins Leben gerufen war und u. a. Mittel zur Schaffung neuer selbständiger Professuren bereitstellte. 1908 wurde das Hamburgische Kolonialinstitut errichtet, das – namentlich durch Zusammenfassung seiner Dozenten mit den Leitern der Wissenschaftlichen Anstalten zu einem „Professorenrat" – eine hochschulmäßige Verfassung erhielt.

Neben dieser sich in stetiger Aufwärtsbewegung vollziehenden Entwicklung trat die Bedeutung der anderen Sektionen, welche dem höheren und dem Volksschulwesen dienten, so groß auch namentlich der Aufschwung des letzteren war, in den Hintergrund. Die Zahl der höheren Schulen, insbesondere der humanistischen und Real-Gymnasien, blieb trotz einer gewissen Vermehrung doch im Verhältnis zur Bevölkerungsziffer gering, weil die angehenden Kaufleute nach wie vor nach Erreichung der Berechtigung zum Einjährig-Freiwilligendienst in den praktischen Beruf überzugehen pflegten. Ein weiteres Organ der behördlichen Schulorganisation ist die Schulsynode, welche die Leiter und die festangestellten Lehrer der höheren, der Volksschulen und der Seminare und die Vorsteher der nicht-öffentlichen Schulen umfaßt und berufen ist, auf Ersuchen der Oberschulbehörde Gutachten zu erstatten und selbständig in Schulangelegenheiten Anträge zu stellen. Bei dem zahlenmäßigen Übergewicht der Volksschullehrer haben sich die Lehrer der höheren Schulen, nicht ohne einen gewissen Standeshochmut, von der gemeinsamen Bearbeitung allgemeiner pädagogischer Fragen zurückgehalten und zur Vertretung ihrer besonderen Belange zu einem Oberlehrerverein zusammengeschlossen.

Die Baudeputation

Auch die Baudeputation war in Sektionen gegliedert, deren erste den Hochbau und das Ingenieurwesen begriff, während die zweite durch den Strom- und Hafenbau gebildet wurde. In den Arbeiten dieser zweiten Sektion überwog der Charakter des Nutzbaus so sehr, daß sich das ästhetische Moment noch nicht hervorwagte. Die ins Auge fallenden Hafenbauten, Brücken und Speicher gehörten zum guten Teil zur Zuständigkeit des Hochbaus und des Ingenieurwesens. Innerhalb dieser ersten Sektion trat in den 1880er und 1890er Jahren der Oberingenieur F. Andreas Meyer durchaus in den Vordergrund; neben ihm spielte der Baudirektor Zimmermann eine weniger bemerkte Rolle. Nicht allein um deswillen, weil in jener mit dem Zollanschluß verknüpften Periode eine völlige Umgestaltung der Stadt dem Ingenieurwesen gewaltige Aufgaben stellte; auch sonst wußte er seine Persönlichkeit herauszustellen. Insbesondere war der im Fahrwasser bürgerlich-nationalen Hoch- und Selbstgefühls segelnde Verein für Kunst und Wissenschaft, in dem er lange Jahre das Amt des Vorsitzenden bekleidete, ganz und gar mit seinem Namen verwachsen, und er wußte seinen Veranstaltungen ein für hamburgische Verhältnisse ungewöhnlich glanzvolles Ansehen zu geben.

Jene Umgestaltung der Stadt trägt durchaus das Gepräge dieses Mannes. Nicht zu ihrem unbedingten Vorteil: seine hervorragende Bedeutung auf dem Gebiet seines eigentlichen Berufs, der Ingenieurkunst, soll nicht in Zweifel gezogen werden, aber seinem Geschmack fehlte der Sinn für Einfachheit und Größe. Die Formen, die er den Ufern der Außenalster gab, legen davon Zeugnis ab. Während vor ihm an der St. Georger Seite geradlinige hölzerne Vorsetzen das Wasser begrenzt hatten, schuf er jene in ewigen Schwingungen laufende und von Inseln, Buchten und Büchtchen unterbrochene Linie, welche eine fatale Ähnlichkeit mit Kinderspielzeug hat. Die Giebel, Erker und Türmchen der Speicherbauten in Hafen weisen einen ähnlichen Charakter auf; das Schlimmste aber, womit er uns bedacht hat, ist die Anlage des verbreiterten Jungfernstiegs mit den unglaublichen Formen der Gestelle, welche die elektrische Stromleitung tragen. Trotzdem stand er überall in hohem Ansehen. Nur wenige wollten nichts von ihm wissen: darunter Lichtwark mit seinem geschmacklichen Feingefühl und der Maler Thomas Herbst. Der sagte mir einmal auf einem Frühstück bei Senator von Melle: »Wenn ich die Nachricht von Meyers Tod höre, kaufe ich mir vor Freude eine Flasche des köstlichsten Champagners.«

Nach seinem von Thomas Herbst demgemäß freudig begangenen Ableben blieb das Übergewicht des Ingenieurwesens während der Amtsdauer des Baudirektors Zimmermann ungeschmälert. Meyers Nachfolger, der Oberingenieur Sperber, war eine Persönlichkeit, die zwar nicht durch verbindliche Formen, aber ein um so energischeres Zugreifen sich rücksichtslos durchzusetzen wußte. Seine Tüchtigkeit war unbestritten; aber im Drange der sich häufenden Aufgaben ließen die Gesichtspunkte der Nützlichkeit und Zweckmäßigkeit ein Eingehen auf Forderungen der Ästhetik, die ihm ohnehin nicht nahe lagen, nicht zu. Ich traf ihn einmal auf einem Neujahrsbesuch beim Präsidenten Engel. Dieser brachte das Gespräch auf den von mir herausgegebenen Liebermann-Katalog. Sperber bemerkte, zu solchen Arbeiten habe er freilich keine Zeit, und die absprechende Art ließ auf den Wärmegrad seines Interesses für Kunst schließen.

Erst als Professor Schumacher das Amt des Baudirektors übernommen hatte und auch aus den Reihen der Bürgerschaft heraus gegen die geschmackwidrige Lösung der Aufgaben im Stadterweiterungsplan wiederholt und sehr entschieden Widerspruch erhoben war, wurde ein gewisses Gleichgewicht zwischen den beiden Abteilungen der Sektion hergestellt, das sich noch zuungunsten des Ingenieurwesens verschob, als die Bürgerschaft die Anstellung eines selbständigen Gartendirektors durchgesetzt hatte.

4. Ernst Eitner: Otto Stolten, o. D.

5. Julius Wohlers: Präsident Engel, o. D.

Die Vorschriften des Baupolizeigesetzes und die Organe der Baupolizei übten auf die städtische Bauweise eine nur negative Wirkung; da diese Instanz im wesentlichen hygienische und verkehrstechnische Ziele verfolgte, diente sie ästhetischen Gesichtspunkten nur indirekt; ja, das Gesetz stand oft der ungewöhnlichen und originellen Lösung einer architektonischen Aufgabe im Wege. Aber man muß anerkennen, daß die Behörden und insbesondere der Senat in solchen Fällen bereitwillig von der Befugnis der Dispensation Gebrauch machten.

Berufsstände

Der Anteil, den die einzelnen Berufsstände an der Kulturentwicklung nahmen, berechtigt zu Rückschlüssen auf die ihnen damals eigene geistige Haltung. Da überrascht es, daß die ein akademisches Studium voraussetzenden Berufe keineswegs eine führende Rolle spielten und dem hamburgischen Bildungsleben jener Zeit die eigene Note gaben; die seminaristisch vorbereiteten Volksschullehrer und ein Teil des vierten Standes waren vielmehr die eigentlich treibenden Elemente. Die Kaufmannschaft tritt – mit Ausnahme weniger einzelner Persönlichkeiten – völlig in den Hintergrund.

Die Geistlichen

Unter den Geistlichen waren alle Richtungen des evangelisch-lutherischen Bekenntnisses von der äußersten Rechten bis zur äußersten Linken vertreten, und man kam leidlich miteinander aus. Als um 1910 in der Gemeinde St. Katharinen der sehr freisinnige und in der Tat kaum noch auf dem Boden der Landeskirche stehende Pastor Heydorn gewählt wurde, kam es freilich zu erregten Auseinandersetzungen, aber der Kirchenrat erwies sich – obwohl der streng orthodoxe Bürgermeister Burchard an seiner Spitze stand – duldsam und mit Erfolg bemüht, einen Ausgleich herbeizuführen.
Der Hauptpastor von St. Michaelis, Senior Behrmann, war nicht nur seiner Stellung, sondern auch der Persönlichkeit nach der eindrucksvollste unter ihnen. Die ihn kannten, rühmten seine wissenschaftliche und seine Herzensbildung; das etwas bonzenhafte Äußere hat Kalckreuths Gemälde in der

Kunsthalle festgehalten. Als Schriftsteller hat er sich nicht nur theologisch und philologisch, sondern auch belletristisch betätigt, besonders wurde die „Maienfahrt" nach Griechenland von seinen Freunden geschätzt. Sein Nachfolger im Seniorat, Hauptpastor D. Grimm von der Nikolaikirche, gehörte einer liberaleren Richtung an; er lag philosophischen Studien ob und suchte sie in harnackischer Weise mit den kirchlichen Lehren in Einklang zu bringen. Nach Behrmanns Tod ging die Führung der kirchlich strengeren Richtung auf Pastor Cordes von St. Johannis in Harvestehude über, von dem auch unsere drei ältesten Kinder auf ihren Wunsch konfirmiert wurden. Pastor Nicolassen, sein Amtsbruder an derselben Kirche, war wiederum freisinniger. Er nahm an künstlerischen und literarischen Bestrebungen lebhaften Anteil; in seinem Haus verkehrten Maler, Schriftsteller, Schauspieler. Die Gemeindemitglieder jüdischer Abstammung pflegten sich zu ihm zu halten. Ganz weit rechts stand Pastor Glage von der St.-Anschar-Gemeinde; er tat sich wiederholt mit Flugschriften wunderlichsten Inhalts hervor.

Gegen Ende der Periode wurde als Nachfolger Behrmanns in das Hauptpastorat der Michaeliskirche Professor Hunzinger aus Erlangen berufen. Er galt als streng-kirchlich, enttäuschte aber nachher die Orthodoxen durch die Beweglichkeit seines Geistes, in der er sich auch mit den modernen Ideen auseinanderzusetzen wußte. In seiner Rede bei der Beerdigung Bürgermeister Burchards, die bald nach seiner Einführung stattfand, schien er mir in der Lobpreisung des Entschlafenen, des „königlichen Bürgermeisters", über das Maß des Gebotenen hinauszugehen, und ich hatte den Verdacht eines gewissen Strebertums. Er war ein gewandter und eindrucksvoller Kanzelredner, verfolgte wissenschaftliche, künstlerische, literarische Interessen und betätigte sich während des Krieges in der Kriegshilfe mit einer Vielseitigkeit und Unbekümmertheit, die manche nicht ohne Grund mit Kopfschütteln sahen.

Von Ruckteschell, ein aus der Heimat wegen seines Widerstandes gegen die Russifizierung vertriebener Balte, versah das geistliche Amt an der Eilbeker Kirche. Als ein Mann von regsamsten Interessen tat er nicht nur den Gebildetsten seiner Gemeinde genug, sondern er wußte auch aus sozialer Gesinnung heraus sich in den Kreisen der Arbeiter Anhänger zu werben.

Der merkwürdigste und bedeutendste unter den hamburgischen Geistlichen dieser Epoche war Clemens Schultz im Kirchspiel St. Pauli; ein vorzüglicher Mensch und ausgezeichneter Seelsorger, nahm er sich mit gütigem und feinfühlendem Herzen der Armen und vom Schicksal Herumgestoßenen an. Es wird erzählt, das fahrende Volk der Schaubudenbesitzer, Bänkelsänger, Seiltänzer, die sich zum Weihnachtsmarkt, dem sog. Dom, auf dem Heiligengeistfeld alljährlich in großer Menge einzustellen pflegten, sei mit der Bitte zu ihm gekommen, ihnen am Heiligen Abend einen Gottesdienst zu halten. Er war ein Künstler des Herzens und hatte als solcher besonders die Fähigkeit, formend auf die Seelen der Jugend zu wirken. Als einer der ersten erkannte er die Probleme der großstädtischen Jugendfürsorge, und manches, was später geschehen ist, geht auf seine Erfahrung und seine Gedanken zurück. Als er verhältnismäßig jung im Frühjahr 1914 gestorben war, trauerten ihm zahlreiche Freunde, Verehrer und solche, denen er ein Tröster gewesen war, in aufrichtigem Schmerz nach, und für alle die, welche sich den Aufgaben sozialer Hilfeleistung widmeten, bedeutete sein Tod einen schweren Verlust.

Die Juristen

Die geistige Atmosphäre der Juristen war, im ganzen genommen, ohne Spannung; in ihr mochte die Art nachklingen, in welcher man auf der Universität das Studium zu betreiben pflegte: während des Semesters vielfach im Verbindungsklüngel, Bierkomment und ähnlichen Nichtigkeiten aufgehend, in den Ferien dann das Versäumte im Repetitorium des Einpaukers nachholend, und fast immer das Examen nur als Berechtigungsausweis für die Begründung einer Lebensstellung ansehend. Der Juristenberuf war freilich in Hamburg nicht gleichbedeutend mit der Anwartschaft auf bequemes Leben. Der Richter sowohl wie der Anwalt hatte von früh bis spät zu arbeiten, und es geschah mit ausgeprägtem Pflichtgefühl. So glich die praktische Tätigkeit zu einem Teil die Schäden aus, welche der Unernst in der theoretischen Vorbildung gezeitigt hatte: freilich, ein Mangel an Idealität der Lebensauffassung blieb; die zünftige Berufsleistung dagegen ließ nichts zu wünschen. Insbesondere stand die Rechtsprechung des Hanseatischen Oberlandesgerichts – auch beim Reichsgericht – in gutem Ansehen; in der Strafrechtspflege führte ein stark entwickeltes Verantwortlichkeitsgefühl eher zu einer schwächlichen Milde als zu übergroßer Strenge. Die Sozialdemokratie erhob freilich auch hier ihren stereotypen Vorwurf der Klassenjustiz, und es muß zugegeben werden, daß sich hin und wieder bei Straftaten, welche mit den wirtschaflichen Kämpfen der Arbeitgeber und Arbeitnehmer zusammenhingen, eine, wenn auch von bestem Glauben getragene, so doch einseitige Auffassung geltend machte. Die hamburgische Staatsanwaltschaft erfreute sich

des Rufes einer großen Objektivität, die sogar gelegentlich von den Sozialdemokraten anerkannt wurde. Neben der Masse derer, welche aus dem Bann der täglichen Tretmühle nicht herauskamen, gab es regsame Geister, die sich juristisch-wissenschaftlichen Arbeiten zuwandten. An erster Stelle sei der Senatspräsident Mittelstein, neben ihm die Räte Nöldeke, Schaps und der Landrichter Henschel, ferner die Anwälte Leo und Wassermann genannt. Der Rat Naumann beschäftigte sich mit Fragen des Verwaltungsrechts und war organisatorisch auf dem Gebiet des Arbeitsnachweises tätig.
Bei nur ganz wenigen ging die Anteilnahme über den Kreis juristischer Dinge hinaus in das Gebiet höherer Bildungsinteressen über.
Zu ihnen darf – wenn auch mit gewissen Einschränkungen – der erste Präsident des Hanseatischen Oberlandesgerichts Sieveking gerechnet werden. Der altbekannten hamburgischen Familie entsprossen, trug er ein zurückhaltend-vornehmes Wesen zur Schau, das sich gelegentlich zu hochmütiger Unliebenswürdigkeit verdichtete. Insbesondere gefiel er sich in einer gleichgültigen Nichtachtung gegenüber den Richtern, auch den Räten des Gerichts, dessen Vorsitzender er war. Wenn er in die Sitzung kam, bot er den Kollegen nicht einmal den Gruß der Tageszeit. Als eine Deputation seines Gerichts ihm am Tage seines 25jährigen Präsidenten-Jubiläums in seiner Villa in Reinbek ein Ehrengeschenk überreichte, komplimentierte er die Herren mit den Worten zur Tür hinaus, er bedauere, für sie nicht länger Zeit zu haben, da er mit seiner Familie zum Frühstück gehen müsse. Die Kunsthalle besitzt zwei Bildnisse von ihm, beide von Kalckreuths Hand gemalt; sie geben die unnahbare Kälte dieses Mannes, der englisches Wesen über alles liebte, trefflich wieder. Kalckreuth selbst hatte sich dabei über seine sture Dickköpfigkeit zu beklagen: wenn die für die Sitzung verabredete Stunde sich ihrem Ende zuneigte, brach Sieveking ab und hörte nicht auf die Bitte des Malers, ihm, der jetzt erst in Zug gekommen sei, noch einige Minuten zu schenken.
Als Jurist war er von hervorragender Tüchtigkeit; namentlich auf dem Gebiet des Seeversicherungsrechts galt er als Autorität. Von den allgemeinen Bildungsinteressen waren es die Bestrebungen zur Gründung einer Hamburgischen Universität, für die er wiederholt mit Wärme eintrat. Freilich geschah das immer nur da, wo er selbst hoffen durfte, eine gute Figur zu machen; sich und seine persönlichen Belange der Sache unterzuordnen und für sie Opfer zu bringen, wäre wohl nicht nach seinem Sinn gewesen. Wir werden ihm bei der Erörterung der Universitätsfrage noch wiederbegegnen.
Sievekings zweiter Nachfolger, Dr. Otto Brandis, bewies eine vielseitigere

und wärmere Anteilnahme für Kunst und Wissenschaft. Auch er war ein Vorkämpfer des Universitätsgedankens, für den er einmal in einer großen, zu diesem Zweck einberufenen Juristen-Versammlung eine Lanze brach; vor allem aber besaß er auf dem Gebiet der Kunstgeschichte ein gründliches Wissen. Den Werken der modernen Kunst stand er nicht ohne Wohlwollen gegenüber, aber ein mangelndes Verhältnis zur Natur war ihm bei selbständiger Beurteilung ganz neuer origineller Erscheinungen hinderlich.
Der Senatspräsident Dücker, ein langjähriges Mitglied der Oberschulbehörde, erwies sich als Schädling, indem er gegen die Universitätsvorlage des Senats im Jahre 1913 erfolgreich die Opposition um sich scharte; in einem Artikel der Hamburger Nachrichten pries er Hamburgs der Förderung des Handels gewidmete »geniale Einseitigkeit«.
Von den Räten kommt hier nur Dr. A. N. Zacharias in Betracht. Während er noch Anwalt war, gehörte er längere Zeit der Bürgerschaft an und spielte die Rolle eines Verfechters von geistigen und politischen Idealen. Ihm verdankt Hamburg die Formulierung des Gesetzes, welches das Wahlrecht der Minderbemittelten beschränkte und die Verhältniswahl einführte. Als er sich nachher in seiner Erwartung getäuscht sah, in den Senat gewählt zu werden, zog er sich aus der politischen Öffentlichkeit zurück. Seine Liebhaberei bestand im Studium der Mineralogie; er hatte eine bedeutende Steinsammlung, und in seinen Mußestunden beschäftigte er sich mit dem Schliff feiner, zu mikroskopischer Untersuchung brauchbarer Plättchen.
Eine sehr amüsante Persönlichkeit war der Landgerichtsdirektor Föhring. Einerseits frivol und witzig – unter den Kollegen waren immer neue, drollige Einfälle von ihm im Umlauf –, oblag er andererseits hinwiederum in ernsthafter Weise sammlerischen Neigungen. Diese waren hauptsächlich dem Kunstgewerbe zugewandt, und er teilte gern in Vorträgen einem größeren Publikum aus dem Schatz seiner Erfahrungen mit. Von Dr. Stemann ist schon oben die Rede gewesen. Dr. Schrader hatte sich von Jugend auf mit der Vergangenheit der Vaterstadt beschäftigt. Er war lange Jahre Vorsitzender des Vereins für Hamburgische Geschichte und hat sich um die Sammlung Hamburgischer Altertümer, welche nachher zu einem selbständigen Museum wurde, große Verdienste erworben. Dr. Wulff, ein sehr wohlhabender Junggeselle, gefiel sich als Kunstfreund, Kunstkenner und, wenn es ihn nicht viel kostete, als Mäzen. Seine Anteilnahme ging aber nicht über den Rahmen eines oberflächlichen und oft skurrilen Dilettantismus hinaus. Dagegen war Ipsen, der spätere Landgerichtspräsident, ein geborener Schleswig-Holsteiner mit gründlichem Studium, einem eigentümlichen Zweig der Literatur,

der Märchenkunde, zugetan. Er brachte in einer umfangreichen Bücherei alles zusammen, was er an Märchenbüchern und Märchensammlungen bekommten konnte, war theoretisch in den einschlägien wissenschaftlichen, insbesondere volkskundlichen Fragen zu Hause und – was besonders reizvoll war – verstand es meisterhaft, Märchen zu lesen.

Mir ist nicht bekannt, daß die geistigen Bestrebungen aus dem Kreis der höheren Verwaltungsbeamten eine sonderliche Förderung erfahren hätten. Zwar verfaßte H. Klußmann, Rat bei der Oberschulbehörde, als im Jahre 1901 die Versammlung Deutscher Naturforscher und Ärzte in Hamburg tagte, eine Schrift über die Entwicklung des hamburgischen Vorlesungswesens, und der Regierungsrat Förster wird bei der Anfertigung der Begründung zur Universitätsvorlage stark beteiligt gewesen sein. Aber das waren amtliche, nicht aus der Wurzel eigener Sachliebe hervorgegangene Arbeiten. Der Regierungsrat Flemming würde nach Neigung und Erziehung vielleicht am ehesten das Zeug zu solcher Betätigung gehabt haben, aber auch er ging in den Wogen der täglichen Geschäfte unter. Dr. Heino Merck, Rat in der Senatskommission für auswärtige Angelegenheiten, veröffentlichte hier und da, namentlich in dem Jahrbuch der Gesellschaft Hamburgischer Kunstfreunde, Aufsätze ästhetischen Inhalts über Architektur und Gartenkunst. Eine eigentümliche, aber nicht produktive Persönlichkeit war Dr. Kirchenpauer, Rat bei der Deputation für Handel und Schiffahrt, ein Sohn des Bürgermeisters. Klug und feingebildet, aber nicht mit der republikanischen Tugend des nach allen Seiten verbindlichen Wesens begnadet, mochte er mit Recht glauben, im hamburgischen Staatswesen nicht nach seinen Fähigkeiten zu Recht und Anerkennung gekommen zu sein. In der gesellschaftlichen Unterhaltung pflegte er die Schalen beißenden Spottes über Personen und Verhältnisse auszugießen. Die Freude seines Lebens war ein Besitztum in Blankenese, dessen Garten er und seine naturliebenden Töchter mit eigener Hand bestellten.

Die Anwälte gingen vielleicht noch mehr als die Richter in ihrem Beruf unter; soweit ihnen Zeit und Kraft für andere Dinge blieb, ließen sie sich gern – insbesondere durch eine Wahl in die Bürgerschaft – für öffentliche Angelegenheiten in Anspruch nehmen. In diesem Zusammenhang ist schon von Wolffson, R. Mönckeberg, Ed. Westphal, auch Max Cohen die Rede gewesen. Von den älteren sei noch Dr. Ami Kaemmerer als Literatur-Freund erwähnt. Er besaß eine schöne Sammlung neuerer, namentlich belletristischer Schriftwerke. Wenige Jahre vor dem Krieg veranlaßte er Emile Verhaeren zu einem Besuch in Hamburg und wußte ihm für einen Vorlesungsabend durch

eifriges Werben eine große Zuhörerschaft zu gewinnen. Dr. Siegfried Heckscher war zunächst als Schriftleiter der Wochenschrift Der Lotse, dann als Verfasser von mäßigen Dramen hervorgetreten; Dr. Ed. Hallier erwarb sich dadurch ein Verdienst, daß er als Vorstandsmitglied der Patriotischen Gesellschaft die Gründung der Öffentlichen Lesehalle mit Eifer durchsetzte.
In den Kreisen der jüngeren Juristen, sowohl der Richter wie der Anwälte, machte sich, soweit ich einen Einblick gewinnen konnte, ein etwas stärkeres geistiges Leben als in der älteren Generation bemerkbar. Der Landrichter Dr. Ascan Lutteroth lag – seiner Abstammung aus alter Patrizier-Familie Rechnung tragend – genealogischen und familiengeschichtlichen Studien ob und legte ihr Ergebnis in mehreren Bänden nieder.
In der mittleren Generation hatte das jüdische Element – in den Namen Arthur Goldschmidt, Paul Wohlwill, Bromberg – einen gewissen Vorsprung geistiger Regsamkeit.
Lichtwarks Einfluß ist es zu verdanken, daß sich der jüngere Nachwuchs der älteren hamburgischen Familien eifriger als bisher dem Interesse an der Kunst zuwandte. Mehr aber wurden die Referendare und Assessoren, jungen Anwälte und Richter durch die sozialen Fragen angezogen, an deren Lösung sie sich nach Maßgabe ihrer Kräfte und Fähigkeiten besonders in den Unternehmungen des Volksheims beteiligten. Unter ihnen ist an erster Stelle der Amtsrichter Dr. Wilhelm Hertz, Sohn des Senators Adolph Hertz zu nennen, der sich die größten Verdienste um die Gründung des Volksheims erworben hat und sein langjähriger Leiter war. Er zeigte sich unermüdlich bestrebt, den Geist, aus dem heraus jene Gründung erfolgt war, wach zu erhalten. Besonders galt seine Anteilnahme den Jugendgruppen, wie er überhaupt den Ideen der Jugendpflege nahestand und als Erster Vorsitzender eines Jugendgerichtshofes fungierte.
Ein besonderer Platz neben den Juristen ist Dr. Fritz Bendixen anzuweisen, der, anfänglich Anwalt, dann Stempelfiskal, nachher als Direktor der Hypothekenbank in den kaufmännischen Beruf überging. Er war ein Freund aller wissenschaftlichen und auch künstlerischen Bestrebungen; sein Haus am Harvestehuder Weg enthielt eine ansehnliche Sammlung guter hamburgischer Bilder; insbesondere war er ein Gönner des friesischen Malers Momme Nissen, von dem er auch zwei Portraits des diesem befreundeten Langbehn von der Hand Leibls und Thomas erwarb. Er stand zeitweise der Schriftleitung des Hamburgischen Correspondenten nahe und hat wiederholt politische, besonders aber ausgezeichnete finanztechnische Artikel geschrieben. 1916 gab er »nicht öffentlich« für seine Freunde eine Reihe politischer Briefe

und Aufsätze heraus. Sein Stil war elegant und klar und entsprach darum dem Inhalt, welcher die Dinge gleichzeitig von hoher Warte sah, aber von nüchternem Sachlichkeitsstandpunkt behandelte.

Die Philologen

Die Philologen, das will hier sagen: die Lehrer der höheren Schulen, standen wie überall unter der Herrschaft des Verlangens, ihrem Stand die Gleichstellung mit den Richtern zu erkämpfen, und dieser Wille war der Angelpunkt, um den sich die Bestrebungen der Standesorganisation, des Oberlehrervereins, drehten. Demgegenüber traten die eigentlich pädagogischen, also die innerlich fruchtbaren Ideen in den Hintergrund, und ihre Behandlung ging an die Volksschullehrer verloren, die sich ihnen mit Feuereifer hingaben. Jenes mehr auf die Sonderbelange als auf die Allgemeinheit gerichtete Augenmerk beeinflußte auch die Haltung in der Universitätsfrage: die Lehrerschaft verhielt sich ablehnend, weil sie fürchtete, die Schulen und damit sie selbst könnten neben der Hochschule an Bedeutung und Ansehen verlieren. Natürlich blieb es auch nicht ohne Wirkung auf den Geist der Schulen. Soweit die Erfahrung reicht, die ich mit meinen Kindern gemacht habe, fehlte es an dem Verlangen, Persönliches sowohl beim Lehrer wie beim Schüler zur Geltung zu bringen. Der »Betrieb« war der Tyrann; als Entschuldigung mag dienen, daß einerseits die Überfüllung der Klassen, andererseits die Aufgaben des immer höher gesteckten Lehrziels zu freierer Betätigung keine Zeit ließen.
Selbstverständlich gab es innerhalb der so eingestellten Gesamtheit eine Reihe von Männern, welche über diese Dinge hinwegsahen und höhere Gesichtspunkte ins Auge faßten. Als würdigster von ihnen stand Professor Metz vom Johanneum voran. Er war nicht nur philologisch und historisch, sondern auch literarisch und philosophisch hochgebildet; er gehörte dem Kreis des Vereins für Kunst und Wissenschaft an, und bei Feiern, welche dem Andenken klassischer Dichter galten, war er der geborene Festredner. Als ein Mann der „alten Schule" wollte er von der sog. modernen Bewegung in Kunst und Schrifttum nichts wissen, und in Fragen, welche das Geschlechtlich-Sittliche nur streiften, war er von übergroßer Empfindlichkeit. Bei der Auswahl von Gedichten für einen Falke-Band der Hamburgischen Hausbibliothek, in deren Kommission er den Vorsitz hatte, widersetzte er sich mit Erfolg der Aufnahme von »Skål«, jenes entzückend übermütigen

Liedes, weil ihm der Ton leichtfertig erschien, und auch in der von mir zusammengestellten Sammlung Grimmscher Sagen kamen ihm einige mit urwüchsig-sinnlichem Einschlag anstößig vor. Da seine Haltung aber auf echter, ehrlicher Überzeugung beruhte, verdiente und fand sie wenn auch nicht Zustimmung, so doch Beachtung. Lichtwark schätzte ihn als feinsinnigen Denker und Schriftsteller und suchte ihn als gelegentlichen Mitarbeiter an der von ihm herausgegebenen Liebhaber-Bibliothek heranzuziehen. Leider wurde sein Gegensatz zu der jüngeren Generation mit den Jahren schroffer, so daß er mit ihr alle Fühlung und damit allen Einfluß verlor.
Auf ähnlichen Bahnen literarischer Arbeit wandelte Professor Rosenhagen, der im Vorsitz der Hamburgischen Hausbibliotheks-Kommission Metzens Nachfolger wurde. Professor Ziebarth vom Wilhelm-Gymnasium war ein gelehrter Archäologe und wurde wiederholt zu Ausgrabungs- und Studien-Expeditionen nach Griechenland – nicht zum Wohle seiner Klasse – herangezogen. Dr. Linde hat sich durch Herausgabe seiner schönen Bücher über die Lüneburger Heide und die Niederelbe, die er mit zahlreichen, von ihm selbst mit hohem Geschmack gewählten lichtbildnerischen Aufnahmen ausstattete, einen Namen gemacht. Professor Fischer von der Oberrealschule vor dem Lübeckertor beschäftigte sich mit der Frage einer Schulorganisation, welche dem Bedürfnis der Jungen nach einer praktischen Berufsvorbildung Rechnung tragen wollte, und verfaßte daneben gelegentlich parodistische Schauspiele. Auch der Direktor Röttiger von der Oberrealschule in Eppendorf versuchte sich als Dramatiker, aber der Beifall, den seine Stücke fanden, ging nicht über seinen aus Fachgenossen und Reserve-Offiziers-Kameraden bestehenden Bekanntenkreis hinaus. Ein Mann von allgemeiner Bildung war der spätere Leiter des Wilhelm-Gymnasiums, Dr. Gerstenberg, der sich neben Friedrich von Borstel während des Krieges um die Einrichtung der volkstümlichen Vorlesungen der Patriotischen Gesellschaft Verdienste erwarb.

Die Mediziner

Von den akademischen Berufen waren es die Ärzte, welche sich am meisten auch theoretisch mit ihrer Fachwissenschaft beschäftigen. Der ununterbrochene Fortgang der Forschungen, Entdeckungen, Erfindungen machte es ihnen, wenn sie ihre Aufgabe ernst nahmen, in besonderem Maße zur Pflicht, mit der Fachliteratur in stetiger Verbindung zu bleiben, und diesem

Zweck diente neben der häuslichen Arbeit der Ärztliche Verein, welcher die Mitglieder wöchentlich zum Austausch gemachter Erfahrungen, zu Vorträgen und Demonstrationen vereinigte. Der hier gepflegte Geist äußerte sich auch in der sorgfältigen Vorbereitung, welche der Gründung der neuen Krankenhäuser, zunächst des Eppendorfer und dann des Barmbeker, voranging und diese nach den Verhältnissen ihrer Entstehungszeit zu Musteranstalten werden ließ. Die leitenden Persönlichkeiten, von denen die Professoren Lenhartz, Kümmell, Rumpel besonders hervorgehoben sein mögen, ließen es sich angelegen sein, alle klinischen, chirurgischen und sonstigen Einrichtungen so zu treffen, daß sie als Grundlage von Lehrkursen für junge Mediziner dienen konnten; der weiterschauende Blick faßte dabei auch schon die Schaffung einer medizinischen Fakultät ins Auge. Über die Wünschbarkeit einer solchen freilich war die Ärzteschaft geteilter Meinung; auch hier machte sich die im Treibhaus hamburgischen Erwerbslebens gedeihende Pflanze der Ichsucht geltend: die, welche nicht glaubten, zu Dozenten an einer Hochschule berufen zu werden, fürchteten von den Professoren auch in der Praxis zurückgedrängt zu werden.
Bei der starken Inanspruchnahme durch Berufsarbeit und wissenschaftliche Weiterbildung blieb auch den Ärzten wenig Zeit zur Pflege anderer geistiger Neigungen. Dr. Nonne und Dr. Sudeck schufen sich eine schöne Sammlung moderner Gemälde; Dr. Saenger und Professor Weygandt, beide durch ihr Spezialgebiet der nervösen Erkrankungen angeregt, brachten den Bestrebungen des Bundes für Schulreform rege Anteilnahme entgegen, und Dr. Predöhl, ein Bruder des Bürgermeisters, war ein eifriger Sammler graphischer Hamburgensien.

Die Kaufleute

In der Kaufmannschaft bildeten die Elemente, welche sich am geistigen Leben und Fortschritt tätig beteiligten, eine noch geringere Minderheit.
Vorbildlich hätte hier Paul Hertz, der Bruder des Senators Adolph Hertz, sein können; er gehörte freilich noch der vorangehenden Epoche an, aber die Wirksamkeit seiner Person reicht noch stark in die gegenwärtige hinein. Denn aus seiner Feder ist – neben lebendigen Berichten über italienische Reisen – jenes liebenswürdige Buch »Unser Elternhaus« hervorgegangen, das zunächst in Lichtwarks Liebhaber-Bibliothek erschien und dann in zahlrei-

chen Auflagen der Hamburgischen Hausbibliothek in der Bevölkerung weiteste Verbreitung gefunden hat.

Heidmann und Holthusen, die aus der Kaufmannschaft hervorgegangen waren, sind schon ihn ihrer Eigenschaft als Ratmänner gerühmt; die materielle Förderung, welche Max Warburg und Edmund Siemers der Wissenschaft angedeihen ließen, hat gleichfalls Würdigung gefunden. In diesem Zusammenhang muß noch des Reeders Carl Heinrich Laeisz gedacht werden, der letztwillig der Stadt eine Million zum Bau einer Musikhalle vermachte. Sonst bleibt nur wenig nachzutragen.

In stiller Zurückgezogenheit lebte ein feiner, hochgebildeter Mann, Hermann Strebel. Er hatte vor Jahren in Mexiko ein Geschäft gehabt und dort den Grund für zwei in der Folgezeit stetig ausgebaute wertvolle Sammlungen gelegt: von mexikanischen Altertümern und Conchylien. Beide hat er den Wissenschaftlichen Anstalten des Hamburgischen Staates überwiesen; sie sind einerseits dem Museum für Völkerkunde, andererseits dem Naturhistorischen Museum einverleibt. Seine liebenswürdigen, in sich gekehrten und doch humorvollen Züge bewahrt die Kunsthalle in einem ausgezeichneten Bildnis von der Hand Max Liebermanns.

Adolph Woermanns Kopf war fast ganz von weltwirtschaftlichen Plänen und politischen Gedanken ausgefüllt; trotzdem bewahrte er sich einen Sinn für die Belange des Geistes – dafür sorgte schon der Einfluß seines an der Spitze der Dresdener Galerie stehenden Bruders –, und wenn er auch in der Handelskammer die Seele des Widerstandes gegen eine Handelshochschule war, so hielt er sich der Universitätsidee gegenüber nicht abgeneigt.

Zu einem Kreis, der sich um Lichtwark, Graf Kalckreuth, Marcks sammelte, hielten sich Hermann Tietgens, Henry Newman, F. F. Eiffe: Tietgens, schwerfällig an Körperbau und schwerblütig in der Auffassung des Lebens, aber von prächtigem starken Willen für alles Gute, Wahre und Schöne, stellte nach Lichtwarks Tod ohne zu zaudern auf meine Bitte telegraphisch 1800 Mark für eine volkstümliche Publikation kleinerer Schriften des Freundes zur Verfügung; die beiden anderen von einer unangenehmen Geschmeidigkeit des Wesens, die an das Gebaren der Handlungsreisenden erinnerte und den Verdacht der Oberflächenkultur erweckte.

Die alten Hamburger Familien, welche gesellschaftlich den Rang des Patriziertums in Anspruch nahmen, die Amsinck, Gossler, Burchard, Schröder, traten im Geistesleben kaum hervor. Erdwin Amsinck hatte zwar eine schöne Bildersammlung, und die Galerie des Konsuls Weber, der durch seine Frau, eine Gossler, mit diesem Kreis zusammenhing, genoß sogar berechtig-

ten Weltruf. Aber die Vorstellung, daß der Reichtum vor allem dazu verpflichtet, ihn in den Dienst der öffentlichen Bildungsbestrebungen zu stellen, hatte hier noch nicht Wurzel gefaßt.
Von den bildungsfeindlichen Instinkten, welche im großen die hamburgische Kaufmannschaft selbst in ihren kultivierten Schichten beherrschten, trat mir ein erschreckendes Beispiel auf einem Diner bei Senator Mumssen in der Zeit entgegen, als der Senat mit der Universitätsvorlage an die Bürgerschaft herangetreten war. Robinow, zeitweise Präses der Handelskammer, äußerte sich dort folgendermaßen: Wir wollen keine Universität. Mögen die Professoren des Kolonialinstituts gehen. Die ungebildete Masse freilich hat eine dunkle Ehrfurcht vor der Wissenschaft. Je niedriger das Niveau der neuen Bürgerschaft sein wird, um so günstiger die Aussichten für die Universität. Die Steuern sind sowieso schon zu hoch; das Geschäft ist es, das Kapital braucht. Was kostet z. B. das überflüssige Gebäude des Museums für Hamburgische Geschichte? Mögen doch die Motten alle die alten Uniformen fressen! Niemand habe ein Interesse an ihnen.

Die Dozenten

Von den Akademikern im eigentlichen Sinne, den Dozenten des Kolonialinstituts und Vorlesungswesens als den eigentlichen Trägern wissenschaftlicher Bildung, wird an anderer Stelle eingehender gehandelt werden. Nur eine allgemeine Bemerkung sei schon hier gestattet. Es würde falsch sein, in ihnen grundsätzlich die Vorbilder eines ausgeglichenen Geistesadels zu erblicken; dafür waren sie zum Teil zu sehr von dem Wert ihrer Persönlichkeit und ihres Spezialistenwissens durchdrungen. Von den Volksschullehrern andererseits soll in dem der Volksbildung gewidmeten Kapitel ausführlich die Rede sein.

Die führenden Persönlichkeiten

Damit ist – gleichsam aus Flächen und einzelnen Steinchen – ein Hintergrund gegeben, vor dem die amorphe Masse der großstädtischen Bevölke-

rung sich bewegte, und zugleich die Grundierung der Tafel vollzogen, auf der nun versucht werden soll, Personen und Ereignisse zu zeichnen.
Zwei Männer verdienen vorab behandelt zu werden, als Individualitäten, deren Vorhandensein an sich für Hamburg von ausschlaggebender Wichtigkeit gewesen ist: Alfred Lichtwark und Justus Brinckmann. Einige andere traten hinzu, zwar von geringerer Bedeutung, aber um deswillen über andere hervorragend, weil ihre Bestrebungen sich ein Ziel setzten, das für die Entwicklung Hamburgs von wegweisendem Einfluß werden konnte: Bürgermeister von Melle als Patron des Universitätsgedankens, Carl Götze als Begründer des Bundes für Schulreform und Carl Mönckeberg, der, zwar immer noch in und mit unausgegorenen Ideen kämpfend, die Hoffnung erweckt, im hamburgischen Geistesleben Fruchtbares zu leisten.

Alfred Lichtwark

Von Alfred Lichtwark ist schon wiederholt die Rede gewesen. Hier wird es darauf ankommen, mit möglichst knapp zusammengestellten Strichen sein Bild zu entwerfen, wie es sich gerade meinen Augen dargestellt hat.
Der Grundzug seines Wesens läßt sich nicht besser mit Worten packen, als wie er selbst Justus Brinckmann in dem zur 25jährigen Jubelfeier des Museums für Kunst und Gewerbe erschienenen Lebensbild geschildert hat. Er rechnet ihn zu den Trieb- und Willensmenschen, die sich unwiderstehlich zu dem ihnen von ihrer inneren Natur gesteckten Ziel trotz aller Seitensprünge der Erziehung und Entwicklung durcharbeiten. Solch ein Trieb- und Willensmensch war er selbst: die Richtung seiner Anlagen und die Stärke seines Willens bestimmten ihm im voraus den Weg seines Lebens. Wer eine Empfindung für Physiognomie hatte, gewann bei der ersten Begegnung den Eindruck einer solchen aus der Masse heraustretenden überragenden Persönlichkeit. Er war der geborene Kulturpolitiker, das heißt, ein Mann, der die Zusammenhänge geistigen Lebens innerhalb der Volks- und Stammesgemeinschaft mit einem einzigen Blick übersah und sich getrieben fühlte, fördernd darauf einzuwirken. So mußte er aus der Berufsenge eines Lehrers an Volks- und Privatschulen, in welche ihn zunächst die Not gebannt hatte, herausdrängen. Wohlhabende Gönner, die seine Bedeutung erkannten, schufen ihm die Möglichkeit zu studieren. Schon während der Universitätsjahre und mehr noch, als er in Berlin am Kunstgewerbe-Museum Assistent war, überraschte er die Genossen durch die Höhe des Standpunkts, von

dem aus sein Blick die Dinge zu umfassen wußte. Er hatte die natürliche Gabe der Synthese; mit scharfem Auge sah er die Einzelheiten, aber gleichsam von selbst ordneten sie sich ihm zu lebendigen Kreisen. Überschauend erkannte er das Zusammengehörige, und indem er es in der Idee verband, erwuchs es vor ihm zu organischen Gebilden. Die gewonnene Erfahrung war nicht künstlich erarbeitet und aufgebaut, sondern in freier Anschauung erworben.

Wenn er in eine Stadt kam, verschaffte er sich einen Plan, und indem er das Durcheinander der Straßen, Plätze, Gebäude entwirrte, wurde jener unter seinen Händen eine Urkunde, die vom Werden des Gemeinwesens erzählt und dies in der Besonderheit seiner Elemente als eine Individualität offenbart. In ähnlicher Weise trat er den Staaten, den Einrichtungen und Anstalten, den Menschen und ihren Werken gegenüber. Der Analyse folgte die Gruppierung der bei ihr geschiedenen Bestandteile auf dem Fuß; er formte sie nach Maßgabe der in ihm lebendigen Idee und begann alsbald, das Ergebnis in seine Pläne einzustellen. Aus der Verknüpfung alles Empfundenen, Erfahrenen, Erlebten erwuchs ihm sein Ideal: eine neue reiche deutsche Geistesblüte; da es empirisch, nicht deduktiv gewonnen war, jagte er ihm nicht auf phantastischen Wegen nach, sondern suchte ihm mit praktischen Mitteln, gleichsam von unten her, nahezukommen. Seine Berufung nach Hamburg wies ihm die Bahn: ihm wurde klar, daß der allgemeinen deutschen Kultur am besten mit einem Ausbau der Stammeskulturen gedient sei, und die Liebe zu seiner hamburgischen Heimat wurde ihm zum Leitstern.

So trat er alsbald mit einem Programm großen Stils für seine neue Wirksamkeit hervor. Es gliederte sich in drei Teile: Den ersten Platz nahmen in ihm, wie es billig war, die Pläne für den Ausbau der Sammlungen in der Kunsthalle ein, wobei er den hamburgischen Standpunkt stark, aber ohne Einseitigkeit und stets mit Rücksicht auf den Zusammenhang mit der deutschen und der allgemeinen Kunstentwicklung betonte. Daneben faßte er auf der einen Seite die Förderung alles produktiven geistigen Lebens in Hamburg, in erster Linie des künstlerischen und kunstgewerblichen Schaffens, auf der anderen Seite eine Organisierung der Volksbildung auf ästhetischer Grundlage ins Auge. Wenn diese Seite seiner Planung den unteren Volksklassen etwas geben wollte, so wandte jene sich mit der Forderung von materiellen Leistungen und innerer Anteilnahme an die Besitzenden. Alle diese Aufgaben, die sich ihm dem gemeinsamen idealen Ziel eines blühenden hamburgischen Geisteslebens unterordneten, faßte er sogleich mit der ihm eigenen Willens- und Tatkraft an. Davon, wie er die Galerie ausgestaltete, wird in einem späteren Abschnitt ausführlich die Rede sein. Seine Ideen über eine künstlerische Bildung in der Schule setzte er bereits im Frühjahr 1887 in einer Versammlung des Schulwissenschaftlichen Bildungsvereins auseinander; sie fanden bei den früheren Kollegen jubelnde Zustimmung und sind, von ihrer Unterstützung getragen, in der Folgezeit zu einem guten Teil verwirklicht.

Mit den anderen Plänen trat er 1889 hervor, als es darauf ankam, Schmuck und Ausstattung des seiner Vollendung entgegengehenden neuen Rathauses vorzubereiten. In einer für den Senat bestimmten Denkschrift setzte er auseinander, wie gerade im gegenwärtigen Zeitpunkt, unmittelbar nach dem Zollanschluß, jene Aufgaben nutzbar gemacht werden müßten, um Kunst und Kunstgewerbe zu Leistungen heranzüchten, welche Hamburg in Deutschland eine führende Stellung verschafften. Trotz der Beweiskraft der Gründe, welche die Arbeit dauernd zu einem kulturgeschichtlichen Dokument macht, verhallte sie wie die Stimme des Predigers in der Wüste: die Rathausbaumeister, in deren Hand man auch die Innenausstattung gelegt hatte, verhielten sich gegen den Außenseiter übelwollend; der Senat war nicht einsichtig genug, um ein Machtwort zu sprechen, und so wurde die weitschauende Planung im Sande der Verständnislosigkeit begraben. Noch jetzt überkommt einen beim Durchdenken der verpaßten Möglichkeiten eine Niedergeschlagenheit, und wer die oberflächlichen Erwägungen liest, mit denen Martin Haller als Wortführer des Rathausbaumeisterkollegiums den Forderungen Lichtwarks entgegengetreten ist, begreift die Entrüstung gegen die Zunft der Architekten, die in Lichtwarks Herzen nie ganz erlosch. Erfahrungen ähnlicher Art wiederholten sich durch Jahrzehnte, und regelmäßig waren es die Wohlhabenden, die sog. Gebildeten, von denen die Widerstände ausgingen, während die von unten heraufdrängenden Elemente dem Erzieher gern Gefolgschaft leisteten.

Kann es wundernehmen, daß in seiner Brust oft eine große Bitterkeit aufstieg? Mehr als einmal hat er mir gesagt, daß er einer Sache, die er gefördert zu sehen wünsche, den besten Dienst tue, wenn er sich von ihr zurückhalte. Man muß dabei gewesen sein, wie in Gesellschaften einfältige Kofmichs und aufgeblasene Juristen sich über diesen Mann lustig machten; ihre einzige Entschuldigung ist, daß er sie zu weit überragte, um von ihnen begriffen zu werden. (Als er gestorben war, schrieb Carl Mönckeberg, er sei dreißigmal so viel wert gewesen als Senat und Bürgerschaft zusammen). Freilich, auch er selbst war nicht ohne Schuld. Sein Temperament riß ihn gelegentlich zu scharfen und über das Ziel hinausschießenden Urteilen hin, die er nachher als unpolitisch bedauerte; z. B. wenn er im Club von 1894 – einem nach englischen Vorbildern gegründeten Debattierklub – von Hamburg gesagt hatte, es erscheine in seiner wirtschaftlichen, aber ungeistigen Einseitigkeit den Leuten »im Reich« wie ein Kind mit einem Wasserkopf. Als er sich einmal beklagte, daß die Herren vom Senat niemals seine Vorträge besuchten, fragte ihn meine Frau, ob er glaube, daß sie sich gern Vorwürfe sagen ließen, ohne sich verteidigen zu können.

Indessen kam bei ihm ein dauernder Mißmut doch erst in späterer Zeit zur Herrschaft; anfänglich waren die Instinkte seiner Kämpfernatur zu stark, als daß er nicht mit froher Unbekümmertheit, ja sogar mit Vergnügen, die Fehde gegen Philistertum und Rückständigkeit geführt hätte. Er stand im Vollbewußtsein seiner Kraft. Seine Erkenntnis von den treibenden Schöpfergewalten des Menschengeistes war von einer ihn selbst noch beglückenden Neuheit, und er fühlte sich stark, seine Überzeugungen auf andere zu übertragen. Was ihm seine Studien und mehr noch die Berliner Zeit eingebracht, hatte er zu lebendigem Besitz verarbeitet. Schon war er eine Persönlichkeit geworden, die, wo er sich zeigte, in ihrer Bedeutung von den Einsichtigen erkannt wurde. Nicht nur in Deutschland, sondern auch im Ausland, namentlich in Paris, wußte er sich durch die Unvoreingenommenheit und Fähigkeit des Einfühlens die Herzen der Schaffenden zu gewinnen, und so strömten ihm von allen Seiten neue Eindrücke, Erlebnisse, Erleuchtungen zu. Er erfuhr an sich die Wahrheit des Bibelwortes, daß dem, welcher hat, gegeben wird. Überall nahm sein Geist auf, was die Sinne zu fassen vermochten. Er war von erstaunlicher Leistungsfähigkeit: die wundervollen, in die Form von Briefen gekleideten Reiseberichte an die Kunsthallenkommission – in ihrer unmittelbaren Frische literarische Kunstwerke ersten Ranges – legen Zeugnis davon ab. Mit genialer Sicherheit wußte er aus der Fülle der Erscheinungen draußen in der Welt das sich anzueignen, was in den Kreis seiner Anschauungen paßte. Es wurde ihm vorgeworfen, er sähe in den Kulturen des Auslandes nur die Vorzüge, aber er war lediglich durch den Wunsch geleitet, der Heimat den Spiegel vorzuhalten, damit sie sich zu höchster Blüte entfalte. Er wäre der letzte gewesen, eine Nachahmung des Fremden zu empfehlen; eine Ertüchtigung der eigenen Art war das letzte Ziel, das er überall zu weisen suchte.

In diesem Streben« war er unermüdlich; den ganzen Menschen stellte er in seinen Dienst, und jeder, der – als ein Empfänglicher – in den Bereich seines Wirkens trat, wurde durch den Zauber seines Wesens unwiderstehlich angezogen. Am unverfälschtesten genoß ihn wohl der Kreis, den er in der Gesellschaft Hamburgischer Kunstfreunde um sich vereinigt hatte. Hier gab er sich

6. Paul Lichtwark: Alfred Lichtwark, o. D.

7. Max Liebermann: Justus Brinckmann, o. D.

ganz wie er war, sprach frei und unbedenklich von der Leber weg und gewährte ungehinderte Einblicke in das Schaffen und Arbeiten seiner reichen Seele. Wenn trotzdem manche Teilnehmer zu keiner unbefangenen Freude an den Zusammenkünften kamen, so lag das vielleicht daran, daß sie das Gewicht der übermächtigen Persönlichkeit, dem sie nicht gewachsen waren, wie einen Druck empfanden.

Er selbst ahnte schwerlich, daß er einen solchen übte. Er hatte von Natur eine gütige und freundliche Seele, die er besonders im Verkehr mit Kindern und kleinen Leuten offenbarte. Es kam vor, daß er einem Künstler, dem er die Bitte, ihm etwas für die Kunsthalle abzukaufen, wegen der völligen Wertlosigkeit seiner Arbeiten abschlagen mußte, zwar riet, den Beruf an den Nagel zu hängen, aber aus seiner Tasche eine nicht unbeträchtliche Summe schenkte, weil er ihn jammerte. Als seine Leiche zur Verbrennungshalle übergeführt werden sollte, hat das Dienstmädchen – so erzählte die Schwester – bitterlich geweint und geklagt, sie habe nicht geglaubt, daß ein Herr so gut sein könne. Er war ein liebevoller Sohn und Bruder; man sagte, er habe sich nicht verheiratet, um für Mutter und Schwester sorgen zu können, denen er es nicht vergessen habe, wie sie in seiner Jugend durch ihrer Hände Arbeit ihm die erste Ausbildung ermöglicht hätten. Im Umgang mit Menschen aller Stände war er von weltmännischer Sicherheit. Verschiedene deutsche Fürsten zogen ihn als Berater heran; in Wiligrad beim Herzog Johann Albrecht war er ein gern gesehener Gast; dem Kaiser gegenüber vertrat er mit freimütiger Offenheit seine Ansichten, die, wie er wußte, mit denen des hohen Herrn nicht übereinstimmten. Es war erstaunlich, wie leicht er sich aus der ursprünglichen Enge der Verhältnisse zu dieser Freiheit des Wesens herausgearbeitet hatte. Sein Taktgefühl, ein guter Geschmack und das Bewußtsein seines Wertes schufen ihm den inneren Rückhalt; schon während der Berliner Zeit verrieten äußere Erscheinung und die Umgebung, die er sich geschaffen, den durch und durch kultivierten Menschen. Verlegen war er wohl nur – merkwürdigerweise – den Frauen seiner Freunde gegenüber, was gelegentlich zu einer wunderlichen Ungleichmäßigkeit des Verhaltens Anlaß gab. Wollte man nach Spuren suchen, welche auf die einfache Herkunft deuten, so ließe sich allein eine gewisse Vorliebe für den Verkehr mit Offizieren und vornehmen Personen anführen. Aber auch diese könnte anders gedeutet werden: als Wirkung des Reizes, den aristokratische Lebensformen und gehaltene Lebensführung auf ihn übten; hat er doch seinem Ideal des Deutschen der Zukunft den Typus des deutschen Offiziers zugrunde gelegt.

»Trieb- und Willensmenschen« von so ausgeprägter Art haben ihre Ecken und Härten. Weil sie, einem inneren Gesetz gehorchend, mit aller Energie versuchen müssen, sich und ihre Ideen durchzusetzen, kommen sie rechts und links mit den Kräften, die sich nicht fügen, in Widerstreit. Lichtwarks Schicksal war es, daß sich Gegensätze nicht nur zu seinen natürlichen Widersachern, sondern auch zu Elementen bildeten, mit denen er sich eigentlich zu Schutz und Trutz hätte verbinden müssen, insbesondere zu den hamburgischen Künstlern. Er hatte sich ihrer von Anfang mit Wärme angenommen. Froh und hoffnungsvoll sah er die jungen Talente um sich erblühen. Er erkannte ihre Entwicklungsmöglichkeiten, schätzte sie ein und suchte ihnen die Wege nicht nur zu ebnen, sondern auch zu weisen. Dies aber lehnte ihr Selbständigkeitsgefühl als einen Eingriff ab, denn ihre Unerfahrenheit vermochte damals noch nicht einzusehen, wie richtig in den meisten Fällen seine Ratschläge waren. So kam es mit der Zeit zu Mißhelligkeit und bedauerlichen Verstimmungen, an denen beide Teile gleichermaßen schuldig oder richtiger wohl: unschuldig waren. Denn sie konnten nicht aus ihrer Haut: jene, weil sie auf eine Entwicklung ihres künstlerischen Willens von innen heraus nicht verzichten durften; dieser, weil er zu temperamentvoll war, um die anderen gelassenen Sinnes in die Irre gehen zu sehen.

Er fühlte sich so mit seinem Werk verwachsen und ordnete sich diesem so sehr ein, daß man es ihm nicht als Herrschsucht anrechnen durfte, wenn er in allen kulturellen Dingen eine Art persönlicher, fast ausschließlicher Führerschaft in Anspruch nahm. Ich habe eigentümliche Erfahrungen mit ihm gemacht, die sich nur in diesem Sinne deuten lassen und von denen ich nur eine erwähnen will. Als im Winter 1903/04 die von der Gesellschaft Hamburgischer Kunstfreunde auf meine Veranlassung und unter meiner Leitung veranstaltete Graphische Ausstellung einen starken Erfolg hatte, erkannte er Leistung und Verdienst zwar in vollem Maße und sogar öffentlich an, aber es traten doch zu wiederholten Malen Anzeichen einer gewissen Widerwilligkeit in dieser Anerkennung hervor, als ob er etwas wie Eifersucht empfände. Ähnliche Beobachtungen haben bei anderen Gelegenheiten andere Personen gemacht und mir bestätigt.

Dagegen war er bei allem Bewußtsein von seiner Bedeutung und seinem Wert von Eitelkeit frei. Bedeutung und Wert waren zu groß, um dieser Schwäche Raum zu lassen. Denn – und das muß an dieser Stelle, im Rahmen der Betrachtung hamburgischer Verhältnisse, besonders hervorgehoben werden – der Kreis seiner Wirksamkeit ging weit über die engere Heimat hinaus. Lichtwarks Unterstützung sicherte – außerhalb der Vaterstadt – ei-

nem jeden Unternehmen die Anteilnahme der Besten; sein Name war von
dem größten Gewicht; bei allen auf deutsches Geistesleben und Bildungsstreben abzielenden Veranstaltungen war er der gesuchte Redner, soweit es
sich um Erörterung ernster sachlicher Fragen handelte, und seine Schriften
werden noch für lange Zeit eine Fundgrube von Wahrheiten für alle die bleiben, welche ein starkes und kultiviertes Deutschtum fördern wollen.

Justus Brinckmann

Wenn Lichtwark bestrebt war, die allgemeinen Beziehungen zu erfassen, in
denen die verschiedenen Auswirkungen des menschlichen Geistes zueinander stehen, fühlte Justus Brinckmann sich durch die Zusammenhänge der
greifbaren Gegenstände angezogen. Darum muß, wer die Grundlage seines
Wesens verstehen will, ihm von seiner Sammler-Leidenschaft und seiner
Sammeltätigkeit beizukommen suchen. Dieser Trieb trat schon in früher
Jugend hervor und wandte sich selbstverständlich zunächst der Natur: In-
sekten, Muscheln, Pflanzen, Steinen zu. Glücklicherweise fand er im Gymnasium einen Lehrer, der diesen Trieb förderte und in gesunden Bahnen zu
halten wußte; so wurde eine Verzettelung vermieden, und alsbald machte
sich die befruchtende Kraft geltend, welche der Sammler ihm zu verdanken
pflegt: es erwuchs das Verlangen, den umfangreichen Stoff zu ordnen und
durch Ordnung zu beherrschen. Auf den Reisen, welche der Siebzehnjährige
mit der Familie eines ihm zum Unterricht anvertrauten Schülers machte, vertiefte sich das Interesse zur Liebe und nahm auf Spezialgebieten den Charakter wissenschaftlicher Forschung an. Schon bereitete sich ein Übergang zur
Beschäftigung mit den Erzeugnissen menschlicher Tätigkeit vor: die Funde
eines von ihm in Hamburgs Nähe entdeckten Urnenfriedhofs lockten zur
Klassifizierung und Beschreibung; ein Aufenthalt in Ägypten weckte Freude
an der Kunst, und als er die Universität in Wien bezog, fand er in Eitelberger
den Mann, der ihn auf das vom Schicksal bestimmte Gebiet, das Kunstgewerbe, wies.
Menschen von solcher Anlage erträumen schon in der Jugend die Gründung
von Sammlungen universaler Art; je mehr sich die Gedanken klären, nehmen die Pläne erreichbare Formen an, und das Gebiet, auf das der Wille
gerichtet ist, verengt oder verändert sich auch: als Dreiundzwanzigjähriger
faßte Brinckmann den Vorsatz, in seiner Vaterstadt Hamburg ein Museum
für Kunst und Gewerbe zu schaffen.

Wie er diesen Vorsatz, nach anfänglichen Seiten- und Umwegen, in die Tat umsetzte und zuletzt in höchster Vollendung ausgeführt hat, ist ein großartiges Schauspiel menschlicher Stetigkeit, Energie und Klugheit. Es wurde nur dadurch möglich, daß ein Mann von strotzender Gesundheit des Leibes, des Geistes und des Willens sich ganz einsetzte und in der selbstgewählten Aufgabe – ohne je erschöpft zu sein – erschöpfte. Mehr als vier Jahrzehnte hindurch war sein Sinnen und Trachten einzig auf die Ausgestaltung und Bereicherung seines Museums gerichtet, und erst mit dem letzten Atemzug ging dieser Lebenswille zu Ende; niemand hätte ihn bei etwas festhalten können, das nicht in irgendeinem Zusammenhang mit diesem Ziele stand. Aber es war nicht die trockene Gier, totes Material zu häufen, sondern der Drang, die einzelnen Dinge, die – jedes für sich – nur eine beschränkte Bedeutung haben, zu einem lebendigen Ganzen zu vereinigen – wie sich in organischen Gebilden Zelle an Zelle zu fruchtbarem Werden fügt. Wie er selbst eine von machtvollem Lebensgefühl durchpulste Persönlichkeit war, so mußte auch sein Werk den Stempel seines Wesens tragen, und darum gingen Ströme des Wirkens von ihm und seinem Museum aus. Das hatte er schon als Zweck in jenem Aufsatz ins Auge gefaßt, welcher 1866 in den Vaterstädtischen Blättern der Hamburger Nachrichten die Gründung seinen Mitbürgern empfehlen wollte, und unermüdlich ist er diesem Gedanken treugeblieben. So ging er auch nie in der Tätigkeit des zünftigen Museumsleiters auf, sondern erweiterte den Kreis seines Schaffens unaufhörlich. Gebiet auf Gebiet fügte er seiner Tätigkeit ein. Im Jahre 1902 z. B. zeigte er mir eine in Kästen geordnete Sammlung von 50 000 säuberlich auf Karton gelegten Blättern der Druckkunst, die er vor gar nicht langer Zeit angelegt hatte; er sagte, sie habe den Staat keinen Pfennig gekostet. Derartige Sonderaufgaben hatte er stets mehrere in Arbeit; wer Brinckmann in seiner umfassenden Wirksamkeit beobachtete, hatte den Eindruck nicht eines wachsenden einzelnen Baumes, sondern eines wachsenden Waldes von Bäumen.
Weil er so entschieden auf das eine Ziel eingestellt war, mußte seine direkte volkserzieherische Betätigung, an derjenigen Lichtwarks gemessen, zurücktreten. In seinen früheren Jahren, vor den Zeiten des Museums, während er, nach juristischem Studium, als Anwalt und am Hamburgischen Correspondenten als Berichterstatter wirkte, hat er sich an allen Bildungsbestrebungen beteiligt, insbesondere an den von Kirchenpauer und Buchheister gepflogenen Beratungen über eine Universitätsgründung mitgearbeitet und in den geistig angeregten Schichten, für welche das Haus Adolph Meyers einen Mittelpunkt bildete, Vorträge gehalten. Auch später hat er sich solchen Auf-

gaben nicht entzogen und in vielen Vorträgen und Schriften, vor allen in seinem Führer durch das Museum, sein Wissen und seine reiche Erfahrung in den Dienst des gemeinen Nutzens gestellt. Wenn aber Lichtwark wie ein lebendiges Gewissen sich vernehmlich machte und mit deutlichem Finger auf Fehler und Unterlassungssünden wies, so war Brinckmanns Art mehr die einer mittelbaren Erziehung: er suchte durch die vorbildliche Qualität seines Museums und seiner Museumsarbeit zu wirken. Er wandte sich nicht so sehr an die weiteste Öffentlichkeit, sondern an kleinere, ausgewählte und vorbereitete Kreise. Darum ging sein Einfluß weniger ins Breite als ins Tiefe. Die Zahl der Zuhörer bei seinen wöchentlichen Vorlesungen war beschränkt. Vornehmlich aber liebte er es, sich kleinen Zirkeln von Freunden seiner Anstalt mitzuteilen, die von ihm in ihrer eigenen Sammeltätigkeit beraten wurden und sich durch Geschenkgaben an das Museum dankbar erwiesen. Namentlich mit den Japan-Sammlern stand er in diesem Verkehr. Es war von hohem Reiz, ihn bei solchen Zusammenkünften zu beobachten, wie er einzelne Gegenstände in der Hand hielt und wendete, sie besprach und in der Erörterung vom Besonderen zum Allgemeinen überging. Aus einer Sitzung der Hamburgischen Gesellschaft der Bücherfreunde im Haus des Dr. Derenberg ist mir sein Bild in lebhafter Erinnerung geblieben: Er saß vor einem langen, mit vielen schönen japanischen Holzschnitten bedeckten Tisch; sein prächtiger Kopf mit dem langen weißgemischten Bart und den leuchtenden braunen Augen stand vor dem Hintergrund einer Fensterumrahmung, und mit lebhaftem Gebärdenspiel wies er uns Art, Herkunft, Vorzüge der Blätter und Bücher, wobei auch seine Kenntnis von der Natur der dargestellten Gegenstände, Pflanzen und Tiere erstaunlich hervortrat. Jeder, der an solchen Zusammenkünften teilnahm, sah sich in seinem Gefühl für Qualität gefördert; das erklärt den Höhenstand so mancher kunstgewerblichen Privatsammlungen in Hamburg. Da seine Besprechungen meist aber der Kunst vergangener Zeiten galten, übten sie nur wenig Einfluß auf das Kunstgewerbe der Gegenwart; dieses ist in Hamburg während der Epoche fast ganz unfruchtbar geblieben. In den 1880er Jahren hatte freilich die Lederindustrie einen Aufschwung genommen, und Hulbe rühmte gern, was er den Ratschlägen seines Freundes Brinckmann verdanke; aber sie blieb ohne Kraft selbständiger Weiterentwicklung in der Nachahmung altdeutscher Motive stecken.

Der Zurückhaltung auf den Bereich seines eigentlichen Arbeitsgebietes verdankte Brinckmann, daß ihn keine in ihrer beschaulichen Ruhe aufgestörte öffentliche Meinung, so wie Lichtwark es oft erfuhr, angriff. Allerdings hat auch er oft auf hamburgische Verhältnisse gescholten. Er beklagte, daß talentvolle Künstler wie Peter Behrens, Eckmann, Eckhardt in ihrer Vaterstadt keine Anerkennung fänden und draußen ihr Glück machten; verglich die Freigebigkeit in Köln, wo sich unter Schnütgens Führung Katholiken, Protestanten und Juden zum Aufbringen von Fonds für museale Erwerbungen vereinigten, mit der Genauigkeit der Hamburger, unter denen man auf die Israeliten angewiesen sei; und als Lichtwark im Jahre 1896 von der Majorität im Kunstverein wegen seines Eintretens für die junge Kunst verketzert wurde, sprang er ihm temperamentvoll und ritterlich bei. Aber im ganzen hielt er sich vom Streit des Tages fern.

Mit der modernen Geistes- und Kunstbewegung hatte er auch persönlich weniger Fühlung als der um zehn Jahre jüngere Lichtwark. Ich habe wiederholt den Eindruck gewonnen, als sei sein Urteil neueren Werken gegenüber nicht von der Sicherheit wie in der Bewertung alter Kunst: z. B. als er einmal (1902) im Kunstgewerbeverein die graphischen Arbeiten der jungen hamburgischen Künstler zugunsten der weit geringeren des Karlsruher Kreises herabsetzte. Daß er sich den Werken eines Nolde, Heckel, Kirchner gegenüber im ganzen ablehnend verhielt, war bei dem trennenden Altersunterschied nicht verwunderlich; weit merkwürdiger, daß er einmal in unserem Hause einigen Holzschnitten Schmidt-Rottluffs gute Eigenschaften zuerkannte.

Das Verhältnis Brinckmanns und Lichtwarks zueinander war gut und freundschaftlich; es beruhte auf gegenseitiger verstehender Anerkennung. Wie diese auf Lichtwarks Seite in der wundervollen Charakteristik der Jubiläumsschrift von 1902 ihren Ausdruck gefunden hatte, so bewies Brinckmann zu Lichtwarks Ehrentage des Jahres 1911 die gleiche Gesinnung durch Sammlung von Mitteln für ein Kalckreuthsches Lichtwark-Bildnis, und wer nach Lichtwarks Tod Gelegenheit hatte, mit dem älteren Freunde zu sprechen, empfand mit Rührung den Schmerz, mit welchem dieser dem vor ihm dahingegangenen Jüngeren nachtrauerte.

Dennoch bestand zwischen beiden bei Lebzeiten eine Scheidewand, welche die Klugheit errichtet hatte. Es wäre sonst Gefahr gewesen, daß sie sich ins Gehege kamen. So achtete jeder den Bereich des anderen, und das war gut. Denn gelegentlich gab es Anzeichen einer unter der Oberfläche leise glimmenden Eifersucht. Als die Zeitschrift Der Lotse gegründet wurde, erzählte Carl Mönckeberg, Brinckmann habe sich zur Mitarbeit erst bereit gefunden, nachdem er sich versichert hätte, daß nicht ein illustriertes Blatt geplant sei, welches Lichtwarks Ideen zur Förderung der jungen Hamburger Künstler unterstüzen solle; und andererseits leistete Lichtwark immer einen passiven Widerstand, wenn in der von ihm geschaffenen Gesellschaft Hamburgischer Kunstfreunde eine Neigung hervortrat, auch an jenen Anschluß zu suchen. Aber zu einer offenen Gegensätzlichkeit ist es nie gekommen, und insbesondere haben in allen Fragen der Kulturpolitik beide am selben Strang gezogen.

Rein menschlich genommen war Brinckmann ein Typus der harmonischen Entwicklung geistiger und sinnlicher Kräfte: gleichsam das Schulbeispiel einer kultivierten Persönlichkeit nach Schillers Auffassung. Wie sich beide Kräfte innerlich durchdrangen und nach außen rücksichtslos geltend machten, war wie ein glücklicher Wurf der Natur und rief die Erinnerung an große Renaissance-Menschen wach. In Kalckreuths Portrait tritt vielleicht die eine, in dem Liebermanns auf dem Professorenkonvent die andere Seite seines Wesens in den Vordergrund. Der Anblick seiner äußeren Erscheinung war immer ein Genuß, denn sie gewährte das Bild eines kräftigen und wohlgestalteten Mannes, der bei der Sache war und Körper wie Geist ganz in ihren Dienst stellte. Kam er hinzu, wenn man im Lesezimmer etwas sehen wollte, legte er, stets bereit, tätig zuzugreifen, selber Hand an, um schwere Mappen und Bücher herbeizuschaffen. Lebhaft hat sich mir eine Szene eingeprägt, wie er bei einem großen Brand in Altengamme, der an einem heißen Sommersonntag während eines Besichtigungsausfluges des Vereins für Kunst und Wissenschaft ausbrach und das ganze Dorf einäscherte, in das Fenster eines brennenden Hauses kletterte und wertvolle Möbel für sein Museum rettete, kurz ehe das lohende Strohdach herunterschoß.

Dort, in Vierlanden, war er auf seinem eigensten Gebiet: den reichen kunstgewerblichen, zum großen Teil aus bodenständiger Arbeit hervorgegangenen Besitz hatte er gleichsam entdeckt und für sein Museum gehoben; er schalt auf den Pastor, der seinem Sammeln entgegenwirkte, die Dinge an Ort und Stelle behalten wissen und nicht einsehen wollte, wie gefährdet sie dort seien.

Die Kehrseite dieses zugreifenden und in seiner Unermüdlichkeit doch auch unrastvollen Wesens hatte die Familie zu empfinden. Eine Dame, die Brinckmann seit langen Jahren kannte, sagte einmal, zum Ehemann sei er nicht geschaffen; er habe alle seine Frauen – er war dreimal verheiratet – unglücklich gemacht. Noch das Harmloseste war, daß die Gedanken an seine Anstalt diejenigen an Weib und Kind überwucherten. Als nach der – schweren – Geburt eines Töchterchens eine Freundin seiner Frau zu ihm ging, um sich nach Mutter und Kind zu erkundigen, kam sie über dem Besehen von neuen japanischen Erwerbungen, mit deren Zeigung er sie überschüttete, nicht zu Wort, und als sie endlich, schon halb beim Fortgehen ihre Frage anbrachte, antwortete er nur freundlich lächelnd: »Sie heißt Okara.« Die Vernachlässigung der eigenen Belange zugunsten des Museums war schon schwerer zu tragen; um wertvolle Erwerbungen sich nicht entgehen zu lassen, übernahm er oft persönliche Verpflichtungen, aus deren Druck er sich nicht leicht befreien konnte. Aber auch seine animalische Lebenskraft brachte ihn in Verhältnisse, die ihm vor dem Richterstuhl bürgerlicher Moral nicht verziehen werden konnten. Ein Teil der Kinder dritter Ehe wurde schon während Bestandes der vorhergehenden geboren, und es war ein Beweis von der engelhaften Güte jener zweiten Frau, daß sie auf dem Totenbett ihre eigenen Kinder bat, die nun wohl neu hinzukommenden als Geschwister anzuerkennen. Diese letzteren, Sprößlinge eines Alters der späten fünfziger und der sechziger Jahre, waren in ihrer Schönheit ein Dokument von der unverbrauchten Kraft des alternden Vaters. Im Winter vor seinem Tod haben wir ihn in seinem Bergedorfer Häuschen bei einem Besuch wie einen Patriarchen im Kreis seiner Familie gesehen. Die Wärme, die noch damals von ihm ausstrahlte und mit der er die künstlerische und kunstgewerbliche Betätigung der Seinigen, namentlich keramische Versuche seines dreizehnjährigen Sohnes, umfing, hatte etwas Bezauberndes. Auch die Begeisterung für den Fortgang des Krieges und die entrüstete Ablehnung aller Flau- und »Miesmacherei« – diesen Ausdruck hörte ich zum ersten Mal von ihm – war bezeichnend für die Unverwüstlichkeit seines Gefühlslebens.

Sein Tod – ein Jahr nach Lichtwarks Ableben – war für Hamburg ein Verlust von doppelter Tragweite. Neben dem, was Brinckmann unmittelbar für seine Vaterstadt getan, hatte er den Ruhm seines und ihres Namens weit über die Grenzen Deutschlands hinausgetragen. Er genoß das Ansehen einer absolut autoritativen Geltung; wo in der Welt Fachgenossen oder Museumsleiter versammelt waren, fiel ihm der Vorsitz von selbst zu. Er erzählte, der Krieg habe ihn von der Last zweier schwerer Aufgaben befreit, die er übernommen: der Ordnung und Katalogisierung zweier großen Sammlungen in London und Moskau. So suchte sich jeder seiner helfenden sachverständigen Mitarbeit zu versichern.

Wo sind die Männer, um solche Lücken auszufüllen?

Werner von Melle

In weitem Abstand hinter diesen Heroen des hamburgischen Geisteslebens, gleichsam ein Stern dritter Größe, erscheint Werner von Melle. Seine Bedeutung ist, daß er, in den Senat gewählt, sofort ein Ziel fest ins Auge gefaßt und mit Zähigkeit sein Leben hindurch verfolgt hat. Schon vorher war er mit allerlei Bildungsbestrebungen verwachsen: In den 1890er Jahren hatte er im Kunstverein den Vorsitz, obwohl er von Kunst wenig verstand. 1891 hatte er ein Buch über das Hamburgische Staatsrecht herausgegeben; bekannt ist seine Biographie des Bürgermeisters Kirchenpauer. Aber die Literatur war nicht seine Herzenssache; auf einem Frühstück in seinem Hause, wo er selbst und Holthusen Versmanns staatsmännische Eigenschaften rühmten, erzählte er, es sei ihm nahegelegt, auch dessen Lebensgeschichte zu schreiben, aber er habe das mit der Begründung abgelehnt, er wünsche nicht als der berufsmäßige Bürgermeister-Biograph angesehen zu werden. Sein Ehrgeiz ging höher; er wollte nicht vaterstädtische Geschichte registrieren, sondern machen. Da seine Neigung der wissenschaftlichen Betätigung galt, setzte er sich vor, ihr in Hamburg eine Stätte zu bereiten. Mit welcher Umsicht und zähen Ausdauer er an diesem Plan festgehalten hat, ist bewunderungswürdig. Er trat keineswegs sogleich mit ihm hervor; er untersuchte zunächst die Voraussetzungen, mit denen er zu rechnen hatte, bereitete den Grund und Boden, auf dem er bauen konnte, und ging nur vorsichtig Schritt um Schritt voran. Wenn Eingeweihte auch darüber klar waren, er wolle auf eine Universitätsgründung hinaus, so hat er das doch öffentlich nie bekannt, ehe die letzte Entscheidung herangereift war. Seine Politik ging dahin, Stein auf Stein zu schichten, bis der Bau so weit gewachsen wäre, von selbst die Vollendung nötig zu machen. So ging er zunächst an die Ausgestaltung des Öffentlichen Vorlesungswesens. Er war unermüdlich, die namhaftesten Gelehrten der deutschen Universitäten heranzuziehen, und freute sich, sie in kleinem Kreis in seinem Haus am Graumannsweg zu bewirten. Er zeigte dann gern eine Sammlung von Photographien aller derer, die er gewonnen hatte. Drängenden und mahnenden Stimmen gegenüber, welche meinten, eine Hochschulgründung könne nur als frisch angefaßte und durchgeführte Tat gelingen, blieb er bei seiner Überzeugung, daß sie sich langsam aus dem Vorlesungswesen entwickeln müsse, und fand bei anderen Mitgliedern der Oberschulbehörde, z. B. Dr. Dehn, darin Zustimmung und Unterstützung. Unverdrossen unterzog er sich der Mühe, Mittel für wissenschaftliche Zwecke flüssig zu machen. Nachdem der Plan gescheitert war, von dem afrikanischen Alfred Beit, dem Gefolgsmann des Cecil Rhodes, einem Sohn Hamburgs, eine große Millionenstiftung zu erlangen, ging er – so sauer es ihm werden mochte – bei den reichen Kaufleuten von Haus zu Haus, um, wenn nicht Millionen, so doch Hunderttausende oder Zehntausende zu erbitten. Als ihm 1907 gelungen war, mit den so zusammengebrachten Millionen die „Wissenschaftliche Stiftung" zu gründen, begann er, immer noch im Rahmen zunächst des Vorlesungswesens, dann des 1908 errichteten Kolonialinstituts, neue ständige Professuren in Hamburg zu schaffen. Aber mit seinen letzten Absichten hielt er ständig zurück. Noch als im Jahre 1909 ein Senatsantrag die Mittel für sieben neue Dozentenstellen einwarb – in den Gelehrtenkreisen war scherzhaft immer nur von den sieben Weisen die Rede –, erklärte er auf die Frage, »wohin die Reise ginge«, das wisse er nicht; die Vorlage wolle nur vorhandene gegenwärtige Bedürfnisse befriedigen.

Auch mittelbar suchte er in der Richtung auf Vertiefung der geistigen Strebungen zu wirken. Er ließ sich zum Vorsitzenden des in den letzten Jahren verflachten Vereins für Kunst und Wissenschaft wählen. Er hatte mit einer Art mißgünstiger Eifersucht gesehen, wie die Literarische Gesellschaft im Bereich der minderbemittelten Gesellschaftsschichten – insbesondere der Volksschullehrer, unteren Beamten, kleineren jüdischen Kaufleute – mit Erfolg verstanden hatte, Anteilnahme für das deutsche Schrifttum zu wecken, und wollte ähnliches in seinen Kreisen erreichen. Auch hier warb er überall um Mitgliedschaft und war stolz, sämtliche Senatskollegen zum Eintritt bewogen zu haben.

1912 hielt er die Zeit für erfüllt, seinen Hauptplan durchzusetzen. Es gelang ihm, die Widerstände im Senat zu überwinden. Sie waren – obwohl der Hauptgegner Mönckeberg schon gestorben war – noch immer stark genug. Nur mittelbar drang davon etwas in die Öffentlichkeit, z. B. wenn man nach einem Diner Senatsdamen von dem »ekligen Melle mit seinen Universitätsplänen« sprechen hörte. Die Monate der Kommissionsberatungen über das Universitätsgesetz bedeuteten für ihn eine Zeit voll Aufregung. In den Wochen vor den entscheidenden Bürgerschaftssitzungen, als sich die Aussichten schon sehr verschlechtert hatten, sah man ihn wohl in der gebeugten Haltung eines alten Mannes über die Straße gehen. Aber in den Debatten selbst und noch mehr, als die Abstimmung gegen ihn ausgefallen war, stellte sich die alte Spannkraft wieder ein. Er gab sich nicht geschlagen; in den Verhandlungen des von der Mehrheit eingesetzten Ausschusses über die Frage, wie Vorlesungswesen und Kolonialinstitut anders als zu einer Universität auszugestalten sei, nahm er den Kampf von neuem auf. Wenige Monate nachher trat er mit dem Antrag auf Schaffung neuer Professuren für russische, indische, japanische Kultur mutig und mit Erfolg hervor. Selbst der Ausbruch des Krieges hat ihm die Hoffnung auf Erreichung seines Zieles nicht genommen.

Am einstweiligen Mißlingen war er nicht ohne eigene Schuld. Er hatte in seinem Wesen etwas Stures, Unverbindliches. Selbst wo er liebenswürdig sein wollte, verdarb er es oft durch Ungeschick und schuf sich Gegner. Es gab Zeiten, als ich bei der Vorbereitung der Bürgerschaftsverhandlungen über Gustav Falkes Ehrensold stark in seinem Sinne tätig gewesen war, wo er – für seine und eines Senators Verhältnisse – mir sehr wohlgesinnt war. Ich sollte nach seinem Wunsch in den Vorstand des Vereins für Kunst und Wissenschaft eintreten, und er versuchte, mich der ihm verhaßten Literarischen Gesellschaft abspenstig zu machen. Aber selbst damals war er gelegentlich – wenn auch ohne Absicht – geradezu verletzend. Ein Beispiel: Bei einem Abendessen, das sich an die Schillerfeier jenes Vereins reihte, bat er mich, die Gattin des zum Fest geladenen Gustav Falke, die den anderen Herren unbekannt war, zu Tisch zu führen, aber er vergaß, dafür zu sorgen, daß auch meine Frau am Vorstandstisch Platz fand. Die Zusammenkünfte, welche sich auf seine Veranlassung den regelmäßigen Vortragsabenden anschlossen, waren von einer beängstigenden Steifheit, und sein Verhalten gegen die neben ihm sitzenden Damen zuweilen so unhöflich, daß sie sich weigerten, wiederzukommen.

Der tiefere Grund für diese Unsicherheit war in der natürlichen Anlage seines Wesens zu suchen. Er war keine kraftstrotzende Herrennatur, sondern gehörte – um Nietzsches Ausdrucksweise zu gebrauchen – eher zur Gruppe des Ressentiments, d. h. derjenigen Menschen, die immer glauben, auf der Hut sein zu müssen, daß andere ihnen nicht zu nahe treten und ihre Kreise stören. Zum Teil wenigstens dieser Wurzel entwuchs der eifersüchtige Wille, allein das Verdienst am Erfolg seines Universitäts-Planes zu haben; am liebsten hätte er alle von ihm unabhängige Mitarbeit verhindert. Als ich ihn 1901 – zwei Jahre nach dem Erscheinen meines Buchs über die hamburgischen Kulturaufgaben, in dem die Universitätsfrage eingehend behandelt war – aufsuchte, um ihn für den Plan einer Werbetätigkeit zugunsten der Idee zu gewinnen, riet er von einem Hervortreten in die Öffentlichkeit ab. Auch von der Absicht des Professorenkonvents, mittels einer Komiteebildung Propaganda zu machen, war er nicht erbaut, und als die Patriotische Gesellschaft gleichfalls mit einer Agitation einsetzen wollte, wurde er sehr unwirsch. Auf einem Sommerausflug der Juristengesellschaft beklagte er sich mir gegenüber in einer langen Unterredung, daß der Vorsitzende Dr. Hallier ehrgeizige Pläne verfolge; man habe der Patriotischen die Öffentliche Bücherhalle und den Arbeitsnachweis überlassen; nun wolle sie auch noch die Universität »an sich reißen«. Diese Ablehnung aller fremden Hilfe – doch auch ein Beweis, daß ihm die Sache nicht ganz über dem persönlichen Interesse stand – rächte sich bitter: viele, die man hätte gewinnen können, fühlten sich verärgert und hielten sich nun doppelt zurück. Auch in der Betonung seines politischen Standpunktes war er nicht glücklich. Er gehörte ganz dem rechten Flügel der Parteigruppierung an. In früheren Jahren hatte er für die Hamburger Nachrichten geschrieben, alle Bestrebungen des vierten Standes waren ihm verdrießlich; das Hervortreten der Volksschullehrer sah er mit scheelem Auge, und in der Wahlrechtsaktion des Jahres 1905 war er – so sagte man – eine der treibenden Persönlichkeiten. Ich selbst bekam das zu erfahren: als ich publizistisch der Wahlrechtsänderung entgegentrat und von den Vereinigten Liberalen als Kandidat für die Notabelnwahl aufgestellt wurde, fing er an, mich schlecht zu behandeln. Obwohl kein anderer so wie ich seinen Hochschulplänen vorgebaut hatte, forderte er mich nicht zur Unterschrift des Aufrufs zur Gründung der Wissenschaftlichen Stiftung auf, und ich bekam weder zur Eröffnung des Kolonialinstituts noch zur Einweihung des Vorlesungsgebäudes eine Einladung.

Die liberalen Parteien der Bürgerschaft, insbesondere die Sozialdemokraten, die unbedingt Freunde aller Bildungsbestrebungen waren und für die Universitätsidee Verständnis hatten, stieß er dadurch vor den Kopf, daß er ihren Wünschen nach Gewährung von Ausbildungsmöglichkeiten für die Volksschullehrer und nach Veranstaltung von Arbeitervorlesungen im Rahmen der Hochschulgründung Widerstand leistete. Die Folge war, daß sie, von denen die Entscheidung abhing, den Gesetzentwurf zu Fall brachten.

Alles in allem genommen erwies er sich der schwierigen Aufgabe nicht gewachsen, das einseitig wirtschaftlich gewordene Hamburg in die Bahn neuen geistigen Lebens und Strebens mitzureißen. Der Einschlag von Kleinlichkeit in seiner Natur hinderte ihn an großen mutigen Schritten; er wollte zu klug sein und war darum nicht klug genug.

Carl Götze

Carl Götzes Leben spielte sich mehr in der Verborgenheit ab. Er war der Sohn eines Tischlers in Pinneberg und hatte die Laufbahn eines Volksschul-

lehrers eingeschlagen, aber seine natürliche Anlage ging so sehr aufs Allgemeine, daß er auch innerhalb dieses Berufs die Zusammenhänge mit großen kulturellen Zielen zu finden und zu wahren wußte. Mit von Borstel, Wolgast, Köster bildete er die Gruppe von Volksschullehrern, welche Hamburg den Ruf eines Vororts für pädagogische Reformideen verschaffte. Eine Mädchenschule in Eimsbüttel war sein Arbeitsfeld, er unterstand einem beschränkten Rektor, der für seine Geistesrichtung nicht das geringste Verständnis hatte. Er blieb lange Junggeselle; mit der Familie, insbesondere der früh verwitweten Mutter, war er, solange sie lebte, auf das innigste verbunden. Nach der Erledigung der Tagespflichten fuhr er, oft noch spät in der Nacht, hinaus, um, wenn nicht den Abend, so doch eine Morgenstunde mit den Seinigen zusammenzusein. Bald nachdem er sich verheiratet hatte, gründete er sich eine eigene Heimstätte: er kaufte in Groß Borstel am Moorweg, weit draußen, ein Grundstück und baute nach eigenen Plänen ein kleines, aber sehr behagliches, mit einfachsten Mitteln, aber geschmackvoll eingerichtetes Häuschen. Seitdem wirkte er auch an der Borsteler Schule.
Ich hatte schon viel von ihm gehört, als ich ihn kennenlernte; die alte Frau Zacharias erzählte (1900), sie habe ihn und von Borstel zum Mittagessen eingeladen, um sich über die Ziele des von der Lehrerschaft eingesetzten Jugendschriftenausschusses – der im Geruch unpatriotischer sozialdemokratischer Gesinnung stand – unterrichten zu lassen. Unser Vetter Pallat, damals Hilfsarbeiter im Preußischen Kultusministerium, machte uns mit ihm 1905 auf dem Dritten Kunsterziehungstag bekannt, wo er als letzter Redner auftreten sollte, wegen vorgeschrittener Zeit nicht mehr recht zu Wort kam und sich doch der beschnittenen Aufgabe mit Geschick entledigte. Wir luden ihn und den Studienrat Kerschensteiner mit Pallats zum Essen und hatten von dem Zusammensein große Freude. Götze schrieb in unser Gastbuch, diese Stunden seien für ihn die schönsten des ganzen Kunsterziehungstages gewesen, und wir selbst fanden gleiches Gefallen an seinem frischen und intelligenten Wesen.
In einer Gedächtnisrede, die er nach Lichtwarks Tod im Curio-Haus vor der Lehrerschaft hielt, legte er Zeugnis davon ab, welchen Einfluß Lichtwark auf seinen Entwicklungsgang geübt habe. Seine Schilderung jenes schon oben erwähnten Vortrags im Schulwissenschaftlichen Bildungsverein vom Jahre 1887 ließ die nachhaltige Wucht des empfangenen Eindrucks erkennen: eine neue Welt des Erlebens und Wirkens hatte sich ihm aufgetan. Freilich: in ihm selbst lag der Boden zur Aufnahme des Samens bereit; es brannte in ihm, wie in vielen seiner Standesgenossen, ein Durst nach geistiger Kost. Das Ge-

fühl für Form mochte ihm schon der Vater vererbt haben; aber es spielte gleichsam nur die Rolle des Rohstoffs. Die treibende Kraft wurde das Ideal, das er sich von seinem Lehrerberuf bildete. Seine klaren und festen Augen griffen in die anschauliche Welt; in leichter Auffassung machte er sich die Dinge zu eigen; er hatte die Gabe, die gewonnenen Begriffe schnell zu Ideen zu ordnen und bildete aus ihnen Gedankenreihen, die sich zu universaler Auffassung formten. Dazu kam ein bewunderungswürdiges Geschick, den deckenden Ausdruck zu finden. Seine Freunde erstaunten, wenn es auf schleunige Arbeit ankam, wie ihm die Formulierung umfangreicher Schriften von der Hand ging. Auch die Rede meisterte er. Für einen Vortrag bereitete er sich zwar gründlich vor, aber wenn er auf dem Podium stand, machte es ihm nichts aus, wenn es ihm erwünscht schien, andere Wege zu gehen. Er erzählte, als er einmal im Gewerkschaftshaus vor der Vereinigung für Kunstpflege gesprochen habe, sei es ihm beim Anblick der großen Zuhörerschaft klar geworden, daß er seinen Plan völlig ändern müsse. Diese Freiheit machte seinen Vortrag sehr lebendig; man sah den Geist arbeiten und wurde mitgerissen. Darauf beruhte auch der Zauber jener Gedächtnisrede auf Lichtwark; es war die beste von allen, die ich gehört habe.

Vielleicht barg diese Gewandtheit im Ausdruck doch auch Gefahren. Gelegentlich trug sie ihn allzu leicht. Sowohl in der Rede wie im Gespräch konnte es geschehen, daß die schnellschaffende Phantasie ihn mit sich riß und zu unklar durchdachten Paradoxen verleitete, welche mit seinen wahren ausgereiften Ansichten im Widerspruch standen. Wer ihn kannte, hatte auch daran seine Freude, aber schwerfällige Naturen fanden sich nicht hinein und warfen ihm unberechtigt Wankelmut vor.

Freilich, ihn auf ein für allemal festgelegte Überzeugungen nageln zu wollen, wäre vergeblich gewesen: er war nicht unbelehrbar. Anschauung und Erfahrung bestimmten sein Denken, und darum bewies er sich trotz aller Neigung zur Verallgemeinerung und zum Theoretisieren als praktischer Mann. So überwand er den Doktrinarismus der Jugend. Auch aus dem Radikalismus früherer Anschauungen wickelte er sich, je mehr sich die innere Kultur festigte, heraus. Ihm und den klareren Köpfen unter seinen Berufsgenossen ging es wie jedem reifen Mann: sie erkannten den Wert des Gewordenen. Dabei war es amüsant zu beobachten: sie glaubten oftmals als eine Art eroberten Neulandes die Stellungen zu entdecken, die unsereiner vom Besitzstand ererbter Kultur aus zum Ausgangspunkt genommen und vielleicht schon überwunden hatte.

Mit den Eigenschaften des Verstandes verband Götze eine große Willens-

kraft und Leistungsfähigkeit, die sich in starkem Schaffensdrang äußerten. Neben der Berufsarbeit, die keine geringen Anforderungen stellte, bewältigte er eine umfangreiche Vereinstätigkeit, und als er sein Häuschen erwarb, übernahm er noch die eigenhändige Bestellung des Gartens. Bei solcher Anlage war es natürlich, daß die Auswirkung seiner Kraft immer größere Kreise zog. Sein Lehramt war der Mittelpunkt, von dem sie ausging. Gewissenhaft übte er es. Weil er die Seele der Kinder, die ihm anvertraut waren, für heiligen Boden ansah, fiel ihm Pflicht und Neigung zusammen und schuf ihm das Ideal seines Lebens. So war er, als ihm Lichtwarks Sonne aufging, gegen die Gefahr gesichert, in den Strudel eines uneingedämmten Dilettantismus auf fremdem Gebiet zu geraten: er war – von allen Kollegen wohl am meisten – befähigt, jene Ideen der künstlerischen Erziehung in ihrem wahren Wesen und Wert zu verstehen. So schrieb er in einer Veröffentlichung der Lehrervereinigung von 1907:
»Künstlerisch erziehen bedeutet nicht nur ›für edle Lebensfreude genußfähig‹ machen; der tiefere Sinn ist, die produktiven Kräfte wecken und pflegen, Kräfte bilden, die wertvoll sind, weil sie Werte schaffen können,« und ferner: »Künstlerische Bildung pflegen bedeutet für uns, unsere eigenen Kräfte und Gaben zur Entfaltung bringen, bevor wir diese Pflege für andere übernehmen. Jede Pflege künstlerischer Bildung, die von ... künstlerischer Selbstbildung absieht, führt zu jener Phrase sog. Kunsterziehung, der die rätselvolle Tiefe und der ernste Gehalt unseres Lebens immer verborgen bleiben wird«. So wurde er gleichsam die Seele der 1896 gegründeten Lehrervereinigung zur Pflege der künstlerischen Bildung, welche als eine Frucht von Lichtwarks erzieherischem Einfluß erwuchs. In den 1901 erschienenen „Versuchen und Ergebnissen" war er es, der den Bericht über die Tätigkeit des Zeichen-Ausschusses erstattete, und in einer Broschüre »Zur Reform des Zeichenunterrichts« (1897) hat er ausführlich die gewonnenen Erfahrungen auseinandergesetzt und begründet. Die Beschäftigung mit diesen Fragen gab Veranlassung zu Reisen nach Berlin, Bern, London, welche dem Besuch von Kongressen und Ausstellungen galten, und führte zur Bekanntschaft mit Männern wie Kerschensteiner, Pallat, Muthesius, Teubner, die seinen Geist mit neuen Anregungen befruchteten. Aus alle dem heraus entstand 1904 Der Säemann, eine Monatsschrift für Pädagogische Reform, deren Schriftleitung Götze übernahm. Sie brachte vermehrte Arbeit, um so mehr, als sie ein Kampforgan wurde, das einen nach rechts und links gerichteten umfangreichen Schriftwechsel erforderte. Der Lohn bestand in abermaliger Bereicherung der Erfahrungen und Erweiterung des Gesichtskreises und führte zu einer

Höhersteckung der Ziele: 1909 wurde der Bund für Schulreform gegründet. Götze war der Vater dieses Vereins; Vorsitzender wurde er nicht, weil er einsah, ohne das Ehrenamt in der sachlichen Wirksamkeit ungehinderter zu sein. Der Bund bezweckt: »den engen Zusammenschluß und die gemeinsame Tätigkeit aller, die überzeugt sind, daß unsere Kultur eine Umgestaltung der Bildungsarbeit in Schule, Haus und Leben fordert, und daß für diese Arbeit die Entwicklung der jugendlichen Persönlichkeit und der Bildungsgehalt der Kultur der Gegenwart maßgebend sein müssen.« Der Bund war also nicht auf Einführung eines bestimmten reformatorischen Programms, etwa der Einheitsschule, gerichtet, sondern wollte Material sammeln und Menschen vereinigen, um in gemeinsamer Arbeit die Lösung der Erziehungsprobleme vorzubereiten.

An Meumann, der als Philosoph und Psychologe von der Oberschulbehörde an Kolonialinstitut und Vorlesungswesen berufen wurde und schon vorher an seinen Bestrebungen lebhaften Anteil genommen hatte, fand Götze Rückhalt und Förderung, und nun reifte im Zusammenwirken beider ein neuer Plan, der dem Ganzen die Krönung geben sollte: die Schaffung eines Instituts für Jugendkunde. Dieses, an die philosophisch-psychologische Professur angegliedert, sollte allen Stoff sammeln, vereinigen und ordnen, der für das Studium pädagogischer Reformpläne von Bedeutung sein könnte. So gipfelte auch Götzes Lebensarbeit in einem Ziel, dessen Erreichung beigetragen haben würde, Hamburg zu einer geistigen Führerin des deutschen Vaterlandes zu machen; daß es nicht, oder doch nicht so, wie es gedacht war, in Erfüllung gehen konnte, war nicht seine Schuld.

Carl Mönckeberg

Carl Mönckeberg darf nach dem Äußeren, mit dem ihn die Natur ausgestattet, nach seinen Anlagen, seinem Temperament und den Verhältnissen, in die er geboren wurde, ein Sonntagskind genannt werden. Ich sah ihn zum ersten Mal, wie er als Student während der Ferien im Parkett des Theaters stehend, nach allen Seiten die Damen seiner Verwandtschaft und Bekanntschaft grüßte: der Anblick eines beneidenswert strahlenden jungen Menschen. Die Stellung des Vaters, der jahrelang das Amt des Bürgermeisters bekleidete, und das gesellschaftliche Ansehen der Familie gaben ihm von vornherein Rückhalt für ein sicheres Auftreten, das bei der Natürlichkeit seines Wesens nichts Unangenehmes oder Herausforderndes hatte. Er be-

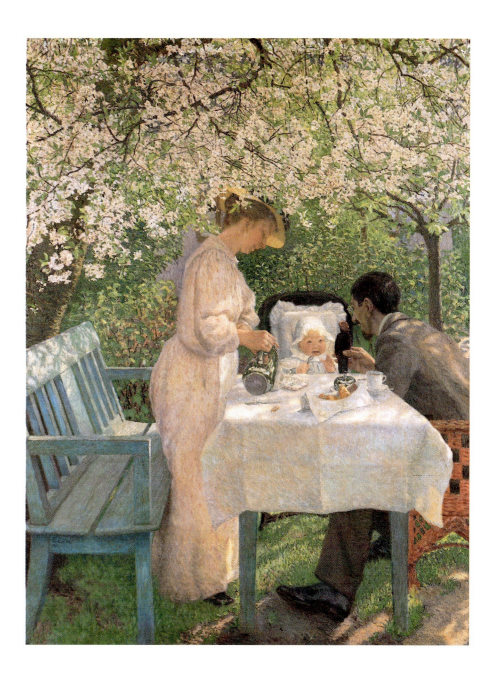

8. Ernst Eitner: Frühling (Der Künstler und seine Familie), 1901

nutzte diesen Vorzug als ein Selbstverständliches, nicht berechnend wie die Zinsen eines Kapitals, sondern unbekümmert und verschwenderisch gleich einem Grandseigneur.

Seine Erscheinung war stattlich. Er hatte eine schlanke Gestalt, ein schönes kluges Gesicht mit stark ausgeprägtem Profil und hellen braunen Augen, die immer, auch wenn um den Mund ein spöttisches Lächeln spielte, freundlich blickten. So wurde es ihm leicht, die Herzen zu gewinnen.

Das väterliche Haus war eine Stätte vornehm-bürgerlicher Lebensführung. Die Überlieferungen der Familie bildeten in Zucht und Sitte einen festen Rahmen, innerhalb dessen dem einzelnen eine große Bewegungsfreiheit gestattet war. Die Mutter, von Geburt eine Schweizerin, aber in früher Jugend von Bürgermeister Tesdorpf als Kind angenommen, war eine zierliche kleine Frau von entzückender Liebenswürdigkeit. Der Vater, nach außen hin von gemessener Würde, muß im Kreise der Seinen von großer Güte gewesen sein und den Kindern in kluger Nachsicht weiten Spielraum der Entwicklung gelassen haben. Carl machte davon umfassenden Gebrauch. Vom Verhältnis der beiden gibt folgendes Geschichtchen ein anschauliches Bild. Als etwa ein Jahr nach Carls Konfirmation der Zeitpunkt heranrückte, wo die Familie, frommer Tradition folgend, gemeinsam zum Abendmahl ging, erklärte der Sohn, er werde an der Feier nicht teilnehmen, weil das mit seinen Überzeugungen nicht vereinbar sei. Er erwartete nichts anderes, als daß der Vater lebhaft protestieren und ihn zurechtweisen werde. Der aber antwortete nur: gewiß, wenn er so denke, möge er fernbleiben. Nur um eines bitte er ihn: daß, wenn einmal später eine Sinnesänderung eintreten sollte, er sich nicht in seinem Männerstolz durch seine heutige Stellungnahme gebunden erachte. Alsbald, nachdem er von der Universität zurückgekehrt war, trat er literarisch mit einem Theaterstück des Titels »Illusionen« hervor, das in soliden Bürgerkreisen Entsetzen erregte. Alle fragten, was wohl der Vater dazu sagen würde. Welche Überraschung, als man von einer Aufführung in der Centralhalle hörte, welcher die ganze Familie beigewohnt hatte. Das Schauspiel war natürlich unreif, bewies aber gute Fähigkeiten, und noch jetzt schämt sich der Autor des Erstlingswerks nicht. Lichtwark war schon lange auf den jungen Mann aufmerksam und versuchte, auf ihn im Sinne mäßigender Selbstzucht Einfluß zu gewinnen. Er glaubte, in ihm die Persönlichkeit gefunden zu haben, die publizistisch für Hamburgs Geistesbildung zu wirken berufen sei. Damals lag die Notwendigkeit in der Luft, eine hamburgische Zeitschrift zu haben, die dem hanseatischen Leben ein Spiegel und seinen Bedürfnissen ein Mundstück werden konnte. Meine 1899 erschienene

Broschüre von den hamburgischen Kulturaufgaben hatte dem in gewissem Sinne vorgearbeitet. Dafür schien Carl Mönckeberg der geeignete Mann. Lichtwark hielt ihn aber noch nicht für reif und riet ihm deshalb, sich zwei Jahre in der Welt umzusehen, vor allem das geistige Leben in den nordischen Hauptstädten kennenzulernen und etwa in Kopenhagen ein Jahr in einer Redaktion tätig zu sein. Das war aber dem jungen Feuergeist zu weit aussehend; wenn schon so etwas gemacht werden sollte, mußte es bald geschehen. So wurde Der Lotse gegründet, in dessen Schriftleitung sich Mönckeberg und Siegfried Heckscher teilten. Wie schnell es den beiden gelang, das materielle und ideelle Kapital zu verwirtschaften, das ihnen mit einer für hamburgische Verhältnisse merkwürdigen Bereitwilligkeit zur Verfügung gestellt war, gehört an eine andere Stelle. Mönckeberg benutzte das Blatt zu einem Schauplatz jugendlicher Ausgefallenheiten; es machte ihm sichtliches Vergnügen, den Philister in Zorn und Entsetzen zu bringen. Gedichte, welche er unter dem Namen „Colly" veröffentlichte, waren dazu durchaus angetan. Selbst Lichtwark ereiferte sich und sagte, ein solches Blatt könne man auf dem Familientisch, an dem junge Mädchen säßen, nicht liegen haben. Noch grotesker erschien es, daß er selbst auf Wolzogens Überbrettl in St. Pauli auftrat und einen possierlichen Tanz zum besten gab, der allerdings der Gelenkigkeit seiner Beine alle Ehre machte. Man wird kaum annehmen dürfen, daß der Vater dies gebilligt hat, aber er ließ es geschehen. Immerhin mochte ihm lieb sein, daß, als Der Lotse einging, sich Gelegenheit bot, den Sohn in die geregelte Bahn des Staatsdienstes zurückzulenken. Er bestand das Assessor-Examen und wurde zunächst als Hilfsarbeiter, dann als Rat in der Finanzdeputation angestellt. Um diese Zeit verlobte er sich mit Edith Sander. Man hätte erwartet, er würde auf repräsentative Eleganz Wert gelegt haben. Die Braut war zierlich und liebenswürdig, fein und klug; eine glänzende Figur machte sie nicht. Aber der Erfolg rechtfertigte die Wahl: die Ehe wurde eine glückliche, zumal die Frau sich in die Natur ihres Mannes zu schicken und doch ihre Persönlickeit zu wahren wußte.

Die Zeit des Sturms und Drangs war vorüber, aber zum Philister wurde er nicht. Er behielt seine ursprüngliche Frische und bewies nach wie vor die Eigenschaften eines glänzenden Gesellschafters. Auf unseren Tee-Abenden war er es vornehmlich unter den Gästen, der mit zur Unterhaltung beitrug, indem er z. B. von eigenen Arbeiten oder anderes, was seine Teilnahme gefordert hatte, vorlas. In vorgerückter Stunde belustigte er uns wohl auch mit seinem Indianertanz. Seine liebenswürdige Art trat besonders heraus, wenn er mit einer Schale des von ihm sehr geschätzten Obstsalats, der aus zerschnittenen Apfelsinen, Äpfeln und Bananen bestand und den Namen Mischmaschsalat führte, umherging, anbot und anpries. Zu jeder Art von Übermut war er aufgelegt. Es kam vor, daß er auf einem Spaziergang, wenn die Rede auf so etwas gebracht wurde, von einer Brücke in vollen Kleidern in die Alster sprang, ans Ufer schwamm und triefend nach Haus ging. Man war versucht, Vergleiche mit Anekdoten von Alcibiades zu ziehen; nur daß seine bürgerliche Tüchtigkeit solider war.

Der Neigung zum dichterischen Schaffen blieb er treu. Zum 25jährigen Senatsjubiläum seines Vaters schrieb er drei lustige Einakter, deren Stoff der hamburgischen Geschichte entnommen war. Bei der Aufführung wirkte die ganze Familie, die Mutter an der Spitze, mit; es war ein entzückender Anblick, sie in einer Mischung von fast mädchenhafter Befangenheit und fröhlichem Übermut agieren zu sehen. Zu einer anderen Familien-Festlichkeit goß er das Märchen von der goldenen Gans in eine dramatische Form, geeignet, es von Nichten und Neffen spielen zu lassen. Als ernstes Bühnenwerk entstand eine »Alkestis«, aus gemeinsamer Arbeit mit dem Schwager Jolles hervorgegangen. Den Verkehr mit Schriftstellern und Künstlern pflegte er weiter: Den Maler Arthur Illies zählte er zu seinen Freunden und gab ihm Gelegenheit zur Betätigung: nicht nur, daß er ihn zu illustrativer Ausstattung von Gelegenheitsarbeiten, z. B. jener Einakter, heranzog; er erwarb auch seine graphischen Blätter und einige Gemälde; für den jungen Hausstand ließ er sich die Möbel von ihm entwerfen und herstellen. Wenn dies Mäzenatentum sich auch in engen Grenzen hielt, ist es doch nicht gering einzuschätzen: ein junger Hamburger, der selbst noch nicht viel verdient, wird von den Seinigen knapp gehalten, und Ausgaben für Kunst erscheinen als verdächtige Anzeichen beginnender Verschwendungssucht. Er hatte aber von Natur einen offenen Sinn für allen edlen Schmuck des Lebens; so gelang es ihm auch mit beschränkten Mitteln, eine kleine ausgewählte Sammlung von Kupferstichen und Radierungen zusammenzubringen.

Im Staatsdienst litt es ihn nicht lange; die juristisch-finanztechnische Tätigkeit gab seiner Phantasie zu wenig Nahrung. Deshalb griff er mit beiden Händen zu, als ihm in der Schriftleitung der Neuen Hamburger Zeitung eine Stelle angeboten wurde. Politisch hatte er sich schon vorher zu den Vereinigten Liberalen bekannt, deren Organ jenes Blatt war; sich also der Opposition gegen den Senat, von dem er doch eigentlich herkam, angeschlossen. Er wurde auch von der Partei – und beim zweiten Mal mit Erfolg – als Kandidat für die Notabelnwahlen aufgestellt. In der Redaktion, wo ihm das Gebiet der vaterstädtischen Angelegenheiten zufiel, ging er sofort zum Angriff gegen alles vor, was nach Muff, Stumpfsinn und Rückständigkeit roch. Auch jetzt noch konnte er sehr jugendlich-dreist werden; gelegentlich hätte man ihm etwas mehr Zurückhaltung gewünscht. Der konservativen Auffassung meines Freundes Sander konnte ich nicht verdenken, wenn er mit Entrüstung von »diesem Volkstribunen« sprach. Aber wenn er Carl August Schröders, des Bürgermeisters, Phrasengetön und seichtes Wortgeplätscher mit beißendem Spott verhöhnte oder sich über Diestels, in eine Bürgerschaftsrede über Lustbarkeitssteuer eingeflochtenen Dichter-Zitate lustig machte: es waren doch immer Richtlinien auf persönlichen und sachlichen Kulturfortschritt, die er verfolgte, und die sachlichen Belange traten mehr und mehr in den Vordergrund. Die Universitätsidee fand in ihm einen warmen Freund; vor allem aber fesselten ihn Archtitekur- und Städtebau-Probleme. Alles, was mit der Stadterweiterung zusammenhing: die Parkfrage, die Regulierung der oberen Alster, die Planung der sog. Alsterstadt, die Baupflegegesetzgebung nahmen ihn in Anspruch, und er war der erste, der die Bildung eines Zweckverbandes zwischen Hamburg und den Nachbarstädten öffentlich forderte. Natürlich konnte das von ihm, der nicht Fachmann war, nur in Form von Anregungen geschehen, aber er wandte große Mühe auf, sich in den Stoff hineinzuarbeiten. Zuweilen trug ihn auch hier sein Temperament auf Klippen und mangelnde Tiefen: sein Bericht aus dem Bürgerschaftlichen Ausschuß, der das Baupflegegesetz geprüft hatte, ließ an Gründlichkeit zu wünschen. Die Verhandlungen im Plenum mußten abgebrochen und die Sache durch neue Erörterungen in der Kommission eingerenkt werden.

In dieser Zeit knüpften sich die Beziehungen zwischen Lichtwark und Mönckeberg, die sich nach dem Untergang des Lotsen gelockert hatten, wieder fester. Jener sah in dem jungen Freund, den er in der Unterhaltung oft »mein liebes Kind« nannte, immer noch denjenigen, der in gewisser Richtung sein Werk fortsetzen werde. In dem letzten Jahr seines Lebens war es eine Lieblingsidee Lichtwarks, das von ihm redigierte Jahrbuch der Gesellschaft Hamburgischer Kunstfreunde in ein »Hanseatisches Jahrbuch«, ein »Jahrbuch der Hanseatischen Lebensgemeinschaft« umzugestalten, und dafür hoffte er in dem reif gewordenen Mönckeberg den Schriftleiter zu finden. Er hatte zwar noch nicht mit ihm unmittelbar darüber gesprochen, aber ich weiß es aus zuverlässiger Quelle. Ich war nach Lichtwarks Tod bemüht, diesen Plan der Verwirklichung nahezuführen. Ich beriet mich mit anderen Personen, die im hamburgischen Geistesleben von Einfluß waren, und verhandelte mit Carl Mönckeberg selbst. Aber ich scheiterte an dem mangelnden Verständnis Dr. Paulis, des neuen Kunsthallendirektors, ohne dessen tä-

tige Hilfe die Sache nicht gemacht werden konnte. Dieser schien nicht genügend zu erkennen, wie notwendig die volle Unabhängigkeit des Unternehmens vom Senat sei, und meinte, dessen pekuniärer Unterstützung nicht entraten zu können. Dort aber war der »Volkstribun« noch zu sehr in Verruf, als daß ihm als dem Schriftleiter eines staatlich subventionierten Blattes das Plazet hätte erteilt werden können. Pauli brachte dem Plan schließlich überhaupt keine rechte Anteilnahme entgegen, und so verlief die Sache im Sande. Mönckeberg selbst bewahrte der Person und den Ideen Lichtwarks aufrichtige Treue; es war rührend, wie er alles, was er früher nicht verstanden und anerkannt hatte, jetzt würdigte und zu verteidigen bereit war.
Der Krieg entführte auch ihn im Stabe zunächst des IX. Reserve-Armeekorps, dann des General-Oberkommandos der Bug-Armee/Linsingen ins Feld, wo er seinen Fähigkeiten entsprechend schriftstellerische Verwendung fand. Ein Auszug aus einem Brief, den er mir damals aus Wolhynien schrieb, möge Zeugnis davon ablegen, wie ernst er nun über literarische Arbeit dachte:
»Was mir damals fehlte, waren ... keine wohlwollenden Allesversteher; das war ein Freund und Meister, der mich in die Lehre genommen hätte. Denn junge Talente wollen nicht gehütet und studiert, sondern gebildet und erzogen werden. ... Dem Volk ist mit unreifem Anfängertum doch wirklich nur gedient, wenn die junge Kraft ein Genie ist, das sich mit genialer Verständlichkeit volkstümlich ausdrücken kann ... Fühlen Sie diesen Stoßseufzer einem Menschen nach, der seit zwanzig Jahren in der Stille an Werken baut, die er der Welt niemals oder erst dann zeigen wird, wenn sie eine Sprache gefunden, die jedes Kind verstehen muß. Das Gute suche ich und braucht unser Volk; nicht das Neue, Neue, Neue.«

Georg von Neumayer

Hier soll noch der Name eines ganz anders gearteten Mannes eingetragen werden, weil er anderswo kaum einen geeigneten Platz finden würde: des Geh. Admiralitätsrats Neumayer. Er ragte wie ein altes Gemäuer aus vergangenen Tagen in die Gegenwart. Ein alter Achtundvierziger, war er von dem jenen Zeiten eigenen Idealismus der Gesinnung erfüllt; die Erinnerungen seiner Jugend spielten noch in die Lebensgeschichte der Brüder Forster hinein, welche die Mainzer Revolution gemacht hatten. Ihre Bilder schmückten sein Zimmer, und er verlor sich gern, wenn man ihn besuchte, in Erzählungen, die ihn in seine Jünglingszeit entführten. Nach längerem Aufenthalt in Australien war er in die Heimat zurückgekehrt, hatte nautische und meteorologische Studien getrieben und stand jetzt als Reichsbeamter an der Spitze der Seewarte. Er war Junggeselle. Freunde von der Tafelrunde seines Mittagstisches veranstalteten alljährlich im Mai das sog. Inspektionsessen der Seewarte. Ihm ging eine Besichtigung des Instituts vorher, bei der er den aufmerksamsten Führer machte; von da begab man sich hinüber zu Wiezels Hotel und vertilgte unbeschreibliche Mengen Spargel. Es war gleichsam ein Ehrentag für den alten Herrn, und er pflegte in bester Laune eine zündende Tischrede zu halten, die den Höhepunkt des Festes bildete. Sein vergeistigtes Gesicht war von langem, fast auf die Schultern herabreichendem stark ergrautem Haar umrahmt und von einem leuchtenden Augenpaar belebt. Ich sehe ihn, wie er vor der Mitte der Tafel, mit dem Rücken nach dem Fenster gekehrt stand und mit schräg aufwärts gewandtem Kopf, den Blick gleichsam ins Weite richtend, begeistert das Wort rief: »Navigare necesse est, vivere non necesse!« Hinter ihm, nicht ihm, aber uns anderen sichtbar, wurde, während er sprach, ein gewaltiger Viermaster, dessen Takelage in den Himmel ragte, elbabwärts geschleppt.

Er war eine der liebenswürdigsten Persönlichkeiten, die mir begegnet sind. Das letzte Mal, ehe er in den Ruhestand trat und Hamburg verließ, führte ich ihn spät in der Nacht hinüber in seine Wohnung: wie da der einsame alte Mann in einer Art kindlicher Einfalt mir seine Lebensgeschichte erzählte, wären mir fast die Tränen in die Augen gekommen. Lichtwark hätte sich seinen Charakter-Kopf für die Bildnissammlung der Kunsthalle nicht entgehen lassen dürfen; der Radierer John Philipp hat sein Portrait nicht übel auf die Platte gebracht.

Der Boden, auf dem solche Männer gedeihen, muß gesund und fruchtbar sein; davon sollte zuvörderst die Vorstellung erweckt werden. Deshalb sind ihre Bilder, für sich mit kräftigem allgemeinen Umriß gezeichnet, vorangestellt. Im einzelnen werden wir ihnen in der nun folgenden Schilderung der Begebenheiten noch oft genug begegnen.

Diese Begebenheiten lassen sich in sechs Gruppen-Abschnitte gliedern: der erste wird die bildende Kunst, ihre Institute und ihre Veranstaltungen – mit Ausschluß der Architektur; der zweite die Musik, das Schrifttum, das Theater und das sich angliedernde Zeitungs- und Zeitschriftenwesen; der dritte die hamburgische Gesellschaft, die Vereine und sonstige Unternehmungen umfassen, welche auf Förderung der allgemeinen Bildung abzielen. Der vierte soll, an den dritten anschließend, die Volksbildung und die auf sie gerichtete Tätigkeit, insbesondere der Volksschullehrer, behandeln; der fünfte wird sich mit den Wissenschaftlichen Anstalten und dem Universitätsgedanken beschäftigen; der letzte endlich der Baukunst, der Stadterweiterung, der Baupflege gewidmet sein.

3 Bildende Kunst

Die ältere Künstlergeneration

Zu Beginn der Epoche stand der greise Valentin Ruths als ein Nestor der hamburgischen Künstlerschaft an deren Spitze; er gehörte noch der Generation der Brüder Gensler, Hermann Kauffmann, Julius Milde an. Als Junggeselle war er täglicher Gast an dem Mittagstisch im hohen gewölbten Raum des Vereins für Kunst und Wissenschaft. Wer den alten gebeugten Mann mit seinen gichtisch gekrümmten Fingern sah und auf die neue Malweise eines Liebermann schelten hörte, war verwundert, wie er dennoch in seinen hohen Jahren umzulernen und in seine immer fein empfundenen und gesehenen Landschaften eine größere Frische, Helle, lichtere Farbigkeit hineinzugießen verstand. Neben ihm erschien Ascan Lutteroth flach, Carl Rodeck branstig, Friedrich Schwinge oberflächlich.
In seinen besten Jahren stand Thomas Herbst, einer der tüchtigsten unter den neueren hamburgischen Künstlern überhaupt. Auch er war in der Hauptsache Landschafter. Seine Stärke lag in seinem Farbenempfinden; sein Auge antwortete auf die zartesten koloristischen Reize der Norddeutschen Tiefebene. Seine Bilder sind eine Zierde ausgewählter Sammlungen. Auf Ausstellungen begegnete man ihnen nicht viel; er hatte einen Kreis von Liebhabern, welche seine Werke schon aus der Werkstatt wegzukaufen pflegten. Bei der Arbeit ohne alle Pose und von unbestechlicher künstlerischer Ehrlichkeit – Arthur Siebelist hat ihn radiert, wie er in Hemdsärmeln und ohne Kragen vor der Staffelei sitzt –, legte er Wert darauf, auf der Straße und in Gesellschaft tadellos angezogen zu sein. In der Unterhaltung war er geistreich und von bissigem Witz; seine Augen, die grell in einem feinen, von rötlichem dünnen Bart eingerahmten Gesicht saßen, konnten hinter der gol-

denen Brille dabei bösartig funkeln. In der Beurteilung von Bildwerken hatte er große Erfahrung. Als Lichtwark 1886 nach Hamburg kam, schloß er sich eng an Herbst an, und man sagte, dieser habe damals auf seine Geschmacksbildung starken Einfluß geübt.

Die Kunsthalle

Der Fortgang der hamburgischen bildenden Kunst in der Folgezeit stand in so engem Zusammenhang mit der Ausgestaltung der Kunsthalle und Lichtwarks Kunstpolitik, daß diese vorab erörtert werden müssen.
Die Geschichte der Kunsthalle reicht in die erste Hälfte des vergangenen Jahrhunderts zurück. 1822 war unter der Führung von Männern wie Harzen, von Rumohr, Michael Speckter, Chateauneuf u. a. der Kunstverein gegründet worden, der 1835 ein Kupferstichkabinett anlegte. In den 1840er Jahren wurde das Bedürfnis nach Kunst volkstümlicher. Eine neue Generation von Kunstfreunden, wie Friedrich Stammann, O. C. Gaedechens, J. M. Commeter, war herangewachsen, welche mit der damals blühenden Hamburger Schule der Gensler, Milde, Kauffmann enge Beziehungen pflegte. Man wollte auf die Schaffung einer öffentlichen Galerie hinaus. Seit 1847 hatte der Kunstverein eine permanente Ausstellung eingerichtet. 1850 wurde, nachdem Hartwig Hesse seine Gemälde gestiftet hatte, im Börsenanbau die Öffentliche Kunstsammlung aufgetan, welche sich durch weitere Legate (Carl Heine, Johs. Amsinck, Sillem) schnell vermehrte. Ende der 1860er Jahre konnte bereits die von Schirrmacher und von der Hude neu erbaute Kunsthalle bezogen werden.
Nachdem der Staat die Sammlungen übernommen hatte, mußte das Institut in den großen Verwaltungsapparat eingeordnet werden. Man unterstellte den Direktor einer Behörde, der Kommission für die Verwaltung der Kunsthalle, welche aus Senatoren und vier teils von der Bürgerschaft gewählten, teils vom Kunstverein delegierten bürgerlichen Mitgliedern bestand. Diese Kommission konnte für den Leiter eine lästige Fessel sein; ein gleichzeitig gewandter und willensstarker Mann war imstande, nicht nur mit ihr fertig zu werden, sondern sie einerseits für seine Ziele zu gewinnen, andererseits da, wo es ihm erwünscht schien, sich hinter ihr zu verschanzen; es kam auf die Klugheit und den Takt an, mit denen er ihr gegenübertrat.

Lichtwark, der 1886 die Verwaltung übernahm, schuf einen neuen Typus des Museumsleiters, indem er sein Amt nicht so auffaßte, daß er die ihm unterstellte Kunsthalle als einen Selbstzweck zu betrachten habe. Er sah vielmehr seine Aufgabe darin, Hamburg einer neuen hamburgischen Geistesblüte entgegenzuführen, und bildete sich seine Anstalt zu dem vornehmsten Werkzeug für diesen Zweck. Nur wer seine Museumstätigkeit so ansieht, wird sie richtig zu würdigen wissen.
Während er in der Antrittsrede vom 9. Dezember 1886 seine Pläne im allgemeinen darlegte, führte er sie in der 1888 erschienenen Schrift »Zur Reorganisation der Kunsthalle« des näheren aus. Im Laufe der Jahre haben sie noch manche Erweiterung erfahren.
Als erstes und hauptsächliches Ziel faßte er die Förderung einer bodenständigen hamburgischen Kunst ins Auge. Dem sollte die Gründung der Sammlung von Bildern aus Hamburg dienen, welche sich mit Gegenständen der Heimat: Stadtbildern und Landschaften aus Hamburgs Umgebung, Innenräumen aus einheimischen Stadt- und Bauernhäusern und, nach und nach mehr hervortretend, mit dem Bildnis hamburgischer Persönlichkeiten beschäftigten. Denn er erkannte die Notwendigkeit, nicht nur bei den jungen Künstlern, sondern vor allem in weiten Kreisen des Publikums den verlorengegangenen Sinn für die ästhetischen Reize der Heimat von neuem zu wekken. Kunstfreunde hatten die Mittel zur Verfügung gestellt. Die Aufträge wurden zum Teil an die älteren hamburgischen Künstler erteilt; namentlich aber ließ es sich Lichtwark angelegen sein, eine Anknüpfung der jungen Künstlergeneration an die große Kunstbewegung herzustellen, welche sich gegen Ende des Jahrhunderts im Aus- und Inland vollzogen hatte. Max Liebermann, Gotthard Kuehl, Graf Kalckreuth, Hans Olde, Skarbina, Hans Herrmann und die geborenen Hamburger Hans von Bartels und Marx wurden eingeladen, hamburgische Bilder zu malen. Die vorausgesehene Wirkung blieb nicht aus; in den folgenden Jahren konnte bereits eine große Anzahl von Werken jüngerer einheimischer Maler erworben werden, welche sich durch die Vorbilder gefördert fühlten.
Damit allein war es aber nicht getan; es galt, der gegenwärtigen Generation der hamburgischen Bevölkerung, welche – in der Epoche politischer und wirtschaftlicher Kämpfe aufgewachsen – ihr Augenmerk fast ausschließlich auf die Förderung materiellen Aufschwungs gerichtet hielt, wieder zum Bewußtsein zu bringen, daß die Vaterstadt in vergangenen Epochen und Jahrhunderten in hervorragendem Maße Trägerin einer hochentwickelten künstlerischen Produktion gewesen war. Wenn es gelang, das Gefühl des

Stolzes auf diese Leistungen der Vergangenheit zu wecken und zu entwikkeln, war viel zu hoffen; es mußte zu einem Ansporn werden, hinter den Altvorderen nicht zurückzubleiben.

Zugleich wäre für das heranwachsende Geschlecht die Anknüpfung an eine gesunde, bodenständige Tradition gewonnen gewesen.

Aus diesen Erwägungen gingen zwei weitere Gründungen kunsthistorischen Charakters hervor, die der Sammlung zur Geschichte der Malerei in Hamburg (1890) und derjenigen der hamburgischen Meister des 19. Jahrhunderts (1895).

Anfänglich überholte die spätere Gründung die frühere. Es gelang den Bemühungen Lichtwarks, zahlreiche Werke des für das 19. Jahrhundert bahnweisenden Philipp Otto Runge zusammenzubringen. Julius Oldach und Erwin Speckter schlossen sich an, die beiden jung verstorbenen Hamburger, welche sich den Nazarenern zwar zugesellt, aber einen sehr selbständigen Charakter bewahrt hatten; die Landschafter A. Vollmer und Christian Morgenstern und, alle an Fruchtbarkeit überragend, der feinsinnige Schilderer ländlichen deutschen und insbesondere auch norddeutschen Lebens: Hermann Kauffmann. Er bildete mit den drei Brüdern Gensler, mit Milde, Asher und anderen in den 1830er Jahren den Künstlerverein, welcher für Hamburgs Kunstleben um die Mitte des Jahrhunderts von großer Bedeutung war. Die Sammlung repräsentierte bald ein abgerundetes Stück hamburgischer Kulturgeschichte; es sind Dokumente der ehrlichen gründlichen Arbeitsliebe und eines bei aller Empfänglichkeit für subtilste Farbenwirkungen nüchternen Gegenständlichkeitssinns unseres niedersächsisch-holsteinischen Geschlechts.

Die Ausgestaltung der älteren historischen Sammlung knüpfte an einzelne feste Punkte der hamburgischen Kunst an: an die Namen der Familie Denner und ihres Nachfolgers van der Smissen aus dem Anfang des 18. Jahrhunderts; an Matthias Scheits und die Stillebenmaler Juriaen Jacobsz und F. W. Tamm im 17. Jahrhundert; endlich an den 1890 aus der Petrikirche von Lichtwark ans Licht gezogenen, ursprünglich aus der Domkirche stammenden Christus als Schmerzensmann, das Werk eines Meisters des 15. Jahrhunderts, das bei dem großen Brand des Jahres 1842 mit Lebensgefahr von den hamburgischen Künstlern aus den Flammen gerettet worden war. Um diese gruppierte sich eine Anzahl mehr oder minder bekannter Meister. Der in Hamburg selbst vorhandene Besitz war gering; aber es gab ein umfangreiches Material in auswärtigen Galerien, vor allem Schwerin, Braunschweig, Dresden, Leipzig, Schleißheim. Es kam darauf an, ob es gelingen würde, einen namhaften Teil davon für Hamburg zu erwerben.

Die Geschichte dieser Erwerbungen, mit welcher sich zahlreiche wichtige Entdeckungen verknüpften, gestaltete sich wie eine Art spannenden Romans, in dessen Verlauf sich das Bild der Entwicklung der hamburgischen Malerei in den vergangenen Jahrhunderten völlig veränderte. Die Gestalt Balthasar Denners, welcher bisher wie eine europäische Berühmtheit dagestanden hatte, trat immer mehr zurück; als eine Erscheinung von ungleich größerer Bedeutung rückte der vielseitige und namentlich in seinen Gesellschaftsbildern wichtige Matthias Scheits in den Vordergrund.

Vor allem aber war es die Frühzeit der deutschen Malerei, welche die Blicke auf sich zog. Jener Christus als Schmerzensmann bildete den Kristallisationspunkt.

Es ergab sich, daß das Schweriner Museum neun Tafeln eines Altars besaß, welche von dem gleichen Meister herrührten: des Thomas-Altars der Englandfahrer aus der St.-Johannis-Kirche in Hamburg. Des weiteren wurde ein dem Schmerzensmann ähnliches kleines Bild im Leipziger Museum entdeckt, welches aus der Frühzeit des Künstlers stammt. Lichtwark weist ihm auch zwei in Hamburg befindliche große Idealbildnisse des Grafen von Schaumburg und eine den heiligen Georg darstellende, in Stein gehauene Beischlagfigur zu.

Nunmehr ging das ganze Streben dahin, die Schweriner Bilder zu erwerben. 1898 war nach langwierigen Verhandlungen das Ziel erreicht, und es war ein wichtiger Moment für die Geschichte der Kunsthalle, als zum erstenmal auf den weißgemalten Wänden des nordwestlichen Ecksaals im Erdgeschoß die herrlich erhaltenen, farbenprächtigen Bilder des Thomas-Altars mit ihrem roten, goldgesternten Hintergrund um den Schmerzensmann gruppiert zu sehen waren.

Der Eindruck war um so bedeutender, als man sich gewöhnt hatte anzunehmen, Hamburg habe in jenen Frühzeiten keine Kunstblüte gehabt. Nun sah man den großen Teil des Lebenswerks eines Künstlers vor sich, der vor beinahe 500 Jahren in Hamburg und für Hamburg geschaffen hatte. Ein merkwürdiger Zufall fügte es, daß man auch noch den Namen entdeckte. Seitdem steht Meister Franke als festumrissene Persönlichkeit von hohem künstlerischen Wert für die hamburgische und deutsche Geschichte da.

Die Überraschungen waren aber nicht zu Ende; die größte stand noch bevor. Wie in anderen Städten wußte man auch in Hamburg aus alten Urkunden von dem Wirken namentlich bezeichneter Maler bis ins 13. Jahrhundert rückwärts. In seiner Publikation über Meister Franke erwähnt Lichtwark den Meister Bertram von Minden als den anscheinend bedeutendsten. Es war überliefert, daß er 1379 den Hauptaltar der Petrikirche hergestellt habe; Lichtwark sprach die Vermutung aus, daß ein aus dem St. Johannis-Kloster stammender, der sogenannte Harvestehuder Altar, der früher einem anderen Künstler zugeschrieben war, von ihm herrühre, und wies darauf hin, daß der bisher als das hervorragendste Dokument altlübeckischer Kunst angesehene Grabower Altar, eine große, Malerei und Skulptur vereinigende Monumentalarbeit, diesem Werk am nächsten stehe. Da machte Friedrich Schlie, der Direktor des Schweriner Museums, die Entdeckung, daß dieser Grabower Altar nicht aus Lübeck, sondern aus Hamburg stamme, und es ergab sich, daß er mit dem von Meister Bertram gemalten und geschnitzten früheren Hauptaltar der Petrikirche identisch war. Mit einem Schlag verbreitete sich damit ein helles Licht über die damalige künstlerische Bedeutung Hamburgs. Außer jenem Hauptwerk des Meisters erwiesen sich nicht nur jener Altar des Klosters St. Johannis, sondern auch ein umfangreicher Marienaltar in Buxtehude und ein im Besitz des South-Kensington-Museums befindlicher großer Apokalypsenaltar mit Sicherheit als seine Arbeiten. Da nicht nur sein Name bekannt, sondern urkundliche Nachweise über mannigfache Einzelheiten seines Lebens vorhanden waren, sah man aus weit zurückliegender Zeit eine Künstlerpersönlichkeit in so heller Beleuchtung vor sich wie bisher in Deutschland überhaupt noch nicht.

Sowohl der Grabower wie der Buxtehuder Altar sind in den Besitz der Kunsthalle gelangt, und – Wunder über Wunder – einige der fehlenden Tafeln des Grabower Altars wurden von Lichtwark nacheinander, die eine im Besitz der Petrikirche, die andere in der Sammlung des Vereins für Hamburgische Geschichte aufgefunden: Sie waren von dem flämischen nach Hamburg eingewanderten Maler Coignet Ende des 16. Jahrhunderts mit anderen Bildern übermalt, konnten aber in aller Frische wieder aufgedeckt werden. Die Kunsthalle vereinigt nunmehr, mit dem Harvestehuder Altar, etwa 50 Gemälde und eine große Anzahl Skulpturen, welche von der Hand oder aus der Werkstatt des Meisters Bertram herrühren.

Damit hatte die Sammlung zur Geschichte der hamburgischen Malerei einen großartigen Abschluß gefunden.

Diese drei Abteilungen: die Bilder aus Hamburg, die hamburgischen Meister des 19. Jahrhunderts und diese historische Sammlung bilden in ihrer Dreiteilung ein zusammengehöriges Ganzes, das berufen ist, auf die Entwicklung hamburgischen Geisteslebens in der Richtung der hervorgehobenen Absichten zu wirken. Im letzten Jahrzehnt seines Lebens hat Lichtwark es weiter ausgebaut. Die Zahl der älteren hamburgischen Bilder ist freilich nicht mehr wesentlich gewachsen; um so mehr hat sich die Sammlung der hamburgischen Meister des 19. Jahrhunderts abgerundet: Philipp Otto Runges Werk, in seiner Bedeutung immer mehr erkannt, ist in Gemälden und Handzeichnungen fast vollzählig vereinigt; der Besitz an Arbeiten aus dem Kreis der Oldach und Speckter sowohl wie der Generation von 1830 bis 1850, besonders von Handzeichnungen, ist immer reicher geworden, und manche neue Persönlichkeit wie Carl, Nehrlich (Nerly) u. a. ist eingegliedert. Unter ihnen ist an erster Stelle Friedrich Wasmann zu erwähnen, in dessen Tiroler Studien Lichtwark alle vorweggenommenen Qualitäten der Impressionisten zu erkennen glaubte.

Am stärksten wuchs die Zahl der Bilder aus Hamburg, denn dies Feld wurde vornehmlich von den jungen einheimischen Künstlern beackert, die Lichtwark auf alle Weise zu fördern suchte. Alljährlich erwarb er eine ganze Reihe von ihren Bildern, besonders Landschaften und Innenräume mit Figuren, in der Hoffnung, sie später durch immer reifer werdende Arbeiten zu ersetzen. Auf die Dauer wollte er sich jedoch nicht auf diese bodenständige Produktion beschränken. Er begann von neuem, wie er schon zu Anfang getan, seine engen Beziehungen zu den besten deutschen Künstlern zu nutzen und sie für eingehende Bearbeitung hamburgischer Motive zu gewinnen. Es gelang, den von ihm besonders hochgeschätzten Grafen Kalckreuth zu dauerndem Wohnsitz in Hamburgs Nähe, nach dem bei Harburg gelegenen Eddelsen zu ziehen; Liebermann hat wiederholt mehrere Sommermonate in oder bei Hamburg zugebracht und die Terrasse von Jacob in Nienstedten, das Wriedtsche Sommerhaus, das Polospiel in Flottbek, eine ganze Reihe Bilder von der Elbe und zuletzt das Bootsgetriebe vor dem Uhlenhorster Fährhaus gemalt. Ludwig von Hofmann und Lovis Corinth sind für die Sammlung tätig gewesen; mit Hodler wurde wegen eines Cuxhavener Bildes verhandelt, und im Sommer 1913 waren Vuillard und Bonnard in Hamburg, um für die Kunsthalle Portraits und Alsterbilder zu schaffen.
So blieben jene drei Gruppen der Kern des Instituts; und in ihnen verkörpert sich seine Wesenheit. Alles andere gliedert sich ihnen an, um sie zu ergänzen: die Sammlung der deutschen Meister des 19. Jahrhunderts, die modernen ausländischen Künstler und der Besitz an außerhamburgischer älterer Kunst. Für alle diese Sammlungen galt bei Neuerwerbungen als Richtschnur in er-

ster Linie die Erwägung, ob ein Kunstwerk für hamburgische Kunst und Bildung von Bedeutung sein könne.

Selbstverständlich darf jeder deutsche Künstler ersten Ranges schon um seiner Nationalität willen einen Einfluß auf Hamburg beanspruchen. Lichtwark wollte sie daher alle würdig und deshalb möglichst mit Hauptwerken vertreten sehen. Von Böcklin sind sieben Bilder vorhanden, darunter das jugendliche »Selbstbildnis vor der Säule«, das »Schweigen im Walde«, die »Feueranbeter« und zwei frühe Landschaften; von Feuerbach das »Urteil des Paris« und »Hafis am Brunnen«; von Klinger ein Teil der für eine Steglitzer Villa gemalten Wandbilder; Thoma findet eine sehr glückliche Repräsentation durch eine Reihe seiner älteren Werke.

Im ganzen herrscht begreiflicherweise ein norddeutsch-sachlicher Ton vor: von Menzel besitzt man die »Aufbahrung der Märzgefallenen«, das »Nymphenbad des Dresdner Zwingers«, Friedrich den Großen in Lissa (»Bon soir, messieurs«), die »Atelierwand« und anderes. Zahlreich sind Liebermanns Werke, darunter eines seiner Hauptgemälde: die »Netzflickerinnen«, als Stiftung von Damen, welche für Lichtwarks Vorträge ihre Dankbarkeit ausdrükken wollten; die »Amsterdamer Waisenmädchen«, die »Bleiche«, die »Spitzenklöpplerin« und – neben den später zu erwähnenden vielen Portraits – der frühe junge »Jesus im Tempel«. Nicht minder bedeutend ist die Kalckreuth-Sammlung. Gotthard Kuehl, Hans Olde, Fritz von Uhde sind mit stattlichen Werken vertreten, letzterer u. a. mit dem frühen »Der Leiermann kommt«.

Der Leibl-Kreis (Schuch, der junge Trübner, Sperl) wurde nicht vernachlässigt und Leibl selbst stark herausgehoben; nachdem zu Anfang der 1890er Jahre der Versuch, Bürgermeister-Bilder von ihm malen zu lassen, an widrigen Umständen gescheitert war, gelang 1906 der Erwerb des Kirchenbildes und ein wenig später des nicht ganz vollendeten Portraits der jungen Gräfin Treuberg. Von Marées wurden zwei Bildnisse gekauft. Aus dem Anfang des 19. Jahrhunderts begegnet man mehreren Perlen von Werken: Caspar David Friedrich, Blechen, Schmitson, der Berliner Krüger fanden Berücksichtigung, und besonders stolz war Lichtwark, als er zwei Bilder Schwinds und das große Portrait der Sängerin Hietzenecker seiner Sammlung einverleiben konnte.

In den Jahren 1906/07 hat der Besitz an deutscher Kunst in zweifacher Richtung eine bedeutende Erweiterung erfahren. Einmal bot die Berliner Jahrhundertausstellung des Jahres 1906 Anlaß, den Bestand der Meister des vergangenen Jahrhunderts zu vervollständigen. Die schon vorhandene Reihe

der Gemälde Caspar David Friedrichs wurde durch einige feine Stücke vermehrt, und neben dem schon erwähnten Kirchenbild Leibls sind wertvolle Werke von W. v. Kobell, Spitzweg, Waldmüller, Koch, dem Mecklenburger Dörr, dem Schleswiger Ludwig Jessen und anderen hinzugekommen.
Auf der anderen Seite wurden von verschiedenen Gönnern bedeutende Mittel zur Verfügung gestellt, um die bisher in der Sammlung von Bildern aus Hamburg enthaltene Portraitgalerie hamburgischer Männer und Frauen in großartiger Weise auszugestalten. Als Kern waren die Bildnisse des Bürgermeisters Petersen von Liebermann, der Elise Averdieck und Claus Groths von Hans Olde, des Generalkonsuls Pontoppidan von Tuxen, Brinckmanns und Chrysanders von Kalckreuth, Versmanns von Hugo Vogel vorhanden; ihnen fügten sich sechs neue Portraitbilder Kalckreuths an (Senior Behrmann, die feinsinnige alte Kunstfreundin Frau Marie Zacharias in drei Aufnahmen, die fünf Präsidenten des Oberlandesgerichts und ein Selbstbildnis); Senator O'Swald von Slevogt, Bürgermeister Mönckeberg von Wilhelm Trübner, die Eltern des berühmten Physikers Heinrich Hertz von Uhde und drei in ihrer Gegensätzlichkeit interessante Gemälde Liebermanns: das flott hingesetzte Bildnis Baron von Bergers, des Leiters des Deutschen Schauspielhauses in Hamburg; die fein ausgeführte Seelenanalyse des Conchylien- und Mexicana-Sammlers Dr. Strebel und, als Komposition großen Stils, der hamburgische Professorenkonvent.
Das Präsidentenbild Kalckreuths und die Professoren Liebermanns sind als merkwürdige Schöpfungen besonders hervorzuheben: Sie sind Repräsentationsstücke im eigentlichen Sinne des Wortes.

Die Folgezeit brachte neue Vermehrungen: Kalckreuth malte den Präsidenten Sieveking und Professor Marcks; Liebermann Richard Dehmel, den Bürgermeister Burchard, Peter Behrens, Gerhart Hauptmann; Bantzer den aus Hamburg gebürtigen Dresdener Carl Woermann; Lovis Corinth in zwei Aufnahmen den ebenfalls einer Hamburger Familie entstammenden Berliner Historiker Eduard Meyer und den alten Hagenbeck mit seinem geliebten Walroß; von der Hand der Franzosen Vuillard und Bonnard entstanden 1913 Bildnisse des Senators Roscher und des Professors Stuhlmann, und gleichsam als Schlußstein der Periode schuf Kalckreuth das Bildnis seines Freundes Lichtwark selbst.
In dieser modernen Bildnisgalerie schlossen sich die Sammlung der Bilder aus Hamburg und die der deutschen Meister der Gegenwart zu einer höheren Einheit zusammen, einer Einheit, welche wiederum einem heimischen

Zweck zu dienen bestimmt war: der Förderung einer hamburgischen Portraitkunst.

Neben den deutschen konnte der Besitz von ausländischen Arbeiten kaum ins Gewicht fallen. Zwar fand Lichtwark bei seinem Amtsantritt als neu geschenkten Erwerb die Schwabe-Sammlung vor, eine fast ausschließlich aus Werken moderner englischer Meister – zum Teil sehr zweifelhaften Wertes – bestehende Galerie, und es lag in seinem Plan, im Anschluß an sie die Kunsthalle zu einer Stätte zu machen, wo am besten in Deutschland englische Kunst zu studieren wäre. Aber die Idee ist – wohl nicht zu unserem Schaden – unausgeführt geblieben. Denn was an Mitteln für die fremdländische Malerei übrig war, hat er, in richtiger Erkenntnis ihrer entwicklungsgeschichtlichen Bedeutung, den Arbeiten französischer Künstler – Courbet, Manet, Monet, Renoir, Sisley – zugewandt. Daneben haben auch die Dänen in der Person Kröyers und Viggo Johansens Beachtung gefunden.

Das Jahr 1910 brachte den testamentarischen Erwerb einer großen Anzahl von Gemälden aus dem Besitz des Barons von Schröder in London, unter denen sich auch allerhand wertvolle nichtdeutsche Werke befanden.

In der Anschaffung alter außerhamburgischer Kunst mußte innerhalb des Planes regelmäßiger Vervollständigung die größte Beschränkung walten; nur außergewöhnliche Gelegenheiten durften genutzt werden. So gelang es, um 1890 die hamburgische Sammlung Wesselhoeft zu kaufen, welche eine ganze Reihe von Perlen kleiner holländischer Bilder vereinigte.

Und in noch zwei Fällen trat die Möglichkeit heran, den Besitz an alter Kunst in umfassender, ja großartiger Weise zu vermehren. Im Jahre 1906 war Herr Rudolphe Kann in Paris, durch manche verwandtschaftliche Beziehungen mit Hamburg verknüpft, unter Hinterlassung einer Kunstsammlung von allergrößter Bedeutung gestorben. Von Rembrandt allein fanden sich elf Werke ersten Ranges; es hieß, sie überträfen an künstlerischem Wert die des Louvre. Lichtwark trat mit den Testamentsvollstreckern in Verbindung, und es gelang ihm, eine Abmachung zu treffen, welche dem hamburgischen Staat die Möglichkeit eröffnete, die Galerie für 15 Millionen zu erwerben. Lichtwark setzte sich mit seiner ganzen Person für den Plan ein und verfaßte ausführliche Berichte und Denkschriften, um ihn bei den maßgeblichen Instanzen durchzudrücken. Im Senat gab es schwere Kämpfe, aber zuletzt gewann er die Mehrheit für sich; freilich soll Bürgermeister Mönckeberg für den Fall der Annahme mit seinem Rücktritt gedroht haben. Brinckmann sagte später einmal, hätte aus der Sache etwas werden sollen, so hätte man den Senat und die ganze Bürgerschaft in einem Extrazug nach Paris schicken

müssen. Zuletzt scheiterte alles daran, daß die Testamentsvollstrecker Lichtwark im Stich ließen und mit amerikanischen Händlern abschlossen. 1911 starb in Hamburg der Konsul Weber, der im Lauf der letzten 20 Jahre eine sehr stattliche Galerie von alten deutschen, italienischen und holländischen Bildern zusammengebracht hatte. Die Erben boten sie dem hamburgischen Staat für 1½ Millionen Mark an. Auf Lichtwarks widerratendes Votum lehnte der Senat ab. Während von den Kannschen Verhandlungen die Öffentlichkeit nichts erfahren hatte, beschäftigte diese Angelegenheit das Publikum lebhaft: Man begriff nicht, daß sich die Stadt, wo die Sammlung entstanden war, den Besitz entgehen lassen könne. In der Gesellschaft Hamburgischer Kunstfreunde begründete Lichtwark seine Haltung so: Die Galerie Weber enthalte 30 bis 40 Bilder, welche für die Kunsthalle wertvoll seien; sie gehörten sämtlich zur deutschen und holländischen Kunst. Alles andere sei nur als eine Art Lehrsammlung für Studienzwecke brauchbar; eine solche würde aber ein selbständiges Gebäude und um deswillen einen Jahresaufwand von 50 000 Mark erfordern. So kam die Sammlung in Berlin zur Auktion und brachte die erstaunliche Summe von vier Millionen. Lichtwark erwarb in der Hauptsache die Bilder, auf die er es abgesehen hatte, für die Gesamtsumme von 900 000 Mark und war mit diesem Ergebnis zufrieden. Darunter befanden sich ein köstlicher kleiner Rembrandt, ein schönes Altarbild des älteren Holbein, ein Burgkmair, ein Joos van Cleve, zahlreiche Holländer und ein schönes Portrait von der Hand Goyas. Brinckmann billigte die Handlungsweise Lichtwarks in dieser Sache nicht; er äußerte später, Lichtwark habe wohl die Verhältnisse des Kunstmarkts nicht genügend übersehen, um zu wissen, was mit dem Besitz zu machen sei.
Im Vergleich zu den Werken der Malerei schien die Plastik längere Zeit das Stiefkind zu sein.
Das entsprach keineswegs den ursprünglichen Absichten, vielmehr war, nachdem schon um die Mitte der 1880er Jahre die Gipsabgüsse nach Werken der Antike und älterer christlicher Kunst eine Vermehrung erfahren, der Aufbau einer Skulptursammlung von Originalen ein wesentlicher Teil des Organisationsplans gewesen. Auch hierin hatte die Förderung hamburgischer Kunst als Leitstern gedient. Denn im Anfang der 1890er Jahre bestand die Hoffnung, daß sich in Hamburg im Anschluß an vorhandene Anfänge eine bodenwüchsige Skulptur an den Aufgaben würde entwickeln können, welche die Ausschmückung des neuen Rathauses stellte. Lichtwark studierte auf seinen Reisen, insbesondere in Paris, die neuere Plastik und erwirkte bei den Bildhauern, deren persönliche Bekanntschaft er suchte, günstige Bedin-

gungen für den Ankauf ihrer Werke. So dachte er den heimischen Künstlern Vorbilder und Anreiz zu eigener Betätigung zu schaffen. Marquestes »Galathea«, Frémiets »Jagdhund« und Carpeaux' Gérome-Büste sind jenen Verhandlungen zu danken. Aber der weit angelegte Plan kam nicht zur Ausführung; einerseits hinderte die Cholera-Epidemie von 1892 die Aufbringung der nötigen Mittel, und anderseits versagte die Einsicht der maßgebenden Persönlichkeiten: wie schon oben gesagt, sollte am Rathaus alles schnell fertig werden, und so mußte man den Skulpturenschmuck zum größten Teil auswärtigen mittelmäßigen Künstlern anvertrauen.

Bald dehnte sich aber der Besitz an Werken der Kleinplastik, insbesondere der modernen französischen Medaillen- und Plakettenkunst, zu einer Sammlung aus, welche nicht nur in Deutschland, sondern in Europa einzig in ihrer Art ist. Auch hierbei dachte Lichtwark an die Wiederbelebung eines alten Hamburger Kunstzweiges; denn das Medaillenwesen hatte in Hamburg in früheren Jahrzehnten und Jahrhunderten in Blüte gestanden.

Später hat die Sammlung der größeren Plastik einen erneuten Aufschwung erlebt. Den Anlaß gab auch hier die Berliner Hundertjahr-Ausstellung. In Gemeinschaft mit der Nationalgalerie hat die Hamburger Kunsthalle das Werk des alten Schadow, das zum Teil nur in Tonmodellen vorhanden war, in Bronze gießen lassen und im Anschluß daran eine Anzahl bedeutender gleichzeitiger Werke erworben. Daneben sind hervorragende Arbeiten August Gauls und ein Abguß vom Modell des Tuaillonschen Kaiser-Friedrich-Denkmals für Bremen angeschafft.

Das Kupferstichkabinett war von der Frühzeit des Instiuts an sehr reichhaltig gewesen. Harzen, Meyer, Commeter, die Begründer der Sammlung, hatten es sich besonders angelegen sein lassen, viele und gute alte Blätter zusammenzubringen. In der Vermehrung des vorhandenen Bestandes legte sich Lichtwark Beschränkungen auf; nur für die Größten: Schongauer, Dürer, Holbein, Rembrandt suchte er auf Vollständigkeit ihres Werkes hinzuwirken. Im übrigen legte er das Hauptgewicht auf den Erwerb von Blättern der lebenden Meister. Denn gerade die Graphik hatte in den letzten zwanzig Jahren in den Hauptkulturländern eine ungewöhnliche Entwicklung durchgemacht. Ohnehin brachte er diesem Zweig seines Instituts ein besonderes Interesse entgegen, weil die vervielfältigende Griffelkunst mehr als die eigentliche Malerei geeignet ist, in weiteren Kreisen werbend zu wirken. Graphische Blätter können auch weniger bemittelte Kunstfreunde sammeln, und den hohen Wert des Sammelns für die Kulturförderung hatte Lichtwark von Anfang an erkannt.

Was er an Radierungen, Lithographien und Holzschnitten aus Deutschland, Frankreich, England und zum Teil auch aus Holland zusammengebracht hat, macht einen sehr reichhaltigen Besitz aus.

Liebermann, Kalckreuth, Laage bilden von den Deutschen die zeitlich untere Grenze seiner Anschaffungen; vor den neuesten, den sogenannten Expressionisten, machte er halt. Schon Munch, sosehr er sein Talent schätzte, flößte ihm eine Scheu ein. Diesen Graben vermochte er nicht mehr zu nehmen. Ich sprach einmal mit Liebermann über die Fähigkeit des Menschen, sich in ganz neue Dinge hineinzudenken, und äußerte, mir scheine das mit der Produktivität körperlicher Säfte zusammenzuhängen; wer nicht mehr um das Weib werbe, sei auch nicht imstande, neue Kunst nachschaffend zu erleben. Liebermann antwortete: »Denn sagen Se mit neunzig Jahren, aber bei Lichtwark is det nie jewesen.«

Der Nutzbarmachung des Gesammelten wandte Lichtwark mindestens die gleiche Aufmerksamkeit zu wie dem Sammeln selbst. »Wir wollen kein Museum, was dasteht und wartet, sondern ein Institut, das tätig eingreift in die künstlerische Erziehung unserer Bevölkerung«, hatte er in seiner Antrittsrede gesagt. Der Besuch der Galerie und der Gebrauch des Kupferstichkabinetts und der Photographiesammlung wurden soviel wie möglich erleichtert, ein Lesezimmer mit vielen Kunstzeitschriften auch zur Benutzung der Bibliothek eingerichtet und zeitweise sogar für die Abendstunden offengehalten. Lichtwark selbst war für jeden, der Rat und Belehrung suchte, zu sprechen und liebte es, die ihm bekannten Besucher zu führen.

Unmittelbar bahnweisend suchte er durch seine Vorlesungen zu wirken. Er kündigte sie nicht in weit aussehenden Reihen für ein ganzes Semester an, sondern behandelte in Gruppen von vier bis acht oder auch in Einzel-Vorträgen begrenzte Stoffgebiete, wie sie sich seinen Plänen eingliederten. Um Anteilnahme einerseits für die alte deutsche Kunst, andererseits für die vervielfältigenden Techniken zu wecken, sprach er über die alten deutschen Meister des Kupferstichs; Venedig und seine Kunst gab ihm Anlaß zu Vergleichen mit manchen heimischen Dingen; dann wieder bereitete er durch Einführung in die Geschichte der Berliner Architektur und Sammlungen, auch der Lübecks, Dresdens, auf den Besuch dieser Städte vor. Einzelvorträge über die französischen Medaillen und Plaketten, über neuerworbene graphische Blätter traten hinzu; andere über die Bedeutung des Dilettantismus, der Amateur-Photographie, der Blumenpflege gewährten Einblicke in die Gedankenarbeit des Kulturpolitikers. Er pflegte an den Nachmittagen eines Werktages und an den Sonntagvormittagen zu sprechen; dort bildeten die

Wohlhabenden, hier die arbeitenden Kreise den Stamm des Publikums; unter jenen fanden sich die Damen in der Überzahl. Der große Makart-Saal war meist bis auf den letzten Platz gefüllt; oft mußten die Türen vor der festgesetzten Stunde geschlossen werden. Die Art des Vortrags war hinreißend; sie bot den Genuß, einen bedeutenden Mann bei schöpferischer Geistesarbeit zu beobachten.

In ungleich weitere Kreise natürlich, auch über Hamburg hinaus, und vielleicht dort mehr als in die Heimat, drangen seine Schriften; sie verschafften ihm den Namen und Ruf eines Erziehers Deutschlands. Die größte Verbreitung haben wohl »Makartbouquet und Blumenstrauß«, »Wege und Ziele des Dilettantismus«, »Deutsche Königsstädte« und »Hamburg und Niedersachsen« gefunden.

Um nicht nur Anreger, sondern auch Vollender zu sein, bedurfte er der Organe, durch die er seine schöpferischen Gedanken in die Tat umsetzen konnte. Solche Organe schuf er sich in der Gesellschaft Hamburgischer Kunstfreunde, der Gesellschaft zur Förderung der Amateur-Photographie und der Lehrervereinigung zur Pflege der künstlerischen Bildung. Die Gründung der ersten war sein eigenstes Werk. Er schloß in ihr die Dilettanten, Sammler und Kunstfreunde zusammen und konnte ihnen hier in seinem Sinne fruchtbare Wege zeigen. Darüber hinaus benutzte er sie zu Aufgaben, die er als Kunsthallendirektor nicht so leicht hätte auf sich nehmen können: zum Versuch, den Handel mit wilden Blumen zu organisieren, zur Anfertigung einfacher und brauchbarer Blumenvasen und Blumenkörbe, zur Ausschreibung eines Wettbewerbs für Landhausentwürfe, zu Ausstellungen von Grabmalkunst, und in ihrem Namen gab er das Jahrbuch der Gesellschaft und die Hamburgische Liebhaberbibliothek heraus, in ihren Anfängen ein Vorbild für gute typographische Ausstattung und ein Anreiz zum Sammeln schön gedruckter heimatstädtischer Bücher.

Den Liebhaberphotographen gab er Anleitung, die Landschaft mit den Augen des Künstlers zu sehen und künstlerische Gesichtspunkte für die Wahl des Naturausschnitts voranzustellen. Über die Einordnung des Menschen in die Landschaft führte der Weg zum künstlerischen Amateurportrait, und bald ging Lichtwarks Hoffnung in Erfüllung: der Liebhaberphotograph zwang den Berufsphotographen, seinen Bahnen zu folgen. Dührkoop gründete sein Atelier; wenn er ihm auch den geschmacklosen Namen »modern-realistische Lichtbildnerei« gab, hat er zeitweise recht gute Aufnahmen gemacht. Der spätere Rückfall in Manier war wohl dem Einfluß seiner »mondänen« Tochter, Frau Minya Diéz-Dührkoop auf Rechnung zu setzen.

Die Lehrervereinigung war aus dem schon an anderer Stelle erwähnten Vortrag Lichtwarks vom März 1887 im Schulwissenschaftlichen Bildungsverein hervorgegangen. Sie wollte zu ihrem Teil zur Verwirklichung der Idee beitragen, daß die älteren Schüler zu einer hingebenden Betrachtung der Kunstwerke angeleitet werden müßten. Lichtwark selbst hielt für die Mitglieder Einführungskurse; er pflegte vor seinen Hörern einzelne Klassen zu unterweisen; wer dabeigewesen war, konnte nicht genug rühmen, wie er es verstehe, die Kinder in der Form einer Unterhaltung zu selbständiger Beobachtung und eigener tätiger Nachfühlung des künstlerischen Eindrucks aufzurufen. Die dabei gesammelten Erfahrungen legte er in der kleinen lehrreichen Schrift »Übungen in der Betrachtung von Kunstwerken« nieder.

Über die Arbeit auf ihren Sondergebieten hinaus wußte Lichtwark diese Gesellschaften in den Dienst seiner allgemeineren Ziele zu stellen: Er veranlaßte sie, den jungen hamburgischen Künstlern Aufträge zur Schaffung von Radierungen und Lithographien zu erteilen, die teils als Diplome Verwendung fanden, teils an die Mitglieder zu billigem Preis verkauft wurden und Lust am Sammeln wecken sollten. Die Lehrer haben als erste – in der Absicht, für guten billigen Wandschmuck in den Schulen zur sorgen – von Paul Kayser ein größeres farbiges lithographisches Blatt herstellen lassen, welches die Arbeit im Hamburger Hafen schildert, und damit den Anstoß zu den guten und gesunden Bestrebungen gegeben, welche nachher leider auf den Schnellpressen Karlsruhes und im Teubner-Voigtländerschen Verlag zu Tode gehetzt wurden.

Wollte man ein vollständiges Bild von dem geben, was sich an Lichtwarks Wirksamkeit an die Kunsthalle anschloß, so wären noch manche Einzelheiten hinzuzufügen, aber sie würden den Rahmen dieser Darstellung sprengen, und schon so wird ersichtlich geworden sein, wie sich alles zu einer Art wohldurchdachten Systems zusammenfügte, um der künstlerischen Bildung der Bevölkerung zugute zu kommen.

Es fehlte noch ein Haus, das nicht nur für die ins Große gewachsenen Sammlungen, sondern auch für ihre Benutzung und die mannigfachen Veranstaltungen Raum gewährte. Der Lösung dieser Aufgabe war ein Teil der Arbeit in Lichtwarks letzten Lebensjahren gewidmet. Schon seit langem hatte er mit eindringlichem Verständnis alle Fragen der Einrichtung, Gliederung, Belichtung von Museen geprüft. Jetzt, als der Plan eines Neubaus der Kunsthalle praktisch herantrat, machte er mit anderen zugezogenen Sachverständigen und Architekten Studienreisen zur Besichtigung auswärtiger Musterbauten, und aus den reiflichsten, alle Bedürfnisse in Betracht ziehenden Erwägungen ging der von Erbe ausgearbeitete Entwurf für einen Erweiterungsbau hervor. Im Oktober 1909 sprach sich der Senat für seine Annahme aus und beantragte bei der Bürgerschaft die Bewilligung von 2 700 000 Mark. Am 8. Dezember beriet die Bürgerschaft; fünf Senatskommissare waren erschienen, an ihrer Spitze Bürgermeister Burchard, der in warmen Dankesworten Lichtwarks Verdienste würdigte. Die Gegner des Projekts hielten nicht etwa die Vergrößerung der Räume für unnötig, sondern wollten radikaler vorgehen und an Stelle der Erweiterung einen Neubau an einem anderen Platz sehen. Nachdem der Ausschuß von zwölf Personen, dem die Angelegenheit überwiesen wurde, über ein Jahr beraten hatte, wurde der Senatsantrag am 22. Mai 1912 mit 56 gegen 55 Stimmen angenommen.

Lichtwark hat die Vollendung nicht erlebt; als er im Januar 1914 die Augen schloß, stand kaum der Rohbau fertig, und der Ausbruch des Krieges brachte die Fortführung zum Stillstand.

Der Kunstverein

Mit dem staatlichen Institut hatte sich bisher der Kunstverein in die Fürsorge für die Dinge der Kunst geteilt; jetzt trat er, gegenüber der Fülle der geschilderten Bestrebungen, ganz in den Hintergrund. Anfang der 1890er Jahre beschränkte sich seine Tätigkeit auf die Unterhaltung der Permanenten Ausstellung im Börsenanbau mit etwa monatlich wechselndem Inhalt und auf den Ankauf einer Anzahl von Werken, welche den Mitgliedern verlost wurden. Erst 1895 wurden in Anknüpfung an eine frühere Übung die großen Frühjahrsausstellungen wiederaufgenommen, die während zweier Monate in der Kunsthalle stattfanden. Da aber an ihnen die Leitung dieser Anstalt beteiligt war, überwog auch hier der Einfluß des Direktors. Infolge der vielen Beziehungen Lichtwarks zu den lebenden Künstlern aller Länder und zu vielen Sammlern wurden diese Ausstellungen der Jahre 1895 bis 1899 für Hamburgs Kunstleben Ereignisse ersten Ranges. Hier erst, durch eine ausgewählte Zusammenstellung dessen, was in den verschiedenen Mittelpunkten künstlerischen Schaffens erstanden war, bekam das Publikum eine Vorstellung von dem, was auf diesem Gebiet in der Welt vorging; hier erst lernte man Liebermann, Klinger, Kalckreuth, Olde, Ludwig von Hofmann mit einiger Gründlichkeit kennen, und umfangreiche Sendungen von Pariser und

Kopenhagener Künstlern neben einzelnen Arbeiten aus England und Holland gewährten Einblick in die ausländische Produktion. Gemälde wie Klingers »L'heure bleue« und »Kreuzigung«, Oldes »Mäher im Kornfeld«, Ludwig von Hofmanns »Am Scheideweg« mit dem grauen Himmel und rosafarbenen Wolken riefen die stärkste Bewegung in den Meinungsäußerungen des Für und Wider hervor.

Die Ausstellung wurde zu einer Art Sensation, und die Parteiungen der Alten und Modernen traten sich mit zunehmender Gereiztheit gegenüber. In den Kreisen derer, welche unter dem Einfluß Lichtwarks einen Anschluß an den neuerlichen Fortgang des Kunstgedankens gefunden hatten, war es eine Zeit voll gesteigerten Lebensgefühls. »Luft und Licht und bewegendes Leben«, wie es Philipp Otto Runge seinerzeit ausgedrückt hatte, gewannen Form, und die Bilder der französischen Impressionisten mit ihrer Bewältigung des Eindrucks von sonnendurchschienener Luft boten uns wundervolle Genüsse sommerlichen Erlebens. Im Mittelpunkt des Streits aber standen die Werke der jungen Hamburger Künstler, welche, von Lichtwarks Ideen befruchtet, durchaus auf den Bahnen der modernen Kunst wandelten. Von hier aus erwuchs alsbald ein Gegensatz zwischen der Kunsthalle und dem Kunstverein. Im Frühjahr 1896 brach er zu offener Feindseligkeit aus. An der Spitze des Vereins stand ein Vorstand von neun Personen, dem ein vielköpfiger Ausschuß zur Seite gegeben war. In diesem Ausschuß hatten begreiflicherweise ältere Elemente die Mehrheit, welche zur Kunst in keiner tiefergehenden Beziehung standen, an das Alte gewöhnt waren und sich in die Formen und Farben der »modernen Richtung« nicht finden konnten. Als nun unter den Entwürfen für das Ausstellungsplakat dieses Jahres die Jury sich für eine Arbeit Ernst Eitners entschieden hatte, die in sehr harmlosen Formen eine bekleidete Frauengestalt mit einer Palme darstellte, aber durch die ungewöhnliche Gegenüberstellung von Orange und Violett die heiligsten Gefühle jener Majorität verletzte, kam es zu entrüsteter Auflehnung gegen die sich in Lichtwark verkörpernde Tendenz, jener verhaßten »modernen Richtung« in Hamburg Bürgerrecht zu erkämpfen. Drei Männer: Robert Wichmann, Besitzer einer Werft für Alsterdampfschiffe, Dr. Eduard Brackenhoeft, ein zuverlässiger Anwalt, und Eduard Lorenz Meyer, Sohn des großen Kaufmanns und eifrigen Kunstsammlers Arnold Otto Meyer, taten sich zu einer Art Wohlfahrtsausschuß zusammen, mobilisierten die wohlgesinnte Kaufmannschaft – der sonst, was im Kunstverein vorging, gleichgültig gewesen war – und brachten in einer unerhört stark besuchten und lebhaft bewegten Generalversammlung den Wahlaufsatz des Vorstandes für die statutenmäßige Erneuerung eines vierten Teils des Ausschusses zu Fall, sich selbst und ihre Kandidaten an die Stelle setzend. Damit war dann freilich die Aktion erschöpft, und von einer positiven Tätigkeit der neuen Männer hat man nichts gehört. Aber der Gegensatz blieb, zumal nun auch – als Folge jener Wahl – in der Leitung und Geschäftsführung ein Wechsel im Sinne der Mehrheit eintrat. Dr. von Melle, der bisherige Vorsitzende, zog sich zurück und wurde durch den Landrichter Dr. Paul Crasemann, einen Verehrer Professor Ascan Lutteroths, ersetzt, und die Geschäftsführung ging von Ernst Juhl, dem für alles Lebendige eintretenden Vorsitzenden der Gesellschaft zur Förderung der Amateur-Photographie, in die Hände Sacks, eines mittelmäßigen Malers, über, der sich ganz den Wünschen seiner Brotherren unterordnete. So schliefen auch die Frühjahrsausstellungen mit dem Ende des Jahrhunderts ein, denn Lichtwark hatte keine Lust, zugunsten einer Veranstaltung, bei deren Einrichtung ihm halb die Hände gebunden waren, für zwei Monate die Wände seiner Sammlung zu verhängen. 1903 begann man damit von neuem, aber die Reibungen hörten nicht auf. 1905 widersetzte sich Lichtwark, daß die Ausstellung durch eine Rede Crasemanns eröffnet wurde, über den er sich wiederholt geärgert hatte, weil er einseitige Belange des Kunstvereins gegen die von Lichtwark vertretenen allgemeinen Interessen durchzusetzen suchte. So hatte er z. B. gegen die von der Gesellschaft Hamburgischer Kunstfreunde im Winter 1903/04 veranstaltete graphische Ausstellung beim Senat zu intrigieren versucht. Seitdem sind die Frühjahrsausstellungen nicht wiederaufgenommen.

Obwohl der Kunstverein um 1905 neue und größere Räume in einem Haus am Neuen Wall bezog, erstarrte er unter Crasemanns Leitung mehr und mehr; dieser trug sich schon mit dem Gedanken, ihn auf ein einfaches Verlosungsunternehmen zurückzuschrauben. Erst Hofrat Brodersen, der 1911 aus Weimar als Geschäftsführer berufen wurde, brachte einiges neues Leben; zu freier Entfaltung konnte es freilich nicht kommen, solange der greisenhafte Ausschuß seine Rolle spielte. Noch 1915 war er in seinen Anschauungen so – sagen wir – konservativ, daß ihm der Graf Kalckreuth als Moderner verdächtig schien.

Der Künstlerklub

In der ersten Hälfte der 1890er Jahre gab es in Hamburg eine Gruppe von sieben jungen Malern, die sich durch Gemeinsamkeit der künstlerischen Auffassung verbunden fühlten und sich bald in der Vereinigung des Künstlerklubs zusammenfanden: Ernst Eitner, Arthur Illies, Paul Kayser, Arthur Siebelist, Friedrich Schaper, Julius von Ehren und Julius Wohlers. Sie waren alle in Hamburg oder seiner unmittelbaren Nachbarschaft geboren. Nur der eine, Illies, hatte verwandtschaftliche Beziehungen zu den wohlhabenden Kaufmannsfamilien; die übrigen entstammten dem kleinen oder mittleren Bürgerstand. Zum Teil waren sie aus einer Art handwerklicher Übung der Malerei hervorgegangen, aber alle bewiesen ein respektables Talent, und Lichtwark, der damals von Akademien nichts hielt, bestärkte sie in dem Streben, auf der Bahn einer heimatlich-bodenständigen Ausbildung zu bleiben. An solche Kräfte hatte er gerade gedacht, als er die Sammlung der Bilder aus Hamburg anlegte, und von ihnen hoffte er, daß sie, angestachelt durch die Vorbilder, die er ihnen zeigte, eine selbständige hamburgische Kunst schaffen würden. Seine Pläne schienen sich bald verwirklichen zu sollen. Die jungen Leute gingen mit Feuereifer an die Landschaften des Alstertals, der Marsch, der Heide und an die Innenräume der kleinen städtischen Bürgerwohnung und der Finkenwerder und Blankeneser Fischer- und Schifferhäuser heran, überall die farbigen Reize erkennend und herausholend. Lichtwark förderte sie, wie und wo er konnte. Nicht nur, daß er ihr Schaffen durch Anregung aller Art befruchtete; er sorgte, daß ihre Bilder auf den Frühjahrsausstellungen zur Geltung kamen, bestimmte die ihm bekannten Kunstfreunde zu Ankäufen und erwarb selbst alljährlich für die Kunsthalle eine Reihe ihrer Arbeiten.
Frühzeitig wandten sie sich gleichfalls, nicht ohne Lichtwarks Einfluß, den graphischen Techniken zu. Darin waren Illies und Eitner die fruchtbarsten. Jenen besonders, bei seiner Lust am Experimentieren, reizten die verschiedenen Möglichkeiten der Platten- und Steinbehandlung. Er erfand sich das Verfahren einer Zink-Hoch- und Tiefätzung, das ihm gestattete, mittels gleichzeitigen Abzugs mehrere auf die Platte gebrachte Farben zu drucken. So entstanden schon in der zweiten Hälfte der 1890er Jahre zahlreiche feine Landschaften und namentlich viele Blumenstudien von unendlich zartem Form- und Farbengefühl.
Die Gleichartigkeit der Bedingungen, unter denen diese Mitglieder des Künstlerklubs den Weg fortsetzten, führte zwar zeitweise zu einer Ähnlich-

keit im Charakter ihrer Werke, aber bald traten doch beträchtliche Unterschiede hervor. Wollte man ihre Art kennzeichnen, so wäre Illies ohne Zweifel der Romantiker unter ihnen zu nennen; Eitners Malerei ließe sich mit einer zwar etwas nüchternen, aber doch zart empfundenen blonden Lyrik vergleichen; Paul Kaysers Bilder hatten etwas von einer behaglich epischen Vortragsweise, die ihm als erstem die Aufgabe eintrug, eine Alsterlandschaft als großes Wandgemälde für die Aula des Paulsen-Stifts zu schaffen. Siebelist war die robusteste Kraft des Künstlerklubs; er war der einzige, der eine Schar junger Maler als Schüler um sich zu sammeln wußte. Julius von Ehren und Friedrich Schaper hätte man als die Dialekt-Dichter des Kreises bezeichnen können; diesen sah man sich mehr und mehr auf die Welt der Geestdörfer beschränken, während jener das Leben der Fischer in den Elbgemeinden bevorzugte und besondere Freude an der Beobachtung der Enten und Möwen fand. Wohlers endlich wurde ein Eigenbrötler, der sich in ein versonnenes und versponnenes Sonderdasein zurückzog. Gemeinsam war ihnen allen eine Eigenschaft, die letzten Endes den Keim zu einer Trennung ihres Bundes in sich trug: der ausgesprochen niedersächsisch-holsteinische Eigenwille, und allzulange haben sie auch nicht miteinander ausgehalten; nach kaum zehnjährigem Bestehen löste sich der Künstlerklub auf.

Auch ihr Verhältnis zu Lichtwark blieb nicht ungetrübt. Dieser, in Verfolgung wohldurchdachter Pläne, suchte die jungen Freunde auf Bahnen zu führen, welche nicht nur ihnen selbst Erfolg verhießen, sondern auch der hamburgischen Kunst in Deutschland einen ehrenvollen Platz sicherten. In Anknüpfung an die Tradition, die er aus den vergangenen Epochen, insbesondere aus der Person Runges, der Oldach und Speckter, der Gensler, Milde und Kauffmann ablas, suchte er sie über die Landschaft zum Figurenbild und darüber hinaus zum Portrait zu führen. Im Bildnis sah er das Ziel, dem sie zustreben mußten, wie er in ihm überhaupt, als der engsten Vereinigung von Naturnachahmung und seelischer Belebung, den Gipfel der Kunst erblickte. Wenn er sie auch auf die hochentwickelte Technik der Franzosen hingewiesen hatte, so suchte er sie doch an heimischer Überlieferung festzuhalten, und hier, im Portrait – so war er überzeugt –, würde die Stammesart am stärksten zur Geltung kommen und einen Rückhalt finden gegen die aufs Dekorative und Allgemeine gerichtete Tendenz der internationalen Kunst. Aber die Maler vermochten den Riesenschritten, mit welchen die Einsicht des reifen Mannes der Zeit vorauseilte, nicht zu folgen. Sie waren eben noch dabei, sich mit den Forderungen auseinanderzusetzen, welche die Bewältigung von Licht und Luft stellten, und koloristische Sensationen füllten ihre

sehende Seele. Illies entdeckte die Wunder, die der sonnenbeschienene nackte Körper in freier, grüner Natur dem Auge bietet, und fing an, die Mittel zu studieren, um den Eindruck der Bewegung im Gemälde einzufangen. Was sollte ihm dazu das Portrait?
Also: sie versagten dem führenden Mentor die Gefolgschaft. Es gab Verstimmungen, denn der empfand ihre Ablehnung als Eigensinn und Undankbarkeit; sein Temperament hinderte ihn, den Gegensatz als eine in den Dingen liegende Notwendigkeit zu erkennen. Die Verschiedenheit der Lebensanschauung kam hinzu; Lichtwarks Vorliebe für aristokratische Form und Haltung stand im Widerspruch zu ihrer Kleinbürgerlichkeit und insbesondere zu Illies' Naturburschentum. Einmal, als Lichtwark von einer Reise nach Wien zurückkam, wo ihm von allen Kreisen Huldigungen dargebracht waren, rief er die hamburgischen jungen Künstler zusammen und stellte ihnen als Muster vor, wie ihre Kollegen dort in der Gesellschaft eine Rolle spielten. Mit Illies, den er anfänglich am höchsten geschätzt, war er jetzt am wenigsten zufrieden. Er warf ihm Mangel an Kultur vor und wurde darin von Frau Zacharias bestärkt, die über dessen – von ihr mißdeutetes – Verhalten beim Tode seiner ersten Frau empört war. Unter vier Augen konnte er sich zu schärfster Verurteilung der Persönlichkeit hinreißen lassen; wenn ich Illies verteidigte, sagte er wohl in einer Art von Erkenntnis seiner Voreingenommenheit: »Sie sehen das alles so wundervoll menschlich an.«
Aber auch die Künstler waren gelegentlich enttäuscht gewesen, hatten geglaubt, von Lichtwark im Stich gelassen zu werden. Schon Ende der 1890er Jahre meinten sie, er müsse sie in ihrem Wunsch unterstützen, auch außerhalb Hamburgs durch geschlossene Ausstellungen bekannt zu werden. Er hielt sie wohl noch nicht für reif genug, um mit ihnen Ehre einzulegen. Sie aber ließen sich doch nicht zurückhalten und wählten nun einen unglücklichen Zeitpunkt; Illies und Eitner hatten im Jahre 1897 einige Frühlingsmonate in Oberbayern unter dem mächtigen Eindruck der ihnen ganz neuen Gebirgswelt gemalt. Die dort entstandenen Bilder, die sie doch nicht entfernt so in sich hatten verarbeiten können wie die ihnen von Jugend an vertraute hamburgische Heimat, machten sie zum Kern einer Berliner Ausstellung. Die Beurteilung war vernichtend, und die Kritiker sprachen es mit unverhohlener Schadenfreude aus: Das also sei das Ergebnis von den Bemühungen Lichtwarks um die junge Hamburger Kunst. Er aber, der abgeraten hatte, fühlte sich doppelt verärgert, und dies Erlebnis hatte ein gutes Teil zu der mehr und mehr hervortretenden Entfremdung beigetragen. Je mehr sich Lichtwark in der späteren Zeit zurückzog und je ausschließlicher er den Aus-

bau der Sammlung an lebender Kunst auf Liebermann, Kalckreuth und andere auswärtige Künstler stützte, um so kränkender empfanden sie die Zurücksetzung. Man muß Lichtwark die Gerechtigkeit widerfahren lassen, daß er immer, wenn ihm zu Ohren kam, einer von ihnen sei in bedrängter Lage, zu Hilfe zu kommen suchte, aber er war nicht mehr mit dem Herzen dabei. Am stärksten litt Illies auch seinerseits unter der Veränderung. Mit bitteren Worten beklagte er sich, bei allem, was er unternehme, spüre er Lichtwarks Gegenwirkung; auf Ausstellungen verkaufe er nichts; seine Bilder würden schlecht beurteilt, er tue am besten, sich ganz zurückzuziehen. Er war zuletzt in solcher Stimmung, daß er sagte, er möge keinen Satz von dem lesen, was der Mann geschrieben habe; als Lichtwark gestorben war, fühlte er sich geradezu erleichtert und zu neuem Schaffen ermutigt. Nach und nach freilich wurde ihm klar, daß seine Absichten gut und verständig gewesen und nur von ihnen damals nicht richtig hätten gewürdigt werden können. So lag es in der Entwicklung der Dinge, daß diese hamburgische Kunst nicht über örtliche Bedeutung hinauswuchs. In der Tat: ein Wegweisender, Großer war nicht unter ihnen, aber ihre ehrliche, eindringliche, sachliche Darstellung der Heimat hätte wohl eine breitere Anerkennung verdient. Das haben mir auswärtige Künstler bestätigt. Hans Olde und Hans Peter Feddersen sprachen wiederholt aus, man begegne den Werken der Hamburger auf deutschen Ausstellungen zu wenig, und wo sie konnten, haben sie ihnen das Wort geredet.

Von Natur war Arthur Illies der Begabteste. Er verband ein lebendiges Auge mit Beweglichkeit künstlerischer Phantasie, und die Wiedergabe des äußerlich und innerlich Geschauten ging ihm mit ungemeiner Leichtigkeit von der Hand. Dabei kam ihm eine große Geschicklichkeit in der Behandlung alles Technischen zu Gute. Die Phantasie hatte er von der Mutter, den praktischen Sinn verdankte er seinem dem kaufmännischen Beruf angehörigen Vater, dem Direktor einer Mälzerei. Dieser hatte auch darauf bestanden, daß er zunächst, um im Handwerklichen auf festem Boden zu stehen, bei einem Malermeister in die Lehre ging. Hier hat er wohl seine Handfertigkeit auch auf dem Gebiet anderer Gewerbebetriebe erweitert, dergestalt, daß er mit allem Material: Stein, Holz, Metall umzugehen, ebenso Zimmermanns- und Tischlerarbeit zu leisten, wie mit der Maurerkelle zu hantieren verstand; ich habe nirgendwo ein so nach jeder Richtung vollständiges Inventar von Handwerksgerät zusammen gesehen wie auf dem Boden seines Häuschens. Nachdem er anfänglich – neben städtischen Motiven – in der Nähe des Sachsenwaldes und vornehmlich viel in der Heide von Neugraben gemalt hatte, erkor er sich das obere Alstertal als Arbeitsgebiet. Ende der 1890er Jahre verlobte er sich mit Minna Schwerdtfeger, einem reizenden Mädchen, das als Schülerin Valesca Rövers zu seinen Gehilfinnen bei der Ausmalung eines Musikzimmers in einer Wandsbeker Villa gehört hatte. Er kaufte für billiges Geld ein Grundstück in Mellingstedt, an einer der schönsten Stellen im Alstertal, und baute sich – unter Zuziehung von Maurer- und Zimmerleuten, zum guten Teil aber auch mit eigener Hände Arbeit – ein Häuschen, dessen Möbel er mit seiner Braut – wiederum mit Hilfe eines Tischlers für das rein Handwerkliche – selbst fertigte. Der Garten, ein weiträumiger, sich zur Alster hinabsenkender Abhang, war zum Teil mit Gehölz bestanden und in den Sommermonaten von dem süßen Duft des in den Büschen wuchernden Jelänger-Jeliebers erfüllt. 1900 zog das junge Paar in das fertiggestellte Nest ein; in einer kleinen Gesellschaft, zu der wir sie eingeladen hatten, sagte Frau Zacharias, diese Ehe mit ihrem romantischen Zauber komme ihr wie ein Märchen vor. Es war der Höhepunkt in Illies' Leben, auch seines künstlerischen Schaffens. Damals entstanden seine reifsten Werke. Bezeichnenderweise sind es fast ausschließlich Landschaften, in welchen der romantischdekorative Einschlag – seine hauptsächliche Begabung – die erste Rolle spielte. Das Glück dauerte nur ein Jahr. Nach der Geburt eines kleinen Mädchens starb die Frau an den Folgen einer Venenentzündung unter entsetzlichen Erstickungsqualen in seinen Armen, ohne daß er nach dem einsam gelegenen Haus rechtzeitig einen Arzt hätte holen können. Ihn packte das Entsetzen. In der Nacht, ohne Kopfbedeckung, lief er durch Wald und Feld zu seiner Mutter, die als Witwe ein Haus in Klein-Borstel bewohnte; als am folgenden Morgen Frau Zacharias, die sich in der Nähe bei ihrem Schwiegersohn in Hohenbuchen aufhielt, die Wöchnerin besuchen wollte, fand sie die Leiche und das Kind im leeren, offenstehenden Haus. Es dauerte lange, bis Illies das Gleichgewicht wiederfand. Fürs erste war ihm sein Haus und die Arbeit verleidet. Die ersten Anfänge wiederkehrenden Lebensmuts wurden von uns durch den Auftrag ermuntert, unser – meiner Frau und mein – Portrait zu malen (Frühjahr 1902). Gleichzeitig fand bei Commeter eine Ausstellung statt, die ihm großen Erfolg brachte; sie vereinigte hauptsächlich die Bilder, die in jenem glücklichen Jahr entstanden waren. Nun trat auch Mellingstedt wieder in sein Recht; er fuhr täglich zur Arbeit hinaus, um zu malen oder auf der ihm gehörigen Presse zu drucken. Eine Reise nach Italien mit Dr. Wohlwill trug bei, ihn auf andere Gedanken zu bringen; Einfluß auf seine künstlerische Entwicklung übte sie nicht. 1904 begann er zu modellieren, und das führte ihn zu den Aktstudien im Freien. Sie waren mit Schwierigkeiten verbunden, weil sie vor den Bauern geheimgehalten werden mußten. Diese würden ihn verprügelt haben, meinte Illies. So mietete sich das Modell draußen als eine Erholungsbedürftige ein und schlich sich jeden Morgen in den Garten, der auf den Grasplätzen zwischen dem Gebüsch und am Wasser genug fremdem Einblick verschlossene Orte barg.

Er war nun wieder ganz der alte geworden. Mit Feuereifer ging er an allerlei Pläne heran: er und seine Genossen müßten mehr Selbstbewußtsein haben, aus sich heraustreten, aus eigener Kraft, ohne Lichtwark, Ausstellungen machen. Und schon gingen sie daran, einen Garantiefonds zu sammeln, der solche Veranstaltungen sicherstellen sollte.

Aber dann trat wieder ein Rückschlag ein. Die Aktbilder, die er bei Commeter zur Schau stellte, versagten ihre Wirkung. Nicht ohne Grund: denn er hatte in dem Furioso seiner koloristischen Besessenheit die zeichnerische Durchbildung vernachlässigt. Pekuniäre Schwierigkeiten, die sich infolge verfehlter Spekulationen des Bruders einstellten, traten hinzu und lähmten von neuem seine Unternehmungslust.

1906 ging er eine zweite Ehe mit Georgi Rabeler ein. So nett und gut diese war, die erste Frau hat sie ihm nie ersetzt. Zudem konnte sie sich nicht mit seiner Mutter stellen, die – eben wegen der verschlechterten Vermögenslage und weil sie sich nicht von Helga, dem Töchterchen aus erster Ehe, trennen mochte – bei dem Sohn im Hause bleiben mußte. So wurde er gleichsam zwischen den beiden Frauen zerrieben. Die Schaffensfreude ließ nach; er griff zu, als ihm – nicht ohne Vermittlung Luischens – eine Lehrerstelle an der Kunstgewerbeschule angeboten wurde. Mellingstedt wurde ihm von neuem verleidet, und nach einigen Jahren siedelte er in die Stadt über.

Es war schade um ihn. Man hatte glauben dürfen, daß er zu Höherem berufen sei. Dafür sprach neben den künstlerischen Anlagen sein freies Menschentum. Trotz der wenig gepflegten Manieren und mancher Vernachlässigung des Äußeren war er eine vornehme Natur. Er hatte etwas vom Grandseigneur, etwas unbekümmert Verschwenderisches. Alles Kleinliche lag ihm fern. Auch in der Beurteilung fremder Kunst war er nicht engherzig; selbst in dem, was auf ganz anderen Anschauungen aufgebaut war, erkannte er das Gute und ließ es darum gelten. Vielleicht war er aber doch selbst schuld, daß er im Letzten scheiterte. Was ihm abging, war der Grad von Selbstzucht, ohne den das Höchste nie erreicht werden kann. Seine große Geschicklichkeit stand ihm im Wege. Weil ihm alles so schnell und leicht gelang, hatte er es im Anfang an der nötigen Vertiefung fehlen lassen. Wo ihm eine Aufgabe nicht im ersten Anlauf glückte, verlor er die Lust. Er übte nicht das Wort:

9. Arthur Illies: Umschlag der vom Künstlerklub zu Weihnachten 1898 herausgegebenen Mappe

„Ich lasse dich nicht, du segnest mich denn." So kam es, daß er zwar noch immer, namentlich wo seine Befähigung für das Dekorative sich auswirken konnte, manches gute Bild gemalt, aber doch auch solche geschaffen hat, die nicht weit vom Kitsch entfernt waren.

Eitner war ganz anders. Von gleich starker, vielleicht stärkerer zeichnerischer Begabung und von hochentwickeltem Feingefühl für Farbe, hatte er doch nicht die geniale Sicherheit im Wirtschaften mit den Mitteln. Er stammte aus ganz kleinen Verhältnissen; sein Vater war Tischler, hatte schlechte Augen und erblindete frühzeitig. Die Kosten seiner Ausbildung wurden von Gönnern, insbesondere den hochherzigen Malerinnen Helene und Molly Cramer, aufgebracht. So war es in der Sache begründet, daß er mehr an sich halten mußte. Aber in der Disziplin seines Schaffens erreichte er – trotz jener blonden Nüchternheit, die fast allen seinen Arbeiten anhaftet – einen achtungsgebietenden Grad von Künstlerschaft und eine Ausgeglichenheit, die dem Illiesschen Sturm und Drang überlegen war. Sein Stoffgebiet war gar nicht romantisch. Er suchte es zunächst vornehmlich in den Marschgegenden von Billwerder, wo er sich mit seiner jungen Frau niederließ. Später baute er ein kleines Haus in einer Sandwüste bei Hummelsbüttel, die er in ein Gärtchen verwandelte. Dort, und in Lübeck, der Heimat seiner Frau, in Travemünde oder sonstwo an der Ostsee sind die meisten Bilder entstanden, anspruchslos im Gegenständlichen, aber immer in den Verhältnissen fein abgewogen und in der Farbe zart abgestimmt. Das Einfache und Intime stand ihm am nächsten. Er liebte es, aus dem Kreis und der Umgebung der engsten Familie heraus zu gestalten. So entstanden auch, besonders in den Techniken des Holzschnitts, der Radierung, der Lithographie eine Reihe sorgfältig durchgearbeiteter Bildnisse, die seinem Können alle Ehre machten.

Ein Geschäftsmann war er nicht; als ehrlicher Künstler ging er seinen, nicht des Publikums Idealen nach. Wiederholt traten Freunde zusammen, um ihm durch den Verkauf seiner Werke Mittel des Lebensunterhalts für die wachsende Familie zuzuführen. Zudem war er von zarter Gesundheit. Mehrere Male mußte er den Winter in der Höhenluft der Schweiz zubringen; aber auch von da trug er reiche Ernte künstlerischer Tätigkeit heim.

So war er nicht auf Rosen gebettet, und es gab nicht selten Zeiten der Niedergeschlagenheit und Verbitterung; dennoch brach immer wieder ein angeborener guter Humor durch. Wenn er bei Laune war, konnte er durch drollige Einfälle und komische musikalische Vorträge Stürme von Heiterkeit entfesseln. Auch in karikaturistischen Zeichnungen war er oft glücklich; die

Skizzen, in denen er sich über »Das Besehen moderner Bilder« in unserem Hause lustig machte, sind sehr gelungen.

An Allgemeinbildung war er den meisten seiner Kollegen, insbesondere auch Illies, weit überlegen. Er hatte mancherlei Reisen gemacht und die Kulturen anderer, namentlich der skandinavischen Länder, auf sich wirken lassen; in der Literatur wußte er gut Bescheid, und seine Freude an der Musik ging über ein Mittelmaß hinaus; es war ein Vergnügen, mit ihm über solche Dinge eine Unterhaltung zu führen.

Aber der vollen Entfaltung aller dieser Gaben stand die Mitgift vom »Ressentiment des Schlecht-Weggekommenen« im Wege, die er seiner Abkunft verdankte. Er war mißtrauisch, empfindlich, leicht gekränkt. Das nahm ihm die Sicherheit im Umgang. Er konnte merkwürdig ungeschickt sein, wenn man ihm eine Freundlichkeit erweisen wollte und sie aus Rücksicht oder Zartgefühl in die Form einer Bitte kleidete. Als ich in der Vorarbeit für einen Katalog des graphischen Werks der hamburgischen Künstler seine Drucke durchgesehen hatte und ihm höflich einige freundliche Worte sagte für die mir gewährte Hilfe, nahm er das gönnerhaft entgegen, als wenn wirklich ich derjenige wäre, der Veranlassung zum Danken hätte. Den großen Wandlungen auf dem Gebiet der Kunstentwicklung stand er nicht unbefangen gegenüber; er war geneigt, ein persönliches Moment hineinzutragen. So bereitwillig er auch die Qualitäten großer Meister anerkannte, mit deren Auffassung er übereinstimmte, so wenig vermochte er sich in andersgeartete Richtungen zu finden, und wenn man in seiner Gegenwart Munch oder die Künstler der Brücke lobte, geriet er leicht in die Stimmung kleinlicher Gereiztheit. Man mußte diese Schwäche den Schwierigkeiten zugute halten, mit denen er im Leben zu kämpfen hatte; es waren die Schlagbäume, über die er nicht springen konnte.

Paul Kayser war der Sohn eines Klempnermeisters in der Milchstraße, der die vornehme Kundschaft Pöseldorfs bediente. Als ich ihn zum ersten Mal aufsuchte, traf ich den Vater und war von der natürlichen Sicherheit überrascht, mit der er mir gegenübertrat: ohne Verlegenheit, aber auch ohne den dickköpfigen Stolz des demokratischen Bürgers, ein Muster von angeborenem Takt. Das lithographierte Bildnis, auf dem ihn der Sohn mit der Zigarre bei der Lektüre der Zeitung dargestellt hat, ist ein wohlgelungenes Dokument vom Wesen des würdigen Mannes. Diese ruhige, einfache Art war auf den Sohn übergegangen. Er trat den Dingen, Personen, Ereignissen sowohl als Mensch wie als Künstler gelassen und gleichsam abwartend gegenüber. Er war objektiver als Eitner. Weit entfernt, sich gegen andersgeartete Ein-

flüsse abzuschließen, prüfte er, und was er für seine Art gebrauchen konnte, nahm er zu innerer Verarbeitung auf; nicht als ein Unselbständiger, der sich hätte anlehnen müssen, sondern als ein mit freiem Willen Auswählender. So ging er seine eigenen Wege und war wohl der erste, der sich vom Künstlerklub absonderte. Nachdem auch er anfänglich die Landschaft des Alstertals studiert, griff er alsbald die Darstellung hamburgischen Lebens in Stadt und Hafen auf; als er Melanie Hertz, die Tocher des hamburgischen Senators Dr. Hertz, geheiratet hatte, siedelte er nach Blankenese über; der bisherigen Wahl seiner Stoffe blieb er treu, fügte ihr aber die unterelbische Landschaft mit ihren Marschwiesen, dem verbreiterten Strom und seinem Schifferleben ein. Auch im Portrait gelangen ihm glückliche Würfe. Die neuere Entwicklung der Malerei verfolgte er mit Anteilnahme und hielt es nicht unter seiner Würde, auch von der jüngeren Generation zu lernen. Er war keine eigenwillige Natur mit harten Kanten und spitzen Ecken; aber sein Werk bedeutet eine liebenswürdige Bereicherung des hamburgischen Kunstschaffens.
Friedrich Schaper wählte Groß-Borstel zu seinem Wohnsitz. Er war anfänglich der am wenigsten Geschickte; seine Arbeiten der früheren Zeit konnten merkwürdig unbeholfen sein, aber trotz der Unausgeglichenheit hatten sie oft einen eckig-herben Reiz. Später erwarb er sich vielleicht den ausgesprochensten persönlichen Charakter. Aus seinen dörflichen Bildern mit den Schafherden, Kuhweiden, Milcheimern, den über Gutstore blickenden Pferden wehte ein köstlich kühler Hauch dunkelgrünen Schattens, und wo man auf Ausstellungen seinen Bildern begegnete, verriet sich der Autor durch die saftige Tieftönigkeit seiner Farbengebung und das den einfachen Motiven entströmende Behagen schon von weitem. Daneben hat er eine Reihe trefflicher Selbstportraits und Bildnisse aus dem Kreis seiner Anverwandten und Freunde in Öl, Lithographie und Radierung geschaffen.
Julius von Ehrens ungeschlachter Figur hätte man die Sorgfalt der Pinselführung nicht zugetraut, die ihm in späteren Jahren manche Aufträge zum Kopieren altmeisterlicher Bilder eintrug. Eindringliche Beobachtung und feinfühlig geübte Zeichnung, verbunden mit frischem Farbensinn halfen ihm aus, wo es an Phantasie ermangeln mochte. Ein das Objekt mit Liebe umfangender Fleiß ließ eine Fülle von Vorarbeiten entstehen, ehe er an die Lösung der eigentlichen Aufgabe heranging. Diese Studien sind in ihrer Intimität der Anschauung und Ausführung wertvolle Dokumente niederdeutscher Künstlerart und fügen sich als solche würdig in das Material der hamburgischen Kunstgeschichte ein, wie es die Schaffensweise der früheren Generationen kennzeichnete. Besonders hat er das Volk der Enten jahrelang in ihren Ge-

wohnheiten belauscht. Seine Mappen enthalten ungezählte Skizzen, in denen er die drolligen Bewegungen und Stellungen festzuhalten wußte. Man sagte, er wisse mit der Natur dieser Tiere so gut Bescheid, daß er aus ihrem Verhalten folgern könne, was sie in der nächsten halben Stunde tun würden. Das Ergebnis waren Meisterwerke in Gemälden, in ein- und mehrfarbigen Radierungen, Lithographien und Holzschnitten.

Auf Julius Wohlers hatte Lichtwark besondere Hoffnungen für die Bildniskunst gesetzt und ihm mancherlei Aufträge für Portraitradierungen erteilt und verschafft, die – nach den ersten tastenden Versuchen – guten Erfolg hatten. Leider vernachlässigte er, als er eine Lehrerstelle an der Kunstgewerbeschule bekam, die eigene schöpferische Tätigkeit. Wenn er sie später einmal wieder aufnahm, erneuerte sich das Bedauern, dieses Talent brachliegen zu sehen. Er lebte ganz zurückgezogen, machte kein Aufhebens von sich und wünschte nicht, daß andere es taten. Als Lehrer der Kunstgewerbeschule hat er still, aber segensreich gewirkt, indem er eine gesunde, sachliche Zucht übte.

Arthur Siebelist war im ersten Jahrzehnt neben Eitner, Illies, Kayser mehr im Hintergrund geblieben: im Jahre 1902 trat er, vielleicht durch Unterweisung einer Schar von talentvollen Schülern selbst gefestigt, mit einem großen Gruppenbild hervor: wie er im Hintergrund stehend, den um ihn versammelten, von der Abendsonne beleuchteten Jüngern in der Richtung des Beschauers einen Gegenstand der Betrachtung wies. Es war ein sehr tüchtiges Werk, wenn es auch auf die Dauer nicht das hielt, was Lichtwark anfänglich in ihm sah. Der Moment der Darstellung war doch zu vorübergehend, um nicht die innere Ruhe vermissen zu lassen. Auf der Bahn des damit bewiesenen soliden Könnens ist er weitergeschritten.

Die Siebelist-Schüler

Die Generation der Siebelist-Schüler trat zum ersten Mal in der Frühjahrsausstellung des Jahres 1903 öffentlich hervor. Sie hatte einen von der älteren durchaus abweichenden Charakter. Der Unterschied zeigte sich schon äußerlich in der Stoffwahl: während dort die Landschaft die erste Rolle gespielt hatte, gingen diese, unter denen Fritz Friedrichs, Franz Nölken, F. Ahlers-Hestermann an erster Stelle zu nennen sind, vom Figurenbild, dem Portrait

und dem Stilleben aus. Obwohl auch sie – größtenteils – an Hamburg festhielten, standen sie doch mit der ortsfremden Kunst in stärkerem Zusammenhang. Namentlich waren es die Ausklänge des französischen Impressionismus und die sich aus ihm entwickelnden neuen Richtungen, die auf sie wirkten. Lichtwark war mit dem Anschluß, den sie dort suchten, nicht einverstanden; das aber mußte auch er anerkennen, daß ihnen das Studium dieser Vorbilder einen außerordentlich subtilen Farben-Geschmack eintrug. Fritz Friedrichs erwies sich unter den Dreien zunächst als das stärkste Talent. Seine koloristische Begabung war sehr groß. Auch Lichtwark erkannte das frühzeitig und erwarb für die Kunsthalle ein Portrait der Mutter, die er in exotischem Schmuck und Kostüm gemalt hatte. Zu seinem Unglück verheiratete er sich mit einem Modell. In seiner künstlerischen Entwicklung scheint es ihm nicht geschadet zu haben, aber die soziale Stellung, die er sich errungen hatte, wurde stark erschüttert. Zudem war er eine eigenwillige Persönlichkeit und machte es denen, die ihm helfen wollten, schwer. Er fing an zu kränkeln; die Möglichkeit, sich zu schonen und für sich zu sorgen, war durch die Ehe beeinträchtigt. Schon mit geschwächter Gesundheit wurde er im Krieg als Armierungssoldat eingezogen, kehrte aber nach kurzem Dienst krank zurück und mußte monatelang im Lazarett liegen. Auch dort hat er köstliche kleine Bilder gemalt, in einem wundervollen Zusammenklang eines zarten Grau, Blau, Weiß oder eines Rotbraun, Oliv und Gelb mit einzelnen eingesprengten delikaten anderen Tönen.
Franz Nölken war eine nervös-reizbare Natur. Von schwankender Gesundheit und in seinem Wohlbefinden stark von äußeren und inneren Einflüssen abhängig, wurde er oft durch eine gallige Laune beherrscht, aber er wußte sich in sarkastisch-witzigen Einfällen oder überlegener Selbstironie Luft zu machen. Als er 1915 im Auftrag der Künstler-Hilfskasse Edmund Siemers radieren sollte, kam er in einer drolligen Verzweiflung zu mir: Er habe getan, was er gekonnt habe, bezweifle aber, ob die Arbeit gelungen sei. Gefiele sie uns nicht, dann müsse er zurücktreten; der Mann sei ihm zu unsympathisch, als daß er über sich gewinnen könne, einen neuen Versuch zu machen. Und nun erzählte er seine Erlebnisse: wie Siemers in einem Nebenzimmer einen offenbar von ihm irgendwie abhängigen Mann, dessen silberne Hochzeit bevorgestanden, bearbeitet habe, einem gleichfalls anwesenden Maler, dem von ihm protegierten Geertz, einen Portraitauftrag zu erteilen; wie ihm selbst im Wartezimmer bei Siemers eine Broschüre »Der Carnegie Hamburgs« in die Hand gedrückt sei; wie endlich über der Arbeit die Gattin sich eingefunden und vorwurfsvoll gefragt habe: »Das sollst doch nicht Du sein,

lieber Edmund?« Mit einer Art mephistophelischen Lachens fügte er hinzu: »Aber das ist ja ein Halunke.« Der Augenschein des radierten Blattes, das wir gut fanden und abnahmen, bewies, daß diese Beurteilung nicht ohne Einfluß auf den Blick geblieben war, den er seinem Opfer gegeben hatte.

In Nölken waren die Qualitäten des Zeichners und des Malers gleichermaßen stark entwickelt. Was Hamburg an ihm besessen hat, wurde den meisten erst klar, als er an einem Novembertag 1918 einer der letzten Kugeln des unglückseligen Krieges in Frankreich zum Opfer fiel. Er war widerwillig in den bunten Rock gegangen; denn er fühlte sich überzeugt, er könne der Allgemeinheit mehr als Maler denn als Soldat nützen. Aber er gewöhnte sich unschwer an den Dienst und man hörte, die körperliche Ausarbeitung in der frischen Luft übe günstigen Einfluß auf seine neurasthenischen Zustände. Eine Gedächtnis-Ausstellung, von dem Freunde Ahlers-Hestermann mit ernsten, unsentimentalen Erinnerungsworten eröffnet, vereinigte den größten Teil seines malerischen Werks. Man sah, wie seine feine Koloristik zwar von den Franzosen, besonders von Cézanne und den Späteren beeinflußt war, sich aber zu durchaus eigener Selbständigkeit mit starkem romantischen Einschlag entwickelt hatte. Seine neueren Landschaften waren von einem unbeschreiblich süßen, märchenhaften Reiz. Als Portraitist stand er an der Spitze der hamburgischen Bildnismaler dieser ganzen Epoche. Davon legt besonders die Reihe seiner Radierungen Zeugnis ab, die zu einem guten Teil erst nach seinem Tode an das Licht der breiteren Öffentlichkeit traten.

F. Ahlers-Hestermann war mit einem sehr subtil ausgebildeten Form- und Farbensinn begabt. Alle seine Gemälde legten – kompositionell und koloristisch – Zeugnis ab von seinem äußerst feinen Geschmack. Keines würde einer guten Sammlung zur Unzierde gereicht haben. Aber er konnte sich für andere, deren Art er bewunderte, so begeistern, daß er ihrem Einfluß widerstandslos unterlag. Er studierte und malte wiederholt längere Zeit in Paris und verkehrte dort in einem Kreis deutscher Künstler, die im Café du Dôme ihr Stelldichein hatten. Die Beweglichkeit seines künstlerischen Instinkts und seine Fähigkeit, Eindrücke aufzunehmen, führten ihn in die Gefolgschaft bald dieses, bald jenes Vorbildes: Cézanne, Matisse, Marie Laurencin, Henri Rousseau lösten einander ab. Aber es war in dieser Anpassung nichts, was eigentlich hätte verstimmen können; sie eben war seine Art, und der liebenswürdige Ernst, mit dem er sie übte, war durchaus achtungsgebietend. Er hat nichts aus den Händen gegeben, das nicht den Anforderungen eines verwöhnten Geschmacks genügt hätte.

Alle drei hatten die Fähigkeit und die Neigung, über Kunst theoretisch zu sprechen; aber sie redeten kein Geschwätz. Sie machten sich ernstliche Gedanken über die Dinge ihres Fachs und waren klug genug, sie in verständliche Worte zu bringen. Jede Unterhaltung mit ihnen über Kunstfragen war lehrreich; und wer Gelegenheit hatte, mit ihrer einem eine Ausstellung zu durchwandern, dem brachte der Austausch der Meinungen auch dann reichen Gewinn, wenn eine Übereinstimmung des Urteils nicht erzielt wurde. Ahlers-Hestermann und Friedrichs haben sich beide auch öffentlich als Kritiker vernehmen lassen. Jener schrieb – im Stil einer elegant geformten Plauderei – gute Aufsätze für die Zeitschrift Kunst und Künstler; dieser war eine Zeitlang Kunst-Referent des Hamburgischen Correspondenten. Seine eindringlichen Erörterungen, die er mit unbestechlicher Ehrlichkeit und Überzeugungstreue begründete, haben ihm unter seinen Berufsgenossen manche Feindschaft zugezogen. Aber in der hamburgischen Presse sind lange nicht so gute Kritiken zu lesen gewesen.

Als eines vierten der Siebelist-Schüler ist Walter Rosams mit ehrenden Worten zu gedenken. Er gehörte dem Pariser Zirkel des Café du Dôme an. Von Hamburg hat er sich später ferngehalten Auch ihn hat der Krieg hinweggerafft.

Weitere Hamburger Künstler

Die Zahl der hamburgischen Künstler ist damit nicht erschöpft. Es gab auch Schaumschläger: Willy Lange, der Sohn des Ewerführers, der sein Talent durch Mangel an Selbstzucht vergeudete; der betriebsame John Philipp, der sich gern an berühmte Männer heranmachte, um sie zu portraitieren; Geertz, den Edmund Siemers – zum Beweis seiner Ahnungslosigkeit in künstlerischen Dingen sei es gesagt – mit einem großen Doelenstück, dem Kuratorium der Wissenschaftlichen Stiftung, für das Vorlesungsgebäude beauftragte. Im Großen trat jedoch der solide Charakter des niedersächsisch-holsteinischen Stammes in ehrlicher und zuverlässiger Arbeit hervor. Hier sei Wilhelm Mann mit seinen Landschaftsstudien und einem vortrefflichen radierten Bildnis des Volksschullehrers William Lottig, sodann der Portraitist R. P. Junghanns und der um 1900 an die Königsberger Akademie berufene Carl Albrecht erwähnt.

Ein Element, das man bei den hamburgischen Künstlern durchgängig – Eitner als einzigen vielleicht ausgenommen – vermißt, ist der Humor. Seine Abwesenheit scheint in Hamburg ein charakteristisches Merkmal des geistigen Arbeiters in der Gegenwart zu sein. Das ist um so auffallender, als das handarbeitende Volk voll davon ist. Ich habe einmal – als die Ablehnung der Universitätsvorlage durch die Bürgerschaft Stoff genug für witzige Bemerkungen gab – den Versuch gemacht, Künstler und Schriftsteller zur Herausgabe eines humoristischen Blattes zu bestimmen, aber ich begegnete einer Schwerfälligkeit der Auffassung, welche mir alsbald die Aussichtslosigkeit des Gedankens klar machte.

Auswärtige Maler als Darsteller Hamburgs

Es ist schon oben gesagt, daß der Schwerpunkt des künstlerischen Schaffens auf dem Gebiet hamburgischer Motive, sowohl der Landschaft wie des Portraits, von Lichtwark mit der Zeit immer mehr in die Hand auswärtiger Künstler verlegt wurde. Freilich hatte sich, unabhängig davon, die Neigung der deutschen Maler überhaupt von der Romantik der Mittelgebirge der Tiefebene, insbesondere der Wasserkante, zugewandt. Wie sich die Worpsweder in der Nähe Bremens niedergelassen hatten, so kamen alljährlich für eine Reihe von Sommermonaten Karlsruher Künstler – Kallmorgen, Matthaei, Laage, Biese, Euler, von denen mehrere durch Geburt oder enge persönliche Beziehungen mit Hamburg-Altona verbunden waren – nach Altenwalde bei Cuxhaven; Carlos Grethe machte wochenlange Fahrten auf einem Fischkutter in der Nordsee; der Dresdner Otto Fischer gab eine Serie von Radierungen aus dem Hamburger Hafen heraus; der geschäftsgewandte Luigi Kasimir stellte sich mit seinen etwas zurechtgemachten Veduten ein, und viele andere, sogar französische Künstler (Marquet) studierten die mannigfaltigen Vorwürfe des mächtig pulsierenden Getriebes zu Wasser und zu Lande. Aber was wollte das alles gegen die Aufträge Lichtwarks bedeuten? Als ich 1905 einmal infolge einer Verabredung mit Liebermann auf dem Jungfernstieg zusammentraf, fand ich Kalckreuth, Trübner, Ulrich Hübner und Professor Adolf Goldschmidt in seiner Begleitung, und er sagte: »Wissen Se, wenn Se die berühmtesten Maler Deutschlands treffen wollen, müssen Se heutzutage auf dem Jungfernstieg in Hamburg spazieren jehen.« In jenen Jahren entstanden für die Kunsthalle Liebermanns Flottbeker Bilder, die

Portraits des Barons von Berger, Strebels, Dehmels, der große Professorenkonvent; Trübners Bügermeister Mönckeberg; das Ehepaar Senator Hertz von Uhde; Slevogts Bürgermeister O'Swald; Kalckreuths Bildnisse der Frau Zacharias, der Präsidenten des Oberlandesgerichts, Sievekings und sein großes Selbstportrait. Liebermann erfüllte jene Aufgaben ganz und gar; besonders die Probleme des Professorenbildes riefen seine volle Kraft auf; ich pflegte ihn damals (1906) täglich um 12 Uhr in der Kunsthalle abzuholen, und wir gingen, oft in Lichtwarks Begleitung, zum Frühstück in den Keller der Witwe Brockmöller, wo wir Rote Grütze oder Himbeeren mit Rahm verzehrten. Er war meist in glänzender Laune; zuweilen aber, wenn er sich in der Arbeit festgerannt hatte, wie ein geschlagener Hund. »Ick war jestern so verzweifelt, ick hätte in ein Bordell jehen können", klagte er eines Tages. Trübner dagegen war immer mißmutig. Er konnte das Klima während des naßkalten Sommers nicht vertragen und hatte sich eine schwere Erkältung zugezogen. Er äußerte einmal verdrießlich: auf diese Art und Weise bekomme Lichtwark die schlechteste Galerie der Welt; er zwinge die Maler, außerhalb ihrer behaglichen Häuslichkeit unter unbequemen Verhältnissen zu malen.

Lichtwarks Freundschaft gelang es, den Grafen Leopold Kalckreuth zu dauerndem Wohnsitz in die Nähe Hamburgs zu ziehen. Dessen Beziehungen zur Kunsthalle reichen bis in die Mitte der 1890er Jahre zurück. Zu jener Zeit schuf er seine ersten Gemälde aus dem Hafen, die – anfänglich von der Kunsthallenkommission zurückgewiesen – zu den schönsten Stücken der Sammlung von Bildern aus Hamburg gehören. Damals – über dem Besehen von allerhand neuen Radierungen, die Lichtwark erworben hatte – bekam seine Lust an der Graphik einen entscheidenden Anstoß. Ich erinnere mich einer Unterhaltung, bei der er den Entschluß äußerte, sich eine eigene Druckpresse zuzulegen, um diese Techniken eindringlich üben zu können. Zehn bis zwölf Jahre später kam er auf jenes Gespräch zurück und sagte, er habe derzeit bezweifelt, jemals die Anschaffungskosten aus seinen Drucken herauszuwirtschaften; jetzt verdiene er mit einer einzigen Platte mehr. Schon während eines wiederholten längeren Sommeraufenthalts bei Jacob in Nienstedten hatte er durch Lichtwarks Vermittlung mit einzelnen Persönlichkeiten der Hamburger Gesellschaft Bekanntschaft angeknüpft. 1906 kaufte er sich in Eddelsen bei Harburg an und trat nun als Nachbar den hamburgischen Verhältnissen im allgemeinen näher. Er baute ein großes Haus in einem umfangreichen Garten, der an die Hamburg-Bremer Bahn stieß. Dort wohnte er nahe bei einem Häuschen, in welchem Lichtwark mit den Seinigen die Sommermonate zu verbringen pflegte; einige andere bekannte Familien hatten sich in der Umgegend angesiedelt. Das Haus war sehr wohnlich: große helle Räume, einfach und geschmackvoll möbliert, mit hellfarbigem Anstrich der Zimmerwände. Das Eßzimmer, in einem leuchtenden Gelb gehalten, machte einen festlichen Eindruck; für starkfarbige Blumensträuße ein wundervoller Hintergrund.

Die Gräfin, eine Frau von großer geistiger Lebendigkeit, ging sehr ihre eigenen Wege. Sie lebte ganz in literarischen Interessen und bewies für die Tätigkeit ihres Mannes nicht sehr große Anteilnahme. Sie war eine geborene Gräfin Yorck; die Schöngeistigkeit lag ihr im Blut und wurde von ihr auf ihre Kinder übertragen. Der älteste Sohn, Wolf, hat in ganz jungen Jahren Verlainesche Gedichte von schwülster Erotik mit einem solchen Einfühlen in die Stimmung ins Deutsche übersetzt, daß man sich erstaunt fragt, wie das in solchem Alter möglich sei. Wilhelm Laage erzählte uns, als er in Eddelsen einige Tage zu Gast gewesen war, von dem Familienleben; wie man abends zusammengesessen und die Gräfin Dichtungen vorgelesen habe. Das sei mit einem eigentümlich ekstatischen Pathos geschehen, und in der Lampenbeleuchtung habe sie, mit ihrem bleichen mageren Gesicht, den tiefliegenden Augen und vortretenden Backenknochen »wie ein Aff« ausgesehen. Die älteste Tochter, Mucki, erlernte das Handwerk der Buchbinderei und gründete mit mehreren Freundinnen eine Werkstatt für erlesene Technik. Die jüngste, Christine, Ninne genannt, war eine sehr begabte Zeichnerin: Bildchen zu Szenen des Rosenkavaliers, die sie als Fünfzehnjährige mit merkwürdig reifem Blick für die Pikanterie der Situationen entworfen hatte, erregten die Bewunderung aller Künstler. Unsere Johanna stand mit den Gräfinnen Etta und Ninne, die bei ihr nach dem System Mensendieck turnten, in freundschaftlichem Verkehr. Etta, von starkknochigem Gliederbau und derbem, breiten Gesicht, war übermütig und von unverwüstlicher Laune; wenn sie ins Haus kam, gab es Gelächter, Gesang, Klavierspiel, Zigarettenrauch. Beide waren mit den Töchtern des Apothekers in Hittfeld eng befreundet und besuchten mit ihnen eifrig die Konzerte und die Kinos in Hamburg. Wenn der Alte brummte, nahmen sie es nicht tragisch; in ihren Gesprächen trugen Vater und Mutter die merkwürdigen Namen Palkos und Malkos.

Seinen geselligen Verkehr hielt das Ehepaar in engen Grenzen; in der Hauptsache war er auf den Kreis der Lichtwarkschen Freunde beschränkt. Auch in der Eddelser Gastfreundschaft bewies die Gräfin eine gewisse Exzentrizität; so lud sie einmal zur Winterszeit eine große Gesellschaft zu einer Faust-Aufführung, welche die Kinder in einer kalten Scheune veranstalteten. So origi-

nell die Idee war, fanden doch einige Gäste, das Vergnügen sei mit der umständlichen Hin- und Rückfahrt zu teuer erkauft gewesen.
In der äußeren Erscheinung waren die Gatten sehr verschieden. Während die Gräfin zwar keine kleine, aber doch schmächtige und elegante Gestalt hatte, war er von einer fast übermenschlichen Größe und mächtigen Gliedmaßen. Dabei gab ihm die vorgebeugte Haltung des Kopfes etwas Unausgeglichenes. Neben ihrem farb- und fleischlosen Gesicht, das gelegentlich an einen Totenkopf erinnern konnte, sah er hinter den runden Gläsern seiner Brille über den vollen Backen wie ein guter treuherziger Junge hervor.
Über den Grad seiner künstlerischen Bedeutung gingen die Ansichten auseinander. Lichtwark schätzte sie sehr hoch ein. Er rühmte, auch ausländische Meister hätten von seinen Bildern gesagt, jedesmal, wenn deutsche Maler etwas Hervorragendes leisteten, käme Holbein in ihren Werken wieder zum Vorschein. Liebermann urteilte anders; er äußerte einmal, Munch habe in seinem kleinen Finger mehr Talent als der ganze Kalckreuth. Das Richtige wird Julius Wohlers getroffen haben, als er vor einer Kollektiv-Ausstellung bei Commeter sagte, der hamburgische Staat sollte die ganze Sammlung ankaufen, um sie dauernd dem heranwachsenden Geschlecht als Vorbild zu zeigen. Kalckreuth sei der Mann, der durch die ehrliche, treue, hingebende Arbeit, durch seinen freien und offenen Blick, durch die sichere Beherrschung der Zeichnung und Technik der deutschen Kunst für Generationen die feste Grundlage geben könne: diejenige Tüchtigkeit im Handwerklichen, ohne deren traditionelle Forterbung keine zusammenhängende nationale Kunstentwicklung denkbar sei. Der Grenzen seines Könnens war er selbst sich in edler Bescheidenheit bewußt. Er bekannte mir einmal, daß es ihn immer, wenn er längere Zeit nicht gemalt habe, wegen des Gefühls seiner Unzulänglichkeit Überwindung koste, wieder zum Pinsel zu greifen.
Die Epoche seiner größten Frische fiel in die Stuttgarter Jahre; die Werke, welche die Frühjahrsausstellung von 1903 aufwies, legten Zeugnis davon ab: die Schloßterrasse, die um die Lampe versammelte Familie, der Erntewagen, die theaterspielenden Kinder, die Gräfin in der Abenddämmerung auf dem Felde. Später gewann eine gewisse sachliche Trockenheit die Oberhand, auch sie freilich nicht ohne herben, deutsch-intimen Reiz und sich gelegentlich zu tragischer Größe steigernd, wie in dem dämmerigen Zimmer mit der in Gram versunkenen Frau.
Wahrhaftig und gerecht, wie es überall seine Art war, verhielt er sich auch fremder Kunst gegenüber. Selbst in durchaus normalen Bahnen der Auffassung wandelnd, vermochte er sich nicht leicht in die Besonderheit abseits

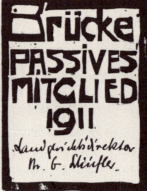

Karl Schmidt-Rottluff, Mitgliedskarte Gustav Schieflers in der Künstlergemeinschaft „Brücke"

Stehender zu finden. Der Ausdrucksweise und Formensprache der sogenannten Expressionisten stand er innerlich fern; wenn er einmal sich in einigen Gemälden mit ihr auseinanderzusetzen suchte, so war auch das nur ein Beweis seiner Objektivität und Ehrlichkeit. Charakteristisch ist sein Verhältnis zu seinem früheren Schüler Wilhelm Laage. Dessen gradlinige Eckigkeit, die just seine Stärke ausmachte, empfand Kalckreuth als einen Mangel und suchte ihn zu ausgeglichenerer Abrundung zu bekehren. Obwohl dieser aber sich gegen die Beeinflussung standhaft bewies, verhalf er ihm in richtiger Einschätzung seines Wertes in der Graphischen Ausstellung des Künstlerbundes von 1914 zum sog. Villa Romana-Preis.

Auch die Künstler des sog. Expressionismus fanden den Weg nach Hamburg, wenn auch Lichtwark ihnen keine Hoffnung auf Förderung gab. Edvard Munch hatte schon durch eine Ausstellung bei Bock um die Mitte der 1890er Jahre das Zwerchfell der Philister erschüttert; selbst die mit der Hängung betrauten Arbeitsleute waren kaum imstande gewesen, in Gegenwart des Künstlers die Haltung zu bewahren. Als 1903 auf des Lübecker Arztes Dr. Linde Betreiben Paul Cassirer von neuem eine Sammlung seiner Gemälde und Radierungen brachte, vermochten schon einige Besucher ernsthaft zu bleiben; die meisten aber schimpften auch jetzt noch.

Bald darauf vermittelte ich einen Vertrag, welcher für drei Jahre der Commeterschen Kunsthandlung die Vertretung Munchs für Deutschland und Österreich übertrug, aber nach kurzer Zeit wurde er gelöst, weil Herr Suhr nicht verstand, mit Künstlern von nervöser Reizbarkeit umzugehen. Dennoch blieben die Fäden, die sich zwischen dem Norweger und einem kleinen Teil des Hamburger Publikums geknüpft hatten, bestehen und festigten sich in der Folgezeit.

Emil Nolde kam 1906. Auch er gewann bald einige Freunde, die an seinen Arbeiten Anteil nahmen. Er lebte im Winter in Berlin und im Sommer auf Alsen; so hatte er alljährlich zweimal Anlaß, auf der Durchreise einige Tage in Hamburg Aufenthalt zu nehmen. Wiederholt veranstaltete er bei Commeter größere Ausstellungen, und da auch mein im Jahre 1911 erschienener Katalog seines graphischen Werks von hier hervorging, wurde Hamburg zu einer Art Ausgangspunkt für seinen künstlerischen Ruf.

Ihm folgten die Maler der Brücke: Schmidt-Rottluff, Heckel, Kirchner. Alle drei haben – ebenso wie vor ihnen Nolde – in unserem Hause zuerst Fuß gefaßt und von hier aus weitere Förderung erfahren. Dem ersten erstanden dann in Fräulein Dr. Rosa Schapire und Dr. Wilhelm Niemeyer Propheten, die seinen Ruhm verkündeten, und er verlegte für einige Jahre den Mittelpunkt seiner Tätigkeit nach Hamburg. Heckel war wenigstens einmal vierzehn Tage unser Gast in Mellingstedt und hat dort im Alstertal manche Bilder und Studien gemalt. Kirchner fand in Dr. Heise, der in der Kunsthalle bei Dr. Pauli Assistentendienste versah, einen eifrigen Anwalt seiner Kunst; ich selbst habe in den Jahren 1918 bis 1920 ein Verzeichnis seines – etwa 1000 Nummern zählenden – graphischen Werks geschrieben, dessen Erscheinen demnächst bevorsteht.

Der Kunsthandel

Bis in die Mitte des 19. Jahrhunderts hatte der hamburgische Kunsthandel in Ansehen gestanden. Die Namen Harzen, Meyer und Commeter halten die Erinnerung aufrecht. Seitdem ging es abwärts; der Mangel an innerer Kraft und äußerer Nahrung bedingten sich wechselseitig. Zu Beginn der Epoche hatten die Kunsthändler das Bewußtsein ihrer kulturellen Verantwortlichkeit verloren. Sie betrieben ihr Geschäft wie einen Galanteriewaren-Laden. Indessen wurden doch schon Anzeichen eines neuen Aufschwungs sichtbar. Der Kunstsalon von Louis Bock & Sohn in den Großen Bleichen erfreute sich einer Abonnentenzahl, die hoch in die Tausende ging, und wenn auch der Kitsch und im besten Falle die Mittelmäßigkeit in Angebot und Nachfrage die Herrschaft übte, so bewies doch die Besuchsziffer eine steigende Anteilnahme an Dingen der Kunst. Veranstaltungen wie etwa die Munch-Ausstellung des Jahres 1896 legten immerhin Zeugnis von dem Willen ab, die Kundschaft mit den Sensationen der Saison bekannt zu machen.

Wilhelm Suhr sen., der Inhaber der alten Commeterschen Kunsthandlung, versuchte sich näher an Lichtwark anzuschließen, aber weder er selbst, noch seine im Laufe der Jahre heranwachsenden und ins Geschäft als Teilhaber eintretenden Söhne hatten genügende Einsicht, daraus den möglichen Nutzen zu ziehen. Vor allem fehlte ihnen die Weite des Blicks und – man darf wohl sagen – das nötige Maß von Reinheit und Uneigennützigkeit der Gesinnung. Mit einer Art Bauernschlauheit wollten sie ohne Risiko Profit machen. Bis zu einem gewissen Grade mögen ihr guter Wille und manche Verdienste nicht verkannt werden; insbesondere haben sie sich anfänglich den jüngeren hamburgischen Künstlern bereitwillig zur Verfügung gestellt. Wollten sie zugleich eigene und hamburgische Belange fördern, so hätten sie Lichtwarks Verständnis rückhaltlos vertrauen müssen. Aber sie mochten es nicht ganz mit dem Durchschnittspublikum verderben.

Um den richtigen Weg zu gehen, mußten sie einen Wechsel auf die Zukunft ziehen. Dazu hatten sie nicht den Mut, vielleicht auch nicht das Kapital. So blieb ihre Geschäftspolitik eine Halbheit; sie traten zwar für das Neue und Starke ein, aber nicht mit der Entschiedenheit, die den großen Erfolg für spätere Zeiten bedingte. Beispiele: Sie übernahmen zwar auf Lichtwarks Veranlassung den Vertrieb alles dessen, was die Gesellschaft Hamburgischer Kunstfreunde und andere der Kunsthalle angeschlossene Vereine veröffentlichen (Liebhaberbibliothek, Kunstblätter u. dgl.), unterließen aber die Werbearbeit, weil der unmittelbare Vorteil gering war und sie nicht begriffen, welchen Nutzen ihnen die Verbindung mit Lichtwark für die Zukunft in Aussicht stellte. Ich selbst bot ihnen meinen Liebermann-Katalog an, aber sie lehnten ab; meinen schon 1903 erteilten Rat, soviel Munchsche Graphik zu erwerben, wie sie könnten, befolgten sie nicht; jenen Kommissionsvertrag mit Munch ließen sie sich aus den Händen gehen, weil sie sich in dummem Trotz mit ihm überworfen hatten; ich bot ihnen die Möglichkeit, daß die erste deutsche van Gogh-Ausstellung durch die Gesellschaft Hamburgischer Kunstfreunde in ihren Räumen veranstaltet wurde, und sie griffen nicht mit beiden Händen zu. So war es eine Reihe verpaßter Gelegenheiten. Der junge Suhr hat sich später oft einen Esel genannt, das nicht eingesehen zu haben. Wie recht er daran hatte! Als die Gesellschaft Hamburgischer Kunstfreunde im Winter 1903/04 in der Absicht, die Lust am Sammeln zu fördern, die große graphische Ausstellung in der Kunsthalle machte, intrigierten die Suhrs in Gemeinschaft mit dem Kunstverein gegen das Unternehmen. Sie verstanden nicht, daß der Erfolg – wie das auch ausdrücklich ins Auge gefaßt und geplant war – dem hamburgischen und insbesondere ihrem Kunsthandel zugute kommen mußte. Später gaben sie ihre Kurzsichtigkeit zu und bestätigten, daß ihr Absatz seither sich vervielfacht habe. Auch im Verkehr mit den Künstlern waren sie, gelinde gesagt, ungeschickt; wiederholt habe ich auswärtige Maler gegen ihre Geschäftspraktiken in Schutz nehmen müssen. Neben Bock und Commeter war es – von den am Alten Wall etablierten Gebr. Besthorn abgesehen, die es zu keiner besonderen Bedeutung brachten – der Kunstverein, der die Vermittlung von Bilderkäufen in größerem Umfang betrieb. Wenn Commeter den künstlerischen Fortschritt, Bock den Stillstand vertrat, so suchte der Kunstverein – sacht und bedacht stets – die goldene Mitte zu halten.

Ihnen allen aber drohte ein gefährlicher Wettbewerb, als Ende 1901 die mächtige Berliner Firma Cassirer in dem alten schönen, von Chateauneuf erbauten Abendrothschen Haus am Neuen Jungfernstieg einen Kunstsalon eröffnete und ein von Henry van de Velde ausgestattetes Lesezimmer einrichtete. Das Programm ging dahin – gleichsam als Fortsetzung der von Lichtwark in den Frühjahrsausstellungen geleisteten Arbeit –, durch eine dauernde monatlich wechselnde Bilderschau das hamburgische Publikum mit den Werken der neuen und neuesten in- und ausländischen Kunst bekannt zu machen und als Käufer solcher Werke zu gewinnen. Daß dabei die eigentliche Domäne des Cassirerschen Geschäfts, die französischen Impressionisten und Berliner Sezessionisten, Liebermann an der Spitze, im Vordergrund standen, verstand sich von selbst.

Das Geschick des Unternehmens ließ sich aus der Physiognomie der Besucher am Eröffnungstag voraussagen. Die Börsianer kamen, liefen mit trockenem Lachen durch die Säle und lobten sich ihren Louis Bock. Ich beobachtete ein Ehepaar: »Das sollen Hühner sein«, sagte der Mann kopfschüttelnd. »Nun, du hast sie doch erkannt«, beruhigte die Frau. »Nein, es steht da«, erwiderte er. Zudem: was nicht in unmittelbarer Nähe des Rathausmarktes und mehr als hundert Schritt von der Börse liegt, gilt als außerhalb des Verkehrs und zieht nicht, mag es noch so gut sein. So blieben die Räume verödet. Wer in den schönsten Ausstellungen mehr als zwei, drei Menschen traf, sperrte den Mund auf. Nach drei Jahren trug Cassirer dem Lokal-Konservatismus Rechnung und verlegte den Salon in ein Haus am Alten Jungfernstieg.

Obwohl der Besuch sich mehrte, kam der Händler doch nicht auf seine Rechnung und räumte 1906 das Feld. Er hatte geäußert, unter den obwaltenden Umständen habe er keine Lust, für Hamburg zu arbeiten; auf die 20 000 Mark, die er zusetzte, komme es ihm freilich nicht an; er erkläre sich mit gutem Gewissen für besiegt.

Er schloß ein Abkommen mit Commeter, der seine Räume inzwischen beträchtlich vergrößert hatte. Nachdem schon 1900 im Hintergebäude des Hauses an der Hermannstraße ein Oberlichtsaal eingerichtet war, hatte er 1905 im ersten Stock des Neubaus Ecke Reesendamm und Jungfernstieg eine Flucht von Zimmern gemietet; später baute er in Verbindung mit einem Finanzkonsortium das Commeter-Haus Ecke Hermann- und Bergstraße, in welchem er 1908 außer dem Laden des Erdgeschosses die erste Etage und den schönbelichteten Dachstock bezog. Durch Übernahme der Cassirer-Vertretung bekam die Geschäftsführung auch inneren Halt und einen größeren Zug. Dabei muß anerkannt werden, daß sie die Selbständigkeit wahrte, den hamburgischen Belangen mit Ernst weiter diente und auch Künstler, denen Cassirer ablehnend gegenüberstand, wie vor allem Nolde, wiederholt zu umfangreichen Darbietungen Räume gab.

Mit besonderem Eifer ergriff die Firma den Handel mit moderner Graphik und erntete dabei die Früchte, welche jene von ihr bekämpfte Ausstellung des Jahres 1903/04 gezeitigt hatte. Ein guter Teil des deutschen Umsatzes an Liebermann-, Kalckreuth-, Munch-, Zorn-, Boehleschen Radierungen und an englischen Drucken lag in ihrer Hand. Als im Jahre 1910 Graf Kalckreuth die Schwarz-Weiß-Ausstellung des Deutschen Künstlerbundes im Commeterschen Salon eröffnete, konnte er sagen, daß Hamburg eines der bedeutendsten Absatzgebiete für Griffelkunst in Deutschland sei, und der Erfolg bewies es: es wurde für 17 000 Mark verkauft. Die Umsatzziffern wuchsen in der Folgezeit ins Ungemessene.

Der Nutzen, den der Handel abwarf, ließ neben den alten neue Geschäfte entstehen. Schon bald nach 1900 gliederte Georg Hulbe seiner Lederindustrie einen umfangreichen Kunstbetrieb an; eine Zeitlang nahm die Abteilung für moderne Graphik unter Susi Hanitschs feinfühliger Führung einen aussichtsreichen Aufschwung, versank aber bald nach ihrem Fortgang wieder in Bedeutungslosigkeit.

Marie Herz hatte am Neuen Wall in bescheidenem Umfang ihren Salon Clematis aufgetan, der anfänglich nur den Erzeugnissen eines ausgesuchten Kunstgewerbes gewidmet war. Brinckmann unterstützte sie mit Rat und Tat. Der gute Erfolg ließ sie zu früh eine Erweiterung des Geschäfts anstreben.

10. Jean Paul Kayser: Selbstporträt, o. D.

11. Friedrich Schaper: Selbstbildnis, 1894

Das Unternehmen verwandelte sich in eine G.m.b.H., es wurden weiträumige Lokalitäten in dem an der Ecke der Großen Bleichen und Bleichenbrücke neuerbauten sogenannten Kaufmannshaus angemietet und der Schwerpunkt auf den großen Kunsthandel gelegt: eine Meunier-Ausstellung eröffnete die neuen Säle, und Alexander von Gleichen-Russwurm hielt eine Rede. Aber das Fundament von Kraft und Kapital reichte nicht. Der Zusammenbruch war beklagenswert; die Inhaberin hatte viele Mühe geopfert und manches Gute dargeboten. Eine große Munch-Ausstellung war die glänzendste Leistung.

Eine Eintagsfliege war die Moderne Bücherei von Grabmeier im Mönckeberg-Haus am Gertrudenkirchhof, die sich als Kunsthandlung durch eine sehr ansehnliche Ausstellung von Drucken der Brücke-Künstler einzuführen suchte. Neuerdings hat an der Ernst-Merck-Straße Maria Kunde eine Kunsthandlung aufgetan, in welcher mit gutem Geschmack eine große Auswahl der besten neueren Graphik zum Angebot gebracht wird.

Sammlungen

Die Bedingungen für die Entstehung von Sammlungen moderner Kunst waren bei der geschilderten Sachlage ungewöhnlich günstig. Zu der Möglichkeit, durch den dazu gern erbötigen Lichtwark sich beraten zu lassen, traten die mannigfachen Beziehungen, in denen die namhaftesten Künstler zu Hamburg standen, und die Stadt war nicht so groß, daß nicht jeder, in dem ein ernstlicher Wille lebte, davon hätte Nutzen ziehen können. Die Frage, ob die wohlhabenden Kreise von diesen Gelegenheiten nach Maßgabe ihres Vermögens Gebrauch gemacht haben, wird sich kaum bejahen lassen. Die eigentliche Sammel-Gesinnung, ein Gewächs stark kultivierten Bodens, mußte erst wieder herangezüchtet werden.

Alten ererbten Kunstbesitz gab es kaum; er war den schweren Arbeitsjahren in der ersten Hälfte des 19. Jahrhunderts zum Opfer gefallen. Das einzige Gerettete bestand in Familien-Portraits. Lichtwarks großes, im Auftrag des Kunstvereins herausgegebenes Werk »Das Bildnis in Hamburg« gibt einen vortrefflichen Überblick in klassischer Formung. Der Kunstverein erwarb sich ein ferneres Verdienst dadurch, daß er im Jahre 1912 in zwei Serien den größten Teil des vorhandenen Materials zur Schau brachte und eine als Fortsetzung des Lichtwarkschen Werkes gedachte Arbeit von Dr. R. Johannes Meyer veröffentlichte. In einem merkwürdigen Gegensatz zu dem hierbei gewonnenen Eindruck der äußeren Erscheinung einer vornehm-bürgerlichen Kaste stand der ländlich-aristokratische Typ des schleswig-holsteinischen Adels, wie er in einer bei Gelegenheit der Gartenbau-Ausstellung des Jahres 1914 in Altona im Donner-Schloß veranstalteten Bilderschau sich darstellte.

An Werken der vergangenen Jahrhunderte bot – von der Kunsthalle abgesehen, die seit 1890 auch die Wesselhoeftsche Sammlung alter Holländer aufgenommen hatte – nur die Galerie des Konsuls Weber in St. Georg An der Alster ein umfängliches Material. Dieser war ein Sammler großen Stils. Durch seine Agenten ließ er sich über die Verhältnisse des internationalen Kunstmarkts unterrichten und wußte die Gelegenheiten mit solcher Umsicht zu benutzen, daß sich der Besitz bei der nach seinem Tode im Jahre 1912 abgehaltenen Auktion als eine glänzende Kapitalanlage erwies. Sie umfaßte Werke der alten deutschen, italienischen und holländischen Kunst. Die Italiener waren am schwächsten, mit Ausnahme eines – freilich auch nicht unangezweifelten – Mantegna, der bei der Versteigerung 590 000 Mark brachte, während sich unter den Holländern wundervolle Perlen befanden, von denen eine ganze Reihe von Lichtwark erstanden wurden. Von den deutschen Bildern war der Kölner Severin-Altar, der in amerikanischen Besitz kam, und ein köstliches Gemälde des älteren Holbein hervorzuheben, das ebenfalls die Kunsthalle erwarb. Die Sammlung war in eigens für sie erbauten Galerie-Räumen untergebracht; der Eigentümer gestattete während bestimmter Wochentage dem Publikum die Besichtigung, das aber wenig Gebrauch davon machte. Erst in den letzten Tagen vor der Auflösung gab es ein bewegtes Gedränge; nun trug jeder eine lebhafte Anteilnahme an den Schätzen, um die er sich früher nicht gekümmert hatte, zur Schau. Aber auch alte Freunde nahmen bewegten Abschied; der Baron von Westenholz wurde nicht müde, seine Bekannten auf die primitiv-intimen Reize der altdeutschen Gemälde hinzuweisen, und Professor Brinckmann sah man eifrig bemüht, eine Gönnerin zur Stiftung eines schönen Hédaschen Stillebens für sein Museum zu bestimmen.

Arnold Otto Meyer, der Inhaber einer Firma, die ausgedehnte Niederlassungen in Singapore und den Straits Settlements besaß, hatte sein Interesse den Nazarenern und ihren romantischen Nachfolgern zugewandt. Ihre feine, auf innerliches Erfassen der Dinge und Personen gerichtete Art zog ihn an, und so war es begreiflich, daß er die Handzeichnungen bevorzugte, in denen jene

Innerlichkeit mehr zum Ausdruck kam als in anspruchsvolleren Gemälden. Führich, Schwind, Richter, Steinle schätzte er am höchsten. Ihm war das Sammeln kein Geschäft, sondern eine Liebe. Er hatte mit den Schöpfern seiner Schätze persönliche Beziehungen angeknüpft und bewahrte den Briefwechsel sorgfältig auf. Bei einem Besuch in seinem Landhaus »Hauhopen« in Othmarschen zeigte er mir die Bände, deren jeder einem Künstler gewidmet war. Es überraschte mich, in demjenigen Ludwig Richters das Extrablatt zu finden, durch welches das Attentat Nobilings auf den alten Kaiser bekanntgegeben wurde. Die Erklärung, die er gab, enthüllte die ganze feinfühlige Liebenswürdigkeit des alten Herrn: er hatte seiner Freude über die Genesung des greisen Fürsten dadurch Ausdruck gegeben, daß er ihm eines seiner Lieblingsblätter Ludwig Richters zum Geschenk machte, und auf jenes Extrablatt folgte in jenem Band das Dankesschreiben aus dem kaiserlichen Kabinett. Auch diese wertvolle Sammlung war nicht von Bestand. Kaum hatte der zuletzt erblindete Besitzer die Augen geschlossen, wurde sie von den Erben unter den Hammer gebracht. Zu ihrer Rechtfertigung sagten sie, ihre Handlungsweise entspräche dem Wunsch des Verstorbenen; vielleicht wollte er, der den Sinn der Kinder kannte, sie in seiner Güte vor einer Lieblosigkeit bewahren. Für Hamburg war es ein Verlust, daß die Sachen nicht zusammenblieben.

In den 1870er und 1880er Jahren entstanden die Galerien des Generalkonsuls Behrens und des Herrn Erdwin Amsinck. Jener ließ sich durch den Maler Thomas Herbst und mehr noch durch den Kunstschriftsteller Emil Heilbuth beraten und brachte eine Sammlung ausgewählten Geschmacks zusammen. Sie schmückte die Konferenzräume des Bankhauses in der Hermannstraße. Im Empfangszimmer sah sich der Eintretende einer Anzahl Kabinettstücke von der Hand Menzels gegenüber – Innenräume von Kirchen und Synagogen und jenem lustigen Bildchen, auf dem der holländische Handelsherr seine mit Schmuck überladene Villa mit bunten Farben streichen läßt. An den Wänden des Sitzungszimmers, dessen Mitte durch einen langen Tisch eingenommen wurde, hingen Perlen der Meister von Barbizon. Es will schon etwas bedeuten, wenn in den Pausen der Beratung die Geschäftsfreunde und Finanzleute sich vor der köstlichen Oise-Landschaft Daubignys, jener Waldblöße mit weidendem Vieh Rousseaus, silbernen Dorfbildern Corots, einer Marine Duprés, einem Jagdbild Decamps und einer im Waldesdickicht badenden Nymphe des Diaz Erholung suchen konnten; vor kleinen exquisiten Gemälden, die alle auch im Format durchaus zu der Behaglichkeit des Raumes paßten und so in Augenhöhe gehängt waren, daß jeder mit Genuß sie in

ihren feinsten Feinheiten studieren konnte. In einem anschließenden größeren Gesellschaftssaal gab es eine Anzahl größerer Bilder von Knaus, Vautier, Defregger von minderer künstlerischer Bedeutung, darunter die bekannten kartenspielenden Schusterjungen.
Herrn Amsincks Sammlung hatte einen durchaus anderen Charakter, weil sie in einem eigens dafür gebauten, an eine Art Palmenhaus angeschlossenen Galeriesaal mit Oberlicht untergebracht war. Auch hier bildeten Menzel, die Meister der Schule von Fontainebleau und Millet die wertvollen Mittelpunkte, aber der Betrachter kam nicht zu so reinem Genuß wie bei Behrens, weil die Wände mit Bildern überfüllt waren.
Unter den in neuerer Zeit entstandenen Sammlungen waren die von Henry Simms und von W. Rump die reichhaltigsten. Beiden gab ihr Besitz Veranlassung zur Herausgabe eines Buches: jener veröffentlichte in einem stattlichen Band Reproduktionen seiner hauptsächlichen Gemälde mit einem Text, der die Entstehung seiner Galerie schilderte; dieser schrieb in ziemlich oberflächlicher Arbeit ein hamburgisches Künstlerlexikon. Simms betrieb den Erwerb von Bildern gleichsam als Großhändler. Selten schaffte er von einem Künstler ein einzelnes Gemälde an; es kam vor, daß er deren 24 auf einmal kaufte. Von Arthur Illies ließ er sich im Jahre 1908 für das Treppenhaus seines an der Ecke von Heilwig-, Abtei- und Benedict-Straße neu erbauten Hauses eine beträchtliche Anzahl großer und kleiner dekorativer Leinwände malen; er zahle, so spottete Eitner, einen Pfennig für das Quadratzentimeter. Überhaupt warfen ihm die hamburgischen Künstler vor, er sei ein allzu smarter Geschäftsmann; von Schaper insbesondere soll er zu recht billigen Preisen gekauft haben. Anfänglich galt sein Interesse, als er über die heimischen Maler hinausgegangen war, den Münchnern: Habermann hat drei Bildnisse seiner Frau gemacht. Aber auch Trübner und Schönleber und von den Berlinern Corinth und Beckmann zog er in den Kreis seines Besitzes. Zeitweise hatte er an dem Faiseur Herbin Gefallen; auf Picasso wurde er früh aufmerksam. Von Munch und den deutschen Expressionisten hielt er sich fern. Im ganzen machte die Sammlung nicht den Eindruck einer liebevoll getroffenen Wahl; sie hatte in ihrem schnellen Wachstum etwas Gewaltsames, Gewolltes, Geschwollenes.
Die Rumpsche Galerie in Flottbek habe ich nicht gesehen; nach dem, was ich gehört, muß sie in ihrem Charakter ähnlich sein; nur daß Rump einer von denen ist, die am frühesten Bilder Emil Noldes erwarben.
Ganz anders geartet war das, was Henry P. Newman in seinem Haus Fontenay 7 zusammengebracht hatte. Er sah es darauf ab, seine Räume mit ausge-

suchten Werken zu schmücken. Lichtwarks Freundeshand war ihm dabei behilflich. Newmans gehörten zu seinem näheren Kreis und kamen dadurch mit Liebermann und vor allem mit Kalckreuth in enge Beziehungen. Eine der ersten Anschaffungen war Ende der neunziger Jahre ein wundervolles Schneebild Hans Oldes gewesen. Dann begann er damit, den hamburgischen Künstlern Aufträge zu geben; Julius von Ehren z. B. malte die Kinder. Durch mich wurde er mit Munch bekannt und kaufte 1904 eine der schönen Landschaften von Aasgaardstrand. Nach und nach aber zog er sich auf die Meister von großem Namen zurück. Frau von der Planitz, die Mutter Clotilde von Derps, meinte einmal, als in ihrer Anwesenheit über den Ankauf eines Bildes verhandelt war – für diese spätere Zeit mit Recht –, Herr Newman scheine Wert darauf zu legen, nur die Werke von schon anerkannten Künstlern zu besitzen, und das sei kein Verdienst. Aber es war ein Vergnügen, sich im Anschauen seiner Bilder zu verlieren. Liebermann hatte die Hausfrau, für die er schwärmte, in leuchtend blauer Toilette vor einem köstlichen taubengrauen Hintergrund gemalt; aus seiner frühen Zeit sah man die am Boden sitzende »Ziegenhirtin«, aus der späteren den »Corso auf dem Monte Pincio«. Von Kalckreuth gab es zwei Portraits der älteren Tochter, von Monet eins der Waterloo-Brückenbilder. Lichtwark selbst war stolz auf die Qualität der Sachen; als ich ihm einmal nahelegte, er möge Newman veranlassen, daß er von Laage ein Bild erwerbe, erwiderte er, Newman kaufe nicht aus Mitleid; für seine Sammlung seien die Laageschen Gemälde nicht reif genug.

Ein anderer, auch anders gearteter Freund Lichtwarks war Herr Kalkmann, ein feinsinniger, sehr wohlhabender, aber in seiner Lebensführung einfacher Kaufmann von zurückhaltendem Wesen. In Ausführung der Ideen, die Lichtwark mehr in seiner früheren Zeit erfüllten, hatte er vornehmlich die jungen hamburgischen Künstler begünstigt. In seiner Gartenvilla bei der Hammer Kirche sah man unter anderen die besten Bilder aus Eitners und Illies' Jugendjahren.
Auch Dr. Zarniko, der sich um 1910 ein schönes Haus an der Hagenau baute, besaß eine Anzahl von Gemälden der jungen Hamburger von Julius von Ehren bis Fritz Ahlers-Hestermann.
Dr. Nonnes Mäzenatentum war von einer Vorliebe für die Worpsweder ausgegangen. In seinem Treppenhaus hingen Landschaften der älteren Hamburger Vollmer und Morgenstern. Mit Stolz zeigte er einen schönen Valentin Ruths, den er aus dem Nachlaß von Dr. Antoine-Feill erworben hatte. Ein eigentümliches Interesse bewies er für den Sonderling Leipold, der auf

seinem Hausboot bei Störort an der Elbe jene merkwürdig schwermütig-schwerblütigen Marinen malte.

Die Söhne des Generalkonsuls Behrens, Eduard und Theodor Behrens, beließen die von ihrem Vater gesammelten Kunstschätze im Stadthaus an der Hermannstraße und statteten ihre ländlichen Wohnsitze nach eigenem Geschmack aus. Jener sah in dem Schloß auf seinem Gut in Tangstedt Thomas Herbst sehr oft als Gast bei sich und erwarb eine große Anzahl von seinen Gemälden, die er später nach dem Gutshof in Wohldorf überführte. Der Bruder Theodor sammelte auf seinem Gut Waldenau bei Pinneberg namentlich Franzosen aus der Schule der Impressionisten: Manet, Monet, Pissarro, Degas, Cézanne u. a.

Einen amüsanten Platz wies Dr. Bendixen, der Direktor der Hamburgischen Hypothekenbank, seinen Bildern an: der weiträumige Absatz einer Treppe, welche aus der Halle in die oberen Stockwerke führte, bot eine breite Wandfläche. An ihr nahmen den Ehrenplatz zwei Portraits des Rembrandtdeutschen Langbehn ein, das eine von Leibl, das andere von Thoma gemalt, die Bendixen von Momme Nissen, einem Freund Langbehns, erworben hatte. Ferner sei Dr. Albert Wolffsons Sammlung erwähnt, in der sich besonders eine ganze Anzahl von Handzeichnungen Menzels hervortaten.

Auch die Neuesten, die sog. Expressionisten fanden ihre Gönner. Van Gogh und Munch waren wohl einstweilen am besten bei mir selbst vertreten. Dr. Rauert, ein Neffe des von Leibl gemalten, oder richtiger seine Gattin bewiesen sich als Liebhaber der Kunst Emil Noldes und Schmidt-Rottluffs: sie besaßen von jenem drei sehr farbenstarke Marinen, nach seiner Rückkehr aus der Südsee erwarben sie ein neues Meerbild der chinesischen Gewässer, und der Hausherr beschenkte seine Frau mit seinem von jenem gemalten Portrait; von Schmidt-Rottluff hatten sie u. a. eine sonnendurchleuchtete Birkenallee.

Es kann nicht die Absicht sein, eine lückenlose Aufzählung des Privatbesitzes an Werken der Kunst zu geben. Es kam nur darauf an zu zeigen, in welchem Geist die Epoche das Vorhandene wertete und Neues erwarb.

Sammlungen älterer Graphik – Kupferstichsammlungen – gab es kaum. Der alte Dr. R. L. Oppenheimer hatte das gestochene Werk Chodowieckis ziemlich vollständig zusammengebracht; Dr. R. Robinow erfreute sich einer Anzahl Ostadescher Radierungen. Daß jemand Dürer, Schongauer, Rembrandt gesammelt hätte, habe ich nicht gehört. Einen größeren Umfang nahm die Vorliebe für Werke der vervielfältigenden Kunst – und zwar aus der Neuzeit – erst nach der graphischen Ausstellung an, welche die Gesellschaft Hamburgischer Kunstfreunde im Winter 1903/04 veranstaltete. Seitdem begann für den Kunsthandel auf diesem Gebiet eine neue Blüte. Der Notar Dr. Weber gründete seine an Nummern und Zuständen nahezu vollständige Sammlung Liebermannscher Radierungen. Daneben besaß er ein umfangreiches Material an Blättern von Zorn, Kalckreuth, Olde. Sein Freund, der Anwalt Dr. Blohm eiferte ihm nach und schätzte neben den genannten Hans Thoma und Boehle. Außer ihnen seien als Graphiksammler Dr. Müller, Dr. Schmeisser (Liebermann) Dr. Sudeck, Frau Dr. Rauert, Herr Hudtwalcker (diese beiden als Liebhaber Munchscher Kunst) und als Besitzerin des kompletten Werkes von Schmidt-Rottluff Fräulein Dr. Rosa Schapire genannt. Gegen Ende der Epoche vermehrte sich der Bestand an Werken auch älterer Kunst um zwei Sammlungen: 1906/07 zog Herr Henry Budge, ein aus Amerika kommender vielfacher Millionär, nach Hamburg, der schöne holländische Bilder sein eigen nannte, und aus dem Nachlaß des Parisers Kann erwarb Herr M. Bromberg, dessen Frau eine Verwandte des Verstorbenen war, eine Reihe sehr bedeutender Gemälde; der Besitzer, der hauptsächlich ein Sammler ausgesuchter Werke edlen Kunstgewerbes war, wußte ihnen in seinem an der St.- Benedict-Straße gelegenen Haus, umgeben von allen jenen Kostbarkeiten an Möbeln, Porzellan, Glassachen, Bucheinbänden in höchst geschmackvoller Weise einen Platz zu geben, der die Möglichkeit ausgiebigen Genießens gewährleistete.

Das Museum für Kunst und Gewerbe

Von der Gründung, dem Ausbau und der Bedeutung des Museums für Kunst und Gewerbe ist schon bei der Schilderung von Justus Brinckmanns Persönlichkeit die Rede gewesen. Nachdem die Sammlung 1874 in gemieteten Räumen Bei St. Annen eröffnet war, wurde sie 1877 vom Staat übernommen und in das neue, am Steintorplatz errichtete Schulgebäude überführt, wo man ihr einen Teil des Erdgeschosses zur Verfügung stellte. Von Jahr zu Jahr hat sie sich erweitert und füllt jetzt nicht nur das ganze Untergeschoß, sondern auch beträchtliche Räume des ersten Stockes aus. Wenn hier ein anschauliches Bild dieser unbeschreiblich wertvollen Sammlung gegeben werden soll, kann natürlich nicht die Absicht bestehen, irgendwie erschöpfend den Reichtum aufzuzählen. Der Zweck wird - so glaube ich - am besten erreicht, wenn ich erzähle, wie ich und meine Familie sich einen Überblick über den

Inhalt zu verschaffen versuchten. Zur Vorbereitung diente uns die von Freunden und Schülern Brinckmanns zur 25jährigen Jubelfeier der Anstalt herausgegebene Sammlung von Aufsätzen: »Das Hamburgische Museum für Kunst und Gewerbe« (Hamburg 1902), gedruckt im Auftrag des Hamburgischen Staates, vor allem aber der ausgezeichnete von Brinckmann selbst geschriebene Führer durch das Hamburgische Museum für Kunst und Gewerbe, der sich mit Recht »zugleich ein Handbuch der Geschichte des Kunstgewerbes« nennt (Hamburg, Verlag des Museums für Kunst und Gewerbe 1894). Wir lasen an einigen Abenden in jeder Woche aus diesen Büchern die Abschnitte, welche die für den nächsten Besuch ins Auge gefaßten Abteilungen der Sammlung behandelten, und unterrichteten uns dadurch über die Technik, über die Gebrauchs- oder Schmuckzwecke, über die Erzeugungsstelle der Gegenstände, insoweit es für eine ersprießliche Besichtigung notwendig und nützlich war.

Wir begannen mit den Spitzen. Den Grundstock des reichhaltigen Bestandes bildete die von Frau Dr. Meyer zusammengebrachte und dem Museum geschenkte sogenannte »Probsteier Spitzensammlung«. Die Stücke entstammen den Bauerntruhen jener holsteinischen Landschaft, die sich als eine Art Halbinsel zwischen die Neustädter Bucht und die Kieler Förde hineinschiebt. Dort mochten die wohlhabenden Bauern sie durch unmittelbaren Kauf von den umherziehenden Händlern erworben oder den bei den Städtern und Gutsbesitzern aus der Mode gekommenen eine Zufluchtstätte bereitet haben. Spitzen und Guipure aller Arten sind vertreten: von den auf Leinengrund gearbeiteten italienischen punti tirati und tagliati über die herrlichen genähten elfenbeinfarbenen venezianischen Reliefspitzen zu den feinen points de France mit ihren zarten Mustern auf dem Netzgrund, und an Klöppelspitzen von den allerdings durch verhältnismäßig wenige Exemplare vertretenen spinnwebe-zarten Guipure von Mecheln und Valenciennes zu den derben in der schleswig-holsteinischen Heimat entstandenen Tondern-Spitzen. Aufgelegt auf dunkelvioletten Sammetgrund, treten sie mit prächtiger Wirkung hervor. Um aber die Art ihrer Verwendung in ihrer historischen Abwandlung zu veranschaulichen, sind Kupferstiche und Reproduktionen gemalter Portraits als Trachtenbilder an den Wänden verteilt. Eine besondere Abteilung der Sammlung bilden die Wäschestücke, welche durch Spitzeneinsätze und Borten geschmückt sind und die Kenntnis davon vermitteln, wie die bäuerlichen Erwerber das kostbare Material benutzt haben. Ergänzend tritt eine Kollektion sogenannter Mustertücher hinzu, die zum größten Teil der ländlichen Umgebung Hamburgs, besonders der Vierlande entstammt: wie sie jedes junge Mädchen im Näh- und Stickunterricht anzufertigen hatte, damit sie ihr bei häuslicher Nadelarbeit als Vorlage diente. In zeichnerischer Aufteilung und farbiger Anordnung sind auch sie Dokumente des verschiedenen, nach Ort und Zeit wechselnden Geschmacks.

Als nächstem Objekt wandten wir uns der japanischen Kunst zu. Unter den europäischen Sammlungen gehört das Museum zu denjenigen, wo sie als Ganzes am besten und ausgesuchtesten vertreten ist. Alle Zweige des japanischen Kunstgewerbes: die Lackarbeiten, die Korbflechterei, die Keramik, die Kunstdrucke, die Metallarbeiten, unter ihnen namentlich die Schwertzieraten, alles kommt zu glänzender Geltung.

Diese japanische Abteilung des Museums allein wäre ein vollgültiger Beweis für Brinckmanns Kennerschaft und Geschmack. Wir erfuhren indessen, daß auch er dieses sich erst in langer und mühevoller Erfahrung hat erarbeiten müssen; als er 1873 auf der kleinen Weltausstellung zum ersten Mal der japanischen Kunst gegenübertrat, hat er als Käufer noch zu Dingen gegriffen, welche der eigenen späteren Nachprüfung nicht standgehalten haben. Jedoch schon früh, zu einer Zeit als z. B. die schönsten Schwertzieraten noch in Massen und zwar in Sackladungen auf den Pariser Markt gebracht wurden, war er in seinem Urteil den meisten Sammlern schon so überlegen, daß es ihm gelang, für sein Museum die – man kann wohl sagen – ausgesuchteste Stichblattsammlung der Welt zusammenzubringen. Die Art wie er sie ordnete, ist für ihn charakteristisch. Ihm, der vom Studium der Natur ausgegangen war, hatte es die feine Beobachtung angetan, mit welcher das für die Natur geschärfte Auge der Japaner an die Dinge der Umwelt herantrat, und er schwelgte geradezu in dem Genuß, das nachzufühlen. Da nun die Stichblätter zu einem großen Teil nicht rein ornamental, sondern mit bildlichem Schmuck geziert sind, welche dem Pflanzen- und Tierleben, der Landschaft, der Sagenwelt entlehnt waren, sah er von allem zünftlerisch-wissenschaftlichen Schematismus ab und gruppierte die Stücke nicht nach technologischen oder historischen Gesichtspunkten, sondern nach den Gegenständen, welche der Künstler auf ihnen zur Darstellung gebracht hatte; man sieht in je einem Schaukasten vereinigt, was die Formen des Pinienzweiges oder der wilden Kirschblüte, der Reiher, der Insektenwelt oder Wassertiere trägt, einerlei aus welcher Zeit oder welcher Provinz die Stücke hervorgegangen sind. Mir scheint, es ist einer der liebenswürdigsten Züge Brinckmanns, daß er hier den Mut fand, sich gleichsam der Naivität und spielerischen Laune des Kindes hinzugeben. Immerhin ist der Besitz des Museums an Stichblättern so reichhaltig, daß von vornherein die Absicht bestand und noch besteht, neben der so geschaffenen Sammlung eine zweite und dritte aufzustellen, für deren Aufreihung einerseits Material und Arbeit, andererseits die geschichtliche Stilfolge maßgebend sein sollen.

Ein neuer Besuch galt – nächst den Korbflechtereien und den Lackarbeiten – der japanischen Töpferkunst. Unter ihren Erzeugnissen nehmen die der Bereitung und dem Genuß des Tees dienenden Gefäße einen hervorragenden Platz ein. Brinckmann erzählt ausführlich von dem Zeremoniell des Chanoyu, der Teegesellschaften, die über ganz Japan verbreitet waren und in denen sich eine kleine Anzahl geladener Männer zu feinsinnigem Gespräch zu versammeln pflegte.
Nach der Epoche, in welcher der japanische Adel durch die Kriege gegen Korea und China verwildert war, im 15. und 16. Jahrhundert, hatten die Shogune Yoshimasa und Hideyoshi die Bildung dieser Gesellschaften gewünscht und gefördert, um die Sitten und Lebensgewohnheiten zu mildern. So haben sich die Chanoyu zu einer etwas pretiösen Geselligkeit entwickelt, die in ihrer Art ein gut Teil zur Hebung des japanischen Kunstgewerbes beitrug. Denn neben dem bildlichen und dem Blumenschmuck der Räume, in denen sie stattfanden – meist kleiner Häuser in stillen Winkeln schattiger Gärten –, standen die Gerätschaften des Kogo (Räucherbüchse), Cha-ire (Teedose) und Cha-wan (Teekumme) als Werke einer erlesenen Handwerkskunst im Mittelpunkt des Interesses und gaben durch ihre Schönheit, ihre Herkunft und durch die beziehungsreiche Gestaltung ihres Dekors Stoff zu konventionell-angeregter Unterhaltung.
Das Museum besitzt ausgesuchte Stücke dieser Kogo, Cha-ire und Cha-wan, von den einfacheren Erzeugnissen der älteren Zeit, welche die Schönheit nur in der Form und einer maßvollen Harmonie übergelaufener, dunkelfarbiger und doch von innerem Feuer glühender Glasuren suchte, bis zu den kapriziösen und mit feinster skizzenhafter Leichtigkeit in Schmelzfarben verzierten Meisterwerken eines Ninsei und Kenzan, der namhaftesten Künstler der in Kioto blühenden Tontöpferkunst. Auch das erst später in Japan eingebürgerte Porzellan ist in herrlich dekorierten Kabinettstücken vertreten.
Die Sammlung dieser Dinge ist nicht umfangreich, aber von so großer Schönheit und in den ringsherum zugänglichen Schaukästen so vorzüglich aufgestellt, daß man sich nur schwer von ihr trennt; zur Erhöhung des Eindrucks tragen an der Wand aufgehängte Holzschnitte Hokusais, in köstlichen Farben gedruckte Neujahrswünsche, ein beträchtliches bei.
Nahe bei den japanischen haben die chinesischen Porzellane in einem hell-

belichteten Gang ihren Platz gefunden. Professor Stettiner, der darüber zukam, als wir sie besahen, schloß uns die Schauschränke auf und ermöglichte uns dadurch, daß nicht nur das Auge, sondern auch die Hand und gelegentlich auch das Ohr an dem Genuß teilhatte, denn es ist keine Redensart, wenn gesagt wird, die Qualität des kostbaren Materials lasse sich in ihrem höchsten Reiz vielfach erst durch die Fingerspitzen »erfühlen«. Erstaunlich, wie schon in längst vergangenen Tagen die Chinesen eine die fünf Sinne gleichmäßig ergreifende Kultur ausgebildet hatten, oder, richtiger gesagt, merkwürdig, wie die Sinnenwelt bei uns verkümmert ist, wo sich die ästhetische Empfindung im Bereich von Auge und Ohr erschöpft, der Geschmack des Gaumens künstlerisch nicht gewertet wird und die Reizbarkeit der Nase sich mehr negativ auf die Abwehr schlechter Gerüche beschränkt. Die Sammlung der chinesischen Keramik beginnt mit einigen Gräberfunden aus der Zeit der alten Dynastien und enthält in ihrem, wesentlich erst nach dem Erscheinen des Führers ausgebauten Bestand köstliche Exemplare sowohl des älteren weißen Blanc de Chine, wie der mattgrünen Seladon-Ware und der nach den vorherrschenden Farben des Dekors benannten Gruppen der famille verte und der famille rose.

Nun verlangte uns, bei einem ferneren Besuch über den Entwicklungsgang der europäischen Porzellan-Manufakturen unterrichtet zu werden, deren Erzeugnisse in einem angrenzenden Korridor aufgestellt sind. Wir erinnerten uns der Erfindergeschichte Böttgers, der, durch den Kurfürsten von Sachsen dem großen König abspenstig gemacht, wie ein Zauberkünstler und Goldmacher in einer Art Gewahrsam gehalten wurde, nach Österreich entfloh, sich aber dem sächsischen Herrn wieder ausgeliefert sah und nun zuerst in Dresden, dann in Meißen seine schwarzkünstlerischen Versuche fortsetzen mußte. Von der sogenannten ersten Böttger-Ware, mit welcher es ihm gelungen war, zunächst das dunkelfarbige chinesische Steinzeug nachzuahmen, bergen die Schauschränke des Museums eine Reihe von Stücken; dann werden wir über die erste Periode des weißen, mit Buntmalerei verzierten Porzellans zu der Epoche geführt, welche mit den Namen der Maler Hörold und Kändler bezeichnet wird. Auf diesen, Kändler, weisen zwei Kabinettstücke: eine Tasse des berühmten, für die Grafen Brühl hergestellten Schwanenservice und eine Tunkenschüssel von dem Sulkowsky-Steinschen Tafelgerät. Auch aus dem Rokoko und aus der späteren Zeit, in welcher die Manufaktur unter der Leitung des Grafen Marcolini stand, sind viele ausgezeichnete Sachen vorhanden, darunter Figurengruppen, sowohl in weißem wie bemaltem Material.

Neben Meißen ist von den deutschen Fabriken die Kgl. Preußische Porzellan-Manufaktur am reichsten vertreten. Einige Töpfe, Teller und Schüsseln entstammen den Jahren, wo die Anstalt noch das Privatunternehmen der Wegely und Gotzkowski war. Eine große Anzahl schöner Stücke repräsentiert die königliche Periode Friedrichs des Großen: darunter einige reizende Tee- und Kaffeeservice für ein oder zwei Personen, sogenannte Solitaires und tête-à-têtes, ferner ein Dessert-Teller des für das Neue Palais bei Potsdam und ein Schüsseldeckel des für das königliche Schloß in Breslau angefertigten Tafelgeräts. Gegen die sich hier offenbarende gemäßigte Prachtliebe eines fürstlichen Geschmacks fallen die späteren Erzeugnisse, namentlich die aus der zweiten Hälfte des 19. Jahrhunderts – unter ihnen eine vom alten Kaiser dem Bürgermeister Kirchenpauer geschenkte Vase – beträchtlich ab. Neben Meißen und Berlin kommen Nymphenburg, das Kur-Mainzische Höchst, das Pfälzische Frankenthal, das Braunschweigische Fürstenberg und das Württembergische Ludwigsburg zu ihrem Recht; unter den nicht deutschen Porzellanfabriken ist die Kollektion von Sèvres-Ware an erster Stelle zu nennen.

Der hohe Rang, den auch die Porzellansammlung des Hamburgischen Museums einnimmt, ist wiederum darauf zurückzuführen, daß Brinckmanns Sinn für Qualität darauf gerichtet war, nur untadelhafte, unbeschädigte Stücke von technischer und künstlerischer Vollendung aufzunehmen.

Wer ihn persönlich gekannt hat, vermag sich vorzustellen, mit welchem Wohlgefallen er den Inhalt der Schränke geordnet, neue Erwerbungen eingereiht und bei wesentlicher Vermehrung Neugruppierungen vorgenommen hat; seine vollsaftige, runde, gesunde Natur spiegelt sich überall in der zugleich von innerer Kraft schwellenden und doch zierlichen Erscheinung seines Werkes wider.

Die Porzellane führten uns zu den anderen Erzeugnissen der europäischen Töpferkunst, welche die Schränke einer ganzen Reihe von Zimmern füllen: zu den Steinzeugen und den Fayencen. Die Besichtigung ließ ein gutes Stück Kulturgeschichte der neueren Zeit vor unsern Augen vorübergehen, von der italienischen Renaissance über ihre Seitentriebe auf französischem Boden zu der Blüte in den Niederlanden, dem Glanz des absoluten französischen Königtums, bis in die neueste Entwicklung hinein. Wir begannen mit den rheinischen Bartmannskrügen, den Siegburger Schnellen, dem Frechener und Raerener Steinzeug, jener derbharten Ware bäuerlichen deutschen Kunstgewerbes aus dem 16. Jahrhundert. Nach einem kurzen Rückblick auf die farbensatten, zum Architekturschmuck bestimmten Fliesen der islamitischen

Kunst, vertieften wir uns in die prächtigen Stücke aus den italienischen Werkstätten von Faenza, Urbino, Pesaro, Deruta, Castelli, welche den höfischen Glanz des Cinquecento mit all seiner Festlichkeit widerspiegeln; die Majoliken Bernard Palissys und die von Nevers schließen sich an; Hirschvogel-Krüge stehen in gravitätischer Breite, prunkende Kannen und Teller von Nürnberg, Frankfurt, Ansbach in behäbiger Wohlgestalt. Es folgt die große Familie der blau-weißen Delfter Ware als ein charakteristischer Ausdruck der deftigen Lebensführung, in welcher sich die reichen holländischen Handelsherren gefielen; Schüssel, Teller, Schalen von Rouen füllen mehrere Vitrinen; wir freuen uns an dem der Antike nachgebildeten zierlichen Dekor eines Tabletts aus dem südfranzösischen Moustiers und lassen die Erzeugnisse der Straßburger Fabriken Revue passieren, die für längere Zeit auf die Produktion Deutschlands und Frankreichs einen entscheidenden Einfluß übten. Endlich bestaunten wir die Mannigfaltigkeit und den Reichtum an Terrinen, Bowlen, Bechern, Schüsseln, Schalen, Tellern, Bestecken der engeren schleswig-holsteinischen Heimat, aus den Werkstätten von Kiel, Schleswig, Rendsburg, Eckernförde, Kellinghusen, Stockelsdorf und anderen, so wie die schönen Öfen der eingeborenen hamburgischen Industrie.

Nun kamen die Gläser an die Reihe: antike Gefäße, deren vielfältiger Lüsterschimmer auf die jahrhundertlange Einwirkung von Feuchtigkeit und Atmosphäre zurückzuführen ist; die feingeschliffenen venezianischen Pokale, deren mattgrüner Seidenglanz die ganze verträumte Versunkenheit der Lagunenstadt vor dem geistigen Auge erstehen läßt; die alten deutschen blaugrünen gebuckelten Römer; die nach ihrem Erfinder, einem aus unserer Nachbarstadt Harburg stammenden Glaskünstler, sogenannten Schaper-Gläser; der prunkvolle, aber schwerfällige „Kurfürstenhumpen", bemalt mit dem deutschen Kaiser, wie er umgeben von den sieben Kurfürsten auf dem Thron sitzt; sächsische Hofkellerei-Gläser; dann die Erzeugnisse der böhmischen und in Schlesien im Hirschberger Tal angesiedelten Glasschneidkunst; endlich die in mildem Rubinglanz erstrahlenden Gefäße, die auf der Pfaueninsel bei Potsdam durch den vom Großen Kurfürsten als Goldmacher berufenen Schleswiger Kunckel hergestellt wurden, und der große, prächtige Deckelpokal aus Kristallglas, welcher die Hochzeitsfeier König Friedrichs I. von Preußen mit Sophie Luise von Mecklenburg verherrlichen sollte. Auch hier hatten wir Gelegenheit, die Stücke in die Hand zu nehmen und uns zu überzeugen, wie fest und sicher ihr Griff des Fußes in der Hand liegt.

Im Korridor des Erdgeschosses nahe bei den japanischen Schwertzieraten hatten uns schon bei einem der ersten Besuche Werke der alten kirchlichen

Kunst entzückt; Schmelzarbeiten aus romanischer Zeit, die sich nah an byzantinische Vorbilder anlehnen und uns an die herrlichen Reliquienschreine des Bamberger Domschatzes erinnerten. In ausgeglichener Harmonie stehen vorwiegend blaue und grüne Emailflächen, mit weißen, gelben und roten Flecken von geringerer Ausmessung untermischt, fest und doch zart auf dem goldigen Kupfergrund. Darstellungen von Heiligen und romanisches Ornament sind in wohl abgewogenem Verhältnis in den Raum geordnet. Hiervon ausgehend verfolgten wir die Reihe von Kirchengeräten aus Metall, Elfenbein, Kristall und anderem Edelgestein: Monstranzen, Bischofsstäbe, Reliquienbehälter, Abendmahlskelche, Patenen, Kruzifixe, Buchdeckel und, eine besondere Kostbarkeit, die aus Maastricht stammenden fein ziselierten Silberplatten mit Darstellungen aus dem Leben des Hl. Servatius vom Anfang des 15. Jahrhunderts; ferner Holzschnitzereien von Altären, Kanzeln und ein schönes altes Altargemälde in seinem ursprünglichen Rahmen.
Endlich gelangten wir zu den Möbeln. Zunächst reizten uns die Truhen aus dem Zeitalter der Gotik, unter ihnen vornehmlich zwei: eine Hochzeitstruhe mit Figurenpaaren, die in launiger Weise das Verhältnis von Mann und Frau im Wechsel der verschiedenen Lebensalter darstellen und dabei die Tracht der Zeit zur Anschauung bringen, und eine zweite, die in kunstvoller Reliefschnitzerei die Geschichte des Tobias schildert; ihre feine und sorgsame Ausführung mag manches Arbeitsjahr des schaffenden Künstlers in Anspruch genommen haben und lockte uns so zur Vertiefung in den Gegenstand, daß wir das Buch des Tobias zur Hand nahmen, um über alle Einzelheiten aufgeklärt zu werden. Gleichfalls noch dem Formenkreis der Gotik gehören mehrere Lüneburger und ein reich mit kreisförmigem Ornament und geschnitztem Faltwerk geschmückter Aktenschrank aus Buxtehude an. Im Erdgeschoß des Südflügels reiht sich Raum an Raum, die mit kostbarem Hausrat, sowohl Sitz- wie Aufbewahrungsmöbeln, Stühlen, Bänken, Schränken, Truhen, Anrichten aus der Zeit vom 15. bis 19. Jahrhundert gefüllt sind; die meisten Stücke mit reicher, z. T. mit üppig schwerer Schnitzerei verziert, alle ausgezeichnet erhalten und wertvoll als Dokumente des Zeitgeschmacks, der fortschreitenden Technik, des ausgeprägten Sinns für Material und solide Arbeit.
Eine Sammlung von besonderem Wert für die lokale hamburgische Kulturgeschichte und als solche von Brinckmann mit wärmster Liebe gepflegt, bilden die kunstgewerblichen Arbeiten der niederelbischen Bauernbevölkerung, namentlich aus den Vierlanden. Wessen er davon an Schmuck, Stickereien, Trachten, spitzenbesetzten Wäschestücken, Namentüchern, Möbeln,

Vertäfelungen, Schmiedearbeiten habhaft werden konnte, brachte er zusammen, und wenn es einmal möglich sein wird – so sagt Lichtwark –, dies bisher in den verschiedenen Abteilungen verstreute und zum Teil magazinierte Material geschlossen zur Schau zu bringen, wird auf einen Blick deutlich werden, wie fruchtbar für das Museum das Einsetzen an diesem Punkte gewesen ist.

Aus der Schilderung dieser Besuche geht hervor, daß die Dinge nach technologischen Gruppen mit stilgeschichtlichen Unterabteilungen geordnet sind. Darum stellt sich die Sammlung trotz aller Sorgfalt und allem Geschmack, die dabei geherrscht haben, doch im Grunde als eine Anhäufung schöner Gegenstände dar, die ihrer ursprünglichen Umgebung und Bestimmung entfremdet sind. Das war aber mitnichten Brinckmanns letztes Ziel. Ihm schwebte eine Gruppierung anderer Art vor, eine Ordnung nach kulturgeschichtlichen Gesichtspunkten, welche die auf gleichem Boden und aus verwandter Wurzel erwachsenen Erzeugnisse menschlicher Kunstfertigkeit immer als ein für sich bestehendes Ganzes zusammenfassen sollte. »Die neue Anordnung«, so sagt er selbst in der Einleitung zu seinem Führer, »wird uns die italienischen Majoliken als nur einen Strahl aus der Sonne zeigen, welche das gesamte Leben der italienischen Hochrenaissance durchglühte und in den Bronzen, den Holzschnitzereien, den Geweben nicht minder glänzend aufleuchtete. Sie wird die Fayencen der Perser vereint aufgestellt mit ihren Glasuren, Metallarbeiten und Teppichen vorführen und uns dann in viel eindringlicherer Weise, als bei der bisherigen Zersplitterung des Stoffes möglich war, über ihr gemeinsames Wachstum aus dem Boden einer bestimmten Gesittung und eines altüberlieferten Geschmacks belehren.«

Nachdem er das geschrieben, vergingen noch über 15 Jahre, ehe er mit dem Versuch begann, das Museum nach diesen Grundsätzen umzugestalten. Den Anfang machte er mit zwei Räumen der Biedermeierzeit, je einem Zimmer aus dem Nöltingschen Haus in Lübeck und aus dem von Chateauneuf erbauten Abendrothschen Haus am Neuen Jungfernstieg in Hamburg. Jenes war von Julius Milde, dieses von Erwin Speckter mit dekorativen Wandmalereien geschmückt. Als die Häuser abgebrochen werden mußten, stellten die Besitzer die Wandflächen mit den Bildern dem Museum zur Verfügung, und es gelang Brinckmann, den Kalkbewurf mit den Malereien ohne wesentliche Beschädigung in Räume zu überführen, welche durch Einbauten in den Hof des Museums gewonnen waren. Er ließ es sich angelegen sein, diesen Zimmern Möbel, Bilder, Fenstervorhänge, Hausrat aller Art einzuverleiben, die von vornherein bei der ursprünglichen Einrichtung dafür bestimmt waren oder wie sie doch dem Stil der Entstehungsjahre entsprachen, und schuf damit ein zeitgeschichtliches Bild von sehr intimem Reiz.

Den gleichen Zielen diente es, daß er eine Flucht von Zimmern einrichtete, welche die Stilentwicklung von der Hoch- über die Spät-Renaissance zum Barock und darüber hinaus zu Rokoko und Louis XVI. zur Anschauung bringen sollte. Diese Säle wurden zwar nicht in der Art etwa von Wohnzimmern oder Repräsentationsgemächern mit den für solche Zwecke erforderlichen Möbeln ausgestattet, stellten sich vielmehr immer noch als museale Sammlungsräume dar, aber ihr Inhalt umfaßte in auserlesenen Stücken aus allen Gebieten der Gebrauchskunst das für die Epochen Wesentliche dergestalt, daß es, wenn überhaupt, so hier möglich war, sich vom Hauch der Zeit berühren zu lassen.

An den Wänden des ersten Raumes hängen Gobelins; darunter stehen italienische Truhen mit reicher Schnitzerei. Ein Madonnenrelief Andrea della Robbias verbreitet mit seinem weißen Zinnschmelz auf blauem Grund einen milden Glanz; in einer Vitrine prunkt ein hoher Renaissancepokal; bunte Fayencen stehen ihm zur Seite. Venetianische Gläser und venetianische Spitzen, neben alten Musikinstrumenten, vervollständigen den Eindruck einer fürstlich lebensfrohen Pracht.

Schwerfälliger mutet der nächste Saal an, der die Blütezeit der niederländischen Kultur aus der Mitte des 17. Jahrhunderts verkörpert. Auf geschnitzten Schränken stehen die blauweißen Vasen von Delft; ein Glasschrank enthält holländische Münzen und Trinkgefäße; an den Wänden hängen Fliesenbilder und bildartig eingerahmte Metallreliefs, unter ihnen ein Portrait Gustav Adolfs, und auf dem Tisch in der Mitte des Zimmers steht ein reich in Ebenholz und Elfenbein ausgelegtes Spielbrett.

Der folgende Raum ist hauptsächlich mit oberdeutschen Sachen: Schränken, Zierschränken, Badestühlen, Gläsern, Humpen aus Nürnberg, Regensburg, Augsburg und mit einem prächtigen Ofen aus grünen glasierten Kacheln ausgestattet und repräsentiert die Epoche der ausklingenden, sich dem Barock nähernden deutschen Renaissance; ein vierter vereinigt Erzeugnisse der zweiten Hälfte des 17. und der ersten Hälfte des 18. Jahrhunderts: er vermittelt eine deutliche Vorstellung von dem Hinübergleiten des Geschmacks aus den majestätisch daherschreitenden Formen des Barock in die leichteren, tändelnden des Rokoko (Régence-Stil). Ein großer, oben terrassenartig aufgebauter Kamin aus hellen Kacheln beherrscht die Längswand; zwei zierliche, aus Portugal stammende Zierschränke, sog. Kabinette, mit reichem eingelegten Schmuck und feinen Beschlägen flankieren die Eingangstür; eine

12. Arthur Siebelist: Der Künstler und seine Schüler, 1902
    (v.l.n.r.: F. Friedrichs, A. v. Clausewitz, F. Nölken, A. Siebelist, W. Vollmer, A. Rosam,
    F. Ahlers-Hestermann)

13. Arthur Siebelist: Der Maler Friedrich Ahlers-Hestermann, 1900

schöne Standuhr, Hamburger Arbeit von 1681, füllt die eine Ecke, und auf dem Tisch in der Mitte prangt eine große silberne Suppenterrine von 1760. Im Saal des Stils Louis XV. fällt eine köstliche Rokoko-Kommode, mit einer Platte von Rossoantico und sorgfältig ziselierten bronzenen Beschlägen und Einfassungen auf; die bauchig geschwungenen Flächen des Holzes sind mit geometrischen Mustern eines goldig-braunen Holzes ausgelegt; ein schlanker aufwärtsstrebender Fayence-Ofen aus Stockelsdorf bei Lübeck steht in merkwürdigem Gegensatz zu den Formen der vorangehenden Epochen. Zierliche Notenschränke locken zu eingehender Betrachtung; Armleuchter und Spiegel unterbrechen die Flächen der Wände; Uhren, Standleuchter, Schreibzeuge stehen auf Tischen und Konsolen; um einen Stummen Diener mit zarten geschwungenen Beinen gruppiert sich ein Etablissement von Sofa und Sesseln, und auf alles das sieht aus einem Rankenwerk-Rahmen das Portrait eines Herrn in der Tracht der Zeit.
Den Beschluß der Räume macht derjenige des Louis XVI. und Empire mit seinen kühleren, dem Klassizismus zugewandten Formen; er zeigt die geschnitzte Wandverkleidung aus einem Saal des Jenischschen Hauses, einen Ofen aus weißen Kacheln mit Goldverzierung, die aus Berliner Biskuit geformte Gruppe der mecklenburgischen Prinzessinnen von Schadow, einen schönen Sekretär mit prachtvollen Bronzebeschlägen und zahlreiches andere Schmuck- und Hausgerät.
Die weiteren umfangreichen Schätze des Instituts zu besprechen, muß ich mir versagen; nur noch die graphische Sammlung bedarf einer Erwähnung. In hunderten von Sammelkästen und Sammelmappen sind viele Tausende von Drucksachen: Gelegenheitsblätter, Flugschriften, Diplome, Buchschmuckstücke, Adreßkarten, Geschäftsempfehlungen, Einladungen, Programme und anderes mehr, in erster Linie natürlich aus der hamburgischen Heimat, vereinigt.
Schon im Jahre 1902 erzählte mir Brinckmann, indem er mir Einblick in die Repositorien und Schränke gewährte, wo diese Dinge sorgfältig katalogisiert aufbewahrt lagen, mit stolzer Befriedigung, er habe, ohne daß es den Staat etwas anderes koste als den Arbeitslohn der Anstaltsbuchbinder, für die Einordnung ein unschätzbares Material von 50 000 Blättern zusammengebracht, und seitdem hat es sich ins Unendliche vermehrt.
Nur eine Art systematischer Durcharbeitung des Bestandes vermag eine Vorstellung von dem Wert zu geben, den das Museum für Hamburg und seine Bevölkerung hat.
Dieser Wert erschöpft sich keineswegs in dem, was sich etwa als Kunsthan-

delswert der Sammlung errechnen ließe, auch nicht darin, daß es den Kunstgewerbetreibenden als Fundgrube von Vorbildern oder wissenschaftlichen Arbeitern als Forschungsmaterial dient. Der hauptsächliche Nutzen scheint mir vielmehr darin zu bestehen, daß es jedem, der sich die Mühe nimmt, in die Dinge einzudringen, ein untrügliches Gefühl für Qualität, also die Fähigkeit einbringt, nicht nur gute und schlechte Arbeit zu unterscheiden, sondern von der wertvollen Leistung angezogen, von der oberflächlichen wertlosen Leistung abgestoßen zu werden. Dies Gefühl für Qualität ist dem, der es einmal erworben, ein unverlierbarer Besitz, und es überträgt sich auf die Beurteilung aller Art von Leistung. So wird es zu einem Talisman, geeignet auch auf dem Gebiet eigenen Schaffens zum Einsatz aller Kräfte anzuspornen, damit den Anforderungen des Qualitätsgewissens Genüge geschähe. Es ist eins der größten Verdienste von Brinckmanns Museumsarbeit für Hamburg, daß er uns diesen Maßstab des Urteils geschaffen hat. Freilich darf billig bezweifelt werden, ob Hamburgs Bevölkerung in ihren weiteren Kreisen eine Ahnung von dem Schatz hat, der in den Mauern des Gebäudes am Steintorplatz verborgen ist. Möge sie immer mehr lernen, ihn zu erkennen und zu nutzen!

Ähnlich wie die Gesellschaft Hamburgischer Kunstfreunde an die Kunsthalle, schloß sich an das Museum für Kunst und Gewerbe ein Kreis von Sammlern und Freunden der Anstalt an, in dessen Mittelpunkt Brinckmann stand. Wenn auch nicht vereinsmäßig organisiert, hatte er doch seine regelmäßigen Zusammenkünfte und besaß in dieser freieren Form einen um so stärkeren sachlichen Zusammenhalt. Unter den Mitgliedern sind vor allem Siegfried Barden, Hermann Blohm, Martin Bromberg, Dr. Fitzler und Dr. Arthur Goldschmidt zu nennen. In den Sitzungen wurden kunstgewerbliche Themata erörtert; Brinckmann zeigte neue Erwerbungen des Museums und teilte den Freunden aus dem reichen Schatz seiner Erfahrungen und Kenntnisse vieles Wissenswerte mit; sie aber erwiesen sich für den erteilten Rat und mancherlei Hilfeleistung bei Vermehrung der eigenen Sammlungen dadurch dankbar, daß sie ihrerseits Mittel zu Ankäufen zur Verfügung stellten oder aus ihrem Besitz dem Museum wertvolle Stücke zur Ergänzung seines Bestandes überließen.

Die Kunstgewerbeschule

Schon bei ihrer Gründung im Jahre 1765 hat die Patriotische Gesellschaft den gewerblichen Unterricht in den Kreis ihrer Aufgaben gezogen. Aus einer Lehranstalt, zu welcher schon damals der Grund gelegt war, entstand etwa hundert Jahre später die Allgemeine Gewerbeschule und die Schule für Bauhandwerker. Von ihr wurde 1896 die Kunstgewerbeschule – wenn auch noch unter demselben Direktor – abgezweigt. Im Laufe des folgenden Jahrzehnts fand man, daß ihre Leistungen nicht den Anforderungen der Zeit entsprachen. Der Zeichenunterricht, insbesondere wie er unter Adolph Stuhlmann erteilt wurde, erschien allzu schematisch. Auf dem Dritten Kunsterziehungstag 1905 charakterisierte ihn Senator von Melle, der Präses der Oberschulbehörde, in einer Tischrede wegen der Modelle, die benutzt zu werden pflegten, abfällig mit der Bezeichnung „Klotzzeichnen", eine Bemerkung, die dann freilich eine mißbilligende Geste des Bürgermeisters Mönckeberg auslöste. Jedenfalls stand die Schule nicht in lebendiger Fühlung mit der jungen Bewegung, welche das deutsche Kunstgewerbe um die Jahrhundertwende ergriffen hatte. So war es eine natürliche Entwicklung, wenn der Senat, nachdem der bisherige Direktor erklärt hatte, die Leitung beider Anstalten gehe über seine Kräfte, 1904 auf eine gutachtliche Äußerung der Kommission für das Museum für Kunst und Gewerbe sich entschloß, die Kunstgewerbeschule völlig von der Gewerbeschule abzutrennen und ihr einen eigenen Direktor zu geben. In der Begründung des an die Bürgerschaft gerichteten Antrags wird mit beredten Worten auf die Bedeutung des Kunstgewerbes hingewiesen: »Die Überzeugung von der Notwendigkeit, dem Kunstgewerbe als einem in ökonomischer wie in sozialpolitischer Hinsicht überaus wichtigen Gliede des wirtschaftlichen Lebens und der Kultur des Volkes die umfassendste Pflege angedeihen zu lassen, hat in den letzten Jahren überall in den deutschen Staaten und in vielen großen Städten zur Verbesserung der bestehenden Einrichtungen und zur Gründung neuer Anstalten für die Hebung der mit dem Kunstgewerbe verknüpften Berufe geführt.«
Es wird erzählt, man habe versucht, für den neuen Direktorposten Hermann Muthesius zu gewinnen; die Verhandlungen seien gescheitert, weil dieser sich geweigert habe, unter Stuhlmann zu arbeiten, der inzwischen in das Amt eines Schulrats im Gewerbeschulwesen aufgerückt war: eine für die Entwicklung der Schule unglückliche Verfitzung der Verhältnisse.
Nun fiel die Wahl auf Richard Meyer, den bisherigen Leiter der Elberfelder Handwerker- und Kunstgewerbeschule. Am 1. April 1905 trat er sein Amt

an. Ich lernte ihn in einer Gesellschaft bei Senator Sander kennen. Mein Tagebuch enthält die Notiz: »Ist er wohl fest und bedeutend genug?« Immerhin schien er eine klare Vorstellung von seiner Aufgabe zu haben.
In seinem ersten Bericht über das Schuljahr 1905/06 klang hervor, welche große Bedeutung er gerade der handwerklichen Ausbildung der Schüler beimaß: »Durch den Besuch der Schule sollen vornehmlich junge Leute, die eine Werkstattlehre durchgemacht haben, eine wissenschaftliche und künstlerische Ergänzung ihres Berufes erfahren, um sie dem Handwerk und der Kunstindustrie als Zeichner und Werkführer zuzuführen, die den Anforderungen eines geläuterten Geschmacks gerecht werden können«; und »Besonders Begabte werden durch mehrjährigen Besuch der Anstalt zu führenden Kräften herangebildet werden können, die in künstlerischem Sinne schöpferisch wirken.« Im Jahresbericht von 1906/07 heißt es: »Ziel und Ausgang aller Maßnahmen für die Tätigkeit der Anstalt bildet die Praxis und der Grundsatz, die Schule habe ihre Schüler so zu erziehen, daß sie für das Handwerk und die Industrie wertvolle produktive Kräfte werden. Die künstlerische Erziehung erstrebt, dem Geschmack den rechten Maßstab zu geben, der von einem künstlerisch geschärften Gewissen abhängig ist. Aus ehrlicher Gesinnung heraus soll aller Schein und hohler Prunk vermieden werden« usw. Also: man wollte künstlerisch geschulte Handwerker und nicht aber sog. freie Künstler züchten.
Jedenfalls bewies er sich als ein Mann von Tatkraft und Organisationstalent. Sofort ging er daran, einen Neubau der Kunstgewerbeschule vorzubereiten. Schon im August 1906 legte er in einer umfangreichen Denkschrift die Richtlinien, wie er sie sich dachte, dar; sie wurde einer Kommission zur Beratung überwiesen. Als Bauplatz war die Ecke Lerchenfeld und Eilbeker Kanal ins Auge gefaßt. Der Oberlehrer an der Kunstgewerbeschule, Archtitekt Schmidt, hatte die ersten Pläne entworfen; 1909 übernahm der neuernannte Baudirektor Schumacher ihre weitere Bearbeitung, und 1910 wurden nahezu zwei Millionen Mark von Senat und Bürgerschaft für den Bau, die Lehrmittel und Ausstattung bewilligt.
Gleichfalls unmittelbar nach seiner Einführung hatte Meyer die Neubildung und Erweiterung des Lehrerkollegiums in Angriff genommen. Im Jahre 1907 traten ein: der Bildhauer Adler und der Maler W. von Beckerath aus München, der Graphiker und Bildhauer J. Bossard aus Berlin, der Kunstbuchbinder Weiße aus Elberfeld, der Bildhauer Luksch und der Maler Czeschka aus Wien. Dabei fiel auf, daß sich fast alle Berufungen an auswärtige Künstler und zwar vornehmlich an solche aus oberdeutschen oder österreichischen

Gebieten richteten; und wenn auch, namentlich in den folgenden Jahren, eine ganze Anzahl hamburgischer Kräfte, z. B. Fräulein Maria Brinckmann, A. Schönauer, Arthur Illies – dieser nicht ohne tätiges Eingreifen Luischens –, Paul Helms, Ludolf Albrecht angestellt wurden, bekamen doch die anderen und unter ihnen an erster Stelle die Wiener Gruppe, welche noch durch die Maler Anton Kling und Franz Delavilla verstärkt wurde, einen überwiegenden Einfluß. Mit dieser Zusammensetzung des Lehrkörpers war ein gewagter, aber vielleicht aussichtsreicher Schritt getan: wenn dem bodenständigen schwerblütigen Formempfinden des niedersächsichen-friesischen Stammes durch die leichtere beschwingte Art der Wiener Kunstübung ein Einschlag heiterer Lebensfreude zugeführt werden konnte, durfte man eine gute Mischung erhoffen. Anfänglich ließ es sich auch so an, um so mehr, als die soliden gefestigten Überlieferungen der alten hamburgischen Kultur, deren ausklingende Spuren ihrem Blick nicht verborgen blieben, angeblich auf die Wiener einen starken Eindruck machten. Innerlich und äußerlich schienen sich zukunftsreiche Fäden zu spinnen. Kling und Delavilla verheirateten sich mit den Töchtern einer hamburgischen Familie, und es bildete sich ein kleiner Kreis, in welchem Richard Dehmel und der Bildhauer Luksch mit ihren Gattinnen – dieser war mit der begabten Bildhauerin Elena Luksch-Makowska verheiratet – im Mittelpunkt standen.

Aus diesem Kreis gingen allerlei Veranstaltungen künstlerisch-gesellschaftlicher Art hervor, die zur Betätigung dekorativer Ausstattungskunst Anlaß gaben, Basare, Jahrmarktsmessen, Aufführungen der dilettantische Bühnenkunst fördernden Lessing-Gesellschaft, Maifeste mit Ringelreiten und dergleichen; Veranstaltungen, die sowohl in der geschmackvollen Buntheit ihrer äußeren Aufmachung wie durch den leichteren Ton des Verkehrsgebarens von dem in Hamburg üblichen abwichen. Daneben, zum Teil damit verbunden, erschloß sich eine Reihe von Aufgaben, namentlich auf dem Gebiet dekorativer Graphik: Prospekte, Plakate, Einladungskarten, Kalender und dergleichen, die in amüsanter Weise gelöst wurden.

So schien alles in vielversprechendem Aufschwung. Die Schülerzahl nahm mit der Ausdehnung der Klassengliederung zu. Da der bisherige Raum nicht annähernd genügte und mit seiner Erweiterung nicht bis zur Fertigstellung des Neubaus gewartet werden konnte, wurde an der Spaldingstraße ein provisorischer Barackenbau mit großen hellen Unterrichtszimmern und angrenzenden Privatateliers für die Lehrer errichtet, in dem sich ein fröhlich schaffendes Leben entfaltete. Unsere Johanna, welche die Buchbinderei erlernte und neben der Werkstatt die Zeichenklasse von P. Helms besuchte, war von dem frischen Ton des Unterrichts entzückt. Aller Schematismus und Philisterernst war verbannt, Lust am Sehen, am eigenen Erfinden und Entwerfen sollte geweckt werden. Johanna hat kaum einen Bleistift in der Hand gehabt: die jungen Mädchen wurden angehalten, ohne Vorzeichnung, ohne Muster, rein aus der Phantasie heraus mit Nadel und Faden drauffloszusticken, und die Ergebnisse dieser Arbeit waren vielfach von merkwürdig ursprünglichem Reiz.

Der Direktor Meyer verstand es, in geschickter und nicht aufdringlicher Art das Tamtam für seine Anstalt zu schlagen. Schon 1906 hatte er durch eine Schrift »Die Förderung des Buchgewerbes durch die Kunstgewerbeschulen« die Anteilnahme des Publikums für dieses Gebiet des kunstgewerblichen Schaffens zu gewinnen gesucht und war bemüht, das Interesse am Buch wachzuhalten, indem er die Lehrer der Anstalt zu typographischen Leistungen anspornte. So entstand das »Nibelungenbuch« Czeschkas, dessen Ausführung freilich sowohl in Format wie Ausstattung aus technischen und pekuniären Gründen hinter der Planung zurückbleiben mußte.

Als die Einlenkung des Unterrichts in die neuen Bahnen vollendet war, veranstaltete Meyer am Ende eines jeden Schuljahres, um Ostern, eine Ausstellung der besten Schülerarbeiten, die vor einem geladenen Publikum eröffnet wurde, und sorgte dafür, daß sie in der Presse nicht unbesprochen blieb.

Es gelang ihm, aus den gebildeten und wohlhabenden, ja – was erstaunlich war – aus den alten hamburgischen Familien junge Mädchen als Hospitanten oder gar als richtige Schülerinnen heranzuziehen. Vier junge Damen, Töchter des Grafen Kalckreuth, des Senators Michahelles, des Hauptpastors Grimm und des Professors Zacharias, von denen einige als Zöglinge die Meisterprüfung bestanden hatten, richteten eine Buchbinderwerkstatt ein, für die sie Bestellungen entgegennahmen. Auch die Verleihung des Professorentitels an eine Anzahl der festangestellten Lehrer, wobei freilich wiederum die von auswärts berufenen vor den einheimischen bevorzugt wurden, mehrte das Ansehen der Anstalt.

Das alles hatte zur Festigung seiner Stellung beigetragen und erleichterte ihm, im Jahre 1910 große Forderungen für den Neubau der Schule durchzusetzen. Dieser erwuchs in der Zeit von 1910 bis 1913 geradezu vorbildlich als Ergebnis einer Zusammenarbeit von Bauherrn und Architekten. Der Direktor, der jenen zu vertreten hatte, machte die Bedürfnisse geschickt und ohne ängstliche Zurückhaltung geltend. Dieser, in der Person des Baudirektors Schumacher, ging verständnisvoll auf die Wünsche ein und konnte sie als vorzüglicher Baumeister, zumal er aus dem Vollen schöpfen durfte, in eine schöne Wirklichkeit umsetzen. So war, als die Schule am 18. Oktober 1913 feierlich eröffnet wurde, ein stattliches Gebäude entstanden, das dem Stadtteil Eilbek zur hohen Zierde gereichte. Während seine größte Längsentwicklung nach der am Eilbeker Kanal entlangführenden Uferstraße erzielt ist, enthält die dem Lerchenfeld zugewandte das wesentliche monumentale Motiv: einen hufeisenförmig umschlossenen Zierhof, der nach der Straße zu von einer Loggia begrenzt ist und durch einen ovalen, in die Mitte der Loggia gelegten Pavillon betreten wird.

Innerlich war der Bau mit allen seinen Einrichtungen, den Klassen, den Lehrerateliers, dem großen Vortragssaal, dem Treppenhaus und den damit verbundenen, zu Ausstellungsräumen bestimmten Vorplätzen, mit seinen handwerklichen Werkstätten, den Garderoben und Erfrischungsräumen mustergültig. In mancher Hinsicht mußte er üppig genannt werden: war doch neben Gewächshäusern für das Studium exotischer Pflanzen die Möglichkeit vorgesehen, daß wilde Tiere aus Hagenbecks Tierpark vorübergehend als Modell benutzt werden konnten.

Trotzdem hat die Schule, soweit sich das jetzt (1917) beurteilen läßt, nicht das gehalten, was wir uns von ihr für die Förderung des hamburgischen Kunstgewerbes versprachen, und man darf billig fragen, ob der Erfolg überhaupt im Verhältnis zu den aufgewandten Mitteln steht. Denn abgesehen von einigen buchgewerblichen Werkstätten, die höhergespannte Absichten verraten, ein paar Edelschmiedebetrieben und mehreren Ateliers von Kunststickerinnen, die für Wohnungsausstattung arbeiten, wüßte ich kein kunstgewerbliches Gebiet, auf dem sich wertvolle Ansätze zu neuem Schaffen gebildet hätten. Die Ursachen davon sind mannigfaltig; sowohl die Person des Direktors – so scheint mir – wie der allzu große Einfluß, den die auswärtigen Elemente gewannen, haben teil daran.

Meyers Vorzüge sind durch die Aufzählung von Tatkraft und Organisationstalent im wesentlichen erschöpft. Ein starker persönlicher Ehrgeiz kam hinzu, der, richtig geleitet, der Sache wohl hätte zugute kommen können. Aber es fehlte ihm an Taktgefühl. Schon als er zum ersten Mal bei uns in einer Gesellschaft war, fiel mir eine im Munde des Neuankömmlings plump klingende Äußerung von ihm auf: ich sei ein Beweis dafür, daß in Hamburg das Kulturinteresse bei den Gebildeten wüchse. Wie seine künstlerischen Fähigkeiten an der Oberfläche blieben, so war er auch innerlich, seelisch keine feine, durchorganisierte Natur. Das trat immer deutlicher hervor, je mehr er seine Stellung gefestigt glaubte und je freier er aus sich herauskam. Unerträglich war z. B. die Art, mit der er im Juni 1916 auf der Wanderausstellung des

Gewerbeschulverbandes als Vorsitzender einen sachlich und formell ausgezeichneten Vortrag Baudirektor Schumachers mit banalen Dankesworten lobte. Mit diesem Mangel mochte es auch zusammenhängen, daß er weder mit Brinckmann noch mit Lichtwark in ein gedeihliches Verhältnis kommen konnte; jener begegnete ihm mit Zurückhaltung, dieser geradezu mit Ablehnung: ich glaube, er hat keinen Fuß in die von Meyer geleitete Anstalt gesetzt, so sehr widerstrebte ihm dessen Wesen. Meyer hat das schmerzlich empfunden und sich wiederholt bitter darüber beklagt.

Aber so überlegen er sich in breiter Öffentlichkeit und vor einem Publikum, das ihn auf seinem Spezialgebiet nicht zu kontrollieren vermochte, also überall da gab, wo er mit großen Worten Eindruck zu machen glaubte, so unsicher scheint er sich – ich stütze mich dabei auf Mitteilungen von verschiedenen Seiten – gefühlt zu haben, wenn ihm sachverständige Willensmenschen gegenübertraten. In seiner Schule stand er unter der Herrschaft der Wiener Clique: Czeschka führte das Regiment. Dieser, Luksch und Delavilla – wenigstens die beiden ersten – waren gewiß tüchtige Künstler. Czeschka hatte einen gewählten, man kann sagen: raffinierten Geschmack und wußte eine – nicht allzu große – Anzahl frei erfundener Motive zu reizvoll ornamentalen Gebilden für allerlei dekorative Zwecke zu verwenden; auch gute Schrift von einem freilich überzarten Duktus hat er entworfen. Lukschs Liliencron-Denkmal auf dem Alt-Rahlstedter Kirchhof ist von einer herben einfachen Grazie; die für einen – nicht ausgeführten – Brunnen geschaffenen weiblichen Gestalten beweisen ein entwickeltes Gefühl für gehaltene Bewegung, und eine Reihe von Figuren für Architekturschmuck zeugt von Sinn für Monumentalität. Aber starke Persönlichkeiten von eigenwilliger Künstlerschaft waren sie nicht; sie steckten zu sehr in den Überlieferungen ihrer Wiener Schule, um vor Manier gesichert zu sein, und hatten vor allem nicht die Kraft, sich selbständig mit der norddeutschen Art auseinanderzusetzen.

So klaffte eine Lücke zwischen ihnen und uns; sie blieben fremdartige Erscheinungen, die sich in unserem Boden nicht verwurzelten. Vielleicht haben sie das auch selbst empfunden und reagierten darauf mit Überhebung gegen ihre hamburgischen Kollegen. Sie beanspruchten eine Art Sonderstellung, nannten ihre Klassen die Hochschulklassen und weckten in ihren Schülern den lächerlich-anmaßenden Glauben, daß sie als fertige freie Künstler aus der Lehrzeit hervorgingen. Der Kunsthistoriker der Anstalt, Dr. Niemeyer, bestärkte sie darin. Er war ein gelehrter, interessanter, aber verbohrter Mann; die Unterhaltung mit ihm brachte dem Gebildeten reichen Gewinn, aber unreife Köpfe liefen Gefahr, von ihm verdreht zu werden.

Meyers tragikomische Schuld besteht darin, daß er diesem Treiben nicht Einhalt tat; er wagte es nicht. Wir aber, die wir das Wachsen und Werden mit erwartungsvoller Freude betrachtet hatten, wurden um eine Hoffnung ärmer. Wir hatten uns vorgestellt, die Anstalt könne zum Vorbild für das werden, was man als Ersatz für die einer unfruchtbaren Überproduktion pseudo-künstlerischer Kräfte verfallenen Akademien ersehnte, und sahen mit Enttäuschung, wie man sich von den ursprünglichen Strebungen eines gesunden handwerklichen Unterrichts entfernte.

Freilich: am Ausbleiben einer wirksamen Förderung des hamburgischen Kunstgewerbes waren neben den führenden Lehrkräften auch der Staat und das Publikum schuld. Diese ließen es an Aufträgen fehlen. Es wäre Pflicht des Senats gewesen, den von ihm nach Hamburg gerufenen und zu Professoren ernannten Künstlern bedeutsame Aufgaben zu stellen; Aufgaben, an denen sie ihre Kräfte beweisen und üben konnten und deren Lösung irgendwie vorbildlich gewesen wäre. Man hätte sie zu umfangreichen Arbeiten heranziehen sollen, die dem Schmuck der Stadt und ihrer Plätze oder der Ausstattung der öffentlichen Gebäude dienten, und denjenigen Kunsthandwerkern, die sich als Zöglinge der Schule in Hamburg niederließen, gewinnbringende Beschäftigung in Aussicht stellen müssen. Dann würden auch die wohlhabenden Bürger dem Beispiel gefolgt sein und die neuen Kräfte für ihren privaten Bedarf in Anspruch genommen haben. Es ist eine vielverkannte Wahrheit, daß eine Hebung der Produktion, auch der künstlerischen Produktion, nicht von seiten des Angebots, sondern der Nachfrage ausgehen muß.

Aber nichts dergleichen geschah – abgesehen davon, daß der Senat sein Silbergerät nach wie vor von dem an der Kunstgewerbeschule angestellten Goldschmied Schönauer anfertigen ließ. Nur der Baudirektor Schumacher nahm, wo er konnte, Gelegenheit, die Künstler für architektonischen Schmuck der unter seiner Leitung entstehenden Gebäude zu beschäftigen. So verknüpften sich mancherlei widrige Umstände, um einen erwünschten Erfolg zu vereiteln. Vielleicht hatten wir die Erwartungen zu hoch gespannt und sind darum ungerecht. Die Tatsache, daß Schumacher die Leistungen jener Männer nicht gering einschätzt, mag unsere Hoffnung beleben. Es soll mir eine Freude sein, wenn die weitere Entwicklung meine Beurteilung widerlegt.

Der Kunstgewerbeverein

Der Kunstgewerbeverein ist aus der im Jahre 1858 unter Martin Genslers Vorsitz gegründeten Sektion der Patriotischen Gesellschaft für Kunst und Gewerbe hervorgegangen. Nach zehnjährigem Bestehen hatte sie sich dem Gewerbeverein als selbständige Abteilung angeschlossen. Später jedoch trennte sie sich wiederum von ihm und konstituierte sich am 23. Februar 1886 als Kunstgewerbeverein, der zunächst unter Justus Brinckmanns, dann des Bauinspektors Necker Vorsitz zu einer hohen Zahl von – 1892 nahezu 900 – Mitgliedern erblühte. Er bestand zum weitaus größten Teil aus Kunstgewerbetreibenden, schloß aber doch auch eine Reihe von Freunden der angewandten Kunst ein. Nach seinen Statuten will er der Förderung des Kunstgewerbes durch Versammlungen und Vorträge, durch Wettbewerbe und Ausstellungen, durch Ausflüge und Besichtigungen, durch Unterstützung des Museums und der gewerblichen Lehranstalten dienen. Der Schwerpunkt seiner Tätigkeit lag in den regelmäßigen Versammlungen und den in ihnen gehaltenen Vorträgen, mit denen kleine Lehrausstellungen verbunden zu sein pflegten, und die in buntem Wechsel verschiedene Stoffgebiete behandelten.

Aber schon 1889 bewies der Verein seine Kraft dadurch, daß er, gemeinschaftlich mit dem Gewerbeverein, eine große Gewerbe- und Industrie-Ausstellung ins Leben rief, welche das ganze Anlagegebiet zwischen Holsten- und Millerntor füllte. Sie war ein durchschlagender Erfolg und ergab einen beträchtlichen pekuniären Überschuß. Ein Kapital von 10 000 Mark, das daraus dem Verein überwiesen wurde, legte man in einer Stiftung zu dem Zweck fest, Lehrlingen von Vereinsmitgliedern Beihilfen zu fernerem Studium zu gewähren.

Die Art der Zusammensetzung des Vereins brachte es mit sich, daß – namentlich nachdem der Vorsitz aus der Hand Brinckmanns in die Neckers übergegangen war – die von weiter ausschauenden Gesichtspunkten geleiteten idealen Zwecke der Förderung des Kunstgewerbes hinter enger gesehenen Bestrebungen zurücktraten. Das machte sich schon im äußeren Verlauf der Versammlungen bemerkbar, die von Necker mit breiter Umständlichkeit eröffnet und geführt wurden. Die Festlichkeiten, vor allen das jährlich wiederkehrende Stiftungsfest mit seinen spießig-ulkigen Darbietungen, fingen an, einen übermäßig breiten Raum einzunehmen und verschlangen einen beträchtlichen Teil des Budgets. Sogar an eine Besichtigung des neu-

eröffneten Altonaer Museums mußte sich ein Tanzkränzchen anschließen. Das Fest der Handwerker!
Ich wurde, nachdem ich Anfang der 1890er Jahre dem Vorstand beigetreten war, alsbald in einen Ausschuß gewählt, der die Sá-tzún-gén, wie Necker nie unterließ artikuliert zu skandieren, umarbeiten sollte. Ich versuchte damals, diesen Abweg dadurch zu sperren, daß ich vorschlug, unter die Zwecke des Vereins aufzunehmen: Es sollten an solche Kunstgewerbetreibende, die sich durch vorzügliche Leistungen auszeichneten, Aufträge von Arbeiten erteilt werden, die man dem Museum oder dem Staat für seine öffentlichen Gebäude überweisen könnte, und die sonst für das Stiftungsfest verbrauchten Mittel wenigstens teilweise dafür zu verwenden. Aber ich drang nicht damit durch: man wollte weder auf die Freude verzichten noch Anlaß zu Neid oder Mißgunst gegen die Bevorzugten geben.
Als 1897 der Nachfolger Neckers, Manfred Semper, aus dem Vorsitz schied, wurde mir das Amt angetragen. Ich lehnte aus einem doppelten Grund ab: einmal, weil ich bei dem damaligen Zustand meiner Gesundheit nicht neben der Geschäftslast meines Berufs die neue Aufgabe übernehmen durfte; sodann, weil ich mich nicht den Aufgaben gewachsen fühlte, welche die Vorbereitung für die Beschickung und den Besuch der für 1899 bevorstehenden Pariser Weltausstellung durch die Mitglieder des Vereins mir auferlegt hätte. Diese Weltausstellung und die ihr folgenden von Chicago und St. Louis standen um die Jahrhundertwende im Mittelpunkt des Vereinsinteresses. Den Mitgliedern wurde der Besuch erleichtert und auf mannigfache Art über die dort gemachten Erfahrungen Bericht erstattet. Von einer Befruchtung des Schaffens war jedoch nichts zu spüren. Eine 1903 abgehaltene Weihnachtsmesse schloß zwar mit befriedigendem Ergebnis, aber ein wesentlich gegen früher verändertes Gesicht hatte sie nicht.
So blieb in der Hauptsache alles im alten Geleise. In den breiten Massen der hamburgischen Bevölkerung ist das Beharrungsvermögen stark; es wird begünstigt durch ein zum Teil berechtigtes, zum Teil borniertes Selbstvertrauen auf ererbte Tüchtigkeit. In den mindergebildeten Kreisen der Handwerks-Philister wird es leicht zur muffigen Luft. So lehnte die Mehrheit die unbequemen Forderungen der neuen Zeit ab, und man kam gegen München, Dresden, Darmstadt, Weimar völlig ins Hintertreffen.
Die Vorsitzenden der späteren Jahre hatten – bei aller persönlichen Tüchtigkeit – nicht das Zeug, Wandel zu schaffen. Freilich übernahm Brinckmann 1903 noch einmal das Amt für einige Jahre; aber auch er wirkte jetzt kaum noch in der Richtung auf eine Verjüngung des Kunstgewerbes. In den 1880er

Titelseite einer Ausgabe des Kunstgewerbeblatts

und im Anfang der 1890er Jahre hatte er auf die Hulbesche Lederindustrie einen bestimmenden Einfluß geübt und nachher die Technik des japanischen Holzschnitts für die deutsche Graphik nutzbar gemacht; Eckmann und Henriette Hahn, Brinckmanns spätere Frau, seien hier genannt. Jetzt spann er sich – trotz lebhafter Anteilnahme an der neueren Entwicklung, wie er sie z. B. durch die Pariser Ankäufe des Jahres 1899 bewies – immer mehr in seine Sammlertätigkeit ein, die Fruchtbarmachung der Werte seinen Nachfolgern überlassend. Moderne Anwandlungen, die sich gelegentlich bei den Mitgliedern des Vereins geltend machten, verpufften wie Platzpatronen; so z. B. ein jungenhaft-täppischer Vorstoß, den in einer Versammlung des Jahres 1903 der Architekt Oltmanns und der Photograph Dührkoop gegen Brinckmann unternahmen, weil sie sich von ihm – jener in seinen unreifen Bemühungen um neue Bauformen, dieser in der, wie er sich ausdrückte, modern-realistischen Lichtbildnerei – nicht genügend beachtet glaubten.
Zwischen der Kunstgewerbeschule und dem Kunstgewerbeverein spannen sich natürlicherweise mancherlei persönliche Fäden. So übernahm der Kunstgeschichtslehrer der Anstalt, Dr. Niemeyer, im Jahre 1911 die Schriftleitung der Mitteilungen, die ursprünglich als Protokoll der monatlichen Versammlung gedruckt und den Mitgliedern als Beilage zum Kunstgewerbeblatt der E. A. Seemannschen Zeitschrift für bildende Kunst geliefert waren; er machte sie zu einer selbständigen kleinen Zeitschrift, mußte sie aber schon nach zwei Jahren wegen Mangels an Mitteln wieder eingehen lassen. So kam die Kunstgewerbeschule auch hier, wo sie es am ehesten vermocht hätte, zu keiner fruchtbaren Wirkung. Der Verein aber blieb, was er von Anfang gewesen war: ein stagnierendes Gewässer.

4 Musik

Vereine und Veranstaltungen

Dies Buch beschäftigt sich in einigen Abschnitten mit Gebieten, denen ich als minder beteiligter Zuschauer gegenübergestanden habe: dem hamburgischen Musikleben und dem Theaterwesen. Ich kann deshalb nicht so sehr eigene, auf persönlicher Erfahrung beruhende Beobachtungen als vielmehr Tatsachen berichten, über die ich mich durch Dritte habe unterrichten müssen. Die Herren Dr. Stemann, E. C. Newman und Dr. Carl Petersen sind mir dabei in dankenswerter Weise behilflich gewesen.
Im Hamburger Kunstleben hat von jeher die Anteilnahme und Freude an der Musik an erster Stelle gestanden; nicht nur in den führenden, wohlhabenden Schichten, sondern bis in die breiten Massen hinein. In einem 1890 erschienenen Buch »Geschichte des Musik- und Concertwesens in Hamburg vom 14. Jahrhundert bis auf die Gegenwart« hat Josef Sittard, der langjährige Musikkritiker und Feuilletonleiter des Hamburgischen Correspondenten, davon Zeugnis abgelegt; er läßt die Entwicklung von den Zeiten, da das Amt der Ratsmusikanten noch mit dem der Ratskuchenbäcker verbunden war, über Telemann und Philipp Emanuel Bach bis in die zweite Hälfte des 19. Jahrhunderts vor unserem Auge vorüberziehen, wo Berlioz, Liszt, Wagner, Brahms als Gäste Hamburgs ihre Konzerte gaben und Hans v. Bülow sich zuletzt hier dauernd niederließ. Eigentümlich und für das Hamburg des 19. Jahrhunderts bezeichnend ist, daß es auch im Bereiche der Musik nicht verstanden hat, eigentlich schöpferische Kräfte der Komposition heranzuziehen oder festzuhalten.
Wie stark aber das Bedürfnis nach dem Genuß guter Musik war, beweist die Gründung zahlreicher Vereine, welche sich die Veranstaltung sowohl von Vokal- wie von Instrumental-Konzerten zur Aufgabe machten: in erster Li-

nie die Philharmonische Gesellschaft neben der Singakademie, dem Cäcilienverein, der Bachgesellschaft, dem Konzertverein. Im Jahre 1828 war sie vornehmlich auf Betreiben Wilhelm Grunds errichtet, 1878, zu ihrer 50jährigen Jubelfeier, gab Dr. Avé-Lallemant ein Büchlein heraus, das ihre Geschichte und ihre Leistungen schildert.

Zu Beginn der 1890er Jahre stand aber nicht sie im Mittelpunkte des musikalischen Lebens, sondern die von der Berliner Konzert-Agentur Wolff veranstalteten Abonnementskonzerte; denn hier führte Hans von Bülow den Taktstock. Er war schon im vorangegangenen Jahrzehnt mit seiner Meininger Kapelle wiederholt zu Gast gekommen; seit 1886 leitete er jene Abonnementskonzerte, und eben sie wurden der Anlaß, daß er seinen Wohnsitz nach Hamburg verlegte. Wer ihn je hat dirigieren hören und sehen, wird den Eindruck nicht vergessen; er wußte namentlich die Beethovenschen Symphonien hinreißend zum Vortrag zu bringen. Die Jahre seines Aufenthalts waren ein Höhepunkt im hamburgischen Musikleben. Freilich zog ihm sein temperamentvolles Wesen auch Gegnerschaften zu, und es waren mancherlei Anekdoten über scharfe Bemerkungen seines treffenden Witzes im Umlauf; aber seine unbedingte Meisterschaft war doch kaum bestritten. So bedeutete sein Tod im Jahre 1894 auch für Hamburg einen schweren Verlust. Die Abonnementskonzerte, die für die Agentur Wolff einen glänzenden Geschäftserfolg bedeutet hatten, blieben bestehen; ihre Leitung wurde zunächst in die Hand Felix Weingartners, dann – dauernd – Arthur Nikischs gelegt. Sie galten als die »vornehmsten« musikalischen Genüsse; es gehörte zum guten Ton, ihr Besucher zu sein. Aber in diesem Falle gingen Mode und wahrer innerer Wert einmal nicht auseinander. Neben ihnen hatten die Darbietungen der Philharmonsichen Gesellschaft einen schweren Stand. Seit 1867 standen sie unter der Leitung Julius von Bernuths. Er war inzwischen alt geworden. Mit dem martialischen melierten Schnurrbart und dem grauen gekräuselten Haar um den mächtig erscheinenden Kopf sah er zwar liebenswürdig, aber keineswegs bedeutend aus. Ich erinnere mich eines Gesprächs an einem der sogenannten Lotsen-Abende im Ratskeller, wo er polternd über die »Auswüchse« der modernen Kunst, insbesondere der Max Liebermanns, schalt: er war mit seinen Wertschätzungen auf dem Standpunkt der jungen Jahre stehengeblieben und hatte den Zusammenhang mit der neueren Zeit verloren. 1894 wurde er durch Richard Barth ersetzt. Dieser, zwar ein wenig eitel, war unzweifelhaft ein fein durchgebildeter Musiker, aber ohne jede Genialität und ohne starkes Temperament. Dennoch hat er um das hamburgische Musikleben seine Verdienste: die Aufführung der Matthäus-

14. Ernst Eitner: Mellenburger Schleuse, o. D.

15. Ernst Ludwig Kirchner: Gustav Schiefler, o. D.

16. Titelblatt des 1924 erschienenen Werkverzeichnisses

17. Leopold Graf von Kalckreuth: Selbstporträt, o. D.

passion z. B., die alljährlich um die Osterzeit in der Großen Michaeliskirche stattzufinden pflegte, war jedesmal ein tief ergreifendes Ereignis. Zur Erhöhung der Wirkung trugen freilich mancherlei Sinneseindrücke bei: in nicht geringem Maße der wundervolle Raum der alten Sonninschen Kirche selbst. Mir ist unvergeßlich, wie wir in dem steilen Gestühl der Emporen saßen, dessen braune Farbe sich warm von der weißen Tünche der Wände, der Pfeiler, der Decke abhob, und wie dann, während der Eingangschor »Zions Töchter, helft mir klagen« mit dem gewaltigen »Sehet wen? den Bräutigam« durch die Halle brauste, der graublaue Tag, der anfangs noch in die hohen Fenster hereinflutete, bei einsetzender Abenddämmerung zu versickern begann und nach und nach vor dem gelben Licht der künstlichen Beleuchtung erstarb.

Barth bewährte sich auch in den Schülerkonzerten; hier verstand er es, mit kurzen und klaren sachlichen Worten den musikalischen Wert der zu Gehör gebrachten Stücke zu erläutern und dem Auffassungsvermögen der jugendlichen Hörer nahe zu bringen. Barth wurde vom Dirigentenpult 1904 durch Max Fiedler verdrängt. Diesem war es gelungen, in einem Kreise, dessen Mittelpunkt das Haus des Architekten Martin Haller bildete, eine Anhängerschaft um sich zu sammeln, die mit allerhand Machenschaften daran ging, ihn auf den Schild zu heben. Fiedler war ein ganz anderer Charakter als Barth. Er gehörte in eine Kategorie, wo der smarte Geschäftsmann dem feinen Künstler zum mindesten die Waage hält. Mit einer Engländerin verheiratet, schien er auch persönlich angelsächsischem Nützlichkeitssinn in starkem Maße zu huldigen und suchte sich auf alle Weise, unter Zuhilfenahme einer für ihn von jener Clique in Szene gesetzten Propaganda, zur Geltung zu bringen. Wohl übertrafen, soweit ich das zu beurteilen vermag, seine Dirigenten-Leistungen diejenigen Barths, aber das auf Erfolg und Effekt gerichtete Virtuosentum stand doch der ehrfürchtigen Versenkung in den Geist der großen schaffenden Musiker hinderlich im Wege. Sein Abgang wurde denn auch zu einem Beweis für diese seine innere Natur: um eine einträgliche amerikanische Rundreise antreten oder über den bewilligten Urlaub hinaus fortsetzen zu können, löste er eigenmächtig die eingegangenen Verpflichtungen. Sein Versuch, als er nach einigen Jahren zurückkam, sich mit den erprobten Mitteln wieder ins Nest zu setzen, ist ihm mißglückt.

Während eines Provisoriums von zwei Jahren, in dem zuerst in buntem Wechsel fast alle bedeutenden deutschen Dirigenten nach Hamburg zu Gast kamen, dann aber dem trocken-pedantischen Bremer Panzner die Leitung übertragen wurde, wählte man Siegmund von Hausegger zum Kapellmeister. Damals stand auch Max Reger in der engeren Wahl. Bedauerlicherweise entschied man sich gegen ihn. Die Gründe, die zur Ablehnung führten, waren für die Anschauung der ausschlaggebenden gesellschaftlichen Kreise charakteristisch: Regers Lebensführung sei zu ungeregelt; seine Gewohnheiten wichen zu sehr von den herkömmlichen ab, als daß die Gesellschaft mit ihm verkehren könne; zudem mache ihn die Persönlichkeit seiner Frau ungeeignet. Es kam also nicht so sehr auf die Leistung als auf neben der Hauptsache liegende Äußerlichkeiten an; Rücksichten der Konvention, nicht das Genie entschieden. Wie wenn es sich darum gehandelt hätte, ob man einen jungen Mann als Schwiegersohn in die Familie aufnehmen könne! So wiederholte sich, was – freilich unter ganz anderen, besonders erschwerenden Umständen und aus ganz anderen Gründen – etwa ein halbes Jahrhundert früher, 1862, mit Johannes Brahms geschehen war: man ließ sich die Gelegenheit entschlüpfen, einen Künstler zu gewinnen, der zugleich als Dirigent wie als schaffender Komponist hervorragende Bedeutung hatte.

Übrigens war Siegmund von Hausegger ein annehmbarer Ersatz. Sein feiner Takt und die auf sorgfältigster Schulung aufgebaute künstlerische Bildung befähigten ihn, jedes bedeutsame Werk mit eindringendem Verständnis zu Gehör zu bringen. Er war äußerlich und innerlich Aristokrat; der ohne Geziertheit und Eitelkeit gepflegten Erscheinung seiner schlanken Gestalt entsprach seine seelische Haltung: es war ein Vergnügen, mit ihm zu sprechen, einerlei, ob es sich um Musik oder ein anderes Thema handelte. Denn auch im Bereich sonstiger Künste und Wissenschaften fand man in ihm einen bewanderten Kenner. Freilich, die Art, wie er das Orchester führte, entbehrte des mitreißenden Schwunges; die Musiker klagten, er verstünde es nicht, sie zu entflammen. Was ihm durchaus abging, war das Unberechenbare, das scheinbar Undisziplinierte, die genialisch ausbrechende Künstlerschaft. Er war durch eine Art Akademismus in Bann gehalten; das bedingte schon seine vornehm-zurückhaltende Natur. Ob er sich in Hamburg heimisch fühlte? Ich glaube es kaum. Eben dies vornehm-zurückhaltende Wesen mochte ein Hindernis sein. Die hamburgischen führenden Gesellschaftskreise sind ähnlicher Art, aber vom zugezogenen Fremden erwarten sie, daß er seinerseits sich um ihre Gunst bemüht. Tut er es nicht, so lassen sie ihn laufen.

Von jeher war es im hamburgischen Musikleben und speziell in der Philharmonischen Gesellschaft als Übelstand empfunden worden, daß man kein selbständiges, organisiertes, geschultes Orchester für Konzerte besaß. Anfänglich war für die Veranstaltungen das Stadttheater-Orchester herangezogen; aber schon seit Mitte der 1850er Jahre hatte sich die Leitung der Gesellschaft ihr Orchester aus sogenannten freistehenden Musikern gebildet. Im Jahre 1887 schloß sie mit dem Musikdirektor Laube einen Vertrag, um sich die Mitwirkung seiner Kapelle zu sichern. Zu festen geregelten Verhältnissen kam man aber erst, als 1896 der Verein Hamburgischer Musikfreunde gegründet wurde, der es sich zur Aufgabe setzte, »durch Unterhaltung eines ständigen, künstlerisch leistungsfähigen Orchesters die Pflege und Verbreitung guter Musik in den weitesten Kreisen Hamburgs zu fördern«. Dieser Verein, dem von vornherein auf fünf, später auf weitere zehn Jahre ein Staatszuschuß von jährlich 20 000 Mark bewilligt wurde, übernahm bei seiner Gründung das Laubesche Orchester und ist in der Folge bemüht gewesen, dessen Qualität durch Heranziehung tüchtiger Kräfte wie auch durch Anschaffung guter Instrumente zu heben. Der Staat unterstützte dies Bestreben in freigebiger Weise: 1906 erhöhte er den Zuschuß auf 54 000 Mark; im nächsten Jahr fügte er weitere 40 000 Mark hinzu, damit das Orchester von der Notwendigkeit befreit werde, während der Sommermonate als Kurkapelle in Bad Ems Verdienst zu suchen, und 1913 trat eine abermalige Vermehrung um 50 000 Mark ein.

Diese Bereitwilligkeit des Staates fand ihre Erklärung und Berechtigung in der gemeinnützigen Tätigkeit des Vereins. Er hatte die Verpflichtung übernommen, jährlich mindestens fünf Volkskonzerte zu geben, deren Eintrittsgeld 50 Pfennig nicht übersteigen durfte; die Zahl dieser Konzerte steigerte sich von Jahr zu Jahr, und bald traten noch Volksschülerkonzerte hinzu, für deren Besuch nur 10 Pfennig zu entrichten waren. Im Jahre 1912 wurden 72 volkstümliche Konzerte, zusammen mit dem Verein für Volkskonzerte 18 Volkskonzerte und außerdem acht Volksschülerkonzerte veranstaltet. Die Leiter der Darbietungen waren anfänglich Richard Barth, Julius Spengel und Max Fiedler, später traten John Julia Scheffler, R. Dannenberg und José Eibenschütz hinzu. Dieser, der die sämtlichen volkstümlichen Konzerte und jährlich sechs vom Verein der Musikfreunde veranstaltete Symphoniekonzerte leitete, wird als der begabteste, feurigste von den hamburgischen Dirigenten und als derjenige gerühmt, der sein Orchester am besten im Zuge habe. Neben den Kapellmeistern teilen sich in das Verdienst dieser Erfolge die Vorsitzenden des Vereins: Rudolf Petersen und E. C. Newman, der Schriftführer Dr. Carl Petersen und als besonders tätiges Vorstandsmitglied Dr. Carl Stemann.

Unter den übrigen der Musikpflege dienenden Vereinigungen, von denen ein großer Teil, z. B. die aus der Bieberschen Schule hervorgegangene Euthymia, die Polyhymnia, die Erato, einen rein privaten Charakter hatten und nur bei besonderen Gelegenheiten: Stiftungsfesten oder ähnlichen Anlässen, an die Öffentlichkeit traten, ist neben den schon früher erwähnten Gesellschaften: der Singakademie, der Bachgesellschaft u. s. w., der Lehrergesangverein rühmlich hervorzuheben, der unter der Leitung Göhlers dann Vorzügliches leistete. Abgesehen von den eigenen Konzerten, deren Programm stets gut gewählt war, stellte er seine Kraft häufig in den Dienst von Festfeiern, namentlich auch solchen öffentlichen Charakters.

Dieser einfache Tatsachenbericht über die äußere Entwicklung des Musiklebens in Hamburg wird dem Berufenen ohne weiteres ermöglichen, einen Schluß auf die Art der Leistungen zu ziehen. Er darf keine großen Begebenheiten erwarten, welche die Nerven der musikalischen Welt erregt hätten (solche wären durch eine über das vorhandene Maß starken Interesses hinausgehende leidenschaftliche Anteilnahme des Publikums bedingt gewesen, wie sie der hanseatischen Bevölkerung nicht liegt), aber überzeugt sein, daß die Darbietungen einen respektablen Höhenstand hatten. In gewissem Sinne noch ein Ereignis war das Musikfest von 1889, das in Anlaß der großen Gewerbeausstellung stattfand. Johannes Brahms war dazu erschienen, und Hamburg huldigte ihm durch Verleihung des Ehrenbürgerrechts. Bürgermeister Petersen war es, der den Beschluß bei Senat und Bürgerschaft durchsetzte. Das trug dazu bei, einigermaßen den Groll auszulöschen oder doch zu mildern, den Brahms gegen seine Vaterstadt wegen der 1862 erlittenen Zurücksetzung im Herzen trug. Bei dieser Gelegenheit brachte man ihm viele Ovationen; u. a. wurde eine Höhe im Elbpark nach ihm benannt.

Am 4. Juni 1908 wurde die am Holstenplatz neuerbaute Musikhalle mit einer musikalischen Feier eröffnet. Sie trägt den Namen ihres Stifters Ferdinand Laeisz, der testamentarisch für ihre Errichtung 1 200 000 Mark ausgesetzt hatte. Das Gebäude, für das Martin Haller die Verantwortung trägt, erwies sich mehr und mehr als eine Fehlgeburt. Äußerlich zwar, in seinem an die Sonninsche Bauweise anklingenden Stil, mit den weißgefugten Backsteinen und dem firstgerechten Dach, war es eine Zierde des großen Platzes an der Ringstraße, und auch im Innern mochte die Raumgliederung praktisch und gut geordnet sein. Aber der Hauptsaal mit den wesentlich geradlinigen Emporen und seinem großen Glasdach hatte weder architektonisch, noch, was hier wichtiger war, akustisch eine befriedigende Lösung gefunden.

Die Einweihungsfeier verlief würdig und erhebend. Senator Predöhl, ein Freund des Stifters, hielt eine gute Rede; in dem sich anschließenden Konzert wurden Werke von Bach, Beethoven und Brahms aufgeführt. Bezeichnend wiederum für Hamburg ist es, daß man die Leitung der musikalischen Feier nicht in eine einzige Hand gelegt, sondern unter die mehrerer Dirigenten aufgeteilt hatte. Am 7. Mai des folgenden Jahres fand im Wandelgang der Laeiszhalle die Enthüllung des von Max Klingers Hand geschaffenen Brahms-Denkmals statt. Klinger selbst war dazu erschienen; Dr. Bieber hielt die Festrede, und am Abend gab es ein Konzert, in welchem das Schicksalslied, das Requiem und die erste Symphonie aufgeführt wurden.

Die Klagen über die mangelhafte Akustik stellten sich alsbald ein, und verschiedene Musiker erklärten, daß sie hier nicht spielen wollten. Nikisch mit seinen Abonnementskonzerten siedelte, wohl als erster, wieder in den bewährten Saal des Conventgartens über, mit dem für den Hamburger fast alle musikalischen Erinnerungen auf das engste verwoben sind. In diesem Falle mochte freilich das Geldinteresse der Wolffschen Konzertagentur maßgebend gewesen sein; denn der alte Saal faßte einige Plätze mehr als der neue. Trotz alledem wurde die Musikhalle nach und nach der Mittelpunkt des musikalischen Lebens Hamburgs, zumal alle philharmonischen und die meisten Konzerte des Vereins Hamburgischer Musikfreunde in ihr stattfanden.

Eine besondere Erwähnung mag die Aufführung der achten Symphonie Mahlers verdienen. Wenn ich mich recht erinnere, wurde sie im Spätsommer 1911 zweimal, und zwar von den Kapellmeistern Göhler und Eibenschütz, zum Vortrag gebracht. Dabei fiel die Betriebsamkeit auf, mit der in Zeitungen und an Anschlagsäulen die Reklametrommel für die Symphonie der Tausend gerührt wurde: eine Mode, an die das Publikum durch so geschäftstüchtige Komponisten wie Richard Strauß und Schillings sich mehr und mehr gewöhnen mußte.

In den regelmäßigen Instrumental-Konzerten nahmen natürlich die Schöpfungen der klassischen Musik: vor allem die Symphonien Beethovens und, in weiterem Abstand, die Mozarts und Haydns den breitesten Raum ein; daneben hatten sich Wagner und Liszt ihren dauernden Platz errungen. Mit den Jahren fand, wie schon aus dem Erzählten hervorgeht, Brahms eine immer wachsende Beachtung, und nach und nach traten die Kompositionen der neueren Tondichter, insbesondere Richard Strauß, stark in den Vordergrund: die Erstaufführungen von »Tod und Verklärung« und »Ein Heldenleben« stehen mir in eindrucksvollster Erinnerung. Nach einer »Burleske« von ihm notierte ich im Tagebuch: »Es war, als hüpfte man auf einem Teppich, der mit kostbarem Material aus schönen Farben gewebt ist.« Aber auch Weber und Mendelssohn, Schumann und Schubert, Berlioz und Bizet, Rubinstein und Tschaikowskij, Bruckner und andere kommen zu ihrem Recht.

Im Rahmen dieser Konzerte war auch Gelegenheit, alle namhaften Virtuosen des Gesangs, des Klaviers, der Geige und des Cellos kennenzulernen. Die Kammermusik hatte nicht minder ihren Kreis begeisterter Freunde. Das Bandler-Quartett und die Brüsseler, die mit dem Pianisten W. Ammermann zu konzertieren pflegten, erfreuten sich großer Beliebtheit. Auch hier übte die klassische Musik die Vorherrschaft, aber man ging mutig voran: Reger fand begeisterte Aufnahme, und Bandler wagte sogar, Arnold Schönberg seinen Hörern zu bringen.

Noch muß die Kirchenmusik erwähnt werden. Von der Anteilnahme, die man ihr entgegenbrachte, legen die schönen großen Orgeln Zeugnis ab, mit denen die Hauptkirchen ausgestattet waren. Zu Anfang der 1890er Jahre bekam die Nikolaikirche ein neues Werk, mit dessen Einrichtung und Bau der liebenswürdige und feinsinnige Organist Schwencke, der Vater eines meiner Kollegen, der letzte in der drei Generationen durchziehenden Reihe der aus dieser Familie hervorgegangenen hamburgischen Musiker, uns bekannt machte. An Umfang erfinderischer Durchbildung der Mechanik und Mächtigkeit der Klangwirkung wurde es aber bei weitem durch die Orgel übertroffen, die in die nach dem Brand von 1906 neuerrichtete Große Michaeliskirche eingebaut und den Händen des Organisten Sittard, eines Sohnes Josef Sittards, anvertraut wurde. Ihre Einweihung war eine Begebenheit, an der die ganze Bevölkerung Anteil nahm. Außer den mancherlei Kirchenkonzerten, die namentlich in der Zeit von Weihnachten und Ostern stattzufinden pflegten, gab es in den Hauptkirchen allwöchentlich an einem der Werktage eine musikalische Abendandacht, sog. Motetten, die sich regen Besuches erfreuten.

Wer sich eine Vorstellung vom Hamburger Musikpublikum machen will, darf sich nicht mit den Erfahrungen zufrieden geben, welche er in den großen Konzerten macht. Deren Hörer bestehen zu einem beträchtlichen Teil aus Leuten, welche ihre Toiletten zeigen oder dort gesehen werden wollen, weil es zum guten Ton gehört; man merkt ihnen ohne weiteres an, wie wenig sie bei der Sache sind. Immerhin hat ein nicht geringer Prozentsatz der wohlhabenden Hamburger ein sehr innerliches Verhältnis zur Musik. Ein Beweis ist die Stellungnahme der »Gesellschaft« dazu: man sagt, es sei eine Errungenschaft aus den Zeiten Hans von Bülows, daß der Besuch eines Konzerts als rechtfertigender Grund für die Absage einer Diner-Einladung anerkannt wird. Wie weit aber nach unten hin die Liebe zu guter Musik verbreitet ist, wird mit staunender Genugtuung erst wahrnehmen, wer die Konzertproben, die volkstümlichen Konzerte, die Volkskonzerte, die Kirchenmusiken be-

sucht. Die Proben, deren Eintrittspreis zunächst 1 Mark, dann 1 Mark 50 Pfennig betrug, sind meist bis auf den letzten Platz besetzt; wer kurz vor ihrem Beginn erscheint, läuft Gefahr, vor ausverkaufter Kasse zu stehen. Hier kommt es nicht auf schöne Kleider oder andere Rücksichten an. Überall begegnet der Blick gespannten Gesichtern, hört das Ohr in den Pausen interessierte Gespräche, sieht man Menschen, die in Partituren lesend der Musik folgen. Herrscht hier die Bemühung um eindringendes Verständnis vor, die auf mancherlei musikgeschichtliche oder musikwissenschaftliche Studien deutet, so kommt in den volkstümlichen Konzerten des Vereins der Musikfreunde mehr die naive Laienfreude mittelstandlicher Kreise zu ihrem Recht. Ein besonderes Vergnügen aber ist es, das Auditorium in den Volkskonzerten zu beobachten. Es setzt sich aus den guten Kreisen der Arbeiterschaft zusammen, denen durch Vermittlung der Gewerkschaften die Karten zur Verfügung gestellt werden. Eine frohe Ehrfurcht vor dem Großen und Schönen belebt hier die Menge. Sie folgt mit gespannter Aufmerksamkeit und läßt sich, dank einer verständnisvoll geleiteten Programmpolitik, mit freudiger Zustimmung von Jahr zu Jahr zu einer wachsenden Vertiefung musikalischen Genusses führen. Hier liegt das vornehmliche Verdienst des Vereins Hamburger Musikfreunde. Der Beifall bewegt durch die Art, wie er gespendet zu werden pflegt: daß er nicht konventionell ist, sondern von Herzen kommt, und die gehobene Stimmung wirkt über die Türen des Konzertsaales hinaus: in wohltuendem Gegensatz zu dem, was man sonst zu erleben und zu erleiden gewohnt ist, gibt es hier an den Kleiderständen keine Ungeduld, kein Sich-Vordrängen, keine Rücksichtslosigkeit: Die Kunst erweist sich als eine Beherrscherin milder Sitten.
Daß die Hausmusik eifrig gepflegt wird, versteht sich von selbst; in vielen Familien gibt sie der Geselligkeit eine edle Note. Es können hier nur wenig Namen genannt werden: Bürgermeister Petersen, dessen Heim in der Theaterstraße noch Ende der 1880er und Anfang der 90er Jahre ein Mittelpunkt regen musikalischen Lebens war, wie Adolf Wohlwill in seiner Biographie mit allerlei Einzelheiten zu erzählen weiß; von Martin Hallers Haus ist schon oben die Rede gewesen: Lichtwark sagte einmal, er habe Brahmssche Lieder von niemand so gut singen hören wie von Frau Haller. Von großem Reiz waren die musikalischen Abendunterhaltungen bei Frau Marie Zacharias in ihrem Hause am Mittelweg in Harvestehude. Sie übte selbst das Klavierspiel und lebte in einem Kreise gleichgesinnter Freundinnen, die sich oft zu allerlei künstlerischen Betätigungen bei ihr versammelten. Zu den Soiréen aber zog sie berufsmäßige Virtuosen heran. Bei diesen Gesellschaften in den fest-

lichen, mit weißer Lackfarbe gemalten und luftigen Tüllgardinen ausgestatteten Räumen, die im weichen Glanz einer Wachskerzenbeleuchtung strahlten, traf man einen Ausschnitt aus dem wahrhaft gebildeten Hamburg: Gelehrte, Künstler, Schriftsteller, Dichter, Kaufleute, Beamte und: schöne Frauen, so daß jeder – auch wer keine Freude an der vortrefflichen Musik hatte – auf seine Rechnung kam.

Heinrich Bandler hatte die Gewohnheit, seine Gönner alljährlich ein- oder zweimal zu einer musikalischen Aufführung einzuladen. Da begegnete man u. a. den weiblichen Mitgliedern der Familie Haller, Angehörigen der Ohlendorffs, Fräulein von der Meden, Abeggs, Dr. Arnings, Dr. Dehns und manchem jungen Künstlervolk: eine merkwürdig durcheinandergewürfelte Gesellschaft, zwischen welcher der Hausherr mit der Lebhaftigkeit der Prager Juden als liebenswürdiger, aufmerksamer Gastgeber geschäftig umhersprang, während die rundliche kleine Frau, ob ihrer Wirtspflichten in dem bunten Betrieb ein wenig beklommen, mit ängstlichem Blick von Gruppe zu Gruppe ging. Nach der Musik, die immer ein ausgesuchter Genuß war – ich denke mit besonderer Freude an Brahms' Klarinettenquintett – ging man ans Büffet, das – zu einem Teil durch freundwilliges Beisteuern der geladenen Mäzene – reichlich mit Kuchen, Torten und anderen Leckerbissen beladen war.

Oper

Einige Worte sind noch über die Oper zu sagen. Ihre Glanzzeit, zu der sie Pollini heraufgeführt, war Ende der 1880er Jahre schon vorüber. Aus der Gruppe von Sternen, die er seinerzeit dem Leipziger Himmel entführt und in welcher Frau Peschka-Leutner einen hervorragenden Platz einnahm, waren zwar einige noch vorhanden: namentlich Frau Rosa Sucher und ihr Gatte, der als Kapellmeister wirkte. Und die Spielzeit 1887/88 erhielt dadurch einen starken Reiz, daß Hans von Bülow an 33 Abenden die Aufführung leitete und insbesondere zu wiederholten Malen mit durchschlagendem Erfolg Bizets »Carmen« zu Gehör brachte. Aber Pollini, inzwischen zum Hofrat befördert, stellte mehr und mehr die geschäftlichen Belange in den Vordergrund, so daß die Leistung darüber zu kurz kam. Richard Strauß schrieb darüber an einen Freund: »Ich glaube bestimmt, daß Hamburg ein famoser Platz für Bülow wäre, aber nicht als Knecht von Pollini, dem er zehnmal im Monat

dirigieren soll.... wenn es ihm Spaß macht, kann er ja dem Pollini gegen ein schönes Honorar monatlich dreimal höchstens eine Oper dirigieren. Wenn er am Pult steht, muß es aber immer eine Feiertagsaufführung werden. Außerdem hält er's auf die Dauer mit Pollini nicht aus.«
Es gab jedoch auch nachher mit dem im Laufe der Jahre wechselnden Personal, unter dem von Sängern die Namen Alvary (ein Sohn Andreas Achenbachs), Birrenkoven, Lohfing und die Damen Klafsky, Schumann-Heink und Fleischer-Edel zu nennen sind, und unter der Leitung tüchtiger Kapellmeister (in den 1890er Jahren führte Gustav Mahler eine Zeit lang den Dirigentenstab) Vorstellungen von ausgezeichneter Güte. Die Wagnerschen Opern, anfänglich »Tannhäuser« und »Lohengrin«, später vor allem der »Ring« und »Tristan und Isolde« traten von Jahr zu Jahr stärker in die erste Reihe; musikalische Feinschmecker freilich gaben den »Meistersingern« den Vorzug.
1895 traten an Pollinis Stelle seine bisherigen Gehilfen, der Oberregisseur Bittong und der Geschäftsführer Bachur, 1898 nach Bittongs Tod Herr Bachur allein. Unter ihrer Leitung nahm das Institut immer mehr den Charakter eines kaufmännischen Unternehmens an, bei dem die idealen Gesichtspunkte: das Bestreben, moralische Anstalt zu sein, in den Hintergrund trat. Bei dieser Beurteilung darf freilich nicht unberücksichtigt bleiben, daß das Stadttheater im Wettbewerb mit andern großen deutschen Bühnen einen schweren Stand hatte. Während diese teils aus fürstlichen, teils aus städtischen Kassen namhafte Unterstützungen bezogen, war die Beihilfe, welche Staat und Stadt Hamburg gewährte, sehr geringfügig: sie hatte bis 1906 jährlich 50 000 Mark betragen, die zur Bestreitung der Ausgaben für Licht und Wasser dienten; dann wurden weitere 46 000 Mark bewilligt, damit die Honorare der Orchester-Mitglieder erhöht werden konnten, und später kamen noch 10 000 Mark zu Gunsten der Choristenbesoldung hinzu. Im Jahre 1908 schilderte Herr Bachur in einer Denkschrift an den bürgerschaftlichen Ausschuß, der zur Prüfung der Theaterverhältnisse eingesetzt war, in beweglichen Worten die durch jenen Wettbewerb bedingte ungünstige Lage, versicherte die Uneigennützigkeit seiner idealen Bestrebungen und befürwortete die Notwendigkeit einer namhaften Subventionierung.
Der Ausschuß aber, der unter Stemanns Vorsitz dem Theater eine warme Anteilnahme entgegenbrachte, ging auf diese Wünsche dennoch nicht ein; er hatte auf Grund eingehender Ermittlungen die Überzeugung gewonnen, daß die Einnahmen seit 1903 in ständigem Wachsen begriffen seien. Diese Verbesserung kam ausschließlich der Direktion als der Pächterin des Theaters

zugute. Rechtsträgerin des Unternehmens und Eigentümerin des Hauses war die Stadttheatergesellschaft, eine Aktiengesellschaft, deren Aktionäre auf Verzinsung oder Dividende keinen Anspruch hatten.
Bestimmungsgemäß sollten die Überschüsse lediglich dazu verwandt werden, eine vorhandene Obligationsschuld und das Aktienkapital auf dem Wege der Verlosung abzutragen. Wie gering die darin zum Ausdruck kommende Gewinnbeteiligung der Gesellschaft war, ergibt sich daraus, daß die Aktien, wenn einmal eine zum Verkauf kam, mit 12 % bezahlt wurden.
Immerhin muß auch Herrn Bachur insofern Gerechtigkeit widerfahren, als anzuerkennen ist, daß unter seiner Leitung die Oper manche musikalische Genüsse von starkem Reiz bot: insbesondere wenn unter der musikalischen Leitung Brechers Edyth Walker als Isolde oder als Salome auftrat und wenn Frau Metzger-Lattermann die Carmen sang.
Aber es wurde doch, obwohl damit Edyth Walker aus dem Verband der hamburgischen Bühne schied, mit großer Freude begrüßt, als Herr Bachur die Direktion des Stadttheaters niederlegte und in der Person Dr. Hans Loewenfelds eine Persönlichkeit an seine Stelle trat, die durch ihre Erfahrungen und durch ihren ernsten, auf die Leistung gerichteten Willen die Gewähr bot, daß die Anstalt nunmehr wieder durchaus nach künstlerischen Gesichtspunkten werde geleitet werden. Am 30. August 1912 wurde das neu instand gesetzte Haus unter dem neuen Herrn vor einem geladenen Publikum mit einer glänzenden Aufführung von Verdis »Aida« eröffnet, bei der Felix Weingartner den Taktstock führte und Lucille Marcel, Weingartners spätere Gattin, die Titelrolle sang. Weingartner freilich blieb dem Theater nicht lange erhalten, aber Loewenfeld verstand es, für Ersatz durch tüchtige Kräfte zu sorgen, und es ist wohl nur dem zwei Jahre später ausbrechenden Krieg zuzuschreiben, wenn die aufwärts gerichtete Linie der Entwicklung nicht einen steileren Aufstieg aufzuweisen gehabt hat.
1913 wurde in dem früheren Ludwigschen Konzerthaus am Millerntor von Eduard Ehrhard ein neues Operntheater, die Volksoper, aufgetan, das, mit weniger anspruchsvollem Apparat als die Bühne an der Dammtorstraße ausgestattet, der Aufführung der sog. Spielopern zu dienen bestimmt war und im Repertoire einen größeren Wechsel aufweisen sollte. Unter der Leitung des trefflichen Kapellmeisters Göhler brachte es respektable Leistungen, kam aber doch zu keiner rechten Blüte. Schuld daran war vornehmlich der konservative Zug in der Gewöhnung des hamburgischen Publikums, das, wenn es Opern sehen wollte, nun einmal auf die Dammtorstraße eingestellt war.

5 Schauspiel, Varieté, Tanz, Kino

Schauspiel

Das Schauspiel war um 1890 im Spielplan des Hamburger Stadttheaters das Stiefkind.
In die Schuld daran teilten sich die Leitung und das Publikum. Dies hatte den Geschmack an den klassischen Dramen verloren. Man hielt die Schillersche Begeisterung am Ideal für überwunden und rühmte sich des eigenen praktischen Sinnes. Der »Tell«, die »Jungfrau von Orleans«, der »Wallenstein« wurden flüchtig vorbereiteten Schüler-Nachmittagsvorstellungen preisgegeben. Die Tragödin Frau Marie Pospischil hatte einen schweren Stand und klagte über Vernachlässigung ihres Fachs. Ihr Plan, selbst ein Schiller-Theater zu gründen, trug nicht dazu bei, ihre Stellung bei Herrn Pollini zu befestigen. Von Shakespeareschen Stücken begegnete man hin und wieder dem »Hamlet« und »Richard dem Dritten«; Goethe war gelegentlich mit dem »Egmont« und diesem oder jenem der kleinen Lustspiele vertreten. Ich erinnere mich einer Aufführung von Lessings »Nathan«, die mich selbst so langweilte, daß ich einschlief. Mit den Erzeugnissen der modernen Poesie hatte das offizielle Theater noch keine Fühlung. Der Naturalismus galt als verpönt; die gute Gesellschaft hielt sich von ihm zurück. Die umstürzlerische Auflehnung der jungen Poeten gegen die Überlieferung erschien unerhört. Die Wohlanständigen traten auf den Plan zur Abwehr. Auch mir ging damals das Neue gegen den Strich; ich schrieb über meinen Vetter Otto Erich Hartleben und seine sich »Das Junge Deutschland« nennenden Genossen: diese Dichtkunst sei weder jung noch deutsch, sondern blasiert und frech. Es war kein Wunder, daß ein Theater, über dem die gefüllte Kasse als Leitstern strahlte, solchen Stimmungen Rechnung trug.
Das Thalia-Theater, 1843 begründet und unter Cheri Maurices trefflicher

Leitung zu hellem Glanze erblüht, hatte damals seine beste Zeit ebenfalls hinter sich. Zwar bestand sein Ruf eines guten Zusammenspiels im Salon- und Gesellschaftsstück zu weiterem Recht, aber ein guter Teil der alten Kräfte waren auch hier zu anderen Bühnen übergegangen, und als es 1894 mit dem Hamburger und dem Altonaer Stadttheater zunächst bis 1897 in Pollinis, dann in Bittong & Bachurs Hand vereinigt war, standen naturgemäß auch hier Grundsätze des Geschäfts im Vordergrund.

Von den modernen Dramatikern erschien wohl Ibsen zuerst auf den hamburgischen Bühnen, anfänglich in Gastspielen auswärtiger Gesellschaften. »Nora« und »Die Wildente« wurden bevorzugt. Die Kenntnis von Hauptmanns frühen Werken, insbesondere der »Weber« und »Vor Sonnenaufgang«, wurde dem hamburgischen Publikum zuerst – wenn ich mich recht erinnere, um 1895 – durch den Verein Freie Volksbühne vermittelt. Man mußte Mitglied werden, um die Vorstellung, die als öffentliche nicht erlaubt war, besuchen zu können. Es handelte sich dabei freilich nur um eine Formalität, welche die Lösung der Eintrittskarte ersetzte, aber weil der Verein einen ausgesprochen sozialdemokratischen Charakter hatte, trug ich Bedenken, mich ihr zu unterwerfen. Durch die Beschäftigung mit der neueren Kunst tat sich mir indessen das Auge auch für die Bedeutung des modernen Schrifttums auf. Manch andere hatten ähnliches erfahren; und so konnte es nicht wundernehmen, daß in weiten Kreisen die hamburgischen Theaterverhältnisse als ein Übelstand empfunden wurden.

Diesem wurde im Jahre 1900 durch das Deutsche Schauspielhaus abgeholfen. Man hatte eine Aktiengesellschaft mit einem beträchtlichen Kapital gegründet, an welcher auch die Wohlhabenderen unter den engagierten Schauspielern als sogenannte Sozietäre beteiligt waren. Die Leitung wurde dem Wiener Alfred von Berger anvertraut, der das Theater für eine Jahressumme von 120 000 Mark pachtete. Er hatte als Dramaturg einen guten Namen; daß er Freiherr war, gab ihm ein besonderes Relief, denn die Hamburger Gesellschaft sieht, trotz der demokratischen Aufmachung ihres Aufbaus, zum Adel mit Ehrfurcht auf. Die Eröffnung des neuen Hauses war ein Ereignis. Jeder, der etwas auf sich hielt, hatte sich um ein Abonnement für die erstjährige Spielzeit bemüht. Theaterfreunde, die zugleich „Baugesinnung" hatten, sahen sich insofern ein wenig enttäuscht, als das Haus keine ursprüngliche Schöpfung des Architekten, sondern einem Wiener Theater nachgebildet war; aber diese bildeten doch nur eine verschwindende Minderheit.

Man sah der Saison mit einer froh erregten Spannung entgegen. Auch äußerlich bekam der Theaterbesuch ein anderes Gesicht. Es war gleichsam ein

Übereinkommen, daß die Besucher des ersten Rangs und der Logen in Gesellschaftstoilette erschienen; auch das Publikum wollte das Seinige tun, um den Vorstellungen eine heitere Festlichkeit zu verleihen.
In der Tat war der Theaterwinter von einer köstlich gehobenen Stimmung beherrscht. Herr von Berger tat sein Bestes, um die an seine Person geknüpften Erwartungen zu erfüllen. Er hatte ein treffliches Ensemble zusammengebracht: Franziska Ellmenreichs Name stand an der Spitze; Robert Nhil, Carl Wagner, Josef Schildkraut, Adele Doré gehörten dazu; Ludwig Max war gewonnen, und zu den jüngeren Mitgliedern zählten der talentvolle, später im Buffobetrieb heruntergekommene Giampietro und der feine Carl Biensfeldt. Berger selbst entzückte die Hamburger durch die zugleich geistvolle und joviale, weltmännische Art seines Auftretens. Seinem – man darf wohl sagen: abschreckenden Äußeren wußte er durch Liebenswürdigkeit einen eigenen Reiz zu geben. Dabei imponierte er durch eine legere Manier, die Menschen zu nehmen, und durfte sich manche Rücksichtslosigkeit herausnehmen: man ließ sie dem leichtblütigen Wiener ohne Groll durchgehen. Er war in der Tat eine Natur, wie sie gerade in Hamburg ungewohnt erscheinen mußte. Denn er verband mit einem guten Teil echten Idealismus' sehr gesunde Kinnbakken, mit denen er in den vollen Kuchen des Lebens unbekümmert hineinzubeißen verstand. Sein Bild von Max Liebermanns Hand in der Kunsthalle ist nicht geschmeichelt (er selbst hat gesagt, in jedem Menschen stecke etwas vom Schwein; es sei Liebermann gelungen, dies restlos bei ihm herauszuholen), aber von einer erstaunlichen Lebendigkeit, die das Charakteristische doch auch seines geistigen Wesens enthält: jenes unbekümmerte Sich-Hingeben an die Impulse gleichzeitig der Seele und des Leibes, verbunden mit einer gewissen sittlichen Schlaffheit, wie sie nun einmal dem Österreicher und besonders dem Wiener eigen ist. Ich hatte gerade tags vorher mit ihm über eine Aufführung von Gerhart Hauptmanns »Elga« für unsere hannoversche Gesellschaft verhandelt, als ich in Liebermanns Berliner Atelier jenes eben fertig gewordene Portrait zum ersten Mal sah: genau so hatte er mir gegenüber gesessen; mir war, als hörte ich den Ton seiner Stimme.
Bergers Absicht war darauf gerichtet, in Hamburg ein den Berliner und Wiener Theatern gleichwertiges Institut zu schaffen. Dabei wußte er sehr wohl, welche Schwierigkeiten damit um deswillen verbunden waren, weil in Hamburg einmal die Zahl der ansässigen Theaterbesucher weit geringer war als in den Metropolen und andererseits nicht wie dort mit einem breiten Strom Reisender gerechnet werden konnte. Als Folge ergab sich, daß in das Jahresprogramm erheblich mehr Neuinszenierungen eingestellt werden mußten

als etwa bei dem Deutschen Theater in Berlin. Wenn das auch durchaus mit Bergers Plan übereinstimmte, das Hamburger Publikum sowohl mit zahlreichen Neuerscheinungen wie mit Werken der klassischen Kunst vertraut zu machen, so erhöhte sich doch dadurch der Ausgabe-Etat beträchtlich und erschwerte die Erfüllung hochgespannter Wünsche.

Berger steckte sich in seinem Spielplan vornehmlich ein dreifaches Ziel: Er wollte Shakespeare durch Einstudierung vernachlässigter Stücke zu neuen Ehren bringen, Hebbels Schauspiele dem lebendigen Besitz des gebildeten Deutschlands einfügen und sein Publikum mit den wesentlichen Hervorbringungen der modernen dramatischen Dichtung bekannt machen.

Die Verwirklichung dieses Programms bedurfte natürlich eines längeren Zeitraums, aber Berger ging vom ersten Tag an mit Willens- und Tatkraft an sie heran. Nachdem am 15. September 1900 das Schauspielhaus mit einer Aufführung von Goethes »Iphigenie« eröffnet war, in welcher Franziska Ellmenreich die Titelrolle gab, folgte eine Reihe von Werken der neuen Dramatik. Nach meinen Tagebuchnotizen, die selbstverständlich keinen Anspruch auf Vollständigkeit machen, sahen wir im ersten Theaterwinter Georg Hirschfelds »Agnes Jordan«, O. E. Hartlebens »Rosenmontag«, Björnsons »Über die Kraft«, Ersten und Zweiten Teil (dessen herbe Sentimentalität besonders starken Eindruck machte), Otto Ernsts »Jugend von heute« und »Flachsmann als Erzieher« und Gerhart Hauptmanns »Michael Kramer«. Zu Hebbels Geburtstag erschien seine »Maria Magdalene« auf der Bühne, und gegen Schluß der Spielzeit gab es »Wallensteins Lager« und die »Piccolomini« von Schiller.

Die folgenden Jahre brachten neben anderen Neuaufführungen Max Halbes »Haus Rosenhagen«, Gerhart Hauptmanns »Schluck und Jau«, Ibsens »Hedda Gabler«, Maeterlincks »Monna Vanna«, »Das dunkle Tor« von Felix Philippi, Otto Ernsts »Gerechtigkeit«, Oscar Wildes »Salome«, Max Dreyers »Tal des Lebens«, Hauptmanns »Rose Bernd«; ferner von älteren Dichtern: Gutzkows »Uriel Acosta«, von Paul Heyse den »Meister von Palmyra« und »Maria von Magdala«, Schillers »Maria Stuart«, Shakespeares »König Heinrich VIII.«, »König Lear« und »Kaufmann von Venedig« und neben der »Elektra« Hugo von Hofmannsthals die des Euripides.

Freilich, auch minder bedeutenden Schriftstellern öffnete Berger sein Haus; in einer der ersten Vorstellungen bot er seiner Gattin, der in Wien am Burgtheater engagierten Stella Hohenfels, Gelegenheit, in einem geringwertigen Schauspiel, »Frau Königin«, zu glänzen, das dem hamburgischen Publikum ausnehmend gefiel. Dahin gehörten auch Fuldas »Zwillingsschwester«,

Chambers' »Tyrannei der Tränen«, Meyer-Försters »Alt-Heidelberg« und Schönthans und Baudissins »Im bunten Rock« (wo, als Schlußeffekt – übrigens nicht ohne starke Wirkung –, die Janitscharen-Musik eines Infanterie-Regiments hinter der Szene, durch die offenen Fenster der Bühne sichtbar, vorüberzieht).
So gaben die Darbietungen der Kritik nach beiden Seiten einen Tummelplatz: die konservativ gerichteten klagten über die starke Betonung des Modernen, über den Naturalismus der Darstellung, die Abkehr vom klassischen Ideal; sie warfen den Schauspielern vor, sie könnten keine Verse mehr sprechen, und entrüsteten sich oft genug darüber, daß der Inhalt der Stücke die Grenzen der Schicklichkeit überschritte; als Hauptmanns »Rose Bernd« gegeben wurde, nannte es unser Nachbar Professor Thost eine Cochonnerie. Die anderen sahen bekümmert, wie der programmatisch betonte Hochstand des Spielplans keineswegs innegehalten, den trivialen Neigungen des Publikums nachgegeben und Kassenrücksichten da in den Vordergrund geschoben wurden, wo sie das Theater nur als »moralische« künstlerische Anstalt behandelt wissen wollten.
Auch diese hatten in der Einseitigkeit ihrer Forderung wohl Unrecht. Denn wenn das Theater seine Aufgaben erfüllen sollte, mußte es materiell bestehen können, und deshalb ließ es sich nicht vermeiden, bis zu einem gewissen Grade dem Bildungsstand des hamburgischen Publikums Rechnung zu tragen. Dieses aber und gerade die Kreise, auf deren Besuch sich das Schauspielhaus angewiesen sah, waren keineswegs gewillt, sich nur mit guter geistiger Kost speisen zu lassen. Man wollte unterhalten sein; namentlich die Herren, die den Tag über gearbeitet hatten und am Abend abgespannt waren, verlangten vom Theater, daß es sie nicht mit Fragestellungen quäle, die ernste Aufmerksamkeit forderten. Aber auch die Damen meinten, Trauriges und Aufregendes biete das Leben genug; hier wollten sie angenehme Dinge sehen. Peinliche seelische Erschütterungen und die damit verbundenen Konflikte erregten Unwillen. Man erlebte nicht selten – etwa bei einer Aufführung von Ernst Hardts »Tantris der Narr« oder von Hebbels »Maria Magdalene« –, daß die elegant gekleideten Besucherinnen in Begleitung ihrer Chapeaus mit dem Ausdruck verletzten Gefühls sich ostentativ zwischen den Reihen der beifallklatschenden Zuschauer hinausdrängten.
Um so anerkennenswerter, daß Herr von Berger sich dadurch nicht beirren ließ. Er behielt sein Ziel fest im Auge, und die Entwicklungslinie seiner Anstalt ging bis über die Mitte des Jahrzehnts hinaus aufwärts. Den Höhepunkt seiner Leistungen bildeten die mustergültigen Aufführungen der großen

Hebbelschen Trauerspiele: »Herodes und Mariamne«, »Judith«, »Genoveva«, »Gyges und sein Ring« und zuletzt »Die Nibelungen«. In Frau Adele Doré hatte er eine Tragödin gefunden, welche der gewaltigen Aufgabe voll gewachsen war. Anfänglich hatte er sie nicht verstanden. Es war soweit gekommen, daß er ihr eine schwierige Rolle gab, um sie daran scheitern zu lassen. Aber gerade dabei hatte sie ihre ungewöhnliche Begabung bewiesen, und Berger war unvoreingenommen genug, sich ohne weiteres umstimmen zu lassen. So wurde sie in jenen Jahren gleichsam zum Mittelpunkt des Theaters. Sie hatte eine schlanke und hohe, man kann wohl sagen: königliche Gestalt. Ihr Gesicht war eigentlich häßlich: bräunliche Hautfarbe, dunkle Augen, fast schwarzes Haar, vortretende Backenknochen, starke Nase, breiter Mund und aufgeworfene Lippen, aber ihre Züge waren durchgearbeitet, und in ihnen hielten sich Geistigkeit und eine fesselnde animalische Sinnlichkeit die Waage. Als Herodias in Oscar Wildes »Salome« machte sie eine glänzende Figur. Für Hebbels »Judith« war sie wie geschaffen; ihr Auftreten in dieser Rolle war ein Ereignis. Wie sie sich in Holofernes' Zelte von ihren Sinnen überwältigt gab und dann doch gleich einer Tigerkatze den Schlafenden überfiel und tötete! Ihrem eigenen Herzen stand die Mariamne am nächsten. Das war ihre Lieblingsrolle, und sie setzte alle Willenskraft daran, sie herauszuarbeiten. Die Herbigkeit des Charakters, das Bewußtsein der weiblichen Würde und das Verlangen nach deren Anerkennung durch das Vertrauen des mit aller Hingabe geliebten Mannes entsprachen wohl ihrem eigenen Naturell. Von ihrem Feingefühl nahm ich einmal bei einem Zusammensein nach einem Abend der Kunstgesellschaft ein eigentümliches Aufblitzen wahr: Ihr Mann, Professor Milan, Lektor und Lehrer der Sprechkunst an der Berliner Universität, hatte Gedichte und Novellen vorgetragen, und wir saßen nachher in kleinem Kreis bei einem Glas Wein. Milan, dessen Blut infolge der seelischen Anspannung mehr als das unsrige durch die Getränke in Wallung geraten sein mochte, setzte ihr zu, sie müsse von der Möglichkeit des Verkehrs in Häusern wie dem unsrigen häufiger, als sie tue, Gebrauch machen. Sie versteinte vor Scham und hat ihren Fuß nie wieder über unsere Schwelle gesetzt. Das bedauerten wir, denn sie war eine kluge und liebenswürdige Gesellschafterin. Ich hätte gewünscht, Edvard Munch möge sie malen oder radieren; sie wäre für ihn famoses Modell gewesen, und er würde Ausdrucksmöglichkeiten aus ihr haben herausholen können, die sie selbst überracht hätten. Beide waren auch an sich bereit, aber die Ausführung scheiterte an Munchs Scheu vor neuen Bekanntschaften.
Mit Berger stand sie auf gutem Fuß, zumal er ihr, in Anerkennung ihres gro-

18. Max Liebermann: Albert Wolffson, o. D.

19. Karl Schmidt-Rottluff: Paul Rauert, 1911

ßen Talents, keine Schwierigkeiten bei der Ausgestaltung ihrer Rollen machte. Als sie die Eboli spielen sollte – so erzählte sie –, habe sie ihm gesagt, sie fasse diese als eine Art Lustspielfigur auf; er habe erwidert, sie möge es nur machen, wie sie denke.

Obwohl ihr seine menschlichen Schwächen nicht verborgen waren, ließ sie seiner genialen Art Gerechtigkeit widerfahren. Wenn sie etwas an ihm auszusetzen hatte, war es seine halb gutmütige, halb schlaffe Bequemlichkeit in der Disziplin seiner Schauspieler; er müsse – so meinte sie – öfter wetternd dazwischenfahren.

Aber auch das lag ihm im Blut; denn er war ganz ein Kind Wiens und der Wiener Gesellschaft: eine Mischung von besten Anlagen, begeisterter Tatkraft und von Unzuverlässigkeit. Sein sprühender Geist machte ihn – wie für öffentliche Veranstaltungen, so auch in privaten Kreisen – zu einem begehrten Vortragsredner; aber wiederholt kam es vor, daß er die Zusage vergaß und die Hörer mit hochgezogenen Brauen sitzen ließ. Auch in dem, was er in seinen Vorträgen sagte, war er unberechenbar; durch paradoxe Einfälle ließ er sich zu Behauptungen hinreißen, die er selbst ernstlich nicht glauben konnte. Im Verein für Kunst und Wissenschaft sprach er einmal über Shakespeare: Er schilderte ihn als einen Mann, dem die ideale Seite der Dichtkunst ganz gleichgültig gewesen sei; er habe nur verdienen wollen: »Sie müssen ihn sich vorstellen wie einen Bergführer in der Schweiz; der bringt auch die Touristen auf gefährliche Höhen, welche eine herrliche Aussicht bieten; den Führer läßt sie kalt, er tut es nur des Lohnes wegen.« In einem Vortrag über Heine sagte er, der heutigen Jugend gehe jedes Verständnis für platonische Liebe ab. Er mochte eigene Erfahrungen verallgemeinern.

Das Ziel seines Strebens war der Direktorposten des Burgtheaters. In Hamburg wollte er sich die Sporen verdienen; Selbstzweck war ihm das Schauspielhaus nicht. Das machte sich nach und nach doch auch in der Leitung bemerkbar. Es kam hinzu, daß ihn die mangelnde ökonomische Einträglichkeit des Theaters verdroß. In jener schon früher erwähnten Denkschrift des Jahres 1906 machte er seinem Herzen Luft; sie klang aus in einem Ruf nach einer staatlichen Subvention.

So brachte das zweite Jahrfünft eigentlich keine Steigerung mehr in den Leistungen; eher hätte sich von einem Abflauen reden lassen. Zwar gab es noch eine Reihe von guten Aufführungen sowohl moderner wie klassischer Stücke: Tolstois »Auferstehung«, Hauptmanns »Und Pippa tanzt«, Ibsens »Wenn wir Toten erwachen«, Mönckebergs und Jolles' Bearbeitung der »Alkestis« von Euripides, Ernst Hardts »Tantris der Narr«; ferner die »Hermanns-

schlacht« von Kleist und eine schöne, wenn auch etwas pretiös ausgestattete Wiedergabe des »Was Ihr wollt« von Shakespeare. Aber auch die mittelmäßigen und minderwertigen Stücke nahmen an Zahl beträchtlich zu.
Im Winter 1909/10 winkte Berger die Erfüllung seiner Hoffnung: der Direktorposten des Burgtheaters wurde frei. Noch kurz vor der Jahreswende hatte er den Hamburgern versichert, sein Herz gehöre dem von ihm gegründeten Haus und er werde es nicht verlassen. Da ging die Nachricht durch die Blätter, er habe den Ruf nach Wien angenommen. Die Freunde waren verstimmt; er versuchte das Gleichgewicht wiederherzustellen, indem er eine Personalunion vorschlug, aber der Aufsichtsrat ging nicht darauf ein, und so verließ Berger die Stätte seines zehnjährigen Wirkens. In Wien hat er das ersehnte Glück nicht gefunden: als er einige Jahre später zu einem Vortrag zurückkam, machte er den Eindruck eines gebrochenen Mannes.
Es wäre Unrecht, ihm seine Abkehr von Hamburg allzu schwer anzurechnen und um ihretwillen sein Verdienst geringer einzuschätzen. Die Wirkung seiner Person und Arbeit war sehr bedeutend und ging über die Stätte seiner engeren Tätigkeit weit hinaus: auch die anderen Bühnen konnten sich, schon aus Wettbewerbsrücksichten, seinem Einfluß nicht entziehen. Das Stadttheater freilich blieb nach wie vor in der Hauptsache der Oper vorbehalten. Aber Herr Bachur war doch den berechtigten Wünschen eines für das Drama interessierten Publikums zugänglicher als früher. Schon 1901 zeigte er sich – abweichend von früherer Übung – bereit, für die Literarische Gesellschaft eine Aufführung von Grabbes »Don Juan und Faust« einzurichten, und in den folgenden Jahren ließ er für dieselbe Zuhörerschaft Stavenhagens »Mudder Mews« und Liliencrons »Knut der Herr« und für den Goethe-Bund Kleists »Hermannsschlacht« über die Bretter gehen. Der Umschwung erwies sich alsbald auch für die größere Allgemeinheit fruchtbar. Als Schillers 100jähriger Todestag herannahte, wurde – auf den von einer Anzahl bildungsfreundlicher Vereine gestellten Antrag – vom Senat ein Ausschuß berufen, der unter dem Vorsitz des Senatssekretärs Hagedorn über die Veranstaltung von Volksvorstellungen Schillerscher Dramen beriet, und die Leiter aller Theater waren eifrig bemüht, ihr Bestes an die würdige Gestaltung dieser Darbietungen zu setzen. Die Einrichtung bewährte sich, und sie wurde zu einer dauernden und hat sich von Jahr zu Jahr, die Werke anderer Autoren in ihren Kreis einbeziehend, erweitert.
Auch das Thalia-Theater wuchs in seiner Bedeutung von neuem. Die Anfänge dieser Verjüngung liegen freilich weiter zurück: Schon 1897 war Ibsens »Nora«, etwas später die »Wildente« in den Spielplan aufgenommen. Aber

ein neuer Geist zog doch erst dann ein, als neben Jelenko der begabte und rührige Leopold Jessner zum Spielleiter bestellt wurde. Ihm war es ein Ehrgeiz, aus der alten und neuen dramatischen Literatur wertvolle Stücke herauszusuchen, deren Anforderungen die kleine Bühne gewachsen war, und es mußte wundernehmen, wie es ihm gelang, durch klugen Verzicht auf Äußerlichkeiten und durch starke Betonung des geistigen Inhalts das durch szenischen Prunk verwöhnte Publikum die Einfachheit seiner Ausstattung vergessen zu machen und durch Anregung der Einbildungskraft zur inneren Nachschaffung sogar phantastischer Bühnenbilder zu verführen. Während noch 1905 Beyerleins »Zapfenstreich« als Ereignis gegolten hatte, brachte das Jahr 1906 Frank Wedekinds »Erdgeist«; ihm folgte Hauptmanns »Das Friedensfest« und in weiteren Abständen eindrucksvolle Aufführungen von Ibsens »Peer Gynt« (mit Tom Farecht in der Titelrolle), »Dantons Tod« von Büchner, Wedekinds »So ist das Leben« und »Büchse der Pandora«, Max Dauthendeys »Spielereien einer Kaiserin«, Arno Holz' »Sonnenfinsternis«. Jessner veranstaltete auch auf Veranlassung des Arbeiterbildungsvereins Volksvorstellungen für die Arbeiterschaft, die ihm dafür dauernde Dankbarkeit bewahrt hat.

Bergers Nachfolger in der Leitung des Schauspielhauses wurde Dr. Carl Hagemann, der – ein Harburger Kind – bisher das Großherzogliche Schauspielhaus in Mannheim geleitet hatte und dort bei verschiedenen Anlässen mit Richard Dehmel in nähere Beziehung getreten war. Vielleicht hat Schulze-Berghof Recht, wenn er in seinem Buch »Neuland in Kunst und Kultur« Berger als den Regiekünstler, Hagemann als den Regietechniker bezeichnet und diesem in der Behandlung des szenischen Rahmens, in der Schilderung der Umwelt, überhaupt in der äußeren Spielleitung die Überlegenheit zuerkennt, während jener »das Bühnenwerk mehr von innen her, vom Herzen des Dichters aus, aufgebaut« habe.

Hagemann war – schon sein Äußeres mit den scharf geschnittenen, fast eigensinnig verbissenen Zügen verriet es – unzweifelhaft die kältere Natur und ergriff die Aufgaben seines Berufs vorwiegend mit dem Verstand. Sein Buch über die Regie ist eine Fundgrube nachdenklicher Bemerkungen aus Theorie und Praxis. Gefühlsmäßig aber stand er – als Kind seiner Zeit – durchaus den Dichtern nahe, die aus der nervösen Reizsamkeit der Seele schöpfen. In einem Vortrag, den er im April 1910 in der Literarischen Gesellschaft hielt, legte er dar, er erwarte das künftige Heil der Bühne von einer Ausgestaltung der Tragikomödie im Sinne der Shaw, Eulenberg, Wedekind, die ihrerseits zwar versprächen, aber noch nicht erfüllten.

Diese Auffassung kam denn auch im Spielplan zur Geltung: Es war begreiflich, daß in ihm Strindberg eine bedeutende Rolle zugewiesen wurde. Wir wurden mit seinem »Totentanz«, »Ostern«, »Fräulein Julie« bekanntgemacht. Im Februar 1911 gab es einen regelrechten Theaterskandal in Anlaß der Aufführung von Eulenbergs »Alles um Liebe«, aber Hagemann ließ sich dadurch nicht abschrecken; zwei Jahre später folgte die »Belinde«, in einer Vorstellung, welche den ganzen zarten Reiz ihrer Harmonie von Inhalt und Form über die Zuschauer ausgoß. Freilich versagte auch dies Stück bei einem großen Teil des Publikums; sie drängten gleich einer Herde hinaus, die man zu lange im Schafstall gehalten hat. Der November 1911 brachte die Uraufführung von Dehmels »Michel Michael«. Sie fand so wenig Beifall, daß sie die einzige blieb, obwohl das Stück auf unvoreingenommene Zuschauer eine starke Wirkung geübt hatte. Von Dramen anderer moderner Autoren seien »Gabriel Schillings Flucht« von Gerhart Hauptmann, Ernst Hardts »Gudrun«, »Die Kinder« von Hermann Bahr, Schnitzlers »Professor Bernhardi«, ferner Oscar Wildes »Florentinische Tragödie« und „Salome" genannt. Aber auch die Klassiker vernachlässigte Hagemann nicht: Er brachte Goethes »Tasso« und als Abschiedsvorstellung der scheidenden Franziska Ellmenreich die »Iphigenie auf Tauris«, Kleists »Penthesilea«, Shakespeares »Der Widerspenstigen Zähmung«.

Hagemann hatte mit Schwierigkeiten und Widerständen mannigfacher Art zu kämpfen. Zwar stand ihm ein vorzügliches, geschultes und eingespieltes Personal zur Verfügung, dessen Zusammensetzung nach Bergers Fortgang im Wesentlichen die gleiche geblieben war. Durch den Hinzutritt der Orska, die Hagemann von Mannheim mitgebracht hatte, bekam es neue Note. Sie war zwar nicht von überragender Bedeutung, aber in ihrer katzenhaften Nervosität für gewisse Rollen, etwa Wildes »Salome«, sehr begabt.
Mit solchen Kräften ließ sich schon Gutes leisten. Aber das Publikum rieb sich an ihm, weil es fand, sein Programm sei zu modern. Das Schlimmste jedoch – damit zusammenhängend – war, daß der finanzielle Erfolg ausblieb. Schließlich brach ihm die Inszenierung »Turandot« den Hals. Sie habe – so sagte man – 50 000 Mark gekostet und brachte – wider Erwarten und entgegen den in Berlin gemachten Erfahrungen – keine vollen Häuser. Der Aufsichtsrat war mißvergnügt, machte daraus kein Hehl, und Hagemann zog die Folgerungen: Das Vertragsverhältnis wurde gelöst. Wenn auch der große Haufe des Theaterpublikums sein Scheiden gelassen ansah, wußte doch der literarisch gebildete Kreis, was er verlor, und bewies das wiederholt durch

geflissentliche Beifallsbezeugungen gerade bei Aufführungen, die man, wie man wußte, Hagemanns eigenstem Geschmack verdankte.
Hagemanns Nachfolger war Max Grube. Er kam aus Weimar und war eine Größe aus vergangenen Tagen: es gelang ihm als einer solchen, das Schauspielhaus binnen kurzer Zeit zu einer mittelmäßigen Provinzbühne herunterzuwirtschaften. Er selbst war mit sich zufrieden, schrieb »Jugenderinnerungen eines Glückskindes« und schwamm. Endlich aber revoltierte das Publikum, und im vierten Jahr des großen Krieges, als seine Vertragszeit abgelaufen war, quittierte er den Dienst.
1912 bezog das Thalia-Theater, dessen altes Gebäude den szenischen und sicherheitspolizeilichen Anforderungen nicht mehr entsprach, ein neues, der alten Stätte am Pferdemarkt gegenüber errichtetes Haus. Lundt & Kallmorgen führten den Bau aus, nach Plänen, die, wie man sagte, eine auswärtige Firma entworfen hatte. Im ersten Kriegswinter übernahm Hermann Röbbeling diese Bühne, ein tatkräftiger, offenbar vom besten Willen erfüllter Mann. Auch er setzte seine Willensrichtung in einem Vortragsabend der Literarischen Gesellschaft auseinander; mit Recht führte er aus, zum größten Teil hänge das Gelingen eines Theaterunternehmens von dem Publikum ab, das von der Absicht getragen sein müsse, Wertvolles und Wertloses ernsthaft zu unterscheiden und das Gesetz eines geläuterten Geschmacks dem Direktor vorzuschreiben.
Das Personal der Schauspieler hatte schon vorher wesentliche Veränderungen erfahren; Röbbeling räumte weiter auf: So mußte Tom Farecht weichen, dessen feinen Qualitäten die derb zugreifende Art des neuen Herrn nicht gerecht zu werden vermochte. Leider kündigte er auch Leopold Jessner, der die Leitung eines Theaters in Königsberg übernahm.
Röbbeling war bemüht, alljährlich eine größere Anzahl neuer Lustspiele zu bringen, welche seinem Publikum als Unterhaltung dienen sollten, und daneben etwa in jedem Monat einmal mit einem bedeutenden Werk der dramatischen Kunst hervorzutreten, auf dessen Einstudierung er besondere Sorgfalt verwandte. Darum legte er um so größeren Wert darauf, vorzügliche Spielleiter zu gewinnen: Zunächst verpflichtete er Erich Ziegel von den Kammerspielen in München, und als dieser ihm vom Deutschen Schauspielhaus wieder weggeholt war, tat er mit Karl Heinz Martin einen guten Griff. Auch Röbbeling setzte sich für Strindberg ein: Ausgezeichnete Aufführungen der »Kronbraut«, der »Folkungersage«, des »Luther« waren der Gewinn. Mit Salfner in der Titelrolle brachte er – als ein Meisterstück der Regie unter Berücksichtigung der durch die räumliche Enge der Bühne auferlegten Be-

181

schränkungen – Gerhart Hauptmanns »Florian Geyer«, und im Winter 1917 vermittelte er uns die Kenntnis von Dehmels neuem Drama »Menschenfreunde«.
Auch das Altonaer Theater, das nach wie vor mit dem Hamburger Stadttheater vereinigt blieb, nahm vorübergehend einen Aufschwung. 1910 zählte es Wegener zu seiner Truppe, und in den folgenden Jahren gelangen dem Spielleiter Brügmann mehrerer Leistungen, die großes Lob verdienten.
In St. Pauli gab es eine Reihe Bühnen, welche der heiteren Muse dienten: das Carl-Schultze-Theater, das seinen Ruhm dem Hamburger Volksstück verdankte, pflegte jetzt die Operette; den gleichen hohen Beruf zu erfüllen, war die Gründung zweier Häuser bestimmt, für welche die Etablissements am Eingang der Reeperbahn in Anspruch genommen wurden und die dem Herrscherstab eines Herrn Bendiner unterstellt werden sollten; Dr. Bitter, der als Rechtsberater den Gründern zur Seite stand, rühmte die Wichtigkeit des Unternehmens für die Hebung des hamburgischen Fremdenverkehrs. Nach mancherlei Wechselfällen des Schicksals, bei denen die Aktionäre einen guten Teil ihres Kapitals verloren, blieb nur das Neue Operettentheater bestehen. Das Ernst-Drucker-Theater war die Domäne der hamburgischen Lokalposse und wohl die einzige Stätte, wo regelmäßig in niederdeutscher Mundart geschauspielert wurde, aber die Darbietungen entbehrten des literarisch-künstlerischen Werts. Endlich sei noch des Schiller-Theaters am Neuen Pferdemarkt gedacht; die Leitung suchte klassische Werke und daneben moderne Stücke, die sie dessen nach Form und Inhalt für würdig hielt, breiteren Volkskreisen zugänglich zu machen. Auch im Publikum regte sich der Drang, nicht nur empfangend, sonder selbsttätig schöpferisch und darstellerisch am Theater teilzuhaben. Im Jahre 1902 wurde am Thalia-Theater der »Wohltätigkeitskuß«, ein von Toni O'Swald, einer Tochter des Hallerschen Hauses, geschriebenes Lustspiel gegeben.
Ferner fand sich, ebenfalls um jene Zeit, eine Anzahl junger Juristen und Kaufleute aus den besten Kreisen mit ihren Damen zu Liebhaber-Aufführungen von beschränkter Öffentlichkeit zusammen: Die Vorstellungen, im Theatersaal eines Wandsbeker Hotels veranstaltet, dienten zunächst dem geselligen Vergnügen und waren mit einem nachfolgenden Ball verbunden. Aber die Teilnehmer hatten doch das Streben nach Vertiefung: Schon 1906 wurde unter der Spielleitung von Dr. Carl Heine Otto Erich Hartlebens »Hanna Jagert« gegeben. 1910 ging aus diesem Kreis die Lessing-Gesellschaft hervor, die sich noch höhere Ziele steckte. Emanuel Stockhausen, der früher am Thalia-Theater angestellt gewesen war, sich aber jetzt ins Privatleben zu-

Gustav Schieflers Mitgliedskarte der Lessing-Gesellschaft

rückgezogen hatte, stand als Spielleiter an ihrer Spitze. Man beschränkte sich nicht auf Vorstellungen, sondern ließ auch Redner – z. B. Julius Bab – kommen, welche über Fragen der Schauspielkunst und ähnliche Themata sprachen. Auf dem eigentlichen Gebiet der Schauspielkunst freilich blieben die Leistungen hinter dem zurück, was man sich vorgenommen hatte, die Kräfte der Dilettanten reichten dazu nicht aus. Dennoch gab es Darbietungen, die hohes Lob verdienten, aber der Erfolg war weniger den Mimen, als der Ausstattung zu verdanken, welche von den Lehrern der Kunstgewerbeschule übernommen war. Am besten gelang die zu Weihnachten 1910 veranstaltete Aufführung eines von Falckenberg bearbeiteten Krippenspiels, zu welchem Professor Czeschka die Kostüme und Dekorationen entworfen hatte. Sie mußte mehrere Male vor ausverkauftem Hause wiederholt werden. Auf die Dauer vermochte sich die Gesellschaft nicht zu halten: man glaubte zunächst, den mangelnden Erfolg Stockhausen zur Last legen zu müssen, und faßte den Entschluß, sich seiner zu entledigen. In dem irrtümlichen Glauben, ich sei mit den Theaterverhältnissen vertraut, bat man mich, an die Spitze der Gesellschaft zu treten und einen Ersatz für Stockhausen zu suchen. Eine tragikomische Wendung nahm die Sache dadurch, daß dieser selbst vom Vorstand damit beauftragt wurde, mir das offizielle Ersuchen um Übernahme des Vorsitzes vorzutragen. Weil ich mich der Aufgabe nicht gewachsen fühlte, mußte ich ablehnen, und so blieb der Gesellschaft nichts anderes übrig, als zu liquidieren. Ihr Abgesang bestand in einem Auftreten der Münchener Tänzerin Clothilde von Derp.

Ernstere und für die hamburgische Kultur im weiteren Sinne wichtigere Ziele verfolgten die Vereinigungen, welche es auf eine Wiederbelebung des niederdeutschen Dramas absahen. Fritz Stavenhagen, für den zuerst die Literarische Gesellschaft dadurch öffentlich eingetreten war, daß sie eine Aufführung seiner »Mudder Mews« veranstaltete, hatte bei seinem frühen Tode mehrere mundartliche Schauspiele hinterlassen. Um sie zur Geltung zu bringen, bildete sich alsbald eine Stavenhagen-Gesellschaft, aber ihr Einfluß war nicht groß genug, daß die niederdeutsche Sprache davon hätte einen wesentlichen Vorteil ziehen können. Erst als die Werke Johann Hinrich Fehrs' in weiterem Umfange bekannt geworden waren und Gorch Fock auf den Plan trat, wurde die Sache anders. Und auch dieser mußte erst in der Seeschlacht vom Skagerrak sein junges Leben lassen, ehe man seinen dramatischen Arbeiten die Anteilnahme entgegenbrachte, die sie verdienten. Im dritten Jahr des großen Krieges trat eine Anzahl schauspielerisch begabter Freunde der niederdeutschen Sprache zu einer Gesellschaft für dramatische Kunst zusam-

men. Ihre erste Leistung war die Aufführung zweier Stücke Gorch Focks, die zugunsten der Witwe des Verfassers auf der Bühne des Thalia-Theaters stattfand: »Doggerbank« und »De Keunigin von Honululu«. Starker Beifall lohnte den Darstellern, und die Vorstellung wurde mehrfach vor vollem Hause wiederholt; auch außerhalb Hamburgs, in Lübeck und Lüneburg, konnte die Gesellschaft ihr und Gorch Focks Licht leuchten lassen. Obwohl sie sich unter Dr. Ohnsorgs trefflicher Spielleitung auch in anderen Stücken bewährte, sah sie doch im Laufe der Zeit ihren Bestand in Frage gestellt, weil der Besuch der teureren Plätze zu wünschen ließ und deswegen der Direktor des Thalia-Theaters, für dessen Rechnung die Eintrittskarten verkauft wurden, nicht auf seine Kosten zu kommen fürchtete. Bei einer Beratung, wie dem abzuhelfen sei, tauchte bereits der Plan der Gründung einer selbständigen niederdeutschen Bühne in Hamburg am Horizont der Verhandlungen auf. Trotz der Beobachtung solcher Erfolge war es eine große Überraschung, als im Jahre 1916 ein junges Mädchen aus einer der ersten hamburgischen Familien, eine Tochter Dr. Octavio Schroeders, wirklich zur Bühne ging und von Direktor Loewenfeld für das Altonaer Stadttheater engagiert wurde.
Könnte es nach alledem scheinen, als hätte die Liebe zur dramatischen Kunst in der hamburgischen Bevölkerung starke Wurzeln geschlagen, so muß doch gesagt werden, daß es sich dabei nur um ein dünne Schicht handelte. Im großen und ganzen blieb es dabei, daß das Publikum keine innere Ruhe fand, sich in ernstere schauspielerische Probleme zu vertiefen: die Hast des Lebens mit seinen Gewinn-Instinkten trieb den breiten Strom neben den eigentlichen Bildungsstätten vorbei. Die Theaterleiter klagten, daß zwar die üblen Sensationsschmarren volle Häuser machten, aber in guten Stücken die Plätze leer blieben.

Varieté, Tanz, Kino

Dafür hatten Spezialitätenbühnen und Varietés um so bessere Zeiten. Sie wurden nicht nur von der leichtlebigen Jugend, sondern auch, und sogar vornehmlich, von den breiten Schichten des soliden bürgerlichen Mittelstandes besucht. Alle waren durch die Arbeit des Tages abgespannt und wollten am Abend, ohne sich anzustrengen, nur unterhalten sein. So ließen sie in schneller Folge Bild auf Bild an ihrem Auge vorüberziehen und machten sich keine weiteren Gedanken darüber, daß sie von dem, was sie gesehen, nichts mit nach Hause brachten: davon, welch eine Summe von Schulung, Energie und Kräfte-Ökonomie alle diese Schaustellungen voraussetzten, hatten doch die wenigsten eine Vorstellung. Nur die Eingeweihten wußten, wie oft Ernsthaftigkeit und Gedankenschwere hinter diesem Tand und Flitter verborgen sind. Denn im Grunde ist der Abstand, der das Völkchen der Artisten von jenen Kreisen der Zuschauer trennt, gar nicht so groß. Auch dies hat seine Organisationen, seine durch Überlieferung geheiligten Gebräuche, sein Gewohnheitsrecht, seine Ehrengesetze. Oberhalb der Tingeltangel- und Singspielhallen standen, auch ihrerseits wiederum nach Leistungen und Publikum gleichsam rangmäßig unterschieden, das Apollo-Theater und das Hornhardtsche Etablissement an der Reeperbahn in St. Pauli und das Hansa-Theater am Steindamm in St. Georg; dies als das vornehmste obenan.

Im Dezember, während des Weihnachtsmarktes, des sog. Domes, war die große Zeit der Artisten und der Varietés in Hamburg. Denn dann kamen jene aus ganz Deutschland und den angrenzenden Ländern hier zusammen. In den Buden auf dem Heiligengeistfeld, in den ausgedehnten Sälen von Sagebiel, in Ludwigs Konzerthaus, überall zeigten sie ihre Künste, und die Leiter der Varietébühnen aus der ganzen Welt prüften das »Material«, trafen ihre Auswahl und schlossen die Engagement-Verträge für die kommende Spielzeit; Hamburg war dann die allgemeine Artisten-Börse. Wegen dieser günstigen Zukunftsaussichten waren die Gagen der Künstler in jenem Monat besonders niedrig.

Ein vor unserem Forum geführter Rechtsstreit gewährte in alle diese Dinge amüsante Einblicke. Drei sog. Exzentrik-Tänzerinnen, die bei Hornhardt aufgetreten waren, hatten Herrn Grell, den Leiter sowohl dieser Bühne wie des Hansa-Theaters, auf ihr Honorar für den Monat Dezember verklagt. Ein Vertrag bestand, nach dem die Direktion, wenn die Leistungen ihren berechtigten Anforderungen nicht entsprachen, sofort kündigen durfte. Grell, der die Mädchen mitten im Monat entlassen hatte, behauptete, die Bedingung für die sofortige Kündigung sei erfüllt, was jene natürlich bestritten. Darüber war Beweis zu erheben. Wir versuchten es lange vergeblich; denn die Tänzerinnen hatten inzwischen Hamburg verlassen, durchzogen die Welt, waren bald in Skandinavien, bald in Warschau, Wien oder Bukarest, und wenn wir nach langer Schreiberei einen Sachverständigen ermittelt hatten, der ihre Leistungen hätte begutachten können, waren sie selbst schon wieder davongegangen. Endlich beschlossen wir, uns durch eine Augenscheinseinnahme zu überzeugen. Die Klägerinnen waren einverstanden, nach Hamburg zu kommen. Da es nicht anging, sie an Gerichtsstelle tanzen zu lassen, wurde – nach Anhörung des Herrn Piefo, des Direktors des Apollo-Theaters, der uns schon wiederholt als Sachverständiger gedient hatte – angeordnet, ihre Vorführung sollte dem Programm eines Abends im Apollo-Theater eingeschoben werden und dort die Besichtigung stattfinden. Als das Gericht und die Anwälte erschienen, war der Theatersaal bis auf den letzten Platz gefüllt; Herr Piefo hatte nicht versäumt, auch seinerseits aus dem Ereignis Nutzen zu ziehen. Das durch die Verhandlungen selbst sachverständig gewordene Gericht entschied zugunsten der Klägerinnen: Wir fanden, daß ihre Tanzkunst, die zwar den höher zu spannenden Anforderungen des Hansa-Theaters nicht gerecht geworden wäre, doch den Ansprüchen des Hornhardt-Publikums und darum auch der Direktion genügen mußte.

Im Bereiche des Varietés erwuchsen die Cabarets, die Pariser Vorbildern nachgeahmt und über München eingeführt, sich bald auch in Norddeutschland einbürgerten. Unter ihnen waren wohl Die Elf Scharfrichter die ersten, die eine eigene deutsche Note hatten. Ihnen folgte Ernst von Wolzogen mit seinem Überbrettl. Im April kam er nach Hamburg. Alle Welt drängte sich zu der ersten Vorstellung. Die Vorträge übten auf das zusammengewürfelte Publikum die verschiedenste Wirkung: die Philister rümpften die Nase; die, welche überall dabei sein mußten, fühlten sich um eine Sensation reicher; aber wieder verstanden nur wenige, den Zauber der aus Geist und Sinnenfreude gebrauten Mischung auszukosten, über die ein erlesener Geschmack gebreitet war: da sang Olga d'Estrées, in einer kostbaren Toilette, welche die wundervollen Formen ihres reif-üppigen Körpers ins Licht setzte, ihre charmant-prickelnden Lieder; ein Bariton trug Liliencrons prächtig von Oscar Straus in Musik gesetztes »Die Musik kommt« vor; ferner »Goethe und die Frau von Stein« und das Lied von den süßen Mädeln mit dem Kehrreim: »Drum höret, was der Weise spricht zu euren dicken Schädeln: Verachtet mir die Mädeln nicht, die lieben süßen Mädeln«; Olga Wohlbrück sprach amüsante Verse und Erzählungen, und Bozena Bradsky mimte mit ihrem Partner den »Lustigen Ehemann«. Es war, als wenn ein Duft von Champagner und blühendem Fleisch von der Bühne herabwehte. Wolzogen versuchte, den Vorstellungen eine besondere hamburgische Note zu geben: Er ließ Gedichte von Gustav Falke zu Gehör bringen, und Carl Mönckeberg – man denke: der Sohn des Bürgermeisters! – verschmähte es nicht, dort oben auf der Bühne zwischen dem fahrenden Volk einen von ihm gern geübten grotesken Kosakentanz zum Besten zu geben.

Wolzogens Erfolg lockte zur Nachahmung. Auch in Hamburg entstanden ansässige Cabarets, aber keines erreichte das Original; sie versandeten alsbald in ödem Unterhaltungsgeklingel.

Aus dem Boden des Varieté heraus erwuchs ein neues Reis, das sich zu selbständiger Bedeutung entfaltete: die Tanzkunst. Die fünf Schwestern Barrison standen noch ganz im Rahmen der Spezialitätenbühne; aber schon fanden sie einen begeisterten Bewunderer, der ihnen zu Ehren ein Büchlein schrieb und darin sagte, sie tanzten Goethe. Das wirkte damals noch wie eine paradoxe Frivolität. Gegen Ende der 1890er Jahre hob sich vom Hintergrund der eigentlichen Exzentrik-Tänzerinnen Saharet ab, in München hochgefeiert und von Lenbach immer wieder gemalt. »Saharet ist meine Muse« hieß es in einem Gedicht der Jugend. Die neue Epoche, welche die Tanzkunst in eine höhere Sphäre rückte, begann aber erst mit dem Auftreten der Isadora Duncan. Sie kam mit der Geste der Kulturträgerin und hielt am Schluß ihrer Vorführungen Ansprachen, in denen sie in gebrochenem Deutsch die Bedeutung und die große Zukunft des Tanzes als einer Ausdruckskunst verkündete. Sie hatte mancherlei Vorurteile zu überwinden; Max Liebermann z. B. schalt: »Eine Tänzerin, die nicht soupiert, det is en Widerspruch.«

Im März 1904 erschien sie in Hamburg und wurde auch hier begeistert aufgenommen. Intermezzo: In einer der ersten Reihen des Saals bei Sagebiel saß Ada Ruperti mit einem sehr eleganten, aber auch sehr großen Hut, der den weiter Zurücksitzenden die Aussicht beeinträchtigte; die Zurufe, den Hut abzunehmen, beachtete sie nicht. Da bemühte sich die bejahrte Toni Petersen, die Tochter des Bürgermeisters, zu ihr, aber auch deren Angriff wurde abgeschlagen: Frau Rupertis Haar erlaubte offenbar die Demaskierung nicht. In bunter Reihe folgten, durch immer kürzer werdende Pausen getrennt, Ruth Saint-Denis, Olga Desmond, die Schwestern Wiesenthal, der Tänzer Sacharoff, Clothilde von Derp, später die Sent Mahesa, Lillebill Christensen, Katta Sterna, Ellen Petz.

Schon frühzeitig, im Jahre 1906/07, hatten die Ideen Isadora Duncans in Hamburg Wurzel gefaßt. Im Anschluß an eine Matinée ihrer Darmstädter Schule bildete sich ein Verein zur Förderung ihrer Bestrebungen, an dessen Spitze Professor Hohle, ein Lehrer an der Kunstgewerbeschule, stand, und an dem Frau Professor Nocht regen Anteil nahm. Kinder aus ihrem Kreise erhielten Unterricht nach Duncanscher Methode, und gelegentlich fanden Vorführungen vor einem geladenen Publikum, z. B. im Semperhaus im Atelier des Malers Röpke statt. Daneben traten bodenständige, aus hamburgischer Wurzel entsprossene Kräfte an das Tanzproblem heran: Minna Radczwill begann ihre Kurse, an denen zusächst nur Volksschulkinder und

Volksschullehrerinnen teilnahmen. Auf dem dritten, der Musik, dem Turnen und dem Tanz gewidmeten Kunsterziehungstag, der im Herbst 1905 in Hamburg abgehalten wurde, fanden ihre Leistungen lebhaften Beifall, namentlich bei Kerschensteiner, Pallat, Götze und deren Gesinnungsgenossen. Ihr Bestreben ging dahin, dem im Menschen, insbesondere im Kinde schlummernden Gefühl zu freier Ausdrucksbewegung zu verhelfen. Sie verschmähte dabei alles Getue und suchte die größte Einfachheit. Durch ein von ihr herausgegebenes Buch, »Tanz- und Reigenspiele«, wurde sie in weiteren Kreisen bekannt; auch unsere Ottilie nahm an einem Kursus teil, der von der Warburgschen Familie eingerichtet war.
Im Winter 1909/10 trat Gertrud Falke, zunächst nur bei kleinen privaten geschlossenen Veranstaltungen, auf den Plan: in dem elterlichen Hause vor wenigen geladenen Gästen und bei uns an einem der sog. Freitag-Abende, an denen sich Künstler, Schriftsteller und andere geistig lebendige Menschen zu versammeln pflegten; vor größerer Öffentlichkeit tanzte sie nur einmal auf einem Fest des Frauenklubs. Es war die Zeit, wo die Anteilnahme für den Einzeltanz, auch im Sinne der Liebhaberleistung, um sich griff. Ebenso wie Gertrud Falke produzierte sich Dehmels Tochter aus erster Ehe, Vera: unter dem Namen Weretta Richardowna Dehmel tanzte sie in einem Basar zugunsten der Eppendorfer Gemeindepflege in grünem Hosenrock mit Ausdruck und Anmut.
Gertrud Falke hatte ihren ersten Unterricht bei einer »Miss« Newman empfangen; jetzt, wo der Vater sah, daß sich sein lyrisch-musikalisches Talent in Form der Tanzbegabung auf die Tochter vererbt hatte, entschloß er sich, sie zu Jaques-Dalcroze nach Hellerau zu geben. Die Lehrzeit, die sie dort durchmachte, gab ihr Schulung und Technik, ohne ihre herbe Eigenart zu töten; als sie im Frühjahr 1913 zuerst im Curiohaus auftrat, erntete sie stürmischen Beifall und glänzende Kritiken.
Als merkwürdige Erscheinung sei erwähnt, daß während des Krieges der Tanz geradezu Mode wurde: eine Aufführung jagte die andere. Die meisten waren ohne allen künstlerischen Wert. Einen großen Genuß aber von wirklich hervorragenden Qualitäten brachte uns das Auftreten von Ellen Petz, die wir dadurch auch persönlich kennenlernten, daß sie, als eine Freundin Johannas, als Gast in unserem Hause wohnte.
Mit wenigen Worten muß noch der Kinos gedacht werden. Man braucht ihre Bedeutung und ihren Wert als Mittel der Belehrung und Anschauung nicht zu verkennen, um einzusehen, daß ihre Gefahr überwiegt. Die gleiche Abneigung, sich zu vertiefen, welche die Varietés füllte, sicherte auch den

Kinos den Besuch. Beide förderten die Oberflächlichkeit, den flüchtigen Blick für die Dinge, die Ungründlichkeit; beide waren geeignet, durch das Zeitmaß, in dem sich bei ihnen die Bilder folgen, die innere Unruhe und die Hetze des großstädtischen Lebens zu steigern. Aber sie waren Abend für Abend überfüllt, und die Zahl der Zuschauer rekrutierte sich aus den besten Gesellschaftskreisen.

6 Literatur, Presse

Dichter

Um die Mitte der 1890er Jahre sagte einmal Lichtwark in einer Debatte des Clubs von 1894, von Berlin aus gesehen gleiche Hamburg einem Wasserkopf, einem Gemeinwesen mit einseitig-wirtschaftlich stark entwickeltem Leben ohne geistigen Einschlag; selbst die Talente, welche über die engere Heimat hinaus im Binnenlande Anerkennung fänden, führten hier ein Dasein im Verborgenen. Er hatte recht. Ich selbst erfuhr erst von Gustav Falke, als Lichtwark in der Gesellschaft Hamburgischer Kunstfreunde auf seine bedrängte Lage aufmerksam machte und vorschlug, wir möchten ein Gedicht von ihm gegen ein namhaftes Honorar in das Jahrbuch dieser Gesellschaft aufnehmen. Er erzählte, der Dichter sei nicht in der Lage, seiner an einem Lungenleiden schwer krank darniederliegenden Frau die nötige Pflege angedeihen zu lassen. Ich kaufte damals die beiden Gedichtbände »Tanz und Andacht« und »Neue Fahrt« und las tief erschüttert die Verse:

>   Ich hab zu Haus ein krankes Weib,
>   Der will ich drei Rosen bringen,
>   Drei rote Rosen und ihr leis
>   Das Lied vom Leben singen.

Otto Ernst

Otto Ernst, mit seinem bürgerlichen Namen Otto Ernst Schmidt, veröffentlichte in dem 1897 erschienenen Hamburgischen Heft des Pan eine Schilderung der hamburgischen Volksbildungsbestrebungen und wurde dadurch dem kleinen Häuflein von hamburgischen Lesern dieser Zeitschrift bekannter, als er es bisher gewesen war. Ich hatte das Heft auf einer Reise in den Schwarzwald bei mir und war erstaunt, bei Unterhaltungen darüber zu sehen, daß z. B. eine Berliner Sängerin ihm als einem bekannten Dichter große Verehrung entgegenbrachte.

Von Liliencron wußte ich persönlich schon seit 1886; ich hatte damals bei einer befreundeten Familie seine »Adjutantenritte« gefunden und mich an ihnen begeistert. Jetzt hörte man, daß er von Gläubigern bedrängt in Altona bei der Inhaberin eines kleinen Geschäfts lebe, die für ihn sorge und Kinder von ihm haben solle. Es wurde erzählt, eine Breslauer literarische Vereinigung habe ihm, um ihre Huldigung darzubringen, einen sog. Diplomatenschreibtisch, nach dem sein Sinn gestanden, nicht zu Eigentum geschenkt, sondern »geliehen«, damit er dem Zugriff des Gerichtsvollziehers entzogen bliebe.

Meine eigene Aufmerksamkeit war in diesen Jahren so sehr auf die Entwicklung der hamburgischen Malerei eingestellt, daß darüber das Schrifttum der unmittelbaren Umwelt zu kurz kam. Erst auf dem Umweg über das, was sich im Bereich der allgemeinen deutschen Literatur zutrug und dessen Kenntnis mir vornehmlich durch die seit 1895 erscheinende Zeitschrift Pan vermittelt wurde, kam ich den Werken der heimischen Dichtung näher.

Um die Wende des Jahrhunderts wandte sich ihr auch die Öffentlichkeit und die sie vertretende Tagespresse mit stärkerer Anteilnahme zu. Ein Beispiel: Im Correspondenten wurde erzählt, Hamburger und Altonaer Schulkinder hätten sich gestritten, welche der beiden Städte den Dichter Liliencron für sich in Anspruch nehmen dürfe.

Zu Weihnachten 1899 erschienen von Otto Ernst »Die Jugend von heute« und »Ein frohes Farbenspiel«, von Gustav Falke »Der Mann im Nebel« und der Gedichtband »Mit dem Leben«, von Liliencron der Roman »Mit dem linken Ellenbogen«. Kurz vorher war mein kleines Buch über die Hamburgischen Kulturaufgaben herausgekommen, und man wußte, daß eine hamburgische Wochenschrift mit hochgesteckten idealen Zielen in Vorbereitung sei. So stand Hamburg, wenigstens in unseren Augen, im Begriff, aus seiner literarischen Bedeutungslosigkeit herauszuwachsen; der »Wasserkopf« war nicht mehr.

Für Otto Ernsts menschlich-dichterische Entwicklung war es ein kritischer Moment. Er hatte sich als Schriftsteller einen guten Namen gemacht. Sein Bildungsgang zum Volksschullehrer, aus der ärmlichen Enge seines elterli-

20. Franz Nölken: Dr. Richard Robinow, 1914

21. Max Liebermann: Freiherr Alfred von Berger, 1905

chen Hauses hinaus, bedeutete für ihn den Weg zum Licht und zur Höhe. 1889 war sein erstes Gedichtbuch erschienen; in einer feinen, wohlbeherrschten lyrischen Sprache hatte er stark und wahr empfundene Dinge und selbständige, ursprüngliche Gedanken auszudrücken gewußt. Ein wohlverdientes und ihm nicht zu verargendes Selbstbewußtsein steifte seinen Rücken, und wiederholt hatte er zu den Waffen gegriffen, um in literarischer Fehde gegen Vorurteile und sog. Übergriffe von Staat oder Kirche für die Freiheit des einzelnen zu Felde zu ziehen. Er galt als ein Mann, der gewillt war, für den neuen Geist der deutschen Kultur einzutreten. In Gemeinschaft mit einer Anzahl gleichgesinnter Freunde (Dr. Loewenberg, Dr. Levor, dem Buchhändler Goldschmidt) hatte er die Hamburgische Literarische Gesellschaft gegründet, in der Absicht, alle die zusammenzufassen, die für ein lebendiges und unabhängiges Schrifttum ein Herz hatten. In diesem Kreise war er der Herr; man erkannte willig seine Führerschaft an; hier fand er unbedingten Widerhall und Rückhalt. Aber der Bereich seines bisherigen Wirkens war doch ein beschränkter gewesen; jetzt ging sein Ruf ins Weite, der große Erfolg trat an ihn heran.
Ich beglückwünschte ihn zu seinen beiden neuen Werken und schrieb dabei, ich schätze das »Frohe Farbenspiel« noch höher ein als die »Jugend von heute«. Aus seiner Antwort ging hervor, daß ihn diese Beurteilung ein wenig verschnupfte: Er konnte, wie Albert Roderich einmal sehr richtig bemerkte, überhaupt nicht vertragen, wenn jemand etwas von seinen Sachen nicht recht mochte. Vorderhand indes fand sein Drama überall großen Beifall; es trat einen Siegeszug über die Bühnen Deutschlands an. Das Deutsche Schauspielhaus eröffnete mit ihm die Reihe der modernen Stücke; wenige Tage später fand eine Wiederholung statt, zu welcher der Reichskanzler Fürst von Bülow an der Seite Gerhart Hauptmanns erschien, und einige Monate darauf sah auch der Kaiser das Stück: Wie die Zeitungen berichteten, gefiel es diesem so, daß er sich dabei wiederholt vor Freude auf die Schenkel schlug und den Dichter vorstellen ließ. Es gab Leute, die Otto Ernst dies und die Annahme eines Ordens verdachten; sie wollten darin eine Verleugnung seiner früheren freiheitlichen Grundsätze, eine Verletzung des Mannesstolzes vor Königsthronen erblicken; sehr törichterweise: Warum sollte er sich nicht auch an der Anerkennung der Großen freuen? Mehr Grund zur Unzufriedenheit hatten vielleicht die, welche in Otto Ernst einen Vorkämpfer moderner Ideen gesehen; denn hier nahm er, indem er gewisse Auswüchse des neuen Geistes geißelte, eine Art Mittelstellung ein, die ihm auch den Beifall der Vertreter alter Anschauungen sicherte. Seine weiteren dramatischen Arbei-

ten, »Flachsmann als Erzieher«, »Die größte Sünde« in ihrer neuen Gestalt und »Gerechtigkeit«, in denen er wiederum das Thema der Auflehnung gegen bürokratischen und kirchlichen Zwang und gegen überlieferte Vorurteile in den Vordergrund stellte und mit einem starken Zuschuß von Sentimentalität versah, schlugen in gleicher Weise ein. Aber es ließ sich nicht verkennen: Mit der zunehmenden Breite des Erfolges verflachte der Strom; der Baumeister dieser Stücke war zu geschickt, und immer häufiger guckte aus den Fenstern des Hauses ein liberaler Philister heraus.
Neben der dramatischen übte er seine liebenswürdige Erzählerkunst weiter; an das »Frohe Farbenspiel« reihten sich die Geschichten von »Appelschnut«, aber auch die verloren an Reiz, weil der Stoff zu breitgetreten wurde. Die herzliche Anteilnahme an den häuslichen Freuden des guten Familienvaters fing an, einer gelangweilten Ermüdung zu weichen. Man mußte alsbald mit Bedauern feststellen, daß er die Probe des Erfolges nicht bestanden habe.
Als ich ihn kennenlernte, war er noch im Amt und bewohnte ein kleines Gartenhäuschen an der Kreuzstraße in Eimsbüttel. Er lebte in glücklichster Ehe mit einer vortrefflichen Frau, welche die Pflichten der Gattin, Mutter und Hausfrau in bewundernswürdiger Weise miteinander in Einklang zu bringen wußte und auch später, als sich die Tantiemenströme in ihre Kasse ergossen und den Charakter der Lebensführung änderten, den einfachen Sinn bewahrte. Ihn selbst in seinem Haus umgeben von Frau und Kindern zu sehen, gewährte ein wirkliches Vergnügen; er war das typische Vorbild eines guten deutschen Ehemanns und Familienvaters aus dem Mittelstand: er sagte einmal in einem launigen Toaste, er sei hervorragend monogamisch veranlagt. Er war von einer starken gesunden Sinnlichkeit, aber in geschlechtlicher Hinsicht war sie durchaus auf das Ehebett eingestellt. Gut zu essen, zu trinken und zu rauchen liebte er sehr. Am klingenden Ertrag seiner Stücke hatte er – glaube ich – neben dem Bewußtsein, besser für die Seinigen sorgen zu können, hauptsächlich um deswillen Freude, weil er sich häufiger und leichten Herzens solche materiellen Genüsse verschaffen konnte. Die Ehepaare Otto Ernst und Gustav Falke waren um jene Zeit einmal mit einigen unserer Freunde von uns zu Tisch geladen. Wir freuten uns an dem Behagen, mit dem er sich die Gerichte und guten Getränke schmecken ließ. Später erzählte er, auf dem Heimweg hätten ihn unsere Weine zu dem Trinklied begeistert, das er bald darauf zur Festzeitung für das zu Falkes 50. Geburtstag veranstaltete Bankett beigesteuert habe. In seinem eigenen Haus in Groß-Flottbek vereinigte er gern einen kleinen Kreis guter Freunde und Bekannter zu einem abendlichen Schmaus; die Leckerbissen der Tafel pflegte Frau Hel-

my mit eigener Hand zu bereiten, und er legte Wert darauf, daß die Weine den Speisen nicht nachstanden. Solche Gastereien zogen sich meist in die Länge; man hatte Not, sich so zeitig loszumachen, daß der letzte um 1½ Uhr zur Stadt fahrende Zug erreicht werden konnte. Er las dann wohl nach dem Essen vor, und ihn zu hören, war immer ein Vergnügen. Einmal hatte ich ihn gebeten, neue Gedichte, die er mitteilte, zu wiederholen. Als es nachher Zeit wurde zum Aufbruch, drängte er, wir möchten bis zum ersten Morgenzuge bleiben. »Huhu«, fügte er hinzu, »dann lese ich die Gedichte zum dritten Male.« Zu seinem 50jährigen Geburtstag ließ die Literarische Gesellschaft durch Arthur Illies sein Bildnis radieren; dies Blatt und ein gleichzeitig von demselben Künstler gemaltes Ölbild geben ihn wieder, wie er nach einem guten Diner aussah: aufgeräumt, jovial, von sprühender Laune. Er selbst war nicht damit zufrieden, weil es ihn zu sehr als Materialisten zeige. Er hätte froh sein sollen, so auf die Nachwelt zu kommen; denn alle uninteressanten spießbürgerlichen Züge seines Gesichts waren unterdrückt.

Das Behagen an gemütlichem Wohlleben bedeutete auch für ihn – und für ihn besonders – eine Gefahr. Der Aufstieg zu den gehaltenen Formen der guten Gesellschaft ist für den aus der Kinderstube eines kleinen Hauses Kommenden durch eine dauernde straffe Selbstzucht bedingt. Dazu war er nicht gewillt; er wollte genießen und sich gehen lassen. Was er suchte, fand er bei den Freunden, mit denen er die Literarische Gesellschaft gegründet hatte, und im Verkehr mit den Theaterleuten, zu denen er durch die Aufführung seiner Stücke in Beziehung trat. Da war er ein wohlgelittener Kumpan, stets bereit zum Mittun und zu guten, wenn auch nicht immer feinen Witzen. In anderer Gesellschaft fühlte er sich doch nicht ganz zu Hause; auf jenem Diner bei uns wußte er weder mit sich noch mit den anderen etwas Rechtes anzufangen, während Falke trotz seiner scheuen Zurückhaltung lebendig und brauchbar war.

Alles das wäre vielleicht kein Unglück gewesen, denn die Zugehörigkeit zur sogenannten guten Gesellschaft ist nicht die Voraussetzung tüchtiger Leistungen, und Otto Ernsts Ehrgeiz bestand schwerlich darin, zu ihr gerechnet zu werden. Aber bei dem Mangel einer starken Gegenwirkung begann die ihm wurzelhaft innewohnende Anlage zu philisterhafter Plattheit zu wuchern. Immer mehr traten die weniger erfreulichen Seiten seines Wesens hervor; er wurde zum satten Bourgeois. Sein Selbstbewußtsein spreizte sich. Als Carl Götze für seinen Säemann von ihm einen Beitrag erbat, war er mit dem Honorar nicht zufrieden und schrieb, er sei gewohnt, 50 Pfennig für die Zeile zu erhalten. Der Vorstand der Literarischen Gesellschaft wollte ihn, als

er den Vorsitz niederlegte, zum Ehrenmitglied ernennen; er aber erklärte, so nehme er das nicht an, die Mitgliederversammlung müsse den Beschluß fassen. Gegen jeden, der sein Werk abfällig kritisierte, trumpfte er auf. Und wie trumpfte er auf! Nicht nur derb, sondern grob, zuweilen knotig. Einmal drohte er sogar einem Schriftsteller, er werde dessen literarische Jugendsünden der Öffentlichkeit ins Gedächtnis zurückrufen, wenn er etwas gegen »Semper der Mann« schriebe. Sobald er sich in eine literarische Fehde einließ, bestand die Gefahr taktloser Entgleisung. Ich entsinne mich einer Streitschrift, die er entworfen hatte und dem Vorstand der Literarischen Gesellschaft zur Genehmigung vorlegte. Ich warnte vor der beleidigenden Schärfe des Ausdrucks. Er war erstaunt und meinte, schon alles Verletzende selbst ausgemerzt zu haben. Sie mag ursprünglich gut ausgesehen haben! Als der Senat den Ehrensold für Gustav Falke bei der Bürgerschaft eingeworben hatte, äußerte er die Absicht, in einer der Zeitungen für die Sache einzutreten. Nur das möge er unterlassen, war die allgemeine Bitte. Die Art, wie er bei den Freunden unbedingte Anerkennung gefunden hatte, war ihm zum Verhängnis geworden. Er überschätzte seinen Erfolg, hielt sich für bedeutender, als er war, und glaubte berufen zu sein, wie ein Praeceptor Germaniae über alle und alles zu urteilen. Dazu aber reichte die Weite seines Blicks nicht. Wiederholt hatte ich in den Vorstandssitzungen Veranlassung, über die Enge seines Standpunktes in Fragen der Kunst und der Weltauffassung zu erstaunen. Besonders wenn einmal auf Nietzsche die Rede kam; schon 1903 finde ich in meinem Tagebuch die Notiz: »Er verfolgt ihn mit dem Hasse des Plebejers.«
Bei den Vorverhandlungen zum ersten Kunsterziehungstag kam es zu Mißhelligkeiten zwischen ihm und Lichtwark. Dieser, dem des anderen unvornehmes Wesen ein Stein des Anstoßes war, wollte ihn nicht in den vorbereitenden Ausschuß haben. »Da kam er aber an den Rechten«, erzählte später Otto Ernst selbst, und man muß wohl anerkennen, daß ihm seine Verdienste auf dem Gebiete der Volkserziehung den Anspruch gaben, nicht übergangen zu werden. Er setzte auch durch, daß die Berliner Gruppe ihn als Delegierten anforderte. Das hat er Lichtwark nie vergessen; immer suchte er ihm etwas anzuhängen. Wie wenig er ihn verstand, beweist seine Äußerung, wer einmal einen Vortrag von Lichtwark gehört habe, kenne sie alle. Er hatte die Schwäche kleiner Seelen, überragende Persönlichkeiten nicht gelten lassen zu können.
So schuf er sich alsbald Gegner über Gegner. Man warf ihm vor, er bemühe sich um die Gunst der Redakteure, und Lichtwark spottete, in Dresden sei er

bei der Aufführung seiner »Größten Sünde« bei jedem Klatschen auf die Bühne gelaufen. Viel aber von dem, was ihm in der literarischen Kritik vorgeworfen wurde, schoß über das Ziel hinaus, und Gustav Falke sah sich schon 1902 in seiner ritterlichen Art veranlaßt, im Lotsen für ihn eine Lanze zu brechen. Er selbst aber erschwerte seine Verteidigung am meisten. Denn auch seine schriftstellerischen Leistungen gaben von Jahr zu Jahr mehr Angriffspunkte. »Asmus Sempers Jugendland« war noch ein liebenswürdiges Buch; in ihm lebte all das Drängen und Treiben, das Hoffen, Verzagen und Durchsetzen, das den Aufstieg dieses Lebens bedingt und begleitet hatte. Schon »Semper der Jüngling« ließ nach; »Semper der Mann« wurde unerträglich: eine schmatzende und sich brüstende Selbstgefälligkeit lag wie eine stickige schlechte Luft darüber; selbst die Schilderungen des Familienlebens waren ungenießbar. Den Hahn auf den Turm aber setzte er mit seiner Philippika gegen Nietzsche, den falschen Propheten. Sie war das beweiskräftige Dokument jener Mistkäfergesinnung, die nur im Kleinen und auf der Erde Liegenden bohrt und das Große nicht zu sehen vermag. Wie schon vorher in Berlin, hielt er auch in Hamburg eine Reihe von drei Vorträgen über dies Thema. In der Erwartung, die Angriffe würden mich belustigen, nahm ich mir Karten, aber die Art seiner Polemik war von einer so ekelhaften Plattheit, daß ich an einem Abend genug hatte.
Das Verhältnis zwischen ihm und mir, das nie ein nahes gewesen war, lockerte sich immer mehr und wurde zuletzt zum Gegensatz. Als mir im Jahre 1914 vom Vorstand der Literarischen Gesellschaft die Schriftleitung der zu gründenden Monatsschrift übertragen wurde, stimmte er nur mit säuerlichem Lächeln zu, und es gelang mir ohne Schwierigkeiten zu verhindern, daß er sich zu dauernder Mitarbeit erbot; sein literarischer Ruf war so gesunken, daß sie das Blatt diskreditiert hätte.

Gustav Falke

Wie so ganz anders warst doch Du, mein lieber und feiner, zaghaft-scheuer und zurückhaltender Gustav Falke! Vornehme Bescheidenheit, bescheidene Vornehmheit war der bezeichnende Zug Deines Wesens. Wie genoß ich es, wenn Du einmal sonntags mit den Deinen uns zu Tisch besuchtest und wir beide nach dem Essen, während unsere Frauen Nachmittagsruhe hielten und die Kinder spazierengingen, Du mit der Zigarre, in meinem Zimmer in behaglicher Unterhaltung zusammen auf dem Sofa saßen! In größerm Kreise warest Du, namentlich in späterer Zeit, als Du infolge Deiner Schwerhörigkeit dem hin- und hergeworfenen Ball des Gesprächs nicht recht zu folgen vermochtest, nicht immer das, was man einen guten Gesellschafter nennt, aber zu zweien, dreien oder vieren: wie gern hörte ich dann auf den ein wenig lispelnden Ton Deiner Rede! Ein solcher Gedankenaustausch bedeutete jedesmal eine wahre Bereicherung der Seele. Eine andere Erinnerung: Wir waren zu vieren, er und ich mit Hermann L. Köster, dem Jugendschriftenmann, und dem Verlagsbuchhändler Janssen beauftragt, eine Auswahl seiner Gedichte für ein Bändchen der Hamburgischen Hausbibliothek zusammenzustellen. Diese Sitzungen mit ihren Erörterungen brachten uns allen reichen Gewinn. Jeder sagte rückhaltlos seine Meinung über die Vorzüge oder Mängel, die ihm für oder gegen die Aufnahme eines Gedichts zu sprechen schienen, mußte sie aber auch eingehend begründen. Wundervoll war es, wie er selbst sich dazu stellte; bald uns recht gab, bald seinerseits Bedenken erhob oder aber seine Verse gegen Einwendungen verteidigte und dabei stets ohne jede Rechthaberei unseren Bemerkungen ein offenes Ohr lieh. Es kam wohl vor, daß, wenn bei einem Gedicht Zweifel bestanden, jeder es auf seine Art vorlas und dann erst die Entscheidung getroffen wurde.

Wir lernten Falke auf einem kleinen Nachmittagstee bei Helene Bonfort kennen. Es war kurz nach dem Erscheinen des »Mann im Nebel«. Er war gesprächig und erzählte mit komischer Klage, er werde immer vom Unglück verfolgt; er sei auf Sylt gewesen, um Eindrücke für jene Geschichte zu sammeln, und habe drei Wochen hindurch nichts als Sonnenschein gesehen. Dann traf ich ihn wieder auf einer musikalischen Abendunterhaltung bei Frau Zacharias; er drückte sich unter den vielen Menschen in die Ecke und freute sich, als ich mich zu ihm gesellte. Um ihn und seine Frau einladen zu können, machten wir ihnen einen Besuch. Sie bewohnten in der Ottostraße eine kleine Etage; die Einrichtung war sehr einfach, fast ärmlich, aber an den Wänden hingen Radierungen und Steindrucke von Klinger und Thoma mit eigenhändigen Widmungen der Künstler. Frau Falke, Annie geb. Theen, war eine schlanke, zarte und blasse Erscheinung. Sie mußte sehr hübsch gewesen sein, aber jetzt sah sie leidend und elend aus. Liebenswürdig und fein, paßte sie durchaus zu der Persönlichkeit des Gatten. Die Verhältnisse waren offenbar drückend; vormittags – so erzählte sie – arbeite ihr Mann, während er nachmittags seine Klavierstunden gebe. Es war ein Broterwerb, der ihm Qualen bereitete.

Ihr Hochmütigen,
Euch mehr dünkenden,
Ihr Pharisäer,
Wie vieles danke ich Euch.
Nicht vielleicht alles?

Unsere Einladung – es war eine Brautgesellschaft für Arthur Illies und Minna Schwerdtfeger – sagten sie in letzter Minute telegrafisch wegen einer Migräne ab, von der er öfter geplagt wurde. Aber es war doch damit der Anfang zu einem Verkehr gemacht, der sich nach und nach freundschaftlich gestaltete. Die ersten Gedichtbände: »Mynheer der Tod«, »Tanz und Andacht« und auch noch »Neue Fahrt« weisen einen starken Einfluß Liliencrons auf. Falke war beglückt gewesen, bei ihm Anerkennung zu finden, und trat ihm auch persönlich nahe. Aber jener war ein strenger Richter der Form und des Ausdrucks; er nahm den Jüngeren scharf in die Zucht. Es gibt Blätter Falkescher Gedichte, die mit Korrekturen und kritischen Bemerkungen Liliencrons bedeckt sind und beweisen, wie unnachsichtig er gegen eine gewisse Neigung zu Weichheit, Sentimentalität und alles zu Felde zog, was nur von Ferne nach Reimgeklingel aussah. Es scheint, als hätten sich beide wiederholt dasselbe Thema gestellt, um es, jeder in seiner Art, in Form zu gießen.
Trotz der Verschiedenheit ihrer Charaktere war das persönliche Verhältnis in jenen Jahren ein sehr intimes. Aber es ist für die aristokratische Gesinnung beider bezeichnend, daß sie sich nicht duzten. Während Liliencron mit Otto Ernst und dessen Freunden, die ihm innerlich weit ferner waren, Brüderschaft getrunken hatte, blieb zwischen ihm und Falke das formellere Sie bestehen. Wohl hat auch diesem der Ältere einmal in freundschaftbegeisterter Stunde die vertrauliche Anrede angetragen; aber im klaren Morgenlicht des folgenden Tages schrieb er, dies passe sich nicht für sie, und als später Liliencron noch einmal darauf zurückkam, lehnte Falke seinerseits ab.
Seine Verehrung für den Freund und Meister blieb unvermindert, als er sich dichterisch ganz von ihm frei gemacht hatte, und auch Liliencron, der für die vornehme und zurückhaltende Falkesche Lyrik ein volles Verständnis besaß, wußte ihn darum nur um so höher zu schätzen. In den späteren Jahren freilich lockerte sich das Verhältnis von Mensch zu Mensch. Als Richard Dehmel nach Blankenese kam, fühlte sich Liliencron durch dessen bedeutende Persönlichkeit stark angezogen, und der stille Falke trat dagegen, bescheiden und ungekränkt, mehr in den Hintergrund. Er empfand es wohl, ließ es aber

als begreiflich gelten. Es war seine Art, Menschen und Dinge an sich herankommen und wieder gehen zu lassen.

Auch Otto Ernst und seine Genossen hatten ihn bei der Gründung der Literarischen Gesellschaft zugezogen, und er war eine Zeit lang Vorstandsmitglied. Aber sein stilles Wesen paßte nicht in diesen philiströs-lauten Freundeskreis; zudem war er sich bewußt, daß er mit seiner Passivität keine positive Vereinsarbeit leisten werde, und zog daraus mit offener Ehrlichkeit die Folgerung, daß er auszutreten habe.

Langsam, langsam fing er an, in der Hamburger Öffentlichkeit Fuß zu fassen. Im Herbst 1900 wurde das Stadttheater nach einer Erneuerung seiner inneren Ausstattung mit einem von ihm gedichteten Prolog eröffnet, und im folgenden Jahr beauftragte ihn die Gesellschaft Hamburgischer Kunstfreunde ebenfalls, zu der in Anlaß von Böcklins Tod von ihr veranstalteten Gedächtnisfeier einen Weihespruch zu verfassen. Für die von Alfred Lichtwark im Namen derselben Gesellschaft herausgegebene Hamburgische Liebhaber-Bibliothek schuf er zu Otto Speckters Katzen- und Vogel-Bildern liebenswürdige Verse, die als Katzen- und Vogel-Buch veröffentlicht wurden. Im Frühjahr 1902 erschien seine Märchen-Komödie »Putzi«, die merkwürdigerweise vom Deutschen Schauspielhaus abgelehnt wurde, und im Herbst desselben Jahres die »Hohen Sommertage«, einer seiner schönsten Gedichtbände.

Im Spätherbst 1901 waren wir zu einer Vorlesung seiner Gedichte in seine Wohnung geladen. Da er es selbst sich nicht getraute, hatte er Otto Ernst gebeten, statt seiner vorzutragen. Man merkte ihm an, wie er dabei litt; er fühlte sich gleichsam prostituiert. Es läßt sich vorstellen, welch einen Entschluß es ihn kostete, im folgenden Winter, 1902/03, eine Reihe von Vorträgen über moderne Dichtung, insbesondere moderne Lyrik, anzukündigen. Die Hörer zahlten ein Honorar von 20 Mark; seine Freunde, Liliencron, Dehmel, Otto Ernst, waren bereit, nach seiner einleitenden Besprechung ihre eigenen Dichtungen zu lesen. Zuweilen, wenn wertvolle Vertonungen von Liedern des Autors vorlagen, gab es auch Gesang. Luischen nahm teil, und er forderte mich auf, so oft ich Lust hätte, mitzukommen. Besonders lebhaft ist mir der Abend in Erinnerung geblieben, der Liliencron gewidmet war. Dieser nahm die Aufgabe vor diesem kleinen Kreise etwas auf die leichte Schulter. Er sprach im Plauderton, erzählte: dies habe ich in New York auf dem Broadway, dies bei einer Kavallerie-Attacke des Kaisers in einem Manöver gedichtet und trug deshalb nur um so besser vor. Er blieb auch zu dem kleinen Imbiß, der sich bei besonderen Anlässen für die näheren Freunde des Hauses an die Vorlesung anzuschließen pflegte. Er war gerade von einer Vortragsreise nach Wien zurückgekehrt, wo man ihn überaus gefeiert hatte, und erzählte als amüsanter Plauderer von seinen Erlebnissen. Obwohl er für solche Ehrungen sehr empfänglich war, klagte er doch mit drolliger Verzweiflung, zwanzig Menschen hätten fortwährend an seinen Rockschößen gehangen; täglich habe er fünfzig Briefe schreiben müssen; hätte es länger gedauert, würde es ihn ins Irrenhaus gebracht haben. Als er, um den Zug nach Alt-Rahlstedt zu erreichen, früher als wir anderen aufgebrochen war, übertrug sich ob des wohlgelungenen Abends seine gute Laune auf Falke selbst; er ward nicht müde, von vergangenen Zeiten und seiner Freundschaft mit Liliencron zu sprechen, und zeichnete mit wenigen geschickten Strichen auf ein Blatt, das ich mir aufgehoben habe, ein Bildchen Liliencrons, wie er in Schlapphut und großem Mantel mit zwei Teckeln an der Leine zum ersten Mal bei ihm erschienen sei.

Auch Dehmel haben wir dort gehört; der Wohlklang seiner Stimme ist für mich mit seinem Gedicht »Der Vogel Wandelbar«, das er damals vortrug, untrennbar verbunden. Er hatte seine Frau – war sie schon seine Frau? – mitgebracht. Als zu Tische gegangen und die Plätze verteilt werden sollten, sagte sie mit lachender Unbefangenheit: »Ich sitze beim Dehmel, wir sprengen jede Tischordnung«. Falke aber wurde es in den Kreisen der gesitteten hamburgischen Gesellschaft verdacht, daß er diese Bohémiens bei sich sah; als wir Frau Zacharias davon erzählten, war sie entrüstet und sagte, sie würde ihn nie wieder zu sich bitten.

Falke war am 11. Januar 1853 geboren. Als sein fünfzigjähriger Geburtstag herankam, wurde im Vorstand der Literarischen Gesellschaft erwogen, wie man ihn gleichzeitig ehren und seine Lage bessern könne. Man entschloß sich zu dem Versuch, bei dem Senat eine Anstellung oder eine Pension zu erwirken. Ich wurde beauftragt, die schriftliche Eingabe mündlich bei dem Referenten zu vertreten. Als ich bei Herrn von Melle, dem Präses der Oberschulbehörde, zu diesem Zweck erschien, war ich überrascht, sogleich ein geneigtes Ohr zu finden. Er zeigte sich angenehm berührt, daß er mit mir, und nicht mit Otto Ernst, über die Angelegenheit zu verhandeln habe; meinte zwar, der fünfzigjährige Geburtstag eines Dichters sei noch nicht der rechtfertigende Grund für eine besondere Ehrung, begrüßte aber mit Freuden, daß dem Senat eine Gelegenheit geboten wurde, sich als Freund und Förderer von Kulturinteressen zu beweisen, zumal der Reichskanzler sich in einem Gespräch geäußert haben solle, man scheine in Hamburg den dort lebenden Dichtern wenig Anteilnahme entgegenzubringen. Unter den verschiedenen Möglichkeiten einer Ehrung entschied er sich für einen jährlichen Ehrensold in der Höhe von 3000 oder 5000 Mark. Er erörterte mit mir sowohl die Aussichten, welche die Idee in Senat und Bürgerschaft habe, wie die Mittel und Wege, sie durchzuführen. Alsbald konnte er mitteilen, daß der Senat einem Ehrensold von 3000 Mark zustimme. Freilich sagte mir der greise Senator Hertz, unser Justizchef, bei der Neujahrsgratulation resigniert: »Sie führen uns wunderbare Wege«, aber die Sache war soweit gediehen, daß Melle mich bat, eine Denkschrift abzufassen, die dem nun vom Senat bei der Bürgerschaft zu stellenden Antrag als Begründung beigegeben werden sollte. Ferner wurde ich beauftragt, bei Falke anzufragen, wie er sich zu dem Plane stelle; man mußte sichergehen, daß er nicht etwa ablehne. Ich suchte ihn am Neujahrsnachmittag 1903 auf, und als ich ihm erzählt hatte, um was es sich handele, saß er eine Weile still; dann sagte er leise: »Das ist für mich eine große Sache!« Er war bewegt, reichte mir die Hand und dankte. Ich wußte genug; und nun setzte eine Art Agitation ein. Melle teilte mir mit, was er über die Aufnahme des Antrags bei den Fraktionen der Bürgerschaft erfuhr, und danach wurde der Feldzugplan entworfen. Die Aussichten waren nicht günstig, unerwartete Widerstände machten sich geltend. Der Sozialdemokraten war man sicher, ebenso konnte man auf die Vereinigten Liberalen rechnen, wenn auch Dr. Johannes Wentzel, als ich ihn aufsuchte, von »mehr oder weniger qualifizierten Hungerleidern« sprach. Über die Stimmung des sogenannten Linken Zentrums schwankten die Angaben. Auf der Linken war Dr. Max Cohen, der Vorsitzende des Grundeigentümervereins, gewonnen. In der Fraktion der Rechten hielten sich, wie Dr. Mittelstein erzählte, die Freunde und Gegner die Waage; eine ganze Anzahl der Mitglieder hätte von Falke nichts gewußt und sei auch vergeblich bemüht gewesen, sich auf der Leihbibliothek einen Band von ihm zu verschaffen. Also: es galt, eine Menge Besuche zu machen, um die ehrenwerten M. d. B. von Falkes Wert und Würdigkeit zu überzeugen. Die Eindrücke dabei waren amüsant; Rudolf Mönckeberg z. B. nahm die Sache in seiner chevaleresken Art kaum ernst, ließ mir aber die Hoffnung, ihn zum Ja umgestimmt zu haben; Gustav Tesdorpf, der Oberamtsrichter, einer der größten Banausen, polterte, der Antrag sei gänzlich aussichtslos. Bald mischte sich die auswärtige Presse hinein; einige Blätter priesen Hamburg, das seine Dichter ehre, andere machten sich schon über die Möglichkeit einer Ablehnung lustig. Das wirkte besser als alle Bemühungen. In der Verhandlung – am 4. Februar 1903 – fand die Lex Schiefler – so wurde der Antrag scherzweise genannt – eine zwar nicht ganz, aber doch fast einstimmige Annahme. Wir saßen nachher mit Falkes und einigen seiner Freunde im Börsenkeller zusammen. Auch Otto Ernst war dabei. In der bürgerschaftlichen Debatte, die sich leider nicht ganz hatte vermeiden lassen, war auch von den Leuten die Rede gewesen, welche »die Sache gemacht« hätten. Otto Ernst war des frohen Glaubens, damit sei er gemeint.

Inzwischen war der Geburtstag, der zu dem allen Anlaß gegeben, würdig begangen und gefeiert. Am 11. Januar selbst gaben Falkes eine kleine Abendgesellschaft; außer uns waren die Ehepaare Otto Ernst, Siegfried Heckscher, Jacob Loewenberg, Dr. Wolgast, ferner die Malerin Frl. Böttner, Dr. Levor, der Buchhändler Léon Goldschmidt und Falkes Verleger Alfred Janssen da. Es war eine einfache, aber um so fröhlichere Feier, ganz im Stile von des Gastgebers Persönlichkeit. Er hatte für jeden ein feines, liebenswürdiges, launiges Verslein gemacht, das der Besungene beim Nachtisch vorlesen mußte. Goldschmidt z. B. wurde als »Sortimenter, Sakramenter, so ein happiger Prozenter« charakterisiert. Später bekamen wir alle die Sammlung in einem sauberen Heftchen in guter Ausstattung gedruckt, als Erinnerungsgabe.

Die Literarische Gesellschaft veranstaltete eine solenne Feier. Holzamer aus Darmstadt hielt die Festrede, Falkesche Gedichte wurden gesprochen und gesungen. Ein üppiges Bankett im Logenhaus der Welckerstraße schloß sich an. Otto Ernst führte Frau Annie, während Falke mit Frau Helmy zu Tisch ging. Diese Art des Frauentausches entsprach der Übung in der Literarischen; sie war immerhin ein Fortschritt gegen früher, wo die Ehegatten nebeneinander zu sitzen pflegten. Luischen wurde dadurch geehrt, daß sie den Festredner als Partner bekam; mir teilte man eine stattliche hübsche Dame, ein Fräulein Soundso, eine Lehrerin aus Mannheim zu, die an Holzamers linker Seite saß. Es stellte sich heraus, daß sie die nicht angetraute Gattin Holzamers war. Törichterweise hatte man es uns nicht gesagt, und so ergaben sich gelegentlich peinliche Mißverständnisse. Ich rechne es Luischen als ein meinen literarisch-kulturellen Bestrebungen gebrachtes Opfer hoch an, daß sie die Zähne zusammenbiß und alle diese Dinge, die unseren gesellschaftlichen Anschauungen und Gewohnheiten so wenig entsprachen, mit guter Laune über sich ergehen ließ. Otto Ernst toastete auf den Jubilar und sagte dabei, es sei wohl Falke zugute gekommen, daß er sich politisch ganz zurückgehalten habe. Dieser antwortete mit einem Trinkspruch auf Hamburg, in dem sich sein feines Taktgefühl bewunderungswürdig aussprach.

Es war Falke nicht verborgen geblieben, daß ich mich in seiner Angelegenheit stark eingesetzt hatte, und das führte unsere Familien noch mehr als früher zusammen. So fügte es sich von selbst, daß wir uns bei öffentlichen Feiern, sei es der Literarischen Gesellschaft, des Vereins für Kunst und Wissenschaft oder anderen, meist zusammenhielten. Zu dem sogenannten Presseball des Jahres 1903 hatte man ihm vier Karten gesandt; er bat uns, wir möchten seine und seiner Frau Begleiter sein. Es war eine Veranstaltung größten Stils; alles, was irgendwelche literarische oder journalistische Bedeutung oder mit dem Theater zu tun hatte oder mit diesen Kreisen in Verbindung stand, war beteiligt; die beiden Bürgermeister hatten das Protektorat übernommen. Tatsächlich war es ein Fest des Fleisches unter der Attrappe des Geistes. Das Hübscheste war, daß wir, zu spätester Stunde auf der Galerie, von wo wir einen Blick in den wirbelnden Saal werfen wollten, in einer einsamen Ecke unbemerkt beobachten konnten, wie ein junges Mädchen in zierlichen Wendungen und Drehungen vor seinem Liebhaber einen Tanz aufführte. Erst um vier Uhr kamen wir nach Haus. Dr. Stemann, der am folgenden Mittag, einem Sonntag, bei Falkes einen Besuch machen wollte, ist sehr erstaunt gewesen, als er aus verschiedenen Anzeichen schließen mußte, die Familie sei noch nicht aufgestanden.

An unseren Freitag-Abenden nahm Falke nicht selten teil. Wir sprachen einmal über die Mängel der Geselligkeit überhaupt. Er sagte, die geistigen Spitzen, Liliencron, Dehmel, Hauptmann bildeten doch nicht eigentlich einen geselligen Kreis. In Hamburg sei es aber wohl noch schlimmer als anderwärts. Als ich ihm von unserer Absicht erzählte, zwanglose Zusammenkünfte von Künstlern, Schriftstellern und anderen geistig angeregten Menschen einzurichten, stimmte er mit dem Beding zu, jeder müsse dann etwas zur Belebung der Gesellschaft beitragen. Er selbst hat das auch, so schwer es ihn ankommen mochte, getan. Einmal, als er sehr fein eine Beethovensche Sonate gespielt hatte, bürstete er hinaus, als hätte er etwas Böses begangen. Er war vor jeder Öffentlichkeit verlegen, besonders wenn es sich um den Vortrag seiner Dichtungen vor einem größeren Publikum handelte. Da empfand er wohl auch mit Recht eine Unzulänglichkeit. Er sagte einmal: »Wo ich einmal gelesen habe, fordert man mich nie wieder auf.«

Falkes Wesen wurde durch die äußere Anerkennung nicht geändert: Er blieb der stille bescheidene Mann. Das verzeichneten einige als einen Mangel. Den jüdischen Kreisen – auch den guten – war er nicht repräsentativ genug; sie meinten, der Poeta laureatus müsse mehr hervortreten. Sie hatten doch wohl überhaupt kein volles Verständnis für die zarte Tiefe seines Gemütslebens. In Wahrheit brachte er gerade dadurch den Beweis seiner echten und ehrlichen deutschen Natur; er wollte nicht mehr vorstellen, als er wirklich war.

So schritt auch seine Produktivität in der gleichen Anspruchslosigkeit wie vorher weiter; er hatte nicht den Ehrgeiz, seinem Publikum jedes Jahr mit einem Schlager aufzuwarten. 1903 erschien ein Märchenspiel »Aus Muckimacks Reich«, 1904 »Der Gestiefelte Kater«, ein episches Werk besten Falkeschen Humors. Diese Dichtung widmete er Luischen und mir; als sie zum erstenmal in seinem Haus durch Otto Ernst vorgelesen wurde, hatte er ein schalkhaftes Intermezzo eingeschaltet, in dem er mich, den Veranstalter der damals stattfindenden großen graphischen Ausstellung, als einen Meister der »Schwarz-(und Weiß-)Kunst« feierte.
In den späteren Jahren hat er gelegentlich aus Not – ja, aus Not – weniger Wertvolles geschrieben. Nichts, was seinem Wesen widersprochen hätte, aber doch was nicht zur Abrundung seiner Persönlichkeit notwendig war. Dazwischen gab es dann wieder Perlen: einen Band Gedichte und vor allem jenen Roman seines Lebens, »Die Stadt mit den goldenen Türmen«.

Der Wunsch Falkes, ein Häuschen und Gärtchen sein eigen zu nennen, schien nach Votierung des Ehrensoldes erreichbar. Er hatte zuerst sein Augenmerk auf Hummelsbüttel gerichtet, wo der ihm befreundete Maler Eitner wohnte, aber es ging doch nicht an, daß er sich außerhalb des hamburgischen Gebietes ansiedelte. So wählte er einen Platz an der Brückwiesenstraße in Groß-Borstel, der hinten an den Wasserlauf der Kollau stieß. Haus und Garten entsprachen der einfachen Natur des Besitzers, und er wußte sich nichts Schöneres, als in seinem Studierzimmer vor dem Schreibtisch, auf dessen Bört ein ausgestopfter Falke thronte, oder in einer stillen Laube zu sitzen und seinen dichterischen Gedanken nachzuhängen. Die Gartenarbeit schätzte er nicht. War es einmal nötig, daß er selbst mit Hand anlegte, konnte er mißmutig werden. Er liebte das beschaulich-ruhige Leben und wurde dabei zum Einsiedler. Zur Stadt kam er selten; allein ging er fast nie. Lachend sagte seine Frau, es fehlte nicht viel, daß sie mit müßte, wenn er sich die Haare schneiden lassen wollte. So löste sich der Zusammenhang mit dem flutenden Leben der Großstadt, vor deren Toren er saß. Verkehr pflegte er nur mit wenigen Freunden. Ernst Eitner, der Schriftsteller Kullberg, Jacob Loewenberg waren öfter bei ihm. Zu Dehmel ist er kaum in ein innigeres Verhältnis getreten; die Frauen paßten auch nicht zueinander.
Am wohlsten fühlte er sich im Kreise der Familie. Er wurde bequem und gewöhnte sich, alles Unangenehme, was nicht gerade mit dem schriftstellerischen Beruf zusammenhing, auf die Frau abzuschieben, deren Gesundheit sich glücklicherweise gekräftigt hatte. Auch in der Erziehung der beiden jün-

geren Kinder ließ er die straffe Hand des energischen Vaters gelegentlich vermissen.

Bei aller Einfachheit der Lebensführung war es schwer, die Familie durchzubringen. Gertrud, die Älteste, bei der sich schon früh Neigung und Anlage zum künstlerischen Tanz gezeigt hatte, sollte in Hellerau bei Jaques-Dalcroze ausgebildet und auch an die Zukunft der anderen Kinder mußte gedacht werden. In Anlaß von Falkes sechzigjährigem Geburtstag gelang es, den Ehrensold auf 5000 Mark zu erhöhen, und eine Reihe von Freunden brachte eine Summe von etwa 7000 Mark zusammen, die ihm als Geschenk überreicht wurden. Trotzdem ist er wohl nie recht aus der Sorge herausgekommen.

Im Juni 1913 erlitt er einen Schlaganfall. Er erholte sich zwar von den Folgen, hat auch nachher noch schöne Sachen hervorgebracht, z. B. den Preisgesang auf den Tanz seiner Gertrud und einige gute Kriegsgedichte, die in der Literarischen Gesellschaft veröffentlicht wurden; aber ins Große gesehen hatte die schöpferische Kraft doch einen Stoß bekommen.

Im Februar 1916 erlag er einem plötzlich einsetzenden Fieber. Wir bestatteten ihn an einem bitter kalten Tage. Im Trauerhause war eine ans Herz greifende Feier: Kullberg spielte, Loewenberg sprach bewegte Abschiedsworte. Als der Sarg hinausgetragen wurde, bildete die Dorfjugend mit Tannenzweigen Spalier. In der Kapelle des Ohlsdorfer Friedhofs hielt nach dem Geistlichen Otto Ernst eine Rede, in welcher er mit dem ihm angeborenen Takt die Trauergemeinde aufforderte, dem Toten die Treue dadurch zu bewahren, daß man sich der nachgelassenen Familie annehme.

Am offenen Grabe rief Dr. Siefried Heckscher dem Dichter ein pathetisches Lebewohl zu. Dann deckte sich über ihn die kalte Erde; der immer schon stille Mann war ganz still geworden.

Detlev von Liliencron

Liliencron war ihm schon 1909 im Tode vorangegangen. Der hatte den Wunsch gehabt, noch einmal die Schlachtfelder bei Metz wiederzusehen, war mit Weib und Kindern hingereist, mit einer Lungenentzündung heimgekommen und nach vierzehntägigem Krankenlager in die Ewigkeit hinübergeglitten. An einem heißen Sommertag hatten sie ihn auf dem kleinen Friedhof in Alt-Rahlstedt zu Grabe getragen. Luischen war mit Gustav von Mellingstedt hinübergefahren und hatte dem Leichenbegängnis zugesehen;

sie erzählte, wie Dehmel gleich einem begeisterungsberauschten Seher an der Gruft gesprochen habe.

Wenn ich Falke und Liliencron nebeneinander stelle, möchte ich diesen mit einem sommerlichen Nachmittagsgewitter, jenen mit einem milden, duftigen Frühlingstag vergleichen, oder Liliencron eine saftstrotzende Sonnenblume aufs Grab pflanzen, während ich mir Falkes Totenhügel von weißer Sternmiere umblüht denke.

Liliencrons persönliche Bekanntschaft vermittelte mir der Maler Momme Nissen. Der hatte den Dichter gemalt, und ich beauftragte ihn, für die Gesellschaft Hamburgischer Kunstfreunde von jenem ein lithographiertes Bildnis zu machen. Daraus wurde zwar nichts, aber die Verhandlungen führten zu einer Zusammenkunft von uns dreien beim Ronacher. Otto Erich Hartlebens »Rosenmontag« war gerade herausgekommen, und Liliencron, der den Geburtstag mit Hartleben teilte, wußte nicht genug Rühmens davon zu machen. Im übrigen trafen wir uns in der Verehrung Lichtwarks, für dessen Schriften er schwärmte. Ein seltsamer Mensch in seiner Mischung von schneidigem Offizier und gefühlsstarkem Dichter, von Bohémien und echtem Aristokraten, von armem Schlucker und Grandseigneur.

Seine wichtigste Schaffenszeit lag hinter ihm; was jetzt noch entstand, namentlich der Gedichtband »Bunte Beute« und der Lebensroman »Leben und Lüge«, gaben seinem Werk keine neuen Farben. Er war gleichsam von Anfang an – sein erstes Gedicht schrieb er um die Mitte seiner dreißiger Jahre – fertig gewesen; von einer Entwicklung seiner dichterischen Persönlichkeit im eigentlichen Sinne konnte keine Rede sein. Das ist natürlich, denn sein ganzes Schaffen entsprang dem ursprünglichen Gefühlsleben, wie es durch seine allzeit wachen Sinne bedingt war.

Die Verhältnisse seines äußeren Lebens, das vielen Schwankungen ausgesetzt gewesen war, hatte er ins Lot gebracht, indem er mit der Frau, die für ihn sorgte und von der er Kinder besaß, die Ehe einging. Er siedelte sich mit der Familie in Alt-Rahlstedt bei Wandsbek an; durch Vermittlung von Nietzsches Schwester und Professor Hans Olde in Weimar wurde ihm aus dem Nachlaß Felix Koenigs' in Berlin Mobiliar für das von ihm gemietete Häuschen überwiesen. Bezeichnend für die Anständigkeit seiner Gesinnung war es, wie er sich zu jener Frau stellte. Natürlich drängte er sie niemandem zu geselligem Verkehr auf, trat aber dafür ein, daß sie respektiert wurde. Er sprach von ihr nicht anders als von der Baronin. Sie selbst machte ihm seine Pflicht nicht schwer, denn sie war mit natürlichem Taktgefühl begabt; Frau Dehmel wurde nicht müde, das an »Frau Anna« hervorzuheben. Sie hielt sich bescheiden zurück, gab sich keine Blößen, verstand es aber da, wo es nötig war, mit würdiger Einfachheit die Rolle der Hausfrau zu spielen. Von dieser Fähigkeit legte sie einen geradezu bewunderungswürdigen Beweis ab, als sie nach der Enthüllung von ihres Gatten Denkmal auf dem Alt-Rahlstedter Friedhof eine große Anzahl von Gästen zu einem Nachmittagskaffee bei sich sah.

Nachdem wir Liliencron wiederholt – bei jener Vorlesung im Falkeschen Hause und bei der Feier von Falkes Geburtstag in der Literarischen Gesellschaft – getroffen hatten, luden wir ihn mit Dehmel, Falke und zwei befreundeten Herren zu einem solennen Frühstück ein. Es mußte alles vom Besten sein: Austern mit St. Peray, Schildkrötensuppe, Zunge mit Champignongemüse, Poularden, Eis und Nachtisch; dazu gute Rhein- und Rotweine und französischen Champagner.

Ich brachte die Gesundheit der Dichter aus, denen unser Haus soviel inneren Reichtum verdanke. Luischen saß zwischen Liliencron und Dehmel. Beide waren in bester Laune, und von Anfang an strömte die Unterhaltung in lebhaftem Fluß. Liliencron zeigte sich von seiner liebenswürdigsten ritterlichen Seite. Dehmel hatte ihm, der über das allmähliche Dahinschwinden der Jugend bekümmert gewesen war, ein herrliches Trostgedicht »Die leichte Sandale« gesandt. Das brachte er mit, Dehmel trug es vor, und Liliencron dedizierte die Handschrift mit artiger Verbeugung der Hausfrau. Die Stimmung hielt sich auf ungeminderter Höhe; bei Kaffee und Zigarre las Dehmel, stehend, an meinen Kunstschrank gelehnt, Falkesche und Liliencronsche Gedichte. Dieser aber, der mit seinen kurzen Beinen behaglich breit im Sofa saß, nahm ihm gelegentlich das Buch mit den Worten aus der Hand: »Nein, Richard, das kannst du nicht, das muß ich selbst lesen«. So gab er – meisterhaft, obwohl er sonst kein Vortragskünstler war – die Ballade von den Falschmünzern zum besten. Sie blieben bis gegen Abend. Dehmel hatte sich mit seiner Frau in der Stadt verabredet, ließ sie aber warten. Sie erzählte später schmollend, es sei das erstemal gewesen, daß der Dehmel ohne sie ausgegangen wäre. Uns selbst schien der Tag für unser Haus von großer Bedeutung; wir hatten die Empfindung, als sei es durch den Besuch der Dichter aus der Menge herausgehoben.

Wir haben nachher Liliencron – wie vorher auch schon Dehmel – mit der Gattin zu uns gebeten. Wir glaubten, wenn ein geistig hochstehender Mann eine Frau für würdig hält, daß er sie zur Ehe nimmt, müßten die Kreise, die ihn um seiner Leistung willen verehren, zu ihm stehen und daraus die gesellige Folgerung ziehen. Natürlich mußte bei der Auswahl der anderen Gäste

22. Arthur Illies: Otto Ernst, 1913

23. Ernst Eitner: Gustav Falke, 1908

darauf Rücksicht genommen werden, daß sie gleichen Sinnes waren. Bei der ersten Einladung ging es uns ähnlich wie damals mit Falkes. Kurz vor der Stunde, zu der wir gebeten hatten, brach ein furchtbares Unwetter los, und während wir saßen und auf sie warteten, telegraphierte er ab: sie wären zwar auf dem Bahnhof, ein Wagen sei aber nicht zu haben, und ohne einen solchen würden sie nur in einem gänzlich durchweichten Zustand zu uns kommen.

Später sind sie an einem unserer Freitag-Abende bei uns gewesen. Wieder las Dehmel vor; er hatte die »Träume« beendigt, die er in Mannheim vortragen wollte, und wünschte sie auf Dauer und Wirkung zu prüfen. Die Lesung währte zwei Stunden. Liliencron, der darauf angewiesen war, den Alt-Rahlstedter Zug zu erreichen, ging, um nicht zu stören, auf den Zehenspitzen mit leise knarrenden Sohlen hinaus und bat draußen eins der Mädchen, die an der Tür zuhörten, es möge seine Frau holen. Dies aber hatte die Weisung, daß während der Vorlesung keiner das Zimmer betreten dürfe, und blieb trotz seiner Klage: »Lütje Deern, lütje Deern, wi möt jo zur Bahn« unerbittlich, bis endlich eine mutigere Aufwartefrau sich seiner erbarmte.

Sein sechzigjähriger Geburtstag wurde der Anlaß zu mancherlei Huldigungen. Schon im Jahre vorher war ihm aus kaiserlicher Gnade ein Jahresgehalt von 2000 Mark bewilligt; jetzt sammelten seine Freunde, namentlich Dr. Spiero und Dehmels, Beiträge für eine Ehrengabe, die ihm zum 3. Juni 1904 überreicht wurde. Das offizielle Hamburg war zwar nicht vertreten, aber die Abgesandten aller der Vereine, die literarische und verwandte Belange pflegten, waren erschienen. Ich ging mit Luischen und Gustav erst am folgenden Tage hin, um unsere Glückwünsche darzubringen. Die Wohnung war angefüllt mit Blumenspenden in bunten Papiermanschetten und Schleifen. Er freute sich dessen nicht, sondern rühmte ein paar Feldblumensträuße. Das Hauswesen machte den Eindruck einfachster Bürgerlichkeit. Frau Anna erfrischte unseren Jungen mit einem Glas Milch, Wulf Wittekop, das Söhnchen, lief mit schrecklich zerschundener Nase umher; der Hausherr selbst zeigte uns mit rührendem Stolz die geliebten Empire-Möbel seines Studierzimmers und die schönen Mahagoni-Rahmen an der Wand über seinem Schreibtisch.

Liliencrons Seele war gleichsam die eines großen Kindes: im Grunde durchaus natürlich und unverwickelt. Aber weil wir anderen der wirklichen Natürlichkeit entfremdet sind, erschien sie vielen oft unbegreiflich und extravagant. Aus den gewohnten Geleisen trat er am meisten heraus auf der einen Seite durch seine Sinnenfreude und ihr unbekümmertes Herausstellen, auf der anderen durch sein Verhältnis zum Geld. Die Absage an alle falsche Prüderie und das freimütige Bekenntnis zu einer starken Geschlechtsliebe laufen wie ein roter Faden durch seine Dichtungen. Sie gerade haben ihm die Gegnerschaft zugezogen, gegen welche er mit Keulenschlägen in seinem »Poggfred« zu Felde zieht. Jene vielberufene Kritik seiner Werke, in welcher Professor Eugen Wolff ihm Verherrlichung des Dirnentums vorwarf, war in der Sonntagsbeilage des Hamburgischen Correspondenten vom 20. November 1893 erschienen. Man könnte sagen, ein beneidenswerter Geschlechtstrieb ist in diesem Manne lebendig gewesen; nicht überreizt, wie man es in den Sumpfgebieten großer Städte findet, sondern in natürlicher Kraft sich auswirkend, gleichsam als eine Frucht der Säfte, die durch sommerliche Sonnenhitze in einem gesunden Körper gekocht werden. Die Sinnlichkeit in ihm war mit seiner Naturliebe auf das innigste verbunden, und gerade in den heißen Stunden des Sommernachmittags erkannte er den Urquell der zeugenden Mächte.

Das Erfrischende, Überraschende, entwicklungsgeschichtlich Neue und Bedeutsame der literarischen Erscheinung Liliencrons bestand darin, daß in ihm einmal wieder der Poet und der Mensch eins waren; seine Werke spiegelten seine ungeschminkte Persönlichkeit. So machte er – ebensowenig wie in seiner Dichtung – in seinem privaten Leben kein Hehl aus seiner geschlechtlichen Begehrlichkeit. Jeder, der ihn kannte, wußte, wie es damit bestellt war. Auch in der Ehe mit Frau Anna sah er keine Fessel; als ehrlicher Kerl wird er sie von vornherein darüber nicht im Zweifel gelassen haben. Ich erinnere mich eines Vortragsabends in der Literarischen Gesellschaft, nach welchem er vom Vorstand zu einem Imbiß eingeladen war. Als er ausblieb, nahm man als selbstverständlich an, er habe ein hübsches Mädchen getroffen und sei mit ihr gegangen. Ein anderes Mal war er einer Aufforderung gefolgt, in München vorzulesen. Man überwies ihm an einem der Abende seines dortigen Aufenthalts eine Karte zu einem guten Platz im Theater, wo ein beachtenswertes neues Stück aufgeführt wurde. Aber der Platz blieb leer. Nachher erzählte er, er habe im zweiten Rang ein schönes Mädchen gesehen und sich dazu gesetzt; als er sie nach Haus begleitet habe, seien sie fortwährend über Brücken gegangen und rauschendes Wasser (es war offenbar die Vorstadt Au gewesen); und immer wieder kam er darauf zurück, wie schön auch am Morgen, einem köstlichen Frühlingsmorgen, der Rückweg über die vielen Brükken, die rauschenden grünen Wasser und durch den Nachtigallengesang gewesen sei. Das war Liliencron um die Mitte seiner fünfziger Jahre! W a r er nicht beneidenswert?

Dehmel bezeichnete einmal in einem Gespräch die »elementare« Kraft als besonders merkwürdig, mit welcher sich Liliencron auch zu Personen, die ihm nicht ganz nahe ständen – z. B. Otto Julius Bierbaum –, über seinen Johannistrieb ausgesprochen habe, fügte aber hinzu, das sei niemals in einer unkeuschen, also zotigen Weise geschehen. Das entsprach vollkommen der Vorstellung, die ich von ihm gewonnen hatte. Er freute sich unbefangen seiner Kraft, prahlte nicht und schämte sich nicht; er stand »jenseits von Gut und Böse«. Was die anderen sagten, war ihm gleichgültig; dabei mag auch ein gut Teil Weltverachtung mitgesprochen haben. Diese Weltverachtung spielte eine noch weit größere Rolle, wo es sich um sein Verhältnis zum Geld handelte. Er hatte Vieles und Grausames zu leiden gehabt. Er, der wie wenige nach seinen Anschauungen zum Grandseigneur bestimmt schien, hatte oft genug der Not ins Auge gesehen und, was schlimmer war, damit verbundene unwürdigste Umstände erdulden müssen. Konnte es wundernehmen, wenn er abgebrüht war?

Auf einem Spaziergang, den ich in Poppenbüttel mit Frau Zacharias und ihrem Schwiegersohn, Herrn Eduard Lippert, dem Millionär, auf seinem Gut Hohenbuchen machte, erzählte dieser, er sei von Liliencron in einer nicht zu billigenden Weise angebettelt. Richtig war, daß Liliencron gelegentlich reiche Leute um Unterstützung anging. Aber er fühlte sich dabei nicht sowohl als Bittender denn als Fordernder. Er war sich seines Wertes als geistig Schaffender in vollem Maße bewußt. Er meinte, für die mit Glücksgütern Begnadeten sei es nicht nur Pflicht, sondern sogar eine Ehre, wenn sie den Dichtern, Künstlern und anderen Kulturträgern das Leben erleichtern und verschönen dürften. Auch wenn ein Reicher ihn reichlich bedachte, hielt er sich dennoch immer noch für den Gebenden. In seinem Buch »Der Mäcen« hat er dieser Auffassung ein prachtvolles Denkmal gesetzt. In solcher Abschätzung der materiellen Habe gegen den inneren Reichtum, den er besaß und mitzuteilen vermochte, lag doch ein unendlicher Stolz; ein Stolz, den freilich nicht viele nachzuempfinden vermögen, am wenigsten Hamburger Kaufleute. Denen sind und bleiben Dichter »mehr oder weniger qualifizierte Hungerleider«. Spielhagen, in seinem Roman »Problematische Naturen«, sagt, wer sich erlösen wolle, müsse drei Stufen der Überwindung erklimmen: »Verachte die Welt!« – »Verachte Dich selbst!« – »Verachte, verachtet zu werden!«. Diesen Leidensweg hat Liliencron, der Not gehorchend, gehen müssen. Vielleicht kann nur der seinen Seelenzustand ganz würdigen, wer gleich ihm jenen Weg zurückgelegt hat. Jedenfalls sollte jeder, ehe er einen Stein wirft, versuchen, den Erfahrungen, wie sie Liliencron gemacht hat, nachzudenken.

Übrigens suchte er sich die Zensiten seiner Besteuerung mit feinem Taktgefühl aus. Solche, die den Dichtern die gebührende Achtung zollten, ließ er ungeschoren. Er zählte sie unter die »zum Bau gehörigen«. Ich rechne es mir deshalb zur Ehre an, daß er niemals mit einem solchen Ansinnen an mich herangetreten ist. Dennoch hatte auch ich wiederholt Veranlassung, mich zu wundern, wie er Geldangelegenheiten behandelte. Professor Hans Olde hatte übernommen, für die Gesellschaft Hamburgischer Kunstfreunde das Bildnis Liliencrons zu lithographieren, und es war mir gelungen, des letzteren Widerstreben gegen die dafür notwendigen Sitzungen zu überwinden. Olde, der den Sommer auf seinem Landgut Seekamp an der Ostsee bei Kiel verlebte, lud ihn dazu nach dort ein, und Liliencron war während zehn schöner Tage sein Gast. Als er nach Haus zurückgekehrt war, schickte er mir eine Rechnung über 70 Mark als Kosten der Reise von Alt-Rahlstedt nach Kiel und zurück. Dies Verhalten war, wie mir Frau Dehmel bestätigte, typisch; auch sie hatte erlebt, daß er mit merkwürdiger Unbefangenheit bei der Liquidierung von Reisekosten einen Schmuh zu machen versuchte.

In einem Brief des Jahres 1905 bat er mich, eins seiner Dramen, »Die Merowinger«, daraufhin zu lesen, ob es sich für eine Sonderaufführung der Literarischen Gesellschaft eigne, und mich für eine solche zu verwenden. Er fügte hinzu, die Kunst sei ihm an sich ganz gleichgültig; nur insofern sie Geld für seine Familie einbringe, habe sie für ihn Bedeutung. Es war ihm gleichsam eine Art Sport geworden, in Briefen, durch die er die Hilfe anderer anrief, seine Notlage, die jetzt doch immerhin eine begrenzte war, zu übertreiben: Dichtung und Wahrheit, »Leben und Lüge«.

Trotz alledem und trotz anderer Erniedrigungen – zu denen ich rechne, daß er in Berlin die Gründung eines Überbrettls mit seinem Namen zuließ und dort wochenlang Abend für Abend schlecht und mit sichtlichen Zeichen des Widerwillens seine Gedichte las –, bewahrte er sich tief in der Brust den aristokratisch-vornehmen Sinn. Edle Naturen können mit Schmutz in Berührung kommen, ohne Schaden zu leiden; gutes Metall verwandelt ihn in köstliche Patina.

Wenn ich ihn recht beurteile, so litt er, der Welt- und Menschenverächter, dennoch innerlich dadurch, daß er von der »Gesellschaft« ausgestoßen blieb. Ich wüßte in Hamburg kein Haus außer dem unsrigen, wo man ihn eingeladen hätte. Mochte er noch so laut das Gegenteil behaupten: diese Einsamkeit empfand er schmerzlich, denn er hatte Sehnsucht nach den höheren Kreisen mit ihren guten Formen. Bei einer seiner Vorlesungen hatte man einen Senator in der ersten Reihe der Zuhörer gesehen; jemand sagte, das müsse man ihm erzählen, es werde ihn freuen. Sein Verkehr mit den Leuten von der Literarischen Gesellschaft konnte ihn nicht befriedigen. Wenn er ihnen in einem Augenblick der ihm eigenen expansiven Aufwallungen das »Du« angeboten hatte, so entsprach das doch keineswegs den letzten Anforderungen, die er an die Freundschaft stellte. Männern wie Falke und Dehmel gehörte sein Herz. Das klar und deutlich herauszustellen, war eine der Absichten Dehmels, als er nach Liliencrons Tod die Sammlung von dessen Briefen herausgab. Denn einige Di minorum gentium – an sich gute und nette Menschen, wie Dr. Spiero, Dr. Hans Fr. Gerhard u. a. – hatten auf Grund der ihnen von Liliencron zuteil gewordenen freundschaftlichen Behandlung in Biographien und ähnlichen Schriften den Anspruch erhoben, als seine Freunde zu gelten, und diese Legende wollte Dehmel zerstören, indem er – nicht ohne Grausamkeit – den Schleier hob.

Man hat gesagt, Liliencron habe »Nietzsche gelebt«, d. h. indem er das Gesetz seines Handelns aus der inneren Natur seines Wesens ableitete und diese seine innere Natur zur äußeren Darstellung brachte, Nietzsches theoretische Forderung in die Praxis der Tat übersetzt. Darin ist manches Wahre: denn die Freiheit, die er sich nahm, bedeutete keine Zügellosigkeit und Zuchtlosigkeit; sein Bedürfnis nach Disziplin wirkte sich deutlich aus in der Unterordnung unter die Gesetze der Form und des Sprachgefühls, wie er sie empfand und verstand. Es war nicht nur das »Dichter-e«, wogegen er eiferte; wie entrüstet schalt er, als er einmal in einem Erlaß des Kaisers einer Inversion von Subjekt und Prädikat begegnete, und die Handschriften seiner Gedichte beweisen, wie er immer zu feilen und zu bessern bemüht war. Ich glaube nicht, daß Nietzsches Werke, so sehr er den großen Denker verehrte, einen unmittelbaren Einfluß auf seine Welt- und Lebensauffassung gewonnen haben, aber es bestand zwischen ihnen beiden eine gewisse innere Verwandtschaft. Persönlich sind sie sich nicht nahe gekommen. Später freilich bahnte sich ein freundschaftliches Verhältnis zwischen ihm und Nietzsches Schwester an. Er besuchte sie öfter in Weimar; bei einem Aufenthalt in Hamburg lud sie Dehmel, Liliencron und mich mit unseren Frauen zu einem Abendbrot im Frauenklub ein, das uns wegen der lebhaften und vielseitigen Unterhaltungen in angenehmster Erinnerung steht. Liliencron selbst verhielt sich zu jener Parallele sehr skeptisch; als ich mit ihm darüber sprach, antwortete er mit seinem liebenswürdigen Humor: »Nein, nein, ich bin nur der Hofnarr Sr. Majestät Nietzsche«.

Auch in den späteren Jahren trat Hamburg, die früher von ihm vielgeschmähte »Stadt der Beefsteakvertilger und gefüllten Kassen«, zu seinem dichterischen Schaffen nicht in ein innerlich-lebendiges Verhältnis. Gewiß hatten die Kreise, die sich für ihn einsetzten, manches getan, um ihn volkstümlich zu machen; die Literarische Gesellschaft ließ sogar eins seiner Dramen, »Knut der Herr«, in einer Mittagsvorstellung aufführen. So war es zwar bis zu einem gewissen Grade Mode geworden, ihn zu schätzen und seine Bedeutung anzuerkennen; aber wie wenige konnten sagen, daß die Bekanntschaft mit seinen Werken eine innere Veränderung in ihnen zuwege gebracht hätte!
Und dennoch, als man von seinem Tod hörte, war es, als ginge eine Wehmut durch das Land, als sei der Sonnenschein etwas weniger hell geworden. Dehmel nahm sich der Hinterbliebenen an. Er gab für sie zwei Bände nachgelassener Schriften heraus und veranstaltete jene Sammlung von Briefen, von welcher schon die Rede war: eine beträchtliche Arbeit, da es galt, eine Anzahl von mehr als 15 000 Stück zu sichten. Alsbald tauchte auch im Journalisten- und Schriftstellerverein der Gedanke auf, ihm auf dem Friedhof in Alt-Rahlstedt ein Denkmal zu errichten. Dehmel legte einen Entwurf des ihm befreundeten Bildhauers Luksch vor, der aber nicht den Beifall der Mehrheit fand. Da Dehmel auf dem Entwurf bestand, zerschlug sich die Sache zunächst. Später kam der Plan dennoch zur Ausführung. Die Enthüllung fand am ersten Jahrestag des Todes, am 22. Juli 1910, statt und wurde zu einer einfachen und würdigen Huldigung für den heimgegangenen Dichter. Die Versammlung setzte sich aus etwa 50 Personen zusammen, die alle ein inneres geistiges oder persönliches Verhältnis zu Liliencron gefunden hatten. Immerhin war es selbstverständlich, daß die Feier einen literarisch halb-offiziellen Charakter annahm. Dehmel leitete sie; er war von seiner Gattin und seiner hochbetagten Mutter begleitet. Otto Ernst, breit-behäbig, war als Vertreter der Literarischen Gesellschaft mit einem mächtigen Kranz erschienen; Dr. Heinrich Spiero brachte einen großen Feldblumenstrauß; Frau Diéz-Dührkoop, die Tochter des »neuzeitlich-realistischen Lichtbildners«, eine schöne Frau, um deren Gunst sich einmal Liliencron – auch das las man in den Briefen – beworben hatte, trug eine Hand voll Rosen, eine militärische Abordnung fehlte nicht. Der Begräbnisplatz war mit Taxusbüschen und Ebereschen-Bäumchen umstanden, eine Einfassung von eingepflanztem Heidekraut umsäumte ihn, und sonst waren Rosenbüsche sein Schmuck. Als die Hülle des Denkmals fiel, sahen wir auf dem hohen Sockel die ranke Gestalt eines ganz jungen Mädchens, fast noch eines Kindes mit dünnen Ärm-

chen, das mit hellem Blick erhobenen Hauptes über das Land hinaussah. Dehmel sprach einige Worte, man legte die Blumen auf dem Grab nieder, und dann ging die Gemeinde zu Liliencrons Haus, wo Frau Anna mit Kaffee und Gebäck bewirtete. Und er selbst, wäre diese Feier ihm wohl nach dem Herzen gewesen? Ich glaube, wenn er hinter einer der Wolken hervorschauen durfte, hat er gesagt »Dor lach ik äwer«.
Für die Familie war gesorgt; wiederum hatten Dehmels den Anstoß zur Sammlung einer Ehrengabe gegeben. Das Reich steuerte 15 000, der Hamburgische Senat – auf Heidmanns Fürsprache hin – 10 000 Mark bei. So konnten die Witwe und die Kinder in den gewohnten Verhältnissen weiterleben und der Zukunft ruhig entgegensehen.

Richard Dehmel

Richard Dehmels Name trat mir zuerst unter dem Trinklied entgegen, das 1895 im Pan veröffentlicht wurde. In einem der späteren Hefte folgte die »Lebensmesse«. Beides wirkte durch Inhalt und Form, insbesondere durch den Rhythmus und den sprachlichen Ausdruck, sehr stark und gab mir Veranlassung, das Gedichtbuch »Aber die Liebe« anzuschaffen, in einem Ledereinband, zu welchem Hans Thoma die Deckelzeichnung entworfen hatte. Ihn selbst hörte ich Ende der 1890er Jahre in einem Vortragsabend der Literarischen Gesellschaft; es war die Zeit, wo sich die Trennung von seiner ersten Frau vorbereitete. Er machte damals auf mich, mit seinem wirren schwarzen Haar und den flackernden Augen, den Eindruck der Zerrissenheit und des mangelnden Gleichgewichts.
Ende 1901 verlautete, Dehmel sei mit »seiner Muse« in Blankenese, der Frau, die ihn zu den »Zwei Menschen« begeistert hatte. Diese war gleichsam wie eine elementare Macht in sein Leben getreten, alle Ketten und Fesseln sprengend. Jener Zyklus von dreimal 36 Gesängen ist das Hohelied dieser unheilig-heiligen Liebe, die sich stark genug erwies, ihn für sein ganzes künftiges Leben in Banden zu schlagen. Das Motto: »Wir Welt« oder in der Abkürzung »Wrwlt« war ein kühner Wahlspruch, der alle Vorurteile in die Schranken herausforderte; eine Lebensbejahung und Selbstbehauptung, die ein wundervolles Selbstbewußtsein bekundeten. Dehmel stand damals, so scheint mir, auf dem Höhepunkt seiner menschlichen und künstlerischen Entwicklung.
Er war eine viel kompliziertere Natur als etwa Liliencron. Es ist nicht leicht,

sein Bild an der Hand persönlichen Erlebens, wie es hier doch beabsichtigt ist, zu zeichnen. Die Striche sollen auf gut Glück nebeneinander gesetzt werden, in der Hoffnung, daß sie sich zu einem Ganzen zusammenschließen.
Der erste Eindruck, den ich von ihm gewann, war sogleich bedeutend genug. Ich fand ihn in Lichtwarks Begleitung bei Cassirer, wo – damals noch in dem Abendrothschen Haus am Neuen Jungfernstieg – eine Ausstellung von Gemälden der Neu-Impressionisten Signac, Cross, Luce, Rijsselberghe veranstaltet war. Die Unterhaltung drehte sich um die Fähigkeit, solche mit ganz neuen Ausdrucksmitteln geschaffenen Kunstwerke zu verstehen. Ob das eine besondere Bildung voraussetze? Es war dabei auch von Lichtwarks Vorträgen und Dehmels eigenen Werken die Rede; er sagte, er habe einen ungebildeten Bruder, der doch das Wesentliche seiner Gedichte verstände. Dann sprachen wir über den Unterschied von Kultur und Bildung im allgemeinen. Die Art, wie er redete, war bestimmt und ruhig, von innerer Vornehmheit; seine Erscheinung, im Gegensatz zu der früheren Zerfahrenheit, die einer gemäßigten Eleganz, die Kleidung von unauffälliger Sorgfalt, sein Wesen sicher ohne Anflug von Überheblichkeit.
Dann begegneten wir ihm mit jener Frau, mit der er inzwischen ehelich verbunden war, auf dem Vortragsabend bei Falke, von dem ich schon oben erzählt habe. Der Klang seiner Stimme und die Art seines Vorlesens machten ihn mir noch anziehender; die durchgearbeiteten Züge seines von schwarzem Haar und Bart eingerahmten Gesichts waren Zeugen manchen inneren Kampfes, aber der wohlwollende, ich möchte sagen: innige Glanz seines Auges bewies, daß er darüber zu seelischer Harmonie gekommen war. Frau Isi, die Bringerin dieses Glückes, stand neben ihm wie eine Schicksalsgöttin, hochgewachsen, starkknochig, von dunkler Hautfarbe. Im Bewußtsein dessen, was sie dem geliebten Dichter bedeutete, trug sie eine sieghafte strahlende Heiterkeit zur Schau. Sie hatte etwas Erdhaft-Sinnliches, Fruchtbar-Mütterliches, was ihre Erscheinung – trotz ihrer unverkennbar semitischen Abstammung – von dem gewohnten Typus jüdischer Großstadt-Frauen unterschied. Neben ihr sah er fast zierlich aus; die feinen Gelenke seiner Hände paßten gut zu dem durchgeistigten Ausdruck seines Antlitzes, dessen Form und Farbe auf den Einschlag slawischen Blutes deutete. Zwei willensstarke Menschen: er unbedingt vorwiegend auf das Geistig-Ideale, sie anscheinend mehr auf das Sinnlich-Materielle eingestellt. Man hätte gespannt sein dürfen, wer von beiden auf die Dauer die Oberhand behalten würde.
Im Sommer 1904 machten wir ihnen in Blankenese einen Besuch. Sie bewohnten ein Häuschen in schönster Lage, mit dem Blick auf das Gewirr der

Fischerhäuser zu Füßen, drüben auf den Süllberg und auf den breiten Strom; auf den Reisen, die sie zusammen gemacht, sei ihnen dieser Platz der begehrenswerteste erschienen. Es war ein heißer Tag; Dehmel trug einen weißen Tennisanzug, sie ein weißes Kleid mit violettem Kragen und spitzem Ausschnitt, das ihr glänzend stand. Sie saß in einem Sessel neben der Tür und wußte offenbar, wie bildmäßig sie wirkte. Beide stellten in der Wirklichkeit die »Zwei Menschen« dar, wie man sie sich nach dem »Roman in Romanzen« dachte; natürlich-vornehm, nicht unbewußt, aber auch nicht aufdringlich. Er hatte gerade die eben erschienene Meier-Graefesche Kunstgeschichte des 19. Jahrhunderts bekommen und erzählte von ihrem Inhalt; besonders forderte seine Anteilnahme, was er über van Gogh gelesen hatte, und als er hörte, daß wir eine Reise nach Holland vorhätten, riet er uns, in Büssum bei Amsterdam die Witwe Théo van Goghs zu besuchen und uns von ihr den Nachlaß des Schwagers zeigen zu lassen. Es war auch von dem Pariser Juwelier Lalique die Rede; Dehmel meinte, das sei kein Geschmeide, wie wir es uns für deutsche Frauen dächten, und zeigte einen Schmuck, den Peter Behrens für Frau Isi gefertigt hatte.

Sie lebte damals noch ganz sich selbst genug, in voller Zurückgezogenheit. Er insbesondere hatte durchaus nicht den Ehrgeiz, als zu Hamburg gehörig zu gelten. So sehr ihm die Stadt in ihrer äußeren Erscheinung gefiel – die Petrikirche mit ihrem schlanken Backsteinturm und seiner grünen spitzen Haube war sein Lieblingsbauwerk –, so sehr er die Tüchtigkeit der kaufmännischen Bevölkerung anerkannte und darum ihren Kulturberuf im allgemeinen nicht gering einschätzte: so wenig erwartete er, daß künstlerische Leistungen aus ihr hervorgehen würden. Dazu, glaubte er, sei alles Tun und Trachten zu sehr auf den geschäftlichen Vorteil eingestellt. Als er – ebenso wie Falke und Liliencron – für die Mitglieder der Gesellschaft Hamburgischer Kunstfreunde in einer graphischen Technik porträtiert und sein Freund Peter Behrens zu dem Behufe mit einem Holzschnitt beauftragt werden sollte, schrieb er mir, er lege durchaus keinen Wert darauf, mit jenen beiden im Viertel-Dutzend als hamburgischer Dichter verkauft zu werden, und freute sich erst des Planes, nachdem er gehört hatte, daß die Blätter – von denen übrigens zuletzt nur sein Bildnis fertig geworden ist – sich sowohl in Technik wie in Größe unterscheiden sollten.

In Frau Isi dagegen regte sich bald das Bedürfnis nach gesellschaftlicher Anknüpfung. Damit hatte sie aber wenig Glück. Die Hamburger Familien konnten sehr gut ohne Verkehr mit Dichtern und Künstlern auskommen, zumal wenn deren Anschauungen nicht mit den Forderungen der bürgerlichen Wohlanständigkeit in Einklang zu stehen schienen: atmeten doch gewisse Verse Dehmels etwas wie revolutionären Geist; der Oberbonze, Senior Behrmann, hatte Veranlassung genommen, in der Unterrichtsstunde einer Mädchenschule sich mißfällig über das in einem Konzert gesungene Gedicht »Nur Zeit« zu äußern, das geeignet sei, die arbeitenden Klassen aufzuhetzen. So blieben ihnen alle Kreise verschlossen, die nicht unmittelbar literarische Interessen pflegten. Bei Henry P. Newmans trafen wir sie in ganz kleinem Kreise; nur Friedrich Naumann und Frau waren dazu gebeten. Dehmel las aus dem Gedichtband »Weib und Welt«; sie saßen mit offenem Munde dabei und wußten nichts damit anzufangen. Sonst hatten Dehmels anfänglich, außer mit Dr. Stemanns und einigen Familien der Blankeneser Nachbarschaft, keinen Umgang. Später freilich dehnte sich nach und nach der Verkehr; wir sahen sie z. B. bei Baudirektor Schumacher, und auch Henry P. Newmans luden sie zu einer großen Abendgesellschaft, auf der Clotilde von Derp tanzte. Sie hatten reichen Ersatz an den Besuchen, die von auswärts kamen; alle Männer und Frauen der literarischen Welt, die Hamburg berührten, versäumten nicht, bei ihnen vorzusprechen.

Sie selbst waren viel auf Reisen, pflegten Beziehungen zu zahlreichen namhaften Männern auch der bildenden Kunst und Wissenschaft und gingen regelmäßig um die Pfingstzeit nach Weimar, wo sich bei der Tagung der Goethe- und Shakespeare-Gesellschaft alljährlich um Frau Förster-Nietzsche ein Kreis ausgesuchter Persönlichkeiten zusammenfand. Aber Frau Isis Ehrgeiz genügte das auf die Dauer nicht. Sie wollte selbst irgendwie ein Mittelpunkt sein, und da sich die alten Hamburger Familien spröde verhielten, knüpfte sie Bekanntschaft und Freundschaft mit den Künstlern, die 1910 als Lehrer an die umgestaltete Kunstgewerbeschule berufen wurden, namentlich mit den Wienern Luksch, Czeschka, Delavilla, Kling. Zweimal im Monat hatte sie am Sonntagnachmittag in ihrem Haus Empfang, und in der Tat gelang es ihr, damit einen eigenartig gefärbten geselligen Kreis zu schaffen, der sich in bestimmter Richtung, nämlich für die geschmackvolle Einrichtung von Festen, Basaren, Aufführungen mancherlei Art fruchtbar erwies.

Ich glaube nicht, daß der Wunsch der Gattin, eine Rolle zu spielen, Dehmels dichterisches Schaffen günstig beeinflußt hat. Gewiß: aus der Lebensgemeinschaft mit ihr war der mächtige Strom der »Zwei Menschen« hervorgequollen, und die hochgemute Frau, die auf der Höhe wohlgesicherter Verhältnisse zu wandeln gewohnt gewesen, führte ihn, der immerhin aus engerem Zuschnitt kam, weiter auf Bahnen, die ihm eine Bereicherung des äußeren und doch auch des inneren Sinnes bedeuteten. Aber es war die Frage, ob das nicht zugleich eine Gefahr in sich schloß: die Gefahr der Zersplitterung und der Veräußerlichung. Denn die zur Sammlung der Seele notwendige Stille wurde ihm gestört. Er hat sich dagegen gewehrt, so gut er konnte, aber ich habe den Eindruck, als sei dennoch der Schmetterling im Spinnennetz hängen geblieben. Frauen dieser Art unterjochen und erniedrigen letzten Endes den Mann. Frau Isi würde – in bestem Glauben – empört aufspringen oder schluchzend ohnmächtig zusammenbrechen, wenn sie das hörte; sie wollte dem Geliebten doch helfen, ihn emporheben, den Weg zu Ruhm und Ehre ebnen. Aber Nietzsche sagt mit Recht, wer Ruhm begehre, müsse auf Ehre verzichten. Dies konnte und wollte sie nicht, und sie unterschied nicht den eigenpersönlichen von dem höher gearteten, gleichsam unpersönlichen Ehrgeiz. Sie verlangte danach, als Gattin des größten lebenden deutschen Dichters anerkannt zu werden und alle die Vorteile zu genießen, die sich aus dieser Anerkennung herausschlagen ließen. Freilich setzte sie auch ehrliche Mühe daran; sie wollte die tätige Gehilfin dieses ersten Dichters sein, und nahm ihm alles zunächst an mechanischer und äußerlicher Arbeit ab, was ihr möglich war. Sie besorgte ein gutes Teil der Korrespondenz, richtete eine Art Aktenschrank ein, wo die einlaufenden Briefe übersichtlich sortiert aufbewahrt wurden, nahm also die Stelle einer Sekretärin in Anspruch und legte andererseits Wert darauf, daß die Repräsentation des Hauses nach dem Maß der Mittel auf das Beste geübt werde.

Es kam bei ihr, mit der Zeit hervortretend, ein neues Moment hinzu: der Wunsch, sich unentbehrlich zu machen. Hatte sie das nötig? Zuweilen mochte sie doch besorgt werden, er könne ihr entgleiten. Der Ehe blieben die Kinder versagt; beide empfanden das schmerzlich. Denn auch er hatte einen stark ausgeprägten Familiensinn und wünschte seinen Stamm durch die geliebte Frau fortgesetzt zu sehen. Nun wandten sich seine väterlichen Gefühle mit um so größerer Wärme den Kindern der ersten Ehe zu. Sie kamen des öfteren auf Besuch zum Vater, und Frau Isi war klug genug, sie mit mütterlicher Fürsorge zu umgeben. Wera, die Älteste, ging jahrelang von Blankenese aus in die Bildhauerklasse des Professors Luksch in der Kunstgewerbeschule. Das gab natürlich wiederholt Anlaß, daß Dehmel mit seiner ersten Frau in Verbindung kam und sich mit ihr in Gedanken beschäftigte. Offenbar regte sich in ihm das Gewissen: hatte er nicht unverantwortlich an ihr gehandelt? Jene Dichtung der »Träume« war die innerliche Auseinandersetzung mit diesen Quälereien. Frau Isi wurde dadurch in schwere Unruhe versetzt. Als er bei uns vorlas, stahl sie sich hinaus, ging in das obere Stockwerk und lief wie ein wildes Tier umher, klagend, sie könne es nicht aushalten, das anzuhören.

Er trug sich damals mit dem Gedanken, wieder nach Berlin überzusiedeln. Sie setzte alles daran, das zu vereiteln, und erreichte, daß der Mietvertrag über die Blankeneser Wohnung um mehrere Jahre verlängert wurde. Später, als Dehmels fünfzigjähriger Geburtstag herannahte, wußte sie ihre Freunde und namentlich ihre Freundinnen zu bestimmen, daß die Sammlung einer Summe ins Werk gesetzt wurde, die ihm überreicht werden und ihm ermöglichen sollte, ein von dem Architekten Bädecker nach seinen Ideen erbautes und inzwischen mietweise bezogenes Haus zu eigen zu erwerben. Hatte sie nun, als das gelungen war, gewonnenes Spiel? Dem äußeren Anschein nach gewiß. Aber ich glaube, sein Herz, so wie es früher war, besaß sie doch nicht mehr. Vielleicht empfand er doch auch selbst, daß sie am Mark seiner Künstlerseele gesogen habe. Sie war inzwischen stark gealtert; durch eine Operation hatte sie ihr Weibtum verloren. Er aber stand in dem gefährlichen Alter der vierziger und fünfziger Jahre, in dem die Begehrlichkeit nach neuen Reizen noch einmal mächtig aufflammt. Sie war bei ihm – so scheint es – von urwüchsiger Wildheit. Ich habe ihn auf Gesellschaftsabenden und Sommerfesten mit jungen schönen Frauen so leidenschaftlich tanzen sehen, daß es an die Brunst eines Tieres gemahnte. Als ein Bild von unauslöschlicher Deutlichkeit hat sich mir eingeprägt, wie er auf einem Maifest der Lessing-Gesellschaft mit Frau Luksch – den Hut weit zurück in den Nacken geschoben – auf grünem Rasen walzte. Aber der Gedanke an eine Trennung von seiner Frau ist ihm wohl nicht mehr gekommen. Er begegnete ihr mit untadelhafter Achtung, nahm sie nach wie vor regelmäßig auf seinen Reisen mit und hat, als sie im Kriege ihren Sohn erster Ehe verlor – der stets von ihm in seinem Hause wie sein eigenes Kind gehalten war – in rührendem Zartgefühl den Schmerz mit ihr getragen.

Die »Zwei Menschen« wurden zuerst im zweiten Jahrgang der Insel abgedruckt. In Buchform kamen sie etwa um die Zeit heraus, als Dehmel sich in Blankenese niederließ. Selten hat wohl ein Dichtwerk so rückhaltlos und klar erkennbar das persönlichste innere Erleben aus der jüngsten Vergangenheit seines Schöpfers entschleiert. Ohne den hohen Grad des künstlerischen Werts würde die Nacktheit unerträglich sein. Als er im Cassirerschen Kunstsalon des vormals Abendrothschen Hauses am Neuen Jungfernstieg die drei Teile an drei Abenden vorlas, übte es auf die Hörer die verschiedenste Wirkung: Die einen – dazu gehörten einige Damen aus der Bekanntschaft der Frau Marie Zacharias – waren empört; Frau Falke fühlte sich tief ergriffen; sie erzählte, sie habe über dem Eindruck ihre eigene Angelegenheit – die Bewilligung des Ehrensoldes stand gerade vor der Entscheidung – ganz vergessen. Mehrere Jahre später trug Dehmel das Werk noch einmal vor einem kleinen Kreise von Mitgliedern der Kunstgesellschaft in den Räumen eines anderen Kunstsalons, wiederum an drei Abenden, vor. Auch wir waren von der Wirkung hingerissen. Die Umgebung tat das Ihre hinzu: rings an den Wänden hingen die schönsten Gemälde Edvard Munchs, die zu einer Kollektiv-Ausstellung vereinigt waren. Dehmel stand an einem Pult und las, selbst innerlich bewegt und erregt, mit seiner wundervollen warmen, oftmals, aber ganz ohne Künstelei, erzitternden Stimme. Jedesmal am Schluß war er mitgenommen, erschöpft. Am Ende der Vortragsreihe bedankten wir uns. Luischen sagte, sie habe an die »Göttliche Komödie« denken müssen. Er erwiderte, das habe er auch getan, als er mit der Arbeit fertig gewesen, habe sich aber bei dem Gedanken sehr geknickt gefühlt.

Diese Dichtung war etwas, das seine ganze Kraft in Anspruch genommen hatte. Was Wunder, wenn nun dem Zustand der Ekstase eine Zeit der Entspannung folgte, in welcher die Produktivität nachließ? Im Jahre 1905/06 war er mit der Vorbereitung einer Gesamtausgabe seiner Werke beschäftigt, einer Aufgabe des Zurückschauens, des Sichtens und Durcharbeitens, bei der sich der schaffende Geist ausruhen konnte. Freilich fügte sich bei der Umgruppierung des bisher Entstandenen Neues dem Alten hinzu: wenn Überlebtes ganz ausgeschaltet wurde, bekam anderes ein neues Gesicht, und wo sich im Aufbau der gegliederten Masse Lücken erwiesen, mußten sie mit frischem Stoff ausgefüllt werden. So erfuhren namentlich die kritischen Schriften eine wesentliche Bereicherung; die »Erbsensuppe«, wenn ich nicht irre, und der Dialog des Dichters mit Goethe sind in diesen Jahren geschrieben. Gegen den Hochstand der vergangenen Jahre bedeutete das nicht viel, aber man durfte hoffen, daß sich im verborgenen Becken der Seele von neuem die Kräfte sammelten, um alsbald wieder über den Rand zu laufen. Er selbst bereitete sich zu neuen dichterischen Taten vor, indem er – als ein Lebenskünstler in des Wortes bestem Sinne – fortfuhr, sich von der sozialen Stufe aus, auf der er nun stand, mit allem vertraut zu machen, was den Menschen innerlich und äußerlich in Spannungen versetzt. Um ein Beispiel zu geben: Bei der Enthüllung von Liliencrons Denkmal erzählte er mir, er wolle nach Chamonix reisen, um den Montblanc zu besteigen, und im nächsten Jahr erschien – zuerst in der Neuen Rundschau – ein herrliches Gedicht, in welchem er das Erlebnis und die durch es ausgelösten Sensationen schilderte. Aus ähnlichen Beweggründen erkläre ich mir zu einem guten Teil den Entschluß, daß er, der niemals gedient hatte, mit 52 Jahren bei Ausbruch des großen Krieges als Freiwilliger in das Heer eintrat.

Trotz allem ist es ihm nicht gelungen, die Dichterhöhe der Frühzeit wieder zu erreichen. Gewiß, die Werke auch dieser Jahre sind bedeutend genug; in der beängstigenden Phantastik jener schon mehrfach erwähnten »Träume« bricht das Bekenntnis eines unbestimmten Schuldgefühls erschütternd hervor, das mit sich selbst nicht ins Klare kommen kann; das Schauspiel »Michel Michael« – der Versuch einer symbolischen Ausdeutung des deutschen Volkscharakters in seiner Reaktion auf die inner-politischen Einwirkungen der Gegenwart –, das nach einmaliger Aufführung am Deutschen Schauspielhaus in die Versenkung der Regiebestände verschwand, ist bisher weit unter Gebühr gewürdigt worden; und die im Winter 1917/18 zuerst gespielten »Menschenfreunde« stellen eine außerordentlich feine, wiederum im Bereich der quälerischen Selbstbeobachtung bohrende Seelenanalyse im Rahmen eines rhythmisch-dekorativen Szenenaufbaus dar. Dennoch können sie alle, wie mir scheint, den Vergleich mit dem jüngeren Dehmel nicht aushalten. Sollte es nicht berechtigt sein, das wenigstens zum Teil dem verderblichen Einfluß Frau Isis aufs Konto zu setzen? Jedenfalls hatte der Mensch Dehmel in diesen späteren Jahren viel von dem sonnigen Glanz verloren, der in der Liebe Blütezeit auf ihm lag; man gewahrte gelegentlich einen Ausdruck verdrießlicher Abgespanntheit, als sei er selbst mit sich nicht recht im Geleise oder im Klaren.

Mein persönliches Verhältnis zu ihm ist von Anfang an nicht über das einer guten Bekanntschaft hinaus zu einem wirklich freundschaftlichen geworden. Schon deshalb nicht, weil ihm nicht verborgen bleiben konnte, daß mein Herz vielmehr der bildenden als der Wortkunst gehörte. So ist es eigentlich zwischen uns nie zu einer eingehenden Unterhaltung über seine Dichtungen gekommen. Ganz anders war es z. B. mit meinem damaligen Freund Echte. Der vertiefte sich bei einem Besuch, den ich mit ihm in Blankenese machte, alsbald in Einzelheiten, wobei Dehmel dann erzählte, die Idee zu dem »Tempelherrn und Schmetterling« sei ihm auf der Terrasse von Jacob in Nienstedten beim Anblick eines über dem Abhang gaukelnden Admirals aufgestiegen. Nur die kritischen Aufsätze gaben uns beiden Anlaß zu Meinungsaustausch und Debatte, und gelegentlich erbat er meinen juristischen Rat, z. B. wie er sich bei einem Neudruck der »Verwandlungen der Venus« zu dem früheren Zensurverbot gegen gewisse Stellen zu verhalten habe, und inwieweit er, ohne sich einer strafrechtlichen Verfolgung auszusetzen, in den Liliencronschen Briefen beleidigende Äußerungen veröffentlichen dürfe. Da aber auch er an der bildenden Kunst, insbesondere an der Malerei, lebhaftesten Anteil nahm, gebrach es uns nie an Gesprächsstoff, und jedesmal, wenn ein Thema sein innerstes Interesse ergriff, bekam sein Auge jenen berückenden warmen gütigen Glanz, der mich immer so gefangen nahm, daß ich oftmals über dem Anschauen vergaß, den Worten zuzuhören. Er kannte Munch von den Zeiten her, wo sich die Mitarbeiter des Pan im »Schwarzen Ferkel« in Berlin zu treffen pflegten, und wußte mancherlei von ihm zu erzählen. Mein von jenem radiertes Portrait begeisterte ihn; er meinte, noch nie sei der die Seele des Angeklagten durchforschende Blick des Richters so überzeugend wiedergegeben, wie hier in dem hinter der Brille versteckten Auge. Er war mit den Anschauungen des Impressionismus verwachsen, verfolgte aber daneben mit Spannung die darüber hinaus sich vollziehende Entwicklung. Nolde schätzte er nicht sonderlich, dagegen war er von Anfang an für Schmidt-Rottluff, dessen frühe graphische Arbeiten er bei mir sah, eingenommen. Auch Heckel mochte er gern; er traf ihn auf einem nachmittäglichen Besuch in unserem Mellingstedter Landhäuschen, wo der Künstler vierzehn Sommertage mit Studien der Alsterlandschaft zubrachte. Wir saßen in größerem Kreise beim Kaffee zusammen; über dem Besehen von Heckels Handzeichnungen drehte sich die Unterhaltung um die Bedingungen, welche für die Entfaltung von Künstlerschaft am günstigsten seien. Mit einem Lächeln, das jedes Herz gewinnen mußte, sagte Dehmel: »Es ist wirklich schon gut, wenn man hin und wieder hungert«.

Die »Gesammelten Werke« wurden in dreifach verschiedener Ausstattung hergestellt: in der gewöhnlichen Ausgabe, einer mittleren auf Büttenpapier und den Luxusexemplaren in einem Band von weich-wolligem braunen Leder. Er sagte mir einmal, er sei willens gewesen, mir die Büttenausgabe zu dedizieren, habe es aber unterlassen, da ich ihm erzählt habe, ich sei Besitzer des Luxusexemplars. Statt dessen erhielt ich später eine Prachtausgabe der »Verwandlungen der Venus« mit Radierungen Willi Geigers in einem vom Dichter und Künstler handschriftlich gezeichneten Vorzugsexemplar. Als ich das Werk – verabredetermaßen – bei ihm abholte, schrieb er als Widmung die Worte hinein: »Dem Freunde der Kunst«. Aus der offenbar absichtlichen Vermeidung eines Ausdrucks, aus dem auf ein freundschaftliches Verhältnis zu seiner Person oder seinem Hause hätte gedeutet werden können, wurde mir zum ersten Mal deutlich bewußt, daß doch ein starker Abstand zwischen uns war. Und dieser Abstand wurde mit der Zeit fühlbarer. Dehmels kamen nicht selten zu unseren sogenannten offenen Freitag-Abenden und brachten gelegentlich auswärtige Freunde mit; wiederholt haben wir sie zu Diners eingeladen, ebenso wie wir von ihnen zu kleinen Gesellschaften gebeten wurden, z. B. mit Dr. Stemanns und Regierungsrat Peines zu einer Probe von köstlichen Weinen, die aus dem schwiegerväterlichen Keller in Bingen stammten. 1909 um die Weihnachtszeit, als beide Töchter erster Ehe bei ihm auf Besuch waren, kam die ganze Familie – den Stiefsohn Auerbach eingerechnet – zu einem freundschaftlich-familiären Mittagessen zu uns. Es war ein unfreundlich-trüber, regnerischer Tag. Ich sehe sie noch, einen nach dem anderen, unter ihren Regenschirmen von dem blanken Pflaster der Straße in unseren Vorgarten einbiegen. Ein Vater, der mit Frau und Kindern aufzieht, macht immer eine unglücklich-komische Figur. Er mochte selbst eine Empfindung davon haben, zudem war er gerade von einer Reise nach Berlin zurückgekommen und fühlte sich abgespannt. Jedenfalls bemerkte ich bei ihm eine mürrisch-gereizte Stimmung; die Unterhaltung war gezwungen und wurde erst im Laufe des Nachmittags bei Kaffee und Zigarre ergiebig.

Die Beurteilung, die Frau Dehmel bei uns fand, gab uns Anlaß zu einer gewissen Zurückhaltung. Nachdem sich das Verhältnis zu ihrem Mann in der geschilderten Weise gestaltet hatte, wandte sich ihr Ehrgeiz stärker den Dingen außerhalb ihres Hauses zu. Im Frauenklub bewies sie – namentlich bei künstlerischen Veranstaltungen – großes Geschick und eine glückliche Hand; in der Frauenbewegung war sie tüchtig und gehörte dem Vorstand des Vereins für Frauenstimmrecht an; auch in gemeinnützigen Unternehmungen suchte sie eine Rolle zu spielen. Freilich machte sie sich, weil ihre Leistungen nicht mehr ihren Ansprüchen entsprachen, dabei manche Feinde, aber meist gelang es ihr, sich mit eiserner Willenskraft und einer ihr angeborenen Unverfrorenheit durchzusetzen. In der Trauergewandung, die sie um den gefallenen Sohn in unzweifelhaft aufrichtigem Schmerz trug, verstand sie es doch, eine Figur zu machen, die an königliche Würde gemahnte. Vielleicht – wer kann es sagen? – hat Dehmel selbst gefühlt, daß wir die Wandlung, die sein innerstes Wesen zu der einst so geliebten Frau durchgemacht hatte, mehr durchschauten, als er vertragen konnte; jedenfalls stand zuletzt etwas zwischen uns, was eine erneute Annäherung unmöglich zu machen schien.

Hier mögen einige persönliche Erinnerungen angeknüpft werden, die bei der Bedeutung Dehmels der Beachtung wert sind.

Mehrfach bin ich mit Dehmels Mutter zusammengetroffen. Zuerst bei der Enthüllung von Liliencrons Denkmal. Auf dem Rückweg vom Friedhof führte ich die mehr als 70jährige. Wir fanden Gefallen aneinander, und ich betrachtete es als eine Auszeichnung, daß Dehmel mich bei einem Mittagessen in seinem neuen Haus zu ihrem Partner bestimmte; denn er hielt sie, wie

24. Arthur Illies: Detlev von Liliencron, um 1906

sich von selbst verstand, in hohen Ehren. Wir waren sehr vergnügt miteinander; sie freute sich der Anerkennung, die ich ihrem Sohn zollte, und wurde immer lebhafter und gesprächiger. Obwohl sie von ihrem Wein nur nippte, schien sie, als die Tafel aufgehoben wurde, einen kleinen Spitz zu haben. Während ich ihr den Arm reichte, ergriff sie mit der rechten Hand ihr Glas, in dem noch ein Rest war, um ihn nicht umkommen zu lassen. Der Sohn, der das sah, trat mit seinem gütigsten Lächeln zu uns und befreite sie mit zärtlichem Vorwurf »Aber Mutter!« von der Last, mit der sie während des Herumstehens beim Kaffee doch nichts anzufangen gewußt hätte. Sie war eine helläugige hochgewachsene Frau, die nach Art der älteren Generation, ohne sich anzulehnen, aufrecht auf dem Stuhl zu sitzen pflegte, hatte das Herz auf dem rechten Fleck und war im Besitz einer natürlichen Bildung. Konnte es wundernehmen, wenn sie sich schwer mit der Eheirrung des Sohnes und seiner Verbindung mit der ihrem eigenen Wesen fremden Frau abzufinden vermochte? Jetzt schien das überwunden zu sein, und man durfte ihr die Freude an seinem Dichtertum gönnen.

Im Sommer 1910 war das Ehepaar mit uns von Mellingstedt aus zum Johannisfeuer auf der Lemsahler Heide. Den Holzstoß hatte man auf der höchsten Erhebung der Hügelkette an einem Hünengrab geschichtet; die Silhouette des Höhenrückens mit den Menschen und Fuhrwerken hob sich in scharfer Zeichnung von dem hellen Streifen des westlichen Abendhimmels ab. Es war ein kalter und feuchter Tag; wir standen alle in unsere Mäntel gehüllt. Der Poppenbütteler Lehrer Ludwig Frahm, ein alter guter Bekannter Liliencrons, leitete die Feier. Während der Volksbelustigungen, welche die Zeit bis zur Dunkelheit füllten, sprach Dehmel mit ihm über Erinnerungen an den Freund, mit dem jener manche Fahrt und Wanderung durch die Heide gemacht hatte. Frau Dehmel erzählte von einem Ausfluge, den Liliencron mit ihnen in die Umgebung des nahen Tangstedt (dem Tangbüttel in »Leben und Lüge«) gemacht habe. Dabei sei die Phantasie ganz mit ihm durchgegangen: Beim Betreten eines Kruges habe er in Gegenwart des mit offenem Munde dabeistehenden Wirtes gesagt: »Sehen Sie, hier saß der König, umgeben von seinen Generalen, da lagen die ausgebreiteten Karten, und er wies ihnen den Plan der bevorstehenden Schlacht«. Nachts fuhren wir in einem alten klapprigen Omnibus zur Stadt zurück. Als der über das Pflaster des Dorfes dahinpolterte, war Dehmel selig. Genau so sei er immer als Junge von der Schule in Berlin aus zu den Ferien ins elterliche Forsthaus zurückgefahren; er habe nicht geglaubt, daß er diese Erinnerung noch einmal so lebendig werde auffrischen können.

Gewisse Volksbildungs-Bestrebungen beurteilte er skeptisch. Er machte sich darüber lustig, daß in den Häusern Dr. Heckschers und Regierungsrat Peines die Dienstboten zu Gesellschaftsspielen der Herrschaft herangezogen würden: so etwas sei schlimm; das Festhalten an der Form des Unterschieds wichtig. Er eiferte dagegen, daß die bildende Kunst in die Schule gebracht werde, unser Hochstand in der Musik rühre daher, daß der Sinn für sie in der Schule nicht verdorben, sondern im Haus disziplinvoll geübt werde. Wenn erst der Schüler großartige Skizzen mache, werde niemand mehr ein Kunstwerk von Kitsch unterscheiden können.

Es war von Justus Pape, dem Fanatiker der Sittlichkeitsvereine, die Rede. Dehmel sagte, er sei gar kein Feind solcher Organisationen. Seiner Sache schadeten sie nicht. Dabei sprach er sich abfällig über Frenssens »Hilligenlei« aus. Die Behandlung der Sittlichkeitsfrage bezeichnete er als Entgleisung.

Auf einem Nachmittagsbesuch trafen wir bei ihnen Max Dauthendey und verschiedene andere Herren. Das Gespräch drehte sich um die höchsten Dinge. Von der »Erhaltung der Kraft« kamen wir über die Theorie Arrhenius' von der Sonnenwärme auf den Materialismus, dann zum Monismus und Dualismus. Ich entwickelte meine Ansicht, daß alle Besonderheit seelischen Empfindens, insbesondere auch der individuelle Geschmack, letzten Endes, ebenso wie z. B. der Formwille der Pflanzen, auf die Eigenschaften des Zellsaftes zurückzuführen sei. Dehmel lehnte das entschieden, fast leidenschaftlich, ab: »Nein«, sagte er, »der Geist ist das Primäre, und wenn ich das nicht glauben könnte, würde ich mich entweder aufhängen oder der krasseste Genußmensch werden«. Wir sprachen weiter von der Sehnsucht der Menschen nach dem Überirdischen und von der Entstehung der Religionen. Er meinte, die Ideen dazu seien meist schon lange vorher da; die Religionsstifter selbst aber wirkten durch ihre Rede, durch ihr Lächeln, durch ihre Gebärde, durch die Überzeugungskraft ihrer Person. Einige Zeit später hielt der Pastor Hunzinger in der Kunstgesellschaft einen Vortrag über das Thema Kunst und Religion. Auch er redete von der Sehnsucht der Gegenwart nach Religion und führte als Beweis einzelne Gedichte Dehmels an. Welch ein Wandel der Zeiten seit der oben zitierten Äußerung Senior Behrmanns! Dehmel selbst war bei diesem Vortrag anwesend. Hunzinger erzählte bei dem sich anschließenden Zusammensein, er sei durch den Ausdruck seines Gesichts, obwohl er noch gar nicht gewußt, wer er war, so gefangengenommen gewesen, daß er seine ganze Rede fast nur an ihn gerichtet habe.

Ich sprach einmal mit Dehmel über sein von Liebermann für die Kunsthalle gemaltes Bildnis. Wir kamen überein, daß wir beide nicht ganz mit ihm zu-

Hymnus am Carneval.

Leih mir noch Einmal die leichte Sandale,
sage, wer bist du, holde Gestalt?
Reich mir die volle, die funkelnde Schale,
die du mir fülltest so viele Male —
bist du die Jugend? werde ich alt?

Oh! dann fülle die funkelnde Schale,
warum entweichst du mit aller Gewalt?
Leihe, o leih mir deine Sandale —
willst du verschwinden mit einem Male,
weil ich Tor dich einst Törin schalt?

(Verte!)

Richard Dehmel, Hymnus am Carneval, 1904

Jetzt, jetzt preis' ich die leichte Sandale,
horch, o horch, wie mein Loblied schallt!
Reich mir noch Einmal die volle Schale,
laß sie mich schlürfen zum letzten Male,
eh du verschwindest — o halt! halt! halt!

frieden seien. Ich äußerte, mir fehle darin der Ausdruck der Güte. »Ja«, erwiderte er, »die Augen hat er nicht erfaßt.« Ich meinte, er sähe aus wie ein geduckter Löwe. Er fand: »Mehr wie ein Basilisk.«
Im Krieg hat Dehmel die von ihm freiwillig übernommene Soldatenpflicht ehrlich und tapfer erfüllt. Noch während der Ausbildungszeit in Altona wurde er zum Gefreiten und alsbald zum Unteroffizier befördert. Als solcher und nachher als Leutnant hat er monatelang in Nordfrankreich im Schützengraben gelegen; die bequemere und gefahrlosere Beschäftigung beim Stabe des Regiments lehnte er ab. Dann holte man ihn zu Vorträgen an und hinter der Front. Doch das befriedigte ihn nicht; er meldete sich zur Truppe zurück und kam in die Vogesen, wiederum in den Schützengraben. Nun aber traten die Unzuträglichkeiten heran, die mit der langen Dauer des Stellungskrieges verbunden sind: Frau Isi und die Freunde, vielleicht auch er selbst, sorgten, die Versuchung zu vielen Trinkereien möchte übermächtig werden. So kam er zum Oberkommando Ober-Ost nach Kowno und schließlich an das Generalkommando in Altona.
Zuletzt vor dieser Niederschrift sind wir mit Dehmels im Herbst 1917 auf einer Tagung zusammen gewesen, zu der sich – auf Veranlassung des Verlagsbuchhändlers Eugen Diederichs in Jena – eine Anzahl von Gelehrten, Künstlern und andern an der geistigen Entwicklung Deutschlands arbeitenden Personen zur Erörterung von Bildungsfragen vereinigte. Dehmel stand bei diesem Kreise in hohem Ansehen. Das schönste Zimmer der Burg Lauenstein, wo diese Tagung stattfand, mit einem Söller, der einen herrlichen Überblick über Berge und Täler bot, war dem Ehepaar zugewiesen. Sie hielten sich fast ausschließlich zu einer Gruppe junger Schriftsteller und Künstler, die sich unter dem Namen der Quadriga verbunden hatten. Diese bewohnten ein Turmgemach und veranstalteten dort allabendlich bis spät in die Nacht hinein Trinkgelage, bei denen auch Dehmel tapfer den Humpen schwang. An der Aussprache beteiligte er sich bei dieser Tagung nicht. Als ihm daraus ein Vorwurf gemacht wurde, gab er zu der Veranstaltung eine Art Kritik, die noch mehr verstimmte. Aber seine Persönlichkeit übte dennoch den größten Zauber, und vor allen war es die Jugend, die zu ihm hinstrebte und ihm ihr Herz mit seinen Nöten auszuschütten versuchte.
Und sein eigenes Herz? Es war dieser Jugend mit sperr-angel-weiten Toren offen. Darin besteht unsere Hoffnung. Möchte sie, die wir so lange auf ihn gesetzt haben, in den Werken des Alters zu schönen Früchten der Erfüllung reifen!

Schriftsteller

Neben diesen Männern gab es eine Anzahl Sterne 2.-10. Größe. Der Nestor unter ihnen war wohl Albert Roderich, mit bürgerlichem Namen Rosenthal, den Lesern der Fliegenden Blätter seit langem durch seine humoristischen Erzählungen und epigrammatisch gespitzten Verse bekannt. Ich hatte ihn wiederholt auf den Veranstaltungen der Literarischen Gesellschaft getroffen. An einem heißen Sommerabend sahen Luischen und ich ihn in einem Biergarten, wo wir uns mit einem kühlen Trunke erquicken wollten, mit seiner Tochter sitzen. Wir gesellten uns zu ihnen und überzeugten uns, daß er ein ebenso feinsinniger und liebenswürdiger Mensch wie Dichter war.

Jacob Loewenberg stand an sichtbarer Stelle. Jude, wie jener, war er von erschreckend rassigem Äußeren. Aber er verlor das Abstoßende, sobald man ihm näher trat. Er hatte liebe Augen und ein freundliches Wesen. Ein schmerzlicher Zug, der längs der Nase herablief, legte Zeugnis von seelisch leidvollem Erleben ab, und seine früheren Schriften und Gedichte geben Aufschluß, daß es sich dabei um die – wohl namentlich in der Studentenzeit gemachte – Erfahrung von der gesellschaftlichen Verfemung seiner Glaubensgenossen gehandelt hatte. Jetzt war er Direktor einer in der besten Gegend Hamburgs gelegenen Mädchenschule, die viel, aber doch nicht ausschließlich von Kindern jüdischer Abstammung besucht wurde. Gustav Falkes Töchter gehörten z. B. zu seinen Schülerinnen. Er muß ein guter Pädagoge sein und das Herz auf dem rechten Fleck haben, denn soviel man hört, hängen die Kinder mit großer Verehrung an ihm.

Auch sonst ist er ein vorzüglicher Mensch, ein liebevoller Ehemann, ein sorgender Vater. Für die Gattin, eine fein-gebildete, aber von langwieriger Krankheit heimgesuchte Frau, hat er eine rührende Aufmerksamkeit. Er erzählte mir einmal von seiner Jugend im elterlichen Haus. Der Vater war Handwerker in einem mitteldeutschen Dorf. Der älteste Sohn, dem des Alten Herz in besonderem Maße gehörte, hatte 1870 mit ins Feld hinaus gemußt. Da sei eines Tages der Postbote, der sonst immer ein freundliches Wort gehabt, mit bedrücktem Gesicht gekommen und habe ohne Gruß einen Brief hereingeschoben. Nachdem der Vater ihn gelesen, habe er eine Zeit lang schweigend gesessen, dann sei er in Tränen ausgebrochen. Der Brief habe gemeldet, daß der Sohn gefallen sei. Nun sah er selbst den eigenen Sohn in den Krieg ziehen.

Loewenberg war ein Mitglied des Otto Ernstschen Freundeskreises, der die Literarische Gesellschaft gegründet hatte, aber das laute Wesen von Asmus

Sempers Spätzeit sagte ihm doch nicht zu. Er war von anderer Art: still, bescheiden, zurückhaltend, mehr Gustav Falke ähnlich. Seine Schwäche war eine gewisse Eitelkeit. Er hörte sich gern sprechen und war empfindlich, wenn er als Redner und als Dichter nicht gebührend gewürdigt wurde. Was er als Vortragender sagte, war immer ausgezeichnet, warm empfunden, gewissermaßen mit dem Herzen erarbeitet, aber seine Aussprache hatte einen so stark jüdischen Akzent, daß sie den Eindruck des Inhalts beeinträchtigte.

Abgesehen von seinen Gedichten, deren er mehrere Bändchen herausgegeben hat, sind pädagogische Schriften, Erzählungen und ein Märchenspiel »Rübezahl« erschienen.

Emil Fritjof Kullberg war der Sohn eines Cuxhavener Kaufmanns und Reeders. Er hat namentlich Romane geschrieben. In seinem »Bösenberg und Sohn« griff er nach dem Lorbeer, den Roman des hamburgischen Geschäfts- und Gesellschaftslebens zu schreiben, aber dazu reichte weder sein Temperament noch seine Phantasie. Er war ein weicher Charakter; wiederholte Krankheit hatte die Spannkraft seines Körpers geschwächt. Ihm gelang die Schilderung lyrischer Stimmungen besser als das feste Zupacken in harte Tatsächlichkeiten. Im Bereich von Kunst und besonders Musik tummelte sich seine Einbildungskraft am liebsten. Hier standen ihm eigene Erlebnisse zu Gebote, die er mit feiner Selbstbeobachtung verarbeitete. Sein bestes Werk war der »Pilgrim«, eine Erzählung von hohem, ich möchte sagen, melodramatischem Reiz. Der Held, in welchem der Wille zu frischer Tat mit melancholischer Entsagung im Kampf liegt, trägt viele Züge seines Autors. Dieser war nicht ohne starke romantische Neigung. Sie spricht sich nicht nur in der Behandlung, sondern auch in der Wahl der Stoffe aus. Bezeichnend ist, daß er sich von seinem Freund Ernst Eitner im blauen Biedermeier-Rock des Großvaters malen ließ.

Als Wohnung richtete er sich das zu Atelierzwecken bestimmte Dachgeschoß eines hohen Etagenhauses her und stattete sie mit alten Mahagonimöbeln behäbig aus. Dort führte er ein einsames Junggesellenleben; ein großer schöner Flügel war ihm der liebste Kamerad. Seinen Gedanken nachzuhängen, sie zu verarbeiten und in Form zu bringen, darin fand er sein Glück. Aber er verlor darüber den Zusammenhang mit den Menschen nicht. In einem ihm zusagenden Kreise war er ein gesprächiger guter Gesellschafter. Hin und wieder sah er auch Gäste bei sich; einmal spielte er uns, nach einem kleinen Tee-Imbiß, Bach und Mozart vor. Freilich hatte er seine eigene Auffassung von der Musik. An einem unserer Freitag-Abende spielte er Beethovens Appassionata in einer Weise, die andere Musikkenner den Kopf schütteln machte.

Wen er gern hatte, dem war er ein treuer Freund. Wiederholt ist er für Ernst Eitner eingetreten, und als dessen fünfzigjähriger Geburtstag herankam, setzte er sich an die Spitze einer Bewegung, die ihm den Professor-Titel erwirkte.

Gustav Frenssen nahm, nachdem er mit »Jörn Uhl« den beispiellosen Erfolg gehabt und sein seelsorgerisches Amt in Hemme niedergelegt hatte, in Blankenese seinen Wohnsitz. Auch uns war das Buch eine Freude gewesen, wenngleich ich es als Kunstwerk nicht so hoch wie andere Leute schätzte. Das nachfolgende »Hilligenlei« fesselte mich in mindestens gleichem Maße, namentlich um der Behandlung des Sexualproblems willen. Ich beglückwünschte ihn in einem Brief zu dem Mut, den er darin bewiesen, bekam aber keine Antwort. Ich schloß daraus, daß er mich oder ich ihn nicht verstanden hatte. Die anderen Dichter werteten Frenssen nicht allzusehr. Dehmel – der, wie ich schon sagte, jene Behandlung des Geschlechtlichen für eine Entgleisung hielt – erzählte, Frenssen, mit dem er darüber gesprochen, habe erwidert, er wisse, daß er kein Künstler sei, habe sich aber seine Gedanken von der Seele schreiben müssen. Ein anderer machte sich über Frenssens affektiertes Naturburschentum lustig, ein dritter wollte gehört haben, er sei selbst ein Schürzenjäger. Ich kann nicht beurteilen, was davon Klatsch war; ich habe Frenssen nie gesehen und auch seine späteren Romane nicht gelesen.

Friedrich Huch, der Vetter Ricardas, war zeitweise in Hamburg wohnhaft. Frau Laeisz hatte ihn als Hauslehrer ihrer beiden Enkel angenommen. In dieser Zeit erschien sein Erstlingswerk »Peter Michel«; es war in den literarischen Kreisen Hamburgs viel davon die Rede. Als Frau Laeisz erfuhr, daß ihr Hauslehrer der Verfasser sei, kündigte sie ihm den Dienst; einem solchen könne sie ihre Kinder nicht anvertrauen.

Dr. Siegfried Heckscher, in seinen bürgerlichen Verhältnissen Anwalt und später M. d. R., literarisch in den ersten Jahren des Jahrhunderts Mitredakteur des Lotsen, versuchte sich die Sporen des Dramatikers zu verdienen, indem er ein Schauspiel »Stürmer« schrieb. Aber es war nichts Herrliches, und es brachte ihn noch dazu mit seinem Freunde Otto Ernst in Mißhelligkeit, der in seinem »Bannermann« einen gleichen Stoff behandelt hatte.

Ewald Gerhard Seeliger ist ein hamburgischer Balladen-Dichter. Gewiß ein Talent, das mit tönenden Worten, mit Ideen und fesselnden Bildern geschickt zu handwerken versteht. Auch eine urwüchsige Kraft, ein Draufgängertum, das zunächst besticht, packt, gefangennimmt. So kam es wohl auch, daß er bei einem Preisausschreiben der Woche aus dem Wettbewerb als Sieger hervorging. Für wirkliche Künstlerschaft fehlte ihm die Zucht. Er berauschte sich an der schwellenden Dünung seiner Verse und ließ sich aus den Leitdämmen strengen Geschmacks hinaustreiben. Dem entsprach der persönliche Eindruck, den ich bei der einzigen Begegnung mit ihm empfing. Er erschien in etwas angetrunkenem Zustand in einer Vorstandssitzung der Literarischen Gesellschaft und machte in aufdringlicher Weise Stimmung für den Ausschluß eines unglücklichen Schriftstellers, der sich eines Plagiats schuldig gemacht haben sollte.

Mit kurzem Wort erwähne ich Carl Bulcke, der vorübergehend in Blankenese und Altona als Referendar tätig war, sich dem Kreise hamburgischer Dichter und Schriftsteller anschloß und in seinen Werken zu hamburgischen Stoffen griff. Ich habe ihn nur flüchtig auf jenem Presseball kennengelernt, zu dem uns Gustav Falke eingeladen hatte. Ihm sind einige entzückend jugendlich-übermütige Gedichte gelungen: »Holde Karen« und »Auf die Mensur, fertig, los!« Daß sein Tagebuch der Susanne Oevelgönne künstlicher Aufputz sei, darin mag Benno Diederich in seinen »Hamburgern« recht haben.

Von Carl Mönckebergs schriftstellerischer Tätigkeit ist schon bei der allgemeinen Besprechung seiner Persönlichkeit die Rede gewesen. Hier sei noch angemerkt, daß er als Ordonanz-Offizier beim Generalquartiermeister der Bugarmee in den Jahren 1915–1917 verschiedene Berichte geschrieben hat, die – auch von literarischem Standpunkt aus gesehen – allgemeines Interesse verdienen.

Richard Huldschiner, längere Jahre in Hamburg als Arzt tätig, war aus Süd-Tirol nach dem Norden gekommen und ist auch nachher wieder nach dort zurückgekehrt. Er war ein feiner, liebenswürdiger Mensch und echter Künstler. Seine Romane legen davon untrügliches Zeugnis ab.

Dr. Theodor Suse wurde als Dichter geschätzt. Als Anwalt – er gehörte zu den gesuchtesten Verteidigern in Strafsachen – war er ein Schwadroneur, und es mag sein, daß mir dadurch der Geschmack an seinen Werken verdorben ist.

Emil Sandt und Hermann Krieger seien zusammen genannt. In bedrängter Lage, von körperlichem Leiden heimgesucht, haben sie beide ein respektables Talent mit aufopferungsvoller Arbeit in den Dienst des guten deutschen Schrifttums gestellt. Jener machte sich mit seiner phantastischen Fliegergeschichte »Im Äther«, der ein tiefer Sinn zu Grunde lag, dieser mit seinem Roman »Familie Hahnenkamp und ihr Freund Schnurrig« einen geachteten Namen.

Ernst Fuhrmann war ein Dichter von ganz besonderer Art. Ich hörte zuerst von ihm durch den Maler Emil Nolde als von einem Schriftsteller, der trotz seiner Jahre – er mochte vierzig oder fünfundvierzig zählen – noch nichts veröffentlicht habe. 1913 luden wir ihn mit seiner Frau Elisabeth, Tochter des Propstes Paulsen, die vor ihrer Verheiratung einen Band Gedichte unter dem Titel »Jungfrauenbeichte« herausgegeben hatte, zu Mittag, und er bestätigte, daß noch kein Verleger etwas von ihm habe nehmen wollen. Er erzählte, in einer Novelle habe er versucht, den Charakter von Frau Dehmel zu zeichnen, und darüber seien die guten Beziehungen zu ihr in die Brüche gegangen. Nun suchte er Subskribenten auf eine Ausgabe seiner bisherigen Werke, aber auch das scheiterte zunächst, weil er statt der erforderlichen siebzig nur vierzig zusammenbekam. Schließlich erschienen die fünf Bändchen dennoch im Jahre 1914, kurz vor dem Krieg. Es waren Gedichte, Erzählungen, dramatische Szenen; Zeugnisse einer schwerblütigen Natur, nicht leicht verständlich, doch von einer Art geballten Dufts, der ahnen ließ, hier war mehr, als der erste Blick erkannte.

Nun vertiefte er sich in vergleichende Sprachstudien. Er wollte darauf hinaus zu beweisen, daß die verschiedenen Idiome nicht von selbst gewachsen, sondern aus bewußtem Schaffensakt der Priesterkasten hervorgegangen seien. Ohne philologische Vorbildung durchstöberte er die Wörterbücher der entlegensten Sprachen, die er autodidaktisch erlernte, und wollte die Spuren jenes Schaffens in Wurzelwörtern und -silben finden, die überall wiederkehrten. Dabei ging er oft so wunderliche Wege, daß – so erzählte er selbst – Professor Botho Graef, dem er davon geschrieben, Veranlassung nahm, ihn auf seinen Geisteszustand untersuchen zu lassen. Er gründete einen Verein, den er nach einem seiner Urworte Rha nannte; die Resultate seiner Forschungen, die er in der Vereinszeitschrift bekanntgab, waren wissenschaftlich wohl kaum brauchbar, oft aber von hohem poetischen Reiz.

Schriftstellerinnen

Von den Frauen, die sich in der hamburgischen Umwelt der Schriftstellerei gewidmet haben, ist die Holsteinerin Charlotte Niese wohl die bekannteste. Ich weiß nichts von ihr zu erzählen; ich habe sie nie gesehen und auch kaum etwas von ihr gelesen.

Marie Hirsch, mit ihrem Schriftstellernamen Adalbert Meinhardt, habe ich wiederholt getroffen. Sie war Mitglied der Gesellschaft Hamburgischer Kunstfreunde, deren Versammlungen sie regelmäßig besuchte. Sie gehörte dem Kreise fein-kultivierter jüdischer Familien an, der dem Geistesleben der wohlhabenden hamburgischen Gesellschaft den eigentümlichen Stempel aufdrückt. Mit ihren älteren Geschwistern – der Bruder war Rat bei der Justizverwaltung – bewohnte sie ein Haus in der Tesdorpfstraße vor dem Dammtor. Sowohl ihre Schwester wie sie selbst hatten starke ästhetische Neigungen im Sinne der siebziger und achtziger Jahre. Literarisch kam sie von Paul Heyse her. Vor allem pflegte sie die Novelle; sie war eine feine Beobachterin und gute Erzählerin. Auch im Drama hat sie sich versucht. Eines war vom Deutschen Schauspielhaus zur Aufführung angenommen worden. Daß es schließlich doch zurückgestellt wurde, hat ihr die letzten Lebensmonate verbittert, wie uns nach ihrem Tod die sie überlebende ältere Schwester voll Bekümmerung sagte.

Johanna Wolff war eine Dichterin von ungleich größerer Bedeutung. Wenn jener der Wunsch, ein ästhetisches Bedürfnis zu befriedigen, die Feder in die Hand drückte, so schuf diese aus dem inneren Zwang, Lust und Leid, in tiefster Seele empfunden, in Form zu bringen. Sie wußte, was das Leben ist, das sich ihr in wunderbarem Wechsel gezeigt hatte, und sie war mit eigenen Gedanken hindurchgegangen. Jetzt wohnte sie als Gattin des begüterten Mannes, den sie als armes Mädchen in schwerer Krankheit gepflegt hatte, dem sie eine gründliche Vertiefung ihres Wissens und Erkennens verdankte und mit hoher Achtung und inniger Neigung zugetan war, während des Winters in der Stadt, den Sommer über in einem Landhaus in Rissen hinter Blankenese. Er aber, der einen tüchtigen Geschäftssinn mit lebendiger Geistigkeit verband, vergalt ihre hausfrauliche Fürsorge mit freundlicher Anteilnahme an ihrem dichterischen Schaffen.

Hier sei auch Wilhelmine Funkes gedacht, der Witwe des Senatspräsidenten am Oberlandesgericht. Erst als hohe Vierzigerin entschloß sie sich, ein Bändchen Gedichte zu veröffentlichen. Auch ihr Gatte, welcher die der Kindeshoffnung Beraubte mit zärtlicher Sorgfalt umfing, hatte ihr zugeredet und war bei der Herausgabe mit Rat und Tat behilflich. Aber erst nach seinem Tode entfaltete sich ihr Talent. Epigonal zwar nach Form und Inhalt und bei weitem nicht so reich wie Johanna Wolff, hat sie doch Verse geschaffen, in denen sie selbständige Gedanken in vollendeter Form zu starkem Ausdruck bringt.

Niederdeutsche Schriftsteller

Es bleibt noch übrig, von der Reihe der niederdeutschen Dichter zu sprechen. An erster Stelle ist Fritz Stavenhagen zu nennen. Er war ein Märtyrer der Kunst. Jahrelang hatte er vergeblich um Anerkennung gerungen; als der 30jährige eben die Hand nach dem Kranze ausstrecken zu dürfen glaubte, raffte ihn ein unerbittlicher Tod hinweg. In den Kreisen der Literarischen Gesellschaft fand er das erste Echo; Albert Ruben, als Mitglied der sogenannten Lesekommission, trat wiederholt dafür ein, daß ihm, der in bitterer Not lebte, eine Unterstützung gewährt würde. Auch der Schauspieler Alex Otto, selbst ein Niederdeutscher, nahm an dem Schaffen des einzig in Betracht kommenden niederdeutschen Dramatikers lebhaften Anteil. Er setzte es durch, daß am Thalia-Theater »Der Lotse« und »Jürgen Piepers« gespielt wurden, und die Literarische Gesellschaft brachte 1905 in einer Vormittagsvorstellung des Stadttheaters Stavenhagens bedeutendstes Werk, »Mudder Mews«, zur Aufführung. Das Stück machte tiefen Eindruck. Es schildert in den Formen des folgerichtigen Naturalismus das Schicksal einer Finkenwerder Fischerfamilie, die durch die Ränkesucht einer alten Mutter ins Verderben gebracht wird. Indem er den bösartigen Charakter dieses Weibes mit wuchtigen Strichen gleichsam als etwas Naturgegebenes zeichnet, schafft er in ihr und um sie herum überindividuelle typische Gestalten von monumentaler Silhouette. Scheinbar teilnahmslos läßt er die Geschehnisse vor unseren Augen vorüberrollen; trotzdem – oder vielleicht gerade um deswillen, weil er nicht mit moralischer Geste den Weg weist – zwingt er die erschütterten Zuschauer auf die Bahn nachdenklicher Selbstkritik.
Wenige Monate nach dieser Aufführung fiel der Vorhang vor seinem Leben. Gustav Falke schrieb dazu:

> Es sprach die Not: Ich quäle Dich;
> Es sprach der Mut: Ich stähle Dich.
> Es sprach der Sieg: Ruhm winkt und Licht.
> Es sprach der Tod: Ich will es nicht.

Er hatte gewünscht, man solle seinen Leib den Vögeln des Himmels auf einem hohen Gerüst als Nahrung darbieten. Dieser unausführbare letzte Wille war ein Zeugnis der Liebe, mit der er alles Lebende umfing. Ein schlichter Denkstein in Groß-Borstel hält die Erinnerung wach, daß er hier wohnte. Frau und Kinder ließ er in Armut zurück. Dr. Spiero sorgte, daß durch eine

Sammlung der Not gesteuert wurde. 1908 entstand aus dem Zusammenwirken der Literarischen, der Kunstgesellschaft und des Goethe-Bundes eine Stavenhagen-Gesellschaft, die es sich angelegen sein ließ, die Kenntnis von den Werken des Dichters zu verbreiten und sein Andenken lebendig zu erhalten.

Gorch Fock, mit seinem bürgerlichen Namen Hans Kinau, war mit Finkenwerder nicht nur, wie Stavenhagen, der als Krämerlehrling hinkam, literarisch, sondern durch persönliche Abstammung verbunden. Selbst der Sproß einer Fischerfamilie, kannte er, kraft einer angeborenen Fähigkeit der Beobachtung, alle Verhältnisse der Elbinsel und den aus ihnen hervorgewachsenen Reichtum origineller Persönlichkeiten genau. Aus diesen in den verborgenen Gefäßen der Seele seit den Tagen der ersten Kindheit angesammelten Quellen der Erfahrungen und Erlebnisse schöpfte er den Stoff seiner Geschichten, in denen sich die Welt der Schiffer auf See und in der Heimat vor uns breitet. Er ist ein Meister treffsicherer Darstellungskunst. Die scharfe Charakterisierung der Gestalten wird durch einen feinen gütigen Humor verklärt. Aber dieser drängt sich nicht als lustige Person in den Vordergrund; das Wissen und Erzählen von der Menschenseele bleibt immer die Hauptsache. Von Beruf war er Angestellter eines größeren kaufmännischen Unternehmens. Die Schriftstellerei übte er – äußerlich gesehen – als Erholung und als Nebenverdienst; in Wahrheit machte sie den Inhalt seines Lebens, das Ziel seines Denkens und Trachtens aus. Auch als Mensch war er liebenswert. Ziemlich klein von Statur, zierlich von Gliederbau, von freundlichem Ausdruck des schmalen, glattrasierten Gesichts, machte er gar nicht den Eindruck eines bedeutenden Mannes. Er war bescheiden und zurückhaltend. Luischen, die einmal bei einem Abendessen neben ihm saß, hatte ihn infolge einer Personenverwechslung immer als »Herr Pastor« angeredet; mit lustigem Augenzwinkern hat er sich's gefallen lassen. Auch sein Schaffen trug den Stempel der Anspruchslosigkeit; es blieb einstweilen im Rahmen der kleinen Erzählung und dramatischen Skizze. Freilich, später wollte er aufs hohe Meer hinaus: er trug sich mit dem Gedanken eines großen Romans. Aber auch hier sprach der Tod: »Ich will es nicht«. Bald nach Kriegsbeginn wurde Gorch Fock zum Militär eingezogen. Wer dachte damals, daß diese Reserven noch hinaus kämen? Bald hieß es dennoch, er sei in Rußland; dann hat er den Feldzug in Serbien mitgemacht. Den Bemühungen seiner Freunde gelang es, daß er den Heeresdienst mit dem auf der Flotte vertauschen durfte. Damit war sein Herzenswunsch erfüllt; er war begeistert von dem Leben an Bord seines Kreuzers »Wiesbaden«. In der Schlacht am Skagerrak hat er den Tod gefunden; einen Tod, wie er ihn sich wünschte, wenn einmal jung gestorben sein mußte. Hamburg und das niederdeutsche Schrifttum waren um eine reiche Hoffnung ärmer geworden.

Hermann Claudius ist der dritte in dieser Reihe. Ein Nachfahr des Wandsbecker Boten, verbindet er gleich ihm ein tiefes menschliches Gefühl mit starker dichterischer Begabung. Wie bei den meisten seiner Generation verdichtet sich jenes zu eindringlichen Gemeinschaftsgefühlen mit der breiten Masse des Volkes, wie sie der immer weitere Kreise ziehenden sozialen Weltauffassung gemäß sind. Wenn sich Gorch Focks Gedanken im Lebensbereich der Schiffer und Fischer tummelten, so schlägt Claudius' Herz für die Seele der Großstadtbevölkerung. Er kennt sie von Grund auf, geht ihren innerlichsten Regungen nach und schildert sie in ihren Nöten und Entbehrungen sowohl wie in ihren kleinen Freuden und idealen Erhebungen. Der Gedichtband »Mank Muern« ist ein lebendiges Zeugnis innigen Miterlebens, Mit-, nicht Nach-Empfindens, Mitleidens, Mitliebens. Dem größeren Publikum wurde Claudius erst durch die Kriegsgedichte bekannt, welche unter dem Titel »Hörst Du nicht den Eisenschritt?« erschienen. Ihnen folgte 1916 ein drittes Bändchen »Licht muß wieder werden«. Claudius gehört zu der Zahl der Volksschullehrer, auf die Hamburg stolz sein darf. William Lottig, der schon 1915 in einem Artikel des Hamburger Echo auf den »Eisenschritt« aufmerksam gemacht hatte, veröffentlichte 1917 in der Literarischen Gesellschaft eine eingehende Studie über die Persönlichkeit des Dichters, sein Schaffen und dessen Wert. Meine Bekanntschaft mit Claudius ist bisher nicht über schriftlichen Verkehr hinausgekommen; ein Besuch, den er mir ankündigte, wurde duch seine Einziehung zum Militär vereitelt.

Fachschriftsteller

Diesen niederdeutschen ebenso wie den andern schlossen sich noch manche Schriftsteller an, die sich – mit Recht – durch ihre Nichterwähnung zurückgesetzt fühlen mögen. Aber Vollständigkeit kann hier nicht angestrebt werden; es soll kein Katalog sein. Auch das ist nicht der Zweck dieses Kapitels, von Fachschriftstellern zu reden. Nur einige von den Werken, die nicht in den Bereich des eigentlichen Phantasie-Schaffens, sondern sachlicher Arbeit fallen, seien erwähnt, weil sie neben ihrem wissenschaftlichen Wert die Anteilnahme des gebildeten Publikums im allgemeinen fordern.

Als wichtigste sind die Schriften Lichtwarks voranzustellen: vor allen die über den Dilettantismus, die Erziehung des Farbensinnes, die deutschen Königsstädte, Palastfenster und Flügeltür, die Seele und das Kunstwerk.
1909 brachte Erich Marcks, der 1907 von Heidelberg nach Hamburg berufen war, den ersten Band seiner Bismarck-Biographie heraus.
1904 erschien Dr. Richard Lindes »Lüneburger Heide«, welcher im Jahre 1908 die »Niederelbe« folgte, beides Bücher voll interessanter kulturhistorisch-geographischer Schilderungen und mit ausgezeichnetem Bildmaterial ausgestattet.
Dr. Heinrich Spiero veröffentlichte u. a. 1906 Essays unter dem Namen »Hermen«, 1909 seine »Städte«, 1913 eine umfangreiche Lebensbeschreibung Liliencrons.
Mit dem gleichen Thema hatte sich schon 1909 Dr. Hans Ferdinand Gerhard in Ratzeburg beschäftigt, der, früher in Hamburg ansässig, dort als literarischer Kritiker des Correspondenten tätig gewesen war und auch selbst Novellen und einen Roman »In der Jodutenstraße« veröffentlicht hatte. Ebenfalls 1909 schrieb Dr. Benno Diederich seine »Hamburger«, eine Reihe von Skizzen, in denen er die hamburgischen Dichter Revue passieren ließ.
Im Bereich der Architektur-Kritik tat sich Paul Bröcker verdienstvoll hervor. 1908 erschien seine Broschüre »Hamburg in Not!«, durch die er für ein hamburgisches Baupflegegesetz Stimmung zu machen suchte. 1909 folgten »Mein Heimatbuch« und »Die Architektur des Hamburgischen Geschäftshauses«, mit Entwurfzeichnungen der Architekten Höger und Sckopp. Melhops »Althamburgische Bauweise« war ein wertvoller Beitrag zur hamburgischen Baugeschichte.
Hermann Popert nimmt um deswillen eine gesonderte Stellung ein, weil er seine schriftstellerische Tätigkeit ganz ausdrücklich nur in den Dienst einer Tendenz, und zwar der löblichen Tendenz eines Kampfes gegen den Alkohol, reihte. Popert war von Hause aus Jurist und Richter am Landgericht. Als Idealist von reinstem Wasser kam er oft mit den Forderungen des praktischen Lebens in Gegensatz, um so mehr, als er, durch Abstammung von einem Vater, der einmal geisteskrank gewesen war, erblich belastet, vielfach hemmungslos seinen Idealismen folgte. In dem Kollegium einer Strafkammer empfand man seine Mitgliedschaft als einen Druck; denn er konnte sich nur schwer zu einer Verurteilung entschließen. Menschliches Mitgefühl und Verstehen-Wollen brachen bei ihm gern in die Schranken sachlich gerechten Urteilens. In der richtigen Erkenntnis der Gefahren, welche vom Alkohol einer ekstatisch veranlagten Psyche drohen, wurde er Abstinent und geriet

alsbald auf den Weg einer fanatischen Propaganda. 1903 brachte er sein Buch über den Alkohol heraus. Zugleich organisierte er einen Feldzug der Reklame. Bei zahlreichen Freunden und Bekannten, die er für seine Sache zu gewinnen wußte, bestellte er Besprechungen vom Standpunkt des Für und Wider, verteilte sie an die Tageszeitungen und sorgte so dafür, daß wochenlang die Aufmerksamkeit nicht erlahmte. Dem gleichen Zweck sollte der Roman »Helmut Harringa« dienen, den er 1910 erscheinen ließ. Er bewies darin ein großes Geschick, seine Absichten in eine Form zu kleiden, die den Leser in fortwährend lebhafter Spannung hielt. Literarisch-künstlerische Eigenschaften lassen sich dem Werke keineswegs absprechen; nur am Schluß, bei der Heerschau über die Armee vom Blauen Kreuz, geht die fanatische Idee mit dem guten Geschmack durch. Das Buch hat unzweifelhaft in der deutschen Jugend eine gute Wirksamkeit geübt; welche Verbreitung es fand, geht daraus hervor, daß bis Ende 1918 mehr als 200 000 Exemplare abgesetzt wurden.

Dichter-Denkmäler

Zum Schluß dieses Abschnittes will ich noch die Vorgeschichte von den Denkmälern zweier deutscher Dichter erzählen, deren Entwicklung mit Hamburg in Verbindung steht: Heinrich Heines und Friedrich Hebbels.
In Anlaß des 100jährigen Geburtstags wurde vom Vorstand der Literarischen Gesellschaft beschlossen, für die Errichtung eines Heine-Denkmals zu werben. Der Vorstand zählte zwar eine ganze Reihe Juden zu seinen Mitgliedern, und auch in der Gesellschaft selbst waren sie stark vertreten, aber für die Entschließung kam keineswegs ein Gefühl der Rassengemeinschaft entscheidend in Betracht, sondern die Überzeugung, daß dem Andenken des Dichters nicht nur von Fanatikern des Deutschtums, den Leuten von der Art Adolf Bartels, sondern auch vom Kaiser Unrecht geschehe. War es z. B. nicht unbillig, daß dieser, nachdem er das Besitztum der Kaiserin Elisabeth von Österreich auf Korfu erworben hatte, das von der hohen Frau aus aufrichtiger Verehrung aufgestellte Standbild Heines beseitigen und durch eine Statue Achills ersetzen ließ?
Gleichzeitig hatte Alfred Kerr in Berlin in der von ihm herausgegebenen Wochenschrift Pan zu einer Sammlung für ein deutsches Heine-Denkmal aufgerufen. Um eine Zersplitterung der Mittel zu vermeiden, suchte man von Hamburg aus Fühlung mit Kerr in dem Sinne, daß die von ihm zusam-

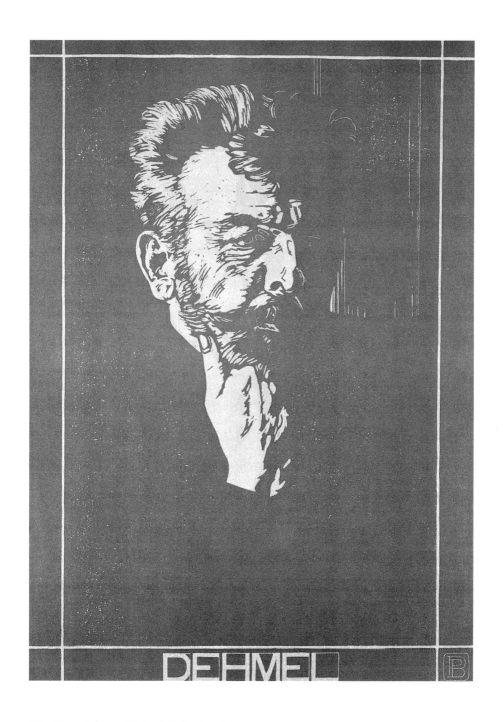

25. Peter Behrens: Richard Dehmel, o. D.

mengebrachte Summe in den Dienst des Hamburger Planes gestellt würde. Kerr, der erwarten mußte, in Preußen mit der Aufstellung Schwierigkeiten zu begegnen, willigte ein.

Man war auch in Hamburg wegen der Platzfrage nicht unbedenklich, weil man eine Liebedienerei gegen Berlin befürchtete, und deshalb wurde ich beauftragt, bei den maßgebenden Persönlichkeiten des Senats ins Haus zu hören. Ich wandte mich an die Bürgermeister Mönckeberg und Burchard. Jener empfing mich und erklärte, wenn er auch nach Lage seiner Kompetenzen keine bindende Zusage geben könne, so bezweifle er doch nicht, daß für ein würdiges Denkmal ein geeigneter Platz zur Verfügung gestellt werde. Burchard ließ mir auf meine Anfrage schriftlich durch seinen Sohn ähnlich antworten.

Die Sammlungen nahmen ihren Gang. Beide, sowohl die Hamburger, zu deren Gunsten die Literarische Gesellschaft einen besonderen Vortragsabend mit musikalischen Darbietungen veranstaltete, und die Kerrs ergaben einen Betrag von je etwa 20 000 Mark. Währenddem ereignete sich ein Zwischenfall.

Campe, ein Enkel des bekannten Buchhändlers, eine Persönlichkeit, die einen sehr vorurteilslosen Lebenswandel führte und deshalb in keinem guten Ansehen stand, hatte das Korfioter Denkmal auf Abbruch erworben und bot es dem Senat zur Aufstellung in Hamburg als Geschenk an. Dieser lehnte ab. Da er, der Übung gemäß, seine Entschließung nicht mit Gründen versah, konnte es nach außen scheinen, als wolle man hier, ebenso wie seinerzeit in Düsseldorf, die Errichtung eines Heine-Denkmals überhaupt verhindern. Während das Hamburger Komitee, dem auch ich angehörte, nach dem Ergebnis meiner Besprechung mit Mönckeberg die Überzeugung hatte, daß dem nicht so sei, und öffentlich bekanntgab, es stimme mit der Ablehnung völlig überein, weil es, ebensowenig wie der Senat, ein abgelegtes, sondern ein neues Denkmal anstrebe, fühlte Kerr sich ernstlich beunruhigt und richtete in einem langen Telegramm an den Senat die Anfrage, wie er zur Sache stehe. Wir befürchteten, dieser Schritt könne den souveränen Stolz ungünstig beeinflussen, und wollten Kerr bestimmen, er möge den Senat bitten, eine Beschlußfassung hinauszuschieben, bis ein Modell vorgelegt werden könne. Aber unerwartet schnell kam – vielleicht weil man wünschte, jenem Bescheid nachträglich eine Auslegung zu geben, welche jede mißverständliche Deutung ausschloß – eine vom Senatssekretär Ludwig unterschriebene Antwort, welche jene mir gegenüber abgegebene Erklärung Mönckebergs zu einer solchen des Senats machte.

Nun begannen die Erörterungen über die Person des zu beauftragenden Künstlers. Brinckmann, den ich um Rat fragte, empfahl den Professor Luksch. Aber meine Bemühungen, das Hamburger Komitee für ihn oder für Georg Roemer zu gewinnen, blieben erfolglos. Auch Dehmel trat für Luksch ein und schlug, um in diesem Sinne zum Ziele zu kommen, vor, der Berliner Ausschuß solle ihn, der Hamburger mich mit der Auswahl beauftragen. Bei einer Unterredung, die ich in Berlin mit Kerr hatte, ergab sich dann, daß er entschieden für Klinger war. Dagegen ließ sich nichts einwenden, und Kerr trat mit ihm in Verhandlungen. Als Klinger einmal in Hamburg war, schlug ich ihm vor, wir wollten miteinander die in Frage kommenden Plätze besehen. Er erwiderte, das sei nicht nötig (!), er werde ohne das Photographien eines Entwurfs an Kerr senden können. Das verzögerte sich aber so, daß der Plan aufgegeben und Lederer mit der Aufgabe betraut wurde. Mir wäre erwünscht gewesen, wenn man in intimer Umgebung, etwa zwischen Dammtorcafé und Esplanade-Hotel, eine schöne Bronzebüste auf kostbarem, vielleicht aus farbigen Steinen geschmackvoll zusammengesetztem Sockel aufgestellt hätte. Das wurde aber nicht gebilligt. Lederer machte einen Entwurf, der den jugendlichen Dichter in ganzer Figur stehend darstellte, und sandte Lichtbildabzüge, mit denen ich zu Baudirektor Schumacher und Lichtwark ging. Dieser, verärgert, wollte sie überhaupt nicht sehen; er meinte, es werde ebensolcher Kitsch werden wie das Bismarck-Denkmal. Im März 1912 kamen Lederer und Kerr zur Besprechung der Platzfrage nach Hamburg. Jener entschied sich für den schönen von Bänken umrahmten Platz unter den hohen Ulmen in Fontenay. Seinem Vorschlag entsprechend wurde unter Beifügung der Photographien ein Antrag an den Senat gerichtet. Dieser schlug die Bitte ab. In dem Schreiben hieß es, später werde zu erwägen sein, »ob und wo ein anderer Platz zur Verfügung gestellt werden« könne. Sollte das bedeuten, der Senat wolle sich überhaupt von der Zusage losmachen? Nachdem einige Monate ins Land gegangen waren, wurde ich beauftragt, beim Syndicus Buehl anzufragen. Er gab die Auskunft, daran sei nicht zu denken; Burchard und Sander seien freilich sehr gegen das Denkmal gewesen, aber der Senat halte sich gebunden. Er riet, wir möchten uns wegen eines Platzes im Stadtpark mit Schumacher und dem Oberingenieur Sperber in Verbindung setzen.

Inzwischen hatte Lederer das Gußmodell fertiggestellt, im Sommer 1913 wurde es gebilligt und der Guß vorgenommen. Schumacher, welcher immer freundlich zu der Sache gestanden hatte, sagte mir, er habe schon einen schönen Platz für das Denkmal im Stadtpark ins Auge gefaßt und seine Ausge-

Denkmal Heinrich Heines im Hamburger Stadtpark

staltung vorbereitet. Auch insofern kam er entgegen, als er dem Denkmal, das Lederer abgenommen zu sehen wünschte und von uns nicht untergebracht werden konnte, einstweilen in einem Schuppen der Baudeputation Aufnahme gewährte. Da steht es nun und wartet auch seinerseits auf Kriegsende und Förderung der Arbeiten am Stadtpark.

Am 11. März 1912 fand auf ergangene Einladung unter dem Vorsitz Senator von Melles im Hörsal des Johanneums eine Versammlung statt, um über die Errichtung eines Hebbel-Denkmals zu beraten. An ihr nahmen teil der Präsident der Bürgerschaft Engel, Brinckmann und Lichtwark, die Professoren Marcks und Warburg, Baudirektor Schumacher, Frau Adele Doré, Dr. Bendixen, Dr. Dehn, Schulrat Brütt, Dr. Spiero, Otto Ernst, Léon Goldschmidt u. a. Die Erschienenen stimmten darin überein, es könne sich nur darum handeln, ein Denkmal von und für Hamburg allein, nicht etwa für ganz Deutschland zu schaffen, und konstituierten sich als hamburgisches Komitee, um den Plan ins Werk zu setzen. Die Frage des Künstlers, des Platzes und alles andere sollten offen gelassen werden, doch war am meisten Stimmung auch hier für den Stadtpark. Schumacher, den ich nach Schluß der Sitzung darauf anredete, war der Ansicht, Hildebrand in München sei für den Stürmer und Dränger nicht besonders geeignet. Für Roemer, mit dem er in Bremen das Franzius-Denkmal gemachte hatte, war er eingenommen.

Mit ist nicht bekannt, ob die Angelegenheit vor dem Krieg weiter vorwärts gebracht ist.

Zeitungen

Die journalistische Tätigkeit fällt keineswegs in vollem Umfang in das Gebiet der eigentlichen Kultur, wie diese hier verstanden wird; beide Kreise schneiden sich nur auf eine gewisse Strecke. Freilich sollte auch die Tagespresse den Fragen der Geistesbildung einen breiteren Raum gewähren, als gemeinhin geschieht; ihr Wert wird zu einem guten Teil danach zu bemessen sein. Bei einer Gruppierung der hamburgischen Zeitungen nach diesem Maßstab ist dem Hamburgischen Correspondenten, der Neuen Hamburger Zeitung und dem Hamburger Echo die obere, dem Hamburger Fremdenblatt eine mittlere, den Hamburger Nachrichten die unterste Stufe anzuweisen. Der Correspondent als das älteste und seinerzeit vornehmste Blatt hielt es von je für seine Pflicht, für die Belange geistigen Lebens im Sinne eines gesunden Fortschritts einzutreten. Die Neue Hamburger, die um die Jahrhundertwende aus oder richtiger neben dem Generalanzeiger hervorwuchs und nach einigen Jahren das Organ der neugegründeten Partei der Vereinigten Liberalen wurde, bewies einen gleich offenen Sinn für die hamburgischen Bildungsbestrebungen, und das Echo, das sozialdemokratische Blatt, war der Überzeugung, daß der Herzschlag der Partei durch Zuführung geistigen Sauerstoffes nur gekräftigt werden könne. So zogen diese drei gewöhnlich an einem Strang; die Unterschiede ergaben sich teils aus der Rücksicht auf die Bevölkerungsschichten, denen sie dienten, teils aus der besonderen Sinnesrichtung der leitenden Personen. Im Correspondenten kam jetzt die geistige Atmosphäre der feingebildeten jüdischen Kreise zum Ausdruck, die in Hamburg einen bedeutenden Einfluß hatten und durch die Familien Wolffson, Hertz, Hirsch, Schiff, Melchior vornehmlich vertreten waren. In ihnen herrschte eine humanitäre Gesinnung, die alles zu verstehen und gelten zu lassen geneigt war. Sie pflegten die geistigen Belange aus Bedürfnis und förderten sie durch Anteilnahme und materielle Unterstützung. Dem entsprach die Haltung des Blattes. Wo sich auf dem Gebiet von Kunst, Literatur, Musik, Wissenschaft Ansätze zu neuen Entwicklungen zeigten: hier konnten sie darauf rechnen, freundlicher Beachtung zu begegnen. Justus Brinckmann stand als junger Mann in engen Beziehungen zur Redaktion; 1870/71 wurde er als Berichterstatter zur Nationalversammlung in Bordeaux und dann nach Paris gesandt, von wo er als Augenzeuge des Commune-Aufstandes die noch heute lesenswerten Artikel schrieb; auch Lichtwarks hohe Bedeutung wurde frühzeitig erkannt und gewürdigt. Wenn in den 90er Jahren Liliencron im Literaturblatt noch abfällig kritisiert wurde, so war schon um die Jahrhundertwende – unter Dr. Hans Ferdinand Gerhards Referat – ein anderer Geist eingezogen. Der sonst so verfemten modernen Kunst stand man verhältnismäßig unvoreingenommen gegenüber: als ich 1895 einen kleinen Aufsatz einreichte, in dem ich Max Liebermanns Radierungen rühmte, fand er Aufnahme, wenn mich auch der Chefredakteur Rosatzin ersuchte, den Ton ein wenig herabzustimmen, und im Jahre 1903 gelang es mir sogar, bei Josef Sittard, der damals das Feuilleton leitete, einen Artikel anzubringen, der Edvard Munch stark heraustrich.

Die von den Volksschullehrern gepflegten Volksbildungsbestrebungen wurden wohlwollend beurteilt. In diesem Ideenzusammenhang ist die inner-politische Haltung des Blattes nicht ohne Interesse. Bei aller durch den nationalliberalen Charakter bedingten Entschiedenheit in der Abwehr sozialistischen Wesens hielt es sich von der eigentlichen sogenannten scharfmacherischen Tendenz verhältnismäßig fern und bekämpfte z. B. die gegen die arbeitenden Klassen gerichtete Wahlrechtsänderung der Jahre 1905/06; es folgte hierin der Ansicht Dr. Albert Wolffsons. Freilich kam aus Berlin von August Scherl, in dessen Besitz die Zeitung 1904 übergegangen war, an den Chef-Redakteur Diez die Weisung, man solle nicht so scharfe Opposition machen, und die Senatoren von Melle, Holthusen, Brandt versuchten Dr. Fritz Bendixen, der in der Redaktionskommission saß, zu bestimmen, für die Senatsvorlage einzutreten. Der aber erwiderte, das gehe nicht, es solle nur nicht geschimpft werden, und so fand noch im Januar 1906 mein streitbarer Artikel Aufnahme, der darlegte, wie segensreich im Sinne eines versöhnlichen Ausgleichs von Gegensätzen die Zusammenarbeit mit sozialdemokratischen Elementen in allerlei Bildungsfragen gewirkt habe, und die Hoffnung aussprach, das werde auf politischem Gebiet in erhöhtem Maße der Fall sein. Die auf die Gründung einer Hamburgischen Universität gerichteten Bemühungen fanden in der Redaktion von Anfang an eine freudige Zustimmung. Als 1899 meine »Hamburgischen Kulturaufgaben« erschienen waren, brachte der Correspondent zum Weihnachtsfest unter der Überschrift »Ein hamburgischer Wunschzettel« einen Leitartikel, der fast alle meine Vorschläge auf das wärmste begrüßte und guthieß. Auch in den späteren Entwicklungsstadien der Hochschulangelegenheit stand er immer auf der positiven Seite und öffnete seine Spalten bereitwillig allen Äußerungen, die wohlwollend zu der Frage Stellung nahmen.

Die Tonart der Neuen Hamburger Zeitung war ihrer politisch-oppositionellen Entstehung entsprechend nicht so vornehm-zurückhaltend wie die des Correspondenten, sondern etwas volkstribunenhaft-laut, aber mit lebendiger Regsamkeit folgte die Schriftleitung allen vorwärtsweisenden geistigen Bewegungen, übernahm sogar gelegentlich in fruchtbarer Weise die Führung. Das Feuilleton lag bei dem klugen und gebildeten Dr. Hans W. Fischer, einem Manne von kultureller Zuverlässigkeit, in guten Händen. In Be- und Verurteilung selbständiger und entschiedener als der pflaumenweiche Correspondent, konnte er, wenn er es für nötig hielt, rücksichtslos und brutal sein; Otto Ernst hat es wiederholt erfahren.

Im Bereich der örtlichen Berichterstattung gab Carl Mönckeberg die besondere Note, der seit etwa 1910 in die Redaktion eingetreten war. Auch er nahm kein Blatt vor den Mund, spielte aber mehr die ironische Flöte. Leider brachte er sich öfter durch ein schnodderiges Von-oben-herab um den besten Teil seiner Wirkung. Sachlich pflegte er mit dem, was er sagte, ins Schwarze zu treffen, und er, der selbst der Serrata der älteren Senatsfamilien entstammte, hatte auch den Mut – der den anderen meist abging –, die regie-

renden Herren persönlich anzugreifen. Er machte sich über die banalen Phrasen in Carl August Schröders Reden lustig, mutzte Diestel eine Zitat-Entgleisung auf, spottete über Burchards, des »Cavaliers mit der Geiernase«, Souverän-Allüren, erzählte eine ulkige Geschichte vom Senator Haha, Rosenkrantz und Güldenstern und schrieb bei Lichtwarks Tod, dieser Mann sei dreißigmal mehr wert gewesen als Senat und Bürgerschaft zusammengenommen. War das alles nur Nörgelei und Besserwisserei? Doch wohl nicht. Carl Mönckeberg hatte ein starkes aristokratisches Gefühl für die Verpflichtung der Regierenden und empfand Scham, daß ein guter Teil von ihnen so wenig Kultur, nicht einmal Sprachkultur besaß, andere ihre Würde, soweit sie überhaupt davon hatten, in Äußerlichkeiten suchten. Er war immer noch jugendlich unausgegoren, aber bemüht, sich zu vertiefen und zu positiv-fruchtbarem Schaffen auszureifen. Auch er war ein eifriger Verfechter des Hochschulgedankens, dem er alsbald nach seinem Eintritt in die Schriftleitung temperamentvolle Worte widmete. Mit besonderem Eifer aber wandte er sich den Fragen des Städtebaus zu. Bald war es die Ausgestaltung des Stadtparks, bald die Kanalisierung der oberen Alster, die Anlage der zwischen Winterhude und Ohlsdorf geplanten sogenannten Alsterstadt oder die Notwendigkeit der Anstellung eines Gartendirektors, die er in seinen Artikeln behandelte, und er beschränkte sich dabei nicht auf die Darlegung eigener Ansichten, sondern zog Sachverständige zu gutachterlicher Äußerung heran. Er trat mit Entschiedenheit für den Erlaß eines Baupflegegesetzes ein und verlangte, nachdem er Studien auf der Berliner Städtebauausstellung gemacht hatte, daß man den Gedanken an einen Zweckverband mit den Nachbarstädten rechtzeitig nähertrete und sein Für und Wider gründlich erörtere. Alles das schaute er unvoreingenommen, von hoher Warte, ohne lokal-patriotische Enge, zu einem wesentlichen Teil mit Lichtwarks Augen, der in diesen letzten Jahren, nach vorübergehenden Mißverständnissen, dem Jüngeren wieder in väterlicher Freundschaft zugetan war und von ihm eine tätig zugreifende Fortsetzung seiner Ideen erhoffte.
Während die Neue Hamburger Zeitung eine Kulturpolitik im wohlverstandenen allgemeinen Interesse Hamburgs übte, war die des Echo grundsätzlich mehr auf den Nutzen und die Bildung des vierten Standes zugeschnitten. Aber trotz der Verschiedenheit der Motive deckte sich das Ziel, weil die Schriftleitung auch hier großzügig und darum richtig sah; wirkliche Kultur kommt auch dem vierten Stande und die Bildung des vierten Standes kommt auch der allgemeinen Kultur zugute.
Schon war es ein Verdienst, daß sich das Blatt ernstlich am Kampf gegen die

Schundliteratur beteiligte. Nicht nur streitend, sondern daneben bessernd, indem es seinen Lesern unter dem Strich guten Lesestoff vorsetzte. Um nicht mit zu schwerem Honorar belastet zu werden, griff es nach dem Aushilfsmittel, schon erschienene Erzählungen, nach Verabredung mit dem Verfasser – z. B. Timm Kröger – oder Werke der bereits frei gewordenen Literatur – z. B. Fritz Reuter – abzudrucken.

Es suchte ferner sein Publikum zu den Quellen zu führen, welche in den öffentlichen Bildungsanstalten flossen: so gab es die bemerkenswerten im Botanischen Garten blühenden Pflanzen auch der heimischen Flora und die Sonderausstellungen der Museen mit belehrenden Hinweisen bekannt. Es hielt sich und die Leser auf dem laufenden mit allem, was im Bereich der Volksbildung geschah: mit den Volksvorstellungen der Theater, den Konzerten des Vereins der Musikfreunde, den Darbietungen des öffentlichen Vorlesungswesens, vor allem natürlich denjenigen Veranstaltungen, die aus den Kreisen des vierten Standes selbst hervorgegangen waren: wie denen der Arbeiterbildungskommission und der Vereinigung für Kunstpflege. Die fruchtbaren Beziehungen der Volksschullehrer zu den Volksbildungsbestrebungen wurden genutzt; der Leiter des Gemischten Chors in der Vereinigung für Kunstpflege schrieb gute Musikkritiken und vorzügliche Einführungen in Musikwerke, und W. Lottig steuerte wiederholt Literaturbesprechungen bei, in denen das warme Kulturempfinden dieses wahren Volksfreundes hell aufleuchtete.

Konnte es, bei solcher Stellung des Blattes, anders sein, als daß es auch den Universitätsplänen wohlgesinnt war? Natürlich aber verlangte es, daß auch der vierte Stand und seine Gönner, die Volksschullehrer, von ihnen Nutzen hätten. Von Melle, der in seinem Patrizierdünkel diesen Wünschen nicht Rechnung tragen wollte, traf die Schuld, daß die sozialdemokratische Partei und mit ihr das Echo ins Lager der Universitätsgegner abschwenkte und damit die Universitätsvorlage zu Fall brachte.

Die kulturelle Zuverlässigkeit des Echo ist hauptsächlich der Redaktionstätigkeit Emil Krauses zu verdanken. Dieser Mann, der im Anfang der 1890er Jahre als semmelblonder Berichterstatter in den Gerichtssälen saß und aus den Verhandlungen Gift für die Zähne der Parteipresse zu sammeln bemüht war, hat sich im Laufe der Jahre zu einem wertvollen Faktor im geistigen Leben Hamburgs entwickelt. Er verstand, sich aus der öden Unfruchtbarkeit negativer Kritik herauszuschälen, erkannte die Notwendigkeit, daß die Arbeiterschaft einen immer wachsenden Anteil am geistigen Besitz der Nation gewinne, und hat, zumal er sich als Bürgerschaftsmitglied eines großen Einflusses bei seiner Partei erfreute, in jenem Sinne beträchtliche Verdienste um Hamburgs Bildungsleben erworben.

Auch das Fremdenblatt diente den Bedürfnissen seiner Abonnenten, aber es war ein weniger vornehmer Dienst als der des Echo. Wenn dieses die Leser zu einer höheren Stufe inneren Erlebens emporleiten wollte, so folgte jenes ihrem Geschmack. Nicht als ob es die Beschäftigung mit Kunst, Literatur, Musik, Wissenschaft abgelehnt hätte; im Gegenteil, keine der anderen Zeitungen brachte auch auf diesem Gebiet ein so reichhaltiges Nachrichtenmaterial, und das Feuilleton wurde keineswegs schlecht geleitet. Aber es war – Geschäft, und nicht Liebe. Ein Beispiel: Marianne Westerlind, eine gewandte Schriftstellerin, war gegen Jahresgehalt engagiert, Reiseberichte und Erzählungen zu schreiben. Als einmal ihr Roman drohte, gleichzeitig mit dem Quartal zu Ende zu gehen, wurde sie beauftragt, ein paar spannende Kapitel anzuflicken, damit die Abonnenten über den Termin hinaus festgehalten würden.

Das Fremdenblatt ist schon 1828 gegründet. In den 70er und 80er Jahren stand es der Freisinnigen Volkspartei nahe. In Hamburg war es das Organ der Linken, das will sagen, es vertrat die Interessen der Grundeigentümer, der sogenannten Hausagrarier. Aber es hatte darüber hinaus einen sehr weiten Leserkreis, dessen geistiges Niveau vielleicht richtig mit dem Worte »platt« gekennzeichnet wird. Er wollte zwar über das, was in der Welt vorging, unterrichtet sein, aber dadurch doch nicht allzusehr in seiner behaglichen Ruhe gestört werden. Dem galt es sich anzupassen, also zwar fortschrittlich frisiert zu erscheinen, jedoch das Voran-Stürmende und -Drängende abzulehnen. Man hätte meinen sollen, als Felix von Eckardt den Chefredakteur-Sessel des Correspondenten mit dem des Fremdenblatts vertauschte, sei in dieser Haltung des Blattes ein gewisser Wandel eingetreten, aber er konnte wohl gegen die Geschäftstüchtigkeit des Herrn Broschek, des Besitzers der Zeitung, nicht an. Wenn dieser einmal in Kulturdingen eine eigene Meinung vertrat, war sie eng und kurzsichtig. Er hatte in Kissingen die Bekanntschaft Hugo Vogels, des Malers der großen Wandbilder im Hamburger Rathaus, gemacht. Dieser überzeugte Herrn Broschek, die Anteilnahme an der Kunst der Expressionisten dürfe in Hamburg nicht überhandnehmen. Dieser Einwirkung folgend schickte Herr Broschek den Kunstreferenten seiner Zeitung, Philipp Berges, auf eine Reise nach Halle, wo Dr. Sauerlandt, einer der vorzüglichsten und tüchtigsten unter den jüngeren Museumsleitern, in dem von ihm verwalteten städtischen Museum neben zahlreichen Impressionisten mehrere Bilder seines von ihm als Künstler hochverehrten Freundes Emil Nolde aufgenommen hatte. Das benutzte Herr Philipp Berges als Anlaß, ihm gründlich die Leviten zu lesen. Das Leserpublikum des Fremdenblatts stand diesem Seitensprung ziemlich verständnislos gegenüber; die Eingeweihten aber wußten, daß es ein wohlbedachter Hieb gegen Sauerlant war, der vornehmlich als Nachfolger Justus Brinckmanns in Betracht kam.

Wenn das Fremdenblatt nur ausnahmsweise einen nachteiligen Einfluß übte, müssen die Hamburger Nachrichten ohne Umschweife als Schädling bezeichnet werden. Es war, als hätten sie sich vorgesetzt, allem Eindringen, aller Ausbreitung und Vertiefung modernen – und nicht nur modernen – geistigen Lebens mit boshafter Gegenwirkung einen Damm zu bauen. Professor Warburg sagte einmal, jeder, der auf das Blatt abonniere, mache sich mitschuldig an der Brunnenvergiftung, die es übe.

Die Hamburger Nachrichten galten jetzt als die vornehmste von den hamburgischen Zeitungen; sie hatten den Corresondenten aus dem Sattel gehoben. Dr. Hartmeyer war neben Felix von Eckardt der einzige Zeitungsmann, der in der »wirklichen Gesellschaft« verkehrte. Ansehen und Hochmut des Blattes schrieben sich von der Zeit her, da Bismarck es zu seinem Mundstück gemacht und den Schriftleiter Hofmann oft bei sich in Friedrichsruh gesehen hatte. Seitdem erhoben die Nachrichten den Anspruch, gleichsam der politische Testamentsvollstrecker Bismarcks zu sein und seinen Geist in Erbpacht zu haben. Daraus leiteten sie die Gabe ab, auch alles andere besser zu wissen und von oben herab beurteilen zu können.

Das Blatt nannte sich nationalliberal, tatsächlich glitt es immer mehr in ein konservativ-reaktionäres Fahrwasser. Diese Gesinnung war, weil sie nicht auf dem weiten Acker eines großen Staatswesens wuchs, sondern als Nährboden nur die hamburgische Kaufmannschaft – und zwar eine nur zu einem sehr geringen Teil hochgebildete Kaufmannschaft – hinter sich hatte, beschränkt und unfruchtbar. Sie räsonierte: Hamburg sei durch seine Kaufleute groß geworden; so müsse es auch in Zukunft bleiben; Kunst und Wissenschaft seien dazu nicht nötig, also ein zu kostspieliger Luxus. Daher zeigte man jedem, der nach dieser Richtung Wege weisen wollte, ein feindseliges Gesicht. Lichtwark begegneten die Hamburger Nachrichten von Anfang an mit dem größten Mißtrauen. Als Arthur Illies sich entschlossen hatte, Maler zu werden, fragte sein Vater den Kunstkritiker des Blattes, Heinrich Wallsee, über den Studiengang um Rat; der warnte ihn vor Lichtwark! Im Frühjahr 1896 fand die Fronde im Kunstverein, welche den Ausstellungsplakat-Wettbewerb zum lächerlichen Anlaß nahm, ihm Opposition zu machen, hier ih-

ren Rückhalt und lautes Echo. Immer – er fühlte das auf Schritt und Tritt – hatten die Barrikadenkämpfer, die ihm Widerstände errichteten, hier ihr Hauptquartier. Wenn man keine Angriffe wagte, bediente man sich der Nadelstiche. Über die ausgezeichnete Idee Lichtwarks, während der Graphischen Ausstellung des Jahres 1903/04 wöchentlich einmal einen Gesellschaftsnachmittag einzurichten, an dem man in einem Ecksaal der Kunsthalle an kleinen mit Blumen geschmückten Tischen bei Tee und Gebäck seine Eindrücke austauschen konnte, machte sich Herr Wallsee mit schnöseligen Worten lustig: »Kunst mit Wurstbutterbrödten.« Lichtwark selbst hatte einmal Anlaß zu klagen, der junge Dr. Hartmeyer habe einen Brief, den er an diesen in einer Fehdesache mit einem dritten geschrieben, zusammengestrichen und in so verstümmelter Form veröffentlicht. Erst spät, als Lichtwark zu einer anerkannten Autorität geworden war, zu seinem 25jährigen Jubiläum, bequemte man sich, einem Freund des Jubilars, dem jungen Freiherrn von Wedderkop, zu warmen Glückwünschen das Wort zu geben.
Über die Kunsterziehungstage, die auf kulturellem Gebiet eine Tat bedeuteten, und deren dritter und letzter in Hamburg stattfand, sprach das Blatt mit so verständnislos-rohen Worten ab, daß einem beim Lesen das Blut in die Schläfen stieg. Auch an ihrem Zustandekommen hatte Lichtwark das größte Verdienst; den Hamburger Nachrichten mochten sie aber doppelt widerwärtig erscheinen, weil neben ihm die Volksschullehrer mit starkem Eifer dabei mittaten. Gegen diese war das Blatt besonders aufgebracht wegen der Beziehungen, die sie, infolge ihres Amtes, mit den Kindern der Arbeiterschaft pflegten: man hatte sie – nicht ohne Grund – im Verdacht der Sympathie mit dem vierten Stand, ja! mit der Sozialdemokratie. Als im Jahre 1904 William Lottig und einige seiner Kollegen, die – ganz uneigennützig – in reger Volksbildungsarbeit standen, sich an einer Weihnachtsausstellung von Bildungsmitteln beteiligten, welche auf Veranlassung der Vereinigung für Kunstpflege die sozialdemokratische Buchhandlung Auer & Co. veranstaltete, loderte der Zorn hell auf. Ein scharfmacherischer Artikel denunzierte die Lehrer bei der Oberschulbehörde und forderte diese – nicht ohne Erfolg – zu disziplinarem Einschreiten auf. In solcher Rolle des Aufpassers gefiel sich die Schriftleitung. Im Frühjahr 1905 hatten sich mehrere Vereine zusammengetan, um in einer Eingabe an den Senat zu beantragen, daß zur 100jährigen Feier von Schillers Todestag Volksvorstellungen Schillerscher Dramen gegeben würden. Sofort machten die Nachrichten mobil, weil für die Verteilung der Eintrittskarten vorgesehen sei, daß zwar die Gewerkschaften, nicht aber die Kriegervereine berücksichtigt würden. Dieser Beschluß hatte darin sei-

nen harmlosen Grund, daß man gleichmäßig die verschiedenen Berufe in ihren Berufsorganisationen – wozu die Kriegervereine doch nicht gehörten – erfassen wollte; die Nachrichten aber witterten, es sei auf eine Bevorzugung der Sozialdemokraten abgesehen.

Als nach Abschluß der Wahlrechts-Kampagne des Jahres 1905/06 sich mehrere Richter – darunter ich – von der Partei der Vereinigten Liberalen, die sich aus Gegnern des Gesetzes zusammengeschlossen hatte, als Kandidaten für die Notabelnwahlen aufstellen ließen, brachte das Blatt einen anonymen Artikel des damaligen Rats beim Hanseatischen Oberlandesgerichts, späteren Senatssyndicus Albrecht, der in unmißverständlicher Weise Staat und Gesellschaft aufforderte, diese Männer zu maßregeln und zu boykottieren, und obwohl der Direktor des Wilhelm-Gymnasiums, Professor Wegehaupt, diesen Vorschlag in öffentlicher Versammlung »unanständig und ungehörig« genannt hatte, wiederholte das Blatt einige Monate später, den Vereinigten Liberalen müsse der Zugang zur bürgerlichen Gesellschaft und zum Reserveoffizierkorps verschlossen werden. Das peinliche Aufsehen, das dieser Artikel machte, veranlaßte dann freilich den Herausgeber, Dr. Hartmeyer, zum Widerruf. Kann es wundernehmen, daß sich mit der Zeit alle Feinerorganisierten von diesem Blatt abwandten? Selbst die Frommen, die noch gewisse Beziehungen zu seinem Standpunkt hatten, wollten nichts von ihm wissen. Dennoch blieb der Anhang groß; natürlich: die, welche mit der Parteifaust derb zugehauen sehen wollten, bedurften seiner.

Dem Universitätsgedanken war man am Speersort – dem Sitz der Redaktion – von Anfang an feindlich. Was konnte die freie Wissenschaft den Interessen der Kaufleute, wie die Nachrichten sie verstanden, Gutes bringen? Sollte man etwa die Lehren der Katheder-Sozialisten in hamburgischen Hörsälen vortragen lassen? Der Brut der vermaledeiten Volksschullehrer das Studium erleichtern? Schuld sein, wenn die patriarchalischen Sitten der Kaufmannslehrlinge durch das Beispiel studentischen Lebens gefährdet würden? Das Kolonialinstitut billigte man, solange sich die Wissenschaft in den Dienst des Handels stellen würde; darüber hinaus nimmermehr! Als der Senat die Universitätsvorlage eingebracht hatte, brach der Kampf los; die Nachrichten waren das Trommler- und Pfeiferkorps. Nach errungenem Siege ließen sie nicht etwa Jubel erschallen; in mildem väterlichen Ton hieß es, man habe von dem gesunden Sinn der Bürgerschaft nichts anderes erwartet. Als aber drei, vier Jahre später, während des Krieges, von neuem Stimmen laut wurden, welche die Universität forderten; ja, als man munkelte, daß die Mehrheit des Ausschusses, der prüfen sollte, auf welch anderem Weg das Kolonialinstitut »fortgebildet« werden könne, sich dennoch wieder für eine Universität entschieden habe, da klang es wie Haßgesang. Man log, die Bürgerschaft habe sich im Jahre 1913 »mit erdrückender Majorität« gegen die Senatsvorlage ausgesprochen, und der Hauptpastor Hunzinger im Verein mit dem geifernden Thomas Hübbe warfen den Universitätsfreunden, insbesondere dem Bürgermeister von Melle, vor, daß sie mit unlauteren Mitteln ihren Willen durchzusetzen suchten! Das war die Kampfesweise dieses Blatts: Schmutz von der Straße zu nehmen, den Gegner damit zu bewerfen und auszurufen: »Seht, wie er dasteht!« Wenn Professor Dibelius, der Anglist am Kolonialinstitut, in einem Kriegsvortrag des Herbstes 1914 seiner Ansicht Ausdruck gab, man werde nach dem Krieg doch wieder dahinkommen, mit England ein wirtschaftliches Verhältnis anzubahnen, oder wenn der Schriftsteller Hermann Hesse bekannte, er habe keine rechte Freude an den blutigen kriegerischen Erfolgen: flugs waren die Nachrichten am Platze, das »niedriger zu hängen« und die Männer »an den Pranger zu stellen«.

Mich selbst hatten sie seit Jahren auf dem Strich. Zum ersten Mal fühlte ich ihre Klaue, als ich den Vorschlag machte, als Bismarck-Denkmal eine nach ihm benannte öffentliche Bücher- und Lesehalle zu errichten. »Das sei Aufforderung zum Vertrauensbruch gegen die Geldgeber!« Wo sie sich mit meiner Person beschäftigten, geschah es in der Absicht, mir etwas anzuhängen. Wenn es anging, schwiegen sie mich vor ihrem Leserkreis tot. Ein amüsantes Beispiel: Am Tage, als Gustav Falke starb, fanden zufällig sowohl in der Kunst- wie in der Literarischen Gesellschaft Vortragsabende statt. Selbstverständlich wurde an beiden Stellen des Heimgegangenen mit trauernden Worten gedacht. Dort fiel es mir, hier dem Vorsitzenden Léon Goldschmidt zu. Obwohl in der Kunstgesellschaft der Schriftleiter des Feuilletons, C. A. Piper, persönlich anwesend war und nachher mit mir an einem Tisch saß, während man in die Literarische Gesellschaft einen Vertreter gesandt hatte, war in den Berichten über die Veranstaltungen nur von Goldschmidts, nicht aber von meinem Nachruf die Rede. Daß es nicht Zufall, sondern Methode war, ergab sich aus der hämischen Art, mit welcher sich derselbe Piper bei anderer Gelegenheit über meine Schriftleiter-Tätigkeit an der Zeitschrift Die Literarische Gesellschaft äußerte.

Mit zwei Worten sei einer schon zu Anfang der behandelten Epoche, um 1890, eingegangenen Zeitung, der Reform, gedacht, weil sie allwöchentlich einmal die Reproduktion einer guten witzigen Zeichnung von der Hand eines gewissen Förster – des Vaters Försters – brachte, welche tagesgeschichtliche Ereignisse und Zustände zum Gegenstand hatte.

Die Zeitungskritik über Kunst, Theater, Literatur und Musik ist ein besonderes Kapitel. Verglichen mit der Bedeutung Hamburgs als der zweitgrößten Stadt des Reiches stand sie auf niedriger Stufe; es wurde selten etwas geschrieben, was außerhalb Hamburgs Beachtung verdient hätte. Das entsprach dem Maß von ernstem Interesse, das die Leser diesen Dingen entgegenbrachten; ein Publikum hat die Kritiker, die es verdient.
Männer, welche neue Erscheinungen mit zuverlässigem, selbständigem Urteil werten konnten oder ihren Kritiken die Form kleiner literarischer Kabinettstücke zu geben wußten, waren äußerst selten. Man lebte sozusagen von der Hand in den Mund, ohne den Ehrgeiz, fördernde Kulturpolitik zu treiben.
In den Hamburger Nachrichten war die Kritik auf die Tonart gestimmt, in der auch im übrigen gespielt wurde: der Abkanzelung von allem Neuen, das nicht auf den Wegen geheiligter Überlieferung einherstolzierte. Nur ausnahmsweise wagte einmal in einem unbewachten Augenblick ein jüngerer Mitarbeiter einen Seitensprung, wie z. B. Dr. Harbeck, als er die Nolde-Ausstellung vom Frühjahr 1911 in hohen Tönen lobte. Lange Jahre, bis etwa 1910, herrschte hier Heinrich Wallsee, ein enger Geist und kleinlicher Charakter. Männer von der Bedeutung eines Lichtwark und ihre Ziele begriff er nicht und setzte ihnen daher einen nur halbverstandenen Widerstand entgegen. Als Lichtwark in den 90er Jahren die großen Frühjahrsausstellungen des Kunstvereins wiederaufnahm und das hamburgische Publikum mit der neuen Bewegung des In- und Auslandes bekannt machte, gab es Gelächter und Spott, und der frohe Wagemut der jungen hamburgischen Künstlerschaft begegnete stirnrunzelndem Tadel. Ebenso war es bei Theaterrezensionen. Die modernen Dramen, die Baron von Berger in seinem Schauspielhaus brachte, fanden keine Gnade; besonders ist mir eine abfällige Kritik über »Hedda Gabler« in Erinnerung geblieben. Kleine Entgleisungen, die an sich, wäre man ihnen anderswo begegnet, nicht ins Gewicht gefallen sein würden, bewiesen hier, wie gleichgültig man diese Art Dinge nahm: Im Bericht über den ersten Falke-Abend der Literarischen Gesellschaft, zu dem man einen Vertreter dritten Grades entsendet hatte, war der Name des Dichters mit einem V geschrieben, und Wallsee selbst erzählte bei Gelegenheit einer Toorop-Ausstellung, der Künstler sei in »Katwyk auf Java« geboren.
So etwas wäre Carl Anton Piper, der als Nachfolger Wallsees das Zepter übernahm, nicht passiert. Er hatte schrecklich viel gelesen und wußte von Kunst- und Literaturgeschichte alles und noch mehr, als im Konversationslexikon steht. Er war auch in der Welt umhergekommen, kannte viele Men-

schen, namentlich in Künstler- und Schriftstellerkreisen der mittleren Generation, und hatte mancherlei gesehen und gehört. So sollte man denken, er wäre der rechte Mann gewesen. Aber abgesehen davon, daß es an sich vom Standpunkt einer vernünftigen Zeitungspolitik ein Mißgriff ist, die Kritik von Kunst und Literatur in einer Hand zu vereinigen: die Gelehrsamkeit war sein Unglück, und in Gemeinschaft mit der Eitelkeit verdarb sie ihm das Konzept. Jede seiner Besprechungen war so lang, daß man sich fürchtete, damit anzufangen. Er kramte aus, was im Gedächtnis haftete und was aus Nachschlagebüchern zusammengetragen war. Auf diesem Piedestal stehend, erblickte er die Aufgabe des Kritikers darin, Mängel aufzuzeigen. Man nannte ihn den Hamburger Nachrichter. Er war ohne Güte. Offenbar bereitete es ihm Vergnügen, die Werke der anderen zu zerzausen. Dabei spreizte er sich und stellte die eigene Person heraus. In seinem schönen, langen, dunklen Bart, durch den er die Harke seiner Finger gleiten ließ, dünkte er sich ein Gott, der über Gerechte und Ungerechte die Sonne scheinen und regnen lassen kann. Er aber ließ immer regnen. Es muß anerkannt werden, er war nicht dumm und hatte Fähigkeiten, aber seine Gedanken waren nicht ursprünglich, sondern liefen in gefahrenen Geleisen. Darum versagte sein Judiz, wenn etwas ganz Neues vor ihn trat. Wie hilflos stand er vor den Werken der jüngsten Kunst des Expressionismus! Er sah nur »Richtung« und verstand nicht, die Spreu vom Weizen zu sondern. Ungewohntes unter dem Beifall der Menge abzutun, ist billig; das Tüchtige, Wahre, Starke darin zu erkennen, dazu gehört sowohl Blick, Gefühl, Witterung für das Wesentliche wie auch namentlich Charakter. Beides, so scheint mir, ging ihm ab. Ihm fehlte das Ethos der großen Verantwortung, die Ehrfurcht vor dem Werke der anderen, die größer waren als er. Wie ihn die Selbstkritik im Stich ließ, bewies er, als er im Herbst 1917 im Deutschen Schauspielhaus ein eigenes Stück zur Aufführung kommen ließ, das nach übereinstimmendem Urteil der Gipfel der Unzulänglichkeit war.
Im Correspondenten war die Kunstkritik einem häufigen Wechsel der Personen unterworfen. Wiederholt wurde sie – meist nicht zu ihrem Vorteil – einem Künstler anvertraut. Solche haben regelmäßig nur dann Wertvolles zu sagen, wenn sie selbst starke Individualisten sind; treten dann aber auch aus dem Rahmen der Objektivität heraus und werden nur das anerkennen können, was ihnen kongenial ist.
Wenn in den 90er Jahren der später unter dem Namen Hermann Helfferich bekannte Kunstschriftsteller Emil Heilbuth die Feder ansetzte, gab es einen Leckerbissen. Die Artikel, mit denen er in die bei Gelegenheit der Gewerbe-

ausstellung von 1889 zur öffentlichen Schau gebrachte Behrenssche Gemäldesammlung einführte, vermittelten mir die erste Bekanntschaft mit den Meistern von Fontainebleau und stehen mir als mustergültige Beispiele solcher Feuilletons in Erinnerung. Als ich nach etwa 20 Jahren die Bilder wiedersah, fielen mir noch die Worte ein, mit denen der Kritiker auf einzelne Feinheiten aufmerksam gemacht hatte. Längere Zeit lag die Kunstberichterstattung in den Händen des Malers Carl Rotte. Da er selbst keine starke künstlerische Persönlichkeit war, gingen auch seine Kritiken über das Niveau gleichgültiger Referate nicht hinaus. Ein erfrischendes Intermezzo bot Wilhelm Waetzoldt, der, ehe er seine Dozenten-Tätigkeit an der Universität Halle antrat, eine kurze Spanne Zeit Privatsekretär bei Professor Warburg war. Er als erster seit langen Jahren vermochte den neuesten Werken gegenüber wieder einmal ein freies und selbständiges Urteil aufzubringen, das den in der Entwicklung begriffenen Kräften gerecht wurde. Sein Nachfolger, der Maler Fritz Friedrichs, bedeutete gleichfalls einen glücklichen Griff der Schriftleitung; dieser soll auf Dr. Albert Wolffsons Empfehlung zurückzuführen sein. Friedrichs war ein tüchtiger Künstler von stark ausgeprägter Eigenart. Er hatte seinen Farbengeschmack vornehmlich an den Werken der französischen Impressionisten ausgebildet und legte den so gewonnenen Maßstab seiner Beurteilung zugrunde. Seine Kritiken waren daher nicht ohne Einseitigkeit, aber seine Klugheit und sein künstlerischer Takt boten die Gewähr, daß er immer etwas Beachtliches zu sagen hatte. Indessen, weil er kein Blatt vor den Mund nahm, stieß er alsbald rechts und links, insbesondere bei seinen Kollegen vom Handwerk, an und mußte den Platz räumen. In der Folgezeit übernahm Dr. Carl Müller-Rastatt, der das Feuilleton redigierte und über Literatur berichtete, daneben das Kunstreferat. Er war nicht davon hergekommen und gab sich ehrliche Mühe. Das Ethos hatte er, aber ihm fehlte die Witterung; so konnte er's nicht erjagen. Er wollte allen gerecht sein und wurde es keinem.
In der Literatur stand er seinen Mann. Er war zwar kein Held, aber ein tapferer Soldat. Selbst der älteren Generation angehörig, fühlte er sich durch seinen Sohn, der unter dem Namen Gerhard Moerner Gedichte veröffentlicht hatte und im Krieg den Tod für das Vaterland starb, den Jüngsten unter den deutschen Schriftstellern verbunden. Konnte er auch nicht mit ihnen gehen, so suchte er doch auch hier zu verstehen und gelten zu lassen.
Sein Vorgänger war jener Dr. Hans Ferdinand Gerhard gewesen, von dem schon oben bei den Schriftstellern die Rede gewesen ist: auch er ein tüchtiger und braver Mann, der seines Amtes mit Gewissenhaftigkeit waltete.

26. Arthur Illies: Alstertal vor Wellingsbüttel, 1900

Der Kritik in der Neuen Hamburger Zeitung wurde durch die Namen Dr. Hans W. Fischer und Anton Lindner der Stempel aufgedrückt. In jenem besaß Hamburg wohl die am stärksten ausgeprägte Persönlichkeit unter seinen Markscheidern literarischen Metalls. Mit entwickeltem Gefühl für Qualität verband er eine scharfe Feder, die er als schonungslose Waffe gegen den Kitsch führte. Merkte man seiner Polemik auch die Befriedigung an, mit der er sie gebrauchte, so war es ihm doch, glaube ich, ein größeres Vergnügen, wenn er loben und anerkennen durfte; denn er hatte Freude am Wertigen. Er haßte den Klüngel. Als einmal in einer Versammlung des Journalisten- und Schriftsteller-Vereins beschlossen war, zu erklären, im Interesse der sozialen Stellung der Mitglieder sei es geboten, daß man sich bei der Besprechung von Werken der Berufskollegen jeder persönlichen Gehässigkeit enthalte, protestierte er öffentlich mit der Begründung, persönliche Gehässigkeit sei immer zu tadeln, mehr aber müsse vor der üblen Unsitte einer schonenden kollegialen Kritik gewarnt werden, weil diese besonders geeignet sei, den Stand in den Augen weiter Kreise herabzusetzen. Andererseits trat er für die wahren Belange seines Berufes mit Feuereifer ein, wo er sie verletzt glaubte. Gegen Herbert Mhe, der in der von mir redigierten Monatsschrift Die Literarische Gesellschaft (Jg. 4, 1918, S. 45 ff., 101 ff.) in einem Artikel »Die Kritik der Kritik« deren Mängel herausgestellt hatte, zog er scharf vom Leder, obwohl er annehmen durfte, daß er persönlich nicht getroffen werden sollte. In Alexander Zinn, dem die Berichterstattung über das Altonaer Theater oblag, hatte er einen vortrefflichen Kollegen; von ihm wird als dem Schriftleiter der Hamburger Woche noch an späterer Stelle die Rede sein. Neben diesen beiden spielte Anton Lindner trotz unzweifelhafter Talente eine etwas komische Rolle. Sein Gebiet war die Kunst, wenn er auch gelegentlich auf die Literatur hinüberzugreifen hatte. Er gefiel sich in der Miene und Geste des unbestechlichen Richters. Wenn er in seinem dunklen Bart, der ein blasses, schwammiges, wenig vornehmes Gesicht umrahmte, und in schwarzgelocktem Haar, das ein schwarzer, breiter Schlapphut deckte, durch die Ausstellungen schritt oder wenn er in den Vortragsabenden der Kunstgesellschaft gewohnheitsmäßig oder offenbar absichtlich einige Minuten nach Beginn erschien, war es, als berge er Krieg und Frieden in den Falten seiner Toga. Er hatte etwas vom Scharlatan, dennoch wußte er sich Geltung zu verschaffen. Selbst Frau Dehmel hielt es der Mühe wert, mit ihm freundlich zu tun. – Bald nach der Graphischen Ausstellung forderte er mich auf, an abendlichen Zusammenkünften teilzunehmen, wo er und seine Kollegen Sammelinteressen pflegen wollten. Daß ich, meine dienstliche Überlastung vorschützend,

ablehnte, nahm er mir übel. Einige Zeit später ließ er es mich bei Eröffnung einer Nolde-Ausstellung entgelten. Ich wollte, zu Noldes Vorteil, die Gelegenheit eines Zusammentreffens nutzen und machte den Künstler mit dem Kritiker bekannt, aber dieser verharrte in kühler Zurückhaltung.
Lindner war nicht ohne Geschick und nicht ohne Geschmack. Seine Berichte verrieten Sachkunde und hatten Form. Man las sie ohne Langeweile und stieß sich nicht allzusehr an gelegentlichen Absonderlichkeiten, aus denen der Bocksfuß der Eitelkeit zum Vorschein kam. Doch auch ihm hatten die Musen nicht das Geschenk gegeben, daß er beim Anblick des Neuen das Große darin erkennen konnte. Da tastete er im dunkeln und griff fehl. Nolde lehnte er ab, und Wenzel Hablik hob er in den Himmel. Freilich war er gewandt genug, alsbald in der Stille das Gleichgewicht wiederherzustellen; er kam schnell auf die richtige Fährte und tat, als hätte er sie nie verloren. Wie wenig Selbstkritik auch er besaß, bewies er dadurch, daß er sich um die Nachfolge Lichtwarks bewarb. Er hängte der Katze die Schelle an, indem er – Bürgermeister Predöhl hat es mir selbst erzählt – den Wunsch aussprach, man möge ihm seine Eingabe, wenn sie nicht berücksichtigt werde, wieder zurückschicken, damit er sie erneut benutzen könne, falls der Direktorposten der Kunsthalle in Bremen frei werden sollte.
Vom Fremdenblatt sei hier nur erwähnt, daß es auch in der Kritik den Juste-Milieu-Standpunkt des biederen Bürgers zu wahren bemüht war. Für Philipp Berges gehörte es zum Wohlbefinden, daß er ab und an gegen die Extravaganzen des Expressionismus, Kubismus, Futurismus polterte. Sein Mann war Hugo Vogel. In Verfolg des Feldzuges, von dem oben erzählt wurde, pries er die von diesem an der Ostfront geschaffenen Bildnisse Hindenburgs und Ludendorffs in einem Klischee-Ton, dessen Kitschigkeit die der Bilder noch weit übertraf. Als Felix von Eckardt die Schriftleitung des Blattes übernahm, trotzte er Herrn Broschek ab, daß Walter Dammann, Assistent am Museum für Kunst und Gewerbe, als zweiter Berichterstatter für die Gruppe der anspruchsvolleren Leser zugelassen wurde. Dem aber beschnitt man die Flügel, so daß er nicht in allzu hoher Luft seine Kreise ziehen durfte, falls ihm einmal der Sinn danach gestanden hätte.
Über die Musikkritik kann ich kein eigenes Urteil aussprechen. Zu Anfang der Periode übte im Correspondenten Josef Sittard, der Verfasser der hamburgischen Musikgeschichte, das Richteramt. In der zweiten Hälfte standen sich in den Hamburger Nachrichten Ferdinand Pfohl, im Correspondenten Max Löwengard gegenüber. Jener war, soweit ich sehen kann, ein Schwätzer und seichter Fant; die Besprechungen dieses schienen mir sachlich, klar und

scharf, aber auch ihm wurde von mancher Seite Ungerechtigkeit vorgeworfen. In der Neuen Hamburger Zeitung übte W. Zinne das musikalische Richteramt.

Zeitschriften

In den geistig lebendigen Schichten war längst das Bedürfnis nach einer Zeitschrift fühlbar geworden, die ein Zentralorgan für hamburgische Bildungsarbeit werden konnte. Zwar brachte die Tagespresse alle ein, zwei Wochen Sonntagsblätter für Literatur und Kunst; jedoch, mochten sie noch so gute Artikel enthalten: es war nur eine Art Unterhaltungslektüre, zumal sie vom flüchtigen Auge des Zeitungslesers überflogen wurden. Wenn ernste Männer der Allgemeinheit etwas Wichtiges zu sagen hatten, was sich nicht gerade für Leit- oder Feuilletonartikel eignete, stand ihnen regelmäßig nur der »Sprechsaal« der Zeitungen, die sogenannte Eselswiese offen, wo sonst in buntem Durcheinander, meist anonym, allerhand krauses Zeug zu lesen war. Daß diesem Zustand abgeholfen werden mußte, konnte nicht zweifelhaft sein.
Der erste Sproß, der – um die Jahrhundertwende – aus dieser Erkenntnis hervorwuchs, war eine fehlgeschlagene Blüte: der Mäcen, Hamburger Zeitschrift für Kunst in Wort und Bild. Das Blatt wollte das Hamburger Kunstleben fördern und das Publikum mit der hamburgischen Produktion bekannt machen, aber der Herausgeber und Schriftleiter, Gaehtgens zu Ysentorff, wie er sich nannte – wer weiß, von wannen er ging und kam? – war seiner Aufgabe nicht im entferntesten gewachsen. Schon nach dem zweiten Heft stellte der Mäcen wegen Abonnentenmangels das Erscheinen ein.
Inzwischen bereitete sich in der Stille ein Unternehmen von weitaus umfassenderer Absicht vor. Lichtwark, der, als Prototyp des kultivierten Hamburgers, wie kein anderer die Notwendigkeit einer ernsten Hamburger Wochenschrift erkannte, hatte die Fühler seiner suchenden Seele nach Männern ausgestreckt, welche die Sache machen könnten. In Alfred Janssen, der kurz vorher meine »Hamburgischen Kulturaufgaben" als einen der Erstlinge seines Verlages herausgebracht, glaubte er die buchhändlerische Kraft gefunden zu haben. Nun knüpfte er mit dem jungen Carl Mönckeberg an, der ihm die Fähigkeit eines Schriftleiters zu haben schien. Wie er nichts auf unsolidem Grunde baute, riet er diesem, ehe er ans Werk gehe, die großen Haupt-

städte des nördlichen Europa gründlich zu bereisen, in Kopenhagen etwa ein halbes Jahr in einer Redaktion zu arbeiten und sich namentlich mit allen Fragen moderner städtischer Kultur vertraut zu machen. Denn das war sein Plan: die Zeitschrift dürfe sich nicht darauf beschränken, ausschließlich Hamburger Belange zu pflegen, sondern müsse, als ihre eigenartige Domäne, alles das behandeln, was die Entwicklung der Großstadt als eines Kulturzentrums betreffe.

Dieser Umweg der Ausbildung schien dem Tatendrang Mönckebergs zu weit. Er ließ es genug sein, in Hamburg und durch Deutschland reisend bei vielen namhaften und literarisch tätigen Männern anzuklopfen und sie für die Mitarbeiterschaft zu gewinnen. Dabei bewies er Eifer und Geschick; es kam ihm zugute, daß man im Binnenland mit Spannung auf Hamburg blickte und von ihm geistige Führerschaft in Nordwestdeutschland erhoffte. Gleichzeitig wurde die wirtschaftliche Grundlage des Unternehmens gezimmert. Im März 1900 besuchte mich Mönckeberg, um mich über seine Pläne zu unterrichten. Er erzählte, die Zeichnung von Anteilscheinen in Höhe von 200 000 Mark sei gesichert; alle hamburgischen Kreise, nicht zum wenigsten die großen Reedereien, interessierten sich für die Sache und das Blatt werde zum Herbst herauskommen. Neben Mönckeberg trat der junge Rechtsanwalt Dr. Siegfried Heckscher in die Redaktion ein. Die Wahl schien mir nicht unbedenklich. Er war noch sehr jugendlich, unreif, dabei stark von sich eingenommen, und Möckeberg hätte eines zügelnden, bedächtigeren Partners bedurft.

Ende Juni fand im Grundsteinkeller des Ratskellers eine Zusammenkunft von Freunden des Unternehmens, namentlich junger Schriftsteller und Künstler, statt, in der Meinungen ausgetauscht und über den Namen der Zeitschrift beraten wurde. Eine begeisterte, gespannte, zukunftsfrohe Stimmung beherrschte die Gesellschaft. Es war wie frischer Seewind, und die in Vorschlag gebrachten Benennungen entsprachen der dadurch gekennzeichneten Umwelt, der Schiffahrt. Man beschloß, diese geselligen Zusammenkünfte zu einer dauernden, sich alle vierzehn Tage wiederholenden Einrichtung zu machen, und es war schon viel gewonnen, daß damit ein Treffpunkt für Menschen geschaffen wurde, die, obgleich durch gemeinsame Interessen verbunden, sich ohne das vielleicht nie kennengelernt hätten. Zwei Wochen später kündigte die Zeitschrift ihr Erscheinen zum Oktober an; man hatte den Namen Der Lotse gewählt. Der Maler Momme Nissen zeichnete das Titelbild, den zuverlässig mit hellen Augen dreinschauenden Kopf eines alten Schiffers, das auch, vergrößert, als Werbeplakat benutzt wurde.

Der Lotse stach unter günstigen Aussichten in See, von kampffrohem Wagemut erfüllt, von den guten Wünschen seiner hamburgischen Mitbürger begleitet. Freilich gab es auch viele, die mißgünstig blickten. Wer nicht gern im Verdauungsschlaf gestört sein wollte, fühlte sich durch den jugendlich-herausfordernden Ton des Prospektes beunruhigt. Die Hamburger Nachrichten bereiteten sich zur Abwehr vor. In einer Gesellschaft von Juristen im Alter der hohen 40er Jahre sagte der eine – unser Freund Sander, der spätere Senator –, er habe das Werbeblatt nur gelesen, um sich daran zu ärgern, und ein anderer – Heinichen – erklärte, er verstehe nicht, was diese Leute wollten. Ein Streiflicht auf die Schärfe des Gegensatzes zwischen Altem und Neuem, zwischen Vorurteilen und Unbefangenheit der Auffassung, wie er damals herrschte, wirft vielleicht eine an sich ganz nebensächliche Notiz meines Tagebuches aus Anfang Oktober: Im Theater war ein Stück von Georg Engel gegeben, »Der Ausflug ins Sittliche«. Die Hamburger Nachrichten ereiferten sich und verurteilten die Frivolität. Der Correspondent, wahrlich nicht der Freigeisterei verdächtig, sprang dem Autor bei und rief den Beistand des Lotsen auf zum Kampf gegen die Enge und Knebelung des Geistes. Das zeitunglesende Publikum ergriff, meist ohne das Stück zu kennen, nur auf Grund seiner Stimmung Partei. Der Jurist, der sich am Prospekt des Lotsen geärgert hatte, äußerte mit unverhohlenem Unmut gegen mich, von dem er wußte, daß ich auf der Gegenseite stand, jener Artikel gegen Georg Engel habe ihm die Nachrichten für ein Vierteljahr wert gemacht.
Ende September erschien das erste Heft. Lichtwark gab ihm ein Geleitwort »Wünsche« auf den Weg; er umriß darin die Aufgaben, die sich das Blatt stecken müsse, wenn es nicht nur für Hamburg, sondern weit darüber hinaus Bedeutung gewinnen wolle. Er hatte sich – so erzählte mir viele Jahre später Carl Mönckeberg – erboten, die wöchentlichen Redaktionssitzungen könnten mit ihm und in seiner Wohnung gehalten werden. Welche Aussichten lagen in dieser Perspektive! Dr. Heckscher sah das nicht ein. Er sagte, als es ihm berichtet wurde: »Der Kerl ist wohl verrückt!« So glitt dem Lotsen die Möglichkeit einer Entwicklung aus der Hand, um die ihn hundert andere Blätter beneidet hätten. Und alsbald nahm der für Schwankungen der Temperatur Empfindliche wahr, wie sich die Beziehungen zwischen jenem Mann und der Schriftleitung abkühlten.
Diese hatte im neuerbauten Stahlhof an der Kaiser-Wilhelm-Straße ihr Lager aufgeschlagen. In unbekümmertem Draufgängertum zog sie in den Krieg. Die Lanze eingelegt und den Philister aus dem Sattel gehoben! Dabei ging's oft toll genug in den Redaktionsräumen her, so daß der bedächtige Alfred

Janssen manchmal Anlaß hatte, bedenklich den Kopf zu wiegen. Ein ulkiger Aufsatz in einer für die Freunde der Zeitschrift gedruckten Weihnachts-Festnummer schilderte das Treiben in grotesker Karikatur.

Übrigens brachte zunächst Heft auf Heft ausgezeichnete Artikel hamburgischer und auswärtiger Autoren; Mönckeberg schrieb temperamentvolle Theaterkritiken, Heckscher nahm die wirtschaftlichen Dinge aufs Korn. Aber es dauerte nicht lange, so gab es Reibereien mit dem Leserkreis. Unter dem familiären Kosenamen Colly veröffentlichte Mönckeberg einen Gedichtzyklus »Der Roman des gnädigen Fräuleins«, die Geschichte einer Tochter aus vornehmem Hause, welche, von Familienaufsicht und Konvention eingeschnürt, die Kammerzofe um ihre Liebschaften beneidet. Darüber gab es große Entrüstung; Buchhändler Justus Pape, der Kämpe der Sittlichkeitsvereine, trat auf den Plan. Colly erwiderte mit beißendem Spott und ließ sich nicht abschrecken: Es folgte bald darauf ein Gedicht »Die Mutter«, das ohne Scham die heiligsten Empfindungen der eigenen Mutter in Worte faßte. Obwohl das in ergreifend schöner Form geschah, lag doch in der Preisgabe eine Geschmacklosigkeit. Auch Lichtwark war peinlich berührt; er tadelte: ein Blatt wie der Lotse solle im Haus frei herumliegen dürfen; dies aber müsse vor den Augen heranwachsender Töchter verborgen bleiben. Beim Publikum, das in der Veröffentlichung nichts als den Mangel an Takt sah, stieg die Empörung zur Siedehitze. Ein zu den frommen Familien gehöriger junger Anwalt, Dr. Sillem, der später vom Alkoholismus in einem Sanatorium Heilung fand, explodierte in den Hamburger Nachrichten. Es gab einen Ehrenhandel. Der Aufsichtsrat trat zusammen; die Schriftleitung mußte kleinbeigeben, und als Anlage zum nächsten Heft erschien ein Flugblatt, das die Angelegenheit Colly/Sillem für »erledigt« erklärte. Die Nachrichten triumphierten; jetzt waren sie soweit, daß sie sich auch hier ihres gewohnten Tricks des Totschweigens bedienen konnten: Sie nannten den Lotsen ein »unter Ausschluß der Öffentlichkeit erscheinendes Blatt«.

Dr. Heckscher hatte auf dem ihm zuständigen Gebiet der Politik und Wirtschaft seine Leser nicht minder gereizt: Im Lohnkampf trat er auf die Seite der Arbeitnehmer. Das war für die Kreise des Handels, der Industrie, der Reedereien das rote Tuch; sie entzogen dem Lotsen ihr Wohlwollen und tätige Unterstützung. Ferner: In einem jungenshaft überheblichen, dazu oberflächlichen Artikel griff Heckscher die preußischen Minister, insbesondere den Kulturminister Bosse, an. Er erzählte zwar, Dr. Delbrück von den Preußischen Jahrbüchern habe ihm dafür die Hand gedrückt, aber andere einsichtige Leser fanden das Auftreten dummdreist.

So war ohne Not innerhalb eines kurzen halben Jahres das große Kapital von Sympathie und freudiger Zustimmung vertan. Die Abonnentenzahl, statt zu wachsen, sank; die Einnahmen gingen zurück; die Honorare mußten beschnitten werden. Gut nach Jahresfrist verließ Mönckeberg die Redaktion; nach einem weiteren halben Jahre, Ende Juni 1902, stellte der Lotse sein Erscheinen ein. Hamburg war um eine Kulturhoffnung ärmer. Konnte es wundernehmen, daß sich ein Gefühl tiefer Bitterkeit gegen die regte, die das verschuldet hatten? Denn nun war die Aussicht auf eine Wiedererschließung der versiegten Quelle für lange Zeit verschüttet. Zwar zeigte sich Alfred Janssen, trotz der gemachten Erfahrungen, auf meine Anfrage nicht abgeneigt, eine etwa von der Gesellschaft Hamburgischer Kunstfreunde herausgegebene Vierteljahrspublikation zu verlegen. Im Vorstand des Vereins für Kunst und Wissenschaft wurde die Möglichkeit erörtert, eine Zeitschrift zu gründen, der Lichtwark die Form eines Jahrbuchs gegeben zu sehen wünschte, und man sagte, Professor Warburg trage sich mit dem Gedanken, privatim ein in größeren zeitlichen Zwischenräumen erscheinendes Blatt zur Veröffentlichung von Arbeiten der Wissenschaftlichen Anstalten zu schaffen. Aber das alles war nur ein Tasten, dem der Erfolg versagt blieb.
Im Mai 1906 erblickte die Hamburger Woche das Licht der Welt, ein illustriertes Familienblatt, von kitschigster Druckanordnung und Ausstattung. Es war ein rein geschäftliches Unternehmen des Herausgebers Heinrich Eisler, ohne jede höhere geistige Bedeutung. Anfänglich schien es, als könnte sich eine hamburgische Karikatur daran emporranken, aber die Versuche kamen nicht über den Bereich gänzlicher Unzulänglichkeit heraus. Als 1913 Alexander Zinn die Schriftleitung übernahm, stand zu hoffen, das Niveau werde sich heben. Denn dieser war ein tüchtiger Mann mit ernstlichem, ehrlichem Kulturwillen. Er bewies seine treffliche Gesinnung, indem er, nach Gustav Falkes Tod, in uneigennützigster Weise für pekuniäre Sicherstellung der Witwe und Kinder mit Rat und eigener Tat eintrat, und machte sich als dramatischer Dichter, insbesondere durch sein Schauspiel »Gewitter«, einen geachteten Namen. Aber er vermochte, obwohl er mit manchen hamburgischen Künstlern in engen Beziehungen stand und ihrer Hilfe sicher gewesen wäre, der Geschäftstüchtigkeit Eislers gegenüber seinen eigenen Geschmack nicht durchzusetzen.
Gleichfalls 1906, im Herbst, wagte sich ein neues publizistisches Unternehmen, die Monatsschrift Hamburg, auf den Plan. Sie trug das dreitürmige Wappen auf dem Umschlag, dessen Farbe mit den einzelnen Nummern wechselte. Inhaltlich war sie trotz einiger guter Artikel farblos und ziemlich

uninteressant; wie ein dünner Faden zog sich eine langatmige Erzählung, Poecks »Die Turmschwalben«, durch die Hefte. Herausgeber war Theodor W. Brandt, die Schriftleitung besorgte neben ihm Adolf Goetz. Dieser suchte mich im Dezember auf, um meinen Rat und meine Mitarbeiterschaft zu erbitten. Bei der Unterhaltung ergab sich, daß er von den hamburgischen Verhältnissen und Persönlichkeiten nicht die geringste Kenntnis hatte, und deshalb nicht imstande war, die durch eine solche Kenntnis bedingten Maßregeln zu ergreifen. So gut es ging, gab ich ihm Auskunft und schickte bald darauf ein paar Aufsätze über Architektur, die nicht ganz ohne Einfluß auf die Entwicklung der hamburgischen Baupflege-Politik geblieben sind. Die mangelnde Befähigung des Redakteurs trug für das Blatt den Todeskeim in sich; es hat den ersten Jahrgang nicht überdauert.

Inzwischen hatte Senator von Melle jenen Gedanken Warburgs, eine Stelle für Veröffentlichung von Arbeiten der Wissenschaftlichen Anstalten zu schaffen, aufgegriffen und wollte ihn, wenn es anginge, in den Dienst seiner Hochschulpläne stellen. Dr. Spiero, der Begründer und Vorsitzende der Kunstgesellschaft, erzählte mir zuerst davon: Melle plane eine Monats- oder Halbmonatsschrift, die von den Professoren Marcks und Rathgen, und von ihm, Spiero, als eigentlichem Redakteur geleitet werden solle. Die wissenschaftlichen Anstalten, Gesellschaften und Vereine würden da ihre Berichte und Mitteilungen veröffentlichen; Zweifel bestünden, ob Belletristik aufzunehmen sei. Auf einem Diner bei Senator Sander sprach mir Melle selbst davon in gleicher Weise; gegen alles Literarische war er dabei voller Bedenken. Anfang Juli 1908 erging an eine Anzahl Vertrauensmänner die Einladung zu einer Besprechung im Phoenix-Saal des Rathauses. Einberufer waren Marcks, Rathgen, Dr. A. Hugo Krüss, Spiero und der als Verleger in Aussicht genommene Maass in Firma Leopold Voss; Melle hatte das Patronat übernommen. Nachdem die Sitzung durch diesen eröffnet war, setzte Marcks die allgemeinen Gesichtspunkte auseinander, welche dem Vorschlag zugrunde lagen, und Spiero trug ein von ihm entworfenes Programm vor. Die Ansichten waren geteilt. Die Professoren Zacharias und Kraepelin leugneten ein Bedürfnis der Wissenschaftlichen Anstalten nach einer solchen Publikation; Warburg, der gegen Spiero voller Mißtrauen schien, äußerte sich ähnlich und stellte die Frage: »Was kann der Redakteur?« Rathgen trat für die Idee ein, Lichtwark hatte Bedenken, ob das Blatt unabhängig genug sein werde, um ohne Umschweife alles das vorzubringen, was die Not der Großstädte erfordere. Thilenius, Senior Behrmann, ich sprachen pro; Präsident Sieveking quatschte, erst müsse »durch die Hochschule zur Jugend ge-

sprochen werden.« Senatssektretär Hagedorn redete gleichfalls ungewaschenes Zeug. Die Beratung endete mit der Einsetzung eines Unterausschusses, dem außer den Einberufern Dr. Bendixen, Lichtwark, Professor Nocht, Warburg und ich angehörten. Lichtwark sagte mir beim Fortgehen, er habe keine Lust zu der Sache; Spiero und Maass seien doch beide Juden. Die Sitzung des Unterausschusses, bei welcher Dr. Krüss den Vorsitz führte, folgte schon nach acht Tagen; sie fand bei Dr. Bendixen im Sitzungszimmer der Hypothekenbank statt. Bendixen und Lichtwark faßten den Stier bei den Hörnern: sie schnitten die persönliche Frage, jener die der Schriftleitung, dieser des Verlages an und erbaten Auskunft, ob und wie weit beide mit Risiko beteiligt sein würden; denn nur dies werde ein Aufgehen der Person in der Sache gewährleisten. Weder Spiero noch Maass schienen dazu geneigt. Lichtwark kritisierte ferner das Programm: die Zeitschrift müsse das Verhältnis Hamburgs zum Reich und zu Preußen, die Mängel der hamburgischen Verwaltung, überhaupt die Senatsfrage in den Kreis ihrer Erörterung ziehen. Bendixen: »Das geht nicht an; dann verkehrt kein Senator mit dem Mann!« Spiero suchte vergeblich durch Entgegenkommen die Situation zu halten, war ihr aber nicht gewachsen, und er sagte zu, ein neues Programm auszuarbeiten. Nach Schluß der Sitzung bat Dr. Bendixen einige der Teilnehmer zu einer Tasse Kaffee in sein Privatzimmer. Professor Warburg zog dort das Fazit der Beratung: »'ne schöne Liek«, und Bendixen spottete: »Der Spiero würde uns auf Verlangen noch eine lustige Ecke konzediert haben.« Damit war auch diese Sache begraben.
Der nächste, der sich die Sporen verdienen wollte, war Paul Bröcker. Er kam von der sozialdemokratischen Parteipresse her, hatte sich von der Unzulänglichkeit ihres tendenziösen Kulturprogramms überzeugt und schrieb jetzt für verschiedene bürgerliche Zeitungen Artikel über Fragen der Baupolitik und des architektonischen Geschmacks. Durch sein Buch »Hamburg in Not!« gab er den ersten Anstoß, daß man sich mit dem Problem der Baupflege in Hamburg ernstlich befaßte. Um seinen Ideen ein eigenes Organ zu schaffen, entschloß er sich 1910, selbst eine Halbmonatsschrift, Der Hamburger, herauszugeben. Obwohl ich kein sonderliches Zutrauen zu dem Unternehmen hatte, das ohne soliden wirtschaftlichen Unterbau ins Leben trat, sagte neben manchen andern Hamburgern auch ich Bröcker, dessen ehrliches Streben ich achtete, Mitarbeit und Förderung zu, und mein Aufsatz »Hamburg und Schleswig-Holstein« stand an der Spitze des eröffnenden Heftes. Das Blatt verfolgte in erster Linie den Zweck, für die Gegenwartsaufgaben der Architektur, der übrigen bildenden Kunst und des Kunstgewerbes

Teilnahme zu wecken, behandelte aber auch Themata aus anderen Gebieten, z. B. der Politik, und brachte ein reiches Bildermaterial; die Ausstattung ließ zu wünschen. Meine Besorgnis erwies sich als gerechtfertigt: die Leserzahl wuchs nicht mit der erhofften Schnelligkeit, und so trat bald pekuniäre Bedrängnis ein, welcher der Herausgeber vergeblich abzuhelfen suchte, indem er sich an Gönner seiner Bestrebungen wandte. Die Mitglieder der Gesellschaft Hamburgischer Kunstfreunde versorgten ihn zwar bereitwillig mit honorarfreien Beiträgen der Feder und des Stifts, aber damit ließ sich das Schiff nicht über Wasser halten; nach zweijähriger Fahrt mußte es auf den Strand gesetzt werden.

Etwa um die gleiche Zeit entstand im Verlag Alfred Janssens ein neues Blatt, welches den Namen Die Zeitschrift führte und von Albert Helms, dem Verfasser des Romans »Chaos« aus der russischen Revolution von 1905, redigiert wurde. Da es keinen ausgesprochen hamburgischen Charakter hatte, braucht nicht näher darauf eingegangen zu werden.

Im Herbst 1913 regte ich an einem unserer sogenannten offenen Abende in einem kleinen Vortrag die Frage an, ob es nicht an der Zeit sei, daß ein gutes hamburgisches Witzblatt ins Leben träte. Der Gedanke wurde von verschiedenen Seiten lebhaft aufgegriffen, und es fanden in den folgenden Wochen mehrere Besprechungen statt, an denen sich u. a. Eitner, Illies, Ahlers-Hestermann, Prof. Warburg, Carl Mönckeberg beteiligten. Aber die hamburgische Schwerfälligkeit warf so viele Bedenken auf, daß aus der Sache nichts wurde. Außerdem ergab sich, daß die Künstler zu wenig Verbindung mit dem öffentlichen und gesellschaftlichen Leben hatten, um zündende Karikaturen schaffen zu können.

Als der Krieg ausbrach, beantragte Alexander Zinn im Vorstand der Literarischen Gesellschaft die Gründung eines Blattes, das berufen sein sollte, gleichzeitig für die Mitglieder ein Band festeren Zusammenschlusses zu werden und den die Nation beherrschenden Geist sittlich-kulturellen Aufschwungs auch in Hamburg dauernd aufrecht zu erhalten. Nach längeren Beratungen wurde der Vorschlag zum Beschluß erhoben und mir die Schriftleitung angetragen. Trotz schwerer Bedenken, die sich vornehmlich auf das Bewußtsein des Mangels an journalistischer Erfahrung gründeten, nahm ich an, und im Frühjahr 1915 kam das erste Heft der Literarischen Gesellschaft heraus, einer Monatsschrift, die zehnmal im Jahr, je zwei Bogen stark, erschien. Der geringe Umfang ließ mich hoffen, daß ich trotz meiner schwachen Augen der Aufgabe gewachsen sein würde. Ich bin bemüht gewesen, bei Wahrung des literarischen Grundcharakters die Kreise des Inhalts nach und nach zu weiten, alle Belange des hamburgischen Geisteslebens einzubeziehen und dadurch die Anteilnahme der verschiedensten Bevölkerungsschichten zu fesseln. So steht das Blatt jetzt, wo ich dies schreibe, in seinem vierten Jahrgang, und ich glaube, es zu einer gewissen Bedeutung hinaufgeführt zu haben. Wenn dabei ein Verdienst ist, so liegt es jedenfalls nicht auf kaufmännisch-wirtschaftlichem Gebiet. Die Zeitschrift ist weit davon entfernt, sich selbst zu erhalten. Darauf war es auch von vornherein nicht abgesehen. Die Mitglieder, über 2000, bekamen das Blatt unentgeltlich; Annoncen wurden nicht aufgenommen, und auf eine große Abonnentenzahl konnte vorderhand nicht gerechnet werden. Die Zukunft muß erweisen, ob die Pflanze innere Kraft hat. Ich kann feststellen, daß sie weder bei der Presse – die Neue Hamburger Zeitung ausgenommen – noch bei dem Buchhandel Unterstützung gefunden hat.

Neben diesen auf das allgemeine kulturelle Ziel eingestellten Blättern gab es natürlich eine Reihe von Fachzeitschriften: juristische, medizinische, technische u. a. An erster Stelle stehen, weil über den Bereich des Zünftigen hinaus die Anteilnahme des gebildeten Publikums fordernd, die auf die Erörterung von Erziehungsproblemen gerichteten Publikationen der hamburgischen Volksschullehrerschaft. Seit 1877 gab eine Freie Vereinigung von Lehrern eine Wochenschrift, die Pädagogische Reform, heraus, die, »unbeeinflußt durch behördliche und kirchliche Instanzen, unabhängig von Parteien« für die schulpolitischen Forderungen der neueren Zeit eintrat und seit etwa 1890 den Gedanken der Erziehung durch die Kunst pflegte. 1904 entschloß sich die seit 1896 bestehende Lehrervereinigung für die Pflege künstlerischer Bildung, daneben eine Vierteljahrschrift des gleichen Namens erscheinen zu lassen, welche eben diesen Zielen dienen und umfangreichere Arbeiten bringen sollte. Den Auftakt gab Otto Ernst mit einem Aufsatz »Renaissance der Pädagogik«, in welchem er die Idee der Kunsterziehung so umschrieb: man wolle die Kinder weder zu Künstlern machen noch ein Wissen um die Kunst in die erste Linie des Erkennens stellen, sondern dahin wirken, daß aller geistige Besitz nicht durch Auswendiglernen, sondern auf dem Weg der Anschauung und Erfahrung gewonnen werde. Im nächsten Heft schrieb Carl Götze über »Die Pädagogik der Tat«. Das Titelblatt trug das schöne, von Arthur Siebelist gezeichnete Signet der Lehrervereinigung für die Pflege der künstlerischen Bildung in der Schule, den säenden Bauer.

Schon 1905, nach Vollendung des ersten Jahrgangs, verwandelte sich das Blatt in eine Monatsschrift mit dem Namen Der Säemann, die von Carl Götze redigiert wurde. Dieser prägte ihr für die Zeit ihres Bestehens seinen Charakter auf. Sie war mit der inneren Entwicklung des trefflichen Mannes auf das Engste verbunden und zog ihre Kreise unter der Mitarbeit hervorragender Pädagogen und Gelehrter wie Peter Jessen, Helene Lange, Alfred Lichtwark und Karl Lamprecht immer mehr ins Weite. Nach fünf Jahren trat Der Säemann in eine neue Phase: er wurde, als 1909 auf vorwiegendes Betreiben Götzes der sich über ganz Deutschland ausbreitende Bund für Schulreform entstand und sich mit der Deutschen Zentrale für Jugendfürsorge zu gemeinsamem Wirken zusammentat, das Mundstück auch dieser Organisationen. Sein Programm wurde von Jahr zu Jahr umfassender; er war auf den Zweck eingestellt, das Material für die Beurteilung und die Bearbeitung aller Erziehungsfragen zu sammeln, im Hinblick schon auf die ins Auge gefaßte Gründung eines hamburgischen Instituts für Erziehung und Unterricht. Bei der Umwandlung des Bundes für Schulreform in einen solchen für Erziehung und Unterricht blieb das Verhältnis zu der Zeitschrift unverändert, bis Götze sie Ende 1914 eingehen ließ, weil er glaubte, die Entwicklung der Dinge nach dem Kriege abwarten und sich selbst innerlich mit ihr auseinandersetzen zu müssen.

Die Wochenschrift Pädagogische Reform ist als Organ der Lehrerschaft all die Jahre hindurch weiter erschienen und behandelte, im Gegensatz zu den weiter ausschauenden Absichten des Säemanns, mehr die Tagesfragen. Als Monatsbeilage bringt sie die Jugendschriftenwarte, in welcher der Jugendschriftenausschuß das Ergebnis seiner Arbeit veröffentlicht.

Der Verein Heimatschutz im Hamburgischen Staatsgebiet, zu dem sich die anfänglich getrennten Vereine des Stadtgebiets und der Geestlande im Jahre 1911 zusammenschlossen, gibt in Gemeinschaft mit mehreren anderen Gesellschaften die Hamburgische Zeitschrift für Heimatkultur heraus, welche einerseits für die Erhaltung der Schönheit im Stadt- und Landschaftsbild, andererseits für die vernünftige Übung einer hygienischen und künstlerischen Baupolitik eintritt.

Die Baurundschau, das Organ der hamburgischen Ortsgruppe des Architekten- und Ingenieur-Vereins, enthielt neben rein fachlichen Artikeln gelegentlich auch Aufsätze von allgemeinkulturellem Interesse; ebenso unternahm bisweilen der Elbwart, ein kleines politisches Blatt, welches der Reichstagswahlverein von 1884 gegründet hatte, einen Ausflug in das Gebiet des Geistesbildung.

Von den mancherlei anderen Fachzeitschriften braucht hier nicht gesprochen zu werden.

Buchhandel und Verlage

Der Buchhandel spielte im geistigen Leben Hamburgs eine verhältnismäßig geringe Rolle. Unter den Sortimentern gab es keine Persönlichkeit von größerer Bedeutung. Der umfangreichsten Kundschaft erfreuten sich Weitbrecht & Marissal; sie hatten in den 1890er Jahren die alte Handlung Carl Grädeners übernommen, die von dessen Schwiegersohn Arnold Ebert, einem trefflichen, aber beschränkten und unpraktischen Mann, ziemlich heruntergewirtschaftet war, und brachten sie, dank ihrer Tüchtigkeit sowohl wie unter Ausnutzung günstiger Umstände, im Laufe der Jahre wieder zu beträchtlicher Blüte; Adolf Marissal aber, der von den beiden Teilhabern am meisten hervortrat, wandte seine persönliche Liebe mehr der Musik als dem Schrifttum zu. Während hier die Belletristik die Grundlage des Geschäfts bildete, lag der Schwerpunkt der Handlung Boysen & Maasch auf wissenschaftlichem Gebiet, insbesondere dem des Gewerbes und der Baukunst; sie war auch die Lieferantin eines großen Teils der Professoren vom Kolonialinstitut. Justus Pape, Chef der Firma Mauke Söhne, hatte sich, wie schon erwähnt, als reaktionärer fanatischer Vorkämpfer der Sittlichkeitsvereine einen Namen gemacht und trat wiederholt gegen Werke in die Arena, welche seinen Anschauungen widersprachen, z. B. gegen die von Janssen herausgebrachte »Maria im Rosenbusch«. Léon Goldschmidt, der Inhaber des Geschäfts M. Glogau jun., tat sich als Mitbegründer und später als langjähriger Vorsitzender der Literarischen Gesellschaft hervor, ohne jedoch einen richtunggebenden Einfluß zu gewinnen.

Ein großer Teil der Sortimentsbuchhandlungen beschäftigte sich in beschränktem Umfang auch mit dem Verlagsgeschäft. Bei M. Glogau z. B. erschienen die Werke Gorch Focks, Erzählungen Fritz Laus und einige Sachen Otto Ernsts. Boysen & Maasch richteten auch als Verleger ihr hauptsächliches Augenmerk auf Werke aus dem Bereich des Gewerbes und der Architektur; bei ihnen erschienen z. B. mehrere der Bücher Paul Bröckers, Melhops »Althamburgische Bauweise«. Otto Meißner, dessen Sortiment an der Hermannstraße einen beträchtlichen Umfang aufwies, hatte bis zur Jahrhundertwende eine Art Monopol für die Herausgabe von Hamburgensien allgemeineren Interesses. Aber von 1900 ab fand er in Alfred Janssen einen ernsten Wettbewerber, der nicht abwartete, was ihm die Wellen an den Strand warfen, sondern aufmerksam Umschau hielt und willens war, eine Art Mittelpunkt für kulturellen Fortschritt im literarischen Hamburg zu werden. Es bedeutete gleichsam ein Programm, daß er mit der Herausgabe meiner

»Hamburgischen Kulturaufgaben« seinen Verlag eröffnete. Durch die Übernahme des Lotsen erweiterte er es und baute es immer mehr aus, indem er z. B. die Werke Gustav Falkes an sich zog, die pädagogischen Schriften des Bremer Scharrelmann, die Romane E. F. Kullbergs und mancher anderer Hamburger verlegte. Aber zuletzt hielt er doch nicht, was man von ihm erhofft hatte. Er war zu temperamentlos: sacht stets, sacht und bedacht stets. Der Name »Sanftpest«, den ihm der übermütige Freundeskreis um die Redakteure des Lotsen beigelegt hatte, war bezeichnend. Alle Schriftsteller, die mit ihm zu tun hatten, waren zuletzt unzufrieden mit dem Mangel an Tatkraft in der Werbetätigkeit für die von ihm verlegten Bücher; Timm Kröger z. B. klagte, daß er innerhalb eines Zeitraums mehrerer Jahre nur ein paar hundert Mark mit seinen Schriften verdient habe. Dazu war er in Geldangelegenheiten kleinlich und eng. Als Falke an seinem Lebensroman »Die Stadt mit den goldenen Türmen« arbeitete, lag ihm daran, einen größeren Vorschuß zu erhalten, aber Janssen machte Schwierigkeiten. Grote, an den jener sich wandte, zahlte ohne weiteres 10 000 Mark. Nun war Janssen tief verstimmt, daß Falke ihm untreu geworden sei. Er schrieb an ihn: »Sehr geehrter Herr«, während er ihn sonst »Lieber Herr Falke« angeredet hatte. Bei einer Aussprache, in der Falke seine Gründe offen darlegte, erwiderte Janssen, er hätte ihm das alles doch gleich sagen sollen, dann würde er »Geld hereingenommen haben«. Als Falke gestorben war und seine Familie in ziemlicher Bedrängnis zurückgelassen hatte, meldete Janssen sich sofort mit seinen Ansprüchen auf Rückzahlung von Vorschüssen, die er ihm im Laufe der späteren Jahre dann doch gegeben hatte.
Bei solchen Grundsätzen konnte er keinen führenden Platz in der Verlegerwelt einnehmen. Er mochte das selbst einsehen; denn 1917 gab er sein eigenes Geschäft auf und trat als eine Art »geistigen Leiters« in die Firma Georg Westermann ein, welche einige Jahre zuvor in Hamburg eine Zweigniederlassung gegründet hatte und in ähnlicher Weise wie Janssen bemüht war, hamburgische Autoren heranzuziehen und hamburgische geistige Belange zu pflegen.
Auf das engste mit dem Janssenschen Verlage verbunden war ein buchhändlerisches Unternehmen von gemeinnütziger Strebung: die »Hamburgische Hausbibliothek«. Der Gedanke, unter diesem Namen einen Schatz deutschen Schrifttums dem hamburgischen Hause in gut ausgestatteten und doch billigen Ausgaben zuzuführen, ist in Alfred Lichtwarks Kopf entstanden. Der Plan ordnete sich seinen übrigen Bestrebungen ein, die der Heraufführung einer neuen hamburgischen Geistesblüte dienen sollten. Lichtwark war

überzeugt, es werde schon eine wichtige Staffel auf dem Wege zu diesem Ziel erreicht sein, wenn es gelänge, der Bevölkerung ein gewisses Maß gleichartiger Bildung dadurch zu verschaffen, daß man ihr eine sorgfältige Auswahl geeigneter Bücher auf eine leichte Art, also bequem und wohlfeil, zugänglich machte und näherbrächte. Er wünschte, die Patriotische Gesellschaft, zu deren traditionellem Beruf die Förderung solcher auf das Allgemeinwohl abzielender Dinge gehörte, möchte sich der Sache annehmen, und setzte dem damaligen Vorsitzenden der Gesellschaft, Dr. A. N. Zacharias, in einem klassischen Brief, der eine begeisterte Darlegung der Idee mit praktischen Vorschlägen verband, auseinander, wie er sich die Ausführung denke. Die Gesellschaft berief, Lichtwarks Anregung folgend, eine Kommission zur Beratung seines Vorschlags. An einem Novembertag, dessen bleiches, vom nassen Straßenpflaster zurückgeworfenes Licht das nach der Trostbrücke hinausschauende Erdgeschoßzimmer des Patriotischen Gebäudes nur spärlich erhellte, hielt sie ihre erste Sitzung ab. Die Mehrheit der Mitglieder war von einer dem Wetter ähnlichen Stimmung erfüllt. Nichts von der idealen Begeisterung, von der Lichtwarks Plan getragen war. Die Skepsis überwog: es sei wieder eines jener utopischen Vorhaben dieses verstiegenen Mannes; wer denn solche Bücher kaufen solle? Für die, welche das Bedürfnis hätten, sei genügendes Material vorhanden usw. Die wenigen Freunde des Gedankens hatten einen schweren Stand. In mehreren Sitzungen konnten sie nichts anderes erreichen, als den Beschluß, daß Lichtwark und als Vertreter der Volksschullehrerschaft, die sich angeblich für den Vertrieb der Bücher interessierte, Friedrich von Borstel gutachtlich gehört werden sollten. Der Beschluß wurde in unglücklicher Form ausgeführt: man zog die beiden Herren nicht als Berater zu einer Sitzung heran, sondern vernahm sie als außerhalb des Kollegiums stehende Sachverständige. Diese Art der Behandlung verdroß Lichtwark so sehr, daß er darüber der Kommission energisch die Meinung sagte, die Verhandlung abbrach und die Sitzung verließ. Immerhin gewann nun in der Kommission die Überzeugung Boden, daß an der Sache etwas sei. Man kam überein, zwei der Mitglieder sollten mit Lichtwark und von Borstel zu einem Unterausschuß zusammentreten, um bestimmte Vorschläge auszuarbeiten. Dadurch kam die Sache in Fluß. In wenigen abendlichen Sitzungen in der Kunsthalle wurde ein Programm aufgestellt und in einer Denkschrift der Kommission unterbreitet. Diese, nun mürbe geworden, ließ sich ohne Schwierigkeiten den ausgearbeiteten Plan oktroyieren. Nach wenigen Tagen war der Bericht fertiggestellt und ging an den Vorsitzenden der Patriotischen Gesellschaft ab.

In dessen Person war aber ein Wechsel eingetreten, und so verging ein Jahr, ehe etwas geschah. Darüber wurde Lichtwark von neuem ungeduldig, und auf seine Veranlassung ließ nun die Gesellschaft Hamburgischer Kunstfreunde an die Patriotische Gesellschaft und an die Lehrervereinigung für die Pflege der künstlerischen Bildung Einladungen zu erneuter Beratung ergehen. Jede der drei Gesellschaften entsandte zwei Beauftragte, und als man sich auf der Grundlage des vor einem Jahr aufgestellten Programms geeinigt hatte, wurde unter Hinzuwahl eines siebenten Mitglieds als Vorsitzenden, des Professors Metz, die Hausbibliothekskommission konstituiert; Alfred Janssen übernahm den Verlag und Vertrieb. Auch jetzt wieder gab es eine Reihe inhaltsreicher und anregender Sitzungen, in denen weitere Einzelheiten des Plans erörtert, die Wahl der Type, des Formats, des Einbandes, der Vertrieb verhandelt wurden. Aber bei dem guten Willen der Mitwirkenden wurden alle Fragen einer schnellen Entscheidung entgegengeführt, und so konnten bereits im Sommer des Jahres 1902 die ersten beiden Bände, »Die deutschen Sagen« der Brüder Grimm und »Unser Elternhaus« von Paul Hertz, der Öffentlichkeit übergeben werden. Es folgten in buntem Wechsel bald Hamburgensien, wie »Die Urgroßeltern Beets« von Emma Dina Hertz, die Lebenserinnerungen von Berend Goos, von Johann Georg Rist, bald Werke der allgemeinen deutschen Literatur: zunächst Jeremias Gotthelfs »Uli der Knecht«, Otto Ludwigs »Zwischen Himmel und Erde«, Hebbels Jugenderinnerungen und Gedichte, »Die Hosen des Herrn von Bredow«; bevorzugt wurden norddeutsche Dichter wie Gustav Falke und Timm Kröger, und eine besondere Reihe war der Memoirenliteratur aus der Zeit der Freiheitskriege gewidmet. Es amüsierte mich, bei den Sitzungen der Kommission zu beobachten, wie solche Unternehmen immer die Tendenz haben, Selbstzweck zu werden. Ich mußte wiederholt daran erinnern, daß die Hausbibliothek keine Veranlassung habe, mit ähnlichen Veranstaltungen, die inzwischen in Deutschland in größerer Anzahl ins Leben gerufen waren, in Wettbewerb zu treten, wenn sie nicht ganz besondere eigene Ziele verfolge: nämlich den speziellen Charakter der Förderung hamburgischer Kultur wahre und eindringlich bemüht bleibe, sich an die Schichten der arbeitenden Bevölkerung zu wenden. Dementsprechend wurde denn auch stark die Aufmerksamkeit den Fragen des Vertriebs zugewandt und erwogen, wie man neben den Sortimentern – die Lichtwark gelegentlich einen absterbenden Ast des Bildungslebens genannt hatte – die kleinen Papier- und Zigarrenläden der Vorstadtgegenden als Verkaufsorgane heranziehen könne.

Die Hausbibliothek hat auf jede Erwerbsabsicht verzichtet und ihre Bücher

27. Friedrich Schaper: Gorch Fock, o. D.

28. Heinrich Werner Krug: Carl Mönckeberg, um 1925

zu den Herstellungskosten abgesetzt. Das wurde ihr durch mancherlei freundwillige Zuwendungen ermöglicht; auch der Senat hat mehrere Jahre hindurch einen Betrag von 2000 Mark gegeben. Die Zahl der verkauften Bände war 1916 auf 250 000 gestiegen.
Mit verwandten Zielen und ungefähr gleichzeitig mit der Hausbibliothek entstand in Hamburg die Deutsche Dichter-Gedächtnis-Stiftung; Dr. Ernst Schultze war ihr Gründer. Im Werbeblatt legte er dar, besser als durch Standbilder ehre man die Dichter, wenn man ihre Werke verbreiten helfe. Deshalb wolle er dafür eintreten, daß gute und billige Ausgaben hergestellt und Volksbüchereien in zahlreichen, auch den kleinsten Orten Deutschlands errichtet würden. Das sei die beste Art des Kampfes gegen die Schundliteratur. Der Aufruf fand freudigen Widerhall; selbst Fürst von Bülow, der damalige Reichskanzler, unterstützte ihn.
Dr. Ernst Schultze besaß nicht die Gabe, mit anderen zusammenzuarbeiten. Er war ein willensstarker, aber auch eigenwilliger Kopf. Bisher hatte er die vor kurzem gegründete Öffentliche Bücherhalle geleitet, sich aber den Wünschen der Kommission nicht fügen mögen. Als Justus Brinckmann ihm einmal auf dem Heimweg von einer Sitzung zuredete, in grundsätzlichen Fragen müsse man zwar auf seinem Standpunkt beharren, in nebensächlichen Dingen aber nachgeben, antwortete er, er sei »durchaus anderer Ansicht«. So kam es denn auch bald in dem Komitee oder Kuratorium der Stiftung, das er zusammenberufen hatte, zu Meinungsverschiedenheiten; die anderen Mitglieder, insbesondere Otto Ernst und Dr. Loewenberg, schieden aus, und er blieb der alleinige Herr. Es ist anzuerkennen, daß er sich der Aufgabe gewachsen bewiesen und im Laufe der Jahre nach beiden Richtungen seines Programms Erstaunliches geleistet hat, bis in den Krieg hinein, wo er viele Tausende von Bänden an die Lazarette und ins Feld lieferte. Die Zahl der von der Dichter-Gedächtnis-Stiftung ins Publikum gebrachten Bände beläuft sich auf das Zehnfache der von der Hausbibliothek verkauften. Daneben führte Dr. Schultze einen eigenen Verlag, den er nach Gutenberg benannte.
Mit Ehren ist noch der Firma L. Friederichsen & Co. zu gedenken, deren hauptsächliche Domäne die Herausgabe ausgezeichneter Landkarten und geographischer Werke war.

Exlibris Gustav Schiefler (entworfen von Luise Schiefler)

7 Kulturelles Vereinswesen, Geselligkeit und Bildungsförderung

Vereine

Die Patriotische Gesellschaft

Unter den Personenvereinigungen, welche geistigen Belangen zu dienen berufen waren, ist die im Jahre 1765 gegründete Gesellschaft zur Beförderung der Künste und nützlichen Gewerbe – die Patriotische Gesellschaft – an die Spitze zu stellen. Sie war nach englischem Vorbild geschaffen und wollte, ebenso wie auch die zahlreichen holländischen Sozietäten »tot Nüt van't allgemeen«, allem Wahren, Guten und Schönen dienen. Sie hatte viele segensreiche Institutionen ins Leben gerufen, von denen die meisten nach und nach in die Hände und den Betrieb des Staates übergegangen waren.
Um 1890 ruhte sie auf ihren Lorbeeren und war darüber in leisen Schlaf gesunken. Ihre Wirksamkeit beschränkte sich im wesentlichen auf die Belohnung für langjährige Diensttreue hamburgischen Gesindes und die Verleihung von Medaillen für Rettung aus Lebensgefahr. Gegen Ende des Jahrzehnts war Dr. A. N. Zacharias Vorsitzender und suchte ihre Tätigkeit zu beleben: u. a. fing man an, auf Anregung des Direktors des Botanischen Gartens, Professor Zacharias, der Blumenpflege weitere Kreise dadurch zu gewinnen, daß man Stecklinge von Topfpflanzen in den Volksschulen verteilte und denen, welche den besten Erfolg ihrer Behandlung aufwiesen, Prämien gewährte.
Wie erstarrt und verholzt es aber in den Köpfen der Gesellschaftsmandarine aussah, ließ die oben geschilderte Aufnahme erkennen, welche Lichtwarks Vorschlag mit der Hausbibliothek – trotz seiner Befürwortung durch den Vorsitzenden – bei der eingesetzten Kommission fand. Noch bei einem an-

deren Anlaß bewies die Gesellschaft – diesmal in Übereinstimmung mit der Familie Zacharias – eine rückläufige Tendenz: in bewußtem Gegensatz zu der Tätigkeit der Jugendschriftenkommission der Volksschullehrer, welche bei der Auswahl der für die Jugend zu empfehlenden Bücher ausschließlich den literarisch-künstlerischen Wert als maßgebend betrachtete und alles Nur-Patriotische, Nur-Moralische ablehnte, setzte die Gesellschaft, welche die Volksschullehrerschaft im Verdacht sozialdemokratischer und umstürzlerischer Neigungen hatte, einen Ausschuß mit dem Auftrag ein, gerade das vaterländische, religiöse, ethische Moment bei der Sichtung zu berücksichtigen. Aber er vermochte es weder an Tatkraft noch an Einsicht der anderen Gruppe gleichzutun und starb nach mehrjährigem Bestehen an Entkräftung. Es galt, dem verkalkten und greisenhaft gewordenen Körper der Gesellschaft neues Blut zuzuführen. Das gelang bis zu einem gewissen Grade Dr. Eduard Hallier, indem er die Gründung einer Öffentlichen Lese- und Bücherhalle in Vorschlag brachte.

Auf Reisen in England und namentlich in Amerika hatte er den Segen der Volksbibliotheken kennengelernt und wünschte seine Vaterstadt gleicher Vorteile teilhaftig zu machen. Natürlich begegnete auch er mit seinem Werk den skeptischen Zweifeln, wer denn in Hamburg solche Einrichtungen besuchen wolle, für die gar kein Bedürfnis vorhanden sei. Aber er überwand sie, und schließlich fand der Gedanke überraschenderweise von vielen Seiten Zustimmung und Unterstützung: der Staat stellte das alte Lombardgebäude an den Kohlhöfen zur Verfügung; die Gesellschaft Hamburgischer Kunstfreunde stiftete ein von Frau Marie Loesener-Sloman geb. Albers-Schönberg gezeichnetes Plakat; und zahlreiche Vereine und Privatpersonen halfen mit Gaben von Geld und Büchern. Bei der Auswahl des Bestandes legte man den Nachdruck auf wertvolle belehrende Werke und auf die gute Belletristik, und so fügte sich auch dies Unternehmen ein in die Reihe der Kämpfer gegen die Schundliteratur.

Am 1. Oktober 1899 wurde die Bücherhalle eröffnet und erreichte in den ersten 15 Monaten bereits bei 6000 Lesern eine Ausleihezahl von 93 000 Bänden. In den folgenden Jahren kamen Zweigstellen am Pferdemarkt und in Hammerbrook hinzu, und die Benutzungsziffern stiegen reißend. Von Jahr zu Jahr wuchs die Anstalt und ihr Nutzen; neue Filialen mußten gegründet werden, und 1914 bezog man das hübsche, von Schumacher an der Mönckebergstraße errichtete Gebäude, vor dem nach dem Kriege das Mönckeberg-Denkmal seinen Platz finden soll.

In der Zweigstelle am Pferdemarkt wurde schon frühzeitig ein neues Ausleiheverfahren nach dem System eines sogenannten Indikators eingeführt, das ein Mitglied des Verwaltungsausschusses, Herr Schülke, erfunden hatte und welches das Publikum in den Stand setzte, nicht nur selbst festzustellen, ob das gewünschte Buch »zu Hause« sei, sondern es auch ohne weiteres dem Bestande zu entnehmen, während sich die Tätigkeit der Beamten auf die Kontrolle beschränken konnte.

Die mit der Bücherhalle gemachten Erfahrungen wandelten gemeinsam mit den veränderten Zeitverhältnissen die beschränkt-ablehnende Gesinnung, wie sie bisher in der Gesellschaft gegenüber den Forderungen des vierten Standes geherrscht hatte: man war gewillt, für seine Bildung nach Kräften einzutreten. Zwar wurde der Plan, Volksunterhaltungsabende einzurichten und eine Zentralstelle für solche Veranstaltungen zu schaffen, bald wieder aufgegeben, weil von verschiedenen anderen Seiten, nicht zum mindesten von der Arbeiterschaft selbst, in gleicher Richtung gewirkt wurde, und darum kein Bedürfnis mehr vorhanden war. Aber nachdem 1905 in Anlaß von Schillers hundertjährigem Todestag auf Anregung mehrerer Vereine mit staatlichen Mitteln etwa 20 Volksvorstellungen Schillerscher Dramen gegeben waren, setzte sich die Patriotische Gesellschaft mit Erfolg an die Spitze einer Bewegung, um das zu einer dauernden Institution zu machen. Man begann mit drei Aufführungen im Jahre 1907; in den folgenden Jahren stieg die Zahl auf 29, wobei neben Schiller auch Shakespeare, Goethe, Kleist, Hebbel, Otto Ludwig ausgiebig zu Worte kamen.

Im übrigen widmete sich die Gesellschaft vorwiegend sozialen Aufgaben: der Schaffung eines paritätischen Arbeitsnachweises, der Einrichtung von Milchküchen für Säuglingspflege, der Sorge für die schulentlassene Jugend und dergleichen.

Der Verein für Kunst und Wissenschaft

Der Verein für Kunst und Wissenschaft sah zu Anfang der Epoche unter der Leitung des Oberingenieurs F. Andreas Meyer seine vornehmliche Aufgabe darin, gesellige Vergnügen zu arrangieren.

Er lud zu Sommerausflügen, z. B. in den Sachsenwald, wo, in Gegenwart des Alt-Reichskanzlers, aus einem Hünengrab eine von Engelbert Peiffer modellierte, die Züge Bismarcks tragende Rolandsfigur ausgegraben wurde; zur Besichtigung der Brunsbütteler Schleusen des Nord-Ostsee-Kanals; nach Cuxhaven zur Teilnahme an der Fünfhundertjahrfeier der Vereinigung des

Amtes Ritzebüttel mit Hamburg; und er veranstaltete großangelegte winterliche Festlichkeiten, z. B. einen Kostümball zur Jubelfeier der Entdeckung Amerikas. Auch Vorträge wurden gehalten, aber selten ohne daß sich eine gesellige Vereinigung mit Essen und Tanz anschloß. Trotzdem entstand in diesem Rahmen keine gleichgeartete gesellige Schicht; dazu war die Zahl der Mitglieder zu groß und ihre seelische Haltung zu verschieden. Gemeinsam war nur das äußere Band, das alle umschlang; es trug den Stempel des im Banausen-Fett schwimmenden Bürgertums der Zeit nach 1870.
Auf die Dauer konnte es kein Bindemittel für so ungleichartige Elemente sein: die Mitgliederzahl verringerte sich, pekuniäre Schwierigkeiten waren die Folge.
Im neuen Jahrhundert trat Senator von Melle an die Spitze. Er, der es sich zum Lebensziel gesetzt hatte, in Hamburg auch der Wissenschaft eine Stätte zu bereiten, hoffte in diesem Sinn den Verein nutzen zu können und war bemüht, seine Leistungen auf eine höhere Stufe zu bringen. Es wurmte seinen patrizischen Stolz, daß die sich aus dem kleinen und namentlich aus dem kleinen jüdischen Bürgerstand rekrutierende Literarische Gesellschaft von Mitgliedern strotzte und darum Erstaunliches bieten konnte, während der Verein für Kunst und Wissenschaft, der die besten Schichten der Hamburger Gesellschaft vertreten sollte, an einer Art Marasmus krankte. So setzte er seinen Ehrgeiz darein, ihn zu neuer Blüte herauszupflegen und warb mit dem ihm eigenen Eifer eigensinniger Gründlichkeit Mitglieder: er ruhte nicht, bis er alle seine Kollegen vom Senat eingefangen hatte. Mich, von dessen literarischen und künstlerischen Interessen er wußte, zog er in den Ausschuß, aber es war wieder bezeichnend für seine Art, daß er gleichzeitig versuchte, mich von der Literarischen Gesellschaft, gegen die er einen tiefen Widerwillen hegte, abwendig zu machen, und es verdroß ihn offenbar, daß ihm das nicht gelang.
Die Tätigkeit im Ausschuß war für mich wenig ersprießlich. Das Schwergewicht der Veranstaltungen wurde zwar fürderhin auf Darbietungen geistiger Art, namentlich Vorträge, gelegt, aber die geselligen Vergnügungen nahmen immer noch einen reichlich breiten Raum ein. Man verbrämte auch sie zwar mit einigem »Kulturflitter«: so wurde in ein großes Kostümfest, dem der Einzug des dänischen Königs Christian des Dritten in Hamburg zum Thema gegeben wurde, die Aufführung zweier Hans Sachsscher Schauspiele auf einer Art Shakespeare-Bühne eingeflochten, und ein andermal der »Fra Diavolo« von Liebhaberkräften zur Darstellung gebracht. Aber konnte dabei von ernsthaftem Willen zu einer Vertiefung die Rede sein? Zudem herrschte in

dem Ausschuß, der hauptsächlich aus alten Herren zusammengesetzt war, ein so vertrockneter, verstaubter, dem lebendigen Fortschritt deutschen Kulturlebens abgewandter Geist, daß man lachen mußte.
Für Klopstock- und Schillerfeiern war man bereit. Als aber Liliencron 60 Jahre alt wurde, überwogen die Bedenken: Melle rückte mit seinem gewohnten Argument hervor, es sei kein Verdienst eines Dichters, wenn er 50 oder 60 Jahre alt werde; andere meinten, Liliencron sei schon über Gebühr gefeiert worden, so daß wir davon absehen könnten. Offenbar nahm man daran Anstoß, daß seine Lebensführung nicht immer der eines ehrbaren Kaufmanns gleich gewesen war. Man bewahrte überhaupt eine reservierte Haltung. Mein Vorschlag, bei Schillers hundertjährigem Todestag mit den anderen Vereinen zusammenzugehen, welche den Tag in würdiger Weise begehen wollten, wurde abgelehnt. Melle wandte ein, offenbar mit Bezug auf die Volksschullehrer, die in jener Vereinsgemeinschaft eine Rolle spielten: Die Sozialdemokraten schienen Schiller als Genossen reklamieren und in diesem Sinne Reden halten zu wollen. In meinem Tagebuch finde ich dabei die Notiz: »Von der Notwendigkeit einer Gemeinsamkeit der Bildungsgrundlagen innerhalb eines Volkes haben sie keinen Begriff.« Bei dieser Auffassung und Behandlung der Dinge war es ausgeschlossen, daß der Verein einen bedeutsamen Einfluß auf das hamburgische Bildungsleben gewann.
Melle liebte es, nach den Vorträgen eine Anzahl von Ausschußmitgliedern mit ihren Damen in den Erfrischungsräumen des Vereins bei einem Abendimbiß zusammenzuhalten, aber auch dabei bewies er ein solches geselliges Ungeschick, daß sich immer mehr davon zurückzogen.
Obwohl vorzügliche Vorträge geboten wurden – z. B. von Wilamowitz, Du Bois-Reymond, Furtwängler, Peter Behrens, Schumacher (»Grundlagen der architektonischen Wirkung«), Groos-Giessen (»Lebenswert des Spiels«) – schrumpfte die Zahl der Besucher zusammen, es sei denn, daß, wie etwa zu einer Vorlesung von Troeltsch, seitens der Professoren eine große Propaganda gemacht wurde. Die Mitgliederzahl hielt sich nicht in der erforderlichen Höhe; die pekuniären Nöte wurden chronisch. Der Verein hatte das Erdgeschoß des Patriotischen Gebäudes in Benutzung; durch die große Pachtsumme war das Jahresbudget in unverhältnismäßiger Weise belastet. Eine Gesundung war durch die Lösung dieses Verhältnisses bedingt. Da sich die älteren Mitglieder hierzu nicht entschließen konnten, trieb der Verein der Auflösung entgegen. Im Jahre 1910 war sie vollendete Tatsache.

Die Literarische Gesellschaft

Von anderem Tempo war der Pulsschlag im Körper der Literarischen Gesellschaft. Vor dem Verein für Kunst und Wissenschaft hatte sie voraus, daß sie nicht aus der vergangenen Epoche stammte, sondern 1891 frisch aus dem Bewußtsein heraus gegründet war, wie notwendig es in Hamburg sei, die Anteilnahme an dem literarischen Schaffen der Nation zu beleben. Otto Ernst, Dr. Jacob Loewenberg, der Redakteur Heinrich Hauert, der Schriftsteller Harbert Harberts und der Buchhändler Léon Goldschmidt waren ihre Väter. Sie und einige Freunde wandten sich mit einem Aufruf an die hamburgische Bevölkerung, welcher zu einem Zusammenschluß der literarisch Gesinnten aufforderte. Er fand einen unerwartet kräftigen Widerhall. Am 24. September fand die konstituierende Versammlung statt. Otto Ernst wurde der Erste Vorsitzende. In dem 21köpfigen Vorstand saßen keine Geringeren als Detlev von Liliencron und Gustav Falke (beide freilich sind bald wieder ausgeschieden, weil die Beteiligung am Vereinswesen ihrer Art nicht entsprach).

Nach den Satzungen wollte die Literarische Gesellschaft

1. das Interesse für die Erzeugnisse namentlich der zeitgenössischen Literatur wecken und beleben;

2. Gelegenheit bieten zu freiem Meinungsaustausch in literarischen Dingen und zwanglos geselligem Verkehr.

Die Gesellschaft setzte mit einer Mitgliederzahl von 800 ein. Diese sank in den folgenden Jahren auf 500, stieg dann aber wieder so schnell, daß der Beschluß gefaßt werden mußte, die Listen zu schließen, wenn die Zahl von 1250 erreicht sei. Später, als man zur Benutzung größerer Versammlungsräume geschritten war, ist man über diese Grenze hinausgegangen, und im zweiten Jahrzehnt des neuen Jahrhunderts bewegte sich die Zahl der Mitglieder um – meist über – 2000. Das ist nicht nur ein Beweis für das literarische Interesse in weiten Kreisen der hamburgischen Bevölkerung, sondern auch für die Leistungen des Vorstandes, dem die Auswahl der Darbietungen oblag.

Unter den Mitgliedern des Vorstands gab es vorzügliche Sprecher: Otto Ernst war ein Meister des Vortrags, in allen Sätteln gerecht; was Jacob Loewenberg infolge seines jüdischlispelnden Organs an ästhetischer Wirkung abging, ersetzte er durch feinsinnige Einfühlung in den Geist der von ihm behandelten Dichter; und wenn Friedrich von Borstel auch gelegentlich schulmeisterlich dozierte, verstand doch auch er es, innere Saiten erklingen zu machen. Otto Ernst, der wiederholt eine Reihe von Jahren hindurch das Amt des Ersten Vorsitzenden bekleidete, prägte, namentlich im ersten Jahrzent ihres Bestehens, der Gesellschaft den Stempel seiner Persönlichkeit auf: nicht nur seine schriftstellerischen Fähigkeiten und seine Vortragskunst, sondern auch seine Beschlagenheit auf allen Gebieten des Schrifttums, eine durch die Regsamkeit seines Geistes bedingte Geschäftsgewandtheit und der gutgelaunte Wille, sich geltend zu machen und durchzusetzen, legitimierten ihn dazu. Dabei muß anerkannt werden, daß er die eigene Produktion nicht in den Vordergrund schob.

Persönlichkeit und Stand der Gründer waren zu einem guten Teil bestimmend für die Schichten, aus denen sich die Mitglieder zum Eintritt meldeten. Jene gehörten nicht zu den führenden gesellschaftlichen Kreisen. Gab es unter ihnen auch eine Anzahl studierter Männer, insbesondere Philologen und Mediziner, so waren sie doch alle – will man einmal klassifizieren – dem mittleren Bürgerstand zuzurechnen: Volksschullehrer, Schauspieler, Literaten stellten ihr Kontingent, und die Juden bildeten einen beträchtlichen Prozentsatz. Auf die bunt zusammengewürfelte Menge sah der Hamburger der sogenannten guten Gesellschaft mit einigem Dünkel hinab; es galt nicht für »fein«, dazuzugehören, und ich darf nicht leugnen, daß es auch mich zuerst einige Überwindung kostete, dem Ruf zum Eintritt in den Vorstand zu folgen. Da ich aber alsbald erkannte, mit welch hingebendem Eifer diese Männer einem idealen Ziel nachstrebten, freute ich mich, den konventionellen Bedenken nicht nachgegeben zu haben.

Die Gesellschaft bot ihren Mitgliedern Mannigfaltiges und Vielseitiges: Erörterungen allgemeiner und spezieller Themata aus dem Gebiet des Schrifttums, mit oder ohne eingestreute Proben der behandelten Werke, Vorlesungen, Rezitationen, musikalische, insbesondere Gesangsvorträge gleichzeitig literarischen Charakters, Diskussionsabende, gelegentlich auch, namentlich während des ersten Jahrzehnts, Ausflüge und bei außerordentlichen Anlässen – Stiftungsfesten und würdigen Gedenktagen – festliche Veranstaltungen mit nachfolgendem geselligen Zusammensein und Bankett. Immer war das Augenmerk darauf gerichtet, nicht sowohl die auf leichte Unterhaltung eingestellten Instinkte als vielmehr das Bedürfnis nach ernsthafter Vertiefung zu befriedigen.

Meist wurde die Persönlichkeit eines Dichters in den Mittelpunkt gestellt und der Versuch gemacht, dem Publikum ein eindringendes Verständnis zu vermitteln. Dabei standen die zeitgenössischen deutschen Dichter naturgemäß voran: Sudermann, Liliencron, Hebbel, Fontane, Gerhart Hauptmann,

Gustav Freytag, Gottfried Keller, Gustav Falke, Wilhelm Raabe, Marie von Ebner-Eschenbach, Klaus Groth, Grillparzer folgten im ersten Jahrzehnt einander im bunten Wechsel; im zweiten traten die neueren, z. B. Herbert Eulenberg, Frank Wedekind, Karl Vollmoeller auf den Plan, aber der Vorstand, dessen Mitglieder nun anfingen, der älteren Generation anzugehören, fühlte doch nur vorsichtig nach, und an die jüngsten aus der Zeit nach 1910 wagte man sich erst nach großem Bedenken.

Über der Gegenwart wurde die Vergangenheit nicht vergessen: Hans Sachs, Gottfried August Bürger, Heinrich von Kleist, Hölderlin, Lenau, Dietrich Grabbe bekamen ihre Abende; Goethe, Schiller, Heine brachte man Huldigungen.

Auch die ausländische Literatur kam zu ihrem Recht: Tolstoi, Maupassant, Zola, Kjelland, Jens Peter Jacobsen, Jonas Lie, Ibsen, Kipling, Strindberg, Balzac und andere wurden dem Publikum nahegebracht.

Unter den Rednern sind die Vorstandsmitglieder Otto Ernst und Jacob Loewenberg an erster Stelle zu nennen. Von namhaften Hamburgern traten hinzu Alfred Lichtwark, Freiherr von Berger, Carl Mönckeberg, Heinrich Wolgast, der Schauspieler Alex Otto und manche andere. Als auswärtige Redner wurden gern herangezogen Eugen Kühnemann, Albert Köster, Berthold Litzmann, Erich Schmidt, M. G. Conrad, Alexander Tille, Dr. Carl Heine und in der späteren Zeit Alfred Kerr. Daneben war der Vorstand bemüht, die Hörer mit den Dichtern und Schriftstellern persönlich bekanntzumachen: hier haben Ernst von Wolzogen, Sudermann, Liliencron, Ludwig Fulda, Wilhelm von Polenz, Spielhagen, Ompteda, Anna Ritter, Hermann Bahr, Richard Dehmel und viele andere aus ihren Werken vorgelesen.

Nach den Vorträgen pflegte der Vorstand mit den Rednern und Künstlern bei einem einfachen Imbiß, oft bis spät in die Nacht, bei fröhlichem Gedankenaustausch zusammenzusein. Einige dieser Abende stehen mir wegen des Reichtums der dabei gewonnenen geistigen Eindrücke in köstlicher Erinnerung.

Einer besonderen Erwähnung bedürfen die Sondervorstellungen, welche in den Theatern für die Gesellschaft veranstaltet wurden; sowohl das Stadt- und das Thalia-Theater wie das Schauspielhaus nahm man dafür in Anspruch. In Anlaß des zehnjährigen Stifungsfestes wurde Shakespeares »Heinrich der Achte« gegeben. Es folgten als Matinées Maeterlincks »Monna Vanna«, Beer-Hofmanns »Graf von Charolais«, Stavenhagens »Mudder Mews«, Liliencrons »Knut der Herr« u. a.

Der Vorstand beschränkte seine Tätigkeit nicht auf Darbietungen, welche allein den Mitgliedern zugute kamen, sondern sah seine Aufgabe auch darin, außerhalb dieses Kreises für die Belange der Bildung einzutreten. Diesem Zweck dienten die »Volksunterhaltungsabende«, die seit 1898 stattfanden. Die Kommission, in deren Händen sie lagen, ging davon aus, daß für das »Volk« das Beste gerade gut genug sei, und sorgte deshalb mit doppelter Aufmerksamkeit, daß Ausgezeichnetes geboten wurde. Man wählte Dichterpersönlichkeiten, die zum gesicherten klassischen Besitz des deutschen Schrifttums gehören, und Redner und Deklamatoren, die ihre Werke eindrucksvoll zur Wirkung brachten. Der Lohn blieb nicht aus: alle Vortragenden waren einig, daß man sich ein besseres und aufmerksameres Publikum nicht wünschen könne. Die Leute saßen in einer Art Feiertagsstimmung und gaben sich nach Vollendung ihrer schweren Tagesarbeit in rührender Freude dem Genuß des Hörens hin. Die Kommission war politisch vorurteilslos genug, den größten Teil der Eintrittskarten, für welche ein Preis von 20 bis 30 Pfennigen zu zahlen war, an den Vorstand der Sozialdemokratischen Partei zur Verteilung zu geben, weil sie annahm, dieser werde am leichtesten Absatz dafür finden und sie an die geeignetsten Stellen leiten. So ist es gelungen, an die geistig strebenden Schichten der Arbeiterschaft heranzukommen, und die Gesellschaft darf sich rühmen, zu ihrem Teil auf dem neutralen Gebiet der Literatur zur Vorbereitung eines sozialen Ausgleichs beigetragen zu haben.

Auch sonst, wo Gelegenheit war, hat die Gesellschaft die Interessen des Schrifttums und seiner Jünger wahrgenommen. Es ist schon berichtet, wie auf ihre Veranlassung der Ehrensold für Gustav Falke bewilligt und die Aufstellung eines Heine-Denkmals in die Wege geleitet wurde. Sie war es, die den Schleswig-Holsteinischen Provinziallandtag bestimmte, Liliencron zu seinem sechzigsten Geburtstag ein Ehrengeschenk von 3000 Mark zu gewähren. Um die Gründung der Öffentlichen Bücherhalle zu fördern, berief die Gesellschaft zwei öffentliche Agitationsversammlungen. Im Jahre 1900 veranstaltete sie in Verbindung mit anderen Vereinen eine Protestversammlung gegen die »Lex Heinze«, und im gleichen Jahr wurde, auf eine wiederum von ihr gemeinsam mit anderen Vereinen gegebene Anregung, der Hamburgische Goethe-Bund gegründet. Hier sei bemerkt, daß in diesen beiden Fällen der Verein für Kunst und Wissenschaft seine Mitwirkung verweigerte.

Die Kunstgesellschaft

Die Kunstgesellschaft verfolgte ähnliche Ziele wie die Literarische. Da sie sich aber nicht auf das Gebiet des Schrifttums beschränkte, sondern, wie schon der Name besagt, sich mit den anderen Künsten, vornehmlich der bildenden und der Musik befassen wollte, ging ihre Wirksamkeit mehr ins Breite als ins Tiefe. Der Charakter ihrer Veranstaltungen war, bei aller Ernsthaftigkeit des Wollens, doch mehr der einer edlen Unterhaltung im allgemeinen Bereich des Schönen als der eines Strebens nach gründlicher Bildung. Sie war das Werk Dr. Heinrich Spieros. Dieser, aus jüdischer Famile hervorgegangen, von Beruf Kaufmann, lebte daneben starken künstlerischen und literarischen Interessen, betätigte sich wiederholt als Schriftsteller und schrieb für Berliner Zeitungen Rezensionen literarischer Neuerscheinungen. Als er 1905 mit seiner Idee hervortrat, fand er bei den Kunstmännern wenig Entgegenkommen. Lichtwark lehnte das Patronat ab. Professor Warburg spottete: »dieser Anregungsmakler«, lüftete, sich verbindlich verbeugend, den Hut und sagte: »N' büschen Anregung gefällig?«; er nannte das geplante Unternehmen einen »Seelenpuff«. Nur Brinckmann ließ sich bereitfinden, in den Vorstand einzutreten, in welchem außer Spiero Dr. Ascan Klée-Gobert, Tormin, Dr. Lorenz, Marissal, Leutnant Germar und Bankier Reichenbach saßen.

Die Gesellschaft war auf eine gewisse Exklusivität zugeschnitten; schon der Beitrag von 20 Mark für die Person, von 30 Mark für ein Ehepaar bedingte das. Die Zahl der Mitglieder sollte 500 nicht übersteigen, die Veranstaltungen eine Art von gesellschaftlichem Anstrich haben. Spieros Gattin, eine feine liebenswürdige Frau aus dem Gurlittschen Familienkreis, suchte in diesem Sinne zu wirken, indem sie in ausgesucht geschmackvollen Toiletten erschien.

Im ersten Winter las Dehmel – im Vortragssaal des Hulbeschen Geschäftshauses in der Lindenstraße – seine »Lebensmesse«; an einem Beethoven-Abend sprach Graf Harry Keßler über »Kunst und Publikum«; und an einem Hugo-Wolf-Abend erläuterte Dr. Sternfeld in seiner amüsant-anschaulichen Weise die Liedkompositionen, während der Opernsänger Lang aus Schwerin sie meisterhaft vortrug. So bewährte sich die Gesellschaft innerhalb des ihr gesteckten Rahmens, und als Spiero erneut an mich mit der Bitte herantrat, Mitglied des Vorstandes zu werden, willigte ich ein.

Um ein Bild vom Wirken der Gesellschaft zu geben, sei eine Anzahl der Veranstaltungen aufgeführt. Es sprachen 1907/08 Pauli über Liebermann,

Neumann über Klinger, Riehl über Nietzsche als Künstler, ich über hamburgische Graphik; 1908/09 Graul über Menzel, Thode über Grünewald; 1909/10 Wölfflin über Marées, Pauli über Segantini, Sombart über die Organisation des Kunstgewerbes, Brinckmann über alte chinesische und japanische Kunst, Treu über Denkmalspflege; und ferner in den folgenden Jahren Roethe über Tristan und Isolde, Graef über van Gogh, Waetzoldt über Bildniskunst, Peter Behrens über Kunst und Technik, und manche andere. Marissal und Dr. Rauert, der später in den Vorstand eintrat, sorgten dafür, daß die Musik nicht zu kurz kam: es gab einen Mozart-, einen Bruckner-, einen Hausegger-, einen Schumann-Abend, wobei wiederholt Sternfeld den Interpreten abgab. Dehmel las an drei Abenden seine Dichtung der »Zwei Menschen«; Spitteler, Gabriele Reuter trugen aus ihren Werken vor; Milan erzählte in seiner meisterlichen Art Jens Peter Jacobsens »Pest in Bergamo« und »Frau Vönss«. Nicht immer wurde die Grenze des Preziösmelodramatisch-kitschigen vermieden, z. B. wenn an einem dem Maler Menzel gewidmeten Abend Ludwig Graf das Gedicht »Auf der Terrasse von Sanssouci« deklamierte und im Anschluß daran ein Flötenkonzert zum besten gegeben wurde. Einmal fand ein Ausflug nach Lübeck statt, bei dem neben der Besichtigung alter Kunst die moderne Bildersammlung Dr. Max Lindes besucht wurde.

Wer vieles bringt, wird manchem etwas bringen. Im Grunde war es aber doch nur ein Kosten von den Dingen, eine Art Schnuppern, eine, wie gesagt, zwar edle, aber oberflächliche Unterhaltung.

Der Goethe-Bund

Am 27. Mai 1900 wurde, ähnlich wie in anderen großen deutschen Städten, und zwar wesentlich auf Betreiben der Literarischen Gesellschaft, der Goethe-Bund gegründet als ein Organ, das berufen sein sollte, zur Verteidigung des freien Geistes auf den Plan zu treten, wenn, wie es gerade in jenen Zeiten in Anlaß der berüchtigten »Lex Heinze« der Fall gewesen war, Reaktion und Muckertum sich zum Angriff anschickten.

Anfänglich brachte der Bund sehr gute Vorträge, z. B. M. G. Conrads über Zola. Da aber die Folgezeit nur äußerst selten Gelegenheit zu »flammenden Protesten« bot, führte er eine Art schleppenden Daseins. Hin und wieder gab er durch Veranstaltung von Theatervorstellungen ein Lebenszeichen: 1904 wurde Kleists »Hermannsschlacht«, 1908 »Satyros« und »Die Mitschuldigen«

und im folgenden Jahr »Der Tor und der Tod« von Hofmannsthal aufgeführt.

Bezeichnend war wiederum, daß die wohlsituierten bürgerlichen Kreise eine Beteiligung ablehnten. Der Verein für Kunst und Wissenschaft und der Kunstverein hielten sich von der Bewegung zurück.

Die Hamburgische Gesellschaft der Bücherfreunde

Im Jahre 1908 bildete sich eine Hamburgische Gesellschaft der Bücherfreunde. Schon seit längerer Zeit war die Absicht zwischen Professor Münzel, dem Direktor der Stadtbibliothek, und A. Warburg erörtert; jetzt lud der alte Dr. Eduard Hertz, ein leidenschaftlicher Büchersammler, zu einer Besprechung ein. In der Gründungsversammlung wurden u. a. dieser und die Professoren Meyer (von der Kunstgewerbeschule) und Warburg in den Vorstand gewählt.

Aber alsbald traten starke Gegensätze zwischen Hertz und Warburg hervor, die bei dem lebhaften Temperament des einen und dem cholerischen Charakter des anderen wiederholt zu aufgeregt bissigen Auseinandersetzungen führten. Hertz, in seiner sammlerischen Liebhaberei für Curiosa, wollte, in den Bahnen anderer Vereine wandelnd, Neudrucke seltener alter Schriften hergestellt sehen, während Warburg für die Schaffung interessanter Nova eintrat: er schlug z. B. vor, die von ihm gesammelten in den »Sprechsälen« der Zeitungen veröffentlichten »Stimmen des Publikums« zum hamburgischen Bismarck-Denkmal als ein Dokument des Zeitgeistes zu publizieren. Leider fand der Vorschlag keine Annahme.

Nachdem die Mitgliedsbeiträge einiger Jahre aufgesammelt waren, entschloß man sich zu einer sehr verdienstvollen Tat: es wurde die Herausgabe des »Hamburgischen Stadtrechts von 1497« nach der Bilderhandschrift des Staatsarchivs in Angriff genommen. Dr. Heinrich Reincke übernahm die kritische Bearbeitung des Textes. Die Typen für den Druck wurden eigens für diesen Zweck bei Genzsch & Heyse gegossen, und die Firma Knackstedt & Näther mit der Herstellung der farbigen Reproduktionen beauftragt. Die Realisierung des Planes ließ sich nur dadurch ermöglichen, daß der Senat einen Zuschuß von 8000 Mark bewilligte, wofür ihm 80 Exemplare des Werkes zur Verfügung gestellt werden sollten. Durch den Ausbruch des Krieges verzögerte sich die Arbeit; dennoch konnten die Bände 1917 in ausgezeichneter Ausführung und Ausstattung den Mitgliedern überwiesen werden.

Die regelmäßigen Versammlungen mit ihren Vorträgen fanden bald im Museum für Kunst und Gewerbe, bald in der Stadtbibliothek, oft auch in den Privathäusern derjenigen Mitglieder statt, welche aus ihrem Eigenbesitz etwas Wertvolles zu zeigen hatten.

Der Club von 1894

Vom Kunstverein, dem Kunstgewerbeverein, der Gesellschaft Hamburgischer Kunstfreunde, dem Verein zur Förderung der Amateurphotographie, der Lessing-Gesellschaft, der Gesellschaft für dramatische Kunst ist schon an anderer Stelle die Rede gewesen; eine Anzahl von Vereinigungen, die, von der Volksschullehrerschaft gegründet, der Volksbildung zugute kommen sollten, werden später Beachtung finden. Eine Vereinsbildung besonderer Art, der Club von 1894, muß aber hier noch besprochen werden.
Die Idee zu seiner Gründung war, wie so manches andere, was um jene Zeit im Bereich hamburgischen Geisteslebens geschah, aus Lichtwarks Kopf hervorgegangen und knüpfte an die »Debating Clubs« auf englischen Universitäten an. Den jüngeren und mittleren Männern der gebildeten Hamburger Gesellschaft sollte Gelegenheit gegeben werden, sich vor einem größeren Kreis und dennoch vertraulich über politische, wirtschaftliche, kulturelle Tagesfragen zu äußern und dadurch Gewandtheit der Rede sich anzueignen. Lichtwark hatte sich mit Vertretern der gelehrten Berufe und der Kaufmannschaft in Verbindung gesetzt, und durch einen von dem Amtsrichter Dr. L. Niemeyer unterzeichneten Aufruf wurden etwa 50 Personen aus den Kreisen der Theologen, Juristen, Lehrer, Mediziner, Kaufleute, Architekten zu einer konstituierenden Versammlung eingeladen. Man traf dort Dr. A. N. Zacharias, Dr. Dehn, Dr. Wolf Mannhardt, Rudolf Hertz, die Staatsanwälte Sander und Heinichen, die Ärzte Kümmell, Waitz, Nonne, die Pastoren Mahling und Rebattu, die Kaufleute F. F. Eiffe, Albrecht O'Swald, Henry P. Newman, Hermann Stoltz, Professor Nocht, Professor Fritsch, den Oberlehrer Dr. Böhme, den Sekretär der Handelskammer Dr. Soetbeer, Architekt Groothoff u. a. Zum Vorsitzenden wurde der Notar Bartels gewählt, an dessen Stelle nachher Dr. Kümmell, dann der Oberlandesgerichtsrat Brandis, der spätere Präsident des Hanseatischen Oberlandesgerichts, trat.
Ursprünglich bestand die Absicht, den Kreis der Teilnehmer nicht über die Zahl von 50 bis 80 hinauswachsen zu lassen, um dadurch eine gewisse Ver-

schmelzung der Mitglieder und infolge davon eine Vertiefung der Arbeit zu gewährleisten. Aber alsbald, nachdem Dr. Bartels in seiner Antrittsrede ausgesprochen, hier sei die Elite der hamburgischen jüngeren Männerwelt vereinigt, drängte sich die Jeunesse dorée zum Eintritt; die Sache wurde Mode und verlor damit den ihr ursprünglich anhaftenden Reiz. Während die ersten Debatten noch einen intimeren Charakter trugen, waren die späteren Versammlungen mit einem Ballast von Neugierigen beladen, die, von keiner ernstlichen Anteilnahme getrieben, sich nicht an der Aussprache beteiligten. Freilich dauerte es nicht allzu lange, bis sie wieder wegblieben; aber ihre Anwesenheit hatte genügt, um manchem anderen die Freude an der Sache zu nehmen.
Für die Verhandlungen pflegte ein Berichterstatter und ein Korreferent bestellt zu werden, die möglichst, um die Debatte zu beleben, einen entgegengesetzten Standpunkt einzunehmen hatten. Die Gegenstände der Verhandlungen wurden den verschiedensten Gebieten entnommen: die Mittel zur Förderung des Sportwesens, die hamburgische Universität, die hamburgische Architektur, die Stadtpark-Frage, die Gründung der Bücherhalle, die Lex Heinze, die Einheitsschule waren, um Beispiele anzuführen, Themata, die zur Erörterung gestellt wurden. Die Behandlung der Frage »Worauf gründet Hamburg den Anspruch auf seine Selbständigkeit?« brachte das merkwürdige Ergebnis, daß manche Hamburger bei der Beantwortung viel skeptischer waren als die Eingewanderten. Das Thema »Die Kultur im täglichen Leben« gab Lichtwark Gelegenheit, an hamburgischen Verhältnissen und Gepflogenheiten scharfe Kritik zu üben.
Gegen Ablauf des ersten Jahrzehnts schrumpfte die Zahl der Besucher immer mehr zusammen. Der Vorstand griff zu dem Mittel, namhafte auswärtige Redner für Vorträge heranzuziehen, aber auch das war vergeblich. Im Frühjahr 1906 fanden noch einmal zwei stark besuchte Veranstaltungen im Uhlenhorster Fährhaus statt: Nach einem begeistert für die Gründung einer hamburgischen Universität eintretenden Referat des Oberlandesgerichtspräsidenten Sieveking beteiligten sich zahlreiche Redner an der Erörterung der Frage, fast sämtlich unter allgemeinem Beifall die Wünschbarkeit bejahend; und wenige Wochen später lud man zu einer von Dilettanten gegebenen Vorstellung des Hartlebenschen Schauspiels »Hanna Jagert« ein, die unter Dr. Carl Heines Spielleitung recht gute Figur machte. Damit stellte der Club seine Tätigkeit ein. Das vorhandene Vermögen wurde unter mehrere gemeinnützige Unternehmen verteilt.

29. (Ernst Eitner?): Rauchzimmer bei Schieflers, 1913 (aus der Reihe der karikaturistischen Bilder zur Silbernen Hochzeit von Gustav und Luise Schiefler; v.l.n.r.: unbekannt, F. Nölken, Dr. Goldschmidt, R. Dehmel, Dr. Wohlwill, unbekannt, A. Illies)

Wissenschaftliche Vereinigungen

Neben diesen Personenvereinigungen, die auf den Zweck der Verbreitung von Allgemeinbildung verschiedener Art eingestellt waren, gab es natürlich eine ganze Reihe von Gesellschaften, die bestimmten wissenschaftlichen Zielen dienen wollten. Von ihnen interessiert hier am meisten der Verein für Hamburgische Geschichte. Er hat das hervorragende Verdienst, die »Sammlung Hamburgischer Altertümer« gegründet und ausgebaut zu haben, die lange Jahre hindurch in den Kellerräumen des alten Johanneums untergebracht war und demnächst in den weiten prächtigen Bau des Museums für Hamburgische Geschichte übersiedeln wird.
Landgerichtsdirektor Schrader war der Vorsitzende dieses Vereins, bis er durch den neuernannten Leiter des Museums, Professor Dr. Lauffer, ersetzt wurde. In seinem richterlichen Beruf der Typus eines schlechten Strafkammervorsitzenden, der in den Akten nicht Bescheid wußte, gab er sich der Lieblingstätigkeit historischer Kleinarbeit mit dem Eifer des Spezialforschers hin; ich hatte den Eindruck wie von einem Mistkäfer, der sich unterhalb des von ihm geliebten Stoffes in die Erde bohrt und ihn in aller Stille bewältigt. Der Verein beschäftigte sich mit allen Gebieten der hamburgischen Vergangenheit: neben der politischen mit der Kunst, der Literatur, der wirtschaftlichen Entwicklung, den sozialen Verhältnissen, dem Gewerbeleben und veranstaltete alljährlich eine ganze Reihe von Vorträgen, zu denen nicht nur die Mitglieder Zutritt hatten.
Ferner sei die Geographische Gesellschaft erwähnt, in welcher der Kartograph Dr. L. Friederichsen eine hervorragende Rolle spielte; der Naturwissenschaftliche Verein, in dessen Sitzungen neben wissenschaftlichen Erörterungen aller Art die Sammler die Ergebnisse ihres Suchens zu zeigen pflegten; der Ärztliche Verein mit seinen Versammlungen, Berichterstattungen und Demonstrationen; der Architekten- und Ingenieur-Verein, der Schulwissenschaftliche Bildungsverein, und viele andere, deren Behandlung weit über den Rahmen dieser Blätter hinausführen würde.

Hamburgische Geselligkeit

Das hamburgische breite Publikum als Kultursubjekt und die hamburgische Geselligkeit als Kulturträgerin: der Gedanke erscheint in dieser Epoche wie ein Widerspruch in sich selbst. In ihrem Durchschnitt wiesen beide einen Tiefstand auf, der durch das absolute Übergewicht der wirtschaftlichen Belange bedingt war. Er drängt sich dem beobachtenden Auge um so krasser auf beim Vergleich mit den einzelnen hervorragenden Persönlichkeiten, welche gerade hier sich mit allen Kräften abmühten, die Grundlagen für eine Geistesblüte zu schaffen.

Hier zunächst einige Glossen aus meinem Tagebuch zur Charakterisierung der geistigen Haltung in den mittleren gebildeten Schichten – wobei auch ein hier und da sich zeigender Lichtblick nicht unterdrückt werden soll.

1905, 7. Januar. In einer Gesellschaft bei Senator von Melle sagt Dr. Crasemann, der Vorsitzende des Kunstvereins, bei einer Erörterung über Kalckreuths Präsidentenbild, ihm sei für die Bewertung eines Gemäldes das Urteil des Publikums wesentlich: der eine nenne dieses Bild »Das vergnügte Udelquintett«, der andere »Fünf Paar Stiefel«.

1905, 28. Februar. Frau Zacharias, vor den gemalten Fächern auf einer Dilettanten-Ausstellung der Gesellschaft Hamburgischer Kunstfreunde: Solch einen Fächer dürfe in Hamburg kein junges Mädchen tragen; die bekäme keinen Mann, weil sie für zu anspruchsvoll gehalten würde.

1905, 16. Juni. Dr. Jaques, Rat bei der Justizverwaltung, verwechselt Meyerheim und Liebermann.

1905, 2. August. Ed. L. Lorenz-Meyer sagt bei einem Gespräch über die hamburgischen Kulturverhältnisse: die Besserung werde schon kommen, man müsse nur den Sozis die Nase zuhalten.

1905, 6. Dezember. Dr. Wegener in einer Gesellschaft beim Direktor des Armenweses Lohse bei Besprechung der Universitätsfrage: Kümmell, Fränkel, Nonne würden sich, wenn sie den Professorentitel bekämen, nicht mehr so für die Sache einsetzen. –?–

1906. Der Präsident des Oberlandesgerichts Sieveking ist, als Kalckreuth ihn für die Kunsthalle malte, wiederholt bei den Sitzungen, trotz Kalckreuths Bitte, fünf Minuten vor Ablauf der verabredeten Zeit mit dem Bemerken aufgestanden, die fünf Minuten brauche er zum Anziehen.

1906, 17. November. Frau Senator Mathies ist, so erzählt Frau Senator Sander, aus dem Frauenklub wieder ausgetreten, um nicht dort mit dem »Schauerweib Frau Dehmel« zusammenzutreffen.

1907, 27. Januar. Herr H. D. Böhme, der Inhaber des Klöpperschen Geschäfts, hat von einer holländischen Reise so viel Freude gehabt, daß er 1000 Mark für die Studienreise eines Künstlers stiften will.
1908, 5. Januar. Die Gattin dieses selben Herrn redet bei einem Gespräch über Lichtwarks Publikationen, insbesondere über die Hamburgische Liebhaberbibliothek, von dem Meister Franke als einem Zeitgenossen des Hermann Kauffmann und Valentin Ruths und von einem Maler Goos.
1909, 10. Mai. Senatspräsident beim Oberlandesgericht Brandis: »Professor Erich Marcks schwimmt ja ganz in Lichtwarks Fahrwasser; er geht in die Sitzungen der Gesellschaft Hamburgischer Kunstfreunde. Ich gehe schon lange nicht mehr in diese langweiligen Expektorationen Lichtwarks.«
1909, 13. Mai. Unsere Töchter Liesel und Johanna wollen für die Johanniskirche eine Altardecke sticken. Man befürchtet Modernität und stellt die Arbeit unter die Aufsicht von Fräulein Barth.
1909, 1. Dezember. Luischen erzählt von dem Idealismus eines jungen Mannes, der einen Männerbund für Frauenstimmrecht gegründet hat. Frau Heinichen: Die Frauen sollten nur erst einmal ihre Männer vom Streik zurückhalten.
1910, 6. Januar. Dr. G. Th. Brandis erzählt, sein Schwager Professor Zacharias, der Botaniker, habe sehr energisch gegen Lichtwarks Vorschläge in der Frage des Stadtparks Stellung genommen.
1910, 21. Januar. Professor Metz ist besorgt, Hamburgs Arbeitsamkeit würde in Lässigkeit und Genußsucht umschlagen, wenn Lichtwarks Stadtparkpläne mit den Korsofahrten Wirklichkeit werden sollten.
1910, 18. Februar. Dr. Aly: »Abhängige Leute brauchen auch nicht unabhängig zu wählen; wozu also geheime Wahl?«
1910, 24. März. Dehmel ist entzückt von Rat Kirchenpauer; der habe Thackeray zum fünften Mal gelesen. Frau Dehmel berichtet, Dr. Möring habe gesagt, Reuter sei doch viel besser als Liliencron.
1911, 1. Januar. Landgerichtspräsident Engel zu Oberingenieur Sperber bei einem Gespräch über meinen Liebermann-Katalog: »Sie in Ihrer verantwortungsvollen Stellung haben wohl zu solchen Beschäftigungen keine Zeit?«
1911, 17. Januar. Präsident Mittelstein sperrt den Mund auf, als ich sage, unsere richterliche Tätigkeit sei doch eigentlich nur eine Handlangerarbeit im großen Getriebe des Kulturlebens; sie räume die hinderlichen Steine des Streits hinweg. Wirklich produktiv sei nur das künstlerische Schaffen, den Begriff im weitesten Sinne genommen.
1911, 22. März. Als das Curiohaus an der Rothenbaumchaussee von der Ge-

sellschaft der Freunde des vaterländischen Schul- und Erziehungswesens gebaut wird, antwortet Senator Sander auf Brandis' Frage, ob denn die Lehrer dazu das Geld hätten: »Pumpen, pumpen! Keinen Pfennig haben sie!«

1911, 3. Mai. Lichtwark beklagt sich, daß nicht einmal die Mitglieder der Gesellschaft Hamburgischer Kunstfreunde regelmäßige Besucher der Kunsthalle seien; sonst müßten wir Menzels vor Jahresfrist erworbenes Gemälde »Christus im Tempel« doch schon gesehen haben.

1912, 14. März. Ascan Klée-Gobert, der Zweite Vorsitzende der Kunstgesellschaft, ist gegen die Veranstaltung eines Festabends zur Feier von Falkes sechzigstem Geburtstag: er habe in den letzten Jahren doch nichts geleistet.

1913, 8. Januar. Frau Generalkonsul Bohlen geb. Woermann meint, Falkes Verse seien langweiliges Wortgeklingel.

1913, 28. Januar. Frau Johannes Merck glaubt in einer Gesellschaft bei Senator Mumssen, Liliencron sei ganz im Trunk verkommen.

1913, 30. Januar. In Professor Fritsch, sonst einem schrecklichen Banausen, entdecke ich zu meiner freudigen Überraschung einen Verehrer Nietzsches.

1913, 25. Juni. Dr. Siegfried Heckscher sagt über sein von Sophus Hansen gemaltes Portrait: »Nachweisbar« sei die Stirn zu niedrig und die Hände zu groß.

1913, 1. Oktober. Brandis erzählt in unserem Klub, in England übertrüge man politische und kulturelle Meinungsverschiedenheiten auf die Verhältnisse des gesellschaftlichen Lebens. –?– Ein ihm bekannter Herr habe gesagt, Lord Byron sei ein Dichter, den kein anständiger Mensch lesen könne. Darauf Sander: »Das ist famos, so sollte es bei uns auch sein!«

1913, 17. November. Ludwig Lippert hat, so berichtet Professor Warburg, in einer Zeitschrift Die Kunstwelt über den Kubismus abgeurteilt. Warburg fügt hinzu, jeder Hamburger glaube, wenn er nur vorausschicke, daß er nichts davon verstehe, damit ein Recht erworben zu haben, öffentlich dumm zu urteilen.

1914, 18. März. Man hört in Juristenkreisen wiederholt die Ansicht äußern, es sei ungerecht, daß Marianne Lichtwark eine höhere Pension – 4000 Mark – bekomme als z. B. die Witwe des Präsidenten Funke.

1914, 1. April. Herr Hansing, ein Kupferstichsammler, sagt, als Pauli nach Lichtwarks Tod in der Gesellschaft Hamburgischer Kunstfreunde seine Antrittsrede gehalten hat: »Der gibt uns Anregung, die hatten wir nötig.«

Die eigentliche Geselligkeit, die sich in den Formen der Bälle und Diners abspielte, hatte keinen Raum für Bildungstendenzen; sie vollzog sich in schematisch-gewohnheitsmäßigen Bahnen.

Schon oben ist davon die Rede gewesen, daß in Häusern, wo man die Tonkunst liebte, musikalische Abendunterhaltungen gegeben wurden, und daß die im Hause der Frau Marie Zacharias zeitweise Aussicht boten, zu einer Art Stelldichein der wirklich gebildeten Welt Hamburgs zu werden, zumal die Freundschaft der Hausherrin mit Lichtwark und Beruf wie Beschäftigung der Söhne – deren einer Professor der Botanik am Kolonialinstitut war, während der andere, der Anwalt und spätere Oberlandesgerichtsrat, mancherlei Eisen im Feuer zu haben pflegte – Gelegenheit bot, Beziehungen mit bedeutenden Menschen zu knüpfen. Zuletzt waren es doch wohl gesellschaftliche Vorurteile, welche der Verwirklichung jener Aussicht hinderlich im Wege standen.

Natürlich wurde auch in Hamburg, wie überall, mit der Musik Schindluder getrieben, wenn eine der Geladenen im Kreis der Damen, während die Herren im Rauchzimmer saßen, ein Salonstück zum Besten geben mußte. Oft verzettelte sich eine oberflächliche Neigung zur Musik in vulgäre Plattheit: bei Dr. Crasemanns hörten wir bei der Zigarre versammelten Herren aus dem benachbarten Raum – bei den Damen – einen herrlichen Gesang. Als wir hineingingen, war es ein Phonograph, wirklich ein ausgezeichneter Apparat. Einer der Anwesenden sagte zu der Wirtin mit liebenswürdigem Lächeln: »Eine charmante Idee, meine gnädige Frau; man braucht seine Gäste gar nicht mehr zu unterhalten.«

Nicht zum wenigsten auf Lichtwarks Einfluß, aber auch auf andere belebende Momente – wozu auch die Wirkung der Vorstellungen des Deutschen Schauspielhauses und die Persönlichkeit des Freiherrn von Berger zu rechnen wäre – ist es zurückzuführen, wenn sich nach und nach hier und da das Bedürfnis geltend machte, dem geselligen Zusammensein die Würze geistiger Unterhaltung zu verleihen. Um die Woermanns z. B. gruppierte sich ein Kreis von Familien, der bedeutende Männer aus Hamburg sowohl wie von auswärts für Vorträge engagierte. Eine andere Gesellschaft bildete sich auf Anregung von Dr. Hallier und Physikus Dr. Sieveking, zu welcher u. a. die Professoren Münzel, Warburg, Keutgen, Rat Westphal, mein Kollege Ipsen, Architekt Groothoff, Kaufmann Heye, Maler Schnars-Alquist gehörten; sie kamen alle zwei Wochen zusammen und besprachen nach einem, sei es von einem Mitglied der Gesellschaft oder einem zugezogenen Fachmann gehaltenen Referat Fragen von allgemeinem Interesse.

In anderen Häusern wurden Wissenschaften und Künste gleichsam als Vorspann benutzt, um der Geselligkeit einen geistig vornehmen Anstrich zu geben. Herr Ludwig Lippert lud ein, den Abend bei ihm zuzubringen: Herr

Professor Classen wird über »flüssige Luft« oder über »farbige Photographie« oder Herr Professor Ziebarth über »ägyptische Papyri« sprechen. Die Damen in großer Toilette und die Herren in Frack und weißer Halsbinde waren bemüht, die Stunde des Vortrags ohne allzu deutliche Zeichen der Langeweile über sich ergehen zu lassen. Nachher verteilte sich die Gesellschaft in die reich mit Kunstwerken nicht allererster Güte gefüllten Räume des weiten Hauses, schwatzend, Médisance übend, Witze – z. B. über des Bildhauers Arthur Bock klein-plastische Gruppe »Die Ehe zu dreien« – reißend, flirtend oder an den Wänden stehend, um nachher zu einem leckeren Imbiß an kleinen Tischen niederzusitzen. Selbst Bürgermeister Carl August Schröder war von dem Wunsche angesteckt, den Geist in seine Gesellschaften einziehen zu sehen: Er veranstaltete im Stadthaus für die geistig Armen eine Reuter-Vorlesung, in welcher der allbekannte Einzug in Pöppelshagen zu Gehör gebracht wurde. Auch Mary Schultze geb. Weber, die Frau des sogenannten schwarzen Schultze, wollte nicht zurückstehen: es wurde bei ihr auf einem abendlichen Rout – und sogar aus einem modernen Schriftsteller – vorgelesen.

Eine wertvollere Art geistiger Kost war es, wenn der Gastgeber selbst aus seinem mit Liebe zusammengebrachten Besitz Sachen zeigte und aus seiner beim Sammeln gewonnenen Erfahrung heraus erläuterte. So machte es gelegentlich Dr. Geert Seelig, der – sonst ein seichter Schwätzer – als Sammler Verdienste hatte.

Wir selbst suchten auf ähnlicher Grundlage unseren Gesellschaften einen individuellen Reiz zu geben. Wiederholt stellte ich aus meinen Radierungen, Holzschnitten, Lithographien eine Kollektion als Anschauungsmaterial für die Besprechung eines Themas zusammen, die ich im Anschluß an den Nach-Tisch-Kaffee vortrug. Oder wir luden die uns bekannten jungen Künstler mit anderen Freunden zusammen ein und veranlaßten sie, von ihren Arbeiten zu zeigen. Dabei kamen des öfteren recht glücklich gelungene kleine Feste zustande: an einem solchen Abend stand einmal der junge Alfred Mohrbutter ganz versunken in den Anblick einer Zimmerecke, wo sich während einer Tanzpause einige hübsche junge Frauen in hellen Toiletten und elegante Herren sitzend und stehend um einen Tisch mit buntbeschirmter Lampe versammelt hatten.

Später gingen wir einen Schritt weiter: als sich nach Eingang des Lotsen und der Lotsen-Abende das Bedürfnis geltend machte, den durch diese geschaffenen Zusammenhang aufrecht zu erhalten und die Maler und Schriftsteller anfingen, sich abwechselnd in ihren Wohnungen Stelldichein zu geben, entschlossen wir uns, unser Haus zum Mittelpunkt dieses Verkehrs zu machen. Wir luden während des Winterhalbjahrs allmonatlich einmal ein zu einem sogenannten Offenen oder Tee-Abend, an welchem der ursprüngliche Stamm der Gesellschaft regelmäßig teilnahm, während von anderen Gästen wegen der Beschränktheit des Raumes abwechselnd bald diese, bald jene gebeten wurden. Das Gewicht sollte nicht auf der leiblichen Verpflegung, sondern auf der Unterhaltung liegen, in der jeder zu seinem Recht zu kommen suchen mußte. Es gab eine Tasse Tee mit Gebäck, nachher belegte Butterbrote in reichlicher Quantität, Torten, Kompotte und Obstsalate; dazu wurde ein Fäßchen Bier aufgelegt. In der Hauptsache bedienten die Gäste sich selbst; die jungen Mädchen und Herren ließen es sich nicht nehmen, für die älteren Herrschaften zu sorgen. Zu diesem Kreis gehörten als regelmäßige Besucher die Maler Illies, Eitner, Schaper, Nölken, Fritz Friedrichs, Ahlers-Hestermann, Kayser, Carl Mönckeberg, Dr. Wohlwill, Dr. Goldschmidt, Carl Götze, Rat Naumann; häufig Gustav Falke, Richard Dehmel, Bauinspektor Jakstein, der Bildhauer Ludolf Albrecht; gelegentlich Liliencron, Professor Justus Brinckmann, Aby Warburg, Stettiner, Senator Heidmann, Helene Bonfort, Fritz von Borstel. Jeder trug so gut er konnte und mochte zur Unterhaltung bei: Dehmel und Falke lasen aus ihren Werken, die Künstler brachten Entwürfe, Zeichnungen, graphische Blätter, Tom Farecht deklamierte, Mönckeberg teilte interessante literarische Dinge mit, Bandler und Fräulein Reher spielten, Gertrud Falke tanzte, einmal gaben auch unsere Kinder mit zitterndem Herzen ein Haydnsches Trio zum besten. Gelegentlich wurde auch über ein aufgeworfenes Thema debattiert. Es war doch wohl ein Beweis für die Schwerfälligkeit des Hamburger Lebens, daß unser Beispiel keine Nachahmung fand; ja, sogar dies Unternehmen selbst kam über gewisse Grenzen der Befangenheit nicht hinaus. Auch haben wir bei einigen – z. B. Dr. Fritz Bendixen, Professor Rathgen, Wilhelm Ammermann – den Eindruck gehabt, diese Art des Zusammenseins sei ihnen nicht anspruchsvoll genug, um ihnen zu genügen. Vielleicht gönnte man auch dem Mann, der nicht zu den Spitzen der Gesellschaft gehörte, den Ruhm nicht, daß sein Haus in aller Bescheidenheit ein Stützpunkt geistigen Lebens sein wollte.

Die Frauenbewegung

Das Hamburg der 1880er und neunziger Jahre war kein guter Boden für irgendwelche auf Emanzipation gerichteten Frauenbestrebungen. Um die Mitte des Jahrhunderts hatte schon einmal ein anderer Wind geweht: um Emilie Wüstenfeld, deren Schwester Frau Pauline Kortmann und Charlotte Paulsen war ein Kreis gebildeter Männer und Frauen liberalen Geistes entstanden, die neben anderen Kulturbelangen die Gründung einer Frauenhochschule ins Auge gefaßt hatten; auch Malwida von Meysenbug gehörte während ihres Hamburger Aufenthaltes dieser Gruppe an. Aber, wenn sich auch verschiedene Wohlfahrtseinrichtungen, die damals entstanden waren, in die spätere Zeit hinübergerettet hatten: die Bewegung selbst war verebbt. Nur in der Gesellschaft spielten die Frauen ihre konventionelle Rolle; im öffentlichen Leben traten sie nirgends hervor. Es gehörte zum guten Ton, daß sie von Politik, vom Geschäft und anderen ernsten Dingen nichts verstanden. In den reichen Kaufmannskreisen waren sie selbst in der Verfügung über Vermögenswerte stark beschränkt: an Toiletten zwar und anderen in das herkömmliche Bereich der Frau fallenden Gegenständen konnten sie anschaffen, wessen sie zu bedürfen glaubten, und ihre Rechnungen wurden ohne Murren vom Geschäft aus bezahlt, aber die Befriedigung darüber hinausgehender Neigungen, etwa den Erwerb eines Gemäldes, hätten sie sich nicht herausnehmen dürfen.

In den 1890er Jahren bereitete sich eine Gegenwirkung gegen die Ausschaltung der Frauen aus allen öffentlichen Belangen vor. Sie war auf das engste mit den Namen Helene Bonfort und Lida Gustava Heymann verknüpft; beides Jüdinnen und als solche sehr regsamen Geistes, aber von durchaus verschiedenem Charakter und Temperament. Jene, die Nichte und treu verbundene Hausgenossin eines Redakteurs des Hamburgischen Correspondenten, kam von den Traditionen der Nationalliberalen Partei her und vertrat einen maßvollen Fortschritt. Sie leitete mit Fräulein Anna Meinertz eine höhere Mädchenschule, besaß eine ausgezeichnete literarische und pädagogische Bildung und gehörte ihrer Denkweise nach zu dem Kreis geistig hochstehender liberaler, einem edeln Humanitätsideal zugewandter jüdischer Familien, mit dem sie auch mancherlei persönliche Beziehungen verbanden. Sie war eine gütige Natur, immer zu helfen bereit, dabei mit scharfem Verstand begabt und tatkräftig. Sie hatte nicht nur das Herz, sondern auch den Kopf auf der richtigen Stelle. Jeder, der mit ihr in nähere Berührung kam, schätzte ihre

Geradheit, Sachlichkeit und uneigennützige Gesinnung, und sie selbst bewahrte allen ihren Freunden eine treue Anhänglichkeit. Aber dem Publikum, insbesondere der hamburgischen Gesellschaft gegenüber hatte sie manche Widerstände zu überwinden: ein stark ausgeprägtes jüdisches Äußere in Verbindung mit lautem, sehr lebhaftem Wesen und durchdringender Stimme schreckten bei oberflächlicher Bekanntschaft zurück; und die Tatsache, daß sie für eine, wenn auch beschränkte Erweiterung der Frauenrechte eintrat, genügte, daß die Männer und die kritiklos in deren Kielwasser schwimmenden Frauen sie lächerlich fanden und sich über sie lustig machten. Als wir einmal unseren Freund Heinichen, der Strohwitwer war, mit ihr zu Tisch gebeten hatten, schrieb er: »Liebe Frau Schiefler! Wenn Sie mich einladen, nehme ich an, Sie wollen mir eine Freude machen. Wenn ich aber mit Fräulein Bonfort zusammensein soll, ist es mir keine Freude. Deshalb nehmen Sie es mir gewiß nicht übel, daß ich absage.« Auch ihr klarer Verstand war ihrer Beliebtheit im Wege: die Männer verzeihen es einer Frau am allerwenigsten, wenn sie in der Debatte ihr gegenüber Unrecht behalten.

Lida Gustava Heymann war die Tochter eines wohlhabenden Kaufmanns und selbst Besitzerin eines schönen, etwas düster unter hohen Bäumen an der Sophienterrasse belegenen Hauses. Sie wurde von den Instinkten des Ressentiments beherrscht, haßte die Männer und sah sich immer tiefer in einen fanatischen frauenrechtlerischen Radikalismus hineingetrieben. Sie war von schlanker, wohlgewachsener Gestalt, kleidete sich mit eleganter Einfachheit und verstand, junge Mädchen in einem Alter, das zu exzentrischem Idealismus neigt, an sich zu fesseln. Überall witterte sie Übergriffe des männlichen Geschlechts, bohrte in den Problemen der Sexualethik und Prostitution, verweigerte die Steuerzahlung, weil die Formulierung des Gesetzes nur auf männliche Personen abgestellt sei und gab mehr und mehr Anlaß, daß man sie – bei aller Anerkennung der Ehrlichkeit ihres verbohrten Willens – nicht ernst nahm.

Sie war schon seit Anfang der 1890er Jahre an die Schaffung von Wohlfahrtseinrichtungen in ihrem Sinne herangetreten, als 1896, namentlich auf Betreiben von Helene Bonfort, eine Hamburger Ortsgruppe des Allgemeinen Deutschen Frauenvereins gegründet wurde.

An dieser beteiligten sich alle, auch die vorgeschrittensten Elemente der Frauenbewegung, aber die Zielsetzung hielt sich in sehr maßvollen Grenzen. Man wollte nicht sowohl darauf ausgehen, Rechte zu erwerben, als vielmehr sich durch Vertiefung des Verantwortlichkeitsgefühls ertüchtigen und in der häuslichen wie öffentlichen Wohlfahrtspflege Pflichten übernehmen. Das dabei eingeschlagene Tempo genügte den Radikalen nicht. Lida Gustava Heymann insbesondere war über den Beschluß empört, daß nur solche unverheirateten Frauen, die das dreißigste Lebensjahr überschritten hatten, im Interesse der Sittlichkeitsbestrebungen zum Besuch von Prostituierten in den Bordellen veranlaßt werden dürften, und so trat sie mit ihrem Anhang nach einigen Jahren wieder aus dem Verband aus und gründete den Verein Frauenwohl.

Die Ortsgruppe des Allgemeinen Deutschen Frauenvereins, deren Vorsitzende – mit Unterbrechung weniger Jahre – bis 1916 Helene Bonfort gewesen ist, hat, namentlich in den für spezielle Arbeitsgebiete geschaffenen Abteilungen, eine sich von Jahr zu Jahr erweiternde segensreiche Tätigkeit entfaltet. Freilich stieß sie aller Ecken auf Widerstände. Wenn – nach einem Bericht Minna Cauers – Herr von Stumm im Jahre 1901 von der Frauenbewegung sagte: »Ich habe Macht, sie an die Wand zu drücken, und werde alles tun, daß es geschieht«; wenn 1903 im Preußischen Abgeordnetenhaus Konservative und Zentrum sich mit Kopf und Kragen gegen die Errichtung von Mädchengymnasien setzten; wenn die Fakultäten vieler Universitäten sich weigerten, Frauen zu den Vorlesungen zuzulassen; und wenn der Minister erklärte, es werde keinen Sieg der Frauenrechtlerinnen bedeuten, falls sich die Zulassung zum Studium dennoch bewähre: so hatten die Bestrebungen der hamburgischen Frauen einen mindestens ebenso schweren Stand. Schon die Bemühung, in der Armenpflege mithelfen zu dürfen, stieß auf lebhafte Gegenwirkung; hier waren es die ehrenamtlichen Organe, die von der Mitarbeit der Frauen nichts wissen wollten. Sie drohten ihr Amt niederzulegen, wenn weibliche Armenpflegerinnen angestellt würden; und das einzige, was die Behörde zunächst erreichen konnte, war die Zulassung von Helferinnen. Senator Schäfer hatte sich gegen diese Entwicklung überhaupt erklärt: Die Damen, die er in Gesellschaften träfe, wollten das gar nicht. Als Fräulein Bonfort bei Bügermeister Schröder zuerst wegen Errichtung eines Mädchengymnasiums vorstellig wurde, fertigte er sie, ohne ihr einen Stuhl anzubieten, ab: »Wenn es nach Ihnen ginge, würden alle Mädchen Latein lernen und meine Söhne müßten die Ascheimer auf die Straße tragen.« Es nötigt zu großer Achtung, daß sie sich durch solche Erfahrungen weder abschrecken noch ins extreme Fahrwasser drängen ließ.

Alsbald, etwa um die Jahrhundertwende, wurden aus der Ortsgruppe heraus – abgesehen von den verschiedenen Arbeitsabteilungen – für zwei besonders wichtige Gebiete selbständige Zweigvereine gegründet: die Sozialen Hilfsgruppen und der Verein Frauenbildung und Frauenstudium. An der Spitze jener, die vornehmlich der Kinder-, Armen- und Blindenpflege gewidmet waren, stand Frau Otto Traun, eine vortreffliche Frau aus den begüterten hamburgischen Kreisen, die einen stark ausgeprägten gemeinnützigen Sinn mit eigener Opferwilligkeit und doch einer merkwürdig rauhen Form verband. Den Verein zur Förderung von Frauenbildung und Frauenstudium leitete Marie Kortmann, die Tochter Pauline Kortmanns, der Schwester Emilie Wüstenfelds. Sie war selbst Lehrerin gewesen, hatte lebhafte künstlerische Interessen – sie steuerte zahlreiche Zeichnungen zu den Jahrbüchern der Gesellschaft Hamburgischer Kunstfreunde bei – und stand noch ganz in der Erinnerung an die Traditionen der idealen Gesinnung, in welche sie von der Mutter und Tante eingeführt war. Für die Belange ihres Vereins trat sie mit der Begeisterung einer Jugendlichen ein: das nächste Ziel war die Gründung von Realgymnasialklassen für Mädchen.

Ostern 1901 wurde die erste Klasse eröffnet, und unter der ehrenamtlichen Leitung Professor Wendts blühte die Anstalt schnell zu einer zunächst fünf-, später sechsstufigen Schule auf. Man hatte anfangs mit pekuniären Schwierigkeiten zu kämpfen; auch Luischen war auf Helene Bonforts Bitten bemüht, bei Freunden und Bekannten Zuwendungen einzuwerben, und ihr Erfolg trug ihr das verantwortungsvolle Amt einer Kassenführerin ein. Bezeichnend für die seelische Haltung der hamburgischen Damen – und wohl überhaupt der Hamburger – war, daß man ihr überall die Frage entgegenhielt, ob denn unsere Töchter studieren wollten, und als sie das verneinte, verwundert den Kopf schüttelte, weshalb sie sich denn so viel Mühe für die Sache gebe. 1904 wurden von Senat und Bürgerschaft 5000 Mark auf drei Jahre bewilligt, aber für die Dauer reichte auch diese Summe nicht. Da ließ um Ostern 1906, als alle anderen Vorstandsmitglieder des Vereins in den Ferien waren, der Schulrat Schober Luischen wissen, daß jetzt eine günstige Zeit sei, um eine beträchtliche Erhöhung des Staatszuschusses zu erreichen, und die Kassenführerin entschloß sich, auf eigene Gefahr und Verantwortung 15 000 Mark zu erbitten. Der Vorstand erschrak, als er davon hörte; aber auch in diesem Falle half der Mutigen das Glück: die Behörde stimmte zu, und im Herbst bei der Budgetberatung genehmigte die Bürgerschaft den Posten ohne Debatte.

Inzwischen hatte die Frauenbewegung auch in der hamburgischen Gesellschaft Bürgerrecht erlangt. Aber nicht die Ortsgruppe, die viele jüdische Mitglieder zählte, sondern der vornehmere Deutsch-Evangelische Frauenbund, der von Paula Mueller, einer Jugendfreundin Luischens, gegründet war, erfreute sich ihrer Gunst. Im Dezember 1904 bildete sich unter den

Auspizien der Bundesvorsitzenden eine hamburgische Ortsgruppe; bei Medizinalrat Reincke fand zur Feier dieses Ereignisses eine Abendgesellschaft statt, wo neben Toni Milberg, der Vorsteherin einer der exklusiven Mädchenschulen, z. B. Frau Mercedes Weber geb. Hüniken und Frau Goverts geb. de Chapeaurouge erschienen. Natürlich gab es in der Folge zwischen beiden Gruppen Reibungen. Zum Teil wurden sie in unserem Hause ausgefochten, wo Paula Mueller gelegentlich als Logiergast abstieg; aber Luischen blieb dem Allgemeinen Deutschen treu, obwohl die Freundin sie gern zu sich herübergezogen hätte.

Im Spätjahr 1906 wurde der Frauenklub gegründet. Er verfolgte den Zweck, in freien geselligen Formen das Gemeinschaftsbewußtsein zu fördern, den im Erwerbsleben stehenden Frauen während freier Tagesstunden Unterkunft und Verpflegungsmöglichkeit zu geben und Beziehungen zwischen diesen und den begüterten Kreisen zu vermitteln. Frau Bertha Rohlsen, Kunstsammlerin, reich, von mäßigem Geschmack, oberflächlicher Bildung, aber gutem Willen war die Vorsitzende. Sie und einige andere Damen hatten nicht unbeträchtliche Mittel zur Verfügung gestellt, und so konnte das Antoine-Feillsche Haus am Neuen Jungfernstieg für die Jahressumme von 8000 Mark gemietet werden. Auch Frau Dehmel, die anscheinend nicht mehr volle Befriedigung in ihrer Hausfrauentätigkeit fand und sich nach Arbeit in städtischem Betriebe sehnte, nahm an den Bestrebungen des Klubs lebhaften Anteil: sie sorgte mit Eifer dafür, daß die literarischen Belange zu ihrem Recht kamen. Schon im ersten Winter gab es manch wertvolle Veranstaltungen: eine Weihnachtsmesse von kunstgewerblichen Arbeiten der Mitglieder, einen literarischen Tee zu Ehren von Frau Elisabeth Förster-Nietzsche, die auf Luischens Rat im Klub Wohnung nahm; eine Hebbel-Feier; ein Ansorge-Konzert; und Luischen, welche die Vorsitzende der Kunstkommission war, hielt einen Vortrag über graphische Kunst, wobei sie durch Vorführung von Radierungen und Holzschnitten Emil Noldes zuerst in Fräulein Dr. Schapire, der späteren enthusiastischen Schrittmacherin aller expressionistischen Kunst, das Interesse für dessen Arbeiten weckte. Frau Dehmel wußte wiederholt berühmte Dichter und Schriftsteller, wie Spitteler, Carl Hauptmann, Ellen Key zu Vorlesungen aus ihren Werken heranzuziehen. Es wurden kleine Kunstausstellungen veranstaltet; man machte Ausflüge in die weitere Umgebung Hamburgs, um die Ateliers von Künstlern, z. B. Illies und Eitner, zu besuchen; es fanden literarische Besprechungen von Werken statt, die man gemeinschaftlich gelesen hatte; und im Zusammenwirken mit den Professoren der Kunstgewerbeschule wurden Feste großen Stils arrangiert, die den Frauenklub vorübergehend in den Mittelpunkt des geselligen Interesses stellten.

In der Hauptsache aber blieben die Gedanken der strebenden Frauen den Zielen der Wohlfahrtspflege zugewandt. Hier sei besonders der Wirksamkeit von Fräulein Anna Meinertz und Frau Nanny Goldschmidt im Bereich des Jugendschutzes, der ausgezeichneten Frau Sarah Flemming, der langjährigen Zweiten Vorsitzenden der Ortsgruppe, im Ausschuß für Sittlichkeitsfragen, und der selbständigen Arbeit des Fräulein Agnes Wolffson in der Einrichtung von Haushaltungsschulen und in der Stiftung des Martha-Helenen-Heims gedacht, das alleinstehenden weiblichen Angestellten Unterkunft und Halt gewähren sollte. Im Jahre 1913 wurde, namentlich auf eindringliches Betreiben Helene Bonforts, die Hamburgische Gesellschaft für Wohltätigkeit gegründet, als eine Zentralstelle, um die vielen sich ziel- und disziplinlos zersplitternden Aufwendungen der privaten Wohltätigkeit in ein einheitliches Bett zu führen. Sie wurde unter die Leitung des jungen Dr. Zahn gestellt und hat bei Ausbruch des Krieges als Grundlage für den Ausbau der Kriegshilfe gedient.

In der Kriegshilfe sind auch die hamburgischen Frauenvereine auf das eifrigste tätig gewesen. Sie schlossen sich zu einem Frauenausschuß zusammen, um die in den Bereich weiblicher Fürsorge fallenden Pflichten desto besser erfüllen zu können. Von hier aus wurden neben zahllosen anderen Organisationen auch Gruppen gebildet, welche die Notlage der Künstler und Schriftsteller zu mildern bestrebt waren. An die Stelle dieses Frauenausschusses, der sich Ende 1915 auflöste, trat alsdann für eine besondere Aufgabe, die Sorge für die Hinterbliebenen der im Krieg Gefallenen, der Deutsche Frauendank, dessen hamburgische Verwaltung in den Händen von Fräulein Bonfort und Frau Dehmel lag.

Einen wichtigen Schritt vorwärts tat die hamburgische Frauenbewegung während des Krieges durch die Gründung der Sozialen Frauenschule und des Sozialpädagogischen Instituts. Schon seit Jahren waren Helene Bonfort und namentlich Frau Otto Traun in der Stille bemüht gewesen, dafür die Wege zu ebnen. Durch seine Tätigkeit in der Wohlfahrtspflege hatte sich Dr. Zahn von der Notwendigkeit oder doch Wünschbarkeit einer solchen Gründung überzeugt, und in einer Art subalternen Ehrgeizes suchte er jetzt Senator Lattmann, den Vorsitzenden der Hamburgischen Kriegshilfe, dafür zu gewinnen, daß die Sache unter Umgehung der Frauen gemacht werde. Infolge unvorsichtiger Äußerungen erfuhren diese von dem Plan, waren aber selbstbeherrscht genug, um ihn in weiser Zurückhaltung nicht nur nicht zu stören, sondern sogar dadurch zu fördern, daß sie auf Umwegen, gleichsam anonym, das Augenmerk der Herren auf diejenige Persönlichkeit lenkten, die sich nach ihrer Ansicht am besten für den Posten einer Leiterin eignete: auf Fräulein Dr. Bäumer. Endlich freilich, als einmal Dr. Zahn sich in einer Gesellschaft dazu hatte hinreißen lassen, einer – wie er nicht wußte – mit Fräulein Bonfort befreundeten Dame gegenüber ausdrücklich zu erklären, sie wollten mit den Frauen bei dieser Angelegenheit nichts zu tun haben, nahm jene Veranlassung, Senator Lattmann darüber zur Rede zu stellen, mit dem Erfolg, daß dann auch Vertreterinnen der Frauenorganisationen in das Kuratorium der Anstalt berufen wurden.

Erwähnt sei noch der von Fräulein Dr. Rosa Schapire gegründete Frauenbund zur Förderung deutscher bildender Kunst. Diese aus Galizien stammende Jüdin hatte sich in Hamburg als Kunstgelehrte niedergelassen und hielt Vorträge über Kunst und Kulturgeschichte. Sie verstand es, sich in den Mittelpunkt einer von ihr ins Leben gerufenen Bewegung zu stellen, welche die Kunst des Expressionismus auf den Schild erhob. Durch jenen Vortrag Luischens im Frauenklub auf Nolde hingewiesen, hatte sie sich zunächst mit Begeisterung der Kunst dieses Malers zugewandt, später aber, infolge eingetretener persönlicher Mißverständnisse, ihn fallengelassen, um mit desto größerer Inbrunst zu einer Prophetin Schmidt-Rottluffs zu werden. Sie nutzte die persönlichen Beziehungen, welche sie mit dem Kreis der jungen expressionistischen Künstler verbanden, um ihnen und ihrer Kunst Freunde und Abnehmer zu gewinnen, und diesem Zweck diente auch der von ihr gestiftete Bund, der alljährlich seinen Mitgliedern ein graphisches Blatt lieferte und Bilder ankaufte, um sie öffentlichen Sammlungen zu überweisen. Daneben tat er sich während der letzten Kriegsjahre rühmlich durch Veranstaltung von Ausstellungen der Werke nachimpressionistischer Kunst aus hamburgischem Privatbesitz hervor.

8 Volksbildung

Bestrebungen, die auf Volkserziehung und Volksbildung gerichtet waren, haben schon wiederholt in den vorangegangenen Abschnitten Erwähnung gefunden. Hier soll versucht werden, das Wesentliche der von mir gemachten Beobachtungen in allgemeiner Betrachtung zusammenzufassen. Die Darstellung kann naturgemäß nicht auf Vollständigkeit Anspruch haben. Nur einzelne Zweige des großen Baumes reichten in den Gesichtskreis meiner eigenen Wahrnehmung. Zudem ist der Umfang des Gebietes so weit, daß eine erschöpfende Schilderung den Rahmen dieser Schrift sprengen müßte. Es waren vornehmlich drei Ausgangspunkte, von denen man auf die geistige Haltung der unteren Schichten zu wirken suchte: die philanthropischen und sozial interessierten Kreise der oberen Klassen; die um den kulturellen Fortschritt der Genossen bemühten Vereinigungen und Organisationen der Arbeiter selbst und endlich die Volksschullehrer.

Volksschullehrer

Diese besonders setzten sich mit großer Energie und Umsicht für das Ziel ein. Selbst zum großen Teil aus den Schichten der sogenannten kleinen Leute hervorgegangen und von starkem Bildungshunger getrieben, wußten sie, worauf es ankam. Zweierlei wirkte bei ihnen zusammen: Standesinteressen und ideale Belange. Sie fühlten die Mängel ihrer eigenen, der seminaristischen Berufsbildung, und indem sie sich selbst zu fördern suchten, vertieften sie sich immer mehr in die Probleme der Volkserziehung und wurden von der Sehnsucht erfüllt, die ihnen anvertraute Jugend und die ihnen nahestehenden Kreise der damit verbundenen Vorteile teilhaftig zu machen. So ist die Geschichte der hamburgischen Volksschullehrerschaft mit der Entwicklung der Volksbildungsbestrebungen auf das engste verknüpft und muß mit ihr, so gut es geht, verbunden werden. Jener gehörten in den 1890er Jahren eine beträchtliche Zahl ausgezeichneter Männer an, die ganz von dem idealen Geiste solcher Bestrebungen durchdrungen waren: neben Carl Götze und Otto Ernst Friedrich von Borstel, Hermann L. Köster, William Lottig, Heinrich Wolgast, Johannes Paulsen, C. A. Hellmann, Th. Blinckmann, J. J. Scheel u. a. Waren diese – wie denn in jedem Beruf die Masse der Tagelöhner weit überwiegt – gegenüber der Gesamtheit der Kollegen in der Minderheit, so gaben sie doch ihrem Stande – auch in seinem Ruf weit über Hamburg hinaus – das Gepräge.

Wollte man klassifizieren, so ließen sich fünf Richtungen oder Gruppen feststellen, in denen sich die Volksbildungsarbeit auswirkte: eine politische, anfänglich mit Harro Köhncke, dann mit dem Schulinspektor Fricke an der Spitze; die Gesellschaft der Freunde des vaterländischen Schul- und Erziehungswesens, scherzweise wegen des umständlichen Namens der Genitiv-Verein genannt, mit dem offiziellen Organ der Lehrerschaft, der Pädagogischen Reform; der Kreis, der in den von Lichtwark gewiesenen Bahnen wandelte, sich in der Lehrervereinigung für die Pflege der künstlerischen Bildung konzentrierte und in der Person Carl Götzes einen tatkräftigen Führer hatte; zum vierten Otto Ernst mit seinen Freunden, deren vornehmliches Feld die Literatur war, und endlich eine Gruppe, die zwar ganz im stillen und bescheiden, darum aber nicht weniger wirksam war: William Lottig und seine Gesinnungsgenossen.

Die politisch Motivierten

Eigentliche politische Tätigkeit lag den führenden Männern fern. Freilich bestand seit 1897 ein Ausschuß der Lehrerschaft zur Vertretung der Schulinteressen bei den Bürgerschaftswahlen, der für die Idee der allgemeinen Volksschule (Einheitsschule), für das passive Beamtenwahlrecht und ähnliche Dinge eintrat, aber das Schaffen gerade der entscheidenden Persönlichkeiten war zu sehr auf das Wesentliche ihres Berufes gerichtet, als daß ihnen Zeit und Neigung für Parteigetriebe übrigblieb. Wohl spannen sich – kraft der Herkunft und der durch das Amt gegebenen Beziehungen – mancherlei Fäden zur Sozialdemokratie hinüber; aber an aktiver Propaganda beteiligten sich doch nur ganz vereinzelte Persönlichkeiten. Trotzdem rief jene natürliche Sympathie mit der Arbeiterschaft bei den extrem bürgerlichen Kreisen

30. Emil Nolde: Fräulein Johanna Schiefler, 1911

31. Arthur Siebelist: Carl Götze, o. D.

den Verdacht umstürzlerischer Gesinnung wach. Man verfolgte die volksbildnerischen Bestrebungen mit mißtrauischen Augen, und als im Dezember 1904 in Anlaß einer Weihnachtsausstellung der Vereinigung für Kunstpflege von den Lehrern die in ihrem Kultursinne veranstaltete Bücherauslage der sozialdemokratischen Buchhandlung Auer & Co. den Schülern und deren Eltern mit warmen Worten empfohlen wurde, brach das Unwetter los: Die Hamburger Nachrichten traten als Hüter von Vaterland, Thron und Altar auf den Plan und denunzierten die Missetäter bei der öffentlichen Meinung und der vorgesetzten Oberschulbehörde. Eine disziplinare Untersuchung wurde eingeleitet; von Borstel und Köster kamen zu mir und sprachen sich aus; ich riet zur Ruhe. Lottig verfaßte eine lange Rechtfertigung, in welcher er offen und wahrhaftig das ganz und gar unpolitische Wesen seiner treuen Seele darlegte. – Unter Ausschaltung des apologetischen Inhalts ist sie unter dem Titel einer Bekenntnisschrift im dritten Jahrgang der Literarischen Gesellschaft veröffentlicht: ein wertvolles Dokument für die Gesinnung eines in reiner Liebe für seine Mitmenschen glühenden Herzens.
Obwohl jene sozialistische Tendenz der Lehrerschaft auch der Behörde ein Dorn im Auge war, beglich diese die Angelegenheit würdig; sie begnügte sich damit, zu warnen und zur Vorsicht zu mahnen. Dennoch blieb, wie bei einer so grundsätzlichen Verschiedenheit der Anschauungen nur natürlich war, ein Stachel des Mißtrauens zurück, und bei dem Druck besonderer Umstände schmerzte er doppelt. Als der Senat im Jahre 1905 die Gesetzesvorlage einbrachte, welche das Wahlrecht der Arbeiter verschlechtern sollte, nahm die Gesellschaft der Freunde eine scharf gegnerische Stellung ein, und die Behörde quittierte damit, daß sie der Hundertjahrfeier der Gesellschaft fernblieb und auch den Schulinspektoren die Teilnahme verbot. Hermann L. Köster äußerte damals im Gespräch, diese hätten durch Befolgung des Verbots das Vertrauen der Lehrerschaft verwirkt.
Auch die Einführung des Rektortitels für die Leiter der Volksschulen erbitterte die Lehrer; sie witterten darin den Versuch, einen bürokratischen Herrschaftsgeist in die Schule einzuführen und ihn zu politischer Gesinnungsmacht zu verwerten. Mochte dieser Verdacht auch unbegründet sein – begreiflich war er schon; wurde doch einmal ein Lehrer von der vorgesetzten Behörde verwarnt, weil er sich hatte bereit finden lassen, in dem wegen seiner Freigeisterei verfemten Monistenbund einen Vortrag zu halten. So kann es nicht wundernehmen, wenn man nicht selten aus dem Munde der aufrechten Vertreter der Lehrerschaft sehr scharfe und abfällige Worte über den Senat und die Oberschulbehörde hörte; ausgenommen war dabei Bürger-

meister Hachmann, dessen warmes Herz für alle Schulfragen und dessen vielseitige Interessen ausdrücklich von Heinrich Wolgast in einer Rede in der Schulsynode anerkannt und auch sonst oft gerühmt wurden.
Spielten sich diese Gegensätze mehr unter der Oberfläche ab, so entbrannte ein im Licht parlamentarischer Öffentlichkeit geführter Kampf um die Vorschule. Die Behörde hielt daran fest, den höheren Schulen eigene Unterklassen anzugliedern, in welchen die aus den kultivierten Familien hervorgegangenen Kinder einem weiter gesteckten Bildungsziele zugeführt werden konnten, als bei einem anderen Schülermateriale möglich war, während die Volksschullehrer, in ihrem Streben nach der Einheitsschule, die Vorschule als eine Standesschule bekämpften, zumal der Besuch größere Aufwendungen an Schulgeld und für Lehrmittel erforderte, als die Arbeiterfamilien leisten konnten. Der Streit kam zum ersten Austrag, als der Senat 1907 die Errichtung mehrerer höherer Töchterschulen beantragte. Auch ich ergriff dabei in einem Artikel des Correspondenten für die Vorschule Partei. Die Stellungnahme hing davon ab, ob man die Gleichartigkeit in der Grundlage des geistigen Besitzes in allen Volksklassen als wichtiger und für das Ganze wertvoller ansah oder die Hinaufführung der schon gebildeten Schichten zu einem besonders hoch gedachten Niveau. Damals blieb, nach anfänglichem Unterliegen, die Behörde Siegerin. Aber jedesmal bei Einwerbung der Mittel für eine höhere Schule erneuerte sich der Kampf. Führer der Opposition war der Schulinspektor Fricke, ein Mann von nicht eben feinstem Seelenbau. Ihm war es nicht – so schien es wenigstens – eine Frage der Kultur, sondern der Macht. Er mißgönnte den oberen Schichten auch die höhere Gesittung und den Seelenadel; er sah das Problem mit dem Auge des Klassenkämpfers. Seine Art offenbarte sich, als ihm der Vorsitz des dritten – in Hamburg stattfindenden – Kunsterziehungstages anvertraut war: er freute sich des in seine Hand gelegten Einflusses und übte ihn bei Verteilung der Einladungen mit dem Behagen des Plebejers. In seiner einleitenden Rede sagte der eitle Tor, Lichtwark habe auf dem vorangegangenen, dem Weimarer Kunsterziehungstage, in seinem Vortrag – über den Deutschen der Zukunft – einen von ihm, Herrn Fricke, zuerst ausgesprochenen Gedanken des weiteren ausgeführt.
Die in diesem Manne verkörperte Tendenz vermochte in den Reihen der wahrhaft Gebildeten der Idee der Einheitsschule keine Freunde zu werben. Dennoch marschierte sie, von den Bataillonen der Demokratie getragen, und als sie in der Revolution des Jahres 1918 endgültig gesiegt hatte, war die Vorschule wie eine welke Blüte vom Baum gefallen.

Die Gesellschaft der Freunde des vaterländischen Schul- und Erziehungswesens

Die Gesellschaft der Freunde des vaterländischen Schul- und Erziehungswesens, fernerhin kurz die Gesellschaft der Freunde genannt, ist im Jahre 1805 als Trägerin eines idealen Sinnes von Johann Carl Daniel Curio ins Leben gerufen. In Helmstedt, der alten Universitätsstadt, geboren, war er – so sagt Friedrich von Borstel über ihn – ein begeisterter hamburgischer Patriot geworden, »dessen Wesen es ebenso wie althansischer Gewohnheit entsprach, dem Gemeinwohl zu dienen, ohne daß der Staat ihn rief«. Freilich, als der Gründer und mit ihm dessen Geist geschieden war, traten für Jahrzehnte die materiellen Belange, die Verwaltung der Witwen-, der Pensions-, Kranken- und Vorschußkasse ganz in den Vordergrund, und eine pietistisch-konservative Gesinnung beherrschte – mit einer kurzen Unterbrechung des Jahres 1848 – die Körperschaft. Diejenigen Elemente, welche einen geistigen Fortschritt des Erziehungs- und Schullebens anstrebten, schlossen sich 1825 in dem Schulwissenschaftlichen Bildungsverein und – seit 1872 – in dem Verein Hamburgischer Volksschullehrer zusammen. Aber in den 1880er Jahren zog in die ehrwürdige Gesellschaft von neuem ein vorwärtsdrängender Geist ein: der Verein Hamburgischer Volksschullehrer konnte sich 1894 auflösen, weil er sah, daß die Gesellschaft die Aufgaben, die er sich gesteckt, selbst übernommen hatte. Sie war um jene Zeit, als auch in Hamburg eine neue Kulturbewegung ins Leben trat, das Rückgrat für alle die Bestrebungen geworden, welche in der Lehrerschaft auf eine Wiedergeburt des deutschen Idealismus zielten. Diese standen in engster Verbindung mit dem Aufblühen der modernen Kunst und Literatur, mit Körperpflege und Schulhygiene, mit Jugendspiel und Handfertigkeit, mit den Ideen einer freien Entbindung aller fruchtbaren Kräfte in der heranwachsenden Generation. 1881 entstand der Lehrerturnverein, 1886 der Lehrergesangverein, Otto Ernsts Tätigkeit begann, Alfred Lichtwark hielt seinen schon mehrfach erwähnten Vortrag im Schulwissenschaftlichen Bildungsverein, 1888 wurde der Jugendschriftenausschuß gegründet, und 1896 bildete sich, mancherlei Pläne und Unternehmungen zusammenfassend, die Lehrervereinigung für die Pflege der künstlerischen Bildung in der Schule. Mochten zur Erreichung der mit alledem gesteckten Ziele auch verschiedene selbständige Vereine ins Leben treten: die Gesellschaft der Freunde stand doch gleichsam wie eine Mutter über und neben ihnen.

Von der Wirksamkeit des Lehrergesangvereins ist schon an anderer Stelle gesprochen; hier sei nur als Beweis des guten Rufs, in dem seine künstlerischen Leistungen standen, erzählt, daß unser Freund Dr. Otto Brandis – der im übrigen keineswegs für die Volksschullehrer ein günstiges Vorurteil hatte –, als wir auf einem Ausflug einen Chorgesang erschallen hörten, äußerte: »Das können nur die Lehrer sein; andere Männergesangvereine vermögen so Gutes nicht zu leisten.«

Der Lehrerturnverein muß wohl gleichsam als Keimzelle alles dessen angesehen werden, was in späteren Jahren im Bereich der Schule und ihrer Umgebung auf dem Gebiet der Körperkultur angestrebt und, zunächst, auf dem Hamburger Kunsterziehungstag des Jahres 1905 zum Gegenstand der Verhandlung gemacht wurde.

Besonders wichtig war der Jugendschriftenausschuß. Heinrich Wolgasts und Hermann L. Kösters Namen sind mit seiner Tätigkeit unlöslich verbunden. Er wurde zu dem Zweck eingesetzt, um aus der großen Zahl der Jugendschriften, die den Büchermarkt überschwemmten, die wertvollen auszuwählen. Worauf es ankam, ist in den »Beiträgen zur literarischen Beurteilung der Jugendschriften« und in Heinrich Wolgasts »Das Elend unserer Jugendliteratur« (beide 1896) ausführlich und prinzipiell auseinandergesetzt; von dem Ernst, mit welchem gearbeitet wurde, legt Hermann L. Kösters »Geschichte der deutschen Jugendliteratur« (1906) Zeugnis ab. In der Erkenntnis, das Beste sei für die Jugend gerade gut genug, stellte man den Grundsatz auf, jede Jugendschrift müsse auch nach ihrer Form in Text und Bild einwandfrei, jede dichterische Jugendschrift aber ein Kunstwerk sein. Danach verfuhr man bei der Auswahl; alljährlich vor Weihnachten erschien ein Verzeichnis der empfehlenswerten Schriften: 1896 wurde es in 40 000, 1904 in 110 000 Exemplaren verteilt.

Jene Grundsätze zwangen einerseits dazu, einen strengen Maßstab anzulegen, andererseits gegen die Schundliteratur einen unerbittlichen Kampf zu führen. Während dieser den Mitgliedern des Ausschusses manchen Prozeß von Autoren und Verlegern auf den Hals zog, hatte auch jene mehr aufbauende kritische Tätigkeit Reibungen im Gefolge. Insbesondere war es die Ablehnung der Schriften der Elise Averdieck und verschiedener beliebter Werke aus der Kriegsliteratur – z. B. Taneras –, was in den Kreisen der Bürgerlich-Wohlhabenden Mißstimmung erregte; man warf den Lehrern eine feindselige Absicht gegen alles Religiöse und Patriotische vor. Die Familie Zacharias wurde zu einer Art Mittelpunkt für eine Gegenbewegung.

Dr. A. N. Zacharias, damals Vorsitzender der Patriotischen Gesellschaft, wandte der Sache seine Aufmerksamkeit zu; auf seine Veranlassung lud die

Mutter die Herren von Borstel und Götze zum Mittagessen, der dabei herbeigeführte Meinungsaustausch scheint aber nicht befriedigt zu haben. Denn nunmehr – 1901 – wurde von der Patriotischen Gesellschaft ein Konkurrenzausschuß eingesetzt, der von anderen Gesichtspunkten ausgehend die Jugendschriften prüfen und ebenfalls ein empfehlendes Verzeichnis herausgeben sollte. Das geschah ein-, zweimal; alsdann verlief das Unternehmen im Sande; hier fehlte die gleiche Ausdauer, die Arbeitsfreudigkeit und der sachliche Ernst, welche den Kulturwillen der Lehrer stählten. Gegen den Vorwurf eines Mangels an nationaler Gesinnung verteidigten sich diese: ausschließlich Rücksichten des literarischen Werts seien für die Beurteilung entscheidend. Darin hatten sie im wesentlichen recht; dennoch mochte eine gewisse Reizbarkeit gegen die Überspannung nationalen Geistes, namentlich gegen das, was man Hurrapatriotismus zu nennen pflegte, zu einer übertriebenen Schärfe in der kritischen Abwehr geführt haben.

Durch Erlebnisse dieser Art ließ sich der Ausschuß von der als richtig erkannten Bahn nicht abbringen. Auf mannigfaltige Weise suchte er seine Ideen zu verwirklichen: durch Verhandlungen mit den Buchhändlern, durch Sonntagsunterhaltungen, zu denen die schulentlassene Jugend und die Eltern der Schüler eingeladen wurden, durch statistische Ermittlungen, gelegentlich auch einmal – bei Anlaß der Deutschen Lehrerversammlung des Jahres 1896 – durch Veranstaltung einer Ausstellung von Bilderbüchern in der Kunsthalle. Daß er dabei von neuem wiederholt auf den Widerstand der bürgerlich-reaktionären Elemente traf, ist kaum verwunderlich; jener schon oben erwähnte Zusammenstoß mit der durch die Hamburger Nachrichten aufgepeitschten öffentlichen Meinung, der Weihnachten 1904 durch die Ausstellung der Firma Auer & Co. hervorgerufen wurde, ist dafür ein anschauliches Beispiel.

Um mit Erfolg gegen die niedrigen Preise der Schundliteratur, gegen die sogenannten Grossobücher, in Wettbewerb treten zu können, entschloß sich der Ausschuß, selbst gute billige Sachen auf den Markt zu bringen. 1898 erreichte er, daß die Firma Westermann & Co. Storms »Pole Poppenspäler« herausgab. Das Büchlein erschien in einer Auflage von 10 000 Exemplaren zum Preis von 50 Pf. und fand reißenden Absatz. (Die dabei gemachten Erfahrungen blieben nicht ohne Einfluß auf die Gründung der Hamburgischen Hausbibliothek.) Es folgte eine Auswahl von Märchen der Brüder Grimm, ferner Roseggers »Als ich noch der Waldbauernbub war«, eine Auswahl von Liliencrons Kriegsnovellen u. a. Den größten Absatz erzielte Heinrich Wolgast mit seinen »Schönen alten Kinderreimen«. Das Heft, das fünf Bogen in

Oktav in guter Ausstattung umfaßte, kostete 15 Pfennig und wurde im Laufe eines Jahres in 80 000 Exemplaren verkauft. So ist es dem Ausschuß gelungen, ein gut Teil echter segensreicher Volksbildungsarbeit zu leisten. In den späteren Jahren wurde er dann von den offiziellen Organen Hamburgs unterstützt: 1910 bewilligte die Bürgerschaft die Mittel, um 38 000 Hefte der von der Lehrerschaft herausgegebenen Jugendbücher zu verteilen. Aber 1911 konnte es dann doch wieder geschehen, daß der Schulrat die Verteilung des Jugendschriftenverzeichnisses verbot, weil Dehmels »Fitzebutze« darin empfohlen war; das Verbot wurde zuerst auf religiöse Bedenken (Dettes respektwidrige Äußerungen über den »lieben Dott«) und nachher auf das Mißverhältnis des teuren Preises zu dem Gebotenen (!) gestützt.

Die Tätigkeit des Ausschusses fand über die Vaterstadt hinaus Anerkennung: 1896 wurde Hamburg zum Vorort der Vereinigten Prüfungsausschüsse Deutschlands gewählt und ist es von da ab geblieben. Seitdem erscheint hier die Jugendschriftenwarte als das Organ, in welchem über die geleistete Arbeit berichtet wird und die oftmals widerstreitenden Meinungen zur Aussprache kommen können.

Im Jahre 1913 wurde das 25jährige Bestehen des Ausschusses gleichzeitig mit dem 100jährigen Jubiläum der Leipziger Völkerschlacht gefeiert. C. A. Hellmann hielt die Festrede, in welcher der politisch-freiheitliche Geist der Lehrerschaft freilich deutlich hervorklang: mit stärkster Betonung wurde herausgestellt, daß der Aufschwung der Freiheitskriege keineswegs ein Werk der Dynastien, insbesondere König Friedrich Wilhelm des Dritten gewesen sei, sondern sich in geradem Gegensatze dazu aus dem Volke heraus durchgesetzt habe. Im Jahresbericht des Ausschusses veröffentlichte Friedrich von Borstel als eine Art Festschrift eine sorgfältige und gründliche Arbeit »Von Buch, Kinderschrift und Jugendlektüre in Hamburg«.

Mit den Lehrmitteln und den Schulutensilien beschäftigten sich besondere Ausschüsse der Gesellschaft. Diese hatte in Gemeinschaft mit dem Schulwissenschaftlichen Bildungsverein eine Lehrmittel-Ausstellung eingerichtet, welche von Jahr zu Jahr vervollständigt und auf dem laufenden gehalten werden mußte. In den Jahren 1889 bis 1891 wurde das Rechenbuch erneuert, 1896 eine gründliche Umarbeitung des Lesebuchs der Volksschulen in Angriff genommen, eine Aufgabe, die in mehr als 100 Sitzungen im Laufe von sechs Jahren gelöst ward.

In ihren regelmäßigen Versammlungen erörterte die Gesellschaft alle Fragen, welche mit dem Ideenkreise der Schule, den Belangen der Lehrer und mit den Bestrebungen der Volksbildung in näherer oder entfernterer Beziehung standen. Soweit eine Klärung in den Diskussionen des großen Kreises nicht erzielt wurde, setzte man Kommissionen ein, die eine vertiefte Durchdringung des Gegenstandes gewährleisteten. Im Vordergrund des Interesses standen zuletzt zwei bedeutsame Probleme: das der Einheitsschule und das der hamburgischen Universität. Beide hingen miteinander aus verschiedenen Gründen auf das engste zusammen: Einmal war die Hochschule die Krönung des Gebäudes, als welches man sich die allgemeine Volksschule dachte; anderseits stellte die Art des Unterrichts, wie er für die unteren Klassen der Einheitsschule, die sogenannte Grundschule, vorgesehen wurde, solche Anforderungen an die Qualität der Lehrer, daß man eine hochschulmäßige Ausbildung auch für sie als notwendig erachtete. Man mußte also für die Bedürfnisse der hamburgischen Schule auch eine hamburgische Universität fordern.

Daß die Gesellschaft der Freunde sich mit der Einheitsschule und allen damit in Verbindung stehenden Fragen eingehend beschäftigte, ist selbstverständlich und schon wiederholt bei anderen Gelegenheiten angedeutet. Dieser Aufgabe diente vornehmlich die im Jahre 1906 gegründete Pädagogische Kommission »zum Studium und zur Bearbeitung der modern-pädagogischen Probleme, insbesondere zur Prüfung der Frage einer Versuchsschule auf ihre praktische Durchführung und die Grundsätze ihrer Arbeit«. Als um 1910 die Errichtung einer Universität in greifbare Nähe rückte, setzte man einen Ausschuß ein, welcher die Bedeutung der Idee für die Lehrerschaft und für die Volksbildung studieren und die sich dabei ergebenden Belange beider wahrnehmen sollte. Dieser Universitätsausschuß hat wertvolle Arbeit geleistet. Friedrich von Borstel war dabei die eigentlich treibende Kraft. Im Jahre 1913, als die Entscheidung der Bürgerschaft über das vom Senat eingebrachte Universitätsgesetz bevorstand, erschien seine im Auftrage der Gesellschaft herausgegebene Schrift »Zur Universitätsfrage in Hamburg. Neujahrshoffnungen des geistigen Hamburg, insbesondere der hamburgischen Lehrerschaft«. Es ist wohl das Beste und Gründlichste, was in jenen Jahren über das Thema veröffentlicht wurde.

Friedrich von Borstel gehört zu den höchstgebildeten Typen unter den Vertretern der hamburgischen Lehrerschaft. Aus der kleinbäuerlichen Bevölkerung der Unterelbe hervorgegangen, hatte er sich den Zusammenhang mit der Heimat durchaus bewahrt; er erzählte gern von den wirtschaftlichen und sozialen Verhältnissen der Marschdörfer und von den starknackigen Persönlichkeiten, die dort, selbstherrlich und eigenwillig, auf ihrer Scholle sitzen. Er war in der Welt umhergekommen; längere Zeit hatte er an einer deutschen Schule in Neapel gewirkt und dabei mit offenem Blick Erfahrungen über das gesammelt, wessen die deutsche Kultur zu ihrer Stütze im Ausland bedarf. Jetzt nahm er – als Lehrer an einer Mädchenschule – eine der angesehensten Stellungen in der Lehrerschaft ein. In schwerer Zeit – gegen Ende des Krieges – wurde er als »Proponent« an die Spitze der Gesellschaft der Freunde berufen und hat das ihm bewiesene Vertrauen in vollem Maße gerechtfertigt; in der großen Lehrerversammlung, die in den ersten Tagen nach der Revolution einberufen und in welcher die Grundlage für die spätere Entwicklung der Schulerneuerung gelegt wurde, führte er den Vorsitz mit Umsicht, Festigkeit und Würde. Hoch und schlank von Gestalt, trug er die Merkmale des niedersächsisch-friesischen Stammes: blaue Augen und hellblondes Haar; der Schnurrbart hing ihm voll über der Oberlippe. Die Züge des Gesichts waren nicht eigentlich fein, sondern ein wenig derbknochig, aber die lange Kulturarbeit hatte es durchgeistigt. Er besaß keineswegs die weltmännische Gewandtheit eines Lichtwark, man merkte ihm den Aufstieg aus den Schichten des Volkes an. Er sagte einmal, als von dem Verhältnis des hochdeutschen zum niederdeutschen Idiom die Rede war, es sei ihm immer noch so, wenn er hochdeutsch spreche, als sei es nicht seine Muttersprache. Darin hatte er doch wohl ein nicht ganz unrichtiges Gefühl. Obwohl er die deutsche Sprache meisterlich beherrschte, bekam seine Ausdrucksweise oft etwas Gesuchtes, Gespreiztes. Das rief dann irrigerweise den Eindruck der Eitelkeit hervor. Freilich, von ihr war er – ein stattlicher Mann, der, Junggesell geblieben, unzweifelhaft in seinen Kreisen umworben und von seinen Schülerinnen angeschwärmt wurde – sicherlich nicht frei; aber man konnte ihm darum nicht gram sein, denn sein Verdienst rechtfertigte ein Selbstgefühl. Er hatte sich eine Bildung erworben, die weit nicht nur über die der meisten seiner Standesgenossen, sondern auch über manchen gelehrten Professor hinausging. Das ganze Gebiet der deutschen und viele Teile der ausländischen Literatur kannte er nicht allein, sondern hatte darüber ein gesundes, zutreffendes, individuell begründetes Urteil. Besondere Anteilnahme brachte er dem heimischen Schrifttum entgegen; in der hamburgischen Literatur- und Kulturgeschichte war er bewandert wie nur einer. Allem Volksmäßigen namentlich gehörte sein Herz; wie begeistert erzählte er immer von Wisser und dessen Findigkeit beim Sammeln von niederdeutschen Märchen. So hatte man ihn natürlich auch im Jugendschriftenausschuß zur Mitarbeit herangezogen, und von ihm waren die – keineswegs leichten – Verhandlungen mit der Familie und dem Verlag geführt, welche der Herausgabe des »Pole Poppenspäler« vorangingen. Jahrelanges Zusammenwirken in der

Hausbibliothekskommission gab mir Gelegenheit, seine Sachkenntnis, Gründlichkeit und Hingebung in allen literarischen Dingen zu bewundern. Sie steigerte sich zur Wärme persönlichsten Gefühls, wenn er mit der hamburgischen Kultur um die Wende des 18. zum 19. Jahrhundert zu tun hatte, in deren Mittelpunkt die Familien Reimarus und Sieveking standen; der feingebildeten, begabten und hochgemuten Doktorin Reimarus brachte er einen geradezu ehrfurchtsvollen Respekt entgegen.

Jene im Auftrag der Gesellschaft der Freunde herausgegebene Schrift war ein erneuter Beweis seines umfassenden Eindringens nicht nur in die historische Entwicklung, sondern auch in die kulturelle Bedeutung des hamburgischen Universitätsgedankens. Niemandem vorher – am wenigsten der Denkschrift der Vorlage selbst – war es gelungen, mit solcher Deutlichkeit die Fäden bloßzulegen, die sich zwischen der Idee der Hochschulgründung und den sozialen Bedürfnissen der hamburgischen Zukunft spannen. Nach einem sehr eingehenden geschichtlichen Rückblick und einer kritischen Würdigung des Entwurfs begründete er zunächst die von der Volksschullehrerschaft erhobenen Forderungen: nicht nur die Zulassung zu den Vorlesungen der philosophischen Fakultät, zum Zweck der Fortbildung in Psychologie und Pädagogik, sondern pädagogische Ausbildung auf der Universität überhaupt: ein viersemestriges Studium. Sodann aber tritt er mit ganz besonders durchschlagender Überzeugungskraft dafür ein, daß der Universität eine gleichwertige Volkshochschule mit umfassenden Bildungsmöglichkeiten angegliedert werde, eine Volkshochschule, die in ihrer Wirkung von nicht minderer Bedeutung sein würde als die akademische Forschungs- und Lehranstalt selbst. Die reichen, auf dem Gebiet der Volkserziehung gemachten Erfahrungen befähigten den Verfasser zu sachverständigem Urteil: es war nicht das Urteil eines kühl abwägenden, den Dingen fernstehenden Verstandes, sondern eines warmen, von klopfender Liebe zu den Volksgenossen erfüllten Herzens. Es heißt in jener Schrift (S. 28 f.):

»Die hamburgische Arbeiterschaft muß wie die hamburgische Volksschullehrerschaft ihren Anteil haben an der Universität. Freilich die volkstümlichen Vorlesungskurse sind ein neues Problem in der Pädagogik der Volksbildung, das gewiß schwieriger zu lösen ist, als manche Fragen der Kunsterziehung. Und wir wollen von ganzem Herzen hoffen, daß dieser neue Weg der Kultur von den Spitzen bis zur breiten Masse auch als ein Problem von allen Beteiligten erfaßt und nicht kurzer Hand begangen wird. Die Schwierigkeiten liegen besonders in der besonderen Psyche der Hörer begründet. Wohl hegen sie fest zupackende Begeisterung und uneigennützige Freude am Aufnehmen und Wachsen, stolzes Bewußtsein eigenen Wertes den großen Gütern gegenüber und freudige Demut in der Hingabe an die Macht des Werdenden, mit einem Worte den ganzen Kulturoptimismus und das unverbrauchte Interesse frischer Volksschichten. Sie kommen mit hoch gespannter Erwartung; Feststimmung herrscht in ihrer Seele. Sie erhoffen starke Anreize, die tief in die Seele dringen, sie bringen ernsten Willen und geschulte Arbeitsenergie und einen starken Respekt vor dem Übermittler der Bildung, aber auch eine geschlossene Weltanschauung mit, die sich nicht so leicht irre machen läßt. Häufig wünschen sie schnelle Erfolge zu sehen, und das kann dann leicht zu Enttäuschungen führen, wie es in Amerika geschehen; oder die Erwartung ist auf Aktuelles eingestellt und nicht sehr geneigt, scheinbar abgelegene Wege zu gehen. Auf geringe Neigung und Gewöhnung zur Abstraktion, überhaupt eine gewisse Ungelenkigkeit im Auffassen hat der Dozent Rücksicht zu nehmen, vor allen Dingen aber stets sich vor Augen zu halten, daß seine Hörer trotz körperlicher Ermüdung Stunden ihrer Muße hergeben und ein starkes Mißtrauen vor geistiger Bevormundung zu überwinden haben, ehe sie zu ihm kommen. Er wird daher ein feiner Psychologe sein müssen, bei dem allgemeine Menschenbildung und vertiefte Lebenserfassung mindestens auf der Höhe seiner wissenschaftlichen Tüchtigkeit stehen, der seine Aufgabe als eine ganz besondere Mission auffaßt. Daß er seinen Stoff voll beherrschen wird, ist selbstverständlich; doch sollte in ihm eine innere Nötigung, die Einzelfakta plastisch zu gestalten, das Ganze künstlerisch aufzubauen, ebenso stark sich geltend machen. Seine Hörer müssen in seinen Darlegungen oder in seiner Anleitung die einst bei dem Schöpfen des Stoffes von ihm selber empfundene Forscherfreude, den Entdeckerenthusiasmus nachzittern fühlen, dann werden sie bei allem Bestreben die Tatsachen möglichst objektiv darzustellen, sein Wirken als den Ausdruck einer geschlossenen Persönlichkeit empfinden. Ein solcher aus dem innersten Wesen quellender Ernst verträgt keine spielerische Behandlung; er wird mit feinem Takt die Formen des Elementarunterrichts vermeiden; denn seine Hörer wünschen, daß man ihnen etwas zumutet; sie mögen ein erkennbares Herabneigen in der Sache oder Form nicht. Dankbar dagegen werden sie sein für eine ritterliche Kameradschaftlichkeit in der persönlichen Haltung oder für jede Anregung oder Gelegenheit zum Selbstfinden, zur Selbsttätigkeit. Jede Art von Übungen ist daher für sie besonders wichtig. Aber auch beim Vortrage ist die Anschaulichkeit durch Anknüpfen an das seelische oder praktische Erfahrungsleben der Hörer oder durch dingliche Veranschaulichungsmittel weit mehr geboten als in der akademischen

Vorlesung. Für diese Hörer sind die großen Fortschritte, welche die Technik auf diesem Gebiete gemacht hat, besonders da. Endlich aber, wenn nicht alles doch bloß auf eine Beförderung des Halbwissens hinauslaufen soll, darf der Dozent niemals das Problematische wissenschaftlicher Zusammenfassungen verschleiern. Und gerade diese Notwendigkeit, die Relativität alles Wissens auch vor Hörern, wie wir sie im Auge haben, stets in das rechte Licht zu rücken, beweist, wie wichtig es ist, Fürsorge zu treffen, damit die Qualität aller geplanten Veranstaltungen immer auf gebührender Höhe stehe.«
Nachdem die Bürgerschaft im Herbst 1913 die Universität zu Fall gebracht, war es gegeben, daß der Ausschuß vorläufig seine Arbeit einstellte. Als sich aber 1917 die Hoffnung von neuem zu beleben begann, war er alsbald wieder auf dem Plan: Noch in demselben Jahr erschienen im Auftrag der Gesellschaft folgende Schriften: »Die wissenschaftliche Fortbildung der Hamburger Lehrerschaft« von J. Schult; »Die deutsche Auslandsschule und die Vorbildung ihrer Lehrer. Eine Zukunftsfrage für die Stellung des Deutschtums in der Welt« von F. von Borstel und »Entwurf von Studienplänen für die wissenschaftliche Ausbildung der Lehrer und Lehrerinnen« – ein Beweis für die Bereitschaft zur Teilnahme an der Fortsetzung des Kampfes, dessen Verlauf an anderer Stelle zu besprechen sein wird.
Das leitende Organ der hamburgischen Volksschullehrerschaft ist die Pädagogische Reform. Sie wurde 1877 von Harro Köhncke gegründet, der sie dreizehn Jahre lang redigierte. Seit 1881 ist sie Eigentum der »Garanten«, einer Gesellschaft, deren Zweck eben in der Herausgabe der Zeitschrift besteht. Sie erscheint wöchentlich; von 1903 bis 1918 wurde sie von Wilhelm Paulsen geleitet. Sie vertritt einen durchaus fortschrittlichen Standpunkt und zählt zu ihren Mitarbeitern alle die geistig regsamen Mitglieder der hamburgischen Lehrerschaft, welche diesem Ideenkreis angehören.
Es wäre unnatürlich gewesen, hätte sich nicht in der Gesellschaft der Freunde aus dem Bewußtsein der in ihr sprudelnden Kraftquellen heraus ein starkes Selbstgefühl geltend gemacht. Sehr bezeichnend war, daß es sich in »Baugesinnung« umsetzte. Der Beschluß wurde gefaßt, ein stattliches Vereinshaus zu bauen. Man erwarb ein großes Grundstück an der Rothenbaumchaussee und beauftragte den Baumeister Schaudt – welcher an Lederers Bismarck den architektonischen Unterbau gemacht hatte – mit der Ausführung. Es handelte sich um ein großangelegtes Unternehmen: das Gebäude umfaßte nicht nur die Verwaltungs- und Versammlungsräume für die Gesellschaft und die ihr nahestehenden Vereine, sondern auch Säle für festliche Veran-

staltungen aller Art, Wirtschaftslokalitäten für eine elegante Restauration, in einem selbständigen Anbau ein Konservatorium für musikalischen Unterricht und in den oberen Stockwerken und in einem Nebenbau eine beträchtliche Anzahl vermietbarer Wohnungen. 1911 wurde es vollendet, nach dem Vater der Gesellschaft der Freunde das Curiohaus getauft und in einer Festrede Friedrich von Borstels »dem Geiste der Liebe, der Wahrheit und der Freiheit« geweiht. In seiner breit gelagerten, gut gegliederten und profilierten Masse, deren Fassade mit den Bildwerken zweier mächtiger liegender Gestalten geschmückt war, bildete es ein ansehnliches Glied in der Häuserreihe der sich immer mehr zu einer Hauptverkehrsader auswachsenden Straße und bedeutete zugleich ein Denkmal für den aufstrebenden Sinn der Bauherrin. Für diese freilich war es in den ersten Jahren ein Sorgenkind wegen der Zweifel, ob sich die Rentabilitätsberechnung als richtig erweisen werde – zumal man die Gelder der Witwenkasse in den Bau gesteckt hatte.

Konnte es wundernehmen, wenn dies kräftige Sichdurchsetzen des Volksschullehrerstandes bei den bürgerlich-wohlhabenden Schichten, die schon immer von einem Mißtrauen beseelt waren, als ein Sichbreitmachen empfunden wurde und darum Gegenwirkungen hervorrief? Man hörte gelegentlich Äußerungen, was diesen Lehrern denn einfiele, so wichtig zu tun. Als Präsident Brandis einmal fragte, ob denn die Lehrer so viel Geld hätten und woher sie es nähmen, antwortete Senator Sander, der mit der Genehmigung zu der Verwendung der Witwenkassengelder befaßt gewesen war, in wegwerfendem Ton: »Pumpen natürlich, Pumpen!«, und der Universitätsgesetz-Entwurf des Senats war weit davon entfernt, die Forderungen der Lehrer anzuerkennen; insbesondere verhielt sich Herr von Melle durchaus ablehnend. Aber auch in anderen Kreisen, wo man es nicht erwartet hätte, äußerte sich in Fällen einer besonderen Verärgerung ein starker Mißmut. Professor Warburg sagte einmal – als er auf dem Hamburger Kunsterziehungstag über Herrn Fricke Verdruß empfand: »Man wird sich noch wundern, welche Ungeheuer man sich in den Volksschullehrern heranzüchtet.«

Zuweilen gaben sie tatsächlich begründeten Anlaß zum Vorwurf der Überheblichkeit: z. B. wenn sie an den Professor Spranger in Leipzig, einen hervorragenden Pädagogen, dessen Berufung an das Kolonialinstitut erörtert wurde, in einem Schreiben die Frage richteten, wie er sich zu bestimmten Forderungen stellen würde, und von seiner Antwort die Unterstützung seiner Kandidatur, wie bei einer Wahlkampagne, abhängig machten. Einem gewissen subalternen, aufgeplusterten Gebaren begegnete man wohl auch gelegentlich im persönlich-gesellschaftlichen Verkehr. Wir hatten einmal ne-

ben Friedrich von Borstel, der öfter unser Gast war, Hermann L. Köster mit seiner Frau, die gleichfalls Volksschullehrerin war, zu unserem sogenannten offenen Abend gebeten. Das Ehepaar mochte – vermutlich aus einer Art von Befangenheit – glauben, es müsse Würde markieren und sich den Anschein einer gewissen geistigen Überlegenheit geben. Die drei – die Dame rechts und links von den beiden Herren flankiert – kamen zusammen und hielten sich fast den ganzen Abend nebeneinander, so daß wir sie scherzweise wegen ihres stelzbeinigen Auftretens als Bartolo, Marzelline und Basilio bezeichneten. (Anerkennend freilich ist dabei zu bemerken, daß sie auch hier das Bewußtsein ihrer kulturellen Pflicht nicht verleugneten: von neuen farbigen Zinkätzungen, die Illies zeigte, nahmen sie einige mit, um in ihrem Kreise für die Abnahme einer größeren Auflage zu herabgesetztem Preise zu werben.)
Indessen, alle kleinen Entgleisungen und Schwächen, von denen hier einige Beispiele gegeben sind, dürfen nicht ins Gewicht fallen gegenüber dem Anblick des breiten Stromes von lebendigem Wasser, der ein so wohl organisiertes Räderwerk trieb.

Förderer der künstlerischen Bildung

So tatkräftig die Lehrerschaft auf den bisher besprochenen Bahnen voranging: ihre eigentliche Domäne war das Gebiet der künstlerischen Bildung. Hier stand Alfred Lichtwark als Anreger in erster Reihe. Er war ja selbst anfänglich Volksschullehrer gewesen und besaß ein ungewöhnlich pädagogisches Talent. Durch dies sowohl wie durch den Reichtum seiner Persönlichkeit wußte er die früheren Kollegen mit sich fortzureißen. An sich selbst und seiner Entwicklung hatte er gelernt, daß es vor allem auf sachliche Bildung ankomme; daß es das Anpacken der Tatsächlichkeiten sei, was das Bewußtsein verleihe, Herr über die Objekte zu werden, und in uns die Freude am Wirken und Schaffen wecke. Darum – so folgerte er – solle man bei der Erziehung nicht von den Begriffen, sondern von den Dingen ausgehen. Anschauung müsse an Stelle der Lehre, eigene körperliche und geistige Arbeit an Stelle des Auswendiglernens von totem Stoff treten.
Als er diese Gedankensaat in jener schon so oft zitierten Versammlung des Schulwissenschaftlichen Bildungsvereins vom Oktober 1887 ausstreute, fand er in den Herzen der Lehrer einen zur Aufnahme bereiteten Boden. Ähnliche Ideen hatten schon vorher begonnen, ihn zu locken: Otto Ernst war im

Volksschullehrerverein ihr Anwalt gewesen und hielt eben jetzt, 1888, dort einen Vortrag, der die deutsche Literatur als Zentrum des Volksschulunterrichts empfahl. Beide, Lichtwark und Otto Ernst, hatten den praktischen Sinn, ihre Pläne in die Tat umsetzen zu können. Während dieser zur Gründung der Literarischen Gesellschaft schritt, versuchte jener den Reichtumsgehalt der deutschen bildenden Kunst für die Schulerziehung nutzbar zu machen. Und hier lag in der Tat – der ganzen Tendenz der Zeit entsprechend – der Schwerpunkt der Bewegung. Lichtwark verabredete mit den Lehrern, sie vor den Kunstwerken in derselben Art zu fragen, wie er sich dachte, daß man es mit den Kindern machen müsse, wenn man sie in die Kunstwerke einführen wollte. Da das Ergebnis nicht befriedigte, entschloß man sich zu einer Änderung des Vorgehens: es wurden Schulklassen herangezogen, und Lichtwark setzte mit ihnen im Beisein der Lehrer die Übungen fort. Sie wurden jahrelang in den Wintersemestern an den Sonntagvormittagen – im Anschluß an die öffentlichen Vorträge der Kunsthalle – zur unendlichen Freude, Belehrung und Bereicherung aller Beteiligten weitergeführt. Die Grundsätze, nach denen er verfuhr, hat Lichtwark in dem 1897 erschienen Büchlein »Übungen in der Betrachtung von Kunstwerken« niedergelegt, in dem eine ganze Reihe solcher Klassenunterhaltungen inhaltlich, zum Teil sogar wortgetreu, festgehalten sind. Aus diesen Aufzeichnungen ergibt sich, worauf es ihm ankam: er wollte nicht, daß der Schüler zu einem Kunstkenner oder gar kritischen Beobachter herangebildet, sondern daß sein Auge zu gründlicher gesammelter Beobachtung erzogen werde, zu einer Fähigkeit, welche für den eigentlichen Kunstgenuß der späteren reiferen Jahre die Voraussetzung ist. Wie denn überhaupt – in seinem Sinne – die künstlerische Erziehung einen Weg bedeutete, auf welchem das Kind lernen sollte, sich mit offenen Sinnen und in lustvoller Tätigkeit Freude an allem von Menschenhand hervorgebrachten Schönen zu erarbeiten.
In engstem Zusammenhang mit diesen Ideen standen die Bestrebungen auf Reformierung des Zeichenunterrichts. Bisher war dieser darauf gerichtet gewesen, die Schüler im Nachbilden von hergebrachtem Ornament und geometrisch-konstruierten Formen zu unterweisen und damit ihnen eine vermeintlich wertvolle Grundlage für kunstgewerbliches Schaffen zu geben. Jetzt sah man, daß das Ziel anderswo gesucht werden mußte: Auge und Hand sollten gebildet werden, um die Dinge der täglichen Umgebung in Natur und Menschenwerk nach ihrem Wesen, ihrer Erscheinung und ihrem Aufbau zu erfassen und wiedergeben zu können. Es mußte Sorge getragen werden, daß man die im Kinde vorhandenen Kräfte, die gerade im zarten

Alter zu eigenem Formen und Schaffen drängen, nicht durch den Formelkram des Schulunterrichts töte, sondern wachhalte, fördere und stärke. Um die Art dieser Kräfte, ihre Richtung und die Gesetze ihrer Entwicklung kennenzulernen, wurden Ausstellungen von Kinder- und Schülerzeichnungen veranstaltet und verfolgt, was auf gleichem und verwandtem Gebiete im Ausland, insbesondere in England und Amerika, geschah. Unter der Führung von Muthesius und von Ernst Eitner begleitet, besuchte Götze – eigentümlicherweise im Auftrag der preußischen Schulverwaltung und ohne Wissen der hamburgischen Behörde – eine Zeichenausstellung, die vom Unterrichtsministerium in London veranstaltet war. In verschiedenen Schulen wurden mit Genehmigung der Oberschulbehörde selbständige Versuche in den neuen Methoden gemacht; dabei taten sich die Zeichenlehrer F. Müller, Chr. Schwartz und vor allem der vortreffliche F. Kuhlmann vom Altonaer Realgymnasium hervor.

Die Lehrer nahmen es ernst mit der Aufgabe, der Jugend auf allen diesen Wegen Führer zu werden. Sie sahen ein, sie müßten sich zuerst selbst künstlerisch erziehen, ehe sie Helfer sein könnten, und in dieser Erkenntnis richteten sie für sich Kurse im Zeichnen, Malen und Modellieren ein: wohlgemerkt, nicht in dem Gedanken, dadurch Künstler zu werden, sondern um zu lernen, worauf es beim Betrachten und Sichhineinfühlen in das Kunstwerk ankomme. Der Maler Siebelist und Chr. Schwartz wurden mit der Einrichtung dieser Kurse betraut.

Inzwischen – im Jahre 1896 – hatten sich alle mit der künstlerischen Bildung befaßten Kreise – neben der bildenden Kunst waren die Musik, Spiel und Tanz, das Turnen, der Handfertigkeitsunterricht, die Veranstaltung von Schülerkonzerten und Theatervorstellungen in das Arbeitsgebiet einbezogen – zu einer großen Körperschaft, der Lehrervereinigung für die Pflege der künstlerischen Bildung, zusammengeschlossen, deren Vorsitzender Carl Götze war; sie gliederte sich in Sektionen oder Ausschüsse für die verschiedenen Tätigkeitsfelder.

Es folgten Jahre fruchtbaren Wirkens; die Idee der künstlerischen Bildung wurde vertieft und nahm an Ausbreitung zu: »Künstlerisch erziehen bedeutet nicht nur, für edle Lebensfreude genußfähig machen; der tiefere Sinn ist, die produktiven Kräfte zu wecken und zu pflegen, Kräfte zu bilden, die wertvoll sind, weil sie Werte schaffen können – geistige, sittliche und materielle Werte, die dem Charakter des Einzelnen und des Ganzen die Geltung geben« (Götze). Mit Entschiedenheit wurde alle schulmeisterliche Eigenbrödelei abgelehnt. Denn man erkannte, daß ein Ziel nur in Verbindung mit schöpferischen Persönlichkeiten auch aus anderen Berufskreisen erreicht werden könne: »Es hat sich bei der praktischen Tätigkeit in Hamburg, über die wir hier Bericht erstatten wollen, von selbst ergeben, daß die Mitarbeit von Fachleuten der Spezialgebiete gesucht wurde.« (Lichtwark, Versuche und Ergebnisse, S. 2). Der werbenden eindringlichen Arbeit blieb der Erfolg nicht versagt: Trat 1888 nur ein kleines Häuflein hamburgischer Lehrer für den Gedanken der künstlerischen Erziehung ein und stieß Otto Ernst noch auf der großen Lehrerversammlung, die um Pfingsten 1896 in Hamburg tagte, auf den lärmenden Widerspruch einer erdrückenden Mehrheit, als er in einem Vortrag für die ästhetische Erziehung die Anerkennung gleichen Wertes mit der intellektuellen und der moralischen forderte, so fand schon 1901 in einer Sitzung der Gesellschaft der Freunde – bei lebhaftester Beteiligung der Erschienenen – die These allgemeine Zustimmung: »Die systematische Übung der Sinne, Bevorzugung des Heimatlichen und Betonung des Ästhetischen auf allen Unterrichtsgebieten sowie Darbietung wertvoller Werke aus allen Zweigen der Kunst und Übung der Ausdrucksfähigkeit sind die Mittel der künstlerischen Erziehung.« Und im Jahr 1902 behandelte die allgemeine deutsche Lehrerversammlung in Chemnitz die Bedeutung der Kunst für die Erziehung in einer Weise, die zur Folge hatte, daß in den größeren Städten Deutschlands Körperschaften zur Pflege künstlerischer Bildung entstanden.

Eine erste Schaffensperiode kam mit dem Jahre 1900 zum Abschluß: die Summe gleichsam wurde in den zu Anfang 1901 herausgegebenen »Versuchen und Ergebnissen« gezogen, wo alle an der Arbeit beteiligten Führer – voran Lichtwark und Justus Brinckmann – ihre Überzeugungen und Erfahrungen niederlegten. Die zweite Epoche, etwa 1901–1907, stand unter dem Zeichen der Kunsterziehungstage, an deren Zustandekommen doch auch die hamburgische Lehrerschaft ihren beträchtlichen Anteil hatte. Der erste fand 1901 in Dresden statt und beschäftigte sich mit dem Einfluß, welcher der bildenden Kunst bei der Erziehungsarbeit einzuräumen sei; der zweite, 1903 in Weimar, war der Literatur gewidmet, während der dritte, der Hamburger, die Fragen der Musik und der körperlichen Ausbildung behandelte.

In der ganzen zehnjährigen Zeitspanne ging es mit Volldampf voran. Mit den Übungen in der Betrachtung von Kunstwerken wurde eifrig fortgefahren; Lichtwark trug Sorge, daß von kunstfreundlichen Gesellschaften Mittel zur Verfügung gestellt wurden, um die wichtigsten Blätter der älteren deutschen Graphik – Schongauers »Kreuzschleppung«, Dürers »Marienleben« und Holbeins Bilder des Todes – in einer Weise reproduziert wurden, die es

32. Unbekannter Zeichner: Friedrich von Borstel, o. D.

33. Wilhelm Mann: William Lottig, 1915

ermöglichte, daß beim Unterricht jeder Schüler ein Exemplar in die Hand bekam. Am entschiedensten arbeitete man an der Umgestaltung des Zeichenunterrichts. Schon 1897 gab Götze im Auftrage der Vereinigung seine Broschüre »Zur Reform des Zeichen-Unterrichts« heraus, in deren Vorwort er sagte: »Das Zeichnen aus den starren Fesseln eines bloß ‹technischen› Unterrichtsfaches zu lösen und seinem hohen Werte als eines allgemein bildenden Erziehungs- und Unterrichtsmittels eine größere Anerkennung zu erringen, es für die Hebung der Anschauungskraft und des Kunstsinns nutzbar zu machen – dazu möge diese Schrift ein Scherflein beisteuern.«
Die schon erwähnten Ausstellungen von Schüler- und Kinderzeichnungen gaben neue Anregungen; eine kurze und doch umfassende Darstellung des gewonnenen Standpunktes brachte die von der Lehrervereinigung herausgegebene Schrift »Der Zeichenunterricht in der Gegenwart«, und um über die Sachlage im Ausland zu orientieren, veröffentlichte man Liberty Tadds Buch »New Methods of Education« in deutscher Übersetzung. 1901 wurde gerade diesen Fragen in den »Versuchen und Ergebnissen« der breiteste Raum gewährt. Schon in demselben Jahr kam eine vom Kultusministerium in Berlin gesandte Kommission nach Hamburg, um die Einrichtungen für den Zeichenunterricht zu studieren, und – wenn auch der Dresdener Kunsterziehungstag wesentlich zur Klärung aller dieser Dinge beigetragen hatte – wird man nicht in der Annahme fehlgehen, daß in der 1902 von Regierungsrat Pallat herausgegebenen Schrift »Über den Zeichenunterricht in den Volksschulen« die in Hamburg gemachten Beobachtungen starke Berücksichtigung gefunden haben. 1905 hielt F. Kuhlmann einen Vortrag »Der Mensch im Zeichenunterricht«, in dem er mit Entschiedenheit forderte, die Kinder sollten zum Zeichnen menschlicher Figuren – nicht etwa nur nach Vorbildern, sondern auch aus der Erinnerung – angehalten werden, und die dabei ausgestellten Zeichnungen waren in der Tat ein schlagender Beweis für die Richtigkeit dieses Verlangens. Unsere persönliche Anteilnahme an diesen Auseinandersetzungen wurde dadurch erhöht, daß die Klasse der Milbergschen Schule, welche Johanna besuchte, veranlaßt gewesen war, für eine vergleichende Ausstellung Märchenbilder zu zeichnen, und daß die Skizzenfolge zu Hänsel und Gretel, die Johanna gemacht hatte, das besondere Interesse Götzes und des Studienrats Kerschensteiner aus München fand.
Die Zeichen- und Malkurse der Lehrer nahmen einen erweiterten Fortgang. Siebelist erzählte im Winder 1902/03, daß er dreimal wöchentlich einen mehrstündigen Unterricht erteile, und es wurden nach und nach noch andere Lehrkräfte herangezogen. Götze äußerte später, erst das Aktzeichnen

habe ihnen einen vollkommenen Begriff von der kulturellen Bedeutung des menschlichen Körpers gegeben.

Für künstlerischen Wandschmuck in den Schulen sorgte ein besonderer Ausschuß. 1897 veranstaltete er die Ausstellung einer Auswahl dazu geeigneter Bilder in den Räumen der Kunsthalle, und die vorbereitenden Beratungen wurden Anlaß zu der Schrift Dr. M. Spaniers, welche diesem Gegenstand gewidmet war. Man wußte die Behörde, die Bürgerschaft und auch einzelne Kunstfreunde für die Sache zu erwärmen: 1900 erhielt die Vereinigung ein Geschenk von 1000 Mark zur Reproduktion Dürer- und Rembrandtscher Bilder. Schon vorher, 1898, hatte der Ausschuß eine Anzahl hamburgischer Künstler aufgefordert, Entwürfe zu Lithographien aus Hamburg einzureichen, welche dem Wandschmuck in Schulen dienen sollten; J. P. Kaysers »Schuppen am Kaiserkai« wurde zur Ausführung gewählt. Auch für die – 2000 Mark betragenden – Druckkosten dieses Blattes, das mit acht Steinen gedruckt wurde, gelang es, Geber zu gewinnen, und man verkaufte es zu dem billigen Preis von 5 Mark an die Mitglieder der Vereinigung, von 10 Mark an andere Abnehmer. Leider blieb es zunächst bei diesem einen Versuch; weitere Verhandlungen mit den Künstlern führten zu keinem Ergebnis. Illies erzählte, man habe viel hin- und hergeredet, aber die Lehrer seien zu weitläufig gewesen. So kamen die Unternehmungen in anderen Städten voraus; der Verlag Voigtländer & Teubner zog den Nutzen daraus. Aber der Ruhm, den Anstoß gegeben zu haben, darf der hamburgischen Lehrerschaft nicht geschmälert werden. 1913 wurde noch einmal ein Preisausschreiben an hamburgische Maler zur Schaffung künstlerischer Steinzeichnungen erlassen: Helms, Gretchen Wohlwill u. a. erhielten Auszeichnungen, aber, soviel ich weiß, ist es nicht zum Druck der preisgekrönten Blätter gekommen.

»Über Bilderbücher« berichtete G. Weihrauch in den »Versuchen und Ergebnissen«. Von einer positiven Befruchtung künstlerischer oder verlegerischer Tätigkeit war zunächst nichts zu spüren. Zwar gab Lichtwark als zwei Bändchen der Hamburgischen Liebhaber-Bibliothek Otto Speckters Katzen- und Vogelbuch mit neuen Versen Gustav Falkes heraus, aber der Gedanke an die Schaffung eines Kinderbilderbuchs von hamburgischem Inhalt konnte noch nicht verwirklicht werden; dem, was im übrigen Deutschland von Künstlern wie Kreidolf, Hofer, Vogeler u. a. gemacht wurde, hatten wir nichts an die Seite zu stellen. 1907 entschloß man sich zwar zu einem Preisausschreiben an Ernst Eitner, Paul Kayser und Sophus Hansen, aus dem dieser als Sieger hervorging, aber das Buch ist bisher nicht erschienen. Die Entwürfe aller drei Künstler wurden auf unseren offenen Abenden zur Schau gebracht.

Seit 1897 fanden Theateraufführungen, seit 1898 Konzerte für Volksschüler statt. Man war nicht nur um das Zustandekommen bemüht, sondern trug ernstlich Sorge, daß Programm und Art der Darbietung der Aufnahmefähigkeit der Jugend entspreche. Wie Professor Richard Barth es verstand, seinen Hörern das Herz zu öffnen, ist schon früher gerühmt; er selbst hat in den »Versuchen und Ergebnissen« seine Methode und Erfahrungen geschildert. Für das Schauspiel kamen vor allem die Schillerschen Dramen, unter ihnen in erster Linie der »Tell« und die »Jungfrau« in Betracht. Darüber, ob Hebbel mit seiner schwerblütigen Problematik sich für Schülervorstellungen eigne, gab es 1900 im Kreis der Lehrer eindringliche Auseinandersetzungen; man entschied sich, die »Nibelungen« in den Spielplan aufzunehmen. Um nach Möglichkeit den Erfolg dieser Bestrebungen sicherzustellen, die darauf gerichtet waren, das jugendliche Gemüt den edlen Genüssen der Musik und des Theaters zugänglich zu machen und den Einflüssen der Tingeltangel und üblen Schmieren zu entziehen, wurde dahin gewirkt, daß auch den Schulentlassenen Gelegenheit geboten werde, Gutes zu sehen und zu hören.

Wenn Carl Götze sagte, das Aktzeichnen habe ihnen, den Lehrern, erst den Begriff von Körperkultur gegeben, so waren doch für ein solches Verständnis gute Vorbedingungen vorhanden; dem Kreis der Vereinigung gehörte einer der vortrefflichsten Turnpädagogen an: Karl Möller. Er trat für eine vernünftige – nicht athletische – Körperübung ein und verlangte, das Turnen müsse nicht nur die Muskeln straffen, sondern auch die Glieder lösen, also: gleichzeitig der Hygiene und der Ästhetik dienen, Kraft und Anmut der Bewegung pflegen und entwickeln. Daneben sollten Sport und Spiel zu ihrem Recht kommen, beides nicht im Sinne der Fexen, aber doch in dem eines ernsthaften Betriebes, der den Willen stählte und den Charakter festigte. In den Bereich dieser Wirkungsmöglichkeiten fiel auch der Tanz. Minna Radczwill hatte nach Wegen gesucht, um ihn – im Gegensatz selbstverständlich zu allem Ballettartigen, aber doch auch zu der immerhin bewußt kunstmäßigen Übung anderer Tänzerinnen – wieder zu einem natürlichen Ausdrucksmittel kindlichen Empfindungslebens zu machen. Sie versammelte eine Anzahl junger Lehrerinnen um sich, die sie nach ihren Ideen anleitete, mit denen sie sich beriet und ihre Ideen ausprobierte. So schuf sie sich eine Art Stab, der das Erarbeitete weiter ausbauen und verbreiten half. Auf dem Hamburger Kunsterziehungstag fanden ihre Erfolge allgemeine Anerkennung.

Seit 1904 gab die Vereinigung, um ihren Bestrebungen weite Verbreitung zu sichern, eine Zeitschrift heraus. Sie hieß Pädagogische Reform und erschien ¼jährlich. Nach Jahresfrist wurde sie als Der Säemann in eine Monatsschrift umgewandelt; ihr reicher und wertvoller Inhalt machte dem hübschen, von Siebelist entworfenen Signet der Lehrervereinigung, dem sie ihren Namen verdankte, alle Ehre.

So hielt man alle Zweige der künstlerischen Bildung in sorgsamer Hand vereinigt, und mit Recht konnte Friedrich von Borstel in seiner Weiherede auf das Curio-Haus sagen, bei der künstlerischen Erziehung handele es sich nicht nur um die Einfügung dieses Bildungsinhalts in den Unterricht; vielmehr liege ihr ein tiefer Sinn, nämlich der zu Grunde, daß der Lehrer mit den Qualitäten der ihm anvertrauten Kinder und mit seinem Stoff wie ein Künstler in seiner Werkstatt schalten und walten solle.

Aus dem Geiste, der sich auf diesem Boden ausbreitete, erwuchs als ein neues selbständiges Reis der Bund für Schulreform oder, wie er sich später nannte, der Bund für Erziehung und Unterricht. Im Jahre 1909 wurde er auf Anregung Carl Götzes gegründet, der eine Anzahl Männer auch anderer Berufskreise (in Hamburg den Psychiater Professor Weygandt, den Nervenarzt Professor Saenger, den Vorsitzenden des Jugendgerichts Dr. Wilhelm Hertz, den Waisenhausdirektor Dr. Petersen, den Anwalt Dr. Wolffson u. a.) für den Plan zu gewinnen wußte. Zwei Mängel im Schulbetrieb, die gerade bei der Arbeit der Vereinigung hervorgetreten waren, gaben vornehmlich Anlaß zu der Gründung: einmal die Erkenntnis, daß die Natur der kindlichen Seele im Schulunterricht nicht genügend berücksichtigt werde; andererseits, daß der Schule der wirkliche lebendige Zusammenhang mit den treibenden Kräften der zeitgenössischen Kultur fehle.

Deshalb wurde in der Satzung als Zweck des Bundes aufgestellt »der engere Zusammenschluß und die gemeinsame Tätigkeit aller, die überzeugt sind, daß unsere Kultur eine Umgestaltung der Bildungsarbeit in Schule, Haus und Leben fordert und daß für die Arbeit die Entwicklung der jugendlichen Persönlichkeit und der Bildungsgehalt der Kultur der Gegenwart maßgebend sein müssen«. Auf einer Hauptversammlung des Bundes im März 1910 in Berlin legte Professor Meumann, damals in Leipzig, in einem Vortrag die Aufgaben und Ziele der Tätigkeit dar: Es müsse die Herstellung einer möglichst engen Berührung zwischen der Arbeit der Erziehung auf der einen und der Kultur und der Wissenschaft unserer Zeit auf der anderen Seite und als Mittel dazu Arbeitsgemeinschaft der Pädagogen, der Forscher und der Laien, insbesondere aber weites Heranziehen des Laienelementes zu dem Erzie-

hungswesen und Ausbreitung des pädagogischen Gedankens in allen Kreisen der Gebildeten angestrebt werden. Notwendig sei die Beteiligung von Vertretern aller Berufskreise, insbesondere auch der Fachwissenschaften, am Erziehungswerke, damit sie von ihren Gesichtspunkten aus auf eine Verbesserung der Unterrichtsmittel und Methoden und eine gründliche Vorbereitung auf das spätere fachwissenschaftliche Studium dringen könnten. Alle diese Kräfte seien aufzurufen, um an der Herausarbeitung eines neuen zeitgemäßen Bildungsideals mitzuwirken. Von drei Seiten drohe Widerstand: von der Macht des historischen Idols, von den Traditionen der Schultätigkeit und von der Schwerfälligkeit der Gesetzgebung. Demgegenüber bestehe die Aufgabe des Bundes darin, in der Erziehung zunächst den Anforderungen der Wissenschaft: sowohl der Wissenschaft vom Kinde wie denen der allgemeinen Philosophie und der Fachwissenschaften, sodann denjenigen des praktischen Lebens und endlich den Kulturwerten unserer Zeit den ihnen gebührenden Einfluß zu sichern. Die Pflichten des Bundes seien also doppelter, sowohl wissenschaftlicher wie praktischer Art: vor allem müsse die Jugendkunde – Kinderforschung und experimentelle Pädagogik –, dann aber auch der Zusammenhang mit allen Fachwissenschaften gepflegt werden. Um die Ergebnisse in die Praxis umzusetzen, bedürfe es in erster Linie einer Reform der Lehrerbildung, insbesondere einer Vertiefung im Studium der Pädagogik, und zwar nicht nur für die Oberlehrer, sondern auch für die Volksschullehrer; sodann der Errichtung von Versuchsschulen. Um endlich das Material für alle diese Zwecke zusammenzubringen, wurde sowohl die Schaffung einer Zentralstelle für die Bestrebungen des Bundes wie ein Institut für Jugendkunde ins Auge gefaßt.
Ein aussichtsreiches Programm; um so aussichtsreicher, als man sich nicht von vornherein auf vorurteilsvoll gesteckte Ziele festlegte, sondern vorbereitende Arbeit leisten wollte. Im Spätherbst wurde in einer Sitzung von Vertrauensmännern, zu der auch Saenger, Weygandt, Wolffson, Lichtwark geladen waren, der Erlaß eines öffentlichen Aufrufs beschlossen, der in den Zeitungen gebührende Beachtung fand. Der Säemann trat als Vereinsorgan in den Dienst des Bundes; man schloß eine Art Kartell mit der Zentrale für Jugendfürsorge in Berlin und suchte Vertreter verschiedener anderer Berufskreise, der Arbeiter, Techniker, Architekten, Kaufleute, Juristen, Mediziner zur Mitarbeit heranzuziehen. In Berlin, Hamburg, München, Dresden, Breslau, Bremen, also in den wichtigsten deutschen Städten, hatte der Bund Ortsgruppen. Für Hamburg als den Vorort bedeutete es einen beträchtlichen Schritt vorwärts, daß Meumann an das Kolonialinsitut berufen wurde. Aber

er starb nach wenigen Jahren eines frühen Todes, und wenn auch sein Nachfolger, W. Stern, der Sache eine nicht geringere Anteilnahme entgegenbrachte: so wie Meumann verstand er sich nicht mit den treibenden Kräften innerhalb der Lehrerschaft. Es kam hinzu, daß die stockende Langsamkeit in der Entwicklung des hamburgischen Hochschulgedankens die Verwirklichung des Plans mit dem Institut hintanhielt: Berlin lief Hamburg den Rang ab. Die mit der Berliner Zentralstelle für Jugendfürsorge eingegangene Verbindung erwies sich nachträglich eher als eine Hinderung in der Bewegungsfreiheit, und das Zusammenarbeiten mit den anderen Berufen zeitigte einstweilen nicht die erhofften Ergebnisse. So entsprach der Erfolg des Bundes vorläufig noch nicht den an den Beginn seiner Tätigkeit geknüpften Erwartungen. Immerhin aber hat er – trotzdem – ohne Unterbrechung eine bemerkenswerte Tätigkeit entfaltet. Der Ausschuß für Erziehung und Unterricht, der die laufenden Geschäfte zu besorgen hatte und die Veranstaltungen des Bundes vorbereitete, ist auch noch während des Krieges eifrig an der Arbeit gewesen. In seinem Auftrag besorgte Dr. Peter Petersen, Oberlehrer am Johanneum, wohl der geistig fortgeschrittenste unter den höheren Lehrern Hamburgs, die Herausgabe einer Sammlung von 18 wertvollen Arbeiten, welche das Thema vom Aufstieg der Begabten im Sinne des Bundes behandelten, und mehrere Reihen von Vorträgen suchten durch systematische Durchdringung eines bestimmten Stoffes die Reform des Unterrichts vorzubereiten.

Förderer der literarischen Bildung

Von der literarisch gerichteten Volksbildungsarbeit, die Otto Ernst mit seinen Freunden, namentlich Dr. Jacob Loewenberg, leistete, ist schon wiederholt die Rede gewesen. Jener selbst hat in einem Aufsatz des 1896/97 erschienenen Hamburger Pan-Heftes – Jahrgang 2 Heft 4 – über »Die Kunst und die Massen« über das berichtet, was ihm besonders wichtig erschien. Das war vornehmlich die Ausbreitung von Freude an den Werken des edlen deutschen Schrifttums, und sein Talent zu ausgezeichnetem Vortrag befähigte ihn in hervorragendem Maße, dahin zu wirken. In erster Linie ist die hauptsächlich auf sein Konto zu buchende Gründung der Literarischen Gesellschaft zu nennen. Von ihr und ihren Verdiensten, insbesondere von der Veranstaltung der Volksabende, ist an früherer Stelle ausführlich gehandelt. Hier sei nur noch einmal ausdrücklich darauf hingewiesen, daß sie auch außerhalb ihres eigentlichen Wirkungsbereichs sich für literarische Belange der

Öffentlichkeit, z. B. für die Gründung der Öffentlichen Bücherhalle, mit Entschiedenheit einsetzte und daß die Einrichtung der Volksvorstellungen in den Theatern zu einem guten Teil einem Anstoß zu verdanken ist, den sie bei der Vorbereitung der Feier von Schillers 100jährigem Todestag gab.

William Lottig und sein Kreis

Die letzte Gruppe der Volksschullehrer, von der hier gesprochen werden soll, bildete William Lottig mit seinen Freunden. Ein liebenswürdigerer Mensch als Lottig ist mir selten begegnet; er war von einer kindlichen Offenheit und von einem Wohlwollen, wie nur reine Herzen es haben. Sein von Wilhelm Mann radiertes Bildnis bringt die Art seines Wesens überzeugend zum Ausdruck. Selbst ohne alle Berechnung, ohne Eigennutz, ohne Hintergedanken, glaubte er an die ursprüngliche Güte der menschlichen Natur und empfand es als ein Glück, wenn er diesen Glauben bestätigt fand; helfen zu können war ihm die größte Freude. Ein herrlicher Idealismus durchglühte ihn, für alles Gute und Schöne war er Feuer und Flamme. Ich lernte ihn persönlich erst während des Krieges kennen, im Garten des Illiesschen Landhauses in Klein-Borstel las er – an einem tannenzweig-umwundenen Pult stehend – unter hohen Bäumen, die im Wind rauschten, vor einem am Rasenhang gelagerten Hörerkreise der Vereinigung für Kunstpflege Fichtes Reden an die deutsche Nation. Ein unvergeßlicher Eindruck, den kleinen Mann mit seinen leuchtenden Augen so dastehen, mit edlem sachlichen Pathos sprechen und das Gesprochene mit einfachen, aber eindringlichen Gesten unterstreichen und gliedern zu sehen. So sehr er Abscheu vor dem Greuel des Völkermordens hatte und unter dem Druck der Tagesereignisse litt, stand er doch den ganzen Krieg hindurch in voller Treue zum Vaterland. Denn er liebte sein Volk mit heißer hingebender Liebe, bewunderte, wie es die lastenden Leiden der schrecklichen Jahre trug und erwartete vom Sieg, er werde dies Volk aller wünschbaren Rechte teilhaftig machen. Kann es wundernehmen, daß er die Revolution – so wie er sie sah – mit hoffnungsvollem Jubel begrüßte? Er wurde zum Jüngling. In der großen Lehrerversammlung, die in den ersten Tagen nach dem Umsturz zusammentrat und sich fast einstimmig für die Einheitsschule aussprach, hielt er eine begeisterte Rede – deren jugendlicher Überschwang ihm freilich bei einigen seiner nüchterner denkenden Gesinnungsgenossen ein Kopfschütteln eintrug –, wurde in den

Lehrerrat gewählt und erhielt eine der Versuchsschulen überwiesen, zu deren Einrichtung man sich entschloß.

In der schon zitierten Bekenntnisschrift, die im dritten Jahrgang der Literarischen Gesellschaft veröffentlicht wurde, zeigte er auf, wie ihn, den aus einfachsten Verhältnissen hervorgegangenen Knaben, das Vorlesen von Romanen am Familientisch und das Theater zur Anteilnahme an der Literatur geführt habe. Die Anteilnahme wuchs zur tiefen Liebe, zur begeisterten Hingabe. Er tat sich mit ein paar gleichgesinnten Freunden zur Lesung von Dramen, zu gemeinschaftlichem Besuch des Schauspiels, zu kritischen Erörterungen des Gelesenen und Gesehenen zusammen; hin und wieder kam es dazu, daß sie vor einem kleinen Kreise vortrugen. So entstand in ihm – dem Jüngling und auch noch dem reifen Mann unerklärlich – der Wunsch, »sich ein großes Können anzueignen, um dann seine Kunst dem Volke, dem rechten echten Volke zu bringen«. Wir anderen aber verstehen: dieser Wunsch reifte aus der Befruchtung, die sein gütiges, feines und reines Herz durch den Reichtum des eigenen inneren Erlebens empfangen hatte. Lottig stand nicht allein. Seine Freunde Adolph Schulze, Helmut Schulz, Karl Möller – der schon vorher erwähnte nachmalige Turninspektor – und vielleicht noch einige andere, etwas jüngere, wie Hellmann, Dobert, Langmaack, waren von ähnlicher Gesinnung erfüllt. Wo sie glaubten, etwas geben zu können, waren sie bereit. So wuchs der Umkreis der Personengruppen, der Gesellschaften und Vereine, von denen sie zum Vorlesen eingeladen wurden. Lottigs Art zu sprechen ging zu Herzen; sie wich ganz und gar von der Otto Ernsts ab. Während dieser im Vollgefühl seines Könnens bewußt und selbstbewußt die Technik meisterte und kraft ihrer mit dem Stoff gleich einem Herren schaltete und waltete, blieb Lottig diesem untertan, stand mitten in ihm, ließ sich von ihm hinreißen und riß um so sicherer auch die anderen mit. Jener lief Gefahr, Schauspieler zu werden und verfiel – wenigstens in seinen späteren Jahren – zuweilen in einen schmalzigen Ton; dieser blieb immer leidenschaftlich bewegter Mensch. Ihm kam es nicht auf Ruhm und persönlichen Erfolg, sondern allein auf die Wirkung an. Wo er einmal gelesen hatte, rief man ihn immer wieder: im Michaelis-Männerverein, in den von den Volksschulen veranstalteten Elternabenden, in den Arbeiterfortbildungsvereinen, in den Distriktsvereinen der Sozialdemokratischen Partei, in den Unterhaltungsabenden der Gewerkschaften. Er zählte einmal die Verbände auf, in denen er gelesen hatte: Fabrik-, Land- und Hilfsarbeiter, Metallarbeiter, Steinarbeiter, Zimmerer, Maurer, Bauarbeiter, Maler und Lackierer, Buchdrucker, Buchbinder, Bäcker, Schneider, Holzarbeiter, Lagerhalter, Handels-, Transport- und Verkehrsarbeiter, Bildhauer, Böttcher, Weinküfer, Hausangestellte, Kupferschmiede, Steinsetzer, Pflasterer und Berufsgenossen, Sattler und Portefeuiller, Gemeinde- und Staatsarbeiter. Überall streuten er und seine Genossen den Samen der Bildung in die verschiedensten Schichten, und sie fanden Gelegenheit, »Menschen zu beobachten in Augenblicken, wo ihr Herz sich öffnet und das Tiefste freigibt, was es in sich hat«. Er begann mit dem Einfachsten: etwa seinem Liebling Rosegger, mit John Brinckmann, ließ auch Fritz Reuter zu seinem Recht kommen und ging dann zu Schwierigerem über. Das Lieblingsfeld seiner Tätigkeit war die Vereinigung für Kunstpflege; zu ihr hatte er seit den Anfängen ihres Bestehens Beziehungen und trat ihr mit der Zeit als eine Art Mentor ganz nahe. Er und seine Freunde Adolph Schulze und Hans Langmaack erklärten sich bereit, alle vierzehn Tage an einem Abend vorzulesen; er begann mit Goethes »Faust«; es folgten Lenaus »Albigenser«, Anzengrubers Roman »Der Schandfleck«, John Brinckmanns »Kasper Ohm un ick«, Storms »Schimmelreiter«, Heinrich von Kleists »Michael Kohlhaas« u. a. Man sieht, er bot keine leichte Unterhaltungsware. »Ich habe mich«, so schrieb er, »nicht durch leicht entzündbares Flackerfeuer blenden lassen. Nein, die Dickköpfe liebe ich, die vor keinen Schwierigkeiten zurückschrecken, die von keiner Enttäuschung unterzukriegen sind, die nicht viel Worte machen, sondern immer wieder anfassen, und ging's auf die eine Art nicht, so wird's die andere bringen«. Dabei hielt er darauf, daß solchen Abenden der reine Bildungscharakter gewahrt blieb: als einmal in einem Distriktsverein der Leiter am Schluß die Hörer aufforderte, dem sozialdemokratischen Wahlverein beizutreten, stellte er ihm vor, das passe sich nicht; er wollte nicht, daß kulturelle Bestrebungen in den Dienst politischer Ziele irgendwelcher Art gestellt würden, während er sich mit allen Kräften dafür einsetzte, umgekehrt politische Verbände als Grundlage für kulturelle Einwirkung zu benutzen.

So haben diese Männer – und Lottig allen voran – lange Jahre hindurch an der Hebung des Bildungshochstandes ihrer Volksgenossen in selbstloser Arbeit gewirkt. Wie feinsinnig er in der Auswahl seines Stoffes war, habe ich noch kurz vor der Niederschrift dieser Zeilen erfahren. Die Vereinigung für Kunstpflege war an einem Sommernachmittag bei uns in Mellingstedt zu Gaste. Während sich die Gesellschaft im Gras am Abhang gelagert hatte, erzählte ich in Form eines kleinen Vortrags von dem Bau des Hauses und der Entwicklung der Gartenanlage. Danach zog Lottig, der sich angeschlossen hatte, ein paar Hefte der Literarischen Gesellschaft aus der Tasche und las uns die dort abgedruckten Berichte des Domherrn Meyer über Poppenbüttel

und die Mellenburg aus dem Jahre 1802 und Rudolf von Delius' Aufsatz über den Hamburger Garten des alten Ratsherrn Barthold Brockes.
In dieser Zusammenstellung mag manche Persönlichkeit und manches Unternehmen unerwähnt geblieben sein, die Beachtung verdient hätten. Aber sie wird genügen, um ein allgemeines Bild zu geben, und legt Zeugnis von der Hochschätzung ab, die nach meinem Dafürhalten der hamburgischen Volksschullehrerschaft für ihre Volksbildungstätigkeit geschuldet wird.

Volksbildungsarbeit der Oberschicht

Wenn die Volksbildungsarbeit der Lehrer in ihrer bewußten Zusammenfassung – bildlich betrachtet – wie ein in der Linse gesammeltes Strahlenbündel erscheinen mag, so ließe sich das von den oberen Bevölkerungsklassen auf diesem Gebiet Geleistete mit zerstreutem Licht vergleichen, das, verschiedenen Quellen entströmend, sich nach allen Seiten ausbreitet. Dabei darf nicht verkannt werden, daß diese Bestrebungen keineswegs von der Mehrheit der Gebildeten, Wohlhabenden getragen waren. Im Gegenteil, weite Kreise wollten nichts von ihnen wissen; sie meinten, je mehr man den unteren Schichten biete, desto anspruchsvoller mache man sie, und schließlich komme doch nichts anderes dabei heraus als eine wertlose und gefährliche Halbbildung. Am liebsten würden sie – hätten sie gewagt, offen zu sprechen – den Volksschulunterricht, anstatt ihn zu heben, eingeschränkt haben. Der Wirtschaftskampf zwischen Arbeitgebern und Arbeitern übte auch hier seine vergiftende Wirkung. Senator Traun, der zu Gunsten seines Fabrikpersonals mancherlei soziale Reformen eingeführt hatte und auch – wie wir uns bei einer Einladung zu einem seiner Arbeiterfeste überzeugten – bemüht war, den geselligen Vergnügungen seiner Leute einen Inhalt zu geben, verdankte zwar ursprünglich gerade dieser seiner Gesinnung die Wahl in den Senat, fand aber doch in der Welt der Handelsherren alsbald lebhaften Widerspruch; auf einem Diner bei Herrn von Melle schalt Herr Robinow, der spätere Präses der Handelskammer, heftig gegen seine Arbeiterfreundlichkeit. Der Gegensatz verschärfte sich, als die Wahlrechtsänderung von den leitenden Stellen des Staats und der Gesellschaft betrieben wurde. Die Bewegung spaltete die ganze Bevölkerung in zwei feindliche Lager, und wir alle, die wir gehofft hatten, durch Förderung einer wahren Volksbildung und durch die Zusammenarbeit auf diesem neutralen Gebiet mit der Arbeiterschaft die bestehende Kluft zu überbrücken, sahen uns um den größten Teil des Erfolgs betrogen. Selbst Männer, die früher sozialen Regungen zugänglich gewesen waren, wurden zurückhaltend, abwartend, ablehnend. Henry P. Newman z. B., der noch 1903 die Übernahme des Schatzmeisteramts für die Graphische Ausstellung davon abhängig gemacht hatte, daß den Unbemittelten an bestimmten Tagen der Eintritt zu sehr ermäßigten Preisen gestattet werde, und der in seinen politischen Auffassungen Friedrich Naumann nahestand – ich habe den großen Politiker wiederholt bei ihm in kleinem Kreise getroffen –, rückte in späteren Jahren von allen volksfreundlichen Bestrebungen merklich ab. In der Gesellschaft sowohl der Kaufleute wie der Akademiker herrschte eine entschieden feindselige Stimmung; selbst wenn man – unter Berufung auf Tatsachen – auf den Wissensdurst und Bildungshunger der arbeitenden Schichten hinwies, begegnete man eisigem Schweigen.

Trotz alledem bietet sich dem rückschauenden Auge ein weites wohlangebautes Feld von Unternehmungen und Veranstaltungen, die, aus philanthropischer Gesinnung heraus geschaffen, der kulturellen Hebung des Volkes zu dienen bestimmt waren. Von der Erörterung des öffentlichen Unterrichtswesens darf abgesehen werden. Denn es gehört nicht hierher, weil das eigenste Interesse des Staates seine Pflege erheischt. Aber aus dem vorher Gesagten ist schon ersichtlich, daß die hamburgischen Volksschulen durchschnittlich auf beträchtlicher Höhe standen. Man war auch bemüht, rechtzeitig für die Zukunft der sich mächtig erweiternden Stadt vorzusorgen: Im Weichbild der Stadt, fast auf freiem Feld, sah man stattliche Schulgebäude emporwachsen. Dagegen war das Fortbildungsschulwesen im Rückstand geblieben. Man hatte zwar seine Bedeutung nicht verkannt, und jahrelang war ein bürgerschaftlicher Ausschuß am Werk, der die Berichterstattung dem jungen Anwalt Dr. Braband, einem Führer der Partei der Vereinigten Liberalen, übertragen hatte, aber erst ganz am Ende der Epoche, kurz vor Beginn des Krieges, wurde ein Gesetz erlassen, das einen Fortbildungszwang für die männliche Jugend einführte.

Das Öffentliche Vorlesungswesen, unter Senator von Melles besonderer Obhut zu einem Baum mit weitausladenden Ästen erwachsen, wird an späterer Stelle behandelt werden.

Von mancherlei Volksbildungseinrichtungen ist schon bei früherem Anlaß die Rede gewesen: von Lichtwarks und Brinckmanns Vorträgen, Einführungen und Publikationen – wobei bemerkt werden mag, daß jener (1900) z. B. in einem Eimsbütteler Volksunterhaltungsabend und ebenso in einem Volksabend der Literarischen Gesellschaft über Holbeins Totentanz-Bilder sprach; von den öffentlichen Kirchenkonzerten und Motetten; von den volkstümlichen Konzerten des Vereins der Musikfreunde – für deren Veranstaltung dem Vorsitzenden jenes Vereins, Dr. Rudolf Petersen, anläßlich seines Todes im Hamburger Echo ein warmer Nachruf gewidmet wurde; von den eigentlichen Volkskonzerten und Volksschüler-Konzerten; von den Volksabenden der Literarischen Gesellschaft; von den Theatervorstellungen, welche der breiten Masse Kenntnis und Genuß der Meisterwerke unserer deutschen, vor allem der klassischen dramatischen Literatur vermitteln wollten, und von den Volksschüler-Vorstellungen; auch von den verschiedenen Unternehmungen der Patriotischen Gesellschaft: wie der Öffentlichen Bücherhalle und der Förderung der Blumenpflege; von der Dichter-Gedächtnis-Stiftung und der Hamburgischen Hausbibliothek.

Von einer Beteiligung der kirchlichen Organe an der eigentlichen Volksbildungsarbeit ist mir wenig bekannt geworden, vielleicht um deswillen, weil sich im Laufe der Epoche meine Beziehungen zur Kirche so gut wie ganz lösten. Ich habe eigentlich nur davon gehört, daß einerseits im Nikolai-Kirchspiel unter der Einwirkung des philosophisch hochgebildeten Seniors Grimm, andererseits in Eilbek unter persönlicher Leitung des geistig sehr lebendigen Pastors von Ruckteschell Gemeindeabende eingerichtet wurden, die dem Charakter der Volksunterhaltung in gutem Sinne nahekamen. Vor allem aber muß hier die seelsorgerische Tätigkeit des Pastors von St. Pauli, Clemens Schultz, rühmend hervorgehoben werden, die in vollem Maße den Namen der Kulturarbeit verdient.

Das Volksheim

Nicht unabhängig von den Ausstrahlungen religiös-ethischen Lebens ist das Volksheim entstanden. Denn einer seiner Mitbegründer – sogar wohl derjenige, auf welchen die Idee der Gründung in erster Linie zurückgeht –, war der junge Theologe Walter F. Classen. Er hatte eine Zeit in England zugebracht und dort die philanthropischen Bemühungen um die Elendesten und Ärmsten der großstädtischen Bevölkerung beobachtet; insbesondere war seine Anteilnahme durch die um Toynbee-Hall gruppierten Settlements – Niederlassungen Begüterter inmitten der Enterbten – in Anspruch genommen worden. In die Heimat zurückgekehrt, suchte er dem Gedanken Freunde zu gewinnen, daß hier Ähnliches geschaffen werde. In dem Amtsrichter Dr. Wilhelm Hertz, einem Sohn des Senators Adolph Hertz und einem Nef-

fen von Paul Hertz, dem Verfasser des liebenswürdigen Familienbuchs »Unser Elternhaus«, fand er einen tatkräftig zugreifenden Genossen seines Plans, und alsbald ging man ans Werk, einen Kreis junger menschenfreundlich gesinnter Männer – Juristen, Lehrer, Kaufleute, Mediziner – für die Ausführung zu sammeln. 1901 begann die praktische Arbeit. Sie war auf ein doppeltes Ziel gerichtet: es sollten Beziehungen zwischen den Begüterten und der Arbeiterbevölkerung hergestellt werden, damit jene die Lebensbedingungen der anderen kennenlernten und ein Band gegenseitigen Verstehens und Vertrauens sich knüpfen könne; anderseits wollte man darüber hinaus von den Gütern und Genüssen einer wahren Geistesbildung, soviel es ging, mitteilen. In Rothenburgsort wurde die erste Niederlassung gegründet, zunächst natürlich in gemieteten Räumen. »Das Volksheim ist nicht nach einem klar umrissenen Plan einheitlich entwickelt worden. Sondern wie die einzelnen praktischen Bedürfnisse sich gerade geltend machten und wie im Augenblick gerade Kräfte der freiwilligen Mitarbeit sich zur Verfügung stellten, so wuchs es, bald hierhin, bald dorthin. So sind eine Menge einzelner lebendiger Zellen und Zellgruppen entstanden, ohne daß sich doch die klar gegliederte Form eines Gesamtorganismus herausgestellt hätte« (Jahresbericht 1917/18).
Schon im ersten Jahr betrug die Zahl der Mitarbeiter 126, und sie vermehrte sich ständig; alle waren von dem Wunsch beseelt, die tiefe Kluft zu überbrücken, die zwischen der Geisteswelt der oberen Stände und der handarbeitenden Bevölkerung sich auftat. Freilich zum »Settlern«, zur Niederlassung dort in Rothenburgsort selbst, zum »Draußenwohnen«, wie es hieß, kam es doch nur in verhältnismäßig seltenen Fällen. Überhaupt erwies sich als gangbarster Weg für eine erfolgreiche Volksheimarbeit im geplanten Sinne nicht der Versuch einer Einwirkung auf die Ärmsten und ganz ungebildeten Schichten; sie setzte eine gewisse Empfänglichkeit für geistiges und Gemütsleben voraus, wie es sich nur auf etwas gelockertem Boden bildet, und es war, so scheint mir wenigstens, ein glücklicher Gedanke, in erster Linie nicht so sehr Armen- als in der Hauptsache Wohlfahrtspflege treiben zu wollen und dabei die Kulturpflege in den Vordergrund zu schieben. Das Tätigkeitsgebiet zerfiel sofort in zwei Felder: in die Arbeit an und mit der Jugend und die Arbeit mit den Erwachsenen. Dort war vornehmlich Walter Classen am Platz und neben ihm der junge Dr. E. Jaques, der ein großes Geschick bewies, im Lehrlingsverein ein fröhliches Leben wachzurufen. An die Lehrlingsvereine, in denen neben geistiger Beschäftigung Ausflüge veranstaltet und allerhand Spiele, darunter das Schachspiel, gepflegt wurden, schlossen sich später die

Gehilfenvereine; für die weibliche heranwachsende Jugend schuf Clara Bach die Mädchengruppen, die alsbald eine starke Anziehungskraft übten. Die Erwachsenen sammelte man zu Sonntagsunterhaltungen und den stark besuchten Donnerstagsvorträgen. In diesen wurden ernsthafte Themata besprochen und in anschließenden Diskussionen erörtert. Um ein Bild von der Art dieser Vorträge zu geben, seien hier eine Anzahl der Themata aus dem Jahresbericht von 1905/06 aufgeführt:

Dr. Dräsecke, Geistige und körperliche Rüstigkeit
H. F. Laufkötter, Ferdinand Lassalle
W. F. Classen, Religion und soziale Frage
Dr. G. Seelig, Gottfried Keller
Th. Haupt, Nationales Gedeihen und Seeherrschaft
Pastor P. Ebert, Die Familie als Grundprinzip unserer Gesellschaftsordnung
Dr. Schwassmann, Die Sonne
Gustav Frenssen, Aus meinem Leben
Dr. H. Marr, Alters- und Invaliden-Versicherung
F. von Borstel, Schönes und Häßliches auf der Straße
Dr. H. Embden, Haeckels »Welträtsel«
Regisseur Dr. C. Heine, Ibsens »Wildente«

Die Sonntagsunterhaltungen waren auf einen leichter faßlichen Ton gestimmt; in ihnen spielten Musik und schöne Literatur die erste Rolle. Aber sorgfältig vermied man das seichte Wasser oberflächlichen Amüsements. Wie ernst diesen Fragen nachgedacht und die Entwicklung beobachtet wurde, beweist ein Aufsatz von Dr. W. Magnus im Jahresbericht von 1905/06. Daneben bildeten sich – innerhalb des großen Rahmens – kleinere Gemeinschaften, welche besondere Ziele verfolgten: ein naturwissenschaftlicher Klub mit eigenen Vorträgen, Ausflügen, lehrreichen Besichtigungen; ein Schachklub; ein Klub für Kunstpflege mit Führungen durch die öffentlichen Sammlungen und gelegentlichen eigenen Ausstellungen. Schon 1902 machte der junge Architekt J. Oltmanns, der Verfasser des seltsamen Buchs »Form und Farbe« (1901), eine solche von Bildern aus der damals auf ihrer Höhe stehenden Münchener Wochenschrift Die Jugend. Einfach, aber sorgfältig und geschmackvoll legte er die den Heften entnommenen Blätter auf Karton oder in sogenannte Passepartouts; so konnten sie zu billigstem Preise an Liebhaber verkauft werden. Das Unternehmen hatte guten Erfolg; es war ein Weg, um Fäden zwischen der Kunst und den Herzen dieser Leute zu spinnen und dadurch eine ungeahnte Freude in ihre Seele zu bringen. Ein alter Mann – um ein einzelnes Beispiel anzuführen –, der ein Bildchen erworben hatte, war unglücklich, als er hörte, er dürfe es nicht gleich mitnehmen, sondern müsse sich bis zu dem – nur noch wenige Tage ausstehenden – Schluß der Ausstellung gedulden. Die Besucher wurden aufgefordert, sich durch Abgabe eines Stimmzettels zu dem Bild zu erklären, das ihnen am besten gefallen hätte: natürlich bekam – bei dieser ersten Probe – eine Sentimentalität den Preis. Bei Herstellung der großen Auflage einer Illiesschen farbigen Zinkätzung, der Mondsichel über dem Ährenfeld, für das 1896 erschienene Hamburger Heft des Pan, war eine Anzahl Fehldrucke aufgeschossen, die den Ansprüchen des Künstlers nicht vollkommen genügt hatten, aber doch ganz gute Figur machten; auch diese wurden dem Publikum für 75 Pf. zur Verfügung gestellt. Im späteren Kunsthandel sind mir einige dieser Exemplare mit der Auszeichnung »30 Mark« begegnet.

Alsbald nach Gründung der ersten Niederlassung in Rothenburgsort faßte man die Erbauung eines eigenen Hauses ins Auge. Die erforderlichen Mittel waren schnell durch Stiftungen zusammengebracht, und schon im Jahr 1904 wurde es vollendet. Hugo Groothoff war der Architekt. Es stand am Mühlenweg und war ein zugleich stattlicher und für die Bedürfnisse praktischer und wohnlicher Bau. Anfang 1905 wurde es mit einem »Donnerstagsvortrag« über das Thema »Arbeits- oder Arbeiterkammern?« unter starker Beteiligung eröffnet.

Inzwischen hatte sich die Wirksamkeit des Volksheims längst auf andere Stadtteile ausgedehnt: in Hammerbrook – St. Georg und in Barmbek waren Niederlassungen gegründet, und es dauerte nicht lange, bis auch hier Eigenhäuser errichtet wurden. Später schlossen sich Eimsbüttel, die Neustadt mit Finkenwerder und Eppendorf – diese beiden namentlich mit Jugendgruppen – an. Auf der verbreiterten örtlichen Basis gestaltete sich naturgemäß auch das innere Leben immer reicher: es entstand z. B. in Rothenburgsort ein Deutschklub, in Hammerbrook ein politisch-historischer Klub und eine Literarische Gruppe und manches andere mehr. Einen besonders kräftigen Aufschwung nahmen die Jugendgruppen mit ihren Ausflügen, Spiel- und Sportübungen, sowohl die Lehrlingsvereine, Knabengruppen wie Mädchenbünde; wir selbst hatten wiederholt Gelegenheit, uns an ihrem fröhlichen Treiben auf unserem Grundstück in Mellingstedt zu erfreuen: Dr. John Hübbe und Dr. Rathgen kamen an einem heißen Tag mit etwa 40 Knaben; diese badeten in der Alster, blieben den ganzen Tag im Wasser und tranken selbst den von uns kredenzten Kaffee im kühlenden Naß. Ein anderes Mal war eine

Gesellschaft von Jünglingen und jungen Mädchen mit Dr. Denys unsere Gäste; sie führten auf dem Abhang über der Mergelgrube Volkstänze aus, und es gefiel ihnen so, daß sie um die Erlaubnis baten, im nächsten Jahr wiederzukommen und auf dem Terrain eine Art Volksfest zu veranstalten. Das hat dann freilich der Krieg vereitelt. Ehe sie abzogen, nahmen sie vor unserem Haus Aufstellung und sangen zum Abschied und Dank einige hübsche Volkslieder.

1910 bekam das Rothenburgsorter Gebäude einen monumentalen Schmuck: Kunstgewerbeschüler aus der Klasse Professor von Beckeraths malten den großen Saal mit dekorativen Wandbildern aus. Ein Freund des Volksheims hatte damit zugleich dem – zwar nicht genialen, aber doch sehr respektablen – Lehrer eine Freude machen und seinen Schülern Gelegenheit geben wollen, zu zeigen, was sie gelernt hätten. Im Vorstand waren die Ansichten geteilt gewesen, ob man die Stiftung annehmen solle; Dr. Wilhelm Hertz hatte dadurch den Ausschlag gegeben, daß er die »Kabinettsfrage« stellte.

Bis zum Schluß der hier behandelten Epoche führte er den Vorsitz mit aufopfernder Hingabe; mit gutem Recht durfte er das Volksheim als ein Kind seines zähen Willens betrachten. In der ersten Zeit stand ihm als Geschäftsführer Dr. Schomerus zur Seite, der aber schon nach wenigen Jahren durch Dr. Heinz Marr ersetzt wurde. Eineinhalb Jahrzehnte hat dieser die Bürde des Amts auf seinen zarten, aber elastischen Schultern getragen: mit wahrer und tiefer Liebe zur Sache. Auch seines Wesens Grundlage war jene religiös-ethische Gesinnung. Ohne damit aufdringlich zu werden, hat er immer wieder der Überzeugung Ausdruck gegeben, nur von da aus sei die Erneuerung der seelischen Kräfte Deutschlands zu erhoffen. Mit dieser Grundstimmung verband er einen scharfen und klaren Geist, der es gelegentlich liebte, sich mit überlegenem Spott zu äußern, dabei jedoch die Grenze der Liebenswürdigkeit regelmäßig nicht überschritt. Sein Aufsatz »Vom nicht-egoistischen Hamburg« in dem unserer Stadt gewidmeten Heft der von Eugen Diederichs herausgegebenen Die Tat (1913) ist dafür ein anschauliches Beispiel. Er hätte das Zeug gehabt, auf dem Gebiet der Sozialpolitik eine Rolle zu spielen. Darum bedeutete es doch wohl für ihn eine große Entsagung, so lange an einer verhältnismäßig verborgenen Stelle zu stehen; das Bewußtsein mußte ihn trösten, in seinem religiös-gefaßten Sinne einer Idee der Menschlichkeit zu dienen und dabei selbst in Erfahrung und Erleben innerlich zu wachsen und reicher zu werden. Deshalb waren die Kreise des Volksheims, so sehr sie selbst dabei verloren, in seiner Seele erfreut, als er im Jahre 1917 einen Ruf nach Frankfurt erhielt, der ihm Gelegenheit gab, sein Wissen, Können und

Verstehen vor breiterer Öffentlichkeit zu nutzen. An seine Stelle trat Dr. Wilhelm Stapel, der vormalige Schriftleiter des Kunstwart.

Die – monatlich erscheinenden – Mitteilungen des Volksheims enthielten manche wertvolle Beiträge Marrs. Aber nicht nur aus seiner Feder gingen literarische Arbeiten hervor, welche soziale Ideen im Sinne der Anstalt behandelten. Die Jahresberichte brachten gute Aufsätze verschiedener Mitarbeiter; hier sei auf den von 1911/12 hingewiesen, welcher sich mit dem Problem der staatsbürgerlichen Erziehung im Sinne Kerschensteiners in mannigfacher Beleuchtung beschäftigte. Namentlich aber müssen einige Schriften Wilhelm Classens, an erster Stelle sein Buch »Großstadtheimat«, rühmend hervorgehoben werden.

Bildungsarbeit der Arbeiterschaft

Was von der Arbeiterschaft selbst zur geistigen Hebung des Volkes geschah, braucht den Vergleich mit dem bisher Geschilderten nicht zu scheuen. Aus kleinen Anfängen hervorgegangen, ist es im Laufe der Jahre zu einer umfassenden Organisation geworden. Die ersten Ansätze entsprangen reinem und wahrem Bildungsbedürfnis. Während der Geltung des Sozialistengesetzes und in den darauffolgenden Jahren standen die Bestrebungen in Gefahr, in den Dienst der Parteipolitik gezerrt zu werden. Aber schließlich behielt doch ein gesunder Sinn die Oberhand, der die Bildung als Selbstzweck erkannte, ohne ihre Macht als eine Hilfe im Klassenkampf gering zu achten. Die führenden Personen, welche diesen Sinn pflegten, waren zwar manchen starken Gegenwirkungen ausgesetzt, wurden aber in ihrer Auffassung durch die Volksschullehrerschaft und durch die Veranstaltungen der Literarischen Gesellschaft, insbesondere deren Volksabende, gestützt. In der Parteileitung war es Emil Krause, dem das hauptsächliche Verdienst zuerkannt werden muß. In der Hildesheimischen Gegend als Sohn kleiner Leute geboren, widmete er sich dem Lehrerberuf und kam in den 1890er Jahren in die Redaktion des sozialdemokratischen Hamburger Echo, die ihn zunächst als Berichterstatter in die Strafkammerverhandlungen schickte. Ich erinnere mich, den semmelblonden Jüngling dort regelmäßig sitzen gesehen und seine durch den schwarzen Verdacht der Klassenjustiz gefärbten Referate gelesen zu haben. Aber er machte sich bald von dem öden Parteihaß los und wandte sich fruchtbarerer Arbeit zu. In die Schriftleitung berufen, sorgte er dafür, daß die Kulturbelange der Arbeiterschaft mit Wärme gepflegt wurden, insbesondere stieg in seinen Händen das Feuilleton zu respektabler Höhe. Als ich einmal im Gewerkschaftshause einen Vortrag über das »Sammeln« gehalten hatte, war ich überrascht, mit welcher gewandten Sicherheit er in knapper Zusammenfassung einen erschöpfenden Bericht gab.

Die ersten Anfänge des hamburgischen Arbeiterbildungswesens reichen bis in die erste Hälfte des 19. Jahrhunderts. 1845 entstand der alte Arbeiterbildungsverein in der Böhmkenstraße, der, wenn auch später in eine Art kaufmännischer Fortbildungsschule umgewandelt, doch immer noch durch seine Bibliothek und regelmäßigen Vorträge Volkskulturarbeit im engeren Sinne leistet. In den 1880er Jahren wurden in den Distrikten Barmbek, Uhlenhorst, Eimsbüttel und Altona-Ottensen Fortbildungsvereine gegründet, welche einem Bedürfnis der Arbeiterschaft nach allgemeiner Bildung, aber doch auch nach Unterhaltung zu dienen bestimmt waren. Aber noch um die Mitte der 90er Jahre lehnte die sozialdemokratische Partei eine materielle Förderung solcher Bestrebungen ab; erst nach und nach, mit dem Aufschwung der Gewerkschaftsbewegung, trat eine Änderung dieses zurückhaltenden Standpunktes ein.

Inzwischen hatte sich, in der ersten Hälfte der 90er Jahre, aus Arbeiter- und kleinen Handwerkerkreisen heraus, der Verein Freie Volksbühne gebildet. Er verfolgte in erster Linie fortschrittlich kulturelle Ziele, indem er Dramen von Dichtern auf die Bretter bringen wollte, die sonst auf eine Aufführung nicht rechnen konnten; aber auch eine politische Tendenz war dem Unternehmen nicht abzusprechen, denn die Wahl fiel fast ausschließlich auf Stücke sozialpolitischen Charakters, wie Gerhart Hauptmanns »Weber«, »Vor Sonnenaufgang«, die dramatische Umarbeitung von Reuters »Kein Hüsing« u. a. Damals spannen sich die ersten Fäden zwischen der Arbeiterschaft und der Gruppe der jungen Lehrer um Lottig, die eingeladen wurden, kurze erläuternde Einführungsworte zu den Schauspielen zu sprechen, und alsbald knüpften sich weitere Beziehungen daran, indem die Mitglieder des Vereins ihren Berufs- und Parteigenossen von den gemachten Erfahrungen erzählten. So erweiterte und verbreiterte sich die Bewegung. Die Distriktsvereine der sozialdemokratischen Partei in den verschiedenen Stadtteilen und eine Anzahl von Gewerkschaften entschlossen sich zu Veranstaltungen, welche die Bildung fördern sollten. Welchen Umfang das annahm, zeigte die oben mitgeteilte Aufzählung der Berufsvereine, in denen Lottig rezitierte. Man kann sagen, diese Art Bestrebungen wurden Mode, und es erwies sich als notwendig, daß sich das Gewerkschaftskartell als Zentralinstanz für die

Gewerkschaften der Sache annahm, um ein allzu breites Auseinanderfließen hintanzuhalten.

Die Tätigkeit der Fortbildungsvereine gliederte sich in verschiedene Gruppen: Es wurden Unterrichtskurse sowohl für Elementarunterweisung in Deutsch und Rechnen wie – später immer mehr in den Vordergrund tretend – für Fortgeschrittenere eingerichtet, um Gelegenheit zu geben, das in der Schule Versäumte nachzuholen und das Erreichte weiter auszubauen; man bot Vortragszyklen in Geschichte, Literatur, Nationalökonomie, Naturwissenschaften; literarische Unterhaltungsabende schlossen sich an, und auch die Musik wurde nicht vernachlässigt: es bildeten sich zu ihrer Pflege an verschiedenen Stellen sogenannte Gemischte Chöre.

Nachdem zu Beginn des zweiten Lustrums im neuen Jahrhundert sowohl die Partei wie das Gewerkschaftskartell mehrere tausend Mark für diese Veranstaltungen beigesteuert hatten, sah man sich der Gefahr einer gewissen Zersplitterung gegenüber. Inzwischen war auch – 1905 – der Jugendbund entstanden, in welchem mancherlei verschiedene auf Belehrung, Unterhaltung, Sport, Spiel und Tanz gerichtete Bestrebungen zusammengefaßt waren. Es erschien wünschenswert, alles dies in eine vorsichtig und mit weitschauendem Verstand leitende Hand zu legen. 1909 wurde – aus der Sozialdemokratischen Partei, dem Gewerkschaftskartell, den Fortbildungsvereinen und dem Jugendbund heraus – die Zentralkommission für das Arbeiterbildungswesen, kurz »der Bildungsausschuß« genannt, gebildet. Glücklicherweise war sie nicht von einem engherzigen Parteigeiste beseelt, sondern faßte von vornherein die hohen Ziele der Volksbildung fest ins Auge. Sie vertrat den Standpunkt, es solle lieber weniger als bisher, dafür aber nur Gutes geboten werden. Die Unterrichtskurse wurden in ernsthafter Weise zu kleinen Arbeitsgemeinschaften ausgebaut und der Lehrplan erweitert, die Vortragszyklen auf neue Gebiete ausgedehnt und den Unterhaltungsabenden ein immer wertvollerer Inhalt zu geben versucht. Man trat mahnend dem Treiben sogenannter »Klimbim-Vereine« entgegen, die unter der Fahne der Bildung nur seichte und leichte Unterhaltung pflegten.

Im Geschäftsjahr 1912/13 betrug der Etat der Zentralkommission 76 000 Mark. Neben die erwähnten Veranstaltungen trat die Einrichtung von Volksschauspielen unter der Leitung des trefflichen Regisseurs vom Thalia-Theater, Leopold Jessner. Sie fanden zu sehr mäßigen Eintrittspreisen teils im Schiller-, im Altonaer-, im Thalia-Theater und teils im Gewerkschaftshaus statt. 1912/13 wurden noch 8000 Mark zugesetzt, während im folgenden Jahre schon die Unkosten durch die Einnahmen gedeckt wurden. Um den Charakter der Darbietungen zu kennzeichnen, seien die hauptsächlichen Stücke aus zwei Jahresrepertoiren aufgeführt:

Wedekind, »Frühlings Erwachen«
Tolstoi, »Der lebende Leichnam«
Ibsen, »Die Wildente«
Wied, »2 x 2 = 5«
Halbe, »Jugend«
Hebbel, »Maria Magdalene«
Hauptmann, »Das Friedensfest« und »Vor Sonnenaufgang«
Wilde, »Ein idealer Gatte«
Heijermans, »Die Hoffnung auf Segen«
Björnson, »Über die Kraft« und »Wenn der junge Wein blüht«
Wedekind, »Erdgeist«
Ibsen, »Hedda Gabler«
Schnitzler, »Freiwild«
Rosenow, »Die im Schatten leben«

Dazu traten dann 1913/14 auch einige Opern.
Die Literarischen Abende beschäftigten sich mit Heine, Shakespeare, Gustav Falke, Wilhelm Busch, Rosegger, Kleist, Klaus Groth u. a.
Den Höhepunkt der Veranstaltungen bildete alljährlich die Aufführung von Beethovens IX. Symphonie, die zweimal vor dicht gedrängtem Saal stattzufinden pflegte. Wer einmal einer dieser Darbietungen beigewohnt hat, dem wird der Eindruck der weihevollen Stimmung unvergeßlich sein, welche die Zuhörer beherrschte und sich am Schluß (nicht etwa zwischen den einzelnen Sätzen!) in nicht enden wollenden Beifallsbezeugungen Luft machte.
Mehrere Kammermusikabende kamen hinzu, für welche das Bandler-Quartett engagiert wurde; ferner Konzerte für Kinder, wo Frau Edith Weiss-Mann das Gebotene mit leicht faßlichen Worten den kleinen Hörern zugänglich machte. Überhaupt wurden die Interessen der Jugend – im Sinne und durch die Organe des Jugendbundes – eifrig gepflegt: es gab Märchen-Abende für Kinder; in den Vororten wurden Jugendheime eingerichtet, in welchen Lese- und Debattierabende veranstaltet wurden; Unterhaltungs- und Elternabende fanden statt; das Kino wurde als Bildungsanstalt nicht vernachlässigt; Besichtigungen, Ausflüge, Wanderungen gemacht, diese sogar bis in den Harz und das Wesergebirge, ja bis Schweden ausgedehnt. In welchem Geist das geschah, ist aus einem Artikel »Zehn Jahre Jugendbewegung«

in Die arbeitende Jugend/Monatsbeilage des Hamburger Echo von September 1915 ersichtlich, wo es heißt:
»Wie steht es mit unsern Wanderungen? Wenn wir in früheren Zeiten mit dem besten Sonntagsanzug und mit hohem Stehkragen angetan lostiefelten, brachten wir abends bei der Heimkehr den Beweis dafür, daß wir die Natur geschändet hatten, am Hut mit nach Haus. Das ist längst vorbei. Jeder Jugendbündler weiß heute, daß Wald, Feld und Heide nicht durch die Zerstörungswut der Großstädter geschändet werden darf. Wenn wir in sternenhellen Nächten in die Heide wandern, gröhlen und skandalieren wir nicht, sondern feiern die andachtsvolle Stille, wie es rechte Wanderer tun. Wir haben Verständnis gewonnen für die ländliche Kultur unserer Heimat.«
Alles das bewegte sich mit hoffnungsvoller Zukunftsaussicht in aufsteigender Entwicklung, als der Krieg ausbrach und den meisten Unternehmungen ein Ziel setzte; immerhin konnte die Zentralkommission noch in dem Jahre 1914/15 dem Jugendbund für 4600 Veranstaltungen 21 000 Mark zur Verfügung stellen.
Neben der geschilderten Organisation gibt es noch eine Reihe von Vereinigungen, die sich der Gesamtheit einstweilen nicht angeschlossen haben: der Ausschuß zur Förderung der Jugendspiele, der seine eigenen Jahresberichte herausgibt und in dem z. B. auch die rhythmische Gymnastik im Sinne Jaques-Dalcrozes gepflegt wird; die Freidenker, der Verein der Naturfreunde u. a.
Die »Produktion«, als großartiger Konsumverein entstanden, hat späterhin begonnen, ihren Mitgliedern Wohnungen zu bauen, und in diesen Häuserblocks – großangelegten sogenannte Burgen, die mit einem Mittelbau und zwei seitlich vorspringenden Flügeln einen nach der Straße offenen Hofplatz umschließen – haben sich Vereinigungen für genossenschaftliche Hauspflege gebildet, die neben der Pflege wirtschaftlicher Belange auch gewisse Kulturverpflichtungen anerkennen.
Die sozialpolitischen Aufgaben, welche die großen Verbände der Arbeiterpartei zu lösen haben, machten zur Beschaffung der dafür erforderlichen Räume umfangreiche Neubauten erforderlich, die geeignet waren, in der Arbeiterschaft eine gewisse Baugesinnung zu erzeugen. Das Gewerkschaftshaus am Besenbinderhof – 1904 vollendet – trug mit seinen beiden mageren, den Mittelbau einrahmenden Türmchen noch das Gepräge jener stilunsicheren Zeit um die Jahrhundertwende. Aber die in den folgenden Jahren entstehenden Gebäude – neben verschiedenen jener Etagenhäuser der Produktion das dem Gewerkschaftshaus benachbarte Haus der Zentraleinkaufsgesell-

schaft deutscher Konsumvereine, die am Strohhause errichtete Verlagsgesellschaft deutscher Konsumvereine und das Haus des Bauarbeiterverbandes an der Ecke der Wall- und Klaus-Groth-Straße – legen Zeugnis zum mindesten von einem Wachsen des Sinns für Monumentalität ab.

Neben diesem Arbeiterbildungswesen, das zwar über politische Tendenzen hinausgewachsen war, aber doch mit beiden Füßen auf politischem Sockel stand, gab es andere Arbeitervereinigungen, die ohne allen politischen Einschlag von Parteibestrebungen zivilisatorische und kulturelle Zwecke verfolgten: dahin gehören die Guttemplerlogen, die oftmals Unterhaltungsabende von ernsthaftem Bildungscharakter veranstalteten, und die Heilsarmee, welche auch in Hamburg-Altona im Kreise der Armen und Elenden einen heilsamen Einfluß übte. Eine Art Mittelstellung aber nahm der Verein für Kunstpflege ein, von dem hier eingehend gehandelt werden muß. Er ist aus dem Verein Freie Volksbühne hervorgegangen, der schon oben einmal Erwähnung fand. Dieser, bei seiner Gründung unzweifelhaft mit sozialdemokratischem Wasser getauft, hatte nicht bestehen können: nicht nur, weil die Polizei ihn drangsalierte, sondern auch infolge der Schwierigkeiten, welche ihm die Theaterleitungen in den Weg legten. Er hatte sich formell aufgelöst, führte aber unter dem Namen eines »Gemischten Chores« ein unauffälliges Leben fort.

Der politische Zusammenhang mit der Partei lockerte sich in diesem Stadium mehr und mehr. Nicht als wären die Mitglieder ihren Überzeugungen untreu geworden; aber sie lehnten es mit der Zeit immer entschiedener ab, ihre Bildungsziele in irgendeine tendenziöse Abhängigkeit zu stellen. Man widmete sich ernsthaften musikalischen Übungen. Es wurden nicht nur Chorlieder gesungen; man ließ sich in das Verständnis bedeutender Tonwerke einführen und veranstaltete Kammermusikabende im Sinne einer feinsinnigen Hausmusik. Das Bemerkenswerte dabei war, daß alles dies ohne eine Beeinflussung von oben oder außen her, sondern ganz aus eigenem Antrieb der Mitglieder heraus geschah, welche ausschließlich dem Stand der Arbeiter, der Handwerker, der kleinen Beamten und Geschäftsleute angehörten. Die Abstammung des Vereins von der Freien Volksbühne brachte es von selbst mit sich, daß neben der Musik die Literatur eifrige Pflege fand. Vortragsabende wurden eingerichtet, in denen namentlich William Lottig und seine Freunde vorlasen. Lottig erzählt, wie überrascht er durch die geistige Haltung dieser Menschen war: »Spät erst konnte ihr Vergnügen beginnen; um zehn Uhr etwa waren sie beisammen. Und dann ließen sie sich etwas von mir vorrezitieren, eine Stunde lang, anderthalb Stunden lang, und nirgend ein Zeichen von Ungeduld ... hinterher war's eine Freude: man erkundigte sich genau, wie man sich das Buch verschaffen könne, aus dem ich gelesen – wenn wir das zu Hause haben, das soll fein werden! Und dann tanzte man fröhlich und zufrieden, und ich sah zu meiner Verwunderung, wie im Saale auf einem Gestell Bücher ausgelegt waren, gute Bücher, schöne Literatur, voran unsere billigen Jugendschriften, und Damen gingen in den Tanzpausen umher und verkauften Lose zu 10 Pf., und jene Bücher waren die Preise. Man müsse bewußt – so sagte man mir – mit denselben Mitteln, die bisher zur Verbreitung von Nichtigkeiten gedient hätten, nun Wertvolles in die Familie bringen.«

Doch auch mit dem Schrifttum ließ man es nicht sein Bewenden haben, die bildende Kunst und das Kunsthandwerk durften nicht seitab bleiben. Dies war vornehmlich das Verdienst des damaligen Vorsitzenden Rudolf Bejeuhr. Der war Gesell in der Werkstatt des Möbeltischlers Look und hatte in seinen Beruf einen unruhigen Trieb nach künstlerischer Betätigung mitgebracht. Dazu den Drang, andere an dem, was er empfand und erlebte, teilnehmen zu lassen, und ein Talent zur Organisation. Die Arbeit an Möbeln und besonders an Bilderrahmen in Looks Werkstelle, der ihn später als Teilhaber in sein Geschäft aufnahm, gab ihm fruchtbare Anregung. Sie brachte ihn mit den hamburgischen Künstlern in Berührung, und er bat diese nicht ohne Erfolg, seinen Verein zu fördern. Eitner und Schaper machten für ein billiges Honorar eine farbige Lithographie – jener eine Partie aus dem Alstertal, dieser eine Finkenwerder Deichlandschaft –, welche die Mitglieder zu ganz niedrigem Preis erwerben konnten. Zu gleichem Zweck stellte Eitner 200–300 Abzüge eines von ihm radierten Babykopfes zur Verfügung. Paul Kayser steuerte eine Radierung von der Brauerstraße bei, und Arthus Illies schuf eine Plakette des Dichters Wedde. Illies war der Mann, um eine Persönlichkeit, wie Bejeuhr es war, mit lebhaftester Teilnahme zu begreifen und zu ergreifen. Alsbald gab er ihm Beschäftigung: zunächst ließ er ihn nach seinem Entwurf Bilderrahmen machen – auch diejenigen unseres Doppelportraits und der Falkenbergbilder sind von seiner Hand gefertigt –, dann aber leitete er ihn an, größere Auflagen seiner farbigen Zinkätzungen zu drucken, und der Adept bewies sich nicht ungeschickt. In ihm war eine merkwürdige Mischung von derber gesunder Unbildung und einem heftigen Kulturwillen. Als er mit unseren Bilderrahmen nicht rechtzeigig fertig wurde, entschuldigte er sich mit einer geschmacklosen Karte, in die er das Zitat einfließen ließ »Ach wie so trügerisch!«. Und dabei hatte er einen ganz klaren Blick über die Ziele, die er mit seinem Verein verfolgen wollte, und für den Weg, den er dazu einschlagen mußte. In einer Generalversammlung gab er – nach Lottig – davon eine Darstellung; der kurze Sinn seiner Rede war: Die Freie Volksbühne ist daran gescheitert, daß die Volksschichten, für die sie bestimmt gewesen, nicht reif waren. Sie hatten sich etwas bieten lassen wollen ohne eigene Arbeit, und als das nicht so glatt ablief, blieben sie weg. Die Arbeiter hätten wohl gelernt, für politische Zwecke Opfer zu bringen, nicht aber für kulturelle. Wir müssen erst selbst reif werden, müssen an uns selbst und an unseren Volksgenossen arbeiten, ehe wieder eine Bewegung wie die für die Freie Volksbühne entstehen kann. Die Hingegangene bedeutete einen Sprung in der Entwicklung, eine Überkugelung, und mußte in einer Falle enden. Wir wollen das Übel an der Wurzel angreifen, wollen an uns arbeiten und dann sehen, was wir vermögen. – Wer so sprechen und so denken konnte, war ein Mensch, der Kultur hatte.

Die bewunderungswürdigste Leistung, die der Verein in jenen Jahren – um 1905 – hervorbrachte, war die Publikation einer mit farbigen Illustrationen geschmückten Ausgabe von Andersens Märchen. Ernst Eitner wurde mit der Aufgabe betraut und löste sie mit feinem und liebenswürdigem Geschmack. Damit gelang dem kühnen Zugreifen dieser vorurteilslosen Menschen ein Unternehmen, an dem andere Kreise – Lichtwark und die Lehrer – schon seit langem ohne Erfolg herumdokterten: für hamburgisches Publikum ein Volksbuch zu schaffen, das in seiner künstlerischen Ausstattung hamburgischen Geist atmete. Man war nicht ohne vernünftige Überlegung an die Ausführung des Planes herangegangen. Eine Kalkulation hatte ergeben, daß man eines Garantiefonds von 8 000 Mark bedurfte. Der aber war im Nu zusammengebracht. Die Mitglieder scheuten sich nicht, ihre Ersparnisse zur Verfügung zu stellen; ein edler Wetteifer war angefacht: eine Näherin z. B. zeichnete ohne Bedenken 200 Mark. Wahrlich eine Bereitschaft, für ideale Ziele einzutreten, an der sich die Pfeffersäcke hätten ein Beispiel nehmen können! Das Unternehmen glückte. Es brachte zwar dem Verein keinen Gewinn, weil innere Schwierigkeiten, welche in den folgenden Jahren eintraten, die Schlagkraft der Propaganda lähmten, aber das Vermögen der Gewährsleute brauchte nicht in Anspruch genommen zu werden.

Die literarischen Veranstaltungen wurden darüber nicht vernachlässigt. Lottig, dessen Programm ursprünglich aus einzelnen Stücken verschiedener Dichter zusammengesetzt gewesen war, hatte sich später erboten, regelmäßig, vielleicht alle vierzehn Tage, zusammenhängende größere Werke vorzulesen. Das begann mit dem ersten Teil des »Faust«; es folgten Lenaus »Albi-

genser«, Anzengrubers Roman »Der Schandfleck«, Sachen von John Brinckmann, von Theodor Storm, Kleists »Michael Kohlhaas« u. a.
Alle diese verschiedenen Felder der Kunstpflege wurden von Jahr zu Jahr energischer bestellt. Unter der Leitung des Lehrers Brehling entwickelte sich der Gemischte Chor zu einer Stätte edelster Musikübung; der kleine Eigenbesitz der Mitglieder an Kunstwerken: Lithographien, Radierungen, Holzschnitten, hier und da wohl auch einmal an einer Handzeichnung, steigerte die Anteilnahme an den Ausstellungen von Werken namentlich jüngerer hamburgischer Künstler, und bei den literarischen Darbietungen ließen sich immer höhere Anforderungen an die Aufnahmefähigkeit der Zuhörer stellen: man durfte zu wiederholten Malen wagen, an vier Abenden mit verteilten Rollen den ungekürzten ersten Teil von Goethes »Faust« und ausgewählte Partien des zweiten – mit einer Einführung von C. A. Hellmann – vorzulesen. Lottig sagte darüber: »Wir brauchten dazu angespannte Arbeit sowohl für die Darbietenden wie für die Hörer, aber sie wurde uns allen gelohnt: durch innere Befestigung in unserer Art und unserem Wirken.«
Indessen, man wollte die Tätigkeit nicht auf den engeren Kreis der Mitglieder beschränken, sondern auch die Ideen, von denen man selbst erfüllt war, nach außen verbreiten helfen. Diesem Propagandazweck sollten vor allem die Weihnachtsausstellungen dienen. Man begann in ganz kleinem Maßstab mit einer Auslage guter Bücher und Bilder und versuchte durch Vorträge, die Lust zu ihrem Erwerbe zu wecken. Anfängliche Mißerfolge entmutigten nicht, und so konnte sich das Unternehmen nach und nach zu bedeutsamer Wirksamkeit entfalten. Bei Tütge oder im Holsteinischen Haus an den Kohlhöfen oder in Rehbehns Gesellschaftshaus am Valentinskamp fanden diese Ausstellungen statt; sie dehnten sich auf immer mehr Gebiete aus: von den Büchern und Bildern ging man zu Blumenvasen, zu guten Gipsfiguren, zu Kinderspielzeug, zu Möbeln, ja, zu ganzen Haus- und Zimmereinrichtungen über. Die Ausstellungen pflegten acht Tage zu dauern, und an jedem Abend wurde ein ernsthaft unterweisender Vortrag geboten. Daneben baute man auch zum Dom auf dem Heiligengeistfeld eine Bude auf, in der Sachen von solider Arbeit und gutem Geschmack zum Verkauf gestellt wurden.
Im Jahre 1906/07 trat eine Krisis im Leben des Vereins ein. Die äußere Veranlassung zu ihr gab der Plan des Vorstandes, das Illiessche Landhaus in Klein-Borstel zu erwerben. Die Mehrheit der Mitglieder wollte von einer solchen festen Niederlassung nichts wissen, aber der Vorstand – an seiner Spitze Bejeuhr und Look – setzte sie durch; zwar nicht in der ursprünglich beabsichtigten Form des Kaufs, sondern der Miete. So ging das weiträumige

Garten- und Wiesengrundstück, das sich mit breiter Front bis an die Alster erstreckte, in den Nutzungsbesitz des Vereins über. Indessen, die Überstimmten wollten sich nicht fügen, und so kam es zur Spaltung. Soviel ich sehe, standen die wertvolleren Elemente: die, welche an die persönliche Kultur die höheren Anforderungen stellten, auf der Seite des Vorstandes, die größere Durchschlagskraft der Zahl war bei den anderen. Der Name des Vereins blieb, wie es billig war, bei der Mehrheit. Sie suchte und fand Anschluß an die sozialdemokratische Partei, während Bejeuhrs Gruppe nach wie vor eifersüchtig auf ihre Selbständigkeit sah. Sie war keineswegs entmutigt. Unter dem neuen Namen einer Vereinigung für Kunstpflege schritt sie auf dem gewohnten Weg fort, war aber infolge der geringeren Mitgliederzahl in der Wirksamkeit nach außen beschränkt. Durch innere Vertiefung suchte sie das wettzumachen.

Der Verein dagegen pflegte mit verdoppelter Energie die Weihnachtsausstellungen; er erweiterte sie mit ungeheurem Erfolg und suchte auch den Wert der Vorträge durch Ausdehnung der Themata auf die verschiedensten Kulturgebiete zu erhöhen. Zum Beispiel: 1909 trat man – unter Vermittlung von Dr. Braband – an mich mit der Bitte heran, über die Bedeutung des Stadtparks und die damit zusammenhängenden Fragen zu sprechen. Damals mußte ich ablehnen, weil ich bei meiner Geschäftslast nicht die Zeit finden konnte, mich mit der nötigen Gründlichkeit in den mir doch immerhin fernliegenden Stoff einzuarbeiten. Mehrere Jahre später folgte ich einem erneuten Ruf gern. Inzwischen waren die Weihnachtsausstellungen des Vereins von der Zentralkommission für das Arbeiterbildungswesen in ihr Programm einbezogen und fanden in dem Erweiterungsbau des Gewerkschaftshauses statt. Mein Thema war »Das Sammeln«, und ich muß gestehen, daß kein anderer Vortrag mir so viel Freude gemacht hat wie dieser. Durch die ausgedehnten Räume der Ausstellung flutete das Arbeiterpublikum; um 10 Uhr wurde es in den großen Saal gerufen, wo sich etwa achthundert bis tausend Zuhörer versammelten. Ich sprach über den persönlichen, den wirtschaftlichen und wissenschaftlichen Wert des Sammelns und erzählte von meinen Erfahrungen, von dem Nutzen und den Freuden, insbesondere der inneren Bereicherung, die mir der Sammeltrieb eingetragen, setzte aber mit starkem Nachdruck auseinander, daß er letzten Endes nur dann wirklich wertvoll sei, wenn das Ergebnis, die Sammlung, dadurch in den Dienst der Allgemeinheit gestellt werde, daß man sie entweder einem größeren Publikum zugänglich oder zur Grundlage einer wissenschaftlichen Bearbeitung mache. Ich habe niemals dankbarere Zuhörer gehabt; obwohl ich reichlich eine Stunde

sprach, ließ die Aufmerksamkeit bis zum letzten Augenblick nicht nach. Amüsant war es mir, daß der Landgerichtspräsident, dem ich glaubte von meiner Zusage Mitteilung machen zu müssen, den Entschluß mißbilligte. An sich sei es ja gut, Bildung ins Volk zu tragen; daß ich aber ins Gewerkschaftshaus, also ins Lager der Sozialdemokraten gehe, werde von den Feinden der bürgerlichen Ordnung als ein großer Erfolg ausgeschlachtet werden!
Mit der Vereinigung für Kunstpflege kam ich erst nach Ausbruch des Krieges in Berührung. Dieser hatte begreiflicherweise alle Unternehmungen solcher Art zunächst unterbrochen. Als er über Erwarten lange dauerte, versuchte man, die Fäden wieder anzuknüpfen. Im Frühsommer 1915 suchte mich der damalige Vorsitzende, G. M. Müller, ein kleiner Postbeamter, auf, um seine Pläne mit mir durchzusprechen. Er beabsichtigte, an den Sonntagvormittagen im Klein-Borsteler Garten, möglichst im Freien, eine Art von weltlichen Erbauungsstunden einzurichten, um den daheim gebliebenen Mitgliedern und den Angehörigen der zahlreichen im Felde Stehenden ernsthafte und doch fröhliche geistige Kost zu bieten. Er bat mich, dazu den Auftakt zu geben. Ich sprach über das Thema: »Natur, Form, Kunst«. Götze und von Borstel folgten; den Höhepunkt dieser Stunden bildeten jene Vorlesungen Lottigs von dreien der Fichteschen Reden an die deutsche Nation, von denen ich schon oben an anderer Stelle erzählt habe.
Wegen pekuniärer Schwierigkeiten, die damit zusammenhingen, daß die meisten zahlenden Mitglieder zum Militärdienst eingezogen waren, sah sich die Vereinigung gezwungen, das Illiessche Landhaus im Herbst 1915 zu räumen. Man bat mich, in einer Abschiedsfeier, welche dem Gedächtnis Lichtwarks gewidmet sein sollte, die Rede zu halten, und ebenso wurde ich ein Jahr später dazu ausersehen, die neuen, in der Schulstraße bezogenen Räume zu eröffnen, wozu ich das Thema »Die Bedeutung der graphischen Bildniskunst« wählte. Anlaß zu dieser Wahl gab mir die als nicht geringes Verdienst zu wertende Tatsache, daß die Vereinigung neuerdings zwei gute Portraits hatte herstellen lassen: dasjenige W. Lottigs, von der Hand Wilhelm Manns radiert, und ein Holzschnitt-Selbstbildnis Ernst Eitners, die sie wiederum ihren Mitgliedern zu billigsten Preisen bereithielt.
Inzwischen hatte der Gegensatz des Vereins und der Vereinigung zueinander die Schärfe verloren. Man hielt sich zwar noch getrennt, aber der Gedanke an ein Zusammenwirken lag keineswegs mehr außerhalb des Bereichs der Möglichkeiten. Wenn sich diese Möglichkeit in Wirklichkeit umsetzen sollte, würde die Allgemeinheit beträchtlichen Vorteil davon haben können; denn die Wegrichtung beider Gemeinschaften weist auf ein Ziel, das schon

jenseits der enger gefaßten Grenzen einer Volksbildungsarbeit im Bereich allgemeiner Kulturförderung liegt. In der Worte eigentlichstem Sinne besteht eine Grenze zwischen beiden Gebieten überhaupt nicht, und darum darf dies Kapitel einen hervorragenden Platz in einer hamburgischen Kulturgeschichte beanspruchen.

9 Wissenschaftliche Anstalten und Universitätsgedanke

Wissenschaft und Kultur stehen zueinander nicht im Verhältnis einer unbedingten Abhängigkeit. Es gab Völker von einer seltenen Kulturhöhe, bei denen der Sinn für Wissenschaftlichkeit kaum entwickelt war, und umgekehrt gewährleistet der Trieb nach exakter Forschung keineswegs die Blüte eines Geisteslebens, in welchem Intellekt und Sinne gleichermaßen zu ihrem Recht kommen; das vergangene Jahrhundert bietet dafür mannigfache Beispiele. Ja, die Behauptung ließe sich verteidigen, daß dann – wenn es der Wissenschaft gelänge, mit ihrer Analytik allen Geheimnissen der schaffenden Menschenseele auf den Grund zu kommen – damit der Kultur zu einem guten Teil das Grab geschaufelt wäre. Davon sind wir aber noch weit entfernt; einstweilen befruchten wissenschaftliche Forschung und die anderen Zweige des Geisteslebens einander, und so gehört die Geschichte der Wissenschaftlichen Anstalten und der Entwicklungsgang, den der Gedanke einer hamburgischen Universitätsgründung genommen hat, durchaus in den Rahmen dieser Kulturgeschichte.
Die zweite Hälfte des 19. Jahrhunderts war kein günstiger Boden für Einrichtungen, welche der reinen spekulativen Forschung zu dienen bestimmt waren.

Wissenschaftspflege im alten Hamburg

In vergangenen Geschichtsepochen hatte Hamburgs Name im wissenschaftlichen Leben der Nation einen guten Klang gehabt. Bugenhagen, der Reformator, war dessen Begründer gewesen; das Denkmal, das im Hof der alten Gelehrtenschule des Johanneums stand und bei der Übersiedlung nach der

Maria-Louisen-Straße mitgenommen wurde, wahrt das Andenken. 1613 wurde das Akademische Gymnasium gegründet, eine Art Mittelstufe zwischen Schule und Hochschule. Neben der Aufgabe der Forschung, die man ihm übertrug, sollte es den angehenden Studenten die Möglichkeit bieten, die ersten Semester des Studiums in der Vaterstadt zuzubringen. Im Dreißigjährigen Krieg blieb Hamburg von den Greueln der Verwüstung verschont, und so riß hier – im Gegensatz zu dem übrigen Deutschland – der Faden im Fortgang bürgerlicher gelehrter Bildung nicht ab. Männer wie Jungius, später Fabricius, die beiden Reimarus, Büsch, verliehen der Anstalt Ansehen, ja Glanz weit über Hamburgs Mauern hinaus. Das währte bis in den Beginn des 19. Jahrhunderts hinein; dann aber kam die Versandung: Der wirtschaftliche Wettbewerb der Handelsstadt mit dem Ausland verbrauchte alle Mittel und Energien; die Wissenschaft geriet darüber in den Winkel des Hauses. Das Akademische Gymnasium verkümmerte.
Zwar erhoben sich gegen die Mitte des Jahrhunderts Stimmen, welche seine Umwandlung in eine Universität forderten – der Syndicus Sieveking war ihr Wortführer –, und 1847 bildete sich ein Komitee, welches die Frage prüfen sollte; der Name Dr. Baumeisters ist mit ihm auf das engste verknüpft. Aber die Wirren des tollen Jahres machten den Verhandlungen ein vorzeitiges Ende.
Auch in der Folgezeit kam die Angelegenheit nicht zur Ruhe. In den 1860er und 70er Jahren beschäftigten sich Senat und Bürgerschaft mit der Frage einer Reorganisation des Akademischen Gymnasiums. Mit welchem Weitblick man die Dinge sah, geht aus einem Bericht Dr. Baumeisters hervor, in dem es heißt: »Es ist weniger die Bequemlichkeit für hiesige und von auswärts kommende Studierende, was uns den Sitz einer Universität in Hamburg erwünscht machen würde, als vielmehr der wohltuende und folgenreiche, wenn auch nicht mit Händen greifbare Einfluß von dem Leben nicht entfremdeten Gelehrten auf weitere Kreise in einer Großstadt, welche für das Bedürfnis nach höheren als den nur materiellen Sorgen und Genüssen empfänglich sind.«
In dem Bericht von 1847 war bereits gesagt worden: »Sollten wir Handelsgeist als gleichbedeutend setzen müssen mit einer materiellen, rein egoistischen Richtung, so würde daraus ja nur um so dringender die Forderung erwachsen, die träge Masse mit einem idealen Ferment zu durchdringen, den vorherrschend irdischen Forderungen an das Leben die höheren geistigen entgegenzusetzen und in ihren Rechten zu wahren.«
Eine im Jahre 1873 erneut eingesetzte gemischte Senats- und Bürgerschafts-

kommission beantragte die Umbildung des Akademischen Gymnasiums in eine Hamburgische Akademie, welche den Aufgaben der Forschung, der Publikation wissenschaftlicher Arbeiten und dem Öffentlichen Vorlesungswesen dienen sollte. Bürgermeister Dr. Kirchenpauer war die Seele dieses Ausschusses und setzte sich mit aller Kraft dafür ein, daß die Gründung einer Hochschule verwirklicht werde; der vortreffliche Mann nahm an wissenschaftlicher Forschung persönlich den wärmsten Anteil.

Aber die Widerstände versteiften sich in den folgenden Jahren von neuem. Man sagt, der junge Dr. Johann Georg Mönckeberg, der spätere Bürgermeister, habe durch sarkastische Kritik zu einem guten Teil zum Begräbnis des Plans beigetragen. 1883 entschloß man sich, das Akademische Gymnasium aufzuheben, ohne etwas anderes an seine Stelle zu setzen. Damit war eine 270jährige Tradition abgebrochen und den Wissenschaftlichen Anstalten, die in Hamburg nach wie vor bestanden, das einigende Band genommen. Kirchenpauer aber ließ die Hoffnung nicht sinken: »Meiner Meinung nach«, so schrieb er in einer Aufzeichnung, »ist ein solches Zentralinstitut so unentbehrlich, daß es sehr bald in irgendeiner Form von selbst sich bilden wird.« Jene erwähnten Wissenschaftlichen Anstalten, welche nunmehr der Ersten Sektion der Oberschulbehörde unterstanden, waren die folgenden: die Stadtbibliothek, die Sternwarte, der Botanische Garten, das Botanische Museum und Laboratorium für Warenkunde, das Chemische Staatslaboratorium, das Physikalische Kabinett, das Naturhistorische Museum, das Museum für Kunst und Gewerbe, das Museum für Völkerkunde, die Sammlung vorgeschichtlicher und die Sammlung hamburgischer Altertümer. Die Anstalten erfuhren im Laufe der folgenden Jahre einige Wandlungen und Umgruppierungen. 1907 wurde neben ihnen ein selbständiges mineralogisch-geologisches Institut gegründet.

Seit 1895 bildete aber den Mittelpunkt des hamburgischen wissenschaftlichen Lebens das Öffentliche Vorlesungswesen, das auf der Grundlage früherer Jahrzehnte ausgebaut und mit neuen Energien erfüllt wurde. Von ihm wird an späterer Stelle ausführlicher gehandelt werden müssen.

Pläne für eine Universitätsgründung

Der Universitätsgedanke, den die Gegner begraben wähnten, war dennoch nicht tot. Er lebte insbesondere in der Brust derer, welche in der Zeit ihres

Titelblatt von Gustav Schiefler, Hamburgische Kulturaufgaben, 1899

eigenen Studiums einen Hauch von der befreienden Atmosphäre wissenschaftlicher Forschung verspürt und ehrfürchtige Begeisterung dafür ins Philisterium herübergerettet hatten. Hin und wieder schnitt eine Zeitung die Frage von neuem an; im Club von 1894 wurde sie für einen Abend in den Mittelpunkt der Debatte gestellt.
Den energischsten Vorstoß machte ich selbst mit meinen »Hamburgischen Kulturaufgaben«, die im Herbst 1899 bei Alfred Janssen als eines der Erstlingswerke seines Verlages erschienen. Die Forderung der Universitätsgründung nahm in der Schrift den breitesten Raum ein; ich erörterte alle für und wider vorgebrachten Gründe, sprach mich mit Entschiedenheit gegen die Beschränkung auf eine Handelshochschule aus und trat für die Errichtung einer Anstalt ein, die zwar einerseits den fortgeschrittenen Anschauungen von Forschung und Lehre, anderseits den besonderen Bedürfnissen hamburgischen Lebens und Wesens Rechnung trug, sich aber doch dem bewährten Rahmen der deutschen Universitätsverfassungen einordnen ließ. Das Büchlein fand im ganzen eine kühle Aufnahme. Der Hamburgische Correspondent allerdings brachte zu Weihnachten unter der Überschrift »Ein hamburgischer Wunschzettel« einen Leitartikel, der es mit warmen Worten empfahl und meinem Universitätsstandpunkt in vollem Maß zustimmte, und auch von den Männern, an deren Meinung mir vor allen lag – A. Lichtwark und Dr. Albert Wolffson – erhielt ich Dankschreiben voll freudiger Anerkennung. Aber die offiziellen Persönlichkeiten, insbesondere die Herren des Senats, quittierten mit formeller Höflichkeit. Das wunderte mich nicht; ich wußte, der Universitätsgedanke stand dort nicht in Gnade, und wenn ich mir im öffentlichen Leben die Bahn ebnen wollte, hätte ich andere Wege gehen müssen. Weit überraschter war ich, als ich viele Jahre später erfuhr, daß der Bürgermeister Mönckeberg in einem Brief an einen seiner Söhne von meinem Buch mit lobenden Worten gesprochen habe.
Jedenfalls war ein neues Scheit in das Feuer geworfen, das wieder frischer aufflackerte. Dr. Max Cohen, Vorsitzender des Grundeigentümervereins, war ein Freund des Hochschulgedankens und suchte seine Myrmidonen für ihn zu erwärmen. Er trug sich mit der Hoffnung, es werde ihm gelingen, Alfred Beit, den südafrikanischen Nabob und Freund Cecil Rhodes', einen geborenen Hamburger, zur Stiftung eines Kapitals von 20 Millionen Mark zu bestimmen. Das lag nun noch in weitem Feld; einstweilen aber bewilligte der Grundeigentümerverein 20 000 Mark, um der Idee Fortgang zu verschaffen. Das war im Herbst des Jahres 1900.
Etwa ein Jahr später suchte ich Dr. Werner von Melle auf, der, seit er in den

Senat gewählt war, vom ersten Tag an sich mit zäher Hartnäckigkeit die Gründung einer hamburgischen Universität zum Ziel seines Strebens und Lebens gesetzt hatte. Ich wollte mit ihm beratschlagen, ob es nicht an der Zeit sei, etwa durch einen Verein der Universitätsfreunde oder auf andere Weise in der Öffentlichkeit Propaganda für die Idee zu machen. Er setzte mir seine Pläne auseinander: langsames Vorgehen zunächst auf dem Umweg eines Ausbaus des Vorlesungswesens. Als Platz für die Universitätsgebäude hatte er schon damals das Terrain der alten Kirchhöfe vor dem Dammtor in Aussicht genommen. Auch er meinte, die Anstalt müsse auf der breiten Basis von Stiftungen aufgebaut werden, aber von Herrn Cohen werde sich Beit nicht ins Schlepptau nehmen lassen. Das war, so schien mir, nicht als Befürchtung, sondern als Hoffnung gemeint; denn unzweifelhaft stand Melles Ehrgeiz dahin, alles selbst zu machen. Darum wollte er auch von einer Propaganda, wie ich sie vorschlug, nichts wissen; er wiegelte energisch ab: die Öffentlichkeit sei noch nicht reif dafür.

Mit dieser Behauptung hatte er sicher recht. Aber galt es nicht gerade, sie reif zu machen? Nicht nur die Kaufmannschaft, auch die Angehörigen der gelehrten Berufe in ihrer größten Mehrzahl verhielten sich ablehnend. Der Anwalt Dr. Hübener hatte an jenem Debattierabend des Clubs von 1894 ihnen allen aus der Seele gesprochen, als er Hamburgs wissenschaftlichen Beruf mit der Mahnung verneinte: »Schuster, bleib bei deinen Leisten!« Als im Januar 1900 in der Bürgerschaft über Forderungen für den Neubau der Sternwarte verhandelt wurde, vertraten Arthur Lutteroth und Dr. Roth einen spießbürgerlichen Banausenstandpunkt, während freilich Dr. Zacharias und Krüger schon anklingen ließen, Bewilligungen dieser Art würden etwaigen Plänen einer Universitätsgründung später zugute kommen.

Im ganzen aber war die Stimmung auch unter den Hochschulfreunden flau: Dr. Wolffson, mit dem ich mich auf einem Diner eingehend über die Angelegenheit unterhielt, klagte, Mönckeberg in seiner wichtigen Stellung als Präses der Finanzdeputation sei jedem Vorwärtskommen hinderlich, und Dr. Bendixen äußerte, es sei schon am besten, gar nicht von der Universität zu reden, damit nicht jemand, der sich etwa dazu aufschwänge, für wissenschaftliche Zwecke eine Stiftung zu machen, in der Öffentlichkeit dem Fluch der Lächerlichkeit verfiele.

Inzwischen ging Melle seinen stillen, aber zielsicheren Weg. Schon 1883, bei Aufhebung des Akademischen Gymnasiums, war den Direktoren der Wissenschaftlichen Anstalten zur Pflicht gemacht, öffentliche und nichtöffentliche Vorlesungen zu halten, und zugleich die Oberschulbehörde ermächtigt worden, auch noch andere Vorlesungen oder Einzelvorträge auf dem Gebiet aller Wissenschaften zu veranlassen. Davon hatte man reichlichen Gebrauch gemacht. 1895 wurde eine dreigliedrige Kommission eingesetzt, die das ganze Vorlesungswesen auftragsgemäß einer Neuordnung unterzog und es planmäßig in den folgenden Jahren zu immer größerer Ausdehnung entwickelte. Jetzt, 1901, faßte von Melle die Wissenschaftlichen Anstalten von neuem zu einer Einheit zusammen, indem er ihre Leiter zu dem selbständigen Körper eines Professorenkonvents vereinigte, und stellte sie mit verschärftem Nachdruck in den Dienst des ordentlichen Vorlesungswesen.

Das Gesetz vom 11. Oktober 1901 bestimmte: »Die gemeinsamen Aufgaben aller Wissenschaftlichen Anstalten bestehen in der Förderung der Wissenschaft durch eigene Forschungen sowie in Unterstützung anderer Gelehrten bei Durchführung der von diesen angestellten Untersuchungen, in der Förderung und Hebung der wissenschaftlichen und künstlerischen Interessen der hamburgischen Bevölkerung sowie in der Ausführung von Untersuchungen und Erteilung von Rat und Auskunft in wissenschaftlichen Angelegenheiten.« – »Von den Leitern und den übrigen wissenschaftlichen Beamten der Wissenschaftlichen Anstalten sind Vorlesungen und praktische Übungskurse abzuhalten und Veranstaltungen zu treffen, durch welche die Sammlungen der Wissenschaftlichen Anstalten, soweit es sich mit deren Sicherheit, Erhaltung und regelmäßigen Fortführung vereinigen läßt, dem Publikum zugänglich und nutzbar gemacht werden« (§ 9).

Die hamburgische Tagung der deutschen Naturforscherversammlung im Herbst 1901 bot Herrn von Melle eine willkommene Veranlassung, den Rat bei der Oberschulbehörde H. Klußmann mit der Herausgabe einer Denkschrift über die Entwicklung des hamburgischen Vorlesungswesen zu beauftragen, die in der Tat geeignet war, dem Leser hohen Respekt vor dem Erreichten abzunötigen.

Auf einer Gesellschaft bei der alten Frau Marie Zacharias hatte ich dem Direktor der Sternwarte, Professor Schorr, von jenem Besuch bei von Melle erzählt. Kurze Zeit danach erschien Professor Zacharias, der Direktor des Botanischen Gartens, bei mir: ich dächte ja wohl an eine Komitee-Bildung zu Gunsten einer Propaganda für den Universitätsgedanken; der Professorenkonvent wolle ebenfalls in diesem Sinn tätig sein, weil er ein Bedürfnis nach einer Hochschule, namentlich in Verbindung mit praktischen Fächern, anerkenne. Eine Zersplitterung sei zu vermeiden; ob ich nicht meine Bestrebungen den ihrigen angliedern möge? Da ich mich einverstanden erklärte, suchte mich eine Woche später Professor Voller, der Leiter des Physikalischen

Staatslaboratoriums und gegenwärtige Vorsitzende des Professorenkonvents, auf und bat mich, ihm Personen, namentlich auch aus Juristenkreisen, namhaft zu machen, die sich für die Sache interessierten, und bei ihnen ins Haus zu hören, ob sie bereit sein würden, sich an einer Aktion zu beteiligen. Ich ging zu Dr. Otto Dehn, Dr. Albert Wolffson, Dr. Fritz Bendixen, zuletzt zum Präsidenten des Oberlandesgerichts Dr. Friedrich Sieveking. Der zeigte sich sehr für die Idee eingenommen, faßte aber sogleich die finanzielle Frage bei den Hörnern: was die Sache kosten werde; 20, 30, 40 Millionen Mark? und nahm von vornherein den von ihm auch später immer beibehaltenen knickerigen Standpunkt ein, der Staat könne und dürfe sich nicht in solcher Weise engagieren; der Plan lasse sich nur mit Hilfe von Stiftungen verwirklichen. Der Professorenkonvent beschloß, zu einer ersten vorbereitenden Besprechung außer seinen eigenen Mitgliedern, welche die philosophische Fakultät vertreten würden, je zwei Herren als Repräsentanten der anderen Fakultäten, nämlich Sieveking und mich als Juristen, Senior Behrmann und Hauptpastor Grimm als Theologen, Physikus Reincke und Oberarzt Dr. Deneke als Mediziner und Baudirektor Zimmermann und Ingenieur Hennicke als Techniker einzuladen.

Inzwischen ergab sich, daß auch noch an anderen Stellen ähnliches im Werk war. Dr. Hallier, damals Vorsitzender oder, wie es offiziell hieß, »Proponent« der Patriotischen Gesellschaft, dem meine Universitätsfreundlichkeit natürlich nicht unbekannt war, redete mich eines Tages um diese Zeit auf dem Jungfernstieg an und erzählte, er beabsichtige, die Patriotische Gesellschaft für den Gedanken einer Hochschulgründung zu begeistern, und er habe auch schon eine Persönlichkeit in petto, die, an die Spitze der Propaganda gestellt, eine mächtige Stoßkraft üben werde. Ich antwortete prompt, zu seinem Erstaunen, das sei unzweifelhaft der Präsident Sieveking, und Vertrauen mit Vertrauen erwidernd, ließ ich, soweit ich es ohne Indiskretion konnte, durchblicken, daß er bereits anderweitig in Anspruch genommen sei. Wir versprachen einander, auf eine Vereinheitlichung des Vorgehens hinzuwirken.

In der ersten Sitzung des Professorenkomitees wurde auf meinen Bericht über diese Unterhaltung beschlossen, mit den Patrioten zusammenzugehen, und schon nach vierzehn Tagen fand eine Beratung mit Dr. Hallier statt. Sie war nicht sonderlich von Begeisterung getragen; namentlich die Theologen und Mediziner erwiesen sich als Skeptiker; sie vermochten nicht, sich über enge Standesrücksichten hinweg auf die Höhe der Gesichtspunkte emporzuschwingen, die in jenen oben zitierten Berichten der Jahre 1847 und 1875 so

beredt zum Ausdruck gebracht waren. Grimm ließ sich durch das Bedenken schrecken, alle hamburgischen Pastoren würden künftig ihre ganze Studienzeit in der Vaterstadt zubringen, und meinte, die Direktoren der Wissenschaftlichen Anstalten handelten gegen ihr eigenes Interesse, wenn sie für eine Universität einträten, weil sie in deren umfangreichem Lehrkörper weit mehr verschwinden würden als jetzt. Reincke referierte, Dr. Lenhartz, der Leiter des Eppendorfer Krankenhauses, fürchte, durch den Professorentitel der medizinischen Hochschullehrer möchten die anderen praktischen Ärzte im Ansehen des Publikums allzusehr in Nachteil und Rückstand geraten. Trotz alledem kam man überein, eine gemeinschaftliche Sitzung des Professorenkomitees mit Delegierten der Patriotischen Gesellschaft anzuberaumen. Sie wurde am 14. Februar im Patriotischen Gebäude abgehalten. Von den Patrioten waren außer Dr. Hallier u. a. der alte Herr Lembcke, Generalkonsul Pontoppidan und Hermann Stoltz erschienen. Auch diese hielten sich zunächst abwartend, ja reserviert, aber Pontoppidan erklärte sich durch eine »hübsche« Ansprache Sievekings umgestimmt. Halliers Vorschlag, das Komitee möge sich als eine Art Kommission der Patriotischen Gesellschaft angliedern, fand keine Zustimmung. Man beschloß, die Einladung zu einer Versammlung der Universitätsfreunde gemeinsam von dem Professorenkonvent und der Patriotischen Gesellschaft ergehen zu lassen; für diese sollten Sieveking, Pontoppidan, Grimm und Max Schinckel zeichnen.
Der Fortgang erlitt eine Unterbrechung: Dr. Hallier teilte mit, Bürgermeister Hachmann wünsche, daß unser Vorhaben einige Monate ruhe; er werde Gelegenheit haben, mit Alfred Beit über die Sache zu sprechen. Auch hier also wieder die unglückliche und im Grunde doch einer wohlhabenden Stadt wie Hamburg unwürdige Idee, sich von dem anglisierten Hamburger Juden die zur Erfüllung einer Kulturpflicht erforderlichen Mittel schenken zu lassen. Beit erkrankte, und so ging ein Jahr hin, bis etwas geschah. Herr von Melle schien es nicht ungern zu sehen; auf einem Juristenausflug des Sommers äußerte er sich ungehalten über Hallier, der die Universitätsgründung offenbar für die Patriotische Gesellschaft »an sich reißen wolle«.
Am 23. Februar endlich des folgenden Jahres – 1904 – fand die geplante Versammlung statt. Es gab eine ziemlich lebhafte Diskussion. Zu Beginn teilte Sieveking mit, Beit habe – wie mir scheint: mit richtigem Taktgefühl – abgelehnt, als nicht eigentlicher Hamburger den Reigen der Stifter zu eröffnen. Alsdann wurden Stimmen laut, die sich für eine Handelshochschule erklärten. Lichtwark schnitt die Platzfrage an. Als er im Verlauf der Debatte scharfe Worte gegen die höheren Lehrer sagte, zischte Professor Zacharias in

ostentativer Weise. Es wurde auf die geringe Sympathie hingewiesen, welche die Idee in der breiten Masse der Kaufmannschaft finde; Sieveking erwiderte, es komme gerade darauf an, sie ihnen plausibel zu machen. Schließlich wurde zur Vorbereitung der Agitation ein Arbeitsausschuß, bestehend aus Sieveking, Voller, Hallier und mir, gewählt. Sieveking, dem als Vorsitzenden dies oblag, hat ihn nie einberufen. Er zog es vor, ohne sich mit uns zu beraten, seinen Sohn mit der Ausarbeitung einer Broschüre zu beauftragen, zu welcher er sich durch den Professor Hugo Münsterberg von der Harvard-Universität das Material hatte zusammenstellen lassen. Im Oktober 1905 war sie fertig; sie stellte das klägliche Ergebnis der auf so breiter Basis aufgebauten Aktion dar.

Die Hamburgische Wissenschaftliche Stiftung

Inzwischen hatte sich in der öffentlichen Meinung ein gewisser Wandel der Stellungnahme vollzogen. Im Jahre 1903 war eine Schrift des Großkaufmanns W. Breymann mit dem Titel »Bildung und Aufgaben des Grosskaufmanns« erschienen. Der Verfasser hatte die Notwendigkeit herausgestellt und dargetan, daß der in die Welt hinausziehende junge Kaufmann, wenn er anders den scharfen Wettbewerb mit den anderen Nationen solle bestehen können, mit allen Mitteln des Wissens und der Bildung ausgerüstet sein müsse. Er forderte deshalb, daß Hamburg seinen Söhnen eine solche Möglichkeit durch Errichtung einer Handelshochschule gewähre. Die Anstalt, wie er sie empfahl, war keineswegs als eine nur für den Besuch von Kaufleuten bestimmte höhere Fachschule gedacht, vielmehr sollte sie sich in Forschung und Lehre mit allen Disziplinen beschäftigen, deren Erkenntnis und Beherrschung für den großen Handel notwendig sind, als Finanzwissenschaft, Verkehrsgeographie und Verkehrswesen, Handels-, Wechsel- und Seerecht, Vertragskunde, Volkswirtschaftslehre, Bilanzkunde, Grundzüge des bürgerlichen Rechts, Handelspolitik, Kolonialpolitik, Sozialpolitik u. a.
Breymanns Vorschlag hatte, wenn er auch von anderem Ausgangspunkt an die Sache heranging, tatsächlich sehr starke Berührungsflächen mit den Plänen der Anhänger einer eigentlichen Universität, denn auch diese wollten eben jenen mit dem Handelsverkehr eng verbundenen Wissenschaftszweigen eine vorwiegende Berücksichtigung sichern. Die Kaufleute aber widerstrebten dem Projekt einer Handelshochschule noch stärker als dem einer

Universität. Sie besorgten, die praktische Ausbildung werde unter dem Theoretisieren leiden, zumal wenn etwa die Lehrzeit durch ein mehrjähriges Studium unterbrochen würde. Zudem mochten sie fürchten, der junge Kaufmann werde als Quasi-Student Lebensgewohnheiten annehmen, die ihnen für die Einordnung in Geschäft und Beruf verderblich erschienen. Auf einem Diner bei von Melle sprachen sich Adolph Woermann und der damalige Präses der Handelskammer Robinow sehr entschieden gegen eine Handelshochschule aus, während sie sich mit dem Gedanken an eine Universität befreunden zu können schienen. Im Jahresbericht der Handelskammer von 1903 fand diese Abneigung deutlichen Ausdruck. Das auch hier anerkannte Bedürfnis nach Steigerung der kaufmännischen Bildung sollte nach dem Vorschlag des Berichterstatters durch geeignete Kurse im Rahmen des Vorlesungswesens gedeckt werden.
Natürlich gab es in Hamburg außer Herrn Breymann eine Anzahl weitsichtiger Kaufleute, welche die hohe Bedeutung der Wissenschaft im allgemeinen und speziell für ihren Beruf in vollem Maße erkannten und anerkannten. Henry P. Newman z. B. vertrat den Standpunkt, daß Hamburg, bei dem gewaltigen Aufschwung von Handel und Industrie in ganz Deutschland, nicht mehr die Rolle der einzigen und der Nur-Großhandelsstadt spielen könne und sich auch für andere Interessen einsetzen müsse. Ja, die Klügsten sahen ein, daß jetzt sogar standespolitische Rücksichten von der hamburgischen Kaufmannschaft erforderten, mit beträchtlichen Mitteln für wissenschaftliche Zwecke herauszurücken, damit sie nicht im Inland wegen ihrer Ablehnung der Handelshochschule sich den Vorwurf banausischer Engherzigkeit zuziehe. Max Warburg habe gemeint, so erzählte von Melle, es würden sich unter diesen Umständen wohl 20 Millionen zusammenbringen lassen. Er fügte – mißgünstig, wie er auf diesem Gebiet nun einmal war – hinzu, Warburg wolle die Sache dem Einfluß Dr. Max Cohens entziehen.
Melle beschloß, das Eisen zu schmieden, und begann einen Werbefeldzug großen Stils. Auf dem Senatsempfang bei Gelegenheit des Kunsterziehungstages am 14. Oktober 1905 raunte er mir geheimnisvoll zu, binnen Jahresfrist würde ich meine Freude haben. Es gelang ihm, Beit zur Stiftung von zwei bis drei Millionen zu gewinnen; mehr war nicht herauszuschlagen. Seine Schwester, die Gattin des Architekten Zinnow, erzählte mir auf einer Abendgesellschaft bei Ludwig Lippert, er habe sich zu sehr über gewisse beleidigende Artikel der Hamburger Nachrichten geärgert; zudem sei er durch Londoner Schenkungen stark engagiert, meine auch, die Hamburger könnten selbst etwas tun.

359

Melle ließ sich keine Mühe verdrießen; er lief umher wie der Agent einer Versicherungsgesellschaft. Man mochte ihm glauben, daß ihn die Bettelei nicht leicht und gelegentliche Abweisungen zu schlucken recht sauer ankam. Max Warburg, Woermann, Schinckel, Siemers gaben zunächst je 50 000 Mark, Arnold Otto Meyer 20 000, Hermann Stoltz versprach 20 000, wenn ein Prozeß gegen die Finanzdeputation beendigt sein würde; Ludwig Lippert stellte 100 000 Mark in Aussicht, wenn es zur Gründung einer Universität käme, sonst wollte er nur 10 000 zahlen. Sein Bruder Eduard verschanzte sich hinter seiner Hohenbuchener Kontrollmilch-Musterwirtschaft und Sternwarten-Interessen. Herr Engelbrecht schützte die Anforderungen vor, die sein Kunstmäzenatentum an ihn stelle.

Alle diese Mittel, so war der Plan, sollten zu einer »Wissenschaftlichen Stiftung« vereinigt werden. Melle und Dr. Dehn hatten bereits ein Statut ausgearbeitet. Wenn vier Millionen zusammen wären, wollte man an die Öffentlichkeit treten. Im April 1907 war es soweit. Nachdem durch staatliche Genehmigung der Stiftung die Rechtsfähigkeit verliehen war, erschien ein Aufruf mit der Aufforderung an alle Hamburger, denen die geistige Entwicklung ihrer Vaterstadt am Herzen liege, weitere Gaben zu zeichnen. Ein Kuratorium war an die Spitze gestellt; es bestand aus von Melle, Senator Holthusen, Dr. Eduard Westphal, Präsident Sieveking, Max Warburg, Dr. Otto Dehn, Dr. Krüss, Edmund Siemers, Senior Behrmann, dem Direktor der Stadtbibliothek Professor Münzel, Professor Dr. Lenhartz und Dr. Friedrich Bendixen. Die Stiftung sollte mit ihren Mitteln der Förderung wissenschaftlichen Lebens dienen, insbesondere durch Berufung von Gelehrten und durch Ermöglichung von Forschungsreisen und Forschungsarbeiten größeren Umfangs.

Zur Unterschrift des Aufrufs war eine große Anzahl von Männern aufgeboten, von deren Interesse für die Wissenschaft man nie etwas gehört hatte; von meinen Spezialkollegen fanden sich z. B. Dr. Framhein und Dr. Hinrichsen dabei. Mich aufzufordern, hatte Melle nicht für nötig gehalten. Er hatte mir seine Gunst entzogen, seit ich mich öffentlich gegen das neue arbeiterfeindliche Wahlgesetz ausgesprochen hatte und von den Vereinigten Liberalen als Kandidat für die Notabelnwahlen aufgestellt war. In so etwas zeigte er seine Natur. Ich quittierte mit dem Austritt aus dem Vorstand seines Vereins für Kunst und Wissenschaft; für die Sache selbst brachte aber auch ich mein Scherflein dar, indem ich für mich 200, für meine Frau 50 und für jedes unserer vier Kinder 25 Mark zeichnete.

Im Juli wurde von der Bürgerschaft ein Gesetz angenommen, welches die von der Wissenschaftlichen Stiftung mit einem Lehrauftrag betrauten und vom Senat zu Professoren ernannten Gelehrten dem Professorenkonvent der Wissenschaftlichen Anstalten einreihte. Mit dieser Gründung war gleichsam ein neutraler Schritt getan: Er legte die Route weder auf die Universität, noch auf die Handelshochschule zu, noch in einer anderen Richtung fest; er trug sogar einer neuen Strömung Rechnung, welche unter der Einwirkung des Kunsthistorikers Professor Aby Warburg, durch dessen einflußreiche Familie vertreten wurde. Jenem, dessen Ideal es war, in stiller Abgeschlossenheit seinen Studien obzuliegen, schwebte eine Art Gelehrtenrepublik, eine Gruppe selbständiger Institute vor, die nicht so sehr der Lehre als vielmehr der Forschung gewidmet sein sollten.

Währenddem war der Kampf »hie Universität, hie Handelshochschule, hie keins von beiden« durch die kümmerliche Münsterberg-Sievekingsche Broschüre zu neuer Flamme angeblasen, in der Öffentlichkeit weiter geführt. Von der Tagespresse standen sich die Hamburger Nachrichten und der Correspondent scharf gegenüber: jene, ihrer kulturfeindlichen Tradition getreu, lehnten alle Ausgaben ab, welche anderen als den eng begrenzten Interessen des Handels dienen sollten; dieser öffnete seine Spalten bald den Verfechtern des Universitätsgedankens, bald den Anhängern der Handelshochschule, selbst freilich zu Gunsten jener Partei ergreifend. Zu einer Art Demonstration gestaltete sich ein Diskussionsabend des Clubs von 1894 im Uhlenhorster Fährhaus – 26. April 1906 –, wozu zahlreiche Einladungen ergangen waren. Präsident Sieveking hatte das Referat. Er ritt mit einer etwas oberflächlichen Eleganz eine glänzende Attacke für die Universität, und alle Redner stimmten ihm begeistert zu; nur Dr. Paul Crasemann, ein Angehöriger des Mönckebergschen Kreises, kam mit zahlreichen Bedenken: »der Kaufmann sagt«, »einflußreiche Personen meinen« – aber er fand damit kein Echo.

Zu grundsätzlichen Auseinandersetzungen in breitester Öffentlichkeit führte der Antrag des Senats, für die Zwecke des Vorlesungswesens einen Professor der Nationalökonomie zu berufen; am 26. September 1906 kam er in der Bürgerschaft zur Verhandlung. In der Begründung war gesagt worden, daß wirtschaftspolitische Kenntnisse für den heranwachsenden Kaufmann von großer Wichtigkeit seien. Dr. Rudolf Mönckeberg führte mit Erfolg die Opposition. Diese Herren hatten Angst, es möge ein Gelehrter kommen, welcher den gefürchteten sog. Kathedersozialisten nahestehen würde, und da sie ohnehin auf jede Verstärkung des rein wissenschaftlichen Elements im hamburgischen Leben scheel sahen, waren sie für den Senatsantrag nicht zu haben.

Da erstand ihm in Robert W. Heidmann, einem mit englischen und amerikanischen Verhältnissen vertrauten Kaufmann des großen Kohlenhandels, ein Vorkämpfer. In eindringlicher, temperamentvoller Rede widerlegte er die Besorgnisse, die praktische Brauchbarkeit der jungen Kaufleute werde durch Einfügung der theoretischen Wissenschaft in ihrem Ausbildungsgang Einbuße erleiden. Er zeigte, wie gerade die Vernachlässigung der Theorie in England unserer Industrie die Möglichkeit gewährt habe, vor jener einen beträchtlichen Vorsprung zu gewinnen, und daß es jetzt für uns darauf ankomme, auf dem Gebiet des Handels unsererseits nicht eine ähnliche Schlappe zu erleiden. Insbesondere wies er darauf hin, daß gerade die großen Geldmänner Amerikas, die sich rühmten, allein durch ihre praktische Veranlagung von Stufe zu Stufe emporgeklommen zu sein, sich nicht genug an Stiftungen für wissenschaftliche Zwecke tun könnten, damit der Nachwuchs die auch von ihnen als notwendig erkannte theoretische Schulung zu erwerben vermöchte. Er forderte deshalb, der Senat möge alsbald an die Bürgerschaft mit einer Vorlage herantreten, die der heranwachsenden hamburgischen Kaufmannschaft eine solche Ausbildung zugänglich mache. Die Entscheidung, ob das am besten in der Form einer Universität oder einer Handelshochschule geschehe, überlasse er anderen Instanzen.

Eine daraufhin seitens der Deputation für Handel und Schiffahrt an die Handelskammer gerichtete Anfrage gab dieser Gelegenheit, zu Heidmanns Ansichten und Forderungen offiziell Stellung zu nehmen. Es geschah ablehnend. Der Jahresbericht für 1906, der übrigens auch insofern unter einem bildungsfeindlichen Stern stand, als er sich gegen die Einführung des obligatorischen Fortbildungsunterrichts der Kaufmannslehrlinge aussprach, blieb mit Entschiedenheit bei der früher – 1903 – vertretenen Ansicht, daß die Lehrzeit der Kaufleute durch Hereinbeziehung theoretischer Studien zersplittert werde. Daneben wurde das freundlichere Gesicht, das der Bericht des vorangegangenen Jahres der Universität gezeigt, zwar nicht ganz abgekehrt, aber doch in ernstere Falten gelegt. Daran änderte auch nichts, daß Heidmann die Versammlung Eines Ehrbaren Kaufmanns, welche am Schluß eines jeden Jahres stattfand, diesmal benutzte, seine Stimme mit erhöhtem Nachdruck zu erheben; der Vorsitzende, Herr Alfred Michahelles, erklärte, daß die Angelegenheit durch den Bericht ihre Erledigung gefunden habe.

Die Wissenschaftliche Stiftung griff ihre Aufgaben mit Eifer an. Sie berief zunächst den Historiker Erich Marcks aus Heidelberg, von dem man wußte, daß er an einer Bismarck-Biographie arbeitete, mit einem Jahresgehalt von 25 000 Mark nach Hamburg. Alsdann sandte sie zwei Tropenhygieniker nach Ostafrika, um die Erreger der Schlafkrankheit zu erforschen, rüstete auf Antrag des Professors Thilenius, des Direktors des Völkerkunde-Museums, eine zweijährige Expedition nach den deutschen Südsee-Inseln aus, welche die ethnographischen Verhältnisse studieren und für eine Vervollständigung der Sammlungen sorgen sollte, und ermöglichte durch finanzielle Beihilfe dem Staat, einen namhaften Volkswirtschaftler in der Person des Professors Karl Rathgen an das Vorlesungswesen heranzuziehen.

Auch in anderer Richtung erweiterten sich um diese Zeit die Wissenschaftlichen Anstalten. Es ist schon oben davon die Rede gewesen, daß die mineralogisch-geologischen Sammlungen vom Naturhistorischen Museum abgetrennt und zur Grundlage eines selbständigen Instituts gemacht wurden. Man schuf eine Professur für Geschichte und Kultur des islamischen Orients, die in dem jungen und klugen Professor Becker einen würdigen Vertreter fand, und die Sammlung hamburgischer Altertümer wurde in ein Museum für Hamburgische Geschichte umgewandelt, an dessen Spitze Professor Lauffer aus Frankfurt berufen wurde.

Edmund Siemers, der Nabob von Gnaden des amerikanischen Öls und mit dem Öl des Gemeinsinns gesalbt, der in den amerikanischen Milliardären seit Jahrzehnten lebendig ist, der Gründer auch der Lungenheilstätte Edmundstal bei Geesthacht, hatte der Wissenschaftlichen Stiftung als Morgengabe eine Million Mark zur Errichtung eines Vorlesungsgebäudes dargebracht. Am 2. Oktober 1907 wurde in der Bürgerschaft über den Senatsantrag verhandelt, auf dem Staatsgrund an der Moorweide einen Platz für diesen Bau anzuweisen. Die Sitzung wurde zu einer äußerlich imposanten Kundgebung. Nachdem von Melle als Senatskommissar den Antrag begründet und von dem Entschluß des Senats Kenntnis gegeben hatte, der Straße an der Moorweide den Namen »Edmund-Siemers-Allee« beizulegen, sprach Dr. Eduard Westphal als Wortführer der Rechten im Namen aller Fraktionen die Zustimmung der Bürgerschaft aus und votierte dem Stifter den einstimmigen Dank des Hauses.

Trotz der schönen und hohen Worte war es im Grunde eine hohle Geste. Man nahm ein Geschenk und feierte den Schenkgeber. Daß von dem Geist, der über dieser Tat hätte schweben sollen, die Gesamtheit dieser Männer keineswegs erfüllt war, davon hat der weitere Gang der Ereignisse einen vollgültigen Beweis erbracht. Und war es nicht ein wenig lächerlich, wenn eine Zeitung, jener Einstimmigkeit aller Fraktionen froh, schrieb: »Von dem Mißtrauen, das die Gegner der heutigen Staats- und Gesellschaftsordnung dem Staate fast bei jedem wichtigen Anlaß bekunden, war gestern nicht die

Rede. Dem Senat und dem hervorragenden Leiter unseres wissenschaftlichen Lebens schenken auch die Sozialdemokraten das Vertrauen, daß sie die reiche Gabe im Sinne des Stifters zum Nutzen und Frommen der gesamten Bevölkerung verwenden werden.« Man muß sich dabei vergegenwärtigen, daß gerade die Sozialdemokraten stets weit bereiter waren, Mittel für kulturelle Zwecke zur Verfügung zu stellen, als die anderen Parteien.

Das Kolonialinstitut

Einen neuen Schritt auf dem Weg zur Hochschule bedeutete die Gründung des Kolonialinstituts. Im Frühjahr 1907 war in einer Verhandlung der Budgetkommission des Reichstags von der Kolonialverwaltung das Bedürfnis einer vertieften Unterweisung der Reichsbeamten in den kolonialen Wissenschaften betont. Dr. Semler hatte bei dieser Gelegenheit die Aufmerksamkeit des Staatssekretärs Dernburg auf die hamburgischen Anstalten gelenkt und auseinandergesetzt, wie hier Theorie und Praxis in fruchtbarer Wechselbeziehung ständen. Man wartete nun in Hamburg ab, ob von Berlin aus die Möglichkeit einer Anknüpfung geboten werde; als das geschah, sandte man Professor Thilenius in besonderer Mission zum Reichskolonialamt. Dort lag eine Denkschrift Dr. Levy von Halles vor, welche Dahlem als Sitz eines Kolonialinstituts mit einem Jahresbudget von einer Million Mark empfahl. Thilenius wies auf die Vorzüge Hamburgs, insbesondere z. B. darauf hin, daß Berlin die tropenhygienischen Nachrichten von Hamburg beziehen müsse. Auf Dernburg, der als früherer Kaufmann einen praktischen Blick für solche Dinge hatte, machten die von Thilenius vorgebrachten Gründe Eindruck. Bereits im Juni kam er nach Hamburg, um sich die Einrichtungen des Vorlesungswesens und der Wissenschaftlichen Anstalten anzusehen. Gerade jene von Semler gerühmte Verbindung von Wissenschaft und Praxis imponierte ihm; namentlich gab er seiner Freude darüber Ausdruck, wie Professor Voigt, der Leiter des Instituts für Angewandte Botanik, von seinem Börsenstand aus mit den Quartiersleuten verkehrte. So führte schon dieser Besuch zu einem – vorläufig freilich noch unverbindlichen – Einvernehmen: Hamburg solle das Kolonialinstitut auf seine Kosten einrichten, während das Reich für jeden an ihm lernenden Beamten einen Zuschuß zu zahlen habe. Es scheinen damals Stimmen laut geworden zu sein, die eine direkte Beteiligung des Reichs an den Kosten der Anstalt forderten. Wenigstens wurde

erzählt, Dernburg habe sich auf einem Frühstück bei Max Warburg darüber lustig gemacht, wie überhaupt jemand auf den Gedanken kommen könne, Hamburg dürfe sich die Ehre der Gründung mit eigenen Mitteln entgehen lassen. »Die lumpigen 30 000 Mark Jahresbudget«, habe er gesagt.
Im Januar 1908 wurde in Berlin eine endgültige Vereinbarung unterzeichnet. Am 1. April nahm die Bürgerschaft das diese Vereinbarung bestätigende Gesetz an. Das Institut sollte einem doppelten Zweck dienen, einmal der gemeinsamen Vorbildung von Kolonialbeamten und anderen Personen, welche in die Schutzgebiete hinauszugehen beabsichtigten; zum zweiten der Schaffung einer Zentralstelle für alle wissenschaftlichen und wirtschaftlichen kolonialen Bestrebungen. Dazu bedurfte es einiger Neuordnungen. Die Zentralstelle mußte organisiert und mit dem nötigen Apparat von Hilfskräften versehen werden. An ihre Spitze wurde als leitender Beamter der Afrikaforscher Geh. Rat Stuhlmann gestellt. Ferner waren zwei Lehrstühle ins Leben zu rufen: für öffentliches Recht und für Geographie. Dem Lehrkörper der Anstalt wurde der Name „Professorenrat" beigelegt. Endlich sollte ein kaufmännischer Beirat berufen werden, um die notwendige ständige Fühlung mit dem Handel sicherzustellen. Am 1. Oktober wurde das Kolonialinstitut mit einem feierlichen Akt eröffnet. Mit Verwunderung und – ich will es nicht leugnen – mit einiger Bitterkeit erfüllte es mich, daß, während Krethi und Plethi aus den alten hamburgischen Familien und aus der Bürgerschaft mit ihren Damen der Feier beiwohnten, ich, der Fremdling, der nie um die Gunst der Hamburger gebuhlt, aber mehr als jene zusammen für die Sache getan hatte, keine Einladung erhielt.
Das mit dem Kolonialinstitut auf das engste verbundene Öffentliche Vorlesungswesen erfuhr durch diese Veränderungen auch seinerseits eine fruchtbare Bereicherung. Am 8. Oktober 1907 hielt Marcks in der Aula des Wilhelm-Gymnasiums seine Antrittsrede – »Hamburg und das bürgerliche Geistesleben in Deutschland« war sein Thema. Er wies darin gleichsam der künftigen Entwicklung die Bahn: »Dieser Staat ist ungebunden auch in der Pflege geistigen Lebens, sobald er sie ergreifen will, unvergleichlich freier, als die größte Provinzialstadt es sein kann. Und auf seinem Boden muß sich doch wohl ein solches Leben auch seinerseits mit besonderer Freiheit entfalten können: hinausgewiesen auf die weite Welt, erfüllt von jenem Meereshauche, gegen die Untugenden von Staatsfremdheit und Wirklichkeitsfremdheit, die dem deutschen Geiste so gern gefährlich werden, geschützt durch die starke Wirklichkeit, die hier einem jeden so nahe tritt, durch die alltägliche Deutlichkeit des Zusammenhanges von Wirtschaft und Staats-

macht, von kultureller Lebendigkeit und politischer Kraft, von Welt und Nation.«
Passarge, der neue Geograph, eröffnete seine Tätigkeit mit einer Vorlesung über die Aufgaben seiner Professur. Rathgen sprach vor einem vielhundertköpfigen Publikum in einer Vortragsreihe über die moderne Arbeiterbewegung. Marcks begann sein Kolleg über das Zeitalter Ludwigs XIV. Warburg las über Mantegna in Padua, Dr. Goldschmidt über Veroneses Tätigkeit in Venedig. Auf den Gebieten der Theologie und Missionskunde, der Rechts- und Staatswissenschaften, der Volkswirtschaftslehre und Kolonialpolitik, der Medizin und Hygiene, der Tropenmedizin, der Philosophie und Psychologie, Literatur und Sprachwissenschaft, Geographie, Anthropologie, Mathematik, Physik, Chemie und noch vielen anderen gab es fachwissenschaftliche Vorlesungen und seminaristisch eingerichtete Kurse. Von auswärts wurden zu Vortragsreihen die namhaftesten Gelehrten eingeladen, z. B. die Literarhistoriker Erich Schmidt aus Berlin, Albert Köster aus Leipzig, Berthold Litzmann aus Bonn, der Philologe und Historiker Ulrich von Wilamowitz-Moellendorff aus Berlin, der Philosoph Rudolf Eucken aus Jena, der Jurist Ernst Zitelmann aus Bonn, die Archäologen Loeschke aus Bonn und Ferdinand Noack aus Tübingen und manche andere. Im Wintersemester 1911/12 schließlich wurden am Kolonialinstitut und Vorlesungswesen 395 Vorlesungen von 203 Dozenten gehalten. So durfte man mit Recht sagen, daß sich diese Anstalten zu einer volkstümlichen Hochschule entwickelt hatten.
Jede Befriedigung von Bedürfnissen wird zu einer Quelle neuer Wünsche. So hielt Dr. von Melle im Frühjahr 1909 die Zeit zu einem tatkräftigen Vorgehen für gekommen. Bei einer Unterredung Ende April setzte er mir vertraulich seine Pläne auseinander: er, d. h. der Senat, wolle sieben neue Professuren beantragen; zwei – nämlich je einen Lehrstuhl für afrikanische Sprachen und für Sprache, Kultur und Geschichte Ostasiens – innerhalb des Rahmens für das Kolonialinstitut und fünf für die Zwecke des Vorlesungswesens: für deutsche, speziell niederdeutsche Sprache, für deutsche Literatur, für Philosophie, für Mathematik und für Archäologie. Bedenklich war er wegen der Finanzierung; die Mittel der Wissenschaftlichen Stiftung seien anderweitig zu sehr engagiert, um dem Staatsbudget zu Hilfe kommen zu können, deshalb sei es wünschenswert, neue Quellen zu erschließen. Ob ich Beziehungen zum Fremdenblatt habe, um es in den Dienst einer Werbung zu stellen? Er ließ sich auch im allgemeinen über die Aussichten der Universitätsgründung aus: die philosophische, eine naturwissenschaftliche und die juristisch-staatswissenschaftliche Fakultät seien auf gutem Weg. Zur Erweiterung die-

ser letzteren werde vorderhand ein Lehrauftrag an ein Mitglied des Oberlandesgerichts genügen. Zum Ausbau einer medizinischen Fakultät bedürfe es lediglich dreier neuer Professuren.
Am 7. Mai ging der Senatsantrag – von den Herren des Kolonialinstituts scherzweise »die Vorlage der sieben Weisen« genannt – an die Bürgerschaft. Sie stand am 12. auf der Tagesordnung, wurde aber abgesetzt. Auf einer Gesellschaft, die wir um jene Zeit gaben, trat schon die Abneigung gegen Melles Politik deutlich hervor. Dr. Lohse, der kürzlich neu ernannte Direktor des Armenwesens, der früher ein Universitätsfreund war, hetzte Professor Warburg auf, der, wie gesagt, seine eigenen Ideen verfolgte. Dr. Spiero schalt: Ja, wenn es auf eine Universität hinauslaufe, so aber werde nur ein oberflächlicher Dilettantismus gezüchtet! Und Henry P. Newman erklärte rund heraus, die Wissenschaftliche Stiftung habe kein Geld, um für Verwirklichung der Vorlage einzutreten.
Am 26. Mai kam der Senatsantrag in der Bürgerschaft zur Verhandlung. Die Begründung hatte ausgeführt, weshalb für die Belange des Kolonialinstituts die beiden auf die überseeischen Besitzungen hinweisenden Lehrstühle notwendig geworden; daß im Lehrplan des Vorlesungswesens neben den im Dienst der Allgemeinbildung stehenden Vorträgen schon seit geraumer Zeit fachwissenschaftliche, sog. seminaristische Übungen einen breiten Platz einnähmen und zu ihrer Weiterentwicklung, die im Interesse der Aus- und Fortbildung von Lehrern und Lehrerinnen liege, der Berufung des Mathematikers und des Philosophen bedürften; daß die wissenschaftliche Pflege der deutschen Sprache und Literatur mit besonderer Berücksichtigung des Niederdeutschen eine Ehrenpflicht Hamburgs sei und endlich, daß der Archäologe als Ergänzung für die geschichtlichen und kunstgeschichtlichen Darbietungen des Vorlesungswesens gefordert werde, welchen das große Publikum die lebhafteste Anteilnahme entgegenbringe.
Die Vorlage fand in der Bürgerschaft, wo sie von Melle vertreten wurde, als Ganzes keine gute Aufnahme. Zwar gingen die beiden Kolonialprofessuren glatt durchs Ziel, aber nur ein kleines Häuflein der Rechten, geführt von Hauptpastor D. Rode, der selbst Mitglied der Oberschulbehörde war, wollte ohne weiteres alles bewilligen. Mit erdrückender Mehrheit wurde der Rest der Vorlage einem Ausschuß überwiesen. F. F. Eiffes Worte, der für das Linke Zentrum sprach, waren noch am freundlichsten; in den Reden der übrigen – Max Warburgs für die Mehrheit der Rechten, Dr. Bauers für die Linke, Dr. Philippis für die Vereinigten Liberalen, Stoltens für die Sozialdemokraten – klang es wie dumpfer Groll gegen den Senatskommissar, als habe man

ihn im Verdacht der Unaufrichtigkeit und Hinterhältigkeit: man wolle wissen, wohin die Reise gehe und nicht eines schönen Tages unerwartet vor die vollendete Tatsache einer vorhandenen Universität gestellt sein. Dr. Philippi und Stolten verlangten auch, daß über Hochschulplänen nicht die näherliegenden Aufgaben der Volksschulen und Fortbildungsschulen vernachlässigt würden.

Melle antwortete auf die Frage nach dem letzten Ziel seiner Pläne nicht. Daraus war ihm kein Vorwurf zu machen, denn als Senatskommissar hätte er nur im Namen des Senats sprechen können, und dessen war er selbst nicht sicher. Gesprächsweise äußerte er, es würde sich nichts anderes habe sagen lassen, als daß man augenblickliche Bedürfnisse befriedigen wolle und den weiteren Gang der Dinge abwarten müsse.

Im Laufe des Herbstes ging der Ausschuß, welcher den Oberlandesgerichtsrat Zacharias zum Vorsitzenden und den Oberlandesgerichtsrat Philippi zum Schriftführer wählte, an seine Arbeit, die vornehmlich darin bestand, die Professoren des Kolonialinstituts als Sachverständige zu hören. Die Verhandlungen überdauerten den Winter. Natürlich stand die Angelegenheit für die Universitätsfreunde im Mittelpunkt des Interesses, und alles, was damit zusammenhing, bildete unter ihnen den allgemeinen Gesprächsstoff. Auf den Lehrstuhl für afrikanische Sprachen wurde der frühere Theologe Meinhof, für den ostasiatischen Kulturkreis der Sinologe Franke berufen. Freiherr von Westenholz, ein Freund griechischer Kunst, erklärte sich bereit, für eine Sammlung von Abgüssen nach der Antike ein Kapitel von 20 000 Mark zu stiften. Trotzdem hieß es, der Archäologe stehe am wackligsten; man munkelte schon, er solle geopfert und an seine Stelle ein Anglist und ein Romanist eingeschoben werden.

Es war bekannt, daß der Ausschuß sich nicht auf die Erörterung der Vorlage beschränkte, sondern sich nachdrücklich mit der Frage der Semester-Anrechnung beschäftigte, d. h. ob es geboten sei, eine Anstalt zu schaffen, deren Besuch auch anderswo als vollwertiges Hochschulstudium anerkannt würde. Sehr begreiflich! Denn es war allen Eingeweihten klar, daß mit dem Professurenschub im Grunde gerade diese Möglichkeit geschaffen werden sollte. Im vertraulichen Gespräch erzählte Melle, daß er in Berlin bereits über dies Thema verhandle, und rühmte sich dabei, er finde nach den Erfolgen mit der Wissenschaftlichen Stiftung und dem Kolonialinstitut erheblich mehr Entgegenkommen als früher.

Bei ihrer Vernehmung vor dem Ausschuß erklärte sich die erdrückende

34. Wilhelm Mann: Werner von Melle, 1917

35. Franz Nölken: Edmund Siemers, 1915

Mehrheit der Professoren für die Notwendigkeit der Semester-Anrechnung. Die bisherigen Hörer des Kolonialinstituts, so argumentierten sie, bildeten keine gleichartige Masse und setzten sich größtenteils aus Leuten zusammen, die keine tiefere wissenschaftliche Vorbildung genossen hätte. Die Dozenten fänden aber Befriedigung nur in einer Verbindung von Forschung und Lehre, welche einen Verkehr mit wirklichen Studenten mit sich bringe, und eine fruchtbare Arbeitsgemeinschaft mit der heranwachsenden Generation gewährleiste. Auf den Zuzug solcher Studenten könne ausschließlich gerechnet werden, wenn die hier verbrachte Zeit nicht für das eigentliche Studium verloren sei. Nur Professor Nocht, der Leiter des tropenhygienischen Instituts, nahm den entgegengesetzten Standpunkt ein; er wünschte die Studenten fernzuhalten und das Schwergewicht ganz auf die Forschungsarbeit zu legen. Stuhlmann und Passarge vertraten eine Mittelmeinung: auch sie stellten die Institute in den Vordergrund, wollten aber doch nicht auf die Mitarbeit fortgeschrittener Studenten verzichten. Professor Warburg schloß sich den Dissentierenden an. Er klagte: die Universität würde einen gewaltigen Erfolg haben, aber dann hätten wir auch hier die Universitätsmaschine, während es darauf ankomme, daß ältere mit jüngeren Gelehrten zusammenarbeiten könnten; es sei doch z. B. heillos, daß die eigentliche hanseatische Geschichte, die Geschichte der hanseatischen Kultur, in Hamburg nicht gepflegt werde. Vielleicht müsse als ein bedenkliches Anzeichen für die Folgen eines solchen Mangels angesprochen werden, daß der schleswig-holsteinische Maler Momme Nissen, ein Mann von dem feinsten intellektuell-ästhetischen Gewissen, in dieser Kultur keinen Halt habe finden können und zum Katholizismus übergetreten sei.

Hoffnungen und Befürchtungen wogten währenddem auf und ab; man suchte unter Einschätzung der Stärke und Stimmung der Fraktionen auszurechnen, wie die Entscheidung fallen werde. Im Herbst war in den Kreisen der Professoren die Beurteilung der Lage hoffnungsvoll; man legte großen Wert darauf, daß auch der »Hamburger« Zacharias sich für die Notwendigkeit der Semester-Anrechnung ausgesprochen habe. Schon im Dezember waren die Aussichten trüber. In einer Abendgesellschaft bei Marcks, wo uns der Gastgeber in einer Art kleinen Vortrags interessante Einzelheiten aus seinen Bismarck-Forschungen zum besten gab, wurde gezürnt, die Stellungnahme der Bürgerschaft habe dem Ansehen Hamburgs im Binnenland geschadet. Mich amüsierte zu beobachten, wie Max Warburg, der sonst mit den Professoren sehr gut Freund war, heute seitab stand. Ich nahm die Gelegenheit wahr, um ihm auch meinerseits unter Benutzung einer in Heidelberg gemachten Er-

fahrung zu erzählen, daß die jungen Gelehrten im Reich nur noch höhnisch über Hamburgs wissenschaftliche Bestrebungen redeten.
Endlich, im Juni 1910, wurde Philippis Ausschußbericht fertig. Die Arbeit war nicht schlecht. Er zerlegte und ordnete die Gedanken der Vorlage und ihrer Begründung, fügte die von den Senatskommissaren mündlich gegebenen Erläuterungen hinzu, faßte die Gutachten der Professoren in Gruppen zusammen, breitete die eigenen Erwägungen des Ausschusses auseinander und baute auf dieser Grundlage Schlußfolgerungen und Votum auf. Dies ging dahin, daß, was zur Gesundung und Entwicklung des Kolonialinstituts beitragen könne, geschehen, alles andere aber neben diesem Ziel zurücktreten müsse. Einen breiten Raum nahm die Erörterung ein, ob den Oberlehrern und namentlich den Oberlehrerinnen die Möglichkeit ihrer Ausbildung in Hamburg geboten werden solle; man verneinte es, und damit fiel sowohl der Mathematiker, wie die Professur für deutsche Literatur, die nach der Begründung der Vorlage beide vornehmlich diesem Zwecke zu dienen hatten. In den Vordergrund auch des Berichts schob sich die Frage nach der Semester-Anrechnung. Hier aber lag seine Schwäche. Mochte er sonst in mehreren Hinsichten gegenüber der Vorlage eine Verbesserung bedeuten, so darin, daß er, den Wünschen der Volksschullehrer Rechnung tragend, forderte, der zu berufende Philosoph müsse auf dem Gebiet der Psychologie, besonders der Kinderpsychologie bewandert sein, und daß er für Dezentralisation des Vorlesungswesens im Interesse der Arbeiterbevölkerung in den Vororten eintrat. Die Stellung des Ausschusses in diesem Hauptpunkt nahm dem Bericht den Wert. Philippis mangelnde Einsicht in das innere Wesen des Hochschullebens, die im Ausschuß den Sieg davongetragen hatte, war Schuld, daß die Behandlung der Sache in der Bürgerschaft auf einen toten Strang geriet. Der Bericht folgte der Meinung Stuhlmanns und Passarges, die offenbar mehr vom Interesse ihres eigenen Arbeitszweigs als von allgemeinen Gesichtspunkten ausgegangen waren, und verlangte, die künftigen Einrichtungen sollten so getroffen werden, daß zwar die am Kolonialinstitut verbrachten Semester angerechnet würden, daß sich aber durch die Art des Lehrbetriebs nur ältere, in ihrem Studium schon fortgeschrittenere Studenten angezogen fühlten. Man wollte also gewissermaßen mit der einen Hand geben, mit der anderen nehmen.

Die Anträge des Ausschusses gingen dahin:
1. Unter Ablehnung der anderen Professuren die Lehrstühle für deutsche Sprachwissenschaft und für Philosophie zu bewilligen.
2. Den Senat zu ersuchen, daß das Vorlesungswesen durch zwei weitere Professuren, nämlich für englische Sprache und Kultur und für romanische – insbesondere spanisch-portugiesische – Sprache und Kultur ergänzt werde.
3. Die Bürgerschaft wolle ihren Beschlüssen die folgenden Wünsche hinzufügen:
   a) daß das Kolonialinstitut mit dem Vorlesungswesen verbunden, zu einer selbständigen Anstalt ausgebildet und diese bestimmt werde, die auf überseeische Verhältnisse bezüglichen Wissenschaften besonders zu pflegen,
   b) daß bei Gewährung der Selbstverwaltung an die so zu begründende Anstalt das kaufmännische Element in sachgemäßer Weise herangezogen werde,
   c) daß die Zentralstelle des Kolonialinstituts ihrer Aufgabe entsprechend ohne Verzug weiter ausgebaut werde,
   d) daß das Vorlesungswesen dezentralisiert werden möge.

Der Bericht fand in den wissenschaftlichen Kreisen, eben wegen seiner Auffassung von der Studentenfrage, eine abfällige Beurteilung. Der Correspondent schrieb mit Recht: »Der Bericht erkennt auf der einen Seite die Unentbehrlichkeit der Studenten an, um dann sofort hinzuzufügen: Aber nur nicht zu viele! Wir wollen möglichst wenig bieten, denn je weniger wir bieten, desto weniger Studenten kommen. Nur keine Abrundung zu einer philosophisch-naturwissenschaftlichen Fakultät! Dann aber wird am Schluß doch wieder beantragt, das Kolonialinstitut mit dem Vorlesungswesen zu einem großen Ganzen auszugestalten. Der Ausschuß will Studenten nur zur Befriedigung des Lehrtriebs der Professoren. Gewiß, dieser Gesichtspunkt ist wichtig; aber der Ausschuß übersieht, daß es sich in dieser Frage gar nicht um die Privatbedürfnisse der Professoren, sondern um die Existenz des Kolonialinstituts handelt. Denn jede Bildungsanstalt braucht Schüler, um zu wirken; je mehr Schüler, desto mehr Wirkung; je mehr Auswahl, desto mehr Elite. Der Ausschuß scheint der Meinung zu sein, man könne hierher Elite ziehen ohne Masse. Es gibt keine Elite ohne Auswahl.«

Am 6. Juli 1910 fand die Verhandlung im Plenum der Bürgerschaft statt. Von den Fraktionen waren verschiedene Abänderungen zu den Vorschlägen des Ausschusses beantragt: die Linke und die Vereinigten Liberalen wollten den

Mathematiker wiederherstellen; die Rechte wollte zwar den Philosophen und Deutschsprachler auch ihrerseits bewilligen, verlangte aber, der Senat solle ersucht werden, der Bürgerschaft – bevor an die Schaffung weiterer Professuren herangetreten werde – ein Programm und einen einheitlichen Organisationsplan, betreffend die weitere Entwicklung des Kolonialinstituts, des Allgemeinen Vorlesungswesens und der Wissenschaftlichen Anstalten unter Berücksichtigung der Kosten- und Kostendeckungsfrage, zugehen zu lassen. Das hieß also, Melle die Pistole auf die Brust setzen.

Es war wie ein vorläufiges Messen der Kräfte; denn mochten alle Reden noch so sehr von Versicherungen des Wohlwollens für Wissenschaft und Kulturpflege überfließen, man hörte doch, neben der offenen Absage an die Art seines Vorgehens, auch den Unterton eines Widerstandes gegen die Pläne von Melles. Nachdem Philippi die Anträge des Ausschusses gerechtfertigt hatte, trat Melle noch einmal für die Vorlage ein. Diesmal begründete er selbst die Forderungen mit der Notwendigkeit der Semester-Anrechnung. Nicht im Namen des Senats, aber als seine persönliche Auffassung erklärte er, daß er als Ziel der Entwicklung eine hamburgische Hochschule mit überwiegendem Übersee-Charakter ansehe.

Wortführer der Rechten war Dr. Eduard Westphal, der an und für sich im Gegensatz zur Majorität seiner Partei durchaus kein Gegner des Universitätsgedankens war. Aber er ging mit dem Schwager – seine und von Melles Gattinnen waren Schwestern – scharf ins Gericht. Er machte es ihm zum Vorwurf, daß es erst der Arbeit des Ausschusses bedurft habe, den eigentlichen Grund und Kern der Vorlage herauszuschälen: den Wunsch, durch Anrechnung der Semester Studenten zu gewinnen. Für die Rechte könne jetzt, so betonte er, von weiteren Bewilligungen nicht eher die Rede sein, als bis der Senat – nicht etwa nur der Senatskommissar persönlich – klipp und klar gesagt habe, welch' letzte Absichten er verfolge. Nichts Verschwommenes, sondern ein präzises Programm: ob sich die Entwicklung in der Richtung nur eines Ausbaus des Kolonialinstituts für praktische Zwecke oder in der Richtung auf eine Verschmelzung des Kolonialinstituts mit dem Vorlesungswesen zu einer selbständigen Anstalt oder auf eine Rumpf- oder auf eine Volluniversität vollziehen solle. Der Senat, so fügte er ironisch hinzu, habe sich unzweifelhaft darüber ein Bild gemacht. Das Gegenteil anzunehmen, würde eine Beleidigung bedeuten. Übrigens verwahre er – Redner – sich ausdrücklich dagegen, daß etwa eine konventionelle Lösung der Frage in Vorschlag gebracht werde. Hamburg bedürfe solcher Einrichtungen, die speziell auf seine Art und die Interessen seines Handels zugeschnitten seien. Auch ich

persönlich bekam mit Rücksicht auf einen im Correspondenten veröffentlichten Artikel einen Hieb: die Bürgerschaft kenne ihre Pflichten gegenüber der Wissenschaft, sie brauche keine Ermahnungen von außen her.
Die übrigen Redner waren weniger angriffslustig, aber den Ton, nach dem man sehnsüchtig hinhorchte, fand keiner. Doch, einer, der jugendliche Carl Mönckeberg! Er erklärte rundheraus, er sei bereit, für die weitestgehenden Anträge zu stimmen. Die allgemein gehegte Furcht, sich zu präjudizieren, teile er nicht. Seiner Ansicht nach habe jeder, der für die Herberufung des ersten Universitätsprofessors gewesen sei, wissen müssen und auch gewußt, daß es der erste Schritt auf dem Weg zur Gründung einer hamburgischen Universität sei. Das hieß, den Dingen gerade ins Gesicht sehen; aber es war die Stimme des Predigers in der Wüste. Immerhin: die frondierende Rechte unterlag bei namentlicher Abstimmung mit wenigen Stimmen; die Anträge des Ausschusses wurden angenommen.
Am folgenden Tag war ein Gartenfest bei Professor Marcks, ein sog. Professorium. Natürlich drehte sich in allen Gruppen die Unterhaltung um nichts anderes als die gestrigen Verhandlungen. Melle selbst war entrüstet über die Angriffe seines Schwagers Westphal. »Nun stehe ich wie der Prügeljunge da zwischen beiden Seiten«, sagte er. Allgemein schalt man auf Philippis nachteiligen Einfluß. Für blamiert aber hielt man nur den Senat. Und tatsächlich verdiente Melle Respekt, daß er bei allen Widerständen, die er offenbar auch im Senat zu überwinden gehabt, die Sache so weit vorgetrieben hatte.

Die Universitätsvorlage des Senats

Er ließ sich denn auch weiterhin nicht aus dem Konzept bringen. In Gemäßheit der bürgerschaftlichen Beschlüsse wurden Mittel für Ausgestaltung der Zentralstelle eingeworben und die verlangten neuen Lehrstühle besetzt: der des Anglisten mit dem ausgezeichneten Kenner englischer Verhältnisse Professor Dibelius, der des Romanisten mit Dr. Schädel. Schwierigkeiten machte die Berufung des Philosophen, weil er zugleich auf dem Gebiet der Psychologie eine Kapazität sein sollte. Es gelang, in Meumann einen Gelehrten zu finden, der – wäre ihm ein längeres Leben beschieden gewesen – das Zeug gehabt hätte, Hamburg zu einer Zentralstätte der Forschung für Kinderpsychologie zu machen. Mit der Professur für deutsche Sprachwissenschaft wurde Dr. Borchling betraut.
Im Mai 1911 wurde das von Edmund Siemers der Stadt geschenkte und von

den Architekten Distel und Grubitz in Eisenbeton errichtete Vorlesungsgebäude auf der Moorweide mit einem feierlichen Akt eingeweiht, nachdem tags zuvor eine Büste des Stifters in der Vorhalle aufgestellt war. Erich Marcks hielt die Weiherede über »Bismarck und das Jahr 1848«.
Die Wissenschaftlichen Anstalten befanden sich in ununterbrochenem Aufstieg. Für das Museum für Völkerkunde war an der Rothenbaumchaussee ein großer Neubau aufgeführt, dessen innere Einrichtung die Arbeitskraft seines Leiters Professor Thilenius jahrelang in Anspruch nahm. Er selbst hatte mit dem Architekten die Pläne entworfen und für eine zweckmäßige Gliederung und Ausgestaltung der für die Aufbereitung des eingehenden Materials, für die Schausammlung, für das Studium und den Unterricht bestimmten Räume gesorgt. Die Aufgaben der Schausammlung suchte er in glücklicher Weise dadurch zu lösen, daß er zusammengehörige Objekte in Kojen vereinigte, welche nach drei Seiten abgeschlossen und mit bildlichen, Land und Leute des Ursprungslandes schildernden Darstellungen geschmückt waren. Die Sammlungen wurden wesentlich bereichert durch die von der Wissenschaftlichen Stiftung ausgerüstete Südsee-Expedition. Sie war 1910 zurückgekehrt. Anfang des folgenden Jahres berichtete ihr Führer, Professor Fülleborn, in der Aula des Wilhelm-Gymnasiums vor einem großen geladenen Publikum über die Ergebnisse, und Ende 1911 erschien ein von dem Maler Vogel, welcher an der Fahrt teilgenommen hatte, reich mit Illustrationsmaterial ausgestattetes Werk.
Auch der Besitz des Naturhistorischen Museums wuchs von Jahr zu Jahr; zu einem guten Teil verdankte man dies den Bemühungen hamburgischer Kapitäne und Schiffsoffiziere. Besondere Erwähnung verdient die große und wertvolle Sammlung mexikanischer Conchylien, welche der hamburgische Kaufmann Hermann Strebel zusammengebracht hatte und, nachdem er sie wissenschaftlich bearbeitet, dem Museum zum Geschenk machte. Es trat dadurch auf dem Gebiet der Conchyliologie an die erste Stelle.
Die Sternwarte bezog in diesen Jahren ihr neues Observatorium in der Nähe Bergedorfs. Es war auf das vorzüglichste ausgestattet; in einem besonderen Gebäude wurde das gewaltige, von Eduard Lippert geschenkte photographische Doppelfernrohr aufgestellt. Auch auf dem Gelände des Botanischen Gartens waren umfangreiche und geschmackvolle Neubauten zur Unterbringung des Botanischen Museums mit seinen reichen Sammlungen und der Botanischen Institute errichtet worden. So füllten sich alle Glieder des Aufbaus mit immer stärker pulsierendem Leben und warteten des sie alle verknüpfenden Bandes: der Universität.

Fußend auf den Beschlüssen der Bürgerschaft setzte von Melle die Verhandlungen mit Berlin, insbesondere mit den maßgebenden Instanzen des Kultusministeriums darüber fort, unter welchen Voraussetzungen eine Hamburger Hochschule die Anerkennung der anderen Universitäten für die Semester-Anrechnung würde erlangen können. Im Frühjahr 1911 schien man zu einem Ergebnis gekommen zu sein, denn jetzt trat der Senat mit dem Antrag an die Bürgerschaft heran, die Fraktionen möchten Vertrauensleute ernennen, mit denen Delegierte des Senats über die Ausgestaltung des Kolonialinstituts beratschlagen sollten. Melle wollte sich diesmal nicht wieder dem Ausgleiten aussetzen, dem er auf dem Parkett der bürgerschaftlichen Verhandlungen zum Opfer gefallen war, sondern sich von vornherein einen parlamentarischen Rückhalt sichern. Die Denkschrift, die den Antrag begründete, wurde vor dem Publikum geheim gehalten; mir zeigte er sie bei einer Unterredung nur von außen, aber aus seinen vertraulichen Bemerkungen ging hervor, daß man beabsichtigte, sich auf eine philosophische und eine juristische Fakultät – diese mit sechs ordentlichen und drei außerordentlichen Professoren – zu beschränken, und gegebenenfalls eine koloniale Fakultät hinzufügen wolle. Alsbald war wieder Philippi auf dem Plan: auch er kam mit einer Gegen-Denkschrift, auf welche Dr. Max Cohen erwiderte. Die Beratungen der Vertrauensmänner zogen sich resultatlos hin. Man erzählte, Max Warburg habe in Aussicht gestellt, er wolle einen Amerikaner bringen, der bereit wäre, zehn Millionen herzugeben; als man aber mit diesem zu einer Besprechung zusammengekommen sei, habe er nur von der bevorstehenden amerikanischen Präsidentenwahl geredet. Zur letzten von Bürgermeister Burchard einberufenen Sitzung, so sagte Melle, waren die Vertrauensmänner überhaupt nicht erschienen.

In der Öffentlichkeit gingen die Wogen der Erörterung hoch; mit Leidenschaft wurde Partei für und wider ergriffen. Die Presse beteiligte sich lebhaft. Die Hamburger Nachrichten wärmten ihre platten Gründe für die Ablehnung auf, standen aber in ihrem Kampf allein; sowohl der Correspondent wie die Neue Hamburger Zeitung traten mit Entschiedenheit für den Universitätsgedanken ein, das Fremdenblatt war ihm zum mindesten freundlich, und das Echo hielt sich vor der Hand neutral. Man wußte, die bürgerlichen Mitglieder der Finanzdeputation hatten sich – im Widerspruch zu den Ratsmännern – gegen die Universität ausgesprochen; das gab Wasser auf die Mühle ihrer Gesinnungsgenossen.

Hier war nirgends von den großen und weitschauenden Gedanken der Jahre 1847 und 1875 die Rede; die kleinlichen Gesichtspunkte der persönlichen und Standesinteressen hatten die Herrschaft. Die Juristen sahen ihre und ihrer Söhne Position bedroht, wenn die Brut der Minderbemittelten, insbesondere der gehaßten Volksschullehrer, in der Heimat studieren könnte; selbst der Chef der Justizverwaltung, Senator Schäfer, bekannte sich in privatem Gespräch zu dieser Auffassung, und Senator Mumssen stimmte in der Hauptsache zu. Die Schulmeister fürchteten für ihr Ansehen und besorgten eine Herabminderung der behördlichen Anteilnahme an ihren Anstalten. Die Einwendungen der Mediziner und Theologen sind schon an früherer Stelle charakterisiert; ebenso das, was die Kaufmannschaft auszusetzen hatte. Ins Große gesehen war es aber doch der Mangel an idealem Schwung, welcher dem allen zugrunde lag; man war zu sehr im Nahen, im Engen, im Materiellen verstrickt. Dazu kam die Unlust des Steuerzahlers; sagte doch ein Mann wie Senior Grimm, er habe durchaus keine Neigung, für die Universität eine Steuereinheit mehr entrichten zu müssen. Und dann: »Wozu überhaupt die Beunruhigung mit etwas Neuem! Es ist doch bisher ohne das gegangen!« Sogar die Damen in der Gesellschaft schalten auf »diesen ekligen Melle mit seinen Universitätsplänen!«

Am 24. November 1911 beschäftigte sich eine Akademikerversammlung, d. h. eine Versammlung von Männern, die eine Universitätsbildung genossen hatten, mit der Frage. Dr. Kai Möller, Rechtsanwalt, eröffnete die Verhandlung mit einer Ansprache, die mit den Worten begann: »Wenn die akademischen Verbände Sie heute nicht zu fröhlichem Umtrunk, sondern zur Erörterung einer ernsten Frage eingeladen haben, so muß schon etwas los sein!« Als Berichterstatter redeten Dr. Thost, der Laryngologe, für, Dr. Geert Seelig, Anwalt, gegen die Universität. Jener pries die Vorzüge unter Widerlegung der Gegengründe; dieser leugnete Bedürfnis und Beruf: Hamburg würde dem jungen Studenten als die lustlose Arbeitsstadt erscheinen, in der kein Raum sei für ein dulce desipere in loco. Er würde nichts anderes lernen als die auri sacra fames. Materielle Interessen schätze man in Hamburg höher als geistige; diese erführen eine Wertung erst, wenn und insoweit sie in Geld umgesetzt würden (lebhafter Beifall!). In der Diskussion legten Dr. Hallier, Professor Rathgen, Dr. Max Cohen, Professor Voller, Dr. Wassermann, Dr. Dehn ihre Lanzen zugunsten der Universität ein, während Dr. Eddelbüttel, Winter, die Oberlehrer Dr. Rosenhagen, Professor Nissen und Schwabe und Dr. Philippi warnten und abrieten. Dr. Rudolf Mönckeberg, der alte Fuchs, simulierte, ein Freund der Alma mater zu sein, verwahrte aber sich und sein Hamburg gegen den Versuch, eine Sache zu schaffen, der ein Arm und ein Bein abgeschnitten seien. Alfred Lichtwark verzichtete auf längere Ausfüh-

rungen, um unter tosendem Beifall der Universitätsfreunde die wenigen Worte zu sagen: »Der kostspieligste Luxus, den sich der einzelne und der Staat leisten kann, ist Beschränktheit und Unwissenheit!«
Ich hatte wegen Unwohlseins an der Versammlung nicht teilnehmen können und veröffentlichte nun im Correspondenten ein Nachwort, in welchem ich darauf hinwies, daß auch hier wieder in den meisten Reden unter dem Gestrüpp von Kleinkram das Eigentliche und Wesentliche: die Notwendigkeit, gerade dem Geist des Erwerbs, des Nutzens, des Materialismus ein Gegengewicht zu setzen, nicht zu ihrem Recht gekommen sei.
Geert Seeligs schnoddrig-plattes Wort von der auri sacra fames hatte aber nach einer Richtung seine gute Wirkung geübt: Professor Aby Warburg war darüber so entsetzt, daß er sich nun von der Notwendigkeit überzeugt erklärte, Hamburg müsse, damit solchen Gedanken mit Erfolg entgegengetreten werden könne, seine Universität haben, und im Gefolge dieser Sinnesänderung bekehrte sich auch der große Bruder Max zum Universitätsfreund. Im allgemeinen aber wurden die Aussichten ungünstig beurteilt; Dr. Max Cohen taxierte das Verhältnis der Ja- zu den Nein-Sagern wie 1:3.
Das Jahr 1912 ging in Vorbereitung und Abwarten hin. Erst als gegen den Winter die Stimmung besser zu werden schien, entschloß sich Melle zum Vorgehen. Diesmal wurde die Finanzdeputation nicht gefragt; es säßen, so meinte Melle, außer den Senatoren doch nur Leute mit beschränktem Blick darin. Wenige Tage vor Weihnachten bat er mich zu sich, um mir seine Pläne auseinanderzusetzen und mich zu bitten, daß auch ich in der Öffentlichkeit für sie eintrete. Am 23. Dezember ging die Senatsvorlage, ein wohlausgearbeitetes Universitätsgesetz mit umfangreicher Denkschrift, an die Bürgerschaft – das Ergebnis eingehender Beratungen mit den Professoren des Kolonialinstituts und der Verhandlungen mit dem preußischen Kultusministerium. Bei diesen hatte sich als notwendig erwiesen, daß, wollte man die Semester-Anrechnung erreichen, der Weg der Universitätsgründung beschritten werden müsse.
Man schlug vor, unter Beiseitelassung der theologischen und medizinischen vier Fakultäten zu schaffen: eine philosophische, naturwissenschaftliche, rechtswissenschaftliche und kolonialwissenschaftliche. Diese, die kolonialwissenschaftliche Fakultät, war nicht als ein von den übrigen Wissenszweigen getrennter Organismus gedacht, sondern sollte alle Dozenten und Studenten, insoweit sie sich mit Materien der Kolonien und überseeischen Besitzungen beschäftigten, zu einer Arbeitsgemeinschaft zusammenfassen. Dadurch beabsichtigte man, von vornherein die Eigenart der hamburgischen

Hochschule in klares Licht zu stellen; zudem war im § 1 des Gesetzes ausdrücklich gesagt, daß die Universität die auf koloniale und überseeische Verhältnisse bezüglichen Wissenszweige besonders zu berücksichtigen habe. Eine weitere speziell hamburgisch-bürgerliche Note sollte dadurch gegeben werden, daß man den Professoren zur Pflicht machte, »die Fortbildungskurse für Angehörige akademischer und nichtakademischer Berufe, insbesondere auch der Kaufleute, und die allgemein bildenden öffentlichen Vorlesungskurse fortzuführen und den Bedürfnissen entsprechend auszugestalten«.

Im übrigen war die Verfassung derjenigen der anderen deutschen Universitäten in der Hauptsache angepaßt: die Universität ist eine Anstalt des öffentlichen Rechts; sie ist in allen Angelegenheiten der Forschung und Lehre selbständig; sie ist dem Senat unmittelbar unterstellt, der die ihm danach zustehenden Rechte durch ein von ihm zum Senatskommissar ernanntes Mitglied ausübt. Das Kolonialinstitut als solches wurde aufgehoben; der alte Name aber der bisherigen sog. Zentralstelle beigelegt. Zur Dotierung der Anstalt sollte ein Fundus durch Eintragung einer mit 4 % zu verzinsenden Buchschuld von 25 Millionen Mark auf den Namen der Hamburgischen Universität in das Hamburgische Staatsschuldbuch gebildet werden.

Um den berechtigten Wünschen der Kaufmannschaft zu genügen, war für das neue Kolonialinstitut ein kaufmännischer Beirat vorgesehen. Dieser würde auch das Recht haben, Anträge der Kaufmannschaft in bezug auf Universitätsangelegenheit bei dem Senatskommissar zu stellen und jedenfalls einmal im Semester zu gemeinschaftlicher Aussprache mit der kolonialwissenschaftlichen Fakultät zusammentreten.

Die Einbringung dieser Vorlage war der Signalschuß für den Beginn eines gewaltigen Kampfes; nun wurde es ernst und ging aufs Ganze. Der Aufmarsch der Truppen geschah zunächst in den Zeitungen: Der Correspondent begrüßte den Entwurf in einem Artikel, der begeistert sein sollte, aber ein wenig flau ausfiel. Er ließ eine Reihe Gutachten hamburgischer und außerhamburgischer Gelehrter folgen, die sich zu Gunsten der Universitätsgründung aussprachen. Die Hamburger Nachrichten veröffentlichten einen Aufsatz Dr. Dückers, des Senatspräsidenten beim Oberlandesgericht, der gleichsam programmatisch die Stellung der bürgerschaftlichen Gegner umschrieb. Er statuierte – ich möchte sagen: mit einem unbewußten Zynismus –, daß alle hamburgischen Institutionen bis zum Oberlandesgericht hinauf berufen seien, dem Handel und nur dem Handel zu dienen. Er nannte das die »geniale Einseitigkeit« des hamburgischen Wesens und wollte sie unbedingt erhal-

E(rnst) E(itner), Karikatur zur Universitätsfrage: »Wie sich Dr. Dücker die ›Fort‹bildung des Kolonialinstituts denkt.«

ten sehen. Nun sollte eine Anstalt geschaffen werden, die ganz unabhängig dastände? Sie würde sich alsbald zu einem Fremdkörper in dem bisher so einheitlichen Getriebe entwickeln und den Fortbestand der jetzt vorhandenen kolonialen Kurse und das Vorlesungswesen gefährden. Gewiß, die Wissenschaft müsse gepflegt werden, aber bei Licht besehen, wollte er sie doch nur als eine Art Zugpferd in die Wagendeichsel des Handels und Verkehrs einspannen! Ein gefährlich banausischer Standpunkt! Aber Dr. Dücker sprach vielen und namentlich der Mehrheit seiner Fraktionsgenossen – er gehörte der Rechten an – aus dem Herzen, und so wurde er der Bannerträger der Opposition.
Etwa gleichzeitig erschienen zwei andere beachtliche Presseäußerungen: die eine von Dr. Heinz Marr, die zweite von Professor Dr. C. H. Becker, dem Islam-Forscher. Jener, in den von ihm herausgegebenen Mitteilungen des Volksheims, fragte, indem er das Kommen der Universität als selbstverständlich voraussetzte, in seiner den intellektuell-ästhetischen Tendenzen abgekehrten religiös-ethisch gewandten Geistesrichtung nach den Zukunftsaufgaben einer hamburgischen Hochschule. Er sah, daß sich der Schwerpunkt des akademischen Lebens immer mehr aus den romantischen

feucht-fröhlichen Kleinstädten in die großen Zentren wirtschaftlicher Wirksamkeit verschieben werde, und sorgte sich wegen der für die Jugend damit verbundenen Gefahren. Hier setzte er ein und forderte von den hamburgischen Professoren, daß sie, die gewissermaßen Neuland vor sich hätten, ihren ganzen Einfluß geltend machten, um das hamburgische Studentenleben auf eine den Verhältnissen der neuen Zeit und ihren sozialen Pflichten Rechnung tragende sittliche Grundlage zu stellen.

In Becker, dessen Artikel merkwürdigerweise in den Hamburger Nachrichten Aufnahme fand, erstand der Senatsvorlage der wärmste und infolge seiner gründlichen Sachkenntnis eindrucksvollste Verteidiger und Fürsprecher. In überzeugender Klarheit legte er die Bedeutung und Notwendigkeit der kolonialwissenschaftlichen Fakultät dar und widersprach der Besorgnis, die kaufmännische Unterweisung oder das Vorlesungswesen möchten leiden. Er schrieb: »Es ist wunderbar, daß keiner der Kritiker, die jetzt befürchten, das Kolonialinstitut werde durch den Normalbetrieb einer Universität erdrückt werden, sich einmal die Mühe genommen hat, vorher das zu studieren, was schon bisher am Kolonialinstitut an vollkommen neuer Auffassung nicht nur kolonialer Fächer, sondern auch der alten Universitätsdisziplinen geleistet wird. Wer hat denn den kolonialen Kern geschaffen, um dessen Erhaltung jetzt alle Welt besorgt ist? Sollen dieselben Professoren das mit Begeisterung Aufgebaute nun mit einem Mal verleugnen wollen? – Keine Universität Deutschlands bietet so glänzende Möglichkeiten, Neues zu schaffen, wie das traditionslose Hamburg. Kann es zweifelhaft sein, in welcher Richtung sich dies Neue bewegt? Aber wenn das nicht Garantie genug ist, wozu gibt es Gesetze? Wer dem Kolonialinstitut und dem Vorlesungswesen den Untergang prophezeit, setzt bei den Professoren wie bei den staatlichen Aufsichtsorganen die Verletzung der Gesetze als etwas Selbstverständliches voraus.« Und weiter: »Für die nächste Zeit scheint mir die Aufgabe der Universität die wichtigste zu sein, ein neues akademisches Geschlecht im Sinne des idealen Hamburg heranzubilden.«

Neuwahlen zur Bürgerschaft standen für dies Jahr bevor, und da erst das Stadtparlament in seiner künftigen Zusammensetzung über die Vorlage zu entscheiden haben würde, war es natürlich, daß die Stellung der Kandidaten zur Universitätsfrage im Wahlfeldzug keine nebensächliche Rolle spielte. Dr. W. A. Burchard z. B., der älteste Sohn des im vergangenen Herbst verstorbenen Bürgermeisters, stellte das Thema ausdrücklich in den Mittelpunkt seiner programmatischen Wahlrede; freilich nicht warm und nicht kalt, wie ein Mann, der es mit keiner Partei verderben will. Dr. Kai Möller dagegen, jener

Vorsitzende der Akademikerversammlung vom November, bekannte mit unbekümmertem Draufgängertum Farbe; in einer Broschüre »Universität oder Kolonialinstitut?«, deren Form und Inhalt gleich platt waren, zog er gegen den Gesetzentwurf zu Felde. Indessen, die Denkschrift des Senats mit ihrer sorgfältigen Begründung blieb doch nicht ohne Erfolg; selbst in den Reihen der Oberlehrer, der grimmigen Universitätsfeinde, machte sie Eindruck. Professor Rosenhagen z. B., ein feinsinniger Literarhistoriker und Vorsitzender der Hausbibliothekskommission, bekannte sich als durch sie bekehrt.

Unter den Kaufleuten aber, insbesondere in der Handelskammer, behielt die Gegnerschaft die unbedingte Oberhand. Nur Warburg und Adolph Woermann waren freundlich, Max Schinckel hatte sich zu einem entschiedenen Feind umgetan. Ein Gespräch mit Herrn Robinow, der früher als Präses der Handelskammer zwar die Handelshochschule bekämpft, aber den Universitätsgedanken hatte gelten lassen, gab mir einen überraschenden Einblick in die hier herrschende Stimmung. Er äußerte, die Steuern würden zu hoch, das Geschäft brauche Kapital und könne sie nicht tragen. Möchten die Professoren gehen, wenn sie ohne Studenten nicht bleiben wollten! Der Ungebildete habe eine dunkle Ehrfurcht vor der Wissenschaft. Je niedriger das Niveau der neuen Bürgerschaft werde, um so günstiger sei es für die Vorlage. Er schalt auch auf das »überflüssige« Gebäude für das Museum für Hamburgische Geschichte. Möchten die Motten die Uniformen des alten Bürgermilitärs fressen!

In den Kreisen der Ärzte ärgerte man sich, nicht ohne Grund, daß die medizinische Fakultät fehlen solle. Kümmell murrte: seit 20 Jahren arbeiteten sie in den Krankenhäusern auf die Universität hin, keine andere Fakultät habe ähnliches dafür geleistet, in den Osterferien hielten sie Studenten-Vorlesungen mit 120 bis 140 Hörern, und nun sollten sie gegen die anderen Wissenschaften zurückstehen!

Im Februar trat die Gesellschaft Hamburger Juristen zu einer Universitätsdebatte zusammen. Oberlandesgerichtspräsident Otto Brandis war als Referent ein warmer Lobredner des Universitätsgedankens. Die Versammlung gestaltete sich wider Erwarten zu einer imposanten Kundgebung zugunsten Dückers mit seiner trockenen Weisheit, und Kai Möller mit unfreiwilliger Komik hatte keinen guten Tag. Dr. Mittelstein sprach glänzend; mit Begeisterung rief er dem Chor der Gegner ins Gesicht: »Und sie kommt doch!!!« Dr. Rudolf Mönckeberg antwortete mit vornehmem Spott; auch ich steuerte mein Scherflein zur Aussprache bei. Dr. Engel, der Oberlandesgerichtsrat, griff Melle scharf an, und Dr. Otto Dehn widerlegte ihn mit der Erklärung, die Majorität im Senat sei viel größer, als gemeiniglich angenommen werde. Stimme aus der Zuhörerschaft: »Das sagt Melle!« – So war es ein leidenschaftliches Gegeneinander und ein Beweis für die Erregung der Gemüter. Im April trat die Handelskammer mit einer Kundgebung hervor, die wegen ihres merkwürdigen und für eine weitsichtige Körperschaft unbegreiflichen Inhalts hier in ganzem Umfang wiedergegeben zu werden verdient. Sie lautete:

»Bei der Bedeutung der Frage der Errichtung einer Hamburgischen Universität für das öffentliche Leben Hamburgs und wegen ihrer mannigfachen Berührungspunkte mit der Kaufmannschaft hat sich die Handelskammer veranlaßt gesehen, sich eingehend mit dieser Frage zu beschäftigen. Das Ergebnis ihrer Beratungen ist in der nachstehenden Erklärung niedergelegt: Die Handelskammer erachtet die Erhaltung und, wenn möglich, eine Weiterbildung des Hamburgischen Kolonialinstituts und des Allgemeinen Vorlesungswesens für durchaus erwünscht. Dieses Ziel auf dem von der jetzigen Senatsvorlage empfohlenen Wege, nämlich durch Errichtung einer Hamburgischen Universität, zu verfolgen, hält die Handelskammer jedoch für verfehlt, und zwar aus folgenden Gründen:

1. Für die Errichtung einer Universität liegt in Hamburg kein Befürfnis vor. Wird doch von vielen Seiten sogar eine fortschreitende Überfüllung der meisten wissenschaftlichen Berufe in Deutschland konstatiert. Eine andere Beurteilung könnte höchstens dann Platz greifen, wenn die in Hamburg geplante Einrichtung sich als etwas gänzlich Neuartiges, von den bestehenden deutschen Universitäten grundsätzlich Verschiedenes darstellen würde. Das ist aber nicht der Fall, die geplante Hamburgische Universität ist vielmehr, abgesehen von einigen Besonderheiten, im Grunde genommen doch nichts als eine Nachahmung der Einrichtungen der übrigen deutschen Universitäten. Auch vom speziell hamburgischen Standpunkte aus kann ein Bedürfnis für die Errichtung einer Universität nicht anerkannt werden. So sehr es zu begrüßen ist, daß neben dem in erster Linie auf wirtschaftliche Ziele gerichteten Streben Hamburgs auch die Notwendigkeit der Pflege idealer Güter, darunter auch der Wissenschaft, in wachsendem Maße betont wird, so muß doch die mit unerschütterlicher Konsequenz und mit Aufwendung aller nur irgend möglichen Mittel zu verfolgende Förderung und weitere Entwicklung seines Welthandels nach wie vor als die Hauptaufgabe Hamburgs bezeichnet

werden. Die in der Senatsvorlage enthaltenen geschichtlichen Rückblicke beweisen, daß zu weitgehende und deshalb mit diesem Grundprinzip nicht im Einklang stehende Bestrebungen auf Förderung wissenschaftlicher Einrichtungen und Ideen mit der Eigenart Hamburgs nicht vereinbar gewesen sind und dort keinen Boden haben finden können. Das in der Vorlage wiederholt betonte Argument, daß, nachdem Hamburg Professoren angestellt habe, es auch die Heranziehung studentischer Hörer ermöglichen müsse, kann für zutreffend nicht erachtet werden, weil es die wissenschaftliche Forschung hinter der akademischen Lehrtätigkeit in ungerechtfertigter Weise zurücksetzt und die hiesigen Professoren doch auch wußten, daß sie nicht an eine Universität berufen wurden. Vom allgemeinen Standpunkte Hamburgs aus wird ein Bedürfnis für die Errichtung einer Universität auch nicht damit begründet werden können, daß dadurch denjenigen Hamburgern, die sich dem wissenschaftlichen Studium widmen wollen, hierfür eine Möglichkeit in Hamburg geschaffen werde; vielmehr muß es gerade als wünschenswert bezeichnet werden, daß junge Hamburger während ihrer Studienzeit Gelegenheit haben, andere deutsche und eventuell auch ausländische Universitäten kennenzulernen.

2. Die Errichtung einer Hamburgischen Universität würde in mehreren Beziehungen die Gefahr von Nachteilen für Hamburg mit sich bringen. Zunächst ist hier zu nennen die Wahrscheinlichkeit, daß durch die Gründung einer Universität und deren unausbleibliche Weiterentwicklung der Schwerpunkt des hamburgischen öffentlichen Lebens zuungunsten von Handel, Schiffahrt, Industrie und überhaupt der Erwerbstätigkeit, verschoben werden wird. Hieran würde auch die Stellung des kaufmännischen Beirats, wie sie in der Vorlage vorgesehen ist, nichts ändern können. Vor allem aber liegt die Gefahr darin, daß die bisher zu Pflege und Förderung der Wissenschaft und der Allgemeinbildung hier getroffenen Einrichtungen, besonders das Allgemeine Vorlesungswesen und das Hamburgische Kolonialinstitut, von der Universität leicht als nebensächliche Zweige angesehen und daher dem Verkümmern ausgesetzt werden. Die in der Vorlage gegen diese Befürchtung gemachten Ausführungen erscheinen nicht geeignet, sie zu zerstreuen. Das hamburgische Schulwesen, das besonders hinsichtlich der höheren Schulen mit dem Wachsen der Bevölkerung bei weitem nicht Schritt gehalten hat, wird unter dem Übergewicht, das eine einmal bestehende Universität sicherlich ausüben wird,

noch weiter leiden müssen, jedenfalls insofern, als durch die Ansprüche der Universität an die für Bildungszwecke verfügbaren Geldmittel diese letzteren in noch geringerem Maße als bisher dem höheren Schulwesen zugute kommen würden. Dabei würde die Hamburgische Universität nach den gemachten Vorschlägen doch nur eine unvollständige Einrichtung sein, die, eigentlich nicht mehr als zwei Fakultäten umfassend, Hamburg auch in Kreisen der deutschen Wissenschaft kaum zu einem besonderen Ruhmestitel gereichen würde.

3. Die Kosten der Errichtung einer Hamburgischen Universität würden schon in dem Umfange, wie ihn die Vorlage berechnet, für den Staatshaushalt Hamburgs ins Gewicht fallen. Besonders aber muß dies der Fall sein unter den jetzt schon fortwährend große Anleihen erfordernden Finanzverhältnissen Hamburgs, sowie im Hinblick auf die großen finanziellen Aufwendungen, welche die nächste Zeit für Handel, Schiffahrt und Industrie notwendig machen wird. Noch verschlechtert werden diese Aussichten durch die Vorlagen, die in neuester Zeit dem Reichstage zugegangen sind und die zum Teil große Einnahmen, die bisher den Bundesstaaten, und ganz besonders Hamburg, zugeflossen sind, dauernd für das Reich in Anspruch nehmen. Dabei muß aber mit Sicherheit auf eine erhebliche Erhöhung der Kosten einer Hamburgischen Universität gegenüber dem jetzigen Voranschlage gerechnet werden. Schon die in der Vorlage aufgeführten Erfordernisse verschiedener preußischer Universitäten zeigen, daß diese sämtlich, bis auf Münster, weit größere Mittel erfordern als die für Hamburg vorgesehenen Beträge. Eine von Hamburg errichtete Universität müßte aber bezüglich ihrer Einrichtungen und ihrer Lehrkräfte mustergültig sein und den höchsten Anforderungen genügen, könnte also nicht mit ihren Ausgaben hinter mittleren preußischen Universitäten zurückstehen, wie dies die Vorlage in Aussicht nimmt. Die nach der Senatsvorlage fehlenden beiden Fakultäten würden in nicht ferner Zeit sicherlich hinzukommen müssen, und schon erheben sich gewichtige Stimmen, die nicht nur die Einrichtung einer medizinischen und einer theologischen Fakultät fordern, sondern auch die vorgesehenen Fakultäten für ganz ungenügend besetzt halten. Auch das Beispiel der einzigen bisher noch unvollständigen preußischen Universität, Münster, beweist, daß mit der Zeit ein Ausbau zu einer Volluniversität unabweisbar werden wird. Es würde daher nicht als eine richtige Finanzgebarung angesehen werden können, wenn Hamburg sich durch Annahme der jetzi-

36. Max Liebermann: Hermann Strebel, 1905

37. Leopold Graf von Kalckreuth: Fritz Schumacher, 1916

gen, verhältnismäßig bescheidene Anforderungen stellenden Vorlage in die Notwendigkeit versetzen würde, später immer weitere beträchtliche Mittel für dieselben Zwecke bewilligen zu müssen.
An Stelle der jetzt vorgeschlagenen Einrichtung einer Universität sollte daher ein weiterer Ausbau des allgemeinen Vorlesungswesens und des Hamburgischen Kolonialinstituts in natürlicher, nicht überhasteter Entwicklung treten, wie dies die Handelskammer in ihren Jahresberichten von 1908, 1909 und 1910 wiederholt als wünschenswert bezeichnet hat. Der Ausbau des Kolonialinstituts zu einem wissenschaftlichen und daneben auch für die Kaufmannschaft nutzbringend gestalteten kolonialen Forschungs-, Bildungs- und Beratungs-Institut wird das Ziel sein müssen, auf dem Hamburg alle vorhandenen und seinen natürlichen Aufgaben entsprechenden wissenschaftlichen und wirtschaftlichen Kräfte zentralisieren sollte. Wenn diese Einrichtung sodann, wie dies gleichfalls von der Handelskammer wiederholt ausgeführt worden ist, über das Gebiet der Kolonien hinauswachsen und seine Wirksamkeit allgemein auf überseeische Verhältnisse ausdehnen würde, so würde damit eine Einrichtung geschaffen werden, die der Wissenschaft dienen und dabei doch in die besonderen hamburgischen Verhältnisse sich organisch einfügen würde.«

Ist das Schriftstück nicht mit seiner Zusammentragung aller kleinlichen, von den verschiedenen Seiten geltend gemachten Gegengründe ohne jeden eigenen schöpferischen Gedanken ein Dokument traurigen Kurzblicks? Es ergab sich aus ihm deutlich, was diese Kreise wollten: keine Bildungsstätte, kein Forschungsinstitut, kein Haus für die Wissenschaft, sondern eine Fachschule für junge Kaufleute und angehende Kolonisten und ein Auskunftsbüro für praktische Bedürfnisfragen.
Die Folgen dieser Politik traten alsbald zu Tage: Im Sommer nahm Marcks einen Ruf nach München, im Herbst Becker einen Ruf nach Bonn an. Beide machten kein Hehl daraus, daß sie nicht länger den wissenschaftlichen Verkehr mit der studierenden Jugend entbehren konnten und wollten und daß ihnen die Aussicht auf die Hamburgische Universität nicht sicher genug erscheine.
In seiner Abschiedsvorlesung am 11. Juli sprach sich Marcks über diese Aussichten und über die Stellungnahme der Kaufmannschaft nicht ohne Sarkasmus, soweit seine liebenswürdige Urbanität dessen fähig war, aus. Er erzählte von seinen Erlebnissen in Amerika, wo er im Jahr vorher als sog. Austauschprofessor gewesen war: »Wenn ich dann über die Widerstände sprach,

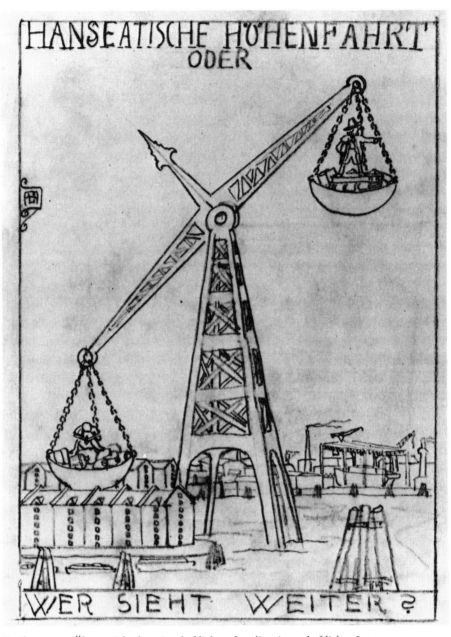

Karikatur zum Übergewicht der wirtschaftlichen über die wissenschaftlichen Interessen

die der dort draußen freudig und verständnisvoll begrüßte Universitätsantrag des Senats hier fand, wenn ich sprach von den Gegengründen, den Einwänden und den Abneigungen, von der Abneigung Hamburger Körperschaften und Berufskreise, von den Befürchtungen unheilvoller Folgen dieser neuen Gründung für Hamburgs allgemeines Dasein, dann durfte ich die Gesichter meiner Unterredner nicht recht ansehen. Das erschien ihnen von ihrem Gesichtspunkt aus, und soweit ihre Höflichkeit sie sich äußern ließ, wie eine Summe schwer begreiflicher Bedenklichkeiten, ja, vielleicht halb abergläubischer Vorurteile, die vor keiner Erfahrung stichhalten könnten; sie schüttelten den Kopf.« Niemand konnte mit wärmeren, überzeugteren und überzeugenderen Worten die Notwendigkeit der jetzt vorgeschlagenen Lösung den Hörern ans Herz legen, wie er es dann in ernster Auseinandersetzung tat. Ohne diese Lösung müsse das Kolonialinstitut dahinsterben und das Vorlesungswesen subaltern werden. Er bekannte sich zu dem Glauben, daß gerade das Unausrechenbare einen praktischen Wert besitze, daß es nichts Unpraktischeres gebe als die Blindheit für den Wert des Unpraktischen, daß die Gefahr der geistigen Einengung und der wirtschaftlichen Einseitigkeit eine wirkliche Gefahr für die persönlichen Lebenskräfte sei, aus denen alle Arbeit und aller Wohlstand sprießen müsse. Hier sprach ein Mann, der den Wert wissenschaftlichen Lebens zutiefst erkannt und Hamburg als eine zweite Heimat lieben gelernt hatte. Aber die Gegner saßen da mit tauben Ohren.

Und nun eine Episode! Der Kaiser pflegte, wenn er zu den Hamburger Sommerrennen kam und der Elbregatta beiwohnte, mit den Hamburger Kaufleuten in leutselig-kordialem Ton zu verkehren. (Max Schinckel z. B. nannte er in Umkehrung der eigenen Anredekürzung »M. S.«.) Diesmal war er Gast der Amerika-Linie auf dem neu erbauten Riesendampfer »Imperator«. Richard Krogmann brachte bei günstiger Gelegenheit das Gespräch auf die Universität. Ihm und Schinckel wurde es nicht allzu schwer, aus dem Kaiser die Äußerung herauszulocken, der Gedanke sei ein Unsinn. Darauf erwiderte man ihm, Majestäts eigener Kultusminister solle aber erklärt haben, daß die von den Professoren des Kolonialinstituts für notwendig erachtete Semester-Anrechnung nur auf dem Weg über die Universitätsgründung erreicht werden könne, worauf Majestät Herrn von Trott zu Solz heranholen ließ und zur Rede stellte. Der kniff und sagte, es würde auch wohl ohne das gehen.

Melle, für den, wie man sich denken kann, die sich daraus ergebende Situation peinlich gewesen sein mag, beauftragte nachher den hamburgischen Bun-

desratsbevollmächtigten, seinerseits Herrn von Trott zu koramieren. Jetzt wand er sich nach der anderen Seite: die Äußerung auf dem »Imperator« habe nur bedeuten sollen, daß eventuell die Semester-Anrechnung auch gewährt werden könne, wenn ein anderer Weg vorgeschlagen werde. – Was denn das für ein anderer Weg sei? – Das wisse er nicht. So ließ man Minen springen und Gegenminen, und die Erbitterung wuchs.
Professor Rosenhagen z. B., der wieder auf die andere Seite gefallen war, schalt, die ganze Denkschrift sei Schwindel; sie sei so gehalten, daß man glauben müsse, alle Professoren des Kolonialinstituts hätten sich für die Universität erklärt; er kenne schon drei, die dagegen wären.
Im August erschien die ausgezeichnete Denkschrift, die Friedrich von Borstel für die Gesellschaft der Freunde des vaterländischen Schul- und Erziehungswesens veröffentlichte. Es ist von ihr schon an anderer Stelle ausführlich gehandelt. Sie stellt wohl die beste und gründlichste Arbeit dar, welche um diese Zeit über das hamburgische Hochschulproblem entstand; ihr Verdienst besteht vornehmlich in der Aufzeichnung dessen, was bei rationeller Verwertung der Kräfte von einer Universität für eine wahre und fruchtbare Volksbildung geleistet werden kann.
Als nach Beendigung der Sommerferien der Zeitpunkt für die Verhandlung in der Bürgerschaft heranrückte, wurden noch einmal gleichsam als die Triarier des universitätsfreundlichen Heerbanns die Männer aufgeboten, die als nüchterne Beurteiler das Vertrauen weiter Kreise besaßen; in diesem Sinn ergriffen der Präsident der Bürgerschaft Engel, Dr. Eduard Westphal und Dr. Hugo Krüss im Correspondenten das Wort. Die Matadore der Gegenpartei hielten sich zurück: ein Anzeichen, daß sie sich stark fühlten.
Am 8. Oktober begann die Entscheidungsschlacht; sie tobte durch vier Sitzungen und hielt die gebildeten Schichten Hamburgs drei Wochen in Atem. Der Bürgerschaftssaal strahlte scheinbar in hellerem Lichterglanz als sonst; der Senat hatte fünf Kommissare entsandt: Bürgermeister Predöhl und die Senatoren von Melle, Dr. Diestel, Heidmann und Strandes. Das Haus war bis auf den letzten Platz besetzt, die Tribünen überfüllt. Nur die Sozialdemokraten hatten geschlossen Stellung genommen; die übrigen Fraktionen waren gespalten.
Die Gegner des Entwurfs, darunter die Sozialdemokraten, stellten unter Dr. Dückers Führung den Antrag, »die Senatsvorlage abzulehnen und einen Ausschuß zur Prüfung der Frage einzusetzen, in welcher Weise unter fortgesetzter Ausbildung des Vorlesungswesens der weitere Ausbau des Kolonialinstituts als einer selbständigen, der Forschung, der Lehre und der prakti-

schen Ausbildung gewidmeten Anstalt (...) ermöglicht werden könne«, während Dr. Mittelstein, Dr. M. Cohen und Dr. Wex für die universitätsfreundlichen Mitglieder ihrer Parteien Verweisung des Gesetzes an einen Ausschuß von 17 Personen empfahlen.
Dr. Schön, der, wie man wußte, einer der engagiertesten Gegner der Universität war, leitete die Verhandlung mit anerkennenswerter Unparteilichkeit. Predöhl führte die Vorlage mit einer sorgfältig ausgearbeiteten Rede ein; er las diese, wie er es immer zu tun pflegte, aus dem Konzept; es lag in einer Vertiefung des mit grünem Tuch überzogenen Tisches, die eigens dafür hergerichtet war. Er trat mit der ganzen Autorität des Senats für das Gesetz ein. Er brachte – wie wäre es auch möglich gewesen? – keine neuen Gedanken, aber was er sagte, war eine sehr geschickte Kompilation der allgemeinen Gesichtspunkte. Trotz der ihm eigenen gewundenen preziösen Ausdrucksweise verfehlte die Wärme des Tons ihren Eindruck nicht. Melle fiel dagegen ab; das Tatsachen- und Zahlenmaterial, mit dem er aufwarten mußte, hatte eine gewisse Trockenheit zur notwendigen Folge.
Dann ritt Dücker in die Schranken und zerpflückte die Vorlage. Er leugnete das Bedürfnis, verstieg sich – entgleisend – zu der Unterstellung, sie trage lediglich den persönlichen Wünschen einiger Professoren Rechnung und malte mit schwarzen Farben die Schäden: das Kolonialinstitut und das blühende Vorlesungswesen würden zertrümmert werden. Jenes müsse in seiner bisherigen Art – der Fachschule – erhalten und weiter ausgebaut werden; ihm zur Seite sollten für Forschungszwecke wissenschaftliche Institute – für jedes überseeische Gebiet – eingerichtet werden. Diese Institute, deren Leitern ein Stab jüngerer Hilfsarbeiter zur Seite stehen werde, seien mit den für Studienreisen, Publikationen und dergleichen erforderlichen Fonds auszustatten. Wenn er dann, als wichtigstes Argument, die hamburgischen Finanzen düster und grau schilderte, so vergaß er wohl, daß solche Institute, als deren Vorbilder er die Kaiser-Wilhelm-Institute in Dahlem hinstellte, weit kostspieliger sein würden als die beantragte Universität. Aber freilich auch er sagte – und wohl nicht mit Unrecht – voraus, eine Rumpfuniversität trage sicherlich den Keim, sich zu einer Vollanstalt auszuwachsen. Als vierter Redner trat Dr. Max Cohen auf den Plan; er sprach in einer wohltuenden, gleichmäßig temperamentvollen Weise und suchte mit gutem Erfolg namentlich die grundsätzlichen Bedenken Dückers zu widerlegen. Es war nahezu 11 Uhr, als Vertagung beschlossen wurde.
In dieser Woche tagten gleichzeitig die deutschen Hochschullehrer in Straßburg und erörterten die Frage der konfessionellen und – in Hinblick auf die

Frankfurter Gründung und die Hamburger und Dresdner Pläne – der kommunalen Universitäten. Auch gegen diese letzteren trugen viele von ihnen schwere Bedenken. Schon im September hatte Professor Spranger in den »Geisteswissenschaften« gegen die Hamburger Universität geschrieben, weil er argwöhnte, die Wissenschaft sollte nicht um ihrer selbst willen, sondern aus Nützlichkeitsgründen gepflegt werden; er glaubte, diesen Verdacht durch die Idee der kolonialwissenschaftlichen Fakultät bestätigt zu sehen. Mir hatte dieser Aufsatz Anlaß gegeben, in einem Artikel der Neuen Hamburger Zeitung namens der Universitätsfreunde den Vorwurf dieses Nützlichkeitsstandpunkts abzuwehren. In Straßburg aber erklärten sich Berichterstatter und Korreferent gleichmäßig aus den Sprangerschen Gründen gegen kommunale Universitäten, und der greise Wach aus Leipzig stimmte ihnen mit Nachdruck zu. Die Verhandlung führte zu einer entschiedenen Zurückweisung der Dresdner Wünsche, und das hamburgische Vorhaben wurde vor demselben Schicksal nur durch das energische Auftreten Professor Frankes und Warburgs bewahrt, die von dem wissenschaftlichen Ernst unseres Wollens Zeugnis ablegten.

Während der zweiten Universitätssitzung der Bürgerschaft wurden diese Vorgänge in den Wandelgängen und auf den Tribünen – Franke, eben von Straßburg zurückgekehrt, war anwesend – besprochen. Auch Professor Bekker, jetzt schon in Bonn, hatte eine Rede gehalten, in der er mit den Gegnern der Universität scharf ins Gericht gegangen war. Der Amtsgerichtspräsident Tesdorpf, einer der fanatischsten von ihnen, ging wie ein brüllender Löwe umher und pustete: »Er hat gewagt, uns Spießer zu nennen!«

Inzwischen hatte Dr. W. A. Burchard einen Vermittlungsvorschlag ausgearbeitet, der zwar die gegenwärtigen Forderungen des Senats gelten ließ, aber der Schlange die Giftzähne dadurch ausbrechen wollte, daß er der Anstalt den Namen einer Universität vorenthielt und durch den einer Hamburgischen Hochschule ersetzte; damit sollte die Tendenz der Entwicklung zu einer Volluniversität unterbunden werden. Wie ein universitätsfreundliches Mitglied der Rechten verriet, wollte Burchard ursprünglich seinen Antrag dem Mittelstein-Cohen-Wexschen Ausschuß überwiesen sehen. Darüber seien aber Schön und Dücker, aus Furcht, die Gegner könnten dadurch die Mehrheit gewinnen, in helle Wut geraten, und Burchard habe den Schluß ändern müssen.

Die Sitzung vom 15. Oktober wurde die interessanteste und inhaltreichste von allen. Sie begann zwar mit einer etwas trockenen Rede Senator Strandes', der den ausgesprochenen Übersee-Charakter der geplanten Universität

betonte; dann aber erhob sofort Senator Heidmann die Debatte auf die Höhe staatsmännisch-wirtschaftspolitischer Erwägungen. Er wies nach, daß die Vorlage die größte Wichtigkeit für die Welthandelsstellung Hamburgs und für die wirtschaftliche Entwicklung unseres deutschen Vaterlandes habe. Wohl halte er es für gerechtfertigt, daß man in Hamburg vor 50 Jahren, als alle Kräfte in anderer Richtung hätten angespannt werden müssen, von einer Hochschule abgesehen habe. Jetzt aber seien die Verhältnisse von Grund aus andere geworden. Dank den Errungenschaften der Wissenschaft ständen Landwirtschaft, Industrie, Gewerbe und alle anderen Stände in Deutschland in voller Blüte. Es komme darauf an, daß der hamburgische Kaufmann nicht nur die Lage nütze, sondern auch mit Ehren bestehe. Hamburg laufe Gefahr, zu einem Platz des Speditionshandels herabgedrückt zu werden. Solle der Proprehandel erhalten bleiben, müsse sich der Kaufmann mit dem besten geistigen Rüstzeug versehen. Dazu werde ihm eine Universität, wie die vorgeschlagene, die Mittel an die Hand geben. In Amerika und England habe man das längst erkannt. Einer seiner ausländischen Freunde habe ihm gesagt, was Hamburg da schaffen wolle, sei nicht nur eine Handhabe der Wissenschaft, sondern auch ein instrument of commerce. Der Redner bekämpfte eine Methode, die den Praktiker gegen den Wissenschaftler auszuspielen liebe, und warnte, indem er auf Dr. Dückers Bemerkung von den »persönlichen Wünschen« einiger Professoren anspielte, vor einer Kampfesweise mit Verdächtigungen und Herabsetzungen. Die Rede klang in eine Apostrophe zu Gunsten des Friedens aus, die jetzt – nachdem wir den Weltkrieg verloren haben – so merkwürdig anmutet, daß sie hier im Wortlaut wiedergegeben sein mag:
»Lassen Sie uns zusammen beraten, lassen Sie uns gegenseitig uns darüber belehren, um ein Werk zu schaffen, das bestimmt ist, einen Tropfen echt hanseatischen Geistes in die deutsche Kultur hineinzutragen, und das bestimmt ist, nicht nur ein Werk der Wissenschaft, nicht nur ein Werkzeug des Handels, sondern ein Werkzeug des Friedens zu werden; ein Werkzeug des Friedens, indem es bestimmt ist, den Kampf gegen den Haß der Völker untereinander zu führen. Sind wir hierin erfolgreich und gelingt es uns, mit den Führern anderer Nationen, die dasselbe Ziel wie wir verfolgen, die Völker zu überzeugen, daß ihre wirtschaftlichen und kulturellen Interessen auch durch einen siegreichen Krieg nicht gefördert, sondern geschädigt werden; daß jeder, welcher Nation er auch angehöre, der neue Werte schafft, allen Völkern nützt; daß ein Krieg unter den Großmächten, wie er uns monatelang jetzt gedroht hat, die Weltkultur um ein Menschenalter oder länger zurückdrän-

gen würde; gelingt uns dieses, so mag der Zeitpunkt kommen, an dem man daran denken kann, die immer wachsenden schweren Belastungen aller Völker durch die enormen Rüstungen einzuschränken und einen Teil der Gelder, die hierfür ausgegeben werden, für kulturelle Zwecke zu benutzen!«
Krause vertrat die Sozialdemokraten. Er sprach nüchtern-kleinbürgerlich, aber von seinem Parteistandpunkt verständig. Er erklärte, er und seine Freunde seien entschlossen, für Hochschulzwecke nicht eher Mittel, die in erster Linie doch nur den Begüterten zugute kämen, zu bewilligen, als die von ihnen geltend gemachten notwendigen Forderungen für die Volksschulen erfüllt seien. Zudem befriedige sie das nicht, was die Vorlage an Studienmöglichkeiten für die Fortbildung der Volksschullehrer vorsehe. Er brachte noch andere Beschwernisse vor, aber alles, was er sagte, bewies, daß nicht grundsätzliche Abneigung gegen die Universität, sondern Mißmut über den in der Oberschulbehörde herrschenden Geist für die Ablehnung bestimmend war.
Nun sprang Carl Mönckeberg, der Wortführer der Vereinigten Liberalen, in die Arena. Seine Rede war ein kleines Meisterwerk. Mit ruhiger Sachlichkeit beginnend, Vorteile des Entwurfs unterstreichend, Bedenken widerlegend, so schritt er zum Angriff. In unbekümmertem jugendlichen Draufgängertum nahm er Dr. Dücker zur Zielscheibe seines Spottes, geißelte die Enge der Auffassung von der genialen Einseitigkeit und jonglierte in amüsanter Dialektik mit der Frage, ob es so unrecht sei, einen solchen Standpunkt mit dem eines Philisters zu vergleichen. Zum Schluß kritisierte er Krauses Einwendungen; überzeugend wies er nach, es entspräche nicht der Natur der Dinge, die Universität als nachträglich aufgesetzte Krönung eines Unterbaus von Volks- und Mittelschulen anzusehen, vielmehr werde die Hochschule, wenn sie erst einmal geschaffen sei, alle anderen Bildungsanstalten auf das nachhaltigste befruchten.
Auf den Neffen folgte der Onkel, Dr. Rudolf Mönckeberg. Jedem Freunde einer vornehm-gelassenen, aber zugleich mit überlegener Ironie gesalzenen Redeweise war es von je ein Vergnügen, ihm zuzuhören. Was Wunder, daß ihm heute seine Parteigänger mit doppelter Spannung lauschten! Man erwartete, daß er der Vorlage den Todesstoß versetzen werde; und in der Tat, er verstand sein Metier. Er ließ seine Laune in allen Tonarten spielen und spritzte ätzende Lauge mit der Miene des Bonhomme. Jede Schwäche der Vorlage hatte er erspäht; wo sich der Gegner eine Blöße gegeben, da saß sein Stilett. Den Bürgermeister apostrophierte er mit jovialer Kordialität und dankte ihm für eine Behauptung, die seine, des Redners Position wesentlich

stärke. Wiederum spielte er sich auf den Freund einer Volluniversität hinaus, die man nur um deswillen sich nicht leisten könne, weil sie zu teuer werden würde; mit besonderer Wonne aber schoß er den Pfeil, den er offenbar voller Bosheit geschärft hatte: der Herr Senatskommissar habe zwar mit Nachdruck auf die Rede hingewiesen, mit welcher der damalige Staatssekretär Dernburg das Kolonialinstitut eröffnet, aber nicht gesagt, wie dieser Herr über die gegenwärtige Vorlage denke. Er, Redner, sei in der Lage, einen Brief Dernburgs vorzulesen, der die geplante Entwicklung als nachteilig für das Kolonialinstitut erkläre. Und er tat es, seiner Wirkung sicher, ohne jeden herausfordernden Ton, ohne jede Geste des Siegers. Natürlich entbehrte dieser Trumpf eines nachhaltigen Eindrucks nicht. Überhaupt war die Rede eine ausgezeichnete oratorische Leistung; schade, daß er sich zu einigen, dem Ernst der Sache nicht ganz würdigen Späßen hinreißen und gegen den Schluß durch den Erfolg zu selbstgefälliger Länge und Breite verleiten ließ. Senator Diestel machte den Schluß des Abends. Er betonte, es komme für den Senat nur darauf an, den Weg zu finden, auf welchem dem Kolonialinstitut geholfen werden könne; werde ein anderer als der gewiesene gezeigt, wolle man nicht unbelehrbar sein. An eine Erweiterung der Anstalt zu einer Volluniversität denke der Senat nicht; wenn solche Pläne im Hintergrund lauerten, würde er nicht hier stehen. Übrigens sei der Verzicht auf eine medizinische Fakultät mit der sonstigen Begründung des Antrags durchaus vereinbar; denn wenn die anderen Professoren, um ihrem Bedürfnis der Verbindung von Forschung und Lehre genügen zu können, nach Studenten verlangten, so seien sowohl Eppendorf wie das tropenhygienische Institut schon so mit Hörern überfüllt, daß größere Räume hätten geschaffen werden müssen.

An den beiden folgenden Sitzungsabenden flaute die Bedeutung der Debatte ab. Melle war bemüht, die Angriffe seiner Gegner zurückzuschlagen. Eiffe machte den verunglückten Versuch, in der Art eines makelnden Commis voyageur die beiden gegensätzlichen Anträge unter einen Hut zu bringen. Bohlen schreckte das Haus mit graulichen finanziellen Zahlen. Dr. Mittelstein richtete den Mut wieder auf, indem er an die Kulturfreudigkeit der Bürgerschaft appellierte, um aber von Dr. Engel, dem Oberlandesgerichtsrat, – der, wie vordem schon Dücker getan, vor der Schaffung eines selbständigen Fremdkörpers im hamburgischen Verfassungsleben warnte – zu hören, akademische Bildung sei keineswegs immer nur ein glänzendes Rüstzeug, sondern oftmals eine schwerfällige Rüstung, die dem Wagemut des hamburgischen Kaufmanns abträglich werden könne. Bürgermeister Predöhl ergriff

noch einmal das Wort, um einige Mißverständnisse richtigzustellen. Zuletzt bekannte sich Dr. Max Westphal, einer der Unterzeichner des Cohenschen Antrags, als Gegner der Vorlage; er richtete scharfe Worte der Abwehr gegen einen von mir in der Neuen Hamburger Zeitung veröffentlichten Artikel, den er des geistigen Hochmuts zieh, begründete aber seinen ablehnenden Standpunkt zur Sache in einer durchaus sympathischen Weise.
In der letzten Sitzung, am 29. Oktober, eilte man mit Ungeduld der Abstimmung entgegen. Von bedeutsamen Rednern sprach nur Max Warburg. Er rekapitulierte die geschichtliche Entwicklung der wissenschaftlichen Bestrebungen in den acht vorangegangenen Jahren und stellte fest, durch die kurz nacheinander stattgehabte Gründung der Wissenschaftlichen Stiftung und des Kolonialinstituts sei ein auf die Dauer nicht haltbarer Dualismus von Forschung und Lehre entstanden. Der habe den Anlaß zur Unzufriedenheit der Dozenten gegeben. Der Weg des Ausgleichs solle und müsse durch die Universität gefunden werden; soweit bis jetzt ersichtlich, bilde er allein die Möglichkeit, in genügender Anzahl Professoren von Ruf heranzuziehen. Mit Nachdruck warnte er vor der Gefahr der Konkurrenz, die Hamburg von Berlin bedrohe. Schon sei man am Werk, die hier gemachten Erfahrungen zu nutzen und unsere Einrichtungen nachzuahmen. Bei einer Verzögerung würde Berlin einen Vorsprung gewinnen, der nicht nur aus lokalpatriotischem Interesse zu beklagen wäre. Die finanziellen Bedenken teilte er nicht und wies die Ausführungen Bohlens und des heute zu Worte gekommenen Finanzdeputierten Sachse mit sachverständiger Entschiedenheit zurück.
Nachdem noch Dr. Goldfeld, ebenfalls ein Freund der Vorlage, die Geduld des Hauses auf eine harte Probe gestellt und Dr. A. W. Burchard zu seinem Antrag gesprochen, schritt man zur Abstimmung. Eiffes Vermittlungsantrag, der im Grunde mit dem Mittelstein-Cohen-Wexschen identisch war, wurde mit 80 gegen 73 Stimmen abgelehnt, darauf die Überschrift des Gesetzes ebenfalls abgelehnt und der Antrag Dücker angenommen. Damit war der Universitätsgedanke einstweilen begraben. Die Wirkung des Ergebnisses war stark; ein Druck schien auf dem Haus zu liegen. Selbst die Sieger frohlockten nicht; man ging in beklommener Stimmung auseinander.
Es ist nicht leicht, die kulturgeschichtliche Bedeutung des Beschlusses richtig einzuschätzen, aber ich glaube, nicht ungerecht zu urteilen, wenn ich die negativen Tendenzen und nicht positive Kräfte verantwortlich mache und sage: das hamburgische Bürgertum dieser Epoche hat durch ihn mit eigener Hand in aller Öffentlichkeit den Stempel unter seine Unfähigkeit zu einer weitsichtigen Kulturpolitik gedrückt.

Freilich, wer die Hamburger Nachrichten las, konnte zweifelhaft werden; sie, die natürlich innerlich triumphierten, hielten doch in ihren Äußerungen Maß und schrieben: »Die lange, gediegene Kette der vorangegangenen Mühen ist eingeschmolzen. Aber das Edelmetall ist noch da, aus dem das Neue geschaffen werden soll. (...) Es ist nichts verloren, alles wird zur Geltung kommen. Die große Aufgabe des Ausschusses (...) ist, ein Kleinod zu ersinnen, an dem ganz Hamburg seine Freude haben und das auch der Senat loben kann. Ein Kleinod von unvergänglichem Wert, das den Stolz unserer Vaterstadt bilden und sich dem ganzen Vaterland unentbehrlich machen soll. Dazu wollen wir alle uns, nachdem die erste Entscheidung gefallen, in Treue die Hand reichen.«

Auch aus den Kreisen der außerhamburgischen Hochschullehrer erhoben sich gewichtige Stimmen, welche die Entscheidung der Bürgerschaft billigten. Karl Lamprecht, dem die Umbildung des alten erstarrten Universitätsbetriebs in neue, dem gegenwärtigen Stand der Wissenschaft Rechnung tragende Formen im Blute und am Herzen lag, erhoffte von der Entwicklung des hamburgischen Hochschulgedankens eine Förderung seiner Pläne in der Richtung von dem bisher üblichen philologischen Fachstudium hinweg zu einer allgemein umfassenden Art kulturgeschichtlichen Forschens und Erkennens. Er glaubte, in Hamburg Ansätze zu einer solchen Gestaltung der Dinge zu erblicken, hielt aber das Kolonialinstitut, weil es im Grunde nicht über die Qualität einer Fachschule hinausgekommen war, noch nicht geeignet, für solche Bestrebungen einen Kristallisationspunkt abzugeben. Er schrieb daher in einem Aufsatz der Akademischen Rundschau: »Eine innere wissenschaftliche Einheit war damit selbstverständlich nicht gegeben. Sollte sie nun damit zu erreichen gewesen sein, daß man das neue Institut mit einer Universität alten Stils in einer selbstverständlich höchst unorganischen Weise verbinden wollte? Es war ein Gedanke, wie ihn eigentlich nur Laien auf universitätspolitischem Gebiet fassen konnten. Er scheiterte an dem gesunden Sinn der Bürgerschaft.«

Mir scheint, dieses Lob war unverdient; vielmehr hatten die recht, welche behaupteten, daß »in Hamburg von der wissenschaftlichen Wirtschaftsweise Deutschlands, der Begründung wirtschaftlicher Praxis auf wissenschaftliche Erkenntnisse und Durchdringung ihrer Träger mit wissenschaftlichem Geist« (Wilhelm Osbahr) sowohl die Kaufmanns- wie die Gelehrtenkreise kaum erfaßt seien.

Auf dem Weg zur Universität

Nun stand die Frage: wie hätte sich die geschlagene Partei zu der neugeschaffenen Lage zu stellen? Sollte sie – und etwa auch der Senat – sich an den Arbeiten des sog. Dückerschen Ausschusses beteiligen, um sie, so gut es ging, in ihrem Sinn zu beeinflussen? Die Ansichten waren geteilt. Ich hielt es für richtig, seitab zu bleiben und die andern, die, wie man bei den Verhandlungen gesehen, keine positiven Vorschläge zu machen wußten, sich totlaufen zu lassen, und Max Warburg vertrat, wie ich von Mittelstein hörte, denselben Standpunkt. Aber alsbald erfuhr man, daß der Senat anders dachte. Er schien damit recht zu behalten. Schon nach wenigen Wochen erzählte Carl Mönckeberg, der dem Ausschuß angehörte, es ergäbe sich, daß die Gegner gar nicht alle so dumm und die Universitätsfreunde gar nicht alle so klug seien; die Angelegenheit sei bereits ein gutes Stück gefördert. Und Professor Warburg bestätigte, daß man vorwärts komme. Wenn die Dücker-Leute Forschungsinstitute einrichten wollten, gut: es dürfe nur – das habe er im Laufe der letzten Jahre gelernt – die Brücke zur Universität nicht abgebrochen werden. Jetzt hänge alles von den Sozialdemokraten ab; wenn sie umfielen, sei die Universität gerettet.
Melle bewies eine bewunderungswürdige Elastizität. Während der Bürgerschaftsverhandlungen, als sich die Aussicht immer mehr verdüsterte, ging er zuweilen mit gebeugtem Rücken wie ein alter Mann. Jetzt fand er seinen ungebrochenen Mut wieder. Schon im Februar 1914 beantragte er bei der Bürgerschaft die Errichtung neuer Lehrstühle für die Geschichte und Kultur Japans, Indiens, Rußlands und die Mittel für eine kolonialgeschichtliche Abteilung des historischen Seminars, und weil diese Erweiterung der Anstalt ganz in der Richtung lag, für welche sie eingetreten war, konnte die Bürgerschaft ihm die Bewilligung nicht versagen.
Dieser Schritt gerade war es, der Karl Lamprechts auf Hamburg gesetzte Hoffnungen neu belebte. In dem zitierten Aufsatz der Akademischen Rundschau fuhr er fort: »Nun aber ist man daran gegangen, auf der dem reinen Bedürfnis entnommenen Basis des Kolonialinstituts weiter zu schaffen, und was hier in letzter Zeit geschehen ist, ist höchster Aufmerksamkeit wert. (...) Man hat die vorhandenen Institute, vor allem die der Geographie, Psychologie und der Kulturgeschichte weiter ausgebaut und ist dazu fortgeschritten, für diese Disziplinen den Anfang einer vollen Ausgestaltung des üblichen deutschen Universitätsordinariates zu machen: Professoren für japanische,

für indische, für slavische Kultur und Sprache sind bei der Bürgerschaft angefordert. Dies ist der Weg, den man zu gehen hat, wenn man zu einer inneren Einheit gelangen will. Die innere Einheit der hamburgischen Hochschule liegt in der Durchbildung jeder modernen geisteswissenschaftlichen hohen Bildungsstätte, jenes Rückgrates, das sich aus den Disziplinen der Psychologie im weitesten Sinne des Wortes – experimenteller Psychologie, Kinderpsychologie, Völkerpsychologie – und den einzelnen Disziplinen der Kultur- und Universalgeschichte bilden läßt. Ist dies Rückgrat vorhanden, so ist der wissenschaftliche Zusammenhang der neuen geisteswissenschaftlichen Bestrebungen gewonnen. Klar tritt die Form der neuen großen Aufgabe hervor. Es gilt das Bild des Werdens der Menschheit in jeder Richtung offenzulegen und zu erklären. Dies allein kann heute das Ideal der geisteswissenschaftlichen Disziplinen einer wohlgeordneten Hochschule sein. Dies Ideal entspricht durchaus den Anforderungen der Gegenwart und dies Ideal erfüllt auch die praktischen Bedürfnisse, wie sie vor allen Dingen in einer Stadt so weiter kosmopolitischer Interessen wie Hamburg hervortreten müssen. Wird das Kolonialinstitut in dieser Richtung vorwärts gebildet, so wird es die erste moderne Hochschule auf deutschem Boden sein; die erste, wenn auch vielleicht noch in ihrer Gesamtentwicklung unvollkommene Universität, welche der heutigen Bildung entspricht!«
So standen die Dinge, als der Krieg ausbrach und alles andere in Frage stellte. Hier ist zugleich die Grenze der Epoche erreicht, mit welcher diese Arbeit sich beschäftigt. Damit aber die Darstellung nicht ohne Abschluß bleibt, soll die Weiterentwicklung der Bewegung bis zur Universitätsgründung mit kurzen Strichen gezeichnet werden.
Die Erfahrungen schon der ersten Kriegswochen lehrten, wie Deutschland unter dem Mangel an Kenntnis und richtiger Einschätzung der ausländischen Verhältnisse zu leiden hatte. Diese Erkenntnis, auf die Belange des Handels angewandt, gab zu einem Artikel des Correspondenten: »Hamburg allzeit voran?« Anlaß, in welchem Dr. Max Cohen verlangte, das Kolonialinstitut möge durch geeignete Vorlesungen die spätere Tätigkeit der Kaufleute im Ausland vorbereiten. Aus der gleichen Erkenntnis heraus bestimmten politische Gründe den Reichskanzler und den preußischen Kultusminister, die Auslandsstudien zu fördern. Man entschied sich gegen die Errichtung einer zentralen Auslandshochschule, vielmehr ordnete ein Erlaß des Kultusministers vom Frühjahr 1917 an, daß diese Studien in dezentralisierter Form den verschiedenen preußischen Universitäten anzugliedern seien. Es war ein Schritt, der sofort die hamburgischen Hochschulpläne ins Hintertreffen

brachte. Jene bei den Bürgerschaftsdebatten von Heidmann und Warburg an die Wand gemalte Konkurrenzgefahr stand mit einem Schlag greifbar und leibhaftig da. Natürlich wurde das in Hamburg sofort erkannt, und der wissenschaftlichen Kreise bemächtigte sich eine Beunruhigung: sie wiesen mit erneutem Nachdruck darauf hin, wie schon seit mehreren Jahren Berlin bemüht sei, aus den am Kolonialinstitut gemachten Erfahrungen zu eigenem Vorteil Nutzen zu ziehen und mancherlei Einrichtungen nachzuahmen. Zudem sah man nicht ohne Neid, wie das von Professor Harms in Kiel eingerichtete Institut für Weltwirtschaft einen großen Teil der Aufgaben vorwegnahm, die bei rechtzeitigem Zugreifen Hamburg hätten zufallen müssen.
So kam die Universitätsfrage wieder in Fluß, und der Dücker-Ausschuß wurde gestoßen, seine seit zweieinhalb Jahren in Dornröschenschlaf gesunkene Arbeit wieder aufzunehmen. Im März 1917 erschien eine Bröschüre Wilhelm Osbahrs, des Leiters des Büsch-Instituts, »Hamburg am Scheidewege«, in welcher klar auseinandergesetzt wurde, das Kolonialinstitut könne nur als wirksame Anstalt bestehen, wenn es mit einer Universität verbunden werde, und das Vorgehen der preußischen Unterrichtsverwaltung zwinge zu schneller Entschließung. Das war natürlich ein Stich in das Wespennest für die Hamburger Nachrichten, die eine neue Gefahrwolke herankommen sahen; sie machten mobil und nicht ohne Erfolg. Sie konnten einen Artikel Osbahrs bringen, der nichts anderes forderte als einerseits eine Fachschule, andererseits davon getrennte Vorlesungen für akademisch gebildete Hörer und damit eine verzweifelte Ähnlichkeit mit einem Widerruf aufwies. Aber der Universitätsgedanke war doch wieder auf dem Marsch und ließ sich nicht ohne weiteres totmachen. Ja, alsbald verlautete, in dem Dücker-Ausschuß selbst, der anfänglich natürlich in seiner Mehrheit aus Gegnern der Universität bestanden hatte, bereite sich ein Umschwung vor. Dieser Gedanke brachte die Hamburger Nachrichten fast zur Raserei: sie wiederholten immer von neuem, es würde eine Verletzung des ihm gewordenen Auftrags, zum mindesten eine Illoyalität bedeuten, wenn sich der Ausschuß zugunsten einer Universität aussprechen wollte, denn er habe ausdrücklich die Marschroute bekommen, zu untersuchen, auf welch' anderem Weg als dem der Universität dem Kolonialinstitut auf die Beine geholfen werden könne.
In dieser gefahrvollen Situation kamen die Gegner des Universitätsgedankens mit positiven Vorschlägen an die Öffentlichkeit. Drei Matadore traten zusammen, um die Ideen der abgelehnten Senatsvorlage mit feindseligem Eifer zu bekämpfen: Professor Dr. Ludoph Brauer, der Leiter des Eppendorfer Krankenhauses, Hauptpastor Professor Dr. D. Hunzinger und der Profes-

sor der Romanistik Dr. Schädel. Die Stellungnahme der beiden ersten erklärte sich psychologisch ohne weiteres daraus, daß in dem Gesetzentwurf ihre Fakultäten ausgeschaltet waren; bei Schädel schienen neben sachlichen Gründen Gereiztheiten persönlicher Art mitzusprechen. Zuerst, Anfang April 1917, erschien in den Nachrichten ein Aufsatz Brauers, der ein Programm zur Ausgestaltung und Betätigung des hamburgischen akademischen Lebens im Sinne einer wissenschaftlichen Auslandskunde aufstellte. Er empfahl den Namen »Hamburgische Gelehrtenschaft«, der an sich schon andeutete, daß es hier mehr auf die Forschung als auf die Lehre für das Brotstudium ankomme. Die Körperschaft sollte in die üblichen Fakultäten gegliedert und befugt sein, den Doktorgrad zu verleihen, dagegen von dem Ballast aller Staatsexamina befreit bleiben, womit auch – so hieß es – die Frage der Semester-Anrechnung entfalle. So hoffte der Verfasser unter Ausschaltung von Fächern, die für die Auslandskunde überflüssig seien, nicht nur hervorragende Gelehrte, sondern auch für diese einen Stab jüngerer Mitarbeiter zu gewinnen.

Im Laufe des Sommers arbeiteten Brauer und Schädel einen ausführlichen Organisationsplan einer solchen Anstalt aus, für welche sie die Bezeichnung »Hamburgische Wissenschaftliche Anstalt« wählten, und überreichten ihn mit einer umfangreichen Denkschrift dem bürgerschaftlichen Ausschuß. In Mazedonien, wo er als Generalarzt im Felde stand, hatte Brauer sie vollendet. Es war ein großes Material zusammengetragen; insbesondere hatte man keine Mühe gescheut, um aus der deutschen Gelehrtenschaft Eideshelfer für die eigene Ansicht zu gewinnen. Dies lief darauf hinaus, eben im Sinne jenes von Brauer veröffentlichten Artikels an Stelle der eigentlichen Forschungs-, Lehr- und Lernuniversität eine größere Anzahl von Forschungsinstituten zu setzen, welche allen auslandskundlichen und insbesondere den von der Zentralstelle gesammelten Stoff wissenschaftlich zu verarbeiten hätten. Die Verfasser verstanden es, zahlreiche Persönlichkeiten des angesehenen Kaufmannsstandes und der studierten Berufe für ihren Plan zu werben, welche zu einem Ausschuß für Auslandsforschung zusammentraten und die Eingabe durch einen öffentlichen Aufruf unterstützten: natürlich, denn diese mußten es als eine Erleichterung empfinden, nun auch ihrerseits einmal aus dem rein negativen Standpunkt heraustreten zu können.

Im Januar 1918 platzte die Bombe im Universitätsausschuß: Ein von Dr. Carl Petersen gestellter Antrag, der sich für die Notwendigkeit einer Hochschule mit Semester-Anrechnung aussprach, wurde mit einer Mehrheit von zehn gegen fünf Stimmen angenommen. Die Sozialdemokraten waren von ihrem

ablehnenden Standpunkt zurückgetreten, nachdem ihnen der Senat, dem demokratischen Zug der Zeit folgend, in der Volksschulfrage beträchtliche Zugeständnisse gemacht hatte. Die Hamburger Nachrichten spuckten und organisierten alsbald einen regelrechten Feldzug: Max Schinckel und Hunzinger eröffneten ihn mit Artikeln, die unter dem Alarmruf »Das Kolonialinstitut in Gefahr!« in keineswegs geschmackvoller Weise und in einem gehässigen Ton die Verfechter des Universitätsplans einer illoyalen Agitation beschuldigten. So bewährt, wurde er von Brauer und Schädel als Dritter in ihren Bund aufgenommen, und als ihre Denkschrift im April 1918 veröffentlicht wurde, war ihr ein Abschnitt über eine religionswissenschaftliche Fakultät aus der Feder des Theologen eingefügt. Jene unfreundliche Schinckel-Hunzingersche Polemik rief auf der anderen Seite eine begreifliche Entrüstung hervor und wurde Anlaß zu einer lebhaften journalistischen Fehde, an der auch ich mich mit einigen Zeitungsartikeln beteiligte.
Um die wohlorganisierte Angriffstaktik der Hamburger Nachrichten mit einem kräftigen Gegenstoß zu parieren, stellte ich meine Literarische Gesellschaft zur Verfügung. Und zu Anfang Mai erschien ein mit rotem Aufdruck als solches gekennzeichnetes Universitäts-Extraheft mit Aufsätzen von sechs Professoren: Franke schrieb über »Universität und Auslandskunde«; Thilenius gab einen Überblick über die zehnjährige Wirksamkeit des Kolonialinstituts; Weygandt widerlegte die Darstellung der Gegner, die Gründung einer Universität sei für Hamburg ein Wagnis; Salomon wies nach, daß die Schaffung von Forschungsinstituten, wie sie die Denkschrift vorsehe, weit größere Kosten erfordere; Winkler, der Botaniker, ging scharf mit Hunzinger wegen einiger leichtfertig aufgestellter Behauptungen über das Verhältnis des Kieler Instituts für Weltwirtschaft und Verkehr zur Universität ins Gericht; und Warburg zerzauste in durchaus verdienstlicher Weise Herrn Thomas Hübbe, der als Redakteur der Hamburger Nachrichten für die sogenannten Vaterstädtischen Angelegenheiten das Seinige getan hatte, um den Ton der Auseinandersetzungen zu vergiften. Aber auch Winkler schoß darin über das Ziel hinaus, und es traten eine Reihe von Hunzingers Anhängern – darunter Dr. Hallier, der sich zu einem Universitätsgegner gewandelt hatte – als seine Verteidiger auf den Plan.
So wogte der Kampf hin und her. Inzwischen war Carl Mönckeberg, der Referent des bürgerschaftlichen Ausschusses, an der Arbeit, das Ergebnis der Beratungen und der Erfahrungen, die ein Unterausschuß auf einer Informationsreise an verschiedenen deutschen Universitäten gemacht hatte, in einem umfangreichen Bericht zusammenzustellen, der zwar auf der ursprüng-

38. Jean Paul Kayser: Am Hafen (Zollenbrücke?), o. D.

lichen Senatsvorlage fußte, aber doch manche Neuerungen im Sinne einer moderneren Fortbildung der Universitätsverfassung vorschlug. Als er fertiggestellt war, hatte sich jedoch die strategisch-politische Lage so zu unseren Ungunsten verändert, daß die Niedergeschlagenheit der allgemeinen Stimmung jedes Interesse an dieser Frage vorläufig zurückdrängte.

Nun überstürzten sich die Ereignisse: Die Revolution brach aus und schien alles Vorhergegangene unter Trümmern begraben zu wollen. Aber eigentümlicherweise machten sich gerade in Hamburg schon in den ersten Novembertagen Anzeichen bemerkbar, daß die ans Ruder gekommenen Kräfte den Bildungsfragen eine starke Anteilnahme entgegenbrachten, und es schien zeitweise, als wollte Dr. Laufenberg, der damalige radikale Vorsitzende des Arbeiterrats, seine Ehre dareinsetzen, Hamburg eine Universität zu bescheren.

In den ersten Wochen der Revolution war eine Anzahl hochgebildeter Männer und Frauen Hamburgs unter dem Namen eines Werkbunds Geistiger Arbeiter – es wird an späterer Stelle noch ausführlicher von ihm zu handeln sein – zu einer Körperschaft zusammengetreten, welche gleichsam wie ein öffentliches Kulturgewissen oder als eine Art Kulturparlament dafür sorgen wollte, daß dem Geist bei Regelung der Dinge im neuen Staate der ihm gebührende Einfluß gewahrt werde. Es gab einen Augenblick, wo selbst in diesem Kreis der Gedanke auftauchte, ob es nicht ratsam sei, jene ehrgeizigen Pläne Laufenbergs zu fördern und die Gabe zu nehmen, einerlei, aus welchen Händen sie käme, um aber alsbald wieder fallengelassen zu werden. Indessen bot schon der Anfang des Jahres 1919 dem Werkbund Gelegenheit, in anderer Weise für die Universität einzutreten. Die Professoren des Kolonialinstituts hatten, um der Not der zahlreichen aus dem Felde heimgekehrten Studenten bei der Überfüllung der bestehenden Universitäten zu ihrem Teil abzuhelfen, akademische Kurse eingerichtet und dafür Sorge getragen, daß ihr Besuch seitens der preußischen und Reichsbehörden für das Studium als Semester angerechnet werde. Da diese Bewilligung ausdrücklich nur für das laufende Semester erteilt war, verlangten die Studenten, um nicht zu Ostern eine andere Universität beziehen zu müssen, daß das Provisorium durch Errichtung einer Universität zu einer endgültigen Einrichtung umgewandelt werde, und es lag klar am Tage, daß die auf dem Spiel stehenden Belange der Studentenschaft als stark wirkendes Argument bei den maßgebenden Faktoren in die Waagschale der Entschließung fallen müßten.

Der Werkbund Geistiger Arbeiter beschloß daher, die Bewegung zu fördern. Er berief eine von seinem Universitätsausschuß vorbereitete öffentliche Ver-

sammlung ein, die am 9. Februar 1919 im vollbesetzten großen Saal des Curiohauses stattfand. Nachdem ich als Vorsitzender des Werkbunds die Versammlung eröffnet hatte, sprachen Professor Rathgen, Carl Mönckeberg, Friedrich von Borstel und Dr. Knack. An ihre Darlegungen, welche das Thema in der Hauptsache erschöpfend behandelten, schloß sich eine lebhafte Diskussion, in welcher sich übrigens bezeichnenderweise kein Gegner zu Wort meldete. Es wurde ein Aktionsausschuß gewählt, der die Angelegenheit weitertreiben sollte. Dieser, dem auch mehrere Professoren des Kolonialinstituts angehörten, dem das Recht der Zuwahl zustand und der von ihm ausgiebigen Gebrauch machte, arbeitete mit größter Beschleunigung. In seiner letzten Sitzung, zu welcher Dr. Mittelstein als Vorsitzender des bürgerschaftlichen Universitätsausschusses und Max Warburg als Berater zugezogen waren, wurde der von Professor Perels, dem Staatsrechtslehrer, ausgearbeitete Entwurf eines Notgesetzes gutgeheißen, welches die Errichtung einer Hamburgischen Universität und Volkshochschule unter einstweiliger Zugrundelegung der zur Zeit bestehenden Einrichtungen aussprach und feststellte, welche Lehrstühle zu diesem Zweck neu zu schaffen seien. Dieser Entwurf sollte unter Vermittlung des bürgerschaftlichen Ausschusses der Bürgerschaft als Initiativantrag zur Beschlußfassung vorgelegt werden.
Damals standen – neben dem Arbeiter- und Soldatenrat, der die tatsächliche Gewalt ausübte – noch der Senat und die Bürgerschaft in ihrer bisherigen Zusammensetzung in gleichsam geduldeter Funktion. Aber die Neuwahlen nach dem allgemeinen, gleichen Wahlrecht, die unzweifelhaft eine sozialdemokratische Mehrheit bringen würden, sollten in wenigen Wochen stattfinden. Aus dieser Sachlage erwuchsen Schwierigkeiten mit der Sozialdemokratischen Partei, die in dem Aktions- und Werkbund-Ausschuß durch Dr. Knack und den Volksschullehrer Roß vertreten war. Diese besorgten, der Senatskommissar oder die Fakultäten könnten, wenn die Universität vor den Neuwahlen und der sich aus ihnen ergebenden Neuordnung der Dinge geschaffen werde, die ihnen noch zustehenden Befugnisse dazu mißbrauchen, Persönlichkeiten auf die zu errichtenden Lehrstühle zu berufen, welche der Anstalt einen reaktionären Charakter gäben. Es gelang mir, durch direkte Verhandlungen mit Emil Krause, einem der Parteiführer, die Klippen zu umschiffen: Ich erbot mich, mit Melle eine Vereinbarung des Inhalts herbeizuführen, daß die neuen Stellen nicht vor dem 15. Mai besetzt werden dürften. Krause erklärte sich einverstanden; Melle ging die Verpflichtung ein und ermächtigte mich, sie an Krause zu übermitteln.
So ging die Universität zum zweitenmal den Schicksalsweg. Wie mochte

diesmal die Entscheidung fallen? Man hoffte, die abtretende Bürgerschaft würde in der Abendröte ihres Bestehens sich einen guten Abgang sichern, in Schönheit sterben wollen. Es gab noch einmal einen Sitzungsabend voll atemloser Spannung. Das Ergebnis: Ablehnung des Antrags mit 78 zu 78 Stimmen. Das Urteil, das die Bürgerschaft vor fünf Jahren über sich selbst gesprochen hatte, wurde von ihr selbst noch einmal bestätigt.
Wenige Wochen später nahm die neugewählte Bürgerschaft, die sogenannte Konstituante, mit ihrer absoluten sozialdemokratischen Mehrheit das von neuem eingebrachte Notgesetz fast einstimmig an. Hamburg erhielt seine Universität aus den Händen der »vaterlandslosen Gesellen«, denen die Guten und Gerechten die ideale Gesinnung abzusprechen pflegten. War es nun nicht schon zu spät? Hätte ein von der Bedeutung der Aufgabe erfülltes und ihrer Lösung gewachsenes Bürgertum die Hochschule rechtzeitig gebaut, so wäre sie, in ihren tiefsten Grundlagen bereits gefestigt und von modernem Geist getragen, – vielleicht – imstande gewesen, die positiven, zukunftsreichen, trächtigen Ideen der Revolution herauszuheben, zu pflegen und vor Verflachung und Materialisierung zu bewahren. Ob sie jetzt die dazu erforderliche Kraft aufzubringen vermag, darf billig bezweifelt werden.

10 Stadtentwicklung, Architektur, Baupolitik

Es bleibt übrig, den Rahmen des bisher beschriebenen Bildes zu zeichnen, eine anschauliche Schilderung der Stadt zu geben, in der sich das alles zutrug: der Stadt als eines gewordenen und werdenden Kulturgefäßes. So betrachtet, ist sie doch keineswegs nur ein Rahmen oder Gefäß, vielmehr ein wesentlicher Inhalt. Denn der Formwille und die Gestaltungskraft eines Volkes drückt sich nirgends deutlicher, voller, trächtiger aus als in seinen Siedlungs- und Wohnanlagen. Besonders da, wo es gilt, sich mit dem Widerstand der Elemente und schwieriger Bodenbedingung auseinanderzusetzen.
Das war in hervorragendem Maße in Hamburg der Fall. Der Elbstrom, die natürliche Lebensader von Anfang an, mußte bald an die Stadt herangeholt, bald mit Dämmen und Deichen zurückgedrängt werden; sein Wasser wurde in die Kanäle, in die Fleete und Grachten geleitet, die man in späteren Epochen wieder zuschüttete und in Straßen verwandelte; die Flußläufe der Alster und der Bille wurden gestaut und mußten seeartige Erweiterungen und Sammelbecken für die Regelung des Wasserstandes bilden. Man war genötigt, um die Fahrrinne für die Seeschiffe freizuhalten, Leitdämme zu bauen und umfangreiche Hafenbassins auszuheben, damit neue Lösch- und Ladeplätze geschaffen werden konnten.

Hamburgs bauliche Entwicklung 1890

Durch die geographische Lage bedingt, war die erste Siedlung auf dem zwischen Elbe und Alster nach Westen abfallenden Geestrücken gegründet, etwa da, wo jetzt das alte Johanneum steht. Einige hundert Jahre später kam die sogenannte Neue Burg, näher der Alstermündung gelegen, hinzu. Der

bürgerliche Stadtkern mit Rathaus und Börse bildete sich in unmittelbarer Nachbarschaft. Lange blieb die Siedlung auf einen engen Umkreis beschränkt: Häuser und Speicher, mit dem Rücken an die Fleete gelehnt, drängten sich um schmale Straßen. Erst als die großen Befestigungen beträchtliches Gartenland einbezogen, trat eine gewisse Bewegungsfreiheit ein. Hier entstand aus Heckenwegen, die sich zu einem Gewirr enggebauter Gassen und Gäßchen entwickelten, jenes berüchtigte Gängeviertel mit seinen dichtbevölkerten Gelassen.
Aber schon im 17. und 18. Jahrhundert strahlte die zu immer größerer Wohlhabenheit erblühende Stadt über den Ring der Umwallung hinaus: die sommerlichen Landhaussiedlungen an der Bille und in Harvestehude nahmen einen wachsenden Umfang an, und die Verbindungswege nach dort, die Große Allee in St. Georg und die Partien vor dem Dammtor, waren Anlagen von monumentaler Weiträumigkeit. Trotzdem blieb die eigentliche Stadt ein, wenn ich mich so ausdrücken darf, eindeutiger Organismus von einheitlichem Charakter: alle Klassen der Bevölkerung, durch das sie umschlingende Band des Handels zusammengehalten, saßen, ohne wesentliche Unterscheidung bestimmter Wohnviertel im modernen Sinn, im Umkreis des umschließenden Wallgürtels.
Das 19. Jahrhundert brachte darin die grundstürzenden Wandlungen. Zunächst legte der Große Brand von 1842 einen beträchtlichen Teil der Stadt in Asche und gab zu einem Wiederaufbau nach den damaligen städtebaulichen Anschauungen Anlaß, und die Aufhebung der Torsperre – 1860 – schuf vielen Eingesessenen die Möglichkeit, sich in den Vororten anzusiedeln. Damit war die enge Schale gesprengt, und die Stadt flutete über die eingerissenen Dämme nach allen Seiten hinaus. Der wirtschaftliche Aufschwung nahm nach der Reichsgründung von Jahr zu Jahr fast in geometrischer Progression zu und förderte jenen Entwicklungsgang in einer geradezu unheimlichen Weise.
Der Grund und Boden in den Vororten wurde mit überstürzter Hast aufgeteilt, Straßen und Plätze auf dem Reißbrett mit Lineal und Zirkel projektiert und dabei auf die Erhaltung natürlich gewachsener Vorzüge des Terrains und der bisherigen – landwirtschaftlichen – Bebauung keine Rücksicht genommen. Das großstädtische Gespenst streckte bis weit in das Weichbild hinaus seine Fühlhörner: einzelnstehende Etagenhäuser mit geteerten Brandmauern und von unendlich häßlicher Form waren die Sendboten der neuen Zeit und schrien die erschreckende Kunde hinaus, daß nicht mehr feinsinnige Architekten, sondern halbgebildete Maurermeister die Schöpfer

dieser Stadtteile sein würden. Das war der Zustand der äußeren Stadt zu Beginn der hier behandelten Epoche. Nur die Partien an der Alster, Harvestehude und die Uhlenhorst, wo herrschaftliche Häuser in baumbeschatteten Gärten lagen, machten davon eine Ausnahme.
Um jene Zeit traten zwei neue Ereignisse ein, die den angedeuteten Umgestaltungsprozeß auf seinen Gipfel führten: der Zollanschluß (1888) und die Cholera (1892). Jener – seit 1881 vorbereitet – schuf unter Niederlegung ganzer Wohnviertel, welche einem guten Teil der an der Wasserkante beschäftigten Arbeiterbevölkerung zur Wohnung gedient hatten, den Freihafen mit seinen ausgedehnten Kaistrecken, Speichern, Lagerschuppen und neuen Wasserwegen: einen in seiner Eigenart ganz selbständigen und durch die Zollgrenze auch äußerlich von der übrigen Stadt geschiedenen Organismus und den Schauplatz eines wirtschaftlichen Lebens, das sich von vornherein einen ganz und gar modernen Rhythmus gab. Die Cholera aber wurde wiederum ein Anlaß, bedeutende Stadtteile in der Nähe des Hafens, wo kleine Leute in enggebauten Straßen hausten, wegen ihrer sanitären Mängel niederzureißen und an ihrer Stelle eine weiträumigere Bauweise zu projektieren. Das bedeutete Eingriffe in die Gliederung der städtischen Bevölkerung von unübersehbarer Tragweite und übte auf die Wohnverhältnisse entscheidenden Einfluß.
So erst wurde Hamburg wirklich eine Großstadt. Das besiedelte Gebiet zerfiel nun in die Wohn- und in die Arbeitsstadt. Diese, an der Elbe liegend, gliederte sich wiederum dreifach: in die eigentliche Geschäftsstadt, die – nach englischem Muster – sogenannte City, gruppiert um den Mittelpunkt der Börse und des Rathauses; in den Freihafen mit seinen dem Schiffsverkehr dienenden Anlagen; und in das Industriegebiet in und um Steinwerder. Als ein Anhängsel dieses dreigeteilten Komplexes war das den Vergnügungslokalitäten geweihte Viertel St. Pauli anzusehen. Die Wohnstadt andererseits umschloß die Alster. Diese bildete gleichsam eine Mittelachse: rechts und links an ihr, in Harvestehude und der Uhlenhorst, wohnten die reichen Leute; mit dem Abstand von ihr – nach beiden Seiten hin – sank die Wohlhabenheit der Bewohner; an der Peripherie drängte sich in dichtbevölkerten Stadtteilen das Proletariat. Barmbek vor allem war das Viertel der Arbeiterschaft: am Mundsburger Damm beginnend führte die Hamburger Straße mit ihren Fortsetzungen in vielen Windungen nordostwärts, von hohen Etagenhäusern eingefaßt und nach rechts und links Seitenstraßen mit den berüchtigten Schlitzbauten entsendend. Die Mittelglieder zwischen Hochoben und Tiefunten, zwischen den Parkvillen an der Alster und den engen Zwei- oder

Dreizimmerwohnungen der Arbeiterviertel, waren auch ihrerseits mit feinen Unterschieden abgestuft: in Eimsbüttel z. B. saßen besonders die Geschäftsleute und Beamten des Mittelstandes, Eilbek–Hohenfelde, östlich der Alster belegen, wurde von den Richtern und den höheren Verwaltungsbeamten bevorzugt; um die Grindelallee gruppierten sich diejenigen jüdischen Familien, die sich zum Aufstieg anschickten; bei wachsendem Wohlstand rückten sie gegen die Alster vor und setzten sich am Rothenbaum fest.

Von Jahrfünft zu Jahrfünft schob sich die Stadt weiter in das Weichbild vor: am oberen Ende der Außenalster reichten sich schon die Uhlenhorst und Harvestehude die Hand und schlossen das Bassin mit einem Kranz stattlicher Villen ein. Bis gegen Winterhude strahlten von dort der Leinpfad, die Agnes-, Blumen- und Willistraße mit ihren auf das modernste eingerichteten Einfamilienhäusern aus, und andererseits entstand in Fuhlsbüttel eine Siedlung von Volksschullehrern und kleinen Beamten, welche in die freiere Luft ländlicher Umgebung hinausstrebten und ihre finanzielle Lage durch die Ausnutzung der Hausgärten bessern wollten. Gegen Ende der Epoche um 1910 plante man die Gründung eines neuen umfangreichen Stadtteils, der sogenannten Alsterstadt, längs des oberen Flußlaufs zwischen Winterhude und Ohlsdorf. Es sollte in Anlage und Ausführung gleichsam die Krönung der Entwicklung werden, aber der Krieg machte einen Strich durch die Rechnung.

Der Ruf nach Baupolitik und Stadtplanung

Umfang und Tempo dieser Umwandlung zur Großstadt waren den Behörden von Anfang an über den Kopf gewachsen. Man hatte beides nicht voraussehen können, jedenfalls nicht vorausgesehen und ließ sich deshalb vom Strom treiben. Baumeister, die einer so ins Gewaltige gesteigerten Aufgabe gewachsen gewesen wären, gab es ohnehin damals in Hamburg nicht. Die Generation der Gottfried Semper und Alexis de Chateauneuf war ausgestorben. Baudirektor Zimmermann, welcher das Hochbauwesen leitete, scheint die Stadterweiterung als ein Gebiet angesehen zu haben, das außerhalb seines Ressorts lag. An der Spitze des Ingenieurwesens stand Franz Andreas Meyer, ein gewandter Mann, der aber hier keine glückliche Hand hatte. Wie er durch die kleinliche Linienführung des Außenalsterufers mit seinen Buchten und Buchtchen bewies, daß er keine Vorstellung von den Mitteln großer Wirkung im Landschaftsbild besaß, so zeigte die Verunstaltung des Jung-

fernstiegs durch seine unverhältnismäßige Verbreiterung und durch die sogenannten Galgen der Stromleitung für die elektrische Straßenbahn, daß ihm wenig Sinn für die raumformenden Werte im Stadtbild eigen war.
Auch hier – und hier besonders – wurde es klar, daß mit der technisch-wissenschaftlichen Ausbildung der Architekten und Ingenieure die Verfeinerung des Geschmacks nicht Schritt hielt. Der Intellekt hatte das Gefühl in die Ecke gedrückt; über dem Rechnen war der Rhythmus verlorengegangen. Aber nicht nur die ästhetischen, sondern auch die sozialen und hygienischen Belange hatte man vernachlässigt. Erst die Schrecken der Cholera mußten über die Stadt hereinbrechen, ehe man die schwersten Mißstände beseitigte. Trotzdem: noch 1918 scheute man sich, von der Schlitzbauweise grundsätzlich abzurücken. Die kapitalistischen, sogenannten hausagrarischen Grundeigentümer-Interessen fanden in der damaligen Zusammensetzung der Bürgerschaft stärksten Rückhalt. Neben ihnen fielen nur noch die Rücksichten auf den Verkehr entscheidend ins Gewicht: breite und gerade Straßen waren das Ideal des Ingenieurwesens. Man vergaß darüber, daß eine große Stadt – soll sie ihrer Bevölkerung zur Heimat werden – den unwägbaren und unmeßbaren Anforderungen des Verlangens nach einem gewissen Behagen Rechnung tragen muß; daß ihre Straßen und Plätze nicht nur wind- und staubdurchwehte Korridore sein dürfen, sondern raumbildende Qualitäten haben müssen.
Im Senat saß niemand, der in diesen Dingen kompetent gewesen wäre. Lichtwark hatte oft genug gepredigt, die Mitglieder des Rats müßten von dem Kleinkram der Verwaltungsarbeit entlastet und in die Lage versetzt werden, sich durch viele Reisen in andere Länder über die Bedürfnisse – insbesondere die kulturellen Bedürfnisse – der modernen Großstadt zu unterrichten, aber er fand taube Ohren. So wurschtelte man wohl oder übel fort und lebte von der Hand in den Mund. Zwar wurde das Baupolizeigesetz wiederholt revidiert und Bebauungspläne ausgearbeitet; zu wirklich schöpferischem, der Zukunft die Wege weisendem Handeln kam es jedoch nicht. Diese hier nur ganz im Allgemeinen und in großen Zügen geschilderte Entwicklung hat Baudirektor Fritz Schumacher in einer 1919 erschienenen Schrift »Hamburgs Wohnungspolitik« systematisch dargestellt und in ihrer Bedeutung, ihren Ursachen und Folgen im einzelnen aufgezeigt. Sein billiger und gerechter Sinn vermeidet, gegen bestimmte Personen oder Amtsstellen Vorwürfe zu erheben, indem er die ungeheure Schwierigkeit der Aufgabe anerkennt. Aber sein sachliches Urteil über das hamburgische Bauwesen dieser Zeit ist vernichtend.

Die nachstehenden Bemerkungen machen sich Schumachers Gedankengang im wesentlichen zu eigen; wörtliche Zitate sind in Anführungszeichen gesetzt.
Er fordert, Richtschnur für den Städtebau müsse eine Wohnungspolitik sein, welche von sozialen Gesichtspunkten geleitet werde; eine solche sieht er aber erst gegen Ende der Epoche sich geltend machen. Bis zum Großen Brand hatte man den Gang der Dinge sich selbst überlassen. Das Ergebnis war die enge, luft- und lichtlose Bebauung des Stadtkerns innerhalb der Wälle gewesen. Für den Wiederaufbau freilich der eingeäscherten Partien wurden Grundsätze aufgestellt, welche den neuzeitlichen Anforderungen Rechnung trugen, aber diese beschränkten sich vornehmlich auf das verkehrs- und ingenieurtechnische Gebiet (Straßenzüge, Kanalisation, Wasser- und Lichtzufuhr) und naturgemäß auf feuerpolizeiliche Maßnahmen. Noch um 1890 war man nicht wesentlich weiter: der große Durchbruch der Kaiser-Wilhelm-Straße wurde ausschließlich nach Gesichtspunkten des Verkehrs geplant und durchgeführt; weder soziale noch ästhetische Rücksichten kamen dabei zu ihrem Recht. Ebensowenig, wie man sich bei Niederlegung der Stadtviertel, welche in den Jahren 1884–1888 dem Freihafen zum Opfer fielen, darum gesorgt hatte, ob die dort ansässig gewesene Bevölkerung in erreichbarer Nähe ihrer Arbeitsstätte Ersatz für die verlassenen Wohnungen fände, machte man sich bei diesem neuen Abbruch solche Gedanken.
Erst als die Not der Cholera zu dem Entschluß zwang, abermals weite Flächenräume der inneren Stadt zu Sanierungszwecken niederzureißen, begannen neben den im Vordergrund stehenden hygienischen Absichten soziale Ideen des Kleinwohnungsbaus zuerst schüchtern, dann aber immer lauter sich zu Wort zu melden. Auf dem Umweg über die Förderung gemeinnütziger Gesellschaften, insbesondere des Bau- und Sparvereins, gelangten sie nach und nach, wenn auch langsam, zur Geltung und führten letzten Endes zu der Überzeugung, daß der Staat sich der Gründung von Kleinwohnungssiedlungen nicht entziehen könne.
Die gesetzgeberischen Handhaben des Staates zur Einwirkung auf die bauliche Entwicklung sind das Baupolizeigesetz (die Bauordnung) und der Bebauungsplan. Sie dürfen, wenn sie ihre Aufgabe erfüllen wollen, sich nicht darauf beschränken, hindernde Verbote aufzustellen, sondern müssen den Geist der Bauenden zu schöpferischem Tun befruchten. Dieser Forderung wurden sie nicht gerecht, vielmehr erwiesen sie sich als mechanische Fesseln, in denen die Bautätigkeit erstarrte. Indem das Baupolizeigesetz für die Ausnutzung des Grund und Bodens nach Höhe und Fläche die äußersten Gren-

zen des Zulässigen bestimmte, schuf es nicht nur eine Barriere gegen Entartung, sondern kraft der in einer wirtschaftlichen Entwicklung solcher Art liegenden Zwangsläufigkeit in derjenigen Hausform, welche von der äußersten Möglichkeit den ausgiebigsten Gebrauch machte, einen sich allgemein zur Regel durchsetzenden Typus. So wurde die Bauordnung selbst verantwortlich für die fürchterlichen Schlitzbauten mit ihren sogenannten Drei- und Vierspännern, d. h. den um einen Treppenflur gruppierten drei oder vier Wohnungen, in welchen eine Querlüftung nicht möglich war.

Freilich wurden bei Gelegenheit von Revisionen des Baupolizeigesetzes die hygienischen Mindestforderungen an Luft- und Lichtzuführung erhöht, aber die Grundeigentümer wußten die Zulässigkeit von Ausnahmen durchzusetzen, deren Bewilligung doch wieder so zur Gewohnheit wurde, daß im Grunde alles beim alten blieb. Noch im Jahr 1918 kämpfte der Verein für Heimatschutz bei einer abermaligen Neuordnung der gesetzlichen Vorschriften vergeblich für ein Verbot der Schlitzbauten. In den späteren Jahren fiel dies alles für die innere Stadt vielleicht nicht so sehr ins Gewicht, weil da nicht mehr viel zu verderben war. Aber das Baupolizeigesetz fand seit 1872 Anwendung auch auf das weite Gelände der großen Vororte: Rotherbaum, Eimsbüttel, Harvestehude, Eppendorf, Winterhude, Barmbek, Uhlenhorst, Hohenfelde, Eilbek, Borgfelde, Hamm, Horn und Billwerder Ausschlag. Damit war auch für sie der Schlitzbau sanktioniert. Hier nun hätte der Bebauungsplan Wandel schaffen können, aber dieser Aufgabe waren seine Väter nicht gewachsen. »Sie hätten die seltene Gabe gestaltenden baulichen Schauens, eine vorausblickende schöpferische Phantasie mit lebendigen sozialen und wirtschaftlichen Vorstellungen vereinigen müssen.«

Wohl gab es damals auch außerhalb der behördlichen Instanzen – und vielleicht gerade dort – Ansätze zu einer gesunden Entwicklung. In den 1870er oder 1880er Jahren hatte ein Konsortium die Ländereien des Johannisklosters in Harvestehude gekauft und legte bei dem parzellenweisen Verkauf den Erwerbern die Verpflichtung auf, die Grundstücke nur mit Villen, d. h. Einfamilienhäusern mit höchstens zwei Obergeschossen, zu bebauen. Diese durch Eintragung ins Grundbuch verdinglichten Klauseln hießen offiziell die Klosterlandbedingung. Der Bebauungsplan knüpfte an diese Maßnahmen an. Er teilte das ganze Gebiet der nördlichen Vororte in Zonen; der am meisten bevorzugten von ihnen wurden die gleichen oder doch ähnliche Bedingungen auferlegt wie jene Klosterlandbedingungen und die übrigen staffelten sich danach, ob Gewerbebetriebe zugelassen waren oder nicht und mit welcher Stockwerkzahl Etagenhäuser errichtet werden durften. Auf die-

se Art hätte wohl ein gut gegliedertes und ineinandergreifendes städtebauliches Gebilde geschaffen werden können, aber es war ein Unglück, daß die Planung ausschließlich in den Händen des Ingenieurwesens lag. Der Architekt wurde dabei nicht gehört.
Die Kunst des Städtebauens ist aber nicht eine einseitige Angelegenheit des Ingenieurs. Ihre Blickrichtung »muß in erster Linie auf Wohnungspolitik eingestellt sein. Wohnungspolitik entsteht aber nur aus dem lebendigen Zusammenwirken juristischer, sozialer, technischer und künstlerischer Gedankengänge. Keine dieser vier Kräfte darf fehlen." Diese Kräfte zusammenzufassen und zu leiten, wäre die herrliche Aufgabe eines überragenden Architekten gewesen. Daß er fehlte, war Hamburgs Schicksal in dieser zukunftsträchtigen Zeit. Ihm hätte es obgelegen, »ein harmonisches Zusammenklingen jener Kräfte vorauszuschauen«. Dann wäre es nicht möglich gewesen, daß die Bebauungspläne – wie man nachträglich mit Schrecken bemerkte – auf die Wirkungen, die sie für das Alsterbild bedeuteten, keine Rücksicht nahmen. »Hinterhäuser von Miethausreihen blicken über die Villen hinweg von der Uhlenhorst her in das liebliche Bild; die kolossalen Massen der Etagenhäuser, die auf dem hochliegenden Mittelweg entstanden, ragen über die Baumreihen des Harvestehuder Wegs herüber und vernichten die Illusion des ›unendlichen Gartens‹, von der die Stimmung der Außenalster lebt; der zierliche Kirchturm von St. Georg wird nur noch kurze Zeit im Alsterbilde sichtbar bleiben, dem er einen der größten Reize gibt.«
In die ihm bei Planung der werdenden Stadt gebührende Stellung rückte in Hamburg – und nicht minder wohl in ganz Deutschland – der Architekt und Städtebauer erst mit langsamen Schritten ein. Zunächst wurde er nur herangezogen, wenn es sich etwa darum handelte, eine besonders geartete Ecke oder einen Platz zu gestalten. Einen größeren Einfluß räumte man der Architektenschaft zunächst beim Bau der Mönckebergstraße ein: es wurde eine sogenannte Schönheitskommission gebildet, die über eine gewisse Gleichmäßigkeit und anständige Ausbildung der Fassaden wachen sollte.
Das Ingenieurwesen war nicht gewillt, aus freien Stücken seine Vormachtstellung aufzugeben, und so begann ein Ringen, das sich nicht eigentlich in der Öffentlichkeit, sondern in der Hauptsache innerhalb der Ressortschranken abspielte. Während in der ersten Phase der Cholera-Sanierung, bei der Niederlegung und dem Wiederaufbau des Schaarmarktviertels, noch die Ingenieurabteilung der Baudeputation allein das Heft in der Hand hatte – das schreckliche Durcheinander der Häusermassen ist dafür ein anschauliches Schulbeispiel –, gewann schon bei den Projekten für die Neuordnung der

Quartiere um den Meßberg das Hochbauwesen an Einfluß. Entscheidend aber wurde dieser gestärkt, als bei den Verhandlungen über die Anlage der neuen Alsterstadt die Bürgerschaft die Heranziehung von Sachverständigen aus den Kreisen der Architekten forderte.
Im Jahre 1914 wurde neben dem Büro des Ingenieurwesens eine Städtebauabteilung beim Hochbauwesen begründet und die Arbeit so geregelt, daß »das Ingenieurwesen für die Pläne die technischen Unterlagen aufzustellen hat, die natürlich allem weiteren als Vorbedingung dienen müssen, und daß das Hochbauwesen auf dieser Grundlage die gestaltende Seite der Aufgabe übernimmt. Seine Vorschläge werden in einem Ausschuß vorberaten, in dem die fachmännischen Vertreter aller der Instanzen sitzen, die mit dem betreffenden Plane in Berührung stehen, so daß Einwände und Anregungen aus den verschiedensten Gesichtspunkten heraus schon beim ersten Entstehen der Planung zur Geltung gelangen." So war am Ende der Epoche eine Arbeitsorganisation geschaffen, welche die Hoffnung rechtfertigte, man werde aus dem baulichen Elend der Großstadt-Flegeljahre herauskommen, als der Krieg ausbrach und die Entwicklung zum Stillstand brachte.

Schilderung der Stadt um 1888/1890

Es soll nun versucht werden, um einen festen Ausgangspunkt für die nachfolgende Schilderung der Entwicklung von 1890 bis 1915 zu gewinnen, das Bild der Stadt zu zeichnen, wie es sich mir zu Anfang des hier behandelten Zeitraums, also um die Jahre 1888–1890, darstellte.
Am Nachmittag des 18. Juni, an welchem Kaiser Friedrich zur Ruhe bestattet war, machte ich einen Spaziergang um die Außenalster. Ein köstlicher Frühsommertag! Die Fahnen, die drei Tage lang halbmast gegangen hatten, flatterten, nun wieder hochgehißt, von allen Villen, welche das Bassin umgaben, lustig im Wind. Der Harvestehuder Weg ist die herrlichste Promenade. Zur Rechten gleitet das Auge über die Vorgärten oder das vorgelagerte Gelände und schaukelt sich mit Behagen auf der Wasserfläche, über welche die kleinen Dampfer dahinpusten und Segelboote flitzen; links, in den Parks, die mit den Wohlgerüchen der Pontischen Azaleen erfüllt waren, lagen in stiller Ruhe die vornehmen Häuser der reichen Handelsherren: der Sloman, Laeisz, Amsinck, Behrens, Lorenz-Meyer, Robinow. Jede Villa für sich, in weitem Abstand vom Nachbarhaus, im Schatten alter und hoher Bäume. So konnten sie, ohne die Einheitlichkeit des Ganzen zu gefährden, ihre eigene Formen-

sprache sprechen: sei es, daß sie, breit und behäbig gelagert, die späte Gotik der englischen Landhäuser aufzeigten oder mit Attiken und Figuren gekrönt waren; stolz einen Renaissancegiebel in die Luft reckten, sich in einer doppelgeschossigen säulengetragenen Loggia öffneten oder ganz bescheiden einstöckig auf niedriger Terrasse standen. Eigentümlich aber mutete es an, die Gärten immer menschenleer zu sehen; es war, als scheuten die Besitzer, sich den Blicken der Spaziergänger zu zeigen. Keine Mauer trennt den Privatgrund vom öffentlichen Weg. Niedrige Hecken und offene Gitter erlauben dem Auge, jeden Winkel zu durchspähen, und darum haben die Gärten den Reiz der Abgeschlossenheit und Heimlichkeit verloren.
Gegenüber, auf der anderen Seite der Alster, auf der Uhlenhorst, wiederholte sich der parkartige Eindruck. Die Uferstraße der Schönen Aussicht lag unter alten hochgewölbten Ulmen; die an sie stoßenden Gärten waren nicht so weiträumig und großartig wie in Harvestehude, aber die Villen nicht minder von deftigem Prunk. An einer vorspringenden Ecke des Ufergeländes, nach dem sogenannten Langen Zug hin, thronte über einer von Linden beschatteten Terrasse das Uhlenhorster Fährhaus, wo allabendlich im Sommer die Klänge eines Gartenkonzerts über das Wasser hin erschallten und eine zahllose Menge von Booten lockten: ein buntes Gewimmel von Jollen, Kanus, Punts, Einsitzern und anderen Fahrzeugen, die sich in dem engen, von einem Landungssteg eingeschlossenen Hafen drängten und den Insassen Anlaß und Gelegenheit zu Stelldichein und Flirt gaben.
Am südöstlichen Ende der Uhlenhorst schob sich schon damals, hinter den Ulmen der Schönen Aussicht hervorquellend, eine lange Reihe hoher Etagenhäuser gegen den Eilbekkanal vor, denen auf der anderen Seite des Wasserlaufs ähnliche Bauten entgegenrückten. Hier liegt der Scheitelpunkt des gleichschenkligen stumpfwinkligen Dreiecks, das – ins Große gesehen – von dem Becken der Außenalster gebildet wird. Überschreitet man die über jenen Kanal gespannte Brücke und wendet sich, längs des südwärts gerichteten Schenkels des Dreiecks wieder der inneren Stadt zu, so öffnet sich zur Linken das reizvolle Gebilde des sogenannten Schwanenwik. Durch einen schmalen Wasserarm mit der Alster verbunden, weitet sich ein viereckiges hafenartiges Bassin, das zur Winterszeit dem großen, die Alster bewohnenden Schwanenvolk ein schützendes Asyl bot. Auf der einen Seite einen Anlege- und Ladeplatz für Schuten bietend, gegenüber von Anlagen begrenzt und an der dritten von der Flucht einer Häuserreihe abgeschlossen, gewährt es den Anblick eines räumlich bewegten Bildes, das Alfred Lichtwark der Besprechung in einer besonderen Studie gewürdigt hat.

Die Straße An der Alster in St. Georg ist von einer imposanten Zeile von Gebäuden flankiert. Damit den Bewohnern nicht die herrliche Aussicht verkümmert wird, sind die Alleebäume gekappt und ihre Kronen heckenartig beschnitten. Hier ist der Ausblick gleichzeitig von besonderer Weiträumigkeit und Lieblichkeit: das Harvestehuder Ufer, in schräger Verkürzung fliehend, scheint mit seinen Baummassen und der sich über ihnen zu zierlicher Spitze gipfelnden St. Johanniskirche auf dem Wasser zu schwimmen, und nach rechts hin verliert sich der Blick in die dunstige Ferne. Diese Ufer der Außenalster sind der Rahmen, in welchem die vornehme Welt damals nach der anstrengenden Arbeit des Tagesgeschäfts ihre Erholung fand. Denn es widersprach den Anschauungen der guten Gesellschaft, abends ein Wirtshaus zu besuchen. Selbst nach dem Theater dachte niemand daran, im Restaurant zu soupieren; man eilte nach Haus, um sich der Behaglichkeit des eigenen Heims zu erfreuen.

Gleichsam wie ein gewaltiges Tor mit drei großen Bogen verband die Durchfahrt unter der Lombardsbrücke diese Welt der Ruhe mit der Arbeitsstadt. Die Binnenalster ist der Vorhof zu ihr. Das unregelmäßige Viereck, auf drei Seiten von Häuserreihen eingeschlossen, bietet, von der Brücke gesehen, das Bild eines wohlumfriedeten Raums: nur an der Südostecke, am Ausfluß der sog. Kleinen Alster, ist die Wand aufgerissen. In der Hauptsache war damals noch die Gestalt erhalten, welche die Jahre nach dem Großen Brand der Anlage gegeben hatten: der Geist Sempers und Chateauneufs schien darüber zu schweben. Putzbauten von annähernd gleicher Höhe und von einfacher, aber in den Verhältnissen vornehmer Architektur rahmten das Wasserbecken ein, ausgenommen das kürzlich erbaute Hotel zum Hamburger Hof, das mit seiner roten Sandsteinmasse wie ein unorganisch dazwischengeworfener, erratischer Block aussah. Links, auf einer Strecke des Alsterdamms zwischen der Straße Brandsende und dem Alstertor, wies die Häuserflucht eine reizvolle Unterbrechung auf: hier traten terrassenartig aufgehöhte Gärten an die Uferstraße heran. Einzelne Häuser hoben sich ohne Aufdringlichkeit durch besondere Harmonie in der Gliederung ihres Aufbaus aus der Reihe heraus: so z. B. das von Chateauneuf erbaute Abendrothsche Haus am Neuen Jungfernstieg, das auch im Inneren manchen bedeutenden Schmuck barg.

Jener Ausfluß der Kleinen Alster leitete noch weit energischer in die eigentlich städtische Bebauung hinüber. Die Baumeister der 1840er Jahre hatten für diese Partie eine besonders reiche Ausgestaltung ins Auge gefaßt. Hier war das städtische Forum mit dem Rathaus und den wichtigsten Verwaltungsgebäuden geplant, und der Marktplatz sollte sich – ähnlich der Piazetta in Venedig – seitlich, eben in der Richtung der Kleinen Alster, nach draußen öffnen. Dies Wasserbecken lag in seiner Umgebung wie ein kleines Juwel: von Reesendammbrücke und Schleusenbrücke eingeschlossen, wurde es westwärts von Arkaden begrenzt, die, auf hoher Ufermauer stehend, einer Häuserreihe als Sockel dienten. Dieser gegenüber, in dem durch die Schleusenbrücke und den Straßendamm gebildeten Winkel, senkte sich im Viertelkreis eine wundervolle Treppe mit breit ausladenden niedrigen Stufen zum Anlegeplatz am Wasser hinab.

Das Forum selbst wartete noch immer der Vollendung. Die ursprünglichen Pläne waren wiederholt geändert. Anfänglich hatte die Absicht bestanden, das Rathaus mit seiner Längsachse parallel zu dem Lauf des Alsterabflusses unterhalb der Schleusenbrücke zu stellen, dergestalt daß es mit der Front nach dem Alten Wall zu stehen gekommen wäre. Später entschied man sich für eine Drehung der Achse, rechtwinklig zu jenem Plan. Aber auch dies Vorhaben kam einstweilen nicht zur Ausführung. Erst Anfang der 1880er Jahre fand ein von neun Hamburger Baumeistern gemeinsam ausgearbeiteter Entwurf die endgültige Billigung von Senat und Bürgerschaft, welcher das Rathaus, jener abgeänderten Idee entsprechend, mit der Front nach Norden richtete und rückwärts in unmittelbare bauliche Verbindung mit der Börse brachte.

Der Grundstein wurde 1886 gelegt; nach Vollendung der schwierigen Fundamentierungsarbeiten war man jetzt – 1888 – dabei, das Gerüst für den Oberbau aufzurichten. Aber von der großartigen Konzeption der 1840er Jahre war manches geopfert: der Block zwischen Reesendamm und Plan, wo eigentlich ein monumentales Verwaltungsgebäude hatte entstehen sollen, war aus finanziellen Gründen der Privatspekulation überlassen und dadurch der Einfügung in das Bauprogramm des Forums entzogen. Die Börse, deren älterer – mittlerer – Teil durch den Brand hindurch gerettet war, wandte ihr Gesicht dem stillen Halbrund des Adolphsplatzes zu. Im Jahre 1859 war sie durch einen südlichen Flügel, die sogenannte Kornbörse, erweitert, deren Eingang durch ein zierliches, säulengetragenes Frontispiz betont wurde. Anfang der 1880er Jahre hatte man einen nördlichen Anbau in reichen Renaissanceformen nach dem Alten Wall hinzugefügt, in dessen Obergeschoß einige Räume dem Kunstverein für seine permanenten Ausstellungen überwiesen waren. Dem Portal der Börse gegenüber öffnete sich jenes Halbrund des Adolphsplatzes zu dem Fleet des Mönkedamms, wo auf dem Wasserweg Waren bis unmittelbar an die Börse herangebracht werden konnten. Rechts

39. Lovis Corinth: Blick auf den Köhlbrand, 1911

40. Hugo Eggeling: Mönckebergstraße, um 1914

und links, an den Wangen des Platzes, erhoben sich die einfachen, aber würdig-stattlichen Gebäude der Deutschen Bank und der Reichsbank.

Der äußere Anblick der Stadt war durch die hohen Türme ihrer Hauptkirchen gekennzeichnet. Sie standen, von der Alster gesehen, wie eine Zackenkrone über dem Gewirr der Häuser: St. Michaelis' schöner Barockturm mit seiner klaren Gliederung infolge seines hochgelegenen Standortes am meisten aufragend; St. Nikolai, nach seinem eigenen Ausmaß bei weitem der höchste, mit der krausen Filigranzier seiner neugotischen Architektur; der um vieles niedrigere und um ebenso viel schönere elegant durchbrochene Helm des Katharinen-Turms; St. Petris mit kühnem Wurf hinaufgeschleuderte Pyramide; St. Jakobi mit dem achteckigen Aufbau auf quadratischem, mit Ecktürmchen geziertem Sockel, und die fein durchgebildete lichte Turmhaube der Dreifaltigkeitskirche von St. Georg; alle – mit Ausnahme der Steinspitze von Nikolai – mit herrlicher grüner Patina überzogen, die sowohl in hellem Sonnenschein vor dem blauen Himmel wie bei bedeckter Luft gegen den grauen Wolkenton prächtig kontrastierte.

Die Gotteshäuser St. Petri und St. Nikolai waren durch den Brand von Grund auf zerstört; jenes nach Plänen von Chateauneuf und Fersenfeldt, dieses durch den Engländer George Gilbert Scott neu aufgebaut. Die Turmfront der Petrikirche schiebt sich für das Auge des vom Gänsemarkt und Jungfernstieg Kommenden schräg als eine Art Abschluß der Bergstraße vor. In der großartigen Einfachheit ihres Aufrisses, der die frühere Gestalt wiederherzustellen bemüht war, machte sie gleichsam wie ein Schulbeispiel anschaulich, daß für die Backsteinarchitektur auch der norddeutschen Kirchen das Bauernhaus den Ausgangspunkt abgegeben hat; sie war ein echtes Produkt des heimischen Bodens und ein Sinnbild gut niedersächsischen Geistes. Scotts Werk erscheint dagegen als etwas durchaus Fremdes. Seine Gotik ist nichts als formale Konstruktion, nüchtern und kalt, und hat von dem geheimnisvollen Zauber mittelalterlicher Dome nicht einen Hauch. Auch sie eine Art Schulbeispiel, daß äußerlich übernommene Stile nur totes Material schaffen, selbst keine Seele haben und die Seelen der Menschen nicht in Schwingung zu setzen vermögen.

Wie anders die große Michaeliskirche! Sonnins Meisterwerk, in der zweiten Hälfte des 18. Jahrhunderts entstanden, war ganz aus dem Formgefühl seiner Zeit hervorgegangen und trug den gottesdienstlichen Bedürfnissen in vollstem Maß Rechnung: es war der Typus einer prächtigen protestantischen Predigtkirche geworden. Der Grundriß wies zwar die Kreuzform mit einem breiten Querschiff auf, im Innern aber war sie ganz als säulenloser Zentralbau gestaltet. Großartig in den Formen und Dimensionen, reich gegliedert und mit Stuckornament geschmückt, durch die großen eingebauten Emporen mit dem warmen braunen Ton ihres Gestühls dennoch zu einem behaglichen Innenraum bürgerlichen Gottesdienstes gestempelt. Ihr Äußeres zeigte die Stilwandlungen der Zeit: das Haupthaus war, namentlich in den Portalen und Gesimsen, in den schweren und lastenden Formen des Barock gehalten, die hohen und luftigen Fenster dienten den Absichten der Lichtführung, das mit mächtigen Wellen die hochgewölbte, weißgetünchte Halle überflutete; der Turm, dessen Untergeschoß noch die gleiche deftige Profilierung hatte, ging in den oberen Partien, die erst in den 1780er Jahren zur Vollendung kamen, in die Ausdruckssprache des Klassizismus über. Dieser Turm mit dem leuchtenden Grün seines Kupferbeschlages, mit dem weithin sichtbaren glänzenden Zifferblatt seiner Uhr, mit dem säulengetragenen Kuppelhelm war zu einem Wahrzeichen der Stadt geworden. Den auf dem Elbstrom heimkehrenden Schiffer grüßte er aus der Ferne, die seßhafte Bevölkerung sah zu dem »großen Michel« wie zu einem Freund und Beschützer in die Höhe.

Die Katharinen- und die Jakobikirche waren die einzigen Gotteshäuser, die sich als Zeugen einer alten Vergangenheit in die Gegenwart herübergerettet hatten. Freilich, auch sie wiesen keineswegs mehr die Gestalt ihrer ursprünglichen Entstehung auf, waren vielmehr grundlegenden Wandlungen unterworfen gewesen, aber einen altehrwürdigen Charakter hatten sie sowohl im Äußeren wie in der inneren Ausstattung bewahrt. St. Katharinen liegt gleichsam geduckt am Hafen. Ihr hohes grünpatiniertes Dach steht schirmend über den von schönen gotischen Fenstern durchbrochenen Backsteinmauern und den niedrigen Anbauten, die sich wie Schutz suchend herandrängen und glücklicherweise noch nicht der Sucht der Freilegung aller Kirchen zum Opfer gefallen sind. Turm und Kirche gereichten dem Hafen und seiner Umgebung zur hohen Zierde; namentlich jener war, wo er auch im Hintergrund einer Straße, eines Fleets oder über einer Wasserfläche sichtbar wurde, mit dem Wechselspiel seiner geraden und geschwungenen Umrißlinien für das Auge ein gleichzeitig erregendes und beruhigendes Ziel. Der dreischiffige Innenraum barg manche Sehenswürdigkeiten: eine Kanzel – italienische Arbeit des 17. Jahrhunderts –, eine stattliche Orgel aus der gleichen Zeit, eine Anzahl Epitaphien und Bilder; unter den Portraits der Geistlichen ist das des streitbaren Gegners Lessings, des Hauptpastors Goeze, hervorzuheben. Auch die der Turmfassade gegenüber stehenden alten Pastorenhäuser machten durch die harmonischen Verhältnisse ihrer Architektur in der Umgebung gute Figur.

Die Jakobikirche, auf der Höhe des Geestrückens zwischen Alster und Elbe belegen, ist, von der Binnenalster und dem Neuen Jungfernstieg aus gesehen, für die Alstertor-Lücke in der Häuserwand des Alsterdamms eine wirkungsvolle Hintergrundkulisse. Ihre nähere Umgebung war damals noch von höchstem malerischen Reiz. Für den Beschauer, der auf dem Pferdemarkt stand, wuchs der Turm über einer Zeile niedriger alter hübscher Giebelhäuser, die von einer ganz schmalen Twiete durchbrochen war, zu majestätischer Höhe empor. Nach dem Durchschreiten dieser Gasse befand man sich auf dem engen Kirchhof zwischen der Kirche und den stattlichen Pastoraten, die in gebogener Wandung den Platz nach Westen begrenzten. Arthur Illies hat eine Radierung geschaffen, welche die umfriedete Heimlichkeit dieses räumlichen Gebildes bei winterlichem Schneetreiben vorzüglich wiedergibt. Auch die Jakobikirche hat manchen alten wertvollen Besitz an Kunstwerken, darunter das Portrait des gelehrten Aepinus, bewahrt. Das Wertvollste freilich ist auch hier in der Zeiten Not und aus mangelnder Einsicht in alle Winde zerstreut.

Bei dem Wiederaufbau nach dem Brand hatte man den Stadtplan in seiner Aufteilung des Grund und Bodens in bebaute Flächen und Straßen in der Hauptsache so, wie er historisch geworden war, aufrechterhalten. Vor allem blieb der große alte Heerweg bestehen, der, von Osten, vom Burgfeld – Borgfelde – kommend, auf dem Geestrücken die Steinstraße bildete, sich dann hinter der Petrikirche abwärts senkte, in der Johannisstraße und dem Burstah seine Fortsetzung fand, bei der Ellerntorsbrücke die Alster überschritt, um jenseits wieder auf die Geest hinaufzusteigen und über den sogenannten Hamburger Berg Altona zu erreichen. Auch der Alte Wall, der Neue Wall und die Großen Bleichen, um die wichtigsten Verbindungslinien vom Jungfernstieg zur inneren Stadt zu nennen, hatten die frühere Richtung bewahrt.

Im einzelnen war dennoch manches geändert: z. B. wurde von der Schleusenbrücke über den Neuen Wall hinaus bis zu den Großen Bleichen eine Querverbindung geschaffen, welche nach dem von Chateauneuf an ihr errichteten großen neuen Postgebäude den Namen Poststraße erhielt. In den folgenden Jahrzehnten traten weitere Umgestaltungen hinzu: der Durchbruch der Wexstraße im Gängeviertel; die Verbreiterung der Brandstwiete und Mattentwiete zum Zweck der Erleichterung des Verkehrs zu und von den Kais; der Durchbruch der Colonnaden vom Jungfernstieg zum Damm-

tor; die Ringstraße und die Wallanlagen nach Niederlegung der Befestigungen; der Durchbruch der Kaiser-Wilhelm-Straße vom Kreuzungspunkt der Großen Bleichen, der Stadthausbrücke und der Wexstraße zum Holstenplatz: eine umfangreiche Bautätigkeit, zu welcher um die Mitte der 1880er Jahre als gewaltigste Aufgabe die Schaffung und der Ausbau des Freihafens hinzutrat. Wer sich klarmacht, daß dies eine Niederlegung von etwa 500 Häusern und die Verpflanzung von 17 000 Bewohnern in andere Stadtteile bedeutete, mag eine Vorstellung von der Größe der Umwälzung gewinnen. So ist es begreiflich, daß zu Beginn unserer Epoche von dem eigentlichen alten Hamburg nicht viel mehr übrig war. Namentlich hatten der Brand und der Freihafen gerade diejenigen Partien als Opfer gefordert, welche der Kaufmannsstadt im Sinne des alten vornehmen Geschäfts den Charakter aufgeprägt hatten: jene Quartiere, wo die Grundstücke, schmal und lang nebeneinanderliegend und mit der Rückseite ans Fleet stoßend, das Vorderhaus mit den Wohn- und Geschäftsräumen der Straße, den Speicher mit den Lagerräumen dem Wasser zuwendeten, während ein schmaler Mittelbau, von engem Hof belichtet, die Verbindung zwischen beiden Teilen herstellte. Diesen Typus des Kaufmannshauses gab es fast nur noch in dem Viertel von St. Katharinen, namentlich in der Katharinenstraße selbst: stattliche Häuser mit betonten, zum Teil reichen Portalen und ansehnlichen Giebeln, mit Dielen, die, vielfach in das Obergeschoß hinaufgezogen, durch schöne Treppen und Galerien, eingebaute erhöhte Sitze und Stuckornament an den Decken zu Räumen von monumentaler und doch anheimelnder Wirkung entwickelt waren.
Ebba Tesdorpf und Frau Marie Zacharias, die mit rühmenswertem Eifer bemüht waren, das dem Untergang geweihte Alte durch ihren Zeichenstift vor dem Schicksal gänzlicher Vergessenheit zu bewahren, haben gerade auch diesen Dielen ihre besondere Aufmerksamkeit zugewandt. Ihr zeichnerischer Nachlaß wird als wertvoller Besitz in den Sammlungen der Kunsthalle und des Museums für Kunst und Gewerbe aufgehoben. Den Betrachter dieser Blätter überkommt ein wehmütiges Gefühl ob all des Schönen, was den Bedürfnissen der neuen Zeit hat weichen müssen. Die Abbildungen des Blockhauses und des Baumhauses an der Wasserkante, des alten Rathauses an der Trostbrücke und der ihm benachbarten alten Börse, des Ratsbauhofs mit seinem feinen Reliefschmuck, des Schauenburger Hofs, des Englischen, des Eimbeckschen Hauses und vieles anderen geben einen Begriff von dem unendlich malerischen Aussehen, das dem alten Hamburg eigen gewesen sein muß. Einige Reste waren damals noch erhalten: z. B auf der

Wandrahmsinsel die von alten Bäumen beschattete Gracht des Holländischen Brook, die einzige nach Zuschüttung des Kanals auf dem Rödingsmarkt übriggebliebene von der Art dieses aus den Niederlanden eingebürgerten Typs einer Verbindung von Land- und Wasserweg auf städtischer Straße.

Von bemerkenswerten öffentlichen Gebäuden aus früherer Zeit ist in erster Linie das in den 1780er Jahren von Kopp, einem Sonnin-Schüler, erbaute alte Waisenhaus zu nennen, das nach dem Brand fünfzig Jahre hindurch als provisorisches Rathaus diente. Breitgelagert, zweistöckig, mit einem Mansardendach gedeckt, macht es in seinem Backsteingewand und mit seinen drei Portalen einen würdigen Eindruck. Das Mittelstück und die Eckbaue sind betont: auf Rustikaquadern des Erdgeschosses erheben sich Pilaster, die das Dachgesims tragen; über dem Giebelfeld der Mitte jubiliert ein luftiges Rokotürmchen, das in seiner grünen Kupferpatina mich jedesmal, wenn ich es sah, mit Entzücken erfüllte. Gegenüber, auf der anderen Seite der Straße, steht das Schifferwitwenhaus, ein einfacher Backsteinbau von sehr guten Verhältnissen; das Grundstück stößt hinten mit dem des Seefahrer-Armenhauses zusammen, das in ähnlichen Formen erbaut ist. Hinter beiden, dicht an den Vorsetzen des Fleets, lag in damals noch vergessener Verborgenheit ein unscheinbarer Fachwerkbau, die alte Admiralität, von der die Staatsschiffe der Hansestadt in früheren Tagen kommandiert worden waren. So fanden sich hier, auf kleinem Fleck zusammengedrängt, Erinnerungen an eine längst vergangene und von der Gegenwart weit überholte Zeit der Navigation.

Am südlichen Ende des Neuen Walls steht das früher Goerzsche Palais, 1717 von L. Kuhn erbaut. Wenige Jahre später ging es in das Eigentum des Staats über und wurde dem kaiserlichen Gesandten als Wohnung angewiesen. Jetzt dient es unter dem Namen eines »Stadthauses« der Polizeibehörde als Amtsgebäude und dem Polizeiherrn als Dienstwohnung. Der Kreisabschnitt des Giebelfelds mit seinem Wappen wuchtet wichtig über dem Portal und den Pilastern des Mittelbaus; die Fassade ist durch die Reihung und die Größenverhältnisse der Fenster fein gegliedert. Hier möge noch das kleine hübsche Postgebäude am Gänsemarkt Erwähnung finden; der Däne Christian Friedrich Hansen, der auch in Altona an der Palmaille eine Anzahl stattlicher Privatbauten in klassizistischem Stil schuf, hat es errichtet.

Bemerkenswerte Gebäude aus dem 19. Jahrhundert: das Stadttheater, 1827 unter Benutzung eines Schinkelschen Entwurfs erbaut; die unter dem Namen »Johanneum« zusammengefaßten höheren Bildungsanstalten, ein in U-Form 1837–1840 von den Stadtbaumeistern Wimmel und Forsmann an der

Stelle des 1805 abgebrochenen Doms aufgeführter Komplex von Flügeln, dessen offene, dem Speersort zugewandte Seite durch einen Arkadengang von der Straße abgeschieden wird; das im Auftrag der Gesellschaft zur Beförderung der Künste und nützlichen Gewerbe, der sogenannten Patriotischen Gesellschaft, von Theodor Bülau 1846-1847 im Stil der frühen Gotik geschaffene »Patriotische Gebäude« an der Trostbrücke, die Kunsthalle, auf der Alsterhöhe an der Lombardsbrücke 1863-1868 nach Plänen Schirrmachers und v. d. Hudes in italienischer Renaissance aus gelben Ziegeln unter Verwendung roten Sandsteins für die Schmuckformen und reichen Terrakotta-Zierrats errichtet; das Seemannshaus auf der Elbhöhe aus den 1860er Jahren und die gegenüber liegende Seewarte, über deren unorganisch »angebundene« Säulen sich Lichtwark wiederholt skandalisierte; ferner die beiden großen Bahnhofsbauten: der Personenbahnhof der Hamburg-Berliner Bahn mit seiner mächtigen, höchst eindrucksvollen zweischiffigen, von einer Holzkonstruktion getragenen Halle, in rotem Ziegelrohbau nach Plänen Chateauneufs errichtet, und das gleichfalls in imposanten Ausmessungen aus gelben Ziegelsteinen aufgeführte Empfangsgebäude des sogenannten Venloer Bahnhofs der Hamburg-Hannoverschen Bahn; das Museumsgebäude am Steintorplatz (Museum für Kunst und Gewerbe), 1873-1876 vom Hochbauwesen der Baudeputation erbaut; das Naturhistorische Museum am Steintorwall aus den 1880er Jahren, ein Werk der Architekten Manfred Semper und Krutisch; endlich, von Schulbauten, die sogenannte Klosterschule am Holzdamm, 1873-1874 von Hastedt, die Realschule der Evangelisch-Reformierten Gemeinde an der Seilerstraße in St. Pauli, im Stil der italienischen Renaissance von Hallier und Fitschen, und das Wilhelm-Gymnasium an der Moorweide, wiederum durch das Hochbauwesen erbaut.

An Denkmälern war die Stadt nicht reich. Dem Andenken Johann Georg Büschs, des Begründers der Handelsakademie, ist ein am Sockel mit Reliefs geschmückter Obelisk im Empirestil gewidmet, der in den Anlagen zwischen Esplanade und Lombardsbrücke steht. Das Schillerdenkmal vor der Kunsthalle stammt von dem Bildhauer Lippelt und seinem Schüler Carl Börner. Das geschmackvolle Kugeldenkmal auf dem Gertrudenkirchhof erinnert an die Beschießung Hamburgs durch die Franzosen im Jahre 1814. Die schönste Skulptur auf öffentlichem Platz in Hamburg war damals der sitzende Lessing Schapers auf dem Gänsemarkt. Das Kriegerdenkmal auf der Esplanade ist ein Werk Schillings, die Figur Bugenhagens von der Hand Engelbert Peiffers modelliert.

Hafenerweiterung und Freihafenbauten

Am 29. Oktober 1888 wurde der Schlußstein des Freihafenwerks vermauert. Wilhelm II. nahm den feierlichen Akt vor; es war das erstemal, daß der junge Kaiser Hamburg besuchte. An der Brooksbrücke, die in Verlängerung der Mattentwiete über den Zollkanal in das Zollausland führt, waren umfangreiche Tribünen errichtet. Die Handlung der Schlußsteinlegung vollzog sich in einem der häßlichen turmartigen Bauten, welche die Brücke seitlich flankieren. Das Ereignis war für Hamburg – und nicht nur für Hamburg – wirklich von solcher Bedeutung, daß es vor den Augen ganz Deutschlands begangen werden durfte. Sowohl wegen seiner wirtschaftlichen Wirkungen wie um des Umfangs der Leistung willen, die hatte vorangehen müssen und jetzt in einer das Auge überwältigenden Weise in Erscheinung trat. Denn die geschaffenen Hafenanlagen konnten mit jeder Handelsstadt den Vergleich aufnehmen.

Eröffnung des Freihafens am 29. Oktober 1888, Brooksbrücke

Es war nicht leicht gewesen, Hamburgs Kaufmannschaft zu überzeugen, daß der Zollanschluß auch ihrem eigenen Nutzen diene. Mit Leidenschaft hatte man den Gedanken von sich gewiesen, in den Zollverband des Reiches aufgenommen zu werden, und damit von neuem bewiesen, daß die überwiegende Mehrheit des Bürgertums außerstande ist, politische – in diesem Fall wirtschaftspolitische – Zusammenhänge größeren Umfangs zu übersehen. Aber Bismarck hatte nicht lockergelassen und doch auch in Bürgermeister Versmann einen hamburgischen Staatsmann weiten Blicks gefunden, der sich mit entschiedener Willenskraft für diese Pläne einsetzte. Mit Syndicus Roeloffs und den Technikern, an deren Spitze Franz Andreas Meyer stand, machte er die Vorarbeiten. Da ihm nicht die Gabe verliehen war, in flammender Rede seine Hörer mitzureißen, übernahm Bürgermeister Petersen die Vertretung in der entscheidenden Sitzung der Bürgerschaft und heimste dafür – in den Augen der Nichteingeweihten – den Ruhm des Erfolgs ein.

In der Tat war der Zollanschluß ein gewaltiger Eingriff nicht nur in die öffentlich-, sondern auch die privat-wirtschaftlichen Verhältnisse der Stadt und ihrer Bewohner. Während bisher jeder, der in das innere Deutschland reisen wollte, sich mit Zollplackereien herumzuschlagen hatte, wurden nun die Schranken auf das engere Freihafengebiet zurückverlegt. Dafür mußte aber künftig der Verbraucher auch für seinen Privatbedarf, der vorher frei gewesen war, ebenso wie jeder andere Reichsangehörige seine Abgaben zahlen; ja, alle Vorräte unterlagen der Nachversteuerung. Andererseits war Vorsorge zu treffen, daß für Güter, die von vornherein für den Transithandel bestimmt waren, Lagerräume in ausreichendem Maß zur Verfügung standen, und der Industrie mußte Gelegenheit gegeben werden, eingeführtes Rohmaterial außerhalb der Zollgrenze für den Export zu verarbeiten. Das erforderte eine völlige Umgestaltung und Verlegung der Kais mit ihren Lösch- und Ladeeinrichtungen. Mit anderen Worten: es war ein Neubau des ganzen Hamburger Hafens notwendig geworden. Diese Arbeit hatte man nun, und zwar in einer erstaunlich kurzen Zeit, zu Ende geführt. Es war ein Werk geschaffen, um dessentwillen Hamburg auf seine Techniker stolz sein durfte. Hier lag der Ruhmestitel für den Oberingenieur Franz Andreas Meyer.

Die Umwandlung schnitt tief in das dem Hamburger liebgewordene Stadtbild. Während sich der Schiffsverkehr bisher gleichsam zu Füßen des sogenannten Stintfangs, also vor den Augen des auf der Höhe von Wiezels Hotel Stehenden abgespielt hatte, war er jetzt in der Hauptsache von der eigentlichen Stadt wegverlegt. Die Reihen der Masten, in deren Gewirr man sonst unmittelbar hinabsah, erschienen nun weit oberhalb da, wo die breite Fläche des Segelschiffhafens ausgehoben war. Freilich, abwechslungsreich genug zeigte sich das Bild immer noch; denn alle ein- und auslaufenden Seeschiffe mußten hier vorüberfahren, die Segler von kleinen Schleppern gezogen, die Dampfer zwar mit eigner, auf ein Mindestmaß zurückgeführter Kraft, aber doch auch sie meist von Schleppern geleitet, die ein Ausscheren aus der Fahrtrichtung zu vermeiden hatten. Und folgte das Auge den aufkommenden Schiffen nach ihren Löschplätzen, so gewann man trotz der Entfernung eine Art Überblick über die Anlage des Freihafens: im Dunst des Qualms, der sich aus Hunderten von Schloten in der Luft verbreitete, sah man die Frontköpfe der Speicherreihen, die an der Kehrwiederspitze enden, im rötlichen Licht der untergehenden Sonne herüberdämmern und gewahrte, wie von jener Stelle die Wasserwege und Hafenbassins sich fächerartig ostwärts ausbreiteten.

Wer sich eine Vorstellung von der Gliederung und dem Getriebe des Hafens verschaffen wollte, wählte am besten den Baumwall als Ausgangspunkt. Wenn er zwischen dem alten Waisenhaus, das – wie gesagt – damals noch die Rolle des provisorischen Rathauses spielte, und dem Schifferwitwenhaus aus der Admiralitätsstraße an die Wasserkante heraustrat, lag vor ihm der noch zum Zollinland gehörende sogenannte Binnenhafen, der in stark gewölbter Rundung in die Stadt hereinbuchtet. Er war regelmäßig von Fahrzeugen aller Art, insbesondere von Schleppern mit dick schwarz qualmenden Schornsteinen angefüllt, ein Bild wirlenden und quirlenden Lebens. Jenseits erhob sich die Wand der ersten Speicherreihe des Freihafens. Dieser umfaßt ein beträchtliches Gelände auf beiden Seiten des Elbstroms. Seine Bauten und Anlagen liegen zu einem guten Teil gleichsam auf Inseln, die von zahlreichen Kanälen umfaßt und durchquert werden. Seine wohlbewachte Grenze wird bald durch einen solchen Wasserlauf, bald durch Palisaden, die auf dem Strom schwimmen, und draußen, auf seiner der Stadt abgekehrten Seite, durch eine hohe Einfriedung von Maschendraht gebildet.

Der Binnenhafen verschmälert sich ostwärts in den Zollkanal, der – längs der Straßen Bei den Mühren, An der Katharinenkirche, Am Zippelhaus – die Zollgrenze bildet und oberhalb der Wandrahmsinsel in den Oberhafen ausläuft; westwärts – also unterhalb – ist er am Baumwall mit dem Elbstrom verbunden. Hier führt die Niederbaumbrücke in schräger Richtung in das Freihafengebiet zur Kehrwiederspitze. Sie ist gleichsam das Zentrum des Hafens, wo alle Fäden des Weltverkehrs zusammenzulaufen scheinen. Zwei lange Speicherreihen, die des Kehrwiederbrooks und des Sandtorkais, wenden ihre Stirn gen Westen elbabwärts. Beide stehen mit ihrer einander zugekehrten Rückwand im Wasser des Kehrwiederfleets, das sich wie eine schmale tiefe Schlucht zwischen ihnen hinzieht. Am Kehrwiedersteg, der es überbrückt, ragen aus der perspektivischen Verkürzung der zurückfliehenden Gebäudezeilen die hohen Schornsteine der elektrischen und hydraulischen Zentralstation empor, die das ganze Freihafengebiet mit mechanischer Kraft versorgt.

Die Speicher sind zwar reine Nutzbauten, aber ihre Schöpfer haben doch dem ästhetischen Bedürfnis ausgiebig Rechnung tragen zu sollen geglaubt: im Stil der Backsteingotik aus rotgebrannten Ziegeln errichtet, weisen sie zahlreiche Erker, Giebel, Türmchen auf, die zwar Abwechslung in die Gleichmäßigkeit der Blocks bringen, aber auch etwas Kleinliches, Spitziges, Beunruhigendes haben. Wie groß würde die Wirkung sein, hätte man auf dies Vielerlei verzichtet, einheitliche Massen geschaffen, die Schönheit nur in die Gewichtsverteilung der Verhältnisse gelegt und den Schmuck auf einzelne wichtige Glieder beschränkt!

Jenseits des Sandtorhafens, der südlich der Kehrwiederspitze seine Zunge weit in ein wohlorganisiertes System von Schuppen und Schienenwegen hineinstreckt, schiebt sich als eine neue halbinselartige Spitze der Kaiserkai westwärts in den Strom. Hier steht an sichtbarster Stelle des Hafens der Kaiserkai-Speicher, schon 1875 unter des Architekten Hauers künstlerischer Mitwirkung errichtet, wohl das stattlichste Gebäude innerhalb des Freihafenbezirks. Sein westlicher Turm, in kräftigen viereckigen Formen hingesetzt, trägt den Zeitball.

Um einen klaren Überblick über die Anordnung und Gliederung des ganzen Komplexes von Häfen, Kais, Schuppen, Speichern zu gewinnen, besteigen wir einen jener grünen Fährdampfer, über deren breitbrüstigem Bug eine kleine weiße Flagge flattert; gerade legt er am Steg der Kehrwiederspitze an. Hier, wo sich mehrere Durchfahrten unter verschiedenen Brücken kreuzen, ist ein besonders lebhafter Verkehr hin und her flitzender Boote, Barkassen, Jollen, Schlepper und Schuten, und die Entscheidung mancher Kollisionsprozesse vor den Hamburger Gerichten setzt eine genaue Bekanntschaft mit den örtlichen Verhältnissen voraus. Der Dampfer umfährt in großem Bogen Kaiserhöft – eigentlich nach dem Holländischen: Kaiserhoevd, Kaiserhaupt, Kopf oder Spitze der Landzunge des Kaiserkais –, und wir haben Gelegenheit, den mächtigen Speicher auch von der Wasserseite zu bewundern.

Wir befinden uns jetzt auf dem offenen Elbstrom, bemerken aber, daß außerhalb des Kaiserkais, von diesem durch den Grasbrookhafen getrennt, noch ein dritter parallel laufender, wenn auch nicht so weit vorgeschobener Hafendamm: Hübenerkai und Strandkai, mit Schuppen und einem Gewirr von Eisenbahngleisen in das Wasser hineingebaut ist. Überall sind die auf Schienen laufenden beweglichen Kräne in Betrieb, aus deren langen Schnäbeln rüsselartig die Ketten in die Schiffsräume und in die Schuten oder Leichter hinabrasseln, um die gewichtgerecht geschichteten und angeschlagenen Hiewen emporzuheben und mit leicht regulierter Seitwärtswendung wieder vorsichtig in die bereitstehenden Eisenbahnwagen oder auf die Lagerböden herabsinken zu lassen. Unser Dampfer quert mit breiter Schaumwelle vor dem Bug schräg den Strom, in dessen Hintergrund das schön geschwungene Gitterwerk von den Bogen der sich überschneidenden Eisenbahn-Elbbrücken sichtbar wird. Links, also noch nördlich des Stroms, öffnen sich die Einfahrten zu neuen Häfen, die ihrerseits wiederum mit dem rückwärtigen System von Wasserwegen und -becken in Verbindung stehen. Bei Veddelhöft werfen wir, nun schon südwärts, einen Blick in den Oberländerhafen, der als äußerstes Glied der Freihafen-Anlage sich in großem Bogen an der südöstlichen Grenze entlangzieht; bewundern, nachdem der Dampfer gewendet hat, den 150-tons-Kran, der wie ein vorweltliches Tier seine Formen hoch in die Luft reckt, und fahren dann um Kranhöft herum in den Segelschiffhafen ein, wo große Segler und Dampfer reihenweise an den Pfahlbündeln vertäut liegen; an den Kais dehnen sich die Lagerschuppen der Amerika-Linie. Seitlich, durch Amerikahöft von diesem Hafeneinschnitt getrennt, liegt der weit kleinere Petroleumhafen. Uns wird gesagt, man sei an der Arbeit, auf dem dazwischenliegenden Terrain weitere große Bassins auszuheben, weil der vorhandene Raum sich schon für die nächste Zeit als nicht ausreichend erwiesen habe. Inzwischen hat sich der Himmel, an dem düstere Wolken trieben, aufgehellt, und auf der Rückfahrt, die uns an den Werften von Steinwerder mit ihren großen Docks am südlichen Elbufer vorübergeführt, sehen wir links von den hohen Gasometern auf dem Grasbrook die Hamburger Kirchen, Turm bei Turm im hellen sonnenbeschienenen Glanz ihrer grünen Patina sich vom dunklen Hintergrund des über der Stadt lagernden Dunstes abheben.

Von den Eindrücken, die rings auf uns eindringen, ist der Kopf wie benommen. Alle Sinne haben daran teil: das Auge vermag die Fülle der sich drängenden Bilder kaum zu fassen; das Stampfen der Maschinen, das Tuten und Heulen der Sirenen, die Dampfpfeifen, das Rasseln der Ketten und das Ächzen der sich an den Pfählen scheuernden Fahrzeuge verschmelzen zu einem verwirrenden Getöse; der Kohlenqualm, die Ausdünstung der Waren – Südfrüchte, argentinische Häute, Tran, Quebrachoholz –, der Atem des immer in aufgeregter Bewegung befindlichen Wassers füllen die Nase mit den wunderlichsten Gerüchen, legen sich als branstiger Geschmack auf die Zunge, und oft genug bekommt auch das Gefühl seinen Schock, wenn eine klatschende Welle an Bord heraufspritzt und den Unachtsamen überschüttet. Alles das schließt sich zu einer Einheit des Erlebnisses zusammen, und das Bild, wie es sich aus der Summe der Eindrücke formt, hat einen geschlossenen Stil.

Man sollte glauben, in den Personen, die sich täglich in dieser Umwelt bewegen, müßte er Gestalt – gleichsam künstlerische Gestalt gewinnen. Ist diese Hoffnung, die sich wie eine innere Notwendigkeit aufdrängt, Erfüllung geworden? Keiner der hamburgischen Künstler hat bisher dem Hafen, wie er ist, gerecht werden können. Natürlich! Denn keiner von ihnen – den undisziplinierten Willi Lange ausgenommen – ist eigentlich in ihm heimisch gewesen. Wer den Inhalt, den Stil des Hafens verstehen und hätte ausdrücken wollen, mußte nicht nur die Tage, sondern auch die Nächte im Rhythmus dieses Lebens zubringen. Emil Nolde wußte es; als er seine Gemälde, Holzschnitte, Radierungen schuf, nahm er eine Wohnung an den Vorsetzen und ließ sich von den Geräuschen des Hafens abends in den Schlaf singen und am Morgen wieder wecken.

Zu jeder Tages- und Jahreszeit, bei jedem Wetter und namentlich im Toben der Elemente hat der Hafen seine besonderen Schönheiten: sei es, daß im hellen Sonnenschein eines Frühsommersonntags das geschäftige und rußige Treiben ruht und an Bord der Vergnügungsdampfer sich festlich gekleidete Menschen drängen, sei es, daß bei milder Luft der dichte Dunst über dem Wasser lagert und die Schiffskörper zu gespenstisch unwahrscheinlichen Formen vergrößert oder daß der Sturm darüber hinfegt, an den Speichern rüttelt, die Trossen der Schiffe losreißt und die Rauchwölkchen der Signalpfiffe über den Schornsteinen der Schlepper und Barkassen sofort zerwirbelt und auflöst.

Eines solchen Spaziergangs an einem Winterabend erinnere ich mich mit besonderer Deutlichkeit: es war Hochwasser signalisiert, und da der Mond am Himmel stand, ließ sich beobachten, was Wind und Wellen anrichteten. Der Wasserspiegel war so gestiegen, daß eine Durchfahrt unter den Brücken nicht mehr möglich schien, und die schwimmenden Pontons lagen so hoch, daß alle Verhältnisse sich verschoben hatten. Schiffslichter und Signallaternen führten über dem Wasser einen wunderlichen Tanz auf. Der Himmel hatte sich verfinstert; eine schwarze Bö wurde von Nordwesten heraufgetrieben. Da prasselte auch schon, als wir uns den Vorsetzen entlang den St. Pauli-Landungsbrücken näherten, ein dichter Graupelschauer schmerzhaft in unser Gesicht. In diesem Augenblick flammte über uns ein Blitz, dem ein Krach folgte: es war ein Böllerschuß der Seewarte, der fortgesetztes Steigen der Flut ankündigte; mein kleines Töchterchen, das neben mir ging, fiel vor Schreck in die Knie. Bald kam der Mond von neuem hinter den Wolken hervor. Der Anblick hatte sich völlig verändert: Schiffbrücken, Stege, Schuten, Jollen hoben sich als weiß beschneite Flecke von dem schwarzen Wasser ab, und stadtwärts standen Dächer, Gesimse, Hausvorsprünge mit ihrem Graupelbelag hell gegen die vertikalen Gebäudeglieder. Mit einem Schlag war anstelle der dunklen Verschwommenheit ein Bild von unerhörter architektonischer Plastizität getreten.

Geschäftüchtige Unternehmer veranstalteten alsbald nach dem Zollanschluß – als Fortsetzung von sogenannten Coachfahrten durch und um die Stadt – nach Art der Gesellschaftsreisen regelmäßige Hafenrundfahrten. Diese Schiffe pflegten nach Besichtigung aller wichtigen Partien des Freihafens ihre Passagiere elbabwärts nach Blankenese oder Teufelsbrück zu führen. So bot sich deren Blicken nach dem Besuch einer Stätte der keuchenden Arbeit und des hastenden Weltverkehrs das herrliche Bild vornehm-stiller Landsitze. Vom Strand, an dem sich eine Straße mit einfachen Schifferhäusern entlangzieht, erhoben sich steil die Uferhöhen mit wohlgepflegten Gärten und schattigen Parks. Darin lagen über breiten Rasenmulden, eingebettet zwischen Kulissen von hohen Bäumen, die weißen Villen. Beim Vorüberpusten eines Kohlendampfers dort unten schienen sie wohl ein wenig zu blinzeln, aber die Augen rissen sie nur auf, wenn eines jener neuerbauten Riesenschiffe der HAPAG, die »Auguste Viktoria« oder die »Normannia« mit ihren drei dicken gelben Schornsteinen, den Strom heraufschwamm.

Allgemeine Stadtentwicklung 1890–1914

In der nun beginnenden Epoche stand über der Bautätigkeit in Hamburg – ebenso wie auch im übrigen Deutschland – zunächst kein glücklicher Stern. Das sogenannte Wilhelminische Zeitalter fand seinen Ausdruck in einer Formensprache, welche sich als die des Emporkömmlings bezeichnen läßt. Alsbald nach 1870 hatten die Gründerjahre einen gewissen Typ des Berliner Geschäftshauses geschaffen, der sich an architektonischem Aufputz nicht genug tun konnte. Mehr und mehr griff diese Sucht um sich und auf die öffentlichen Bauten über, und wenn man auch, dem stets wachsenden Wohlstand im Reich entsprechend, anfing, sich zu der unbedingten Forderung echten Materials zu bekennen, war das öffentliche Gewissen doch noch weit von wirklicher und wahrhaftiger Ehrlichkeit der architektonischen Ausdrucksmittel entfernt. Protzenhaft wandte man überall Formen an, die nicht im Verhältnis zu den Bedürfnissen standen. Lichtwarks Schrift »Palastfenster und Flügeltür« deckte den Seelenschaden, der hier fraß, mit richtiger Erkenntnis auf. Selbst die einfachen Einfamilienhäuser der durchschnittlichen Art, die um jene Zeit und bis in die Gegenwart hinein gebaut wurden, hatten an dieser Unehrlichkeit teil: denn sie vernachlässigten zugunsten einer vornehmen Schaustellung der Wohn- und Gesellschaftsräume die wirtschaftlichen Notwendigkeiten in Keller, Boden und anderen Aufbewahrungsgelassen.

In einer Stadt von solider, alter und im besten Sinne bodenständiger Bauweise, wie es Hamburg bis in die Mitte des Jahrhunderts war, konnte dieser Geist nur mit kleinen Schritten Fuß fassen und sich im Bild der Stadt einen Platz erobern. Noch das zu Beginn der 1880er Jahre durch das Hochbauwesen aufgeführte Strafjustizgebäude am Holstenplatz wies verhältnismäßig ruhige Formen auf. Gleichsam ein Auftakt der neuen Melodie war das 1883 bis 1886 nach Plänen des Reichspostamtes errichtete Hauptpostgebäude am Stephansplatz: eine riesige Anlage, deren Baulichkeiten einen Flächenraum von fast einem halben Hektar bedeckten. In dem unharmonischen Gemengsel seiner verschiedenen Flügel mit überladenen Ecktürmen, Säulen, Pilastern, Fensterkrönungen, Portalen und Giebelgruppen wirkte es wie eine herausgeschmetterte grelle Fanfare. Hier herrschte der Geist Stephans, eines unvergleichlichen Organisators. Die Reichspost verdankt ihm nahezu alles; aber der Zeitströmung zahlte er seinen Zoll, indem er in den Bauten seines Ressorts das Quantitative seiner Leistung zum Ausdruck gebracht zu sehen liebte.

Ein Gebäude, dessen Errichtung der Zollanschluß notwendig machte, war die Generalzolldirektion an der Ringstraße, ein Palast mit Kuppel in italienischer Renaissance. Als Zentralsitz einer weitverzweigten Behörde, der auch die Dienstwohnung des Präsidenten in sich schloß, hatte er mehr das Aussehen eines Repräsentativbaus als einer Stätte beamteter Arbeit.

An der Ecke Neuer Wall und Stadthausbrücke entstand in diesen Jahren ein Erweiterungsbau des Stadthauses. Da man bemüht war, sich den Formen des Goerzschen Palais anzuschließen, war eine vornehmere Haltung gewährlei-

stet, als sie das Postgebäude zeigte. Aber auch hier bewies ein mächtiger kuppelgedeckter Eckturm und eine üppigere Betonung der Zierteile, wie unausweichlich der Geschmack in die Richtung auf das Protzige drängte. Gegenüber, am Straßenzug der Stadthausbrücke, wuchs ein Geschäftshaus großen Umfanges empor: mit vollem Mund nannte es sich nach dem Auftraggeber den Knackeschen Monumental- oder Millionen-Bau. In ihm erreichte die Aufplusterung mit Nichtigkeiten einen Höhepunkt. Es war in einem gotisierenden Backsteinstil mit Giebeln, Türmchen, Erkern in buntem Wechsel so überladen, daß man am Dach vergebens nach einem Ruhepunkt für das Auge suchte. Dem Andenken seines Schöpfers, des Architekten Hauers, gereicht es nicht zur Zierde.
Eine typische Zeiterscheinung bildeten die beiden Etagenhäuser, welche am Holstenplatz den Eingang der neu durchgebrochenen Kaiser-Wilhelm-Straße rechts und links einschlossen. Zwar hohe, sonst aber gänzlich unansehnliche Gebäude: roter Backstein mit Fensterumkleidungen und anderen Zierformen in hellem Putz; dennoch mußte jedes seinen straßenwärts gerichteten Turm haben: so standen sie da, hinter sich die gähnende Leere des noch nicht wieder ausgefüllten Durchbruchs, selbst mager, fade und kümmerlich. Erzeugnisse der Maurermeister-Architektur, die je länger desto undisziplinierter ihr Wesen trieb. Sogenannte Bildhauer, die mißverstandene Zierstücke und Schmuckfiguren fabrikmäßig herstellten, lieferten unbarmherzig Material über Material. Auf Giebeln und über den Gesimsen simpler Miethäuser standen Engel, Genien, Fortunen, Floren, und wenn das Glück gut war, bekamen sie eine Posaune in die Hand und den Mund, um ihre Schande in die weite Welt zu blasen. Lichtwark klagte, Hamburg werde in zwanzig Jahren die gefährlichste Stadt in Deutschland sein, wenn erst jene Stuckherrschaften dort oben, von Wind und Wetter weich gemacht, anfingen, ihre Gliedmaßen den harmlosen Spaziergängern auf den Kopf zu werfen.
In dem Jahrzehnt 1886–1896 stand der Rathausbau im Mittelpunkt alles architektonischen Schaffens. Zu Anfang der 1890er Jahre gab das hohe Gerüst, innerhalb dessen der Kern langsam emporwuchs, dem Landschaftsbild für den von der Alster stadtwärts gerichteten Blick das charakteristische Gepräge. Im Hintergrund der Reesendammbrücke erhob es sich wie eine lockere Masse, sei es, daß die Sonnenstrahlen sie zu einem lebendigen Gefüge auflösten und gliederten oder daß sie sich im Dunst zu einer Kulisse zusammenschloß. Peter Halm, der Münchener Radierer, schuf damals im Auftrag des Kunstvereins ein großes Blatt, das die Ansicht des fertiggestellten Gebäudes vorwegnahm; man war versucht, zu bedauern, daß er nicht den pro-

„Knackescher Millionen-Bau" an der Stadthausbrücke

visorischen Zustand für die Zukunft festlegte, der unzweifelhaft eine weit monumentalere Wirkung hatte als die zustande gekommene saubere Zeichnung dieses überreichen Baus.

Hier freilich konnte von einer Talmi-Architektur, wie sie den damaligen Spekulationsbauten den Stempel aufdrückte, nicht die Rede sein. Alles war vom Besten und bis ins Letzte hinein gediegen: Material und Arbeit, Planung und Ausführung. Dennoch befriedigte das Ergebnis nicht. Schon die Orientierung des Gebäudes, eine Folge jener Achsendrehung, war ein Unglücksfall: so lag die Front nach Norden und fing nur in den Frühstunden der hohen Sommertage das Sonnenlicht. Die übrige Zeit stand sie im Schatten und gab dem ganzen Platz ein düsteres, frostiges Gepräge.

Man hatte, romantischen Neigungen folgend, sich die Rathäuser flandrischer Städte als Muster genommen. Über einem breitgelagerten Mittelbau, welcher die Fest- und Repräsentationsräume enthält, erhebt sich ein hoher Belfried, rechts und links rechtwinklig zurückgebogene Seitenflügel, deren westlicher die Gemächer des Senats umschließt, während der Bürgerschaftssaal und die Fraktionszimmer im östlichen untergebracht sind. Das Erdgeschoß in schwerer Rustika mit Rundbogenfenstern; im ersten Stock eine Flucht von rechteckigen Fenstern mit prunkvoller Umrahmung und reichem Statuenschmuck in den Zwischenräumen; davor in der ganzen Breite ein schmaler Balkon mit zierlichem Gitter. Oben ein zweites Geschoß, dessen einfachere Formen erkennen lassen, daß es für Bürozwecke bestimmt ist. Alles zusammenfassend ein hohes Dach mit opulentem Firstgitter und einer mit üppigstem Zierwerk umkleideten Lukenreihe. Über dem Hauptportal, dessen Aufbau bis über die Höhe des Dachansatzes reicht, steigt der Turm empor, mehr protzig als trotzig, denn er überbietet sich in den Stockwerken mit Erkern, Giebeln, Arkaden, Umgängen, Figuren, Spitzen und Knäufen. Selbst der sich verjüngende Helm wird noch einmal von einer Art halb-geöffneten Laube – Lichtwark nannte sie den Schwimmgürtel – unterbrochen. An den Ecken der Fassade sind den Seitenflügeln mächtige Risalite vorgelegt, mit ornamentalem Schmuck überladen und mit Statuen der hamburgischen Kirchspielsheiligen gekrönt. So macht das Ganze einen unruhigen und in seiner Unruhe schwerfälligen Eindruck. Denn mögen auch einzelne der Formen eine spielende Leichtigkeit aufweisen: sie werden von der Masse des Schmucks erdrückt und scheinbar an der Entfaltung gehindert. Das ihrige tut noch dazu jene Lichtlosigkeit der Front, die einer Auflösung des Bildes in Hell und Dunkel im Weg steht. Es ist, als hätten sich die Baumeister im Erfinden – oder richtiger Nachempfinden – nicht genug tun können. Max

Liebermann, mit dem ich einmal davor stand, sagte kopfschüttelnd: »Immer noch ein bisken!«

Die Seitenfassaden der Flügel sind zu nicht minderem Reichtum entwickelt: der Sitzungssaal der Bürgerschaft mit hohen und breiten Fenstern und einem erhöhten Dach hervorgehoben, die Senatsräume durch besonders vornehme Gliederung des Giebelwerks betont. Ein Hof zwischen Rathaus und Börse, zu welcher von den Seitenflügeln Verbindungsbauten hinüberführen, ist ein Schmuckkästchen. Hier, gleichsam in einem Innenraum, stört der prunkvolle Aufputz weit weniger, und der Gegensatz zwischen der deutschen Renaissance des Hauptbaus und der italienischen der Börse und der Verbindungsbauten gibt eine Art beruhigende und das Fortissimo des Rathauses zum Abklingen bringende Note.

Über der inneren Ausstattung lag ein Unstern. Die Künstler, die mit der Ausmalung des großen Festsaals beauftragt wurden, starben hinweg, ehe sie mit der Arbeit begonnen hatten: zuerst Gesellschapp, dann Carl Gehrts. Nun berief man Hugo Vogel, welcher die Aufgabe schlecht und recht, so gut er konnte – aber mehr schlecht als recht – gelöst hat. Wahre Freude hat wohl niemand – er selbst vielleicht ausgenommen – daran empfunden. Daß man auch im übrigen eine günstige Gelegenheit verpaßte, die hamburgische Kunst und das hamburgische Kunstgewerbe an hohen Aufgaben erstarken zu lassen, indem man sich zunächst mit einer provisorischen Befriedigung der Bedürfnisse zufrieden gab und wartete, bis die Heimat, ihre Leistungsfähigkeit von Jahr zu Jahr steigernd, dem schönen Ziel gewachsen gewesen wäre, ist schon an anderer Stelle beklagt worden.

Man hätte annehmen dürfen, das auf den Zollanschluß folgende Dezennium werde überhaupt eine ungeheure Steigerung der Bautätigkeit mit sich bringen. Denn Handel und Verkehr dehnten sich in ungeahntem Maß, die Industrie begann sich stärker anzusiedeln, und die Bevölkerung wuchs der Million entgegen. Aber da legte die Cholera der Entwicklung den Hemmschuh an. Sie bedeutete für Hamburgs öffentliches Leben den Sturz vieler Hoffnungen. Denn nun wurde es notwendig, unter Zurückstellung aller anderen Aufgaben das Sanierungswerk in die Hand zu nehmen und durchzuführen. Das beanspruchte einstweilen die gesamten Mittel und Kräfte. Zudem lagen manche Zweige des Geschäfts, insbesondere der Reederei, infolge der Seuche und dabei in Erscheinung getretenen Umstände darnieder. So war z.B. das Auswanderungsgeschäft der HAPAG für Jahre lahmgelegt. Man sagte, der Senat habe sich dadurch beim Reich um den Kredit der Zuverlässigkeit gebracht, daß er zu spät den Ausbruch der Epidemie bekanntgegeben

und noch am Tag ihrer Feststellung ausfahrenden Schiffen das Gesundheitszertifikat ausgestellt habe.
Zudem waren unleugbar schwere Unterlassungssünden in der Wasserversorgung und im Bereich der übrigen Gesundheitspolizei begangen worden. Jedoch zeigte sich alsbald die gesamte Bürgerschaft mit Anspannung aller Kräfte bereit, das Verfehlte wiedergutzumachen, und insbesondere verdient die Energie, mit der man an das Sanierungswerk und an die Aufgaben der Wohnungspflege herantrat, volle Anerkennung. Immerhin bedeutete das alles eine Verzögerung in dem großen Umwandlungsprozeß, welcher dem Stadtbild bevorstand. Der Aufschub kam indessen der Neubildung zugute; denn in der Zwischenzeit hatte sich eine wesentliche Klärung des Geschmacks vorbereitet.
In dem Jahrzehnt von 1900 bis 1910 setzte die Bautätigkeit mit gewaltigen Stößen ein. Es war, als wollte das Gemeinwesen sich für das beginnende Jahrhundert ein vollkommen neues Gewand anlegen. Kaum jemals hat eine große Stadt ihr Aussehen in kurzer Zeit so gründlich verändert wie das damalige Hamburg. Die Umgestaltung erstreckte sich schlechterdings auf alle Gebiete der Bau- und Ingenieurkunst. Sie konnte es mit um so größerer Wirkung, als die ganzen vergangenen zehn Jahre einer sorgfältigen Vorbereitung gewidmet gewesen waren. Diese Vorbereitung hatte sich, von den Bebauungsplan-Arbeiten ausgehend, in erster Linie und vornehmlich auf die Festlegung der großen Verkehrsadern – Bahnen, Straßen und Kanäle – gerichtet. So wurde alles in den Schmelzofen der Erneuerung hineingezogen: Bahnanlagen, Straßenführungen, Brückenbauten, der Hafen mit seinem sich von Jahr zu Jahr erweiternden Industriegebiet, die dem öffentlichen Dienst gewidmeten Baulichkeiten als Gerichte, Verwaltungsgebäude, Schulen; ferner die Anlagen für Wasser- und Lichtversorgung, die Markthallen mit ihrem Zubehör; Theater, Konzerthäuser und Vergnügungslokalitäten, Hotels und Gasthäuser aller Art; an hervorragender Stelle und den Charakter der inneren Stadt bestimmend der neue Typus des Geschäfts-, Kontor- und Warenhauses, endlich das Etagen- und Einfamilienhaus.
Die hamburgischen Eisenbahnverhältnisse lagen bisher im argen. Die sogenannte Verbindungsbahn stellte zwar notdürftig den Zusammenhang zwischen den Linien nach Kiel, Berlin und Hannover her, da aber deren Gleise auf weite Strecken die für den Wagen- und Personenverkehr bestimmten Straßen benutzten, lasteten auf dem Betrieb die größten Schwierigkeiten: an eine beschleunigte Überführung der Züge war nicht zu denken. Die dadurch verursachte häufige Verfehlung von Anschlüssen und die Rücksicht auf die

Sicherheit des öffentlichen Verkehrs machte einen Wandel zur Notwendigkeit.
Die alte Trasse der Verbindungsbahn wurde zwar beibehalten, im übrigen aber die Anlage einer völligen Umgestaltung unterzogen. Die Gleise wurden in der Weise hochgelegt, daß alle Niveauübergänge vermieden waren: sie liefen teils auf einem in Rasenböschungen abfallenden Damm, teils auf einem von Futtermauern eingefaßten Unterbau, der sich hier und da straßenwärts in Kasematten und Verkaufsständen öffnete. Östlich der Lombardsbrücke – da wo sich der Geestrücken zwischen Elbe und Alster vorschiebt – senkt sich der Bahnkörper auf die Sohle des alten Stadtgrabens. Hier, zwischen Ferdinandstor und Klostertor, erhebt sich über den Gleisen die weiträumige Halle des Zentralbahnhofs: wie eine gewaltige Eisenklammer faßt sie die südlich fächerförmig auseinanderstrebenden Schienenstränge mit festem Griff zusammen. Fünf langgestreckte Bahnsteige mit je zwei Gleisen liegen parallel nebeneinander; in der Mitte führen zwei eigene Schienenstränge für passierende Güterzüge hindurch. Der interessante Bau des Berliner Bahnhofs und der alte Klostertorbahnhof verschwanden; an die Stelle der bisherigen Stationsgebäude am Dammtor, an der Sternschanze und am Holstentor in Altona traten stattliche Bahnhofshallen; der Hannoversche Bahnhof blieb für Zwecke des Güterverkehrs einstweilen erhalten.
Der Bau der ganzen Anlage und besonders die Überleitung des Verkehrs auf sie war ein Meisterstück der Ingenieurskunst. Die Leistung ist um so höher einzuschätzen, weil die Umschaltung ohne Unterbrechung des Betriebs vor sich gehen mußte. Um zu verstehen, was das bedeutete, hat man sich zu vergegenwärtigen, daß der größte Teil des Personen- und Güterverkehrs aus dem mittleren und südlichen Deutschland nicht nur nach Schleswig-Holstein, sondern darüber hinaus nach den westlichen skandinavischen Ländern diese Strecke passiert. An dem Spätherbstabend, bevor die Überleitung am Dammtorübergang stattfinden sollte, sahen wir die Arbeit an, die mit fieberhafter Anstrengung beim Schein zahlreicher im Wind flackernder und prasselnder Gasfackeln von tausend Händen geleistet wurde. Nur zwei Stunden während der Nacht ruhte das Rollen der Züge: von 2 Uhr morgens an liefen sie auf den neuen Gleisen. Als der Hauptbahnhof in Benutzung genommen wurde, ging die Sache freilich nicht so glatt. Das verschlungene Netz der Weichen und Signalstationen erforderte eine gründliche Einarbeitung. So ging, da Unglücksfälle unter allen Umständen vermieden werden mußten, ein voller Tag mit großem Wirrwarr vorüber, ehe die ganze Maschinerie planmäßig funktionierte.

Der Hauptbahnhof ist in seiner äußeren Erscheinung als Ganzes ein architektonisches Zwittergebilde: die große Halle über den Bahnsteigen und der ihr rechtwinklig vorgelagerte weiträumige Korridor des Empfangsgebäudes, ein prachtvolles Werk luftiger sich reckender und streckender Eisenkonstruktion, von sachlichem Zweckwillen erfüllt; die seitlichen Steinbauten dagegen ein schwächliches Produkt eklektischer Renaissance-Romantik; diese sind gleichsam der Stempel, den die Wilhelminische Zeit dem Monument aufdrückte. Man erzählte, der Kaiser habe, als ihm die Zeichnungen vorgelegt seien, erklärt, man müsse für die Hamburger ein übriges tun und das Äußere etwas reicher gestalten. So hätten auch die unglücklichen Uhrtürme an den Ecken der nördlichen Front ihre magere und doch anspruchsvolle Gestalt erhalten.

Es ist notwendig, vor diesen Unzulänglichkeiten die Augen zu schließen und sie von dem Eindruck auszuschalten, soll man den positiven Wert würdigen können, den der Eisenbau in sich trägt. Dieser ist aus einem Guß, und seine Schauformen stellen mit klarer Übersichtlichkeit die tragenden Gedanken der Konstruktion heraus. Die schöpferische Idee der großen Halle für den Zugverkehr – Spannweite 73 Meter, Scheitelhöhe 34 Meter – drückt sich nach außen hin mit überzeugender Wucht in den gewaltigen Rippen aus, welche die Glaswände der nördlichen und südlichen Stirnfront einfassen und sich oben über der Mitte zu einem stumpfen Winkel gipfelnd zusammenschließen. Ihr Profil mit dem Gegeneinander der inneren und äußeren Umrißlinie, das sich bald gleichsam kräftesammelnd zusammenzieht, bald schwellend dehnt, ist ein Symbol tragender Energie, die bereit ist, die schwersten Lasten spielend zu meistern. Im Innern ist sie von einer ungeheuren Weiträumigkeit; trotz ihrer gewaltigen Massen und Maße und des sie erfüllenden Lärms und Getriebes hat sie für die Empfindung etwas Befreiendes wie ein dem modernen Leben errichteter Tempel.

Von den Bahnsteigen führen breite Treppen hinauf zu der großen Halle des Empfangsgebäudes, die vorhin wegen ihrer Funktion, den Ein- und Ausgangsverkehr zu vermitteln, mit dem ihren Ausmessungen nicht Rechnung tragenden Namen eines Korridors bezeichnet wurde; denn auch ihre Dimensionen betragen etwa 24 Meter Breite gegen 140 Meter Länge und 28 Meter Scheitelhöhe. Sie ist wie ein Querschiff der Bahnsteighalle vorgelegt und steht gleichsam auf einer Bühne, unter welcher die Schienenstränge nordwärts aus dem Bahnhof hinaus weiterlaufen. Auch sie tritt nach außen in den Stirnwänden hervor, welche westwärts nach dem Glockengießerwall, ostwärts nach der Kirchenallee gerichtet, von mächtigen wohlprofilierten Rippen eingerahmt sind. In diese Halle, welche gegen die Bahnsteighalle mit einer hohen Glaswand abgeschlossen ist, öffnen sich die hohen, luftigen Expeditionsräume für das Gepäck, die Wartesäle, die Fahrkartenausgaben; Dienst- und Nebenräume sind mit ihr verbunden, und Seitenhallen zweigen sich von ihr ab, deren eine dem Zugang der Stadt- und Vorortsbahn dient. So ist ein Komplex von Räumen, Raumteilen, Baugliedern geschaffen, der einer Wirkung von hohem malerischen Reiz sicher ist: Linien, die sich verkürzen und überschneiden, Ecken, welche vorspringen, überraschende Aus- und Einblicke fügen sich zu einem Gebilde von reicher Mannigfaltigkeit, dem die klare Disposition des überall sichtbar zutage stehenden eisernen Gerüstbaus einen Anschein von Selbstverständlichkeit und Vernünftigkeit gibt, obwohl der die Halle füllende Dunst von Rauch- und Staubpartikeln die Fernen und die Höhe stets in eine geheimnisvolle graublaue Dämmerung taucht. Demgegenüber ist die Bahnsteighalle von weit einfacherer Übersichtlichkeit. Aber auch sie wird durch eiserne Träger, Gewölbebogen und -rippen und Binder vielfach gegliedert und aufgeteilt. So gewährt sie der malerischen Durchblicke genug.

Die Steintorbrücke, welche den breiten Bahnkörper an der südlichen Ausfahrt aus dem Bahnhof überschreitet, schmiegt sich der Schmalfront der großen Halle eng an; vor dem Blick des auf ihr Stehenden entwinden sich – gleichsam jubelnd – die gefesselten Schienenstränge fächerförmig nach beiden Seiten: links fliehen die Berliner und die Lübeck-Stettiner Linie und die Vorortsbahn in starker Kurve; die Hannoversche, die Bremer und die Unterelbische Bahn wenden sich in mäßiger Biegung nach rechts, und in gerader Richtung laufen eine Anzahl Gleise auf das Bahnpostamt zu, das, in den Formen einer romantischen Gotik erbaut, den Hintergrund des Winkels zwischen jenen beiden großen Schienenbündeln füllt. Das Ganze ist ein Bild von wirklich großstädtischer Monumentalität: zur Linken erhebt sich über der Böschung der stattliche Bau des Museums für Kunst und Gewerbe, rechts faßt das Auge noch das Naturhistorische Museum, zwischen diesem und dem Postamt tauchen die Hallengebäude der Marktanlage am Deichtor auf, noch weiter zurück die Randbauten des südlichen Sanierungsgebietes, längs denen die Verbindungswege zum Hafen führen: man steht an dem Punkt, wo die große Schlagader des nach allen Seiten hinausflutenden Weltverkehrs dem Herzen der Handelsstadt entströmt.

Außer der mit der beschriebenen Anlage in enger Verbindung stehenden Stadt- und Vorortsbahn, welche dem Durchgangsverkehr von Blankenese und Altona über die Bahnhöfe Sternschanze, Dammtor, Hauptbahnhof, Berliner Tor nach Eilbek und Barmbek und darüber hinaus bis Ohlsdorf dient, und den zahlreichen Schienenwegen, die den Gütertransport nach den Häfen vermitteln, wurde eine Ringbahn geplant, die um den westlichen Gürtel der inneren Stadt und in großem Bogen um die äußere Alster fahren sollte. Nach eingehenden Beratungen, bei denen in der Bürgerschaft Dr. Stemann mit Energie für das Projekt einer Schwebebahn eintrat, entschied man sich für den Bau einer Hoch- und Untergrundbahn. Die Ausführung stellte womöglich noch stärkere technische Anforderungen an die Ingenieurkunst als die Verlegung der Verbindungsbahn. Denn hier galt es eine Trasse zu finden, welche die bevölkertsten und verkehrsreichsten Teile der Stadt zu durchqueren hatte, deren Bedürfnisse berücksichtigen mußte und die bestehenden Verhältnisse nur so wenig wie möglich stören durfte.

Auch diese Aufgabe wurde glänzend gelöst. Die Hauptlast der Arbeit lag natürlich im Bau der Untergrundbahn im Bereich des städtisch engbebauten Gebiets; demgegenüber fiel die Mannigfaltigkeit der Schwierigkeiten auf Konto der Hochbahnstrecken. Für das Auge des Nichtfachmannes kamen diese allein in Betracht. An skolopenderartigen Viadukten mit breitbeinig gestellten Eisenfüßen, wie sie etwa die Isestraße von der Hoheluftbrücke bis Eppendorf durchziehen, mag nur der Freude haben, dem technische Bauten als solche Anteilnahme abnötigen, in welcher Form sie auch auftreten. Eine unbestreitbare Schönheit weist dagegen die kühne Kurve auf, mit welcher die Bahn in fast einem Viertelkreis den Binnenhafen zwischen Baumwall und Rödingsmarkt überschreitet, und die schlanke Brücke, mittels deren sie – gleichsam im gestreckten Galopp eines Vollblutrenners – über den Kuhmühlenteich hinwegsetzt. Interessant zum mindesten erscheint die Niveauüberwindung von dem Hochbahnhof Rödingsmarkt nach dem Untergrundbahnhof Rathausmarkt, bei der in steiler Senkung der Bahnkörper in das Mönkedammfleet absinkt.

Das Bedürfnis nach engerer Verbindung mit den Siedlungsgebieten der Umgebung, namentlich im Alstertal und bei den Walddörfern, forderte neue Schienenwege. Zu seiner Befriedigung plante man elektrische Bahnen: die Alstertalbahn als eine Art Verlängerung der Vorortsbahn, von Ohlsdorf ausgehend; die Walddörferbahn im Anschluß an die Hochbahn, bei dem Bahnhof Barmbek abzweigend, und eine dritte Linie nach Langenhorn. Nur die zweite stellte der Ingenieurkunst eine besondere Aufgabe: die Überkletterung der vorhandenen dreifachen Gleiskörper gleich hinter dem Ausgangspunkt. In kühner, stark ansteigender Kurve wurde sie ausgeführt; die Reihe der Brückenjoche mit ihrem teils von unten stützenden, teils von oben tragenden kreuzweise gestellten Gestänge und mit den Pfeilerstützen, deren Anordnung auch äußerlich die Gewichtsverschiebung des in der Biegung rollenden Zuges deutlich zur Anschauung bringt, bietet ein sehr kompliziertes, malerisches, abwechslungsreiches Bild, das leider nirgends von einer der Straßen, sondern nur von den die unteren Gleisstrecken befahrenden Wagen aus gesehen wird. Stationsgebäude und Überführungen der Bahn zeigen gute Formen.

Die Anpassung des Straßennetzes an die werdenden Verhältnisse der Großstadt stand mit der Ausgestaltung der Bahnanlagen in mannigfacher Wechselbeziehung; aber schon ehe mit dieser begonnen wurde, war jene in vollen Fluß geraten. Von verschiedenen großen Durchbrüchen in der inneren Stadt ist bereits oben die Rede gewesen. Jetzt gingen zunächst bedeutende Veränderungen an ihrer Peripherie vor sich. Die Wälle waren in vergangener Zeit zu einer einfachen, aber sehr geschmackvoll angelegten Promenade verwandelt worden. Am Karfreitag bot sie ein für das alte Hamburg charakteristisches Bild: fast die ganze Bevölkerung machte dann einen Spaziergang um die Stadt, um sich des heraufkommenden Frühlings zu erfreuen. Nun mußte die Anlage zum großen Teil neu geformt werden: einige Strecken wurden parkartig erweitert, andere fielen dem Verkehrsbedürfnis zum Opfer.

Die Gewerbeausstellung des Jahres 1889 gab Anlaß, die Partie zwischen Holstenplatz und Millerntor unter Einbeziehung des Stadtgrabens und seiner Böschungen zugleich anspruchsvoll und doch, im Sinne der Zeit, kleinlich – mit Hängebrücken, Uferbuchten, sinnigen Baumgruppen – gärtnerisch auszubauen. Die strecke zwischen Millern- und Hafentor erfuhr eine gründliche Umgestaltung: zugunsten einer Erleichterung des Wagenverkehrs nach den Landungsbrücken wurde eine breite, sich in großem Bogen von oben zur Sohle des Stadtgrabens hinabwindende Fahrstraße, die Helgoländer Allee, angelegt, und zur Verbindung der inneren Stadt mit St. Pauli eine neue Verkehrsader, die Seewartenstraße geschaffen, die über zwei mächtige Brücken nach den hamburgischen Seehelden Kersten Miles und Simon von Utrecht benannt, von der Zeughausstraße zur Bernhardstraße hinüberführt. Das im Jahre 1906 errichtete Bismarckdenkmal gibt diesem Teil der Stadt den starken Akzent. In dem Kreisabschnitt zwischen Lombardsbrücke und Klostertor verlor die frühere Umwallung durch die Bahnanlage gänzlich ihren bisherigen Charakter: unmittelbar an sie schließen sich die neuen Marktanlagen am Deichtor.

Die aus diesem Gürtel nach allen Seiten radial ausstrahlenden Straßenzüge – die früheren Landstraßen, nach dem neuen Sprachgebrauch Ausfallstraßen genannt – haben bisher keine wesentliche Verschiebung erfahren: die von Altona ausgehende Elbchaussee; der sich mittels der Osterstraße aus Eimsbüttel herauswindende Weg über Langenfelde nach Eidelstedt und Pinneberg; die drei großen, in nördlicher Richtung aus dem Dammtor heraustretenden Alleen: Grindelallee – Hoheluft – Niendorf – Schnelsen; Rothenbaumchaussee – Eppendorf – Alsterdorf – Langenhorn – Ochsenzoll und Mittelweg –Winterhude – Ohlsdorf – Wellingsbüttel – Poppenbüttel; ein sich mit diesem in Winterhude vereinigender, von der linken Alsterseite, der Uhlenhorst, ausgehender großer Verkehrsweg; ferner die Hamburger Straße in Barmbek mit ihrer Fortsetzung in der Richtung auf Hellbrook und Bramfeld; die Wandsbeker Chaussee in der Richtung auf Wandsbek – Ahrensburg – Oldesloe – Lübeck; die Borgfelder Straße in der Verlängerung der Hammer und Horner Landstraße mit dem Ziel Bergedorf; als letzte die über die Elbbrücke südwärts weisende Verbindung nach Harburg.

Die Veränderungen der inneren Stadt waren im wesentlichen durch das Sanierungswerk bedingt. Nur die große Durchbruchstraße, welche den Rathausmarkt mit dem Hauptbahnhof verbinden sollte, hatte in erster Linie verkehrstechnischen Erwägungen Rechnung zu tragen. Bei Gelegenheit der Verhandlungen über die Stadt- und Vorortsbahn war von der Straßeneisenbahn-Gesellschaft ein Projekt ausgearbeitet worden, wonach diese den Bau der Straße für eigene Rechnung auszuführen bereit war. Die Bürgerschaft hatte das Anerbieten abgelehnt. Im Herbst 1905 trat der Senat mit einem Antrag hervor, der die Angelegenheit mit der geplanten Untergrundbahn in Verbindung brachte und den Staat selbst als Unternehmer in Aussicht nahm. Es war eine Führung gewählt, welche vom Südende des Hauptbahnhofs in fast ganz gerader Linie zum Rathausmarkt führte und an dessen östlicher Wand, diese aufreißend, mündete.

Man mußte erstaunen, daß zu einer Zeit, die Camillo Sittes Buch über den Städtebau kannte, und zumal in einer Stadt, wo dieser Sachkenner etwa ein Jahr zuvor im Verein für Kunst und Wissenschaft über dies Thema einen glänzenden Vortrag gehalten hatte, in der Begründung zu jenem Antrag zwar viel von ökonomischen, sanitären und Verkehrsrücksichten, aber mit keinem Wort von ästhetischen Gesichtspunkten die Rede war. Daß diese vernachlässigt seien, wurde denn auch von einigen, wenn auch sehr wenigen Seiten bemängelt: der Architekt Heubel veröffentlichte eine kleine, mit einem Plan ausgestattete Schrift, in welcher er eine mehr gebogene Trassierung verlangte. Das bringe, so führte er aus, einen doppelten Vorteil: einmal werde vermieden, daß man, vom Rathausmarkt kommend, auf eine größere

Strecke gegen die bei 80 Meter Länge 10 Meter betragende Steigung des Straßendamms ansehe; andererseits entständen infolge der leichten Krümmung geschlossenere und durch stärkere Einbeziehung der beiden Hauptkirchen St. Petri und St. Jakobi sehr reizvolle Straßenbilder. Auch ich erhob in einem ziemlich scharf gehaltenen Artikel des Correspondenten meine Stimme zugunsten einer mehr gebogenen Führung, aber sie verhallte ebenso wie die Heubels in der Wüste der Gleichgültigkeit.

Dennoch wurde der Bau der Straße Anlaß zu einer Besserung der Verhältnisse. Auf eine aus dem Architekten- und Ingenieur-Verein herausgegebene Anregung bildete man eine sog. Kunst- oder Fassadenkommission, bestehend aus zwei Mitgliedern der Finanzdeputation, einem Mitglied der Baudeputation, dem Direktor des Hochbauwesens, dem Oberingenieur, dem Direktor der Baupolizei und zwei Privatarchitekten, der es obliegen sollte, darüber zu wachen, daß die Straße nicht durch schlechte Bauten verunstaltet werde. Die rechtliche Handhabe für diese Maßregel ergab sich daraus, daß der Staat den zu bebauenden Grund und Boden durch Enteignung erworben und so die Befugnis erlangt hatte, bei dem Wiederverkauf an die Unternehmer diesen für die Ausführung von Bauten Bedingungen und Beschränkungen aufzuerlegen. Es war der erste Schritt in der Richtung auf eine geordnete Baupflege. Er tat seine Wirkung allein dadurch, daß er geschah. Denn nachdem einmal die Berechtigung des öffentlichen Interesses an der Schönheit des Stadtbildes anerkannt war, zeigten sich alle Beteiligten bemüht, ihr Bestes zu leisten.

Die Dinge lagen günstig: es kam hier nur der Bau großer Geschäftshäuser in Frage, und darum erwarben die Unternehmer nur Grundstücke von beträchtlicher Frontbreite, so daß jedes bei einheitlicher Durchbildung der Fassade eines bedeutsamen Eindrucks sicher sein konnte. Zudem war, als diese Bauten entworfen wurden – um das Ende vom ersten Dezennium des Jahrhunderts –, ein neuer Stil des Geschäfts- und Kontorhauses schon so weit zur Entwicklung gediehen, daß bei aller individuellen Verschiedenheit der Architekten gewisse gemeinsame Formanschauungen das Ganze beherrschten. So kam trotz der unbefriedigenden Planung ein städtebauliches Gebilde von stattlicher Eigenart zustande.

Ein monumentales Gebäude reiht sich an das andere. Dem vom Bahnhof Kommenden präsentiert sich zur Linken der breit gelagerte Würfel des vom Architekten Fritz Höger erbauten Klöpperhauses mit seiner abgeschrägten eingebuchteten Ecke. Es ist in seiner Ruhe das vornehmste Gebäude der Straße. Mit keinem sonderlichen architektonischen Schmuck ausgestattet,

sucht es die Wirkung in der Wohlabgewogenheit der Verhältnisse. Das Erdgeschoß mit Bogenfenstern dient als niedriger Sockel. Auf ihm erheben sich fünf Obergeschosse. Die der Rückwand des Naturhistorischen Museums zugekehrte Hauptfront ist durch Pfeiler vertikal gegliedert; auf der Seite der Mönckebergstraße wird die Fassade durch die Reihen der Fenster horizontal aufgeteilt, welche – in Gruppen zu je drei zusammengefaßt – in flachem Bogen straßenwärts vorgewölbt sind. Die schräg ansteigende Fläche des zwar nicht sehr hohen, aber firstgerechten Daches wird gleich oberhalb des Gesimses noch einmal durch das schmale Band von Fenstern eines Dachgeschosses unterbrochen. Als Material sind Klinker gewählt; Werkstein von Muschelkalk hat nur äußerst sparsame Verwendung gefunden. Aber als eine exquisite plastische Zier besitzt das Haus Skulpturen Gauls: am Hauptportal in der Mitte die nackte Jünglingsgestalt eines Merkur, der mit einer amüsanten jüdisch anmutenden Gebärde einen Gegenstand in der Hand wägt, und zu beiden Seiten einen Trupp Schafe, diese als Emblem des vornehmlich auf den Handel mit Wollwaren gegründeten Geschäfts; an einem der abgeschrägten Ecke vorgebauten seitlichen Eingang weitere Figuren und Reliefs, darunter eine Gruppe weglaufender Schweine als eine Anspielung darauf, daß der Platz, wo das Haus steht, früher »Schweinemarkt« hieß und diesen Namen verloren hat. Der Versuch, solche lustigen Einfälle der Architektur einzufügen, fand im Publikum wenig Anklang, und die humorlose Kaufmannschaft nahm an der Geste des Merkur Anstoß.
Dem Klöpperhaus gegenüber, auf der anderen Seite der Straße, erhebt sich das Südseehaus – Architekten Franz Bach und C. Bensel – mit hochragenden, sich überhöhenden Giebeln. Weiter folgen das Kaledoniahaus und der Barkhof, an welchem auf der der Spitalerstraße zugewandten Seite in einer Art Ehrenhof das seinerzeit vom Kaiser aus Korfu verbannte Denkmal des sitzenden Heinrich Heine von Hasselrijs ein Asyl gefunden hat; dem Barkhof gegenüber, auf der linken Seite der Straße, das Levantehaus, und weiter abwärts, als ein Baublock, der seine Rückseite dem Jakobikirchhof zukehrt, das fünfgieblige Rappolthaus Högers mit Skulpturen Wrbas; weiter unten das große Warenhaus Karstadt, von Bach und Bensel errichtet, und gegenüber das Seidenhaus Brandt des Architekten Henry Grell. Allen gemeinsam ist die energische Betonung der senkrechten Gliederung durch aufgemauerte Wandpfeiler, sei es, daß diese unmittelbar aus dem Fundament herauswachsen oder auf dem sockelartig ausgebildeten Untergeschoß stehen. Die Pfeiler und vielfach auch noch zwischen sie eingeschobene Lisenen teilen die Wände in vertikale Streifen, in welche die Fensterwände eingespannt sind. So ist

bei aller Mannigfaltigkeit im einzelnen jener schon oben gerühmte Gesamteindruck großer einheitlicher Bewegtheit erzielt.

Auf halber Länge, etwa mitten zwischen Hauptbahnhof und Rathausmarkt, erhebt sich die Straße zum Gipfel ihrer monumentalen Wirkung. Da, wo sich die Spitalerstraße in spitzem Winkel mit ihr vereinigt, kurz ehe der Pferdemarkt nach rechts abzweigt, entstand ein dreieckiger Platz. Auf ihm steht, gleichsam eine niedrige Insel zwischen den hohen Felsenwänden eines Fjords, das zierliche, von Baudirektor Schumacher in klassizistischen Formen entworfene Gebäude einer Öffentlichen Bücherhalle, mit welchem ein Mönckebergdenkmal – ein mit der Figur eines stehenden Löwen gekrönter Obelisk als Träger eines Bildnismedaillons des Bürgermeisters – in Verbindung gebracht werden soll.

Von hier gesehen schieben sich die Häusermassive gleich mächtigen Kulissen von allen Seiten heran: das Rappolthaus, das Karstadthaus, der Barkhof, das Levantehaus; hinter dem zierlichen, von Henry Grell im Stil der deutschen Renaissance errichteten Hulbehaus tauchen die ernsten Wände, Fenster und Widerlager der Petrikirche auf, deren Turmspitze in ihrer grünen Patina wie ein jubelnder Trompetenstoß in die Luft hinausschmettert, während wenige Schritte weiter die Seitenfront des Rathauses und sein Turm unten im Hintergrund einen Abschluß bilden werden. Leider ist die Jakobikirche eben infolge jener oben beklagten Straßenführung der Hauptsache nach aus dem Gesamtbild ausgeschaltet: nur die Spitze ihres Turms schaut über den Dachfirst des Rappolthauses herüber wie das von seiner Kraftquelle losgelöste Glied eines Organismus oder wie ein in der Luft zerflatternder Schrei.

Die Mönckebergstraße ist zu einer Art Mittelpunkt großstädtischen Lebens geworden; Menschenströme fluten herauf und hinunter, drängen sich vor den Läden, umstehen die Karren der fliegenden Händler: sie scheint die Schlagader des modernen Hamburg zu sein. Erst als Hintergrund und Umrahmung dieses wimmelnden Getriebes gewinnt die Architektur den Eindruck ihrer überragenden Größe. Aber zu allen Tageszeiten übt sie ihren besonderen Reiz: am Morgen, wenn das Frühlicht von Osten her den grünen Petriturm versilbert; am Spätnachmittag, wenn die schräg von Westen hereinfallenden Sonnenstrahlen alle Giebel, Erker, Gesimse leuchtend hervorheben, und nicht minder bei der hereinbrechenden Dämmerung eines Sommerabends, wenn im bleichen Licht einzelnes zusammenzurücken, anderes auseinanderzufliehen scheint, während über den Pferdemarkt her in der

Lücke des Alstertors die Binnenalster wie ein stahlblauer Schild herüberglänzt.
Der Rathausmarkt hatte natürlich durch die Flankenöffnung, die er erfuhr, in seinem Charakter als umfriedeter Platz gelitten und man war deshalb bemüht, einen Ausgleich zu finden. Nun gehörten leider die beiden großen Geschäftshäuser, zwischen denen die neue Straße mündete – auf der einen Seite Rathaushörn, die Ecke zur Hermannstraße, ein anständiger, aber nicht sonderlich origineller Bau Alfred Löwengards, auf der anderen das von Rambatz und Jolasse in spielerischer Heidelberger-Schloß-Romantik aufgeführte Versmannhaus – keineswegs zu den besten Beispielen des modernen Stils und waren nicht geeignet, den verlorengegangenen Eindruck der Ruhe wiederherzustellen. Aber man hatte durch Überbauung des Eingangs zur Knochenhauerstraße eine gewisse Geschlossenheit angestrebt. Das gute Beste dabei tat indes wiederum der wundervolle Petriturm, der mit einer Art von mütterlichem Aufpaß alles zusammenhielt, während die Jakobikirche im Hintergrund, weil fast ganz von den hohen Gebäuden verdeckt, auch hier nicht mitsprach. Jedenfalls hatte dies Stadtbild soviel Reiz, daß es zweien der namhaftesten neueren Künstler, Emil Nolde und E. L. Kirchner, zu einer Radierung – freilich ohne alle vedutenhafte Treue – Anlaß wurde.
Handel und Schiffahrt Hamburgs – sowohl nach Übersee wie nach dem Binnenland – erfuhren in diesem Zeitraum eine geradezu ungeheuerliche Steigerung. Die graphischen Darstellungen auf den statistischen Tafeln zeigen Linien von einer schwindelnden Steilheit. Hamburg überflügelte einen europäischen Hafenplatz nach dem anderen; es näherte sich der Umschlagsziffer Londons. Damit mußten die Hafenanlagen Schritt halten. Es ist schon oben erwähnt, daß man bereits im Jahr 1888 eine Erweiterung des kaum fertiggestellten Freihafens für nötig ansah. Die Arbeit wurde sofort begonnen, und wenige Jahre später waren die großen Becken des Hansa- und Indiahafens, dem Segelschiffhafen benachbart, der Benutzung übergeben.
Nach kurzer Zeit waren sie nicht mehr ausreichend. Nun kamen die weiten Flächen auf Kuhwerder, östlich vom Köhlbrand, an die Reihe: der Kuhwerder-, der Kaiser-Wilhelm- und der Ellerholzhafen entstanden, welche den anderen Bassins an Umfang nichts nachgaben. Dabei mußte den immer wachsenden Ausmessungen der Dampfer an Länge und Tiefgang Rechnung getragen werden. Einschnitte, die bisher den Flußfahrzeugen gedient hatten, wurden für den Seeverkehr eingerichtet und für die Binnenschiffahrt neue Häfen gebaut. Der mit Preußen im Jahre 1908 abgeschlossene sogenannte Köhlbrandvertrag, durch welchen auf der Elbinsel Neuhof Hoheitsrechte an

Hamburg abgetreten wurden, ermöglichte eine fernere Erweiterung der zuletzt in Angriff genommenen Gruppe von Häfen. Doch auch damit war es noch nicht genug: die Insel Waltershof wurde in die Anlagen einbezogen und zu einem großen Teil in ein gewaltiges Wasserbecken verwandelt; an ihrer Nordwestecke entstand ein neuer weiträumiger Petroleumhafen. Ja, schon streckte sich die Hand nach Finkenwerder und man ging daran, die dem Fischfang sich widmende Einwohnerschaft zu expatriieren und in Cuxhaven anzusiedeln. Für die Villenbesitzer des nördlichen Elbufers bedeuteten die Schuppen und Tanks, die hier emporwuchsen, die Leitdämme und weiten Sandaufschüttungen eine erhebliche Beeinträchtigung der Aussicht, und manche von ihnen entschlossen sich, das Feld zu räumen. Aber in diesem Zeitalter des Verkehrs mußten alle anderen Rücksichten den wirtschaftlichen Bedürfnissen weichen.

Innerhalb dieses Hafendistrikts erblühte eine Schiffsindustrie, die es mit der Welt aufnehmen konnte. Neben den alten Werften des Reiherstiegs und von Blohm & Voss wurde eine Niederlassung des Stettiner Vulkan gegründet, und alle wetteiferten in ihrer Leistungsfähigkeit. Hier wurde der Kiel der größten Schiffe sowohl der Handels- wie der Kriegsmarine gestreckt. Hellinge und Docks waren vortrefflich ausgerüstet; die technischen Anlagen wuchsen zu einer Stadt heran. Hohe Gerüste reckten sich über den Werftgrundstücken in die Luft: sie trugen weite Plattformen mit einem ausgedehnten Netz von Gleisen, dazu bestimmt, die emporgewundenen Maschinen und schweren Eisenteile von oben an ihren Bestimmungsort im Rumpf der auf dem Helgen liegenden Schiffskolosse hinabzulassen. Das Gestänge mit diesen Plattformen war weit ins Land hinein zu sehen und gab in Verbindung mit den auf hohem Unterbau errichteten Turmkränen dem Hafen ein eigentümliches Gepräge. Von diesen Werkstätten her erscholl ein ununterbrochenes Gehämmer herüber, das sich mit den anderen Getösen des Hafenverkehrs in der Ferne zu einem gewaltigen Brausen verschmolz.

Fest- und Ehrentage der Werften waren die Stapelläufe der großen Dampfer. Auf hohen Tribünen versammelte sich auf Einladung der Marinebehörde oder der Reederei, die das Schiff hatte bauen lassen, ein glänzendes Publikum, um dem feierlichen Akt der Taufe beizuwohnen, den eine angesehene Persönlichkeit, eine fürstliche Dame oder öfter auch der Kaiser selbst vornahm, und es war tatsächlich ein großartiger Anblick, wenn sich der riesige Schiffsrumpf, nachdem das letzte der ihn haltenden Taue mit einem Beil durchhauen war, zuerst leise schwankend und zitternd in eine langsam gleitende Bewegung setzte, um mit zunehmender Geschwindigkeit in die Fluten hinabzuschießen. Das Hafengewässer war breit genug, um dem seinem Element übergebenen Gebilde einige Fahrt freizugeben, ehe es von den Begleitschleppern wieder in Haft genommen wurde.

Es läßt sich ermessen, welch' eine ungeheure Fülle von Aufgaben hier im Bereich des ganzen Freihafens allen Zweigen der Ingenieurkunst erwuchs. Neben der Hauptsache, der Planung des Systems, dessen Einzelheiten, sollte das Ganze funktionieren, reibungslos ineinander greifen mußten, die Arbeit an diesen Einzelheiten selbst: das Aufmauern der Kais, die Anordnung und das Rammen der Pfahlbündel (Dückdalben), die Führung der Bahngleise, die sich wie ein feinadriges Netz von Nervenbündeln bis an die äußeren Ausläufer der Hafeneinschnitte hinanschiebt, eine unübersehbare Zahl von Brücken verschiedenster Konstruktion, Kräne in endlosen Reihen und Getreideheber, Schuppen und Lagerhäuser; ferner Polizeiwachen, Feuerwachen, Zollabfertigungsstellen, Kaffee- und Speisehallen, Anlegeplätze, Lotsenhäuser, die dem Auswanderungswesen dienenden Anlagen, Zentralen für elektrische Kraft und anderes mehr.

Natürlich mußten auch die Speicher vermehrt werden. Nach und nach räumte man ihnen die ganze Wandrahminsel ein, auf welcher die Blocks S, T, U, V, W und X errichtet wurden. Sie erhielten Formen, welche den bisherigen Bauten ähnlich waren, sie aber an Geschlossenheit übertrafen. Zur Verbindung des Zollinlands mit dem neuen Speichergebiet wurde unter Beseitigung der alten Wandrahmsbrücke ein neuer Übergang über den Zollkanal geschaffen, der, seiner Bedeutung entsprechend, besonders monumental gestaltet werden wollte. Leider verbrämte man ihn zu diesem Zweck an beiden Enden mit romantisch-mittelalterlichen Turm- und Torbauten, und so ergab sich nichts als eine leere Theaterdekoration.

Die St. Pauli-Landungsbrücken, welche dem Dampferverkehr mit der Unterelbe und den Nordseebädern dienten, bestanden früher aus verschiedenen selbständigen Pontons. Jetzt entschloß man sich, eine große zusammenhängende Anlage zu schaffen: eine schwimmende Bühne von 420 Meter Länge und 20 Meter Breite, die durch bewegliche eiserne Laufbrücken mit einem langgestreckten, am Kai stehenden Abfahrts- und Empfangsgebäude in Verbindung steht. Dies Gebäude wurde niedrig gehalten, um den Ausblick von den Elbhöhen auf den Strom nicht zu schädigen. Nur ein Flutmesserturm ragt hoch in die Luft; im übrigen ist die Flucht der flachen begehbaren Dächer nur an besonders zu betonenden Stellen durch niedrige Kuppeln unterbrochen. Der Bildhauer Arthur Bock wurde mit dem plastischen Figurenschmuck beauftragt.

1908 war die Anlage zur Benutzung fertig. Ich hatte bald Gelegenheit, mich an der Präzision zu erfreuen, mit der selbst an überlasteten Tagen hier der Betrieb funktionierte. Ich geleitete die Meinigen zum neu in Dienst gestellten Turbinendamper »Kaiser«, der am ersten Tag der Sommerferien zahllose Familien nach den Nordsee-Inseln brachte. Das Schiff war übervoll, es wimmelte auf Deck und in den Gängen zu den Salons und Kabinen, eine Masse von Gepäck wurde verladen. Dennoch: mit dem Glockenschlag 8 Uhr, der fahrplanmäßigen Zeit, wurden die Laufbrücken eingezogen und die Maschinen in Gang gesetzt.

Einige hundert Schritt vom westlichen Ende der Landungsbrücken entfernt steht noch ein weiteres kuppelgedecktes Gebäude, dessen Portal über einem hohen pfeilergestützten Aufbau mit einem flachen Frontispizdreieck gekrönt ist: die Eingangshalle zum Elbtunnel. Der Elbtunnel ist eine Art Wunderwerk und wurde als solches vom Publikum in vollem Maße respektiert. Sein Erbauer war der junge Baumeister Stockhausen. Der Tunnel dient nicht nur Fußgängern, also dem Heer von Arbeitern, das täglich diesen Weg zu machen hat, sondern auch Lastfuhrwerken größten und schwersten Kalibers als Verbindung zwischen der Stadt und dem überelbischen Freihafen- und Industriegebiet. Wer die Eingangshalle betritt, sieht in den hellbelichteten Abgrund eines halbzylinderförmigen Schachts von 23 Meter Tiefe und 22 Meter Durchmesser. An der gerundeten Wandung klettern zwei schmale Treppen hinab, während gegenüber sechs Aufzüge von verschiedenen Ausmessungen je nach Bedarf in auf- und abfahrender Bewegung sind. Drüben in Steinwerder ist eine Eingangshalle von gleicher Konstruktion; unterschieden sind beide nur im Baumaterial: jene auf dunklem Basaltsockel aus Tuffstein, diese in Ziegelrohbau errichtet. Die Entfernung der beiden Schächte beträgt 150 Meter. Der Tunnel, dessen Sohle 21 Meter unter dem mittleren Hochwasser des Stroms liegt, besteht aus zwei parallelen Rohren, welche dem Verkehr in jeweils entgegengesetzter Richtung dienen. Eine halbe Stunde vor Beginn und nach Beendigung der Arbeitszeit bieten die Hallen ein höchst lebendiges Bild, wenn die Arbeitermassen verschluckt und ausgespien werden.

Auf der Elbhöhe hinter dem Tunneleingang erheben sich zwei stattliche Bauwerke: die von Bauinspektor Erbe 1905 errichtete Navigationsschule und Schumachers Institut für Schiffs- und Tropenkrankheiten. Jene mit ihrem massigen quadratischen Ostflügel, aus dessen vier hochragenden Renaissancegiebeln eine turmartige Plattform mit Signalmast emporwächst, aus weißgefugtem rotem Backstein mit Bändern, Fenstereinfassungen und Ge-

41. Friedrich Schaper: Diele auf Finkenwerder, um 1896

simsen von hellem Sandstein, beherrscht wie ein festes Kastell die Umgebung; dies, das tropenhygienische Institut, obwohl ein nicht minder ausgedehnter Komplex mehrerer Teile, sieht dagegen fast zierlich aus. Neben beiden haben die Seewarte und das alte Seemannskrankenhaus auf den ostwärts sich anschließenden Uferhügeln einen schweren Stand. Vergegenwärtigt man sich, daß im Hintergrund nicht nur der Michaelisturm, sondern auch hier und da das Bismarckdenkmal auftaucht, so darf behauptet werden, daß Hamburg sich dem zu Schiff Ankommenden in einer sehr eindrucksvollen Art präsentiert.

Auch der hamburgische Marktverkehr wird zu einen guten Teil auf dem Wasserweg gespeist. Früher sah man an der Holzbrücke bei der Mattentwiete und am Zollkanal beim Bauhof die Leute mit ihren Körben die Aufgänge von den Anlegeplätzen treppauf-treppab laufen, bis sich Meßberg und Hopfenmarkt mit ihrer bunten Beute füllten: im Frühjahr mit den roten gelbbeblätterten Stengeln des Rhabarbers, mit Bündeln von Spargel und Radieschen, mit Körben voll jungen Spinats und Salats; später mit Erdbeeren, Erbsen und frischen Kartoffeln, und nachher mit Tomaten, Bohnen, Birnen, Pflaumen, Pfirsichen und rotbackigen Äpfeln.
Jetzt, um 1911, wurde der ganze Markthandel mit Obst, Gartenfrüchten und Blumen zu einer großartigen Anlage am Deichtor zusammengefaßt. Schon ihr Plan auf dem Papier übt seine Wirkung: sie ist in eine Art Dreieck eingeordnet zwischen dem Gleiskörper der Hannoverschen Bahn, dem Oberhafen und dem Straßenzug des Klostertorwalls. Die Fläche teilt sich auf in offene Verkaufsstände, die den größten Raum einnehmen und gedeckte Markthallen. Charakteristisch erscheint die mehr als 500 Meter lange Anlegebrücke am Oberhafen: sie ist gleichsam ein Symbol für die Tatsache, daß gut Zweidrittel aller Marktwaren, etwa im Wert von 37 Millionen Mark im Jahr, auf Dampfern, Kähnen, Gemüse-Ewern aus den Vierlanden, Ochsenwerder, dem Alten Land usw. angeliefert werden, während nur für etwa 13 Millionen auf der Achse kommen. Östlich, schon jenseits der Bahnunterführung und Oberhafenbrücke, schließt sich dem Ponton der Südfruchtschuppen an, ein über 100 Meter langes dreigeschossiges Gebäude, das für die Aufnahme von seewärts eingeführten Früchten und Frühgemüsen bestimmt ist. Die beiden geräumigen Markthallen setzen sich aus mehreren kreuzweise gestellten, in luftiger Eisenkonstruktion erbauten Schiffen zusammen, die über dem Schnittpunkt, der Vierung, einen Lüftungszwecken dienenden Dachreiter tragen, während ihre Stirngiebel durch hohe Fenster die Fülle des Tages-

lichts hereinfluten lassen. Die ragenden firstgerechten Dächer mit gebrochener Umrißlinie geben den Gebäuden etwas Schützend-Behäbiges.
Die Blumenhalle steht im nördlichen Winkel des Dreiecks am Klosterwall zwischen der Straße und den Bahngleisen, gegenüber dem Bahnpostgebäude. Mit ihrem Turm und in den deftigen Formen ihres mit Backstein vermauerten Eisenbaus fügt sie sich, wie schon oben erwähnt, als würdiges Glied dem Gesamtbild der Bauten um den Hauptbahnhof ein. Dem Fischhandel dient die in St. Pauli – nahe der Altonaer Grenze – am Elbufer in der unansehnlichen Formensprache der 1890er Jahre errichtete Fischauktionshalle, während der der Fleischversorgung gewidmete Komplex von Viehhof und Schlachthaus in der Gegend der Sternschanze eine kleine Stadt für sich bildet.

Auch die Gebäude mit den Kraftquellen für Licht und Wasser geben ihren Stadtteilen ein besonderes Gepräge. Die Gaswerke auf dem Grasbrook mitten im Freihafen, in Barmbek, in Tiefstack mit ihren großen Gasbehältern, den Ofen- und Maschinenhäusern, ihren Kränen und sonstigen Kohlenentlade-Einrichtungen sind anschauliche Beispiele, zu welch' imposant-malerischen Wirkungen rein industrielle Anlagen sich erheben können. Von den Elektrizitätswerken sei das an der Karolinenstraße erwähnt; hinter ihm stand ein Gebäude von der Form eines hohen rechteckigen Kastens, das auf dem flachen Dach einen großen offenen Behälter zur Abkühlung der im Betrieb erhitzten Wassermengen trug. Oftmals habe ich mich an dem Anblick erfreut, wenn an kalten Wintertagen der Wind die von der Abendsonne beleuchteten dort aufsteigenden weißen Dampfwolken vor dem grünlich verdämmernden Himmel dahintrieb.
Das große, nach der Choleraepidemie des Jahres 1892 auf der Kaltenhofe erbaute Wasser-Filtrationswerk liegt zu weit von der Stadt entfernt, um in ihrem Bild irgendwie mitzusprechen. Von älteren der Wasserversorgung dienenden Bauten kamen nach dieser Richtung nur der weithin sichtbare schornsteinartige Turm des Rothenburgsorter Pumpwerks und der Rundbau des Hochbehälters am Berliner Tor in Betracht.
Wegen der immer wachsenden Ausdehnung des Rohrnetzes und zum Ausgleich der Verbrauchsschwankungen hielt man es 1906 für erforderlich, drei neue Wassertürme zu errichten. Ein Wettbewerb fand statt, dessen Ergebnisse im Februar des folgenden Jahres ausgestellt wurden. Es war, soweit ich mich entsinne, das erste Mal, daß ein öffentliches Bauvorhaben die Anteilnahme größerer Kreise hervorrief. Mit gutem Grund, denn diese Werke soll-

ten an den höchst gelegenen Punkten aufgeführt werden und mußten also von größter Bedeutung für das Stadtbild sein.
Das traf auch zu: der auf der Sternschanze steht wie ein Feldherr auf dem Hügel über den Anlagen und schaut über die Grenzen seines unmittelbaren Reichs hinüber nach St. Pauli, Eimsbüttel und Hoheluft; die Silhouette desjenigen vom Winterhuder Weg ist von Harvestehude aus über den Kranz von Bäumen und Häusern, welche die Alster einrahmen, sichtbar, und der am Borgweg beherrscht die ganze Landschaft um den Stadtpark, um Winterhude und Ohlsdorf. In den äußeren Formen sind sie sich alle drei ähnlich: mit ihrem massigen Aufbau, der sparsamen Gliederung des Mauerwerks, der breiten stumpfen Haube und in der dunklen Backsteinfarbe drücken sie gut die schwere Last der großen Wasserbecken aus, die sie auf der Schulter zu tragen haben. Im Sternschanzenturm sind deren zwei übereinander geordnet, was leider in der äußeren Gestalt keinen Ausdruck gefunden hat. Die Besichtigung des Innern ist auch für den Nichtfachmann lohnend: der Blick auf die mächtige breite Wasserfläche des Bassins, das 25 Meter im Durchmesser hat, und den für das Auge aufwärts gebogenen Kranz der unter dem Dach herlaufenden Lukenreihe in umgekehrter, nach unten gebogener Rundung widerspiegelt, ist großartig.
Neben solcher Nutz- und Gebrauchsarchitektur stehen die Monumentalbauten, welche dem Gottesdienst, der behördlichen Tätigkeit, der Kunst und Wissenschaft, der Schaulust und anderen Vergnügungen zu dienen bestimmt sind.
Der Kirchenbau erhob sich nicht mehr zu Leistungen von überragender Größe. In dem Zeitraum, über den berichtet wird, entstanden zwar eine beträchtliche Anzahl, aber doch nur kleine Gotteshäuser, je nachdem das Wachstum der Stadt eine Teilung der alten oder eine Schaffung neuer Kirchspiele erforderte. Die Architekten Groothoff, Faulwasser, Lorenzen und Grell haben sich dabei besonders betätigt. Das Bedürfnis drängte die Entwicklung in die Richtung einer starken Betonung der Gemeindepflege, und daraus ergaben sich hübsche Beispiele einer Verbindung von Kirche mit Saalbauten oder Gemeindehäusern. Dafür seien erwähnt die Stephanuskirche in Eimsbüttel (Distel und Grubitz), die St. Annenkirche in Hammerbrook (Lorenzen), die Andreaskirche in Harvestehude und die Lutherkirche in der Karpfangerstraße (Groothoff). Auch eine Reihe selbständiger Gemeindehäuser wurden gebaut; das stattlichste ist wohl das von Groothoff für St. Georg errichtete. Von den Pastoraten sind die von St. Michaelis (Faulwasser) und St. Jakobi (Grell) hervorzuheben.

Die bedeutendste Aufgabe erwuchs den Architekten, als am 3. Juli 1906 die große Michaeliskirche abbrannte. Es war ein Ereignis, das die ganze Stadt in Trauer versetzte. War doch der „große Michel" gleichsam das städtische Wahrzeichen Hamburgs. Allen, die es gesehen, wie der Turm an einem heißen hellen Sommertag, nachdem der Kupferbeschlag in grünen Flammen abgetropft war, als glühendes Gerüst der mächtigen Eichenbalken in seinem wehenden Feuermantel dastand und nach leisem Schwanken und seitlicher Neigung in sich zusammenbrach, hat sich das schrecklich-schöne Schauspiel unauslöschlich in das Gedächtnis eingebrannt.

Nun entstand die Frage, ob der Bau in den gleichen oder neuen Formen wieder aufgerichtet werden sollte. Darüber waren sich alle einig: das Verschwinden von Sonnins herrlichem Werk bedeute einen unersetzlichen Verlust. Aber war es nicht eine der Gegenwart geschuldete Pflicht, daß man die Baumeister vor die Aufgabe stellte, etwas Neues aus ihrer Zeit und aus ihrem Geist zu schaffen? Die Mehrheit – auch Brinckmann gehörte zu ihr – sprach sich für das Gegenteil aus, und so beschloß die Bürgerschaft auf den vom Senat gestellten Antrag, daß die Kirche so, wie sie war, auf Staatskosten wiederhergestellt werde. Die Architekten Faulwasser, Geissler und Meerwein wurden damit beauftragt. Das Ergebnis ist vor unser aller Augen. Der Gesamteindruck ist freilich der alte geblieben. Aber es ist Handwerkerarbeit; der feinfühlige Schöpfergeist desjenigen, der den Plan erdachte, konnte nicht ersetzt werden. Um so weniger, als die Verwendung ganz anderen Materials – Eisen und Beton statt Holz und Mauerwerk – leichte Verschiebungen der Verhältnisse bedingte, die sich zwar kaum meßbar, aber doch einem empfindlichen Auge gleichsam instinktmäßig wahrnehmbar erwiesen. Insbesondere war der intime Reiz des Inneren, der uns bei Kirchenkonzerten so oft entzückt hatte, dahin.

Schumachers Berufung nach Hamburg

Die Staatsbauten, das lag in der Sache, wurden zum weitaus größten Teil von den Beamten der Baudeputation entworfen und empfingen den Stempel ihrer Formensprache regelmäßig durch den jeweiligen Leiter des Hochbauwesens. Aber der alte Baudirektor Zimmermann hatte, als die gesteigerte Bautätigkeit mit dem neuen Jahrhundert einsetzte, das Zepter schon aus der Hand

gegeben. Und das war gut so. Die Bauten, die nach 1900 von ihm herrührten: das Ziviljustizgebäude vor dem Holstentor, des Realgymnasium an der Armgartstraße, das Marinegebäude an der Admiralitätsstraße, gereichen nach meinem Geschmack der Stadt nicht mehr zu sonderlicher Zierde. Der Bauinspektor Erbe war in jenen Jahren die eigentlich schaffende Kraft in der Behörde. Ein begabter Architekt, der, wenn auch auf dem Boden früherer Schulung stehend, doch mit feinem Gefühl das gute und starke Neue verstand und ihm zugänglich war. Es ist interessant, an der Hand der von ihm in dem Zeitraum von 1903–08 entworfenen Bauten seiner Entwicklung nachzugehen.
Eine entscheidende Wendung trat ein, als Zimmermann 1908 sein Amt niederlegte. Der Dresdner Erlwein wurde zunächst als sein Nachfolger in Aussicht genommen; anscheinend waren es Gründe persönlicher Art, die sich der endgültigen Berufung entgegenstellten, und nun trat Fritz Schumacher, gleichfalls derzeit in Dresden, an die Stelle. Die Wahl war sehr glücklich; sie bedeutete für Hamburg einen großen Gewinn, nicht nur auf dem Gebiet baukünstlerischer Tätigkeit. Schumacher ist eine der feinsten, liebenswürdigsten, gediegensten, in seinem Fach tüchtigsten und weit darüber hinaus allgemein gebildetsten Persönlichkeiten, die mir begegnet sind, und ich betrachte es mit Dankbarkeit als eine Bereicherung meines Lebens, daß ich mit ihm in nähere Beziehung treten konnte.
Er entstammte einer alten Bremer Familie, in welcher die Kultur seit vielen Generationen zu Hause war. Der frühere Bonner, spätere Berliner Universitätsprofessor Hermann Schumacher ist sein Bruder. Seine Körperlichkeit – vielleicht war das eine Folge der Abstammung – hatte etwas Weiches, Feminines, als beginne das Geschlecht zu degenerieren. Seiner Häuslichkeit stand eine Schwester vor, die auch ihrerseits manche wissenschaftlichen und künstlerischen Interessen pflegte. Ob zwischen ihnen eine eigentliche Geistesverwandtschaft bestand, ist mir zweifelhaft.
Jedenfalls aber übten sie eine sehr kultivierte Geselligkeit. Der Kreis, in dem sie verkehrten, war ausgesucht, und auch persönlich tat Schumacher das seinige, um den Gästen seines Hauses würdige Genüsse zu bereiten. Wiederholt hielt er bei solchen Gelegenheiten Vorträge, die man nach Form und Inhalt als Leckerbissen bezeichnen durfte. An einem solchen Abend z. B. teilte er unter Vorführung von Lichtbildern mit, was er in den Akten über die ursprünglichen Pläne von der Ausgestaltung des Rathausmarkts nach dem Brand von 1842 und die Beteiligung Gottfried Sempers und Alexis de Chateauneufs an ihrer Umbildung gefunden hatte.

Er war ein ausgezeichneter Redner. Nächst Lichtwark wüßte ich keinen, dem ich so gern zugehört hätte. Vor jenem hatte er die Gabe voraus, seine Gedanken ohne Stocken in eine flüssige, wohlgerundete Form zu bringen. Eine seiner glänzendsten Reden hielt er im Juni 1916 in dem von ihm selbst erbauten neuen Gewerbehaus am Holstenwall auf der Wanderversammlung des deutschen Gewerbeschulverbands: »Ausblicke für die kunsttechnische Zukunft unseres Volkes«, die, wenn sie auch natürlich von der Annahme unseres Sieges ausging, dennoch viel noch heute Beherzigenswertes enthält. Seine Darlegungen in den Sitzungen der Behörden – ich habe wiederholt in der Baupflegekommission das zu erfahren Gelegenheit gehabt – waren von einer wundervollen sachlichen Klarheit und deshalb von durchschlagender Wirkung. Aber nicht nur wo er sich hatte vorbereiten können, war das so. In der Debatte fügten sich ihm die Worte nicht minder zu einem untadeligen Sprachgebilde. Dabei griff er nie zu technisch-oratorischen oder phrasenhaften Hilfsmitteln, sondern blieb von Anfang bis zu Ende natürlich; er sprach nur dann und nur solange, als er wirklich Beachtliches zu sagen hatte.

Er war von einer erstaunlichen Arbeitskraft und Arbeitsfreudigkeit. Mit allen Fasern seines Wesens gehörte er seinem Werk. Als Lediger konnte er sich ihm ganz hingeben. Dies Werk umfaßte weite Strecken des deutschen Bildungslebens. Freilich war er durch und durch Baumeister, aber nicht im Sinne eines beschränkten Spezialisten- und Berufsmenschentums. Obwohl er die Pflichten seines Berufs so ernst nahm, wie es möglich war – die Zahl und Qualität seiner Arbeiten beweist es –, hatte er immer noch Zeit für anderes: für soziale Fragen, für Politik, für Wissenschaften aller Art, für Literatur und Kunst. Seine Belesenheit war überraschend; er übte selbst eine ausgedehnte schriftstellerische Tätigkeit. Wenn diese auch vornehmlich seinem Fach galt, so zog sie doch auch manche andere Belange in ihren Bereich. Ja, zuweilen begab er sich auf das Gebiet dichterischer Phantasietätigkeit, und seine Schwester hat mir verraten, daß diese Veröffentlichungen nur Tropfen aus einem reichen Quell seien, der im Verborgenen fließe.

Wenige Tage, ehe er von Hamburg Abschied nahm, um nach Köln überzusiedeln, lernten wir ihn im Werkbund Geistiger Arbeiter von einer neuen Seite kennen: er trug einige satirische Skizzen vor, in denen er sich über die Mechanisierung des öffentlichen Lebens lustig machte, und zum Schluß las er parodistische Umformungen des Bierbaumschen Liedes vom lustigen Ehemann in der Art Hans Sachsens, Gellerts, Schillers, Goethes, Heines, Buschs und anderer.

Immer – und das ist bezeichnend für die meisterliche Selbstbeschränkung seines Wesens – war es das Auge des formenden oder kritischen Baumeisters, mit dem er die Dinge sah. Diese Art der Betrachtung ist das umschließende Band seines Werks und macht es zu einem organischen wohlgerundeten Ganzen.

Schumacher war keine Kampfnatur, aber das Schicksal stellte ihn an einen Platz, wo ihm harter Kampf nicht erspart blieb. Erkannte er ihn als Notwendigkeit, so wich er ihm nicht aus, führte ihn aber nur um der sachlichen Ziele willen, ohne Freude an ihm selbst. Der Gegner war das Ingenieurwesen in der Person des Oberingenieurs Sperber. Der Streit drehte sich darum, ob die Angelegenheiten des Städtebaus zur Zuständigkeit des Tief- oder Hochbaus gehörten. Schumacher war der angreifende Teil, denn bisher hatte Zimmermann die Dinge gehen lassen und dem Ingenieurwesen freie Hand gegeben. Nun oblag es ihm, das preisgegebene Terrain zurückzuerobern. Ihm kam es nicht auf eine Erweiterung persönlichen Einflusses an; er hielt es für seine Pflicht, seine bessere Einsicht zur Geltung zu bringen, wie das auch an maßgebender Stelle von ihm erwartet wurde. Für Sperber war es eine Machtfrage, für Schumacher eine Frage der Gesinnung.

Die Waffen waren ungleich. Sperber hatte die robustere Natur und scheute nicht vor Rücksichtslosigkeiten zurück; in den Versammlungen der Bürgervereine suchte er durch Vorträge für sich Stimmung zu machen und deren Einfluß zu mobilisieren. Schumacher verließ sich auf seine gute Sache; er vertraute auf die Macht seiner Gründe und seine Fähigkeit, sie dann und da, wo es darauf ankam, in überzeugender Rede zu vertreten. Ich habe ihn bei verschiedenen Anlässen gefragt, ob man ihm nicht durch eine Propaganda in der Öffentlichkeit, sei es durch Wort oder Schrift, zu Hilfe kommen könne. Immer lehnte er in liebenswürdigster Form ab: er müsse darauf bedacht sein, sich sein Pulver für den entscheidenden Waffengang trocken zu halten. Dazu könne ihm die öffentliche Meinung nicht dienen. Denn er habe seinen Standpunkt Fachleuten gegenüber zu verteidigen, die es ihm als ein Zeichen von Schwäche auslegen würden, wenn er sich Unterstützung von Außenseitern zu holen scheine.

Einige Beispiele: Als Senat und Bürgerschaft in unbegreiflicher Kurzsichtigkeit 1917 die Schumacherschen Skizzen für die Ausgestaltung des neuen Teils vom Ohlsdorfer Friedhof zugunsten des Cordesschen Plans unbeachtet gelassen hatten, regte ich bei Professor Pauli an, die Gesellschaft Hamburgischer Kunstfreunde möge sich an die Spitze einer Protestaktion stellen. Schumacher bat aber, davon abzusehen, und seinem Wunsch folgend, beschränkten wir uns darauf, die Angelegenheit in einer internen Sitzung der Gesell-

schaft zu erörtern und die Mitglieder über den Stand der Sache zu unterrichten, damit wenigstens sie in ihren Kreisen aufklärend wirken könnten.
In den Anfangszeiten der Revolution kam die Frage von „Groß-Hamburg" in Fluß. Schumacher trug in einer Sitzung des Werkbundes Geistiger Arbeiter die Ideen vor, die er in einer aus Mitgliedern des Senats und des Arbeiter- und Soldatenrats gebildeten Kommission zu entwickeln gedachte, fügte aber gleich die Bitte hinzu, man möge nicht für seine Vorschläge in der Öffentlichkeit Stellung nehmen, weil das seine Position eher schwächen als stärken würde. Gerade das war ein Beweis für die unbedingte Ehrlichkeit und Reinlichkeit seiner Gesinnung, daß er bei der Entscheidung über eine Sache nichts Fremdes, nicht innerlich zu ihr Gehöriges in die Waagschale gelegt sehen wollte.
Schumachers umfassende Allgemeinbildung auf der Grundlage höchsten Fachwissens und -könnens, in Verbindung mit feinstem künstlerischen Geschmack und menschlichem Takt, befähigte ihn zum Kulturpolitiker. Er erkannte, der wahre Architekt müsse Städtebauer sein, die Aufgaben des Städtebaus könnten aber, sollten sie sich zur Höhe von Kulturarbeit erheben, nur aus dem Verständnis sozialer Bedürfnisse heraus gelöst werden. In einer Durchdenkung der sich daraus ergebenden Probleme sah er seine erste Pflicht. Also: nicht vom Monumentalbau, sondern von der Kleinwohnung müsse der Architekt ausgehen. Das in klassischer, überzeugender Form dargelegt zu haben, ist das Verdienst der im Jahre 1919 erschienenen Schrift »Hamburgs Wohnungspolitik 1818–1919«, aus welcher oben bereits manche Sätze zitiert sind.
Schon vorher, im Jahre 1917, hatte er ein Büchlein veröffentlicht »Die Kleinwohnung«, das in allgemein faßlicher Form die hauptsächlichsten Gesichtspunkte dieses Fragekomplexes heraushob, in der Absicht, ihre Wichtigkeit den weitesten Kreisen klarzumachen. Hier erkannte auch er die Notwendigkeit, die öffentliche Meinung zu beeinflussen.
Daß er über dem harten Gebot der praktischen Anforderungen das künstlerisch-ästhetische Moment nicht zu vernachlässigen gewillt war, versteht sich von selbst. Gerade darin erblickte er seine ideale Aufgabe, auch das Einfache mit dem reinen Adel der schönen Form zu verklären, und schon in jenem Vortrag von 1916 pries er es als ein Glück, daß der nach dem Krieg zu erwartende Zwang der äußersten Sparsamkeit den Architekten auf den Weg drängen werde, die Wirkung seiner Bauten nicht im Schmuck, sondern in der Wohlabgewogenheit der Verhältnisse zu suchen.
In der Formgebung seiner Bauten knüpfte Schumacher an die alte hamburgi-

sche Bauweise vom Ende des 18. Jahrhunderts an. Der Sonnin-Stil läßt sich als Ausgangspunkt bezeichnen, von dem weiterschreitend er seine künstlerischen Ausdrucksmittel den Bedürfnissen und dem Geschmack der Zeit entsprechend fortbildete. Als Material wählte er fast ausnahmslos den roten Ziegel oder Klinker, die Zutat von Werksteinen möglichst sparsam beschränkend. Ruhige Giebel und hohe Dächer sind charakteristische Kennzeichen. Die durch die Preissteigerung von Grund und Boden gebotene Höhenentwicklung kommt auch bei ihm in der starken Betonung der vertikalen Gliederung durch Halbpfeiler zum Ausdruck, denen vermittels der gleichförmigen Reihen einfacher Fenster die Waage gehalten wird. So sind seine Werke in dem sonst oft wilden Stadtbild wohltuende Ruhepunkte, und man durfte hoffen, daß durch ihn und unter seinem Einfluß – denn bald begann seine Art Schule zu machen – wesentliche Teile der Stadt einen neuen Charakter aufgeprägt erhalten würden. Aber: Hamburg hat nicht das Talent, seine bedeutenden Männer durch Stellung von Aufgaben, die ihrer würdig sind, zu halten.

Staatsbauten 1890–1914

Es soll nun versucht werden, die hauptsächlichen öffentlichen Bauten des Zeitraums von 1890–1914 mit knappen Strichen zu schildern. Das oben erwähnte Ziviljustizgebäude Zimmermanns steht am Sievekingplatz vor dem Holstentor als Gegenstück des in den Jahren 1879–1882 ebenfalls vom Hochbauwesen errichteten Strafjustizgebäudes. Dies ist ein zwar etwas langweiliger, aber doch sehr stattlicher und anständiger Bau. Mit ihm kann jenes den Vergleich nicht aushalten. Die Eintönigkeit der Fassade bleibt trotz einer starken Betonung der Mitte ohne jeden Reiz, und unerträglich erscheint, wie die Risalitgiebel unvermittelt aus den schrägen Flächen der Dächer – gleich dem Fels aus Rasenhängen des Gebirges – herausspringen. Im Inneren ist die Raumverteilung mangelhaft und die Ausstattung dürftig; als der in diesen Dingen nicht eben anspruchsvolle Präsident Engel den Direktor Föhring, der an die deftige und aus dem Vollen geschöpfte Einrichtung des Strafgerichtsgebäudes gewöhnt war, herumführte und mit zufriedener Miene fragte, wie es ihm gefiele, lautete die lakonische Antwort: »Ärmlich und erbärmlich.«
Später wurde der Platz dadurch zu einem Justizforum größten Stils, daß man

an der nördlichen Schmalseite einen Palast für das Oberlandesgericht hinzufügte. Das Gebäude, das 1912 fertig war, entsprach leider nicht den Erwartungen, die man stellen durfte. Die Architekten Lundt und Kallmorgen, die, aus einem Wettbewerb als Sieger hervorgegangen, den Auftrag zur Ausführung erhielten, waren der Aufgabe nicht gewachsen. Weil das höhere Gericht bei geringerem Raumbedürfnis in den Ausmessungen hinter den beiden anderen Gebäuden naturgemäß zurückstehen mußte, glaubten sie – und wußten die Justizverwaltung von der Richtigkeit ihrer Ansicht zu überzeugen –, daß zur Wahrung der Würde ein äußerer Aufputz nötig sei. So wurde es zu einer Theaterdekoration!
Als Portal dient ein mächtiger Portikus, dessen Architrav auf zwei Eckpfeilern und zwei mittleren Säulen ruht; über dem Frontispiz thront eine Justitia. Rechts und links vom Eingang, an beiden Flügeln, war eine Reihe von Säulen – gleich denen des Portikus von zweigeschossiger Höhe – vor die Frontwand gestellt, die ein schweres Dachgesims tragen und die dahinterliegenden Säle arg verdunkeln. Über der Mitte erhebt sich eine hohe Kuppel, die auf einem Kranz von Säulen liegt. Sie wölbt sich nicht etwa über einer Halle, einem Plenarsaal oder einer Bibliothek, sondern erfüllt allein die Pflicht zu repräsentieren. Dieselbe Aufgabe haben zwei niedrige plumpe Türme auf den Ecken der Fassade; ihre nach allen vier Seiten gerichteten Fensteröffnungen, die einen Durchblick gestatten, legen lautes Zeugnis von ihrer leeren Zwecklosigkeit ab. Ein Umgang um das Gebäude führt zu keinen erfreulicheren Eindrücken: die rückwärtigen Ecken sind abgeschrägt, und besonders hier ergeben sich aus den Linien der schwerfälligen Gesimse, der massigen Fensterumkleidungen und der rohen Silhouette der Ecktürme Überschneidungen von sehr unangenehmer Wirkung.
Der ganze Platz ist – nicht nur durch das Oberlandesgericht, wenn es auch die hauptsächliche Schuld trägt – ein unglückliches Gebilde geworden und ein Beweis für die Unfähigkeit der damaligen Architekten und Ingenieure, derartige Anlagen von guter Raumgestaltung zu schaffen. Vor dem, welcher die Kaiser-Wilhelm-Straße heraufkommt und auf die offene Seite des Platzvierecks zugeht, erhebt sich eine Geländewelle, die den Sockel des hinter ihr stehenden Oberlandesgerichts verschluckt. Dadurch verliert es an Höhenwirkung und scheint in die Knie zu sinken. Außerdem hat die Gnadenkirche hinter ihm einen ungünstigen Standort: der untere Teil ihres Turms wird genau von dem östlichen Eckturm des Gerichtsgebäudes dergestalt verdeckt, daß es aussieht, als säße die Kirchturmspitze gleich einer Zipfelmütze auf diesem! Eine Fülle von Unglücksfällen, die bei überlegener Voraussicht

hätten vermieden werden können und vermieden werden müssen. Wie schön, gleichzeitig einfach und doch reich, ließe sich der Platz gestalten, wenn man die drei Gebäude durch Kolonaden oder andere Verbindungsbauten, die sich durch das Bedürfnis vollkommen gerechtfertigt hätten, mit Durchfahrten für den Durchgangsverkehr zu einer Einheit zusammenfaßte! Nicht weit vom Sievekingplatz lagen die alten weiträumigen Kirchhöfe, der Botanische und der Zoologische Garten, und nördlich an diese anschließend, aber durch die Verbindungsbahn von ihnen getrennt, die Gänseweide, die Moorweide und die großen Wiesen an der Rothenbaumchaussee. Dies Gelände war für die Bauten der Universität vorgesehen, wenn man sich zu ihr entschlossen haben würde. Einstweilen begann man, es für die Wissenschaftlichen Anstalten zu nutzen, deren man für das Vorlesungswesen und die sonstigen Bildungszwecke bedurfte.

An der Jungiusstraße standen bereits das Chemische und das Physikalische Staatslaboratorium; 1904–1906 wurde nach Plänen Erbes das Gebäude der Botanischen Staatsanstalten in der Westecke des Botanischen Gartens errichtet. Es besteht aus zwei Flügeln, die am Schnittpunkt der Jungiusstraße mit der Allee Bei den Kirchhöfen rechtwinklig zusammenstoßen. Den Scheitel des Winkels bildet ein vorspringender Rundbau mit Kuppel: er enthält eine zweigeschossige Halle, welche der Ausstellung einer Schausammlung dient. Hohe Halbsäulen tragen ein kräftig ausladendes Kranzgesims, auf dem eine Galerie um den Rundbau herumführt; darüber erhebt sich auf niedrigem Tambour die abgeplattete Kuppel. Die großen Fenster zwischen den Säulen werden auf zwei Drittel Höhe von einem Band unterbrochen, das die Medaillons von Reliefbildnissen berühmter Botaniker als Schmuck trägt. Die Formen des Empire sind fein, aber nicht spielerisch leicht gehandhabt. In dem gelblichen Anstrich der geputzten Wandfliesen ruft das Gebäude den Gedanken an kleine Schlösser des ausgehenden 18. Jahrhunderts auf.

Die beträchtliche Erweiterung in den Aufgaben der Anstalten machte schon 1911 eine Vergrößerung des Hauses erforderlich: beide Flügel wurden um ein gutes Stück verlängert, und nun der eine der Allgemeinen, der andere der sogenannten Angewandten Botanik, insbesondere dem Laboratorium für Warenkunde überwiesen.

1907 wurde als ein weiterer Neubau für wissenschaftliche Zwecke das Museum für Völkerkunde auf den Wiesen an der Rothenbaumchaussee, und zwar an der Ecke zur Binderstraße, in Angriff genommen. Der Entwurf ist aus der Zusammenarbeit des Direktors Thilenius und des Architekten Erbe hervorgegangen und trägt allen Bedürfnissen sowohl der Schausammlung wie der

Vortragslehre des sammelnden Museumsleiters wie des studierenden Gelehrten gebührende Rechnung. So ist ein Ziegelrohbau mit Werksteinzierformen, unter einem hohen firstgerechten Dach eine Zweckform entstanden, die, ohne einem historischen Stil schematisch angeschlossen zu sein, das Gepräge eines Organismus trägt. Nur der Mittelbau der der Rothenbaumchaussee zugewendeten Hauptfront mit seinem straßenwärts ausbauchenden Portal, zu dem eine gerundete Treppe hinaufführt, ist reichlich anspruchsvoll. Auf dem Platz vor der Treppe sitzen zwei Löwen auf ihren Sokkeln in so unglücklicher Haltung, daß sie einen Witzbold zu der Frage veranlaßten: »Haben sie sich übergeben, oder wollen sie es erst noch tun?« Den Eintretenden umfängt eine zweigeschossige Halle, deren tragende Pfeiler und Wände mit Platten edlen Steinmaterials verkrustet sind. Aus dem Treppenhaus, das mit ihr vereinigt ist, führt auf Viertelhöhe von einem Podest eine Tür in den Hörsaalflügel, der sich dem Eingang gegenüber rechtwinklig dem Hauptbau anfügt.

Auf der Moorweide erwuchs in den Jahren 1908–1910 nach den Plänen der Architekten Distel und Grubitz das Vorlesungsgebäude, das von vornherein auch den Zwecken des Kolonialinstituts zu dienen bestimmt war, und alsbald vom Publikum, der Entwicklung vorausgreifend, »die Universität« genannt wurde. Es ist ein ganz moderner einfacher Nutzbau von vortrefflichen Verhältnissen. Der einzige eigentliche Schmuck besteht in der großen kupfergedeckten Kuppel und der säulengetragenen zierlichen Vorhalle zum Eingang. Der runde Zentralbau ist quadratisch von vier Flügeln eingeschlossen, denen seitenschiffartig niedrigere Anbauten vorgelagert sind. Das Material ist durchgängig Eisenbeton, die Dächer mit roten Pfannen gedeckt. Das Gebäude »liegt« mehr als daß es »steht«; nicht hochragend, sondern gleichsam hingekauert, eine Heimstätte stiller geistiger Tätigkeit; ein Haus, dem man ansieht, daß hier die Arbeitsgemeinschaft von Dozenten und Studenten in den Seminarien der Seitenflügel den Vorlesungen in den großen Hörsälen des Mittelbaus zumindestens gleichwertig sein soll.

Kein Bau in diesen Jahren ist in seiner Planung sorgfältiger vorbereitet und nachher in seiner Ausführung stärker bekrittelt und heftiger angefeindet worden wie der Neubau der Kunsthalle. Ihre Sammlungen waren unter Lichtwarks Hand so angewachsenen, daß eine Erweiterung der alten Räume um mehr als das Doppelte nicht länger hinausgeschoben werden durfte, und es ist nur natürlich, daß der Direktor die von ihm gesammelten Schätze möglichst gut untergebracht zu sehen wünschte. Lichtwark hatte das Problem der besten Museumsform seit Jahren von allen Seiten erwogen, alle Sammlungen, die er besuchte, daraufhin studiert und sich in seinem immer auf das Praktische gerichteten Sinn vor allem über die Ausmessungen der Räume und ihre Belichtung seine eigenen Gedanken gemacht.

Nun nahm das Projekt festere Formen an. Erbe wurde zu seiner Bearbeitung herangezogen, und es begann ein gemeinsames Überlegen eindringlichster Art. Den Beratungen folgten Besichtigungsreisen, auf denen Bauherr und Architekt in ihren Ideen miteinander verwuchsen; Lichtwarks Briefe aus diesen Jahren vermitteln davon ein anschauliches Bild. Die dabei gemachten Erfahrungen führten zu neuen Plänen: Skizzen wurden gezeichnet, verworfen, umgearbeitet; endlich entschloß man sich zu Sälen von nicht allzu großen Maßen und zum Laternenlicht, das in seiner Wirkung der für die Betrachtung von Bildern günstigen Seitenbelichtung am nächsten kam.

Auch die Platzfrage bot Schwierigkeiten. Schon das war zweifelhaft, ob man einen selbständigen Neubau schaffen oder sich auf eine Erweiterung beschränken sollte. Merkwürdige Pläne traten ans Licht: ein junger Architekt, Fraenkel, machte den Vorschlag, das Galeriegebäude auf einer nahe der Rabenstraße aufzuschüttenden Alsterinsel zu bauen. Am ernstesten dachte man an einen Platz im Botanischen Garten. Gegen den aber sprach, daß – nach Lichtwarks Ansicht – das Gelände eine Orientierung des Gebäudes bedingte, welche der Belichtung abträglich gewesen wäre. Zwar wurden auch gegen den Platz der alten Kunsthalle gewichtige Bedenken geltend gemacht: man befürchtete, das für einen Erweiterungsbau in Betracht kommende Terrain werde in absehbarer Zeit von der Eisenbahnverwaltung für eine Vergrößerung des Hauptbahnhofs in Anspruch genommen werden müssen, und abgesehen davon erblickte man eine Gefahr für die Bilder in der fast ununterbrochenen Erschütterung durch die vorbeifahrenden Züge. Zuletzt entschied man sich doch für einen Anbau. Dabei fiel die Erwägung ins Gewicht, daß man auf diesem Wege schneller und billiger zum Ziel kommen werde. Im Herbst 1909 ging der Senatsantrag an die Bürgerschaft; 2 300 000 Mark wurden eingeworben. Ein Ausschuß beschäftigte sich anderthalb Jahre lang von neuem mit allen Zweifelsfragen; endlich im Mai 1911 gelangte die Vorlage zur Annahme. Alsbald wurde der Bauplatz abgesteckt: einerseits zwischen der alten Kunsthalle und dem Hauptbahnhof, andererseits zwischen Glockengießerwall und den Gleisen der Verbindungsbahn. An der Ecke von Glockengießerwall und Ernst-Merck-Straßenbrücke entstand als Baubude ein Modell der großen Säle in ihren geplanten Ausmessungen und mit dem Laternenlicht. Mit den Fundamentierungsarbeiten wurde sofort begonnen;

auf sie verwendete man große Sorgfalt, um die mit den Erschütterungen verbundenen Gefahren nach Möglichkeit auszuschalten. So wurden ausgedehnte Magazinräume mit bequemen Zufahrten und eine Reihe tiefgelegener Kabinette geschaffen, die zu Ausstellungen kleineren Umfangs, namentlich von graphischen Arbeiten, wohl brauchbar sein konnten.

Je mehr die Mauern aus dem Erdboden hervorwuchsen, um so erstaunter wurden die Augen des Publikums, aber man beschied sich einstweilen und wartete ab. Lichtwark erlebte die Fertigstellung nicht; er starb zu Anfang 1914.

Dann kam der Krieg und unterbrach zunächst die Arbeit ganz. Als aber das Gerüst gefallen war und das Gebäude nackt und bloß dastand, brach die Kritik los. Die öffentliche Meinung und die Architekten waren in der Verurteilung eins. So etwas habe man von Lichtwark nicht erwartet, sagten die einen; die anderen frohlockten: nun sehe man, was dabei herauskomme, wenn so einer vor eine praktische Ausführung seiner Ideen gestellt werde. Dieser tadelte, daß der Anbau nicht die mindeste Rücksicht auf den Stil der alten Kunsthalle nehme, jener stieß sich mit dem Kopf an der Kahlheit der Außenwände, die aussähen, als sei gespanntes Leinen mit grauer Steinfarbe bestrichen; ein dritter vermißte jeden monumentalen Aufputz; ein vierter klagte über die Häßlichkeit der Laternenlicht-Aufbauten, und was dergleichen Einwendungen mehr waren. Nur ein ganz kleines Häuflein stand zu dem Werk. Ich gehörte zu ihm und habe daraus kein Hehl gemacht. In der Literarischen Gesellschaft bin ich dafür eingetreten.

Die Aneinanderfügung von Baugliedern ganz abweichender Form, wenn sie aus verschiedenen Zeiten stammen, ist mir nie störend gewesen. Hier steht sowohl der Stil wie das Material in einem solchen Gegensatz, daß es von vornherein ausgeschlossen ist, beide Teile miteinander zu vergleichen oder in Beziehung zu bringen. Schreitet man, von der Lombardsbrücke kommend, den Hügel zur alten Kunsthalle hinauf, so erkennt man, wie der neue Teil sich dem alten nicht in gerader Flucht, sondern in einer in sehr flachem Winkel gebrochenen Linie anfügt. Ich habe das von Anfang an als eine feine Belebung der Baugruppe empfunden. Auch darin kommt zum Ausdruck: hier ist im natürlichen Wachstum ein neues Glied aus anderer Zeit und aus anderen Bedürfnissen heraus entstanden.

Die Formen der Hochrenaissance vom alten Bau, mit seinem reichen Skulpturenschmuck, in den lebhaften Farben der dunkelgelben Ziegel, der Terrakotta-Ornamente und des roten Sandsteins waren ein sichtbares Anzeichen, daß die damalige Zeit – vor fünfzig Jahren – zur Kunst eine ganz andere –

eine romantisch-ekstatische – Stellung eingenommen hatte als die gegenwärtige Generation, in der es möglich war, in glatten schmucklosen Wänden aus hellgrauem Muschelkalk ein auf den ersten Blick ganz nüchtern erscheinendes, aber sachlich wohlüberlegtes Galeriegebäude zu errichten. An dem langen, dem Glockengießerwall zugekehrten Seitenflügel des Neubaus gab es nur zwei architektonische Akzente: die Eingänge. Beide in antik-klassizistischen Formen; der eine im bewußten und betonten Gegensatz sogleich an die Grenze von Alt und Neu gestellt, als kleiner zierlicher halbrunder Säulenportikus, der andere, am südwestlichen Ende der Fassade, der Haupteingang des Gebäudes, schwerer, auf Pfeilern ruhend, in der Art eines Windfangs vorspringend.

Die Wand selbst ist ausschließlich durch die drei Reihen der Fenster gegliedert, die, fast völlig in gleicher Fläche mit der Mauer liegend und jeder plastischen Hervorhebung entbehrend, nur durch ihre Anordnung wirken. Die dem Bahnhofsplatz zugewandte Hauptfront erhebt sich zu einfacher monumentaler Größe. Zwischen den Stirnwänden der beiden Seitenflügel – denn parallel mit dem eben beschriebenen Trakt steht ein im wesentlichen gleicher an der gegenüberliegenden Seite längs der Bahngleise – zwischen diesen Stirnwänden, welche dem Beschauer wiederum schmucklose, kahle, nur von einer Reihe verhältnismäßig kleiner Fenster unterbrochene Flächen weisen, wölbt sich ein von gewaltigen Säulen getragener Kuppelbau ovalen Grundrisses vor, zu dessen hohen Glastüren aus einer vorgartenartig angelegten Arena einige niedrige Stufen emporführen. Rechts und links der Kuppel stehen auf dem fast flachen Dach der Seitenflügel die kastenartigen Aufbauten des Laternenlichts.

Es kann dem an das Hergebrachte gewöhnten Auge sowohl des Publikums wie der Architektenschaft kaum verdacht werden, wenn sie dies Gebilde nüchtern finden und ablehnen. Ich bin überzeugt, daß eine spätere Zeit anders darüber denken wird. Denn wie mir scheint, hat selten ein modernes Gebäude in einer so eindeutigen Weise durch seine äußere Form Zeugnis von der Aufgabe abgelegt, der es dienen soll. Die eigentümliche Art in der Anordnung der Fenster und jene Laternenlicht-Aufbauten weisen darauf hin, daß es hier vor allem darauf ankam, das Problem der Lichtzuführung in Verbindung mit einer besonderen Raumgestaltung zu lösen. Dieser Wille, dieser Zweck sollte zu architektonischem Ausdruck gebracht werden. Freilich sagt Alfred Löwengard in einem Artikel der Literarischen Gesellschaft, der sich gegen meinen Versuch einer Rechtfertigung des Hauses wendete, mit vollem Recht, daß die Zweckform allein noch nicht das ästhetische Be-

dürfnis zu seinem Recht kommen lasse, daß es vielmehr gerade der künstlerischen Durcharbeitung bedürfe, um die Zweckform zu veredeln.
Just das aber ist die Frage, ob dem hier nicht genügt sei. Werturteile des Geschmacks sind dem Wechsel unterworfen, und meinem Geschmack wenigstens entspricht jetzt schon die Lösung, die Erbe gefunden hat. Ich empfinde den Verzicht auf jeden Schmuck als eine Befreiung, eine Erlösung und erkenne in den Verhältnissen von Höhe, Breite, Tiefe, in der Verteilung der Fenster und in der sparsamen und energischen Anbringung kräftiger Gesimse eine zwar herbe, aber in ihrer Kargheit erhebende Schönheit.
Von den Innenräumen soll nur das Treppenhaus erwähnt werden. Aus der ovalen festlichen Halle des Mittelbaus tritt man in einen mächtigen kubischen Hohlraum, an dessen beiden Seiten – rechts und links – nicht sehr breite Stiegen sich emporziehen. Mit Grund wird die Kahlheit gerügt, und es muß zugegeben werden, daß die Verhältnisse im Aufwärts-Steigenden das bedrückende Gefühl wachrufen, er könne sich, auf dem oberen Podest angekommen, den Kopf an der Decke einstoßen. Andererseits freilich empfängt man beim Hinabschreiten den Eindruck eines überwältigenden Raumes.
Der Bahnhofsplatz bekam erst durch das neue Kunsthallengebäude seinen bestimmenden Charakter. Eigentliche Raumverhältnisse hat er überhaupt nicht; er fließt gleichsam auseinander. Denn das Auge greift über den breiten und tiefen Einschnitt hinüber, der – vom Ernst-Merck-Straßenzug überbrückt – den Gleiskörper der Verbindungsbahn in sich bettet und Ankunft- und Abfahrtseite des Bahnhofs auseinanderreißt. Während dort, jenseits des Grabens, der Block des Bieberhauses und die Häuserreihe der Kirchenallee mit dem Deutschen Schauspielhaus dem Blick Grenzen setzen, gibt die Kunsthalle nach Westen einen gewissen Abschluß. Sei es, daß man vom Klostertorwall kommt oder drüben auf der St. Georger Seite auf dem Hachmannplatz steht, oder die an der nördlichen Stirn des Bahnhofs entlangführende Laufbrücke überschreitet, immer bleibt das Auge an der Kuppel und den pylonenartig wirkenden Schmalwänden der Seitenflügel haften.
Als im Jahre 1914 die Form des Baus über die Planke hinweg sichtbar geworden war, wünschte ich den Eindruck festgehalten zu sehen und suchte den jungen Hugo Eggeling zu veranlassen, für die Gesellschaft Hamburgischer Kunstfreunde eine Ansicht des Platzes zu lithographieren. Aber er lehnte ab, weil es ihm nicht gelang, ein zusammenfassendes, geschlossenes Bild zu schaffen. Statt dessen entstand das hübsche Blatt, welches die Mönckebergstraße im Flaggenschmuck darstellt.
Die riesige Steigerung des Verkehrs machte schon zu Anfang des Jahrhun-

42. Carlos Grethe: Hamburger Hafen beim Kaiserkai, 1898

derts eine außerordentliche Raumvermehrung für die verschiedenen Zweige der Postverwaltung erforderlich. 1902–1906 wurde das große Fernsprechgebäude an der Schlüterstraße vor dem Dammtor gebaut, ein gewaltiges Rechteck von etwa 140 Meter Lang- und 70 Meter Schmalfront aus rotem Backstein und gelblichem Werkstein, in gotisierenden Formen. Mit seinen turmartigen Pfeilern, die ein Portal von reichem Maßwerkschmuck einrahmen und mit den quadratischen hochgiebeligen Eckbauten wirkt es als bedeutsame Masse. In der Dunkelheit des Abends vor verglimmendem Himmel, wenn das reichlich gestreute Ornament sich dem Auge verbirgt, könnte es an das mittelalterliche Schlachthaus, die Boucherie in Antwerpen, erinnern. Gleichfalls 1906 wurden das Postscheckamt am Alten Wall und das Bahnpostgebäude am Hauptbahnhof fertig. Alle sind nach Entwürfen aufgeführt, die im Reichspostamt ausgearbeitet waren.

Das Steuergebäude, wiederum ein Werk Erbes, entstand 1907–1910 auf dem alten Heiligen-Geist-Kirchhof am Rödingsmarkt. Im Grundriß zeigt es die Form eines Viertelkreisausschnitts. Die gerundete Linie bildet die Front, welche der großen Straßenkreuzung von Burstah, Altem Wall, Graskeller, Rödingsmarkt zugekehrt ist. Der eine Radius, die Rückseite des Gebäudes, stößt an das Fleet des Alsterablaufs, während der andere die Grenze zum Nachbargrundstück am Rödingsmarkt ist. Ziegelbau mit Werkstein-Architektur; hohes Dach mit dunklen Pfannen. Der Bau liegt wie eine Moles – gleichsam wie der in den Froschteich geworfene Felsblock der Äsopschen Fabel – mitten im gewaltigen Getriebe der Geschäftsstadt, eine Zwingburg des staatlichen Steueranspruchs.

Die Wogen des Werktaglebens umbranden ihn in allen Formen des Verkehrs: die aus dem Mönkedammfleet heraufgestiegene Hochbahn biegt in scharfer Kurve um die Ecke eines hohen Geschäftshauses herum in den Straßenzug des Rödingsmarkts ein, um an einer unmittelbar vor dem Steuergebäude stehenden Haltestelle einen Augenblick in ihrer rasenden Fahrt innezuhalten; viele Linien der elektrischen Straßenbahn passieren mit unaufhörlichem Geklingel die Unterführung der Hochbahn; ein ununterbrochener Wagenverkehr flutet über den Schnittpunkt der Wege, welche das Zentrum der Stadt mit ihren westlichen Teilen und dem näheren Hafen verbinden, und Menschenströme ergießen sich aus einer Straßenöffnung in die andere. Dies ist die historische Stelle, wo der alte Heerweg, von Süden kommend, die Alsterniederung durchquerte, um am anderen Ufer auf den Geestrücken gen Nordwesten hinaufzusteigen. Ein buntes Durcheinander von Straßenekken schiebt sich dem auf der Kreuzung Stehenden entgegen, die eine kitschiger als die andere. Aber hier ist das zerhackte, unausgeglichene Bild nicht übel an seinem Platz; es stimmt zu der Jahrmarktsartigkeit des Eindrucks. Nur das Steuergebäude selbst mit der Wucht seiner einfachen Form ist ein Ruhepunkt für das Auge.

Die Musikhalle, nach ihrem Stifter auch Laeiszhalle genannt, ist 1904–1908 aus der gemeinsamen Arbeit Martin Hallers und Emil Meerweins hervorgegangen. Sie ist das letzte der Bauwerke in der Flucht der Ringstraße nach dem Holstenplatz hin. Dieser hat, ähnlich dem Bahnhofsplatz, keine auch nur annähernd geschlossenen Wände. Seine Flanken liegen überall hin den breiten Straßenmündungen offen: dem Valentinskamp, der Kaiser-Wilhelm-Straße, den Kohlhöfen, dem Holstenwall, dem Sievekingplatz und der Ringstraße, neben welcher sich obendrein der alte Stadtgraben auftut.

So schwimmt auch die Musikhalle als Einzelkörper im Raum. Sie ist ein breitgelagertes Gebäude, dessen äußere Disposition erkennen läßt, daß sie eine Gliederung von Saalbauten enthält. In ihren Barockformen sucht sie Anschluß an den Sonnin-Stil; das Material ist roter Ziegel mit Zier- und Schmuckstücken aus Sandstein. Die Schmalfront mit dem Haupteingang, der aus rundlichem Grundriß eckig hervorspringt, wendet sie dem Holstenplatz zu; über dem Portal deutet eine Reihe hoher Fenster zwischen kräftigen Halbpilastern, die ein schweres Kranzgesims tragen, die Lage der großen Wandelhalle an, welche Max Klingers Brahmsdenkmal birgt.

Das Deutsche Schauspielhaus – 1900 – spielt weder im Stadtbild noch als baukünsterliche Leistung eine Rolle. Herr von Berger hatte es Wiener Architekten und nach dem Modell eines Wiener Theaters in Auftrag gegeben, und in der Häuserreihe gegenüber dem Ankunftsportal des Hauptbahnhofs tritt es nicht sonderlich hervor.

Das Thalia-Theater, 1843 errichtet, 1887 umgebaut, entsprach längst nicht mehr den Anforderungen der Bühnentechnik und feuerpolizeilichen Sicherheit. 1910 entschloß sich die Direktion Bachur zu einem Neubau. Er wurde in den beiden folgenden Jahren von Lundt und Kallmorgen auf einem dem alten Bau gegenüberliegenden Grundstück aufgeführt. Es ist ein einfacher hochragender Bau mit Giebeln in klassizistischen Formen. Er schiebt sich kulissenartig der westlichen Seite des Pferdemarktes vor und läßt in Verbindung mit dem Karstadthaus, dessen Seitenfront gleichfalls an den Pferdemarkt stößt, Wunsch und Hoffnung entstehen, daß, wenn auch die übrigen Häuser durch anständige Gebilde ersetzt sein werden, die behagliche Raumwirkung eines kleineren städtischen Platzes erzielt werden möge. Der Entwurf des Theaters sei – so sagte man – von auswärtigen Baumeistern geliefert. Jedenfalls hatte Herr Lundt zu den Einzelheiten der Planung nicht die väterliche Liebe des Eigenschöpfers: auf den ihm in Schumachers Auftrag durch den Architekten Henry Grell gemachten Vorschlag zu einer Abänderung ging er ohne Murren ein, aus der Besorgnis, der Auftrag könne ihm sonst zugunsten eines Rivalen entgehen.

Um des Zusammenhangs willen ist in der bisherigen Schilderung wiederholt die Linie überschritten, welche die erste Phase der gesteigerten Bautätigkeit im neuen Jahrhundert begrenzt; sie wird durch das Jahr 1909 bezeichnet. Die zweite beginnt mit Schumachers Eintritt in die Leitung des Hochbauwesens. Wenn Erbes Schaffen, das jener ersten Phase das Vorzeichen setzt, noch als ein Suchen und Tasten nach einem neuen persönlichen Stil bezeichnet werden kann, so tritt Schumachers Art von vornherein klar umrissen zu Tage. Nicht als ob er gleich zu Anfang vollkommen und fertig gewesen wäre; seine Ausdrucksweise rang sich im Laufe der folgenden Jahre zu immer größerer Reinheit und Sicherheit durch. Aber es war schon damals deutlich zu sehen, worauf er hinaus wollte.

Das erste seiner bedeutenderen Werke war der Bau der Oberschulbehörde am Stephansplatz. Auf einem ganz anderen Weg als etwa Haller und Meerwein bei der Musikhalle suchte er den Anschluß an die alte hamburgische Bauweise zu gewinnen. Der schwere Prunk des Barock wurde fallengelassen und das ganze Gewicht auf Konstruktion und Verhältnisse gelegt. Plastischer Schmuck, auf den er nicht gern verzichtete, blieb sparsam und der Architektur untergeordnet. Die Baumasse gliedert sich in zwei hohe Giebelbauten, die durch einen halbrund vorspringenden mit einem Kuppelhelm abgedeckten Erker voneinander geschieden – oder miteinander verbunden – sind. Der gedrungene Unterbau des sockelartigen Erdgeschosses mit seinen Bogenfenstern ist aus Werkstein, die oberen Stockwerke sind mit einem handgestrichenen Ziegelstein von schönem bräunlich-roten Ton verblendet, wie denn Schumacher überhaupt großen Wert auf die Qualität und Farbe gerade dieses Materials legte und dadurch auf seine Veredelung in den Kreisen der Hersteller hinwirkte. Im Aufbau schloß er sich hier bis zu einem gewissen Grad den Formen der benachbarten Schwanen-Apotheke an. Man möchte wünschen, daß der Charakter dieser beiden Häuser künftig für den ganzen Platz maßgebend würde; auf die »Monumentalität« der Hauptpost ließe sich ohne Wehmut verzichten.

Alsbald ergab sich eine neue dankbare Aufgabe: der Bau der Kunstgewerbeschule am Lerchenfeld. Die Anlage war von ihrem neuernannten Leiter in großartiger Weise geplant: auf einer mit allen technischen Hilfsmitteln ausgestatteten handwerklichen Grundlage sollte sich als Gipfel der Anstalt der künstlerische Unterricht erheben. Es galt also, Bauteile, welche verschiedenen Zwecken zu dienen bestimmt waren: einen Atelierflügel, ein Werkstatthaus, Vortrags- und Ausstellungsräume, Garten und Gewächshäuser, ja sogar ein Tierhaus, zu einem Ganzen zu vereinigen. Schumachers Neigung und Fähigkeit entsprach es durchaus, so etwas zu einem lebendig gegliederten Organismus zusammenzufassen, und er schuf ein sehr reizvolles bewegtes Gebilde, dessen glückliche Lage – an Straße, Kanal und Brücke – außerdem dazu beitrug, es zu stattlicher Geltung zu bringen.

Es besteht aus zwei rechtwinklig aneinander stoßenden Flügeln, deren einer die Atelierräume enthält, während im anderen die Werkstätten untergebracht sind. Jener – der Hauptbau – öffnet sich hufeisenartig in einem breiten, aber nicht eben tiefen Zierhof, der straßenwärts durch einen Wandelgang abgeschlossen ist. In der Mitte dieses Wandelgangs erhebt sich, ihn unterbrechend und überhöhend, ein kleiner sehr fein und elegant entworfener ovaler Pavillon, der als Tor des Zierhofs zugleich den Besucher zu dem rechts seitlich angeordneten Haupteingang des Gebäudes führt. Wer diesen durchschritten hat, kommt in die große hohe Halle, deren Eisenkonstruktion sichtbar zutage tritt. Sie dient Ausstellungszwecken und ist mit dem stattlichen Treppenhaus verbunden, das in einer offenen Pfeilerstellung emporführt und infolge der sich ergebenden Überschneidung der Linien malerische Einblicke gewährt. Da bei der Bestimmung des Gebäudes künstlerischer Schmuck mehr als sonst am Platz war, zog Schumacher die Lehrer und einige Schüler der Kunstgewerbeschule zu solchen Arbeiten heran: Luksch machte z. B. eine Plastik für den Eingang der Aula, Czeschka entwarf ein Glasfenster für die Halle, und Beckerath schuf Wandgemälde in der Aula selbst. Das Werkstattgebäude liegt mit seiner Front am Eilbekufer und ist an das Haupthaus durch einen niedrigen Verbindungsbau angeschlossen. Die ganze Anlage präsentiert sich am eindrucksvollsten, wenn man sich ihr, von der Kuhmühle kommend, auf der Eilenau, dem Südufer des Eilbekkanals, nähert und über die Brücke hinweg, welche Lerchenfeld und Wartenau verbindet, beide Flügel übereck mit dem Blick umfaßt, zumal jenseits des Werkstatthauses ein ferneres von Schumacher in ähnlichen Formen entworfenes großes Gebäude, das Institut für Geburtshilfe, sichtbar wird.

Bald darauf hatte Schumacher eine zweite Anstalt für gewerblichen Unterricht, die staatlichen Technischen Lehranstalten zu bauen. Sie waren bisher im Schul- und Museumsgebäude am Steintorplatz, dem Museum für Kunst und Gewerbe, untergebracht gewesen, aber über den dort verfügbaren be-

schränkten Raum hinausgewachsen. Sie umfaßten die Fachschulen für Schiffbau, für Schiffsmaschinenbau, für Elektrotechnik, für Maschinenbau, und die Schiffsingenieurschule. Auch hier handelte es sich um einen Komplex von Gebäuden, die verschiedene Aufgaben zu erfüllen hatten und trotzdem zu etwas Einheitlichem zusammenzufassen waren. Das konnte in diesem Fall nicht so behäbig-breit, nicht – wenn ich so sagen darf – so festlich-fröhlich geschehen, wie bei der Kunstgewerbeschule. Denn der Bauplatz lag an einer wenn auch nicht engen, so doch nicht sehr weiträumigen Straße: der Verbindung zwischen Lübecker Tor und Berliner Tor. Für die Fassade bedingte das an und für sich einen ernsteren Charakter, und der durch die Verhältnisse gegebene Zug zur Höhenentwicklung kam in den aufstrebenden Wandpfeilern zum Ausdruck, besonders im Mittelbau, der in vier Stockwerken zwei übereinander geordnete zweigeschossige Hallen enthält. Auf dem Hof hinter dem Hauptgebäude sollten nach dem Plan die Laboratorien – und zwar wegen Mangel an Raum eng zusammengedrängt – gebaut werden; die Ausführung wurde durch den Krieg unterbrochen.
Diesem Gebäude benachbart, nur durch eine Schule von ihm getrennt, entstand, gleichfalls als ein Werk Schumachers, die Hauptfeuerwache. Sie zeigt zwar nicht die gleichen Formen, weist vielmehr straßenwärts eine Reihe von Giebeln auf, die aus dem Mansardendach herauswachsen; aber die Grundelemente: der Ziegelbau aus feinen rötlich-braunen handgestrichenen Steinen und die Wandpfeiler, welche das Dachgesims tragen, stimmen mit denen des Nachbargebäudes überein; sie sichern die Einheitlichkeit des Straßenbildes.
Es kann hier nicht die Aufgabe sein, alle Bauten Schumachers der Reihe nach aufzuzählen und zu beschreiben; es kommt auf die großen Umrißlinien an, welche dem Kulturgemälde die Haltung geben. Aber die hauptsächlichsten müssen doch Erwähnung finden.
Zunächst das Gewerbehaus. Es dient als Unterkunft der Gewerbekammer, den Zünften für ihre verschiedenen Obliegenheiten, dem gewerblichen Arbeitsnachweis und enthält Ausstellungsräume für handwerkliche Produktion. Es liegt am Holstenwall, den Anlagen gegenüber; in der Flucht der einseitig bebauten Straße, wo sich Stifte, Schulen, Geschäfte und Privathäuser aneinanderreihen, ist es durchaus der vornehmste Bau. In ihm ist der Formgedanke, der zuerst im Gebäude der Oberschulbehörde anklang, zu ausgereifter Vollendung gebracht. Auch hier ist das Untergeschoß sockelartig gehalten; aber die beiden Giebelbauten sind beträchtlich weiter auseinandergeschoben, dergestalt daß der Mittelbau fast die doppelte Breite eines jeden von ihnen hat. Er ist ein wenig einwärts gerückt, so daß sich oberhalb des

Erdgeschosses ein kleinerer Altan bildet, von welchem die das Dachgesims tragenden Wandpfeiler emporwachsen. Die handgestrichenen Ziegel in dem schönen Ton des edlen Materials sind zugleich ernst und doch auch wieder in ihrer Farbigkeit gedämpft heiter. Diese Note vom Frohsinn des Handwerks ist noch stärker im Inneren angeschlagen, an dessen Ausschmückung viele hamburgische Künstler mitgewirkt haben.

Eine sehr feine Leistung ist das Post-Zollabfertigungsgebäude am Dammtorwall, das in seinen oberen Stockwerken auch Räume für verschiedene Justizbehörden enthält. In seiner äußeren Erscheinung mit der Reihe straßenwärts gerichteter Giebel ähnelt es der Hauptfeuerwache, zeichnet sich aber vor ihr durch eine reichere Bewegtheit der Front bei größter Sparsamkeit in der Anwendung eigentlichen Schmucks aus; für die malerische Wirkung des Bildes kommt ihr zugute, daß sie sich einer leichten gerundeten Biegung der Straße anzupassen hatte.

Wiederum eine Bauaufgabe ganz großen Stils war das Museum für Hamburgische Geschichte. Als Bauplatz wurde die alte Bastion in den Wallanlagen am Millerntor bestimmt, wo früher die Sternwarte gestanden hatte. Die Schwierigkeit des Geländes, dessen alter Baumbestand noch dazu geschont werden sollte, erforderte eine sehr gründliche Durchdenkung des Plans. Schumacher fand die Lösung, indem er zwei Baugruppen miteinander verband: die eigentlichen Museumsräume und das Verwaltungsgebäude. Dieses stellt sich dem vom Holstenwall kommenden Besucher als das Hauptgebäude dar, ein Querhaus mit hohem Dach und einem achteckigen Dachreiter; rechts und links springen niedrigere Flügelbauten vor, welche einen kleinen Vorhof einrahmen. Der eigentliche Museumsbau schließt sich der Rückseite an, lädt nach links beträchtlich aus und umlagert einen geräumigen Innenhof. Der Bau auch dieses Hauses ist durch den Krieg unterbrochen; die Inneneinrichtung wartet noch immer – 1920 – ihrer Vollendung.

Als letztes Werk in dieser Reihe sei der Erweiterungsbau des Stadthauses genannt, der, schon 1912 geplant, erst nach dem Krieg fertiggestellt werden konnte. Es handelte sich darum, für diejenigen Abteilungen der Polizeibehörde, die bisher in anderen, zum Teil weitabgelegenen Gebäuden untergebracht waren, Räume zu schaffen, die mit der Zentrale in unmittelbarer Verbindung standen. Nun war das Grundstück des Stadthauses schon bis an das Bleichenfleet baulich ausgenutzt. Es galt also, den Wasserlauf zu überbrücken. Das hätte ein reizvolles Motiv mit Durchblicken und Perspektiven abgeben können, aber diese Aussicht mußte den harten Notwendigkeiten des praktischen Lebens geopfert werden. Die Behörde bedurfte für das Einwohnermeldeamt einer großen Halle zu ebener Erde, und dafür wurde der Fleetüberbau ausersehen. Das erforderte eine Lösung, die das Wasser für eine Strecke dem Auge verschwinden ließ und zu unterirdischem Lauf verurteilte, ein Ergebnis, das für feinfühlige Augen den Eindruck des Gewaltsamen oder Unorganischen hervorruft.

Dennoch gelang es Schumacher, das Projekt zu einem guten Ende zu führen. Dadurch daß er den Fleetüberbau als eine Art Mittelglied behandelte, mit nur drei Obergeschossen versah und mit einem flachen Dach deckte, während sich das drüben auf der anderen Seite des Fleets anschließende Gebäude mit einem vierten Obergeschoß und einem hohen Dach in die Luft reckte, erzielte er eine abwechslungsreiche Front, zumal er auch hier durch starke Betonung der vertikalen Gliederung und geschmackvoll eingestreuten plastischen Schmuck von der Hand des Bildhauers Ludolf Albrecht die Fassade zu beleben wußte. Selbst die von der Bleichenbrücke sichtbare Rückseite des Überbaus war erträglich geworden; schade nur, daß sie den Michaelisturm dicht unter der Haube für das Auge abschneidet. Ausnahmsweise hat Schumacher hier von der Verwendung des Backsteins abgesehen und in Anpassung an die älteren Teile des Stadthauses die Schauseiten mit Sandstein verblendet.

Die Entwicklung der Schulbauten ist wert, für sich betrachtet zu werden. Denn an ihr läßt sich verfolgen, wie die einfachen realen Bedürfnisse zuerst ein Schema schaffen; wie unter dem Zwang der immer wiederkehrenden Anforderungen gleicher Art begabte Architekten das Schema zum Typus wandeln, und wie endlich der Geist mit dem so Gewonnenen unter Berücksichtigung und Ausnutzung der Gegebenheiten des Einzelfalls in freien Formen schaltet und waltet. Bis 1900 etwa herrschte die schematische – wenn ich so sagen darf – handwerkliche Erledigung des Bauvorhabens: Anordnung der Klassen an doppelseitig bebautem Flur, an dessen Anfang oder Ende die Lehrerzimmer lagen, ohne daß auf eine gute Gestaltung des Äußeren sonderlich geachtet wurde.

Dann aber fing man an, das Problem von architektonisch-ästhetischem Standpunkt aus zu durchdenken und zu durcharbeiten; besonders geartete Bauplätze – Eckgrundstücke oder solche mit starker Tiefenentwicklung – gaben Anlaß, sich an neuen Lösungen zu versuchen, und man bemühte sich, die Turnhalle, die gewöhnlich für sich gestanden hatte, dem Bau einzugliedern. Erbe hat das Verdienst, hier nach allen Seiten tastend vorangegangen zu sein und schließlich einen neuen Typ gefunden zu haben. Nicht als ob nun eine allgemeingültige Form des Schulhauses immer hätte wiederholt und ihrerseits zum Schema werden sollen, sondern in dem Sinn, daß sich vor dem geistigen Auge des Architekten gleichsam der ideale Charakter eines Organismus bildete, der je nach den Umständen der Spezialaufgabe sich ohne weiteres wandeln und bald in dieser, bald in jener Gestalt in die Wirklichkeit übersetzen ließ. Dafür gibt es vielerlei Beispiele, denn die Zahl der in dem Jahrzehnt von 1900 bis 1910 entstandenen Volksschulen ist sehr groß. Es sei auf diejenigen an der Breitenfelderstraße, an der Von-Essen-Straße, an der Schleidenstraße, am Brackdamm, an der Telemannstraße, am Bullenhuser Damm hingewiesen.

Die meisten legen Zeugnis davon ab, daß hier schon jene Beherrschung der Aufgabe erreicht ist, der die Lösung im Einzelfall keine Schwierigkeit mehr verursacht. Aber darüber hinaus erheben sie in ihrem stattlichen Aufbau und mit ihrem hohen stolzen Dach den Anspruch, gute Figur im Stadtbild zu machen. Sie wollen nicht nur anständig aussehen, sondern eine städtebauliche Aufgabe erfüllen: über sich selbst hinaus in die Umgebung zu wirken. Auf diesem Weg bedeutet, so scheint mir, das Eintreten Schumachers einen neuen Schritt. Die von ihm herrührenden Schulhäuser am Rübenkamp, am Teutonenweg, am Tieloh, das Lehrerinnenseminar an der Hohen Weide und vor allem das Schulgebäude am Zeughausmarkt lassen erkennen, daß von vornherein bei ihrer Planung die Absicht auf ihre Wirkung ins Große gerichtet war.

Ähnlich verlief der Prozeß bei den mittleren und höheren Schulen. Das Realgymnasium an der Armgartstraße aus der Ära Zimmermann vertrat in seiner trockenen Regelmäßigkeit die Periode des Schematismus, und die im Jahrzehnt von 1890 bis 1900 und noch ein, zwei Jahre darüber hinaus entstandenen Realschulen an der Alfredstraße, am Weidenstieg in Eimsbüttel u. a. gehören in dieselbe Kategorie. Aber die durch den umfänglicheren Unterricht dieser Anstalten bedingten komplizierteren Raumbedürfnisse – Lehr- und Lehrmittelzimmer für Physik und Chemie, Laboratorien, Vorbereitungszimmer, Bibliotheken, Sammlungssäle und dergleichen – waren hier ein besonderer Anreiz zu immer neuen Versuchen. So kam Erbe über die Anläufe mit den Realschulen an der Bülaustraße und an der Osterbekstraße zu den reich gegliederten Baugruppen des Heinrich-Hertz-Gymnasiums und des Realgymnasiums am Kaiser-Friedrich-Ufer.

Den Gipfelpunkt der Entwicklung erreichte auch hier Schumacher mit seinem Entwurf der Realschule an der Uferstraße und vor allem mit dem Neubau des Johanneums an der Maria-Louisen-Straße. Im Grundriß schloß er sich der alten Anstalt am Speersort an und schuf einen auf drei Seiten von

Flügeln umbauten Hof, der sich straßenwärts in einer Kolonnade öffnet. Das Haupthaus, in der Mitte hinter der Hoftiefe gelegen, enthält übereinander geordnet Turnhalle und Aula, dazu die Treppenhäuser; in den niedrigeren Seitenflügeln sind die Unterrichtsräume untergebracht. Aus dem hohen Dach des Mittelbaus erhebt sich ein Dachreiter mit einer Plattform zur Beobachtung des gestirnten Himmels: ein Motiv, das gelegentlich schon bei anderen Schulen zur Anwendung gekommen war. Als Material ist auch hier schönfarbiger handgestrichener Ziegelstein mit dunklen Dachpfannen gewählt. Die Bauform knüpft an den Sonnin-Stil mit seinen Übergängen aus dem Barock in den Klassizismus an: die Rückseite des den Mittelbau bildenden Haupthauses zeigt über den gedrungenen Bogen der niedrig gelegenen Turnhalle die von Pfeilern geteilte Gruppe der hohen Aulafenster in der Gestalt eines Frontispiz-gekrönten Giebelfeldes.

Es ließe sich noch über manche andere Bauten Bedeutsames sagen. Die Krankenhäuser z. B. spielen in der hamburgischen Baugeschichte eine wichtige Rolle. Die Entstehung der Barmbeker Anstalt fällt in die Zeit stärksten architektonischen Aufschwungs, und sowohl in Eppendorf wie in der Irrenanstalt Friedrichsberg sind ausgezeichnete Häuser nach Schumachers Entwürfen entstanden. Aber: von St. Georg abgesehen, bilden sie gleichsam abgeschlossene kleine Städte für sich und scheiden somit aus dem eigentlichen Stadtbild aus.

Privatbauten 1890–1914

Dagegen bedarf das Geschäftshaus, wie es sich gerade in diesen entscheidenden Jahren gestaltete, einer eingehenderen Behandlung. Es eroberte sich damals fast den ganzen Bezirk der inneren Stadt und fing sogar an, sich über ihren Umkreis hinaus auszudehnen. Drei Arten lassen sich unterscheiden: das Geschäftshaus im engeren Sinn, das der Bauherr – eine große kaufmännische oder industrielle Firma – für die ausschließlich eigene Benutzung errichtet; das Kontorhaus oder der „Kontorhof", dessen Zimmer der Unternehmer an andere Kaufleute zu Arbeits-, insbesondere Bürozwecken vermietet, und das Warenhaus, ein Typus, der über die ganze Welt verbreitet ist, und wenn auch in wechselnder äußerer Gestalt, doch überall ähnliche Einrichtungen und Einteilungen aufweisen wird.

Das eigentliche Geschäftshaus in jenem engeren Sinn ist nicht zur Typenbildung geeignet, weil es nach Art des Betriebs, dem es dienen soll, bald diese, bald jene Bedürfnisse zu befriedigen und dementsprechend bald diese, bald jene Form und Raumverteilung zu wählen hat.

Ganz anders das Kontorhaus: seine Räume sollen in verschiedenster Größe, einzeln oder in Gruppen an Personen mietweise überlassen werden, deren Spezialwünsche zur Zeit des Baus noch unbekannt sind. Es muß also die Möglichkeit einer beliebigen Aufteilung offengehalten werden, und diese Notwendigkeit hat dem hamburgischen Kontorhaus den Charakter gegeben: tragende Pfeiler an den Außenseiten sowohl wie auch im Innern des Gebäudes, untereinander durch Unterzüge, Balken oder Eisenschienen verbunden, welche dem Gerüst die Festigkeit verleihen; dagegen keine von vorn herein festgelegten massiven Innenwände. So ist der struktive Aufbau gleichsam eine Blankoanweisung, die je nach Bedarf ausgefüllt werden kann. Welche Wände er eingespannt oder weggelassen, erforderlichenfalls später verändert haben will, liegt in der Hand des Bauherrn und ausführenden Architekten. Das Gerippe dieses Gerüsts wird nun auch für die äußere Haltung des Bauwerks bestimmend: die tragenden Pfeiler treten in den Außenwänden kräftig hervor. Diese Wände lösen sich nach altbewährter hamburgischer Tradition zum Zweck einer ausgiebigen Lichtzuführung fast ganz in Fenster auf, die wiederum ihrerseits einzeln oder gruppenweise seitlich von schmaleren lisenenartig aufsteigenden Steinpfeilern eingefaßt werden. Das Ergebnis ist die starke Betonung der Vertikalen, von der schon mehrfach die Rede war: es ist, als dränge das ganze Gebäude gegen das Licht bis hinauf zum Dach, das oben als bedeutende Masse einen schützenden Abschluß bildet.

Auch das Warenhaus weist – nach Messels genialer Schöpfung in Berlin – allgemein den Pfeilerbau auf, und es löst, noch mehr als der Kontorhof, die Außenseite in Glas und Eisen auf. Gerade dadurch aber zeigt es, daß diese seine Formen aus anderen Bedingungen hervorgegangen sind. Hier war es nicht die Aufteilbarkeit in Einzelräume, die vom Bedürfnis verlangt wurde, sondern die Schaffung eines einzigen großen Hallenraums, der nur stockwerkweise abgeteilt war. Lediglich durch die Einbauten des Treppenhauses, der Fahrstühle, der Verkaufsstände und hin und wieder einzelner großer Gelasse für besondere Zwecke, etwa für Teppichauslagen, wurde das Ganze gegliedert.

An der Spitze der eigentlichen Geschäftshausbauten – um mit diesen zu beginnen – marschierten die großen Banken: 1897 die Hypothekenbank an den

Hohen Bleichen; 1899 die Dresdner Bank am Jungfernstieg, die nun zum zweiten Mal – nach dem Vorantritt des Hamburger Hofs – zwar nicht mit einem besonders hohen, aber durch seinen architektonischen Aufputz anspruchsvollen Gebäude die vornehm-einfache Häuserzeile zerriß; 1902 die Vereinsbank am Alten Wall; 1912-1913 das Bankhaus Warburg an der Hermannstraße; alle waren, mit Ausnahme der Hypothekenbank, nach den Entwürfen der Architekten Martin Haller und Hermann Geissler aufgeführt, die, gleichfalls in jenem Zeitraum, umfängliche Umbauten der Commerz- und Discontobank am Neß und der Deutschen Bank am Adolphsplatz vornahmen. Alle diese Werke brachten keine neue Note in das Stadtbild; die Baumeister arbeiteten mit dem vorhandenen Kapital der Renaissanceformen und schufen damit eine langweilige Anständigkeit. Am stattlichsten noch wirkt das Warburghaus, das sich in der Gestalt eines hohen Würfels emporreckt: auf dem Rustika-Sockel des Erdgeschosses erheben sich drei obere Stockwerke mit durchgehenden kräftigen Pfeilern, die ein reiches und schweres Kranzgesims und das flache Dach mit umlaufender Attika tragen. In die gleiche Kategorie fällt das 1900-1903 von denselben Architekten erbaute Haus der Amerika-Linie am Alsterdamm. Es nimmt einen Teil der Terrassengärten ein, die hier nach dem Brand von 1842 entstanden waren und die Umgebung so reizvoll beeinflußten. Jetzt fielen sie alle nach und nach der Spekulation zum Opfer. Das HAPAG-Haus ist sehr korrekt und sehr nüchtern. Vier die fremden Weltteile repräsentierende mächtige Karyatiden halten am Eingang Wache. Auf einer mittleren Kuppel des mageren Daches tänzelt ein Poseidon und macht weit über die Alster hin eine etwas lächerliche Figur.

Nach etwa zehn Jahren schon wurde ein Erweiterungsbau nötig, der den vorhandenen Raum auf mehr als das Doppelte vergrößern sollte. Fritz Höger siegte im Wettbewerb. Sein Projekt schloß den Umbau auch des alten Teils in sich, und er drang mit dem Vorschlag durch. So hatte er die Hände frei. Es gab noch Schwierigkeiten, weil der Entwurf die baupolizeilich zulässige Höhe überschritt; auf Fürsprache der Baupflegekommission – Schumachers Votum gab dabei den Ausschlag – wurde vom Senat Dispens erteilt. Der Krieg warf auch diesem Unternehmen Steine in den Weg. Jetzt – 1920 – steht Högers Bau neben dem Hallers, unvermittelt, unausgeglichen; aber der neue Flügel in seiner schmucklos einfachen Harmonie der Verhältnisse, der Fensterreihung, des kräftig ausladenden Gesimses, eines darüber angeordneten niedrigeren Dachgeschosses und des Daches selbst ist dem anderen unendlich überlegen. Will man etwas einwenden, so ist es dennoch die Höhe und überhaupt das Volumen des ganzen Baus an dieser Stelle: je mächtiger die umfassenden Häuser emporschießen, desto mehr wird die Wasserfläche der Binnenalster zusammengedrückt.

Schräg gegenüber, auf der anderen Seite der Alster, am Neuen Jungfernstieg, steht das Haus der Deutsch-Amerikanischen Petroleum-Gesellschaft, das von Rambatz und Jolasse in Anlehnung an alte hamburgische Bauweise aus rotem Backstein mit Kupferbedachung errichtet ist. So freudig die Hinwendung zu der Überlieferung begrüßt werden muß: hier fällt Form und Farbe aus der Umgebung heraus. Aber was verschlug es, nachdem die Einheitlichkeit der Bebauung doch längst aufgegeben war? Die Veränderung des Alsterbildes machte von Jahr zu Jahr in dieser Richtung Fortschritte. Wer sich vergegenwärtigt, daß an den Ecken von Jungfernstieg und Alsterarkaden einerseits und von Alsterdamm und Bergstraße andererseits, also an der Stelle der früheren Hotels St. Petersburg und de l'Europe, je ein hohes Etagenhaus mit einem Eckturm entstand, und daß die Häuserreihe am Jungfernstieg durch das Warenhaus Tietz, von dem später noch die Rede sein wird, einen ganz neuen Akzent bekam, dem wird klar werden, wie das alte vornehme Bild des von bürgerlichen Wohnpalästen eingerahmten Bassins völlig ins Geschäfts-Imperialistische – wenn ich mich so ausdrücken darf – umgebogen war.

Ferner seien erwähnt: das Haus der Freihafen-Lagerhaus-Gesellschaft Bei St. Annen (Baumeister: Grotjan, Hanssen und Meerwein) als Beispiel wilder, überlebter Architektur mit Türmchen, Giebelchen, Erkerchen, Rundbogen- und Spitzbogenfenstern in buntester Anordnung und Zusammenfassung aus den Jahren 1902–1903; die Neue Sparkasse an der Ferdinandstraße, 1909–1910 von den Architekten Lundt und Kallmorgen errichtet, in den schweren Formen seiner Säulen, Pilaster, Fensterkrönungen, Gesimse, Bogengiebel wie ein Ableger des Oberlandesgerichts anmutend; der „Janus" am Pferdemarkt von denselben Baumeistern in einem anderen, aber nicht erfreulicheren Stil erbaut.

Das zierlichste der hierher gehörigen Gebäude ist das Geschäftshaus der Nord-Deutschen Versicherungsgesellschaft am Alten Wall (Architekten: Emil Schaudt und Emil Janda). Das Erdgeschoß, gedrungen, mit Bogenfenstern, ist verhältnismäßig einfach gehalten; der eigentliche Schmuck beschränkt sich auf das erste und zweite Stockwerk: hier sind die Fenster gruppenweise mittels fein profilierter und gegliederter, durchgehender dünner Pfeiler, die oberhalb des zweiten Stocks eine reiche Krönung in Gestalt von Balkons für den dritten tragen, zusammengefaßt; das dritte Geschoß ist wiederum ganz einfach gehalten und wird durch ein Gesims abgeschlossen, das einem vierten, einem Dachstock mit einer enggestellten Reihe kleiner Rundbogenfenster als Sockel dient; das Dach ist flach. Auch die dem Fleet zugekehrte Rückfront gewährt mit der großen Zahl ihrer Stockwerke einen sehr stattlichen Anblick; sie erhebt sich als eine Wand aus Backstein und Klinkern auf einer Basis von Granit, während die Straßenseite mit Sandstein verblendet ist. Das in der Mitte des Gebäudes liegende Treppenhaus ist ein sehr feiner Ovalbau.

In der Gruppe der Geschäftshäuser sind die von den größeren Vereinen für ihre Zwecke errichteten Häuser einzureihen; an erster Stelle das Curiohaus an der Rothenbaumchaussee. Es wurde 1911 im Auftrag der Gesellschaft der Freunde des vaterländischen Schul- und Erziehungswesens durch die Architekten Schaudt und Puritz erbaut. In den Ausmessungen seiner Höhenentwicklung und seiner Frontlänge macht es an der breiten mit Alleebäumen bestandenen Verkehrsstraße sehr gute Figur. In ihm verbindet sich in glücklicher Weise eine maßvolle vertikale Gliederung, die im Haupthaus vorherrscht, mit der waagerechten, zu der das Dachgesims und die Fensterreihen in einem niedrigeren Seitenflügel ausklingen. Es ist ein Putzbau mit bräunlichem Anstrich. Die Front gipfelt in einem schweren Barockgiebel; der Schmuck beschränkt sich auf zwei große liegende Figuren auf der Brüstung des Balkons, der über dem Eingang angeordnet ist. Im Erdgeschoß des Vorderhauses ist ein elegantes Restaurant untergebracht, die oberen Stockwerke sind zu herrschaftlichen Wohnungen ausgebaut. Dahinter schließt sich der Saalbau mit einer großen Reihe von Aufführungs-, Vortrags- und Gesellschaftsräumen in mehreren Stockwerken an; der Rückenflügel enthält die eigentlichen Geschäftszimmer und ein Musikkonservatorium.

Den Interessen der Arbeiterschaft dient das Gewerkschaftshaus am Besenbinderhof. Der 1903 entstandene ältere Teil legt in seiner mageren Architektur mit den ängstlichen Türmen ein bedauerliches Zeugnis von der spießigen Enge ab, die damals noch den Geschmack der leitenden Arbeiterkreise beherrschte. Der 1913 von dem Architekten Wilhelm Schroeder erbaute neue Flügel atmet eine ganz andere Gesinnung: man erkennt die Wirkung des Einflusses, den die Zentralkommission für das Arbeiterbildungswesen geübt hatte. Auch hier ein guter Ausgleich zwischen den senkrechten und horizontalen Linien, der in den beiden Rundgiebeln zu Ende geführt wird. – Das Verwaltungsgebäude des Bauarbeiterverbandes wurde 1910 durch den Architekten Krüger an der Ecke von Wallstraße und Klaus-Groth-Straße errichtet. Hochgemauerte Wandpfeiler gliedern die Front bis zum vierten

Stockwerk. Über dem Gesims, das sie tragen, liegen horizontal noch zwei Dachgeschosse; aus dem Dach selbst wächst ein niedriger achteckiger Dachreiter mit Plattform und Fahnenstange empor. Basaltsockel, roter Backstein, dunkle Dachpfannen. Die Bauformen passen in die Umgebung, wo gegenüber, auf der anderen Seite des Bahneinschnitts, Schumachers Hauptfeuerwache den Ton angibt. – Der Verein für Handlungscommis von 1858 hat durch die Architekten Frejtag und Elingius an der Büschstraße ein gut aussehendes, der Deutschnationale Handlungsgehilfen-Verband am Holstenwall ein sehr viel größeres, aber recht nüchternes Geschäftshaus durch Lundt und Kallmorgen errichten lassen.

In diesem Abschnitt mögen auch die im Stadtbild besonders hervortretenden Gasthofbauten Aufnahme finden: das Rathaushotel am Rathausmarkt (Architekt: Richard Jacobssen), das nicht übel der neueren architektonischen Entwicklung Rechnung trägt, und die beiden großen von der Firma Boswau & Knauer erbauten Gasthäuser, das Esplanade-Hotel und das Atlantic-Hotel. Jenes, an der Ecke von Stephansplatz und Esplanade gelegen, ist für das Auge im Verhältnis zu Breite und Tiefe reichlich hoch gegriffen, hat aber sowohl im Aufbau wie in den Einzelheiten manch' Reizvolles; dieses, in recht unpersönlichem Stil aufgeführt und die schöne geschorene Platanenreihe in St. Georg beträchtlich überragend, sieht weit über die Fläche der Außenalster hinweg und will im internationalen Reiseverkehr den Geschwistern in Paris, Scheveningen und an der Riviera gleichgeachtet werden.

Unter den Gartenlokalen und Kaffeehäusern haben eine örtlich besondere Note das Uhlenhorster Fährhaus, vor dem sich im Sommer allabendlich das ganze jugendliche Hamburg in Kanus, Punts, Segelbooten und sonstigen Fahrzeugen aller Art versammelt, um den Klängen des Gartenkonzerts zu lauschen und zu flirten, und der Alsterpavillon am Jungfernstieg. Beide sind von den Architekten Rambatz und Jolasse erbaut. Neben ihnen ist der Dammtorpavillon zu nennen, ein zierliches und liebenswürdiges Werk Lundts und Kallmorgens.

Die vorstehenden Beschreibungen, soweit sich überhaupt aus ihnen eine anschauliche Vorstellung gewinnen läßt, bestätigen die aufgestellte Behauptung, das Geschäftshaus in jenem engeren Sinn habe wegen der Mannigfaltigkeit seiner Aufgaben nicht zur eigentlichen Typenbildung gelangen können. Insbesondere ist die entschieden vertikale Gliederung der Fassade nicht zum charakteristischen Merkmal geworden. Um so mehr drängt es sich auf, wie dies bei den sogenannten Kontorhöfen allgemein der Fall ist, wie bei ihnen diese Aufteilung typisch wird und der Geschäftsstadt den Stempel aufdrückt.

Bei der großen Zahl der Kontorhofbauten ist damit der Geschäftsstadt eine gewisse Einheitlichkeit des Eindrucks gewonnen. Überall begegnet das Auge den aufstrebenden Pfeilern und den in Fensterreihen aufgelösten Wänden. Es sind gleichsam die Bienenstöcke, und Zelle fügt sich in ihnen an Zelle, wo der Fleiß des Kaufmanns seinen Wohlstand erarbeitet. Aber die Gleichartigkeit bedeutet nicht Gleichförmigkeit, und bei aller Tüchtigkeit der Leistungen im Ganzen liefen doch auch, namentlich anfangs, Ungereimtheiten unter. Eine Verschiedenheit im Aufbau ist schon ohne weiteres durch die Zweckbestimmung des Erdgeschosses bedingt, je nachdem in ihm Läden mit dem Bedürfnis weiträumiger Auslagen untergebracht sind oder nicht. In jenem Fall öffnet sich dann wohl das Untergeschoß und oftmals auch noch das erste Obergeschoß zu einer einzigen, nur von schmalen Eisenträgern unterbrochenen Glaswand, die rein horizontal gelagert war, während der Pfeilerbau erst oberhalb des Querbalkensturzes ansetzte. Das gibt einem statisch empfindenden Auge einen unerträglichen Anblick, weil es den Anschein hat, als müsse das Untergeschoß einknicken und eingedrückt werden; auf dem Neuen Wall begegnet man einer ganzen Reihe solcher Beispiele.

Um dem entgegenzuwirken, hat der Architekt gelegentlich den Ausweg gewählt, auf stark ausgeprägten seitlichen Stützen einen die Untergeschosse umspannenden Bogen zu wölben, auf dem sich die Pfeilerstellungen der oberen Stockwerke aufbauen. Beispiele: das von Alfred Löwengard errichtete Haus Kirsten am Neuen Wall und das von Oltmanns entworfene Haus am Gänsemarkt. In den späteren Bauten, wie sie z. B. der Mönckebergstraße den Charakter geben, sind jene Unstimmigkeiten dadurch vermieden, daß die Läden der Untergeschosse eine geringere Höhenentwicklung aufweisen und durch kräftigere Stützen abgeteilt sind, wenn nicht das aufstrebende Pfeilergerüst selbst schon direkt aus dem Fundament des Gebäudes herauswächst. Als Baustoff der großen Kontorhäuser wurde meist edles Material benutzt; Putzbau kam selten vor. Während Eisenkonstruktion und Eisenbeton im Inneren herrschten, wurden die Schauseiten mit Werkstein oder schönen handgestrichenen Ziegeln verblendet. Zu Anfang des Jahrhunderts machten farbige glasierte Ziegel einen Anlauf, sich einzubürgern. Der junge Architekt Wurzbach trat mit Entschiedenheit und Geschick für diese Technik des sogenannten grès-flammé ein. Die Häuser Reubert und Pinçon, beide am Neuen Wall und einander schräg gegenüber gelegen, in ihrem grünlichen und bläulichen Farbenton waren die ersten Beispiele. Ihnen folgte das Newmansche Haus an der Schauenburger Straße in rotbrauner Farbe mit sehr feinem Terrakotta-Ornament und das lustig rote Gertighaus am Burstah, das besonders dann prächtig wirkt, wenn für den vom Rödingsmarkt Kommenden seine vom Nachmittagslicht beschienene Farbigkeit durch die im Hintergrund der Straße auftauchende grünpatinierte Pyramide der Petrikirche in einer geradezu phantastischen Weise hervorgehoben wird. Leider haben diese Vorbilder keine Nachahmung gefunden. Wurzbach starb früh, und die Beschaffung des Materials mag mit Schwierigkeiten verbunden und kostspielig gewesen sein.

Für den Charakter des Neuen Walls bezeichnend sind das Hildebrandhaus (Architekten: Radel und Fr. Jacobssen) und das Paulsenhaus (Architekt: Claus Meyer); am Alsterdamm mögen der von Lundt und Kallmorgen entworfene Alsterdammhof, an welchem sich die hochgeführten Pfeiler über dem dritten Stock in Bogen zusammenschließen, um ein viertes horizontal gelagertes Geschoß zu tragen, das Geschäftshaus Propfe und das Europahaus hervorgehoben werden. Am Glockengießerwall macht der im Auftrag Dr. Albrechts gebaute Wallhof besonders gute Figur, dessen Fassade von Frejtag und Elingius herrührt. Der mächtige Block des Bieberhauses zwischen Hachmannplatz und Ernst-Merck-Straße, der Ankunftsseite des Hauptbahnhofs schräg gegenüber, ist ein Werk der Architekten Rambatz und Jolasse.

Fritz Högers erste Kontorhausbauten waren das Niemannhaus an der Ecke von Graskeller und Admiralitätsstraße, und der Klostertorhof. An beiden Entwürfen wird sein genialer Mitarbeiter Sckopp beteiligt gewesen sein; viele hielten ihn überhaupt für den erfinderischen Kopf in Högers Atelier. Der Grundcharakter beider Gebäude ist ähnlich: würfelförmiger Aufbau mit abgerundeter Ecke und eine Gruppierung des Dachs, die in einem überhöhten Gipfel die Lage des Aufzugshauses markiert. In beiden Fällen war es Höger durch geschicktes Vorgehen gelungen, der Baupolizeibehörde ein Schnippchen zu schlagen und das zulässige Höhenmaß zu überschreiten, zum nachträglichen Verdruß der überlisteten Instanzen. Niemand sonst hatte Nachteil davon, und dem Bauvorhaben kam es auch in ästhetischem Belang zugute.

Seinen Triumph feierte der Kontorhausbau in der Mönckebergstraße. Dort sind Lösungen der mannigfachsten Art gefunden. Bei gleichem Grundcharakter spielt ein bunter Wechsel individuellen Geschmacks. Und doch ist jede Unruhe und Zersplitterung vermieden, weil fast alle Häuser eine solche Frontbreite haben, daß jedes für sich mit bedeutender Wirkung dasteht. Im einzelnen ist davon schon oben ein anschauliches Bild zu geben versucht. Aus dem Umkreis der inneren Stadt hat der Typus einige beachtenswerte Vorposten vorangeschoben, die den Willen erkennen lassen, neue Gebiete zu erobern: die Weserburg, 1909–1910 von den Architekten Kellermann und Tauchnitz an der Ecke Spaldingstraße und Heidenkampsweg in reinem Eisenbetonbau mit Zementmörtelverputz errichtet, und die Georgsburg, ebenfalls an der Spaldingstraße – Eisenbeton mit Backsteinverblendung –, ein breit gelagerter Bau mit einem Türmchen als Dachreiter über der Mitte der Front.

Es sei noch erwähnt, daß um 1909 zwei Schriften erschienen, die sich mit der bisherigen Entwicklung dieses Kontorhaustyps beschäftigen und ihr die weiteren Wege zu weisen bemüht waren: Alfred Löwengards im Auftrag des Architekten- und Ingenieur-Vereins herausgegebenes Buch „Das Hamburger Kontorhaus" und „Die Architektur des hamburgischen Geschäftshauses. Ein zeitgemäßes Wort für die Ausbildung der Mönckebergstraße. Theoretische Betrachtungen von Paul Bröcker. Praktische Ratschläge von Fr. Höger", beide bei Boysen & Maasch verlegt.

Von den Warenhäusern Hamburgs kommen architektonisch nur Tietz und Karstadt in Betracht. Alsberg am Burstah, da wo sich die Straße gegenüber vom Hahntrapp rundet, war um 1900 in den etwas wilden Formen des Stils erbaut, den man mit mehr oder weniger Recht der Münchner Zeitschrift Jugend an die Rockschöße hängt. Am besten repräsentiert Karstadt die Eigenart. Kräftige Pfeiler in nicht eben weitgestellter Reihe, die sich oben in Bogen zusammenschließen, rahmen die Fenster des Unter- und ersten Obergeschosses gemeinsam ein. So ist ein nur in der Frontmitte durch das Portal und an der Ecke unterbrochener Sockel geschaffen, der mit hohen Stützen die durch zierliche Pfeiler und Streben reichgegliederte und gelockerte Masse des Gebäudes trägt. Die breitgelagerte Fassade gereicht der Mönckebergstraße und die seitliche Front dem Pferdemarkt zur Zierde. Architekten: Bach und Bensel; richtiger wohl, was die äußere Erscheinung angeht, Bensel und Bach. Das Haus Tietz ist mit klug ersonnenem Grundriß in die Häuserreihe zwischen Jungfernstieg und Poststraße eingeschoben. Im Oberbau steht es dem andern kaum nach, auch hier ist die Mauer durch schlank aufstrebende Pfeiler und Dienste aufgelöst. Aber das Untergeschoß besteht aus einer Reihe nüchtern nebeneinander geordneter und durch mager verkleidete Eisenträger getrennter Schaufenster und bildet auf diese Weise einen Sockel, welcher für das Auge der auf ihm ruhenden Last nicht gewachsen zu sein scheint.

Die eigentlichen Wohnbauten – das Einfamilienhaus und das Etagenhaus – bedürfen keiner ins einzelne gehenden Behandlung, denn zur eigentlichen Neubildung von Typen ist es weder bei der einen noch bei der anderen Hausform gekommen. Einfamilienhäuser waren in Hamburg von jeher für die Wohlhabenden die bevorzugte Form des Wohnens gewesen. Jetzt, beim Heranwachsen der Einwohnerschaft, wurden sie durch die großen Miethäuser um ein Vielfaches überflügelt; das Verhältnis stand um 1910 wie 9:1. Trotzdem gab es in den Vororten noch zahlreiche Neben- und Verbindungsstraßen der großen Verkehrsadern, die ganz aus sogenannten „Einfamilienhäusern in der Reihe" bestanden. Diese liegen Wand an Wand ohne Zwischenraum nebeneinander, durch einen kleinen Vorgarten von der Straße getrennt. Für die Aufteilung im Innern hatte sich ein Schema entwickelt: im Souterrain waren Küche, Mädchenzimmer und Wirtschaftsräume untergebracht; das erhöhte Erd- und das erste Obergeschoß enthielten je vier Zimmer, jenes den oder die Empfangssalons, das Eß- und Herrenzimmer, die auch als Repräsentationsräume dienten, in diesem lagen, um das Badezimmer gruppiert, zwei Schlaf- und die sogenannten Morgenzimmer; das zweite Stockwerk war ganz oder halb ausgebaut und bestand dementsprechend aus Boden und einem oder aus Boden und drei Zimmern.

Die Gleichmäßigkeit dieser Hausform hätte bei weiser Selbstbeschränkung zur Grundlage für eine monumentale Einfachheit der Häuserfluchten im Ganzen werden können. Voraussetzung dafür wäre gewesen, daß man das Hauptgewicht auf eine gute Ausbildung der Bauglieder: neben der Front des Dachs, legte, und daß der einzelne darauf verzichtete, seinem Haus ein besonderes individuelles Gesicht zu geben, sich vielmehr im Interesse der Einheitlichkeit einem vereinbarten Gesamtcharakter unterordnete. Das hätte der Sachlage um so mehr entsprochen, als die Bewohner eines und desselben Viertels, etwa der Straßengruppe Eilenau-Blumenau-Hagenau in Hohenfelde oder Oberstraße-Hochallee-Innocentiastraße in Harvestehude den gleichen sozialen Schichten und wirtschaftlichen Verhältnissen angehörten und also durchaus zufrieden sein konnten, gleichsam uniformiert miteinander in Reih' und Glied zu marschieren. Dazu aber war man nicht gewillt. Die meisten dieser Häuser wurden von Unternehmern für den Spekulationsverkauf gebaut („Maurermeister-Architektur"), und diese hielten es für vorteilhaft, wenn jedes sein besonderes Giebelchen, Erkerchen, Türmchen habe und sich im Material – gelber, roter Backstein, Putz, Fachwerk – vom Nebenmann unterscheide. Man ahmte im Kleinen die Formen der Paläste nach: große Fenster mit stattlichen Umrahmungen, und damit stand so gar nicht die Entwicklung des Daches in Einklang, das – meist in Wirklichkeit flach – nach vorn eine Mansardenbildung vortäuschte. So verfiel man ins Lächerliche, und es trat auch äußerlich das in die Erscheinung, was schon einmal oben als ein Mangel an Ehrlichkeit in der inneren Einrichtung der Einfamilienhäuser dieser Zeit gebrandmarkt worden ist: das Mißverhältnis zwischen der Zurschaustellung anspruchsvoller Wohn- und Gesellschaftsräume und der Vernachlässigung des einfachen soliden hauswirtschaftlichen Bedürfnisses.

Mit der rapiden Aufwärtsbewegung von Handel und Verkehr wuchs freilich von Jahr zu Jahr der Wohlstand auch in den Kreisen der mittleren Kaufmannschaft, des Anwaltstandes und ähnlicher Berufe, und das drückte sich deutlich in der Steigerung der Wohnansprüche aus. Die Häuser in den neubebauten Stadtteilen um die Wiesen vor dem Dammtor und an den längs der Alster ausstrahlenden Zügen der Heilwigstraße, des Leinpfads, der Agnesstraße, Blumenstraße und Willistraße wiesen beträchtlich größere Ausmessungen als die alten Einfamilienhäuser auf; sie nahmen oft mehrere Grundstücksbreiten ein, standen dann ringsum frei und trugen ein maßvoll vornehmes architektonisches Gewand. Sie näherten sich der Weiträumigkeit der Parkvillen, wenn auch ihre Gärten auf ein Areal beschränkt blieben, das zum Haus in keinem rechten Verhältnis stand. Als hervorragende Beispiele dieser Art mögen erwähnt sein: das Haus Troplowitz – Architekten William Müller und Strelow – an der Fernsicht; das Haus Heilbuth – Architekten Brüder Gerson – an der Feldbrunnenstraße; das Haus Süchting – Architekten Distel und Grubitz – an der Heimhuder-Straße; das Haus Lincke – Architekten W. und R. Rzekonski – an der Abteistraße; das von Paul Schöss erbaute Doppelhaus an der Ecke von St. Benedictstraße und Isestraße. In die Kategorie der Parkvillen gehört bereits das von demselben Baumeister aufgeführte Haus Otto Blohm am Harvestehuder Weg, das durch die äußerst vornehme Einfachheit den Eindruck eines im besten Sinne bürgerlich soliden Behagens hervorruft.

Außerhalb der Stadt, an der Elbe in Flottbek, Hochkamp, Blankenese einerseits, in den Walddörfern, Wohldorf und Volksdorf, in Reinbek, Aumühle, Friedrichsruh, also in den Tälern der oberen Alster und Bille andererseits, und ebenso auf den Heidehügeln hinter Harburg bei Hittfeld gibt es eine große Anzahl von Landhäusern, an deren Bau die Architekten ihre Baukunst und ihren künstlerischen Geschmack von Jahr zu Jahr höher herausbildeten. Vom englischen Cottagestil ausgehend und ihn anfänglich nachahmend, gelangten sie sowohl im äußeren Aufbau wie in der inneren Einrichtung und gärtnerischen Anlage zu individueller, sich dem Wunsch des Bauherrn anpassender Selbständigkeit. Die Sehnsucht, nach getaner Tagesarbeit in die stille Ruhe ländlicher Abgeschiedenheit entfliehen zu können und das Bedürfnis, doch die Familie und einen Kreis von Freunden um sich zu versammeln, gaben die Richtlinien für eine Gliederung des Hauses mehr in die Breite als in die Höhe und zur Gruppierung kleinerer Zimmer um eine stattliche geräumige Wohndiele.

Die Miethäuser durchliefen einen ähnlichen Entwicklungsgang. Um 1890 gab es noch nicht viele große und elegant ausgestattete Etagen; die sogenannten Revenue-Erben dienten zumeist den kleinen Leuten und dem mittleren Bürgerstand zur Wohnung. Den Eigentümern, den sogenannten Hausagrariern, kam es nur auf den Vorteil an. Was kümmerte sie die Rücksicht auf ein gutes Aussehen von Stadt und Straße? Sie ließen die Häuser durch Maurermeister aufführen, deren ästhetisches Gefühl einen beklagenswerten Tiefstand erreicht hatte; in mißverstandenem Ornament und überladenem Schmuck wurde die Schönheit gesucht, und das Publikum war nicht kultiviert genug, um gegen solche Verunstaltung des Stadtbildes energischen Einspruch zu erheben. Am schlechtesten kam bei dieser Architektur das Dach weg: es verfiel einem völligen Kräfteschwund. Firstgerechte Dächer gehörten bald in das Reich der Fabel. Das sogenannte Nashorndach, welches, in Wahrheit flach, das obere Stockwerk in eine Art Dachgeschoß verkleidet, wurde zur Regel.

Schon in dem Jahrzehnt von 1890 bis 1900 erkannte das Bauunternehmertum, daß auch mit vornehmen Miethäusern gute Geschäfte zu machen seien. Der Etagenhausbau faßte überall Fuß, wo der Bebauungsplan ihn zuließ: zuerst an den großen Verkehrsadern, dann aber auch in ruhigeren Vierteln von Harvestehude, Uhlenhorst, Eilbek. Jedoch verging noch längere Zeit, ehe das Äußere eine Wandlung zum Besseren erfuhr. Der Grundriß war regelmäßig der des Schlitzbaus. Wo sich rechts und links vom Treppenhaus nur je eine Wohnung abzweigt, ist er weniger bedenklich als bei den sogenannten Drei- und Vierspännern; in den unteren Stockwerken ergeben sich freilich auch hier lichtlose Räume. Günstigere Bedingungen schuf der Hufeisenoder sogenannte Burgenbau, der zuerst vom Bau- und Sparverein eingeführt wurde: ein Komplex von drei Flügeln, der sich straßenwärts in der Art eines Hofes öffnet. Nach und nach sahen sich auch wieder die Architekten zu den Aufgaben des Etagenhausbaus herangezogen. Die Fassaden erhielten anständige Formen und Verhältnisse. Insbesondere waren sie bemüht, dem Bedürfnis nach Licht und Luft Rechnung zu tragen; deshalb suchte man auch nach

Lösungen für die Anbringung brauchbarer Balkons. Die Art, wie sie zwischen den Vorsprüngen von Erkern und Giebeln eingespannt wurden, gab vielen dieser neuen Häuser das charakteristische Gesicht.
Im wahren Sinne künstlerisch gelungene Beispiele der modernen Etagen-Architektur wüßte ich nicht zu nennen. Am besten präsentieren sie sich, wo große Blocks oder lange Fluchten in gleichmäßig bescheidenen, aber gut proportionierten Formen aufgeführt wurden. Und schon waren Anzeichen vorhanden, daß Schumachers Bauweise auch hier Schule machte.

Das Baupflegegesetz von 1912

Im Jahrzehnt 1890–1900 und darüber hinaus hatte in Hamburg außer Lichtwark und Brinckmann, die Architekten eingeschlossen, vielleicht niemand eine wirklich ins Tiefe gehende Vorstellung von der wichtigen Rolle, welche die Baukunst im Kulturleben der modernen Großstadt zu spielen berufen ist. Neubauten begegneten beim Publikum einer völligen Gleichgültigkeit; man nahm sie hin wie ein Schicksal und fragte nicht, ob man sie anders haben möchte oder ob sie anders hätten gemacht werden können. Die Zeitungen berichteten wohl über die Eröffnung eines neuen Bank- oder Justizgebäudes, aber der Baumeister wurde nicht genannt, während man die Namen der bei der Ausführung beteiligten Firmen aller Welt verkündete. Der Mangel an Interesse und die Qualität der Architektur standen in Wechselwirkung: eine Bevölkerung, die keinen Sinn hat für die Schönheit ihrer Stadt, darf nicht erwarten, daß ihre Architekten Baukünstler seien und daß die Behörden echte Baugesinnung haben. So machte die Verschandelung immer größere Fortschritte.
Durch Lichtwarks Vorträge und durch mancherlei Reisen ins Ausland waren mir inzwischen darüber die Augen aufgegangen, und um mein Scherflein zugunsten eines Wandels beizutragen, schrieb ich für die Zeitschrift Hamburg einen Aufsatz, in welchem ich diese Dinge erörterte. Ich beklagte jene Gleichgültigkeit, forderte, daß der einzelne Gebildete sich mit den Architekturfragen soweit beschäftigte, um einen eigenen Geschmack haben und sich über ihn Rechenschaft geben zu können, und verlangte von den Zeitungen, daß sie ebenso wie über Darbietungen der Musik, der Malerei, des Theaters auch über beachtenswerte Neubauten berichteten und eine sachgemäße kritische Beurteilung zu bringen versuchten. Ich denke nicht daran, mir das

Verdienst zuzuschreiben, als hätte ich durch jenen Aufsatz den Stein der Baupflegegesetzgebung ins Rollen gebracht. Ich erzähle lediglich in zeitlicher Reihenfolge die mit der Sache zusammenhängenden Ereignisse, wie sie in den Bereich meiner Beobachtung fielen.

Paul Bröcker, der einzige, der in den letzten Jahren gelegentlich – und zwar im Correspondenten – Angelegenheiten der Baukunst besprochen hatte, erwiderte, die Schriftleitungen seien für die gegebene Anregung dankbar und würden meinen Worten gern ein Ohr leihen; offenbar fühlte er seinen Rücken dem Chefredakteur gegenüber gestärkt, wenn er jetzt seine Stimme öfter als bisher zu erheben wünschte. Jedenfalls sah er sich durch mein Interesse ermutigt, etwa ein Jahr später seine Artikel zu sammeln und in einem Bändchen herauszugeben, zu dem ich auf seine Bitte ein Geleitwort schrieb. Im Mai 1908 ließ er eine Schrift folgen: »Hamburg in Not! Ein eiliger Hilferuf und ein Vorschlag zur Rettung der vaterstädtischen Baukultur.« Es sollte ein Alarmsignal für alle die sein, deren Heimatliebe stark genug war, um für die Schönheit des Stadtbildes einzutreten. Bröcker zeigte die Gefahren, die bevorständen, wenn so wie bisher weitergewirtschaftet werde; er wies die Unterschiede auf, wie in früheren Jahrhunderten gegen jetzt Städtebau getrieben sei; er scheute sich nicht, dem größten Teil der hamburgischen Architekten die Künstlerschaft abzusprechen und insbesondere Franz Bachs Semperhaus als einen Steinhaufen zu brandmarken, der, solange er stehe, die Spitalerstraße schänden werde. Er forderte nach dem Vorbild Münchens eine aus kunstverständigen Personen zusammengesetzte Kommission, welche über Neubauten, Veränderung von Bauwerken, Straßenplanungen und ähnliche Maßnahmen zu wachen haben würde; vor allen Dingen aber rief er nach dieser Kunstkommission für das Durchbruchsgebiet der neuen Straße vom Hauptbahnhof zum Rathausmarkt.

Der Appell verhallte nicht ungehört; er fand willige Ohren, weil die Sorge um die Gestaltung der neuen Hauptstraße in manchen Kreisen die Gemüter beschäftigte. Schon im September, gleich nach Beendigung der Ferien, ging bei der Bürgerschaft ein Antrag von Ernst Müller und Genossen ein. Er lautete: »Die Bürgerschaft wolle den Senat um seine Mitgenehmigung ersuchen, daß eine aus kunstverständigen Personen zusammengesetzte Kommission gebildet werde, welche die Aufgabe erhält, Vorschläge über diejenigen Maßnahmen zu machen, welche erforderlich und geeignet erscheinen, das künstlerische Interesse bei allen für das Stadtbild in Frage kommenden Bauten und Straßenanlagen zu wahren.«

Der Antrag wurde von zahlreichen Vereinen, welche Belange der Kunst und

Die Umschlagzeichnung des im Verlag Conrad H. A. Kloss, Hamburg 1908, erschienenen Buches stammt von Ferdinand Sckopp

Kultur vertraten, unterstützt und fand bei allen Parteien eine freundliche Aufnahme. Schon am 14. Oktober 1908 stand er zur Verhandlung. Aus der Debatte ging hervor, daß manche der Redner über das, was geschehen mußte, sich nicht klar waren. Aber die Angelegenheit wurde einem achtgliedrigen Ausschuß überwiesen und konnte dort eingehend erörtert werden. Dr. Stemann, der dem Ausschuß angehörte und seine Beratungen anstelle des nur pro forma zum Vorsitzenden erwählten Ernst Müller leitete, kam einige Tage später zu mir, um die Sache zu besprechen und meinen Rat einzuholen. Ich war gerade von einer gefährlichen Augenerkrankung heimgesucht, hatte mich von meinen Dienstgeschäften beurlauben lassen müssen und ergriff mit Begierde die Gelegenheit, mich an einer Arbeit zu beteiligen, die zugleich nützlich war und mich von trüben Gedanken abzog.
Ich bat Paul Bröcker, mich zu besuchen, und unterrichtete mich des Näheren über seine Ideen und Vorschläge; wiederholte Unterredungen mit Stemann führten dahin, daß dieser mich um Ausarbeitung einer Denkschrift bat, welche den Beratungen des Ausschusses zu Grunde gelegt werden könne. Der größte Teil dieser Denkschrift wurde fast wörtlich demnächst in den Schlußbericht aufgenommen, den der Ausschuß nach Beendigung seiner Beratungen erstattete. Daß ein nicht unwesentlicher Passus dabei unter den Tisch fiel, rächte sich nachher und machte bei der späteren Verabschiedung des Baupflegegesetzes Schwierigkeiten. Der Inhalt der Denkschrift möge hier – gleichsam als Eizelle der Baupflegeordnung – Aufnahme finden:
»Der Antrag, über welchen der Ausschuß zu berichten hat, verfolgt den Zweck, Material zur Vorbereitung gesetzlicher Maßregeln gegen die Verunstaltung der Stadt und des Landgebiets zu sammeln. Er zielt nicht auf die Ausarbeitung eines Gesetzentwurfs selbst. Zur Zeit würde eine solche Arbeit noch nicht in Angriff genommen werden können, da sie einen eingehenden Gedankenaustausch mit dem Senat und verschiedenen Ressortbehörden zur Voraussetzung hätte. Zwar sind von mehreren Rednern, welche die Ausschußprüfung befürworteten, Einzelwünsche geäußert, deren Berücksichtigung nur in dem Rahmen einer sehr ins Detail gehenden Arbeit möglich wäre. Aber bei dem vorbereiteten Charakter des Antrags wird sich der Ausschuß darauf zu beschränken haben, in allgemeiner Form Wünsche zu formulieren, und gewissermaßen Richtungslinien zu ziehen, nach welchen der Bürgerschaft eine gesetzliche Regelung der in Frage stehenden Materie angezeigt erscheint.
Wenn die Bürgerschaft in seltener Einmütigkeit es für erforderlich erachtet hat, daß dem hamburgischen Stadtbild ein gutes ästhetisches Ansehen ge-

wahrt und die Landschaft des Landgebiets vor Verunstaltung geschützt werde, so wird sie sich nicht der Einsicht verschlossen haben, daß zur Erreichung dieses Ziels ein Doppeltes notwendig ist: einmal die Schaffung eines staatlichen Organs, das nach gewissen Richtungen hin mit Machtvollkommenheiten durchgreifender Art ausgestattet sein muß, zum anderen, daß das gute Kleid, welches Stadt und Staat sich dauernd erhalten wollen, Opfer an Geld erfordern wird.

Es ließ sich denken, daß die Funktionen des erwähnten Organs einer bestehenden Behörde – entweder der Baupolizeibehörde oder der Baudeputation – übertragen würden. Beide erscheinen aber nicht geeignet. Die erstere schon um deswillen nicht, weil sich ihre Tätigkeit im wesentlichen mit rein praktischen und technischen Fragen verkehrs-, gesundheits- und sicherheitspolitischer Art zu befassen hat. In der Baudeputation würde die Entscheidung über die ästhetischen Gesichtspunkte so gut wie ausschließlich in der Hand der Staats-Architekten und -Ingenieure liegen. Es scheint aber wünschenswert, daß die einschlägigen Fragen von einem Organ behandelt werden, welches den Spezialbeamten gegenüber selbständig ist. Es würde sich also nur um die Schaffung einer neuen Instanz handeln können, die entweder ganz selbständig organisiert oder an die Baudeputation angegliedert werden könnte.

Am besten wäre der Sache gedient, wenn man die Funktionen in die Hand eines einzelnen Mannes von ausgezeichnetem künstlerischen Geschmack und sachlicher Bildung legen könnte. Da aber keine Gewähr besteht, daß die Wahl auf einen solchen fallen würde, muß der Bildung einer Kommission von 5 oder 7 Mitgliedern der Vorzug gegeben werden; es würde sich eine Zusammensetzung aus einem Beamten der Baudeputation, aus Architekten und kunstverständigen Laien empfehlen.

Die Tätigkeit dieser Kommission kann eine sehr vielseitige sein. Wie sie sich entfaltet, wird sich zu einem guten Teil erst dann herausstellen müssen, wenn die Arbeit begonnen ist. Aber in großen Zügen lassen sich schon jetzt die Richtungslinien festlegen. Die Aufgaben zerfallen in drei Kategorien: die Kommission wird eine begutachtende, eine entscheidende und eine durch Ratschläge fördernde Tätigkeit zu entwickeln haben.

    I. Zur Begutachtung wird die Kommission überall heranzuziehen sein, wenn die Staatsbehörden Anordnungen erlassen wollen, welche auf die äußere Erscheinung der Stadt Einfluß haben; also dann, wenn es sich um die Aufführung öffentlicher Gebäude, um Angelegenheiten des Bebauungsplans und um die Trassierung neuer oder um die Veränderung alter Straßen und Plätze handelt. Ihr liegt es ob, das künstlerische Interesse zu vertreten und vor allem dafür zu sorgen, daß besondere Schönheiten und gewachsene Reize des alten Stadtbilds nicht ohne Not zerstört werden. Straßen und Plätze der alten Stadt, wie sie nach ihrer Lage und äußeren Form selbst in kleinen Einzelheiten geworden sind, haben ein natürliches Bedürfnis zu ihrer Voraussetzung gehabt. Man sollte alle diese Besonderheiten erhalten und nicht dem schematischen Bedürfnis gerader Linienführung zum Opfer bringen. Alte Plätze und Straßenzüge, welche der Niederschlag früherer Verkehrsbedingungen sind, sollten nur dann angetastet werden, wenn neue Verkehrsbedürfnisse es gebieterisch fordern. Auf der anderen Seite wird die Kommission bei der Schaffung neuer Stadtteile für die Berücksichtigung aller derjenigen Wünsche einzutreten haben, welche nach den jetzigen Begriffen und Erfahrungen vom ästhetischen Standpunkt gerechtfertigt sind.

II. Der privaten Bautätigkeit gegenüber sind der Kommission naturgemäß andere Aufgaben zu stellen. Wenn sie nach dieser Richtung Wirksamkeit haben soll, kann sie nicht auf eine begutachtende Tätigkeit beschränkt werden. Vielmehr muß ihr ein entscheidender Einfluß eingeräumt werden. Es ist aber bei der Beratung in der Bürgerschaft bereits mit Recht darauf hingewiesen, daß mit der Erteilung derartiger Machtvollkommenheiten eine große Gefahr verbunden ist. Einerseits darf in die Sphäre des Privateigentums nur insoweit eingegriffen werden, als es unbedingt nötig ist; andererseits muß die Freiheit künstlerisch-architektonischen Schaffens in weitestem Maße gewährleistet bleiben. Daraus ist die Folgerung zu ziehen, daß jenem Organ die Macht durchgreifender Entscheidung nur in negativer Weise nach der Richtung gegeben werden darf, daß die Schaffung entschieden geschmackverletzender Architekturwerke verboten werden kann; positive Maßregeln dagegen regelmäßig nicht durchgesetzt werden dürfen. Aber auch in jener Beschränkung auf die Negative wird man Vorsicht walten lassen müssen. Es ist Vorsorge zu treffen, daß von dem Veto nur wirklich minderwertige Pläne, namentlich jene sich breit machende Afterarchitektur mit nachgeahmtem überladenem Schmuck getroffen werden, daß dagegen künstlerisch neue Gedanken auch dann zur Ausführung gelangen können, wenn sie dem Geschmack der Kommis-

sionsmitglieder nicht entsprechen. Dem Verbot würden auch die das Stadtbild verunstaltenden Reklamen, vor allem die Lichtreklamen, unterliegen.
[Die Verbotsmaßregeln werden sich je nach ihrer Art als Privatrechtseingriffe von verschiedener Stärke darstellen. Wenn es sich nur um einen Einspruch gegen eine Fassade handelt, steht es dem Bauherrn frei, eine andere in Vorschlag zu bringen. Wenn dagegen die Kommission nur einen Bau von geringerer Höhe, als vorgesehen war und gesetzlich erlaubt ist, für zulässig erachtet oder zur Schonung eines Landschaftsbildes die Bebauung eines Grundstücks überhaupt verbietet, so wird dadurch die ökonomische Verwertung des Grundstücks beschränkt oder gänzlich verhindert. Darnach müssen die Folgen, die an die Maßnahmen zu knüpfen sind, verschieden sein. Wenn in jenem ersten Fall dem vielleicht mit unausrottbarer Geschmacklosigkeit behafteten Bauherrn nicht gelingen sollte, einen der Kommission genehmen Entwurf vorzulegen, wird seinem berechtigten Interesse dadurch genügt, daß nun die Kommission ihrerseits Pläne ausarbeitet und ihm zur Wahl zur Verfügung stellt. In den anderen Fällen dagegen stellt sich das Verbot wie eine Art Enteignung dar, und hier muß für die Möglichkeit einer Entschädigung gesorgt werden. Diese könnte in der Weise gewährt werden, daß, falls es nicht zu einer gütlichen Einigung kommt, der Staat verpflichtet würde, das Grundstück zu einem in einem besonderen Verfahren festzusetzenden Preise zu übernehmen.]

III. Positiv, d. h. nicht Auswüchse hindernd, sondern die Bestrebungen guten Geschmacks fördernd, würde die Kommission in der Regel nur helfend und ratend tätig sein können. Nur ausnahmsweise wäre ihr die Befugnis durchgreifenden Befehlens zu gewähren. Wie das auch in Gesetzen anderer Staaten geschehen ist, wird man bei besonders wichtigen Straßen, Schmuckplätzen und Anlagen eine stärkere Kontrolle als im allgemeinen für zulässig und erforderlich halten. Wenn auch hier von einem direkten Eingreifen in den Einzelfall nach Möglichkeit abgesehen werden muß, so läßt sich doch auf die Innehaltung einer großzügigen Gesamtwirkung durch Vorschriften verschiedener Art, welche der Besonderheit des Falles Rechnung tragen, Einfluß gewinnen. Als Beispiel diene die Möglichkeit einer Verordnung, daß beim Bau einer Straße, wie es etwa die Mönckebergstraße werden soll, die Dächer so konstruiert werden müssen, daß man sie in einer bestimmten Entfer-

nung vom Sockel des Hauses sieht, damit eine gute Wirkung der die Straßensilhouette bildenden Firstlinie gesichert ist. Oder: Vorschriften über eine gewisse Gleichmäßigkeit in der Anordnung der Balkons in einer Straßenflucht; das Verbot, an gewissen Straßenecken Türme zu bauen und dergleichen mehr.
Im übrigen wäre das Tätigkeitsfeld der Kommission, auf dem sie fördernd und ratend eingreifen könnte, ein außerordentlich weites. Jeder Baulustige würde sich an sie mit der Bitte um Rat wenden dürfen. Sie würde in besonders wichtigen Fällen des Straßenbaus Prämien verteilen, Konkurrenzen ausschreiben und Ausstellungen der prämierten Entwürfe veranstalten können. Sie wäre in der Lage, durch Vorträge und Schriften belehrend zu wirken; sie könnte den Typ einzelner Hausformen durch Bearbeitung von Plänen herausarbeiten und durch Gegenüberstellung der verschiedenen Typen die Besonderheit der Spezialbedürfnisse und die Formen ihrer Befriedigung in nicht mißzuverstehender Weise klarstellen, so daß das Wesentliche dieser Unterschiede der Allgemeinheit in Fleisch und Blut überginge. Sie hätte die Aufgabe, gegen überflüssigen und namentlich mißverstandenen Schmuck zu Felde zu ziehen und die Überzeugung zu verbreiten, daß regelmäßig in der Straßenflucht das einzelne Haus ästhetisch seinen Zweck am besten erfüllt, wenn es bescheiden zurücktritt, nicht unangenehm auffällt und sich dem großzügigen Eindruck des Ganzen unterordnet.
Diesen Aufgaben ließe sich noch eine große Anzahl anderer zugesellen. Es bedarf hier aber nur der Aufzählung von Beispielen; denn eine ins einzelne gehende Instruktionserteilung würde eher hemmend als fördernd wirken. Inwieweit die Kommission mehr oder weniger segensreiche Tätigkeit üben wird, hängt im wesentlichen nicht von gesetzgeberischen Maßnahmen, sondern von der Person ihrer Mitglieder ab. Engherzige Kontrolleure würden eine freie Entwicklung in Fesseln schlagen, während Männer von weitausschauendem Geist, denen eine ungehemmte Entfaltung selbständigen künstlerischen Schaffens am Herzen liegt, mit Liebe und Teilnahme jeden hoffnungsvollen Keim pflegen und sich darauf beschränken werden, Auswüchse von unzweifelhafter Wertlosigkeit abzuschneiden.«

Die eingeklammerten Sätze, also diejenigen, welche die Fälle einer Entschädigungspflicht erörtern, sind es, welche in der Denkschrift des Ausschusses keine Aufnahme gefunden haben.
Nachdem der Ausschuß noch im November 1908 für schleunige Maßregeln eingetreten war, welche einen guten Ausbau der Mönckebergstraße gewähr-

leisten sollten, beantragte er in seinem im Januar 1909 erstatteten Schlußbericht: »Die Bürgerschaft wolle den Senat um baldige Vorlage eines Gesetzentwurfs gegen die Verunstaltung des Stadt- und Landschaftsbildes im hamburgischen Staatsgebiet ersuchen und dabei den Wunsch aussprechen, daß das zu erlassende Gesetz insbesondere auf die Einsetzung einer ständigen Kommission zur Wahrung der künstlerischen Interessen bei Ausgestaltung des Stadt- und Landschaftsbildes Bedacht nehme.«

Im Juli 1910 ging der Bürgerschaft der Entwurf eines Baupflegegesetzes zu. Er schlug die Schaffung einer aus drei Mitgliedern des Senats und sechs Mitgliedern der Bürgerschaft zusammengesetzten Kommission vor, welcher ein Beirat von Sachverständigen zur Seite gesetzt werden sollte. Dieser Kommission war das Recht des Einspruchs zugedacht, und zwar

1. gegen die Ausführung von Bauten und baulichen Änderungen, wenn durch die Ausführung ein Bauwerk oder dessen Umgebung oder das Straßen-, Orts- oder Landschaftsbild verunstaltet oder in seiner Eigenart beeinträchtigt werden würde;
2. gegen die Ausführung von baulichen Änderungen an Bauwerken und Anlagen von geschichtlicher oder künstlerischer Bedeutung (Baudenkmälern) und gegen deren Beseitigung, gegen die Entfernung oder Veränderung von öffentlich aufgestellten Kunstwerken (Grabmälern) sowie gegen die Entfernung oder Beseitigung oder Veränderung von Naturdenkmälern;
3. gegen die Beseitigung einzelner Bäume, wenn dadurch ein Orts- oder Landschaftsbild beeinträchtigt werden würde, ohne daß die Beseitigung einem öffentlichen oder berechtigten privaten Interesse entspricht;
4a. gegen die Anbringung von Reklamezeichen (...) wenn sie (...) geeignet sind, Straßen, Plätze oder einzelne Bauwerke, Kunstwerke und Denkmäler oder das Orts- und Landschaftsbild zu verunstalten;
4b. gegen die dauernde Beibehaltung vorhandener Reklamezeichen unter der zu a bezeichneten Voraussetzung.

§ 3 bestimmte: Der Einspruch ist in den Fällen der Ziffer 2 und 4b (wohlgemerkt: nur in diesen!) zurückzuziehen, wenn durch die von der Kommission für nötig erachteten Maßnahmen den Beteiligten nachweislich ein unverhältnismäßiger wirtschaftlicher Nachteil oder zu den Kosten der Bauausführung nicht in angemessenem Verhältnis stehende Kosten erwachsen würden. Erachtet die Kommission im öffentlichen Interesse gleichwohl die Aufrechterhaltung des Einspruchs für erforderlich, so hat sie die der Sachlage entsprechenden Anträge an den Senat zu richten.

Aus der Begründung ging hervor, daß die »Anträge« den Zweck verfolgen sollten, durch Gewährung einer Entschädigung die Aufrechterhaltung des Einspruchs zu ermöglichen. § 5 ließ die Festsetzung eines besonders geschützten Gebiets zu und bestimmte, daß alle Bauvorhaben innerhalb dieses Bezirks der Kommission vorgelegt werden müßten, während im übrigen die Baupolizei nur diejenigen Fälle der Kommission zur Kenntnis bringen sollte, bei denen nach ihrem Ermessen die Erhebung des Einspruchs in Frage kommen könne.

In der Öffentlichkeit gab der Entwurf zu allerlei kritischen Bemerkungen Veranlassung. Insbesondere vermißten Paul Bröcker und die Zeitschrift für Heimatkultur Vorschriften darüber, daß die Kommission zur Mitarbeit auch bei der Feststellung von Stadterweiterungsvorhaben und Bebauungsplänen berufen sei und daß auch die Staatsbauten ihrer Genehmigung unterworfen seien. Der Gesetzentwurf wurde wiederum einem Ausschuß überwiesen, dessen Vorsitz Dr. Stemann führte, während die Berichterstattung in Carl Mönckebergs Händen lag. Aufbau und Organisation der Baupflege fanden in der Hauptsache die Zustimmung des Ausschusses. Mancherlei Einzelnes wurde Änderungen unterzogen; insbesondere die Zusammensetzung des Beirats, die Vorschriften über das geschützte Gebiet und das Verfahren. Die Bestimmung des § 3, welche die Zulässigkeit einer Gewährung von Entschädigungen in gewissen Fällen vorsah, wurde weiter ausgebaut, ohne indes den Umkreis dieser Fälle zu erweitern.

So kam die Vorlage zur Beratung in das Plenum zurück und stand am 26. Juni 1911 auf der Tagesordnung. Hier gab es zunächst bei der allgemeinen Diskussion und dann bei der Debatte über die § 1 und 2 allerlei Anstände und Bedenklichkeiten: Rambatz wies auf die Gefahren hin, die entstehen würden, wenn sich die Kommission etwa nicht auf die Verhinderung offenbarer Geschmacklosigkeiten beschränken, sondern einen bestimmten Geschmack sollte durchsetzen wollen. Man stritt sich darüber, ob und wie weit gegen die Anordnungen der Kommission die Entscheidung der Gerichte angerufen werden könne, und dabei gerieten Dr. Bauer und namentlich Dr. Goldfeld mit dem Senatskommissar, Senator Schäfer, hart aneinander. Aber im ganzen schien doch das Gesetz einer glatten Verabschiedung entgegenzugehen. Indessen schon bei den Auseinandersetzungen über die Möglichkeit einer gerichtlichen Nachprüfung der Kommissionsbescheide klangen Zweifel an, ob die Frage der Entschädigung genügend geklärt sei, und diese Zweifel verdichteten sich bei persönlichen Besprechungen der Bürgerschaftsmitglieder an den folgenden Tagen immer mehr.

Auf einem Ausflug, den die Juristengesellschaft am 2. Juli 1911 in die Umgebung Lüneburgs machte, ging ich mit Schäfer, Stemann und Dr. Rudolf Mönckeberg, und das Gespräch drehte sich ausschließlich um das Baupflegegesetz und insbesondere um die Entschädigungsfrage. Die Unterschiede in der Auffassung traten dabei in das hellste Licht: Dr. Mönckeberg, von keinen Rücksichten auf ästhetische Belange angekränkelt, wollte in allen Fällen, wo dem Grundeigentümer Beschränkungen auferlegt würden, eine Entschädigungspflicht des Staates anerkannt sehen, während Schäfer erklärte, daß an einer allgemeinen Erweiterung einer solchen Pflicht das Gesetz scheitern werde. Dr. Stemann, dem sehr daran lag, das Gesetz unter Dach zu bringen, suchte zu vermitteln.

Mir wurde alsbald klar, daß der Ausgleich auf derjenigen mittleren Linie gesucht werden müsse, welche in meiner Denkschrift – in den oben eingeklammerten und bei der Berichterstattung unter den Tisch gefallenen Sätzen – angedeutet war: denn, wenn auch niemand das Recht hat, aus Laune, Gleichgültigkeit oder Unkultur den besseren Geschmack seiner Mitbürger zu verletzen und, falls er daran gehindert wird, eine Entschädigung zu verlangen, wäre es doch unbillig, wollte man jemandem die ihm nach dem Gesetz zustehende Ausnutzung seines Grund und Bodens aus ästhetischen Rücksichten verwehren, ohne ihm Ersatz zu bieten. Ich riet deshalb, auch im Fall der Ziffer 1 des § 2 eine Entschädigungspflicht dann zu statuieren, wenn durch Aufrechterhaltung des Einspruchs der Eigentümer in der Bebauung seines Grundstücks nach Areal oder Höhe beschränkt werde, und empfahl, die Festsetzung der Entschädigung, wenn sich die maßgebenden Instanzen für eine solche entschieden hätten, der in Enteignungssachen entscheidenden Instanz zu übertragen. Infolge dieser Besprechungen beantragte Stemann folgenden Tags bei der Fortsetzung der Beratung in der Bürgerschaft – unter Anerkennung der Tatsache, daß die Entschädigungsfrage im Ausschuß nicht genügend geklärt sei –, die Sache zu weiterer Bearbeitung an den Ausschuß zurückzuverweisen. Bei der Geschäftsordnungsdebatte, welche sich diesem Antrag anschloß, stellte sich denn auch heraus, daß nicht nur im Plenum, sondern auch unter den Mitgliedern des Ausschusses die Meinungen über das, was das Gesetz bestimmen wollte und bestimmen sollte, in einer ganz unvereinbaren Weise auseinanderklafften.

Ich erörterte in einem Artikel in der Neuen Hamburger Zeitung die Frage und schied die beiden Kategorien des Einspruchs scharf gegeneinander ab:

die eine, welche sich lediglich gegen die äußere Erscheinung eines Bauwerks in Formgebung und Farbe richtet, von der andern, die eine Beeinträchtigung wohlerworbener ökonomischer Rechte bedeutet, und schlug vor, der Vorschrift folgende Fassung zu geben:
»Wenn in den Fällen der Ziffern 1-3 des § 2 der Einspruch den Eigentümer in der Ausnutzung seines Grund und Bodens dergestalt beschränkt, daß er sein Grundstück ganz oder teilweise überhaupt nicht oder nicht in der sonst zulässigen Höhe bebauen darf, ist der Einspruch zurückzuziehen, falls nicht innerhalb einer Frist von drei Monaten auf einen von der Kommission an den Senat gerichteten Antrag beschlossen ist, daß eine Entschädigung zu gewähren sei.« Ferner riet ich, die Festsetzung der Höhe dieser Entschädigung der Schätzungskommission, einer mit den Garantien richterlicher Unabhängigkeit umgebenen Behörde, zuzuweisen.

Als die Bürgerschaft nach den Ferien ihre Sitzungen wieder aufgenommen hatte, stellte sich auch Stemann zur Fortsetzung unserer Besprechungen ein, und wir einigten uns auf eine – wie er sagte, vom Regierungsrat Behr herrührende – Formulierung, die nach meiner Ansicht zwar weniger einfach, eindeutig und klar war, aber sich der bisherigen Fassung mehr anschloß: sie ließ den ersten Absatz des § 3 im wesentlichen so, wie er vom Senat vorgeschlagen war, bestehen und fügte die entschädigungspflichtigen Fälle der Ziffer 1 des § 2 in einem neuen Absatz hinzu. In dieser Form fand das Gesetz in der Kommissionsberatung auch die Zustimmung der Senatskommissare und wurde demnächst, wenn auch erst nach umfänglicher Debatte und unter großen Bedenklichkeiten der Grundeigentümerkreise, von der Bürgerschaft angenommen.

Die Geschichte der Entstehung dieses Gesetzes ist um deswillen mit solcher Ausführlichkeit behandelt, weil hier zum ersten Mal in der hamburgischen Legislatur die künstlerischen Interessen der Allgemeinheit unter staatlichen Schutz gestellt und vom Einzelnen verlangt wurde, daß er sich um ästhetischer Rücksichten willen dem Ganzen unterordne und, abgesehen von direkten Eingriffen in seine Vermögensrechte, eine beträchtliche Beschneidung seiner Freiheiten über sich ergehen lassen müsse – Worte Senator Schäfers in der Kommissionsberatung. Die Wirkung des Gesetzes hat den Erwartungen entsprochen, die vernünftigerweise gestellt werden konnten. Sie beruht vielleicht weniger auf dem positiven Eingreifen der Kommission als auf dem Vorhandensein des Gesetzes. Denn nachdem den Architekten sowohl wie dem bauenden Publikum in eindringlicher Art zum Bewußtsein gebracht war, was für Belange auf dem Spiel standen, gab sich der wohlgesinnte Teil Mühe, ohne zensiert zu werden, den Anforderungen eines guten Geschmacks zu genügen.

An die Spitze des Baupflegebüros, das die geschäftlichen Funktionen übernahm und die eigentliche Tätigkeit der Kommission vorzubereiten hatte, wurde ein tüchtiger Architekt in der Person des Regierungsbaumeisters Hellweg berufen. Ihm gelang es, den größten Teil der sich ergebenden Anstände durch „Bauberatung" zu erledigen, dergestalt, daß die Kommission selbst in verhältnismäßig wenigen Fällen sich zu Erhebung von Einsprüchen gezwungen sah. Da, wo es dennoch geschah, erhob sich natürlich ein großes Geschrei, und namentlich wenn einmal ein Architekt sich davon betroffen sah, konnte es nicht ausbleiben, daß der Kommission, vor allem aber dem Leiter des Baupflegebüros, der Vorwurf gemacht wurde, man wolle einen persönlichen Geschmack durchsetzen und die Freiheit individuellen Schaffens beeinträchtigen. Als Mitglied des Sachverständigen-Beirats kann ich versichern, daß niemandem so etwas in den Sinn kam.

Gegen ein besonders giftiges Unkraut der letzten Jahrzehnte freilich wurde unnachsichtig vorgegangen: gegen unehrliche Dachkonstruktionen. Nicht wie einfach unter Verdrehung der Tatsachen behauptet wurde, gegen die flachen Dächer; denn diese sind, wo sie hingehören und wo man sich offen zu ihnen bekennt, durchaus gerechtfertigt. Wohl aber gegen die Attrappen von Dächern, insbesondere gegen die sogenannten Nashorndächer, die das oberste Stockwerk in eine dachartige Verkleidung stecken. Zu dieser Unsitte nahm die Kommission bei Gelegenheit eines Einzelfalls grundsätzlich Stellung. In derjenigen Gruppe des Beirats, in welcher ich den Vorsitz führte, hatte sich die Mehrheit gegen das Votum des Architekten Lundt für die Erhebung des Einspruchs gegen die Bauvorhaben mit Nashorndach ausgesprochen. In der Kommissionssitzung, wo darüber entschieden werden sollte, kam es zwischen Hellweg und mir einerseits und Lundt andererseits zu lebhafter Erörterung pro und contra. Für die Kommission gab es den Ausschlag, daß Schumacher uns beitrat. In unmißverständlicher Weise erklärte er, hier handle es sich nicht um eine Frage des Geschmacks, sondern der Gesinnung und der architektonischen Wohlanständigkeit.

Die Bemängelungen des Gesetzes, die seinerzeit Paul Bröcker erhoben, erwiesen sich als unbegründet: niemand bezweifelte, daß die von den Beamten der Baudeputation ausgearbeiteten Bauvorhaben der Baupflege-Kontrolle unterständen. Das erste Projekt, das dem Beirat zur Begutachtung vorgelegt wurde, war Schumachers Plan für den Erweiterungsbau des Stadthauses mit der Fleetüberbrückung. Etwas widerwillig verhielt sich vielleicht anfänglich das Ingenieurwesen, aber alsbald machte sich selbst da ein gewisser freudiger Stolz bemerkbar, nur solche Entwürfe einzureichen, an denen schlechterdings nichts auszusetzen sein konnte. Und die Gelegenheit ließ nicht lange auf sich warten, daß die Kommission sich auch mit Bebauungsplänen befassen mußte. Für Wohldorf und Volksdorf hatte das Ingenieurwesen Entwürfe gemacht, die – weil sie den Wünschen weder der Gemeinden noch der Grundeigentümer genügend Rechnung trugen, insbesondere Wälder, alte Baumbestände, Knicks, Teiche, Wiesengründe dem Bau übermäßig breiter Straßen opfern wollten – die Genehmigung der Gemeindevertretung nicht erhielten. Jetzt wurden sie der Baupflegebehörde überwiesen und alsbald zu einem guten Ende geführt.

Die Behörde beschränkte ihre Tätigkeit nicht auf die Erledigung der durch den Betrieb ihr täglich zugeworfenen Geschäfte; sie suchte ihre Ziele auch dadurch zu fördern, daß sie durch öffentliche Veranstaltungen Verständnis für ihre Aufgaben weckte: sie ließ im Vorlesungsgebäude sehr stark besuchte Vorträge halten und sorgte dafür, daß ein besonders lehrreicher Teil der Berliner Städtebau-Ausstellung in der Kunsthalle zur Schau gebracht wurde.

Das Gesetz hatte sich selbst durch die Bestimmung eine Schranke gezogen, daß es nach einer Probezeit von drei Jahren einer Revision unterzogen werden müsse. Diese Frist wurde zwar wegen des Krieges verlängert, aber schon in den Jahren 1917 und 1918 trat die Kommission in ernstliche Beratungen darüber ein, ob und in welchen Richtungen eine Abänderung zu empfehlen sei. Für die Erörterung im einzelnen wurden Ausschüsse, Unterausschüsse und noch einmal Redaktionsausschüsse gebildet, denen allen ich angehörte. Da das Gesetz sich im großen ganzen bewährt hatte, lief die Arbeit im wesentlichen darauf hinaus, einerseits einen Schönheitsfehler abzustellen, indem man den Stoff neu in logischer Reihenfolge ordnete, anderseits die Vorschriften nach den gemachten Erfahrungen durchzuarbeiten und genauer zu präzisieren, wobei man nach meinem Geschmack zu sehr ins einzelne ging. Es ist nicht der Mühe wert, des Näheren über diese Beratungen zu berichten. Nur eins lag mir dabei am Herzen und ich möchte es hier festgehalten sehen: In meiner ersten Denkschrift des Jahres 1908 und auch bei den späteren Besprechungen hatte ich den Standpunkt vertreten, daß sich die Baupflege auf die gleichsam negative Tätigkeit beschränken müsse, Verunstaltungen zu verhindern, im übrigen aber nur mit dem Mittel der Bauberatung wirken solle, also einen Zwang, in bestimmter Weise zu bauen, nicht ausüben dürfe. Jetzt schien es mir, abweichend von jenem Standpunkt, wichtig, in gewissen Ausnahmefällen die Möglichkeit einer positiven Einwirkung zuzulassen: da nämlich, wo es im Interesse einer groß angelegten Städtebaupolitik liegt, daß einzelne hervorragende Plätze oder Straßen einen einheitlichen monumentalen Charakter erhalten.

Ich trug meine Ansicht im Ausschuß vor, fand freundliche Zustimmung und wurde beauftragt, den Gedanken in einer Subkommission mit Hellweg und dem Architekten Elingius durchzuberaten. Das geschah an einem heißen Sommernachmittag in unserem kleinen Landhaus in Mellingstedt. Das Ergebnis unserer Besprechung legte ich wiederum in einer Denkschrift in der Form eines an Dr. Stemann, den Vorsitzenden des Ausschusses, gerichteten Briefes nieder. Ihr wesentlicher Inhalt und die vorgeschlagene Fassung des neuen Paragraphen haben in dem Entwurf und in der Begründung des revidierten Baupflegegesetzes, wie es nach Anhörung aller beteiligten Behörden dem Senat überreicht wurde, folgendermaßen Aufnahme gefunden:

»§ 7 Vorschriften für besondere Straßen und Plätze.

Um für Straßen und Plätze, die durch Lage und Bedeutung für das Stadt- und Landschaftsbild besonders ausgezeichnet sind, eine würdige baukünstlerische Gestaltung sicherzustellen, ist die Baupflegebehörde befugt, nach Anhörung des Sachverständigenbeirats für die Errichtung von Neubauten oder die Vornahme von Umbauten durch eine öffentliche Bekanntmachung Vorschriften über Höhenverhältnisse, Bauformen, Bauweise, Baustoffe und dergleichen zu erlassen, welche die Einheitlichkeit der Bebauung in bestimmter Form gewährleisten. Die Baupflegebehörde ist zum Einspruch befugt, wenn ein Bauvorhaben diesen Vorschriften nicht entspricht. Das weitere Verfahren richtet sich nach den in § 4 ff. für den Fall des § 2 Ziffer 1 gegebenen Vorschriften, jedoch ist der Einspruch auch unter der Voraussetzung des § 5 Absatz 1 zurückzuziehen. Auf Antrag der Grundeigentümer tritt anstelle einer zu leistenden Entschädigung das gesetzliche Enteignungsverfahren.

Begründung:

Die Erfahrung, wie oft durch das Nebeneinander von Bauwerken verschiedenartigen Charakters das Bild von Straßen und Plätzen zersplittert wird, legt die Erwägung nahe, ob und wie eine gesetzliche Handhabe geschaffen werden kann, dieser Gefahr vorzubeugen. Es liegt im öffentlichen Interesse, daß Straßen und Plätze von hervorragender Bedeutung eine einheitliche monumentale Gestaltung haben. Damit das erreicht wird, genügt nicht die gewissermaßen negative Verbotsform gegen Verunstaltung, wie sie im übrigen den Inhalt des Gesetzes ausmacht, es bedarf der Befugnis des positiven Eingreifens. Bisher bestand eine solche Möglichkeit nur, wenn und soweit der Staat Eigentums-, servitutische und ähnliche Rechte privatrechtlicher oder privatrechtähnlicher Art ausüben konnte; darauf beruht die Zuständigkeit der sogenannten Fassadenkommission für die Mönckebergstraße. Von solchen Bedingungen darf aber das öffentliche Interesse nicht abhängig sein; deshalb muß für Ausnahmefälle eine weitergehende Befugnis der Behörde geschaffen werden.

Das Gesetz muß dabei von speziellen Bestimmungen, welche den Einzelfall im Auge haben, absehen; es kann sich nur darum handeln, den allgemeinen Rahmen dieser Befugnis zu umreißen. Der Behörde muß sowohl die Bezeichnung der Straßen und Plätze wie die Art der für sie zu erlassenden Vorschriften überlassen bleiben, und es liegt in der Sache, daß die Handhabung dieser Machtvollkommenheit sich nicht mit einem Schlage, etwa sofort bei oder gleich nach Erlaß des Gesetzes erschöpfen kann. Vielmehr wird sie fortdauernd in Fluß bleiben müssen, je nach dem Fortschreiten der städtischen Bebauung und Entwicklung. Als mögliche Fälle für den Erlaß solcher Vorschriften seien erwähnt: die bauliche Ausgestaltung eines Zentralplatzes der neuen Alsterstadt oder im Sanierungsgebiet der Altstadt, ein etwaiger Umbau des Zeughausmarktes oder der Entschluß, dem Stephansplatz den Charakter aufzuprägen, der durch die Gebäude der Apotheke und der Oberschulbehörde angebahnt ist.

Man könnte daran denken, zur Erreichung des beabsichtigten Zwecks den Weg der Sondergesetzgebung für jeden einzelnen Fall zu beschreiten. Dagegen spricht einerseits die Schwerfälligkeit dieses Wegs, anderseits die Erwägung, daß ein Gesetz starre Formen schafft, welche die freie Bewegung hindern. Das aber wäre von Übel, denn es kann vorkommen, daß ein tüchtiger Baumeister einen Entwurf einreicht, der zwar den erlassenen Vorschriften widerspricht; aber besser als diese ist oder doch originell und zugleich so gut, daß es unbillig wäre, wollte man verlangen, er solle zu deren Gunsten zurücktreten.

Die Vorschriften sollen nicht die Wirkungen eines Eingriffs in das Grundeigentum mit schädigender materieller Wirkung haben. Ihre Nichtbeachtung berechtigt die Behörde zunächst nur zum Einspruch. Wird der Einspruch nicht zurückgezogen, obwohl dem Betroffenen ein unverhältnismäßiger wirtschaftlicher Nachteil oder unverhältnismäßige Kosten erwachsen – § 5 Absatz 1 – oder die gesetzliche Ausnutzung des Baugrundes nach Grundfläche oder Höhe in erheblichem Maße beschränkt wurde – § 5 Absatz 2 –,

tritt eine Entschädigungspflicht des Staates ein. Die Erweiterung der Entschädigungspflicht auf die Voraussetzung des § 5 Absatz 1 rechtfertigt sich dadurch, daß der positive Eingriff des § 7 einschneidender ist als das ohne weiteres begründete Verbot gegen Verunstaltung. Die Hinzufügung des Absatzes 3 des § 7 erschien um deswillen geboten, weil Fälle denkbar sind, in denen es unbillig wäre, den Grundeigentümer zu zwingen, gegen seinen Geschmack zu bauen, und gleichzeitig ihm unmöglich wäre, das Erbe zu verkaufen.«
Ob die Vorschrift Gesetzeskraft erlangen wird, steht heute – September 1920 – noch dahin. Wenn es geschieht, ist ein beträchtlicher Schritt auf dem Weg staatlicher Städtebaupolitik vorangetan. Mir war es eine Genugtuung, daß sich Schumacher mit Entschiedenheit zu meinem Vorschlag bekannte. Sein Artikel über »Die Straße« in der Serie »Fragen des Volkskultur« verfolgte ausgesprochenermaßen den Zweck, meinem Paragraphen die Wege zu ebnen.

Perspektiven der Stadtplanung

Eine der hauptsächlichen Kraftquellen, welche den Strom der Bewegung zugunsten der Baupflegegesetzgebung gespeist hatten, sprudelte in den Heimatschutzvereinen der Stadt und des Landgebiets. Diese hatten überall die Augen offen, wo es etwas zu retten galt. Ihnen war es auch zu danken, daß der alte Friedhof um die Johanniskirche in Eppendorf mit seinem Baumbestand der Straßenwütigkeit des Ingenieurwesens entrissen wurde. Um einen desto stärkeren Einfluß auf die staatliche Fürsorge für den Heimatschutz gewinnen zu können, schlossen sie sich im Herbst 1910 zu gemeinsamer Tätigkeit zusammen und bildeten einen Arbeitsausschuß, der sich speziell mit den Fragen der Gesetzgebung beschäftigen sollte. Leider mußte ich den mir angebotenen Vorsitz ablehnen, weil ich durch meine Amtsgeschäfte zu sehr in Anspruch genommen war. Die Bestrebungen dieser Männer fanden von Jahr zu Jahr lauteren Widerhall. Denn der Städtebau wurde in ganz Deutschland immer mehr als selbständige Kunst und Wissenschaft anerkannt. Einen mächtigen Auftrieb bekam die Bewegung durch die große Städtebau-Ausstellung des Sommers 1910 in Berlin. Auch die Hamburger Behörden schätzten ihre Bedeutung richtig ein, und es wurde durch Anregung und Erleichterungen mancherlei Art dahin zu wirken gesucht, daß nicht nur zahlreiche Fachleute, sondern auch Bürgerschaftsmitglieder sie besichtigten.

Alles das kam denn auch in seinem Endergebnis den wichtigen Projekten zugute, die um jene Zeit in der Entstehung waren: vor allem dem Stadtpark und der Kanalisation der Alster zwischen Ohlsdorf und Winterhude. – Für die Notwendigkeit eines Stadtparks hatte Lichtwark schon in den 1890er Jahren plädiert. Ich erinnere mich eines Debattierabends im Club von 1894, wo er sich einem völligen Mangel an Verständnis gegenüber sah. Dr. Rudolf Hertz meinte, wir hätten ja den Botanischen Garten und die Kirchhöfe vor dem Dammtor. Nach Lichtwarks Überzeugung lag hier ein Bedürfnis sowohl der besitzenden wie der besitzlosen Klassen vor: jener nach der Möglichkeit eleganter Promenaden- und Korsofahrten, dieser nach Sport- und Spielplätzen und Erholung auf weiten grünen Rasenflächen. Wie eigentümlich freilich über diese Dinge die Ansichten auseinandergingen, ersah ich aus einem Gespräch mit Professor Metz, einem ausgezeichneten Lehrer des Johanneums, der sich lebhaft besorgt äußerte, es könne in Hamburg ein Genuß- und Schlaraffenleben einreißen, wenn Lichtwarks Ideen mit den Korsofahrten im Park verwirklicht würden.

Indessen machte der Parkgedanke dennoch seinen Weg. Im Senat war es wohl neben Burchard namentlich Predöhl, der für ihn eintrat. Das Ingenieurwesen wurde mit der Ausarbeitung von Plänen beauftragt. Aber nun sah Lichtwark zu seinem Schrecken, daß man die Sache auf die leichte Schulter nahm. Anstatt, wie er wünschte, die Frage gründlich unter Beachtung aller in anderen Großstädten gemachten Erfahrungen zu studieren, suchte man schnell fertig zu werden. In einem vorzüglichen Aufsatz des Jahrbuchs der Gesellschaft Hamburgischer Kunstfreunde hatte er auseinandergesetzt, worauf es nach seiner Ansicht ankomme. Nun klagte er, Sperber, der Oberingenieur, frage, wo denn dabei überhaupt ein »Problem« sei, und rief verzweifelt aus: ein Knote werde immer verstanden und deshalb auch recht behalten. So schlimm kam es aber nicht. Man setzte durch, daß Schumacher, der kürzlich berufen war, sich der Sache annahm, und aus der Zusammenarbeit des Hoch- und Tiefbauwesens, die freilich nicht ganz ohne Reibung gewesen sein mag, ist doch etwas recht Brauchbares hervorgegangen. Es scheint, daß Schumachers Einfluß dabei stärker gewesen ist, als anfänglich angenommen wurde.

Sehr viel verwickelter lag die Angelegenheit der Alsterkanalisation und die mit ihr auf das engste verbundene Planung der sogenannten Alsterstadt. Selbstverständlich hatte hier, wo es sich neben der Regulierung des Wasserlaufs um eine Aufteilung des Geländes handelte, der Ingenieur die Vorhand. Der Plan, den Sperber auf Grund eines schon bei seinem Amtsantritt vorgefundenen Entwurfs ausgearbeitet hatte, fand die Billigung des Senats und ging im April 1910 an die Bürgerschaft. Hier aber begegnete er lebhaftem Widerspruch, obwohl sein Verfasser glaubte, den Anforderungen des modernen Geschmacks, wie er ihn verstand, dadurch beträchtlich entgegengekommen zu sein, daß er die Linie des Kanals nicht gerade, sondern in der Gestalt eines leicht geschwungenen S führte.

Der Ausschuß, in dem Dr. Stemann und Carl Mönckeberg die Wortführer der Opposition waren, ließ es an Gründlichkeit nicht fehlen. Man vertiefte sich in die Fragen des Städtebaus und holte Gutachten ein nicht nur von Einheimischen, sondern auch namhafter auswärtiger Sachverständiger. Unter jenen war Lichtwark, der das Projekt von Anfang an ungünstig beurteilt hatte. Um Weihnachten 1910 veröffentlichte er im Jahrbuch der Gesellschaft Hamburgischer Kunstfreunde unter dem Titel »Eine Alsterstadt« einen glänzenden Aufsatz, der seine Ideen darlegte.

Da er weder Städtebauer noch Architekt oder Ingenieur war, konnte es sich dabei nicht um einen ins einzelne ausgearbeiteten Plan handeln, vielmehr entwarf er in groben Zügen ein Gemälde, wie er, ein begeisterter Sohn Hamburgs, sich die Ausgestaltung dieser neuen Anlage als einer Perle deutscher Städtebaukunst dachte. Es war ein Kabinettstück raumbildender Phantasie, ohne den Boden praktischer Ausführbarkeit zu verlassen und sich in ideologische Phantasterei zu verlieren. Das dem Ausschuß erstattete Gutachten selbst hatte und hat den Wert einer klassischen kulturgeschichtlichen Arbeit. Es zerfiel in drei Teile. Der erste schilderte die drei Phasen deutschen Städtebaus: die mittelalterliche, vom Bürgertum nach Regeln, deren Ursprung in die Antike zu verfolgen sei, gebaute Stadt, die im 18. Jahrhundert von den Fürsten geschaffenen Residenzen und die von der Hand des Ingenieurs geformte neuere Großstadt aus der zweiten Hälfte des 19. Jahrhunderts.

Der zweite Teil beschäftigte sich mit dem hamburgischen Städtebau im 19. Jahrhundert. Er zollte den nach Hamburgs Entfestigung geschaffenen Wallanlagen Altmanns und den nach dem Großen Brand entstandenen Raumgebilden um die Binnenalster und namentlich um die Kleine Alster hohes uneingeschränktes Lob, um im Vergleich damit – vom künstlerisch-ästhetischen, nicht vom technischen Standpunkt – alles das zu kritisieren und zu verurteilen, was das Ingenieurwesen seit 1870 geleistet habe: in der Umformung und kleinlichen Verbildung des Ufergeländes in St. Georg an der Außenalster, in der Verbreiterung des Jungfernstiegs, beim Umbau des Schaarmarktes und bei der Anlegung der Uferstraße von Fontenay.

Der dritte Abschnitt behandelte die Alsterkanalisation selbst und stellte grundsätzliche Forderungen: vor allem die Aufstellung eines ausführlichen Bebauungsplans für das ganze Gebiet zwischen Ohlsdorf und Winterhude einerseits, dem Stadtpark und dem Borsteler Jäger anderseits, und zwar eines Plans, der nicht nur das Gelände in Straßen und willkürlich zugeschnittene Baublöcke aufteile, sondern genaue Rechenschaft darüber ablege, in welcher Weise, insbesondere mit welcher Art Häuser – Mietskasernen, Einfamilienvillen, Arbeiterwohnungen – die einzelnen Blocks zu bebauen seien, und danach unterschiedlich eine abweichende Breite für Hauptverkehrsadern, für Wohnstraßen und für Gartenwege auslege. Er verlangte ferner: Abkehr von der naturalistisch-romantischen Behandlung des kanalisierten Wasserlaufs und der Promenadenwege in seiner Umgebung; statt dessen eine monumentale, d. h. nicht etwa großartige, sondern von architektonischer Gesinnung getragene Gestaltung der Böschungen, Kais oder Vorsetzen, der Wassertreppen, Anlegestege und des Ufergeländes überhaupt; endlich ein weiträumiges Wasserbecken mit Vorkehrungen für den Dampfboot- und Rudersportverkehr als Mittelpunkt der neuen Stadtanlage in Verbindung mit einer großen Spielwiese, in deren Umkreis die öffentlichen Gebäude zu errichten sein würden.

Der Geist des Bürgers war für Pläne so weit ausschauender Art nicht reif; obwohl auch der als Städtebaukundiger gerühmte Geheimrat March, der auf Dr. Stemanns Rat gehört wurde, sich gegen Sperbers Projekt ausgesprochen hatte, folgte die Mehrheit des Ausschusses denjenigen Stimmen, die zu seinen Gunsten lauteten, und empfahl dem Plenum die Annahme. Die Minderheit, bestehend aus Dr. Stemann, Carl Mönckeberg, F. F. Eiffe und dem Sozialdemokraten Krause, wollte den Entwurf von Baudirektor Schumacher überarbeitet oder neubearbeitet sehen und verlangte, Lichtwarks Gutachten folgend, daß die Bebauungsweise des Geländes wenigstens in großen Zügen festgelegt werde; eventuell beantragte sie Ausschreibung einer Ideenkonkurrenz. Stemann persönlich wünschte, daß die Beschlußfassung überhaupt ausgesetzt werde, bis ein von Schumacher überarbeitetes Projekt vorliege.

Nun entbrannte ein lebhafter Kampf um den Endsieg. Auch das Publikum nahm daran Anteil; das bewiesen Artikel, die schon wiederholt in den öffentlichen Blättern erschienen waren: z. B. ein beachtenswerter Aufsatz Dr. H. Mercks, »Alstersorgen« überschrieben. Lichtwark war innerlich sehr erregt. Er sagte zu Bürgermeister Burchard, er werde alles, was in seiner Macht stände, tun, um Sperbers Projekt zu Fall zu bringen, und als der es bedenklich fand, wenn ein Beamter gegen den anderen Opposition mache, erwiderte er, dieses sei für ihn eine Gewissenssache.

Auch ich suchte mich in Lichtwarks Sinn einzusetzen: durch Besuche bei Bürgerschaftsmitgliedern, deren Stellungnahme ich aber natürlich schon festgelegt fand, und durch ein für die Neue Hamburger Zeitung geschriebenes Mahnwort, in welchem ich Lichtwarks Gutachten mit dem sachlich und formell dürftigen Inhalt des Mehrheitsberichts verglich. Carl Mönckeberg, der damals in der Redaktion saß, wollte dies »Memento« am Vorabend der Bürgerschaftsdebatte bringen. Da schrieb er, Lichtwark sei bei ihm gewesen und habe gebeten, von aller weiteren Polemik abzusehen; es sei etwas im Werk, worüber er einstweilen noch keine Auskunft geben könne.
In der Bürgerschaftssitzung suchte Senator Holthusen die Gemüter zu beruhigen; er erklärte, Schumachers Mitwirkung bei Ausführung des Projekts sei gesichert. Als ich diesen aber einige Tage später erfreut darauf anredete, antwortete er lächelnd: »So weit sind wir noch nicht.« Durch Holthusens Mitteilung, welche den Eindruck der Gewundenheit gemacht hatte, waren die Gegner nicht befriedigt. Carl Mönckeberg veröffentlichte wenige Tage später meinen kleinen Artikel mit der Begründung, jetzt müsse schweres Geschütz aufgefahren werden, und Lichtwark entschloß sich dazu, persönlich Sperber aufzusuchen und ihm nahezulegen, er möge seinerseits Schumacher um seine Mitarbeit bitten.
Am 20. November war die entscheidende Sitzung: nach langer Debatte beschloß die Bürgerschaft Annahme des Senatsantrags unter der Bedingung, daß »bei der weiteren Durcharbeitung des Projekts und der mit ihm in Verbindung stehenden Fragen die Mitwirkung des Baudirektors gesichert werde, insbesondere für die Einzelpläne der Uferanlagen, Brückenbauten, Bahnüberführungen, Platzgestaltungen und Straßenkreuzungen«. Es war ein Armutszeugnis. Die Bürgerschaft bewies, daß sie für das Wichtigste in dieser Angelegenheit kein Verständnis besaß. Mit jener »Bedingung« entzog sie sich feige der Verantwortung: denn nun hatte sie in Zukunft nicht mehr mitzusprechen; die Entscheidung lag in anderer Hand. Zunächst freilich in einer, an die man nicht gedacht hatte. Mars sprach: ich will es nicht!
War der Verlauf, den die Frage der Alsterkanalisation nahm, ein Anzeichen, daß jener Besuch der Städtebau-Ausstellung in Berlin durch die Bürgerschaftsmitglieder nicht den Erfolg gehabt hatte, den man erhoffen durfte, so fielen doch andere Samenkörner von dorther auf den hamburgischen Boden, die – gut Wind und Wetter vorausgesetzt – gute Frucht bringen konnten oder hätten bringen können. So bot die Schaffung des Zweckverbandes Groß-Berlin, der einer weitausschauenden Besiedlung nach wirtschaftlichen, hygienischen und künstlerischen Gesichtspunkten dienen sollte, ein Vor-

bild, das den Wunsch nahelegen mußte, für den Stadtkomplex Hamburg-Altona-Wandsbek-Harburg Ähnliches in die Wege zu leiten.

Wieder war es wohl Carl Mönckeberg, der als erster in den Spalten seiner Neuen Hamburger Zeitung für einen solchen Plan Freunde zu gewinnen suchte. Freilich standen hier einer Verwirklichung größere Schwierigkeiten im Weg als in Berlin, weil es sich um Gebiete nicht nur verschiedener Gemeinden und Kreise, sondern verschiedener Staaten handelte, und Mönckeberg verkannte sie nicht. Er schrieb darum auch, freilich nicht ohne einen gewissen spöttischen Unterton, man könne vom Senat nicht die Initiative erwarten; wohl aber möge er vorbereitet sein, wenn von anderer Seite die Frage angeschnitten werde. Tatsächlich verhielt sich der Senat abwartend, aber aus der öffentlichen Diskussion verschwand die Frage eines »Groß-Hamburg« nicht mehr.

Schon im März 1911 fand in einer von den vereinigten Bürgervereinen einberufenen Versammlung eine Debatte über die Möglichkeiten statt; von den meisten Rednern aber wurden diese einstweilen verneint. Die Neue Hamburger Zeitung gab es indessen nicht auf, für ihre Idee Stimmung zu machen, und ließ in der Folge eine Reihe Artikel erscheinen, welche die Sache von verschiedenen Gesichtspunkten beleuchteten und eine Planung vorbereiten sollten. Zu positiven Maßregeln oder nur Vorschlägen kam es nicht; die Zeitspanne bis zum Ausbruch des Krieges war zu kurz.

Glücklicher und leichter ging ein anderes Vorhaben voran, die Schaffung einer Abteilung für Städtebau in der Baudeputation. Die Idee ging auf eine Anregung aus der Bürgerschaft zurück. Nachdem für die Gestaltung und Verwaltung der städtischen Parks und Grünanlagen ein selbständiger Gartendirektor angestellt war, empfand man das Bedürfnis, den Aufgaben der Stadterweiterung und Bebauung größere Entwicklungsmöglichkeiten zu geben. Die Erfahrung, mit welchen Reibungen die Zusammenarbeit des Hochbaus mit dem Ingenieurwesen bei der Planung für den Stadtpark und für die Alsterkanalisation verbunden war, wurde ein Anlaß zur Beschleunigung. Im Sommer 1914 ging der Antrag des Senats bei der Bürgerschaft ein und fand glatte Zustimmung. Die neue Abteilung wurde dem Hochbau angegliedert und damit dem Baudirektor unterstellt.

Damit war ein wichtiger, zukunftsträchtiger und hoffnungsreicher Schritt getan. In dem Bewußtsein, daß Schumacher dieses Amtes waltete, durfte man mit Zuversicht der städtebaulichen Entwicklung Hamburgs entgegensehen. Und schon meldeten sich außer den oben behandelten Projekten neue Aufgaben: an erster Stelle ein umfangreicher Bebauungsplan für das

Terrain des Zoologischen Gartens, des Botanischen Gartens und der Kirchhöfe vor dem Dammtor. Hier sollten die für den Dienst an der Wissenschaft bestimmten öffentlichen Gebäude entstehen, und bereits Ende 1911 hatte Schumacher in einer Bürgerschaftssitzung in großen Zügen seine Ideen über die Ausgestaltung dieser Anlage dargelegt.

Hamburg, das in 15jähriger angestrengter Bautätigkeit sich ein neues Kleid geschaffen hatte, war im Begriff, neue Kräfte zu noch gesteigerter Anstrengung zu sammeln. Da trat im Sommer 1914 die Katastrophe ein. Anfänglich glaubten wir alle, der Krieg bedeute nur eine, wenn auch starke, so doch vorübergehende Unterbrechung der steilen Aufwärtsentwicklung. 1918 wurde uns klar, daß er ein Sturz ins Bodenlose war. Nun kann es sich nur darum handeln, was geschaffen ist vor einem Verfall ins Ruinenhafte zu bewahren und in emsiger Arbeit für ferne Zukunft einen neuen Anfang vorzubereiten.

Es bleibt noch, wenn wir vollständig sein wollen, ein Rest zu sammeln: die Denkmäler und der Ohlsdorfer Friedhof. Dieser war das Werk des Architekten W. Cordes. Er war durchaus im englischen Landschaftsstil angelegt und traf damit den Geschmack der großstädtischen Bevölkerung. Diese sehnte sich nach ländlichem Frieden und Ruhe unter schönen Bäumen; beides wollte sie ihren Toten gegönnt sehen. So wurde die große Fläche von ursprünglich 130 Hektar nicht als Totenstadt, sondern als Totenhain gebildet.

Es ist ein sanft abfallendes Gelände am linken Ufer des mittleren Alsterlaufs, zu parkartiger Bepflanzung durchaus geeignet. Der Baumbestand wuchs zum Wald heran, der, von geraden und gewundenen Fahrstraßen und von zahlreichen Fußwegen durchschnitten, vielfach von freien Plätzen für Reihengräber unterbrochen wird. Die Erbbegräbnisse und Familiengräber liegen rechts und links von den Wegen, teils frei sichtbar, teils in verborgenen Waldecken. Gärtnerische Anlagen sind hier und da eingestreut: ein Rosarium und Teiche. Ein Ehrenfriedhof nimmt einen hervorragenden Platz ein. Dieser Zentralfriedhof wird von der Bevölkerung als eine Art Heiligtum verehrt und gilt als eine der Hauptsehenswürdigkeiten Hamburgs. Täglich zählt die Schar der Besucher nach Tausenden.

So tüchtig sich Cordes nach den damaligen Anschauungen als Gartenkünstler bewies, so unglücklich war er als Architekt. Das Verwaltungsgebäude, das am Haupteingang einen besonderen Akzent geben sollte, wurde ein Monstrum, und auch die zahlreichen Kapellen, die sich über den Friedhof verteilten, waren mager und unansehnlich. Das Areal, das schon im Laufe der Jahre auf 190 Hektar vergrößert war, bedurfte um 1910 einer abermaligen be-

trächtlichen Erweiterung. Man beschloß, von dem benachbarten preußischen Terrain 160 Hektar hinzuzuerwerben.
Nun handelte es sich darum, wie dies neue Gelände ausgestaltet werden sollte. Denn der Geschmack hatte sich, wenn auch nicht bei der Bevölkerung, so doch in den Köpfen der Kulturträger geändert: man hielt dafür, daß ein Friedhof nicht einen naturalistisch-romantischen, sondern architektonisch-monumentalen Charakter haben müsse. Daß der inzwischen gealterte Cordes diesen Wandel mitmachen würde, durfte man nicht erwarten, denn er war zu sehr mit seinem bisherigen Lebenswerk verwachsen. Der Senat billigte den von ihm ausgearbeiteten Plan, der den Stil des alten Teils auf den neuen übertrug, und legte ihn – 1916 – der Bürgerschaft zur Genehmigung vor. Dort aber wurde lautbar, auch Schumacher habe Ideenskizzen für die Ausbildung des neuen Teils ausgearbeitet. Man verlangte, sie mindestens zu sehen, und deshalb wurde die Beratung vertagt.
Erst so kam die Angelegenheit in die größere Öffentlichkeit, deren Aufmerken damals auf andere Dinge gerichtet war. Ich wandte mich an Professor Pauli, den Direktor der Kunsthalle, der durch den Gang der Dinge ebenso überrascht war, und bat ihn, durch Einberufung des Vorstands der Gesellschaft Hamburgischer Kunstfreunde eine Protestaktion gegen das vom Senat beliebte Verfahren einzuleiten. Unsere Besuche in der Senatskanzlei ergaben, daß Dr. Hagedorn Referent gewesen war und sich mit Begeisterung für den Cordesschen Plan eingesetzt hatte. Es ist schon oben an anderer Stelle erzählt, daß auf Schumachers Wunsch von einer Agitation zugunsten seiner Entwürfe in der Öffentlichkeit abgesehen wurde.
Die Bürgerschaft nahm Kenntnis von Schumachers Zeichnungen und entschied sich einstimmig für den Cordesschen Entwurf; man sagte, aus Pietät gegen den alten Herrn, der auf dem Sterbebett liege. Das machte dem Herzen der Bürgerschaft, aber auch nur diesem, alle Ehre. Er starb in der Tat nach kurzer Frist, und als einige Jahre ins Land gegangen waren, sah man ein, man habe eine Dummheit begangen. Einige Körperschaften – der Architekten- und Ingenieur-Verein, der Verein für Heimatschutz, der Werkbund Geistiger Arbeiter – verlangten eine Revision des Beschlusses, und nun wurden Schumacher und der neue Gartendirektor Linne aufgefordert, neue Vorschläge zu machen.
Das ergab von neuem eine schwierige Situation. Man durfte von der Vorzüglichkeit der Pläne des Baudirektors überzeugt sein, und er verteidigte sie mit den besten, durchschlagenden Gründen. Aber der andere war mit eifersüchtiger Gereiztheit darauf aus, daß er auf diesem, in seinen Amtsbereich fallen-

den Gebiet Sieger bleibe. Die Baudeputation hörte einen auswärtigen Gutachter und entschied sich für Linnes Entwurf, nachdem er ihn einigen Änderungen unterzogen hatte. So blieb Schumachers Kraft brach liegen.
An Denkmälern ist Hamburg nicht eben reich. Aus früherer Epoche waren überkommen der ausgezeichnet sitzende Lessing Schapers auf dem Gänsemarkt, Börners Schiller und das Kriegerdenkmal Schillings auf der Esplanade. Im Jahr 1892 wurde Victor Tilgners liebenswürdiges Standbild Bürgermeister Petersens auf dem kleinen Platz vor dem Stadthaus errichtet. Die hauptsächlichsten Werke aber, von denen hier ausführlicher gehandelt werden muß, sind die Reiterstatue Kaiser Wilhelms, der Bismarck und Klingers Brahmsdenkmal in der Musikhalle.
Die Errichtung des Kaiserdenkmals wurde 1898 beschlossen. Ursprünglich hatte im Auftrag des Senats Schaper einen Entwurf gemacht, nach welchem es auf der Reesendammbrücke seinen Standort erhalten sollte: ähnlich wie der Große Kurfürst in Berlin, auf einem in die Kleine Alster geschobenen Sockelausbau. Camillo Sitte sagte damals, das wäre einer der schönsten Plätze der Welt für ein Denkmal. Die Bürgerschaft fand das nicht und verlangte, daß es auf den Rathausmarkt gestellt werde. Der Senat gab nach. Es wurde ein Wettbewerb ausgeschrieben. Die Jury erteilte den ersten Preis den Bildhauern Garbers und Barlach. Jawohl, Ernst Barlach! Natürlich wagte man nicht, sich diesen damals jungen, unbekannten, in Berlin unbekannten Künstlern anzuvertrauen! Soviel Mut konnte selbst eine Republik nicht aufbringen, die über dem Eingang zu ihrem Rathaus das Gelöbnis eingemeißelt hatte: »Libertatem, quam peperere majores« zu wahren.
Man wählte den guten alten Schilling, der ein gutes, altes, langweiliges Denkmal schuf. Es sollte den alten Herrn »in der ihm eigenen würdevollen Ruhe versinnbildlichen, in der er nach einem großen Siege von der Höhe seiner Macht und seines Ruhmes herabschaut.« Wie konnte Hamburg den ersten Kaiser des neuen Reiches besser ehren, als daß es seinen Rathausmarkt völlig verdarb? Man baute in seiner Mitte eine 1800 Quadratmeter große Plattform, zu welcher vorn, auf der Seite des Rathauses, eine breite, von rückwärts eine schmalere Treppe von fünf Stufen hinaufführen, dergestalt, daß jeder, der den Platz quert, nicht aus dem Gefühl des Stolperns herauskommt. Dort oben auf einem sechs Meter hohen Sockel hält Wilhelm I. auf seinem Schlachtroß. Hinter ihm sind rechts und links halbhohe wandschirmartige Balustraden errichtet mit sehr mäßigen Bronzereliefs. Große allegorische Figuren sitzen davor, die mit mehr oder weniger deutlich erkennbaren Beschäftigungen befaßt sind.

Am 20. Juni 1903 wurde das Denkmal enthüllt. Die pomphafte Feier mutet heute, wo ich dies schreibe – Ende 1920 –, seltsam in der Erinnerung an. Wir saßen alle auf den großen Tribünen vor dem Rathaus. Da verkündeten die Glocken, daß Kaiser Wilhelm II. seinen Salonwagen auf dem Dammtorbahnhof verlassen habe. Gleich darauf sah man schräg über die Kleine Alster hinweg ein schwarz und weißes Wölkchen über die Reesendammbrücke herüberflattern: es waren die Fähnchen der Husaren-Schwadron, die der kaiserlichen Equipage vorausritt. Unter endlosen Hurrarufen der Menge schritt der Kaiser in das große Empfangszelt. Nach den üblichen Reden fiel die Hülle und man sah, wie der Enkel mit den Bürgermeistern und seinem Gefolge das Denkmal umschritt. Man sagte, er sei zufrieden gewesen, nur schiene er das Epitheton des »Großen« bei der Inschrift vermißt zu haben. Abends war Illumination und Hamburg freute sich des neuen Schmucks. Wer den alten Herrn mit ehrfürchtiger Liebe im Herzen trug, hätte ihm hier ein Denkmal gewünscht, das seiner Art besser entsprach.

Mit dem Denkmal Bismarcks war es eine andere Sache. Die Mittel waren durch eine öffentliche Sammlung zusammengebracht. Sie hatte die gewaltige Summe von nahezu 600 000 Mark ergeben. Es erschien schwierig, sie unterzubringen. Ich machte damals in einem »Eingesandt« im Correspondenten den Vorschlag, man möge statt eines Denkmals eine Volksbibliothek mit Lesehalle erbauen und damit unter Bismarcks Namen ihm ein Gedächtnismal errichten, von dem die weitesten Volkskreise Nutzen hätten. Ich erregte damit den flammenden Zorn der Hamburger Nachrichten, die darin eine Aufforderung zur Untreue gegen die Stifter erblickten.

Es wurde – 1901 – wiederum ein Wettbewerb ausgeschrieben. Über 200 Entwürfe gingen ein und wurden im Velodrom – einer Rad- und Autofahrt- und Ausstellungshalle auf den Wiesen vor dem Dammtor – der Öffentlichkeit gezeigt. Das aus den namhaftesten Sachverständigen Deutschlands zusammengesetzte Preisgericht entschied sich einstimmig für einen Entwurf Lederers (Plastik) und Schaudts (Architektur). Carl Mönckeberg erzählte im Lotsen amüsant über ein Diner, das sein Vater den Mitgliedern der Jury in seinem Haus gegeben; die Zufriedenheit über die glückliche Lösung, welche jene beiden Künstler gefunden, war in der gehobenen Stimmung der Teilnehmer zum Ausdruck gekommen. Lichtwark war, als ich ihn sprach, letzten Endes doch nicht recht zufrieden. Ihm war das Projekt zu gewaltig, nicht genug feine Kunst, und er fürchtete, die Belichtung von Gestalt und Gesicht werde bei der Orientierung, die das Denkmal finden müsse – Front nach Nordwesten –, nicht die richtige sein.

Im Lotsen schrieb Karl Scheffler eine Studie, in welcher er den preisgekrönten Entwurf vortrefflich charakterisierte. Er erkannte die Qualitäten an, ohne sich von ihnen bestechen zu lassen. Er rühmte die Monumentalität des Aufbaus, vor allem der Architektur, bedauerte aber, daß der Künstler bei den gewählten Ausmaßen der Figur auf eine vergeistigende Durchbildung der individuellen Physiognomie verzichten müsse. Dennoch mahnte er zur Vertiefung bei der Ausführung: »Um zum guten Resultat zu gelangen, ist es nötig, daß jetzt die ernsthafteste künstlerische Arbeit beginne. Denn vielen Geschlechtern soll dieses Denkmal des besten Deutschen ein Wahrzeichen sein. Zu solchem Zwecke ist die inhaltreichste Kunst eben recht.«
Die Mahnung scheint nicht ungehört geblieben zu sein. Vier Jahre gingen ins Land, ehe das Denkmal fertig war. Als es zum Aufbau kam, nahmen die mächtigen Substruktionen und die Schichtung der Granitquadern für die Figur das ganze Interesse der Bevölkerung in Anspruch. Endlich, am 2. Juni 1906, kam der Tag der Enthüllung heran. Es war wechselndes Wetter mit böigen Winden. Eine große Segeltuchhülle verbarg den Riesen; ihre Verschnürung sollte im gegebenen Augenblick durch einen Ruck am Tau gelöst werden. Aber die Mechanik arbeitete nicht planmäßig: oben am Kopfe blieben die Stricke haften, und nun wallte es hinter der Gestalt wie ein mächtiger Wotansmantel. Ein überwältigender Anblick. Man bedauerte fast, daß es schon nach einer Minute gelang, den Widerstand dort oben zu überwinden. Das Denkmal wurde in der Tat neben dem großen Michel ein zweites Wahrzeichen Hamburgs. Gleich einem Schutzheiligen steht der Roland-Bismarck auf der Elbhöhe in ruhiger unnahbarer Größe; dauerhafter, wie sich erwiesen, als das Werk, das er schuf.
Mit dem Brahmsdenkmal als einem edlen Schmuck für den Wandelgang der Musikhalle war Max Klinger von Musik- und Kunstfreunden beauftragt. Im Jahre 1909 wurde es enthüllt; es zeigt die Büste des Meisters auf einem Sokkel, von weiblichen Gestalten umschwebt und umflossen, ein echtes Werk der Klingerschen Muse, mindestens ebenso stark von literarisch-musikalischer wie von formbildend-künstlerischer Phantasie eingegeben. Zur Weihefeier war Klinger selbst erschienen. Er hatte sich ausbedungen, das Festmahl, das dem Akte folgen sollte, dürfte nur im ganz kleinen Kreis des engen Denkmalkomitees stattfinden. Die Ansprache, die Lichtwark dort zu Ehren Klingers hielt, ist im Jahrbuch der Gesellschaft Hamburgischer Kunstfreunde von 1909 veröffentlicht.

Einweihung des Bismarck-Denkmals am 2. Juli 1906

Resümee

Wir haben den Umkreis dessen umschritten, was die Epoche von 1890 bis 1914 in Hamburg an Bildungsstreben und Kulturschaffen enthielt. Die daraus zu ziehende Schlußsumme gibt Antwort auf die Frage, ob das lebende Geschlecht selbst »Kultur«, Geistesadel besaß. Schon bei verschiedenen Gelegenheiten sind für den Einzelfall kritische Bemerkungen eingeflochten; ein endgültiges Urteil sollte und konnte damit nicht gesprochen werden. Hier am Schluß dürfen wir uns einem solchen Versuch nicht entziehen.
Ins Große gesehen muß gesagt werden: diese Generation war den kulturellen Verantwortlichkeiten, welche die Zeit stellte, nicht gewachsen. Die voraufgegangenen Jahrzehnte hatten einen gewaltigen wirtschaftlichen Aufschwung gebracht, der noch immer in steil ansteigender Linie war. Jetzt hätte dem Materiellen in Erwerb, Besitz und Genuß ein gleichwertiges Gegengewicht gegeben werden müssen. Denn ebenso wie der Einzelmensch nur dann im höchsten Sinn als gebildet gelten kann, wenn seine Sinnlichkeit und seine Geistigkeit in gleichem Maße entwickelt sind, ist nur dasjenige Volk ein Edelvolk, dessen wirtschaftlichem Wohlstand die Leistungen auf dem Gebiet des reinen Geistes- und Empfindungslebens zum mindesten die Waage halten. Reichtum verpflichtet nicht nur; er erweist sich nur da als gerechtfertigt, ja, erträglich, wo er in den Dienst höherer Ziele gestellt wird. Solche Gesinnung war nicht nur dem Hamburger, sondern überhaupt dem neuen Deutschen noch nicht eigen geworden.
Zwar stand alles, was mit Handel und Industrie, mit Technik und Organisation zusammenhing, in bunter Blüte, aber über dem Lärm hörte man nicht die leisen Schritte derer, welche einen neuen Geist brachten. Denn gewiß gab es solche: versonnene Grübler sowohl wie glänzende Talente, Propheten und Genies. Es gab auch mitfühlende Seelen und mitgehende Genießer. Aber die große Menge war stumpf, und die, welche das Portemonnaie hatten, hielten die Taschen zu. Um die Jahrhundertwende sahen die Einsichtigen, die für so etwas eine Witterung hatten, daß sich ein Wandel vom Materialismus zu einem neuen Idealismus hin vorbereitete, und zehn Jahre später war er in den führenden Köpfen eine vollendete Tatsache. Aber die Masse, auch die Masse der sogenannten Gebildeten, war nicht davon ergriffen, kaum berührt. Die »Denker und Dichter« wurden verlacht; man rühmte sich seines praktischen Sinns; Idealisten wurden Ideologen gescholten. Das nannte man Realpolitik und berief sich auf den Namen Bismarcks. Mit gleichem

Unrecht hätten sie Nietzsche sagen können; zum Glück kannten ihn die wenigsten.

In der Gleichgültigkeit gegen die Geistesveredelung und alles Kulturliche erkennen wir die Versündigung dieses Zeitalters. An ihr ist es zugrunde gegangen. Als die bittere Not des großen Krieges kam, fehlte das moralische Gewicht eines tief und ernst empfundenen Verantwortlichkeitsgefühls in dieser Richtung: in den ersten Kriegswochen habe ich vor der Zuhörerschaft der Kunstgesellschaft über diese »kulturellen Verantwortlichkeiten«, wie ich sie verstand, gesprochen.

Auch später – Anfang 1917 – habe ich im Auftrag des Bundes Deutscher Gelehrter und Künstler in verschiedenen Städten über dasselbe Thema geredet und reichen Beifall geerntet. Aber um die Gedanken fruchtbar zu machen, hätte man Engelszungen haben müssen.

So war der Mangel des geistigen Lebens in jener Epoche: Überwucherung der Tiefe durch den üppigen Klee reichen Erwerbs und Genusses. In Hamburg lagen die Dinge genau wie im übrigen Deutschland; nur trat der Gegensatz vielleicht schärfer in die Augen. Auf der einen Seite schöpferische Kulturträger ersten Ranges in den Personen Lichtwarks, Brinckmanns, Dehmels, Schumachers, unter denen vor allen der erste mit seinen Mahnrufen und Ratschlägen nicht erlahmte.

Auf der anderen eine besonders breite Oberschicht wohlhabender Leute, die sich zu den Gebildeten rechneten und von denen eine wache Anteilnahme an allem Bildungswesen hätte erwartet werden können. Es war die Schicht der Kaufleute, des in Hamburg führenden Standes, der an erster Stelle von der vorangegangenen wirtschaftlichen Entwicklung den reichsten Nutzen gezogen hatte. Wohl gab es unter ihnen eine Reihe Vollmenschen, die persönlich allen Anforderungen der Zeit gewachsen waren und sie erfüllten; ihr Name ist nicht verschwiegen worden. Dem Durchschnitt fehlte aber die sichere Grundlage einer vertieften Bildung. Meist waren sie das, was man Banausen zu nennen pflegt. Dieser Geist beherrschte eigentümlicherweise auch den Kreis der akademischen Berufe. Er beherrschte zu einem guten Teil den Senat und fast die ganze Bürgerschaft.

So konnte es kommen, daß Hamburgs Bürgertum in fast allen entscheidenden Momenten dieser Zeitspanne, da, wo es sich um einen Kulturfortschritt handelte, versagte: es hat weder Lichtwark noch Brinckmann noch Schumacher recht zu nutzen verstanden. Gelegenheiten, Hamburgs Kunstgewerbe an die führende Stelle in Deutschland zu rücken, hat es verpaßt. Die neuen Erscheinungen der Literatur in Theater (Deutsches Schauspielhaus) und Ly-

rik (Dehmel und Liliencron) hat es abgelehnt; hoffnungsvolle Talente wußte es nicht zu halten; Künstler, die Entwicklungsmöglichkeiten versprachen, ließ es verkümmern; mit Kopf und Kragen setzte es sich gegen die Gründung einer Universität. Ausschließlich auf dem Gebiet der Baupolitik sind aus ihm selbst gegen Ende des Zeitraums fruchtbare Anregungen hervorgegangen.
Dies Urteil hat den Klang der Bitterkeit. Ist es darum zu hart? Ich glaube es nicht: Hamburg hatte glänzende Aussichten. Ohne große Anstrengungen konnte es werden, was Lichtwark seiner Vaterstadt erträumte: der Kulturvorort Nordwestdeutschlands und damit eine geistige Macht ersten Ranges in unserem Vaterland. Daß es diese Möglichkeiten ausließ, war, wo nicht eine Pflichtverletzung, doch eine Schuld. Hamburg hat sie mit dem Sturz von seiner Höhe schwer gebüßt. Die Geschichte ist eine erbarmungslose Richterin.
Ich denke nicht daran, den Vorwurf der Barbarei, den das Ausland gegen uns erhob, zu billigen. Der Kulturstand der heutigen Franzosen, der Engländer, der Italiener ist nichts weniger als besser denn der unsrige. Aber weil ich des Edelkerns in unserem Volk sicher bin, glaube ich höhere Anforderungen an Deutsche stellen zu dürfen als an andere Völker. Dadurch, daß sie uns den Krieg gegen jene verlieren ließ, bewies die Weltgeschichte, daß sie desselben Glaubens ist.

11 Epilog: Der Kriegsausbruch und seine Folgen

Wiederholt ist zeitlich über den Rahmen hinausgegriffen, den sich diese Arbeit gezogen hatte. Entwicklungen, die 1914 noch nicht zum Abschluß gekommen waren, mußten in ihrem Verlauf verfolgt werden, und damit traten die Jahre des Krieges und der beginnenden Revolution in den Kreis der Betrachtung. Darum wird es gerechtfertigt erscheinen, als eine Art Nachtrag überhaupt einen Überblick dessen zu geben, was in dem Zeitraum von 1914 bis 1920 auf dem Gebiet der hamburgischen Kulturpflege geschehen ist – sei es, daß es sich als Ausklang des Vergangenen oder als ein Einsetzen neuer Töne darstellt. In diesem Schlußwort wird der Vortrag noch mehr als vorher eine subjektiv-persönliche Färbung tragen: weil die Gewässer der Geschehnisse noch nicht zur Ruhe gekommen und geklärt sind, vermag das Auge ihren Niederschlag nur mit minderer Deutlichkeit zu erkennen, und die Berichterstattung muß sich auf die Mitteilung eigener Erlebnisse und Tätigkeiten beschränken.

Der Ausbruch des Krieges wirkte auf der ganzen Linie der in den vorstehenden Büchern beschriebenen Bestrebungen wie ein elektrischer Schlag: alles kam augenblicklich zum Stillstand. Natürlich: denn aus dem Räderwerk der Maschine wurden überall durch die Mobilmachung Teile herausgenommen, welche den Antrieb und die Fortleitung der Bewegung vermittelt hatten. Aber bei uns, die wir wegen unseres Alters zurückbleiben mußten, bestand die Überzeugung, daß es sich nur um eine verhältnismäßig kurze Unterbrechung handele, nach welcher alles mit verdoppelter Kraft wieder in Gang kommen werde. Freilich, das war uns klar: uns liege eine große Verantwortung ob, daß nicht etwa – nach einem entscheidenden Siege – die kulturellen Belange des Fortschritts gegenüber militärisch, wirtschaftlich und rein politisch orientierten Machtinteressen in den Hintergrund gedrängt würden. Diesen Gedanken gab ich schon im September 1914 Ausdruck in einem der

Hamburgischen Kunstgesellschaft gehaltenen Vortrag über »Unsere kulturellen Verantwortungen nach dem Kriege«, der im Anschluß an die »Deutschen Vorträge Hamburgischer Professoren« im Verlag von L. Friederichsen & Co. gedruckt wurde. Ich wechselte auch mit Karl Lamprecht in Leipzig Briefe über die Wege, die eingeschlagen werden müßten, um jene Gefahren zu vermeiden, und er schrieb mir, er habe schon eine Eingabe an den Reichskanzler entworfen, welche fordere, daß von der nach Beendigung des Krieges seitens unserer Feinde zu zahlenden Entschädigung eine Summe von 500 Millionen für Kulturzwecke zurückgestellt werde. Mein Vortrag fand in weiteren Kreisen so viel Zustimmung, daß in der Folge ich von dem Bund Deutscher Gelehrter und Künstler eingeladen wurde, in dem gleichen Sinn in anderen Städten zu sprechen. Jedoch läßt sich kaum behaupten, daß die angeschlagenen Töne in der Allgemeinheit ein lautes Echo gefunden hätten, und je länger der Krieg sich hinzog, je weiter der Endsieg in die Ferne gerückt schien, um so mehr traten andere Sorgen in den Vordergrund. Erst als alle politische Hoffnung dahin war, in den Aufwallungen der jungen revolutionären Begeisterung, meldeten sich Ansprüche des Geistes mit lauterer Stimme, und vielleicht in Hamburg mit besonderem Nachdruck. Der Schlußakt des Universitätsdramas und die Wirksamkeit des Lehrerrats zugunsten der Einheitsschule, wie sie oben geschildert wurden, sind dafür Beweismittel. Was nun Bemerkenswertes in diesen sechs Jahren und wie es sich zugetragen hat, soll in ähnlicher Gliederung und Gruppierung vorgetragen werden, wie sie in den Büchern des Hauptteils angeordnet war.

Bildende Kunst

Lichtwark und Brinckmann, die beiden vornehmsten Repräsentanten der hamburgischen Kultur von 1890 bis 1914, starben, als die Epoche zu Ende ging: jener zu Anfang 1914, dieser Anfang 1915. Lichtwarks Tod, wenn auch nicht unerwartet, weil man wußte, daß er seit Mitte des vergangenen Jahres an schwerer Krankheit dahinsiechte, schlug dennoch ein wie ein Blitzstrahl. Die, welche sich ihm geistig verbunden fühlten, konnten sich Hamburg ohne ihn nicht vorstellen. Aber auch das offizielle Hamburg schien sich keinen Rat zu wissen. Die Leichenfeier im Krematorium war des ein Zeugnis.

Sie gab mir Anlaß zu folgenden Versen:

Lichtwark der Löwe war tot.
Die Flaggen wehten halbmast.
Wie es der Anstand gebot,
Machte man eine Rast.

Eine Rast im Geschäft, in der Jagd,
Im Vergnügen des Balls, des Konzerts;
Es glänzte ein Tränensmaragd
Selbst im Auge der Frau vom Kommerz.

Drei Tage gingen ins Land,
Dann wurde der Körper verbrannt.
Elegant, im Trauergewand
Kamen sie angerannt.

Zwei Herren im blonden Bart
Machten dabei die Honneurs
In der ihnen eigenen Art
Wie Commis Voyageurs.

Der Geistliche sprach den Sermon
Mit Wärme, nicht ohne Gefühl;
Max Liebermann las,
Das Pince-nez auf der Nas',
Im Stil der Sezession.

Dann sprach noch ein Herr,
Man wußte nicht wer.
Als man fragte, wer es gewesen,
Herr von Seidlitz, hieß es, aus Dräsden.

Zum Donnerwetter, hab ich gefragt,
Und das Blut kam dabei mir ins Kochen,
Hat denn am Sarge, so hab ich gefragt,
Keiner aus Hamburg gesprochen?

Man könnte fragen, warum ich nicht selbst das Wort ergriffen habe; aber zu so etwas drängt sich der Ungerufene nicht. Nachdem von verschiedenen Vereinen Erinnerungsfeiern gehalten waren – in derjenigen der Gesellschaft Hamburgischer Kunstfreunde als der ersten hatte ich, im Künstlerverein der Vorsitzende Bildhauer Häring, in der Gesellschaft der Freunde Carl Götze gesprochen – fand im März der große, vom Senat veranstaltete Gedächtnisakt in der Musikhalle statt, bei welchem der dazu von München her eingeladene Erich Marcks die Rede hielt.

Ich glaube nicht zuviel zu sagen, wenn ich behaupte, daß ich in Hamburg derjenige war, der den Ideen Lichtwarks die gleichzeitig pietätvollste und überzeugteste Treue bewahrte. Darum hielt ich besonders an einem Gedanken fest, der ihn in den letzten Jahren beschäftigt und dem er den Namen einer »Lebensgemeinschaft der Hansestädte« gegeben hatte; ein Aufsatz, der im Hamburg-Heft der von Eugen Diederichs herausgegebenen Tat im Juni 1913 erschienen war, setzte auseinander, was er sich darunter vorstellte, und in der letzten Sitzung der Gesellschaft Hamburgischer Kunstfreunde, der er beiwohnte, hatte er vorgeschlagen, das Jahrbuch dieser Gesellschaft in ein »Hanseatisches Jahrbuch« zu verwandeln, das jenen Ideen dienen sollte. Ich versuchte nun an seiner Statt den Plan zu verwirklichen. Ich beriet mich mit verschiedenen Personen, die ihn, wie ich meinte, fördern könnten, insbesondere mit Justus Brinckmann, und fand freundliche Bereitwilligkeit. Bei einem gelegentlichen Aufenthalt in Bremen sprach ich bei Professor Pauli, dem Direktor der dortigen Kunsthalle vor, ohne dessen tätige Teilnahme die Sache natürlich nicht zu machen war, und erhielt auch von ihm eine Zusage. Die hauptsächliche Schwierigkeit bestand darin, einen geeigneten Schriftleiter zu finden. Ich hatte von vornherein an Carl Mönckeberg gedacht, und Lichtwarks Schwester bestätigte mir, daß auch ihr Bruder diese Lösung ins Auge gefaßt habe. Mönckeberg selbst zeigte sich nicht abgeneigt, wenn er dafür honoriert werden würde.

Inzwischen war die Frage von Lichtwarks Nachfolgerschaft der Klärung entgegengeführt. Zuletzt standen nur noch Dr. Wichert in Mannheim und Pauli in Bremen auf der engeren Wahl. Für diesen entschied man sich, und er nahm, nach längerem Schwanken, den Ruf an.

Pauli war der Sproß einer alten Bremer Patrizierfamilie; sein Vater bekleidete das Bürgermeisteramt. In seinem Äußeren war er von tadelloser Eleganz; bei der Zierlichkeit seiner Figur stach sie noch stärker ins Auge als bei Lichtwarks männlich-stattlicher Gestalt. Diese Oberflächen-Erscheinung stand – wie es so oft der Fall ist – in Wechselwirkung mit dem inneren Gehalt

der Person. Der Bremer Kunsthalle hatte er als ihr Leiter einen reichen Besitz an wertvollen Werken zeitgenössischer Meister vermittelt. Als Kunstgelehrter erfreute er sich des besten Rufs; er verband ein gründliches Wissen mit feinem Geschmack. Auf allen Gebieten der Kunstgeschichte, vom Altertum bis in die jüngste Vergangenheit, war er beschlagen. Seine Liebe galt Albrecht Dürer. Aber auch in die Art der französischen Impressionisten hatte er sich mit starker Anteilnahme vertieft und aus ihrem Kreis mit Geschick für sein Institut schöne Sachen erworben. Ja, darüber hinaus entfesselte er einen Sturm des Widerspruchs, als er einen köstlichen van Gogh für 30 000 Mark kaufte. So bewies er, daß er wohl mit der Zeit zu gehen gewillt war. Nun übernahm er Lichtwarks Erbe, eines Mannes, der – mochten sie auch engverbündete Kampfgenossen in der Abwehr zurückgebliebener Anschauungen gewesen sein – im Grunde doch ganz anderen Schlages war. Lichtwarks Stellung zur Kunst läßt sich als angeborene Begabung kennzeichnen, während Pauli sich durch Studium eine feine Kennerschaft erworben hatte. In Lichtwark war ein gut Teil genialer Ursprünglichkeit am Werk, bei Pauli Tradition. Mag sein, daß jener in der Bewertung von Werken aus klassifizierten Epochen auf weniger sicheren Füßen stand: jedenfalls war sein künstlerisches Gefühl, sein Verhältnis zu den Dingen ureigener Besitz; Pauli schöpfte sein Urteil nicht so sehr aus den Tiefen der Brust als vielmehr aus dem von vielen abgeleiteten Wassern gespeisten Born der Kunstwissenschaft. Damit soll seinen Qualitäten nicht zu nahe getreten, sondern nur betont werden, daß Lichtwark ein Mensch von weit stärkerer individueller Bedeutung war. Die Unterlegenheit des anderen erklärt sich – so deucht mich – daraus, daß er zur Natur keine eigentlichen Beziehungen hatte, aus denen Lichtwark seine besondere Kraft sog. Bei aller verfeinerten Zivilisation klang in Lichtwark ein Unterton von Urwüchsigkeit, ich möchte sagen: von Naturburschentum, der Paulis Pretiosität völlig fern lag. Das trat schon in der Verschiedenheit ihres Vortrags grell zutage: jener sprach, nachdem er den Stoff durchgearbeitet und seine Gedanken auf eine Formel gebracht, frei von der Leber weg, gelegentlich stockend, ein Wort suchend, in einer Art von Unterhaltungston; der Inhalt stand ihm so weit über der Form, daß er dieser nur die Aufmerksamkeit schenkte, welche der kultivierte Mensch ihr schuldig ist. Paulis Rede war wie mit Diamantschrift gestochen, aus wohlgeformten Sätzen gefügt, nicht ohne eine gewisse Eleganz des Ausdrucks.
Aber gerade diese Korrektheit gefiel der guten Hamburger Gesellschaft; zu meinem Schmerz – Schmerz wegen der darin liegenden und (eigentlich) doch die Sprecherin bloßstellenden Kritik Lichtwarks – hörte ich beim De-

büt Paulis in der Gesellschaft Hamburgischer Kunstfreunde die Worte: »Solch einen Mann hatten wir nötig.« Lichtwarks Ungewöhnlichkeit, seine überraschenden Pläne, seine Ausfälle gegen den Geist, welcher den Senat, die Bürgerschaft, das Bürgertum beherrschte, die Forderungen, die er namens der Kultur mit einer Art herrischen Anspruchs an den Besitz stellte, waren ihnen unbequem geworden. Hier schien man einer sachten und bedachten Behandlung sicher zu sein.

Kurz nach seinem Amtsantritt setzte Pauli in einem Vortrag in der Stavenhagen-Gesellschaft – der trotz zahlreicher Einladungen von den wohlhabenden Kreisen Hamburgs so gut wie gar nicht besucht war – sein Programm auseinander. Dabei interessierte besonders, welch großen Platz er dem Bemühen einräumen wollte, die Kunst der arbeitenden Bevölkerung nahezubringen. Freilich – so schien die Folgezeit zu lehren – wurde es ihm schwer, die richtigen Wege zu finden. Lichtwark, der als Hamburger und durch seine Beziehungen zur Volksschullehrerschaft die Verhältnisse genau kannte, war gegen ihn beträchtlich im Vorteil gewesen; Paulis zurückhaltendes Wesen kam als positives Hindernis hinzu. Jedenfalls aber war der gute Wille anzuerkennen. Im übrigen schwenkte er von den Bahnen der Lichtwarkschen Kulturpolitik vielfach ab: teils mit der zutreffenden Begründung, daß manches von dem Angestrebten erreicht sei; teils, weil er die Betonung der hamburgischen Note nicht so stark, wie es bisher geschehen war, fortzusetzen beabsichtigte. So bewies er z. B. für die hamburgischen Künstler von vornherein eine geringe Anteilnahme; selbst Nölken war ihm bei Lebzeiten gleichgültig. Auch jener Plan der »Hanseatischen Lebensgemeinschaft« wurde abgebaut. Er hatte die Sache mit Bürgermeister von Melle besprochen und dieser einen Staatszuschuß für ein Jahrbuch in Aussicht gestellt, was mir – in Übereinstimmung mit Brinckmann – sehr zuwider war, weil es die Unabhängigkeit gefährdete. Von Melle hatte denn auch schon Carl Mönckeberg als persona ingrata abgelehnt. So kam der Zug auf ein totes Geleise. Ich zog mich zurück, weil ich merkte, daß meine Einmischung als unbequem empfunden wurde, und dann ist die Angelegenheit eingeschlafen.

Uns, die wir Lichtwark, so wie er war, auch mit seinen Ecken und Kanten, verehrt hatten, wurde der Gegensatz von Jahr zu Jahr fühlbarer. Pauli mochte sich dessen bewußt und mit einer Art Eifersucht bemüht sein, den eigenen Standpunkt zu wahren. Sprach er aber aus solchem Anlaß weltmännisch-gönnerhaft von »unserem lieben Lichtwark«, so wirkte das nahezu grotesk-komisch.

Wenn Lichtwarks Horizont der weitere war und gleichsam die ganze Welt des hamburgischen und deutschen Geisteslebens umspannte, so hielt sich Pauli durchaus auf sein Institut eingestellt und suchte aus den Verhältnissen für seine Förderung Nutzen zu ziehen. Diese Beschränkung des Gesichtskreises war für die Kunsthalle im gegenwärtigen Augenblick vielleicht ein Glück. Lichtwark hatte nach allen Seiten die Hände ausgestreckt und ein schier unübersehbares Material zusammengebracht. Darüber war die Kleinarbeit zu kurz gekommen. Es galt also mancherlei nachzuholen: die Bestände der Handzeichnungen, der Photographien, der größeren Publikationen zu ordnen, Lücken auszufüllen, Katalogisierungen vorzunehmen, einen Überblick über das Ganze zu gewinnen. Die für den inneren Betrieb stillen Jahre des Krieges waren eine günstige Zeit für die Einarbeitung in das neue Amt und die Erfüllung jener Pflichten. So konnte er, als die Räume des Neubaus im Winter 1917/18 fertig geworden, wohl vorbereitet ans Werk gehen und die von Lichtwark gesammelten Schätze vor den Augen des Publikums ausbreiten. Dieser Aufgabe hat er sich mit dem ihm eigenen Geschick und Geschmack glänzend entledigt und damit seine Wahl in vollem Maße gerechtfertigt.

Justus Brinckmanns Leichenfeier fand am 12. Februar 1915 im Ausstellungssaal des Museums statt. Der volkstümlichere Geist, der während des Krieges seinen Einzug gehalten hatte, ließ es zu – was bei Lichtwarks Tod noch unmöglich erschienen war –, daß der Präsident des Senats, Bürgermeister von Melle, am Sarge sprach. Die Wahl eines Nachfolgers zog sich lange hin. Professor Stettiner, der langjährige erste Assistent, machte sich, nicht ohne einen gewissen Anspruch, Hoffnungen. Er hatte sich tatsächlich Verdienste erworben und leitete namentlich auch während des Interregnums die Anstalt mit gutem Erfolg. In diese Zeit fiel der Erwerb der Antikensammlung Reimers. Freilich hatte schon Brinckmann entscheidende Vorpfähle eingeschlagen; aber es war doch wohl nicht etwa so, daß Stettiner nur die Hand auszustrecken brauchte, um die reife Frucht zu pflücken. Jedenfalls verstand er es, die Kollektion, die er durch verschiedene wertvolle Ankäufe vervollständigte, zu einer wichtigen Abteilung des Museums zu machen und auch einen guten Teil des gebildeten Publikums durch Veranstaltungen mancherlei Art für Altertumskunde zu interessieren. Aber er hatte kein Glück; die Zahl seiner einflußreichen Gegner war zu groß, und es muß zugegeben werden, daß an den Nachfolger eines Brinckmann persönliche Anforderungen gestellt werden durften, denen er nicht gerecht werden konnte. Eingeweihte wußten denn auch schon 1917, daß vom Senat Professor Sauerlandt, der Direktor des Städtischen Museums in Halle, ins Auge gefaßt war. Seine Beru-

fung scheiterte einstweilen daran, daß er, der als Reserveoffizier eine Batterie in Mazedonien führte, sich nicht entschließen konnte, seine Truppe zu verlassen. Nach dem Friedensschluß, zu Anfang 1919, nahm er den Ruf an. Uns allen, die wir von Sauerlandt wußten, war sein Kommen eine Freude. Er liebte Nolde und seine Kunst und hatte ihr in seinem Halleschen Institut eine Stätte bereitet. Bode, dem Generaldirektor der Preußischen Museen, war er Anfang 1914 in einer Fehde über Zulassung von Bildern moderner Künstler in öffentlichen Galerien mit männlicher tapferer Entschiedenheit entgegengetreten. So durfte man hoffen, er werde in Hamburg die Phalanx der für geistigen Fortschritt Kämpfenden stärken, und diese Hoffnung hat nicht getrogen. Für Stettiner war die vollendete Tatsache wie ein Blitzschlag. Ich vergesse sein Gesicht nicht, als ich ihm am Abend nach der Bekanntgabe in einer Sitzung des Werkbundes Geistiger Arbeiter die Hand reichte und meine Genugtuung aussprach, daß uns, wie man sage, trotz der Enttäuschung, die er erfahren, seine Arbeitskraft und reichen Kenntnisse erhalten bleiben würden. Die Mischung von Zorn und Niedergeschlagenheit war erschütternd. Mit Recht konnte er bitter darüber sein, daß man ihm nicht schon längst reinen Wein eingeschenkt habe. Bewunderung verdiente die Energie, mit welcher er durch Übernahme mancher freiwilliger Arbeit neben den Amtsgeschäften die schmerzlichen Gefühle in die Tiefen der Brust niederkämpfte. Auch er ein ehrlicher Streiter für geistiges Aufwärts und Voran.
Sauerlandt ging sofort an eine gründliche Umgestaltung des Museums. Er wollte die Idee, die Brinckmann von Anfang an als Ideal vorgeschwebt hatte, von ihm aber bisher nur zu einem geringen Teil in die Tat umgesetzt war, zur Durchführung bringen: an Stelle der technologischen, d. h. nach Technik und Material geordneten, eine den künstlerischen und ästhetischen Bedürfnissen Rechnung tragende Aufstellung nach kulturellen Gesichtspunkten treten zu lassen. Das ganze Erdgeschoß war für die so zu gliedernde Sammlung bestimmt. Hier würde in stilistischer und historischer Folge die Entwicklung des Kunstgewerbes von vorgeschichtlicher Zeit bis zum Beginn des 19. Jahrhunderts dem Besucher vorgeführt werden. Die Antikensammlung, das vorder- und ostasiatische Kunstgewerbe und eine technologisch geordnete Studiensammlung sollten im ersten Stock ihren Platz finden. In einem Aufsatz der Literarischen Gesellschaft (Jahrgang VI Heft 1) legte Sauerlandt seine Pläne dar. Wie sich daraus ergab, wollte er auch äußerlich und deutlich erkennbar die großen Epochen der Kunst- und Kulturgeschichte dadurch in sich zusammenfassen und voneinander scheiden, daß er den Wänden einen grundsätzlich verschiedenen Anstrich in den stark ausgespro-

chenen Farben von Blau, Rot und Gelb bestimmte. In einem solchen Rahmen sollte jede Stilperiode zu charakteristischer Geltung gebracht, die Gegenstände zu einheitlichen Kulturbildern gruppiert und – nach Möglichkeit – jedes Objekt dem Beschauer nahegebracht werden. Es war ein gewaltiges Arbeitspensum, das die Schließung des Museums für viele Monate notwendig machte. Zu Ostern 1921 hofft man mit ihm fertig zu werden.

Alsbald nach Ausbruch des Krieges regte sich in den Reihen der unbemittelten Künstler die Besorgnis, wie einer über sie hereinbrechenden Not begegnet werden könne. Auf eine mir durch Herrn Albert Ruben übermittelte Anregung aus dem Kreis des Künstlervereins ging ich schon im August 1914 zu Professor Pauli, um mit ihm über etwaige Maßregeln zu beraten. Er schlug vor, eine Verbindung mit dem kaufenden Publikum durch eine Ausstellung herbeizuführen, auf welcher Gemälde, Skizzen und Handzeichnungen zu einem mäßigen, vielleicht für die verschiedenen Kategorien einheitlich festzusetzenden Preis angeboten würden, und versprach, sich mit dem Künstlerverein direkt ins Einvernehmen zu setzen. Der Kunstverein und die größeren Kunsthändler wurden zu den Verhandlungen hinzugezogen, und man bildete ein aus Vertretern aller dieser Kreise und mehreren Kunstfreunden zusammengesetztes Komitee, um die Sache vorzubereiten. Der Künstlerverein faßte den Beschluß, daß nur die Hälfte des Erlöses den verkaufenden Künstlern ausgekehrt werden und die andere Hälfte einer zu gründenden Hilfskasse zufließen sollte. Der Kunstverein und die Commetersche Kunsthandlung waren bereit, ihre Räume für die Ausstellung zur Verfügung zu stellen. Gleichzeitig wurden noch andere mit dieser Anstalt in Verbindung stehende Hilfsaktionen in die Wege geleitet: der Kunstverein warf eine Summe von 5000 Mark zum Ankauf von Kunstwerken aus, die unter den Mitgliedern verlost werden sollten, und auch die Gesellschaft Hamburgischer Kunstfreunde richtete eine Geldlotterie ein, deren Gewinne zum Erwerb von Gegenständen der Ausstellung verwandt werden mußten. So war von vornherein einiger Erfolg gesichert; Ankäufe der Kunsthalle aus einem vom Staat zur Verfügung gestellten Unterstützungsfonds und von privater Hand ließen den Umsatz auf 17 000 Mark steigen. In ihrem künstlerischen Gehalt bot die Ausstellung keine Überraschungen; das größte Kontingent des Aufmarsches stellten die Triarier aus dem Anfang der 1890er Jahre. Freilich sah man auch manchen jungen Nachwuchs; unter ihm war wohl Hugo Eggeling, ein jüdischer Künstler, die interessanteste Erscheinung.

Durch Vermittlung des Landrichters Dr. Johannes Meyer wurde mir seitens des Künstlervereins der Vorsitz im Vorstand jener Hilfskasse für bildende

Künstler angetragen, die, wie man plante, mit der Hamburgischen Kriegshilfe in Verbindung gebracht werden sollte. Dem Vorstand gehörten außer mir an die Maler Professor Lutteroth, Max Kuchel, Arthur Siebelist, Julius Wohlers; ferner Carl Götze als Vertreter der Lehrerschaft und als Schriftführer Landrichter Dr. Johannes Meyer. Den Grundstock des Kapitals bildeten jene 8500 Mark, welche als Hälfte des Verkaufserlöses aus der Ausstellung an die Kasse abzuführen waren. Dazu kamen wiederholt Zuschüsse der Kriegshilfe im Betrag von je 3000 Mark aus dem monatlichen Kriegsopfer der Lehrer und mancherlei private Zuwendungen, um die wir bemüht waren. So sahen wir uns in der Lage, manchem Künstler über eine augenblickliche Notlage hinwegzuhelfen. Unser Grundsatz dabei war, um den Anschein des Almosens zu vermeiden, dann, wenn die Empfänger sich dazu bereit zeigten, ihnen Bilder oder Skizzen abzukaufen, die nachher der Oberschulbehörde für den Schmuck der Schulzimmer oder als Preise bei Sportwettspielen überwiesen wurden. Bald entschlossen wir uns zu einem nicht unwichtigen Schritt, der geeignet war, die Grundlage für eine graphische hamburgische Ikonographie zu geben: wir erteilten für einen bestimmten Honorarsatz an hamburgische Künstler den Auftrag, die Bildnisradierung einer namhaften hamburgischen Persönlichkeit zu fertigen; die Blätter wurden dann wiederum verkauft und führten der Kasse von neuem Mittel zu.

So entstand eine Reihe interessanter Portraits, die gerade als Erinnerung an die Kriegsjahre wertvoll sein und bleiben mögen: des Senators Holthusen von Arthur Siebelist, des Hauptpastors Hunzinger von Julius Wohlers, des Senators Lattmann von Friedrich Schaper, des Edmund Siemers von Franz Nölken, des hamburgischen Sozialistenführers Stolten von Ernst Eitner, des Professors Nocht von Arthur Illies, des Max Schinckel von Julius von Ehren, des Präsidenten Brandis von Paul Kayser, des Baudirektors Schumacher von Graf Kalckreuth, des Bürgermeisters von Melle von Wilhelm Mann, des Musikdirektors Professor von Hausegger von Friedrich Ahlers-Hestermann, der Frau Helene Lange von Carl Dehmann, und als Stiftungen Liebermanns, zu denen er sich auf meine Bitte bereitfand, die Bildnisse Dr. Albert Wolffsons und des Gewerkschaftsführers Legien. Professor Rathgen als erster Rektor der Hamburgischen Universität von der Hand Kalckreuths ist begonnen.

Auch die hamburgischen Damen wollten das Ihre tun, um notleidenden Künstlern zu helfen. Aus den Kreisen des Frauenklubs heraus bildete sich ein Komitee, das unter dem Namen »Frauen-Künstlerhilfe« folgenden Weg zur Werbung von Mitteln einschlug: In den Häusern angesehener Damen wurden Nachmittagstees mit musikalischen, literarischen, künstlerischen Darbietungen veranstaltet, wobei die Besucherinnen Eintrittsgeld zu zahlen hatten. Meine Frau machte den Auftakt mit vier Vortragsnachmittagen, an denen ich an der Hand meiner Sammlung über den Entwicklungsgang der modernen Graphik sprach. Mit den zusammengebrachten Geldern wurden Unterstützungen gezahlt und Bilder gekauft; auch gab man durch Verkaufsgelegenheit den Kunstgewerblerinnen die Möglichkeit, ihre Arbeiten abzusetzen.

Unter dem jungen Nachwuchs, mit dessen Anträgen auf Unterstützung wir uns in der Hilfskasse zu beschäftigen hatten, befand sich eine Anzahl begabter Künstler, von denen die Namen Bollmann, Flinte, Hölzer erwähnt sein mögen. Auch die wiederholt in den Kriegsjahren veranstalteten Ausstellungen des Künstlervereins zeigten gegenüber früher doch ein wesentlich verändertes Gesicht. Neben der nun schon altgewordenen Garde des ehemaligen Künstlerklubs, neben der Gruppe der Siebelist-Schüler traten andere Elemente mehr als bisher in den Vordergrund: z. B. der geschickte Eduard Steinbach und Rudolf Zeller, dem, einem im ganzen trockenen Portraitisten, doch gelegentlich gute Würfe gelangen; und neue Kräfte gesellten sich hinzu: z. B. der junge Schmid-Görtz u. a. Es ergab sich, daß inzwischen doch auch die Kunstgewerbeschule zu einem fruchtbaren Nährboden für junge Talente wurde. Alexander Friedrich war aus ihr hervorgegangen, der sich zunächst als Graphiker hervortat. Alsbald machte er sich an umfangreiche zyklische Publikationen: »Der Stein«, eine Folge von Radierungen großen Formats, in denen er die Erscheinungsformen dieses edlen Materials, wie sie aus dem geheimnisvollen Schaffen der Natur und aus der Hand des Architekten und des Künstlers hervorgegangen sind, darstellen wollte; »Faust zweiter Teil«, eine Serie phantastischer Raumgebilde, in denen die Figuren eine nur untergeordnete Rolle spielten; und zuletzt »Die Matthäuspassion«, wo musikalische Empfindungen mit philosophischen und transzendentalen Gedankengängen verwoben, gestaltet werden sollten. Ein gefährlicher Weg, der – aber doch nur vorübergehend – zu Farbenräuschen einer gegenstandslosen Malerei führte. Sein Genosse auf dieser Bahn war ein junger aus dem Felde zurückgekehrter Offizier, Kinner von Dresler, der in ähnlicher Weise nicht ohne Geschmack, aber weniger diszipliniert, koloristische Phantasien konzipierte, daneben schriftstellerisch tätig war und zur Verbreitung seiner Ideen eine Eintagszeitschrift unter dem Namen »Kräfte« herausgab.

Als Prophetin der nun allgemein als Expressionismus bezeichneten modernen Kunstrichtung wirkte mit leidenschaftlichem Eifer Fräulein Dr. Rosa Schapire, eine galizische Jüdin, die in Heidelberg promoviert und sich um

1905 in Hamburg niedergelassen hatte. Zuerst war Nolde ihr Abgott; dann, als das persönliche Verhältnis einen Stoß erlitten, erblickte sie in Schmidt-Rottluff den Erfüller aller Verheißungen der neuen Kunst; und Dr. Wilhelm Niemeyer, der Kunstgeschichtslehrer an der Kunstgewerbeschule, stärkte sie in dieser Einschätzung. Sie wußte durch Vortragskurse und begeisterte Einzelvorträge für ihre Überzeugung eine Anhängerschar unter den Hamburger Damen zu gewinnen und erlangte auf diese Weise Ruf und Stellung einer Art Schutzpatronin der modernen Künstler überhaupt. Im Jahre 1916 gründete sie den Frauenbund zur Förderung deutscher bildender Kunst mit der ausgesprochenen Absicht, der neuesten Kunst Freunde zu werben. Seine Hauptaufgabe sollte darin bestehen, »Gemälde und plastische Werke anzukaufen und sie deutschen Museen, welche moderne Kunst sammeln, als Geschenk anzubieten«. Die Mitglieder erhielten als Vereinsgabe graphische Blätter zunächst von Heckel, Otto Mueller, Gothein, die sonst im Kunsthandel nicht erschienen. Im Namen dieses Bundes veranstaltete Fräulein Dr. Schapire im Herbst 1917 in der Kunsthalle eine Schau des nachimpressionistischen hamburgischen Privatbesitzes, welche die überraschende Tatsache zur Kenntnis brachte, daß Hamburg ganz außerordentlich reich an Werken der neuesten Kunst geworden war. Wenige Monate später folgte eine Verkaufsausstellung graphischer Arbeiten, die, wenn auch etwas flüchtig vorbereitet, doch eine Vorstellung von der jüngsten Produktion zu geben vermochte. Wertvoller war eine Reihe von fünf im Herbst 1918 stattfindenden Ausstellungen, die nacheinander, abermals aus hamburgischem Privatbesitz zusammengestellt, einen gründlichen Einblick in das graphische Werk Munchs, Noldes, Heckels, Kirchners, Pechsteins und anderer deutscher Künstler; sodann der ausländischen Meister; und endlich, natürlich als Krönung des Ganzen im Sinne der Veranstalterin, Schmidt-Rottluffs gaben.

Als nach dem Abschluß des unglückseligen Waffenstillstands die »Feldgrauen« – so wurden die Angehörigen des Feldheeres damals allgemein genannt – in die Heimat zurückgekehrt waren, wollte man denen, die sich als Künstler fühlten, möglichst weitgehende Gelegenheit geben, was sie konnten dem Publikum zu zeigen, und so entstand der Plan einer großen juryfreien Ausstellung. Im Februar 1919 wurde sie in den Obergeschoßräumen der Kunsthalle durch Arthur Illies eröffnet, der auch die Hängekommission geleitet hatte. Obwohl die Wände mit Bildern tapeziert waren, hatte doch eine Menge des eingelieferten Materials zurückbleiben müssen. Ein seltsames Durcheinander bot sich dem Auge: neben Althergebrachtem und Kindisch-Gleichgültigem Ungeheuerlichkeiten von Ungeschmack und Beweise von

43. Hugo Eggeling: Albert Görland, 1914

44. Max Slevogt: Gustav Pauli, 1924

ursprünglicher starker Begabung, teils noch ganz unausgegoren, teils schon auf dem Weg zur Festigung. Es war gleichsam das Chaos, aus dem sich alsbald Ansätze zu neuen Entwicklungen zu kristallisieren begannen.
Die erste Gelegenheit, bei welcher dem Publikum aus diesem brodelnden Hexenkessel ein Gericht serviert wurde, war die Schau der Arbeiten Hinrich Steinhagens und Johannes Wüstens bei Louis Bock im Herbst 1919. Steinhagen gehörte nicht der jüngsten Generation an. Aus Wismar oder dessen Umgebung gebürtig, hatte er in seiner Jugend trockene Ansichten der Heimatstadt gezeichnet und radiert. Schon vor dem Krieg waren religiöse Bilder und Blätter von einer gewollt-naiven Schein-Monumentalität entstanden, mit denen er den weniger Einsichtigen Sand in die Augen zu streuen wußte; die Hamburger Woche brachte einen Artikel, der ihn über den grünen Klee lobte. Jetzt hatte er sich ganz einem wüsten Expressionismus verschrieben. Wäre er vor zehn Jahren mit solchen Arbeiten hervorgetreten, dann hätte man gestaunt und mit gutem Grund vermuten dürfen, daß hier eine zwar rohe, aber unverbrauchte und zukunftsträchtige Kraft am Werke sei. Jetzt witterte man den Faiseur, den Scharlatan, der sich mit fremden Federn schmückte und mit Trara in ausgefahrenen Gleisen daherkam. Nietzsches »Zarathustra« gab ihm Anlaß zu wirren Kompositionen von ungepflegter Form und undelikater Farbe, und was er an Worten dem Katalog der Ausstellung vorausschickte, waren hochtönende Banalitäten. Wüsten, der sich ihm angeschlossen hatte und äußerlich in seinen Bahnen wandelte – auch er ein Maler großer Zarathustra-Bilder –, erschien weit selbständiger in der Erfindung und feinfühliger in der Farbe, so daß man ihm die Abschüttelung jenes Einflusses wünschen konnte.
Der Winter 1919/20 brachte den Zusammenschluß der vorgeschrittenen Elemente in der hamburgischen Künstlerschaft zur »Sezession«. Einer gemäßigten Richtung gehörten das Ehepaar Ahlers-Hestermann, Anita Rée, Gretchen Wohlwill, Alma del Banco, Jean Paul Kayser an, während das Ehepaar Maetzel, Erich Hartmann, die Bildhauer Wield und Hamann den radikaleren Flügel vertraten. Die erste Ausstellung dieser Gruppe, im Frühjahr 1920, war kein weltbewegendes Ereignis. Die Gemäßigten hielten ein anständiges Niveau, brachten aber nichts wesentlich Neues; die Verzerrungen der anderen überzeugten nicht von ihrer Notwendigkeit. Eine besondere Note hatte Otto Tügel, Richard Dehmels Schwiegersohn. Seine Gemälde wiesen in einer merkwürdig transluziden und doch schweren Farbe Gegenstände von einer schwülen, fast perversen Erotik auf. Dennoch forderten sie das Interesse der Kenner; aber er besaß eine fatale und gefährliche Geschicklichkeit.

Plakat der Hamburgischen Sezession

Ebenso wie in der Malerei tat er sich als Musiker, Dichter und Schauspieler hervor. Der wertvollste in dieser jüngsten Generation scheint mir, soweit ich das bis jetzt zu sehen vermag, der Bildschnitzer und Holzschneider Karl Opfermann zu sein.

Selbst der »Sturm«, jene übermoderne Berliner Gründung, besaß in Hamburg eine Niederlassung. Dr. Lothar Schreyer, Dramaturg des Deutschen Schauspielhauses, war Herwarth Waldens begeisterter Adept. In einer Ausstellung des Sommers 1917, welche Werke Kandinskys, Jawlenskys, Marcs, Jacoba van Heemskerks u. a. vereinigte, legte er vor einem geladenen Publikum sein Glaubensbekenntnis ab. Dr. Antoine-Feill und Dr. Koehne, jener Vorsitzender des Aufsichtsrats, dieser Direktor vom Deutschen Schauspielhaus, sagten, nachdem sie ihn gehört, lächelnd zueinander: »Wir müssen ihn entlassen.« Übrigens war Schreyer ein nervös-feiner Mensch, der bei der Auswahl seiner Sammlung recht guten Geschmack bewies.

Die Erwartung, der Krieg werde, je länger er dauere, eine steigende Notlage der Künstler zeitigen, bestätigte sich nicht. Die ungeheuren Kriegsgewinne, die Furcht vor ihrer Wegsteuerung, der daraus hervorgehende Wunsch, sie verschwinden zu lassen, und der irrige Glaube, daß jeder Kunstbesitz eine gute Kapitalanlage sei, führten zu einer noch nie dagewesenen Nachfrage auf dem Kunstmarkt. Die Preise stiegen, die Lager der Händler leerten sich, diese liefen den Künstlern das Haus ein, und deren alte Bestände wurden geräumt. Aber es wäre ein Fehlschluß, wollte man daraus auf eine Hebung der künstlerischen Kultur schließen. Eine Befruchtung der guten Produktion läßt sich nicht feststellen; nicht einmal von einer Besserung des öffentlichen Geschmacks kann die Rede sein. Bis zu einem gewissen Grade bieten dafür die Plakate einen Maßstab. Gewiß ist in Deutschand das eine oder andere gute Werbeblatt für Kriegsanleihen in jenen Jahren gezeichnet. Was aber in Hamburg entstand, war fast ohne Ausnahme trostlos; nur die Lehrer der Kunstgewerbeschule, Czeschka und etwa Kling, haben Brauchbares geschaffen. Auch das Hamburgische Papier-Kleingeld und andere Drucksachen des Staates waren keiner Kritik gewachsen. Nur auf jede Leistung Fritz Schumachers, des Baudirektors, durfte man stolz sein; neben den Bauten, die er ausführte, entwarf und veröffentlichte er einen Plan, die Umgebung des Wasserturms im Stadtpark zu einer Art Heldengrab- und Ehrenstätte auszugestalten, der jeden Lobes wert war. Was aber von Jahr zu Jahr stieg, war das Selbstgefühl der Künstler. Große Feste, die in Städten wie Düsseldorf und München als eine Art Nebenfrucht am Baume langjährigen respektablen Schaffens gereift waren, wurden hier gleichsam einer rechten Blüte vorweggenommen: »Die gelbe Posaune der 7« 1919/20 und die »Götzenpauke« 1920/21 lassen sich als Ausgeburten einer überheizten Phantasie bezeichnen. Das Revolutionsfieber zeitigte auch einen »Künstlerrat«. Er meldete öffentlich die Ansprüche der Künstlerschaft beim Staate an. Man schenkte ihm ein geneigtes Ohr und schuf eine »Kunstpflegekommission« (1920), welche die Belange der Kunst und der Künstler vertreten sollte. Zu einer bedeutungsvollen Wirksamkeit wird sie kaum gelangen, weil die notwendige Sparsamkeit im Staatshaushalt die Aufwendung namhafter Mittel für künstlerische Zwecke verbietet.

Der Kunstverein durchlebte kritische Jahre. Im Winter 1914/15 mußte er die gemieteten Räume am Neuen Wall verlassen, weil das Haus abgerissen und umgebaut wurde. So war er heimatlos geworden und auf bittweis gewährten Unterschlupf in Staatsgebäuden angewiesen. Er fand ihn zuerst in der Aula des alten Johanneums, dann in der Kunsthalle. Dies gereichte ihm zu vorübergehendem Vorteil, weil die Miete gespart wurde. Da er gleichzeitig von der Hochkonjunktur auf dem Bildermarkt Nutzen zog – insbesondere die Ausstellung des Nölkenschen Nachlasses brachte sehr beträchtliche Einnahmen an Provisionen –, ging es ihm einige Jahre ausgezeichnet, und er vermochte den Kreis seiner Aufgaben zu erweitern. Der als Schriftführer wirkende Landrichter Dr. P. Johannes Meyer und der Geschäftsführer Hofrat Brodersen waren dabei die treibenden Kräfte. Neben der Veranstaltung von Vorträgen – Scheffler, Waldmann, Deri u. a. sprachen über aktuelle Themata des Kunstlebens – entschloß man sich 1919 zur Herausgabe eines »Hamburgischen Kunstkalenders« für 1920 mit künstlerischen und literarischen Beiträgen, die gleichsam einen Abglanz des gegenwärtigen hamburgischen Geisteslebens geben sollten. Dies gelang in vollem Maße: das Büchlein, mit zartfarbigen Monatsbildchen Ahlers-Hestermanns ausgestattet und mit trefflichen Aufsätzen bedacht, wurde eine wertvolle Hamburgensie. Finanziell freilich blieb sie – dank der kümmerlichen Gleichgültigkeit der Sortimenter gegenüber allen hamburgischen Kulturbestrebungen – ein entschiedener Mißerfolg, so daß an eine Wiederholung im nächsten Jahr nicht gedacht werden konnte. Auch im übrigen verschlechterten sich die Verhältnisse: bei der Neuordnung der Dinge bedurfte die Kunsthallenverwaltung der bisher zur Verfügung gestellten Räume, und man mußte sich fürderhin mit engen Kabinetten behelfen; alle Kosten wuchsen ins Ungemessene, die Verkaufsprovisionen verringerten sich, und die Mitgliederbeiträge konnten doch nur mäßig gesteigert werden. Man wird damit rechnen müssen, daß der Bestand des Vereins in der Zukunft gefährdet ist.

Auch die Kunstgewerbeschule hatte ihre Krisen zu bestehen. Während der ersten Kriegsjahre lag sie zum großen Teil verödet. Nicht nur fast alle männlichen Schüler, auch viele Lehrer waren ins Feld gezogen. Der eine Flügel des Gebäudes wurde zum Lazarett umgewandelt. Die Wiener Herren freilich verhielten sich zu den Anforderungen der Landesverteidigung kühl, ja ablehnend: auf Arthur Illies' Antrag beschlossen die Lehrer der Anstalt – so wie es die meisten beamteten Personen taten –, zehn Prozent ihres Gehaltes zugunsten der »Kriegshilfe«, und zwar an eine besondere Kasse der Kunstgewerbeschule, abzuführen; aber man sagte, Herr Czeschka, der Tscheche, und Herr Anton Kling schlössen sich von diesem Opfer aus. Herrn Luksch' Gattin, eine geborene Russin, soll sogar geäußert haben, sie freue sich darauf, mit ihren Kindern die in Hamburg einziehenden siegreichen Russen begrüßen zu können.

Der Direktor, Professor Meyer, hatte mit diesen anspruchsvollen und sehr von ihrem Wert überzeugten Männern keinen leichten Stand, mochte freilich in ihrer Behandlung auch nicht immer geschickt sein. Indessen schätzten sowohl Professor Schumacher wie auch Pauli Czeschkas künstlerische Leistungen so hoch ein, daß man nicht murren durfte, wenn er innerhalb der Anstalt einen maßgebenden Einfluß gewann. Aus Anlaß der Revolution verschärfte sich der Gegensatz zu offenem Aufruhr, aber es fand sich dann doch eine Basis für die Fortdauer einer gemeinsamen Arbeit. Sie wurde von allen Seiten mit großem Eifer aufgenommen, und die zu Weihnachten 1920 veranstaltete Verkaufsausstellung von Schülerarbeiten erbrachte den Beweis, daß hier eine wertvolle Pflanzstätte vortrefflicher Qualitätsleistungen bestand. Alle Techniken waren mustergültig vertreten: die Edelschmiedekunst, die Schmelzarbeit, die Weberei, der Schriftdruck, die Buchbinderei, die Möbeltischlerei, die Keramik, die Kleiderkunst. Es war ein solcher Aufschwung, daß ich die an früherer Stelle geübte zweifelsvolle Kritik mit Freuden revidiere.

Literatur, Theater, Presse

Im Bereich von Schrifttum, Theater, Zeitschriftenwesen vollzogen sich ähnliche Veränderungen wie auf dem Gebiet der Kunst. Richard Dehmel stand nun schon wie eine Art Nestor vor der jungen Generation. Der Krieg, in den er als Fünfzigjähriger gezogen war, hatte ihn gealtert. Monatelang lag er im

Schützengraben an der Westfront und widersetzte sich den Bemühungen, die ihn in die Etappe holen wollten. Später mußte er doch dem Ruf Folge leisten und Vorträge »zur seelischen Erbauung« der Truppen halten. Aber es trieb ihn doch wieder nach vorn. Nach einem mehrmonatigen Genesungsurlaub ließ er sich von neuem zum Feldheer in die Vogesen schicken. Seine Freunde daheim sorgten sich, er könne Schaden nehmen an Leib oder Seele: durch eine feindliche Kugel oder durch die Zechgelage, die als eine Folge des Lagerlebens im Stellungskrieg überall Platz griffen. 1916 holte man ihn nach Kowno zum »Oberbefehlshaber Ost« in das »Buchführungsamt«, das eine militärische Zensurstelle war. Er hat dort in der Verwaltungsmaschine ohne Freude gearbeitet, und als er zuletzt »kriegsbeschädigt« zur Verwendung im Garnisonsdienst beim Generalkommando Altona in die Heimat zurückkam, war er ein greiser Mann geworden. Daß er im Herzen jung geblieben, bewies der Aufruf, den er in den kritischen Oktobertagen 1918 in die Welt gehen ließ: daß jeder deutsche Mann, der lieber sterben als einen schmachvollen Frieden erleben wolle, unter Verzicht auf jeden Standesdünkel und alle Vorrechte an die Front gehen, die Unlustigen aber und Mißmutigen nach Hause zurückkehren mögen. Er wurde nicht gehört, sondern verlacht; und hatte doch so recht! Sein Kriegstagebuch »Zwischen Volk und Menschheit« gibt über dies alles Auskunft. Rührend sind die Ausrufe des ruhigen Glücksgefühls, das er jedesmal empfindet, wenn er auf Urlaub zu der »Einzigen«, zu der Gattin zurückkehrt; dabei sind mir Zweifel aufgestiegen, ob ich ihr mit dem an früherer Stelle gefällten Urteil nicht Unrecht getan habe. Aber ich möchte das Gesagte, das der Überzeugung entsprach, nicht tilgen.

Im Februar 1920 ist er nach langer Krankheit heimgegangen. Es war sein Glaube, er werde leben bleiben, wenn alle seine Freunde sich im festen Willen zu seiner Gesundung zusammenschlössen. Die Hoffnung hat ihn getäuscht. In seinem Haus in Blankenese war eine stille Totenfeier, bei der Pastor Heydorn sprach. Bei der Einäscherung wollte Gerhart Hauptmann dem Freunde die Gedächtnisrede halten. Da er verhindert war zu kommen, sprang Jacob Loewenberg im letzten Augenblick in die Bucht und entledigte sich der schwierigen Aufgabe im Angesicht ganz Deutschlands mit würdigem Anstand.

Der Literaturfreund lernte neue Namen von Schriftstellern kennen, die respektable Leistungen aufzuweisen hatten: Emil Sandt, den Verfasser des Romans »Im Aether« und der Novellensammlung »Das Karussell«; Hermann Krieger (»Die Familie Hahnenkamp und ihr Freund Schnurrig«), Ludwig Hinrichsen, der mir das Manuskript eines ausgezeichneten hamburgischen

Vorstadtromans zur Begutachtung schickte. Auch die Zahl der eigentlich Niederdeutschen vermehrte sich. Hermann Boßdorf trat in den Vordergrund. Er war ein starkes dramatisches Talent und erzielte mit dem in knappe Handlung zusammengefaßten »Fährkrog« einen großen Erfolg. 1920 wurde er durch einen staatlichen Ehrensold ausgezeichnet. Von anderen mundartlichen Schriftstellern seien Hinrich Wriede und Rudolf Kinau, Gorch Focks jüngerer Bruder, erwähnt.
In diesem Zusammenhang sind auch Hans Friedrich Blunck und Jacob Bödewadt zu nennen. Jener schrieb zwar seine Balladen und Romane vornehmlich in hochdeutscher Sprache, aber seine Anteilnahme galt in sehr betonter Weise den niederdeutschen Dialekten. Während des Krieges bekleidete er eine militärische Verwaltungsstelle in Brüssel und trat stark für die flämische Bewegung ein. – Bödewadt, in Nordschleswig geboren, war namentlich publizistisch in völkisch-nationaler Richtung tätig und setzte sich dafür ein, daß die holsteinischen Dichter Fehrs und Timm Kröger in weiten Kreisen bekannt wurden.
Alle diese bewegten sich indes durchaus auf den Bahnen der bisher gewohnten Ausdrucksweise. Im Jahre 1917 kam Karl Lorenz aus Wandsbek zu mir, brachte mir eine Reihe von Gedichten und fragte, ob ich bereit sei, einige in der Literarischen Gesellschaft zu veröffentlichen. Der ging ganz andere Wege. Auf den ersten Blick schien eine Verwandtschaft etwa mit Albert Ehrenstein, Johannes Becher, Rudolf Leonhard zu bestehen, aber es war doch eine eigene selbständige Note: impressionistische Schilderungen, in einer Sprache, die originell gesehene Bilder in einer Art Telegrammstil zu seltsamen Vorstellungen formte. Ob sich da ein wirklicher Dichter ankündigte, durfte einstweilen dahingestellt bleiben; jedenfalls glaubte ich ein starkes Talent zu erkennen, und obwohl ich voraussah, daß meine Leser ein Scherbengericht über mich und den Autor verhängen würden, brachte ich zwei der Gedichte. Da Lorenz mich in der Folgezeit mit weiterem Material überschwemmte, versuchte ich das Urteil anderer zu hören. Richard Dehmel lehnte – wie er schrieb: grundsätzlich – ab. Kurt Hiller, mit dem ich damals in ziemlich lebhafter Korrespondenz stand, antwortete: Impressionismus, auch wenn er sich in expressionistischem Gewande gäbe, interessiere ihn nicht; die Handschrift erwecke ihm den Verdacht pathologischer Einstellung, er rate, daß ich die Gedichte einmal einem »unkafferigen« Psychiater zur Prüfung schicke. Das tat ich. Die Auskunft lautete: von Anormalem keine Spur; offenbar eine starke Begabung. Ich blieb nun mit ihm in Verbindung und ließ ihn – trotz der Empörung der Abonnenten – noch einmal in

der Zeitschrift zu Worte kommen. In der Person Dr. Wilhelm Niemeyers von der Kunstgewerbeschule fand er einen Verehrer und Beschützer; der hielt Lorenz für den befähigsten unter den neueren Dichtern überhaupt und trat wiederholt für ihn ein. Ich wage nicht zu entscheiden, ob er in der Wertschätzung zu weit ging. Mir blieb in seinen Dichtungen manches unverständlich oder nur dann zugänglich, wenn er selbst interpretierte; die Reihen sprunghaft wechselnder Vorstellungen verdichteten sich so sehr, daß die Gehirnarbeit des Folgens einer körperlichen Anstrengung glich. Ich lasse mir an der Erkenntnis genügen, daß hier etwas Eigenes, Besonderes gewachsen und habe die Überzeugung gewonnen, daß dies Besondere keine gesuchte, angequälte Absonderlichkeit ist. Denn wenn er seine Erklärungen gibt, tut er es mit einem kindlich gütigen Lächeln, als sage er das Selbstverständlichste von der Welt. Wir Alten müssen uns klar machen, daß uns für manches, was in der jungen Generation vorgeht und aus ihr heraus will, die Organe fehlen, und darum das Urteil den Altersgenossen, der heranwachsenden Jugend, überlassen.

Lorenz selbst ging mit frischem Wagemut daran, sich durchzusetzen. 1919 gründete er in Gemeinschaft mit einem befreundeten Maler, Paul Schwemer, eine Monatsschrift unter dem Titel Die Rote Erde, die gleichzeitig der modernen Dichtung und der neueren bildenden Kunst als eine Art Herold dienen sollte. Nach wenigen Monaten ging die Leitung in die Hand Fräulein Dr. Schapires über, die nicht nur Schmidt-Rottluff, sondern auch noch andere ihrer Schützlinge aus den Reihen der Stürmer und Dränger als Mitarbeiter gewann, und da man in dem sehr reichen Sammler Flemming einen zahlungsfähigen und zahlungswilligen Gönner besaß, konnte sich die Zeitschrift zunächst für ein Jahr auf einer respektablen Höhe halten. Um das Unternehmen für die Zukunft zu sichern, suchte man eine feste Grundlage zu schaffen. Dr. Niemeyer und Lorenz wußten Professor Pauli, Professor Sauerlandt und mich zur Mitunterschrift eines Werbeblattes zu überreden, das zur Gründung eines »Kunstbundes« aufrief. Dieser kam – bei der Unsicherheit aller wirtschaftlichen Verhältnisse – nicht so, wie er beabsichtigt war, zustande; aber nach mancherlei Schwierigkeiten und Weiterungen erschien zu Anfang 1921 die Fortsetzung der Roten Erde unter dem Titel der Kündung – Schriftleiter: Dr. Niemeyer. Die Ausstattung war vorzüglich und konnte zum Jahresbezugspreis von 200 Mark nur um deswillen so gut hergestellt werden, weil die typographischen Arbeiten in den Werkstätten der Kunstgewerbeschule gemacht wurden. In den ersten Nummern des Blattes kam ein hamburgischer Schriftsteller, Ernst Fuhrmann, ausgiebig zu Worte,

der als eine seltsame Erscheinung Erwähnung finden mag. Aus seinem kaufmännischen Beruf wurde er durch den Krieg herausgeschleudert. Nachher fand er in Hagen in Westfalen bei Karl Ernst Osthaus als Leiter des Folkwang-Verlags Anstellung. Er war mit Elisabeth Paulsen, der Verfasserin eines Gedichtbandes »Jungfrauenbeichte«, einer Freundin des Dehmelschen Hauses, verheiratet und hatte sich schon früher schriftstellerisch beschäftigt: 1914 erschien, im Selbstverlag für eine kleine Zahl von Subskribenten gedruckt, in fünf Bändchen eine Sammlung von Aufsätzen und Dichtwerken, die, ungewöhnlich und vielleicht verschroben in Form und Inhalt, doch eines eigentümlichen Reizes nicht entbehrten. Später wandte er sich sprachforschlichen Studien zu. Als er mir davon erzählte, schüttelte ich wegen der barocken Gedankengänge den Kopf; sie schlugen, so schien mir, aller etymologischen Wissenschaft ins Gesicht. Dennoch konnte man dem, was er darüber veröffentlichte, nicht gram sein, denn es kam darin eine Art intuitiv-seherischer Beobachtung zum Ausdruck. Das mochte auch Dr. Niemeyer veranlassen, ihm solch breiten Raum zur Verfügung zu stellen. Anfang 1921 publizierte Fuhrmann abermals – diesmal im Folkwang-Verlag – sechs Bändchen von Schriften, deren Inhalt die früheren an Absonderlichkeit noch beträchtlich zu übertreffen scheint.
Ein anderes Organ, das sich die jüngsten Hamburger in Kunst und Dichtung selbst geschaffen hatten, nannte sich Die Sturmreiter.
Die Norddeutschen Monatshefte wurden seit Anfang 1915 von E. Behrens herausgegeben. Sie verfolgten einen stark antisemitischen Weg und wiesen von vornherein die Symptome von geistiger Enge auf, die mit dieser Tendenz regelmäßig verbunden zu sein pflegen.
Wilhelm Stapel, der bisherige Schriftleiter des Kunstwarts, trat im Jahre 1917 an Heinz Marrs Stelle an die Spitze des Volksheims. Er übernahm alsbald die unter dem Namen Deutsches Volkstum in Mölln von Wilhelm Kiefer herausgegebene Monatsschrift, die einen ähnlichen Charakter wie die Norddeutschen Monatshefte trug, und führte sie in einem weit maßvolleren Ton weiter. Sein feiner Takt, der deutsche Gesinnung und deutsches Gemütsleben kannte und bei andern zu nehmen wußte, schuf sich schnell einen großen Leserkreis und hob das Blatt auf eine geachtete Höhe. Die mit der Deutschtümelei verbundene Einseitigkeit störte freilich gelegentlich das Behagen bei der Lektüre.
Die Literarische Gesellschaft mußte um die Mitte des Jahres 1920 ihr Erscheinen einstellen. Der Verlag hatte es an einer wirksamen Propaganda fehlen lassen, und weder die Zeitungen noch die Sortimenter traten – bei

ihrer traditionellen Gleichgültigkeit gegen alle hamburgischen Kulturunternehmungen – dafür ein. So war zwar die Auflage wegen der beträchtlichen Zahl der Mitglieder des Vereins, welchen das Blatt geliefert wurde, verhältnismäßig groß, der Abonnentenkreis aber klein geblieben. Die Gesellschaft hatte schon jährlich namhafte Zuschüsse geleistet; jetzt, bei den sich ins Ungeheuerliche steigernden Druckkosten, sah sie sich außerstande, das Organ zu halten.

Den Theatern brachte der wirtschaftliche Gang der Dinge während der Kriegsjahre ähnliche Überraschungen wie dem Handel mit Kunstwerken: der anfänglichen Flauheit im Besuch folgte ein gewaltiger Andrang. Die Menschen sehnten sich nach Ablenkung, Unterhaltung, Zerstreuung. Nicht nur, daß die regelmäßigen Vorstellungen ausverkauft zu sein pflegten; Nachmittags- oder Vormittags-Darbietungen konnten eingeschoben werden, und an Sonntagen wurde dreimal am Tag gespielt. Freilich: das Publikum war ein anderes geworden. Kriegsgewinnler und die ungeheuer verdienende Arbeiterschaft der Kriegsindustrie stellten das Hauptkontingent. Man erzählte, eine elegant gekleidete Dame habe aus dem ersten Rang einer anderen im Parkett zugerufen: »Clara, du büst auch hier?« »Jä, worum soll ich nich hier sein?« »Och, ich dach', du hättst Nachtschicht, nich?« So war denn auch das Verlangen nicht nach ernster Kost, sondern auf leichte Ware eingestellt.

Dennoch darf man den Direktionen die Anerkennung nicht versagen, daß sie bemüht waren, das gute Schauspiel zu seinem Recht kommen zu lassen. Es ist schon oben gesagt, wie verantwortungsvoll im Thalia-Theater Karl Heinz Martin seine Regiepflicht auffaßte; und auch Dr. Eger, der 1918 als Max Grubes Nachfolger die Leitung des Deutschen Schauspielhauses übernahm, suchte den etwas verblichenen Glanz seiner Bühne mit Eifer zu erneuern. Der Ausstattung gab er eine heimische Note; er gewann Ahlers-Hestermann und keinen geringeren als Fritz Schumacher für die Entwürfe zu einigen Inszenierungen seiner Vorstellungen.

Erich Ziegel, der zuerst von Direktor Röbbeling als Regisseur von München her an das Thalia-Theater herangeholt und von da zum Schauspielhaus hinübergewechselt war, entschloß sich, von der scheinbaren Gunst der Verhältnisse Nutzen zu ziehen und eine neue Bühne zu gründen: die Hamburger Kammerspiele. Er siedelte sich am Besenbinderhof in dem sogenannten St. Georger Tivoli an, einem Etablissement, das früher der leichten Muse gedient hatte, und verstand es zu einem liebenswürdigen, einfachen Theaterraum umzugestalten. Das Bühnenhaus liegt am Fuße des Geestrückens, auf dessen Höhe die Straße sich entlangzieht, und so mußte der Besucher, wenn er den Eingang passierte, mehrere Freitreppen zwischen hohen Bäumen hinabsteigen – was in mir wenigstens immer die Empfindung einer feierlich-festlichen Erwartung lebendig machte. Ziegels Absicht ging dahin, seinem Publikum die Kenntnis von dem Besten aus der neuesten dramatischen deutschen Dichtung in einer Art von Muster-Vorstellungen zu vermitteln, und es gelang ihm, eine Truppe ausgezeichneter Schauspieler zu werben, unter denen Emilie Unda, Mirjam Horwitz, Annie Mewes, Nicol Albrecht, Erich Adolf Pabst und Wolf Beneckendorff erwähnt sein mögen.

Das Haus wurde Ende August mit einem Gastspiel Steinrücks, des berühmten Wedekind-Darstellers, eröffnet, der im »Marquis von Keith« und in der »Hidalla« die Hauptrollen gab. Für die literarisch interessierten Kreise war das ein Ereignis, eine Sensation. Durfte man wirklich von literarisch interessierten Kreisen sprechen? Die ernsthaften Literaturfreunde bildeten weitaus die Minderzahl. Was den Raum bis auf den letzten Platz füllte, waren in der Hauptsache Kriegsgewinnler und Schieber und Damen in sehr modernen Kostümen, nach starken Eindrücken lüstern. So recht ein Publikum des Kriegsendes, dem Auge des Patrioten nicht erfreulich und doch vielleicht die richtige Folie für solche aus dem Geist des modernen Lebens geborenen Stücke, wie es Georg Kaisers »Koralle«, »Gas I« und »Gas II« waren. Jedenfalls muß ich gestehen, daß mir die Premieren der ersten beiden Spielwinter dieser Bühne trotz jenes mondänen Drum und Dran im Zuschauerraum unvergeßliche Eindrücke hinterlassen haben. Als wichtigste Aufführungen seien außer den erwähnten hervorgehoben: Wedekinds »Franziska«, »Erdgeist« und »Büchse der Pandora«, Hanns Johsts »Der Einsame«, Georg Kaisers »Von Morgens bis Mitternacht« und »Der Opernball«, Goerings »Seeschlacht« und vor allem, als ein großes Verdienst Ziegels, die Uraufführung von Ernst Barlachs »Armer Vetter«; und damit auch das Klassische zu seinem Recht käme, entzückende Vorstellungen des »Sommernachtstraums« und »Wie es Euch gefällt«. Leider wiederholte sich auch hier die alte hamburgische Erfahrung, daß die sogenannten guten Kreise für wertvolle Darbietungen in einem neuen Rahmen weder empfänglich noch dankbar waren; man rümpfte die Nase über das Theater am Besenbinderhof und hielt es eigentlich nicht für schick hinzugehen.

So hatte Ziegel einen schweren Stand. Obwohl er für ein reiches, wechselndes Repertoire sorgte, war das Haus bei guten Stücken fast nur zu den Erstaufführungen ausverkauft; Barlachs »Armer Vetter« mußte nach drei Aufführungen abgesetzt werden. So blieb auch hier nichts anderes übrig, als gelegentlich zu Zugstücken – z. B. zu Schnitzlers »Reigen« – zu greifen, um nur bestehen zu können.

Unter den Kritikern war es Dr. Hans W. Fischer von der Neuen Hamburger Zeitung, der die Bedeutung der Bühne von Anfang an richtig einschätzte und mit Wärme für sie eintrat, sich selbst in seinen Besprechungen zu einer Art von Klassizität steigernd. Fischers eigene Schriften, »Die Kette« – eins von den Büchern der Abtei Thelem –, »Der Dreißigjährige« und »Der Vierzigjährige« – der zu literarisch-philosophischen Auseinandersetzungen mit dem leider auch in jungen Jahren dem Krieg zum Opfer gefallenen Gustav Sack geführt hatte –, waren in Hamburg kaum bekannt und nicht nach Gebühr gewürdigt. Jetzt hatte er ein Schauspiel »Der Motor« geschrieben, das von den Kammerspielen angenommen war. Er bat mich, für seine Zeitung das Referat zu übernehmen. In dem Stück überwog der bauende Verstand das natürliche Chaos des dichterischen Gefühls, aber es war bühnenwirksam, und so konnte ich dem Autor eine respektvolle Verbeugung machen.

Ich will hier hinzufügen, daß noch ein zweiter Kritiker der Neuen Hamburger Zeitung, Alexander Zinn, der über die Aufführungen des Altonaer Theaters zu berichten hatte, sich als erfolgreicher Dramatiker hervortat. Sein »Gewitter« wurde von etwa fünfzig deutschen Bühnen angenommen.

Volksbildung

Alsbald nachdem das Außerunssein der ersten Kriegstage und -wochen vorüber war, regte sich bei unsereinem das Gefühl der Verantwortlichkeit dafür, daß die Belange des geistigen Lebens bei den Zuhausegebliebenen zu ihrem Recht kämen; daß die junge Pflanze des Idealismus, die – so hofften wir – berufen war, die materiellen Instinkte der vergangenen Epoche auch in der breiten Masse wieder abzulösen, nicht unter den unausbleiblichen Folgeerscheinungen des Krieges verkümmere. Einerseits verlangten die seelischen Affekte der um die Angehörigen draußen Bangenden eine Ablenkung durch Eindrücke von geistigem Wert; andererseits mußte versucht werden, die Gefahr abzuwenden, daß nach einem Sieg – mit dem wir doch rechneten – die feineren, die kulturellen Bedürfnisse von den Einflüssen der Hybris, von Genußsucht, von Goldgier überwuchert und erstickt würden.

Jenem Verantwortlichkeitsgefühl entsprangen verschiedene auf Belehrung und Bildung des Publikums abzielende Veranstaltungen, in erster Linie die

»Deutschen Vorträge Hamburgischer Professoren«, die gleichzeitig politisch aufklären und eine vertiefte geschichtliche Auffassung der Geschehnisse vermitteln wollten. Auch meine schon oben erwähnte, im September 1914 gehaltene Rede über »Unsere kulturellen Verantwortungen nach dem Kriege« fällt in diese Reihe. Gleichfalls bereits in den ersten Kriegswochen stellte ich mich dem Schriftleiter des sozialdemokratischen Echo, Emil Krause, auf dessen Einladung ich mehrere Jahre zuvor im Gewerkschaftshaus vor einem großen Arbeiterpublikum einen Vortrag gehalten hatte, für ähnliche Zwecke zur Verfügung, aber er erwiderte, zur Zeit seien sie noch zu sehr mit der Sorge um das leibliche Wohl der Kriegerfrauen und Kriegerkinder belastet, als daß man an solche Dinge denken könne.

Auf Anregung der Patriotischen Gesellschaft traten unter Dr. Halliers und des Physikus Sieveking Vorsitz eine Anzahl Herren aus den verschiedensten Berufskreisen – darunter die Professoren Voller und Dibelius, Hauptpastor Hunzinger, Otto Ernst und Friedrich von Borstel – zu einem Komitee zusammen, um durch Vorträge belehrender und unterhaltender Art, durch Rezitation von Dichtungen und musikalische Darbietungen das Publikum bei guter Laune zu erhalten. Aus diesen Anfängen, welche den Charakter des Zufälligen trugen, entstanden in den folgenden Wintern die »Volkstümlichen Vorlesungen der Patriotischen Gesellschaft«, welche den Zweck verfolgten, »durch Vorträge und Anschauung geistige Werte den Angehörigen derjenigen Volkskreise zu vermitteln, denen die Pflege solcher Werte von Berufs- und Bildungswegen nicht gerade naheliegt«. Die Vorlesungen beschäftigten sich mit Fragen der Wissenschaft, der Kunst und der praktischen Techniken und wurden an verschiedenen Stellen der Stadt, insbesondere der Vororte, gehalten. Jeder Redner übernahm eine Reihe von sechs Vortragsabenden, die in fortlaufender Folge ein umgrenztes Stoffgebiet behandelten, aber, jeder für sich, wieder einem eigenen Thema gewidmet waren. Ich meinerseits sprach im Curiohaus, unter Vorzeigung von Anschauungsmaterial aus meiner Sammlung, über moderne graphische Kunst und schloß an diese Vorträge für einen kleineren ausgewählten Kreis an den folgenden Sonntagvormittagen Besichtigungen und Besprechungen im Kupferstichkabinett der Kunsthalle an. Andere Dozenten machten ähnliche Versuche, und so bildeten sich hier und da kleine Arbeitsgemeinschaften, die als eine Art Vorläufer der Volkshochschule betrachtet werden können.

Schon wiederholt ist davon die Rede gewesen, daß ein großer Teil der Volksschullehrerschaft im Verdacht radikaler Gesinnung stand. Daraus jedenfalls machte dieser Teil kein Hehl, daß er mit Entschiedenheit für die Einheitsschule – oder die Allgemeine Deutsche Volksschule – einzutreten gewillt war, also für eine Schulorganisation, die sich ganz und gar, bis oben hin, auf der Grundlage einer von den Kindern aller Kreise zu besuchenden Volksschule aufbaute. Eine Etappe auf dem Weg zu diesem Ziel war die Beseitigung der Vorklassen zu den höheren Lehranstalten; sie wurden als eine Art Bollwerk der Standesschule angesehen und darum auf das heftigste bekämpft. Wenn das in den Vorkriegsjahren regelmäßig noch vergeblich geschehen war, so kam nun, wo ein freiheitlicher Wind zu wehen begann, die Oberschulbehörde diesen Bestrebungen entgegen; ja, sie ging – unter Befolgung des imperativischen Schlagworts »Freie Bahn dem Tüchtigen« – einen Schritt weiter, indem sie Einrichtungen traf, welche den Übergang von der Volksschule zu den höheren Lehranstalten erleichtern sollten.

Als die Revolution losbrach, gerieten alle diese Fragen in eine kataraktartige Bewegung. Schon zum 1o. November berief der Arbeiter- und Soldatenrat, der damals die Gewalt ausübte, eine große allgemeine Lehrerversammlung nach dem Gewerkschaftshaus, um deren schulreformatorische Wünsche kennenzulernen. Man sagte, zwei junge radikale Lehrer, Schlünz und Jöde, hätten dazu aus eigenem Antrieb die Veranlassung gegeben. Es wurde sehr frei von der Leber gesprochen und die bisherige Geschäftsführung der Oberschulbehörde einer scharfen Kritik unterzogen. Zu Beschlüssen kam man nicht, weil die Berufung zu formlos, willkürlich und kurzfristig erfolgt war; man vertagte sich auf den 12. November, wo im Curiohaus die Beratung fortgesetzt werden sollte. Dies wurde die entscheidende Sitzung. Sie war von allen Seiten, nicht nur von der Volksschullehrerschaft, sondern auch von den Oberlehrern stark besucht. Friedrich von Borstel führte den Vorsitz, und jedermann war voll Bewunderung, mit welcher Umsicht, Unparteilichkeit und Energie er des schwierigen Amtes gewaltet habe. Denn es ging turbulent her; die Wogen der revolutionären Begeisterung spritzten hoch in die Luft. Selbst die Alten schäumten über: W. Lottig hielt in der Hoffnung, seine von wärmster Menschenliebe durchtränkten Ideale verwirklicht zu sehen, eine ekstatisch-trunkene Rede. Wenn auch die Besonnenen – Götze, von Borstel, Köster – dazu den Kopf schüttelten, waren sie durchaus nicht gewillt, ihre Forderungen einzuschränken. Und überhaupt erhob sich aus der Versammlung kaum ein Widerstand; selbst die Oberlehrer hatten heute – mit wenigen Ausnahmen – Einwendungen nicht zu machen. Man verlangte: Erlaß eines Reichsschulgesetzes, Abschaffung des Religionsunterrichts, Einführung der Einheitsschule, Selbstverwaltung der Schule unter Zuziehung der Eltern. Ein Lehrerrat wurde gewählt, der die Forderungen im einzelnen durcharbeiten und Gesetzesvorschläge machen sollte. Dieser Lehrerrat, in dem keineswegs nur radikale Elemente saßen, sondern die bewährten Führer die ausschlaggebende Stimme hatten, tagte mit großem Eifer und hat, namentlich in der Richtung auf Ausgestaltung der Einheitsschule, gute Arbeit geleistet. Gerade diesen Bestrebungen kam es zugute, daß sie in dem Schulrat Umlauf in der Oberschulbehörde einen wohlwollenden und zugleich maßvollen Förderer fanden. Im übrigen gingen die gewollten Reformen über das Erreichbare, dauernd Festzuhaltende, über das wirklich Wünschbare in manchen Punkten hinaus. Der Religionsunterricht wurde zwar – trotz der großen Erregung, welche diese Maßregel im Publikum hervorrief – alsbald beseitigt, mußte aber später, weil der Zustand nicht mit der neuen Reichsverfassung im Einklang war, wieder eingeführt werden.

Die Schulverfassung wurde demokratisiert; die Schulaufsicht nahezu aufgehoben; Direktoren der höheren und Rektoren der Volksschulen ihres Einflusses beraubt; die Leitung der Anstalten der Gesamtheit des Lehrerkollegiums übertragen. Elternräte sollten gebildet werden, welche der Schule mit Rat und Tat zur Seite zu treten hätten. Die Schüler wurden veranlaßt, Schülerräte zu wählen, um Wünsche und Belange den Lehrern gegenüber zur Geltung zu bringen. Mochte das in den höhren Klassen berechtigt erscheinen, so wurde es bei den Kleinen zur Farce.

Eine Umwälzung, wie es die Einführung der Einheitsschule bedeutete, ließ sich natürlich nicht mit einem Schlage durchführen; die Neuordnung mußte langsam vorbereitet und der Aufbau von unten untermauert werden. Um Erfahrungen zu sammeln, richtete man zwei Versuchsschulen ein, deren eine Carl Götze übertragen wurde, während man die andere William Lottig anvertraute. Aber auch dazu war man bereit, radikalen Außenseitern die Möglichkeit zum Experimentieren zu bieten. Jene beiden Stürmer und Dränger, Fritz Jöde und Friedrich Schlünz, taten sich mit Max Tepp, Kurt Zeidler, August Röhl und anderen zu einer Gemeinschaft zusammen, welche der »Wendekreis« genannt wurde, d. h. der Kreis der Wende, der Abkehr von den alten und der Hinwendung zu neuen Grundsätzen zur Erziehung. Sie wollten alle Schul- und Stundenpläne und alle Schulprogramme über den Haufen werfen, den Unterricht auf die freien Neigungen der Kinder aufbauen und an die Stelle jeden Zwanges die Liebe setzen. Sie glaubten, damit den Weg zur ungehinderten Entfaltung jeder Persönlichkeit zu beschreiten und ein goldenes Zeitalter der Glückseligkeit heraufzuführen. Die Hoffnung auf einigen Erfolg hätte ein Schülermaterial von ähnlicher Idealität vorausgesetzt, wie sie das Lehrerkollegium besaß. Man räumte ihnen die Volksschule an der Breitenfelder Straße ein, und sie gingen mit begeisterter Hingabe ans Werk. Es war eine Utopie, und tatsächlich verging kein Jahr, bis Schüler und Lehrer auseinanderliefen. Ein Teil von diesen gründete – vorübergehend – in der Lüneburger Heide eine kommunistische Gemeinde.

Der Freie Ausschuß

Über unsere Arbeit im Vorstand der Hilfskasse für bildende Künstler war es uns klar geworden, daß – trotz der augenblicklichen Blüte des Kunstmarkts – nicht nur für die einzelnen Künstler, sondern mehr noch für die gute Kunst selbst kritische Zeiten bevorständen. Denn wenn wir damals auch immer noch mit unserem Sieg rechneten, so ergab sich doch aus der Lage der Dinge, daß wir nach dem Frieden keineswegs im Überfluß leben, sondern zur äußersten Sparsamkeit gezwungen sein würden. Sollte dabei die echte und wahre Kunst nicht zu kurz kommen, so mußte darauf gesonnen werden, daß alle verfügbaren Mittel, sowohl öffentliche wie private, nicht für Kitsch, sondern für wirkliche Werte aufgewandt würden.
Auf einsamen Spaziergängen durch die Lehmsahler Heide erwog ich die Möglichkeiten solchen Vorhabens, ohne zu einem Ergebnis zu gelangen. So beschlossen wir, die Direktoren der hamburgischen Museen, die mit Kunstinteressen befaßten Vereine und namhafte Kunstfreunde zu gemeinsamer Beratung aufzurufen. Pauli hatten wir von unserem Plan nicht vorher unterrichtet. Wir fürchteten, er werde alle Kunstangelegenheiten in der eigenen Hand behalten wollen und darum Schwierigkeiten machen. Dann aber hätte die Gefahr bestanden, daß die eigentlichen Kunsthalleninteressen zu sehr in den Vordergrund geschoben würden und die von höherer Warte ins Auge gefaßten Gesichtspunkte der allgemeinen Kunstpolitik zurücktreten müßten. Die Besorgnis erwies sich als gerechtfertigt; denn als ich ihm unmittelbar nach Versendung des Aufrufs, aber noch ehe dieser in seine Hand gekommen war, Mitteilung machte, war er verdrießlich und sagte, wir hätten damit seine Kreise gestört: er selbst habe beabsichtigt, diejenigen Gesellschaften, die sich mit Dingen der Kunst beschäftigten, nach Fertigstellung des Neubaus zu einer Art von Museumsverein zusammenzuschließen, um den Zwecken der Kunsthalle zu dienen, und dies Vorhaben werde nun durch den von uns betriebenen Zusammenschluß gekreuzt. Ich war bemüht, ihn zu überzeugen, daß uns jede Beeinträchtigung seiner Absichten fernläge, im Gegen-

45. Edouard Vuillard: Blick auf die Binnenalster, 1913

teil ständen doch unsere Ziele genau in derselben Richtung wie die seinigen, und gerade was er wolle, könne in dem weiteren Rahmen einer Kunstpolitik, zu welcher wir die Wege suchten, am besten gefördert werden. Nicht ohne Widerstreben fügte er sich und war bereit – um wenigstens die Hand im Spiele zu haben –, eine Einladung an die Adressaten jenes Aufrufs zu gemeinsamer Beratung in der Kunsthalle mit zu unterschreiben. Die Versammlung fand am 17. November 1916 statt. Außer Pauli und mir waren erschienen Stettiner als derzeitiger Leiter des Museums für Kunst und Gewerbe, Professor Lauffer als Direktor des Museums für Hamburgische Geschichte, Schumacher als Delegierter des Kunstvereins, der Architekt Groothoff für die Patriotische Gesellschaft, Carl Götze als Vertreter der Lehrervereinigung für die künstlerische Bildung, Eitner und Sophus Hansen für den Künstlerverein, die Vorsitzenden der Gesellschaft Hamburgischer Kunstfreunde und des Kunstgewerbevereins und von Kunstfreunden Dr. Bendixen, Dr. Troplowitz, Henry Simms und Klöpper. Die Aussprache führte auch hier nicht zu einer Klärung des schwierigen Problems; nur darüber war man einig, daß es darauf ankomme, einen läuternden Einfluß auf den Geschmack der breiten Masse des Publikums zu gewinnen. Ein Arbeitsausschuß wurde gewählt, dem – unter meinem Vorsitz – Pauli, Stettiner, Lauffer, Schumacher, Groothoff – dieser auch als Vertreter des Architekten- und Ingenieur-Vereins und des B.D.A. –, Götze, Sophus Hansen, Fräulein Maria Brinckmann und Dr. R. Johannes Meyer als Schriftführer angehörten. Professor Richard Meyer, der Direktor der Kunstgewerbeschule, wurde nachträglich kooptiert.
Sobald der Ausschuß zusammentrat, stellten sich der Arbeit Hindernisse in den Weg. Zunächst erwies es sich als keineswegs einfach, eine klare Übereinstimmung der Mitglieder über die anzustrebenden Ziele herzustellen. Schumacher war von vornherein guten Willens, wenn auch im einzelnen skeptisch; und Groothoff zeigte sich sogar, nachdem wir beide uns in längerer Unterredung verständigt, für den Plan begeistert: er erfand – halb im Ernst, halb scherzhaft – den Namen »Kunstamt«. Stettiner aber schien zu befürchten, es sei auf ein Hineinreden in die Verwaltung der Anstalten abgesehen. Pauli fing sogleich an, die Sache dilatorisch zu behandeln, und versuchte, sie auf ein totes Gleis zu schieben. Er setzte – unter Zustimmung der Versammelten – auseinander, eine wirksame Propaganda in dem von uns beabsichtigten Sinne sei davon abhängig, daß Ausstellungs- und Vortragsräume des Kunsthallenneubaus zur Benutzung fertig ständen, und stellte die Frage, ob das in absehbarer Frist erwartet werden könne. Als Schumacher das erst für geraume Zeit nach Kriegsende in Aussicht stellte, zog er die Konsequenz,

indem er Vertagung bis dahin beantragte. Er wollte sich von der in der Entstehung begriffenen Organisierung einer öffentlichen Meinung in Kunstfragen, in der er eine Fessel oder eine Bevormundung mit kurzsichtig-eifersüchtiger Furcht witterte, mit energischem Ruck befreien. Doch das gelang ihm nicht. Auf meinen Einwand, daß die Zwischenzeit nicht ungenutzt vorübergehen dürfe und jedenfalls versucht werden müsse, Vorbereitendes zu tun, wurde sein Antrag abgelehnt. Man beschloß – und dazu erklärte sich Pauli bereit –, eine Presse-Zentrale, eine Art »Korrespondenz« zu gründen, vermittels derer bald dieser, bald jener von uns unter gemeinsamer Chiffre das zeitungslesende Publikum in unserem Sinne würde beeinflussen können. Ferner sollte Material darüber gesammelt werden, in welcher Weise die sich mit Kunstinteressen befassenden Vereine in den letzten Jahren kunstfördernd tätig gewesen seien und ob und wie auf sie zugunsten einer planmäßigen Fortsetzung solcher Tätigkeit eingewirkt werden könne. Man nahm eine Zusammenstellung der für Stipendienzwecke verfügbaren Fonds in Aussicht; und endlich sollte der Oberschulbehörde mitgeteilt werden, daß Pauli, Stettiner und gegebenenfalls auch ein Architekt Kurse einrichten würden, um Lehrern Anleitung zu Führungen durch die Museen und durch die architektonisch beachtlichen Teile der Stadt zu vermitteln. So war man auf gutem Wege, und insbesondere wurde Stettiner, nachdem sich seine Besorgnisse zerstreut hatten, ein eifriger Förderer des Unternehmens.

Zwischen Schumacher und mir bestand eine Meinungsverschiedenheit über die Organisation unseres Zusammenschlusses. Mir schwebte der Gedanke vor, die Institute, Gesellschaften und Personen, welche in jener Novemberversammlung vertreten waren, sollten eine Art Zweckverband gründen, der sich gleichsam als ein öffentliches Gewissen im Bereich von Kunstfragen konstituierte und auf die Kunstpolitik Einfluß zu gewinnen suchte. Schumacher dagegen schreckte vor der Bildung einer neuen Körperschaft zurück. Er meinte, eine solche Körperschaft bleibe immer ein mehr oder weniger anonymes Gebilde, und wenn sie zugunsten einer Sache eintrete, so sei es nur eine einzelne Stimme; säßen aber in einem derartigen Gremium Männer von einiger Bedeutung, so würde es von weit größerem Gewicht sein, wenn jeder für sich seine Stimme erhöbe. So wichtig er es halte, daß wir in dauernder Verbindung und Beratung blieben, würde er doch einem organisierten Zusammenschluß widerraten. Deshalb gebe er anheim, mit einem Bericht über das, was erreicht sei und geplant werde, das Mandat in die Hände unserer Auftraggeber zurückzulegen, für unsere Person aber den geschaffenen Zusammenhang aufrechtzuerhalten. Ich ließ mich durch seine Gründe überzeugen und verabredete mit ihm, daß er in der bevorstehenden Sitzung einen solchen Antrag stellte. Denn das Barometer stand wieder tief: Pauli war von neuem unwillig geworden, und ich hatte deswegen die grundsätzliche Erörterung über Ziele und Organisation unserer Arbeit auf die Tagesordnung gesetzt. In einer der Sitzung unmittelbar vorhergehenden Besprechung geriet ich mit Pauli hart aneinander: er wiederholte, daß seine Pläne durch unsere Aktion geschädigt seien; warf mir abermals vor, daß wir uns nicht vorher mit ihm beraten hätten; und drohte, er werde nicht mehr mitmachen, wenn etwas beschlossen würde, was ihm nicht passe. Ich erwiderte, bei dem Mangel von Persönlichkeiten in Senat und Bürgerschaft, die fähig erschienen, die Belange der Kunst mit einsichtigem Sachverstand zu vertreten, sei es notwendig, eine Instanz zu schaffen, die aus eigener Machtvollkommenheit eine Art Kontrolle führe. Er mochte herausfühlen, daß bei dieser Beurteilung stillschweigend ein Vergleich seiner Person mit Lichtwark gezogen wurde, der doch die Funktion eines öffentlichen Kunstberaters und Kulturministers ausgeübt hatte; und als ich den Ausdruck wiederholte, unser Ausschuß könne die Rolle eines »öffentlichen Gewissens« übernehmen, parierte er jenen vermeintlichen Stoß durch die unmißverständliche Andeutung, daß er meine Qualifikation für eine solche Aufgabe bezweifle. Worauf ich entgegnete, daß nach meiner Überzeugung in Hamburg niemand sei, der mehr Mühe auf die Bildung eines selbständigen Kunsturteils verwandt habe als ich, und daß ich bei aller Bescheidenheit mir meines Wertes in vollem Maße bewußt sei. Trotz der Schärfe des Inhalts wurde die Unterhaltung in durchaus verbindlicher Form geführt; am Schluß schüttelten wir uns die Hände, und ich versprach ihm auf seine Bitte, daß ich nach wie vor ihn bei Durchführung seiner besonderen Pläne unterstützen werde.

In der Sitzung selbst legten Pauli und ich unseren gegensätzlichen Standpunkt dar; dann kam Schumacher mit seinem Antrag, der den lebhaften Beifall aller übrigen Mitglieder fand. In der Begründung sprach er aus, daß dieser Kreis, der sich so glücklich zusammengefunden habe, nicht wieder aufgelöst werden dürfe. Auch dem stimmten die anderen zu, und Götze erklärte, es sei für Hamburg ein historisches Ereignis, daß Männer und Frauen aus den verschiedensten Berufen und Lebenslagen sich auf neutralem Kulturboden in dieser Weise zu gemeinsamer Arbeit vereinigt hätten.

Ich entwarf ein Schreiben an unsere Mandanten aus der November-Versammlung, in dem ich über unsere Arbeit Bericht erstattete, den Auftrag für erledigt erklärte und versprach, wir würden die weitere Entwicklung der Dinge beobachten und gegebenenfalls mit neuen Anträgen herantreten. Un-

ser Kreis aber blieb unter dem Namen eines »Freien Ausschusses« satzungslos und ohne feste Bindung bestehen; es sollten in Abständen von ein bis zwei Monaten Sitzungen stattfinden, zu denen ich einzuladen hätte. Selbstverständlich konnte nicht erwartet werden, daß dieser Freie Ausschuß in Zeitläuften, deren Anteilnahme ganz anderen Dingen zugewandt war, eine in die Augen springende Tätigkeit entfaltete; man mußte sich zunächst auf Kleinarbeit einstellen. Aber schon damit war viel gewonnen, daß allem dem, was im Bereich ästhetischen Kulturschaffens in Hamburg geschah, eine gewisse Notorietät gesichert wurde. Denn die gemeinschaftlichen Besprechungen sorgten dafür, daß jeder von uns auch über die Dinge unterrichtet wurde, die außerhalb seines gewöhnlichen Gesichtskreises lagen, und die Erfahrung lehrte, daß dies für alle doch nicht ganz wenig war. Hier schnitten sich die Kreise, deren Zentren – wenn sie auch durch den gemeinsamen Rahmen ihrer Beziehungen zur Kunst zusammengehalten wurden – nicht unbeträchtlich voneinander getrennt waren: die Museen mit ihren Sammelinteressen, das kunstgewerbliche Unterrichtswesen, die vereinsmäßig zusammengeschlossenen schaffenden Kräfte der Architekten, bildenden Künstler und Kunstgewerbetreibenden, die Schulen mit ihren auf Hebung des Formensinns gerichteten Bestrebungen, der Bund für Erziehung und Unterricht mit seinen weiter gesteckten Zielen, die Belange der Kunstfreunde und aller der Gesellschaften, die sich in den Dienst irgendeiner Kunstförderung gestellt hatten. So war die Möglichkeit gegeben, daß man sich, statt aneinander vorbei, gegenseitig in die Hände arbeitete, und tatsächlich wurde alsbald der Versuch einer solchen Arbeitsgemeinschaft gemacht: die Kunstgesellschaft und der Kunstgewerbeverein einigten sich bei Aufstellung ihrer Programme dahin, daß dort bei Beginn des Wintersemesters Geh. Rat Muthesius einen für ein breiteres Publikum bestimmten Vortrag »Über die Verpflichtung des Staates zur Form« halten sollte, der bestimmt war, als eine Art Auftakt zu dienen für einen Zyklus von Vorträgen für eine Reihe von Fächern des Kunstgewerbes.
Ein anderes Beispiel der Zusammenarbeit: Der Bund für Erziehung und Unterricht, der im Freien Ausschuß durch Carl Götze vertreten war, veranstaltete in Gemeinschaft mit dem Museum für Kunst und Gewerbe eine Ausstellung über das Thema »Schrift«, die in vorbildlicher Weise das für die Gegenwart wichtige Material zur Schau brachte.
Unsere Beratungen umfaßten alles, was im Bereich der Kunst und der angrenzenden Gebiete jeweilig Aufmerksamkeit und Beachtung erforderte. Einige Fragen mögen hier herausgestellt werden: »Ob und wie auf eine He-

bung der Kunstkritik in den hamburgischen Zeitungen hingewirkt werden könne«, »Ob Erfolg von einem Versuch zu erwarten sei, eine Umarbeitung der Cordesschen Pläne für den neuen Teil des Ohlsdorfer Friedhofs zu fordern«, »Ob die Schaffung eines Zweckverbandes zwischen Hamburg und den Nachbarstädten und -gebieten behufs gemeinsamer Bearbeitung von Bebauungsplänen und Aufteilung des Geländes für Grünanlagen möglich sei«. Ferner wurde das Augenmerk auf die klägliche künstlerische Gestaltung der neueren hamburgischen Medaillen (Portugalöser), des Notpapiergeldes und anderer öffentlicher Drucksachen gerichtet und dergleichen mehr. Bei alledem war es immer Schumacher, der zu Vorsicht und Zurückhaltung mahnte, damit wir uns nicht durch eine übereilte Stellungnahme von vornherein um den Kredit brächten. Er warnte besonders davor, publizistisch wirken zu wollen. Eingaben und Denkschriften an die Behörden oder maßgebende Persönlichkeiten seien ihrer Wirkung sicherer. Lichtwark, so sagte er, habe es mit der Flucht in die Öffentlichkeit oftmals verdorben; außerhalb Hamburgs habe das seinem Ansehen wohl genützt, hier aber seiner Wirkung geschadet.

Die Tätigkeit der Pressezentrale blieb denn auch in bescheidenen Grenzen: die Notizen machten das Publikum auf Sonderausstellungen in den Museen aufmerksam, legten gelegentlich den Finger auf Mißstände im Kunstauktionswesen, sprachen Wünsche aus, der Staat möge bei Schaffung von Münzen und Drucksachen dem ästhetischen Bedürfnis mehr Rechnung tragen. Für umfangreichere Erörterungen stellte ich die »Anmerkungen« meiner Literarischen Gesellschaft zur Verfügung.

Aus dem Bereich der praktischen Arbeit sei zunächst erwähnt, daß jene Führungs- und Führerkurse für Lehrer in der Kunsthalle und im Museum für Kunst und Gewerbe gehalten wurden. Sodann forderte Götze, es müsse von uns eine Einwirkung darauf versucht werden, daß die in der Schule gebrauchten Materialien, z. B. Schreibhefte, und die Drucksachen, wie Zeugnisse, Formulare aller Art, Anstellungsurkunden und dergleichen ein geschmackvolleres Äußeres in Form, Aufteilung, Ausstattung als bisher üblich erhielten. Wir zogen zu diesem Zweck den Schulrat Umlauf als Mitglied in unseren Kreis und gewannen in ihm eine unseren Ideen zugängliche Persönlichkeit. Professor Meyer versprach, Proben für eine sachgemäße Umgestaltung jener Dinge in seiner Schule herstellen zu lassen. Die Entwürfe fanden Billigung, und Umlauf sorgte für ihre Einführung. Bei dieser Gelegenheit kam auch die Wünschbarkeit einer Neu-Stilisierung des Hamburger Wappens zur Sprache.

Als verlautete, die Reichsregierung gehe mit der Ausgabe neuer Briefmarken um, richteten wir eine von Schumacher entworfene Eingabe an den Senat, dieser möge an der Zentralstelle vorstellig werden, daß ein Weg zur Erlangung von Entwürfen beschritten werde, die den Ruf unseres Geschmacks im Ausland besser zu wahren imstande seien als die jetzigen Postwertzeichen, und wir entfalteten eine Propaganda, daß ein solcher Schritt des Senats von den Regierungen anderer Bundesstaaten unterstützt würde.

Die trüben Erfahrungen mit der äußeren Erscheinung der öffentlichen Bekanntmachungen, Plakate, Diplome, Werbeschriften hamburgischen Ursprungs weckten in uns den Wunsch, einmal wirkliche Künstler zur Schaffung eines Kriegsanleihe-Plakats heranzuziehen, das eine charakteristische hanseatische Note trüge. Eine Erkundigung bei der Nachrichtenstelle des Generalkommandos ergab, daß wir uns behufs Einwerbung von Mitteln an die Reichsbank zu wenden hatten. Wir luden den Präsidenten der Reichsbank in Hamburg, Geh. Rat Werner, zu unseren Sitzungen. Er ging auf unsere Wünsche ein und zeigte sich auch bereit, für eine Verbesserung der bei seiner Anstalt gebräuchlichen Formulare und Drucksachen in unserem Sinne einzutreten.

Inzwischen hatte sich ein anderer Weg in der Plakatangelegenheit eröffnet: die Hamburger »Gold- und Juwelenwoche«, eine Veranstaltung, welche die Ablieferung solcher Wertsachen zugunsten des Reiches bezweckte, wollte eine rege Werbetätigkeit einleiten, und es gelang uns, die Ausschreibung eines Wettbewerbs um ein Plakat an fünf Hamburger Künstler durchzusetzen. Anton Kling von der Kunstgewerbeschule ging als Sieger daraus hervor.

Das andere Vorhaben führte nicht zum Ziel. Das Reichsbankdirektorium billigte zwar unseren Plan, wies uns aber wegen der Kosten an die Hamburger Emissionsbanken, fünf an der Zahl. Nach der Kalkulation bedurften wir für den Wettbewerb und den Druck 3000 Mark, wovon also auf jede der Banken die Kleinigkeit von 600 Mark entfiel. Mein Ersuchen wurde trotzdem zu unserer Überraschung abgewiesen: Herr Max Schinckel schrieb als Wortführer, die Erfahrungen, die man bisher mit hamburgischen Plakaten und anderen künstlerischen Bestrebungen von Herren unseres Kreises – z. B. den radierten Portraits hamburgischer Persönlichkeiten – gemacht habe, seien so wenig befriedigend ausgefallen, daß man sich nicht entschließen könne, auf unseren Wunsch einzugehen; man müsse sich vorbehalten, von evtl. fertiggestellten Plakaten eine Anzahl zu kaufen. Wenn diese Antwort auch bewies, daß die hamburgische Hochfinanz unseren Ideen kein Verständnis entgegenbrachte, so enthob sie uns einer Verlegenheit: Denn die Entwurfsskizzen, die Männer wie Eitner, Illies, Siebelist auf unsere Veranlassung probeweise eingereicht hatten, waren so hilflos, daß wohl nichts anderes übriggeblieben wäre, als dem einen Czeschka von vornherein den festen Auftrag zu erteilen.

Fehlschläge solcher Art durften kein Anlaß sein, den Mut sinken zu lassen. Der Wille zu wirken muß lang genug sein, um sich über weitere Zeiträume zu spannen.

Der Werkbund Geistiger Arbeiter

Wenige Tage nach Ausbruch der Revolution, als verlautete, Dr. Kurt Hiller in Berlin habe – gemäß seinen schon vorher im Ziel-Jahrbuch veröffentlichten Gedanken über ein Kulturparlament – zur Bildung eines Rats Geistiger Arbeiter aufgerufen, stellte Dr. Hans W. Fischer telefonisch an mich das Ansinnen, ich, als der geeignete Mann, solle mich an die Spitze einer ähnlichen Bewegung in Hamburg setzen. Ich erwiderte, an einer solchen Rolle hinderten mich meine schlechten Augen, aber ich wolle mich der Mitarbeit nicht entziehen. Wir verabredeten für den Nachmittag eine Zusammenkunft, an der auf meinen Wunsch auch Carl Mönckeberg teilnahm. Als ich ihnen von dem Freien Ausschuß erzählte, waren sie begeistert, daß der Kern eines Zusammenschlusses schon bestehe. Wir traten sofort durch Fernruf mit Pauli und Schumacher in Verbindung, und es wurde ein Termin für eine gemeinschaftliche Beratung bestimmt, zu welcher ich außer einigen Mitgliedern jenes Ausschusses – Götze, Stettiner – den Oberlehrer Dr. Peter Petersen, Dr. Albert Görland, Professor am Technikum, und Professor Salomon vom Kolonialinstitut einlud. Auf Paulis Wunsch wurden Friedrich Ahlers-Hestermann und Professor Siegmund von Hausegger zugezogen. Ferner führte ich zwei mir empfohlene junge Studenten, Robinsohn und Hans Zacharias, die sich bereits auf politischem und sozialem Gebiet betätigt hatten, ein; und endlich gesellten sich, aufgrund einer an Dr. Fischer und mich gerichteten Empfehlung Dr. Kurt Hillers, der Dramaturg Engel und Frau Lichtwitz-Dühren von den Kammerspielen und, von Mönckeberg mitgebracht, der Vorsitzende des Monistenbundes, Riess, unserem Kreise zu. Wir versammelten uns am 15. November im Bureau Mönckebergs, der damals Geschäftsführer des Hamburgischen Ausschusses für Siedlungswesen war. Ich, dem die Leitung angetragen wurde, lege dar, um was es sich handle und stelle zunächst die Frage, ob man bei dem Zusammenschluß an eine persönliche Interessenvertretung der Geistesarbeiter oder an eine Vertretung der Belange des Geistes bei Regelung der öffentlichen Angelegenheiten denke. Alle bekennen sich so sehr zur zweiten Alternative, daß kaum ein Wort darüber verloren wird. Görland verliest das uns anderen nur bruchstückweise zu Gesicht gekommene Hillersche Programm. Es wirkt wie ein Reiz, der rote und weiße Blutkörperchen scheidet: Görland, Fischer, Petersen bilden die radikalere Richtung, welche die Hillerschen Sätze anzunehmen bereit ist, während Schumacher, Pauli, Salomon Bedenken gegen mehr oder weniger große Teile von ihnen erheben. Ich bin bemüht, eine Spaltung zu vermeiden; und es bleibt genug Gemeinsames, was die weitere Zusammenarbeit gewährleistet: wir verabreden für Mittwoch, den 20. November, eine neue Sitzung in der Kunsthalle, zu der jeder von uns geeignete Personen soll einführen können.

Inzwischen waren bereits andere Parallelbewegungen in Gang gekommen. Zu morgen, Sonntagvormittag, hatten die Schriftleiter Nagel und Abter vom Correspondenten eine Versammlung der Geistesarbeiter in das Curiohaus einberufen. Der Professorenrat des Kolonialinstituts lud die Gelehrten, Techniker und Vertreter »kultureller Vereine« auf Montagnachmittag ins Vorlesungsgebäude. Und Fischer, Pauli, Riess waren, wie sie mitteilten, morgen vom Arbeiter- und Soldatenrat nach Altona zu einer Besprechung gebeten, welche die Bildung eines »Rats Geistiger Arbeiter« bezweckte. Es ist amüsant – und für Hamburgs geistiges Leben bezeichnend –, wie unsere Vereinigung sich allen diesen Versuchen eines Zusammenschlusses überlegen bewies; und darum rechtfertigt es sich, bei diesen Dingen etwas länger zu verweilen.

Im Curiohaus fanden sich die Mitglieder unserer Gruppe zahlreich ein. Ich besprach mit Professor Weygandt, dem Direktor der Anstalt Friedrichsberg, und Regierungsrat Zache von der Zentralstelle des Kolonialinstituts, die am Vorstandstisch saßen, sie möchten einen nicht zu großen Ausschuß von fünf Personen wählen lassen, der mit uns zusammenarbeiten könne. Aber alsbald verzettelte sich die Diskussion: die Standesinteressen schoben sich in den Vordergrund; ein Lehrer Sydow, der damals in jeder Versammlung kein Ende finden konnte, hielt weitschweifige Reden; Dr. Niko Binder schrie, in erster Linie müsse jetzt für die Feldgrauen gesorgt werden; und bei manchen Sprechern hatte man den Verdacht, sie stellten sich zwar mit dem Munde »auf den Boden der gegebenen Tatsachen«, wollten aber in Wahrheit nur

jede Gelegenheit erspähen, um in eigenem Interesse den Wagen wieder rückwärts zu schieben. Als man zur Wahl eines zehnköpfigen Ausschusses schritt und dabei auch meinen Namen vorschlug, lehnte ich deswegen diese Wahl ab.
Unser Kreis trat sofort zu neuer Beratung zusammen. Schon begann er Anziehungskraft zu üben: die Professoren Rathgen und Stern vom Kolonialinstitut, der Architekt Leberecht Migge und Dr. Knack, ein sozialdemokratischer Arzt am Barmbeker Krankenhaus, schlossen sich uns an, und wir mußten einige unberufene Eindringlinge ausschiffen. Wir versuchten, die Grundsätze unserer Gemeinschaft festzulegen. Zunächst wurde noch einmal ausdrücklich statuiert, daß keine Interessenvertretung angestrebt werde; ferner ergab sich Einmütigkeit, wir wollten ehrlich am Aufbau der neuen Ordnung mitarbeiten und insbesondere dafür eintreten, daß dabei der »Geist« zu seinem Recht komme; daß wir, um eine Einheit mit Wirkungsmöglichkeit zu werden, der Grundlage eines positiven politischen Programms bedürften und daß dies Programm eine gemäßigte sozialistische Färbung haben müsse. Dennoch war die Situation kritisch. Denn Görland als Fanatiker der Überzeugung erklärte wiederholt, daß er sich auf nichts »Verwaschenes« einlassen werde. Aber zum Glück war er so von Schumachers Persönlichkeit eingenommen, daß man hoffen durfte, er werde ihm soweit irgend möglich entgegenkommen.
Wir verabredeten, morgen vor der Versammlung der »Gelehrten, Techniker und Vertreter der kulturellen Vereine« zur Fortsetzung unserer Beratung im Sitzungszimmer des Professorenrats, das uns Rathgen zur Verfügung stellte, zusammenzutreffen. In dieser Sitzung kamen wir dann einen beträchtlichen Schritt voran. Schumacher rechtfertigte das in ihn gesetzte Vertrauen. Er brachte einen Entwurf, der sich an das Hillersche Programm anlehnte, aber nicht so sehr in Einzelheiten verlor und einige radikale Schärfen vermied. Auch Görland war befriedigt. Die Leitsätze wurden durch Akklamation allgemein als Grundlage für die endgültige Ausarbeitung eines Programms angenommen. Ich stellte fest, daß damit unsere Gruppe sich zu einem wenn auch noch nicht mit scharfer Linie umrissenen, so doch fest gefügten Körper gebildet habe. Auf Görlands Vorschlag wurde der Name »Werkbund Geistiger Arbeiter« gewählt. So konnten wir in corpore in den Hörsaal einziehen, wo die vom Professorenrat einberufene Versammlung tagte.
Diese nahm einen kläglichen Verlauf. Die Einberufer hatten eine Resolution vorbereitet, die keine positiven Richtlinien des Handelns, sondern nur Protestationen gegen die Gefährdung der Freiheit von Forschung, Lehre, Wis-

senschaft, Kunst und dergleichen enthielt. Professor Franke eröffnete die Versammlung und oktroyierte die Wahl Dr. Carl Albrechts, des Vorsitzenden vom Zentralausschuß der Bürgervereine – weshalb gerade den? – zum Leiter der Verhandlungen und zum Vorsitzenden eines Ausschusses; Albrecht wiederum oktroyierte – offenbar planmäßig – die Zuwahl von vier Ausschußmitgliedern (Professor Kümmell, Architekt Rambatz, Pauli und Professor Voigt). Er führte den Vorsitz geschäftsmäßig im platten Bürgervereinston, und dem entsprach die Diskussion: sie verlor sich in kindischen Debatten über redaktionelle Änderungen jener berühmten Resolution. Wahrlich ein trauriges Zeugnis für die Impotenz derer, die sich Vertreter des deutschen Geistes nannten. Man hat denn auch von der Tätigkeit weder dieses noch des gestern im Curiohaus gewählten Ausschusses wieder etwas vernommen. Um so zufriedener verließ unsere Gruppe das Vorlesungsgebäude. Nachdem Stettiner uns den Ausstellungsraum seines Museums für unsere Sitzungen angeboten und ich die Literarische Gesellschaft zu Veröffentlichungen zur Verfügung gestellt hatte, sagte Schumacher vergnügt: »Nun haben wir ein Programm, einen Namen, ein Lokal und eine Zeitschrift; was wollen wir mehr!«

Ich lud für den folgenden Abend Schumacher, Petersen, Pauli, Görland und Mönckeberg in unser Haus zur Vorbereitung der für Mittwochmorgen in der Kunsthalle anberaumten größeren Sitzung. Es war darüber schon Verschiedenes in der Öffentlichkeit laut geworden, und – begreiflicherweise bei der unkontrollierbaren Unruhe dieser aufgeregten Tage – es waren von dem einen oder dem anderen Aufforderungen zur Teilnahme an Personen ergangen, die nach unserer Überzeugung durchaus ungeeignet zur Mitgliedschaft waren. Es galt daher, sich dieser mit Anstand zu entledigen. Der Verlauf der Mittwochs-Sitzung wurde folgender: Ich begrüßte die ziemlich zahlreich Erschienenen in einem der großen Oberlichtsäle des ersten Stocks, machte Mitteilung von der Gründung des Werkbundes Geistiger Arbeiter (W.G.A.), legte seine Ziele und künftige Organisation dar, stellte ausdrücklich fest, daß er eine geschlossene Vereinigung bestimmter Mitglieder sei und daß der Eintritt nur den Personen offenstehe, die dazu eine ausdrückliche Aufforderung erhielten. Ich fügte hinzu, daß bei dieser Sachlage für eine Diskussion heute kein Raum sei, zumal die Mitglieder des W.G.A. jetzt zu einer Beratung über die Satzungen zusammentreten müßten. Die Außenstehenden machten zwar erstaunte Gesichter, mußten sich aber wohl oder übel fügen, da wir alle den Versammlungsraum verließen und uns in einem der unteren Ecksäle, der für unsere Arbeit hergerichtet war, wieder zusammenfanden.

Titelblatt einer Ausgabe der Literarischen Gesellschaft, 1919

Diese Versammlung war, kraft des guten sachlichen Willens aller Beteiligten, eine disziplinierte Geschäftssitzung. Nachdem mir provisorisch bis zur endgültigen Wahl eines satzungsmäßigen Vorstandes der Vorsitz übertragen war, verlas ich die Namensliste unseres jetzt auf etwa 50 Mitglieder angewachsenen Kreises. Dann wurde in die Beratung des Schumacherschen Programm-Entwurfs eingetreten, aber – da sein Inhalt auch hier allgemein grundsätzliche Zustimmung fand – Abänderungsvorschläge und redaktionelle Umformungen nicht zur Abstimmung gebracht, sondern einem aus Rathgen, Schumacher, Görland, Mönckeberg und mir bestehenden Redaktionsausschuß als Material überwiesen. Ferner wurde ein anderer Ausschuß, dem außer mir Schumacher, Petersen, Görland und Mönckeberg angehörten, gewählt, um einstweilen die weitere Tätigkeit vorzubereiten; Pauli trat ihm als derjenige bei, welcher die Geschäftsstelle übernahm.

Die Sitzungen zunächst des Redaktions-, sodann im weiteren Verlauf des Geschäftsführenden Ausschusses gehörten für mich zu den anregendsten und fruchtbarsten Erlebnissen jener Zeit. Alle Mitglieder waren Männer eigener Sinnesart. Schumachers Wert ist schon zu wiederholten Malen hervorgehoben. Mit Dr. Peter Petersen kam ich dadurch in Berührung, daß er auf meine Bitte zwei Leibniz-Briefe der Stadtbibliothek in der Literarischen Gesellschaft veröffentlichte. Dann legte er mir zwei von ihm geschriebene Dramen vor, die Anlaß zu feinen Unterhaltungen über seine innere Entwicklung und über Weltanschauung überhaupt gaben. So lernte ich ihn als einen sehr kultivierten Menschen kennen. Er war einer der wenigen Oberlehrer, die ernstlichen Anteil an den Problemen der modernen Pädagogik nahmen und gehörte dem Vorstand des Bundes für Erziehung und Unterricht an; in dieser Eigenschaft gab er 1916 unter dem Titel »Aufstieg der Begabten. Vorfragen« eine Sammlung von 18 wertvollen Aufsätzen verschiedener Autoren heraus. Aus dem nördlichen Schleswig gebürtig, trug er die Merkmale seines Stammes deutlich an sich: klare Sachlichkeit im Urteil, zähes Festhalten im Wollen, vorsichtiges und doch energisches Zufassen im Handeln. Sein Radikalismus war deshalb gründlich durchdachte Überzeugung, ein Radikalismus nicht des Umsturzes, sondern des Aufbaus. Von seinen wohlbegründeten Ansichten über die Notwendigkeit einer Umformung der Schule hat er in unserem Kreis wiederholt als Debatter und als Vortragender anschauliche Darstellungen gegeben. Er war ein durchaus positiver, zu allen wachsenden, lebendigen Kräften jasagender Mensch: ein Freund und eifriger Förderer der Volkskirchenbewegung, für die er in der Überzeugung eintrat, daß dem religiösen Bedürfnis ohne hemmende dogmatische Schranken Genüge gesche-

hen müsse, und ein begeisterter Verfechter der deutschen Einheit, als welcher er – unter vorübergehender Niederlegung seines Lehreramtes – der rührigsten einer in der Agitation für die Volksabstimmung in seiner schleswigschen Heimat wirkte.
Görlands politischer Fanatismus nahm sich neben ihm wie schäumender Champagner aus. Aber in Eis gekühlter Champagner. Denn er war ein in scharfer Dialektik geübter Kopf. Auch er hatte sich in der Literarischen Gesellschaft vernehmen lassen, und über das Thema »Moral in der Politik« gerieten wir in eine kleine literarische Fehde. Sie wurde zum Anlaß einer Aussprache, die uns, wenn sie auch die Gegensätzlichkeit unserer Ansichten noch deutlicher hervortreten ließ, persönlich näher brachte. Er war Sozialist, Pazifist, ein wütender Gegner des Wilhelminischen Geistes und alles Militarismus'. Kurz vor der Revolution trafen wir uns im Haus des jungen Robinsohn in einer Versammlung, in welcher über die Gründung einer Art Fry-Bundes im Sinne der Nienkampschen Schrift »Fürsten ohne Krone« diskutiert wurde. Als die Umwälzung losbrach, war er Feuer und Flamme. Ja, er rühmte sich, nicht ohne Einfluß auf die Kieler Matrosenrevolte gewesen zu sein. Ohne Zweifel floß jüdisches Blut in seinen Adern; der internationale Einschlag mochte damit zusammenhängen. Mit dem Hillerschen Kreis war er zeitweise eng verbunden – wenigstens glaube ich es –, aber man sah in ihm dort einen Schwarmgeist. Auch er wollte Neues aufrichten: insbesondere sah er in der Einheitsschule – oder, wie er es nannte, in der Allgemeinen Deutschen Volksschule – das Heilmittel, das jeden an den richtigen Platz stellen werde, und das Problem der Arbeit war ihm die grundlegende Frage der Menschheitsentwicklung. Neukantianer, als Schüler Cohens ein Angehöriger der sogenannten Marburger Schule, baute er auf der Idee der Arbeit sein Gebäude der Ethik auf. Dennoch war sein Radikalismus eher zersetzend als befruchtend. Indem er seine philosophischen Theorien unerbittlich auf die Politik anwandte, wurde er einseitig. Er glitt immer weiter nach links und war auf dem besten Wege, ein gefährlicher Mensch zu werden – hätte nicht seine gütige Natur die Rolle des Schiffskreisels übernommen. Ihm bedeutete die politische Überzeugung eine Art Religion; das Gefühl, »allen Menschen Bruder sein wollen«, war das Leitmotiv. Die Unbekümmertheit, mit der er diese Idee in die harte Wirklichkeit der Tatsachenwelt einfügen wollte, hatte etwas Kindliches. Freilich hinderte sie ihn auch nicht, gelegentlich ein rücksichtsloser Bruder zu sein, aber wer ihn einmal als Menschen zu würdigen gelernt hatte, konnte ihm darüber nicht lange gram bleiben.
Carl Mönckeberg brachte ein großes Maß liebenswürdiger persönlicher Fri-

sche in die Zusammenkünfte. Als Mitglied der Bürgerschaft und mancher ihrer Ausschüsse wußte er von der Entwicklung der öffentlichen Dinge Bescheid und konnte taktische Ratschläge geben. Aber auch er nahm – wie die meisten – Schaden durch die Vielheit der Geschäfte; er wurde zerrieben und besaß nicht die innere schöpferische Fülle, die einen Mann wie Schumacher rettete.

Pauli gab am wenigsten her. Sein Interesse erschöpfte sich innerhalb der Grenzen seines Spezialgebiets, der Kunst, und man machte sich bald darüber lustig, daß er gerade jetzt überall Bestrebungen zugunsten der Schaffung eines Kunstausstellungs-Gebäudes in den Vordergrund zu schieben suchte. So reichte seine Liebe nicht bis zu den höheren Zielen des W.G.A. Schon zu Anfang des Jahres 1919 schied er aus der Leitung aus, und Mönckeberg übernahm die Geschäftsstelle.

Die Besprechungen, welche der Arbeiter- und Soldatenrat mit Pauli, Fischer, Riess und einigen anderen Herren gepflogen, hatten zu dem Beschluß geführt, zu Sonntag, dem 24. November, eine große Versammlung von Vertretern der gelehrten Berufe in das Altonaer Museum einzuberufen. Ich wurde gebeten, unter Beistand zweier Delegierter des Arbeiter- und Soldatenrates den Vorsitz zu übernehmen. Trotz lebhafter Bedenken, ob ich bei meinen schlechten Augen der Aufgabe gewachsen sein würde, sagte ich zu; man beruhigte mich: die Sache sei einfach; das Programm stehe fest; Schumacher werde das einleitende Referat halten und nach kurzer Aussprache ein dreißigköpfiger Ausschuß gewählt werden. Schon vor Beginn aber sah man, daß der Verlauf nicht so glatt gehen werde: große Mengen strömten herbei, der Saal war bald bis auf den letzten Winkel gefüllt, und die Menschen standen bis auf die Straße. Tatsächlich wurde die Diskussion turbulent. Meine Lage war schwierig, weil der Vorstandstisch nicht auf erhöhter Estrade stand, keine Glocke zur Stelle war und meine Stimme sich belegte. So hätte Gefahr bestanden, daß die Leitung meiner Hand entglitt, wenn nicht gelegentlich Herr Freund, einer der Delegierten des Arbeiter- und Soldatenrates, mit seiner Stentorstimme – dem wichtigsten Rüstzeug jener aufgeregten Tage – mir zur Hilfe gekommen wäre. Zwar wählte man statt des 30er Ausschusses, dessen namentliche Vorschlagsliste aus der Menge heraus als Clique bezeichnet wurde, ein Monstrum von 70 Köpfen, aber es gelang doch – trotz lebhaften Widerspruchs von Elementen, die noch nicht genügend zu Worte gekommen zu sein glaubten –, die Versammlung zu dem als äußerst vorgesehenen Termin zu schließen.

Bereits am Nachmittag trat der große Ausschuß im Palast-Hotel zusammen,

um über den Ausbau eines »Rats Geistiger Arbeiter« (R.G.A.) und die Organisation seiner Tätigkeit zu beraten, und es wurde ein engerer Ausschuß von neun Mitgliedern gewählt, deren jedes eine bestimmte Gruppe von Berufsarten um sich zu gemeinsamer Arbeit vereinigen sollte. Einer genaueren Erzählung von dem Fortgang dieser Verhandlungen bedarf es nicht, weil sie zu keinem Ergebnis führten. Unser Kreis wurde alsbald von tiefem Mißtrauen gegen die beiden Delegierten des Arbeiter- und Soldatenrates und verschiedene Mitglieder des Ausschusses erfüllt; es schien uns, als wollten sie im Trüben fischen und sich auf allgemeine Unkosten eine Position schaffen. Wir beschlossen daher, in corpore aus dem R.G.A. auszutreten, und als tags darauf Herr Freund – ich weiß nicht weswegen – verhaftet wurde, lief sich die Bewegung, wie eine Schnecke auf Salz, ganz von selbst tot. Aus den Resten schälte sich dann ein aus Professor Thilenius, Dr. Robinow, Direktor Daitz bestehendes Komitee heraus, das unter dem Namen eines »Verbandes Geistiger Arbeiter« eine Interessenvertretung zu organisieren suchte.
Inzwischen hatten wir im Geschäftsführenden Ausschuß des W.G.A. einen Plan der ersten Tätigkeit entwickelt. Mit vier Diskussionsabenden sollte begonnen werden: Rathgen übernahm das Referat über das Thema »Kapitalistische und sozialistische Republik«, Dr. R. Johannes Meyer über den »Bundesstaat Niedersachsen«, Mönckeberg über »Die Aufgaben der Nationalversammlung« und Görland über »Das Problem der Arbeit«. Ferner schlugen wir die Bildung eines Ausschusses zur Vorbereitung der Universitätsgründung vor. In einer Vollsitzung wurde unser Vorschlag genehmigt, die endgültige Fassung des Programms bestätigt und seine Publikation in der Literarischen Gesellschaft beschlossen. Diese Fassung möge hier Aufnahme finden:

> Der Werkbund Geistiger Arbeiter will zum Unterschied von den Sondervertretungen, die für die einzelnen geistigen Berufe bestehen, geistige Arbeiter sammeln, die als ein lebendiger Teil des nach Gestaltung ringenden Volkes den Zusammenhang suchen zwischen ihrem eigenen Geistesgebiet und den gesamten politischen Gedanken der Zeit.
> Er will werktätig kämpfen für die Kultur, für die Durchgeistigung des gesamten Volkslebens, für die persönliche Freiheit und soziale Gerechtigkeit.
> Er bekämpft jede Vergewaltigung der Völker oder des einzelnen, sei sie politischer, militärischer oder wirtschaftlicher Natur.
> Daher will er
> 1. Eine Gestaltung des Wirtschaftslebens, welche alle schöpferischen

Kräfte zur Entfaltung bringt und der arbeitenden Menschheit bei gesteigertem Verantwortlichkeitsbewußtsein ein reicheres individuelles Leben ermöglicht. Alle Maßnahmen auf dem Gebiet der Wohnungspolitik, der Bodenpolitik und der Steuerpolitik, die dazu dienen, die unentbehrliche breite äußere Grundlage jeder Kulturbestrebung zu schaffen. Weitgehende Umwandlung privatwirtschaftlicher Unternehmungen in gemeinwirtschaftliche. Gerechte Wertung der Arbeit, sowohl der Handarbeit wie der Kopfarbeit.
2. Umgestaltung des öffentlichen Bildungs- und Erziehungswesens, Aufbau der unentgeltlichen allgemeinen Volksschule im Sinne einer Deutschen Gesamtschule, mit freiem Aufstieg und Gliederung nach Begabungen. Freiere Gestaltung des jugendlichen Lebens, Verhinderung jeder Erstarrung der Lehre an den Hochschulen. Volkshochschulen. Künstlerische Erziehung.
3. Freiheit der Forschung, der Lehre und der Kunst. Vereins- und Versammlungsfreiheit. Pressefreiheit; sittliche, wirtschaftliche und technische Reform des Pressewesens.
4. Menschlichere Ordnung des Strafvollzugs.
5. Förderung aller Maßnahmen zur Hebung der Volksgesundheit.
6. Veredelung der Anschauungen und Vorschriften, die das Geschlechtsleben und die Familie betreffen. Mutterschutz, Kinderschutz.
7. Trennung von Staat und Kirche.
8. Die Gesamtdeutsche Republik auf der Grundlage der geschichtlich gewordenen Volksverbände; Volksvertretung nach gleichem, direktem und geheimem Verhältniswahlrecht aller Reichsangehörigen beiderlei Geschlechts.
9. Berücksichtigung der Organisationen geistiger Arbeiter bei Gesetzgebung und Staatsverwaltung.
10. Einen Bund der Kulturvölker.
Der nächste nach Kräften zu fördernde Schritt zur Durchführung dieses Programms ist die Einberufung einer Konstituierenden Nationalversammlung auf Grund des allgemeinen, direkten und geheimen Verhältniswahlrechts.

Von den ersten vier Diskussionsabenden wurde eigentlich nur der fruchtbar, welcher sich mit dem »Bundesstaat Niedersachsen« beschäftigte, und zwar durch das Korreferat Schumachers. Hier zuerst – in vertraulicher Aussprache – legte er vor und begründete er sein sogenanntes kleines Projekt Groß-

WERKBUND
GEISTIGER ARBEITER

In der Mitgliederversammlung
vom 27. Dezember 1918 ist folgender Beschluß gefaßt worden:

Jedes der bisherigen Mitglieder ist
ausdrücklich zu befragen, ob es gewillt
ist, an dem Werkbunde mitzuarbeiten.
Die Antwort ist schriftlich zu erteilen.

Unter Überreichung der in der gleichen Sitzung beschlossenen Grund-Sätze des W.G.A. und unter Bezugnahme auf das Ihnen bekannte Programm beehre ich mich, Sie um Abgabe der verlangten Erklärung an die Geschäftsstelle des Werkbundes Geistiger Arbeiter, Schulstraße 6, Ausschuß für Siedlungswesen, zu Händen des Herrn Carl Mönckeberg ergebenst zu ersuchen.

Hamburg, 28. Dezember 1918

Schiefler

Von Gustav Schiefler unterzeichnete Mitteilung des Werkbundes Geistiger Arbeiter, 1918

Der
Werkbund Geistiger Arbeiter
ladet zu einer
öffentlichen Versammlung
ein auf
Sonntag, den 9. Februar,
vormittags 11 Uhr
in den großen Saal des Curiohauses, um eine
Kundgebung zugunsten der
sofortigen Gründung
einer
**Universität und Volks=
hochschule Hamburg**
zu veranstalten.

Redner:
Professor Rathgen, Carl Mönckeberg, Dr. Knack,
Fr. von Borstel, cand. phil. Ehlers.

Einladung des Werkbundes Geistiger Arbeiter, 1919

Hamburg, das den späteren praktischen Bestrebungen als Grundlage gedient hat. Mit wahrhaft staatsmännischem Blick schnitt er ein Gebiet zurecht, dessen Ausmaß nicht durch weittragende Wünsche, sondern durch Rücksicht auf den Zwang der Bedürfnisse bestimmt war. Er verglich es selbst mit einer Maschine, die so konstruiert sein müsse, daß sie bei möglichst geringem Kräfteverbrauch die größtmöglichen Leistungen zu Wege bringe. Politische, wirtschaftliche, soziale, kulturelle Erwägungen kamen dabei zu ihrem Recht; wasserbau- und siedlungstechnische Gesichtspunkte waren entscheidend. So gelangte er zu einem Gebilde, das außer den Elbinseln die Städte Altona, Harburg und Wandsbek mit den Geestbezirken ihrer Umgebung, dazu die Täler der oberen Alster und Bille und eine Strecke der abwärts gelegenen Elbufer umfaßte.

Dennoch brachten die Debatten – neben jenem Ergebnis – Gewinn: namentlich eine Klärung darüber, was wir mit dem Werkbund erstreben und von ihm erwarten konnten. Neben der Förderung von eigenen Erkenntnissen jedes einzelnen, die nicht gering anzuschlagen war, ließ sich die Möglichkeit erhoffen, daß eine gewisse Gleichartigkeit kulturell-seelischer Atmosphäre und Gesinnung der Mitglieder erreicht werde, welche, bei etwaigem Hervortreten nach außen, eine größere Stoßkraft sichern würde. Auf solcher Grundlage konnte sich der W.G.A. zu einem Organ des hamburgischen öffentlichen Gewissens in allen kulturellen und insbesondere kulturpolitischen Fragen entwickeln und mit der Zeit, wenn sich ihm Gelegenheit zur Auswirkung seiner Kräfte und zur Bewährung böte, die Funktion einer Art von Kulturparlament übernehmen. Auch hier freilich riet Schumacher von vornherein zur Vorsicht: man solle die Erwartungen nicht überspannen; Regierung und Behörden würden nicht leicht geneigt sein, sich bei einer nicht eigentlich fachmännischen Instanz Rat zu holen.

Alsbald bot sich Anlaß zu tatkräftigem Eingreifen in der Universitätsfrage. Schon hatte verlautet, dem Ehrgeiz Dr. Laufenbergs, des damals allmächtigen Vorsitzenden des Arbeiter- und Soldatenrats, schmeichle der Gedanke, eine Hamburgische Hochschule zu gründen, und noch in einer unserer vorbereitenden Sitzungen waren Rathgen, Mönckeberg und Görland beauftragt, ihn über seine Pläne zu sondieren. Das blieb aber ohne Folgen. Inzwischen fluteten mit dem in die Heimat ziehenden Heer die jungen Kriegsteilnehmer zurück, die ihr Studium noch nicht begonnen oder es unterbrochen hatten, und die Universitäten überfüllten sich. Um der Not zu ihrem Teil abzuhelfen, kündigten um Weihnachten 1918 die Professoren des Kolonialinstituts Vorlesungskurse an, die für Juristen und Philologen die Rolle eines

Zwischensemesters spielen konnten, und erreichten bei den Reichs- und Landesbehörden, daß diese Kurse als vollgültige Semester für die Examina anerkannt wurden. In der Studentenschaft setzte sofort eine Bewegung ein, daß die vorübergehende Einrichtung zu einer dauernden werde. Hier sprang der Werkbund in die Bresche. Wir richteten an die leitenden Stellen des Staates Eingaben, welche die sofortige Gründung einer Universität und Volkshochschule verlangten, und beriefen auf den 9. Februar eine öffentliche Versammlung in das Curiohaus zum Zweck einer großartigen Kundgebung zugunsten dieses Planes. Die Veranstaltung nahm einen glänzenden Verlauf. Ohne Widerspruch auch nur einer Stimme wurde die vorbereitete Resolution angenommen und ein Aktionsausschuß gewählt. Wie dieser, der aus dem Universitätsausschuß des W.G.A. bestand und sich durch Zuziehung von Professoren, Studenten, Bürgerschaftsmitgliedern und Parteimännern ergänzte, seine Aufgabe mit Feuereifer erfaßte und, wenn auch zunächst mit anfänglichen Fehlschlägen, zu Ende führte, ist an anderer Stelle erzählt. So darf sich der Werkbund rühmen, ein gut Teil zur Gründung der Universität beigetragen zu haben.

Er ließ es aber dabei nicht bewenden. Denn nun kam es darauf an, daß die neue Hochschule auch von einem neuen Geist getragen werde, nicht nur die 21. oder 22. deutsche Universität sei, sondern das zur Entfaltung und Gestaltung bringe, was an fruchtbaren und zukunftsreichen Ideen Eigentum gleichsam des 20. Jahrhunderts ist. Das Notgesetz, das der Universität und Volkshochschule das Leben gegeben, war doch nur ein Rahmen, der durch den Inhalt des vorbehaltenen Hochschulgesetzes ausgefüllt werden mußte, und es galt, diesen Inhalt so zu mischen, daß in ihm gleichzeitig die freiheitlichen Forderungen der Zeit und die besonderen hamburgischen Bedürfnisse zu ihrem Recht kämen. Dabei mußten neben den Interessen der eigentlichen Universität diejenigen der Volkshochschule gewahrt werden. Es bestanden da keine geringen Gefahren: man wußte, daß ein großer Teil der Professoren rückschrittlichen Neigungen huldigte, und andererseits beherrschten die demokratischen und namentlich die sozial-demokratischen Mitglieder der neuen Bürgerschaft, die nun über diese Dinge zu verhandeln und beschließen hatten, die akademischen Verhältnisse zu wenig, um im Widerstreit mit der Reaktion den Gegnern gewachsen zu sein. Hier glaubte der Werkbund, wiederum gute Dienste tun zu können. Deshalb löste er seinen Universitätsausschuß nicht auf, erweiterte ihn vielmehr und teilte ihn in vier Unterausschüsse. Der erste sollte die Fragen der Verfassung und Organisation der Universität bearbeiten; die drei anderen waren der Volkshochschule gewid-

met: der zweite, unter Kestners Vorsitz, hatte sich mit den Vorlesungen und Kursen zu befassen, welche der allgemeinen Volksbildung dienen sollten; dem dritten, unter Görland, lag es ob, technische Vorlesungen und Kurse vorzubereiten; während der vierte, unter Stettiner, prüfen sollte, ob und welche Einrichtungen geschaffen werden könnten, um spätentwickelten hochbegabten Menschen der nicht-wohlhabenden Kreise den Universitätsbesuch zu ermöglichen. Einerseits um die Einheitlichkeit der Arbeit zu sichern, andererseits um eine fruchtbare Verbindung mit den maßgebenden Faktoren der Gesetzgebung herzustellen, wurde folgende Organisation beschlossen: ich als Vorsitzender des Werkbundes hatte auch den formellen Vorsitz im großen Universitätsausschuß; die eigentliche Leitung der sachlichen Verhandlungen wurde aber dem trefflichen Volksschullehrer Roß, einem einflußreichen Mitglied der sozialdemokratischen Fraktion und Vorsitzenden des bürgerschaftlichen Universitätsausschusses als Erstem, und Carl Mönkkeberg, welcher der demokratischen Fraktion angehörte und ebenfalls in dem bürgerschaftlichen Universitätsausschuß saß, als Zweitem Vizepräsidenten übertragen. Und wir drei hatten die Befugnis, allen Sitzungen der Unterausschüsse beizuwohnen. So wurde erreicht, daß Roß, der bisher wenig Gelegenheit gehabt, sich mit Hochschulfragen zu beschäftigen, aus unseren unter seinem Vorsitz sehr sorgfältig geführten Beratungen, denen er als aufmerksamer Zuhörer folgte, wichtige Kenntnisse und Erkenntnisse als schätzbares Material für sein bürgerschaftliches Amt mit nach Hause nahm. Alle vier Ausschüsse arbeiteten mit großer Hingabe. Der erste, an dessen Sitzungen ich regelmäßig teilnahm, saß fast den ganzen Sommer hindurch jeden Sonntagvormittag von 9½ bis 13 Uhr. Das Ergebnis der Beratungen wurde in Form von Berichten oder Denkschriften dem bürgerschaftlichen Ausschuß übermittelt und fand oftmals – zum Verdruß der Delegierten des Universitätssenats – Beachtung. Ja, Stettiner und Kestner, die sich in unseren Verhandlungen besonders eifrig und als gute Kenner der akademischen Dinge bewiesen, wurden mit beratender Stimme zu einer Reihe von Sitzungen jenes bürgerschaftlichen Ausschusses herangezogen. So beruhen wohl manche Neuerungen des hamburgischen Hochschulgesetzes – z. B. die Einbeziehung von Vertretern der Studentenschaft in den Universitätssenat und die Verbesserung der Extraordinarien und Privatdozenten in ihrer rechtlichen Stellung – auf unseren wohlbegründeten Vorschlägen.
In den Diskussionsabenden des Frühjahrs 1919 spielte die Neuordnung der Schule, also die Einheitsschule, eine bedeutende Rolle. Die Erörterungen zogen sich über mehrere Wochen hin. An die zwar etwas trockenen, aber gut

orientierenden Referate des Schulrats Professor Umlauf schlossen sich inhaltsreiche Debatten, in denen namentlich Petersen, Görland, Götze, von Borstel, auch Schumacher wertvolle Gedanken zutage förderten. Die Verhandlungen brachten eine solche Vertiefung und uns allen eine solche Bereicherung der Erkenntnis von dem Problem, daß wir es für ein Unrecht gehalten hätten, nicht einen größeren Kreis daran teilnehmen zu lassen. So beschlossen wir, drei Vortragsabende, sogenannte Hamburger Abende des W.G.A., zu veranstalten, in denen das Thema von der Neuordnung der Schule von allen Seiten beleuchtet werden sollte. Sie fanden in der Aula des Wilhelm-Gymnasiums statt. Einladungen ergingen an die Mitglieder des Senats, der Bürgerschaft, der Behörden, vor allem aber der Elternräte: denn hier kam es besonders darauf an, irrige Vorstellungen, die man vielfach böswillig oder fahrlässig verbreitete, zu berichtigen. Die Rollen wurden so verteilt: am ersten Abend sprachen Görland (»Der Mensch der neuen Zeit«) und Götze (»Der neue Lehrer«), am zweiten Friedrich von Borstel (»Die Grundschule«), Petersen (»Schule und Begabung«) und Stern (»Hochschule und Begabung«), am dritten Dr. Jäger (»Schule und Gemeinschaft«), Dr. Kurt Singer (»Schule und Forschung«) und Schumacher (»Schule und Gestaltung«). Ich selbst leitete jeden Abend mit wenigen Worten ein, welche die Bedeutung der einzelnen Vorträge innerhalb der ganzen Reihe in ihr Licht zu stellen hatten.

Diese Veranstaltungen waren trotz ihres hohen Wertes ein vollständiger Mißerfolg. Sie mußten in letzter Stunde, weil infolge von Unruhen der abendliche Verkehr gesperrt wurde, verschoben werden. Zum Teil mochte dies, zum Teil mangelndes Interesse der Eingeladenen Schuld an dem schwachen Besuch sein. Die sogenannten gebildeten Kreise versagten einmal wieder da, wo ihnen eine Gelegenheit geboten wurde, sich über eine der wichtigsten Tagesfragen Klarheit zu verschaffen. Leider gelang es auch nicht, die Vorträge als Ganzes in einem Werkbund-Büchlein zu veröffentlichen.

Im Sommer 1919 machte der Werkbund eine Ausstellung graphischer Portraits von der Hand neuerer hamburgischer Künstler im Ausstellungsraum des Museums für Kunst und Gewerbe. Sie war fast ausschließlich aus dem Bestand meiner Sammlung zusammengebracht. In der Eröffnungssitzung, an der auch eingeführte Gäste teilnehmen konnten, hielt Pauli einen einleitenden Vortrag, an den sich eine lebhafte Diskussion anschloß. Die Ausstellung selbst blieb eine Woche dem Publikum zugänglich; sie verfolgte den Zweck, auf das graphische, insbesondere das radierte Bildnis als einen wertigeren Ersatz für die Photographie hinzuweisen.

Damit war die Wirkung des W.G.A. nach außen bis auf weiteres erschöpft.

Als Reaktion gegen die Hochspannung der Revolution trat eine Art Ermüdung ein, die insbesondere in einem schwachen Besuch der Vollsitzungen Ausdruck fand. Ich versuchte noch in Gemeinschaft mit Stettiner, dem Direktor der Kunstgewerbeschule Professor Richard Meyer und Dr. Wilhelm Niemeyer durch Gründung einer »Kunstfördernden Gesellschaft« dem hamburgischen edlen Kunsthandwerk aufzuhelfen. Mir schwebte der Gedanke vor, eine Gemeinschaft zahlreicher Personen zu vereinigen, die sich verpflichteten, jährlich – jede nach ihren Verhältnissen – einen bedeutenderen oder geringeren Auftrag an einen Künstler oder Kunstgewerbler zu erteilen. Die so entstandenen Werke sollten am Jahresschluß in einer Ausstellung zur Schau gebracht werden. Mir schien, daß eine solche Arbeitsgemeinschaft von Konsumenten und Produzenten, wenn der Besteller dem Schaffenden seine Wünsche äußerte und sich mit ihm beriete und dieser nicht ins Blaue hinein, sondern für bestimmte Zwecke und Räume arbeitete, sowohl den Geschmack des Publikums wie den praktischen Sinn des Künstlers heben und so in der Richtung auf Förderung von Qualitätsarbeit wirken müßte. Die vorbereitenden Beratungen unserer vier gediehen weit voran. Wir faßten Dr. Heino Merck als Vorsitzenden der zu bildenden Gesellschaft ins Auge, und er erklärte sich bereit, das Amt zu übernehmen. Da erkrankte er, und inzwischen verschlechterten sich die wirtschaftlichen Verhältnisse der für die Mitgliedschaft in Betracht kommenden Kreise derart, daß der Plan einstweilen fallengelassen werden mußte.

Eines größeren Zuspruchs als die Vollsitzungen erfreuten sich die geselligen Abende des Werkbundes. Stettiner hatte für sie die Räume der Antikensammlung des Museums zur Verfügung gestellt. Die Damen der Mitglieder und eingeführte Gäste waren willkommen. Gegen eine mäßige Vergütung wurde ausgezeichneter Tee mit reichlichem Zucker – was in jener Zeit etwas Besonderes war – und Gebäck gereicht; die jungen Mädchen der Gesellschaft machten sich ein Vergnügen daraus zu präsentieren. Ein Redner sprach über ein Thema von allgemeinem Interesse, und eine Diskussion pflegte sich anzuschließen.

Ob der Werkbund oder der Freie Ausschuß für Hamburgs kulturelles Leben Bedeutung bekommen wird, muß die Zukunft lehren. Es wird von zweierlei Bedingungen abhängen. Die erste ist die: Hat er die Kraft, die besten Männer und Frauen Hamburgs an sich zu ziehen und an sich zu fesseln? Die zweite liegt außerhalb seiner Macht: Werden die mit der Gesetzgebung und Verwaltung betrauten Instanzen – Regierung und Behörden – einsichtig genug sein, um zu begreifen, welch hoher moralischer Wert der Gesinnung in einem solchen von den besten Bürgern der Stadt repräsentierten öffentlichen Gewissen enthalten ist?!

Hiermit will ich meinen Bericht über die Ereignisse der Kriegs- und Nachkriegsjahre schließen.
Eine persönliche Bemerkung sei noch gestattet. Schon zu Anfang dieses Epilogs ist gesagt, in der Erzählung müsse die subjektive Färbung stärker hervortreten. Daß dies geschehen, möge nicht so aufgefaßt werden, als hätte ich meine Person mit Wichtigkeit in den Vordergrund schieben wollen. Mir ist wohl bekannt, daß ich keinen sichtbaren Einfluß geübt habe. Hin und wieder hatte ich eine gute Idee. Aber mir fehlte wohl das Selbstbewußtsein, um sie mit dem nötigen Nachdruck anzupreisen. Wer infolge seiner kurzen Sicht die Wirkung seiner Worte und Handlungen nicht zu beobachten vermag, dem fehlt eine wichtige Handhabe, um von der Gunst des Augenblicks Nutzen zu ziehen.
Wenn einmal die Zeit herangekommen ist, wo diese Blätter veröffentlicht werden können, dann möge ein glücklicherer Stern über Deutschland leuchten! Möge das Deutsche Volk durch Not und Elend hindurch die ihm eigene Kraft bewahren! Möge sich der Deutsche Geist gegen die Versuchungen wappnen, die in diesem Gestrüpp wie Schlangen kriechen! Möge er unter dem Hammer des Schicksals stahlhart werden und doch geschmeidig bleiben, damit in ihm Verstand und Gefühl in inniger Durchdringung die Deutsche Kulturblüte des 20. Jahrhunderts gebären!

Mellingstedt, den 9. Mai 1921

Anmerkungen der Bearbeiter

S. 37 Die Denkschrift Alfred Lichtwarks über „Die Ausstattung des Hamburger Rathhauses", 1889 als Manuskript gedruckt und dem Senat überreicht, wurde 1891 und 1902 wieder abgedruckt unter dem Titel: „Denkschrift über die innere Ausstattung des Hamburger Rathhauses". Der Wiederabdruck von 1902 erschien bei Cassirer in Berlin in einem Band betitelt „Drei Programme", der außer der „Denkschrift über die innere Ausstattung des Hamburger Rathhauses" auch die Antrittsrede Lichtwarks vom 9. Dezember 1886 und seinen Vortrag im Schulwissenschaftlichen Bildungsverein vom 12. März 1887 enthält; s. dazu unten S. 62 f.

S. 40 Der rege Briefwechsel mit seinen Kindern spiegelt sich in der folgenden Publikation wider: Carl Mönckeberg, Bürgermeister Mönckeberg. Eine Auswahl seiner Briefe und Aufzeichnungen, Stuttgart, Berlin 1918.

S. 42 Albert Wolffson, ein Israelit: In einem späteren Zusatz schreibt Schiefler: „Frau Kessler behauptet, schon Wolffsons Eltern seien getauft." Diese Behauptung ist unrichtig. Isaac Wolffson, der Vater, starb als Jude, Albert Wolffson nicht als Christ: Bei seiner Beerdigung sprach zwar kein Rabbiner, sondern Hauptpastor Rode von St. Petri, doch dieser nicht in seiner Eigenschaft als Pastor, sondern als Freund und politischer Weggefährte. – Frau Kessler war die Schwiegermutter von Dr. med. Ernst Wolffson, einem Sohn von Albert Wolffson. Was sie zu dieser Äußerung veranlaßt hat oder haben könnte, muß hier unerörtert bleiben.

S. 42 Die Abgeordneten der Bürgerschaft wurden bis 1918 durch die sog. *Notabeln* sowie durch grundbesitzende und Einkommensteuer zahlende Bürger gewählt. Zu den Notabeln – der Name ist niemals offiziell gewesen – gehörten: die Mitglieder des Senats und der Bürgerschaft, die Richter, die Handelsrichter, die Mitglieder der Vormundschaftsbehörde, die bürgerlichen Mitglieder der Verwaltungsbehörden, der Handels- und der Gewerbekammer. Seit 1879 umfaßte die Bürgerschaft 160 Abgeordnete: davon wurden 40 von den Notabeln, 40 von den Grundeigentümern und 80 von den Einkommensteuer zahlenden Bürgern gewählt (72 aus dem Stadt-, 8 aus dem Landgebiet). Ein Mann wie Schiefler, der Richter war, Grundbesitz hatte und Einkommensteuer zahlte, durfte dreimal wählen.

S. 42 Der Erwerb des Bürgerrechts war bis 1896 mit einer Zahlung von 30 Mark verbunden. Seit 1897 entfiel diese Gebühr. Berechtigt zum Erwerb des Bürgerrechts war jeder männliche Staatsangehörige, der fünf Jahre hintereinander ein jährliches Einkommen von mindestens 1200 Mark versteuert hatte; wer drei Jahre hintereinander 2000 Mark und mehr versteuerte, war zum Erwerb des Bürgerrechts verpflichtet.

S. 42 Das Wahlrecht der Minder-Besteuerten zu beschränken, wurde nach der Bürgerschaftswahl vom 13. 2. 1904 versucht, als die Zahl der sozialdemokratischen Mandate auf 13 angewachsen war. Der Senatsantrag vom 10. 5. 1905 – der innerhalb des Senats von sechs Mitgliedern, darunter den Bürgermeistern Mönckeberg und Burchard, abgelehnt worden war – forderte für die sog. allgemeinen Wahlen, d. h. die Wahlen der Einkommensteuer zahlenden Bürger, eine Gliederung der Wähler in drei Klassen. Nach heftigen Kämpfen gegen diesen Antrag kam ein Kompromiß zustande, der folgendermaßen aussah: Statt der vorgeschlagenen drei Klassen sollte es zwei geben. Von den 72 Abgeordneten des Stadtgebiets sollten 48 von den Bürgern gewählt werden, die 2500 Mark und mehr im Jahr versteuerten; die übrigen 24 waren von denjenigen zu wählen, die zwischen 1200 und 2500 Mark versteuerten. Wer weniger versteuerte, war nach wie vor nicht wahlberechtigt. Für das Landgebiet galt dieses neue Wahlgesetz, das die Bürgerschaft am 28. 2. 1906 verabschiedete und dem der Senat am 5. 3. zustimmte, nicht: die Landbewohner galten als immun gegen sozialdemokratische Gedanken. Es gab also nun in Hamburg für die Bürgerschaftswahlen fünf Klassen von Wahlberechtigten: die Notabeln, die Grundeigentümer, die Landbürger und die beiden Gruppen der Einkommensteuer zahlenden Bürger. Die Masse der Hamburger Einwohner hatte kein Wahlrecht zur Bürgerschaft. Zu beachten ist, daß bei den Reichstagswahlen alle volljährigen Männer wahlberechtigt waren.

S. 44 Lichtwarks Nachruf auf „Siegmund Hinrichsen, Präsident der Bürgerschaft, gestorben in der Sitzung am 22. Oktober 1902", ist im 8. Band des Jahrbuchs der Gesellschaft Hamburgischer Kunstfreunde (1902) auf S. 83–90 erschienen.

S. 48 Schieflers Liebermann-Katalog erschien unter dem Titel „Das graphische Werk von Max Liebermann" zuerst 1907. Eine zweite Auflage erfolgte 1914, eine dritte 1923; vgl. unten S. 126.

S. 50 besonders wurde die „Maienfahrt" nach Griechenland: Der genaue Titel ist „Eine Maienfahrt durch Griechenland" (Hamburg 1890). Außerdem verfaßte Georg Behrmann sehr lesenswerte „Erinnerungen", die 1904 in Berlin erschienen.

S. 50 Pastor Glage von der St. Anschar-Gemeinde: Eine seiner „Flugschriften wunderlichsten Inhalts", 1915 erschienen, trug den Titel „Das Weib schweige in der Gemeinde"; er wollte damit „eine zeitgemäße Warnung vor der Frauenrechtsbewegung" geben.

S. 50 Die Hamburgische Kriegshilfe, gleich nach Beginn des Ersten Weltkriegs gegründet, war eine Organisation ehrenamtlich tätiger Persönlichkeiten, die Kriegerfrauen und Unbemittelten mit Rat und Tat helfen wollten.

S. 53 die Formulierung des Gesetzes, welches das Wahlrecht der Minderbemittelten beschränkte und die Verhältniswahl einführte: Von der Beschränkung des Wahlrechts für Minderbemittelte bzw. Minderbesteuerte im Jahr 1906 war bereits auf S. 42 die Rede. Die gleichzeitige Einführung des Verhältniswahlrechts sollte einen zusätzlichen Schutz gegen weitere sozialdemokratische Abgeordnete darstellen. Bei einem Mehrheitswahlrecht hätten die Sozialdemokraten in der 2. Klasse alle Sitze gewinnen können; bei der Verhältniswahl konnten auch die „bürgerlichen" Wähler einige Abgeordnete bestimmen.

S. 54 Zwar verfaßte H. Klußmann . . . eine Schrift: Heinrich Klußmann, Das Hamburgische Vorlesungswesen, dargestellt im Auftrage der Vorlesungs-Kommission der Oberschulbehörde. In: Hamburg in naturwissenschaftlicher und medizinischer Beziehung. Den Teilnehmern der 73. Versammlung Deutscher Naturforscher und Ärzte als Festgabe gewidmet, Hamburg 1901, S. 57–97; s. auch unten S. 355.

S. 55 Dr. Ascan Lutteroths genealogische und familiengeschichtliche Studien: Außer den Veröffentlichungen zur Geschichte der eigenen Familie verdient besondere Erwähnung: Percy Ernst Schramm und Ascan W. Lutteroth, Verzeichnis gedruckter Quellen zur Geschichte hamburgischer Familien unter Berücksichtigung der näheren Umgebung Hamburgs, Hamburg 1921.

S. 55 Fritz Bendixen: Politische Briefe und Aufsätze für seine Freunde, 1916.

S. 57 Sammlung Grimmscher Sagen: S. unten S. 272.

S. 57 und suchte ihn als gelegentlichen Mitarbeiter: Im Rahmen der Hamburgischen Liebhaberbibliothek hat Adolph Metz die folgenden Veröffentlichungen herausgegeben: „Bismarck und das deutsche Volk" und „Klopstock, der Erwecker. Festrede zur Gedächtnisfeier im Verein für Kunst und Wissenschaft zu Hamburg am 14. März 1903".

S. 57 Die Bücher von Richard Linde über „Die Lüneburger Heide" und „Die Niederelbe" erschienen in mehreren Auflagen. Der Verlag Velhagen und Klasing nahm sie in seine Reihe „Land und Leute – Monographien zur Erdkunde" auf (Bd. 18 u. 28).

S. 57 Professor Fischer von der Oberrealschule: Adolf Fischer, Fachbildung gegen Allgemeinbildung. Vorschläge zu einer rechtzeitigen praktischen Ausbildung von studierten Lehrern und anderen akademischen Berufen (= Wissenschaftliche Beilage zum Bericht über das Schuljahr 1908/09). Realschule vor dem Lübecker Tor, 1909.

S. 57 Direktor Röttiger: Eines seiner Theaterstücke liegt im Druck vor: „Der König rief!" Vaterländisches Drama in 5 Bildern. Zur Erinnerung an das Landwehr-Fest in Hamburg am 15. und 16. Februar 1913, Hamburg 1913.

S. 59 Eine volkstümliche Publikation kleinerer Schriften Lichtwarks erschien, mit einem Vorwort Schieflers, 1917 in der Hamburgischen Hausbibliothek, Neue Reihe: Zur hamburgischen Kulturgeschichte. 190 Seiten.

S. 60 Robinow, zeitweise Präses der Handelskammer: Hier liegt ein Irrtum vor. Hermann Moses Robinow gehörte zwar der Handelskammer von 1885 bis 1913 an, das Amt des Präses aber hat er nie bekleidet; s. auch unten S. 381.

S. 61 Lichtwarks Lebensbild von Justus Brinckmann erschien in: Das Hamburgische Museum für Kunst und Gewerbe, dargestellt zur Feier des 25jährigen Bestehens, Hamburg 1902, S. 1–67.

S. 62 Lichtwarks Programm wurde erstmals in einer kleinen, 40 Seiten starken Schrift veröffentlicht, die 1887 in Hamburg erschien. Sie enthält seine Antrittsrede über „Die Aufgaben der Kunsthalle", gehalten vor Senat und Bürgerschaft am 9. Dezember 1886, und seinen Vortrag im Schulwissenschaftlichen Bildungsverein am 12. März 1887 über „Die Kunst in der Schule".

S. 63 Lichtwarks Denkschrift über „Die Ausstattung des Hamburger Rathhauses" von 1889 ist bereits auf S. 37 erwähnt worden. Bei den *Erwägungen von Martin Haller* handelt es sich um die kleine Schrift: Vom Hamburger Rathausbau. Vortrag gehalten von Martin Haller im Verein für Kunst und Wissenschaft zu Hamburg am 8. November 1897. Als Manuskript gedruckt Hamburg 1897.

S. 63 Als er gestorben, schrieb Carl Mönckeberg: In den Aufsätzen „Hamburg ohne Lichtwark" und „Lichtwark, der Politiker" (in: Carl Mönckeberg, Hamburg vor und nach dem Kriege. Hanseatische Studien, Stuttgart, Berlin 1917, S. 72–74, 75–81) kommt diese Formulierung nicht vor.

S. 64 Lichtwarks Reiseberichte an die Kunsthallenkommission erschienen unter dem Titel „Briefe an die Commission für die Verwaltung der Kunsthalle", als Manuskript gedruckt in 20 Bänden von 1896 bis 1920 in Hamburg. Herausgeber der letzten fünf Bände war Gustav Pauli, der 1923 auch die zweibändige Ausgabe für die Hamburgische Hausbibliothek besorgte: Alfred Lichtwark, Briefe an die Kommission für die Verwaltung der Kunsthalle, in Auswahl mit einer Einleitung herausgegeben von G. Pauli.

S. 65 Lichtwarks Ideal: Alfred Lichtwark, Der Deutsche der Zukunft. In: Kunsterziehung. Ergebnisse und Anregungen des Kunsterziehertages in Dresden am 28. und 29. September 1901, Leipzig 1902, S. 39–57.

S. 66 Als im Winter 1903/04 die von der Gesellschaft Hamburgischer Kunstfreunde veranstaltete Graphische Ausstellung stattfand, erschien ein Katalog (Katalog der VIII. Jahres-Ausstellung der Gesellschaft Hamburgischer Kunstfreunde, Hamburg 1903), zu dem Lichtwark die Einleitung (S. 5–11) geschrieben hatte.

S. 67 Seine Schriften werden noch für lange Zeit: Die Schriften Lichtwarks hat Werner Kayser zusammengestellt im 19. Band der Hamburger Bibliographien, hrsg. von der Freien Akademie der Künste in Hamburg in Zusammenarbeit mit der Staats- und Universitätsbibliothek, Hamburg 1977.

S. 69 in seinem Führer: Justus Brinckmann, Führer durch das Museum für Kunst und Gewerbe, 2 Bände, Hamburg 1894.

S. 70 Wie diese auf Lichtwarks Seite: S. die Anm. zu S. 61: Lichtwarks Lebensbild von Justus Brinckmann.

S. 72 Ein Teil der Kinder dritter Ehe: Justus Brinckmann hatte sich dreimal verheiratet:
1. in Wien am 17. 3. 1868 mit Ida Aurea Anna Maria von Froschauer (1841–1872);
2. in Wien am 8. 6. 1874 mit deren Schwester Maria Adele von Froschauer (1848–1899) und
3. am 16. 10. 1901 mit Henriette Hahn (1862–1934).
Aus der ersten Ehe stammten zwei Kinder (Maria und Ida), aus der zweiten Ehe vier (Justus, Albert, Carlotta, Ocara). Während der zweiten Ehe geboren wurde Stefanie Ginko (geb. Berlin 16. 4. 1893), vor der dritten Heinrich Ginko (geb. Godesberg 22. 8. 1900). Nach der Eheschließung mit Henriette Hahn folgten noch Gertrud (geb. Bergedorf 3.7. 1902) und Edgar (geb. Bergedorf 11. 11. 1904).

S. 73 1891 hatte er ein Buch: Werner von Melle, Das Hamburgische Staatsrecht, Hamburg, Leipzig 1891; derselbe, Gustav Heinrich Kirchenpauer. Ein Lebens- und Zeitbild, Hamburg, Leipzig 1888.

S. 75 zwei Jahre nach dem Erscheinen meines Buchs: Gustav Schiefler, Hamburgische Kulturaufgaben, Hamburg 1899 (94 S.); der Abschnitt über „Die Universität" steht auf den S. 28–48; s. auch unten S. 246, 352 f.

S. 76 als ich publizistisch der Wahlrechtsänderung entgegentrat: „Zur Hamburger Wahlrechtsvorlage" im Hamburgischen Correspondenten vom 17. Januar 1906, Morgenausgabe; s. auch unten S. 246.

S. 77 In einer Gedächtnisrede: Carl Götze, Alfred Lichtwark. In: Der Säemann, Monatsschrift für Jugendbildung und Jugendkunde. Bd. 5, 1914, S. 81–86.

S. 79 In den „Versuchen und Ergebnissen": Versuche und Ergebnisse der Lehrervereinigung für die Pflege der künstlerischen Bildung in Hamburg, Hamburg 1901; Lehrervereinigung für die Pflege der künstlerischen Bildung, Zur Reform des Zeichen-Unterrichts, Hamburg 1897; vgl. unten S. 318 ff.

S. 81 Bürgermeister Tesdorpf: Hier liegt ein Irrtum vor. Senator Adolph Tesdorpf hat nie das Bürgermeisteramt bekleidet.

S. 81 Alsbald, nachdem er von der Universität zurückgekehrt: Carl Mönckeberg, Illusionen. Drama in fünf Aufzügen, Leipzig 1895.

S. 81 f. Meine 1899 erschienene Broschüre von den hamburgischen Kulturaufgaben: S. Anm. zu S. 75.

S. 83 Zum 25jährigen Senatsjubiläum: Carl Mönckeberg, Hamburgischer Lorbeerkranz, dargereicht zu Ehren seiner 25jährigen Senatorschaft dem Bürgermeister Dr. Johann Georg Mönckeberg am 3. Juli 1901, Hamburg 1901 (Inhalt drei Dramen: 845 – Anschar; 1429 – Dat lütte Rümeken; 1842 – Hamburg Phönix).

S. 84 In den letzten Jahren seines Lebens: Seine Gedanken über „Eine Lebens-Gemeinschaft der Hansestädte" hat Lichtwark in „Die Tat" Bd. 5 (1913/14), S. 213–223, und in „Lübeckische Blätter" Bd. 55 (1913), S. 405–408, 415–417, veröffentlicht.

S. 85 Mönckeberg selbst bewahrte: Mönckebergs Aufsatzsammlung „Hamburg vor und nach dem Kriege" trägt bezeichnenderweise den Untertitel „Hanseatische Studien" (Stuttgart, Berlin 1917).

S. 85 wo er seinen Fähigkeiten entsprechend schriftstellerische Verwendung fand: Von Carl Mönckeberg erschienen 1916 in Stuttgart die folgenden Schriften: Bei Süd- und Bug-Armee 1915; Unter Linsingen in den Karpathen; Deutsche Truppen an der Düna.

S. 85 die Lebensgeschichte der Brüder Forster: Die Brüder Forster hat es nicht gegeben. Der Abgeordnete der Mainzer Jakobiner in Paris und das 1792/93 führende Mitglied des jakobinischen Mainzer Klubs war der Naturwissenschaftler und Schriftsteller Johann Georg Forster (1754–1794). Er hat Bedeutendes für die vergleichende Völker- und Landeskunde wie für die wissenschaftliche Reisebeschreibung geleistet. Dasselbe gilt auch für seinen Vater Reinhold Forster (1729–1798), den Schiefler hier offensichtlich irrtümlich als Bruder einordnet.

S. 89 im hohen gewölbten Raum des Vereins: Der Verein für Kunst und Wissenschaft hatte sein Domizil im Patriotischen Gebäude.

S. 90 ff. Die Kunsthalle: Über „Die Hamburger Kunsthalle" hat Schiefler in der „Zeitschrift für bildende Kunst", 43. Jg., Januar 1908, berichtet. Seine dortigen Ausführungen sind von ihm für dieses Kapitel benutzt worden.

S. 91 führte er sie in der 1888 erschienenen Schrift: Der Titel der Schrift war nicht „Zur Reorganisation der Kunsthalle", sondern: „Zur Organisation der Hamburger Kunsthalle". Sie enthielt die Antrittsrede Lichtwarks, gehalten vor Senat und Bürgerschaft am 9. Dezember 1886 („Die Aufgaben der Kunsthalle"), sowie seinen Vortrag im Schulwissenschaftlichen Bildungsverein am 12. März 1887 („Die Kunst in der Schule"), Hamburg 1887 (nicht 1888).

S. 94 In seiner Publikation über Meister Franke: Alfred Lichtwark, Meister Francke. 1424. Als Manuskript gedruckt, Hamburg 1899.

S. 102 In ungleich weitere Kreise: Die genannten Schriften Lichtwarks in ihrer ersten Auflage: Makartbouquet und Blumenstrauß, München 1894; Wege und Ziele des Dilettantismus, München 1894; Deutsche Königsstädte: Berlin – Potsdam – Dresden – München – Stuttgart, Dresden 1898; Hamburg. Niedersachsen, Dresden 1897; s. auch unten S. 239 mit Anm.

S. 103 Die dabei gesammelten Erfahrungen: Alfred Lichtwark, Übungen in der Betrachtung von Kunstwerken. Nach Versuchen mit einer Schulclasse herausgegeben von der Lehrervereinigung zur Pflege der künstlerischen Bildung. Als Manuscript gedruckt, Hamburg 1897, später mehrfach wiederaufgelegt; s. unten S. 318.

S. 105 die Jury sich für eine Arbeit Ernst Eitners entschieden hatte: Die Prämiierung des Eitnerschen Plakats und die darauf folgende Kritik nahm Schiefler zum Anlaß, im Hamburgischen Correspondenten vom 27. März 1896 einen Artikel zu veröffentlichen, betitelt „Die Bewegung gegen die ‚neue Richtung' in der Kunst".

S. 114 Als ich in der Vorarbeit: Gustav Schiefler, Verzeichnis des graphischen Werkes neuerer hamburgischer Künstler bis 1904. Julius von Ehren, Ernst Eitner, Henriette Hahn, Sophus Hansen, Arthur Illies, Paul Kayser, Friedrich Schaper, Arthur Siebelist, Julius Wohlers, Hamburg 1905.

S. 125 da auch mein im Jahre 1911 erschienener Katalog: Gustav Schiefler, Das graphische Werk Emil Noldes bis 1910, Berlin 1911. Mit 28 Originalholzschnitten, Vorzugsausgabe mit einer Radierung und einer Lithographie. Später erschien von demselben Verfasser: Das graphische Werk von Emil Nolde 1910–1925, Berlin 1926. Mit 33 Originalholzschnitten, Vorzugsausgabe mit zwei Farblithographien.

S. 125 ich selbst habe: Gustav Schiefler, Die Graphik Ernst Ludwig Kirchners, Berlin 1924 u. 1931. Bd. 1: Verzeichnis der Graphik bis 1916, mit 52 Originalholzschnitten; Bd. 2: Verzeichnis der Graphik 1917–1927, mit 61 Originalholzschnitten; s. dazu Tafel 16.

S. 126 Ich selbst bot ihnen meinen Liebermann-Katalog an: Gustav Schiefler, Das graphische Werk von Max Liebermann, 1. Aufl. Berlin 1907 (Vorzugsausgabe mit einer Originalradierung); 2. Aufl. Berlin 1914; 3. Aufl. Berlin 1923. Die Liebermann-Ausstellung bei Commeter im Jahre 1910 gab dem Hamburgischen Correspondenten Veranlassung, Schieflers Vorwort zum Katalog abzudrucken (Abend-Ausgabe vom 13. 4. 1910).

S. 129 Neuerdings hat … Maria Kunde eine Kunsthandlung aufgetan: Nach einer Notiz in der „Literarischen Gesellschaft" (5. Jg., Heft 11, 1919) wurde der Kunstsalon von Maria Kunde 1919 von Frl. Gertrud Magnussen und Anna Mencke übernommen: „Die neuen Besitzerinnen haben sich durch eine treffliche Schau von Graphik Emil Noldes eingeführt. Eine Ausstellung Schmidt-Rottluffs soll folgen."

S. 129 Lichtwarks großes … Werk: Der Kunstverein zu Hamburg, Das Bildnis in Hamburg. Bd. 1 u. 2. Als Manuskript gedruckt Hamburg 1898. Lichtwark hat dem Werk eine längere Einleitung über „Bildnis und Bildnismalerei" als Einführung in die künstlerische Funktion des Bildnisses vorangestellt und in Anhängen die künstlerischen Techniken: Miniaturmalerei, Silhouette, Kupferstich, Lithographie und Daguerreotypie gesondert behandelt (Kayser, Nr. 267; s. Anm. zu S. 67).

S. 130 eine als Fortsetzung des Lichtwarkschen Werkes gedachte Arbeit von R. Johannes Meyer: Hamburger Bildnisse. Mit begleitendem Text von Johannes Meyer und einem Vorwort von Alfred Lichtwark. Herausgegeben vom Kunstverein in Hamburg, Hamburg 1913 (96 Tafeln, 16 S. Text).

S. 132 Beiden gab ihr Besitz Veranlassung zur Herausgabe eines Buches: Henry Simms, Meine Bilder und einige Aufzeichnungen, wie meine Sammlung entstand. Meinen Freunden zur Erinnerung an den 16. März 1883/1908, Hamburg 1910 (97 S. Text, 3 Bl. Verzeichnis, 147 Tafeln). – Ernst Rump, Lexikon der bildenden Künstler Hamburgs, Altonas und der näheren Umgebung. 500 einzeln numerierte Exemplare, Hamburg 1912. Ein Neudruck mit handschriftlichen Ergänzungen eines unbekannt gebliebenen Sammlers erschien 1980.

S. 136 Zur Vorbereitung diente uns: S. die Anmerkungen zu S. 61 u. 69.

S. 136 Guipure oder Gipüre sind Klöppelspitzen aus Gimpen (mit Seide übersponnenen Baumwollfäden).

S. 150 Schon 1906 hatte er durch eine Schrift: Der genaue Titel ist: Richard Meyer, Die künstlerische Förderung des Buchgewerbes durch die Kunstgewerbeschulen, Hamburg 1906.

S. 160 Philharmonische Gesellschaft: Th. Avé-Lallemant: Rückerinnerung eines alten Musikanten. In Veranlassung des 50jährigen Bestehens der philharmonischen Concerte für deren Freunde als Manuskript gedruckt, Hamburg 1878.

S. 167 Adolf Wohlwill: Bürgermeister Petersen. Ein hamburgisches Lebensbild, Hamburg 1900.

S. 175 Cochonnerie: Französisch für Schund, Schweinerei.

S. 179 Paul Schulze-Berghof: Neuland der Kunst und Kultur, Leipzig 1916, ist der 2. Band zu: Die Kulturmission unserer Dichtkunst. Studien zur Ästhetik und Literatur der Gegenwart, Leipzig 1908.

S. 181 Max Grube: „Jugenderinnerungen eines Glückskindes" erschien Leipzig 1917, die Fortsetzung „Am Hofe der Kunst" Leipzig 1918.

S. 184 Im dritten Jahr des großen Kriegs: Die Gesellschaft für dramatische Kunst bestand seit 1902; aus ihr wurde 1920 die Niederdeutsche Bühne, das heutige Richard-Ohnsorg-Theater.

S. 188 Jugend: Illustrierte Kulturzeitschrift, gegründet 1896, erschien in München; zeitkritisches Organ junger Literaten und Künstler, deren Programm über eine neue Ästhetik (Jugend-Stil) hinaus auf politische und soziale Reformen zielte. Vgl. unten S. 334.

S. 191 Pan: 2. Hälfte des 2. Jahrgangs 1896/97; s. auch unten S. 326, 335.

S. 196 Vorverhandlungen zum ersten Kunsterziehungstag: Es fanden drei Kunsterziehungstage mit unterschiedlichen Schwerpunkten statt: Dresden 1901 (bildende Kunst), Weimar 1903 (Dichtung), Hamburg 1905 (Musik, Gymnastik); vgl. unten S. 251, 320.

S. 201 eine Anstellung oder eine Pension: Vgl. zum folgenden Gerhard Ahrens, Gustav Falkes Ehrengehalt. Eine Episode hamburgischer Kulturpolitik in der Wilhelminischen Zeit. In: Zeitschrift des Vereins für Hamburgische Geschichte 63, 1977, S. 205–216.

S. 208 „Die leichte Sandale": Dehmels Gedicht trägt in der Handschrift den Titel „Hymnus am Carneval"; s. dazu Abb. S. 227 f.

S. 214 nachgelassene Schriften, Sammlung von Briefen: 1909 erschienen der Gedichtband „Gute Nacht" und der Novellenband „Letzte Ernte", 1910 die beiden Bände „Ausgewählte Briefe".

S. 215 Richard Dehmel: Unter dem Titel „Gustav Schiefler: Richard Dehmel. Ein literarisches Porträt" sind die folgenden Erinnerungen Schieflers an Dehmel bereits 1961 von der Gesellschaft der Bücherfreunde zu Hamburg veröffentlicht worden. Die Textbearbeitung war damals von Karl Veit Riedel vorgenommen worden. In einem Nachwort zu ihrer Veröffentlichung schrieb die Gesellschaft der Bücherfreunde, die Drucklegung der gesamten „Hamburgischen Kulturgeschichte 1890–1920" von Schiefler sei eine „vaterländische Pflicht", für die Gesellschaft der Bücherfreunde allein sei diese Aufgabe jedoch zu schwer.

S. 217 Er hatte gerade: Julius Meier-Graefe, Entwicklungsgeschichte der modernen Kunst. 3 Bände. 2. Aufl. 1914/15.

S. 232 Otto Ernst: Das Schauspiel „Bannermann" stammt aus dem Jahr 1905.

S. 233 Benno Diederich: Die Hamburger. Charakterbilder aus der Literatur unserer Zeit, Blankenese 1909; s. auch S. 239.

S. 239 Schriften Lichtwarks: Vom Arbeitsfeld des Dilettantismus, Dresden 1897; Die Seele und das Kunstwerk. Böcklinstudien, Berlin 1899; Palastfenster und Flügelthür, Berlin 1899; Die Erziehung des Farbensinnes, Berlin 1901; Deutsche Königsstädte. Berlin – Potsdam – Dresden – München – Stuttgart, Dresden 2. Aufl. 1912; vgl. Anm. zu S. 102.

S. 239 Paul Bröcker: Hamburg in Not! Ein eiliger Hilferuf und ein Vorschlag zur Rettung der vaterstädtischen Baukultur, Hamburg 1908; vgl. auch S. 265, 486.

S. 239 Wilhelm Melhop: Alt-Hamburgische Bauweise. Kurze geschichtliche Entwicklung der

Baustile in Hamburg dargestellt am Profanbau bis zum Wiedererstehen der Stadt nach dem großen Brande von 1842 nebst chronistisch-biographischen Notizen, Hamburg 1908, 2. Aufl. 1925.

S. 240 Buch über den Alkohol: Hermann M. Popert, Hamburg und der Alkohol, Hamburg 1903.

S. 246 mein streitbarer Artikel: steht im Hamburgischen Correspondenten vom 17. 1. 1906. Am 15. und 16. 1. hatte Dr. Carl Petersen, der spätere Bürgermeister, gegen die Wahlrechtsmanipulation geschrieben. Zur Wahlrechtsverschlechterung von 1906 s. unten S. 252, 305 und Anm. zu S. 42 u. 53.

S. 246 meine „Hamburgischen Kulturaufgaben": Vgl. S. 75, 352 f.

S. 252 Wahlrechts-Kampagne: S. Anm. zu S. 42.

S. 265 Der Hamburger: Es erschienen nur der 1. und 2. Jg. 1911/12.

S. 270 Hamburgische Hausbibliothek: Vgl. Gustav Schieflers Artikel „Alfred Lichtwark und die Hamburgische Hausbibliothek" in: Die Literarische Gesellschaft, Jg. 3, H. 7, 1917, S. 217–228, besonders S. 227 f.

S. 272 „Die Hosen des Herrn von Bredow": Roman von Willibald Alexis (d. i. Wilhelm Häring, 1798–1871), erstmals erschienen 1846/48.

S. 283 eine Protestversammlung gegen die „Lex Heinze": Bei der Lex Heinze handelte es sich u. a. um eine Revision des Paragraphen 184 des Strafgesetzbuches. Mit Gefängnis bis zu einem Jahr und/oder einer Geldstrafe bis zu 1000 Mark sollte bestraft werden, „wer unzüchtige Schriften, Abbildungen oder Darstellungen feilhält, verkauft, verteilt, an Orten, welche dem Publikum zugänglich sind, ausstellt oder anschlägt oder sonst verbreitet, sie zum Zweck der Verbreitung hinstellt oder zu demselben Zweck vorrätig hält, ankündigt oder anpreist". Gegen das Gesetz stimmten im Reichstag die Sozialdemokraten, die beiden Volksparteien, die Freisinnige Vereinigung. Zudem machte sich ein starker Widerstand von Künstlern und Schriftstellern bemerkbar.

S. 283 Goethe-Bund hieß eine Organisation zahlreicher Vereine zur Abwehr von „Angriffen auf die freie Entwicklung des geistigen Lebens, besonders von Wissenschaft, Kunst und Literatur", hervorgerufen durch die 1900 beschlossene sog. Lex Heinze (Sittlichkeitsgesetz). Vorsitzende waren Hermann Sudermann, Ludwig Fulda und Friedrich Dernburg.

S. 289 bis er durch Professor Dr. Lauffer ersetzt wurde: Hier liegt ein Irrtum vor. Der Nachfolger Schraders als Erster Vorsitzender des Vereins für Hamburgische Geschichte war nicht Otto Lauffer, sondern Hans Nirrnheim (1865–1945), der Direktor des Staatsarchivs.

S. 296 beides Jüdinnen: Hier irrt Schiefler. Lida Gustava Heymann war weder jüdischen Glaubens noch jüdischer Abstammung.

S. 305 eine lange Rechtfertigung: William Lottig, Aus einer Bekenntnisschrift. In: Die Literarische Gesellschaft, 3. Jg., 1917, S. 4 ff., 46 ff., 93 ff.; vgl. unten S. 328.

S. 305 Wahlrecht der Arbeiter: S. Anm. zu S. 42 u. 53.

S. 309 Ausstellung von Bilderbüchern: Katalog der Historischen Ausstellung von Bilderbüchern und Illustrierten Jugendschriften in der Kunsthalle. Deutsche Lehrerversammlung Hamburg 1896.

S. 318 Übungen in der Betrachtung von Kunstwerken: S. Anm. zu S. 103.

S. 319 Lehrervereinigung: Die Lehrervereinigung nannte sich selbst teils „zur", teils „für die Pflege der künstlerischen Bildung"; vgl. Anm. zu S. 320.

S. 319 Künstlerisch erziehen: Vgl. in ähnlichem Sinn Carl Götze, Zur Reform des Zeichen-Unterrichts, Hamburg 1897, S. 10.

S. 320 „Versuche und Ergebnisse" der Lehrervereinigung für die Pflege der künstlerischen Bildung in Hamburg, Hamburg 1901. – Eine Vignette zeigt den Säemann mit der Umschrift „Lehrervereinigung zur Pflege der künstlerischen Bildung Hamburg".

S. 321 „Der Zeichenunterricht in der Gegenwart" erschien Langensalza 1900.

S. 321 in deutscher Übersetzung: J. Liberty Tadd, Neue Wege zur künstlerischen Erziehung der Jugend. Zeichnen – Handfertigkeit – Naturstudium – Kunst. Für Deutschland herausgegeben von der Lehrervereinigung für die Pflege der künstlerischen Bildung in Hamburg, Leipzig 1900.

S. 322 Schrift Dr. M. Spaniers: Künstlerischer Bilderschmuck für Schulen, Hamburg 1897.

S. 323 Konzerte für Volksschüler: H. Fricke und R. Barth, Konzerte für Volksschulkinder. In: Versuche und Ergebnisse, S. 119–124; vgl. Anm. zu S. 320.

S. 329 ein paar Hefte der Literarischen Gesellschaft: Jg. 4, 1918, S. 233–239 (aus F. J. L. Meyers „Skizzen zu einem Gemälde von Hamburg") und S. 349–354.

S. 334 Vorträge: Die genannten und weitere Vorträge in: Das Volksheim in Hamburg. Bericht über das fünfte Geschäftsjahr 1905/06, S. 76.

S. 334 beweist ein Aufsatz von Walter Magnus: Erfahrungen und Eindrücke aus den Sonntagsunterhaltungen. In: Das Volksheim in Hamburg. Bericht über das fünfte Geschäftsjahr 1905/06, S. 36–47.

S. 337 Geltung des Sozialistengesetzes: Der wachsende Erfolg der Sozialdemokraten, die offiziell als reichsfeindlich, antinational und umstürzlerisch galten, veranlaßte Reichsregierung und Reichstag zur Verabschiedung des „Gesetzes gegen die gemeingefährlichen Bestrebungen der Sozialdemokratie". Nach dem Sozialistengesetz, wie es kurz genannt wurde, konnten bei Androhung hoher Strafen sozialdemokratische Versammlungen und Veröffentlichungen verboten und Sozialdemokraten von der Polizei aus bestimmten Gebieten ausgewiesen werden. Das Ausnahmegesetz galt von 1878 bis 1890 und verfehlte seinen Zweck völlig. In Hamburg z. B. gelang es den Sozialdemokraten, denen die Teilnahme an den Wahlen auch durch das Gesetz nicht verboten werden konnte, ihren Stimmenanteil bei Reichstagswahlen von 41,3 % (1878) auf 58,7 % (1890) zu steigern und alle drei in der Hansestadt zu vergebenden Reichstagssitze zu holen.

S. 353 Den energischsten Vorstoß machte ich selbst: Gustav Schiefler, Hamburgische Kulturaufgaben, Hamburg 1899 (94 Seiten); der Abschnitt über „Die Universität" steht auf den Seiten 28–48. Vgl. oben S. 75, 246.

S. 353 Bürgermeister Mönckebergs Brief: „Hast Du die kleine Schrift von Amtsrichter Schiefler gelesen ‚Hamburgs Kulturaufgaben'? Es ist viel Gutes darin..." Aus einem Brief an seinen Sohn Carl vom 4. Dezember 1899; abgedruckt: Bürgermeister Mönckeberg. Eine Auswahl seiner Briefe und Aufzeichnungen, hrsg. von Carl Mönckeberg, Stuttgart, Berlin 1918, S. 162.

S. 358 Ausarbeitung einer Broschüre: Friedrich Sieveking, Die Hamburger Universität. Ein Wort der Anregung, Hamburg 1905.

S. 358 Eine Schrift des Großkaufmanns: Wilhelm Breymann, Bildung und Aufgaben des Grosskaufmanns, Hamburg 1903.

S. 360 Im April 1907 erschien ein Aufruf: Er ist abgedruckt bei Werner von Melle, Dreißig Jahre Hamburger Wissenschaft 1891–1921. Rückblicke und persönliche Erinnerungen, Bd. 1, Hamburg 1923, S. 407 f.

S. 362 Stellungnahme der Handelskammer: Das programmatische Antwortschreiben der Handelskammer an die Deputation für Handel und Schiffahrt vom 15. Dezember 1906 „betreffend die organisierte Hochschulbildung für Kaufleute" befindet sich als Kopie in der Commerzbibliothek (Anlagenband zum Protokoll der Handelskammer 1906, Bll. 1522 a–1528 a).

S. 365 Erich Marcks' Antrittsrede: Sie erschien unter diesem Titel Hamburg 1907 und wurde später aufgenommen in seine bekannte Sammlung „Männer und Zeiten. Aufsätze und Reden zur neueren Geschichte", Bd. 2, Leipzig 1911, S. 177–198; das folgende Zitat nach dieser Vorlage (S. 194).

S. 373 Auch ich persönlich bekam einen Hieb: Schieflers Artikel „Die hamburgische Hochschulfrage" war im Hamburgischen Correspondenten vom 24. Juni 1910 veröffentlicht worden.

S. 376 Dulce desipere in loco: In Anlehnung an Horaz (Oden IV 12, 28): „Es tut wohl, gelegentlich über die Stränge zu schlagen."

S. 376 Auri sacra fames: Nach Vergil (Aeneis III, 57): „Der unersättliche Hunger nach Gold."

S. 377 Ich veröffentlichte nun ein Nachwort: Hier liegt ein Irrtum vor, denn Schieflers Artikel „Nochmals die Akademiker-Versammlung" erschien nicht im Hamburgischen Correspondenten, sondern in der Neuen Hamburger Zeitung vom 5. Dezember 1911.

S. 377 Ein wohlausgearbeitetes Universitätsgesetz: „Errichtung einer Universität in Hamburg. Antrag des Senats an die Bürgerschaft vom 20. Dezember 1912 betr. Ausbau des Kolonialinstituts und des Allgemeinen Vorlesungswesens zu einer Universität", Hamburg 1912 (184 Seiten).

S. 379 Marrs Presseäußerung: Heinz Marr, Die Hamburgische Universität. In: Monatliche Mitteilungen des Volksheims, 12. Geschäftsjahr, Nr. 8 vom 1. Januar 1913, S. 1–3 sowie derselbe, Der Hamburger Student. Ebd., S. 3–7.

S. 381 Ein Gespräch mit Herrn Robinow: Hier liegt ein Irrtum vor. Hermann Moses Robinow gehörte zwar der Handelskammer von 1885 bis 1913 an; das Amt des Präses hat er aber nie bekleidet; vgl. oben S. 60.

S. 381 Kai Möllers Broschüre: Hans Kai Möller, Universität oder Kolonialinstitut? Ein Wort zur Kritik der Senatsvorlage über die Hamburgische Universität, Hamburg 1913.

S. 382 Kundgebung der Handelskammer: Die Verlautbarung wurde in der Plenarsitzung am 4. April 1913 mit Mehrheit verabschiedet. Der hier wiedergegebene Text folgt dem in der Commerzbibliothek verwahrten Exemplar (Anlagenband zum Protokoll der Handelskammer 1913, Bll. 773 a–775 a).

S. 385 Erich Marcks' Abschiedsvorlesung: Sie erschien unter dem Titel „Historische und akademische Eindrücke aus Nordamerika. Eine hamburgische Abschiedsrede", Leipzig 1913, und wurde später aufgenommen in die Neuausgabe seiner Aufsatzsammlung „Männer und Zeiten", Bd. 1, 4. Aufl. Leipzig 1916, S. 405–434, und zwar mit dem erläuternden Zusatz: „zugleich eine Werberede für die Hamburger Universität"; das folgende Zitat nach dieser Vorlage (S. 427 f.).

S. 388 Friedrich von Borstels Denkschrift: S. oben S. 311 ff., besonders Auszug S. 313 ff.

S. 390 Mir hatte dieser Aufsatz Anlaß gegeben: Schieflers Artikel „Zur Universitätsfrage" erschien in der Neuen Hamburger Zeitung vom 27. September 1913; dabei bezog er sich auf Eduard Sprangers Aufsatz „Über den Beruf unserer Zeit zur Universitätsgründung" (Die Geisteswissenschaften, Jg. 1, 1913, Heft 1, S. 8–12).

S. 395 Karl Lamprechts Aufsatz: „Einige Bemerkungen zu den letzten Hamburger Vorgängen". In: Akademische Rundschau, Jg. 2, 1914, S. 435–444; die beiden folgenden Zitate nach dieser Vorlage (S. 441 f.).

S. 398 Im März 1917 erschien eine Broschüre: Wilhelm Osbahr, Hamburg am Scheidewege, Hamburg 1917.

S. 399 Der Organisationsplan einer solchen Anstalt: Ludolph Brauer, Einrichtung einer akademischen Organisation in Hamburg zur Pflege der Auslandsforschung und Auslandskunde und zur Förderung des hamburgischen Bildungslebens. Organisationsplan, vorgelegt dem bürgerschaftlichen Ausschuß betr. Ausbau des hamburgischen Kolonialinstituts, Hamburg 1917.

S. 400 Die Denkschrift vom April 1918: Ludolph Brauer/Bernhard Schädel, Hamburgische Wissenschaftliche Anstalt zur Pflege insbesondere der Auslandsforschung und Auslandskunde und zur Förderung des hamburgischen Bildungslebens. Organisationsplan (= Schriften des Ausschusses für Auslandsforschung Hamburg, Nr. 1), Berlin 1918.

S. 400 Das Universitäts-Extraheft: Die Literarische Gesellschaft, Jg. 4, 1918, Heft 5. – Aus der Vorbemerkung der Schriftleitung: „Wir hoffen damit einer Angelegenheit, die wir zurzeit als die wichtigste auf dem Gebiet hamburgischen Bildungswesens und Geisteslebens ansehen, einen Dienst zu erweisen" (S. 149).

S. 403 Ablehnung des Antrags: Mit dieser Entscheidung habe die abtretende Bürgerschaft „dem Bürgertum der vergangenen Epoche überhaupt den Leichenstein gesetzt", so äußerte Schiefler in einer überaus kritischen Stellungnahme, die unter dem Stichwort „Ablehnung der Universiät" erschienen ist (Die Literarische Gesellschaft, Jg. 5, 1919, Heft 4, S. 131 f.).

S. 409 In einer 1919 erschienenen Schrift: Fritz Schumacher, Hamburgs Wohnungsbaupolitik von 1818 bis 1919. Ein Beitrag zur Psychologie der Gross-Stadt (= Gross-Hamburgische Streitfragen, hrsg. von Fred Baumann, Heft 4/5), Hamburg 1919.

S. 430 Lichtwarks Schrift: Palastfenster und Fluegelthuer, in: Pan. Jg. 2, 1896/97, S. 57–60; wiederabgedruckt in seiner gleichnamigen Aufsatzsammlung, Berlin 1899.

S. 441 Camillo Sittes Buch: Das grundlegende Werk des Wiener Baumeisters und Städteplaners „Der Städtebau nach seinen künstlerischen Grundsätzen" war bereits 1889 erschienen.

S. 441 Heubel veröffentlichte eine kleine Schrift: Eduard Heubel, Wie muß die neue Verkehrsstraße Hauptbahnhof – Rathausmarkt angelegt werden? Hamburg 1905.

S. 442 In einem ziemlich scharf gehaltenen Artikel: Gustav Schiefler, Die neue Hauptstraße Hamburgs. In: Hamburgischer Correspondent vom 27. Oktober 1905.

S. 453 Schumachers Amtsantritt: Vgl. zum folgenden auch die spätere Studie Schieflers über Schumacher in: Hamburg in seiner wirtschaftlichen und kulturellen Bedeutung für Deutschland. Festschrift für die deutsche Lehrerversammlung, Hamburg 1925, S. 94–97.

S. 453 An einem solchen Abend: Schumachers Studie wurde später gedruckt unter dem Titel „Wie das Kunstwerk Hamburg nach dem großen Brande entstand" (= Veröffentlichungen des Vereins für Hamburgische Geschichte, Bd. 2), Berlin 1920; 2., durchges. Aufl. Hamburg 1969.

S. 454 Eine seiner glänzendsten Reden: Fritz Schumacher, Ausblicke für die kunsttechnische Zukunft unseres Volkes, Weimar 1916.

S. 456 Im Jahre 1917 hatte er ein Büchlein veröffentlicht: Fritz Schumacher, Die Kleinwohnung. Studien zur Wohnungsfrage (= Wissenschaft und Bildung, Bd. 145), Leipzig 1917.

S. 457 Hamburg hat nicht das Talent, seine bedeutenden Männer zu halten: Mit dem gleichen Tenor kommentierte Schiefler die Beurlaubung Schumachers nach Köln im letzten Heft der Literarischen Gesellschaft: „Baudirektor Schumachers Fortgang" (Jg. 6, 1920, S. 156 f.).

S. 462 Nur ein ganz kleines Häufchen stand zu dem Werk: Schieflers Äußerung wurde unter dem

Stichwort „Neubau der Kunsthalle" in der Literarischen Gesellschaft, Jg. 2, 1916, Heft 3, S. 104 f., veröffentlicht.

S. 463 Gegen meinen Versuch einer Rechtfertigung: Alfred Löwengard, Gegen den Neubau der Kunsthalle. In: Die Literarische Gesellschaft, Jg. 2, 1916, Heft 5, S. 165–168.

S. 481 Zwei Schriften über das Geschäftshaus: Das Hamburger Kontorhaus, hrsg. vom Architekten- und Ingenieur-Verein zu Hamburg. 42 Tafeln mit erläuterndem Text [von Alfred Löwengard], Hamburg 1909, sowie: Die Architektur des hamburgischen Geschäftshauses. Ein zeitgemäßes Wort für die Ausbildung der Mönckebergstraße. Theoretische Betrachtungen von Paul Bröcker und praktische Vorschläge von Architekt Fritz Höger, Hamburg 1910.

S. 485 Schrieb ich für die Zeitschrift Hamburg einen Aufsatz: „Gedanken über hamburgische Architektur". In: Hamburg. Zeitschrift für Heimat und Fremde, Heft 5, Januar 1907, S. 233–240.

S. 486 Paul Bröckers Sammelband: Er erschien unter dem Titel „Über Hamburgs neue Architektur. Zeitgemäße Betrachtungen eines Laien". Mit einem Geleitworte von Landgerichtsdirektor Gustav Schiefler, Hamburg 1908; vgl. auch oben S. 239, 265, 486 f.

S. 486 Ließ Bröcker eine Schrift folgen: S. Anm. zu S. 239.

S. 495 Ich erörterte in einem Artikel: „Die Entschädigungsfrage beim Baupflegegesetz." In: Neue Hamburger Zeitung vom 13. Juli 1911.

S. 501 Schumachers Artikel über „Die Straße": Fritz Schumacher, Fragen der Volkskultur. Teil 6: Die Straße. In: Die Literarische Gesellschaft, Jg. 5, 1919, Heft 5, S. 137–144.

S. 502 Lichtwarks vorzüglicher Aufsatz: „Das Problem des Hamburger Stadtparks". In: Jahrbuch der Gesellschaft Hamburgischer Kunstfreunde, Bd. 14, 1908, S. 1–39.

S. 503 Um Weihnachten 1910 veröffentlichte Lichtwark einen Aufsatz: „Eine Alsterstadt". In: Jahrbuch der Gesellschaft Hamburgischer Kunstfreunde, Bd. 16, 1910, S. 35–44.

S. 504 Ein beachtenswerter Aufsatz Dr. H. Mercks: Heinrich Merck, Alstersorgen. In: Der Elbwart, Jg. 1, 1910, Nr. 9, S. 107–109.

S. 505 Schieflers Mahnwort: „Memento!" In: Neue Hamburger Zeitung vom 13. November 1911.

S. 508 Schumachers Ablehnung einer Agitation zu Gunsten seiner Entwürfe: Freilich hat Schiefler sich nicht daran gehalten, denn alsbald veröffentlichte er in der Literarischen Gesellschaft eine Miszelle, in der er entschieden gegen Cordes' Entwurf zu Felde zog (Jg. 2, 1916, Heft 7, S. 237–239).

S. 510 Diner im Hause Mönckeberg: Die Rede des Bürgermeisters Johann Georg Mönckeberg ist abgedruckt worden in der Beilage des Lotsen, Jg. 2, 1902, Heft 15, S. 1–3.

S. 511 Karl Schefflers Studie: „Bismarcks Denkmal". In: Der Lotse. Hamburgische Wochenschrift für deutsche Kultur, Jg. 2, 1901/02, Heft 17, S. 513–519.

S. 511 Lichtwarks Ansprache an Max Klinger: Sie ist abgedruckt worden im Jahrbuch der Gesellschaft Hamburgischer Kunstfreunde, Bd. 15, 1909, S. 79–86.

S. 518 im Anschluß an die „Deutschen Vorträge Hamburgischer Professoren": Es waren dies: Karl Rathgen, Wilhelm Dibelius, Otto Franke, Conrad Borchling, Ferdinand Keutgen, Karl Florenz, Rudolf Tschudi, Sten Konow, Carl Meinhof, Gustav Pauli.

S. 520 Nachdem von verschiedenen Vereinen Erinnerungsfeiern gehalten waren: Die Gedenkrede Schieflers vor der Gesellschaft Hamburgischer Kunstfreunde, gehalten in der Kunsthalle am 3. Februar 1914, erschien im selben Jahr in Hamburg. – Die Gedenkrede Hugo Härings, gehalten am 15. Februar 1914 bei der Feier des Hamburger Künstlervereins, veröffentlichte der Hamburgische Correspondent in seiner Morgenausgabe vom 17. 2. 1914. – Von Carl Götze erschien ein Gedenkartikel in Der Säemann (s. Anm. zu S. 77).

S. 520 bei welchem Eduard Marcks die Rede hielt: Die Gedenkrede von Eduard Marcks „Alfred Lichtwark und sein Lebenswerk", gehalten am 13. März 1914, wurde im selben Jahr in Leipzig veröffentlicht. Sie umfaßt 61 Seiten, von denen die letzten vier eine Lichtwark-Bibliographie enthalten.

S. 520 ein Aufsatz, der im Hamburg-Heft: S. die Anm. zu S. 84.

S. 523 daß der Präsident des Senats, Bürgermeister von Melle, am Sarge sprach: Trauerfeier für Justus Brinckmann im Hamburgischen Museum für Kunst und Gewerbe am 12. Februar 1915, Hamburg 1915. Außer von Melle sprachen: Hauptpastor D. Dr. Hunzinger – Prof. Dr. Gustav Pauli, Direktor der Kunsthalle – Prof. Richard Meyer, Direktor der Kunstgewerbeschule – Geh. Reg. Rat Dr. Ritter von Falke, Direktor des Kunstgewerbemuseums in Berlin – Geh. Reg. Rat Dr. K. Purgold, Direktor des Herzoglichen Museums in Gotha, als Vertreter der auswärtigen Amtsgenossen – Prof. Dr. Stettiner im Namen der Schüler Brinckmanns.

S. 524 Bode, dem Generaldirektor der Preußischen Museen: Max Sauerlandt, Offener Brief an den Generaldirektor W. von Bode, Halle, den 4. 4. 1914. Der Brief ist in der Saale-Zeitung und in der Frankfurter Zeitung erschienen. Er wurde wiederabgedruckt in: Max Sauerlandt, Die Kunst der letzten 30 Jahre, 1. Aufl., hrsg. von Harald Busch, Berlin 1935; 2. Aufl. hrsg. von Kurt Sternelle, Hamburg 1948.

S. 524 In einem Aufsatz der Literarischen Gesellschaft: Max Sauerlandt, Über die Neuordnung des Museums für Kunst und Gewerbe. In: Die Literarische Gesellschaft, Jahrgang 6, Heft 1, 1920.

S. 531 entwarf und veröffentlichte er einen Plan: Fritz Schumacher, Kriegs-Gedächtnis-Male. Praktische Studien, Darmstadt 1916 (Sonderdruck aus: Deutsche Kunst und Dekoration 19, 1916, S. 335–351). Der Entwurf für einen Ehrenhof an einem bestehenden Wasserturm (im Stadtpark) befindet sich auf S. 12–17.

S. 532 entschloß man sich 1919 zur Herausgabe: Hamburger Kalender 1920. Herausgegeben vom Kunstverein in Hamburg, Hamburg 1919. Von Gustav Schiefler enthält der Hamburger Kalender einen Aufsatz über „Alfred Lichtwark und Justus Brinckmann" (S. 99–103).

S. 534 Daß er im Herzen jung geblieben: Richard Dehmel, Prolog Deutsche Einheit, Privatdruck 1918. Im übrigen s. die Dehmel-Bibliographie in: Richard Dehmel, Dichtungen, Briefe, Dokumente. Hrsg. und mit einem Nachwort versehen von Paul Johannes Schneider, Hamburg 1963.

S. 535 brachte ich zwei der Gedichte: Karl Lorenz, „Eine Alsterecke" und „Hamburger Hauptbahnhof", in: Die Literarische Gesellschaft, Jg. 3, Heft 4, 1917, S. 124 f.

S. 535 f. noch einmal in der Zeitschrift zu Worte kommen: Karl Lorenz, Prosa und Gedichte, in: Die Literarische Gesellschaft, Jg. 5, Heft 2, 1919, S. 48–54.

S. 536 eine Monatsschrift unter dem Titel Die Rote Erde: Über „Die Rote Erde, Monatsschrift für Kunst und Kultur" erschien ein Artikel Schieflers am 21. Juni 1922 in der Neuen Hamburger Zeitung. In der Zeitschrift selbst veröffentlichte er 1923 zwei Artikel: „Karl Opfermanns Holzschnitte" und „Ludwig Benninghoff".

S. 536 kam ein hamburgischer Schriftsteller, Ernst Fuhrmann, ausgiebig zu Worte: Eine Auswahl der außerordentlich zahlreichen Schriften Ernst Fuhrmanns erschien 1962 unter dem Titel: Ernst Fuhrmann, Grundformen des Lebens. Biologisch-philosophische Schriften. Ausgewählt und mit einem Nachwort versehen von Franz Jung, Heidelberg, Darmstadt 1962.

S. 537 Er war mit Elisabeth Paulsen, der Verfasserin eines Gedichtsbandes „Jungfrauenbeichte": Der Gedichtband von Elisabeth Paulsen erschien 1913, 90 Seiten stark, im Insel-Verlag. Der Folkwang-Verlag in Hagen veröffentlichte von ihr 1920 „Leben sagenhafter Dichtungen" (112 S.).

S. 537 Er übernahm alsbald die unter dem Namen Deutsches Volkstum: Ein Aufsatz Schieflers über Karl Opfermann erschien in dieser Zeitschrift im Februar 1923.

S. 537 Die Literarische Gesellschaft mußte um die Mitte des Jahres 1920: Die Vertriebsstelle des Selbstverlages war die Buchhandlung M. Glogau jun., Bleichenbrücke 6.

S. 540 Fischers eigene Schriften: Hans W. Fischer, Die Kette. Ein Zyklus, München 1910. Bücher der Abtei Thelem. – Die Reihe der Bücher der Abtei Thelem war von Otto Julius Bierbaum ins Leben gerufen worden. Sie war, wie die Abtei Thelem (Thélème) in Rabelais' „Gargantua und Pantagruel", für die „Freien, Wohlgeborenen und Gebildeten" bestimmt.

S. 540 und so konnte ich dem Autor: Gustav Schiefler, Hamburger Kammerspiele, in: Neue Hamburger Zeitung vom 22. April 1919.

S. 540 f. in erster Linie die „Deutschen Vorträge Hamburgischer Professoren": S. die Anm. zu S. 518.

S. 551 gemäß seinem schon vorher im Ziel-Jahrbuch veröffentlichten Gedanken: Kurt Hiller, Ein Deutsches Herrenhaus, in: Ziel-Jahrbuch Bd. 2, 1917/18, hrsg. von Kurt Hiller, S. 379–425.

S. 556 Mit Dr. Peter Petersen kam ich dadurch in Berührung: Peter Petersen, Die Leibnizbriefe der Hamburger Stadtbibliothek, in: Die Literarische Gesellschaft, Jg. 3, Heft 2, 1917, S. 38–46 und Heft 3, 1917, S. 88–93.

S. 557 gerieten wir in eine kleine literarische Fehde: „Gibt es eine besondere ‚politische Moral?'" fragte Albert Görland in den Anmerkungen der Literarischen Gesellschaft, Jg. 4, Heft 1, 1918, S. 28 u. 31. Er widersprach damit den Anmerkungen „des geehrten Herausgebers" über dieses Thema in der Literarischen Gesellschaft, Jg. 3, Heft 10, 1917, S. 360–363.

S. 557 die Gründung einer Art Fry-Bundes im Sinne der Nienkampschen Schrift: Heinrich Nienkamps Schrift „Fürsten ohne Krone" (Berlin-Charlottenburg 1916) „ist ein Weltverbesserungsroman in der äußeren Form aneinander gereihter Urkunden (Zeitungsausschnitte, Versammlungsberichte, Reden, Briefe und dergleichen). Gezeigt wird ein Weg zu einem jenseits von Staat und Kirche und neben ihnen aufzurichtenden dritten, übernationalen Kulturreich. Der Sohn und Erbe eines amerikanischen, aus Deutschland stammenden Milliardärs, Richard Fry, stellt sein Vermögen in den Dienst dieser Idee und sucht sie auf seine Weise praktisch ins Leben zu rufen". Besprechung in: Die Literarische Gesellschaft, Jg. 3, Heft 6, 1917, S. 212 f.

S. 559 seine Publikation in der Literarischen Gesellschaft beschlossen: Die Literarische Gesellschaft, Jg. 4, Heft 12, 1918, S. 381 f.

Register

Abegg, Familie 167
Abendrothsches Haus (Neuer Jungfernstieg) 127, 143, 216, 220, 415
Abteistraße 132, 483
Abter, Adolf (1887–?), Schriftleiter des Hamburgischen Correspondenten, ging 1919 nach Berlin 552
Achenbach, Andreas (1815–1910), Maler 169
Achenbach, Max s. Alvary
Adler, Friedrich (geb. 1878, 1942 nach Auschwitz deportiert), Architekt, Bildhauer, Kunstgewerbler, von 1907–1933 Lehrer an der Kunstgewerbeschule 148
Admiralitätsgebäude 421
Admiralitätsstraße 425, 453, 480
Adolphsplatz 416, 475
Aepinus, Johannes, eigentlich: Johann Hoeck (1499–1565), Pastor zu St. Petri, seit 1532 hamburg. Superintendent 419
Ärzte 34, 57 f., 281, 356 f., 376, 381
Ärztlicher Verein 58, 289
Agnesstraße 408, 483
Ahlers-Hestermann, Alexandra Andrejewna geb. Povórina (1885–1963), russ. Malerin, Ehefrau von Friedrich A.-H. 529
Ahlers-Hestermann, Friedrich (1883–1973), Hamburger Maler, von 1945 bis 1950 Direktor der Landeskunstschule, 1950 Mitbegründer der Freien Akademie der Künste, lebte nach seiner Emeritierung in Berlin 116–119, 133, 266, 293, 526, 529, 532, 538, 551
Ahrensburg 441
Akademiker 34, 49–58, 60, 281, 354, 376, 514

Akademisches Gymnasium 32 f., 40, 46, 350 f., 354
Albers-Schönberg, Marie (Mary) (1868–1960), verm. seit 1889 mit dem Kaufmann und späteren Landwirt Friedrich Loesener (-Sloman) 276
Albrecht, Carl (1862–1926), Maler 119
Albrecht, Carl (1871–1942), Dr. jur., bis 1933 Vorsitzender des Zentralausschusses der Hamburger Bürgervereine 554
Albrecht, Ernst (1860–1938), Dr. jur., Senatssyndicus, Finanzgerichtspräsident 252
Albrecht, Ludolf (1884–1955), Bildhauer 149, 295, 471
Albrecht, Max (1851–1925), Dr. phil., Chemiker und Fabrikant, Vorsitzender des Kunstvereins 480
Albrecht, Nicolaus (um 1872–1933), Schauspieler 539
Alfredstraße 472
Allgemeine Gewerbeschule 147
Allgemeiner Deutscher Frauenverein 297 f., 300 f.
Allgemeines Vorlesungswesen s. Öffentliches Vorlesungswesen
Alsberghaus (Burstah) 481
Alster 405, 407, 412, 417, 476
s. auch Außenalster, Binnenalster, Kleine Alster
Alsterarkaden 416, 476
Alsterdamm 415, 419, 475 f., 480
Alsterdammhof 480
Alsterdorf 441
Alsterhaus s. Tietz

Alsterkanalisation 84, 247, 502 ff., 506
Alsterpavillon 478
Alsterstadt 84, 247, 408, 413, 500, 502 ff.
Alstertal 111, 125, 223, 439
Alstertalbahn 439
Alstertor 419, 445
Altengamme 71
Altenwalde bei Cuxhaven: Künstlerkolonie 120
Alter Wall 127, 416, 419, 465 f., 475 ff.
Altmann, Isaak Hermann Albert (1777–1837), Landschaftsgärtner 503
Altona 130, 192, 338, 421, 436, 441, 552
Altonaer Museum 155, 558
Altonaer Theater 172, 182, 185, 257, 339, 540
Alt-Rahlstedt 206 f., 214 f.
Alt-Rahlstedter Friedhof 152, 208, 214 f.
Alvary, Max, eigentlich: Max Achenbach (1858–1898), Opernsänger 169
Aly, Paul (1853–1927), Dr. med., Oberarzt am Krankenhaus Bethanien 291
Amerikahöft 427
Ammermann, Wilhelm (1869–1943), Pianist, Komponist 166, 295
Amsinck, Familie 59, 413
Amsinck, Erdwin (1826–1897), Kaufmann zu New York und Hamburg 59, 131 f.
Amsinck, Johannes (1792–1879), Kaufmann 90
Am Zippelhaus 425
An der Alster 130, 415
An der Katharinenkirche 425
Andersen, Hans Christian (1805–1875), dän. Märchendichter 344
St. Andreaskirche 451
St. Annenkirche 451
St. Anschar (um 801–865), Benediktiner, Erzbischof von Hamburg-Bremen 31
St. Anschar-Gemeinde 50
Ansorge, Conrad (1862–1930), Pianist und Komponist 300
Anti-Alkoholiker (Blaues Kreuz) 239 f.
Antisemitismus 537
Antoine-Feill, Heinrich Frans Angelo (1819–1902), Dr. jur., Rechtsanwalt 133
Antoine-Feill, Heinrich Nils (1855–1922), Dr. jur., Rechtsanwalt 531
Antoine-Feillsches Haus (Neuer Jungfernstieg) 300

Anzengruber, Ludwig (1839–1889), österr. Dichter 329, 345
Apollo-Theater 186 f.
Arbeiterbildungskommission 248
Arbeiterbildungsverein von 1845 179, 338
Arbeiterfortbildungsvereine 328, 338 f.
Arbeiterschaft (Vierter Stand) 49, 76, 167, 247 f., 251, 277, 283, 303, 313 f., 337–348, 407
Arbeiter- und Soldatenrat 402, 456, 542, 552, 558 f.
Arbeitervorlesungen 370
Arbeiterwohnungen 341
  s. auch Kleinwohnungsbau
Arbeitsstadt 407, 415
Architekten 34, 63, 409, 412 f., 462 f., 484 ff., 496 f., 546
Architekten- und Ingenieur-Verein 268, 289, 442, 481, 508, 545
Architektur-Kritik 239, 288
Armenpflege 298
Armgartstraße 453, 472
Arning, Dr., Familie 168
Arrhenius, Svante (1859–1927), schwed. Physikochemiker 226
Asher, Louis (1804–1878), Hamburger Maler 92
Atlantic-Hotel 478
Auer & Co., Buchhandlung 251, 305, 309
Auerbach s. Dehmel-Auerbach
Aumühle 483
Ausfallstraßen 440 f.
Außenalster 48, 408, 412 ff., 478, 503
Ausschuß für Erziehung und Unterricht 326
Ausschuß für künstlerischen Wandschmuck in den Schulen 322 f.
Ausschuß zur Förderung der Jugendspiele 341
Avé-Lallemant, Theodor (1805–1890), Musiklehrer und Schriftsteller 160
Averdieck, Elise (1808–1907), Lehrerin, Schriftstellerin, Gründerin des Kranken- und Pflegeheims Bethesda 97, 308

Bab, Julius (1880–1955), Theaterkritiker und Schriftsteller, 1938 über Frankreich in die USA emigriert 184

Bach, Clara (1858–1907), Lehrerin, Organisatorin von Mädchengruppen des Volksheims 334
Bach, Franz (1848?–1934), Architekt 443, 481, 486
Bach, Johann Sebastian (1685–1750), Komponist 164, 231
Bach, Philipp Emanuel (1714–1788), Komponist, Kirchenmusikdirektor in Hamburg 159
Bachgesellschaft 160, 164
Bachur, Max (1845–1920), Theaterdirektor 169 f., 172, 178, 466
Bad Ems 163
Baedeker, Walther (1880–?), Architekt 220
Bäumer, Gertrud (1873–1954), Dr. phil., Schriftstellerin, Frauenrechtlerin 302
Bahnhofsbauten 422, 436 ff.
Bahnhofsplatz 463 f., 466
Bahnpostgebäude am Hauptbahnhof 438, 465
Bahr, Hermann (1863–1934), österr. Dichter und Kritiker 180, 282
Balzac, Honoré de (1799–1850), franz. Romancier 282
Banco, Alma del (1878–1943), Hamburger Malerin 529
Bandler, Heinrich (1870–1931), Konzertmeister des Philharmonischen Orchesters 166, 168, 295
Bandler-Quartett 166, 340
Bantzer, Carl Ludwig Noah (1857–1941), Maler 97
Barbizon: franz. Künstlerkolonie 131
Barden, Siegfried, eigentlich: Siegfried Baruch (1854–1917), Kaufmann, Kunstsammler 146
Barkhof (Mönckebergstraße) 443 f.
Barlach, Ernst (1870–1938), Bildhauer, Graphiker, Dichter 509, 539
Barmbek 335, 338, 407, 411, 439, 441, 450
Barmbeker Krankenhaus 58, 473
Barrison: fünf Schwestern, Tänzerinnen 188
Bartels, Adolf (1862–1945), Schriftsteller und Literarhistoriker 240
Bartels, Gustav (1843–1926), Dr. jur., Notar 287 f.

Bartels, Hans von (1866–1913), Hamburger Maler 91
Barth, Richard Carl Friedrich (1850–1923), Musiker, seit 1895 Leiter der Philharmonischen Konzerte und der Singakademie 160 f., 163, 323
Barth, Fräulein 291
Baruch s. Barden
Bauarbeiterverband: Verwaltungsgebäude (Ecke Wall- und Klaus-Groth-Straße) 342, 477 f.
Baubehörde, Baudeputation 45, 47 ff., 410 ff., 422, 430, 452, 455, 457–473, 489, 497 f., 501–511
Baudissin, Wolf Graf von (1867–1926), Oberleutnant a. D., Schriftsteller 175
Bauer, Hermann (1859–1919), Dr. jur., Rechtsanwalt 367, 494
Bauhof 449
Baumeister, Hermann (1806–1877), Dr. jur., Präsident des Obergerichts, Präsident der Bürgerschaft 350
Baumwall 425, 439
Baupflege 442
Baupflegegesetzgebung 41 f., 84, 239, 247, 264 ff., 485–501
Baupflegekommission 41, 454, 475, 496 f.
Baupolitik 515
Baupolizei 49, 480, 489
Baupolizeigesetz 49, 409 ff.
Baurundschau (Zeitschrift) 268
Bau- und Sparverein 410, 484
Beamte, untere 74, 342, 408
Becher, Johannes R. (1891–1958), Schriftsteller, 1933 über die Tschechoslowakei und Frankreich nach Moskau emigriert; 1945 Rückkehr nach Berlin, seit 1954 Minister für Kultur der DDR 535
Becker, Carl Heinrich (1876–1933), Dr. phil., Orientalist, Professor am Allg. Vorlesungswesen, Preußischer Kultusminister 363, 379 f., 385, 390
Beckerath, Willy von (1868–1938), Maler, von 1907 bis 1930 Lehrer an der Kunstgewerbeschule 148, 336, 468
Beckmann, Max (1884–1950), Maler und Graphiker, 1937 nach Amsterdam emigriert, seit 1947 in den USA 132

Beer-Hofmann, Richard (1866–1945), österr. Schriftsteller, 1938 in die Schweiz emigriert, dann in die USA 282
Beethoven, Ludwig van (1770–1827), Komponist 160, 164 f., 204, 231 f., 284, 340
Behr, Christian Martin Adolf (1859–1937), Rat bei der Baudeputation 496
Behrens, Familie 413
Behrens, Carl Erich (1885–1943), Schriftsteller, Herausgeber der Norddeutschen Monatshefte 537
Behrens, Eduard Ludewig (1824–1895), Bankier, Generalkonsul, Kunstsammler 131 f., 134, 256
Behrens, Eduard Ludwig (1853–1921), Bankier, Kunstsammler 134
Behrens, Peter (1868–1940), Architekt, Maler, Kunstgewerbler 70, 97, 217, 279, 285
Behrens, Theodor (1857–1921), Bankier, Kunstsammler 134
Behrmann, Georg (1846–1911), Hauptpastor zu St. Michaelis, Senior des Geistlichen Ministeriums 49 f., 97, 218, 226, 264, 356, 360
Bei St. Annen 135, 476
Bei den Kirchhöfen 459
Bei den Mühren 425
Beim Strohhaus 342
Beit, (Sir) Alfred (1853–1906), Diamantenhändler, Bankier, Kunstsammler und Mäzen 74, 353 f., 357, 359
Bejeuhr, Rudolf (1872–1958), Möbeltischler, Innenarchitekt 343 f., 345 f.
Bendiner, Wilhelm, Theaterdirektor 182
Bendixen, Friedrich (Fritz) (1864–1920), Dr. jur., Volkswirt, Direktor der Hamburger Hypothekenbank, Kunstsammler 55, 134, 244, 246, 265, 295, 354, 356, 360, 545
Beneckendorff, Wolf von (1891–1960), Schauspieler, seit 1949 in der DDR 539
St. Benedictstraße 132, 135, 483
Bensel, Carl Gustav (1878–1949), Architekt, seit 1913 in Hamburg 443, 481
Bergedorf 72, 374, 441
Berger, Alfred Freiherr von (1853–1912), Dr. jur., von 1900 bis 1910 Direktor des Deutschen Schauspielhauses 97, 121, 172–179, 254, 282, 293, 466

Berges, Philipp (1863–1938), Redakteur des Hamburger Fremdenblatts, Bühnenschriftsteller 249 f., 258
Bergstraße 417, 476
Berlin 96, 100, 109, 132, 141, 173 f., 191, 223, 325 f., 364 f., 368, 375, 377, 394, 398, 474, 498, 501, 505, 509, 551
Berliner Bahnhof 436
Berliner Sezession 127
Berliner Tor 450, 469
Berlioz, Hector (1803–1869), franz. Komponist 159, 165
Bernhardstraße 440
Bernuth, Julius von (1830–1902), seit 1867 Leiter der Philharmonischen Konzerte und der Singakademie 160
Bertram, Meister (1345–1415), Maler und Bilderschnitzer 31, 94
Besenbinderhof 341, 477, 538 f.
Besitz- und Bildungsbürgertum 34, 63, 129, 150, 153, 172, 286, 290–297, 308 f., 316, 331, 394 f., 403, 408, 424, 513 ff., 521 f., 539, 566
Besthorn, Gebrüder: Kunsthandlung 127
Beyerlein, Franz Adam (1871–1949), Schriftsteller 179
Bieber, Theodor August (1839–1912), Dr. phil., Inhaber einer Privatschule, Begründer des Gesangvereins Euthymia 165
Bieberhaus 129, 464, 480
Biebersche Schule 163 f.
Biensfeldt, Carl (1869–1933), Schauspieler 173
Bierbaum, Otto Julius (1865–1910), Schriftsteller 211, 454
Biese, Karl (1863–ca. 1930), Maler 120
Bille 405 f.
Billwerder Ausschlag 411
Binder, Nicolaus (1874–1940), Dr. jur., Rechtsanwalt 552
Binderstraße 459
Binnenalster 415, 445, 503
Binnenhafen 425, 439
Birrenkoven, Willi (1865–1955), Sänger 169
Bismarck, Otto von (1815–1898), seit 1862 Preuß. Ministerpräsident, von 1870 bis 1890 Reichskanzler 250, 277, 424, 513
Bismarckdenkmal 242, 253, 286, 315, 440, 449, 510 f., 512

Bitter, Wilhelm (1865–1927), Dr. jur., Rechtsanwalt 182
Bittong, Franz (1842–1904), Theaterdirektor 169, 172
Bizet, Georges (1838–1875), franz. Komponist 165, 168
Björnson, Björnstjerne (1832–1910), norweg. Dichter 174, 340
Blankenese 54, 115, 199, 215 ff., 218 ff., 232, 429, 438, 483, 534
Blaues Kreuz 240
Blechen, Carl (1798–1840), Maler 96
Bleichenbrücke 471
Bleichenfleet 470 f.
Blinckmann, Theodor (1860–1936), Volksschullehrer, Schulpolitiker, MdBü (DDP) 304
Blohm, Georg Hermann Friedrich (1866–1926), Dr. jur., Rechtsanwalt 135
Blohm, Hermann (1848–1930), Dr.-Ing. e. h., Mitbegründer der Schiffswerft Blohm & Voss 146
Blohm, Otto (1870–1944), Kaufmann in Hamburg und Venezuela: Wohnhaus am Harvestehuder Weg 483
Blohm & Voss, Schiffswerft 446
Blumenau 482
Blumenhalle 450
Blumenpflege 102, 275, 332
Blumenstraße 408, 483
Blunck, Hans Friedrich (1888–1961), Schriftsteller, von 1933 bis 1935 Präsident der Reichsschrifttumskammer 535
Bock, Arthur (1875–1957), Bildhauer und Maler 294, 447
Bock, Louis & Sohn: Kunsthandlung 124 ff., 529
Bode, Wilhelm von (1845–1929), Generaldirektor der Berliner Museen 524
Böcklin, Arnold (1827–1901), Schweizer Maler 96, 200
Bödewadt, Jacob (1883–1946), Schriftsteller und Redakteur 535
Boehle, Fritz (1873–1916), Maler und Bildhauer 128, 135
Böhme, Heinrich David (1843–1907), Kaufmann i. Fa. Wm. Klöpper 291
Böhme, Johannes (1859–1934), Prof. Dr. phil., Oberlehrer 287
Böhmkenstraße 338

Börner, Carl (1828–1905), Bildhauer 422, 509
Börse (Gebäude) 90, 104, 416, 434
Böttger (Böttiger), Johann Friedrich (1682–1719), Alchimist 139
Böttner, Fräulein, Malerin 203
Bohlen, Edmund Heinrich (1851–1918), Kaufmann 393 f.
Bohlen, Luise (Lulu) Friederike geb. Woermann (1853–1949) 292
Bollmann, Paul (1885–1944), Maler, seit 1913 in Hamburg, von 1934 bis 1944 Lehrer an der Landeskunstschule 527
Bonfort, Heinrich (1827–1885), Dr. phil., Redakteur 296
Bonfort, Helene (1854–1940), Lehrerin, Vertreterin der Frauenbewegung 198, 295–299, 301 f.
Bonnard, Pierre (1867–1947), franz. Maler 95, 97
Borchling, Conrad (1872–1946), Dr. phil., Philologe, seit 1910 Professor in Hamburg; Schwiegersohn Werner von Melles (s. diesen) 373
Borgfelde 411, 419
Borgfelder Straße 441
Borgweg: Wasserturm 451
Borstel, Friedrich (Fritz) von (1864–1924), Volksschullehrer, von 1919 bis 1924 Schulinspektor 57, 77, 271, 280 f., 295, 304 f., 307, 309–317, 324, 334, 347, 388, 402, 541 f., 566
Borsteler Jäger 504
Bossard, Johann Michael (1874–1950), Bildhauer und Graphiker, seit 1907 Lehrer an der Kunstgewerbeschule 148
Boßdorf, Hermann (1877–1921), niederdt. Dichter 535
Bosse, Robert (1832–1901), preuß. Kultusminister 262
Boswau & Knauer, Baufirma 478
Botanischer Garten 46, 248, 351, 374, 459, 461, 502, 507
Botanisches Museum 374
Botanische Staatsinstitute 46, 351, 364, 374, 459
Boysen & Maasch, Buchhandlung 269, 481
Braband, Carl Julius (1870–1914), Dr. jur. Rechtsanwalt 331, 346
Brackdamm 472

Brackenhoeft, Eduard Wilhelm (1845–1914), Dr. jur., Rechtsanwalt 105 f.
Bradsky, Bozena (1872–1951), Schauspielerin 187
Brahms, Johannes (1833–1897), Komponist 39, 159, 162, 164 f., 167 f.
Brahmsdenkmal 165, 466, 511
Bramfeld 441
Brandis, Gustav Tilo (1858–1930), Dr. jur., Rechtsanwalt, Direktor der Allgemeinen Versorgungsanstalt von 1778 291
Brandis, Otto (1856–1917), Dr. jur., seit 1912 Präsident des Hanseatischen Oberlandesgerichts 52 f., 287, 291 f., 308, 316, 381, 526
Brandstwiete 419
Brandt, Hugo (1845–1933), Kaufmann, von 1901 bis 1909 Senator 246
Brandt, Theodor W., Verleger 264
Brandt, Seidenhaus: Gebäude 443
Brauer, Ludolph (1865–1951), Dr. med., Internist, Ärztlicher Direktor des Eppendorfer Krankenhauses, seit 1919 Professor 398 ff.
Brauerstraße 343
Brecher, Gustav (1879–1940), Kapellmeister 170
Brehling, Ernst (1874–1942), Lehrer, Chorleiter, seit dem 1. 7. 1934 im Ruhestand 345
Breitenfelder Straße 472, 544
Bremen 100, 325, 520 f.
Breslau 325
Breymann, Wilhelm (1845–?), Kaufmann, Mitglied der Oberschulbehörde 358 f.
Brinckmann, Henriette geb. Hahn (1862–1934), Kunstgewerblerin, dritte Ehefrau von Justus Br. 157
Brinckmann, John (1814–1870), niederdt. Schriftsteller 329, 345
Brinckmann, Justus (1843–1915), Dr. jur., seit 1877 Direktor des Museums für Kunst und Gewerbe 61, 67–72, 97–99, 128, 130, 135–138, 140, 142 f., 145 f., 152, 154 f., 157, 242, 244 f., 250, 273, 284 f., 295, 320, 331, 452, 485, 514, 518, 520, 522–524
Brinckmann, Maria (1869–?), Kunstgewerblerin, Tochter von Justus Br. 149, 545

Brockes, Barthold Hinrich (1680–1747), Dichter, Hamburger Ratsherr 330
Brockmöller, Witwe, Inhaberin einer Kellerwirtschaft 121
Brodersen, Theodor (1874–?), Geschäftsführer des Kunstvereins; vorher in Weimar, später in Berlin 106, 532
Bröcker, Paul (1875–1948), Kunstschriftsteller 239, 265 f., 269, 481, 486–488, 494, 497
Bromberg, Henry (1878–?), Dr. jur., Amtsrichter, dann Kaufmann; 1938 emigriert 55
Bromberg, Martin (1850–1918), Kaufmann, Sammler und Mäzen 135, 146
Brooksbrücke 423
Broschek, Albert (1858–1925), Besitzer des Hamburger Fremdenblattes 249, 258
Bruckner, Anton (1824–1896), österr. Komponist 165, 285
Brücke, Die (Künstlervereinigung) 114, 124 f., 129
Brügmann, Walter (1884–?), Regisseur am Stadttheater, 1925 Operndirektor in Leipzig, seit 1934 in Berlin 182
Brüsseler, Die (Kammermusiker) 166
Brütt, Max (1850–1928), Dr. phil., Schulrat 244
Brunnen 152
Brunsbüttel 277
Buchbinderei 122, 150 f.
Buchhandel 267, 269–273, 532, 537 f.
Buchheister, Eduard Jürgen (1834–1893), Dr. jur., Oberlandesgerichtsrat 68
Budge, Henry (1840–1928), Kaufmann, Sammler, Mäzen 135
Büchner, Georg (1813–1837), Dichter 179
Buehl, Adolf (1860–1948), Dr. jur., seit 1907 Senatssyndicus 242
Bülau, Theodor (1800–1861), Architekt und Zeichenlehrer 422
Bülaustraße 472
Bülow, Bernhard Fürst von (1849–1929), von 1900 bis 1909 dt. Reichskanzler 193, 201, 273
Bülow, Hans von (1830–1894), Dirigent, ließ sich 1887 in Hamburg nieder und leitete hier die Abonnementskonzerte 159 f., 168

Bürger, Gottfried August (1747–1794), Dichter 282
Bürgerschaft 42–45, 48, 53 f., 120, 202 f., 310, 322, 350, 354, 360 f., 363, 365, 367–373, 375, 377, 380 f., 388–396, 399 f., 402 f., 409, 413, 424, 433–435, 439, 441, 452, 455, 461, 486, 488 f., 490, 493 ff., 501, 503–509, 514, 547, 558
Bürgerschaftsfraktionen
  Demokraten (nach 1918) 565
  Die Linke 42, 45, 202, 249, 367, 371 f.
  Linkes Zentrum 42 f., 202, 367
  Die Rechte 42–45, 202, 367, 372 f., 379, 390, 392 f.
  Sozialdemokraten 42 f., 76, 202, 367, 388, 392, 399 f., 402 f., 564 f.
  Vereinigte Liberale 42 f., 76, 83, 202, 367, 371 f., 392
Bürgertum
  s. Besitz- und Bildungsbürgertum, Hamburger Familien
Bürgervereine 455, 506, 554
Büsch, Johann Georg (1727–1800), seit 1756 Professor für Mathematik am Akademischen Gymnasium, Mitbegründer der Patriotischen Gesellschaft 32, 350
Büschdenkmal 422
Büschstraße 478
Bugenhagen, Johann (1485–1558), Theologe, Freund Luthers, führte die Reformation in Hamburg durch 349
Bugenhagendenkmal 349, 422
Bulcke, Carl (1875–1936), Dr. jur., Oberregierungsrat in Berlin, 1920 Leiter der Film-Oberprüfstelle, seit 1924 freier Schriftsteller 233
Bullenhuser Damm 472
Bund Deutscher Architekten (B.D.A.) 545
Bund Deutscher Gelehrter und Künstler 514, 518
Bund für Erziehung und Unterricht 268, 324–326, 548, 556
Bund für Schulreform 58, 61, 80, 268, 324–326
Burchard, Familie 59
Burchard, Heinrich (1852–1912), Dr. jur., seit 1885 Senator, seit 1906 Bürgermeister, Präses der Kommission für die Verwaltung der Kunsthalle 39 f., 49 f., 97, 104, 241 f., 247, 375, 380, 502, 504

Burchard(-Motz), Wilhelm Amsinck (1878–1963), Dr. jur., seit 1925 Senator, 1933/34 Zweiter Bürgermeister 380, 390, 394
Burgkmair, Hans d. Ä. (1473–1531), Maler, Zeichner und Holzschneider 99
Burstah 419, 465 f., 480 f.
Busch, Wilhelm (1832–1902), Zeichner und Dichter 340, 454
Buxtehuder Altar 94
Byron, George Gordon Noel Lord (1788–1824), engl. Dichter 292

Cabarets s. Kabaretts
Cäcilienverein 160
Campe, Julius (1846–1909), Verleger 241
Carl, Adolph (1814–1845), Maler 95
Carl-Schultze-Theater 182
Carnegie, Andrew (1835–1919), amerikan. Industrieller 117
Carpeaux, Jean-Baptiste (1827–1875), franz. Bildhauer, Maler und Radierer 100
Cassirer, Paul (1871–1926), Kunsthändler und Verleger 124
Cassirer, Kunsthandlung 127 f., 216, 220
Cauer, Minna geb. Schelle verw. Latzel (1842–1922), Frauenrechtlerin, Gründerin und Leiterin des Vereins Frauenwohl 298
Centralhalle 81
Cezanne, Paul (1839–1906), franz. Maler 118, 134
Chambers, C. Haddon (1860–1921), austral. Dramatiker 175
Chapeaurouge, Marie de (1858–1931), verm. seit 1883 mit Dr. jur. Ernst Goverts (1851–1932), Landgerichtsdirektor 300
Chateauneuf, Alexis de (1799–1853), Architekt und Baumeister 90, 127, 143, 408, 415, 417, 419, 422, 453
Chemisches Staatsinstitut 46, 351, 459
Chemnitz: Lehrerversammlung 1902 320
Chinesische Kunst 138 f., 285
Chodowiecki, Daniel (1726–1801), Kupferstecher, Zeichner und Maler 134
Cholera von 1892 100, 407, 409 f., 434, 450
Christensen, Lillebill, Tänzerin 188
Chrysander, Friedrich (1826–1901), Musikhistoriker, Händelforscher 97

Classen, Johannes (1864–1928), Prof. Dr., Mitarbeiter am Physikalischen Staatslaboratorium 294
Classen, Walter (1874–1954), ev. Theologe und Sozialpädagoge, Gründer des Volksheims 332–334, 337
Claudius, Hermann (1878–1980), Dichter 238
Claudius, Matthias (1740–1815), Dichter 238
Cleve, Joos van (ca. 1490–ca. 1541), fläm. Maler 99
Club von 1894 63, 191, 287 f., 353 f., 361, 502
Cohen, Hermann (1842–1918), Philosoph, Mitbegründer der Marburger Schule 557
Cohen, Max (1842–1918), Dr. jur., Rechtsanwalt, seit 1896 Vorsitzender des Grundeigentümervereins 42, 54, 202, 353 f., 359, 375–377, 389 f., 394, 397
Coignet (1530–1599), fläm. Maler 94
Colly: Pseudonym für Carl Mönckeberg
Colonnaden 419
Commerz- und Disconto-Bank (Gebäude) 475
Commeter, Johann Matthias (1791–1869), Kunstsammler, begründete zusammen mit Georg Ernst Harzen die Commetersche Kunsthandlung 90, 100
Commetersche Kunsthandlung 111 f., 123–128, 525
Conchylien: Sammlung Strebel 374
Conrad, Michael Georg (1846–1927), Schriftsteller 282, 285
Conventgarten 165
Cordes, Karl August Seth (1859–1936), Pastor zu St. Johannis in Harvestehude 50
Cordes, Wilhelm (1840–1917), Architekt, Schöpfer des Ohlsdorfer Friedhofs 455, 507 f.
Corinth, Lovis (1858–1925), Maler 95, 97, 132
Corot, Camille (1796–1875), franz. Maler 131
Correspondent s. Hamburg. Correspondent
Courbet, Jean-Désiré Gustave (1819–1877), franz. Maler 98
Cramer, Helene (1844–1916), Hamburger Malerin 113
Cramer, Molly (1852–1936), Hamburger Malerin, Schwester von Helene Cr. 113

Crasemann, Paul (1855–1918), Dr. jur., Landgerichtsdirektor, Vorsitzender des Kunstvereins 106, 290, 293, 361
Cross, Henri Edmond, eigentlich: Henri Edmond Delacroix (1856–1910), franz. Maler 216
Curio, Johann Carl Daniel (1754–1815), Pädagoge, Gründer der Gesellschaft der Freunde des vaterländischen Schul- und Erziehungswesens 307
Curiohaus 77, 189, 291 f., 315 f., 324, 402, 477, 541 f., 552–554, 564
Cuxhaven 231, 277 f., 446
Czeschka, C. O. (1878–1960), Bildhauer, Lehrer an der Kunstgewerbeschule 148–150, 152, 184, 218, 468, 531, 533, 551

Daitz, Werner Carl Otto Heinrich (1884–?), Dipl.-Ing., Chemiker, Industrieller, von 1912 bis 1922 Generaldirektor der Kautschuk-Gesellschaft Schön & Co. (später: Harburgische Chemische Werke Schön & Co. A.G.); nach 1933 Amtsleiter des Außenpolitischen Amtes der Reichsleitung der NSDAP 559
Dammann, Walter (1883–1926), Dr. phil., Assistent am Museum für Kunst und Gewerbe, später Museumsdirektor in Flensburg 258
Dammtor 406, 441, 483
Dammtor-Bahnhof 436, 510
Dammtorpavillon 478
Dammtorwall 470
Dannenberg, Richard (1854–nach 1935), Sänger, Gesangspädagoge 163
Darmstadt 155
Darmstädter Schule (Tanzkunst) 188
Daubigny, Charles-François (1817–1878), franz. Maler 131
Dauthendey, Max(imilian) (1867–1928), Schriftsteller 179, 226
Decamps, Alexandre Gabriel (1803–1860), franz. Maler 131
Defregger, Franz von (1835–1921), Maler 132
Degas, Edgar Hilaire Germain (1834–1917), franz. Maler und Bildhauer 134
Dehmann, Georg Friedrich (1886–?), Maler 526
Dehmel, Ida geb. Coblenzer gesch. Auerbach (1870–1942, Freitod), zweite Ehefrau

von Richard D., Kunstförderin, Kämpferin für das Frauenstimmrecht; gründete 1926 die Gedok (Gemeinschaft deutscher und österr. Künstlerinnen und Kunstfreunde), deren Leitung sie 1933 abgeben mußte 201, 205, 207–209, 212, 214–220, 222, 224 f., 229, 234, 257, 290 f., 300 f., 534
Dehmel, Louise geb. Fließschmidt, Mutter von Richard D. 214, 224 f.
Dehmel, Paula geb. Oppenheimer (1862–1918), erste Ehefrau von Richard D., Märchendichterin 215, 219
Dehmel, Richard (1863–1920), Dichter 33, 97, 121, 149, 179 f., 182, 199–201, 204 f., 207–209, 211, 213–229, 232, 242, 282, 284 f., 291, 295, 310, 514 f., 529, 533 ff.
Dehmel, Wera, Tochter von Richard D. aus erster Ehe, heiratete 1918 Otto Tügel (s. diesen) 189, 219
Dehmel-Auerbach, Heinz-Lux (gef. im 1. Weltkrieg), Stiefsohn von Richard D. 220, 224
Dehn, Otto (1852–1925), Dr. jur., Rechtsanwalt, Mitglied der Oberschulbehörde 73, 168, 244, 287, 356, 360, 376, 382
Deichtormarkt 438, 440, 449 f.
Delavilla, Franz (1884–?), österr. Maler, Graphiker und Bühnenbildner 149, 152, 218
Delbrück, Hans (1848–1929), Berliner Historiker, von 1883 bis 1919 Herausgeber der Preußischen Jahrbücher 262
Delius, Rudolf von (1878–1947), Schriftsteller 330
Della Robbia, Andrea (1435–1525), ital. Bildhauer 144
Deneke, Theodor (1860–1954), Dr. med., Internist, von 1901 bis 1926 Ärztlicher Direktor des Allgem. Krankenhauses St. Georg 356
Denkmäler 422
s. auch Bismarck-D., Brahms-D., Büsch-D., Bugenhagen-D., Franzius-D., Hebbel-D., Heine-D., Kaiser-Friedrich-D., Kaiser-Wilhelm-D., Krieger-D., Kugel-D., Lessing-D., Liliencron-D., Mönckeberg-D., Schiller-D., Stavenhagen-Gedenkstein
Denkmalspflege 285
Denner, Malerfamilie 32, 92
Denner, Balthasar (1685–1749), Maler 93

Denys, Gerhard (1887–1973), Dr. phil., Studienrat 336
Deputation für Handel und Schiffahrt 362
Derenberg, Julius (1873–1928), Dr. med., Kunstsammler 69
Deri, Max (1878–1938), Dr. phil., Kunstliterat, 1935 emigriert, gest. in Los Angeles 532
Dernburg, Bernhard (1865–1937), Staatssekretär im Reichskolonialamt 364 f., 393
Derp, Clotilde von, eigentlich: Clotilde von der Planitz (1892–?), Tänzerin, heiratete 1919 den Tänzer Alexander Sacharoff (s. diesen) 133, 184, 188, 218
Desmond, Olga, Tänzerin 188
Deutsch-Amerikanische Petroleum-Gesellschaft: Verwaltungsgebäude 476
Deutsche Bank: Gebäude 417, 475
Deutsche Dichter-Gedächtnis-Stiftung 273, 332
Deutsche Lehrerversammlung 1896 309, 320; 1902 320
Deutsche Vorträge Hamburgischer Professoren 518, 541
Deutsche Zentrale für Jugendfürsorge 268
Deutscher Frauendank 301
Deutscher Künstlerbund 124, 128
Deutsches Schauspielhaus 172–181, 193, 200, 222, 235, 254 f., 282, 293, 514, 531, 538; Gebäude: 172, 464, 466
Deutsches Volkstum (Zeitschrift) 537
Deutsch-Evangelischer Frauenbund 299 f.
Deutschnationaler Handlungsgehilfen-Verband: Verwaltungsgebäude 478
Deutschtum im Ausland 312, 315
Diaz, Virgilio Narcisso Diaz de la Pena (1808–1876), franz. Maler 131
Dibelius, Wilhelm (1876–1931), Anglist, seit 1911 Professor in Hamburg 253, 373, 541
Diederich, Benno (1870–1947), Dr. phil., Oberlehrer, Schriftsteller 233, 239
Diederichs, Eugen (1867–1930), Verlagsbuchhändler 44, 229, 336, 520
Diestel, Arnold (1857–1924), Dr. jur., Senator, von 1920 bis 1924 Erster Bürgermeister 84, 247, 388, 393
Diez, Hermann (1866–nach 1934), Dr. phil., von 1899 bis 1906 Chefredakteur des Hamburgischen Correspondenten 246

Diéz-Dührkoop, Minya (1873–1929), Photographin 102, 214
Distel, Hermann (1875–?), Architekt 374, 451, 460, 483
Dobert, Hermann (1868–1923), Lehrer 328
Dörr, Otto (1831–1868), Maler 97
Dom: Hamburger Weihnachtsmarkt 51, 186, 345
Domkirche 92, 422
Donner-Schloß (Altona): Portraitausstellung 1914 130
Doré, Adele (1863–1918), Schauspielerin 33, 173, 176 f., 244
Dräseke, Friedrich Wilhelm Johannes (1874–1944), Dr. med., Arzt 334
Dreifaltigkeitskirche (St. Georg) 417
Dresden 139, 155, 320 f., 325
Dresdner Bank: Gebäude (Jungfernstieg) 475
Dresler, H. Kinner von (gest. nach 1933), Künstler, Bühnenbildner am Thalia-Theater 527
Dreyer, Max (1862–1946), Schriftsteller 174
Durisch, Hauswirt von Friedrich Nietzsche in Sils Maria 44
Du Bois-Reymond, Emil (1818–1896), Physiologe 279
Dücker, Wilhelm (1856–1919), Dr. jur., von 1912 bis 1924 Senatspräsident am Oberlandesgericht 53, 378 f., 381, 388–395, 398
Dührkoop, Rudolf (1848–1918), Photograph 102, 157
Dürer, Albrecht (1471–1528), Maler, Zeichner, Radierer 100, 134, 320, 322, 521
Düsseldorf 531
Duncan, Isadora (1878–1927), amerikan. Tänzerin 188
Dupré, Jules Louis (1811–1889), franz. Maler 131

Ebert, Arnold (1848–?), Buchhändler 269
Ebert, Paul (1865–1944), Pastor 334
Ebner-Eschenbach, Marie von (1830–1916), österr. Erzählerin 282
Echte, Studienfreund von Gustav Schiefler; Richter in Celle oder Ülzen 222
Eckardt, Felix von (1866–1936), Chefredakteur des Hamburgischen Correspondenten und des Hamburger Fremdenblatts 249 f.
Eckhardt, Adolph (1868–?), Maler, Kunstgewerbler 70
Eckmann, Otto (1865–1902), Maler, Kunstgewerbler, Innenarchitekt 70, 157
Eddelbüttel, Friedrich (1854–1931), Dr. jur., Rechtsanwalt, von 1918 bis 1931 Vorsitzender des Grundeigentümervereins 376
Eddelsen b. Harburg 96, 121 ff.
Edelschmiedekunst 151, 533
Edmund-Siemers-Allee 363
Edmundsthal b. Geesthacht: Lungenheilstätte 363
Eger, Paul (1881–1947), Dr., von 1918 bis 1926 Intendant des Deutschen Schauspielhauses 538
Eggeling, Hugo (1888–1917, gef.), Maler 464, 525
Ehren, Julius von (1864–1944), Hamburger Maler 107–110, 115 f., 133, 526
Ehrenbürgerrecht für Brahms 39, 164
Ehrengeschenk für Liliencron 209, 215, 283
Ehrensold für: Hermann Boßdorf 535; Gustav Falke 75, 196, 201 f., 206, 283
Ehrenstein, Albert (1886–1950), österr. Schriftsteller 535
Ehrhard, Eduard, Operndirektor 170
Eibenschütz, José (1872–1952), Dirigent, Komponist 163, 165
Eidelstedt 441
Eiffe, Franz Ferdinand (1860–1941), Kaufmann 59, 287, 367, 393 f., 504
Eilbek 148, 151, 332, 408, 411, 484
Eilbeker Kirche 50
Eilbekkanal 148, 151, 414, 468
Eilenau 468, 482
Eimsbüttel 77, 194, 331, 335, 338, 408, 411, 441, 451
Einfamilienhäuser 408, 411, 413 ff., 430, 482 ff.
Einheitsschule (Allgemeine Volksschule) 80, 288, 304, 306, 311, 327, 518, 541 ff., 557, 565 f.
Einwohnermeldeamt 470 f.
Eisenbahnverhältnisse 435 ff.
Eisler, Heinrich (1854–1924), Verleger 263
Eitelberger-Edelberg, Rudolf von (1817–1885), österr. Kunsthistoriker, gründete in Wien das Museum für Kunst und Gewerbe und die Kunstgewerbeschule 67
Eitner, Ernst (1867–1955), Hamburger Maler 105, 107–110, 113 f., 116, 119 f., 132 f., 205,

231 f., 266, 295, 300, 319, 322, 343 f., 347, 379, 526, 545, 551
Elbbrücken 427, 441
Elbchaussee 441, 446
Elbe 405, 407, 423–429
Elbtunnel 448
Elbwart, Der (Zeitschrift) 268
Elektrizitätswerke 450
Elf Scharfrichter, Die (Kabarett) 187
Elingius, Erich (1879–1948), Architekt 478, 480, 499
Elisabeth (1837–1898), Kaiserin von Österreich, Königin von Ungarn 240
Ellerholzhafen 445
Ellerntorsbrücke 419
Ellmenreich, Franziska (1847–1931), Schauspielerin 173 f., 180
Embden, George Heinrich (1839–1907), Dr. jur., Rechtsanwalt, Sekretär der Handelskammer 334
Engel, Arnold Julius Eduard (1870–1949), Rat, von 1933 bis 1935 Präsident des Oberlandesgerichts 381, 393
Engel, Erich (1891–1966), Regisseur 551
Engel, Georg (1866–1931), Schriftsteller 261
Engel, Julius (1842–1926), Präsident des Landgerichts, von 1902 bis 1913 Präsident der Bürgerschaft 44, 48, 244, 291, 388, 457
Engelbrecht, Gustav (1848–?), Kunstmäzen 360
England 253, 292, 319, 332
Eppendorf 189, 335, 411, 441, 501
Eppendorfer Krankenhaus 58, 393, 473
Erato von 1879 (Dramatische Gesellschaft) 164
Erbe, Albert (1868–1922), Architekt, Bauinspektor 104, 448, 453, 459, 461, 464 f., 467, 471 f.
Erlwein, Hans Jakob (1872–1914), Architekt, seit 1905 Stadtbaurat in Dresden 453
Ernst, Otto, eigentlich: Otto Ernst Schmidt (1862–1926), Schriftsteller 174, 191–197, 199–201, 203, 205 f., 214, 230–232, 244, 246, 267, 269, 273, 280–282, 304, 307, 317 f., 320, 326, 328, 541
Ernst-Drucker-Theater 182
Ernst-Merck-Straße 129, 461, 464, 480
Erster Weltkrieg 72, 85, 118 f., 170, 184, 189, 206, 220 f., 229 f., 233, 237 f., 244, 253, 258, 266 f., 273, 286, 301 f., 327, 341, 347, 391 f.,
397 ff., 408, 413, 454, 456, 462, 469 f., 475, 505–507, 514 f., 517–568
Esplanade 422, 478, 509
Esplanade-Hotel 478
d'Estrées, Olga, Sängerin 187
Etagenhäuser 406 f., 409, 411 f., 414, 431, 482 ff.
Eucken, Rudolf (1846–1926), Philosoph, Professor in Jena, Inhaber des Nobelpreises für Literatur 366
Eulenberg, Herbert (1876–1949), Schriftsteller 179 f., 282
Euler, Eduard (1867–ca. 1930), Landschaftsmaler 120
Euripides (ca. 480–406 v. Chr.), griech. Dichter 174, 177
Europahaus 480
Euthymia (Gesangsverein) 163 f.
Evangelisch-lutherische Kirche 332
Evangelisch-reformierte Gemeinde: Realschule 422
Expressionismus 101, 124, 132, 134, 249 f., 255, 258, 300, 302, 527, 529

Fabricius, Johann Albert (1668–1736), Philologe und Theologe, Professor am Akademischen Gymnasium 350
Fachzeitschriften 267
Falckenberg, Otto (1873–1947), Regisseur 184
Falke, Anni geb. Theen (?–1946), Ehefrau von Gustav F. 75, 191, 194, 198, 203, 205, 220
Falke, Gertrud (1891–?), Tänzerin, Tochter von Gustav F., verm. seit 1920 mit Hermann Heller (1891–1933), Jurist, Politologe, sozialdemokrat. Politiker 189, 206, 230, 295
Falke, Gustav (1853–1916), Dichter 56, 75, 187, 189, 192, 194–208, 213, 216 f., 231, 233, 236, 253 f., 263, 270, 272, 280, 282 f., 292, 295, 322, 340
Falke, Ursula (1896–?), Tänzerin, Tochter von Gustav F., verm. mit Richard Luksch (s. diesen) 230
Farecht, Tom, eigentlich: Thomas Fadenknecht (1865 od. 1869–1944), Schauspieler 179, 181, 295
Fassadenkommission 442, 500

Faulwasser, Julius (1855–1944), Architekt und Schriftsteller 451 f.
Fayencen 140 f.
Feddersen, Hans Peter (1848–1941), Maler und Zeichner 110
Fehrs, Johann Hinrich (1838–1916), niederdt. Schriftsteller 184, 535
Feldbrunnenstraße 483
Ferdinandstraße 476
Fernsicht 483
Fernsprechgebäude (Schlüterstraße) 465
Fersenfeldt, Hermann Peter (1786–1853), Baumeister und Architekt 417
Feuerbach, Anselm (1829–1880), Maler 96
Fichte, Johann Gottlieb (1762–1814), Philosoph 327, 347
Fiedler, Max (1859–1939), Dirigent und Komponist 161, 163
Finanzdeputation 375, 377
Finkenwerder 237, 335, 446
Fischauktionshalle (St. Pauli) 450
Fischer, Adolf (1865–1921), Dr. phil., Oberlehrer 57
Fischer, Hans W. (1876–1945), Dr. phil., Theaterkritiker, Schriftsteller 246, 257, 540, 551 f., 558
Fischer, Otto (1870–1947), Maler 120
Fitschen, M. Hinrich (1843–1903), Architekt 422
Fitzler, Johannes (1854–1922), Dr. phil., Handels- und Nahrungsmittel-Chemiker, Kunstsammler 146
Fleischer-Edel, Katharina (1873–1928), Sängerin 169
Flemming, Max Leon (1881–?), Ölkaufmann, Kunstsammler und Mäzen 536
Flemming, Paul (1843–1932), Dr. jur., Regierungsrat beim Erbschaftsamt 54
Flemming, Sarah geb. Gillis (1850–nach 1929), Dr., Vorstandsmitglied des Allgemeinen Deutschen Frauenvereins 301
Fliegende Blätter (Zeitschrift) 230
Flinte, Fritz (1876–1963), Maler 527
Flottbek 120, 132, 194 f., 483
Fock, Gorch, eigentlich: Johann Kinau (1880–1916, gef.), Schriftsteller 184 f., 237, 269
Föhring, Heinrich (1830–1907), Dr. jur., Landgerichtsdirektor 53, 457

Förster, Christian (1825–1902), Pressezeichner 253
Förster, Hans (1885–1966), Maler, Schriftsteller 253
Förster, Max Eduard (1866–?), Dr. phil., Regierungsrat 54
Förster-Nietzsche, Elisabeth (1846–1935), Schriftstellerin, Nachlaßverwalterin ihres Bruders Friedrich Nietzsche 44, 207, 213, 218, 300
Folkwang-Verlag (Hagen/Westf.) 537
Fontainebleau: franz. Malerschule 132, 256
Fontane, Theodor (1819–1898), Schriftsteller 281
Fontenay 132 f., 242, 503
Forsmann, Franz Gustav Joachim (1795 bis 1878), Zimmermeister und Architekt 421
Forster, Georg (1754–1794), Naturwissenschaftler, Reiseschriftsteller, führendes Mitglied des Mainzer Jakobiner-Klubs 85
Forster, Reinhold (1729–1798), Naturwissenschaftler, Weltreisender, Schriftsteller, Vater von Georg F. 85
Fortbildungsschulen 331
Fraenkel, Eugen (1853–1925), Dr. med., Direktor des Pathologischen Instituts am Eppendorfer Krankenhaus, Universitätsprofessor 290
Fraenkel, Paul Willy (1874–?), Architekt, ging 1915 nach Leipzig 461
Frahm, Ludwig (1856–1936), Lehrer, Schriftsteller 225
Framheim, Gustav Carl (1864–1938), Dr. jur., Landgerichtsdirektor 360
Franke, Meister (um 1380– nach 1430), Maler 31, 93 f., 291
Franke, Otto (1863–1946), Dr. phil., Sinologe, von 1910 bis 1923 Professor in Hamburg 368, 390, 400, 554
Franzius-Denkmal (Bremen) 244
Frauenausschuß der Kriegshilfe 301
Frauenbund zur Förderung deutscher bildender Kunst 302, 528
Frauenemanzipation 224, 296–302
Frauenhochschule (Mitte 19. Jh.) 296
Frauenklub 189, 213, 224, 290, 300–302, 526
Frauen-Künstlerhilfe 526 f.
Frauenstimmrecht 291

Frauenwohl (Verein) 298
Freidenker, Die (Verein) 341
Freie Ausschuß, Der 544–551, 567
Freie Vereinigung von Lehrern 267
Freihafen 407, 420, 423
Freihafen-Lagerhaus-Gesellschaft: Verwaltungsgebäude 476
Freiheitskriege 272, 310
Freisinnige Volkspartei 249
Frejtag, Leon (1862–?), Architekt 478, 480
Fremdenverkehr 182
Frémiet, Emmanuel (1824–1910), franz. Bildhauer 100
Frenssen, Gustav (1863–1945), Schriftsteller 226, 232, 334
Freund, Delegierter des Arbeiter- und Soldatenrates 558 f.
Freytag, Gustav (1816–1895), Schriftsteller 282
Fricke, Hans Heinrich August (1854–1914), Schulinspektor 304, 306, 316
Friederichsen, Ludwig (1841–1915), Dr. phil. h. c., Kartograph, Verleger 289
Friederichsen, L. & Co., Verlag, 1868 in Hamburg gegründet 273, 518
Friedrich III. (1831–1888), Deutscher Kaiser, König von Preußen 413
Friedrich, Alexander (1895–1968), Maler 527
Friedrich, Caspar David (1774–1840), Maler 96 f.
Friedrichs, Fritz (1882–1928), Maler 116–119, 256, 295
Friedrichsberg: Irrenanstalt 473
Friedrichsruh b. Hamburg 483
Fritsch, Adolf (1847–?), Dr. phil., Prof. an der Gelehrtenschule des Johanneums, seit dem 1. 10. 1920 i. R. 287, 292
Frühjahrsausstellungen des Kunstvereins 104–107, 116, 123, 127, 254
Führich, Joseph Ritter von (1800–1876), österr. Maler 131
Fülleborn, Friedrich (1866–1933), Dr. med., 1907 bis 1909 Leiter der Südsee-Expedition; seit 1930 Ordinarius und Direktor des Instituts für Schiffs- und Tropenkrankheiten 374
Fuhlsbüttel 408
Fuhrmann, Elisabeth geb. Paulsen, Schriftstellerin, Ehefrau von Ernst F. 234, 537

Fuhrmann, Ernst (1886–1956), Schriftsteller, Sprachforscher, Übersetzer 234, 536 f.
Fulda, Ludwig (1862–1939), Schriftsteller 174, 282
Funke, Wilhelmine geb. Christiansen (1856–nach 1925), Ehefrau des Senatspräsidenten am Oberlandesgericht, Schriftstellerin 235, 292
Furtwängler, Adolf (1854–1907), Archäologe 279
Futurismus 248

Gaedechens, Otto Christian (1791–1856), Kaufmann, Kunstsammler 90
Gaehtgens zu Ysentorff, Hermann (1875 bis 1916, gef.), Dr. phil., Redakteur 259
Gängeviertel 406 f.
Gänsemarkt 32, 421 f., 479, 509
Gänseweide 449
Garbers, Karl (1864–1943), Bildhauer 509
Gartenbauamt 48, 247
Gaswerke 450
Gaul, August (1869–1921), Bildhauer und Graphiker 100, 443
Gebrauchsgraphik (Plakate, Diplome etc.) 145, 149, 531, 549 ff.
Geertz, Henry Ludwig (1872–?), Maler 117, 119
Gehrts, Carl (1853–1898), Maler 434
Geiger, Willi (1878–1971), Maler und Graphiker 223
Geissler, Hermann (1859–1939), Architekt 452, 475
Geistlichkeit s. Pastoren
Gellert, Christian Fürchtegott (1715–1765), Schriftsteller und Fabeldichter 454
Gemischter Chor (Vereinigung) 342, 345
Generalanzeiger 245
Generalzolldirektion (Gebäude) 430
Gensler, Günther (1803–1884), Maler 89 f., 92, 108
Gensler, Jacob (1808–1845), Maler 89 f., 92, 108
Gensler, Martin (1811–1881), Maler 89 f., 92, 108, 154
Genzsch & Heyse, Druckerei 286
Geographische Gesellschaft 289

St. Georg 186, 335, 406, 412, 415, 417, 451, 478, 508; Krankenhaus 473
Georgsburg (Kontorhaus) 481
Gerhard, Hans Ferdinand (1868-1930), Dr. phil., Schriftsteller, Redakteur, später Leiter des Landesarchivs Ratzeburg 213, 239, 245, 256
Germar, Bruno von (1873-1924), Offizier im Infanterie-Reg. No. 76, Ehrenritter des Johanniterordens 284
Gerson, Hans (1881-1931), Architekt 483
Gerson, Oscar (1886-?), Architekt, 1939 in die USA emigriert 483
Gerstenberg, Heinrich (1864-1938), Dr. phil., Direktor des Wilhelm-Gymnasiums 57
Gertighaus 480
Gertrudenkirchhof 129, 422
Geschäftshausbauten 442 ff., 473 ff.
Geselligkeit 290-295
s. auch Schiefler-Abende
Gesellschaft der Bücherfreunde zu Hamburg 69, 286 f.
Gesellschaft der Freunde des vaterländischen Schul- und Erziehungswesens 291 f., 304 f., 307-317, 388, 477, 520
Gesellschaft für dramatische Kunst 184 f.
Gesellschaft Hamburger Juristen 75, 381 f., 495
Gesellschaft Hamburgischer Kunstfreunde 64 f., 66, 71, 99, 102, 106, 126 f., 134 f., 191, 200, 207, 212, 217, 235, 263, 266, 272, 276, 290-292, 455 f., 464, 508, 520, 522, 525, 545 s. auch Jahrbuch der Gesellschaft Hamburgischer Kunstfreunde
Gesellschaft zur Beförderung der Künste und nützlichen Gewerbe s. Patriotische Gesellschaft
Gesellschaft zur Förderung der Amateur-Photographie 102, 106
Gesellschap, Friedrich (1835-1898), Historienmaler 434
Gewerbehaus (Holstenwall) 454, 469 f.
Gewerbekammer 469
Gewerbeschulverband: Wanderausstellung 1916 151 f., 454
Gewerbe- und Industrie-Ausstellung 1889 154, 164, 256 f., 440
Gewerbeverein 154

Gewerkschaften 167, 251, 328, 338 f.
Gewerkschaftshaus (Besenbinderhof) 78 338 f., 341, 346 f., 477, 541 f.
Giampietro, Joseph (1866-1913), Schauspieler 173
Glage, Max (1866-1936), Pastor zu St. Anschar 50
Glaskunst 141
Gleichen-Russwurm, Alexander Freiherr von (1865-1947), Schriftsteller 129
Glockengießerwall 461, 463, 480
Glogau, M. jr., Buchhandlung 269
Gnadenkirche 458
Gobert, Ascan Klée (1865-nach 1935), Dr. jur., Rechtsanwalt 284, 292
Göhler, Georg (1874-1954), Dr., Kapellmeister, Komponist 164 f., 170
Goering, Reinhard (1887-1936, Freitod), Schriftsteller 539
Görland, Albert (1869-1957), Dr. phil., von 1923 bis 1935 Professor für Philosophie in Hamburg 551-554, 556 f., 559, 563, 565 f.
Görzsches Palais 421, 430 s. auch Stadthaus
Goethe, Johann Wolfgang von (1749-1832), Dichter 171, 174, 180, 188, 277, 282, 329, 344 f., 454
Goethe-Bund zum Schutze von Kunst und Wissenschaft e. V. 178, 237, 283, 285 f.
Goethe-Gesellschaft 218
Goetz, Adolf (geb. 1876), 1941 deportiert; Schriftsteller, Dramaturg 264
Götze, Carl (1865-1947), Pädagoge, Mitbegründer der Kunsterziehungsbewegung in Deutschland, von 1921 bis 1930 Leiter des Hamburger Volksschulwesens 61, 76-80, 189, 195, 267 f., 295, 304, 309, 319, 321-324, 347, 520, 526, 542 f., 545, 547-549, 551, 566
Goeze, Johann Melchior (1717-1786), Hauptpastor zu St. Katharinen 418
Gogh, Theo van (1857-1891), Bruder von Vincent v. G. 217
Gogh, Vincent van (1853-1890), Maler 126, 134, 217, 285, 521
Goldfeld, Julius (1860-1937), Dr. jur., Rechtsanwalt, Schriftsteller 394, 494
Goldschmidt, Adolf (1863-1944), Dr. phil., Kunsthistoriker, Professor in Halle und Berlin; 1939 nach Basel emigriert 120, 366

Goldschmidt, Arthur F. (1873–?), Dr. jur., Oberlandesgerichtsrat, Kunstsammler 55, 146, 295

Goldschmidt, Leon (1862–1930), Buchhändler, Inhaber der Firma M. Glogau jr. 193, 203, 244, 253, 269, 280

Goldschmidt, Nanny geb. Gotendorf (1854–1923), Vertreterin des Allgemeinen Deutschen Frauenvereins, Ehefrau von Abraham Goldschmidt (1845–1908), Kaufmann 301

Goos, Berend (1815–1885), zuerst Apotheker, dann Maler 272, 291

Gossler, Familie 59

Gothein, Werner (1896–?), expressionistischer Maler 528

Gotthelf, Jeremias, eigentlich: Albert Bitzius (1797–1854), schweiz. Dichter 272

Gotzkowski, Johann Ernst (1710–1775), Porzellanfabrikant 140

Goverts, Marie geb. de Chapeaurouge (1858–1931) 300

Goya y Lucientes, Francisco José de (1746–1828), span. Maler 99

Grabbe, Christian Dietrich (1801–1836), Dramatiker 178, 282

Grabmeier: Moderne Bücherei am Gertrudenkirchhof 129

Grabower Altar 94

Grädener, Carl, Buchhändler 269

Graef, Botho (1857–1917), Dr. phil., Professor für Archäologie 234

Graf, Ludwig 285

Grasbrook 427, 450

Grasbrookhafen 426

Graskeller 465 f., 480

Graul, Richard Ernst (1862–?), Dr. phil., Kunsthistoriker, seit 1905 Direktor des Kunstgewerbemuseums in Leipzig 285

Graumannsweg 73

Grell, Henry (1870–?), Architekt 443 f., 451, 467

Grell, Paul Wilhelm (1860–1937), Bierbrauer, Besitzer des Hansa-Theaters und des Etablissements Hornhardt 186 f.

Grethe, Carlos (1864–1913), Maler 120

Grillparzer, Franz (1791–1872), österr. Dichter 282

Grindelallee 408, 441

Grimm, Eduard Rudolf (1848–1932), D. theol., Dr. phil., Hauptpastor zu St. Nikolai, Senior 50, 150, 332, 356 f., 376

Grimmsche Märchen, gesammelt von Jacob (1785–1863) und Wilhelm Grimm (1786–1859) 57, 272, 309

Groos, Karl (1861–1946), Dr. phil., Professor der Philosophie in Gießen, Basel, Tübingen 279

Groothoff, Hugo (1851–1918), Architekt 287, 293, 335, 451, 545

Groß-Borstel 77, 115, 205, 236

Groß-Flottbek s. Flottbek

Groß-Hamburg-Frage 84, 247, 456, 505 f., 549, 559–561

Große Allee 406

Große Bleichen 125, 129, 419

Grote'sche Verlagsbuchhandlung 270

Groth, Klaus (1819–1899), Dichter, plattdt. Lyriker 97, 282, 340

Grotjan, Johannes Martin Friedrich (1843–1922), Baumeister und Architekt 476

Grube, Max (1854–1934), Schauspieler und Regisseur, von 1913 bis 1918 Leiter des Deutschen Schauspielhauses 181, 538

Grubitz, Karl Heinrich August (1876–?), Architekt 374, 451, 460, 483

Gründerjahre 429

Grünewald, Matthias (um 1480–um 1528), Maler und Baumeister 285

Grund, Friedrich Wilhelm (1791–1874), Dirigent und Musiklehrer, von 1828 bis 1863 Leiter der Philharmonie und der Singakademie 160

Grundeigentümer (Hausagrarier) 249, 409, 411, 484, 496

Grundeigentümerverein 42, 353

Gurlitt, Familie 284

Gutenberg-Verlag 273

Guttemplerlogen 342

Gutzkow, Karl (1811–1878), Schriftsteller 174

Habermann, Hugo Freiherr von (1849–1929), Maler 132

Hablik, Wenzel (1879–1934), Maler 258

Hachmann, Gerhard (1838-1904), Dr. jur., Bürgermeister 40, 306, 357
Hachmannplatz 464, 480
Haeckel, Ernst (1834-1919), Naturwissenschaftler, Philosoph 334
Häring, Hugo (1882-1958), Bildhauer, Architekt 520
Hafenanlagen 405, 418, 423-429, 445 ff.
Hafenbilder 428
Hafenrundfahrten 426 ff., 429
Hafentor 440
Hagedorn, Anton Bernhard Carl (1856 bis 1932), Dr. phil., von 1891 bis 1923 Senatssekretär (seit 1920: Staatsrat) 178, 265, 508
Hagemann, Carl (1871-1945), Dr., von 1910 bis 1913 Intendant des Deutschen Schauspielhauses 179-181
Hagenau 133, 482
Hagenbeck, Carl (1844-1913), Tierhändler, gründete 1907 Hagenbecks Tierpark in Stellingen 97
Hagenbecks Tierpark 151
Hahn, Henriette s. Brinckmann, Henriette
Hahntrapp 481
Halbe, Max (1865-1944), Schriftsteller 174, 340
Halle, Ernst Hermann Levy von (1868 bis 1909), Dr. phil., Nationalökonom 364
Haller, Familie 168
Haller, Antonie (Toni) geb. Schramm (1846-1925), Ehefrau von Martin H. 167
Haller, Martin (1835-1925), Architekt, Rathausbaumeister 63, 161, 164, 167, 466 f., 475
Hallier, Eduard (1836-1889), Zimmermeister, Architekt 422
Hallier, Eduard (1866-1959), Dr. jur., Rechtsanwalt, Schriftsteller, Proponent der Patriotischen Gesellschaft 55, 76, 276, 293, 356-358, 376, 400, 541
Halm, Peter von (1854-1923), Graphiker 431
Hamann, Paul (1891-1973), Bildhauer 529
Hamburg (Monatsschrift) 263 f., 485
Hamburg-Berliner Bahn: Bahnhof 422
Hamburg-Hannoversche Bahn: Bahnhof 422
Hamburger, Der (Halbmonatsschrift) 265 f.
Hamburger Berg 419
Hamburger Brand von 1842 92, 406, 410, 415, 417, 419-421, 453, 475, 503

Hamburger Echo 238, 244 f., 247-249, 332, 337 f., 341, 375, 541
Hamburger Familien (Patrizier) 34, 55, 59 f., 150, 162, 172, 212 f., 217 f., 281, 365, 415
Hamburger Fremdenblatt 244, 249 f., 258, 366, 375
Hamburger Hof (Gebäude) 415, 475
Hamburger Kammerspiele 538 ff.
Hamburger Nachrichten 68, 76, 244, 250-255, 258 f., 261 f., 305, 309, 359, 361, 375, 378, 380, 395, 398-400, 510
Hamburger Sezession 529 f.
Hamburger Straße 441
Hamburger Wappen 549
Hamburger Woche (Zeitschrift) 233, 257, 263, 529
Hamburgische Gesellschaft der Bücherfreunde s. Gesellschaft der Bücherfreunde zu Hamburg
Hamburgische Gesellschaft für Wohltätigkeit 301
Hamburgische Hausbibliothek 56 f., 59, 198, 270-273, 275, 309, 332 s. auch Hausbibliothekskommission
Hamburgische Kriegshilfe 50, 301, 526, 533
Hamburgische Liebhaberbibliothek 57 f., 102, 126, 200, 219, 322
Hamburgische Wissenschaftliche Stiftung s. Wissenschaftliche Stiftung
Hamburgische Zeitschrift für Heimatkultur 268
Hamburgischer Correspondent 55, 68, 119, 159, 192, 210, 239, 244-246, 249 f., 255 f., 258 f., 261, 296, 306, 353, 361, 371, 373, 375, 377 f., 388, 397, 442, 486, 510, 522
Hamburgischer Kunstkalender 532
Hamburgisches Stadtrecht von 1497 286
Hamm (Stadtteil) 133, 411
Hammerbrook 276, 335, 451
Hammer Landstraße 441
Handelshochschule: Diskussionen über eine evtl. Gründung 59, 353, 357-559, 361 f., 381
Handelskammer 358, 362, 381, 382 ff.
Hanitsch, Susi, Kunsthändlerin i. Fa. Hulbe 128
Hannoverscher Bahnhof 436
Hansahafen 445
Hansa-Theater 186 f.

Hanseatische Lebensgemeinschaft (Plan Lichtwarks) 84 f., 520, 522
Hanseatisches Oberlandesgericht 51, 97, 121, 290, 367, 378, 457 f., 476
Hansen, Christian Friedrich (1756–1845), Architekt, Kgl. Landbaumeister in Holstein 421
Hansen, Sophus (1871–1959), Maler 292, 322, 545
Hansing, vermutlich: Ludwig Franz (1852–nach 1937), Kupferstichsammler 292
Hanssen, Bernhard (1844–1911), Architekt, Rathausbaumeister 476
HAPAG 387, 427, 429, 434; Verwaltungsgebäude am Alsterdamm 475 f.
Harbeck, Hans (1887–1968), Dr. phil., Redakteur der Hamburger Nachrichten, Schriftsteller 254
Harberts, Harbert (1846–1895), Journalist und Schriftsteller 280
Harburg 141, 179, 441
Hardt, Ernst, eigentlich: Ernst Stöckhardt (1876–1947), Schriftsteller 175, 177, 180
Harms, Bernhard (1876–1939), Volkswirtschaftler, gründete 1911 das Institut für Weltwirtschaft in Kiel 398
Harnack, Adolf von (1851–1930), ev. Theologe 50
Hartleben, Otto Erich (1864–1905), Schriftsteller, Vetter von Gustav Schiefler 171, 174, 182, 207, 288
Hartmann, Erich (1886–1974), Maler, Bildhauer, seit 1912 in Hamburg, von 1946 bis 1952 Dozent an der Landeskunstschule 529
Hartmeyer, Emil H. (1820–1902), Eigentümer und Chefredakteur der Hamburger Nachrichten 250, 252
Hartmeyer, Hermann (1848–1965), Dr. jur., Redakteur der Hamburger Nachrichten 250
Hartmeyer, Hermann (1875–1965), Dr., Eigentümer der Hamburger Nachrichten 251
Harvestehude 406–408, 411, 414 f., 451, 482, 484
Harvestehuder Altar 94
Harvestehuder Weg 55, 412–414, 483

Harzen, Ernst (1790–1863), Radierer und Kunsthändler, Mitbegründer der Commeterschen Kunsthandlung 90, 100, 125
Hasselrijs, Louis (1844–1912), dän. Bildhauer 443
Hastedt, Hermann D. (1824–1901), Baumeister und Architekt 422
Hauers, Georg Friedrich Wilhelm (1836–1905), Architekt, Rathausbaumeister 426, 431
Hauert, Heinrich (1853–1899), Schriftsteller, Redakteur 280
Haupt, Theodor 334
Hauptbahnhof 436 ff., 441, 461, 464–466, 480
Hauptfeuerwache: Gebäude (Berliner Tor) 469 f., 478
Hauptmann, Carl (1858–1921), Schriftsteller, älterer Bruder von Gerhart H. 300
Hauptmann, Gerhart (1862–1946), Dichter 97, 172–175, 177, 179 f., 182, 193, 204, 281, 338, 340, 534
Hauptpostgebäude (Stephansplatz) 430, 467
Hausbibliothekskommission 272, 313
Hausegger, Siegmund von (1872–1948), österr. Komponist und Dirigent 161 f., 285, 526, 551
Haushaltungsschulen 301
Hausmusik 167 f., 293, 295, 342
Haydn, Joseph (1732–1809), Komponist 165, 295
Hebbel, Friedrich (1813–1863), Dramatiker 174–176, 272, 277, 281, 300, 323, 340
Hebbel-Denkmal 244
Heckel, Erich (1883–1970), Maler und Graphiker 70, 125, 223, 528
Heckscher, Siegfried (1870–1929), Dr. jur., Rechtsanwalt, Schriftsteller, Abteilungsleiter der HAPAG, von 1907 bis 1918 Mitglied des Reichstages (DFVP) 41, 55, 82, 203, 206, 226, 232, 260–262, 292
Heda, Willem Claesz (1593/94–1680), niederländ. Maler 130
Heemskerk, Jacoba van (1876–1923), niederländ. Malerin 531
Heidenkampsweg 481
Heidmann, Robert Woldemar (1858–1914), Kaufmann, seit 1909 Senator 41, 59, 215, 295, 362, 388, 391, 398

599

Heijermans, Herman (1864-1924), niederländ. Schriftsteller 340
Heilbuth, Emil (1861-1921), Kunstschriftsteller (Pseudonym: Hermann Helfferich) 131, 255 f.
Heilbuth: Wohnhaus (Feldbrunnenstraße) 483
Heiligengeistfeld 51, 186, 345
Heilsarmee 342
Heilwigstraße 132, 483
Heimatschutzvereine 501
Heimhuderstraße 483
Heine, Beer Carl (1810-1865), Sohn von Salomon Heine, Mäzen 90
Heine, Carl (1861-1927), Dr. phil., Regisseur, u. a. am Deutschen Schauspielhaus 182, 282, 288, 334
Heine, Heinrich (1797-1856), Dichter 177, 282, 340, 454
Heine-Denkmal 240-244, 283, 443
Heinichen, Eduard (1852-1914), Dr. jur., Oberlandesgerichtsrat 261, 287, 297
Heinichen, Elsa geb. Hastedt (1871-?), Ehefrau von Dr. jur. Eduard H. 291
Heinrich-Hertz-Gymnasium 472
Heise, Carl Georg (1890-1979), von 1945 bis 1955 Direktor der Hamburger Kunsthalle 125
Helfferich s. Heilbuth, Emil
Helgoländer Allee 440
Hellbrook 441
Hellerau: Tanzschule von Jaques-Dalcroze 189, 206
Hellmann, Carl August (1870-1939), Volksschullehrer, Politiker (SPD), Direktor des Jugendamtes 304, 310, 328, 345
Hellweg, Werner Max Felix (1877-1949), Regierungsbaumeister, Vorstand des Baupflegebüros 497, 499
Helms, Albert (1887-1916), Schriftsteller 266
Helms, Paul (1884-1961), Lithograph, Lehrer an der Kunstgewerbeschule 149, 322
Hennicke, Alfred Benno (1835-1911), Ingenieur 356
Henschel, Georg Arthur (1872-1920), Dr. jur., Landrichter 52
Herbin, Auguste (1882-1960), franz. Maler und Graphiker 132

Herbst, Thomas (1848-1915), Maler 48, 89 f., 131, 134
Hermannstraße 128, 131, 269, 445
Herold s. Höroldt
Herrmann, Hans (1858-1942), Maler 91
Hertz, Familie 245
Hertz, Adolph Ferdinand (1831-1902), Kaufmann, Reeder, seit 1872 Senator; Bruder von Paul H., Vater von Wilhelm H. 55, 332
Hertz, Anna Elisabeth geb. Pfefferkorn (1835-1910), Ehefrau von Gustav H. 97, 121
Hertz, Eduard (1841-1927), Dr. jur., Rechtsanwalt, Privatgelehrter, Schriftsteller 286
Hertz, Emma Dina geb. Beets (1803-1891), Ehefrau von Adolph Jacob Hertz (1800 b. 1866), Kaufmann und Reeder, Mutter von Adolph Ferdinand und Paul H., Schriftstellerin 272
Hertz, Gustav (1827-1914), Dr. jur., Advokat, seit 1877 Richter, von 1887 bis 1904 Senator und Chef der Justizverwaltung; Ehemann von Anna Elisabeth H., Vater von Heinrich, Melanie und Rudolf H. 97, 121, 202
Hertz, Heinrich (1857-1894), Physiker, Sohn von Gustav H. 97
Hertz, Melanie (1873-1966), Tochter von Gustav H., Ehefrau von Jean Paul Kayser (s. diesen) 115
Hertz, Paul (1837-1897), Fabrikant, Schriftsteller, Bruder von Adolph Ferdinand H. 58 f., 272, 333
Hertz, Rudolf (1861-1933), Dr. jur., Rechtsanwalt, Sohn von Gustav H. 287, 502
Hertz, Wilhelm (1873-1939), Dr. jur., Erster Direktor der Jugendbehörde, Vorkämpfer für Jugendstrafrecht; Sohn von Adolph Ferdinand H. 55, 324, 333 f., 336
Herz, Marie (1872-?), Kunsthändlerin, Malerin, verm. 1907 mit Arthur Held(-Hanke) 128 f.
Hesse, Hartwig (1778-1849), Makler, Kunstsammler, Philanthrop 90
Hesse, Hermann (1877-1962), Schriftsteller 253

Heubel, Eduard (1854–1907), Architekt 441 f.
Heydorn, Wilhelm (1873–1958), Pastor zu St. Katharinen; 1921 seines Amtes enthoben; Lehrer, 1930 Gründer der Menschheitspartei 49, 534
Heye, Ferdinand Carl Theodor (1832–1916), Fabrikant 293
Heymann, Lida Gustava (1868–1942), Frauenrechtlerin 296–298
Heyse, Paul von (1830–1914), Schriftsteller 174, 235
Hietzenecker, Sängerin 96
Hildebrand, Adolf Ritter von (1847–1921), Bildhauer 244
Hildebrandhaus (Neuer Wall) 480
Hilfskasse für bildende Künstler 525 ff., 544
Hiller, Kurt (1885–1972), Publizist, Kritiker, Essayist; 1934 emigriert 535, 551–553, 557
Hindenburg, Paul von H. und Beneckendorff (1847–1934), Generalfeldmarschall, Reichspräsident 258
Hinrichsen, Ludwig (1872–1957), Schriftsteller 534 f.
Hinrichsen, Max Robert (1863–1938), Dr. jur., Landgerichtsdirektor, später Senatspräsident am Oberlandesgericht 360
Hinrichsen, Siegmund (1841–1902), Bankier, von 1892 bis 1902 Präsident der Bürgerschaft 44
Hirsch, Familie 235, 245
Hirsch, Marie (1848–1911), Schriftstellerin (Pseudonym: Adalbert Meinhardt) 234 f.
Hirsch, Philipp (1834–1903), Dr. jur., Rat bei der Senatskommission für die Justizverwaltung, Bruder von Marie H. 235
Hirschfeld, Georg (1873–1942), Schriftsteller 174
Hirschvogel, Augustin (1503–1553), Kunsthandwerker, Glasmaler 141
Hirschvogel, Veit (1461–1525), Glasmaler 141
Hittfeld 122, 483
Hochallee 482
Hochkamp 483
Hoch- und Untergrundbahn 439, 441, 465
Hodler, Ferdinand (1853–1918), Maler 95
Höger, Fritz (1877–1949), Baumeister 239, 442 f., 475, 480 f.

Höheres Mädchenschulwesen 298 f.
Höheres Schulwesen 383 f.
Hölderlin, Friedrich (1770–1843), Dichter 282
Höltzer, Friedrich August Bernhard (1883–?), Maler 527
Hörold(t), Johann Gregor (1696–1775), Porzellanmaler 139
Hofer, Carl (1878–1955), Maler und Graphiker 322
Hofmann, Hermann (1850–1915), Schriftleiter der Hamburger Nachrichten 250
Hofmann, Ludwig von (1861–1945), Maler 95, 104 f.
Hofmannsthal, Hugo von (1874–1929), österr. Dichter 174, 286
Hohe Bleichen 475
Hoheluft 441
Hohe Weide: Lehrerinnenseminar 472
Hohenbuchen (Gut) 211, 360
Hohenfelde 408, 411, 482
Hohenfels, Stella (1852?–1920), Schauspielerin 174
Hohle, Heinrich (1862–1925), Maler, Professor an der Kunstgewerbeschule 188
Holbein, Hans d. Ä. (um 1465–1524), Maler und Zeichner 99 f., 123, 130
Holbein, Hans d. J. (1497–1543), Maler und Zeichner 100, 123, 320, 331
Holländischer Brook 421
Holsteinisches Haus (Kohlhöfen) 345
Holstenplatz 164, 430 f., 440, 466
Holstentor 453; Bahnhof 436
Holstenwall 454, 466, 469 f., 487
Holthusen, Gottfried (1848–1920), Kaufmann, von 1896 bis 1913 Senator 41, 59, 73, 246, 360, 505, 526
Holz, Arno (1863–1929), Dichter 179
Holzamer, Marie geb. Hamel, Ehefrau von Wilhelm H. 203
Holzamer, Wilhelm (1870–1907), Lyriker, Schriftsteller, seit 1901 Leiter der Darmstädter Spiele und der Kabinettsbibliothek 203
Holzbrücke 449
Holzdamm 422
Hopfenmarkt 449
Horn (Stadtteil) 411
Horner Landstraße 411

Hornhardts Etablissement (St. Pauli) 186 f.
Horwitz, Mirjam (1882-1967), Schauspielerin, Ehefrau von Erich Ziegel (s. diesen) 539
Hotelbauten 478
Hotel de l'Europe (Jungfernstieg) 476
Hotel St. Petersburg (Jungfernstieg) 476
Huch, Friedrich (1873-1913), Schriftsteller, Vetter von Ricarda H. 232
Huch, Ricarda (1864-1947), Schriftstellerin 232
Hude, Hermann von der (1830-1908), Architekt 90, 422
Hudtwalcker, Heinrich (1880-1952), Kaufmann, Kunstsammler 135
Hübbe, John (1884-1969), Dr. jur., Rechtsanwalt 335
Hübbe, Thomas (1867-1942), Redakteur der Hamburger Nachrichten 253, 400
Hübener, Otto (1851-1899), Dr. jur., Rechtsanwalt 354
Hübenerkai 427
Hübner, Ulrich (1872-1932), Maler 120
Hüniken, Mercedes (1862-1945), verm. seit 1884 mit Eduard Weber (1854-1927), Mitinhaber von Weber & Schaer 300
Hulbe, Georg (1851-1917), Buchbinder und Kunstgewerbler 69, 128, 157
Hulbehaus (Mönckebergstraße) 444
Hulbesches Geschäftshaus (Lindenstraße) 284
Huldschiner, Richard (1872-1931), Dr. med., Schriftsteller 233
Hummelsbüttel 205
Humor – Humorlosigkeit 119 f., 266, 443
Hunzinger, August Reinhold Ernst Wilhelm (1871-1920), D. Dr. phil., Prof., seit 1911 Hauptpastor zu St. Michaelis 50, 226, 253, 398-400, 526, 541
Hypothekenbank: Gebäude (Hohe Bleichen) 474 f.

Ibsen, Henrik (1828-1906), norweg. Dramatiker 172, 174, 177-179, 254 f., 282, 334, 340
Illies, Arthur (1870-1952), Hamburger Maler, Graphiker, von 1895 bis 1908 Lehrer an der Malschule von Valeska Röver (s. diese), seit 1908 an der Kunstgewerbeschule 83, 107-114, 116, 132 f., 149, 195, 199, 250, 266, 295, 300, 317, 322, 335, 343, 419, 526, 528, 533, 551
Illies, Georgine geb. Rabeler (1880-1960), zweite Ehefrau von Arthur I. 112
Illies, Minna geb. Schwertfeger (1871-1901), erste Ehefrau von Arthur I. 111 f., 199
Illies, Wilhelm (1835-1895), Getreidehändler, dann Direktor der Mälzerei A.G., Vater von Arthur I. 110, 250
Illiessches Landhaus (Klein-Borstel) 327, 345 ff.
Impressionismus 105, 117, 127, 134, 223, 256, 521
Indiahafen 445
Innocentiastraße 482
Insel, Die (Zeitschrift) 220
Institut für Erziehung und Unterricht 268
Institut für Geburtshilfe: Gebäude (Finkenau) 468
Institut für Jugendkunde 80, 325 f.
Institut für Mineralogie und Geologie s. Mineralogisch-geologisches Institut
Institut für Schiffs- und Tropenkrankheiten 393, 448 f.
Institut für Weltwirtschaft (Kiel) 398, 400
Ipsen, Johannes (1856-1932), Dr. jur., Landgerichtspräsident, Präses der Ev.-luth. Synode 53, 293
Irrenanstalt Friedrichsberg 473
Isestraße 439, 483

Jacob (Restaurant in Nienstedten) 121, 222
Jacobsen, Jens Peter (1847-1885), dän. Schriftsteller 282, 285
Jacobssen, Franz (1871-?), Architekt 480
Jacobssen, Richard, Architekt 478
Jacobsz, Juriaen (um 1625-1685), niederländ. Maler 92
Jäger, Georg (1882-1950), Dr. phil., Pädagoge 566
Jahrbuch der Gesellschaft Hamburgischer Kunstfreunde 44, 54, 84, 102, 191, 299, 502 f., 511
St. Jakobikirche 417-419, 442, 444 f.
St. Jakobikirchhof 419, 443
St. Jakobi: Pastorat 451

Jakstein, Werner (1876–1961), Architekt, von 1921 bis 1945 Baurat in Altona 295
Janda, Emil (1855–1915), Architekt 476
Janssen, Alfred (1865–1935), Verlagsbuchhändler 198, 203, 259, 261–263, 266, 269 f., 272, 353
Janus: Geschäftshaus (Pferdemarkt) 476
Japanische Kunst 137 f., 157, 285
Japan-Sammler 69
Jaques, Ernst (1869–1949), Dr. jur., Oberregierungsrat 290, 333
Jaques-Dalcroze, Emile (1865–1950), Schweizer Gymnastik- und Musikpädagoge, Erfinder der rhythmischen Gymnastik 189, 206
Jawlensky, Alexej von (1864–1941), russ. Maler 531
Jelenko, Siegfried (1857–?), von 1899 bis 1930 Oberregisseur am Stadttheater, dann in Wien 179
Jenischsches Haus: Wandverkleidung im Museum für Kunst und Gewerbe 145
Jessen, Ludwig (1833–1917), Maler 97
Jessen, Peter (1858–1926), Kunsthistoriker, von 1894 bis 1924 Direktor der Bibliothek des Berliner Kunstgewerbe-Museums; Mitbegründer des Deutschen Werkbundes 268
Jessner, Leopold (1878–1945), Schauspieler, Regisseur, Theaterleiter 179, 181, 339
Jöde, Fritz (1887–1970), Lehrer, Musikpädagoge 542–544
Johann Albrecht, Herzog von Mecklenburg (1857–1920), von 1897 bis 1901 Regent in Mecklenburg, von 1907 bis 1913 in Braunschweig 65
Johanneum 244, 289, 349, 421, 472 f., 532
St. Johanniskirche (Eppendorf) 501
St. Johanniskirche (Hamburg) 93
St. Johanniskirche (Harvestehude) 50, 291
St. Johanniskloster 94
Johannisstraße 419
Johansen, Viggo (1851–1935), dän. Maler 98
Johst, Hanns (1890–1978), Schriftsteller, von 1935 bis 1945 Präsident der Reichsschrifttumskammer 539
Jolasse, Wilhelm (1856–1921), Architekt 445, 476, 478, 480

Jolles, André (1874–1946), Literatur- und Sprachwissenschaftler, Schwager von Carl Mönckeberg (s. diesen) 83, 177
Journalisten- und Schriftstellerverein 214, 257
Juden 43 f., 50, 55, 70, 74, 168, 204, 216, 230, 235, 240, 245, 265, 278, 281, 284, 296, 299, 302, 357, 408, 443, 527, 557
Jugend, Die (Wochenschrift) 188, 334, 481
Jugendbund 339–341
Jugendfürsorge 51, 55
Jugendschriftenausschuß der Gesellschaft der Freunde des vaterländischen Schul- und Erziehungswesens 77, 268, 276, 307–310, 312
Jugendschriftenausschuß der Patriotischen Gesellschaft 276, 309
Jugendschriftenwarte 268, 310
Jugendschutz 55, 301
Jugendstil 481
Juhl, Ernst (1850–1915), Ingenieur, Fabrikant, Teilhaber mehrerer Firmen, Mitbegründer und Vorsitzender der Hamburgischen Gesellschaft zur Förderung der Amateurphotographie, Geschäftsführer des Kunstvereins 106
Junge Deutschland, Das (O. E. Hartleben u. a.) 171
Jungfernstieg 48, 120, 127 f., 408 f., 419, 475 f., 478, 481, 503
Junghanns, Reinhard Paul (1874–1944), Maler 119
Jungius, Joachim (1587–1657), Philosoph und Naturwissenschaftler, seit 1629 Professor am Akademischen Gymnasium und Rektor des Johanneums 350
Jungiusstraße 459
Juristen 33 f., 51–56, 63, 292, 376
Juristengesellschaft s. Gesellschaft Hamburger Juristen
Justizbehörde 458
Justizforum (Sievekingplatz) 457 ff.

Kabarett 187 f.
Kaemmerer, Ami (1861–1926), Dr. jur., Rechtsanwalt 54
Kaemmerer, Emmy Helene (1858–1931), verm. seit 1880 mit Werner von Melle (s. diesen) 372

603

Kaemmerer, Susanne (1864–?), verm. seit 1887 mit Eduard Westphal (s. diesen) 372
Kändler, Johann Joachim (1706–1775), Bildhauer und Porzellanmodelleur 139
Kaiser, Georg (1878–1945), Dramatiker 539
Kaiser-Friedrich-Denkmal (Bremen) 100
Kaiser-Friedrich-Ufer 472
Kaiserhöft 426
Kaiserkai 322, 426
Kaiserkai-Speicher 426
Kaiser-Wilhelm-Denkmal 42, 509 f.
Kaiser-Wilhelm-Hafen 445
Kaiser-Wilhelm-Straße 261, 410, 420, 431, 458, 466
Kalckreuth, Anna (Mucki) Gräfin von (1890–1946), Tochter von Leopold v. K. 122
Kalckreuth, Bertha Gräfin von geb. Gräfin Yorck von Wartenburg (1864–1928), verm. seit 1885 mit Leopold v. K. 122
Kalckreuth, Berta (Etta) Gräfin von (1894 b. 1953), Tochter von Leopold v. K. 122
Kalckreuth, Christine (Ninne) Gräfin von (geb. 1898), Tochter von Leopold v. K. 122
Kalckreuth, Leopold Graf von (1855–1928), Maler, seit 1907 in Eddelsen b. Harburg ansässig 49 f., 52, 59, 70 f., 91, 95–97, 101, 104, 106, 110, 120–124, 128, 133, 135, 150, 290, 526
Kalckreuth, Wolf Graf von (1887–1906), Dichter und Übersetzer, Sohn von Leopold v. K. 122
Kaledoniahaus (Mönckebergstraße) 443
Kalkmann, Ernst H. (1855–1930), Kaufmann, Kunstsammler und Mäzen 133
Kallmorgen, Friedrich (1856–1924), Maler 120
Kallmorgen, Georg (1862–1924), Architekt 458, 466, 476, 478, 480
Kaltehofe 450
Kammermusik 166, 340, 342
Kandinsky, Wassily (1866–1944), russ. Maler 531
Kann, Rudolphe, Kunstsammler in Paris 40, 98, 135
Karlsruhe 103, 120
Karlsruher Kreis (Künstler) 70

Karolinenstraße: E-Werk 450
Karpfangerstraße 451
Karstadthaus (Mönckebergstraße) 443 f., 466, 481
Kasimir, Luigi (1881–?), Maler 120
St. Katharinenkirche 417–419
St. Katharinen: Kirchenrat 49
Katharinenstraße 420
Kauffmann, Hermann (1808–1889), Maler, Radierer und Lithograph 89 f., 92, 108, 291
Kaufleute: Ausbildung 47, 358 f., 361 f.
Kaufmannschaft 33, 49–60, 63, 127, 211, 217, 250, 344, 354, 358 f., 362, 376, 378, 381 ff., 387, 391, 424, 443, 514, 550
Kaufmannshaus: Typ des alten hamburgischen 420
Kaufmannshaus (Große Bleichen) 129
Kayser, Melanie geb. Hertz, s. Hertz, Melanie
Kayser, Jean *Paul* (1869–1942), Maler 103, 107–110, 114–116, 293, 322, 343, 526, 529
Kehrwiederbrook 425
Kehrwiederfleet 426
Kehrwiederspitze 424–426
Kehrwiedersteg 426
Keller, Gottfried (1819–1909), schweiz. Dichter 282, 334
Kellermann, Architekt 481
Kerr, Alfred (1867–1948), Schriftsteller, Theaterkritiker, 1933 emigriert 240–242, 282
Kerschensteiner, Georg (1854–1932), Pädagoge 77, 79, 189, 321, 337
Kersten-Miles-Brücke 440
Kessler, Margarethe geb. Wolff (1864–1951), Ehefrau von Dr. jur. Richard Kessler (1849–1908), Oberstaatsanwalt 569
Keßler, Harry Graf (1868–1937), Schriftsteller, Diplomat, 1933 nach Frankreich emigriert 284
Kestner, Otto, eigentlich: Otto Cohnheim (1873–1953), Dr. med., Physiologe, Förderer des Universitätsgedankens, 1933 nach England emigriert 565
Keutgen, Friedrich (1861–1936), Dr. phil., Historiker, von 1910 bis 1933 Professor in Hamburg 293

Key, Ellen (1849-1926), schwed. Frauenrechtlerin und Reformpädagogin 300
Kiefer, Wilhelm (1890-?), Redakteur, Erzähler 537
Kiel 398, 400
Kinau, Johann s. Fock, Gorch
Kinau, Rudolf (1887-1975), Schriftsteller, Bruder von Johann K. 535
Kino 34, 189 f.
Kipling, Rudyard (1865-1936), engl. Schriftsteller 282
Kirchenallee 464
Kirchenbau 451 f.
Kirchenmusik 166
Kirchenpauer, Gustav (1847-1914), Dr. jur., Rat bei der Deputation für Handel und Schiffahrt, Sohn von Gustav Heinrich K. 54, 291
Kirchenpauer, Gustav Heinrich (1808-1887), Dr. jur., seit 1843 Senator, seit 1868 Bürgermeister 33, 39 f., 68, 73, 140, 351
Kirchhöfe vor dem Dammtor 459, 502, 507
Kirchliche Kunst 141 f.
Kirchner, Ernst Ludwig (1880-1938, Freitod), Maler und Graphiker 70, 125, 445, 528
Kirchner-Katalog von Schiefler 125
Kirstenhaus (Neuer Wall) 479
Kjelland, Alexander L. (1849-1906), norweg. Schriftsteller 282
Klafsky, Caroline (1855-1896), Sängerin 169
Klassenjustiz 51
Klaus-Groth-Straße 342, 477 f.
Klée Gobert s. Gobert
Klein-Borstel 327, 345 ff.
Kleine Alster 415 f., 503, 509 f.
Kleinwohnungsbau 410 f., 456 s. auch Arbeiterwohnungen
Kleist, Heinrich von (1777-1811), Dichter 178, 180, 277, 282, 285, 329, 340, 345
Kliemke, Ernst s. Nienkamp, Heinrich
Kling, Anton (1881-?), Maler, von 1908 bis 1923 Lehrer an der Kunstgewerbeschule, dann Direktor der Pforzheimer Kunstgewerbeschule 149, 218, 531, 533, 550
Klinger, Max (1857-1920), Maler und Bildhauer 96, 104 f., 165, 198, 242, 285, 466, 511

Klöpper, Adolph (1869-1928), Kaufmann, Kunstfreund, Bruder von Hedwig Mannhardt (s. diese) 545
Klöpperhaus (Mönckebergstraße) 442 f.
Klopstock, Friedrich Gottlieb (1724-1803), Dichter 279
Klosterschule: Gebäude (Holzdamm) 422
Klostertor 440
Klostertorbahnhof 436
Klostertorhof (Kontorhaus) 480
Klostertorwall 464
Klosterwall 450
Klußmann, Heinrich (1860-1934), Erster Rat, später: Regierungsdirektor bei der Oberschulbehörde 54, 355
Knack, Andreas Valentin (1886-1956), Dr. med., von 1923 bis 1933 Physikus und Ärztlicher Direktor des Barmbeker Krankenhauses, von 1919 bis 1933 MdBü (SPD), 1933 emigriert; nach der Rückkehr 1948 Präses der Gesundheitsbehörde 402, 553
Knackescher Millionenbau (Stadthausbrücke) 431 f.
Knackstedt & Näther, Druckerei 286
Knaus, Ludwig (1829-1910), Maler 132
Knochenhauerstraße 445
Kobell, Wilhelm von (1766-1753), Maler 97
Koch, Joseph Anton (1768-1939), Maler 97
Köhlbrandvertrag zwischen Hamburg und Preußen 1908 445 f.
Köhncke, Harro (1846-1913), Reformpädagoge 304, 315
Köhne, Ernst (1856-1933), Pächter und kaufmännischer Direktor des Deutschen Schauspielhauses 531
Köln 70, 130
Koenigs, Felix, Kunstsammler in Berlin 207
Köster, Albert (1862-1924), Literar- und Theaterhistoriker 282, 366
Köster, Hermann Leo (1872-1957), Reformpädagoge 77, 198, 304 f., 308, 317, 542
Kohlhöfen 276, 345, 466
Kolonialinstitut 46, 60, 64, 76, 252 f., 316, 325, 364-373, 375, 377-383, 385, 387-389, 393-402, 460, 552 f., 563 f.
Kommission für das Museum für Kunst und Gewerbe 147

605

Kommission für die Verwaltung der Kunsthalle s. Kunsthallenkommission
Kontorhausbauten 442 ff., 473 ff.
Konzerte für Volksschüler 163, 323
Konzerthaus Ludwig 170, 186
Konzertverein 160
Kopenhagen 82, 260
Kopp, Johannes (1734–1796), Zimmermeister und Bauhof-Inspektor, Schüler Sonnins (s. diesen) 421
Kortmann, Marie (1851–1937), Lehrerin, Frauenrechtlerin, Tochter von Pauline K. 299
Kortmann, Pauline (1821–1903), Ehrenvorsitzende des Frauenvereins zur Unterstützung der Armenpflege, Schwester von Emilie Wüstenfeld (s. diese) 296, 299
Kostümfeste des Vereins für Kunst und Wissenschaft 278
Kräfte (Zeitschrift) 527
Kraepelin, Karl (1848–1915), Prof. Dr., Direktor des Naturhistorischen Museums 264
Kranhöft 427
Krankenhausbauten 58, 473
Krause, Emil (1870–1943), Lehrer, Redakteur, MdBü von 1907 bis 1919 (SPD), Senator von 1919 bis 1933 43, 248 f., 337, 392, 402, 504, 541
Kreidolf, Ernst (1863–1956), Maler und Illustrator 322
Kreuzstraße (Eimsbüttel) 194
Krieger, Hermann (1866–nach 1932), Schriftsteller 233, 534
Kriegerdenkmal für 1870/71 422, 509
Kriegervereine 251 f.
Kriegshilfe s. Hamburgische Kriegshilfe
Kriegsliteratur 238
Kröger, Timm (1844–1918), niederdt. Schriftsteller 248, 270, 272, 535
Kröyer, Peter-Severin (1851–1909), dän. Maler 98
Krogmann, Richard C. (1859–1932), Kaufmann und Reeder, Präsident der Seeberufsgenossenschaft 387
Krüger, Franz (1797–1857), Maler 96
Krüger, Fritz Rudolf (1854–1920), Schulvorsteher, MdBü (Fr. L. Z.) 354
Krüger, Hans (1878–?), Architekt 477

Krüss, Andreas Hugo (1853–1925), Prof. Dr. phil., D. theol. h. c., Fabrikant wissenschaftlicher Instrumente 264 f., 360, 388
Krutisch, Carl Friedrich Philipp (1851–1895), Architekt 422
Kubismus 258, 292
Kuchel, Max (1859–1933), Maler 526
Kuehl, Gotthard (1850–1915), Maler 91, 96
Kühnemann, Eugen (1868–1946), Philosoph, Literaturwissenschaftler 282
Kümmell, Hermann (1852–1937), Dr. med., Chirurg, seit 1919 Professor in Hamburg 58, 287, 290, 381, 554
Kündung, Die (Zeitschrift) 536
Künstlerbund s. Deutscher Künstlerbund
Künstlerfeste 149, 531 f.
Künstler-Hilfskasse 117
Künstlerklub 107–116, 527
Künstlerrat (1918/19) 532
Künstlerverein 92, 520, 525, 527, 545
Kugeldenkmal 422
Kuhlmann, Fritz (?–1941), Zeichenlehrer 319, 321
Kuhmühle 468
Kuhmühlenteich 439
Kuhn, Johannes Nicolaus (1670–1743), Architekt 421
Kuhwerder 445
Kullberg, Emil Frithjof (1877–1960), Schriftsteller 205 f., 231 f., 270
Kunckel, Johann K. von Löwenstern (um 1638–1703), Alchimist 141
Kunde, Maria, Inhaberin einer Kunsthandlung im Bieberhaus 129
Kunstbund 536
Kunsterziehung 267
Kunsterziehungstage 77, 147, 189, 196, 251, 306, 308, 316, 320 f., 323, 359
Kunstfördernde Gesellschaft 567
Kunstgesellschaft 176, 221, 226, 237, 253, 257, 264, 284 f., 292, 514, 518, 548
Kunstgewerbe 39, 53, 69, 147 ff., 153, 300, 434, 527, 548, 567
Kunstgewerbeblatt 156 f.
Kunstgewerbeschule 112, 116, 147–153, 157, 184, 218 f., 300, 336, 527, 531, 533, 536, 549; Gebäude am Lerchenfeld 148, 150 f., 467–469, 533
Kunstgewerbeverein 70, 154–157, 545, 548

Kunsthalle 39, 50, 52, 59, 62, 90–107, 121, 127, 130, 173, 226, 251, 290, 292, 309, 318, 322, 420, 498, 523, 525, 528, 530, 532, 541, 544 f., 549, 552, 554 f.; Gebäude 90, 271, 422; Neubau 103 f., 460–464, 545 f.
Kunsthallenkommission 90, 121
Kunsthandel 125–129, 135, 525, 531 f.
Kunstkritik 254–258, 549
Kunstpflegekommission 532
Kunststickerei 151
Kunst und Künstler (Zeitschrift) 119
Kunstverein, 70, 73, 90, 104–106, 127, 129 f., 250, 286, 416, 431, 525, 532, 545 s. auch Frühjahrsausstellungen des Kunstvereins
Kunstwart, Der (Zeitschrift) 337, 537
Kunstwelt, Die (Zeitschrift) 292

Laage, Wilhelm (1868–1930), Maler 101, 120, 122, 124, 133
Laboratorium für Warenkunde 351, 459
Laeisz, Familie 413
Laeisz, Carl Heinrich (1828–1901), Inhaber der Reederei F. Laeisz, Stifter der Musikhalle 59, 164
Laeisz, Sophie (1831–1912), Ehefrau von Carl Heinrich L., genannt »Pudel« 232
Laeiszhalle s. Musikhalle
Laienspiel s. Liebhaber-Aufführungen
Lalique, René (1860–1945), franz. Goldschmied und Glaskünstler 217
Lamprecht, Karl (1856–1915), Historiker und Geschichtsphilosoph, seit 1891 Professor in Leipzig 268, 395–397, 518
Landhäuser 483 f.
Lang, Karl (1860–?), Großhzgl. Mecklenburg. Kammersänger 284
Langbehn, Julius (1851–1907), genannt Der Rembrandtdeutsche, Schriftsteller und Kulturkritiker 55, 134
Lange, Helene (1848–1930), Lehrerin, Vorkämpferin der Frauenbewegung 268, 526
Lange, Willy (1876–1950), Maler 119, 428
Langenfelde 441
Langenhorn 439, 441
Langmaack, Hans (1870–1949), Lehrer, Schauspieler, Ehrenmitglied des Richard-Ohnsorg-Theaters 328 f.
Lasalle, Ferdinand (1825–1864), sozialistischer Politiker 334

Lattmann, Johannes August (1858–1936), Kaufmann, von 1912 bis 1919 Senator 301 f., 526
Lau, Fritz (1872–1966), Oberpostsekretär, Schriftsteller 269
Laube, Julius (1842–1910), Musikdirektor 163
Laubesches Orchester 163
Lauenstein, Burg 229
Laufenberg, Heinrich (1872–1932), Dr., Volkswirt und Historiker, 1918/19 Vorsitzender des Arbeiter- und Soldatenrats 401, 563
Lauffer, Otto (1874–1949), Prof. Dr., Volkskundler, Direktor des Museums für Hamburgische Geschichte 289, 363, 545
Laufkötter, Franz (1857–1925), Lehrer, Schriftsteller, Mitglied des Reichstags (SPD) 334
Laurencin, Marie (1885–1956), franz. Malerin 118
Lederer, Hugo (1871–1940), Bildhauer 242 f., 315, 510
Lederindustrie 69, 157
Legien, Carl (1861–1920), Gewerkschaftsführer 526
Lehrergesangverein 164, 307 f.
Lehrerrat (1918/19) 328, 518, 542 f.
Lehrerturnverein 307 f.
Lehrervereinigung für die (zur) Pflege der künstlerischen Bildung 79, 102 f., 267, 272, 304, 307, 319–324, 545
Leibl, Wilhelm (1844–1900), Maler 55, 96, 134
Leibniz, Gottfried Wilhelm (1646–1716), Philosoph 556
Leinpfad 408, 483
Leipold, Karl (1864–1943), Maler 133 f.
Leipzig 93
Leipziger Völkerschlacht 310
Lembcke, Georg Eduard (1828–1905), Kaufmann 357
Lemsahler Heide 225, 544
Lenau, Nikolaus (1802–1850), österr. Dichter 282, 329, 344
Lenbach, Franz von (1836–1904), Maler 188
Lenhartz, Hermann (1854–1910), Dr. med., Internist, Direktor des Eppendorfer Krankenhauses 58, 357, 360

Leo, Martin (1863–1932), Dr. jur., Rechtsanwalt, seit 1929 a. o. Professor für Handels- und Seerecht 52
Leonhard, Rudolf (1889–1953), Schriftsteller 535
Lerchenfeld 148–151, 467 f.
Lessing, Gotthold Ephraim (1729–1781), Schriftsteller, Kritiker, Philosoph 32, 171, 418
Lessing-Denkmal 32, 422, 509
Lessing-Gesellschaft 149, 182–184, 220
Levantehaus (Mönckebergstraße) 443 f.
Levor, Max (geb. 1869), 1939 über England in die USA emigriert; Dr. med., Arzt für Haut- und Geschlechtskrankheiten 193, 203
Lex Heinze 283, 285, 288
Lichtwark, Alfred (1852–1914), von 1886 bis 1914 Direktor der Hamburger Kunsthalle 34, 37, 39 f., 44, 48, 55, 57, 59, 61–71, 77–79, 81 f., 84–86, 90–110, 112, 116 f., 120–124, 126 f., 129 f., 133, 143, 152, 167, 191, 196, 200, 207, 216, 239, 242, 244 f., 247, 250 f., 254, 258–265, 268, 270–272, 275, 282, 284, 287 f., 291–293, 304, 306 f., 312, 317 f., 320, 322, 325, 331, 344, 347, 353, 357, 376 f., 409, 414, 422, 430 f., 433, 454, 460–462, 485, 502–505, 510 f., 514 f., 518–523, 547, 549
Lichtwark, Helene geb. Bach (1829–1909), Mutter von Alfred L. 65
Lichtwark, Marianne (1857–1931), Schwester von Alfred L. 65, 292, 520
Lichtwitz-Dühren, Menta, Dramaturgin, Schauspielerin 551
Lie, Jonas (1833–1908), norweg. Schriftsteller 282
Liebermann, Max (1847–1935), Maler und Graphiker 39, 59, 71, 89, 91, 95–97, 101, 104, 110, 120 f., 123, 127 f., 133, 135, 160, 173, 188, 226, 245, 284, 290, 434, 519, 526
Liebermann-Katalog von Schiefler 48, 126, 291
Liebhaber-Aufführungen 182–184, 278, 288
Liebhaberbibliothek s. Hamburgische Liebhaberbibliothek
Liliencron, Anna Freifrau von geb. Micheel (1866–1945), dritte Ehefrau von Detlev von L. 207–210, 215
Liliencron, Detlev Freiherr von (1844–1909), Dichter 178, 187, 192, 199, 200 f., 204, 206–215, 217 f., 222, 225, 239, 245, 279–283, 291 f., 295, 309, 515
Liliencron, Wulf Wittekop Freiherr von, Sohn von Detlev von L. 209
Liliencron-Denkmal 152, 208, 214 f., 221
Lincke: Wohnhaus (Abteistraße) 483
Linde, Max (1862–1940), Dr. med., Augenarzt und Kunstsammler in Lübeck 124, 285
Linde, Richard (1860–1926), Dr. phil., Oberlehrer am Wilhelm-Gymnasium 57, 239
Lindenstraße 284
Lindner, Anton (1874–1928), Schriftsteller, Redakteur 257 f.
Linke, Die s. Bürgerschaftsfraktionen
Linkes Zentrum s. Bürgerschaftsfraktionen
Linne, Otto (1869–1937), Leiter des Gartenbauwesens 508 f.
Lippelt, Julius (1829–1864), Bildhauer 422
Lippert, Eduard Amandus (1844–1925), Kaufmann 211, 360, 374
Lippert, Ludwig Julius (1835–1918), Dr. jur., Kaufmann, Kunstsammler, Mäzen 292–294, 359 f.
Liszt, Franz von (1811–1886), Komponist, Pianist 159, 165
Literarische Gesellschaft (Vereinigung) 74 f., 178 f., 181, 184, 193, 195–197, 200 f., 203 f., 206, 208, 210, 212–215, 230, 233, 236–238, 240 f., 253 f., 266, 269, 278, 280–285, 318, 336 f., 331, 462
Literarische Gesellschaft, Die (Zeitschrift) 197, 253, 257, 266 f., 305, 328–330, 337, 400, 462 f., 524, 535–538, 549, 554–557, 559
Literaturkritik 254, 256 f.
Litzmann, Berthold (1857–1926), Literar- und Theaterhistoriker 282, 366
Loeschke, Georg (1852–1915), Dr. phil., Professor für Archäologie in Bonn, später Berlin 366
Loesener-Sloman, Mary s. Albers-Schönberg
Loewenberg, Jacob (1856–1929), Dr. phil., Direktor einer privaten Mädchenschule, Schriftsteller 193, 203, 205 f., 230, 273, 280, 282, 326, 534

Loewenfeld, Hans (1874–1921), Dr., Kapellmeister, seit 1912 künstlerischer Direktor des Stadttheaters 170, 185
Löwengard, Alfred (1856–1929), Architekt 445, 463, 479, 481
Löwengard, Max (1860–1915), Redakteur beim Hamburgischen Correspondenten 258
Logenhaus (Welckerstraße) 203
Lohfing, Max (1870–1953), Sänger 169
Lohnkämpfe 262
Lohse, Otto Joseph (1865–1946), Dr. jur., Direktor des Öffentlichen Armenwesens, von 1920 bis 1931 Senatssyndicus 290, 367
Lombardgebäude (Kohlhöfen) 276
Lombardsbrücke 415, 422, 440, 462
London 319
Look, August, Möbeltischler 343, 345
Lorenz, Karl (1869–1931), Prof. Dr., Oberlehrer, Schulleiter der Oberrealschule an der Bogenstraße 284
Lorenz, Karl (1888–1961), Schriftsteller 353 f.
Lorenzen, Fernando (1859–1917), Architekt 451
Lorenz-Meyer, Familie 413
Lorenz-Meyer, Eduard Lorenz (1856–1926), Kaufmann, Zeichner und Heraldiker aus Liebhaberei 105 f., 290
Lotse, Der (Zeitschrift) 55, 70, 82, 84, 197, 232, 260–263, 270, 294, 510 f.
Lotsen-Abende 160, 260, 294
Lottig, William (1867–1953), Reformpädagoge 119, 238, 248, 251, 304 f., 327–330, 338, 342, 344 f., 347, 542 f.
Luce, Maximilien (1858–1941), franz. Maler, Zeichner und Lithograph 216
Ludendorff, Erich (1865–1936), Generalstabschef 258
Ludwig XIV. (1638–1715), seit 1643 König von Frankreich 366
Ludwig, Ernst Friedrich Emil (1862–1945), Senatssekretär, Senatssyndicus, seit 1919 Präsident der Generalzolldirektion 241
Ludwig, Otto (1813–1865), Schriftsteller 272, 277
Ludwigsches Konzerthaus s. Konzerthaus Ludwig
Lübeck 143, 285, 441
Lübecker Tor 469

Luksch, Richard (1872–1936), Bildhauer und Medailleur, seit 1907 Professor an der Kunstgewerbeschule 148 f., 152, 214, 218 f., 242, 468
Luksch-Makowska, Elena (1878–1967), Bildhauerin, Ehefrau von Richard L. 149, 220, 533
Lundt, Werner (1859–1938), Architekt 458, 466 f., 476, 478, 480, 497
Lundt & Kallmorgen, Architektenbüro 181
Lungenheilstätte Edmundsthal 363
Lutherkirche (Karpfangerstraße) 451
Lutteroth, Arthur (1846–1912), Kaufmann, Präses der Handelskammer 354
Lutteroth, Ascan (1842–1923), Landschaftsmaler 89, 106, 526
Lutteroth, Ascan Wilhelm (1874–1960), Dr. jur., Landgerichtsdirektor, Herausgeber des »Hamburger Geschlechtsbuchs« 55

Maasch, Ernst (1853–1937), Buchhändler 269, 481
Maass, Ernst (1851–1911), Inhaber der Verlagsbuchhandlung Leopold Voss 264 f.
Mäcen, Der, Hamburger Zeitschrift für Kunst in Wort und Bild 259
Mädchenschulwesen 298 f., 306
Männerbund für Frauenstimmrecht 291
Märchenkunde 53 f.
Maeterlinck, Maurice (1862–1949), belg. Schriftsteller 174, 282
Maetzel, Emil (1877–1955), Architekt und Maler 529
Maetzel-Johannsen, Dorothea (1886–1930), Malerin, Ehefrau von Emil M. 529
Magnus, Walter (1877–1949), Dr. jur., Rechtsanwalt, Komponist, Vorsteher der Philharmonischen Gesellschaft 334
Mahesa, Sent (?–1970), Tänzerin 188
Mahler, Gustav (1860–1911), österr. Komponist, Dirigent 165, 169
Mahling, Friedrich (1865–1933), Dr. theol. h. c., von 1892 bis 1909 Vorsteher der Hamburger Stadtmission, dann Professor in Berlin 287
Manet, Edouard (1832–1883), franz. Maler 98, 134
Mann, Wilhelm (1882–1957), Maler 119, 327, 347, 526

Mannhardt, Wolf (1864–1939), Dr. jur., Landgerichtsdirektor, und Ehefrau Hedwig geb. Klöpper 287
Mantegna, Andrea (1431–1506), ital. Maler und Kupferstecher 130, 366
Marc, Franz (1880–1916), Maler 531
Marcel, Lucille s. Weingartner
March, Otto (1845–1913), Architekt in Berlin, Städtebaufachmann 504
Marcks, Erich (1861–1938), Dr. phil., Historiker, von 1907 bis 1912 Professor des Allgemeinen Vorlesungswesens, dann in München und Berlin; Biograph Bismarcks 59, 97, 239, 244, 264, 291, 362, 365 f., 369, 373 f., 385 ff., 520
Marcolini, Camillo Graf (1739–1814), Leiter der Meissner Porzellan-Manufaktur 139
Marées, Johann Hans Reinhard von (1837–1887), Maler 96, 285
Maria-Louisen-Straße 350, 472 f.
Marinegebäude (Admiralitätstraße) 453
Marissal, Adolph (1867–1950), Buchhändler 269, 284 f.
Markthallen (Deichtor) 438, 440
Markthandel 449 f.
Marqueste, Laurent Honoré (1848–1920), franz. Bildhauer 100
Marquet, Albert (1875–1947), franz. Maler 120
Marr, Heinz, Geschäftsführer des Volksheims, Redakteur, ging 1917 nach Frankfurt als Leiter des dortigen Sozialen Museums der Rhein-Mainischen Mittelstelle für Volkswohlfahrt 334, 336 f., 379, 537
Martha-Helenen-Heim 301
Martin, Karl Heinz (1888–1948), Regisseur und Intendant 181, 538
Marx, Gustav (1855–1929), Maler 91
Mathies, Carl (1849–1906), Kaufmann, seit 1904 Senator; verm. seit 1873 mit Agnes Marie geb. Henneberg (1852–1912) 290
Matisse, Henri (1869–1954), franz. Maler 118
Mattentwiete 419, 449
Matthaei, Karl Otto (1863–1931), Maler 120
Matthäus-Passion 160 f.
Mauke, W. Söhne, Buchhandlung 269
Maupassant, Guy de (1850–1893), franz. Erzähler 282
Maurermeister-Architektur 431, 482, 484

Maurice, Chéri, eigentlich: Maurice Schwartzenberger (1805–1896), Direktor des Thalia-Theaters 171 f.
Max, Ludwig (1847–1930), Schauspieler 173
Medaillenkunst 100
Meden, Fräulein von der 168
Mediziner s. Ärzte
Meerwein, Wilhelm Emil (1844–1927), Architekt, Rathausbaumeister 152, 466 f., 476
Meier-Graefe, Julius (1867–1935), Kunsthistoriker und Schriftsteller 217
Meinertz, Anna (1840–1922), Schulvorsteherin 296, 301
Meinhardt, Adalbert s. Hirsch, Marie
Meinhof, Carl (1857–1944), Dr. theol., Afrikanist, Professor an der Hamburgischen Universität 368
Meininger Kapelle 160
Meißen 139
Meißner, Otto (1819–1902), Buchhändler 269
Melchior, Familie 245
Melhop, Wilhelm (1856–1943), Oberbaurat, Verfasser topographischer Werke 239, 269
Melle, Emmy von geb. Kaemmerer (1858 b.1931), Ehefrau von Werner von M. 372
Melle, Werner von (1853–1937), Dr. jur., Bürgermeister, Initiator der Hamburgischen Universität 40 f., 46, 48, 61, 73–76, 106, 147, 201 f., 244, 246, 248, 253, 264, 278 f., 290, 316, 330 f., 353–355, 357, 359 f., 363, 366–368, 372 f., 375–377, 382, 387–389, 393, 396, 402, 522 f., 526
Mellingstedt 111 f., 125, 223, 329 f., 335 f., 499
Mendelssohn Bartholdy, Felix (1809–1847), Komponist 165
Mensendieck, Bess (1864–1957), amerikan. Gymnastiklehrerin 122
Menzel, Adolph von (1815–1905), Maler, Zeichner, Graphiker 96, 131 f., 134, 285, 292
Merck, Heinrich (Heino) (1877–1958), Dr. jur., Leitender Regierungsdirektor 54, 504, 567
Merck, Marianne geb. von Berenberg-Gossler (1869–1934), verm. seit 1894 mit Johannes Merck (1855–1934), Kaufmann 292

Messel, Alfred (1853-1909), Architekt in Berlin 449
Meßberg 449
Meßbergviertel 413
Metz, Adolph (1846-1932), Prof. Dr. phil., von 1875 bis 1913 Oberlehrer an der Gelehrtenschule des Johanneums 56 f., 272, 291, 502
Metzger-Lattermann, Ottilie (1878-1943), Sängerin 170
Meumann, Ernst (1862-1915), Dr. phil., Philosoph und Psychologe, seit 1911 Professor in Hamburg 80, 324-326, 373
Meunier, Constantin (1831-1905), belg. Bildhauer und Maler 129
Mewes, Annie (um 1896-?), Schauspielerin 539
Mexikanische Altertümer: Sammlung Strebel 59
Meyer, F. Andreas (1837-1901), Oberingenieur 47 f., 277, 408, 424
Meyer, Arnold Otto (1825-1913), Kaufmann, Kunstsammler 105, 130 f., 360
Meyer, Heinrich Adolph (1822-1885), Dr. phil. h. c., Fabrikant 68
Meyer, Joh. Christian (1811-?), Kunsthändler 125
Meyer, Claus, Architekt 480
Meyer, Eduard (1855-1930), Dr. phil., Historiker, Professor an den Universitäten Breslau, Halle, Berlin 97
Meyer, Eduard Lorenz (seit 1903: Lorenz-Meyer), Kaufmann, Zeichner und Heraldiker aus Liebhaberei 105 f., 290
Meyer, Friedrich Johann Lorenz (1760-1844), Domherr 100, 329
Meyer, R. Johannes (1882-1967), Dr. jur., Landgerichtsdirektor, Kunstfreund, 130, 525 f., 532, 545, 559
Meyer, Marie geb. Tobereutz (?-1915), Ehefrau von Dr. h. c. Heinrich Adolph M., lebte nach dem Tode ihres Gatten in Freiburg i. Br.; gestorben und begraben in München 136
Meyer, Richard (1863-1953), Dr. phil., Direktor der Kunstgewerbeschule 147-153, 286, 533, 545, 549, 567
Meyer-Förster, Wilhelm (1862-1934), Schriftsteller 175

Meyerheim, Eduard (1808-1879), Maler 290
Meyerheim, Paul (1842-1915), Maler, Professor an der Berliner Akademie; Sohn von Eduard M. 290
Meysenbug, Malwida Freiin von (1816-1903), Schriftstellerin, Frauenrechtlerin 296
Mhe, Herbert (1891-1952), Bildhauer 257
St. Michaelis: Geistliche 49 f.; Pastorat 451
St. Michaeliskirche 161, 166, 417 f., 449, 471; Wiederaufbau 1906 452
St. Michaelis-Männerverein 328
Michahelles, Alfred (1853-1915), Kaufmann, von 1907 bis 1911 Senator 150, 362
Migge, Leberecht (1881-?), Gartenarchitekt, lebte Anfang 1934 in Worpswede 553
Milan, Emil (1858-1917), Schriftsteller, Ehemann von Adele Doré (s. diese) 176, 285
Milberg, Antonie (Toni) (1854-1908), Besitzerin und Leiterin einer höheren Mädchenschule 300
Milberg-Schule 321
Milchstraße (Pöseldorf) 114
Milde, Julius (1803-1875), Maler, Lithograph und Radierer 89 f., 92, 108, 143
Miles, Kersten (gest. 1420), Bürgermeister 440
Millerntor 170, 440, 470
Millet, Jean François (1814-1875), franz. Maler 132
Mineralogie: Sammlung von A. N. Zacharias 53
Mineralogisch-geologisches Institut 351, 363
Mittelstand (mittleres Bürgertum) 34, 185, 194, 281, 408, 483 f.
Mittelstein, Max Rudolf Albert (1861-1927), Dr. jur., Präsident des Hanseatischen Oberlandesgerichts, MdBü von 1901 bis 1921 (Nationalliberal, DVP) 52, 202, 291, 381, 389 f., 393 f., 396, 402
Mittelweg 167 f., 412, 441
Möbel 142
Möller, Hans Kai (1878-1915, gef.), Dr. jur., Rechtsanwalt 376, 380 f.
Möller, Karl (1868-1945), Turnpädagoge 323, 328
Mönckeberg, Familie 80 f.
Mönckeberg, Carl (1873-1939), Dr. jur., Jurist und Schriftsteller, von 1920 bis 1933

Syndicus der Bürgerschaft, Sohn von Johann Georg M. 40, 43, 61, 63, 70, 80-85, 177, 187, 233, 246 f., 259-263, 266, 282, 295, 373, 392, 396, 400, 402, 494, 503-506, 510, 520, 522, 551, 554, 556-559, 563, 565
Mönckeberg, Edith geb. Sander (1877-?), Ehefrau von Carl M. 82
Mönckeberg, Johann Georg (1839-1908), Dr. jur., Bürgermeister; Vater von Carl M. 39 f., 74, 80-83, 97 f., 121, 147, 241, 351, 353 f., 361, 510
Mönckeberg, Mathilde geb. Borberg, adoptierte Tesdorpf (1846-1923), Ehefrau von Johann Georg M. 81-83
Mönckeberg, Rudolf (1846-1917), Dr. jur., Rechtsanwalt, MdBü von 1880 bis 1917 43 f., 54, 202, 361, 376, 381, 392 f., 495
Mönckeberg-Denkmal 276, 444
Mönckeberghaus (Gertrudenkirchhof) 129
Mönckebergstraße 276, 412, 441 ff. 464, 479-481, 486, 491-493, 500
Mönkedammfleet 416, 439, 465
Möring, Guido (1860-?), Dr. jur., Rechtsanwalt 291
Moerner, Gerhard s. Müller-Rastatt, Gerhard Claus
Mohrbutter, Alfred (1867-1916), Maler 294
Monet, Claude (1840-1926), franz. Maler 98, 133 f.
Monistenbund 305
Moorweide 363, 374, 422, 459 f.
Morgenstern, Christian (1805-1867), Maler 92, 133
Mozart, Wolfgang Amadeus (1756-1791), Komponist 165, 231, 285
Mühlenweg (Rothenburgsort) 335
Müller, Ernst Christian Eduard (1847-1929), Kaufmann 486, 488
Müller, Friedrich (1862-1938), Zeichenlehrer 319
Müller, G. M., Postbeamter, Vorsitzender der Vereinigung für Kunstpflege 347
Mueller, Otto (1874-1930), Maler 528
Müller, William (1871-1913), Architekt 483
Müller, Dr., Graphiksammler 135
Mueller-Otfried, Paula (1865-1946), Dr. h. c., Vorsitzende des Deutschen Evangelischen Frauenbundes, Mitglied des Reichstags (DNVP) 299 f.

Müller-Rastatt, Carl (1861-1931), Kritiker, Erzähler, Dramatiker, Redakteur des Hamburgischen Correspondenten 256
Müller-Rastatt, Gerhard Claus (1894-1917, gef.), Schriftsteller 256
München 132, 155, 187 f., 210, 325, 486, 531
Münsterberg, Hugo (1863-1916), dt. Philosoph und Psychologe, Professor an der Harvard-Universität 358, 361
Münzel, Robert (1859-1917), Dr. phil., Gräzist, seit 1902 Direktor der Stadtbibliothek, der späteren Staats- und Universitätsbibliothek 286, 293, 360
Mumssen, Max (1871-1939), Dr. jur., Rechtsanwalt, von 1909 bis 1918 Senator, nach 1918 Direktor der Hamburger Hochbahn 41, 60, 292, 376
Munch, Edvard (1863-1944), norweg. Maler 101, 114, 123-126, 128 f., 132-135, 176, 221, 223, 245, 528, 530
Museen 248
Museum für Hamburgische Geschichte 53, 363; Gebäude 60, 289, 381, 470
Museum für Kunst und Gewerbe 46, 67, 130, 135-146, 351, 420, 523-525, 548 f., 554, 566 f.; Gebäude 135, 287, 422, 438, 468
Museum für Völkerkunde 46, 59, 351, 374; Gebäude 374, 459 f.
Musikhalle 59, 164 f., 466 f., 511, 520
Musikkritik 248, 254, 258 f.
Musikleben 159-170
Muthesius, Hermann (1861-1927), Architekt und Kunstschriftsteller, Mitbegründer des Deutschen Werkbundes 79, 147, 319, 548

Nach-Impressionismus 302, 528
Nagel, Alfred G. (1874-?), von 1905 bis 1924 Schriftleiter des Hamburgischen Correspondenten, von 1925 bis 1930 bei der Kieler Zeitung 552
Nationalcharakter der Hamburger 119 f., 127, 155, 162, 164, 170, 172, 266, 288, 295, 443, 509
Nationalliberale Partei 245, 250, 296
Naturalismus 171
Naturforscherversammlung 1901 355
Naturhistorisches Museum 40, 46, 59, 351, 363, 374; Gebäude 422, 436

Naturwissenschaftlicher Verein 289
Naumann, Felix Berthold Moritz (1863–?), Dr. phil., Oberlandesgerichtsrat 52, 295
Naumann, Friedrich (1860–1919), Theologe, liberaler Politiker 218, 331
Navigationsschule (Gebäude) 448
Nazarener 92, 130
Necker, Theodor (1834–1912), Bauinspektor 154 f.
Nerly, eigentlich: Friedrich Nehrlich (1807–1878), Maler 95
Neß 475
Neue Hamburger Zeitung 83, 244–247, 257–259, 267, 375, 390, 394, 495, 505 f., 540
Neue Rundschau (Zeitschrift) 221
Neue Sparkasse: Gebäude (Ferdinandstraße) 476
Neuer Jungfernstieg 127, 143, 216, 220, 300, 415, 476
Neuer Pferdemarkt 182
Neuer Wall 106, 128, 419, 421, 430, 479 f., 532
Neues Operettentheater 182
Neuhof (Elbinsel) 445 f.
Neu-Impressionisten 216
Neumann, Carl (1860–1934), Kunst- und Kulturhistoriker 285
Neumayer, Georg von (1826–1909), Hydrograph und Geophysiker, von 1876 bis 1903 Direktor der Deutschen Seewarte in Hamburg 85–87
Neustadt (Stadtteil) 335
Newman, Edgar Charles (1861–?), Kaufmann, Vorsitzender der Philharmonischen Gesellschaft 159, 163
Newman, Henry Percy (1868–1917), Kaufmann, und Ehefrau Maria-Luisa geb. von Düring (1868–1942) 59, 132 f., 218, 287, 331, 359, 367
Newman, Miss Marguerite Elise (1887–?), Tanzlehrerin, kehrte 1914 in ihre Heimatstadt London zurück 189
Newmanhaus (Schauenburgerstraße) 480
Nhil, Robert (1858–1938), Schauspieler 173
Nicolassen, John (1867–1933), Pastor zu St. Johannis (Harvestehude) 50
Niederbaumbrücke 425
Niederdeutsche Bühne 185

Niederdeutsche Sprache 182, 184 f., 236–238, 312, 366 f.
Niemannhaus (Graskeller) 480
Niemeyer, Hermann Louis (1856–1940), Dr. jur., zuletzt (1924) Senatspräsident am Hanseatischen Oberlandesgericht 287
Niemeyer, Wilhelm (1874–1960), Dr. phil., Kunsthistoriker, Schriftsteller, Dozent an der Kunstgewerbeschule 125, 152, 157, 528, 536 f., 567
Niendorf (Stadtteil) 441
Nienkamp, Heinrich, eigentlich: Ernst Kliemke (1870–1929), Dr. jur., Schriftsteller 557
Nienstedten 121, 222
Niese, Charlotte (1854–1935), Schriftstellerin 234
Nietzsche, Friedrich (1844–1900), Philosoph, klass. Philologe 44, 196 f., 213, 219, 285, 292, 514, 529
Nikisch, Arthur (1855–1922), Dirigent, Generalmusikdirektor 160, 165
St. Nikolai: Geistliche 50; Kirchspiel 332
St. Nikolaikirche 166, 417
Nissen, Momme (1870–1943), friesischer Heimatmaler und Kunstschriftsteller 55, 134, 207, 260, 369
Nissen, Waldemar (1861–?), Dr. phil., Prof., Oberlehrer an der Gelehrtenschule des Johanneums 376
Noack, Ferdinand (1865–1931), Dr. phil., Prof. für Archäologie, verm. mit Else Hartleben, einer Schwester von Otto Erich H. (s. diesen) 366
Nocht, Bernhard (1857–1945), Dr. med., Tropenpathologe, 1890 Initiator und bis 1930 Leiter des 1942 nach ihm benannten Instituts für Schiffs- und Tropenkrankheiten; ab 1906 auch Professor und Leiter des gesamten hamburg. Medizinalwesens 265, 287, 369, 526
Nocht, Mimi geb. Dencker, Ehefrau von Bernhard N. 188
Nöldeke, Arnold (1865–1945), Dr. jur., Oberlandesgerichtsrat, von 1907 bis 1931 MdBü, von 1919 bis 1931 Senator (VL, DDP, DStp) 52
Nölken, Franz (1884–1918, gef.), Maler 116–119, 295, 522, 526, 532

Nöltingsches Haus (Lübeck) 143
Nolde, Emil, eigentlich: Emil Hansen (1867 b. 1956), Maler 70, 125, 128, 132, 134, 223, 234, 250, 254, 300, 302, 428, 445, 524, 528
Nolde-Katalog Schieflers 125
Nonne, Max (1861–1959), Dr. med., Neurologe, ab 1896 Chefarzt am Eppendorfer Krankenhaus, seit 1913 auch Professor 58, 133, 287, 290
Norddeutsche Monatshefte 537
Nord-Deutsche Versicherungsgesellschaft: Gebäude (Alter Wall) 476 f.
Notabeln-Wahlen 42, 76, 83, 252, 360

Oberhafen 426, 449
Oberländerhafen 427
Oberlandesgericht s. Hanseatisches Oberlandesgericht
Oberlehrer s. Philologen
Oberlehrerinnenausbildung 370
Oberlehrerverein 47, 56
Oberschulbehörde 45–47, 53 f., 73, 147, 251, 305 f., 319, 322, 351, 354 f., 367, 392, 526, 542 ff. 546, 549; Gebäude (Dammtorstraße) 467, 469, 500
Oberstraße 482
Ochsenzoll 441
Öffentliche Bücherhalle 55, 253, 273, 276 f., 283, 288, 327, 332; Gebäude 276, 444
Öffentliche Kunstsammlung 90
Öffentliches Vorlesungswesen 46, 54, 60, 73 f., 248, 331, 351, 354 f., 359, 364–367, 370–372, 379 f., 382 f., 385, 387–389
Ohlendorff, Freiherren von, Familie 168
Ohlsdorf 439, 441, 502, 504
Ohlsdorfer Friedhof 455, 507 ff., 549
Ohnsorg, Richard (1876–1947), Dr. phil., Bibliothekar, Schauspieler, Theaterleiter 185
Oldach, Julius (1804–1830), Maler 92, 95, 108
Olde, Hans (1855–1917), Maler, ab 1902 Leiter der Kunstschule in Weimar, ab 1911 Direktor der Kunstakademie Kassel 91, 96 f., 104 f., 110, 133, 135, 207, 212
Oldesloe 441
Oltmanns, Johannes (1872–?), Architekt 157, 334, 479
Ompteda, Georg Freiherr von (1863–1931), Schriftsteller 282

Oper 168–170, 178
Opfermann, Karl (1891–1960), Bildschnitzer und Holzschneider 531
Oppenheimer, Ruben Leopold (1837–1914), Dr. jur., Rechtsanwalt, Kunstsammler 134
Orgeln 166
Orska, Maria (1893–1930), Schauspielerin 180
Osbahr, Wilhelm (1881–1920), Leiter des Büsch-Instituts 395, 398
Ostade, Adriaen van (1610–1685), niederl. Maler, Radierer und Zeichner 134
Ostade, Isaac (1621–1649), niederl. Maler und Radierer, Bruder und Schüler von Adriaen O. 134
Ostafrika-Expedition 362 f.
Osterbekstraße 472
Osterstraße 441
Osthaus, Karl Ernst (1847–1921), Kunsthistoriker, Gründer des Museums Folkwang in Hagen (1902) und Mitbegründer des Deutschen Werkbundes (1907) 537
O'Swald, Albrecht (1861–1946), Kaufmann 287
O'Swald, Toni (eigentlich: Antonie) geb. Haller (1866–1949), Tochter des Architekten Martin H. (s. diesen), verm. seit 1890 mit dem Kaufmann Alfred O'Swald (1861–1929) 182
O'Swald, William Henry (1832–1923), Kaufmann, von 1869 bis 1912 Senator, 1908–1909 Zweiter Bürgermeister 97, 121
Othmarschen 131
Ottensen 338
Otto, Alexander (1861–1936), Schauspieler 236, 282
Ottostraße: Wohnung von Gustav Falke 198

Pabst, Erich Adolf (1890–1955), Schauspieler 539
Pädagogische Reform (Wochenschrift), hrsg. von der Freien Vereinigung von Lehrern 267 f., 304, 315
Pädagogische Reform (Vierteljahr- bzw. Monatsschrift), hrsg. von der Lehrervereinigung für die Pflege künstlerischer Bildung (später: Der Säemann) 167 f., 324

Palast-Hotel 558 f.
Palissy, Bernard (1510-1589 od. 1590), franz. Fayencekünstler 141
Pallat, Ludwig (1867-1946), Dr. phil., Prof., Geh. Oberregierungsrat, Gesamtleiter des Zentralinstituts für Erziehung und Unterricht in Berlin; Vetter von Gustav Schiefler 77, 79, 189, 321
Palmaille (Altona) 421
Pan (Zeitschrift) 191 f., 215, 223, 240, 326, 335
Panzner, Karl (1866-1923), Dirigent 161
Pape, Justus (1851-1918), Buchhändler in Fa. Mauke Söhne 226, 262, 269
Paris 99, 118 f.
Passarge, Siegfried (1867-1958), Geograph, von 1908 bis 1935 Professor in Hamburg 366, 369 f.
Pastoren 49-51, 356 f., 376
Patriotische Gesellschaft 55, 57, 75 f., 147, 154, 271 f., 275-277, 308 f., 332, 356 f., 422, 541, 545
Patriotisches Gebäude 271, 279, 357, 422
Patrizier s. Hamburger Familien
Pauli, Gustav (1866-1938), Dr. phil., Kunsthistoriker, von 1899 bis 1914 Direktor der Kunsthalle seiner Vaterstadt Bremen, von 1914 bis 1933 Direktor der Hamburger Kunsthalle 84 f., 125, 284 f., 292, 455, 508, 520-523, 525, 533, 536, 544-547, 551 f., 554, 556, 558, 566
St. Pauli: Kirchspiel 50 f., 332
St. Pauli: Stadtteil 82, 182, 186, 407, 440, 450
St. Pauli-Landungsbrücken 429, 440, 447 f.
Paulsen, Charlotte geb. Thornton (1797 bis1862), Begründerin des Frauenvereins zur Unterstützung der Armenpflege 296
Paulsen, Elisabeth, Schriftstellerin, Tochter von Propst Friedrich P. (1849-1934) in Altona, Ehefrau von Ernst Fuhrmann (s. diesen) 234, 537
Paulsen, Johannes (1871-1937), Volksschullehrer 304
Paulsen, Wilhelm (1875-1943), Schriftleiter der Pädagogischen Reform 315
Paulsenhaus (Neuer Wall) 480
Paulsen-Stift: Wandgemälde von Paul Kayser 108
Pechstein, Max (1881-1955), Maler 528

Peiffer, Engelbert (1830-1897), Bildhauer 277, 422
Peine, Wilhelm August (1860-1914), Oberregierungsrat 223, 226
Perels, Kurt (1878-1933, Freitod), Dr. jur., seit 1909 Professor für Öffentl. Recht in Hamburg 402
Peschka-Leutner, Minna (1839-1890), Sängerin 168
Petersen, Carl Friedrich (1804-1892), Dr. jur., Advokat, seit 1855 Senator, 1876 und 1892 Erster Bürgermeister 39, 97, 164, 167, 424
Petersen, Carl Wilhelm (1868-1933), Dr. jur., Rechtsanwalt, von 1924 bis 1929 und von 1932 bis 1933 Erster Bürgermeister; Enkel von Carl Friedrich P. 43, 159, 163, 399
Petersen, Johannes August (1862-1913), Dr. jur., Waisenhausdirektor 324
Petersen, Peter (1884-1952), Dr. phil., Pädagoge und Schulreformer, von 1920 bis 1923 Leiter der Lichtwarkschule; von 1924 bis 1950 Professor in Jena, Leiter der Jenaer »Erziehungswissenschaftlichen Anstalt« 326, 551 f., 554, 556 f., 566
Petersen, Rudolf (1848-1915), Bankkaufmann, Vorsitzender des Vereins der Musikfreunde; Sohn von Carl Friedrich P. 163, 332
Petersen, Toni (Antonie) (1840-1909), Tochter von Carl Friedrich P. 188
Petersen-Denkmal 509
St. Petrikirche 92, 94, 217, 417, 442, 444 f., 480
Petroleumhafen 427, 446
Petz, Ellen, Tänzerin 188 f.
Pferdemarkt (Gerhart-Hauptmann-Platz) 181, 276, 419, 444, 466, 476, 481
Pfohl, Ferdinand (1862-1949), Prof. Dr., Musikpädagoge und -schriftsteller, Redakteur der Hamburger Nachrichten 258
Pfropfehaus (Alsterdamm) 480
Philharmonische Gesellschaft 160-163
Philippi, Felix (1851-1921), Schriftsteller 174
Philippi, Friedrich August (1859-1938), Dr. jur., Oberlandesgerichtsrat, von 1912 bis 1918 Reichsgerichtsrat, von 1918 bis 1920 Senatspräsident am Hanseatischen Oberlandesgericht 367 f., 370, 372 f., 375 f.

Philologen (Oberlehrer) 34, 47, 56 f., 281, 357, 370, 376, 381, 542, 556
Photographie 102
Physikalisches Kabinett 351
Physikalisches Staatslaboratorium 46, 459
Picasso, Pablo (1881–1973), span. Maler, Graphiker und Bildhauer 132
Piefo, August, Theaterdirektor 187
Pinçonhaus (Neuer Wall) 479 f.
Pinneberg 76 f., 441
Piper, Carl Anton (1874–1938), Dr. phil., Feuilletonredakteur der Hamburger Nachrichten, MdBü, MdR von 1920 bis 1924; seit 1929 Hamburg. Gesandter in Berlin 253–255
Pissarro, Camille (1830–1903), franz. Maler 134
Plan 416
Planitz, Margarete von der geb. von Muschwitz (1868–1955), seit 1889 Ehefrau des Kgl. Preuß. Majors Hans von der P. 133
Poeck, Wilhelm (1866–1933), Schriftsteller 264
Pöseldorf 114
Polenz, Wilhelm von (1861–1903), Schriftsteller 282
Pollini, Bernhard, eigentlich: Baruch Pohl (1838–1897), Theaterdirektor 168 f., 171 f.
Polyhymnia (Gesangverein) 164
Pontoppidan, Hendrik (1814–1902), Kaufmann, Dän. Generalkonsul in Hamburg, Förderer der Hamburger Kunsthalle 97, 357
Popert, Hermann (1871–1932), Dr. jur., Richter am Landgericht, Schriftsteller, MdBü 239 f.
Poppenbüttel 221, 225, 329 f., 441
Portugalöser 549
Porzellan 138 ff.
Pospischil, Maria (1862–1943), Schauspielerin 171
Postgebäude (Gänsemarkt) 421
Postgebäude (Poststraße) 419
Postscheckamt (Alter Wall) 465
Poststraße 419, 481
Postverwaltung 465
Post-Zollabfertigungsgebäude (Dammtorwall) 470

Povórina s. Ahlers-Hestermann, Alexandra Andrejewna
Predöhl, August (1861–1942), Dr. med., Bruder von Max Pr. 58
Predöhl, Max (1854–1923), Dr. jur., seit 1893 Senator, seit 1910 mehrfach Erster oder Zweiter Bürgermeister; von 1900 bis 1915 Mitglied der Kommission für die Verwaltung der Kunsthalle, seit 1913 deren Präses 41, 164, 258, 388 f., 393 f., 502
Presse s. Zeitungen, Zeitschriften
Presseball 1903 204, 233
Preußen 298, 319, 321
Privatsammlungen 69, 100, 129–135, 146, 302, 346, 528
– Erdwin Amsinck: Gemälde 59, 130 f.
– Siegfried Barden: Kunstgewerbe 146
– Eduard Ludewig Behrens: Gemälde 131 f., 134, 256
– Eduard Ludwig Behrens: Gemälde 134
– Theodor Behrens: Gemälde 134
– F. Bendixen: Gemälde 55, 134
– Georg Hermann Friedrich Blohm: Graphik 135
– Hermann Blohm: Graphik, Kunstgewerbe 135, 146
– Martin Bromberg: Gemälde, Kunstgewerbe 135
– Henry Budge: Gemälde 135
– Julius Derenberg: Japanische Kunst 69
– Johannes Fitzler: Kunstgewerbe 146
– Heinrich Föhring: Kunstgewerbe 53
– Arthur Goldschmidt: Kunstgewerbe 146
– Sigmund Hinrichsen: Bücher 44
– Heinrich Hudtwalcker: Gemälde, Graphik 135
– Johannes Ipsen: Märchen 54
– Ami Kaemmerer: Belletristik 54
– Ernst H. Kalkmann: Gemälde 133
– Rudolphe Kann (Paris): Gemälde 40, 98 f.
– Arnold Otto Meyer: Handzeichnungen 130 f.
– Frau Dr. Meyer: Spitzen 136
– Carl Mönckeberg: Kupferstiche und Radierungen 83
– Dr. Müller: Graphik 135
– Henry P. Newman: Gemälde 132 f.
– Max Nonne: Gemälde 58, 133
– R. L. Oppenheimer: Chodowiecki 134

616

- August Predöhl: Hamburgensien 58
- Paul Rauert: Graphik 134 f.
- Richard Robinow: Radierungen 134
- Wilhelm Rump: Gemälde 132
- Rosa Schapire: Expressionisten 135
- Gustav Schiefler: Graphik 135, 294
- Otto Schmeisser: Graphik 135
- Johann Heinrich Schröder (London): Gemälde 98
- Gustav Christian Schwabe (London): Gemälde 98
- Geert Seelig: Münzen 294
- Henry Simms: Gemälde 132
- Hermann Strebel: Conchylien, mexikan. Altertümer 59
- Paul Sudeck: Gemälde 58
- David Friedrich Weber: Liebermann 135
- Konsul Eduard Friedrich Weber: Gemälde 59, 99, 130
- Carl Johannes Wesselhoeft: Gemälde 98, 130
- Albert Wolffson: Gemälde 43, 134
- A. N. Zacharias: Mineralien 53
- Carl Zarniko: Gemälde 133

Produktion (Konsumverein) 341
Professorenkomitee (zur Beratung über die Gründung einer Universität) 356 f.
Professorenkonvent 46, 75, 97, 121, 355–357, 361
Professorenrat (am Kolonialinstitut) 46, 365, 552 f.
Professorentitel s. Titel
Propfehaus (Alsterdamm) 480
Prostitution 298
Puritz, Walther (1882–?), Architekt 477

Quadriga: Vereinigung junger Schriftsteller und Künstler 229

Raabe, Wilhelm (1831–1910), Schriftsteller 282
Rabeler, Georgine s. Illies
Rabenstraße 461
Radczwill, Minna (1878–?), Tanzlehrerin 188 f., 323
Radel, Georg (1860–1948), Architekt 480
Rambatz, Gottlieb (1859–1920), Architekt 445, 476, 478, 480, 494, 554
Rappolthaus (Mönckebergstraße) 443 f.

Rat Geistiger Arbeiter 551 f., 559
Rathaus 37, 63, 99 f., 249, 264 f., 416 f., 431, 433 f., 444
Rathaushörn (Geschäftshaus) 445
Rathaushotel 478
Rathausmarkt 42, 433, 439, 441, 445, 453, 478, 509 f.
Rathgen, Hermann (?–1915, gef.), Dr. jur., Rechtsanwalt 335
Rathgen, Karl (1856–1921), Nationalökonom, seit 1907 Professor in Hamburg, erster Rektor der Universität 264, 295, 363, 366, 376, 402, 526, 553, 556, 559, 563
Ratskeller 160, 260
Rauert, Friedrich (gest. 1916), Dr. med., Arzt in Güstrow 134
Rauert, Martha, Ehefrau von Paul R. 134 f.
Rauert, Paul (1863–1938), Dr. jur., Rechtsanwalt, Kunstsammler 134, 285
Realschule der Ev.-Reformierten Gemeinde (Seilerstraße) 422
Rebattu, Albert (1847–1933), Dr., Pastor 287
Rechte, Die s. Bürgerschaftsfraktionen
Rée, Anita (1885–1933, Freitod), Malerin 529
Reeperbahn 182, 186
Reesendamm 416
Reesendammbrücke 42, 416, 431, 509 f.
Reform, Die (Zeitung) 253
Reger, Max (1873–1916), Komponist 162, 166
Rehbehns Gesellschaftshaus (Valentinskamp) 345
Reher, Fräulein, Musikerin 295
Reichenbach, Hermann (geb. 1869), 1935 nach New York emigriert, Bankier, Schriftsteller, Dramaturg 284
Reichsbank 417, 550
Reichsgründung 406
Reichskolonialamt 364
Reichspostamt 430, 465
Reichstagswahlverein von 1884 268
Reiherstieg 446
Reimarus, Familie 313
Reimarus, Hermann Samuel (1694–1768), Theologe und Philosoph, Professor am Akademischen Gymnasium 350
Reimarus, Johann Albrecht Hinrich (1729–1814), Dr. med., Professor der Naturgeschichte am Akademischen Gymnasium 32, 350

Reimarus, Sophie geb. Hennings (1742–1817), Ehefrau von Johann Albrecht Hinrich R. 313
Reimer, Johann (1847–1917), Steinmetzmeister, MdBü von 1892 bis 1917 (Fr. d. L.) 45
Reimers, Johannes W. F. (1858–1913), Kaufmann, Kunstsammler 523
Reinbek 483
Reincke, Heinrich (1881–1960), Prof. Dr. phil., seit 1933 Direktor des Staatsarchivs; Sohn von Johann Julius R. 286
Reincke, Johann Julius (1842–1906), Dr. med., Physikus, seit 1893 Medizinalrat, MdBü von 1880–1892 (Fr. d. R.) 300, 356 f.
Rektortitel für die Leiter von Volksschulen s. Titel
Religionsunterricht 542 f.
Rembrandt, Harmensz van Rijn (1606–1669), niederländ. Maler, Zeichner und Radierer 98–100, 134, 322
Renoir, Pierre Auguste (1841–1919), franz. Maler 98
Restaurants 478
Reuberthaus (Neuer Wall) 479 f.
Reuter, Fritz (1810–1874), Schriftsteller 248, 291, 294, 329, 338
Reuter, Gabriele (1859–1941), Schriftstellerin, Frauenrechtlerin 285
Revolution 1918 306, 312, 327 f., 401, 403, 456, 518, 532 f., 542, 551 ff.
Rha (Verein für vergleichende Sprachstudien) 234
Rhodes, Cecil (1853–1902), brit. Kolonialpolitiker 74, 353
Richter, Ludwig (1803–1884), Maler, Zeichner, Illustrator 131
Riehl, Alois (1844–1924), österr. Philosoph 285
Rieß, Carl (?–1929), Vorsitzender des Monistenbundes 551 f., 558
Rijsselberghe, Theo van (1862–1926), belg. Maler 216
Ringbahn (Hoch- und Untergrundbahn) 439
Ringstraße 420, 430, 466
Rissen 235

Rist, Johann Georg (1775–1847), Diplomat, Schriftsteller 272
Ritter, Anna (1865–1921), Schriftstellerin 282
Robinow, Familie 413
Robinow, Hermann Moses (1837–1922), Kaufmann 60, 330, 359, 381
Robinow, Richard (1867–1945), 1938 emigriert, Dr. jur., Rechtsanwalt 134, 559
Robinsohn, Student 551, 557
Rode, Friedrich Gottlieb Theodor (1855–1923), Dr. theol. und Dr. phil., Hauptpastor zu St. Petri 367
Rodeck, Carl (1841–1909), Maler 89
Roderich, Albert s. Rosenthal
Röbbeling, Hermann (1875–1949), von 1914 bis 1931 Direktor des Thalia-Theaters, seit 1932 am Burgtheater in Wien 181, 538
Rödingsmarkt 421, 439, 465 f., 480
Röhl, Adolf (1889–1953), Reformpädagoge 543
Roeloffs, Hugo Amandus (1844–1928), Senatssekretär, von 1889 bis 1912 Syndicus des Senats 424
Roemer, Georg (1868–1922), Bildhauer 242, 244
Röpke, Wilhelm (1873–?), Maler 188
Roethe, Gustav (1859–1926), Prof. Dr. phil., Germanist 285
Röttiger, Wilhelm (1858–1928), Direktor der Oberrealschule in Eppendorf 57
Röver, Valesca (1849–1931), Malerin, Kunstgewerblerin, Inhaberin einer Malschule 111
Rohlsen, Bertha geb. Rauert (1852–1928), Vorsitzende des Frauenklubs Hamburg e. V.; Ehefrau von Gustav Heinrich Christoph R. 300
Ronacher, Jacob (1843–1898), Inhaber des Restaurants Spatenbräu in der Hermannstraße, das nach seinem Tode von seiner Witwe weitergeführt wurde 207
Rosam, Walter (1883–1916, gef.), Maler 119
Rosatzin, Franz Xaver (1847–1899), Chefredakteur des Hamburgischen Correspondenten 245
Roscher, Heinrich (1838–1929), Kaufmann, seit 1888 Senator 97
Rosegger, Peter (1843–1918), österr. Schriftsteller 309, 329, 340

Rosenhagen, Gustav (1866–1941), Dr. phil., Professor, Oberlehrer an der Oberrealschule auf der Uhlenhorst 57, 376, 381, 388

Rosenow, Emil (1871–1904), Schriftsteller 340

Rosenthal, Albert (1846– nach 1925), Schriftsteller unter dem Pseudonym Albert Roderich 193, 230

Roß, Rudolf (1872–1951), Volksschullehrer, von 1921 bis 1928 Direktor der Hamburger Volkshochschule; MdBü von 1919 bis 1933 (SPD), von 1920 bis 1928 deren Präsident; Zweiter Bürgermeister von 1928 bis1929 und 1932–1933; Erster Bürgermeister von 1930–1931 402, 565

Rote Erde, Die (Zeitschrift) 536

Roth, Franz Carl Heinrich (1853–1935), Dr. phil., Chemiker und Apotheker, Provisor der Krankenhäuser St. Georg und Barmbek 354

Rothenbaum 408, 411

Rothenbaumchaussee 291, 314 f., 374, 441, 459 f., 477

Rothenburgsort 333–336, 450

Rotte, Carl (1862–1910), Maler 256

Rousseau, Henri (1844–1910), franz. Maler 118, 131

Ruben, Albert (1855–1924), Kaufmann, Kunstsammler 236, 525

Rubinstein, Anton (1829–1894), russ. Pianist und Komponist 165

Ruckteschell, Nicolai von (1853–1910), seit 1889 Pastor an der Friedenskirche in Eilbek 50, 332

Rübenkamp 472

Rumohr, Carl Friedrich von (1785–1843), Kunsthistoriker und Schriftsteller, Begründer der dt. Kunstwissenschaft als wiss. Disziplin 90

Rump, Wilhelm (1844–1922), Kaufmann, Kunstsammler 132

Rumpel, Theodor (1862–1923), Dr. med., Professor, Ärztlicher Direktor des Barmbeker Krankenhauses 58

Runge, Philipp Otto (1777–1810), Maler und Schriftsteller 92, 95, 105, 108

Ruperti, Ada geb. Hansen (1880–1950), Tochter von Gustav Christian Friedrich Hansen, Präsident des Hanseatischen Oberlandesgerichts; seit 1903 Ehefrau von Dr. jur. Oskar Ruperti, Direktor der Merckschen Guano- und Phosphatwerke 188

Ruths, Valentin (1825–1905), Landschafts-, Marine- und Vedutenmaler, Lithograph 89, 133, 291

Rzekonski, Rudolf, Architekt 483

Rzekonski, Willi (1866–?), Architekt 483

Sacharoff, Alexander (1886–1963), Tänzer; Ehemann von Clotilde von Derp (s. diese) 188

Sachs, Hans (1494–1576), Meistersinger und Dichter 278, 282, 454

Sachse, Paul Friedrich Carl (1859–1927), Kaufmann, von 1914 bis 1919 Senator 394

Sachsenwald 277

Sack, Eduard (1857–1913), Maler 106

Sack, Gustav (1885–1916, gef.), Schriftsteller 540

Säemann, Der (Zeitschrift) 79, 195, 267 f., 324 f.

Saenger, Alfred (1860–1921), Prof. Dr. med., Nervenarzt 58, 324 f.

Sagebiels Etablissement 186, 188

Saharet, eigentlich: Clarissa Rose, Tänzerin 188

Saint-Denis, Ruth (1887–1968), amerikan. Tänzerin 188

Salfner, Heinz (1875–1945), Schauspieler 181

Salomon, Richard (1884–1966), Dr. phil., Historiker, Professor in Hamburg; 1937 in die USA emigriert 400, 551 f.

Salon Clematis (Kunst- und Kunstgewerbehandlung) 128 f.

Sammlung Hamburgischer Altertümer 46, 53, 289, 351, 363

Sammlung vorgeschichtlicher Altertümer 351

Sander, Edith (1877–?), seit 1903 Ehefrau von Carl Mönckeberg (s. diesen) 82

Sander, Heinrich Christian (1853–1934), Staatsanwalt, 1900 Landgerichtsdirektor, von 1904 bis 1919 Senator, danach wieder Landgerichtsdirektor 41, 84, 148, 242, 261, 264, 287, 292, 316

Sander, Minna geb. Baare (1867–?), Ehefrau von Heinrich Christian S. 290
Sandt, Emil (1864–1938), Schriftsteller 233, 534
Sandtorhafen 424
Sandtorkai 425
Sauerlandt, Max (1880–1934), Prof. Dr. phil., von 1919 bis 1933 Direktor des Museums für Kunst und Gewerbe, vorher Direktor des Städtischen Museums in Halle 249 f., 523 f., 536
Schaarmarktviertel 412, 503
Schadow, Johann Gottfried von (1764–1850), Bildhauer 100, 145
Schädel, Bernhard (1878–1926), Dr. phil., Romanist, seit 1911 Professor in Hamburg 373, 399, 400
Schäfer, Bruno Luis (1860–1945), Dr. jur., Landgerichtsdirektor, von 1900 bis 1907 Senatssyndicus, von 1907 bis 1920 Senator, ab 1920 Präsident des Landesfinanzamtes Unterelbe 41, 298, 376, 494–496
Schaper, Friedrich (Fritz) (1841–1919), Bildhauer 422, 509
Schaper, Friedrich (1869–1956), Maler 107–110, 115, 132, 293, 343, 526
Schaper, Johann (1621–1670), Glaskünstler 141
Schapire, Rosa (1874–1954), Dr. phil., Kunsthistorikerin, 1939 emigriert 125, 135, 300, 302, 527 f., 536
Schaps, Georg (1867–1918), Dr. jur., Landgerichtsdirektor, Mitglied des Reichsgerichts 52
Scharfrichter, Die elf (Kabarett) 187
Scharrelmann, Heinrich (1871–1940), Reformpädagoge 270
Schaudt, Emil (1871–?), Architekt 314, 476 f., 510
Schauenburger Straße 480
Schauenburgische Grafen 31
Schauspiel 171–185
Scheel, Johann Jacob (1855–1918), Volksschullehrer 304
Scheffler, John Julia (1867–?), Chorleiter, Kapellmeister, Komponist 163
Scheffler, Karl (1869–1951), Kunstschriftsteller 511, 532

Scheits, Matthias (um 1625/30– um 1700), Maler, Radierer und Illustrator 92 f.
Scherl, August (1849–1921), Zeitungsverleger, seit 1904 Besitzer des Hamburgischen Correspondenten 246
Schiefler, Gustav (1894–1982), Rechtsanwalt; Sohn von Gustav Sch. 50, 206, 209
Schiefler, Johanna verh. Beyse (geb. 1891), Tochter von Gustav Sch. 50, 122, 149 f., 189, 291, 321
Schiefler, Liesel verh. Pietzker (geb. 1889), Tochter von Gustav Sch. 50, 291
Schiefler, Luise (Luischen) geb. von Rose (1865–1967), Ehefrau von Gustav Sch. 75, 111 f., 149, 200, 203, 205 f., 208 f., 211, 230, 237, 291, 299 f., 302, 527
Schiefler, Ottilie (geb. 1899), Tochter von Gustav Sch. 189
Schiefler-Abende (Freitag-Abende, Offene Abende) 82 f., 114, 189, 204, 209, 223, 231, 266, 294 f., 371, 323
Schiff, Familie 245
Schifferwitwenhaus (Gebäude) 421, 425
Schiffsindustrie 446
Schildkraut, Josef (1896–1964), Schauspieler, in die USA emigriert 173
Schiller, Friedrich von (1759–1805), Dichter 171, 174, 178, 277, 282, 323, 454
Schiller-Denkmal 422, 509
Schiller-Feier zum 100. Todestag des Dichters 75, 178, 251, 277, 279, 327
Schiller-Theater 182, 339
Schilling, Johannes (1828–1910), Bildhauer, seit 1868 Professor an der Dresdner Akademie 422, 509
Schillings, Max von (1868–1933), Komponist 165
Schinckel, Max von (1849–1938), Bankier, Geschäftsinhaber der Norddeutschen Bank und der Disconto-Gesellschaft 357, 360, 381, 387, 400, 526, 550
Schinkel, Karl Friedrich (1781–1841), Baumeister, Architekt und Maler 421
Schirrmacher, Georg Theodor (1833–1864), Architekt 90, 422
Schlachthof 450
Schleidenstraße 472
Schleswig-Holsteinischer Provinziallandtag 283

Schleusenbrücke 416
Schlie, Friedrich (1839–1890), Kunsthistoriker, Direktor des Landesmuseums in Schwerin 94
Schlünz, Friedrich (1887–1933), Reformpädagoge 542–544
Schlüterstraße 465
Schmeisser, Otto (1858–1946), Dr. jur., Rechtsanwalt, MdBü von 1897 bis 1901, Graphiksammler 135
Schmid-Goertz, Gustav (1889–1965), Maler 527
Schmidt, Erich (1853–1913), Literarhistoriker, seit 1887 Professor in Berlin 282, 366
Schmidt, Helmine (Helmy) geb. Scharge (1860–1940), Ehefrau von Otto Ernst (Schmidt) (s. diesen) 194 f., 203
Schmidt, Kurt F., Architekt 148
Schmidt, Otto Ernst s. Otto Ernst
Schmidt-Rottluff, Karl (1884–1976), Maler 70, 124 f., 134 f., 223, 302, 528, 536
Schmitson, Teutwart (1830–1863), Maler 96
Schnars-Alquist, Carl Wilhelm Hugo (1855–1939), Maler 293
Schnelsen 441
Schnitzler, Arthur (1862–1931), österr. Schriftsteller 180, 340, 540
Schnütgen, Alexander (1843–1918), Kunstgelehrter und Kunstsammler in Köln 70
Schober, Alfred Ferdinand (1862–1940), Prof. Dr. phil., Oberschulrat 299
Schön, Alexander (1864–1941), Dr. jur., Regierungsdirektor, Vorsitzender des Seeamts, von 1913 bis 1919 Präsident der Bürgerschaft 44 f., 389 f.
Schönauer, Alexander (1871–1955), Goldschmied, leitete von 1906 bis 1934, seit 1912 als Professor, die Metall- und Goldschmiedeklasse an der Landeskunstschule 149, 153
Schönberg, Arnold (1874–1951), österr. Komponist 166
Schöne Aussicht (Uhlenhorst) 414
Schönleber, Gustav (1851–1917), Landschaftsmaler 132
Schönthan, Franz von Edler von Pernwald (1849–1913), Bühnenschriftsteller 175
Schöss, Paul, Architekt 483
Schomerus, Friedrich (1876–?), Dr., Geschäftsführer des Volksheims, ging 1906 als Sozialsekretär an die Zeiss-Werke in Jena; 1951 Geschäftsführer der Firma Carl Zeiss, Jena; seit 1946 Mitglied des Thüringischen Landtages (LDP) 336
Schongauer, Martin (um 1435–1491), Kupferstecher und Maler 100, 134, 320
Schorr, Richard (1867–1951), Dr. rer. nat., Astronom, seit 1902 Direktor der Sternwarte 355
Schrader, Theodor (1844–1917), Dr. jur., Landgerichtsdirektor, Vorsitzender des Vereins für Hamburgische Geschichte 53, 289
Schramm, Max (1861–1928), Dr. jur., Rechtsanwalt, von 1904 bis 1912 MdBü, von 1912 bis 1925 Senator, von 1925 bis 1928 Zweiter Bürgermeister 41
Schreyer, Lothar (1886–1966), Dramaturg des Schauspielhauses, Schriftsteller 531
Schröder, Familie 59
Schröder, Carl August (1855–1945), Dr. jur., Dr. theol. h. c., Dr. med. h. c., Rechtsanwalt, MdBü seit 1886, seit 1899 Senator, von 1910 bis 1918 Bürgermeister, seit 1921 wieder MdBü 41, 84, 247, 294, 298
Schröder, Johann Heinrich (Henry) Baron von (1825–1910), Bankier in London 98
Schroeder, Octavio (1856–1934), Dr. jur., Rechtsanwalt 185
Schroeder, Wilhelm (1882–?), Architekt 477
Schubert, Franz (1797–1828), österr. Komponist 165
Schuch, Carl (1846–1903), Maler 96
Schülerkonzerte 161
Schülervorstellungen 171
Schülke, Rudolf, Mitglied des Verwaltungsausschusses der Öffentl. Bücherhalle 277
Schulbauten 471–473
Schulstraße 347
Schulsynode 47
Schult, Johannes (1884–1965), Oberschulrat 315
Schultz, Clemens (1862–1914), Pastor zu St. Pauli, Jugendführer 50 f., 332
Schultze, Carl (1829–1912), Begründer des Carl-Schultze-Theaters 182
Schultze, Ernst (1874– nach 1934), Dr. phil., von 1900 bis 1903 Bibliothekar an der

Öffentl. Bücherhalle, später Professor an der Handelshochschule in Leipzig; begründete 1900 die Deutsche Dichter-Gedächtnis-Stiftung 273
Schultze, Mary geb. Weber (1865–1940), Tochter von Eduard W. und Marie Elizabeth geb. Gossler, verm. seit 1885 mit Landgerichtsdirektor Dr. jur. Adolph Sch. 294
Schulwissenschaftlicher Bildungsverein 63, 77, 103, 289, 307, 310, 317
Schulz, Helmut, Lehrer 328
Schulze, Adolph Hermann Heinrich (1866 b. 1943), Lehrer, Volksschulrektor 328 f.
Schulze-Berghof, eigentlich: Paul Schulze (1873–1947), Schriftsteller 179
Schumacher, Fritz (1869–1948), Architekt und Stadtplaner, seit 1909 Baudirektor, später Oberbaudirektor in Hamburg 48, 148, 150–153, 218, 242, 244, 276, 279, 409 f., 444, 448, 452–457, 467–472, 475, 478, 485, 497, 501 f., 504–509, 514, 526, 531, 533, 538, 545–547, 549–554, 556, 558, 560 f., 566
Schumacher, Hermann (1868–1952), Nationalökonom, seit 1917 Professor in Berlin; Bruder von Fritz Sch. 453
Schumacher, Sita (Louise Johanna Auguste) (1871–?), Schwester und Haushälterin von Fritz Sch. 453 f.
Schumann, Robert (1810–1856), Komponist 165, 285
Schumann-Heink, Ernestine (1861–1936), Sängerin 169
Schwabe, Gustav Christian (1813–1897), Kaufmann in London; stiftete der Kunsthalle seiner Vaterstadt Hamburg eine Sammlung vorwiegend englischer Bilder des 19. Jh.s 98
Schwabe, Johann (1880–1956), Oberlehrer 376
Schwanen-Apotheke 467, 500
Schwanenwik 414
Schwartz, Christian, Maler, Zeichenlehrer 319
Schwassmann, Arnold (1870–1964), Prof. Dr., Hauptobservator an der Sternwarte 334
Schweinemarkt 443

Schwemer, Paul (1889–1938), Maler, Lehrer an der Lichtwark-Schule 536
Schwencke, Friedrich Gottlieb (1823–1896), Organist 166
Schwencke, Max (1857–1934), Dr. jur., Amtsgerichtsdirektor; Sohn von Friedrich Gottlieb Schw. 166
Schwerdtfeger, Minna s. Illies, Minna geb. Schwerdtfeger
Schwerin: Landesmuseum 93 f.
Schwind, Moritz von (1804–1871), Maler 96, 131
Schwinge, Friedrich (1852–1913), Maler 89
Sckopp, Ferdinand (1875–1967), Architekt 239, 480, 487
Scott, Sir George Gilbert (1811–1878), engl. Architekt 417
Seefahrer-Armenhaus 421
Seekamp, Gut (bei Kiel) 212
Seelig, Geert (1864–1934), Dr. jur., Rechtsanwalt 294, 334, 376 f.
Seeliger, Ewald Gerhard (1877–1959), Schriftsteller 232 f.
Seemannsche Zeitschrift für bildende Kunst 157
Seemannshaus auf der Elbhöhe 422
Seemannskrankenhaus 449
Seewarte 86, 422, 429, 449
Seewartenstraße 440
Seidenhaus Brandt: Gebäude (Mönckebergstraße) 443
Segantini, Giovanni (1858–1899), italien. Maler 285
Segelschiffhafen 425, 427
Seidlitz, Woldemar von (1850–1922), seit 1885 Vortragender Rat bei der Generaldirektion der Sächsischen Staatl. Kunstsammlungen; Freund Lichtwarks aus seiner Berliner Zeit 519
Seilerstraße 422
Semler, Johannes (1858–1914), Dr. jur., Rechtsanwalt, seit 1900 MdR (Nationalliberal) 364
Semper, Gottfried (1803–1879), Architekt 408, 415, 453
Semper, Manfred (1838–1913), Architekt; Sohn von Gottfried S. 155, 422
Semperhaus (Spitalerstraße) 188, 486

Senat 37–41, 49, 63 f., 74, 98, 153, 178, 201 f., 241 f., 265, 273, 278, 286, 305, 316, 330, 350, 353, 361, 363, 366–368, 371–373, 375, 377–384, 387–396, 398, 400–402, 409, 433 f., 441, 452, 455 f., 461, 475, 488, 493 f., 496, 499, 502 f., 506, 508 f., 514, 520, 523, 547
Severin-Altar (Köln) 130
Sezession s. Hamburger Sezession
Shakespeare, William (1564–1616), engl. Dichter 171, 174, 177 f., 180, 277, 282, 340, 539
Shakespeare-Gesellschaft 218
Shaw, George Bernard (1856–1950), irischer Schriftsteller 179
Siebelist, Arthur (1870–1946), Maler und Graphiker 89, 107–110, 116, 267, 319, 321, 324, 526 f., 551
Siemers, Edmund (1840–1918), Kaufmann und Reeder; Stifter des Vorlesungsgebäudes und der Lungenheilstätte Edmundsthal bei Geesthacht 45, 59, 117–119, 360, 363 f., 373, 526
Sieveking, Familie 313
Sieveking, Friedrich (1836–1909), Dr. jur., Rechtsanwalt, von 1877 bis 1879 Senator, dann Präsident des Hanseatischen Oberlandesgerichts 52, 97 121, 264, 288, 290, 293, 356–358, 360 f.
Sieveking, Hermann Georg (1867–1954), Prof. Dr. med., seit 1901 Physikus 541
Sieveking, Karl (1787–1847), Dr. jur., seit 1820 Syndicus des Senats 350
Sievekingplatz 457 ff., 466
Signac, Paul (1863–1935), franz. Maler 216
Silbergerät des Senats 153
Sillem, Adolf Hieronymus (1811–1884), Kaufmann, Kunstsammler 90
Sillem, Hermann (1868–1940), Dr. jur., Rechtsanwalt 262
Simms, Henry (1860–1922), Kaufmann, Kunstsammler 132, 545
Simon-v. Utrecht-Brücke 440
Singakademie 160, 164
Singer, Kurt (1886–?), Dr. rer. pol., Privatdozent, Wirtschaftswissenschaftler; nach 1933 zunächst in Tokio, dann in Australien 566

Sisley, Alfred (1839–1899), franz. Maler engl. Abkunft 98
Sittard, Alfred (1878–1942), Organist 166
Sittard, Josef (1846–1903), Musikkritiker, Schriftsteller 159, 166, 245, 258
Sitte, Camillo (1843–1903), österr. Architekt und Städteplaner 441, 509
Sittlichkeitsvereine 226, 262, 269, 301
Skarbina, Franz (1849–1910), Maler 91
Slevogt, Max (1868–1932), Maler 97, 121
Sloman, Familie 413
Smissen, van der, Malerfamilie 32, 92
Soetbeer, Adolph (1814–1892), Dr. phil., Sekretär der Commerzdeputation, seit 1872 Honorarprofessor in Göttingen 287
Sombart, Werner (1863–1941), Nationalökonom und Soziologe, seit 1906 Professor in Berlin 285
Sonnin, Ernst Georg (1709–1794), Baumeister und Architekt 161, 164, 417, 421, 452, 457, 466, 473
Sophienterrasse 297
Sozialdemokratie 42 f., 51 f., 77, 172, 245 f., 248, 251 f., 265, 276, 279, 283, 290, 304 f., 328 f., 337–339, 342, 346 f., 364, 396, 402, 541
Soziale Fragen 55, 262, 277, 330–337
Soziale Frauenschule 301 f.
Soziale Hilfsgruppen des Allgemeinen Deutschen Frauenvereins 298 f.
Sozialpädagogisches Institut 301 f.
Spaldingstraße 149 f., 481
Spanier, Meier (1864–1942, Freitod), Dr. phil., jüd. Gelehrter und Pädagoge 322
Speckter, Erwin (1806–1835), Maler 92, 95, 108, 143
Speckter, Michael (1764–1845), Besitzer einer lithograph. Anstalt; Vater von Erwin und Otto Sp. 90
Speckter, Otto (1807–1871), Maler und Illustrator 200, 322
Speersort 252, 422
Speicherstadt 48, 407, 423, 425 f., 447
Spengel, Julius (1853–1936), Musiker, Direktor des Konservatoriums 163
Sperber, Johann Friedrich Ludwig Ferdinand (1855–1933), Oberingenieur, Leiter

des Ingenieurwesens 48, 242, 291, 456, 502–505
Sperl, Johann (1840–1914), Maler 96
Spielhagen, Friedrich (1829–1911), Schriftsteller 211, 282
Spiero, Heinrich (1876–1947), Dr. jur., Kaufmann, lebte nach dem Ersten Weltkrieg als freier Schriftsteller und Literarhistoriker in Berlin; Gründer des »Paulus-Bundes nichtarischer evangelischer Christen« 209, 213 f., 237, 239, 244, 264 f., 284, 367
Spitalerstraße 443 f., 486
Spitteler, Carl (1845–1924), Schweizer Schriftsteller 285, 300
Spitzensammlung im Museum für Kunst und Gewerbe 136 f.
Spitzweg, Carl (1808–1885), Maler 97
Sport 288
Spranger, Eduard (1882–1963), Philosoph und Kulturpädagoge 316, 390
Staatsarchiv 286
Stadtbibliothek 46, 287, 351, 556
Stadtbild: Entstehung und Entwicklung 405 ff., 409 ff.
Stadterweiterung 48, 84, 408
Stadthaus 294, 421, 430 f., 470 f., 497, 509 s. auch Goerzsches Palais
Stadthausbrücke 430 f.
Stadtpark 84, 242 ff., 247, 288, 291, 346, 502, 504, 506, 531
Stadtplanung 247, 410 ff., 456, 501–511
Stadtsanierung 410, 412 f., 434 f., 438, 441, 500
Stadttheater 168–172, 178, 182, 200, 236, 282; Gebäude 200, 421; Orchester 162 f.
Stadt- und Vorortsbahn 438 f.
Stahlhof (Kaiser-Wilhelm-Straße) 261
Stammann, Friedrich (1807–1880), Baumeister, Architekt 90
Standesschule 306, 542 ff.
Stapel, Wilhelm (1882–1954), Dr. phil., Leiter des Volksheims, polit. Schriftsteller 337, 537
Stapelläufe 446
Stavenhagen, Fritz (1876–1906), niederdt. Schriftsteller 178, 184, 236 f., 282
Stavenhagen-Gedenkstein 236
Stavenhagen-Gesellschaft 184, 237, 522
Steinbach, Eduard (1878–1939), Maler 527

Steindamm 186
Steinhagen, Heinrich (1880–1948), Maler 529
Steinle, Edward von (1810–1886), Maler 131
Steinrück, Albert (1872–1929), Schauspieler 539
Steinstraße 419
Steintorbrücke 438
Steintorplatz 135, 422, 468
Steintorwall 422
Steinwerder 407, 427, 448
Steinzeug 140 f.
Stemann, Carl (1847–1918), Dr. jur., Landgerichtsdirektor 45, 53, 159, 163, 169, 204, 218, 223, 439, 488, 494–496, 499, 503 f.
Stephan, Heinrich von (1831–1897), Staatssekretär des Reichspostamtes, Gründer des Weltpostvereins 430
Stephansplatz 430, 467, 478, 500
Stephanuskirche (Eimsbüttel) 451
Stern, William (1871–1938), Psychologe und Philosoph, von 1916 bis 1933 Professor in Hamburg, 1933 in die USA emigriert 326, 553, 566
Sterna, Katta (1897–?), Tänzerin 188
Sternfeld, Richard (1858–1926), Dr. phil., Schriftsteller 284 f.
Sternschanze 450; Bahnhof 436; Wasserturm 451
Sternwarte 46, 351, 354, 360, 374
Stettiner, Richard (1865–1927), Prof. Dr. phil., Leiter der Denkmalschutzbehörde, vorher Assistent am Museum für Kunst und Gewerbe 139, 295, 523 f., 545 f., 551, 554, 565, 567
Stettiner Vulkan (Werft) 446
Steuergebäude (Rödingsmarkt) 465 f.
Sthamer, Friedrich (1856–1931), Dr. jur., Rechtsanwalt, MdBü von 1901 bis 1904, Senator von 1904 bis 1915 und 1919, Erster Bürgermeister 1920; von 1920 bis 1930 Dt. Botschafter in London 41
Stockhausen, Emanuel (1865–1950), Schauspieler 182, 184
Stockhausen, Otto (1878–1914, gef.), Dipl. Ing., Erbauer des Elbtunnels 448
Stöckhardt, Ernst s. Ernst Hardt
Stolten, Otto (1853–1928), Schlosser, Gewerkschaftler, Redakteur, MdBü von 1901 bis 1927, MdR von 1913 bis 1918 und von

1920 bis 1924, MdN von 1919 bis 1920; Senator (Zweiter Bürgermeister) von 1919 bis 1925 (SPD) 43, 367 f., 526
Stoltz, Hermann (1845–?), Kaufmann, Kommerzienrat 287, 357, 360
Storm, Theodor (1817–1888), Dichter 309, 329, 345
Strafgerichtsbarkeit 51
Strafjustizgebäude 430, 457
Strandes, Justus (1859–1930), Kaufmann und Senator, seit 1920 Hamburg. Gesandter in Berlin 388, 390
Strandkai 427
Straßenbau 409, 440 ff.
Straßeneisenbahn-Gesellschaft 441
Straus, Oscar (1870–1954), österr. Komponist 187
Strauß, Richard (1864–1949), Komponist 165, 168
Strebel, Hermann (1834–1914), Dr. h. c., Kaufmann, Naturforscher und Ethnologe 59, 97, 121, 374
Strelow, Chr. H. Leopold (1866–?), Architekt 483
Strindberg, August (1849–1912), schwed. Dichter 180 f., 282
Strohhaus, Beim 342
Stuhlmann, Adolph (1838–1924), Zeichenlehrer und -didaktiker, Schulrat für das Gewerbeschulwesen 147
Stuhlmann, Franz (1863–1928), Zoologe und Naturwissenschaftler, erster Direktor des Weltwirtschafts-Archivs 97, 365, 369 f.
Stumm, Karl Ferdinand Frhr. von St.-Halberg (1836–1901), Unternehmer und Politiker, langjähriges Mitglied des Reichstags; hatte großen Einfluß auf die Innenpolitik Wilhelms II. 298
Sturm, Der (Berliner Zeitschrift) 531
Sturmreiter, Der (Zeitschrift) 537
Sucher, Joseph (1843–1908), Dirigent, von 1878 bis 1888 in Hamburg 168
Sucher, Rosa (1847–1927), Sängerin, von 1878 bis 1888 in Hamburg 168
Sudeck, Paul (1866–1945), Prof. Dr. med., von 1923 bis 1935 Direktor der Chirurg. Abteilung der Universitätsklinik Eppendorf 58, 135

Sudermann, Hermann (1857–1928), Schriftsteller 281 f.
Süchting: Wohnhaus (Heimhuder Straße) 483
Südsee-Expedition 363, 374
Südseehaus (Mönckebergstraße) 443
Suhr, Wilhelm sen., Inhaber der Commeterschen Kunsthandlung 124–127
Suhr, Wilhelm C. A. jun. (1877–1952), Mitinhaber der Commeterschen Kunsthandlung 126 f.
Suse, Theodor (1857–1917), Dr. jur., Rechtsanwalt, Schriftsteller 233
Sydow, Paul G. A. (1869–1948), Lehrer am Rauhen Haus, seit dem 1.4.1933 i. R.; MdBü 552

Tadd, Liberty (1854–1917), amerikan. Pädagoge 321
Tamm, Franz Werner gen. Dapper, Dapprait (1658–1724), Maler 92
Tanera, Karl (1849–1904), Hauptmann, Schriftsteller 308
Tangstedt 134, 225
Tanzkunst 188 f., 206, 323
Tat, Die (Zeitschrift) 336, 520
Tauchnitz, Otto (1880–?), Architekt 481
Techniker 34
Technische Lehranstalten 468 f.
Telemann, Georg Philipp (1681–1767), Komponist 159
Telemannstraße 472
Tepp, Max (geb. 1891), Reformpädagoge, wanderte 1924 nach Argentinien aus und gründete eine deutsche Schule in Comodoro Rivadavia; nach dem 2. Weltkrieg war er Direktor der deutschen Schule San Carlos de Bariloche und der Deutschen Pestalozzischule in Buenos Aires 543
Tesdorpf, Ebba (1851–1920), Zeichnerin 420
Tesdorpf, Gustav (1851–1933), Dr. jur., Amtsgerichtspräsident, von 1891 bis 1918 MdBü 202, 390
Tesdorpf, Mathilde, eigentlich: Mathilde Borberg (1846–1923), Adoptivtochter von Senator Adolph Tesdorpf (1811–1887), seit 1867 Ehefrau von Johann Georg Mönckeberg (s. diesen) 81

Tesdorpfstraße 235
Teubner, Pädagoge 79
Teubner-Voigtländer, Verlag 103, 322
Teufelsbrück 429
Teutonenweg 472
Thackeray, William Makepeace (1811-1863), engl. Schriftsteller 291
Thalia-Theater: 171 f., 178 f., 181 f., 185, 236, 282, 339, 538; Gebäude 181, 466 f.
Theater 32-34, 171-185, 538 ff.
Theateraufführungen für Volksschüler 323
Theaterkritik 254 f., 262, 540
Theaterpublikum 173, 175, 180 f., 185 f., 538 f.
Theaterstraße 167
Theologen s. Pastoren
Thilenius, Georg (1868-1937), Dr. med., Anthropologe, Ethnologe, von 1904 bis 1935 Direktor des Museums für Völkerkunde 264, 363 f., 374, 400, 459, 559
Thode, Henry (1857-1920), Kunsthistoriker; Schwiegersohn von Cosima Wagner 285
Thoma, Hans (1839-1924), Maler und Graphiker 55, 96, 134 f., 198, 215
Thomas-Altar der Englandfahrer 93
Thost, Arthur (1854-1937), Dr. med., Laryngologe 175, 376
Tiefstak 540
Tieloh 472
Tietgens, Hermann (1851-1941), Kaufmann, und Frau Amélie geb. Strantzen (1864-1943), 59
Tietzhaus (Alsterhaus) 476, 481
Tilgner, Victor (1844-1896), Bildhauer 509
Tille, Alexander (1866-1912), Dr. phil., Syndikus der Handelskammer Saarbrücken, Generalsekretär der Saarindustrie; Schriftsteller 282
Titel
— Professorentitel 150, 232, 290, 357
— Rektortitel 305
Töpferkunst 138 ff.
Tolstoi, Leo Graf (1828-1910), russ. Dichter 177, 282, 340
Toorop, Jan (1858-1928), niederl. Maler und Graphiker 254
Tormin, Mitbegründer der Kunstgesellschaft 284
Torsperre 406

Traun, Antonie geb. Westphal (1850-1924), seit 1871 Ehefrau des Kaufmanns Otto Traun (1842-1906), Gründerin der Sozialen Hilfsgruppen und des Hamburgischen Verbandes für Waisenpflege, Armenpflege und Vormundschaft 298, 301
Traun, Heinrich (1838-1909), Dr. phil., Kaufmann, von 1901 bis 1908 Senator; Bruder von Otto Tr. 330
Treu, Walter (1849-1922), Bauinspektor, Schriftsteller 285
Treuberg, Rosine Gräfin Fischler von Treuberg geb. von Poschinger (1849-1935), Ehefrau des Grafen Ferdinand F. v. Tr., Herrn auf Holzen 96
Troeltsch, Ernst (1865-1923), ev. Theologe, Philosoph und Historiker 279
Tropenmedizin 362 f.
Troplowitz, Oscar (1863-1918), Dr. phil., Inhaber der Firma Beiersdorf & Co. 545
Troplowitz: Wohnhaus (Fernsicht) 483
Trostbrücke 422
Trott zu Solz, August von (1855-1938), von 1909 bis 1917 preuß. Kultusminister 387 f.
Trübner, Wilhelm (1851-1917), Maler 96 f., 120 f., 132
Tschaikowskij, Peter (1840-1893), russ. Komponist 165
Tuaillon, Louis (1862-1919), Bildhauer 100
Tügel, Otto Tetjus (1892-1973), Maler, Musiker, Dichter, Schauspieler; Schwiegersohn von Richard Dehmel 529 f.
Tütges Etablissement (Valentinskamp) 345
Turnunterricht 323
Tuxen, Laurits Regner (1853-1927), dän. Maler 97

Überbrettl (Kabarett) 82, 187, 212
Uferstraße 151, 472
Uhde, Fritz von (1848-1911), Maler 96 f., 121
Uhlenhorst 338, 407 f., 411 f., 414, 441, 484
Uhlenhorster Fährhaus 288, 361, 414, 478
Umlauf, Karl (1866-1945), Prof. Dr. phil., Landesschulrat 543, 549, 566
Unda, Emilie (1879-1939), Schauspielerin 539
Universität 33, 40-42, 52-54, 56, 58-61, 68, 73-76, 84, 120, 246-248, 252 f., 288, 290,

298, 311, 313, 315 f., 326, 350 f., 353–362, 366–369, 372–385, 387–403, 459 f., 515, 518, 559, 563 ff.
Untergrundbahn s. Hoch- und Untergrundbahn
Utrecht, Simon von (gest. 1437), Bürgermeister und Seeheld 440

Valentinskamp 345, 466
Variétés 34, 185–187
Vautier, Marc Louis Benjamin (1829–1898), Maler 132
Veddelhöft 427
Velde, Henri van de (1863–1957), Maler, Innenarchitekt, Möbeldesigner 127
Velodrom (vor dem Dammtor) 510
Venloer Bahnhof 422
Verband Geistiger Arbeiter 559
Verbindungsbahn 435 f., 461, 464
Verdi, Guiseppe (1813–1901), ital. Opernkomponist 170
Vereinsbank (Alter Wall) 475
Vereins- und Verbandshäuser 477 f.
Verein der Naturfreunde 341
Verein Freie Volksbühne 172, 338, 342, 344
Verein für Frauenstimmrecht 224
Verein für Hamburgische Geschichte 53, 94, 289
Verein für Handlungscommis von 1858: Vereinshaus (Büschstraße) 478
Verein für Kunstpflege 78, 248, 251, 305, 327, 329, 342–348
Verein für Kunst und Wissenschaft 47, 56, 71, 74 f., 89, 177, 204, 263, 277–280, 283, 286, 360, 441
Verein für Volkskonzerte 163
Verein Hamburgischer Musikfreunde 163, 165, 167, 248, 332
Verein Hamburgischer Volksschullehrer 307, 318
Verein Heimatschutz im Hamburgischen Staatsgebiet 268, 411, 508
Verein zur Förderung der Amateurphotographie 102, 106
Verein zur Förderung von Frauenbildung und Frauenstudium 298 f.
Vereinigte Liberale s. auch Bürgerschaftsfraktionen 245, 252, 331, 360

Vereinigte Prüfungsausschüsse Deutschlands 310
Vereinigung für Kunstpflege 346–348
Verhaeren, Emil (1855–1916), belg. Schriftsteller 54 f.
Verlage 269–273
Verlagsgesellschaft deutscher Konsumvereine: Verwaltungsgebäude (Beim Strohhaus) 342
Verlaine, Paul (1844–1896), franz. Dichter 122
Veronese, Paolo (1528–1588), italien. Maler 366
Versammlung deutscher Naturforscher und Ärzte 1901 54
Versmann, Johannes (1820–1899), Dr. jur., seit 1861 Senator, seit 1887 Bürgermeister 37, 39, 73, 97, 424
Versmannhaus 445
Versuchsschulen 543 f.
Verwaltungsbeamte 54
Vierlande 71, 136 f., 142 f.
Villa-Romana-Preis 124
Vogel, Hans (1885–?), Maler und Radierer 374
Vogel, Hugo (1855–1934), Maler 97, 249, 258, 434
Vogeler, Heinrich (1872–1942), Graphiker, Maler und Kunsthandwerker 322
Voigt, Alfred (1864–1935), Dr. rer. nat., Professor, seit 1912 Direktor des Instituts für Angewandte Botanik 364, 554
Voigtländer & Teubner (Verlag) 103, 322
Volksabende der Literarischen Gesellschaft 331 f., 337
Volksbibliotheken s. Öffentliche Bücherhalle
Volksbildungsbestrebungen 226, 245, 248, 303–348
Volksdorf 483, 498
Volksheim 55, 332–337, 379, 537
Volkshochschule 313, 402, 541, 564 f.
Volkskonzerte 163, 167, 332
Volksoper 170
Volksschauspiele 339 f.
Volksschüler: Konzerte für 163, 323, 332
Volksschüler: Theateraufführungen für 323, 332

627

Volksschullehrerschaft 34, 40, 49, 56, 60, 63, 74, 76–80, 103, 188 f., 238, 245, 248, 251, 267 f., 271, 276, 279, 281, 292, 303–330, 337 f., 344, 370, 376, 392, 408, 522, 541 ff.
Volksschullehrerverein s. Verein Hamburgischer Volksschullehrer
Volksschulen 331, 392, 400
Volkstümliche Konzerte 163, 167, 332
Volkstümliche Vorlesungen der Patriotischen Gesellschaft 541
Volksunterhaltungsabende der Literarischen Gesellschaft 283, 331
Volksunterhaltungsabende der Patriotischen Gesellschaft 57, 277
Volksvorstellungen 178 f., 248, 277, 327, 332
Voller, August (1842–1920), Prof. Dr., seit 1885 Direktor des Physikalischen Staatslaboratoriums 355 f., 358, 376 541
Vollmer, Adolph Friedrich (1806–1875), Maler 92, 133
Vollmoeller, Karl Gustav (1878–1948), Schriftsteller, Auto- und Flugzeugkonstrukteur, Drehbuchschreiber 282
Von-Essen-Straße 472
Vorlesungsgebäude 76, 119, 363 f., 374, 460, 498, 552–554
Vorlesungskommission 46
Vorlesungswesen s. Öffentliches Vorlesungswesen
Vororte: Bebauung und Besiedelung 406 f., 411
Vorortsbahn 438 f.
Vorschule 306
Vorsetzen 428 f.
Voss, Leopold, Verlag 264
Vuillard, Edouard (1868–1940), franz. Maler 95, 97

Wach, Adolf (1843–1926), Dr. jur., seit 1875 Professor in Leipzig 390
Waetzoldt, Wilhelm (1880–1945), Dr. phil., Kunsthistoriker 256, 285
Wagner, Carl (1865–1928), Schauspieler, Mitbegründer des Deutschen Schauspielhauses 173
Wagner, Richard (1813–1883), Komponist 159, 165, 169

Wahlrechtskampagne 1905/06 42, 53, 76, 246, 252, 305, 330, 360
Waisenhaus, altes: Gebäude 421, 425
Waitz, Heinrich (1850–1912), Dr. med. et. chir., Oberarzt am Vereinshospital 287
Walddörfer 439, 483
Walddörferbahn 439
Walden, Herwarth, eigentlich: Georg Levin (1878–1941), Schriftsteller, Komponist, Kunstförderer; 1932 in die Sowjetunion emigriert 531
Waldenau b. Pinneberg 134
Waldmann, Emil (1880–1945), seit 1914 Direktor der Bremer Kunsthalle 532
Waldmüller, Ferdinand Georg (1793–1865), Maler 97
Walker, Edyth (1870–1950), Sängerin 170
Wallanlagen 420, 440, 470, 503
Wallhof: Geschäftshaus (Glockengießerwall) 480
Wallsee, Heinrich Egon (1849–?), von 1885 bis 1912 Redakteur der Hamburger Nachrichten, Lustspieldichter 250 f., 254
Wallstraße 342, 477 f.
Waltershof 446
Wanderausstellung des Gewerbeschulverbandes 1916 151 f.
Wandrahmsinsel 421, 425, 447
Wandsbek 182, 441
Wandsbeker Chaussee 441
Warburg, Familie 189, 361
Warburg, Aby (1866–1929) Prof., Kunst- und Kulturhistoriker 244, 250, 256, 263–266, 284, 286, 292 f., 295, 316, 361, 366 f., 369, 377, 390, 396, 400
Warburg, Max (1867–1946), Bankier; Bruder von Aby W. 45, 59, 359 f., 365, 367, 369, 375, 377, 381, 394, 396, 398, 402
Warburg, Bankhaus (Hermannstraße) 375
Warenhausbauten 473 ff.
Wartenau 468
Wasmann, Friedrich (1805–1886), Maler 95
Wassermann, Martin (geb. 1871), Dr. jur., Rechtsanwalt, von 1923 bis 1933 Professor für Industrierecht an der Universität; 1939 nach Argentinien emigriert 52, 376
Wassertürme 450 f.
Wasserversorgung 450
Weber, Carl Maria von (1786–1826), Komponist 165

628

Weber, David Friedrich (1863–1912), Dr. jur., Notar 135
Weber, Eduard Friedrich (1830–1907), Kaufmann, Kunstsammler, Konsul von Haiti, verm. seit 1863 mit Elizabeth Goßler (1845–1927) 59 f., 99, 130
Weber, Mary s. Schultze, Mary
Weber, Mercedes s. Hüniken, Mercedes
Wedde, Johannes (1843–1890), Lehrer, Schriftsteller, Redakteur, Politiker 343
Wedderkop, Magnus Freiherr von (1864–?), Vortragender Rat im Preußischen Kultusministerium 251
Wedekind, Frank (1864–1918), Schriftsteller 179, 282, 340, 539
Wegehaupt, Wilhelm (1845–1917), Prof. Dr. phil., Direktor des Wilhelm-Gymnasiums 252
Wegely, Wilhelm Caspar, dt. Porzellanfabrikant des 18. Jhs. 140
Wegener, Alfred (1880–1930), Geophysiker und Meteorologe, von 1919 bis 1924 Abteilungsleiter der Dt. Seewarte und Professor in Hamburg, dann in Graz; auf einer Grönlandexpedition verschollen 290
Wegener, Paul (1874–1948), Schauspieler und Regisseur 182
Weidenstieg 472
Weihrauch, Heinrich Gustav (1862–1940), Lehrer 322
Weimar 155, 218, 320
Weingartner, Felix von (1863–1942), österr. Dirigent, Komponist und Musikschriftsteller 160, 170
Weingartner-Marcel, Lucille von (?–1921), Sängerin; Ehefrau von Felix v. W. 170
Weiss-Mann, Edith (1885–1951), Pianistin, Musiklehrerin und -kritikerin; Ehefrau des Malers Wilhelm Mann (s. diesen); über Dänemark in die USA emigriert 340
Weiße, Franz (1878– nach 1942), Kunstbuchbinder 148
Weitbrecht & Marissal, Buchhandlung 269
Welckerstraße 203
Wellingsbüttel 441
Weltausstellungen (Chicago, Paris, St. Louis) 155
Weltkrieg s. Erster Weltkrieg
Wendekreis, Der (Schulgemeinschaft) 543

Wendt, Gustav (1848–1933), Prof. Dr. phil., Pädagoge 299
Wentzel, Johannes (1852–1919), Dr. jur., Hausmakler, MdBü 202
Werkbund Geistiger Arbeiter 401 ff., 454, 456, 508, 524, 551–568
Werner, Geheimrat, Vertreter der Reichsbank in Hamburg 550
Weserburg: Kontorhaus (Spaldingstraße/ Heidenkampsweg) 481
Wesselhoeft, Carl Johannes (1816–1903), Kaufmann, Sohn von Carl Johannes Friedrich W. und Susette geb. Hudtwalcker; vermachte seine Gemäldesammlung als »Hudtwalcker-Wesselhoeftsche Sammlung« der Kunsthalle 98, 130
Westenholz, A. Henry Freiherr von (1855–1926), Bankier, Vorsitzender des Vereins Hamburger Kunstfreunde 130, 368
Westerlind, Marianne (1883– nach 1942),Schriftstellerin 249
Westermann, Georg: Verlag, 1838 in Braunschweig gegründet 270, 309
Westphal, Bruno (1860–1917), Landrichter, später Reichsgerichtsrat 293
Westphal, Eduard (1856–1916), Dr. jur., Rechtsanwalt, MdBü von 1901 bis 1913 43, 54, 360, 363, 372 f., 388
Westphal, Max (1880–1916, gef.), Dr. jur. et phil., Syndikus, MdBü von 1913 bis 1916 394
Westphal, Susanne geb. Kaemmerer (1864–?), Ehefrau von Eduard W. 372
Wex, Adolphus Lehnert (1859–1918), Dr. jur., Rechtsanwalt 389 f., 394
Wexstraße 419
Weygandt, Wilhelm (1870–1939), Dr. med., seit 1919 Professor in Hamburg, Direktor der Irrenanstalt Friedrichsberg 58, 324 f., 400, 552
Wichert, Fritz (1878–1951), zu Lichtwarks Zeiten Direktor der Städtischen Kunsthalle in Mannheim, von 1926 bis 1933 Direktor der Kunstgewerbeschule in Frankfurt am Main 520
Wichmann, Robert (1837–1925), Kaufmann, MdBü von 1876 bis 1879 und von 1899 bis 1905 (Fr. d. R.) 105 f.
Wied, Gustav (1858–1914, Freitod), dän. Schriftsteller 340

Wield, Friedrich (1880–1940, Freitod), Bildhauer 529
Wien 109, 172–174, 177 f., 201, 466
Wiener Gruppe an der Kunstgewerbeschule 149, 152, 218, 533
Wiesenthal, Grete (1885–1970), österr. Tänzerin und Choreographin, trat anfangs mit zwei ihrer Schwestern auf 188
Wiezels Hotel 86, 424
Wilamowitz-Moellendorff, Ulrich von (1848–1931), klassischer Philologe und Historiker 279, 366
Wilde, Oscar (1854–1900), irisch-engl. Schriftsteller 174, 176, 180, 340
Wilhelm I. (1797–1888), seit 1861 König von Preußen, seit 1871 Deutscher Kaiser 131, 140
Wilhelm I.: Reiterstandbild s. Kaiser-Wilhelm-Denkmal
Wilhelm II. (1859–1941), von 1888 bis 1918 Deutscher Kaiser 65, 193, 240, 387, 423, 437, 443, 510
Wilhelm-Gymnasium 57, 365, 374, 422, 566
Wilhelminisches Zeitalter 429, 437
Willistraße 408, 483
Wimmel, Carl Ludwig (1786–1845), Architekt, seit 1841 Baudirektor in Hamburg 421
Winkler, Hans (1877–1945), Dr. rer. nat., seit 1912 Direktor des Botanischen Gartens, Professor an der Universität 400
Winter, Philipp (1851–1919), Kaufmann, von 1910 bis 1919 MdBü 376
Winterhude 408, 411, 441, 502, 504
Winterhuder Weg: Wasserturm 451
Wissenschaftliche(n) Anstalten, Die 46, 263 f., 351, 354 f., 361, 363 f., 372, 374, 459
Wissenschaftliche Stiftung, Die 46, 74, 76, 199, 358–364, 366–368, 374, 384
Wisser, Wilhelm (1843–1935), Sammler niederdeutscher Märchen 312
Woche, Die s. Hamburger Woche
Wölfflin, Heinrich (1864–1945), schweiz. Kunsthistoriker 285
Woermann, Familie 293
Woermann, Adolph (1847–1911), Kaufmann und Reeder 59, 359 f., 381
Woermann, Carl (1844–1933), Prof. Dr. phil., von 1882 bis 1910 Direktor der Gemäldegalerie in Dresden; Bruder von Adolph W. 59, 97
Woermann, Luise Friederike (Lulu) (1853–1959), Schwester von Adolph und Carl W., verm. mit Eduard Bohlen (1846–1901), Mitinhaber der Firma C. Woermann 292
Wohlbrück, Olga (1869–1933), Schriftstellerin und Schauspielerin 187
Wohldorf 134, 483, 498
Wohlers, Julius (1867–1953), Maler, seit 1901 Lehrer an der Landeskunstschule 107–110, 116, 123, 526
Wohlfahrtspflege 296 f., 301
Wohlwill, Adolf (1843–1916), Prof. Dr. phil., Historiker 167
Wohlwill, Gretchen (1878–1962), Malerin; 1940 nach Portugal emigriert, 1950 nach Hamburg zurückgekehrt 322, 529
Wohlwill, Paul (1870–1972), Dr. jur., Oberlandesgerichtsrat 55, 111, 295
Wohnstadt 407 f.
Wohnungseinrichtungen 345
Wohnungspolitik 410 ff.
Wolf, Hugo (1860–1903), österr. Komponist 284
Wolff, Eugen (1863–1929), Literarhistoriker 210
Wolff, Hermann (1845–1902), Konzertagent in Berlin 160, 165
Wolff, Johanna geb. Kielich (1858–1943), Schriftstellerin; Ehefrau von Guido W. (1848–1920), Direktor der HAPAG 235
Wolffson, Familie 245
Wolffson, Agnes (1849–1936), Wohltäterin, Pionierin des Hauswirtschaftsunterrichts; Schwester von Albert Martin W. 301
Wolffson, Albert Martin (1847–1913), Dr. jur., Rechtsanwalt, von 1880 bis 1910 MdBü, Inhaber zahlreicher Ehrenämter 43, 54, 134, 246, 256, 324 f., 353 f., 356, 526
Wolgast, Heinrich (1860–1920), Reformpädagoge 77, 203, 282, 304, 306, 308–310
Wolzogen, Ernst von (1855–1934), Schriftsteller, gründete 1901 in Berlin das Kabarett »Überbrettl« 82, 187, 282
Worpswede: Künstlerkolonie 120, 133
Wrba, Georg (1872–1939), Bildhauer 443

Wriede, Heinrich (1882–1958), niederdt. Schriftsteller 535
Wüsten, Johannes (1896–1943), Maler 529
Wüstenfeld, Emilie (1817–1874), Förderin der weiblichen Erwerbstätigkeit, Schulleiterin 296, 299
Wulff, Carl Ferdinand (1849–1929), Dr. jur., Landgerichtsdirektor, Kunstsammler 53
Wurzbach, Hermann (1850–1905), Architekt 479 f.

Zacharias, Familie 276, 308
Zacharias, Adolph Nicolaus (1858–1931), Dr. jur., Oberlandesgerichtsrat, seit 1919 Oberlandesgerichtspräsident, MdBü von 1895 bis 1906 (Fr. d. R.) 53, 271, 275, 287, 293, 308, 354, 368 f.
Zacharias, Eduard (1852–1911), Dr. phil. nat., Direktor des Botanischen Gartens und der Botanischen Staatsinstitute 150, 264, 275, 291, 293, 355, 357 f.
Zacharias, Hans (geb. 1897), Dr. jur., Rechtsanwalt; 1936 nach New York emigriert 551
Zacharias, Marie geb. Langhans (1828–1907), Malerin, Schriftstellerin, Sammlerin, von 1895 bis 1906 Vorsitzende der Gesellschaft Hamburgischer Kunstfreunde 77, 97, 109, 111, 121, 167 f., 198, 201, 211, 220, 290, 293, 309, 355, 420
Zache, Hans (1869–1930), Regierungsrat 552
Zahn, Friedrich (1882–1959), Dr. jur., Landrichter, dann Rechtsanwalt, Leiter der Hamburg. Gesellschaft für Wohltätigkeit e. V. und Geschäftsführer der Hamburgischen Kriegshilfe 301 f.
Zarniko, Carl (1863–1932), Prof. Dr. med., Hals-, Nasen- und Ohrenarzt, Kunstsammler 133
Zeichenunterricht 147, 318 ff.
Zeidler, Kurt (1889–1982), Pädagoge, Oberschulrat 543
Zeitschrift, Die 266
Zeitschriften 259–268
Zeitschrift für bildende Kunst (E. A. Seemannsche) 157
Zeitschrift für Heimatkultur 494
Zeitungen 244–259, 267, 537 f.
Zeller, Rudolf (1880–1948), Maler 527
Zentrale für Jugendfürsorge in Berlin 325 f.
Zentraleinkaufsgesellschaft deutscher Konsumvereine: Verwaltungsgebäude (Besenbinderhof) 341 f.
Zentralkommission für das Arbeiterbildungswesen 339, 341, 346, 477
Zeughausmarkt 472, 500
Zeughausstraße 440
Ziebarth, Erich (1868–1944), Prof. Dr. phil., von 1900 bis 1919 Lehrer am Wilhelm-Gymnasium, dann Professor für Alte Geschichte und Inschriftenkunde an der Universität 57, 294
Ziegel, Erich (1876–1950), Schauspieler, Regisseur und Theaterleiter, gründete 1918 die Kammerspiele 181, 538 ff.
Ziel-Jahrbuch 551
Zimmermann, Carl Johann Christoph (1832–1911), von 1872 bis 1908 Baudirektor in Hamburg 47 f., 356, 408, 452 f., 455, 457, 472
Zinn, Alexander (1880–1941), Schriftsteller und Journalist, von 1920 bis 1933 Leiter der Staatlichen Pressestelle, von 1929 bis 1933 Staatsrat 257, 263, 266, 540
Zinne, Wilhelm, Redakteur der Neuen Hamburger Zeitung, Musikschriftsteller 259
Zinnow, Gustav (1846–1934), Architekt und Ehefrau Bertha geb. Beit 359
Zitelmann, Ernst (1852–1923), Dr. jur., seit 1883 Professor in Bonn 366
Ziviljustizgebäude 453, 457
Zola, Emile (1840–1902), franz. Schriftsteller 282, 285
Zollanschluß 37, 39, 47, 407, 410, 423 ff., 430, 434
Zollkanal 425, 449
Zollkanalbrücke 423, 447
Zoologischer Garten 459, 507
Zorn, Anders (1860–1920), schwed. Maler und Radierer 128, 135

Herkunftsnachweis der Illustrationen

Privatbesitz:	Abbildungen S. 38, 156, 183, 227 f., 274, 352, 379, 386, 487, 530, 568; Tafel 1–7, 9, 10, 14, 16–18, 20, 22, 24, 25, 27, 29, 30, 33, 40, Schutzumschlag
Hamburger Kunsthalle:	Tf. 8, 11–13, 15, 19, 21, 26, 34, 36, 38, 39, 41–45
Staatsarchiv Hamburg:	Plankammer: Abb. S. 243, 423, 432, 512; Tf. 23, 28, 31, 32, 35, 37; Bibliothek: Abb. S. 555; Bestand GEW Nr. 765: Abb. S. 561 f.
Brücke-Museum Berlin:	Abb. S. 124 (© 1985, Copyright by Cosmopress, Genf)
Herstellung der Druckvorlagen:	Ralph Kleinhempel, Hamburg; Karlheinz Grünke, Hamburg; Staatsarchiv Hamburg; Brücke-Museum Berlin